SOL&AGRIFOOD

—— TASTE OF BUSINESS ——

VERONA 18-21 04 2021

solagrifood.com
solagrifood@veronafiere.it

Organized by
veronafiere
Trade shows & events since 1898

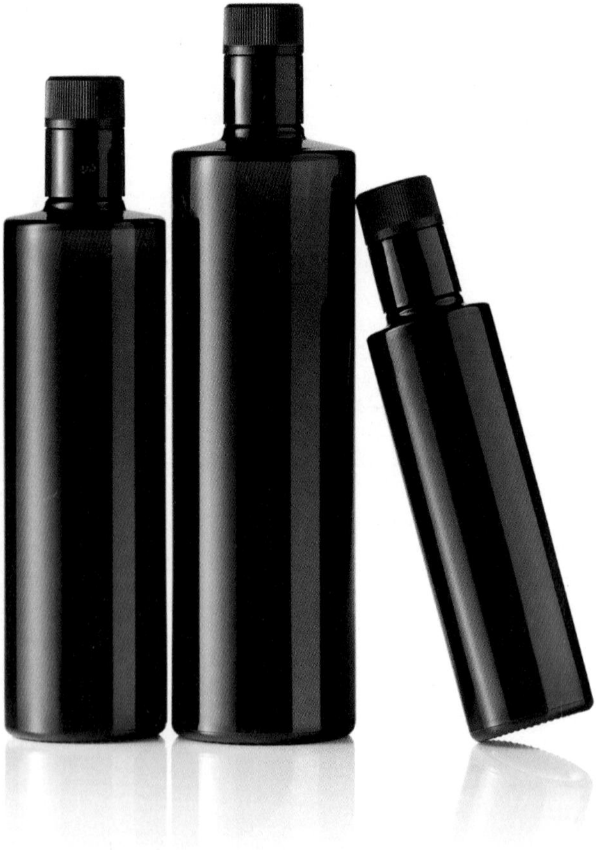

Basic Dop.
Essenziale per i grandi extravergine.

Basic Dop detta nuovi canoni di essenzialità per valorizzare
le qualità degli oli extravergine di grande caratura. **Basic Dop** è dotata di imboccatura DOP
a tutela dell'inviolabilità del contenuto. Prodotta nel caratteristico colore Verdetrusco®,
Basic Dop è espressione dell'evoluzione della ricerca Vetreria Etrusca.

Basic Dop reaches a new level in conveying the image of a top quality extra virgin olive oil.
Basic Dop has been designed with a dop finish to provide tamper-evidence
and an internal pourer for your premium product. Produced in unique Verdetrusco® glass colour,
Basic Dop's evolution is the result of research by Vetreria Etrusca.

VETRERIA ETRUSCA S.p.A.   Montelupo Fiorentino (Firenze - Italia) Tel. (+39) 0571 755.1
www.vetreriaetrusca.it   info@vetreriaetrusca.it

MADE IN ITALY

ARCONVERT
Self-adhesive Papers & Films

100% greaseproof self-adhesive papers for immaculate labels.

NON-GREASEPROOF

GREASEPROOF

Request your Visual Book at **www.immaculate-papers.com**

THE CREATIVE MANTER LABEL CONCEPT

FLOS OLEI 2021

guida al mondo dell'extravergine
ITALIANO

a guide to the world of extra virgin olive oil
ENGLISH

marco oreggia

Hoc pinguem et placidam Paci nutritor olivam.
Virgilio, Georgiche

Ai nostri amici
To our friends

FLOS OLEI 2021
guida al mondo dell'extravergine
a guide to the world of extra virgin olive oil

Direttore Responsabile
Chief Director
Marco Oreggia

Curatori
Editors
Laura Marinelli, Marco Oreggia

Collaboratori
Contributors
Barbara Evangelista, Luca Mangoni, Mariolina Pepe

Coordinatore delle degustazioni
Tasting Coordinator
Marco Oreggia

Organizzazione delle degustazioni
Tasting Organization
Marco Oreggia

Per le degustazioni degli oli italiani e internazionali:
For the Italian and international olive oil tasting:
Chiara Barcherini, Ettore Barcherini, Barbara Bartolacci, Gaetano Bettini, Armando Biagioli, Francesca Bosi, Rosa Carozza, Fabio Casamassima, Bruno Cirica, Francesca De Ritis, Alessandro Di Bella, Giovanni Di Iorio, Renato Luigi Di Lorenzo, Rosario Franco, Francesco Le Donne, Luca Mangoni, Stefania Marcuz, Laura Marinelli, Maria Grazia Mazzaglia, Riccardo Monteleoni, Annamaria Olivieri, Duccio Morozzo della Rocca, Marco Oreggia, Giovanni Papa, Monia Parente, Leandro Pesca, Emanuela Pistoni, Pasquale Raimondi, Sabrina Signoretti, Luca Sparagna, Domenico Tagliente, Gianni Travaglini, Maurizio Valeriani, Maria Luisa Zarrelli, Laura Zoia

Editing
Laura Marinelli, Marco Oreggia

Traduzione
Translation
Barbara Evangelista

Progetto informatico e grafico, cartografia
IT and Graphic Project and Map-makings
**Daniele Fusacchia, Rosa Schiavello
Blu Omelette - www.bluomelette.net**

Impaginazione
Make-up
Grafica Eletti - www.graficaeletti.it

Edizioni mobile e gestione DB
Mobile editions and DB management
Stefano Falda - www.babisoft.com

IT e Web Manager Flos Olei
IT and Web Manager Flos Olei
Marco Briotti

Ufficio Stampa
Press Office
**Mg Logos, Passion Fruit Hub
Laura Marinelli, Marco Oreggia**

Per informazioni
For information
Web:
**www.flosolei.com
www.flosolei.com/shop**
E-mail:
**marco.oreggia@flosolei.com
info@flosolei.com**

FLOS OLEI®
Pubblicazione annuale
Autorizzazione del Tribunale di Roma
n. 301/2009 del 18/09/2009
Yearly Publication
Authorization of the Court of Rome
n. 301/2009 of 18/09/2009

E.V.O. s.r.l.
Via Positano, 100 - 00134 Roma (Italia)
Tutti i diritti sono riservati a norma di legge
e a norma delle convenzioni internazionali
All rights are reserved by law
and by international conventions
ISBN: 9788890429149

Stampato su carta FSC® - Forest Stewardship Council Il marchio FSC® identifica i prodotti contenenti legno proveniente da foreste gestite in maniera corretta e responsabile secondo rigorosi standard ambientali, sociali ed economici

Printed on paper FSC® - Forest Stewardship Council The trademark FSC® identifies the products containing wood from forests managed in a correct and responsible way according to strict environmental, social and economic standards

Sommario • Collaboratori Internazionali
Table of Contents • International Contributors

Introduzione	12	Introduction	13
Hall of Fame e The Best	14	Hall of Fame and The Best	15
Punteggio e Tendenza Aziendali	16	Farm Ranking and Trend	17
Come Leggere la Guida	16	How to Read the Guide	17
Tecnica della Degustazione	18	Tasting Technique	22
Alfabeto del Degustatore	20	Tasting Alphabet	24
Istruzioni per l'Uso	26	Instructions for Use	28
I Prezzi Pazzi dell'Extravergine	30	The Puzzling Prices of Extra Virgin Olive Oil	32
L'Olivicoltura nel Mondo	34	Olive Growing in the World	42
Ringraziamenti - Abbreviazioni	50	Acknowledgements - Abbreviations	50

EUROPA EUROPE 51

Portogallo Portugal 53
Mariana Matos
Direttore Generale Associazione Olivicola del Portogallo - Casa do Azeite
General Director of the Portuguese Olive Oil Association - Casa do Azeite

Spagna Spain 67
Galicia Galicia	71	Comunidad de Madrid	
Castilla y León Castilla y León	75	Comunidad de Madrid	115
País Vasco País Vasco	81	Castilla-La Mancha	
La Rioja La Rioja	85	Castilla-La Mancha	119
Comunidad Foral de Navarra		Comunidad Valenciana	
Comunidad Foral de Navarra	89	Comunidad Valenciana	133
Aragón Aragón	95	Andalucía Andalucía	139
Cataluña Cataluña	99	Región de Murcia Región de Murcia	171
Extremadura Extremadura	107	Islas Baleares Islas Baleares	175

Laura Marinelli, Marco Oreggia
Giornalisti; Esperti Assaggiatori di Oli Vergine ed Extravergine di Oliva
Journalists; Expert Virgin and Extra Virgin Olive Oil Tasters

Francia France 179
Christian Pinatel
Direttore Tecnico Centro Tecnico dell'Olivo - Maison des Agriculteurs - Aix en Provence
Technical Manager Olive Technical Centre - Maison des Agriculteurs - Aix en Provence

Svizzera Switzerland 187
Claudio Premoli
Presidente Associazione Amici dell'Olivo • President Association Olive Tree Friends

Italia Italy 191
Piemonte Piemonte	195	Umbria Umbria	297
Liguria Liguria	199	Lazio Lazio	325
Lombardia Lombardia	207	Abruzzo Abruzzo	365
Trentino Alto Adige Trentino Alto Adige	211	Molise Molise	377
Veneto Veneto	219	Campania Campania	383
Friuli Venezia Giulia		Puglia Puglia	403
Friuli Venezia Giulia	225	Basilicata Basilicata	459
Emilia Romagna Emilia Romagna	229	Calabria Calabria	465
Toscana Toscana	235	Sicilia Sicilia	481
Marche Marche	281	Sardegna Sardegna	503

Laura Marinelli, Marco Oreggia
Giornalisti; Esperti Assaggiatori di Oli Vergine ed Extravergine di Oliva
Journalists; Expert Virgin and Extra Virgin Olive Oil Tasters

Slovenia Slovenia 513
Milena Bučar-Miklavčič
Ricercatore Centro Ricerche Capodistria; Capo Panel
Researcher Research Institute Capodistria; Panel Leader

Croazia Croatia 529
Olivera Koprivnjak
Facoltà di Medicina, Dipartimento delle Tecnologie e Controllo degli Alimenti - Università Rijeka • Faculty of Medicine, Department of Food Technology and Control - University Rijeka

Bosnia-Erzegovina Bosnia Herzegovina 605
Pakeza Drkenda
Docente Facoltà di Agraria e Scienze Alimentari - Sarajevo
Professor Faculty of Agriculture and Nutritional Science - Sarajevo

Montenegro Montenegro 609
Biljana Lazovic
Dirigente del Dipartimento per la Ricerca sull'Olivicoltura - Università del Montenegro
Manager of the Department for Olive Growing Research - University of Montenegro

Albania Albania 613
Enver Isufi
Direttore dell'Istituito per l'Agricoltura Biologica - Durres
Director of Institute for Organic Agriculture - Durres

Repubblica di Macedonia del Nord Republic of North Macedonia 617
Tosho Arsov
Professore Associato di Frutticoltura - Università Ss. Cirillo e Metodio, Facoltà di Scienze Agrarie e Alimentari - Skopje • Associate Professor for Fruit Growing - University Ss. Cyril and Methodius, Faculty of Agricultural Sciences and Food - Skopje

Bulgaria Bulgaria 621
Svetla Yancheva
Vice Rettore per le Relazioni Internazionali, Università Agricola - Plovdiv;
Professore Associato - Dipartimento di Genetica e Allevamento delle Piante
Vice Rector of International Relations, Agricultural University - Plovdiv;
Associate Professor - Department of Genetics and Plant Breeding
Argir Zhivondov
Professore in Arboricoltura, Istituto di Frutticoltura - Plovdiv
Professor in Plant Breeding, Fruit-Growing Institute - Plovdiv

Grecia Greece 625
Maria Lazaraki, Efi Christopoulou
Chimici Ministero dello Sviluppo • Chemists Ministry for Development

Ucraina Ukraine 639
Laura Marinelli, Marco Oreggia
Giornalisti; Esperti Assaggiatori di Oli Vergine ed Extravergine di Oliva
Journalists; Expert Virgin and Extra Virgin Olive Oil Tasters

Cipro Cyprus 643
Androula Georgiou
Direttore del Dipartimento di Agricoltura - Ministero dell'Agricoltura, Risorse Naturali e dell'Ambiente - Nicosia • Director of the Department of Agriculture - Ministry of Agriculture, Natural Resources and the Environment - Nicosia

Malta Malta 647
Mark Grech
Funzionario Esperto in Agricoltura, Dipartimento per lo Sviluppo Rurale - Direzione Agricola - Ministero per lo Sviluppo Sostenibile, l'Ambiente e i Cambiamenti Climatici
Agricultural Officer, Rural Development Department - Agricultural Directorate Ministry for Sustainable Development, the Environment and Climate Change

AFRICA AFRICA 651
Marocco Morocco 653
Noureddine Ouazzani
Dottore in Agronomia; Responsabile Agropôle Olivier - Meknés
Doctor in Agronomy; Manager Agropôle Olivier - Meknés

Algeria Algeria 659
Hasna Boulkroune, Mokhtar Guissous
Insegnanti e Ricercatori in Olivicoltura - Università El Bachir El Ibrahimi BBA - Algeria
Teachers and Researchers in Olive Growing - University El Bachir El Ibrahimi BBA - Algeria

Tunisia Tunisia 663
Naziha Grati Kamoun
Ricercatore e Direttore dell'Unità di Ricerca per la Tecnologia e la Qualità Olivicola
Researcher and Manager Research Unity of Olive Technology and Quality

Libia Libya 669
Mohammed Abdulkareem Al-Ashhab
Direttore Generale del Dipartimento di Orticultura - Ministero dell'Agricultura
General Manager of Horticulture Department - Ministry of Agriculture

Egitto Egypt 673
Laura Marinelli, Marco Oreggia
Giornalisti; Esperti Assaggiatori di Oli Vergine ed Extravergine di Oliva
Journalists; Expert Virgin and Extra Virgin Olive Oil Tasters

Etiopia Ethiopia 677
Laura Marinelli, Marco Oreggia
Giornalisti; Esperti Assaggiatori di Oli Vergine ed Extravergine di Oliva
Journalists; Expert Virgin and Extra Virgin Olive Oil Tasters

Namibia Namibia 681
Hupenyu Allan Mupambwa
Ricercatore in Agricoltura del Deserto e delle Coste, Università di Namibia
Desert and Coastal Agriculture Researcher, University of Namibia

Sudafrica South Africa 685
Carlo Costa
Consulente Indipendente per l'Industria Olivicola del Sudafrica
Independent Consultant to South African Olive Industry

ASIA ASIA 693
Turchia Turkey 695
Mücahit Taha Özkaya
Professore Dipartimento di Orticoltura, Facoltà di Agricoltura - Università Ankara
Professor Department of Horticulture, Faculty of Agriculture - University Ankara

Georgia Georgia 707
George Svanidze
Consigliere del Ministro della Protezione Ambientale e dell'Agricoltura
Presidente del Consiglio Oleicolo Internazionale - Georgia
Adviser to The Minister of Environmental Protection and Agriculture
Chairman of International Olive Council - Georgia

Armenia Armenia 711
Andreas Melikyan
Dottore in Scienze Agrarie; Professore; Presidente del Dipartimento di Orticoltura dell'Universitá Nazionale Armena di Agraria; Responsabile del Laboratorio di Genetica
Doctor of Agricultural Sciences; Professor; Chair of the Department of Crop Production and Vegetable Growing of the Armenian National Agrarian University;
Head of the Laboratory of Gene Pool and Breeding

Azerbaigian Azerbaijan 715
Zeynal Akparov
Dottore in Scienze Agrarie; Direttore dell'Istituto per le Risorse Genetiche dell'Accademia Nazionale delle Scienze dell'Azerbaigian ANAS; Capo del Comitato Tecnico-scientifico sulle Risorse Genetiche delle Colture; Coordinatore Nazionale sulla Biodiversità
Doctor of Agrarian Sciences; Director of Genetic Resource Institute of Azerbaijan National Academy of Sciencies ANAS; Head of Scientific-Technical Committee on Crop Genetic Resources; National Coordinator on Biodiversity

Siria Syria 719
Mustafa Moalem
Ricercatore in Ingegneria Agraria, Ricercatore Accademico nel Settore Oleario, Professore Universitario nell'Università di Aleppo, Ricercatore nei Laboratori Olivicoli
Researcher in Agricultural Engineering, Academic Researcher in the Field of Olive Oil, University Professor at University Aleppo, Researcher in Olive Oil Laboratories

Libano Lebanon 723
Sabina Llewellyn-Davies Mahfoud
Giornalista • Journalist

Israele Israel 727
Isaac Zipori
Consulente Agricolo in Frutticoltura e Capo Panel del sud di Israele
Agricultural Consultant in Fruit Trees and Panel Leader of southern Israel

Palestina Palestine 731
Mohamed Alsalimiya
Ricercatore e Responsabile Programmi di Sviluppo Sostenibile
Researcher and Manager Sustainable Development Programs

Giordania Jordan 735
Saleh Shdiefat
Ricercatore in Orticultura - Specialista in Frutticoltura; Esperto di Olivicoltura - International Olive Council • Horticulture Researcher - Fruit Tree-Olive Specialist; Olive Expert in the International Olive Council

Iraq Iraq 739
Mohammed Jabar Abdulradh
Capo del Dipartimento di Produzione Vegetale, Direzione Agricola di Maysan, Ministero dell'Agricoltura • Head of Plant Production Department, Agricultural Directorate of Maysan, Ministry of Agriculture

Iran Iran 743
Jahangir Arab
Membro del Comitato Consultivo dell'International Olive Council in I.R. Iran
Member of Advisory Committee of International Olive Council in I.R. Iran
Naghmeh Azizi
Esperto Assaggiatore in I.R. Iran • Organoleptic Assessment Expert Taster in I.R. Iran

Afghanistan Afghanistan 747
Habibullah Musharraf
Responsabile della pianificazione, Nangarhar Valley Agriculture Corporation NVAC
Planning Manager, Nangarhar Valley Agriculture Corporation NVAC

Pakistan Pakistan 751
Azmat Ali Awan
Ricercatore del Pakistan Oilseed Development Board
Researcher of Pakistan Oilseed Development Board

Regno dell'Arabia Saudita Kingdom of Saudi Arabia 755
Ibrahim Sabouni
Specialista in Oleicoltura e Oleotecnia • Specialist in Olive Cultivation and Production

Kuwait Kuwait 759
Laura Marinelli, Marco Oreggia
Giornalisti; Esperti Assaggiatori di Oli Vergine ed Extravergine di Oliva
Journalists; Expert Virgin and Extra Virgin Olive Oil Tasters

Yemen Yemen 763
Mansour Mohammed Saeed Aldalas
Ricercatore in Orticultura - AREA Yemen • Horticulturist, Researcher - AREA Yemen

India India 767
Saket Mishra
Assistente Professore - Dipartimento di Orticoltura, Università di Tecnologia e Scienze Agricole Sam Higginbottom SHUATS - Allahabad
Assistant Professor at Department of Horticulture, Sam Higginbottom University of Agriculture Technology and Sciences SHUATS - Allahabad

Nepal Nepal 771
Stefano Valle
Ricercatore - Dipartimento DAFNE dell'Università degli Studi della Tuscia - Viterbo, Italia
Researcher at DAFNE Department of University of Tuscia - Viterbo, Italy

Cina China 775
Ning Yu
Istituto di Ricerca Forestale; Accademia Forestale Cinese; Direttore del Comitato Professionale Olivicolo • Research Institute of Forestry; Chinese Academy of Forestry; Director of China Olive Professional Committee

Giappone Japan ... 779
Akira Ikeshima
Presidente della Japan Olive Bureau
President of Japan Olive Bureau
Duccio Morozzo della Rocca
Direttore Olive Bureau; Co-direttore Japan Olive Bureau; Giornalista
Director of Olive Bureau; Co-director of Japan Olive Bureau; Journalist

OCEANIA OCEANIA ... 791
Australia Australia ... 793
Greg Seymour
Amministratore delegato Australian Olive Association Ltd
Chief Executive Officer of the Australian Olive Association Ltd

Nuova Zelanda New Zealand ... 797
Gayle Sheridan
Dirigente presso Olives New Zealand
Executive Officer for Olives New Zealand

AMERICA DEL NORD NORTH AMERICA ... 801
Stati Uniti United States ... 803
Carol Firenze, The Passionate Olive
Scrittrice, Speaker e Formatrice Esperta di Olio
Olive Oil Writer, Speaker and Educator

AMERICA CENTRALE CENTRAL AMERICA ... 809
Messico Mexico ... 811
José Antonio Cristóbal Navarro Ainza
Istituto Nazionale di Investigazione Forestale, Agricoltura e Allevamento
Campo Sperimentale Todos Santos
National Institute for Forestry, Agriculture and Livestock Research
Experimental Area of Todos Santos

AMERICA DEL SUD SOUTH AMERICA ... 815
Colombia Colombia ... 817
Dario D'Alessandro
Ricercatore; Giornalista; Appassionato di Olio Extravergine di Oliva
Researcher; Journalist; Extra Virgin Olive Oil Passionate

Perù Peru ... 821
Lyris Monasterio Muñoz
Ingegnere dell'Industria Alimentare
Engineer Food Industry

Brasile Brazil ... 825
Maria Lisomar Silva
Giornalista mensile enogastronomico Gosto
Journalist monthly Wine-and-Food periodical Gosto

Cile Chile ... 835
Álvaro Rodríguez Vial
Assaggiatore; Direttore Esecutivo MIND Consultores
Oil Taster; Executive Manager MIND Consultores

Uruguay Uruguay ... 849
Isabel Mazzucchelli
Ingegnere Chimico • Chemical Engineer

Argentina Argentina ... 855
Massimo Lucioni
Giornalista Enogastronomico
Wine-and-Food Journalist

Indice dei Produttori Producer Index ... 861
Indice dei Produttori per Punteggio Producer Ranking Index ... 873

Introduzione

Marco Oreggia e Laura Marinelli

Giunta alla dodicesima edizione, *Flos Olei - guida al mondo dell'extravergine* continua ad allargare lo sguardo sul panorama olivicolo mondiale, mantenendo l'originario, ambizioso obiettivo: portare freschezza ed energia all'interno del contesto editoriale del settore oleario. Del resto l'olio, principe dei condimenti nonché alimento base della dieta mediterranea, consumato e apprezzato ovunque per le sue molteplici virtù organolettiche e salutistiche, merita il giusto approfondimento: è così che nasce Flos Olei, una Guida unica nel suo genere, dal carattere marcatamente internazionale e realizzata in doppia lingua (italiano-inglese e italiano-cinese). Si presenta come uno strumento di conoscenza e divulgazione del meglio delle realtà produttive di tutto il mondo che vuole entrare nelle case dei consumatori, sia nei paesi tradizionalmente produttori, sia in quelli dove c'è soltanto consumo. La Guida si propone come mezzo di informazione, completa e trasparente, utile tanto per gli appassionati e neofiti di tutte le età quanto per gli esperti: produttori, importatori, distributori, tecnici. Attraverso l'assaggio e la selezione di migliaia di campionature i curatori portano a conoscenza del lettore le migliori aziende produttive a livello mondiale, guidandolo nella scelta orientata all'eccellenza e nella scoperta che sono ormai abbattute le frontiere della qualità e che si ottengono ottimi risultati produttivi in tutti e cinque i continenti. Anzi si contano, tra i paesi olivicoli, anche colossi economici inaspettati come Cina, Giappone, Brasile, India. Sono in tutto 54 le nazioni del mondo presenti in Guida, ognuna con il proprio spazio introduttivo che offre un panorama storico, culturale e di produzione. Due di queste - Spagna e Italia - sono approfondite attraverso una suddivisione regionale. Le aziende sono raccontate in 500 schede in cui viene descritto il loro prodotto migliore, dopo essere stato selezionato da un panel ufficiale di Esperti Assaggiatori. Altri 214 extravergine provenienti dalle stesse strutture che, pur non prescelti sono comunque segnalati, completano la rassegna, per un totale di 714 oli presenti. Il cuore della produzione olearia è il Mediterraneo ma, accanto ai paesi di quest'area, la qualità si estende anche a luoghi più lontani che si stanno affermando ogni anno di più sul mercato internazionale. Pensiamo a realtà come Argentina, Cile, Uruguay, Sudafrica, Australia e Nuova Zelanda. Oppure a paesi mediterranei in forte crescita nel mercato olivicolo di alto livello, come Croazia, Francia, Slovenia e Marocco. Insomma, lo sguardo sul mondo è decisamente ampio, muovendo peraltro da una valutazione attenta della delicata situazione attuale, in un contesto di estensione dei confini produttivi e di orientamento al libero mercato. Non mancano a questo proposito i segnali positivi: la normativa sull'origine e sull'etichettatura, l'inserimento di nuovi parametri chimici utili per la lotta alle frodi (pensiamo in particolare all'analisi dell'olio extravergine basata sul test del Dna) e la maggiore riconoscibilità dei marchi Dop, Igp e da Agricoltura Biologica. Permangono tuttavia numerosi problemi irrisolti, primo fra tutti una legislazione ancora inadeguata e carente sia in Europa che nel mondo. Cosa ci aspettiamo per il futuro? Il rilancio, in generale, del settore attraverso un maggiore controllo delle zone e dei volumi produttivi; un deciso potenziamento delle norme antifrode; e il miglioramento della poco efficace classificazione merceologica dell'olio da olive. Tutto questo anche in vista del superamento della crisi economica, puntando su una pianta che costituisce una risorsa e un bene così speciali.

Introduction

Marco Oreggia and Laura Marinelli

Now in its twelfth edition, *Flos Olei - a guide to the world of extra virgin olive oil* offers a broader view of olive growing in the world, maintaining its original ambitious goal: being a new and stimulating product in the existing array of publications on this sector. In fact, oil, the best condiment and a basic element of the Mediterranean diet, consumed and appreciated everywhere for its many organoleptic and health giving qualities, deserves to be addressed in detail. This is the origin of Flos Olei, the only Guide in its field with an international scope and realized in the double version, Italian- English and Italian-Chinese. It is an instrument of information and popularization of the best farms and producers all over the world, addressed not only to readers from traditional olive growing countries, but also to people from those countries where extra virgin olive oil is increasingly consumed. In this way the Guide will be a complete and clear point of reference both for oil lovers and novices alike of all ages, and for those working in the sector: producers, importers, distributors, technicians. By tasting and selecting thousands of samples, the editors want to inform the consumer about the best farms in the world, helping him recognize excellence and showing him the new frontiers of quality, by now including all five continents. New olive countries are in fact unexpectedly China, Japan, Brazil, India. The Guide consists of a presentation of the olive growing sector in 54 countries, supplying historical and cultural information and production data. Italy and Spain are also analyzed in detail, subdivided into regions. 500 cards describe the most interesting farms and their best product selected by an official panel of Expert Tasters. Finally, 214 extra virgin olive oils produced by the same farms are mentioned and recommended, although they were not selected, for a total number of 714 oils. The heart of olive oil production is certainly the Mediterranean, the birthplace of olive growing. However, quality can also be found in other more distant countries, which are constantly gaining ground on the international market, for example Argentina, Chile, Uruguay, South Africa, Australia and New Zealand. Also some Mediterranean countries, like Croatia, France, Slovenia and Morocco, are improving the quality of their production. In short, the olive growing sector should be considered from a broad point of view and should take into account the present delicate situation, characterized by the extension of the production borders and a tendency towards free trade. In this regard some positive signs are the norms about the origin, labeling and identifiability of the trademarks Pdo, Pgi and Organic Farming and the introduction of new antifraud chemical parametres, such as the analysis of extra virgin olive oil based on the DNA test. However, a number of problems remain unsolved, especially the lack of a transparent legislation within the European Union and in the world. What we expect from the future is the general relaunch of the sector through a tighter control of producing areas and volumes, an increase in the antifraud norms and the improvement of the ambiguous product classification of the oil from olives, in order to weather the economic crisis and enhance the cultivation of this tree, a special and precious resource for the whole world.

Hall of Fame e The Best

Senza una classifica di merito e senza premiati una Guida non sarebbe tale. Nel nostro prodotto editoriale si distinguono la *Hall of Fame* e la *The Best*. La prima comprende un gruppo di aziende che hanno raggiunto un livello di eccellenza tale da meritarsi un riconoscimento alla carriera rappresentato dal punteggio di 100/100. Mentre la *The Best* è una lista di aziende alle quali viene attribuito un premio qualità declinato in diverse categorie. L'assegnazione del premio non dipende tanto dai valori organolettici degli oli presentati, quanto dalla costanza qualitativa di ogni realtà produttrice nel corso degli anni e dal valore aggiunto che questa apporta al territorio in cui si colloca. Infatti l'extravergine risente, già dopo qualche mese di vita, di una graduale caduta dei suoi pregi organolettici: per questo non vogliamo legare strettamente il riconoscimento all'exploit del singolo olio. Partiamo dalle strutture premiate come migliori aziende, eleggendo l'Azienda dell'Anno, ma anche dando rilievo a realtà giovani o collocate in territori marginali (l'Azienda Emergente e l'Azienda di Frontiera) o che si differenziano per la passione e la cura delle persone che ne fanno parte (l'Azienda del Cuore). Segue la carrellata dei migliori oli, da quello dell'Anno a quelli all'interno di diverse categorie (da Agricoltura Biologica, Monovarietale, Blended e Dop/Igp); senza dimenticare l'azienda con la migliore tecnologia di estrazione e quelle che emergono per aver saputo unire alla qualità i grossi volumi, un prezzo conveniente o un packaging accattivante. Alla *The Best* si aggiungono quattro premi: l'Importatore dell'Anno, il Ristorante dell'Anno, il Giornalista dell'Anno e un Premio Speciale intitolato a Cristina Tiliacos, giornalista e preziosa collaboratrice della Guida purtroppo improvvisamente mancata. Quest'ultimo lo dedichiamo a persone, enti o associazioni di categoria che hanno operato con impegno nella promozione e diffusione della cultura del settore olivicolo.

Premio	Azienda	Paese	Pagina
Hall of Fame	Castillo de Canena	ES	150
	Aceites Finca La Torre	ES	169
	Frantoio Bonamini	IT	223
	Frantoio Franci	IT	258
	Azienda Agraria Viola	IT	321
	Azienda Agricola Biologica Americo Quattrociocchi	IT	337
L'Azienda dell'Anno	Tenute Pasquale Librandi	IT	471
L'Azienda Emergente	Azienda Agricola Cesare Diddi	IT	271
L'Azienda di Frontiera	Agrícola Pobeña	CL	847
L'Azienda del Cuore	Società Agricola Fratelli Ferrara	IT	427
Migliore Olio Extravergine di Oliva dell'Anno	Aceites Nobleza del Sur	ES	156
Migliore Olio Extravergine di Oliva da Agricoltura Biologica	Rafael Alonso Aguilera	ES	142
Migliore Olio Extravergine di Oliva da Agricoltura Biologica e Dop/Igp	Jenko	SI	522
Migliore Olio Extravergine di Oliva - Metodo di Estrazione	Azienda Agricola Le Tre Colonne	IT	414
Migliore Olio Extravergine di Oliva - Qualità/Quantità	Aceites Oro Bailén - Galgón 99	ES	160
Migliore Olio Extravergine di Oliva - Qualità/Packaging	Mate	HR	588
Migliore Olio Extravergine di Oliva - Qualità/Prezzo	Palacio de Los Olivos	ES	126
Migliore Olio Extravergine di Oliva Monovarietale - Fruttato Leggero	Noan	EL	629
Migliore Olio Extravergine di Oliva Monovarietale - Fruttato Medio	Madonna dell'Olivo	IT	398
Migliore Olio Extravergine di Oliva Monovarietale - Fruttato Intenso	Fattoria Ambrosio	IT	396
Migliore Olio Extravergine di Oliva Blended - Fruttato Leggero	Señoríos de Relleu	ES	138
Migliore Olio Extravergine di Oliva Blended - Fruttato Medio	Frantoio Anteata	IT	257
Migliore Olio Extravergine di Oliva Blended - Fruttato Intenso	Tenuta Zuppini	IT	376
Migliore Olio Extravergine di Oliva Dop/Igp - Fruttato Leggero	Frantoio Gaudenzi	IT	309
Migliore Olio Extravergine di Oliva Dop/Igp - Fruttato Medio	Azienda Agricola Cosmo Di Russo	IT	333
Migliore Olio Extravergine di Oliva Dop/Igp - Fruttato Intenso	Marfuga	IT	313
Premio L'Importatore dell'Anno	Francesca De Ritis	NL	
Premio Il Ristorante dell'Anno	Ristorante Il Patriarca	IT	
Premio Il Giornalista dell'Anno	Alberto Grimelli - Teatro Naturale	IT	
Premio Speciale Cristina Tiliacos	Marqués de Griñón Family Estate Carlos Falcó	ES	131

Hall of Fame and The Best

A useful and meaningful guide needs rankings and awards and ours goes one step further. In fact, we distinguish two different categories, the Hall of Fame and The Best. The first includes a group of farms that have reached such a level of excellence that they deserve an honorary recognition represented by a score of 100/100. The Best is, instead, a list of farms that are given a quality award according to different categories. The prizes that make up The Best are not only awarded for the high organoleptic qualities of the oils proposed, but are mainly based on the quality each farm has shown over the years and the added value this represents for its area of production. The fact that, after only a few months, extra virgin olive oil gradually loses its organoleptic properties, means we do not find it appropriate to give the prize to the single oil. Therefore, we choose the Best Farm of the Year, that is the best producer, but we also encourage young or minor farms (the Emerging Farm, the Frontier Farm) or reward the passion and care of the people involved in this activity (the "Made with Love" Farm). Then we find the best oils, the best of the year and the ones belonging to the different categories (from Organic Farming, Monovarietal, Blended, Pdo/Pgi). Moreover, we mention the farm with the best extraction system and those that have combined quality with big volumes, a convenient price or an attractive packaging. Besides The Best, other four prizes are given to The Importer of the Year, The Restaurant of the Year, the Journalist of the Year and finally a Special Prize is dedicated to Cristina Tiliacos, journalist and competent contributor to the Guide, who has sadly suddenly passed away. This award is generally given to people, bodies or associations that have committed themselves to the promotion and diffusion of olive cultivation.

Award	Farm	Country	Page
Hall of Fame	Castillo de Canena	ES	150
	Aceites Finca La Torre	ES	169
	Frantoio Bonamini	IT	223
	Frantoio Franci	IT	258
	Azienda Agraria Viola	IT	321
	Azienda Agricola Biologica Americo Quattrociocchi	IT	337
The Farm of the Year	Tenute Pasquale Librandi	IT	471
The Emerging Farm	Azienda Agricola Cesare Diddi	IT	271
The Frontier Farm	Agrícola Pobeña	CL	847
The "Made with Love" Farm	Società Agricola Fratelli Ferrara	IT	427
The Best Extra Virgin Olive Oil of the Year	Aceites Nobleza del Sur	ES	156
The Best Extra Virgin Olive Oil from Organic Farming	Rafael Alonso Aguilera	ES	142
The Best Extra Virgin Olive Oil from Organic Farming and Pdo/Pgi	Jenko	SI	522
The Best Extra Virgin Olive Oil - Extraction System	Azienda Agricola Le Tre Colonne	IT	414
The Best Extra Virgin Olive Oil - Quality/Quantity	Aceites Oro Bailén - Galgón 99	ES	160
The Best Extra Virgin Olive Oil - Quality/Packaging	Mate	HR	588
The Best Extra Virgin Olive Oil - Quality/Price	Palacio de Los Olivos	ES	126
The Best Extra Virgin Olive Oil Monovarietal - Light Fruity	Noan	EL	629
The Best Extra Virgin Olive Oil Monovarietal - Medium Fruity	Madonna dell'Olivo	IT	398
The Best Extra Virgin Olive Oil Monovarietal - Intense Fruity	Fattoria Ambrosio	IT	396
The Best Extra Virgin Olive Oil Blended - Light Fruity	Señoríos de Relleu	ES	138
The Best Extra Virgin Olive Oil Blended - Medium Fruity	Frantoio Anteata	IT	257
The Best Extra Virgin Olive Oil Blended - Intense Fruity	Tenuta Zuppini	IT	376
The Best Extra Virgin Olive Oil Pdo/Pgi - Light Fruity	Frantoio Gaudenzi	IT	309
The Best Extra Virgin Olive Oil Pdo/Pgi - Medium Fruity	Azienda Agricola Cosmo Di Russo	IT	333
The Best Extra Virgin Olive Oil Pdo/Pgi - Intense Fruity	Marfuga	IT	313
Award The Importer of the Year	Francesca De Ritis	NL	
Award The Restaurant of the Year	Ristorante Il Patriarca	IT	
Award The Journalist of the Year	Alberto Grimelli - Teatro Naturale	IT	
Special Award Cristina Tiliacos	Marqués de Griñon Family Estate Carlos Falcó	ES	131

PUNTEGGIO E TENDENZA AZIENDALI

A ogni azienda presente in Guida i curatori riconoscono un punteggio numerico, denominato Punteggio Aziendale. Il criterio di attribuzione non si basa tanto sulla valutazione del singolo olio selezionato, quanto su una considerazione complessiva della realtà produttiva. Ci sembra più coerente con l'impostazione del nostro prodotto editoriale tenere conto del valore della singola azienda nel territorio dove nasce e produce, premiando l'impegno profuso in un progetto il più possibile esteso a tutta la filiera. L'obiettivo è quello di esaltare il rischio d'impresa delle aziende, offrendo al consumatore uno strumento in più di valutazione: quest'ultimo potrà infatti rendersi conto in modo trasparente delle differenti realtà segnalate. I parametri che compongono, secondo diverse percentuali, il Punteggio Aziendale sono: la presenza delle piante di olivo e del frantoio di proprietà, la qualità di tutti gli oli segnalati dal panel e un "bonus" derivante dalla valutazione della continuità qualitativa dell'azienda e dal rapporto qualità-prezzo dei prodotti. Accanto al Punteggio Aziendale si inserisce la Tendenza Aziendale espressa con un simbolo ("in salita", "in discesa", "stabile") che completa l'informazione sulla condizione attuale dell'azienda.

COME LEGGERE LA GUIDA

Nelle pagine dei produttori di olio extravergine di oliva vengono utilizzati i seguenti simboli:

100   **Punteggio Aziendale**
80-84 Discreto • 85-89 Buono • 90-94 Ottimo • 95-99 Eccellente • 100 Hall of Fame

Tendenza Aziendale
⬆ In salita   ⬇ In discesa   ⊙ Stabile

Premio Hall of Fame e The Best
Premio alla carriera e Premio qualità per le migliori aziende produttrici

Azienda Top
Azienda che ha ottenuto un punteggio aziendale pari o superiore a 95-100

Azienda del Cuore
Azienda di alta qualità che mostra particolare cura e passione per la propria attività

Ecosostenibilità
Azienda che opera seguendo modelli ecologisti nel quadro di uno sviluppo sostenibile

Blockchain
Azienda che si avvale della rete Blockchain

Realtà Aumentata
Scarica l'App, inquadra le pagine con il simbolo e scopri i contenuti multimediali

Denominazioni di Origine
Extravergine che ha ottenuto la certificazione di Denominazione di Origine

Extravergine da Agricoltura Biologica

Extravergine da Agricoltura Biodinamica

Extravergine che ha ottenuto la certificazione Kosher e/o Halal

Extravergine che presenta un ottimo rapporto qualità-prezzo

Altitudine delle proprietà olivicole espressa in metri (m)

Tipo di impianto degli oliveti

Sistema di allevamento delle piante di olivo

Metodo di raccolta delle olive

Frantoio aziendale di proprietà e metodo di estrazione

Varietà di olive presenti nell'extravergine in percentuale

Categoria degustativa dell'olio extravergine di oliva

Fascia di prezzo in rapporto al formato della bottiglia. I prezzi si riferiscono alle quotazioni medie di distribuzione nel paese di produzione. In caso di esportazione, l'extravergine potrebbe rientrare in una fascia di prezzo diversa

FARM RANKING AND TREND

Each farm present in the Guide is given a numeric score, called Farm Ranking. The assessment is not so much based on the single product proposed as on the production overall. We want to point up the contribution a single farm makes, and reward all aspects of the production process. Our aim is, therefore, to single out risk-taking enterprises and, at the same time, provide the consumer with a further tool for understanding the world of olive oil production. The criteria which make up the Farm Ranking with different percentages are: the possession of olive trees and an oil mill; the quality of all oils recommended by the panel; a "bonus", based on the quality of the production over the years; and value for money in terms of the relationship between quality and price. Alongside the Farm Ranking there is a symbol ("rising", "falling", "steady") denoting the current situation of the farm.

HOW TO READ THE GUIDE

In the pages about the extra virgin olive oil producers the following symbols are used:

100 Farm Ranking
80-84 Fair • 85-89 Good • 90-94 Very Good • 95-99 Excellent • 100 Hall of Fame

Farm Trend
⬆ Rising ⬇ Falling ⟳ Steady

Hall of Fame Award and The Best
Honorary Award and Quality Award for the best producers

Top Farm
Farm obtaining a score equal to or higher than 95-100

The "Made with Love" Farm
High quality farm showing special care and passion for its activity

Ecosustainability
Farm operating according to ecological models and sustainable development

Blockchain
Farm using the Blockchain network

Augmented Reality
Download the App, frame the pages with the symbol and discover the multimedia contents

Denominations of Origin
Extra Virgin Olive Oil that has obtained the certification of Denomination of Origin

Extra Virgin Olive Oil from Organic Farming

Extra Virgin Olive Oil from Biodynamic Farming

Extra Virgin Olive Oil that has obtained the certification of Kosher and/or Halal

Extra Virgin Olive Oil with an excellent quality-price ratio

Height of olive groves expressed in metres (m)

Orchard layout

Training system of olive trees

Harvesting method

Farm olive oil mill and extraction system

Percentage of olive varieties present in the extra virgin olive oil

Tasting category of the extra virgin olive oil

Price range in relation to bottle size. The prices refer to the average quotations of distribution in the producing countries. In case of export, the mentioned extra virgin olive oil may be in a different price range

Tecnica della Degustazione

Marco Oreggia e Laura Marinelli

È ormai accertato che gli organi sensoriali umani, sottoposti a sollecitazioni e stimoli esterni, si comportano come veri e propri strumenti di misura. Nel settore gastronomico, e in particolare nel mondo dell'olio da olive, l'analisi sensoriale è stata introdotta abbastanza di recente. Le esperienze che fino a oggi sono state acquisite ci portano a pensare che le aspettative siano ampie e soprattutto rispondenti a quelle leggi matematiche che basano la loro applicabilità sulla ripetitività dei metodi analitici. Nel mondo dei degustatori professionisti il giudizio sensoriale è stato codificato dall'International Olive Council attraverso apposite commissioni di esperti chiamate panel. Ma, in pratica, è possibile per tutti gli individui riconoscere la qualità e la provenienza di un olio semplicemente degustandolo? La risposta non può che essere affermativa, a patto che colui che si avvicina al mondo della degustazione rispetti una serie di regole di comportamento: la conoscenza dei sensi, la sequenza delle operazioni da effettuare e un bagaglio di esperienze a supporto. Per i neofiti, ecco in dettaglio le operazioni fondamentali da eseguire per arrivare a una buona conoscenza dei caratteri principali di un olio da olive. Prima di iniziare una seduta di assaggio è bene munirsi di mele verdi, possibilmente di varietà "Granny Smith", per pulire la bocca durante la degustazione, mangiandone un pezzetto tra un campione di olio e l'altro.

L'ANALISI OLFATTIVA

Riveste una notevole importanza ai fini del giudizio finale. Molte le variabili che, in questa indagine, complicano la vita al degustatore. Innanzitutto bisogna dire, per chiarezza, che la capacità olfattiva umana è uno dei più complessi laboratori di percezione. Mai nessuna tecnologia, o metodo di analisi, potrà soppiantare questa naturale attitudine dell'uomo; e l'avvento del panel test ne è un'ulteriore conferma. Fino a qualche anno fa, infatti, l'olio veniva sottoposto esclusivamente all'analisi chimica che, pur evidenziando la regolarità dei parametri analitici, non riusciva però a valutare la corretta e armonica percezione delle sensazioni. In poche parole un olio, pur rientrando nei valori di acidità, perossidi e altro, poteva (molto spesso) risultare totalmente sgradevole all'indagine sensoriale. Da qui la necessità, da parte del legislatore, di anteporre al giudizio chimico quello degustativo. Ma torniamo all'analisi olfattiva. Dopo aver versato il nostro olio in un bicchiere (circa 20 ml), abbiamo l'obbligo di portarlo alla temperatura ottimale per la degustazione (circa 28 °C). Il metodo ufficiale prevede l'utilizzazione di appositi strumenti per riscaldare l'olio, i termostati; il metodo più comune invece consiste nel tenere tra le mani il bicchiere in cui è contenuto il nostro olio, tenendolo coperto per qualche minuto e agitandolo delicatamente, in modo da accelerare il processo di riscaldamento. A questo punto si avvicina il bicchiere al naso e si inspira profondamente da entrambe le narici. Poco dopo, pena l'assuefazione, questa operazione si ripete una seconda volta, per conferma. L'aroma percepito è subito valutabile, siano odori gradevoli dovuti alle caratteristiche positive o sensazioni sgradevoli che indicano la presenza di difetti; attributi positivi o negativi che la successiva analisi gustativa dovrà confermare.

L'ANALISI GUSTATIVA

L'olio viene portato al nostro cavo orale. Il metodo consigliato consiste nell'assumerlo (senza deglutirlo) con una suzione prima lenta e delicata e poi sempre più vigorosa. In questa fase lasciate riscaldare per qualche istante l'olio in bocca, in modo da favorire l'evaporazione delle componenti volatili; contemporaneamente inspirate aria in modo da ossigenare l'olio (strippaggio) e roteatelo per diverso tempo, così da farlo venire a contatto con tutte le papille gustative. Questa fase è la più critica: infatti, grazie al contemporaneo riscaldamento, ossigenazione e roteazione, i pregi e i difetti di un olio si percepiscono maggiormente. L'olio dovrà essere quindi distribuito su tutto il cavo orale e in particolare su tutta la lingua: dalla punta, al dorso, ai margini e nella parte terminale. Fondamentali, in questa fase, sono l'ordine di percezione degli stimoli, man mano che l'olio avanza verso la parte terminale della lingua, e la loro memorizzazione: da quelli tattili, che ci descrivono la fluidità, la consistenza e l'untuosità dell'olio, fino a quelli gustativi che si traducono in sensazioni di dolce, amaro, piccante, ecc.. Fatto ciò, si può espellere l'olio. L'insieme delle percezioni tattili e gustative, unito all'indagine olfattiva e poi visiva, permette di formulare il giudizio finale che dovrà tenere conto anche dell'armonia complessiva delle sensazioni provate.

L'ANALISI VISIVA

Strano a dirsi, non riveste una particolare importanza durante l'indagine sulla qualità di un olio. Lo dimostra il fatto che, nelle commissioni di assaggio ufficiali (panel), i bicchieri da degustazione sono volutamente colorati, con cromatismi che vanno dal marrone ruggine al blu cobalto. Il motivo di questa scelta è legato alla necessità di mascherare le caratteristiche visive che inevitabilmente potrebbero influenzare il giudizio dell'assaggiatore. Solo in un secondo momento, quindi, dopo aver valutato le caratteristiche olfattive e gustative, il degustatore ritornerà sugli aspetti visivi. Tre sono le caratteristiche da valutare: la limpidezza, la densità e il colore. La limpidezza è un parametro che varia in funzione dell'età e dei processi di filtrazione a cui l'olio è stato più o meno sottoposto, nonché degli obiettivi di produzione aziendali. Si fa notare tuttavia che gli oli non filtrati tendono maggiormente a innescare nel tempo lo sviluppo di difetti olfatto-gustativi, dovuti alla presenza di residui di lavorazione. La densità dipende dall'origine territoriale dell'olio. Il colore, nelle diverse sfumature che vanno dal giallo dorato scarico al verde intenso, cambia in funzione della varietà dell'oliva, dell'epoca di raccolta (e quindi del grado di maturazione dell'oliva stessa) e delle tecniche di trasformazione utilizzate. Inoltre va tenuto presente che il colore subisce un naturale decadimento di intensità delle colorazioni verdi nel corso dei mesi che costituiscono l'arco temporale di vita di un olio.

Alfabeto del Degustatore

ATTRIBUTI POSITIVI
Amaro - Indica una sensazione gustativa caratteristica dell'olio extravergine ottenuto da olive verdi o leggermente invaiate.
Fruttato - Indica l'intensità aromatica di un olio extravergine sia a livello olfattivo che gustativo: può essere leggero, medio o intenso a seconda della forza con cui i sentori vengono percepiti. È l'oliva a determinare la categoria del fruttato, ovvero la sua varietà (cultivar). Ma anche altri fattori sono decisivi: il clima e il terreno in cui la pianta si sviluppa; i tempi di raccolta e di conferimento al frantoio delle olive; il metodo di estrazione dell'olio e la sua conservazione.
Piccante - Indica una sensazione tattile pungente caratteristica di oli extravergine prodotti all'inizio della campagna, principalmente da olive verdi.

ATTRIBUTI NEGATIVI
Acqua di vegetazione - Descrive un olio da olive che è stato sottoposto a un contatto prolungato con le acque di vegetazione.
Avvinato - Descrive un olio da olive che produce una sensazione olfatto-gustativa che ricorda quella del vino o dell'aceto. È un difetto dovuto a un processo fermentativo delle olive che porta alla formazione di acido acetico, acetato di etile ed etanolo.
Cetriolo - Indica una sensazione che si produce nell'olio da olive durante un imbottigliamento ermetico eccessivamente prolungato, particolarmente in lattine, che è attribuito alla formazione di 2-6 nonadienale.
Cotto - Descrive un olio da olive che produce una sensazione olfattiva dovuta a eccessivo e/o prolungato riscaldamento durante l'ottenimento, specialmente durante la fase di gramolazione, se questa avviene in condizioni termiche non idonee (oltre i 30 °C).
Fieno - Descrive un olio da olive che produce una sensazione olfatto-gustativa che ricorda quella del fieno. È un difetto dovuto alla provenienza dell'olio da olive secche o molto mature.
Fiscolo - Definisce una sensazione olfattiva caratteristica di oli da olive ottenuti per pressione con setti filtranti sporchi di residui fermentati.
Grossolano - Descrive la sensazione orale-tattile densa e pastosa prodotta da alcuni oli da olive.
Metallico - Descrive un olio da olive che produce una sensazione olfatto-gustativa che ricorda il metallo. È un difetto dell'olio mantenuto a lungo in contatto con superfici metalliche, durante i procedimenti di frangitura, gramolazione, estrazione e stoccaggio.
Morchia - Descrive una sensazione olfatto-gustativa caratteristica dell'olio da olive rimasto in contatto con fanghi di decantazione in depositi sotterranei o aerei.
Muffa - Descrive una sensazione olfatto-gustativa caratteristica dell'olio ottenuto da olive nelle quali si sono sviluppati abbondanti funghi e lieviti per essere rimaste stoccate per molti giorni in ambienti umidi.
Rancido - Descrive una sensazione olfatto-gustativa caratteristica degli oli da olive che hanno subito un processo ossidativo.
Riscaldo - Descrive una sensazione olfatto-gustativa caratteristica dell'olio ottenuto da olive ammassate che si trovavano in uno stadio avanzato di fermentazione anaerobica.
Salamoia - Descrive una sensazione olfatto-gustativa caratteristica dell'olio da olive che è rimasto a lungo in contatto con l'acqua di vegetazione.
Terra - Descrive una sensazione olfatto-gustativa caratteristica dell'olio ottenuto da olive raccolte da terra o infangate e non lavate.
Verme - Descrive una sensazione olfatto-gustativa caratteristica dell'olio ottenuto da olive fortemente colpite da larve di mosca dell'olivo (Bactrocera Oleae).

SENSAZIONI AROMATICHE OLFATTIVE DIRETTE O RETRONASALI
Acerbo - Sensazione olfattiva che richiama l'odore tipico dei frutti raccolti prima della maturità fisiologica.
Agrumi - Attributo positivo che indica una sensazione olfattiva che richiama quella degli agrumi (limone, arancia, bergamotto, mandarino e pompelmo).
Erbe aromatiche - Attributo positivo che indica una sensazione olfattiva che richiama quella delle erbe aromatiche (alloro, basilico, maggiorana, menta, mentuccia, mirto, muschio, origano, prezzemolo, rosmarino, salvia, timo, ecc.).
Fiori - Attributo positivo che indica una sensazione olfattiva che richiama quella dei fiori (camomilla, ginestra, glicine, lavanda, mimosa, rosa, ecc.). Detto anche floreale.
Frutta bianca - Attributo positivo che indica una sensazione olfattiva che richiama quella della frutta bianca di diverse maturità (albicocca, mela, pera, pesca, ecc.).
Frutta esotica - Attributo positivo che indica una sensazione olfattiva che richiama quella della frutta esotica di diverse maturità (ananas, banana, frutto della passione, mango, papaia, ecc.).
Frutta secca - Attributo positivo che indica una sensazione olfattiva che richiama quella della frutta secca di diverse maturità (mandorla, noce, nocciola, pinolo, pistacchio, ecc.).
Fruttato maturo - Attributo che descrive la sensazione olfattiva degli oli extravergine ottenuti da olive mature.
Fruttato verde - Attributo che descrive la sensazione olfattiva tipica di oli extravergine ottenuti da olive raccolte prima o all'inizio dell'invaiatura.
Frutti rossi - Attributo positivo che indica una sensazione olfattiva che richiama quella tipica dei frutti del sottobosco (fragola, lampone, mirtillo, mora, ribes, ecc.).
Spezie - Attributo positivo che indica una sensazione olfattiva che richiama quella delle spezie (cannella, pepe bianco, pepe nero, pepe verde, vaniglia, zenzero, ecc.).
Vegetale - Attributo positivo che indica una sensazione olfattiva che richiama il sentore vegetale di erba fresca, erba fienosa, eucalipto, foglia di fico, foglia di olivo, foglia di pomodoro, ecc..
Verdure - Attributo positivo che indica una sensazione olfattiva che richiama il sentore delle verdure (asparago, carciofo, cardo, cicoria, fave, finocchio, lattuga, peperone, pomodoro acerbo, pomodoro di media maturità, pomodoro maturo, radicchio, ravanello, rucola, sedano, ecc.).

SENSAZIONI GUSTATIVE
Amaro - Attributo positivo che indica una sensazione gustativa caratteristica dell'olio extravergine ottenuto da olive verdi o leggermente invaiate.
Dolce - Attributo positivo che indica una sensazione gustativa caratteristica dell'olio extravergine ottenuto da olive che hanno raggiunto la completa maturità.

SENSAZIONI RETROLFATTIVE QUALITATIVE
Persistenza retrolfattiva - Durata delle sensazioni retrolfattive residue, dopo aver espulso dalla cavità orale il sorso di olio da olive.

SENSAZIONI TATTILI CINESTETICHE
Fluidità - Caratteristica cinestetica dello stato reologico dell'olio, il cui complesso è capace di stimolare i recettori meccanici della cavità orale durante l'assaggio.
Piccante - Attributo positivo che indica una sensazione tattile pungente caratteristica di oli extravergine prodotti all'inizio della campagna, principalmente da olive verdi.

Tasting Technique

Marco Oreggia and Laura Marinelli

The human sensory organs, subject to external stimulations, behave like real measuring instruments. In the gastronomic sector and particularly in the olive oil world, sensory analysis has been introduced quite recently. The experience acquired up to now induces us to think that expectations are great and above all correspond to those mathematical rules that base their applicability on the repetitiveness of the analytical methods. In the field of professional tasters sensory analysis was codified by the International Olive Council by appropriate committees of experts called panel. But is it really possible for everyone to assess the quality and the origin of a virgin olive oil only by tasting it? The answer is positive, provided that he who approaches the tasting world follows a series of rules of conduct: the knowledge of senses, the sequence of operations to be carried out and a supporting background of experience. For neophytes we are going to describe in detail the fundamental operations to reach a good knowledge of the main features of an olive oil. Before you start tasting, it is advisable to supply yourself with green apples preferably of the "Granny Smith" variety in order to clean your mouth with a morsel before each sample.

OLFACTORY ANALYSIS

This has a notable importance for the final assessment. There are in fact many variables that make the operation difficult for the taster. First of all the human olfactory ability is one of the most complex perception laboratories. This natural aptitude of man will never be replaced by any technology or method of analysis and the panel test is a further confirmation of this statement. In fact, until some years ago olive oil was only submitted to chemical analysis, which evidenced the regularity of the analytical parameters, but it could not assess the correct and harmonic perception of sensations. In short, although an olive oil fell into the values of acidity, peroxides and so on, it could (very often) be distasteful to sensory analysis. For this reason the legislator thought it necessary to put tasting before the chemical assessment. As to olfactive analysis, after pouring the olive oil in a glass (about 20 ml), it should be brought to the ideal temperature for tasting (about 28 °C). The official method includes the use of appropriate instruments to heat olive oil, called thermostats; the most common method instead consists in heating the glass containing the olive oil with the hands, covering it for some minutes and shaking it delicately in order to make this process faster. Afterwards the glass is brought near the nose and you breathe in deeply through both nostrils. After a short time, the operation is repeated a second time for confirmation. The perceived aroma can immediately be assessed, both in case of pleasant scents due to positive characteristics, and in case of unpleasant sensations indicating the presence of defects. These positive and negative properties should be confirmed by the subsequent taste analysis.

TASTE ANALYSIS

The olive oil is brought to your oral cavity. The advisable method consists in taking it (without swallowing) by a slow and delicate suction at first, which subsequently becomes increasingly stronger. In this phase, the olive oil must be heated for a few moments to favour the evaporation of the volatile components. At the same time, you breathe in air to oxygenate the olive oil (stripping) and move it around in your mouth for some time so it can come into contact with all the taste buds. This phase is the most critical. In fact, thanks to the contemporary heating, oxygenation and rotation you can perceive qualities and defects of an olive oil in the best way. The olive oil should be spread over the whole oral cavity and especially on all the tongue, from the tip to the back, the sides and the end part. In this phase memorization and the order of perception of the sensations is fundamental. The sensations can be tactile, when they describe fluidity, consistency and viscosity or taste, which means sweet, bitter, pungent, etc., as the olive oil reaches the end part of the tongue. After that, the olive oil can be expelled. All the tactile and taste sensations, together with the olfactory and visual analysis, allow you to give a final assessment, which will have to also consider the global harmony of the sensations.

VISUAL ANALYSIS

It seems strange, but it does not have a particular importance during the assessment of the olive oil quality. This is shown by the fact that in official tasting committees (panels), the tasting glasses are purposely coloured in rusty brown or cobalt blue. The reason for this choice is due to the necessity to hide the visual characteristics, which could influence the taster's assessment. Only later, after the taster has assessed the olfactive and taste characteristics, he will examine the visual aspects. Three different characteristics are to be assessed: limpidity, density and colour. The limpidity is a parameter which varies according to the age and the filtering processes the olive oil is submitted to, as well as to the production objectives of the factories. In fact over time non filtered oils tend to develop olfactory and taste defects, due to the presence of processing residues. The density depends instead on the territorial origin of the olive oil, whereas the colour, which varies from light golden yellow to intense green, depends on the olive variety, the harvesting period (that is the olive ripening degree) and the transformation techniques. Moreover, it should be taken into account that the green colour grows less intense over the months that constitute the lifetime of an oil.

Tasting Alphabet

POSITIVE CHARACTERISTICS
Bitter - Term indicating a taste sensation typical of extra virgin olive oil made from green or not fully ripe olives.
Fruity - Term indicating both the olfactory and the taste aromatic intensity of extra virgin olive oil: it can be light, medium or intense according to the degree to which sensations are perceived. The olive determines the fruity category, that is its variety (cultivar). Moreover, other factors are important: the climate and the soil where the plant grows; harvesting and transportation times; extraction method and storage.
Pungent - Term indicating a pungent tactile sensation typical of extra virgin olive oil produced at the start of harvesting, mainly from green olives.

NEGATIVE CHARACTERISTICS
Vegetable water - Term describing an oil made from olives that has been in contact with vegetable waters for a long time.
Winey - Term describing an oil made from olives producing an olfactory-taste sensation recalling wine or vinegar. This defect is due to a fermentation process causing the formation of acetic acid, ethyl acetate and ethanol.
Cucumber - Sensation produced in olive oil by a too long watertight bottling, especially in cans.
Cooked - Term describing an oil from olives producing an olfactory sensation due to excessive and/or prolonged heating during processing, especially during the phase of malaxing, if it occurs in unsuitable thermal conditions (over 30 °C).
Hay - Term describing an oil from olives producing an olfactory-taste sensation recalling hay. This defect is due to dry or too ripe olives.
Mat - Term used for an olfactory sensation produced by oils from olives obtained by pressing with dirty filters because of the presence of fermented residues.
Coarse - Term describing the dense and pasty oral-tactile sensation produced by some oils from olives.
Metallic - Term used for an oil from olives producing an olfactory-taste sensation recalling metal. This defect is due to the prolonged contact with metallic surfaces during crushing, malaxing, extraction and storage.
Muddy - Term describing an olfactory-taste sensation typical of an oil from olives that has been in contact with decanting dregs in underground or overhead warehouses.
Musty - Term describing an olfactory-taste sensation typical of an oil from olives in which numerous fungi and yeasts have developed after a long storage in humid places.
Rancid - Term describing an olfactory-taste sensation typical of oils from olives subject to oxidative processes.
Fusty - Term describing an olfactory-taste sensation typical of oils from packed olives which have gone through a high degree of fermentation.
Pickle - Term describing an olfactory-taste sensation typical of an oil from olives which has been in prolonged contact with vegetable water.
Earthy - Term describing an olfactory-taste sensation typical of an oil obtained from olives picked with earth or mud and not washed.
Worm - Term describing an olfactory-taste sensation typical of an oil obtained from olives attacked by larvae of the olive fruit fly (Bactrocera Oleae).

DIRECT OR RETRO-NASAL OLFACTORY AROMATIC SENSATIONS
Unripe - Olfactory sensation recalling the typical smell of the fruits that have not reached physiological ripeness.
Citrus - Positive term indicating an olfactory sensation recalling citrus (lemon, orange, bergamot, mandarin, grapefruit).
Aromatic herbs - Positive term indicating an olfactory sensation recalling aromatic herbs (laurel, basil, marjoram, mint, field balm, myrtle, moss, oregano, parsley, rosemary, sage, thyme, etc.).
Flowers - Positive term indicating an olfactory sensation recalling flowers (camomile, genista, wisteria, lavender, mimosa, rose, etc.) Also called floral.
White fruit - Positive term indicating an olfactory sensation recalling white fruit of different ripeness (apricot, apple, pear, peach, etc.).
Exotic fruit - Positive term indicating an olfactory sensation recalling exotic fruit of different ripeness (pineapple, banana, passion fruit, mango, papaya, etc.).
Dried fruit - Positive term indicating an olfactory sensation recalling dried fruit of different ripeness (almond, walnut, hazelnut, pine nut, pistachio, etc.).
Ripe fruity - Term describing the olfactory sensation produced by extra virgin olive oil obtained from ripe olives.
Green fruity - Term describing the olfactory sensation typical of extra virgin olive oil obtained from unripe olives or olives at the start of the ripening process.
Red fruit - Positive term indicating an olfactory sensation recalling wild berries (strawberry, raspberry, blueberry, blackberry, currant, etc.).
Spices - Positive term indicating an olfactory sensation recalling spices (cinnamon, white pepper, black pepper, green pepper, vanilla, ginger, etc.).
Vegetal - Positive term indicating an olfactory sensation recalling the vegetal hint of fresh grass, hay, eucalyptus, fig leaf, olive leaf, tomato leaf, etc..
Vegetables - Positive term indicating an olfactory sensation recalling vegetables (asparagus, artichoke, thistle, chicory, broad beans, fennel, lettuce, pepper, unripe tomato, medium ripe tomato, ripe tomato, radicchio, radish, rocket, celery, etc.).

TASTE SENSATIONS
Bitter - Positive term indicating a taste sensation typical of extra virgin olive oil made from green or not fully ripe olives.
Sweet - Positive term indicating a taste sensation typical of extra virgin olive oil obtained from fully ripe olives.

QUALITATIVE RETRO-OLFACTORY SENSATION
Retro-olfactory persistency - Duration of residual retro-olfactory sensations, after expelling the olive oil sip from the oral cavity.

TACTILE OR KINAESTHETIC SENSATIONS
Fluidity - Kinaesthetic characteristic of the rheological state of oil, able to stimulate the mechanical receptors of the oral cavity during tasting.
Pungent - Positive term indicating a pungent tactile sensation typical of extra virgin olive oil produced at the start of harvesting, mainly from green olives.

Istruzioni per l'Uso

Marco Oreggia e Laura Marinelli

Flos Olei nasce con l'idea di guidare il consumatore alla scoperta del mondo dell'extravergine, un prodotto tanto prezioso da essere considerato non solo un condimento, bensì un alimento vero e proprio. E, per di più, uno degli alimenti cardine della dieta mediterranea. Leggiamo come l'olio extravergine di oliva viene classificato dal punto di vista merceologico: *olio di oliva di categoria superiore ottenuto direttamente dalle olive e unicamente mediante procedimenti meccanici*. Infatti è un processo esclusivamente meccanico quello che, attraverso la pressione, consente di estrarre dall'oliva un composto fatto di olio, acqua e piccole particelle. Questa miscela viene poi centrifugata per separarne la parte oleosa che, più leggera, viene filtrata e costituisce l'olio extravergine, pronto per essere consumato. Dunque, per prima cosa, l'extravergine di oliva si distingue nettamente da altri oli vegetali i quali, per diventare edibili, devono essere raffinati ovvero sottoposti a un processo di trasformazione di tipo chimico (mediante solvente organico) e fisico (temperatura e pressione) che determina un impoverimento delle componenti nutrizionali. Ma è soprattutto la sua composizione chimica a renderlo un alimento prezioso; e il fatto che comprende, oltre ai nutrienti, una porzione minore di componenti, tra cui sostanze che svolgono una funzione protettiva per il nostro organismo. Quelle stesse sostanze che sono peraltro responsabili delle particolari caratteristiche organolettiche dell'extravergine, che lo rendono più gustoso rispetto ad altri oli vegetali. Il primo passo, quindi, è quello di consumare un olio extravergine di oliva qualitativamente ineccepibile. E in questo crediamo di offrire, con la nostra Guida, un piccolo ma valido aiuto. Dopodiché, però, c'è da dire che l'extravergine di qualità è un alimento vivo e, come tale, molto delicato. Un consumatore consapevole, anche se non esperto, dovrà dunque prestare attenzione ad alcuni elementi e seguire delle regole: nell'acquisto e nell'utilizzazione e conservazione del prodotto scelto, per preservarne virtù salutistiche e caratteristiche organolettiche.

- Acquistare (o comunque utilizzare) olio contenuto in bottiglie scure: questo infatti teme la luce (fotolabile) che provoca la perdita di alcuni elementi di pregio (vitamina E).
- Un olio filtrato si conserva più a lungo rispetto a uno non filtrato. La sedimentazione presente in un olio non filtrato contiene infatti anche una parte di acqua che può innescare delle fermentazioni e, nel tempo, provocare dei difetti.
- Nella conservazione delle bottiglie, evitare gli sbalzi termici: l'olio è un prodotto termolabile e le basse, così come le alte temperature ne provocano la degradazione. Si consiglia dunque di non tenere le bottiglie vicino a fornelli, forno o altre fonti di calore (termosifoni, stufe, ecc.); così come vanno evitati gli ambienti troppo freddi.
- Preferire confezioni di piccole dimensioni: il contatto con l'ossigeno accelera il naturale processo di irrancidimento dell'olio. Se si acquistano quantità maggiori (per esempio lattine), al momento dell'apertura travasarle in bottiglie più piccole, riempiendole totalmente. Evitare le oliere che rimangono aperte. E non aggiungere olio nuovo in una bottiglia che ne conteneva già di più vecchio.
- L'olio ha una sua "giovinezza" e un suo naturale deperimento: dopo 12-18 mesi irrancidisce. Meglio comunque consumarlo entro un anno.

Un buon criterio di scelta, specialmente se non si è degli esperti, può essere quello di orientarsi verso oli extravergine di cui sia certificata la provenienza. Sono prodotti che vantano la cosiddetta Denominazione di Origine che è il frutto di un accordo tra i produttori e gli enti istituzionalmente preposti ad assicurare la protezione della provenienza del prodotto. Il vantaggio è la garanzia di una filiera tracciata, con un controllo svolto all'origine, sia chimico che degustativo. Un extravergine certificato si riconosce perché presenta, sulla bottiglia, un marchio Dop (*Denominazione di Origine Protetta*) o Igp (*Indicazione Geografica Protetta*). Questi marchi, attribuiti dall'Unione Europea, tutelano in generale gli alimenti le cui caratteristiche qualitative dipendono esclusivamente o sostanzialmente dal territorio di origine. Nel caso specifico dell'olio extravergine, sia il marchio Dop che quello Igp indicano che tutta la filiera produttiva (coltivazione della pianta, raccolta delle olive, trasformazione e imbottigliamento dell'olio) si svolge nella stessa zona. Anche i metodi di coltivazione biologici possono costituire una, ulteriore, certificazione e diventare un criterio di preferenza: il marchio *da Agricoltura Biologica* certifica che il prodotto è ottenuto con metodo biologico. Nel mondo dell'extravergine ci sono poi alcuni luoghi comuni o false credenze di cui sarebbe bene sbarazzarsi. L'analisi organolettica ci insegna a riconoscere un extravergine di qualità. Questo è tale quando sprigiona, sia a livello olfattivo che gustativo, un aroma (più o meno intenso) che si definisce fruttato, ovvero un sentore fresco e gradevole che ricorda il frutto dell'oliva, l'erba appena tagliata ed eventuali note aromatiche che si possono riconoscere e descrivere. Un olio, poi, è di buona qualità quando, al gusto, si percepiscono due sensazioni: l'amaro e il piccante. Queste percezioni, anch'esse più o meno intense, contraddistinguono non soltanto la qualità di un olio, ma anche la sua salubrità. Comunemente invece accade che l'amaro e il piccante, che sono dunque un vero e proprio pregio del prodotto, vengano scambiati dai consumatori per dei difetti, ritenendo che l'olio che ha questo gusto e questa caratteristica di "pizzicare nella gola" sia "pesante", "indigesto" oppure "acido". Ecco, sfatiamo subito questo luogo comune: la chimica insegna che l'acidità libera dell'olio non è percepibile a livello gustativo (gli acidi grassi liberi dell'olio sono inodori e insapori). Al contrario l'amaro e il piccante sono indice di un'elevata concentrazione nell'extravergine di quei componenti minori - clorofilla, fenoli, carotenoidi, fitosteroli e tocoferoli (ovvero la vitamina E) - che svolgono un'importante funzione per il nostro organismo, essendo degli elementi antiossidanti che contribuiscono a combattere l'invecchiamento cellulare. Senza contare che costituiscono, per così dire, i "muscoli" dell'olio, quelli che gli permettono una durata maggiore nel tempo, prima del naturale deperimento. Ma c'è un'altra, radicata, convinzione da chiarire meglio: non è tanto il territorio di provenienza (il cosiddetto *terroir*, così decisivo nel mondo del vino) a determinare la categoria di fruttato (leggero, medio o intenso) di un extravergine, bensì la varietà dell'oliva di partenza. Dunque, solo una volta che avremo messo a punto una mappa completa delle diverse cultivar esistenti al mondo, ci renderemo conto di quanto può essere ricco il ventaglio di aromi e di sapori che ci regala questo settore. Un altro fraintendimento, infine, riguarda l'impiego dell'extravergine in cucina. Ossia: non è vero che il suo utilizzo ideale sia solamente a crudo. L'extravergine di qualità, infatti, può essere la scelta ottimale anche in cottura: la cosa importante è saper selezionare quello giusto a seconda del piatto, seguendo le regole dell'abbinamento che predilige la categoria di fruttato leggero per piatti delicati e quella di medio o intenso per preparazioni più gustose. Semmai è un altro il fattore che non va trascurato: la presenza delle note di amaro e piccante le quali, pur riducendosi durante la cottura, comunque in parte permangono. Inoltre non va dimenticata la durata della cottura: più questa è lunga, più l'olio in abbinamento può essere deciso e intenso (naturalmente sempre tenendo presente la materia prima che stiamo cucinando). Si potrà dunque usare un extravergine anche nelle fritture di cibi delicati (pesce o verdure) e persino nella preparazione dei dolci: purché si opti per una varietà dai toni di amaro e piccante ridotti, non prevaricanti rispetto alla preparazione finale.

Instructions for Use

Marco Oreggia and Laura Marinelli

Flos Olei was created with the aim of helping the consumer discover the world of extra virgin olive oil, such a precious product to be considered not only a dressing, but a real food. In addition, it is one of the pillars of the Mediterranean diet. From a commodity point of view, extra virgin olive oil is classified as follows: *superior category olive oil obtained directly from olives and solely by mechanical means*. In fact it is a mechanical process that allows to extract, through pressure, a compound made up of oil, water and small particles from the olive. This mixture is then centrifuged to separate the lighter oily part, which is filtered and constitutes the extra virgin olive oil ready to be consumed. Therefore, first of all extra virgin olive oil can be clearly distinguished from other vegetable oils, which, to become edible, must be refined or subjected to a chemical (by organic solvent) and physical (temperature and pressure) process of transformation, which leads to a depletion of nutritional components. But what makes it a valuable food is especially its chemical composition and the fact that it includes, besides its nutrients, a smaller portion of components, including also substances that play a protective role for our body. These substances are also responsible for the particular organoleptic characteristics of extra virgin olive oil, which make it tastier than other vegetable oils. Accordingly, the first step is to consume a quality extra virgin olive oil and our Guide hopes to offer a small, but valuable aid in this regard. However, it should also be considered that quality extra virgin olive oil is a living and consequently very delicate food. A conscious, although not experienced, consumer should pay attention to some elements and follow some rules, when he buys, uses or preserves the selected product, in order to maintain its health giving properties and organoleptic characteristics.

- Buy (or use) oil contained in dark bottles: this is in fact sensitive to light (photolabile), which causes the loss of some valuable elements (vitamin E).
- A filtered oil can be kept for a longer time than a non-filtered one. The sedimentation present in an unfiltered oil contains in fact also a part of water, which can induce fermentation and, over time, cause defects.
- In storing bottles, avoid thermal shocks: oil is a thermolabile product and low, as well as high temperatures result in its degradation. It is therefore advisable not to keep the bottles close to stoves, ovens, or other heat sources (radiators, heaters, etc.). Also too cold environments should be avoided.
- Prefer small packs: the contact with oxygen accelerates the natural process of oil rancidity. If you buy larger quantities (e.g. cans), when opening, decant them into smaller bottles, filling them completely. Avoid cruets that remain open and do not add new oil to a bottle that already contained older oil.
- Oil has a period of "youth" and a natural decay: after 12-18 months it becomes rancid. It is best to consume it within a year.

A good method of choice, especially if you are not an expert, can be to select among extra virgin olive oils that are certified origin. These are products that have the so-called Denomination of Origin, which is the result of an agreement between the producers and the institutional bodies responsible for ensuring the protection of the product origin. The advantage is the guarantee of a production chain controlled from the origin both at chemical and tasting level. A certified extra virgin olive oil can be recognized because on the bottle you find the trademark *Pdo* (*Protected Denomination of Origin*) or *Pgi* (*Protected Geographical Indication*). Such trademarks, attributed by the European Union, in general protect foods whose quality characteristics depend exclusively or essentially on the territory of origin. In the specific case of extra virgin olive oil, both the trademark Pdo and Pgi indicate that the entire production chain (olive cultivation and harvest, oil processing and bottling) takes place in the same area. Also the use of organic methods can constitute a further certification and can become an element to prefer a product to another: the trademark *from Organic Farming* certifies that the product is obtained using organic methods. In the world of extra virgin olive oil there are also common places or false beliefs it would be good to get rid of. The organoleptic analysis teaches us how to recognize a quality extra virgin olive oil. This is such when it releases, both at olfactory and taste level, a (more or less intense) aroma that is defined fruity, that is a fresh and pleasant scent reminiscent of the olive fruit, freshly mown grass and any aromatic notes that it is possible to recognize and describe. In addition, an oil is good quality when, tasting it, you perceive two sensations: bitterness and pungency. These perceptions, which may be more or less intense, characterize not only the quality of an oil, but also its healthiness. Instead, it commonly happens that bitterness and pungency, which are a real merit of the product, are exchanged by consumers for defects, believing that the oil that has this taste and this feature of "tickling the throat" is "heavy", "indigestible" or "sour". This common belief should be immediately dispelled: in fact according to chemistry the free acidity of oil is imperceptible to taste (free fatty acids are odorless and tasteless). On the contrary, bitterness and pungency are indicative of a high concentration in extra virgin olive oil of minor components - chlorophyll, phenols, carotenoids, phytosterols and tocopherols (i.e. vitamin E) - which play an important role for our body, being antioxidants which help fight cellular aging. Moreover, they are the so-called oil "muscles", which allow its longer duration in time, before its natural decay. But there is another deep-rooted conviction to be clarified: it is not so much the country of origin (the so-called *terroir*, so important in the wine world) to determine the fruity category (light, medium or heavy) of an extra virgin olive oil, but the olive variety. Therefore, only once we have developed a complete map of the different cultivars in the world, we can realize the rich array of aromas and flavors of this sector. Finally, another misunderstanding concerns the use of extra virgin olive oil in the kitchen. In fact, it is not true that it would be ideal to use it raw. Quality extra virgin olive oil may be the best choice also in cooking: what is important is to know how to select the right one depending on the dish. It would be advisable to follow the rules of pairing, which prefers the category of light fruity for delicate dishes and medium or intense fruity for the tastiest preparations. Rather, another factor should not be overlooked: the presence of bitterness and pungency, which, in spite of their reduction during cooking, in part remain. Also, one must not forget the cooking time: the longer it is, the more definite and intense the paired oil can be (of course, always keeping in mind the raw material that we are cooking). It will therefore be possible to use extra virgin olive oil even for frying delicate foods (fish or vegetables) and even in the preparation of desserts, as long as you opt for a variety with reduced bitter and pungent tones, so that they do not prevail on the final preparation.

I Prezzi Pazzi dell'Extravergine

Marco Oreggia e Laura Marinelli

Parlare di prezzi, nel settore dell'olio extravergine di oliva, significa affrontare un argomento spinoso. E non soltanto per l'attenzione che, un po' tutti, prestiamo al portafoglio, ma perché di fronte allo scaffale degli oli, in un negozio o in un supermercato, categorie alle quali la maggioranza di noi si rivolge per l'acquisto, persino gli intenditori rischiano di provare un certo sgomento. Per la grande varietà dei prodotti offerti, difficilmente decifrabile dal comune avventore, e soprattutto per la grande differenza di prezzi che li caratterizza. Per cui, se già per leggere l'etichetta di un extravergine il consumatore medio incontra discrete difficoltà, di fronte a un listino che propone bottiglie che costano all'incirca dai 3 ai 20 euro al litro (senza considerare le offerte speciali) avrà le idee ancora più confuse. E nella sua testa si affolleranno le domande: perché questa grande variabilità di prezzi, difficilmente riscontrabile in altri prodotti alimentari? Può un extravergine costare così poco? Che cosa ha di diverso, invece, la bottiglia più cara? Insomma, quanto deve costare in media un olio extravergine "degno di questo nome"? Per fare un po' di chiarezza in questo groviglio di interrogativi crediamo sia utile fare un passo indietro e chiederci, in quanto consumatori, se siamo a conoscenza di *quanto costi produrre un olio*. Ovvero se sappiamo quali sono e a quanto ammontano le spese che deve affrontare un produttore. Non solo. Dobbiamo essere anche consapevoli del fatto che ci sono differenti tipologie di prodotto, così come ci sono diverse categorie di produttori. Per quanto riguarda il primo aspetto, ci riferiamo alla vasta gamma di oli sempre più diffusamente proposta da un certo tipo di aziende produttrici orientate all'alta qualità e sensibili ai cambiamenti culturali e alle sollecitazioni del mercato attuale. Si va dagli oli *monovarietali* (o *monocultivar*), cioè ricavati da un'unica varietà di oliva, ai *denocciolati*; per poi spaziare tra quelli tutelati da un marchio: *Dop*, *Igp*, *Biologico*, *Biodinamico*. Andiamoli a vedere da vicino. È indubbio che ogni cultivar sia maggiormente riconoscibile, e valorizzata, se si esprime da sola piuttosto che all'interno di un *blend* (olio ottenuto dall'assemblaggio di più varietà di olive): l'extravergine monovarietale è infatti caratterizzato da precise e inconfondibili qualità, sia a livello di intensità di fruttato che di note aromatiche. Un'altra tipologia è quella degli oli ottenuti da olive denocciolate: riprendendo l'usanza degli antichi Romani di eliminare il nocciolo dal frutto prima di procedere alla spremitura, oggi questa categoria si ottiene mediante macchinari moderni. E si è visto come, in alcuni casi, attraverso questa tecnica, si riescano a ottenere prodotti finali caratterizzati da una maggiore carica fenolica e da più intense qualità organolettiche. I marchi certificati sono proposti dal produttore e percepiti dal consumatore come un valore aggiunto che garantisce circa l'origine del prodotto e la tracciabilità della filiera. Anche i metodi di coltivazione biologici e biodinamici li possiamo considerare una, ulteriore, garanzia; e possono andare incontro alle esigenze di un certo tipo di consumatori. Già soffermandoci soltanto su alcune di queste tipologie, è facile intuire che un olio con Denominazione o Biologico abbia un prezzo maggiore di uno non certificato: va aggiunto infatti, a quello della produzione, il costo della certificazione. Così come è abbastanza chiaro che un monovarietale sia un prodotto selezionato e che comporti un lavoro pregresso: anziché raccogliere le olive tutte insieme, ottenendo un'unica mescolanza da cui ricavare un solo olio, il produttore procede alla raccolta differenziata in base alla cultivar, nel rispetto dei diversi indici di maturità del frutto; questo gli permette di rispettare al meglio la natura e le caratteristiche di ogni varietà che si ritroveranno nel prodotto finale. Insomma, non basta dire *extravergine*. Ciascun extravergine ha, a monte, un suo costo di produzione. Che si traduce poi, sullo scaffale, in un prezzo diverso. Pensando invece alle diverse categorie di produttori, la principale distinzione da fare è stabilire se stiamo acquistando un olio ottenuto da un'impresa imbottigliatrice oppure uno che definiremo "di fattoria", ossia prodotto da un'azienda olearia medio-piccola. Nel primo caso dietro la bottiglia c'è

un'impresa che dapprima acquista olio in grandi volumi, attingendo anche dal mercato internazionale, soprattutto mediterraneo, e poi lo confeziona. Così facendo può mettere sulla piazza un prodotto molto competitivo dal punto di vista commerciale, ma caratterizzato da una qualità organolettica standard. Gli oli di fattoria comprendono un insieme di prodotti di fascia medio-alta: sono extravergine di ottima qualità, con un profilo chimico e aromatico inappuntabile e con spiccate proprietà salutistiche. Il produttore non è soltanto un imbottigliatore ma, a vari livelli, artigianale o imprenditoriale, svolge il controllo su tutto il processo, dalla pianta alla bottiglia, o comunque su una sua parte: per esempio può avere solo le piante ma frangere le olive altrove, oppure può acquistare le olive e occuparsi della loro trasformazione. In tutti i casi, rispetto a un semplice imbottigliatore, deve affrontare un maggiore rischio di impresa e costi molto più alti di produzione. A questi possono aggiungersi, come dicevamo prima, quelli delle certificazioni o quelli derivati da particolari tecniche di lavorazione. Con ovvie ripercussioni sul prezzo al consumatore finale.
Ma il quadro non è ancora completo, perché quando parliamo dei costi di un olio di fattoria c'è da considerare un'altra variabile: il paese, e in taluni casi anche la regione, in cui l'extravergine è prodotto. Significa che, a parità di fattori qualitativi, si possono trovare degli oli che costano meno in alcune zone piuttosto che in altre. Dipende dai volumi produttivi della zona stessa. Se prendiamo il caso dell'Italia, secondo paese al mondo per produzione, questa rappresenta una realtà in cui coesistono imbottigliatori e medio-piccole imprese, spesso familiari. C'è tanta qualità, ma anche un mercato avido di olio da imbottigliare per rispondere alla forte domanda di consumo interno. Come è noto, nella nostra penisola le regioni più fruttifere (circa il 90% della produzione nazionale) sono quelle del Meridione dove l'olivicoltura è una voce importante dell'economia agricola e una primaria fonte di reddito: allora se al Sud un extravergine può costare al produttore circa 5-6 euro al litro, al Centro e al Nord, dove l'olivicoltura è molto più frazionata e le tecniche di potatura e raccolta sono svolte a mano, con conseguenti costi di manodopera, lo stesso può raggiungere gli 8-10 euro al litro. Se pensiamo agli altri colossi produttivi mondiali, la Spagna e la Grecia, a parte la differenza riguardante il consumo pro capite che ha il suo record in Grecia (15 kg annui), ci troviamo di fronte a due realtà con una caratteristica in comune: sono presenti nel mercato internazionale anche con enormi volumi di olio sfuso, acquistato da molti imbottigliatori internazionali. Prendiamo la Spagna: anche qui si fanno oli di fattoria, ma diversamente dall'Italia, in cui oltre il 70% delle aziende ha meno di tre ettari e quelle con più di 100 ettari si contano sulla punta delle dita, prevalgono aziende medio-grandi (fino a 200 ettari) ed esiste anche una percentuale, sia pur minima, di realtà grandissime (più di mille ettari). Strutture di questo tipo, con un valore economico che risiede non solo nel numero degli impianti ma anche nella tecnologia e nelle strategie di marketing messe in atto, riescono spesso a proporre prezzi più convenienti, soprattutto con le linee produttive basiche, meno con quelle gourmet. Anche la Grecia, pur contraddistinta da grandi realtà cooperative che aggregano ampi volumi cui attingono gli imbottigliatori internazionali, ha in realtà il suo mercato di prodotti di fattoria che però sono meno conosciuti ed esportati a livello internazionale rispetto a quelli italiani e spagnoli. Arrivati a questo punto, con qualche informazione in più sui costi di produzione di un extravergine e con una maggiore consapevolezza dello scenario internazionale, sarà forse più semplice, per noi consumatori, ricavare in quale fascia di prezzo si potrebbe (o forse dovrebbe, per garantire al produttore il giusto guadagno) collocare l'olio di fattoria. Una fascia sicuramente più alta rispetto a quella attualmente proposta dalla maggioranza di questo tipo di aziende. Ciò che intendiamo dire è che, a un occhio attento, il rapporto qualità-prezzo di questi extravergine è in realtà ottimo. Perché, pur considerato il loro costo, ovviamente superiore rispetto a un prodotto standard, essi hanno, di contro, una concentrazione talmente elevata di elementi dotati di proprietà salutistiche e gustative che li rende addirittura "convenienti", nel senso che valgono, e dunque potrebbero costare, anche molto di più. Il paradosso, e insieme il luogo comune da sfatare, è dunque proprio questo: comprare un prodotto di qualità non solo fa bene alla nostra salute, ma anche alle nostre tasche. Senza contare che, appagando il nostro gusto, ci rende anche un po' più felici.

The Puzzling Prices of Extra Virgin Olive Oil

Marco Oreggia and Laura Marinelli

In the field of extra virgin olive oil, prices represent a tricky question, not only for the current need to save money, but also for the perplexity everyone, expert consumers included, feels in front of the oil shelf in a shop or in a supermarket. The wide range of products offered is in fact difficult to assess, even more if it is accompanied by very different prices. As a consequence, the average consumer, who has problems in reading the label of extra virgin olive oil, will be even more puzzled when he has to choose bottles that cost from about 3 to 20 euro per litre, not to mention the so called special offers. He will wonder why other food products do not have such variable prices, if it is possible that an extra virgin olive oil is so cheap or, conversely, why another bottle is so expensive, in short which is the right price of an extra virgin olive oil that is worth this name. In order to answer these questions, the consumer has to start from the basic problem of *how much it costs to produce oil*, that is which expenses a producer should meet. Moreover, we have to be aware that there are different types of product and different categories of producer. The former depends on the wide range of oils proposed by companies orientated towards high quality and interested in cultural changes and the needs of the present market. There are therefore *monovarietal* (or *monocultivar*) oils, obtained from a single olive variety, *stoned oils* and the ones protected by a denomination: *Pdo, Pgi, Organic, Biodynamic*. If we try to analyse them, we certainly understand that each variety is easier to recognize or is better enhanced, when it is not part of a *blend* (oil obtained by assembling more olive varieties). In fact, monovarietal extra virgin olive oil has precise and peculiar qualities, both as regards the intensity of its fruitiness and its aromatic notes. Another typology, obtained from stoned olives, is based on the usage of Ancient Romans, who removed the stones from the fruit before extraction. Today this category is produced by modern machines and in some cases is characterized by an end product with more phenols and more intense organoleptic qualities. Denominations are proposed by the producer and perceived by consumers as an added value that guarantees the origin of the product and supplies chain traceability. Also organic and biodynamic methods of cultivation are a further guarantee and meet the requirements of a particular kind of consumer. It is in fact obvious that a certified or organic oil is more expensive than an oil without a Denomination, since, besides the cost of production, there is also the cost of certification. It is also evident that a monovarietal oil is a selected product, requiring previous work: instead of harvesting all olives together, obtaining a mixture that will result in a single oil, the producer carries out harvesting according to the cultivar, thus taking into account the different ripening degree of the fruit. In this way he will respect the nature and characteristics of each variety, affecting the quality of the end product. In short, *extra virgin* is not enough. Each product has initially a production cost, which will result in a different price on the shelf. Instead, when we examine the various kinds of producers, we should consider if the oil we are buying has been produced by a bottling company or by a farm, that is a medium-small company. In the first case, behind the bottle there is a company that purchases large volumes of oil, also from the international and especially Mediterranean market, and then packages it. This product can be very competitive from a commercial point of view, but it is characterized by a standard organoleptic quality. On the other hand, farm oils include medium-high level products: these extra virgin olive oils are very good quality, with a flawless chemical and aromatic profile and relevant health giving properties. Their producer is not only a bottler, but one who, at various levels, controls the whole process, from the tree to the bottle, or at least a part of it: for instance he owns the trees, but crushes outside, or he purchases olives and then transforms them. In any case, he faces a greater business risk and much higher costs of production, which can be further increased in case of certifications or particular processing techniques, with obvious consequences on the final price. Moreover, the country and sometimes even the region where the extra virgin olive oil is produced affects the cost of a farm oil. Oils with the same quality level can be cheaper in some areas than in others, depending on local production volumes. Italy, the second world producer, is for example characterized by the coexistence of bottlers and medium-small family-run farms: quality on the one hand, but also a market hungry for oil to bottle to meet the strong demand for domestic consumption. It is well known that in our country the most productive regions (about 90% of the national output) are in the south, where olive growing is a driving sector of agricultural economy and a primary source of income. Therefore, here an extra virgin olive oil can cost the producer about 5-6 euro, while, in the centre and in the north, where olive growing is much more split and pruning and harvesting are carried out by hand, with consequent manpower costs, the same oil can reach 8-10 euro per litre. As to the other world giants, Spain and Greece (this one has the greatest per-capita consumption, 15 kg per year), both are present on the international market with huge volumes of unbottled oil, which is purchased by many international bottlers. Also Spain produces farm oils, but, while in Italy over 70% of the farms have a surface of less than 3 hectares and those with over 100 hectares are a limited number, in the Iberian peninsula there are mainly medium-big farms (up to 200 hectares) and a small percentage of farms with over 1,000 hectares of land. These companies can rely on more facilities, technology and marketing strategies that allow them to offer more convenient prices especially for basic lines, less often for gourmet products. Greece, instead, is characterized by big co-operatives producing large volumes, purchased by international bottlers, but has also a market of farm products, which, however, are not as popular and exported abroad as the Italian and Spanish oils. At this point, with a little more information on the production costs of an extra virgin olive oil and a greater awareness of the international scenario, it may be easier for the consumers to infer what price range you could (or perhaps should, to ensure the producer the right gain) sell farm oil. It would be certainly a higher price than the one proposed by the most of these farms. In other words, these oils are generally excellent value for money. Of course their price is higher than a standard product, but they are such a concentration of health giving properties and taste, that they can be considered "convenient", since their value would be worth a higher price. The paradox, and the commonplace to be debunked, is therefore that buying a quality product is not only good for our health, but also for our pockets. Not to mention that satisfying our taste makes us a little happier.

L'Olivicoltura nel Mondo

Marco Oreggia e Laura Marinelli

Nella campagna olearia 2019-2020 la produzione mondiale di olio ha raggiunto un volume di 3.144.100 tonnellate, con una diminuzione del 2,28% rispetto all'annata precedente. Attualmente la stragrande maggioranza (96,61%) della produzione mondiale proviene dai paesi del bacino del Mediterraneo, tradizionalmente produttori, come insegna la storia che vede l'olivicoltura prosperare in tutta quest'area fin dagli albori delle antiche civiltà. Qui il peso maggiore è costituito dai paesi dell'Unione Europea che, da soli, costituiscono il 63,96% della produzione di tutto il mondo, con Spagna, Italia e Grecia che sono i colossi produttivi. Il resto è rappresentato dalle produzioni di America (Stati Uniti, Messico e buona parte dell'America del Sud), Oceania (Australia e Nuova Zelanda) e quella parte dei continenti asiatico e africano che non sono bagnati dal Mediterraneo. La **Spagna**, ormai da anni, si è conquistata il primato di maggior produttore mondiale di olio. I dati parlano chiaro: nella campagna 2019-2020 sono state prodotte 1.230.000 tonnellate di olio, con una diminuzione del 31,25% rispetto all'annata precedente, produzione che rappresenta il 61,16% di quella dell'UE. La Spagna costituisce attualmente l'unico paese in Europa che realizza quantitativi sufficienti al proprio consumo interno che si attesta sulle 550mila tonnellate, a fronte di un consumo pro capite di 7,1 kg annui. L'esportazione è stata quest'anno di 289.900 tonnellate (fonte: International Olive Council). Sebbene si distinguano zone differenti per densità produttiva e varietà allevate, si fa olio quasi ovunque, grazie al territorio e al clima favorevole. Ma la regione più produttiva è l'Andalucía, con l'80% del totale nazionale, con le province di Jaén e Córdoba che, da sole, riuniscono più della metà delle coltivazioni dell'intera regione. La capitale dell'olio è Jaén dove si concentra una grossa fetta della produzione nazionale. Seguono a lunga distanza Castilla-La Mancha, Extremadura e Cataluña (fonte: Information and Food Control Agency). Gli extravergine spagnoli sono tutelati da 29 Dop attuate, alle quali ne va aggiunta una, nella Región de Murcia, all'esame del MAPAMA. Inoltre in Andalucía e nelle Islas Baleares hanno concluso l'iter per la certificazione e risultano finalmente attuate l'Igp Aceite de Jaén e l'Igp Aceite de Ibiza. Il numero maggiore di Dop, ben 12 attuate, si concentra naturalmente in Andalucía, seguita da Cataluña e Castilla-La Mancha. Ciò che caratterizza la Spagna olivicola di questi ultimi anni è la politica di forte incremento dei volumi produttivi che è in atto sull'intero territorio nazionale e che di anno in anno si sta evidenziando. E la peculiarità di questo sviluppo è che, in moltissimi casi, la quantità non è ricercata a scapito della qualità. Anzi l'obiettivo primario è raggiungere traguardi di eccellenza con costi contenuti: un fine perseguibile grazie a un governo e ad amministrazioni regionali capaci di promuovere la filiera olivicola curandola in tutti i suoi aspetti, dalla ricerca scientifica fino alla commercializzazione. L'**Italia** spicca, fra tutti i paesi mediterranei, per una buona massa produttiva ma soprattutto per i fattori qualitativi, oltre che per tradizione della coltura e per radicamento della pianta sul territorio. L'albero dell'olivo ricopre infatti, da tempi immemorabili, l'intera penisola e attualmente persino nelle regioni più settentrionali sono in corso o si stanno attivando ricerche e sperimentazioni mirate a reintrodurre questa coltivazione, viva nel passato. Nella campagna 2019-2020 la produzione ha raggiunto 340mila tonnellate di olio, con un aumento del 95,85% rispetto all'annata precedente. Questa rappresenta il 16,91% di quella dell'UE. Il consumo interno si attesta sulle 500mila tonnellate, a fronte di un consumo pro capite di 8,9 kg annui (fonte: International Olive Council). Le più fruttifere sono le regioni del Meridione (91,84% della produzione nazionale), seguite a lunga distanza dal Centro (7,39%) e dal Settentrione (0,77%). Primeggiano quest'anno per volumi Puglia, Calabria, Sicilia e Campania che, insieme, raggiungono l'85,66% del totale nazionale, seguite da Lazio, Toscana, Abruzzo e Basilicata che rappresentano il 9,88% (fonte: Service Institute for the Agricultural and Food Market on data from the Agency for Agricultural Payments).

Soprattutto al Sud l'olivicoltura è una voce importante dell'economia agricola e una primaria fonte di reddito. Ma la vera ragione della leadership italiana sta nella ricchezza del parco varietale: a oggi sono state censite ben 695 cultivar che danno origine a oli di altissima qualità. A garanzia di questa complessità l'Italia vanta un ventaglio di 42 Dop attuate, cui si aggiungono 6 Igp attuate (Toscano, Marche, Olio di Puglia, Olio di Calabria, Olio Lucano e Sicilia), più una che sta ancora completando il proprio iter: Olio di Roma, attualmente all'esame dell'UE. La maggiore concentrazione di certificazioni già attuate riguarda Sicilia, Puglia, Campania e Toscana; ma è anche interessante osservare come già esistano alcune denominazioni regionali: parliamo di Liguria, Toscana, Umbria, Marche, Molise, Puglia, Basilicata, Calabria, Sicilia e Sardegna. È dunque la qualità il punto di forza dell'Italia, una qualità a tutto campo: coltivazione, raccolta e trasformazione si avvalgono di tecnologie all'avanguardia e compatibili con la materia prima e con l'ambiente. E tutto questo diventa ancora più significativo se inserito nel fragile contesto italiano dove regna un iperfrazionamento del mercato, con un gran numero di olivicoltori che ottengono piccoli volumi e altrettanti frantoiani e imbottigliatori, e dove mancano elementi di sinergia nel comparto ed è ancora poco incisivo il supporto di istituzioni, associazioni di categoria e ricerca scientifica. La **Grecia** spicca per consumo di olio pro capite: ben 15 kg annui. A fronte di un consumo totale interno di 125mila tonnellate. Del resto non c'è altra terra al mondo dove l'olivo sia tanto profondamente radicato e simbolico: nella mitologia è il dono che la dea Atena fa agli Ateniesi, segno di sapienza e di pace. La Grecia possiede da sempre l'habitat perfetto per lo sviluppo della pianta sacra che fruttifica rigogliosa su un terreno sassoso e arido, distribuendosi tra Peloponnisos, Halkidiki, Kritis, Delphi, le isole dello Ionio e dell'Egeo. Il paniere delle cultivar è molto ricco e gli extravergine prodotti sono tutelati da 20 Dop e 12 Igp attuate. Voce primaria nell'economia nazionale e sostentamento per la popolazione, l'olivicoltura greca è descritta dai seguenti dati: nella campagna 2019-2020 sono state prodotte 300mila tonnellate di olio, con un aumento del 62,16% rispetto all'annata precedente. Produzione che costituisce il 14,92% di quella dell'UE. Dopo i tre paesi principali in Europa si distingue il **Portogallo**: non solo per i volumi produttivi (125.400 tonnellate di olio, con un aumento del 25,02% rispetto all'annata precedente) che costituiscono il 6,24% della produzione dell'UE, ma anche perché qui, negli ultimi anni, il settore sta registrando un deciso sviluppo, quantitativo e qualitativo. Complici il territorio e il clima del paese, oltre al fatto che l'utilizzo di olio da olive è ormai connaturato con le abitudini alimentari degli abitanti (il consumo pro capite è di 4 kg annui). Non stupisce allora che il Portogallo abbia al suo attivo il riconoscimento di 6 Dop, distribuite nelle aree più vocate del paese. Inoltre esiste la proposta di una Igp, Azeite do Alentejo, all'esame del ministero competente che per i volumi ricavati. La **Francia** spicca più per una buona qualità che per i volumi ricavati. La posizione geografica, al limite nord per la coltivazione della pianta, non la rende infatti una terra prettamente olivicola, tuttavia il paese ha riscoperto il ruolo primario dell'olivo all'interno dell'economia, anche in considerazione delle virtù innegabili dei suoi prodotti per la gastronomia e la salute. E da qualche anno l'olivicoltura francese sta ritrovando un proprio vigore. Nella campagna 2019-2020 la produzione si è attestata sulle 5.900 tonnellate di olio, con un aumento del 7,27% rispetto all'annata precedente (lo 0,29% della produzione dell'UE). Il consumo pro capite è di 1,5 kg annui. Le zone olivicole si concentrano in quattro regioni a sud della Francia: Provence-Alpes-Côte d'Azur, Languedoc-Roussillon, Rhône-Alpes e Région Corse. Data la diversità legata al territorio e al clima, che ha favorito le varietà autoctone come un rilancio del prodotto tipico, si distinguono ben 8 Denominazioni di Origine Protetta. La più recente, nel cuore del bacino olivicolo provenzale, è la Huile d'Olive de Provence che ha da poco terminato l'iter per la certificazione e risulta finalmente attuata. Tra gli altri paesi dell'UE si segnalano: **Cipro** che, con 6mila tonnellate di olio (lo 0,30% della produzione dell'UE), supera anche quest'anno, sia pure di pochissimo, la Francia, e la **Croazia**. Quest'ultima, vocatissima, dato il clima favorevole e l'ottima composizione del terreno, vanta un'olivicoltura fiorente e diffusa lungo la costa, in Dalmacija, nelle isole e soprattutto nella penisola istriana. Anzi proprio qui, negli ultimi anni, è stato registrato un notevolissimo incremento degli impianti olivicoli nonché un forte investimento in macchinari per l'estrazione e l'imbottigliamento di ultima generazione; e questo ha portato a una decisa crescita qualitativa del prodotto finale. La Croazia ha 5 Dop attuate: la Dop Istra, riguardante tutta l'Istria croata; la Dop Krčko Maslinovo Ulje, nella regione Primorje-Gorski Kotar; la Dop Ekstra Djevičansko Maslinovo Ulje Cres che, nella stessa regione, tutela le produzioni dell'isola di Cres; la Šoltansko Maslinovo Ulje, in Split-Dalmatija; e la Korčulansko Maslinovo Ulje, in Dubrovnik-Neretva. La Dop Bračko Maslinovo Ulje è invece ancora all'esame dell'UE per la certificazione. Quest'anno è stato registrato un leggero incremento dei volumi, con una produzione di 3.500 tonnellate di olio equivalente a un aumento del 2,94% rispetto all'annata precedente (lo 0,17% della produzione dell'UE). Pur in presenza di un rinnovato sviluppo dell'olivicoltura, il consumo pro capite in Croazia - 1,8 kg di olio annui - resta ancora piuttosto basso. Segue la **Slovenia** che ha al suo attivo una produzione di 300 tonnellate di olio (lo 0,01% della produzione dell'UE), con una diminuzione del 66,67% rispetto all'annata precedente, e un consumo pro capite di 1,3 kg annui. La storia recente del comparto olivicolo in Slovenia è quella di una ripresa lenta e difficoltosa dopo anni di grave abbandono. Ma il dato positivo è che oggi, finalmente, siano in atto interventi sia sul piano territoriale e paesaggistico che su quello agronomico e produttivo, ripristinando i vecchi oliveti e lavorando in vista di un buon prodotto finale che possa finalmente posizionarsi sul mercato. Un grande impulso in questa direzione lo ha dato l'approvazione delle 2 Dop: dapprima la Dop Ekstra Deviško Oljčno Olje Slovenske Istre e recentemente la Dop Istra, entrambe riguardanti il territorio dell'Istria slovena. E segue **Malta**: anche qui, dopo un lungo periodo di decadenza, il settore può dirsi finalmente rinato, grazie all'impegno di tutti gli operatori della filiera. Infine la **Bulgaria**, dove l'olivicoltura non costituisce una tradizione antica né riveste un'importanza economica rilevante, ma dove non è escluso che questa possa svilupparsi, nei prossimi anni, tra la popolazione del sud-est del paese. Per il resto, nel continente europeo si segnalano l'**Albania**, la **Repubblica di Macedonia del Nord**, il **Montenegro** e la **Bosnia-Erzegovina**, con buone potenzialità da sviluppare con il sostegno delle istituzioni. Per quanto riguarda il Canton Ticino, in **Svizzera**, e la penisola della Crimea, in **Ucraina**, possiamo parlare soltanto di olivicoltura marginale. Passando a considerare gli altri paesi mediterranei andiamo in Nord Africa, terra da sempre vocata all'olivicoltura. La **Tunisia** costituisce una realtà importante, soprattutto per quanto riguarda la produzione e l'esportazione. Quest'ultima quest'anno ha raggiunto le 200mila tonnellate di olio, ponendo il paese subito dopo la Spagna e l'Italia. La produzione si è attestata invece intorno alle 300mila tonnellate, con un notevole aumento del 114,29% rispetto all'annata precedente: un volume che la pone tra i principali paesi produttori al mondo. L'olivicoltura tunisina è infatti un'attività antica ma orientata al futuro, rappresentando reddito per gli abitanti e una buona porzione delle entrate per molte aziende agricole. Il consumo di olio nel paese raggiunge le 43mila tonnellate attuali, quello pro capite è di 3 kg annui. Il **Marocco** si distingue sia per volumi produttivi che per potenzialità qualitative. Nella campagna 2019-2020 la produzione ha reso 145mila tonnellate di olio, con una diminuzione del 27,50% rispetto a quella precedente. Attualmente il comparto olivicolo marocchino è in fermento, sia per la politica governativa che vuole scommettere sull'olivicoltura per farne un settore di punta nel paese, sia per i progetti di ricerca avviati, orientati a offrire alle aziende locali gli strumenti idonei per sviluppare l'olivicoltura dal punto di vista agronomico, commerciale e di studio sulle cultivar autoctone. Il consumo di olio nel paese raggiunge le 120mila tonnellate attuali, quello pro capite è di 3,8 kg annui. L'**Algeria** ha ancora molta strada da compiere per raggiungere gli standard produttivi di questa parte del Nord Africa e per trovare spazio nel mercato internazionale, ma si segnala comunque come un paese in via di sviluppo. E questo grazie alla ripresa del settore agricolo e all'interesse da parte delle istituzioni proprio per la pianta dell'olivo e i suoi frutti, in considerazione delle loro virtù salutistiche. La produzione dell'ultima campagna è stata di 82.500 tonnellate di olio, con una diminuzione del 14,95% rispetto a quella precedente. Il consumo nel paese raggiunge le 84mila tonnellate attuali, quello pro capite è di 2 kg annui. Anche l'**Egitto** e la **Libia** si caratterizzano come realtà in cui l'olivicoltura ha attraversato una lunga fase di decadenza e in cui soltanto ora si comincia a delineare un'inversione di tendenza. Ma il percorso è ancora lungo, anche se non mancano segnali positivi. Invece in Africa spicca, non per volumi ma per qualità degli extravergine prodotti, un paese che non appartiene all'area mediterranea né ha una tradizione millenaria: il **Sudafrica**. Per concludere l'**Etiopia** e la **Namibia** potrebbero, negli anni, diventare terre olivicole, se i recenti esperimenti messi in campo porteranno i risultati positivi sperati. In Asia spicca la **Turchia** la quale, nella campagna 2019-2020, ha raggiunto le 225mila tonnellate di olio, con un aumento del 16,28% rispetto all'annata precedente. Qui l'olivicoltura può dirsi un settore in crescita, e non solo per i volumi prodotti: infatti un numero sempre maggiore di coltivatori comincia ad avvalersi di tecniche avanzate per incrementare la produttività degli impianti e razionalizzare le operazioni di raccolta e di estrazione, puntando alla qualità dell'olio finale. Il consumo nel paese raggiunge le 170mila tonnellate attuali, quello pro capite è di 2 kg annui. Si distingue anche la **Siria** che ha al suo attivo 120mila tonnellate di olio, con un aumento del 20% rispetto all'annata precedente: una produzione indirizzata per lo più al consumo interno, quest'anno di 86mila tonnellate, laddove quello pro capite è di 3 kg annui. Malgrado i volumi che normalmente realizza, la quota della Siria nel mercato internazionale è sempre stata piuttosto bassa e solo di recente si sta innalzando. Infatti, anche se l'economia nazionale nel comparto olivicolo ha un peso importante e molte famiglie vivono del ricavato dell'olivicoltura, manca ancora al settore il necessario supporto tecnologico per migliorare le strutture e incrementare così la produttività e la qualità. Seguono gli altri paesi mediterranei del continente asiatico: **Giordania, Palestina, Libano, Israele**. Qui le produzioni sono inferiori, però l'olivicoltura rappresenta una tradizione profondamente radicata nel territorio dal punto di vista storico e culturale, nonché un'attività economica suscettibile di futuro sviluppo, costituendo una fonte primaria di reddito e svolgendo una funzione così importante nella società. Gli altri paesi olivicoli del continente asiatico rappresentano invece aree più marginali oppure dove l'olivicoltura è ancora a uno stato embrionale, costituendo una scommessa per il futuro. Parliamo di **Arabia Saudita, Armenia, Azerbaigian, Georgia, Iraq, Iran, Kuwait** e **Yemen**, seguiti da **Afghanistan** e **Pakistan**, per giungere a **India** e **Nepal**. Tuttavia alcuni di questi progetti di sviluppo stanno già dando risultati degni di nota con agricoltori, ricercatori ed enti pubblici e privati coinvolti nel medesimo obiettivo. Infine per quanto riguarda **Cina** e **Giappone** possiamo già parlare di olivicoltura come attività un po' più strutturata anche se, ovviamente, suscettibile di ulteriori sviluppi futuri. In Cina un'attività vera e propria è fortemente promossa soltanto a partire dalla fine degli anni Novanta del secolo scorso, quando le autorità locali decidono di puntare su di essa; e oggi è in crescita anche se permangono difficoltà negli impianti, nelle tecniche di coltivazione e nella selezione delle varietà più adatte. In Giappone, negli ultimi anni, il forte aumento della popolarità e della domanda di olio da olive ha determinato uno sviluppo della produzione locale che si è diffusa, a partire dall'isola di Shōdoshima, la pioniera dell'olivicoltura nel paese, anche in altre aree. L'olivicoltura nel resto del mondo ha come protagonisti paesi dalla storia recente, che non vantano tradizioni antiche quanto a radicamento della coltura sul territorio. Non di meno ci si imbatte in realtà interessanti e dalle grandi potenzialità. In Oceania è protagonista l'**Australia**, con una produzione di 21mila tonnellate, ottima qualità e alta tecnologia. Seguita dalla **Nuova Zelanda** il cui settore olivicolo è ancora piuttosto giovane e caratterizzato da medio-piccole produzioni, ma tuttavia sta positivamente evolvendo. Nelle Americhe si fa olio negli **Stati Uniti** (16mila tonnellate) e in **Messico**; ma i quantitativi maggiori provengono dall'America del Sud, con il **Cile** e l'**Argentina** come capofila, rispettivamente con 20mila e 26mila tonnellate di olio nell'ultima campagna. Mentre in Cile già da qualche anno le aziende migliori puntano sulla qualità, in Argentina l'incremento della superficie e il conseguente aumento del volume produttivo comincia solamente adesso a dare i primi risultati, anche qualitativi. Recentemente stanno cominciando a imbottigliare, con ottimi auspici, anche **Uruguay** e **Perù**; mentre il **Brasile** sta muovendo i primi passi per diventare, da uno dei maggiori importatori di olio, un paese produttore. L'autosufficienza è ancora lontana, ma si stanno importando dall'estero tecnologie e macchinari moderni e gli olivicoltori mirano a convogliare nella produzione locale parte delle risorse destinate all'importazione. E persino in **Colombia** sono in corso studi scientifici sull'adattabilità della pianta al clima e al territorio, in vista di un futuro sviluppo.

TABELLA 1. OLI DI OLIVA. BILANCIO MONDIALE.
DEFINITIVO 2018-2019 ('000 T) - PROVVISORIO 2019-2020 ('000 T)

CONTINENTE	NAZIONE	PRODUZIONE 2018/2019	PRODUZIONE 2019/2020	IMPORTAZIONI 2018/2019	IMPORTAZIONI 2019/2020	ESPORTAZIONI 2018/2019	ESPORTAZIONI 2019/2020	CONSUMO 2018/2019	CONSUMO 2019/2020
Europa	UE	2.263,4	2.011,1	144,9*	171,1*	647,6*	588,2*	1.432,8	1.572,4
	Norvegia	0,0	0,0	4,0	4,0	0,0	0,0	4,0	4,0
	Svizzera	0,0	0,0	14,0	15,0	0,0	0,0	14,0	15,0
	Montenegro	0,5	0,5	0,0	0,0	0,0	0,0	0,5	0,5
	Albania	11,0	11,0	1,5	1,5	0,0	0,0	12,5	12,5
	Russia	0,0	0,0	24,0	23,5	0,0	0,0	24,0	23,5
Africa	Marocco	200,0	145,0	5,5	9,0	28,0	20,0	150,0	120,0
	Algeria	97,0	82,5	0,0	0,0	0,0	0,0	85,5	84,0
	Tunisia	140,0	300,0	0,0	0,0	160,0	200,0	40,0	43,0
	Libia	18,0	16,0	0,0	0,0	0,0	0,0	16,5	16,0
	Egitto	7,0	27,5	4,0	0,0	0,0	2,5	12,0	25,0
Asia	Turchia	193,5	225,0	0,0	0,0	55,0	60,0	163,0	170,0
	Siria	100,0	120,0	0,0	0,0	25,0	34,0	75,0	86,0
	Iraq	0,0	0,0	1,5	1,5	0,0	0,0	1,5	1,5
	Iran	7,0	9,0	3,0	3,5	0,0	0,0	10,0	12,5
	Libano	24,0	19,0	3,0	4,0	7,0	3,0	20,0	20,0
	Israele	16,0	19,0	6,0	3,0	0,0	0,0	22,0	22,0
	Palestina	15,0	23,0	0,0	0,0	2,5	6,0	12,5	16,0
	Giordania	21,0	25,5	0,0	4,5	0,5	1,0	21,0	29,0
	Arabia Saudita	3,0	3,0	35,0	34,5	0,5	0,5	37,5	38,0
	Cina	5,5	6,0	46,0	46,0	0,0	0,0	51,5	52,0
	Taiwan	0,0	0,0	8,0	8,0	0,0	0,0	8,0	8,0
	Giappone	0,0	0,0	69,0	75,0	0,0	0,0	69,0	75,0
Oceania	Australia	19,0	21,0	32,0	32,0	2,0	3,0	50,0	51,0
America del Nord	Canada	0,0	0,0	46,5	47,0	0,0	0,0	46,5	47,0
	Stati Uniti	16,0	16,0	346,5	315,0	6,0	10,0	331,0	330,0
America Centrale	Messico	0,0	0,0	16,5	16,0	0,0	0,0	16,5	16,0
America del Sud	Brasile	0,0	0,0	86,0	90,0	0,0	0,0	86,0	90,0
	Cile	19,0	20,0	2,0	2,0	12,0	14,0	9,0	8,5
	Uruguay	0,5	2,0	1,0	0,0	0,0	0,0	2,0	0,5
	Argentina	27,5	26,0	1,5	1,0	20,0	19,0	7,5	7,5
Altri Paesi		15,5	15,5	67,0	87,0	5,0	5,0	77,5	97,5
	Totale	3.217,4	3.144,1	968,4	994,1	971,1	966,2	2.908,8	3.093,9

0,0 = nullo o inferiore a 300 tonnellate. * senza scambi intracomunitari. Fonte: IOC.

TABELLA 2. OLI DI OLIVA. BILANCIO EUROPEO.
DEFINITIVO 2018-2019 ('000 T) - PROVVISORIO 2019-2020 ('000 T)

NAZIONE	PRODUZIONE 2018/2019	PRODUZIONE 2019/2020	IMPORTAZIONI 2018/2019	IMPORTAZIONI 2019/2020	ESPORTAZIONI 2018/2019	ESPORTAZIONI 2019/2020	CONSUMO 2018/2019	CONSUMO 2019/2020
Svezia	0,0	0,0	0,2	0,2	0,0	0,0	9,3	9,8
Finlandia	0,0	0,0	0,0	0,0	0,0	0,0	2,7	2,6
Irlanda	0,0	0,0	0,0	0,0	0,0	0,0	4,1	3,6
Regno Unito	0,0	0,0	0,2	0,5	0,7	0,3	62,5	56,5
Danimarca	0,0	0,0	0,1	0,2	0,1	0,2	5,4	4,4
Estonia	0,0	0,0	0,0	0,0	0,0	0,0	1,0	0,9
Lettonia	0,0	0,0	0,0	0,0	0,2	0,0	1,0	1,1
Lituania	0,0	0,0	0,0	0,0	1,3	1,0	1,0	1,0
Paesi Bassi	0,0	0,0	1,1	2,9	1,7	1,0	17,1	17,3
Germania	0,0	0,0	0,6	1,2	0,8	0,7	54,1	49,6
Polonia	0,0	0,0	0,0	0,0	0,7	0,7	9,0	8,9
Belgio	0,0	0,0	1,7	3,9	0,6	0,5	12,8	18,4
Lussemburgo	0,0	0,0	0,0	0,0	0,0	0,0	1,4	2,5
Cechia	0,0	0,0	0,0	0,0	0,0	0,0	8,6	5,1
Slovacchia	0,0	0,0	0,1	0,0	0,0	0,0	1,8	1,5
Austria	0,0	0,0	0,0	0,2	0,8	0,6	7,5	6,7
Ungheria	0,0	0,0	0,0	0,0	0,0	0,0	2,6	2,4
Romania	0,0	0,0	0,0	0,0	0,0	0,0	3,6	3,3
Bulgaria	0,0	0,0	0,0	1,0	0,0	0,1	3,7	7,0
Portogallo	100,3	125,4	0,7	4,5	64,9	65,0	61,2	80,0
Spagna	1.789,9	1.230,0	84,0	91,8	355,8	289,9	514,8	550,0
Francia	5,5	5,9	7,5	9,3	2,4	1,5	108,3	101,0
Italia	173,6	340,0	48,6	55,1	197,0	209,1	398,7	500,0
Slovenia	0,9	0,3	0,0	0,0	0,0	0,0	2,3	2,1
Croazia	3,4	3,5	0,0	0,1	0,1	0,0	7,6	6,3
Grecia	185,0	300,0	0,0	0,1	20,3	17,6	123,1	125,0
Malta	0,0	0,0	0,0	0,0	0,0	0,0	1,0	1,0
Cipro	4,7	6,0	0,0	0,0	0,2	0,0	6,5	4,2
Totale	2.263,4	2.011,1	144,9	171,1	647,6	588,2	1.432,8	1.572,4

0,0 = nullo o inferiore a 300 tonnellate. Fonte: IOC.

TABELLA 3. PORTOGALLO

REGIONE	DENOMINAZIONE	N. - TIPO	ITER
Trás-os-Montes e Alto Douro	Azeite de Trás-os-Montes	01 - Dop	Attuata
Beira Interior	Azeites da Beira Interior	01 - Dop	Attuata
Estremadura e Ribatejo	Azeites do Ribatejo	01 - Dop	Attuata
Alentejo	Azeite de Moura, Azeite do Alentejo Interior, Azeites do Norte Alentejano	03 - Dop	Attuate
	Azeite do Alentejo	01 - Igp	MAM
PORTOGALLO	TOTALE DENOMINAZIONI	06 - Dop	Attuate
		01 - Igp	MAM

TABELLA 4. SPAGNA

REGIONE	DENOMINAZIONE	N. - TIPO	ITER
La Rioja	Aceite de La Rioja	01 - Dop	Attuata
Comunidad Foral de Navarra	Aceite de Navarra	01 - Dop	Attuata
Aragón	Aceite del Bajo Aragón, Aceite Sierra de Moncayo	02 - Dop	Attuata
Cataluña	Aceite de Terra Alta, Aceite del Baix Ebre-Montsià, Les Garrigues, Oli de l'Empordà, Siurana	05 - Dop	Attuate
Extremadura	Aceite Monterrubio, Gata-Hurdes	02 - Dop	Attuata
Castilla-La Mancha	Aceite Campo de Calatrava, Aceite Campo de Montiel, Aceite de La Alcarria, Montes de Toledo	04 - Dop	Attuate
Comunidad Valenciana	Aceite de la Comunitat Valenciana	01 - Dop	Attuata
Andalucía	Aceites de Lucena, Antequera, Baena, Estepa, Montes de Granada, Montoro-Adamuz, Poniente de Granada, Priego de Córdoba, Sierra de Cádiz, Sierra de Cazorla, Sierra de Segura, Sierra Mágina	12 - Dop	Attuate
	Aceite de Jaén	01 - Igp	Attuata
Región de Murcia	Aceite de la Región de Murcia	01 - Dop	MAPAMA
Islas Baleares	Aceite de Mallorca	01 - Dop	Attuata
	Aceite de Ibiza	01 - Igp	Attuata
SPAGNA	TOTALE DENOMINAZIONI	29 - Dop	Attuate
		01 - Dop	MAPAMA
		02 - Igp	Attuata

TABELLA 5. FRANCIA

REGIONE	DENOMINAZIONE	N. - TIPO	ITER
Provence-Alpes-Côte d'Azur	Huile d'Olive d'Aix-en-Provence, Huile d'Olive de Corse, Huile d'Olive de Haute-Provence, Huile d'Olive de la Vallée des Baux-de-Provence, Huile d'Olive de Nice, Huile d'Olive de Nimes, Huile d'Olive de Nyons, Huile d'Olive de Provence	08 - Dop	Attuate
FRANCIA	TOTALE DENOMINAZIONI	08 - Dop	Attuate

TABELLA 6. SLOVENIA

REGIONE	DENOMINAZIONE	N. - TIPO	ITER
Obalno-kraška	Ekstra Deviško Oljčno Olje Slovenske Istre, Istra	02 - Dop	Attuate
SLOVENIA	TOTALE DENOMINAZIONI	02 - Dop	Attuate

TABELLA 7. CROAZIA

REGIONE	DENOMINAZIONE	N. - TIPO	ITER
Istra	Istra	01 - Dop	Attuata
Primorje-Gorski Kotar	Ekstra Djevičansko Maslinovo Ulje Cres, Krčko Maslinovo Ulje	02 - Dop	Attuate
Split-Dalmacija	Šoltansko Maslinovo Ulje	01 - Dop	Attuata
	Bračko Maslinovo Ulje	01 - Dop	UE
Dubrovnik-Neretva	Korčulansko Maslinovo Ulje	01 - Dop	Attuata
CROAZIA	TOTALE DENOMINAZIONI	05 - Dop	Attuate
		01 - Dop	UE

TABELLA 8. ITALIA

REGIONE	DENOMINAZIONE	TIPO	ITER
Liguria	Riviera Ligure	01 - Dop	Attuata
Lombardia	Laghi Lombardi	01 - Dop	Attuata
Lombardia, Trentino Alto Adige, Veneto	Garda: Bresciano, Trentino, Orientale	01 - Dop	Attuata
Veneto	Veneto	01 - Dop	Attuata
Friuli Venezia Giulia	Tergeste	01 - Dop	Attuata
Emilia Romagna	Brisighella, Colline di Romagna	02 - Dop	Attuate
Toscana	Chianti Classico, Lucca, Seggiano, Terre di Siena	04 - Dop	Attuate
	Toscano	01 - Igp	Attuata
Marche	Cartoceto	01 - Dop	Attuata
	Marche	01 - Igp	Attuata
Umbria	Umbria	01 - Dop	Attuata
Lazio	Canino, Colline Pontine, Sabina, Tuscia	04 - Dop	Attuata
	Olio di Roma	01 - Igp	UE
Abruzzo	Aprutino Pescarese, Colline Teatine, Pretuziano delle Colline Teramane	03 - Dop	Attuate
Molise	Molise	01 - Dop	Attuata
Campania	Cilento, Colline Salernitane, Irpinia - Colline dell'Ufita, Penisola Sorrentina, Terre Aurunche	05 - Dop	Attuate
Puglia	Collina di Brindisi, Dauno, Terra d'Otranto, Terra di Bari, Terre Tarentine	05 - Dop	Attuate
	Olio di Puglia	01 - Igp	Attuata
Basilicata	Vulture	01 - Dop	Attuata
	Olio Lucano	01 - Igp	Attuata
Calabria	Alto Crotonese, Bruzio, Lametia	03 - Dop	Attuate
	Olio di Calabria	01 - Igp	Attuata
Sicilia	Monte Etna, Monti Iblei, Val di Mazara, Valdemone, Valle del Belice, Valli Trapanesi	06 - Dop	Attuate
	Sicilia	01 - Igp	Attuata
Sardegna	Sardegna	01 - Dop	Attuata
ITALIA	TOTALE DENOMINAZIONI	42 - Dop	Attuata
		06 - Igp	Attuate
		01 - Igp	UE

TABELLA 9. GRECIA

REGIONE	DENOMINAZIONE	N. - TIPO	ITER
Anatoliki Makedonia - Kai Thraki	Elaiolado Makris	01 - Dop	Attuata
Kentriki Makedonia	Agoureleo Chalkidikis, Galano Metaggitsiou Chalkidikis	02 - Dop	Attuate
	Thassos	01 - Igp	Attuata
Ipiros	Preveza	01 - Igp	Attuata
Peloponnisos	Finiki Lakonias, Kalamata, Kranidi Argolidas, Krokees Lakonias, Lygourgio Asklipiou, Petrina Lakonias	06 - Dop	Attuate
	Lakonia, Olympia	02 - Igp	Attuate
Attiki	Exairetiko Partheno Elaiolado Troizinia	01 - Dop	Attuata
Ionio	Agios Mathaios Kerkyras, Kefalonia, Zakynthos	03 - Igp	Attuate
Vorio Egeo	Lesbos, Rhodos, Samos	03 - Igp	Attuate
Kriti	Apokoronas Hanion Kritis, Archanes Iraklio Kritis, Exeretiko Partheno Eleolado Selino Kritis, Exeretiko Partheno Eleolado Thrapsano, Kolymvari Hanion Kritis, Messara, Peza Iraklio Kritis, Sitia Lasithi Kritis, Viannos Iraklio Kritis, Vorios Mylopotamos Rethymnis Kritis	10 - Dop	Attuate
	Hania Kritis, Kritsa	02 - Igp	Attuate
GRECIA	TOTALE DENOMINAZIONI	20 - Dop	Attuate
		12 - Igp	Attuate

Olive Growing in the World

Marco Oreggia and Laura Marinelli

In the oil harvest 2019-2020 the world olive oil production reached a volume of 3,144,100 tons, with a 2.28% decrease compared to the previous year. Currently the most of the world production (96.61%) comes from Mediterranean countries, the traditional producers, as olive growing has flourished in this area since the dawn of ancient civilizations. The countries belonging to the European Union represent 63.96% of the world production, and Spain, Italy and Greece are the giants in this field. The rest is represented by America (United States, Mexico and a large part of South America), Oceania (Australia and New Zealand) and the part of the Asian and African continents that is not washed by the Mediterranean Sea. **Spain** has been the world biggest producer for years, as data clearly show: in the harvest 2019-2020 a quantity of 1,230,000 tons of oil was produced, with a decrease of 31.25% compared to the previous year, an output representing 61.16% of the EU production. At present Spain is the only country in Europe that produces enough oil for its own domestic consumption, which is currently 550,000 tons, while the per capita consumption is 7.1 kg per year. Exports were, instead, 289,900 tons (source: International Olive Council). Although the areas are different for productive density and varieties, oil is produced in Spain almost everywhere thanks to the conformation of the territory and the favourable climate. The most productive region is Andalucía, with 80% of the total national quantity, where the provinces of Jaén and Córdoba constitute more than a half of the whole regional cultivation: the oil capital is Jaén, where the most of the national production is concentrated. Castilla-La Mancha, Extremadura and Cataluña follow with lower quantities (source: Information and Food Control Agency). Spanish extra virgin olive oil is protected by 29 implemented Pdo, while one in the Región de Murcia is being examined by MAPAMA. In addition, in Andalucía and in the Islas Baleares, respectively the Pgi Aceite de Jaén and the Pgi Aceite de Ibiza have finally been implemented. The most Pdo, 12 have been implemented, are concentrated in Andalucía, followed by Cataluña and Castilla-La Mancha. In the last few years, olive growing in Spain has been characterized by a strong increase in production in the whole national territory and this trend is growing more and more evident year after year. These quantities in most cases do not effect quality. It is in fact a primary objective to reach targets of excellence with reasonable costs: to this aim a favourable factor has certainly been a government and regional administration willing to improve the olive oil sector in each one of its aspects, from scientific research to marketing. **Italy** is one of the most important producers in the Mediterranean area, but above all it is the land of olive par excellence for the tradition of this cultivation, for the presence of this tree in the territory and for the quality of the end product. In fact, the olive tree has covered the whole peninsula since immemorial times and at the moment even in the most northern regions research and experimentation are being carried out to reintroduce this cultivation, once present. In the harvest 2019-2020 production reached 340,000 tons of oil, with an increase of 95.85% compared to the previous year. This output represents 16.91% of the EU production. Internal consumption is currently 500,000 tons, while the per capita consumption is 8.9 kg per year (source: International Olive Council). The majority comes from the regions of the south (91.84% of the national production), followed by the centre (7.39%) and the north (0.77%). Puglia, Calabria, Sicilia and Campania stand out in order of importance, together they produce 85.66% of the total national quantity, followed by Lazio, Toscana, Abruzzo and Basilicata, with a quota of 9.88% (source: Service Institute for the Agricultural and Food Market on data from the Agency for Agricultural Payments). Especially in the south olive growing is an important resource of the agricultural sector and a primary source of income. But the true reason for the Italian record is in the rich and complex number of varieties - over 695 cultivars have been censused, which produce excellent extra virgin olive oils. To protect this complexity Italy can boast 42 implemented Pdo and six Pgi (Toscano, Marche, Olio di Puglia, Olio di Calabria, Olio Lucano and Sicilia). In addition, another one, Olio di Roma, is still being examined by EU. The most denominations are concentrated in Sicilia, Puglia, Campania and Toscana, but there are also regions that have obtained denominations including the whole regional territory: Liguria, Toscana, Umbria, Marche, Molise, Puglia, Basilicata, Calabria, Sicilia and Sardegna. Quality is therefore Italy's strength and involves all levels of the olive oil sector: from agronomy and harvesting to transformation, effected through technologies ever more specialized in their treatment of raw materials and their respect for the environment. All this takes place in a very complex reality: the Italian olive oil industry is in fact structurally weak, characterized by a lack of homogeneity due to considerable iper-splitting, therefore the productive circle is saturated by too many olive growers who produce a limited quantity and by equally as many oil millers and bottlers. What emerges is a lack of synergy in the sector, in which the single producers are supported neither at institutional level, nor by trading associations or scientific research. Greece has the greatest per capita olive oil consumption in the world, 15 kg per year, while the total internal consumption is 125,000 tons. Probably nowhere else is the olive tree so rooted in the civilization and so endowed with a holy value: symbol of wisdom and peace, it is in fact the sacred tree of Athena, who gave it to the Athenians. **Greece** has always been the ideal land for olive growing, which flourishes on a stony, dry ground and is cultivated especially in the Peloponnisos, in the Peninsula of Halkidiki, Crete, Delphi, on the islands of the Ionian and the Aegean. The range of cultivars is very rich and the extra virgin olive oils produced are protected by 20 implemented Pdo and by 12 implemented Pgi. Olive growing in Greece is a driving sector of the national economy and a primary resource for the population, as data clearly show: in the harvest 2019-2020 a quantity of 300,000 tons of oil was produced, with an increase of 62.16% compared to the previous year. This output represents 14.92% of the EU production. After the first three giants, **Portugal** should be mentioned, not only for its volumes (125,400 tons of oil, with an increase of 25.02% compared to the previous year), a quota that represents 6.24% of the EU production, but also because in the last few years the sector has been expanding and quality has greatly improved. Favourable factors are the conformation of the land and its climate. Besides, the Portuguese have always used olive oil because of its gastronomic and health-giving properties. The per capita consumption is, in fact, 4 kg per year. Therefore, it is not surprising that Portugal has obtained 6 Pdo, distributed in the best areas of the country. Moreover, a Pgi, Azeite do Alentejo, is being examined by the competent Ministry. **France** stands out more for quality, than for volumes. Its geographical position, on the northern border of olive cultivation, does not make it a typical olive growing country, however the country has rediscovered the central role of the olive tree in its economy thanks to the undisputable qualities of its products for gastronomy and health. In the last few years, French olive growing has been definitely recovering. In the harvest 2019-2020 production reached 5,900 tons, with an increase of 7.27% compared to the previous year (0.29% of the EU production). The per capita consumption is 1.7 kg per year. The olive areas are concentrated in four regions in the south of France: Provence-Alpes-Côte d'Azur, Languedoc-Roussillon, Rhône-Alpes and Région Corse. Given the difference due to the territory and the climate that has favoured the autochthonous varieties allowing a relaunching of the typical product, EU has distinguished 8 Denominations of Protected Origin. The most recent, in the heart of the Provencal olive area, is Huile d'Olive de Provence, which has finally been implemented. The other EU countries are: **Cyprus**, which has surpassed France also this year with 6,000 tons of oil (0.30% of the EU production) and **Croatia**, a very favourable land, where olive growing is flourishing, due to the favourable climate and the good composition of the soil. It is spread along the coast, in Dalmacija, on the islands and especially in the Istrian peninsula. Here in the last few years the number of olive groves has strongly increased and investments have been made in advanced extraction and bottling machinery. As a consequence, the quality of the end product has definitely improved. Croatia has 5 implemented Pdo: the Pdo Istra, concerning the whole Croatian Istria; the Pdo Krčko Maslinovo Ulje, in the region Primorje-Gorski Kotar; the Pdo Ekstra Djevičansko Maslinovo Ulje Cres, which protects the production of the island of Cres in the same region, the Pdo Šoltansko Maslinovo Ulje, in Split-Dalmatija; and the Pdo Korčulansko Maslinovo Ulje, in Dubrovnik-Neretva. Instead, the Pdo Bračko Maslinovo Ulje is still under EU examination. In the last harvest 3,500 tons of oil were produced, with a slight increase of 2.94% compared to the previous year (0.17% of the EU production). In spite of the renewed development of olive growing, the per capita consumption - 1.8 kg per year - is still rather low. The following country is **Slovenia**, which produced 300 tons of oil (0.01% of the EU production), with a 66.67% decrease compared to the previous year. The per capita consumption is 1.3 kg per year. The recent history of olive growing in Slovenia can be described as a slow and difficult recovery after years of decadence and neglect. But the positive fact is that the country is moving in the right direction, considering the environment, but also the agronomic and productive point of view, thus restoring the old olive groves and aiming at the quality of the end product, so that local olive oil can come on the market. In this sense a great stimulus has been given by the recognition of two Pdo: first the Pdo Ekstra Deviško Oljčno Olje Slovenske Istre and more recently the Pdo Istra, both regarding the territory of Slovenian Istria. Also in **Malta** today the sector is definitely flourishing thanks to the efforts of all the workers involved in this sector. Finally, **Bulgaria**, where olive growing does not have an ancient tradition nor is relevant from an economic point of view, but where this cultivation may develop in the south-east of the country in the next few years. In addition, in the European continent, **Albania**, the **Republic of Northern Macedonia**, **Montenegro** and **Bosnia Herzegovina** have remarkable potential that can be developed with the support of the institutions, while in Canton Ticino, in **Switzerland**, and in the Crimean Peninsula, in **Ukraine**, olive growing is still a marginal cultivation. Considering the other Mediterranean countries, in North Africa, a land where olive growing has an ancient tradition, **Tunisia** is an important reality, both for production and for exports, which have reached 200,000 tons, placing the country after the giants Spain and Italy. Instead, 300,000 tons of oil were produced in the last harvest, with a strong increase of 114.29% compared to the previous year. This volume makes it one of the main producers in the world. Tunisian olive growing is, in fact, an ancient activity, but at the same time it is orientated towards the future, constituting a source of income for the inhabitants and a large part of the revenues for many farms. Oil consumption in the country is currently 43,000 tons, while the per capita consumption is 3 kg per year. **Morocco** stands out for production volumes and quality of the end product. In the last harvest 145,000 tons of olive oil were produced, with a decrease of 27.50% compared to the previous year. Currently the growth of the olive sector is fostered by the government that is aiming at turning olive growing into one of the main productive sectors in Morocco. Moreover, several research projects are in progress to offer local farms the suitable instruments to develop olive growing from an agronomic and commercial point of view and to carry out researches on autochthonous cultivars. Oil consumption in the country is currently 120,000 tons, while the per capita consumption is 3.8 kg per year. **Algeria** has still a long way to go to reach the productive standards of this part of North Africa and to find a place in the international market, but it is, however, a developing country, thanks to the recovery of the agricultural sector and the renewed interest in the olive tree and its fruits, due to their health giving properties, on the part of the institutions. In the last harvest 82,500 tons of oil were produced, with a decrease of 14.95% compared to the previous year. Oil consumption in the country is currently 84,000 tons, while the per capita consumption is 2 kg per year. **Libya** and **Egypt** are also countries where olive growing went through a long phase of decay, but today a turnaround is starting. The way is still long, although there are positive signs. Instead, in Africa, a country that neither belongs to the Mediterranean area, nor has a millennial history, **South Africa**, stands out for the quality of its extra virgin olive oil, although production is not very abundant. Finally, **Ethiopia** and **Namibia** might become olive growing countries in the future, if the recent experiments will prove positive. In Asia the biggest producer is **Turkey**. In the harvest 2019-2020, it reached 225,000 tons of oil, with an increase of 16.28% compared to the previous year. Here olive growing is a developing sector, with an increasing number of producers who use advanced techniques to enhance production in the olive groves and to rationalize harvest and extraction, aiming at the quality of the end product. Oil consumption in the country is currently 170,000 tons, while the per capita consumption is 2 kg per year. **Syria** produced 120,000 tons of oil, with an increase of 20% compared to the previous year. This production is mainly orientated to internal consumption, this year 86,000 tons, while the per capita consumption is 3 kg per year. In spite of the volumes it generally reaches, its quota on the international market has always been rather low and only recently has gradually increased. In fact, although in the national economy the olive sector is considerable and numerous families live of the proceeds of the olive products, technological supports to increase the structures at all levels of the olive oil sector are lacking, but they are essential to increase productivity and quality. With much inferior volumes we can mention the other Mediterranean countries in Asia: **Jordan**, **Palestine**, **Lebanon** and **Israel**. Here olive growing is, however, a deeply-rooted tradition from the historical and social point of view and it is likely to develop in the future, representing a primary source of income and playing an important social role. The other olive countries in the Asian continent are more marginal areas or places where olive growing is still embryonic and constitutes a challenge for the future: **Saudi Arabia**, **Armenia**, **Georgia**, **Azerbaijan**, **Iraq**, **Iran**, **Kuwait** and **Yemen**, followed by **Afghanistan** and **Pakistan** and then by **India** and **Nepal**. However, some of these development projects are already giving notable results and involve farmers, researchers, public and private bodies, all sharing the same objective. Finally, as regards **China** and **Japan**, olive growing is a more structured activity, but it is likely to develop further in the future. In China, a real activity has been strongly promoted only since the end of the 90s of the last century, when local authorities decided to focus on it; today it is growing, even if there are still difficulties in the plants, in the cultivation techniques and in the selection of the most suitable varieties. In Japan, in recent years, the strong increase in the popularity and demand for olive oil has led to a development of local production that has spread, starting from the island of Shōdoshima, the pioneer of olive growing in the country, to other areas. In the rest of the world olive growing is practised in countries with a recent history without a deeply-rooted tradition in the territory. There are, however, interesting realities with great potential. In Oceania the protagonist is **Australia**, with a production of 21,000 tons, very high quality and advanced technology. It is followed by **New Zealand**, where the olive sector is still quite young and characterized by small-medium productions, but it is developing in a positive way. In America the **United States** (16,000 tons) and **Mexico** are oil producers; however, the biggest quantities come from South America, with **Chile** and **Argentina** as leaders, respectively with 20,000 and 26,000 tons of oil in the last harvest. While in Chile the best farms have been aiming at quality for some years, in Argentina the increase in surface and the consequent increase in the productive volumes are now starting to give the first results and improve quality. Recently also **Uruguay** and **Peru** have started bottling with excellent results, while **Brazil** is taking its first steps to become not only one of the largest importers of oil, but also a producer. Its output still does not meet domestic needs, but the country is importing technology and modern machinery from abroad and olive growers aim at conveying some of the resources destined to imports into local production. Even in **Colombia** scientific studies on the adaptability of the olive tree to the climate and the territory are in progress, with the objective of a future development.

TABLE 1. OLIVE OIL. WORLD BALANCE.
DEFINITIVE 2018-2019 ('000 T) - PROVISIONAL 2019-2020 ('000 T)

CONTINENT	COUNTRY	PRODUCTION 2018/2019	PRODUCTION 2019/2020	IMPORTS 2018/2019	IMPORTS 2019/2020	EXPORTS 2018/2019	EXPORTS 2019/2020	CONSUMPTION 2018/2019	CONSUMPTION 2019/2020
Europe	EU	2,263.4	2,011.1	144.9*	171.1*	647.6*	588.2*	1,432.8	1,572.4
	Norway	0.0	0.0	4.0	4.0	0.0	0.0	4.0	4.0
	Switzerland	0.0	0.0	14.0	15.0	0.0	0.0	14.0	15.0
	Montenegro	0.5	0.5	0.0	0.0	0.0	0.0	0.5	0.5
	Albania	11.0	11.0	1.5	1.5	0.0	0.0	12.5	12.5
	Russia	0.0	0.0	24.0	23.5	0.0	0.0	24.0	23.5
Africa	Morocco	200.0	145.0	5.5	9.0	28.0	20.0	150.0	120.0
	Algeria	97.0	82.5	0.0	0.0	0.0	0.0	85.5	84.0
	Tunisia	140.0	300.0	0.0	0.0	160.0	200.0	40.0	43.0
	Libya	18.0	16.0	0.0	0.0	0.0	0.0	16.5	16.0
	Egypt	7.0	27.5	4.0	0.0	0.0	2.5	12.0	25.0
Asia	Turkey	193.5	225.0	0.0	0.0	55.0	60.0	163.0	170.0
	Syria	100.0	120.0	0.0	0.0	25.0	34.0	75.0	86.0
	Iraq	0.0	0.0	1.5	1.5	0.0	0.0	1.5	1.5
	Iran	7.0	9.0	3.0	3.5	0.0	0.0	10.0	12.5
	Lebanon	24.0	19.0	3.0	4.0	7.0	3.0	20.0	20.0
	Israel	16.0	19.0	6.0	3.0	0.0	0.0	22.0	22.0
	Palestine	15.0	23.0	0.0	0.0	2.5	6.0	12.5	16.0
	Jordan	21.0	25.5	0.0	4.5	0.5	1.0	21.0	29.0
	Saudi Arabia	3.0	3.0	35.0	34.5	0.5	0.5	37.5	38.0
	China	5.5	6.0	46.0	46.0	0.0	0.0	51.5	52.0
	Taiwan	0.0	0.0	8.0	8.0	0.0	0.0	8.0	8.0
	Japan	0.0	0.0	69.0	75.0	0.0	0.0	69.0	75.0
Oceania	Australia	19.0	21.0	32.0	32.0	2.0	3.0	50.0	51.0
North America	Canada	0.0	0.0	46.5	47.0	0.0	0.0	46.5	47.0
	United States	16.0	16.0	346.5	315.0	6.0	10.0	331.0	330.0
Central America	Mexico	0.0	0.0	16.5	16.0	0.0	0.0	16.5	16.0
South America	Brazil	0.0	0.0	86.0	90.0	0.0	0.0	86.0	90.0
	Chile	19.0	20.0	2.0	2.0	12.0	14.0	9.0	8.5
	Uruguay	0.5	2.0	1.0	0.0	0.0	0.0	2.0	0.5
	Argentina	27.5	26.0	1.5	1.0	20.0	19.0	7.5	7.5
Other Countries		15.5	15.5	67.0	87.0	5.0	5.0	77.5	97.5
	Total	3,217.4	3,144.1	968.4	994.1	971.1	966.2	2,908.8	3,093.9

0.0 = null or inferior to 300 tons. * without intra-Community trade. Source: IOC.

TABLE 2. OLIVE OIL. EUROPEAN BALANCE.
DEFINITIVE 2018-2019 ('000 T) - PROVISIONAL 2019-2020 ('000 T)

COUNTRY	PRODUCTION 2018/2019	PRODUCTION 2019/2020	IMPORTS 2018/2019	IMPORTS 2019/2020	EXPORTS 2018/2019	EXPORTS 2019/2020	CONSUMPTION 2018/2019	CONSUMPTION 2019/2020
Sweden	0.0	0.0	0.2	0.2	0.0	0.0	9.3	9.8
Finland	0.0	0.0	0.0	0.0	0.0	0.0	2.7	2.6
Ireland	0.0	0.0	0.0	0.0	0.0	0.0	4.1	3.6
United Kingdom	0.0	0.0	0.2	0.5	0.7	0.3	62.5	56.5
Denmark	0.0	0.0	0.1	0.2	0.1	0.2	5.4	4.4
Estonia	0.0	0.0	0.0	0.0	0.0	0.0	1.0	0.9
Latvia	0.0	0.0	0.0	0.0	0.2	0.0	1.0	1.1
Lithuania	0.0	0.0	0.0	0.0	1.3	1.0	1.0	1.0
The Netherlands	0.0	0.0	1.1	2.9	1.7	1.0	17.1	17.3
Germany	0.0	0.0	0.6	1.2	0.8	0.7	54.1	49.6
Poland	0.0	0.0	0.0	0.0	0.7	0.7	9.0	8.9
Belgium	0.0	0.0	1.7	3.9	0.6	0.5	12.8	18.4
Luxemburg	0.0	0.0	0.0	0.0	0.0	0.0	1.4	2.5
Cech Republic	0.0	0.0	0.0	0.0	0.0	0.0	8,6	5,1
Slovakia	0.0	0.0	0.1	0.0	0.0	0.0	1.8	1.5
Austria	0.0	0.0	0.0	0.2	0.8	0.6	7.5	6.7
Hungary	0.0	0.0	0.0	0.0	0.0	0.0	2.6	2.4
Romania	0.0	0.0	0.0	0.0	0.0	0.0	3.6	3.3
Bulgaria	0.0	0.0	0.0	1.0	0.0	0.1	3.7	7.0
Portugal	100.3	125.4	0.7	4.5	64.9	65.0	61.2	80.0
Spain	1,789.9	1,230.0	84.0	91.8	355.8	289.9	514.8	550.0
France	5.5	5.9	7.5	9.3	2.4	1.5	108.3	101.0
Italy	173.6	340.0	48.6	55.1	197.0	209.1	398.7	500.0
Slovenia	0.9	0.3	0.0	0.0	0.0	0.0	2.3	2.1
Croatia	3.4	3.5	0.0	0.1	0.1	0.0	7.6	6.3
Greece	185.0	300.0	0.0	0.1	20.3	17.6	123.1	125.0
Malta	0.0	0.0	0.0	0.0	0.0	0.0	1.0	1.0
Cyprus	4.7	6.0	0.0	0.0	0.2	0.0	6.5	4.2
Total	2,263.4	2,011.1	144.9	171.1	647.6	588.2	1,432.8	1,572.4

0.0 = null or inferior to 300 tons. Source: IOC.

TABLE 3. PORTUGAL

REGION	DENOMINATION	N. - TYPE	ITER
Trás-os-Montes e Alto Douro	Azeite de Trás-os-Montes	01 - Pdo	Implemented
Beira Interior	Azeites da Beira Interior	01 - Pdo	Implemented
Estremadura e Ribatejo	Azeites do Ribatejo	01 - Pdo	Implemented
Alentejo	Azeite de Moura, Azeite do Alentejo Interior, Azeites do Norte Alentejano	03 - Pdo	Implemented
	Azeite do Alentejo	01 - Pgi	MAM
PORTUGAL	TOTAL DENOMINATIONS	06 - Pdo	Implemented
		01 - Pgi	MAM

TABLE 4. SPAIN

REGION	DENOMINATION	N. - TYPE	ITER
La Rioja	Aceite de La Rioja	01 - Pdo	Implemented
Comunidad Foral de Navarra	Aceite de Navarra	01 - Pdo	Implemented
Aragón	Aceite del Bajo Aragón, Aceite Sierra de Moncayo	02 - Pdo	Implemented
Cataluña	Aceite de Terra Alta, Aceite del Baix Ebre-Montsià, Les Garrigues, Oli de l'Empordà, Siurana	05 - Pdo	Implemented
Extremadura	Aceite Monterrubio, Gata-Hurdes	02 - Pdo	Implemented
Castilla-La Mancha	Aceite Campo de Calatrava, Aceite Campo de Montiel, Aceite de La Alcarria, Montes de Toledo	04 - Pdo	Implemented
Comunidad Valenciana	Aceite de la Comunitat Valenciana	01 - Pdo	Implemented
Andalucía	Aceites de Lucena, Antequera, Baena, Estepa, Montes de Granada, Montoro-Adamuz, Poniente de Granada, Priego de Córdoba, Sierra de Cádiz, Sierra de Cazorla, Sierra de Segura, Sierra Mágina	12 - Pdo	Implemented
	Aceite de Jaén	01 - Pgi	Implemented
Región de Murcia	Aceite de la Región de Murcia	01 - Pdo	MAPAMA
Islas Baleares	Aceite de Mallorca	01 - Pdo	Implemented
	Aceite de Ibiza	01 - Pgi	Implemented
SPAIN	TOTAL DENOMINATIONS	29 - Pdo	Implemented
		01 - Pdo	MAPAMA
		02 - Pgi	Implemented

TABLE 5. FRANCE

REGION	DENOMINATION	N. - TYPE	ITER
Provence-Alpes-Côte d'Azur	Huile d'Olive d'Aix-en-Provence, Huile d'Olive de Corse, Huile d'Olive de Haute-Provence, Huile d'Olive de la Vallée des Baux-de-Provence, Huile d'Olive de Nice, Huile d'Olive de Nimes, Huile d'Olive de Nyons, Huile d'Olive de Provence	08 - Pdo	Implemented
FRANCE	TOTAL DENOMINATIONS	08 - Pdo	Implemented

TABLE 6. SLOVENIA

REGION	DENOMINATION	N. - TYPE	ITER
Obalno-kraška	Ekstra Deviško Oljčno Olje Slovenske Istre, Istra	02 - Pdo	Implemented
SLOVENIA	TOTAL DENOMINATIONS	02 - Pdo	Implemented

TABLE 7. CROATIA

REGION	DENOMINATION	N. - TYPE	ITER
Istra	Istra	01 - Pdo	Implemented
Primorje-Gorski Kotar	Ekstra Djevičansko Maslinovo Ulje Cres, Krčko Maslinovo Ulje	02 - Pdo	Implemented
Split-Dalmacija	Šoltansko Maslinovo Ulje	01 - Pdo	Implemented
	Bračko Maslinovo Ulje	01 - Pdo	EU
Dubrovnik-Neretva	Korčulansko Maslinovo Ulje	01 - Pdo	Implemented
CROATIA	TOTAL DENOMINATIONS	05 - Pdo	Implemented
		01 - Pdo	EU

TABLE 8. ITALY

REGION	DENOMINATION	N. - TYPE	ITER
Liguria	Riviera Ligure	01 - Pdo	Implemented
Lombardia	Laghi Lombardi	01 - Pdo	Implemented
Lombardia, Trentino Alto Adige, Veneto	Garda: Bresciano, Trentino, Orientale	01 - Pdo	Implemented
Veneto	Veneto	01 - Pdo	Implemented
Friuli Venezia Giulia	Tergeste	01 - Pdo	Implemented
Emilia Romagna	Brisighella, Colline di Romagna	02 - Pdo	Implemented
Toscana	Chianti Classico, Lucca, Seggiano, Terre di Siena	04 - Pdo	Implemented
	Toscano	01 - Pgi	Implemented
Marche	Cartoceto	01 - Pdo	Implemented
	Marche	01 - Pgi	Implemented
Umbria	Umbria	01 - Pdo	Implemented
Lazio	Canino, Colline Pontine, Sabina, Tuscia	04 - Pdo	Implemented
	Olio di Roma	01 - Pgi	EU
Abruzzo	Aprutino Pescarese, Colline Teatine, Pretuziano delle Colline Teramane	03 - Pdo	Implemented
Molise	Molise	01 - Pdo	Implemented
Campania	Cilento, Colline Salernitane, Irpinia - Colline dell'Ufita, Penisola Sorrentina, Terre Aurunche	05 - Pdo	Implemented
Puglia	Collina di Brindisi, Dauno, Terra d'Otranto, Terra di Bari, Terre Tarentine	05 - Pdo	Implemented
	Olio di Puglia	01 - Pgi	Implemented
Basilicata	Vulture	01 - Pdo	Implemented
	Olio Lucano	01 - Pgi	Implemented
Calabria	Alto Crotonese, Bruzio, Lametia	03 - Pdo	Implemented
	Olio di Calabria	01 - Pgi	Implemented
Sicilia	Monte Etna, Monti Iblei, Val di Mazara, Valdemone, Valle del Belice, Valli Trapanesi	06 - Pdo	Implemented
	Sicilia	01 - Pgi	Implemented
Sardegna	Sardegna	01 - Pdo	Implemented
ITALY	TOTAL DENOMINATIONS	42 - Pdo	Implemented
		06 - Pgi	Implemented
		01 - Pgi	EU

TABLE 9. GREECE

REGION	DENOMINATION	N. - TYPE	ITER
Anatoliki Makedonia - Kai Thraki	Elaiolado Makris	01 - Pdo	Implemented
Kentriki Makedonia	Agoureleo Chalkidikis, Galano Metaggitsiou Chalkidikis	02 - Pdo	Implemented
	Thassos	01 - Pgi	Implemented
Ipiros	Preveza	01 - Pgi	Implemented
Peloponnisos	Finiki Lakonias, Kalamata, Kranidi Argolidas, Krokees Lakonias, Lygourgio Asklipiou, Petrina Lakonias	06 - Pdo	Implemented
	Lakonia, Olympia	02 - Pgi	Implemented
Attiki	Exairetiko Partheno Elaiolado Troizinia	01 - Pdo	Implemented
Ionio	Agios Mathaios Kerkyras, Kefalonia, Zakynthos	03 - Pgi	Implemented
Vorio Egeo	Lesbos, Rhodos, Samos	03 - Pgi	Implemented
Kriti	Apokoronas Hanion Kritis, Archanes Iraklio Kritis, Exeretiko Partheno Eleolado Selino Kritis, Exeretiko Partheno Eleolado Thrapsano, Kolymvari Hanion Kritis, Messara, Peza Iraklio Kritis, Sitia Lasithi Kritis, Viannos Iraklio Kritis, Vorios Mylopotamos Rethymnis Kritis	10 - Pdo	Implemented
	Hania Kritis, Kritsa	02 - Pgi	Implemented
GREECE	TOTAL DENOMINATIONS	20 - Pdo	Implemented
		12 - Pgi	Implemented

RINGRAZIAMENTI · ACKNOWLEDGEMENTS

Per la collaborazione e i suggerimenti / For their collaboration and advice:
Agenzia per le Erogazioni in Agricoltura, Alfa Laval, Aprol Perugia, Arconvert, Aries - Azienda Speciale della Camera di Commercio di Trieste, Arsial Lazio, Arssa Abruzzo, Asoliva, Asolur - Asociación Olivícola Uruguaya, Associação dos Olivicultores de Trás-os-Montes e Alto Douro, Association of Agricultural Research Institutions in the Near East and North Africa, Associazione Amici dell'Olivo, Associazione Piemontese Olivicoltori, Association Française Interprofessionnelle de l'Olive, Associazione Regionale Produttori Olivicoli Emilia Romagna, Associazione Saperi e Sapori, Associazioni Ligure Olivicoltori di Imperia, Atmosphera Italia, Australian Olive Association, California Olive Oil Council, Camera di Commercio Italo-Ellenica - Ufficio Periferico di Volos, Centro Studi Confagricoltura, ChileOliva - Asociación de Productores de Aceite de Oliva de Chile, Consejo Regulador de la Denominación de Origen Estepa, Consorzio Daunia Verde, Consorzio per la Tutela dell'Olio Extravergine di Oliva Dop Chianti Classico, Consorzio per la Tutela dell'Olio Extravergine di Oliva Dop Colline Salernitane, Consorzio per la Tutela dell'Olio Extravergine di Oliva Dop Garda, Consorzio per la Tutela dell'Olio Extravergine di Oliva Dop Laghi Lombardi, Consorzio per la Tutela dell'Olio Extravergine di Oliva Dop Lucca, Consorzio per la Tutela dell'Olio Extravergine di Oliva Dop Monti Iblei, Consorzio per la Tutela dell'Olio Extravergine di Oliva Dop Penisola Sorrentina, Consorzio per la Tutela dell'Olio Extravergine di Oliva Dop Sardegna, Consorzio per la Tutela dell'Olio Extravergine di Oliva Dop Terre di Siena, Consorzio per la Tutela dell'Olio Extravergine di Oliva Dop Veneto, Consorzio per la Tutela dell'Olio Extravergine di Oliva Igp Toscano, Emater - Instituto Paranaense de Assistência Técnica e Extensão Rural - Rio Grande do Sul, Empresa Brasileira de Pesquisa Agropecuária, Empresa de Pesquisa Agropecuária de Minas Gerais, Ente Sloveno per il Turismo, Ente Turistico della Regione Istriana, Ersam Larino, Fiera di Verona, Fondo per il Sito Naturalistico e Archeologico di Gandria, Gruppo Pieralisi, Haus Centrifuge Technologies, International Olive Council, International Olive Oil Foundation, International Society for Horticultural Science, Istituto di Servizi per il Mercato Agricolo Alimentare, Istituto Nazionale di Statistica, Japan Olive Bureau, Kagawa Prefectural Government Agricultural Experiment Station, Marche Extravergine, Mercacei, Ministerio de Agricultura, Alimentación y Medio Ambiente (España), Mori-Tem, New Zealand Olive Association, Organizzazione Turistica di Capodistria, Provincia di Arezzo, Regione Siciliana - Uos 78 Olivicoltura, Seniores Italia, Shozu Olive Research Institute, South African Olive Growers Association, Strada del Vino Terre di Arezzo, Thompson International Marketing, Turistička Organizacija Koper, Turistička Zajednica Istarske Županije (Hrvatska), Unasco, Vetreria Etrusca.

Per la cortese collaborazione / For their kind collaboration:
Helena Alegre, Paolo Anselmi, Maurizio Antinori, Maximiliano Artega Blanco, José Alberto Aued, Pierluigi Baratono, Franco Bardi, Gabriella Bechi, Ana Beloto, Sandro Benedetti Isidori, Jean Benoit Hugues, Jenny Birrell, Peter Bolcic, Antonella Bombacigno, Paola Campos, Anunciación Carpio Dueñas, Ana Carrilho, Giorgio Castiglione, Leonardo Catagnano, Cesar Colliga Martinez, Roberto D'Auria, Teresa D'Uva, Patricia Darragh, Antonio Dati, Paola De Bonis, Nilton Caetano De Oliveira, Ernestina De Paola, Tommaso De Simone, Raffaele Del Cima, Albert Di Chiara, Mohamed El-Kholy, Franco Famiani, Fabrizio Filippi, Carol Firenze, Dan Flynn, Vasilios Frantzolas, Patricia Galasini, Jun Ge, Michele Ghezzi, Remo Gianello, Renzo Gorgoni, Guy Gu, Tony Gu, Angela Herrera, Ana María Hoffmann, Monica Hung, Denis Ivoševic, Carlo Jean, Brigida Jiménez Herrera, Tamara Kozlovič, Benedetta Lami, Giacomo Laterza, Gianni Lezzi, Manuel Lobo Torrado, Francesco Locci, Simona Longo, Abdul Ahmad Loqmani, Giorgio Malamakis, Mariano Mampieri, Fernando Marca, Stefania Marcuz, Massimo Marino, Marko Marković, Matilde Martinetti, Alberto Matos, Mariana Matos, Mauro Meloni, Luigino Mengucci, Giorgio Mori, João Motta, Matteo Mugelli, Stefano Munzi, Lammert Nauta, João Neto Vieira, Fiammetta Nizzi Grifi, Aleandro Ottanelli, Giuseppe Pasciutta, Francisco Pavão, Moira Peroni, Clenio Pillon, Deborah Ponzio, Maria Provenza, Franko Raguž, Francesco Rancini, Pietro Razzino, Giovanni Riva, Franco Rosario, Michele Sagramoso, Ermanna Salvador, Tiziana Sarnari, Cristina Scarpa, Costanza Scarpellini, Riccardo Scarpellini, Paola Sereni, Saleh Shdiefat, Hideaki Shibata, Gorazd Skrt, Salvatore Spatola, Alessandro Suardi, Claudio Tamborini, Dajana Tepšić, Cristina Thompson, Eugenia Tizzano, Lorenzo Trinci, Paula Vasconcelos.

ABBREVIAZIONI · ABBREVIATIONS

a.C.	Avanti Cristo	MAM	Ministerio da Agricultura e do Mar
A.D.	Anno Domini	MAPAMA	Ministerio de Agricultura,
Aop	Appellation d'Origine Protegée		Pesca y Alimentación y Medio Ambiente
B.C.	Before Christ	MiPAAFT	Ministero delle Politiche Agricole,
C.C.I.A.A.	Camera di Commercio, Industria,		Alimentari e Forestali e del Turismo
	Artigianato e Agricoltura	ml	Millilitro / Millilitre
CNR	Consiglio Nazionale delle Ricerche	n/a	Not Available
d.C.	Dopo Cristo	n.p.	Non Pervenuto
DB	Data Base	O.P.G.	Obiteljsko Poljoprivredno Gospodarstvo
DNA	Acido Desossiribonucleico	Pdo	Protected Denomination of Origin
	Deoxyribonucleic Acid	Pgi	Protected Geographical Indication
Dop	Denominazione di Origine Protetta	t	Tonnellata / Ton
ecc. / etc.	Eccetera / Etcetera	Tel.	Telefono / Telephone
EU	European Union	UE	Unione Europea
ha	Ettaro / Hectare	Zoi	Zaštićena Oznaka Izvornosti
Igp	Indicazione Geografica Protetta	Zop	Zaštićena Označba Porekla
IOC	International Olive Council	ПГЕ	Προστατευομενη Γεωγραφικη Ενδειξη
kg	Chilogrammo / Kilogram	ПОП	Προστατευόμενη Ονομασία Προέλευσης
km	Chilometro / Kilometre		
lt	Litro / Litre		
m	Metro / Metre		

Europa
Europe

Portogallo
Portugal

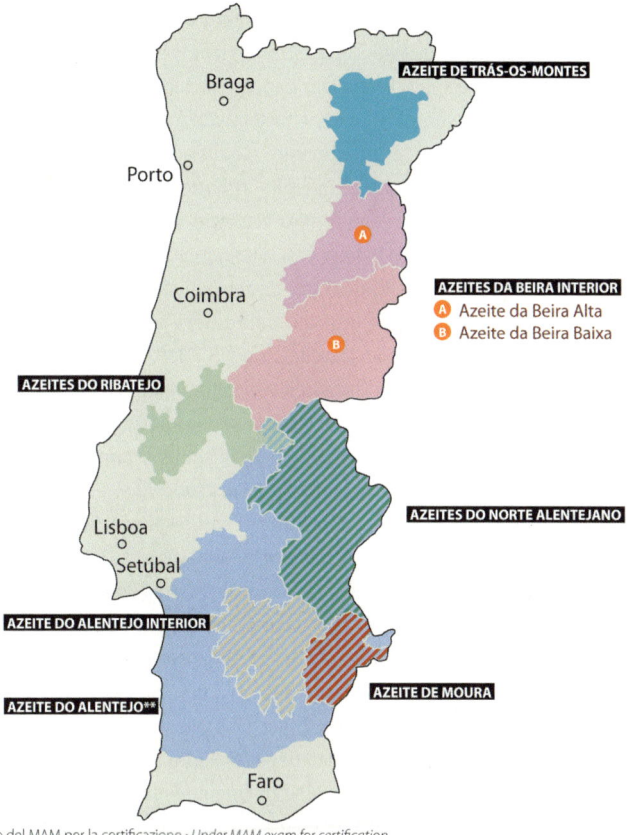

Braga
Porto
Coimbra
Lisboa
Setúbal
Faro

AZEITE DE TRÁS-OS-MONTES

AZEITES DA BEIRA INTERIOR
- A Azeite da Beira Alta
- B Azeite da Beira Baixa

AZEITES DO RIBATEJO

AZEITES DO NORTE ALENTEJANO

AZEITE DO ALENTEJO INTERIOR

AZEITE DO ALENTEJO**

AZEITE DE MOURA

** All'esame del MAM per la certificazione • *Under MAM exam for certification*

Dati Statistici

Superficie Olivetata Nazionale	359.949 (ha)
Frantoi	486
Produzione Nazionale 19-20	125.400,0 (t)
Produzione Nazionale 18-19	100.300,0 (t)
Variazione	+25,02%

Statistic Data

National Olive Surface	359,949 (ha)
Olive Oil Mills	486
National Production 19-20	125,400.0 (t)
National Production 18-19	100,300.0 (t)
Variation	+25.02%

International Olive Council - National Institute of Statistics - Eurostat

Profondamente radicata in Portogallo fin dall'antichità, l'olivicoltura svolge oggi un ruolo economico primario. Anzi, negli ultimi anni il settore sta registrando un deciso sviluppo, quantitativo e qualitativo. A suo vantaggio giocano il territorio e il clima del paese, ai quali l'olivo si adatta bene da sempre, oltre al fatto che il consumo di olio è connaturato con le abitudini alimentari degli abitanti, per le sue qualità sia gastronomiche che salutistiche. Affiancato dalla Spagna a nord e a est, il Portogallo è bagnato, a sud e a ovest, dall'Atlantico. Il clima, pur variando da regione a regione, è fortemente influenzato, sulla costa, dalla presenza dell'oceano, mentre è tipicamente mediterraneo nell'interno, vicino ai confini con la Spagna. La storia dell'olivicoltura in Portogallo risale ai popoli antichi (Egiziani, Greci, Cartaginesi) che raggiunsero via mare la Penisola Iberica portando con sé prodotti preziosi come olio e vino: così si impiantò nel paese l'olivo domestico, coltivato poi sapientemente dai Romani che dettero un forte impulso all'olivicoltura in tutto il Mediterraneo. Ma soprattutto gli Arabi resero questa coltura prospera: il termine portoghese indicante l'olio ("azeite") deriva infatti dall'arabo "Az-Zait" che significa "il succo dell'oliva". L'importanza dell'olivicoltura aumentò con il consolidarsi del Cristianesimo e durante il Medioevo: l'olio diventò prodotto agricolo di spicco e fonte di commercio con altri paesi. In seguito le spedizioni portoghesi in Africa, Asia e America dettero ulteriore impulso alla produzione, per soddisfare le necessità di nuove popolazioni. In epoche più vicine, dopo una fase di crisi negli anni Sessanta del secolo scorso, il consumo di olio riprende a crescere negli anni Novanta, di pari passo con la rinnovata attenzione all'ambito salutistico. Oggi in Portogallo si contano 359.949 ettari olivetati con 38 milioni di piante che hanno reso, nella campagna 2019-2020, 125.400 tonnellate di olio, con un aumento del 25,02% rispetto all'annata precedente. I frantoi sono 486, mentre le aziende raggiungono il numero di 118.461. Il consumo di olio pro capite del paese è di 4 kg annui. Ricco il paniere delle cultivar, anche se la varietà galega caratterizza la maggioranza degli impianti. Le principali aree olivicole coincidono con le sei zone a Denominazione di Origine Protetta, caratterizzate dalla presenza di varietà differenti. Il fiume Guadiana è lo spartiacque tra la Dop Azeite de Moura, a est, e la Dop Azeite do Alentejo Interior, a ovest. Nella prima si coltivano le cultivar cordovil de Serpa, galega vulgar e verdeal alentejana; nell'altra la galega vulgar è dominante, seguita da cordovil de Serpa e cobrançosa. Anche nella Dop Azeites do Norte Alentejano prevale la galega vulgar, affiancata da carrasquenha e redondil. La costa a ovest del paese ricade nella Dop Azeites do Ribatejo, dove la galega vulgar si coltiva insieme alla lentisca. La Dop Azeites da Beira Interior, più a nord, ha due sottozone: Azeite da Beira Baixa, dove predominano galega vulgar, bical e cordovil di Castelo Branco; e Azeite da Beira Alta, dove si coltivano cobrançosa, carrasquinha e cornicabra. La Dop Azeite de Trás-os-Montes ricade nella parte più a nord del paese, ai margini del Rio Douro: qui le cultivar sono madural, cobrançosa, cordovil, verdeal trasmontana e negrinha do Freixo. Infine esiste una proposta di Igp, Azeite do Alentejo, all'esame del ministero competente per la certificazione.

Olive growing has been deeply rooted in Portugal since ancient times. At present this sector plays a fundamental role in the country's economy and also its quality has recently greatly improved. Favourable factors are the conformation of the land and its climate that is suitable to the olive tree. Besides, the Portuguese have always used olive oil because of its gastronomic and health giving properties. Portugal borders on Spain to the north and east and is washed by the Atlantic Ocean to the south and west. The climate varies from region to region, but it is deeply influenced by the ocean in the coastal areas, while it is typically Mediterranean in the inland, near the border with Spain. The history of olive growing in Portugal dates back to the Egyptians and then the Greeks and the Carthaginians. Thanks to these people that reached the Iberian Peninsula by sea bringing precious products like olive oil and wine, the domestic olive tree arrived in Portugal. The Romans gave a fundamental impetus to olive growing in all the countries of the Mediterranean basin. However, the Arabs made this cultivation flourish: in fact the Portuguese word for olive oil ("azeite") comes from the Arab "Az-Zait" meaning "olive juice". The importance of olive growing grew with Christianity and during the Middle Ages, when olive oil became a fundamental agricultural and trading product. Later the Portuguese expeditions to Africa, Asia and America gave a further stimulus to the production, to meet the demand of other populations. More recently, after a period of crisis in the 60s, oil consumption increased in the 90s, favoured by the health trend. Today in Portugal there are 359,949 hectares of olive groves with 38 million trees that produced 125,4000 tons of olive oil in the 2019-2020 harvest, with an increase of 25.02% compared to the previous year. There are 486 working oil mills and 118,461 farms. The per capita oil consumption in the country is 4 kg per year. Portugal is known for the wide range of cultivars, among which the variety galega represents the most of the olive groves of the country. It is possible to distinguish six areas, the main olive areas, which today are Protected Denomination of Origin and are characterized by different varieties. The river Guardiana is the watershed between the Pdo Azeite de Moura, to the east, and the Pdo Azeite do Alentejo Interior, more to the west. In the first area the varieties cordovil de Serpa, galega vulgar and verdeal alentejana are mainly cultivated. In the other one the variety galega vulgar predominates, followed by cordovil de Serpa and cobrançosa. In the Pdo Azeites do Norte Alentejano galega vulgar is the most common variety and is followed by carrasquenha and redondil. To the west of the country the Pdo is called Azeites do Ribatejo and is characterized by the varieties galega vulgar and lentisca. The Pdo Azeites da Beira Interior, more to the north, is divided into two subareas: Azeite da Beira Baixa, where we find the varieties galega vulgar, bical and cordovil of Castelo Branco and Azeite da Beira Alta, where the varieties cobrançosa, carrasquinha and cornicabra predominate. The Pdo Azeite de Trás-os-Montes is in the northern area of the country on the border with Rio Douro. Here we find the varieties madural, cobrançosa, cordovil, verdeal trasmontana and negrinha do Freixo. Finally, a Pgi, Azeite do Alentejo, is being examined by the ministry responsible for certification.

Portogallo Portugal [PT] Trás-os-Montes e Alto Douro

Acushla
Lodões - Quinta do Prado
5360 - 080 Vila Flor (Bragança)
Tel.: +351 278 107372
E-mail: acushla@acushla.com - Web: www.acushla.com

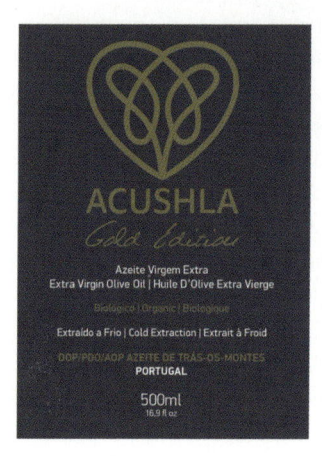

90

- 400 m
- **Specializzato** / Specialized
- **Vaso** / Vase
- **Meccanica** / Mechanical harvesting
- **Sì - Ciclo continuo** / Yes - Continuous cycle
- **Cobrançosa (56%), verdeal (22%), madural (17%), cordovil (5%)**
- **Fruttato medio** / Medium fruity
- da 10,01 a 12,00 € - 500 ml / from € 10.01 to 12.00 - 500 ml

Acushla è il brand con cui Joaquim Moreira, manager nel campo della moda, ha lanciato nel 2006 l'extravergine prodotto nella sua tenuta di Vila Flor, Quinta do Prado. La proprietà comprende 220 ettari di superficie, recentemente convertita al biologico, dove trovano dimora 70mila olivi e un frantoio di ultima generazione. La trascorsa campagna ha fruttato 1.800 quintali di olive che hanno reso 300 ettolitri di olio. Due gli ottimi Extravergine Acushla Dop Azeite de Trás-os-Montes da Agricoltura Biologica: Origin e Gold Edition. Segnaliamo quest'ultimo, di un bel colore giallo dorato intenso con leggere venature verdi, limpido. Al naso è ampio e avvolgente, dotato di sentori di pomodoro di media maturità, banana e mela bianca, cui si affiancano note balsamiche di basilico, menta e prezzemolo. Fine e complesso in bocca, sa di fave, lattuga e sedano; e chiude con ricordo di pepe nero. Amaro deciso e piccante spiccato e ben armonizzato. È perfetto per antipasti di mare, insalate di farro, marinate di orata, patate in umido, passati di legumi, primi piatti al pomodoro, gamberi in guazzetto, rombo alla griglia, coniglio arrosto, pollame alla piastra, formaggi freschi a pasta filata.

Acushla is the brand Joaquim Moreira, a manager in the field of fashion, used in 2006 to launch the extra virgin olive oil produced in his estate in Vila Flor, Quinta do Prado. There are 220 hectares of surface, recently converted to organic farming, with 70,000 trees, and a modern oil mill. In the last harvest 1,800 quintals of olives were produced, equal to a yield of 300 hectolitres of oil. There are two very good Extra Virgin Acushla Pdo Azeite de Trás-os-Montes from Organic Farming, Origin and Gold Edition, which we recommend. It is a beautiful intense limpid golden yellow colour with slight green hues. Its aroma is ample and rotund, endowed with hints of medium ripe tomato, banana and white apple, together with fragrant notes of basil, mint and parsley. Its taste is fine and complex, with a vegetal flavour of broad beans, lettuce and celery and final notes of black pepper. Bitterness is definite and pungency is distinct and harmonic. It would be ideal on seafood appetizers, farro salads, marinated gilthead, stewed potatoes, legume purée, pasta with tomato sauce, stewed shrimps, grilled turbot, roast rabbit, pan-seared poultry, mozzarella cheese.

Portogallo Portugal [PT] Trás-os-Montes e Alto Douro

Casa de Santo Amaro
Suçães - Largo do Eirol, 1
5370 - 644 Mirandela (Bragança)
Tel.: +351 278 979132
E-mail: geral@casadesantoamaro.com - Web: www.casadesantoamaro.com

90

- 300/360 m
- **Specializzato** / Specialized
- **Alberello** / Tree
- **Meccanica** / Mechanical harvesting
- **Sì - Ciclo continuo misto** / Yes - Mixed continuous cycle
- Cobrançosa (80%), verdeal trasmontana (12%), madural (8%)
- **Fruttato medio** / Medium fruity
- da 15,01 a 18,00 € - 500 ml / from € 15.01 to 18.00 - 500 ml

Meritato rientro in Guida per Antonio, Ana Maria e Francisco Ataíde Pavão che sono alla guida dal 1988 di una vasta tenuta nel comprensorio di Mirandela. Il patrimonio comprende 180 ettari di oliveto specializzato, con 30mila piante, e un frantoio di ultima generazione. Nella recente campagna il raccolto ha fruttato 2.600 quintali di olive che hanno reso una produzione di 350 ettolitri di olio. Segnaliamo la selezione sottoposta al giudizio del panel, l'Extravergine Casa de Santo Amaro - Prestige Dop Azeite de Trás-os-Montes che si presenta alla vista di un bel colore giallo dorato intenso, limpido. All'olfatto si apre pulito e avvolgente, dotato di sentori fruttati di pomodoro di media maturità, banana e mela bianca, cui si accompagnano note di erbe officinali, con ricordo di basilico e prezzemolo. Al palato è elegante e complesso, con toni vegetali di sedano e lattuga di campo. Amaro spiccato e piccante deciso ed equilibrato. È eccellente per antipasti di carciofi, fagioli al vapore, insalate di pomodori, patate al forno, zuppe di legumi, primi piatti con salmone, gamberi in guazzetto, seppie in umido, coniglio arrosto, pollame ai ferri, formaggi freschi a pasta filata.

Present again in our Guide, Antonio, Ana Maria and Francisco Ataíde Pavão have been running a large estate in the district of Mirandela since 1988. The farm consists of 180 hectares of specialized olive grove with 30,000 trees and a modern oil mill. In the last harvest 2,600 quintals of olives were produced, equal to a yield of 350 hectolitres of oil. We recommend the selection proposed to the panel, the Extra Virgin Casa de Santo Amaro - Prestige Pdo Azeite de Trás-os-Montes, which is a beautiful intense limpid golden yellow colour. Its aroma is clean and rotund, endowed with fruity hints of medium ripe tomato, banana and white apple, together with notes of officinal herbs, especially basil and parsley. Its taste is elegant and complex, with a vegetal flavour of celery and country lettuce. Bitterness is distinct and pungency is definite and well balanced. It would be ideal on artichoke appetizers, steamed beans, tomato salads, roast potatoes, legume soups, pasta with salmon, stewed shrimps, stewed cuttlefish, roast rabbit, grilled poultry, mozzarella cheese.

Portogallo Portugal [PT] Trás-os-Montes e Alto Douro

Quinta do Romeu

Romeu - Jerusalém do Romeu
5370 - 620 Mirandela (Bragança)
Tel.: +351 22 2001265
E-mail: info@romeu.pt - Web: www.romeu.pt

95

350 m

Promiscuo e specializzato
Promiscuous and specialized

Alberello
Tree

Bacchiatura e meccanica
Beating and mechanical harvesting

Sì - Ciclo continuo misto
Yes - Mixed continuous cycle

Cobrançosa (40%), madural (30%), verdeal trasmontana (30%)

Fruttato medio
Medium fruity

da 8,01 a 10,00 € - 500 ml
from € 8.01 to 10.00 - 500 ml

Sono ormai davvero tante le edizioni della Guida attraverso le quali seguiamo questa azienda, già considerata tra le più solide nel comprensorio della Dop Azeite de Trás-os-Montes. Fondata nel 1874 da Clemente Menéres, oggi la struttura è condotta dalla sua famiglia la quale applica da più generazioni i principi dell'agricoltura biologica a 150 ettari di oliveti sui quali si trovano 15mila piante. Quest'anno il raccolto ha fruttato 900 quintali di olive che hanno reso 110 ettolitri di olio. L'Extravergine Romeu Dop Azeite de Trás-os-Montes da Agricoltura Biologica e Biodinamica è giallo dorato intenso con leggere tonalità verdi, limpido. Al naso è pulito e avvolgente, ricco di sentori fruttati di pomodoro maturo, mela bianca e banana, cui si affiancano note balsamiche di basilico, menta e prezzemolo. In bocca è fine e complesso, con toni vegetali di lattuga di campo e sedano. Amaro deciso e piccante spiccato e ben armonizzato. Si abbina molto bene a bruschette con verdure, insalate di orzo, marinate di salmone, patate al cartoccio, passati di fagioli, primi piatti al pomodoro, molluschi gratinati, tartare di ricciola, pollame o carni di agnello al forno, formaggi caprini.

We have been following this farm, one of the most important in the district of the Pdo Azeite de Trás-os-Montes, for many editions of our Guide. Founded in 1874 by Clemente Menéres, it is currently run by his descendants, who have been using organic farming principles for many years. The olive grove covers 150 hectares with 15,000 trees. In the last harvest 900 quintals of olives were produced, equal to a yield of 110 hectolitres of oil. The Extra Virgin selection Romeu Pdo Azeite de Trás-os-Montes from Organic and Biodynamic Farming is an intense limpid golden yellow colour with slight green hues. Its aroma is clean and rotund, rich in fruity hints of ripe tomato, white apple and banana, together with fragrant notes of basil, mint and parsley. Its taste is fine and complex, with a vegetal flavour of country lettuce and celery. Bitterness is definite and pungency is distinct and harmonic. It would be ideal on bruschette with vegetables, barley salads, marinated salmon, baked potatoes, bean purée, pasta with tomato sauce, mussels au gratin, amberjack tartare, baked poultry or lamb, goat cheese.

Portogallo Portugal [PT] Trás-os-Montes e Alto Douro

Quinta Vale do Conde

San Pedro Vale do Conde - Rua da Igreja, 113
5370 - 160 Mirandela (Bragança)
E-mail: info@quintavaledoconde.pt - Web: www.quintavaledoconde.pt

86

350 m

Specializzato
Specialized

Alberello
Tree

Meccanica
Mechanical harvesting

No - Ciclo continuo
No - Continuous cycle

Cobrançosa (50%), madural (25%),
verdeal trasmontana (25%)

Fruttato medio
Medium fruity

da 8,01 a 10,00 € - 500 ml
from € 8.01 to 10.00 - 500 ml

Quinta Vale do Conde è situata nella vocata e omonima area di San Pedro Vale do Conde. Lucia Gomes de Sá si occupa dal 2003 di un'ampia tenuta che comprende 150 ettari destinati all'oliveto di proprietà, con 30mila piante che, nella recente campagna, hanno prodotto un raccolto di 2.250 quintali di olive, pari a una resa in olio di 350 ettolitri. Segnaliamo l'unica etichetta aziendale proposta, l'ottimo Extravergine Quinta Vale do Conde Dop Azeite de Trás-os-Montes che appare alla vista di un bel colore giallo dorato intenso con delicate sfumature verdi, limpido. All'olfatto si esprime pulito e avvolgente, dotato di sentori di pomodoro di maturo, mela bianca e banana, cui si associano note aromatiche di erbe officinali, con ricordo di basilico, menta e prezzemolo. Morbido e armonico al palato, si arricchisce di toni vegetali di lattuga di campo e sedano. Amaro e piccante presenti ed equilibrati, con finale dolce in rilievo. È un perfetto accompagnamento per antipasti di mare, insalate di fagioli, marinate di orata, patate arrosto, zuppe di funghi ovoli, primi piatti con salmone, molluschi gratinati, seppie in umido, pollame o carni di agnello al forno, formaggi caprini.

Quinta Vale do Conde is situated in the favourable and homonymous area of San Pedro Vale do Conde. Lucia Gomes de Sá has been running this large estate since 2003. There are 150 hectares of olive grove with 30,000 trees, which produced 2,250 quintals of olives in the last harvest, equal to a yield of 350 hectolitres of extra virgin olive oil. We recommend the only farm selection proposed, the very good Extra Virgin Quinta Vale do Conde Pdo Azeite de Trás-os-Montes, which is a beautiful intense limpid golden yellow colour with delicate green hues. Its aroma is clean and rotund, endowed with hints of ripe tomato, white apple and banana, together with aromatic notes of officinal herbs, especially basil, mint and parsley. Its taste is mellow and harmonic, enriched by a vegetal flavour of country lettuce and celery. Bitterness and pungency are present and well balanced, with evident sweetness. It would be ideal on seafood appetizers, bean salads, marinated gilthead, roast potatoes, ovoli mushroom soups, pasta with salmon, mussels au gratin, stewed cuttlefish, baked poultry or lamb, goat cheese.

Portogallo Portugal [PT] Trás-os-Montes e Alto Douro

Cooperativa de Olivicultores de Valpaços

Rua Cidade de Bruxelas, 6
5430 - 492 Valpaços (Vila Real)
Tel.: +351 278 717172 - Fax: +351 278 713534
E-mail: geral@azeite-valpacos.com - Web: www.azeite-valpacos.com

97

590 m

Specializzato
Specialized

Vaso
Vase

Meccanica
Mechanical harvesting

Sì - Ciclo continuo
Yes - Continuous cycle

Cobrançosa (40%), madural (40%), verdeal trasmontana (20%)

Fruttato medio
Medium fruity

da 6,01 a 8,00 € - 500 ml
from € 6.01 to 8.00 - 500 ml

La Cooperativa de Olivicultores de Valpaços nasce nel 1951 con 28 olivicoltori; e dopo settant'anni ha allargato il raggio d'azione alla zona di Mirandela, comprendendo 2.200 soci. La struttura possiede attualmente un frantoio all'avanguardia e conta su 8.400 ettari olivetati dei soci, con 574.600 piante. Quest'anno sono stati lavorati circa 90.750 quintali di olive, pari a 17mila ettolitri di olio. Segnaliamo l'Extravergine Rosmaninho - Praemium Dop Azeite de Trás-os-Montes, molto buono. Appare alla vista di un bel colore giallo dorato intenso con delicate tonalità verdi, limpido. All'olfatto si apre pulito e avvolgente, dotato di sentori fruttati di pomodoro acerbo, mela bianca e banana, cui si associano toni balsamici di basilico, menta e prezzemolo. Morbido e armonico in bocca, si arricchisce di note vegetali di cicoria e lattuga, e chiude con ricordo di pepe nero e pinolo. Amaro e piccante presenti e dosati, con finale dolce in rilievo. Ideale su antipasti di pomodori, insalate di legumi, marinate di ricciola, verdure ai ferri, zuppe di ceci, primi piatti con salmone, molluschi gratinati, tartare di tonno, pollame o carni di agnello al forno, formaggi caprini.

Cooperativa de Olivicultores de Valpaços was founded in 1951 by 28 olive growers. After seventy years it has expanded its range to the area of Mirandela and its members are now 2,200. The farm is supplied with an advanced oil mill and its olive grove covers 8,400 hectares with 574,600 trees. In the last harvest about 90,750 quintals of olives were produced, equal to 17,000 hectolitres of oil. We recommend the very good Extra Virgin selection Rosmaninho - Praemium Pdo Azeite de Trás-os-Montes, which is a beautiful intense limpid golden yellow colour with delicate green hues. Its aroma is clean and rotund, endowed with fruity hints of unripe tomato, white apple and banana, together with fragrant notes of basil, mint and parsley. Its taste is mellow and harmonic, enriched by a vegetal flavour of chicory and lettuce and final notes of black pepper and pine nut. Bitterness and pungency are present and complimentary, with a sweet finish. It would be ideal on tomato appetizers, legume salads, marinated amberjack, grilled vegetables, chickpea soups, pasta with salmon, mussels au gratin, tuna tartare, baked poultry or lamb, goat cheese.

Portogallo Portugal [PT] Estremadura e Ribatejo

Quinta do Juncal

Comeiras de Baixo - Rua São Simão, 117
2000 - 319 Achete (Santarém)
Tel.: +351 243 449698
E-mail: geral@fiodourado.pt - Web: www.fiodourado.pt

82

- 70/90 m
- **Specializzato** / Specialized
- **Alberello, cespuglio** / Tree, bush
- **Brucatura a mano e meccanica** / Hand picking and mechanical harvesting
- **Sì - Ciclo continuo** / Yes - Continuous cycle
- **Cobrançosa (50%), hojiblanca (25%), imperial (25%)**
- **Fruttato medio** / Medium fruity
- da 6,01 a 8,00 € - 500 ml / from € 6.01 to 8.00 - 500 ml

R itroviamo con piacere in Guida Quinta do Juncal che nasce all'inizio del nuovo millennio nella regione del Nord del Santarém. I coniugi Vitor João e Maria João Mendes possiedono un'estesa proprietà di 150 ettari all'interno della quale 130 sono dedicati agli oliveti, con 110mila piante appartenenti a un ampio parco varietale. Quest'anno il frantoio aziendale ha trasformato 5.300 quintali di olive che hanno reso 1.100 ettolitri di olio. Unica la selezione proposta, l'Extravergine Quinta do Juncal - D'Oiro che appare alla vista di un bel colore giallo dorato intenso con delicate tonalità verdi, limpido. Al naso è sottile e composto, dotato di sentori fruttati di pomodoro acerbo e banana, cui si affiancano sfumature floreali di ginestra e note aromatiche di basilico e menta. Morbido e armonico in bocca, unisce toni vegetali di lattuga e sedano. Amaro e piccante presenti ed equilibrati, con spiccato ricordo di mandorla in chiusura. Ideale su antipasti di pomodori, insalate di farro, marinate di orata, patate alla griglia, passati di orzo, primi piatti con salmone, gamberi in guazzetto, seppie in umido, coniglio arrosto, pollame ai ferri, formaggi freschi a pasta filata.

P resent again in our Guide, Quinta do Juncal was founded in the early 2000s in the region of Northern Santarém. Vitor João and Maria João Mendes own a large estate of 150 hectares, 130 of which are destined to olive groves with 110,000 trees of a wide range of varieties. In the last harvest 5,300 quintals of olives were produced, which allowed to yield 1,100 hectolitres of extra virgin olive oil. We recommend the only selection proposed, the Extra Virgin Quinta do Juncal - D'Oiro, which is a beautiful intense limpid golden yellow colour with delicate green hues. Its aroma is fine and delicate, endowed with fruity hints of unripe tomato and banana, together with floral notes of broom and aromatic notes of basil and mint. Its taste is mellow and harmonic, with a vegetal flavour of lettuce and celery. Bitterness and pungency are present and well balanced, with a distinct almond finish. It would be ideal on tomato appetizers, farro salads, marinated gilthead, grilled potatoes, barley purée, pasta with salmon, stewed shrimps, stewed cuttlefish, roast rabbit, grilled poultry, mozzarella cheese.

Portogallo Portugal [PT] Alentejo

Quinta das Lavandas
Rua Sitio de Vale Dornas
7320 - 423 Castelo de Vide (Alto Alentejo)
Tel.: +351 245 919133
E-mail: geral@quintadaslavandas.pt - Web: www.quintadaslavandas.pt

83

- 375 m
- **Specializzato** / Specialized
- **Alberello** / Tree
- **Meccanica** / Mechanical harvesting
- **Sì - Ciclo continuo** / Yes - Continuous cycle
- **Galega vulgar**
- **Fruttato medio** / Medium fruity
- da 8,01 a 10,00 € - 500 ml / from € 8.01 to 10.00 - 500 ml

Q uinta das Lavandas si colloca all'interno del Parque Natural da Serra de São Mamede, a pochi chilometri da Castelo de Vide, uno dei centri più accoglienti della zona. Questa realtà, nota per la più importante coltivazione di lavanda di tutto il paese, comprende anche una superficie dedicata agli olivi che si estende per 12 ettari, con 2.100 esemplari di cultivar galega vulgar che hanno prodotto quest'anno 90 quintali di olive e quasi 13 ettolitri di olio. Segnaliamo l'etichetta proposta, l'Extravergine Terras de Vide da Agricoltura Biologica, di un bel colore giallo dorato intenso con delicate sfumature verdi, limpido. Al naso è sottile e composto, dotato di sentori di pomodoro acerbo, banana e mela bianca, cui si affiancano note balsamiche di basilico e prezzemolo. Fine e complesso al palato, sprigiona toni vegetali di cicoria, sedano e lattuga di campo. Amaro e piccante presenti ed equilibrati, con finale dolce in rilievo. È perfetto per antipasti di pomodori, insalate di legumi, marinate di ricciola, patate in umido, zuppe di farro, primi piatti con molluschi, seppie alla griglia, tartare di salmone, coniglio arrosto, pollame ai ferri, formaggi freschi a pasta filata.

Q uinta das Lavandas is placed inside the Parque Natural da Serra de São Mamede, not far from Castelo de Vide, one of the most welcoming places in the area. The farm, known for the most important collection of lavender in the country, also includes an olive surface extending over 12 hectares with 2,100 trees of the cultivar galega vulgar. In the last harvest 90 quintals of olives were produced, with a yield of almost 13 hectolitres of oil. We recommend the selection proposed, the Extra Virgin Terras de Vide from Organic Farming, which is a beautiful intense limpid golden yellow colour with delicate green hues. Its aroma is fine and delicate, endowed with hints of unripe tomato, banana and white apple, together with fragrant notes of basil and parsley. Its taste is fine and complex, with a vegetal flavour of chicory, celery and country lettuce. Bitterness and pungency are present and well balanced, with evident sweetness. It would be ideal on tomato appetizers, legume salads, marinated amberjack, stewed potatoes, farro soups, pasta with mussels, grilled cuttlefish, salmon tartare, roast rabbit, grilled poultry, mozzarella cheese.

Portogallo Portugal [PT] Alentejo

Herdade do Marmelo

Herdade do Marmelo - Apartado 43
7900 - 909 Ferreira do Alentejo (Beja)
Tel.: +351 214 129300 - 210 400813 - Fax: +351 214 129347
E-mail: oliveiradaserra@sovena.pt - Web: www.sovenagroup.com

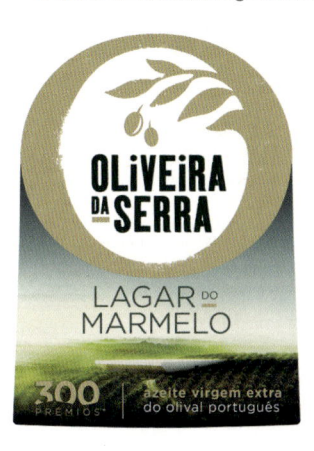

88

95/210 m

Specializzato
Specialized

Alberello
Tree

Meccanica
Mechanical harvesting

Sì - Ciclo continuo
Yes - Continuous cycle

Shikitita (82%), arbosana (13%), arbequina (5%)

Fruttato medio
Medium fruity

da 6,01 a 8,00 € - 500 ml
from € 6.01 to 8.00 - 500 ml

Continuiamo a segnalare con piacere questa grossa struttura del comprensorio di Ferreira do Alentejo. Iniziato circa sessantacinque anni fa, il progetto è oggi nelle mani di Manuel Alfredo de Mello che gestisce 10mila ettari, con 10 milioni di olivi, e un impianto di estrazione e di imbottigliamento all'avanguardia, come tecnologie e come architettura. Quest'anno il raccolto ha reso un milione 150mila quintali di olive e circa 172.500 ettolitri di olio. Due gli Extravergine Oliveira da Serra: Gourmet e Lagar do Marmelo. Il panel sceglie quest'ultimo che appare alla vista di un bel colore giallo dorato intenso con lievi riflessi verdi, limpido. Al naso è pulito e avvolgente, dotato di sentori vegetali di carciofo e cicoria, in aggiunta a note balsamiche di menta e rosmarino. Fine e complesso in bocca, si arricchisce di toni vegetali di lattuga di campo e chiude con ricordo di mandorla. Amaro spiccato e piccante deciso e ben armonizzato. Buon accompagnamento per antipasti di pomodori, insalate di farro, marinate di orata, patate in umido, passati di legumi, primi piatti con salmone, molluschi gratinati, tartare di ricciola, pollame o carni di agnello al forno, formaggi caprini.

Present again in our Guide, this big farm is situated in the district of Ferreira do Alentejo. Founded about 65 years ago, it is currently run by Manuel Alfredo de Mello, who manages 10,000 hectares with 10 million trees and an advanced extraction and bottling system, both as regards technology and architecture. In the last harvest 1 million 150,000 quintals of olives and about 172,500 hectolitres of oil were produced. There are two Extra Virgin Oliveira da Serra, Gourmet and Lagar do Marmelo, chosen by the panel. It is a beautiful intense limpid golden yellow colour with slight green hues. Its aroma is clean and rotund, endowed with vegetal hints of artichoke and chicory, together with fragrant notes of mint and rosemary. Its taste is fine and complex, enriched by a vegetal flavour of country lettuce and an almond finish. Bitterness is distinct and pungency is definite and harmonic. It would be ideal on tomato appetizers, farro salads, marinated gilthead, stewed potatoes, legume purée, pasta with salmon, mussels au gratin, amberjack tartare, baked poultry or lamb, goat cheese.

Portogallo Portugal [PT] Alentejo

Olival da Risca

Santa Iría - Monte Novo da Fonte Corcho - Apartado Postal 89
7830 - 304 Serpa (Beja)
Tel.: +351 284 544654
E-mail: info@olivaldarisca.com - Web: www.olivaldarisca.com

98

- 200 m
- **Specializzato** / Specialized
- **Alberello, cespuglio** / Tree, bush
- **Brucatura a mano e meccanica** / Hand picking and mechanical harvesting
- **Sì - Ciclo continuo** / Yes - Continuous cycle
- **Cobrançosa**
- **Fruttato medio** / Medium fruity
- **da 22,01 a 26,00 € - 500 ml** / from € 22.01 to 26.00 - 500 ml

OLIVE Oil extra virgin
Reserva da Família
Portogallo
Organic / cold extraction
Bio / extraído a frío / Kaltextraktion

Seguiamo da un decennio questa struttura di Santa Iría e ne rimarchiamo lo straordinario livello raggiunto. Al timone di Olival da Risca c'è una famiglia di origine svizzera che conduce dal 2007, secondo i dettami dell'agricoltura sostenibile, 230 ettari di oliveto con 70mila piante. Quest'anno dal raccolto sono stati ricavati quasi 3.911 quintali di olive che, uniti ai circa 3mila acquistati, hanno prodotto 1.209 ettolitri di olio. Unica l'etichetta aziendale proposta, l'Extravergine Olival da Risca Reserva da Familia da Agricoltura Biologica e Biodinamica. Di un bel colore giallo dorato intenso con delicate sfumature verdi, limpido; al naso è pulito e avvolgente, ricco di sentori fruttati di pomodoro maturo, mela bianca e banana, cui si affiancano note di menta e rosmarino. Al palato è elegante e di carattere, con toni vegetali di lattuga di campo e sedano. Amaro e piccante spiccati ed equilibrati, con finale dolce in rilievo. È un buon accompagnamento per antipasti di mare, insalate di ceci, marinate di orata, patate alla piastra, zuppe di funghi ovoli, risotto con carciofi, molluschi gratinati, seppie in umido, pollame o carni di agnello al forno, formaggi caprini.

Risca Grande, located in Santa Iría, has reached an extraordinary level in about ten years. Since 2007 the farm has been run by a family of Swiss origin. They manage 230 hectares of olive grove with 70,000 trees according to sustainable agriculture. In the last harvest almost 3,911 quintals of olives were produced and about 3,000 purchased, with a yield of 1,209 hectolitres of oil. We recommend the selection proposed, the Extra Virgin Olival da Risca Reserva da Familia from Organic and Biodynamic Farming, which is a beautiful intense limpid golden yellow colour with delicate green hues. Its aroma is clean and rotund, rich in fruity hints of ripe tomato, white apple and banana, together with notes of mint and rosemary. Its taste is elegant and strong, with a vegetal flavour of country lettuce and celery. Bitterness and pungency are distinct and well balanced, with a sweet finish. It would be ideal on seafood appetizers, chickpea salads, marinated gilthead, seared potatoes, ovoli mushroom soups, risotto with artichokes, mussels au gratin, stewed cuttlefish, baked poultry or lamb, goat cheese.

Portogallo Portugal [PT] Alentejo

OliveEmotion

Vidcavea - Azeites da Vidigueira - Zona Industrial
7960 - 305 Vidigueira (Beja)
Tel.: +351 218 000082
E-mail: geral@oliveemotion.com - Web: www.oliveemotion.com

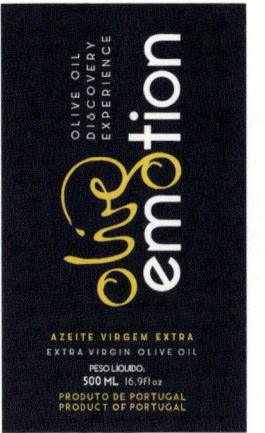

80

410 m

Specializzato
Specialized

Alberello
Tree

Bacchiatura
Beating

No - Ciclo continuo
No - Continuous cycle

Cobrançosa (60%), galega vulgar (25%), cordovil (15%)

Fruttato medio
Medium fruity

da 8,01 a 10,00 € - 500 ml
from € 8.01 to 10.00 - 500 ml

Diamo con piacere il benvenuto in Guida a OliveEmotion. Il progetto, giovanissimo, nasce circa tre anni or sono con l'obiettivo di valorizzare le produzioni di piccoli e selezionati produttori della regione dell'Alentejo che interpretano una cultura millenaria piena di emozioni, salvaguardando al tempo stesso le cultivar autoctone dalle quali provengono gli oli. Nella recente annata sono stati scelti e imbottigliati 50 ettolitri di olio. Segnaliamo l'etichetta aziendale presentata da Isabel Faria al panel, l'Extravergine OliveEmotion che si presenta alla vista di un bel colore giallo dorato intenso con delicate sfumature verdi, limpido. Al naso si apre sottile e composto, dotato di sentori fruttati di pomodoro acerbo, banana e mela bianca, cui si affiancano note aromatiche di basilico, menta e prezzemolo. Morbido e armonico in bocca, aggiunge toni vegetali di lattuga di campo e sedano. Amaro ben espresso e piccante presente e dosato. È un buon accompagnamento per antipasti di mare, insalate di farro, marinate di orata, patate in umido, zuppe di orzo, primi piatti con funghi finferli, tartare di ricciola, coniglio arrosto, pollame al forno, formaggi freschi a pasta filata.

We welcome the first appearance in our Guide of OliveEmotion, a young project created about three years ago with the aim of enhancing the productions of small and selected olive growers of the region of Alentejo, who interpret a centuries-old culture full of emotions, while safeguarding the native cultivars. In the last harvest 50 hectolitres of oil were selected and bottled. We recommend the selection proposed to the panel by Isabel Faria, the Extra Virgin OliveEmotion, which is a beautiful intense limpid golden yellow colour with delicate green hues. Its aroma is fine and delicate, endowed with fruity hints of unripe tomato, banana and white apple, together with aromatic notes of basil, mint and parsley. Its taste is mellow and harmonic, with a vegetal flavour of country lettuce and celery. Bitterness is distinct and pungency is present and complimentary. It would be ideal on seafood appetizers, farro salads, marinated gilthead, stewed potatoes, barley soups, pasta with chanterelle mushrooms, amberjack tartare, roast rabbit, baked poultry, mozzarella cheese.

Portogallo Portugal [PT] Alentejo

Herdade Paço do Conde

Baleizão - Monte Paço do Conde
7800 - 611 Beja
Tel.: +351 284 924415 - Fax: +351 284 924417
E-mail: info@pacodoconde.com - Web: www.pacodoconde.com

80

- 146 m
- **Specializzato** / Specialized
- **Alberello** / Tree
- **Brucatura a mano e meccanica** / Hand picking and mechanical harvesting
- **Sì - Tradizionale a presse** / Yes - Traditional press system
- Picual (70%), cobrançosa (30%)
- **Fruttato medio** / Medium fruity
- da 8,01 a 10,00 € - 500 ml / from € 8.01 to 10.00 - 500 ml

Alle origini di Herdade Paço do Conde c'è la passione della famiglia Castelo Branco. Erede di una lunga tradizione agricola, questa ha saputo coniugare in modo armonioso saperi antichi e moderna tecnologia. Gli impianti risalgono alla fine degli anni Novanta e ricoprono oggi un'estesa superficie di 1.900 ettari con 3 milioni 518.800 olivi; mentre dal 2007 l'azienda si è dotata di un proprio frantoio che ha lavorato quest'anno un raccolto di 195mila quintali di olive, pari a una resa in olio di circa 31.932 ettolitri. Segnaliamo l'Extravergine Paço do Conde - Exclusive Selection che appare alla vista di un bel colore giallo dorato intenso con lievi riflessi verdi, limpido. Al naso è sottile e composto, dotato di sentori fruttati di pomodoro acerbo, affiancati da note aromatiche di basilico e menta. In bocca è morbido e armonico, con toni vegetali di carciofo, lattuga e sedano. Amaro e piccante presenti ed equilibrati, con finale dolce di mandorla. Ideale su antipasti di pomodori, insalate di legumi, marinate di ricciola, verdure ai ferri, zuppe di ceci, primi piatti con salmone, molluschi gratinati, seppie in umido, pollame o carni di agnello al forno, formaggi caprini.

Herdade Paço do Conde was created thanks to the passion of the family Castelo Branco. They can boast a long agricultural tradition and have been able to harmoniously combine ancient knowledge and modern technology, supplying their farm with its own oil mill in 2017. The olive groves date back to the late 90s and today cover a large surface of 1,900 hectares with 3 million 518,800 trees. In the last harvest 195,000 quintals of olives were produced, equal to a yield of about 31,932 hectolitres of oil. We recommend the Extra Virgin Paço do Conde - Exclusive Selection, which is a beautiful intense limpid golden yellow colour with slight green hues. Its aroma is fine and delicate, endowed with fruity hints of unripe tomato, together with aromatic notes of basil and mint. Its taste is mellow and harmonic, with a vegetal flavour of artichoke, lettuce and celery. Bitterness and pungency are present and well balanced, with a sweet almond finish. It would be ideal on tomato appetizers, legume salads, marinated amberjack, grilled vegetables, chickpea soups, pasta with salmon, mussels au gratin, stewed cuttlefish, baked poultry or lamb, goat cheese.

Spagna
Spain

Distribuzione delle aree olivicole spagnole in rapporto alla produzione
Distribution of the Spanish olive areas compared to productions

- Assente Absent
- Bassa Low
- Media Medium
- Alta High

Regioni	2018-2019 (t)	2019-2020* (t)	Variazione (%) 2018-2019 2019-2020	Quota 2019-2020 (%)	Ettari Olivetati (ha)	Quota Ettari (%)	Frantoi Attivi (n.)
Galicia	5,9	5,7	-3,39	0,00	275	0,01	3
Castilla y León	928,5	1.051,8	+13,28	0,09	7.601	0,31	19
País Vasco	112,7	103,6	-8,07	0,01	365	0,01	4
La Rioja	2.500,8	1.688,5	-32,48	0,15	5.651	0,23	21
Comunidad Foral de Navarra	5.587,6	4.560,1	-18,39	0,41	7.752	0,32	19
Aragón	11.229,7	10.491,5	-6,57	0,93	46.534	1,91	105
Cataluña	20.693,2	35.752,2	+72,77	3,19	109.315	4,49	188
Extremadura	73.693,9	63.026,4	-14,48	5,62	195.332	8,02	136
Comunidad de Madrid	6.474,7	1.123,5	-82,65	0,10	26.585	1,09	22
Castilla-La Mancha	182.529,6	68.398,4	-62,53	6,10	373.619	15,35	258
Comunidad Valenciana	17.501,7	25.889,2	+47,92	2,31	93.276	3,83	144
Andalucía	1.464.802,1	897.377,7	-38,74	80,00	1.538.263	63,18	852
Región de Murcia	7.504,9	11.650,4	+55,24	1,04	21.815	0,90	45
Islas Baleares	299,8	602,2	+100,87	0,05	8.416	0,35	14
SPAGNA	1.793.865,1	1.121.721,2	-37,47	100,00	2.434.799	100,00	1.830
Nord	41.058,4	53.653,4	+30,68	4,78	177.493	7,28	359
Centro	280.199,9	158.437,5	-43,46	14,13	688.812	28,29	560
Sud	1.472.606,8	909.630,3	-38,23	81,09	1.568.494	64,43	911

* Dati provvisori.
Ministry of Agriculture, Food and Environment - Information and Food Control Agency

Regions	2018-2019 (t)	2019-2020* (t)	Variation (%) 2018-2019 2019-2020	Quota 2019-2020 (%)	Olive Hectares (ha)	Hectares Quota (%)	Active Olive Oil Mills (n.)
Galicia	5.9	5.7	-3.39	0.00	275	0.01	3
Castilla y León	928.5	1,051.8	+13.28	0.09	7,601	0.31	19
País Vasco	112.7	103.6	-8.07	0.01	365	0.01	4
La Rioja	2,500.8	1,688.5	-32.48	0.15	5,651	0.23	21
Comunidad Foral de Navarra	5,587.6	4,560.1	-18.39	0.41	7,752	0.32	19
Aragón	11,229.7	10,491.5	-6.57	0.93	46,534	1.91	105
Cataluña	20,693.2	35,752.2	+72.77	3.19	109,315	4.49	188
Extremadura	73,693.9	63,026.4	-14.48	5.62	195,332	8.02	136
Comunidad de Madrid	6,474.7	1,123.5	-82.65	0.10	26,585	1.09	22
Castilla-La Mancha	182,529.6	68,398.4	-62.53	6.10	373,619	15.35	258
Comunidad Valenciana	17,501.7	25,889.2	+47.92	2.31	93,276	3.83	144
Andalucía	1,464,802.1	897,377.7	-38.74	80.00	1,538,263	63.18	852
Región de Murcia	7,504.9	11,650.4	+55.24	1.04	21,815	0.90	45
Islas Baleares	299.8	602.2	+100.87	0.05	8,416	0.35	14
SPAIN	1,793,865.1	1,121,721.2	-37.47	100.00	2,434,799	100.00	1,830
North	41,058.4	53,653.4	+30.68	4.78	177,493	7.28	359
Centre	280,199.9	158,437.5	-43.46	14.13	688,812	28.29	560
South	1,472,606.8	909,630.3	-38.23	81.09	1,568,494	64.43	911

* Provisional data.
Ministry of Agriculture, Food and Environment - Information and Food Control Agency

La Spagna, ormai da anni, ha consolidato il ruolo di primo produttore mondiale di olio. I numeri parlano chiaro: la superficie olivicola raggiunge i 2 milioni 434.799 ettari, dei quali il 64,43% è localizzato al sud, quasi totalmente in Andalucía (63,18%), seguita a lunga distanza da Castilla-La Mancha (15,35%), Extremadura (8,02%) e Cataluña (4,49%). Il resto è diviso fra le restanti dieci regioni. Nella campagna 2019-2020 dai 1.830 frantoi attivi sono state prodotte un milione 121.721,2 tonnellate di olio, con una diminuzione del 37,47% rispetto all'anno precedente: produzione che fa della Spagna, attualmente, l'unico paese in Europa che realizza quantitativi sufficienti al proprio consumo interno che si attesta sulle 550mila tonnellate, a fronte di un consumo pro capite di 7,1 kg annui. L'esportazione è stata quest'anno di 289.900 tonnellate. I dati descrivono una realtà dai grandi volumi. E non è solamente storia recente: storico bacino di rifornimento di olio per i paesi europei, la Spagna ha un'antichissima tradizione olearia che comincia nel II millennio a.C. con i Fenici, che importarono la coltura della pianta durante la colonizzazione del Mediterraneo occidentale, e si sviluppa in epoca romana quando dall'Hiberia partivano grandi quantitativi di olio verso l'Urbe. Nel XIX secolo gli impianti superano già il milione di ettari e tuttora in Spagna, sebbene si distinguano zone differenti per densità produttiva e varietà allevate, si fa olio quasi ovunque, grazie alla conformazione del territorio e al clima favorevole. Circondato da catene montuose, il paese si presenta come un vasto altopiano (Meseta) interrotto al suo interno da numerosi rilievi alternati a depressioni - la più estesa delle quali è quella andalusa - e da ampie vallate in prossimità dei fiumi. Il clima, diverso da zona a zona, spazia da quello continentale della Meseta, riparata dalle correnti marine con inverni rigidi, estati caldissime e precipitazioni scarse, a quello mediterraneo del litorale orientale, con inverni temperati e piogge frequenti nei mesi autunnali. La regione settentrionale presenta invece un clima temperato-oceanico con precipitazioni frequenti e abbondanti, mentre quella andalusa subtropicale ha inverni miti, estati caldissime e piogge scarse. La Spagna sta attivando negli ultimi anni una strategia di notevole incremento dei fattori produttivi su tutto il territorio nazionale, tanto che nelle prossime campagne olearie si prevede che si supereranno ancora i volumi attuali. Sono quantità che, in moltissimi casi, non penalizzano il fattore qualitativo. L'obiettivo primario, infatti, è raggiungere traguardi di eccellenza con costi contenuti. Punto di forza del paese è sicuramente la presenza di un governo e di amministrazioni regionali capaci di promuovere l'intera filiera olivicola, curandola in ogni aspetto: dalla ricerca scientifica, agli impianti agronomici, alla trasformazione, al confezionamento, alla commercializzazione. Basti pensare ai diversi piani olivicoli nazionali che si sono susseguiti negli ultimi anni, ma anche alla chiara strategia di aggressione del mercato europeo attraverso l'acquisizione di marchi commerciali in altri paesi dell'UE, per dare sfogo all'incremento produttivo. Permangono tuttavia delle difficoltà, per lo meno al momento, nel gestire a livello qualitativo i grossi volumi che caratterizzano il modello olivicolo spagnolo che resta, comunque, un mercato di massa: anche se quelle che oggi sono punte di eccellenza potrebbero divenire domani la norma, date le potenzialità.

Spain has been the first world oil producer for years, as data clearly show: the olive surface reaches 2 million 434,799 hectares, 64.43% of which located in the south, almost completely in Andalucía (63.18%), followed by Castilla-La Mancha (15.35%), Extremadura (8.02%), Cataluña (4.49%), while the rest is distributed in the other 10 regions. In the harvest 2019-2020 the 1,830 active oil mills produced 1 million 121,721.2 tons of oil, with a decrease of 37.47% compared to the previous year. This output makes Spain the only country in Europe that produces enough oil for its own domestic consumption, which is currently around 550,000 tons, while the per capita oil consumption reaches 7.1 kg per year. Exports have been instead 289,900 tons. These numbers certainly indicate a reality of huge volumes and it is not only a recent history. Spain, historical oil supplier of the Mediterranean countries, has an ancient oil tradition, which started in the second millennium B.C., when the Phoenicians imported olive cultivation during the colonization of the western Mediterranean Sea. It developed in the Roman era, when large quantities of oil were brought from Hiberia to Rome. In the 19th century the olive surface already exceeded a million hectares. And even now, although the areas are different for productive density and varieties, oil is produced in Spain almost everywhere, thanks to the conformation of the territory and the favourable climate. Surrounded by mountainous chains, the country is a vast highland (Meseta) interrupted by numerous land forms alternated with depressions - the widest of which is in Andalucía - and by ample valleys near the rivers. The climatic conditions differ according to the areas. There is the continental climate of the Meseta, sheltered from the sea streams, with rigid winters, very hot summers and scarce rainfalls, while the climate is Mediterranean on the eastern coast with temperate winters and frequent rainfalls in the autumn months. The northern region instead has an oceanic-temperate climate, with frequent and abundant rainfalls, while the subtropical Andalusian region has mild winters, very hot summers and scarce rainfall. In recent years Spain has increased production in the whole national territory, so that in the next years the present volumes of oil will be surpassed. These quantities in most cases do not effect quality. It is in fact a primary objective to reach targets of excellence with reasonable costs. An important favourable factor has certainly been a government and regional administration willing to improve the olive oil sector in each one of its aspects: from scientific research to agronomy, transformation, packaging and marketing. In fact in the last decade several national olive plans have been carried out, but there has also been a clear strategy of aggression of the European market through the acquisition of commercial brands in other EU countries, in order to find an outlet to this productive increase. Currently it is not easy to marry quality and the huge volumes that characterize the Spanish mass-market, even though, considering the Spanish potential, in the future the records of today could be the norm.

Flos Olei

**La Guida diventa multimediale
con le applicazioni iOS e Android**
The Guide becomes multimedial
with the applications iOS and Android

La prima App per iPhone-iPad e Smartphone-Tablet
a respiro internazionale in duplice lingua (italiano-inglese)
dedicata alle realtà di produzione olearia di tutto il mondo
e ai loro oli extravergine di oliva. Aziende georeferenziate,
note di degustazione e abbinamenti gastronomici,
profili aromatici delle varietà di olive più diffuse,
l'abc dell'olio e il mondo delle Dop/Igp.
The first App for iPhone-iPad and Smartphone-Tablet
with an international scope in the double version (Italian-English)
dealing with oil producers all over the world
and extra virgin olive oil. Farms with geographical information,
tasting notes and gastronomic matches,
aromatic profiles of the most common olive varieties,
the abc of oil and the Pdo/Pgi world.

Acquista Flos Olei su App Store e Play Store
Buy Flos Olei on App Store and Play Store

FLOS OLEI
AUGMENTED REALITY+

Galicia

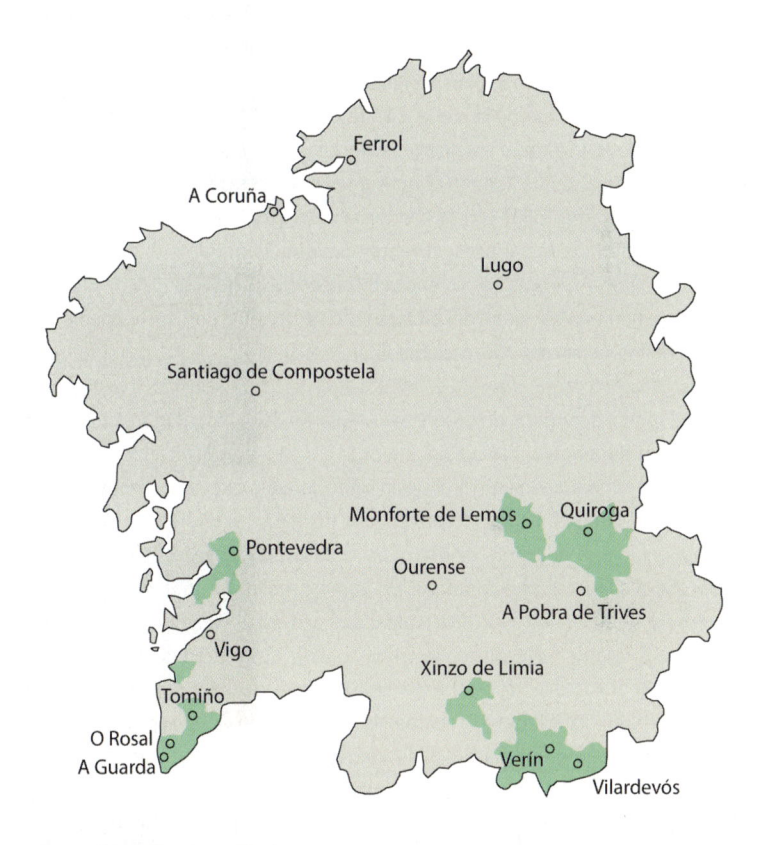

Aree olivetate o a vocazione olivicola • Olive growing areas or areas suitable to olive growing

Dati Statistici
Superficie Olivetata Nazionale	2.434.799 (ha)
Superficie Olivetata Regionale	275 (ha)
Quota Regionale	0,01%
Frantoi	3
Produzione Nazionale 19-20	1.121.721,2 (t)
Produzione Regionale 19-20	5,7 (t)
Produzione Regionale 18-19	5,9 (t)
Variazione	- 3,39%
Quota Regionale	0,00%

Statistic Data
National Olive Surface	2,434,799 (ha)
Regional Olive Surface	275 (ha)
Regional Quota	0.01%
Olive Oil Mills	3
National Production 19-20	1,121,721.2 (t)
Regional Production 19-20	5.7 (t)
Regional Production 18-19	5.9 (t)
Variation	- 3.39%
Regional Quota	0.00%

Ministry of Agriculture, Food and Environment - Information and Food Control Agency

Una distesa di olivi a perdita d'occhio evoca inequivocabilmente un paesaggio del sud della Spagna. Tuttavia anche in Galicia, all'estremità nord-occidentale del paese, tra l'Oceano Atlantico e il Portogallo, è possibile coltivare l'olivo e produrre l'olio, ricavato dai suoi frutti. Diversamente da altre regioni gli impianti si concentrano in alcune zone isolate, il che è dovuto non solo a un fattore geografico e climatico, ma anche alle particolari vicissitudini che la pianta ha subito nel corso della storia. La presenza di oliveti nell'area sud-orientale della Galicia, dove il clima è mediterraneo-oceanico, è infatti documentata fin da epoche remote, quando gli abitanti di queste terre si alimentano con le olive ma non sanno ancora estrarne l'olio. Con la conquista dei Romani e l'apprendimento delle tecniche di trasformazione, il paese diventa una fonte importante di rifornimento di olio per la capitale. Arriviamo così all'epoca della conquista dell'America da parte degli Spagnoli, quando la produzione del prezioso oro verde, dalle doti anche medicinali, si espande persino nelle zone sud-occidentali di Pontevedra e Baiona, per soddisfare le necessità del nuovo continente. Ma la politica avversa dei Re Cattolici, a favore di altre regioni del regno, determina un progressivo espianto degli olivi, dando inizio a un'era di declino che dura fino al XIX secolo. Ma oggi è in corso un'inversione di tendenza, con l'obiettivo di incrementare di anno in anno le aree coltivate, sviluppandone la produttività. Le zone di maggiore vocazione si trovano così localizzate: nella valle di Quiroga e nella Terra di Lemos, ovvero nel sud della provincia di Lugo (interessando comuni come Ribas de Sil e Monforte de Lemos); nella più meridionale provincia di Ourense (interessando l'area della Valdeorras a ovest e comuni come Vilardevós, Verín, Oímbra, Monterrei e Xinzo de Limia a sud); e all'estremità sud-occidentale della provincia di Pontevedra, praticamente al confine con il Portogallo (interessando comuni come Tomiño, O Rosal e A Guarda). Le operazioni in campo sono ancora a uno stadio iniziale, ma destano già notevole interesse. Al recupero e al potenziamento degli oliveti esistenti stanno seguendo i primi impianti sperimentali per studiare le proprietà dell'olio galiziano in vista di un incremento produttivo e dell'ingresso nel mercato. Inoltre sono recenti le iniziative di alcune imprese più strutturate, operanti ai vari gradini della filiera, che si vanno ad affiancare a un piccolo nucleo di produttori galiziani già attivi sul territorio, anche se a un livello puramente artigianale. E l'obiettivo futuro è che si aggiungano anche sostegni da parte del governo regionale, visto che la ripresa del settore olivicolo costituisce non soltanto una fonte di reddito per i lavoratori agricoli, ma anche un modo per garantire la salvaguardia del territorio e del paesaggio evitando l'abbandono delle aree coltivabili. Attualmente gli ettari olivetati sono 275 che rappresentano lo 0,01% del totale nazionale. Il paniere delle varietà di olivo coltivate è abbastanza ampio e risente della vicinanza del Portogallo: a parte una presenza pressoché simbolica della cultivar negrinha do Freixo, le varietà maggiormente diffuse sono la cobrançosa, la galega, la madural e la verdeal. Nella campagna olearia 2019-2020 sono state prodotte, nei 3 frantoi galiziani, 5,7 tonnellate di olio, con una lieve diminuzione del 3,39% rispetto all'annata precedente.

An unending stretch of olive trees obviously suggests a landscape in the south of Spain. However, it is possible to cultivate the olive tree and produce olive oil also in Galicia, in the north-western part of the country, between the Atlantic Ocean and Portugal. Differently from other regions, the olive groves are concentrated in some isolated areas not only for geographical and climatic reasons, but also for the particular ups and downs this tree went through in the course of history. The presence of olive trees in the south-eastern area of Galicia, where the climate is Mediterranean-oceanic, has been in fact documented since remote times, when the inhabitants of these lands used olives as food, but were not able to extract oil from them. After the Roman conquest and the learning of transformation techniques, the region became an important source of oil supply for the capital. When the Spaniards conquered America, the production of the precious green gold, due also to its therapeutic qualities, spread even to the south-western areas of Pontevedra and Baiona, to meet the requirements of the new continent. But the hostile policy of the Catholic Kings, who favoured other regions in the reign, caused a progressive cutting down of the olive trees, starting a decline that lasted until the 19th century. Today, however, there is a turnaround, aiming at increasing yearly the cultivated areas, making them more productive. The best areas are situated in the valley of Quiroga and in the land of Lemos, that is south of the province of Lugo (including towns like Ribas de Sil and Monforte de Lemos); in the southern province of Ourense (including the area of Valdeorras in the west and towns like Vilardevós, Verín, Oímbra, Monterrei and Xinzo de Limia in the south); and in the south-western part of the province of Pontevedra, almost on the border with Portugal (including towns like Tomiño, O Rosal and A Guarda). Although work is still at an initial stage, it seems already interesting. After the recovery and increasing of the existing olive groves, the first experimental plantations are being started, in order to study the properties of Galician olive oil, before developing production and entering the market. Recent initiatives involve more structured concerns, operating at various stages of the production chain and support a small group of Galician producers, who are already active on the territory, but only as craft workers. The aim for the future is to obtain the support of the regional government, since the recovery of the olive oil sector is not only a source of income for farmers, but also a way of protecting the land and its landscape and avoid the neglect of cultivable areas. Currently the olive hectares are 275, which represents 0.01% of the national total. The range of cultivars is quite wide and is similar to nearby Portugal: besides a very limited presence of the cultivar negrinha do Freixo, the most common varieties are cobrançosa, galega, madural and verdeal. In the oil harvest 2019-2020 the 3 Galician oil mills produced a quantity of 5.7 tons of oil, with a slight decrease of 3.39% compared to the previous year.

Elaisian®

the first system in the world of precision olive growing

Monitor and take care of your olive trees wherever you are.

Save time

You can monitor in real-time humidity, temperature and atmospheric pressure of your olive trees anywhere and optimizes your workday.

Optimizes activity

Uses less treatments and optimizes the use of water and fertilizers.

Improves performances

You come into the field only when needed, reducing costs and improving production.

Predictive Alert

Monitoring the advancement of diseases stages. Predictive Alert with 5, 7, 10 days in advance, to prevent: Olive oil fly, Prays oleae, Spilocaea Oleaginea and Leprosy (also sent via SMS).

| basic | premium | enterprise |

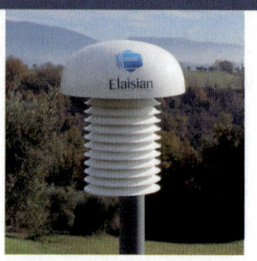

🌐 www.elaisian.com　　✉ info@elaisian.com　　 /elaisian

Castilla y León

Aree olivetate o a vocazione olivicola • Olive growing areas or areas suitable to olive growing

Dati Statistici

Superficie Olivetata Nazionale	2.434.799 (ha)
Superficie Olivetata Regionale	7.601 (ha)
Quota Regionale	0,31%
Frantoi	19
Produzione Nazionale 19-20	1.121.721,2 (t)
Produzione Regionale 19-20	1.051,8 (t)
Produzione Regionale 18-19	928,5 (t)
Variazione	+ 13,28%
Quota Regionale	0,09%

Statistic Data

National Olive Surface	2,434,799 (ha)
Regional Olive Surface	7,601 (ha)
Regional Quota	0.31%
Olive Oil Mills	19
National Production 19-20	1,121,721.2 (t)
Regional Production 19-20	1,051.8 (t)
Regional Production 18-19	928.5 (t)
Variation	+ 13.28%
Regional Quota	0.09%

Ministry of Agriculture, Food and Environment - Information and Food Control Agency

Situata nella parte nord-occidentale della Penisola Iberica, Castilla y León si trova all'interno di quella fascia che costituisce il limite massimo della frontiera settentrionale del clima mediterraneo, dove la pianta dell'olivo cresce con più difficoltà. Per questo motivo, pur essendo la Comunidad Autónoma più vasta della Spagna, la sua ampiezza non corrisponde ad altrettanta estensione di impianti olivicoli: infatti, con i suoi 7.601 ettari, che rappresentano lo 0,31% del totale nazionale, è superiore per superficie olivetata soltanto alla Galicia, ai País Vasco e a La Rioja che costituiscono peraltro anch'esse delle realtà particolari sia per dimensioni territoriali che per posizione geografica. Formata dall'unione di due antichi regni che risalgono alla prima metà del XIII secolo, dal punto di vista territoriale e geografico la regione confina a ovest con il Portogallo e per il resto è circondata da massicci montuosi: a nord quelli della Cordigliera Cantabrica, a est quelli del Sistema Iberico e a sud quelli del Sistema Centrale. Mentre a separare i due paesi scorre il fiume atlantico Duero. Dunque il territorio è composto per circa un terzo da aree montuose, mentre il resto è un susseguirsi di pianure e valli dove scorrono le acque dell'Ebro e dei suoi numerosi affluenti, a formare grandi e fertili distese. Data la sua morfologia, con le catene montuose che la riparano dalle correnti marine, la Comunidad Autónoma di Castilla y León si distingue per un clima per lo più continentale con inverni rigidi, estati molto calde e scarsa piovosità. Anche se sono presenti sul territorio alcune situazioni microclimatiche particolari che interrompono questa sostanziale uniformità e che coincidono con le aree in cui è maggiormente sviluppata la coltivazione dell'olivo. La superficie coltivata totale di Castilla y León è concentrata principalmente nelle province centro-meridionali di Zamora, Valladolid, Salamanca e Ávila. Una delle zone più vocate si estende proprio a sud della provincia di Ávila, al confine con la Comunidad Autónoma di Castilla-La Mancha, dove i fiumi Alagón e Tiétar formano, nella regione naturale di Gredos e in quella che prende il nome di Valle del Tiétar, ricche vallate pianeggianti dove gli olivi crescono rigogliosi. Numerosi impianti si trovano anche a ovest, nella regione di Barco Ávila-Piedrahita, lungo la vallata del fiume Tayo, e al confine con la Comunidad de Madrid, precisamente nella Valle Bajo Alberche, formata dal fiume Alberche. Nel computo generale vanno infine considerati anche gli oliveti che si situano tra le province di Zamora e Salamanca, al confine con il Portogallo. Per quanto riguarda la trasformazione, questa si svolge in 19 frantoi sparsi sull'intero territorio regionale, dai quali è stata ricavata, nella campagna 2019-2020, una produzione di 1.051,8 tonnellate di olio, pari allo 0,09% del totale nazionale, con un aumento del 13,28% rispetto all'annata precedente. La produzione olearia di Castilla y León arricchisce, con un prodotto fondamentale della dieta mediterranea, ricco di proprietà salutistiche e di grande godibilità gustativa, una gastronomia che rappresenta un pilastro sociale e culturale, oltre che economico, di questa Comunidad la cui collocazione geografica, proprio al centro della Penisola Iberica, ha fatto sì che la cucina locale si avvalesse da sempre degli apporti delle tradizioni dei territori con questa confinanti.

Situated in the north-western part of the Iberian Peninsula, Castilla y León is on the fringe of the northern border of the Mediterranean climate, where olive trees do not grow easily. For this reason, even though it is the biggest Comunidad Autónoma in the country, its dimensions do not correspond to the extension of olive cultivations: in fact, its olive surface (7,601 hectares, that is 0.31% of the national total) is superior only to Galicia, País Vasco and La Rioja, which also constitute particular realities both for dimensions and for geographical position. Formed by the union of two ancient kingdoms going back to the middle of the 13th century, Castilla y León borders on Portugal to the west and is surrounded by the landforms of the Cordillera Cantabrica to the north, by the Iberian System to the east and by the Central System to the south, while the Atlantic river Duero separates the two territories. Therefore, about a quarter of the territory is composed of mountainous areas: the rest is a series of flat areas and valleys, where the river Ebro and its numerous tributaries flow forming big and fertile fields. Bounded by mountainous chains that shelter it from sea wind currents, Castilla y León has generally a continental climate with rigid winters, very warm summers and scarce rainfall; but this uniformity is interrupted in some areas by particular microclimatic situations. These are the areas in which olive cultivation has mostly spread. At present the total olive surface is mainly located in the centre-southern provinces of Zamora, Valladolid, Salamanca and Ávila. A particularly suitable area is to the south of the province of Ávila: here, on the border with the Comunidad Autónoma de Castilla-La Mancha, the rivers Alagón and Tiétar form rich flat valleys, where olive trees flourish, in the natural region of Gredos and in the one called Valley del Tiétar. Olive groves also extend to the west in the region of Barco Avila-Piedrahita along the valley of the river Tayo, and on the border with the Comunidad de Madrid, precisely in the Valley Bajo Alberche, formed by the river Alberche. In addition, other olive groves are between the provinces of Zamora and Salamanca, on the border with Portugal. Transformation is carried out in 19 oil mills situated over the whole regional territory. In the oil harvest 2019-2020 they produced 1,051.8 tons of oil, corresponding to 0.09% of the total national production, with an increase of 13.28% compared to the previous year. This oil production enriches the gastronomy of the Mediterranean diet that does not only constitute an economic pillar, but also a social and cultural pillar of this community, whose favourable geographical position in the centre of the Iberian Peninsula has always allowed the local gastronomy to take advantage of the traditions of the bordering territories.

Spagna Spain [ES] Castilla y León

Soleae

Herguijuela de la Sierra - Calle Gómez, 4 - Bajo
37619 Sierra de Francia (Salamanca)
E-mail: soleae@soleae.com - Web: www.soleae.com

92

- 600 m
- **Specializzato** / Specialized
- **Alberello, forma libera** / Tree, free form
- **Brucatura a mano** / Hand picking
- **Sì - Ciclo continuo** / Yes - Continuous cycle
- **Manzanilla cacereña**
- **Fruttato medio** / Medium fruity
- da 12,01 a 15,00 € - 500 ml / from € 12.01 to 15.00 - 500 ml

Meritati progressi per Soleae che nasce nel 2009 per volontà di María Hernández e Jesús Ángel Blanco Fonseca i quali si stabiliscono a Herguijuela de la Sierra per dare inizio alla loro nuova avventura. L'attività, che oggi comprende tutta la filiera, dal campo alla bottiglia, si basa su un patrimonio di 12 ettari di oliveto specializzato con 3mila piante. Quest'anno al raccolto di 650 quintali di olive ne sono stati aggiunti 250 acquistati, per una produzione di 90 ettolitri di olio che, con i 30 comprati, sono diventati 120. Due gli Extravergine Soleae: Coupage e il monocultivar Manzanilla Cacereña da Agricoltura Biologica. Preferiamo il secondo, giallo dorato intenso con lievi riflessi verdi, limpido. Al naso è pulito e avvolgente, ricco di sentori di pomodoro acerbo, banana e mela bianca, cui si affiancano note di lattuga e sedano. Al gusto è fine e complesso, con toni aromatici di basilico, menta e prezzemolo. Amaro spiccato e piccante deciso. Ideale su bruschette con pomodoro, carpaccio di tonno, insalate di spinaci, radicchio alla griglia, zuppe di fagioli, primi piatti con salsiccia, polpo bollito, carni rosse o nere alla piastra, formaggi stagionati a pasta dura.

Soleae, which is progressing, was founded in 2009 by María Hernández and Jesús Ángel Blanco Fonseca, who settled in Herguijuela de la Sierra to start their new adventure. Their activity, involving the whole production chain, from the field to the bottle, consists of 12 hectares of specialized olive grove with 3,000 trees. In the last harvest 650 quintals of olives were produced and 250 purchased, with a yield of 90 hectolitres of oil. With 30 purchased, the total was 120 hectolitres. There are two Extra Virgin Soleae, Coupage and the Monocultivar Manzanilla Cacereña from Organic Farming, which we recommend. It is an intense limpid golden yellow colour with slight green hues. Its aroma is clean and rotund, rich in hints of unripe tomato, banana and white apple, together with notes of lettuce and celery. Its taste is fine and complex, with an aromatic flavour of basil, mint and parsley. Bitterness is distinct and pungency is definite. It would be ideal on bruschette with tomatoes, tuna carpaccio, spinach salads, grilled radicchio, bean soups, pasta with sausages, boiled octopus, pan-seared red meat or game, hard mature cheese.

Spagna Spain [ES] Castilla y León

Pago de Valdecuevas

Camino Buenaventura
47800 Medina de Rioseco (Valladolid)
Tel.: +34 983 033942
E-mail: almazara@valdecuevas.es - Web: www.valdecuevas.es

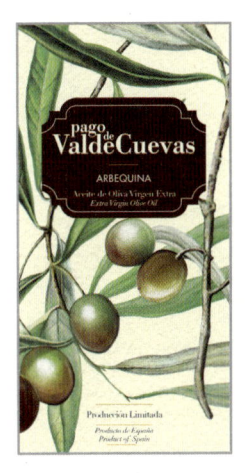

85

- 850 m
- Specializzato / Specialized
- Alberello, monocono, palmetta / Tree, monocone, fan
- Brucatura a mano e meccanica / Hand picking and mechanical harvesting
- Sì - Ciclo continuo / Yes - Continuous cycle
- Arbequina
- Fruttato medio / Medium fruity
- da 6,01 a 8,00 € - 500 ml / from € 6.01 to 8.00 - 500 ml

Confermiamo in Guida Pago de Valdecuevas, una struttura familiare con un'ampia esperienza nel settore agroalimentare, attualmente impegnata nella produzione di vino e soprattutto di extravergine di alta qualità. Il patrimonio olivicolo comprende un impianto specializzato di 140 ettari, sul quale crescono 240mila alberi, e un frantoio di ultima generazione. Questo ha lavorato quest'anno 9.430 quintali di olive, pari a circa 1.674 ettolitri di olio. L'etichetta proposta al panel è l'Extravergine Pago de Valdecuevas che appare alla vista di un bel colore giallo dorato intenso, limpido. Al naso si apre sottile e composto, dotato di sentori fruttati di pomodoro acerbo, banana e mela bianca, cui si affiancano toni di erbe aromatiche, con sfumature di basilico e prezzemolo. Al gusto è morbido e armonico, con note vegetali di lattuga di campo e sedano. Amaro e piccante presenti e ben espressi, con chiusura dolce che ricorda il pinolo. È un ottimo accompagnamento per antipasti di mare, insalate di farro, marinate di orata, patate in umido, zuppe di funghi ovoli, risotto con carciofi, crostacei in guazzetto, molluschi gratinati, pollame o carni di agnello al forno, formaggi caprini.

Present again in our Guide, Pago de Valdecuevas is a family-run farm with a long experience in the agricultural and food sector, which is currently active in the production of wine and especially high quality extra virgin olive oil. The estate consists of a specialized olive grove of 140 hectares with 240,000 trees and an advanced oil mill. In the last harvest 9,430 quintals of olives were produced, equal to about 1,674 hectolitres of oil. The selection proposed to the panel is the Extra Virgin Pago de Valdecuevas, which is a beautiful intense limpid golden yellow colour. Its aroma is fine and delicate, endowed with fruity hints of unripe tomato, banana and white apple, together with notes of aromatic herbs, especially basil and parsley. Its taste is mellow and harmonic, with vegetal notes of country lettuce and celery. Bitterness and pungency are present and distinct, with a sweet pine nut finish. It would be ideal on seafood appetizers, farro salads, marinated gilthead, stewed potatoes, ovoli mushroom soups, risotto with artichokes, stewed shellfish, mussels au gratin, baked poultry or lamb, goat cheese.

Spagna Spain [ES] Castilla y León

Pago Los Bichos

Calle Eras, 57
49220 Fermoselle (Zamora)
Tel.: +34 980 613333 - Fax: +34 980 613333
E-mail: info@pagolosbichos.com - Web: www.pagolosbichos.com

88

312/599 m

Specializzato
Specialized

Alberello
Tree

Bacchiatura
Beating

No - Ciclo continuo
No - Continuous cycle

Manzanilla

Fruttato medio
Medium fruity

da 12,01 a 15,00 € - 500 ml
from € 12.01 to 15.00 - 500 ml

U n passo in avanti per Pago Los Bichos, il giovanissimo progetto creato da Caridad Robles González nel cuore del Parco Naturale Arribes del Duero. A disposizione ci sono diversi oliveti appartenenti alla famiglia fin dagli anni Ottanta, completamente riqualificati e coltivati con metodi biologici. Parliamo di una superficie di circa 5 ettari sulla quale crescono 1.375 alberi di manzanilla dai quali è stato ricavato un raccolto di 140 quintali di olive e una produzione di 10 ettolitri di olio. Dei due ottimi Extravergine da Agricoltura Biologica, 399 e Arribanzos, il panel sceglie il secondo, di un bel colore giallo dorato intenso con nuance verdoline, limpido. Al naso è ampio e avvolgente, ricco di sentori di pomodoro acerbo e mela bianca, cui si affiancano toni aromatici di basilico e prezzemolo. Fine e complesso al palato, aggiunge note vegetali di lattuga e sedano e chiude con ricordo di pinolo. Amaro spiccato e piccante deciso e armonico. Si abbina a maionese, antipasti di orzo, aragosta al vapore, carpaccio di ricciola, marinate di spigola, passati di funghi ovoli, risotto con asparagi, fritture di calamari, rombo al cartoccio, formaggi freschi a pasta molle, dolci lievitati.

P ago Los Bichos, which is progressing, is a young project created by Caridad Robles González in the heart of the Natural Park Arribes del Duero. It consists of several olive groves owned by the family since the 80s, completely regenerated and cultivated with organic methods. The olive surface covers about 5 hectares with 1,375 trees of the variety manzanilla, which produced 140 quintals of olives in the last harvest, equal to a yield of 10 hectolitres of oil. There are two very good Extra Virgin selections from Organic Farming, 399 and Arribanzos, chosen by the panel. It is a beautiful intense limpid golden yellow colour with light green hues. Its aroma is ample and rotund, rich in hints of unripe tomato and white apple, together with aromatic notes of basil and parsley. Its taste is fine and complex, with a vegetal flavour of lettuce and celery and a pine nut finish. Bitterness is distinct and pungency is definite and harmonic. It would be ideal on mayonnaise, barley appetizers, steamed spiny lobster, amberjack carpaccio, marinated bass, ovoli mushroom purée, risotto with asparagus, fried squids, turbot baked in parchment paper, soft fresh cheese, yeast-raised cakes.

País Vasco

Map locations: Bilbao, Guadalcao, San Sebastián, Irun, Tolosa, Mondragón, Vitoria, CONDADO DE TREVIÑO

Aree olivetate o a vocazione olivicola • *Olive growing areas or areas suitable to olive growing*

Dati Statistici
Superficie Olivetata Nazionale	2.434.799 (ha)
Superficie Olivetata Regionale	365 (ha)
Quota Regionale	0,01%
Frantoi	4
Produzione Nazionale 19-20	1.121.721,2 (t)
Produzione Regionale 19-20	103,6 (t)
Produzione Regionale 18-19	112,7 (t)
Variazione	- 8,07%
Quota Regionale	0,01%

Statistic Data
National Olive Surface	2,434,799 (ha)
Regional Olive Surface	365 (ha)
Regional Quota	0.01%
Olive Oil Mills	4
National Production 19-20	1,121,721.2 (t)
Regional Production 19-20	103.6 (t)
Regional Production 18-19	112.7 (t)
Variation	- 8.07%
Regional Quota	0.01%

Ministry of Agriculture, Food and Environment - Information and Food Control Agency

País Vasco non possono certamente essere considerati una terra prettamente olivicola. Infatti i numeri lo dimostrano chiaramente: gli impianti, che si estendono per 365 ettari, rappresentano una minima parte delle aree olivetate su tutto il territorio nazionale (precisamente lo 0,01%). Infatti la regione è superiore per superficie coltivata soltanto alla Galicia. Nell'ultima campagna olearia sono state prodotte 103,6 tonnellate di olio, pari allo 0,01% del totale nazionale, con una diminuzione dell'8,07% rispetto all'annata precedente. I frantoi attivi sul territorio sono 4. D'altra parte si tratta di una regione che, per la sua stessa posizione geografica che la colloca all'estremità settentrionale della Penisola Iberica, e per le particolari condizioni climatiche e ambientali, non vanta neppure grandi tradizioni agricole, non soltanto olivicole. C'è da dire tuttavia che i dati statistici vanno comunque inseriti nel giusto contesto, tenendo conto del territorio e delle sue risorse naturali. Comunidad Autónoma dal 1979, i País Vasco sono bagnati lungo le coste settentrionali dal Mar Cantabrico e sono fortemente marcati dai rilievi della Cordigliera Cantabrica. Questa splendida terra comprende le province di Vizcaya, Guipúzcoa e Álava e abbraccia un territorio di ridotte dimensioni ma tra i più popolati, con una densità superiore alla media spagnola, con attività industriali e commerciali molto fiorenti: è un paese ricco di risorse minerarie e naturali e fortemente legato all'attività della pesca più che a quella agricola. Quella dell'olivo è dunque una coltura tradizionale ma minoritaria, concentrata per lo più a sud della provincia di Álava, al confine con La Rioja e Navarra, specialmente nella regione naturale di Rioja Alavesa, segnata dalle valli dei fiumi Inglares ed Ega, nei municipi di Oion, Moreda e Lanciego dove si situano i frantoi. Ma esiste anche un'esperienza pilota a Fuenterrabia (Guipúzcoa). Le varietà coltivate sono picudillo, empeltre e bermejuela. Le rese produttive sono molto esigue, sebbene spesso di qualità, e realizzate con metodi tradizionali ormai inadeguati a livello tecnologico. L'olivicoltura è associata alla viticoltura, il che significa bassa densità degli alberi nell'oliveto e pratiche produttive congiunte con quelle di altre piante, a discapito delle necessità specifiche dell'olivo. Inoltre mancano supporti tecnici e manodopera specializzata per la potatura mentre, per quanto riguarda la trasformazione, il sistema più diffuso è ancora quello tradizionale a presse. Tutta la produzione è destinata all'autoconsumo e l'unica attività commerciale è la vendita individuale delle eccedenze. Ma c'è già stata una prima risposta all'obiettivo di rinvigorire questo settore: il Dipartimento di Agricoltura e Pesca del Governo dei País Vasco ha avviato, in collaborazione con le Diputaciones Forales di Álava e Guipúzcoa, un Piano Strategico sull'Olivo da sviluppare negli anni. Le finalità sono: l'aumento della produzione attraverso l'incremento degli impianti esistenti o la creazione di nuovi, superintensivi; il miglioramento delle tecniche colturali e di estrazione, con la possibilità di acquistare un unico frantoio per tutta la regione; il potenziamento del settore commerciale e degli studi, attualmente obsoleti, nel campo delle varietà autoctone. Per ovviare a questa carenza, peraltro, è già in corso un programma di messa a punto delle diverse cultivar al fine di individuarne il potenziale produttivo e qualitativo.

The País Vasco does not have great olive growing traditions, as figures clearly show: the olive groves, distributed on a surface of 365 hectares, represent only a small part of the totality of the olive growing areas in the national territory (precisely 0.01%). In fact, the cultivated area in this region is superior only to Galicia. In the last harvest 103.6 tons of oil were produced, equal to 0.01% of the total national quantity, with a decrease of 8.07% in comparison to the previous year. The active oil mills on the territory are 4. However, this region is placed at the northern end of the Iberian Peninsula and because of its particular climate and environment it does not even have great agricultural traditions. But this data must be considered in the right context, taking into account the territory and its natural resources. Comunidad Autónoma since 1979, the País Vasco is washed by the Cantabrico Sea on the northern coasts and is strongly marked by the land forms of the Cordillera Cantabrica. This splendid land includes the provinces of Vizcaya, Guipúzcoa and Álava and takes in a territory of small dimensions but among the most populated, with a higher density than the Spanish average, with very flourishing industrial and commercial activities: it is a country rich in mining and natural resources and more strongly tied to fishing than to agriculture. Olive growing is therefore a minor traditional cultivation concentrated to the south of the province of Álava, on the border with La Rioja and Navarra, especially in the natural region of Rioja Alavesa, characterized by the valleys of the rivers Inglares and Ega, in the towns of Oion, Moreda and Lanciego, where there are the oil mills, and there is also a pilot project in Fuenterrabia (Guipúzcoa). The present varieties are picudillo, empeltre and bermejuela. The generally high quality productions are very small and obtained with methods handed down through the generations but by now inadequate. Olive growing is associated to the cultivation of the grapevine, which means low density of trees in the olive groves and common productive practices, to the detriment of the specific necessities of the olive tree. Besides this, technical support and manpower specialized in pruning are missing, while transformation is effected with the traditional press system. The production is entirely destined to domestic consumption and the only commercial activity is the individual surplus sale. But in recent years the sector has been enhanced: the Department of Agriculture and Fishing of the Government of the País Vasco has started a Strategic Olive Plan in collaboration with the Diputaciones Forales of Álava and Guipúzcoa, which will be developed in the next years. The aim is to increase production through the increase of the existing plantations or the creation of new intensive ones, the improvement of cultivation and extraction techniques with the possible purchase of a single oil mill for the whole region, the expansion of the commercial sector and of the studies, by now obsolete, of the autochthonous varieties. To get around this, there is already a programme in progress for the characterization of the different cultivars in order to understand their productive and qualitative potential.

Istria
un mare di alternative

CROAZIA
Piena di vita

www.istra.com

Istria
Verde Mediterraneo.

La Rioja

Haro
Logroño
Nájera
Santo Domingo de la Calzada
ACEITE DE LA RIOJA
Calahorra
Torrecilla en Cameros
Arnedo
Alfaro
Cervera del Rio Alhama

Dati Statistici		Statistic Data	
Superficie Olivetata Nazionale	2.434.799 (ha)	National Olive Surface	2,434,799 (ha)
Superficie Olivetata Regionale	5.651 (ha)	Regional Olive Surface	5,651 (ha)
Quota Regionale	0,23%	Regional Quota	0.23%
Frantoi	21	Olive Oil Mills	21
Produzione Nazionale 19-20	1.121.721,2 (t)	National Production 19-20	1,121,721.2 (t)
Produzione Regionale 19-20	1.688,5 (t)	Regional Production 19-20	1,688.5 (t)
Produzione Regionale 18-19	2.500,8 (t)	Regional Production 18-19	2,500.8 (t)
Variazione	- 32,48%	Variation	- 32.48%
Quota Regionale	0,15%	Regional Quota	0.15%

Ministry of Agriculture, Food and Environment - Information and Food Control Agency

I numeri dell'olivicoltura nella Comunidad Autónoma di La Rioja, nel nord della Spagna, sono i seguenti: 5.651 ettari di superficie olivetata, che rappresentano lo 0,23% del totale nazionale, e 21 frantoi distribuiti sull'intero territorio regionale. Da questi, nella campagna olearia 2019-2020, sono state ricavate 1.688,5 tonnellate di olio, pari allo 0,15% del totale nazionale, con una diminuzione del 32,48% rispetto all'annata precedente. Sono comunque numeri di tutto rispetto per gli abitanti di una regione che è superiore, per estensione di impianti, solamente alla Galicia e ai País Vasco, ma che che ha fatto dell'extravergine, simbolo indiscusso della dieta mediterranea, uno degli alimenti base della propria nutrizione e della propria gastronomia. D'altronde anche qui, come nel resto della Spagna, l'olivicoltura ha origini antichissime, anche se furono per primi i Romani a trasformare la coltivazione dell'olivo e l'estrazione dell'olio in una vera e propria attività economica e a dare un impulso veramente decisivo all'impianto degli oliveti. L'antichità di questa tradizione è testimoniata da alcuni resti archeologici nell'area di Murillo de Río Leza e da quelli di un deposito di olive in un antico frantoio ad Alfaro, distretto in cui si commercializzava la maggior parte dell'olio prodotto in quell'epoca. Una tradizione che non è mai venuta meno nel tempo: alcune fonti del Settecento, un secolo d'oro per l'olivicoltura spagnola, oltre a documentare la presenza di questa coltivazione e di numerosi frantoi, sottolineano l'importanza delle esportazioni di olio che, proprio a partire dalla città di Alfaro, proseguivano verso l'Europa settentrionale e verso le Indie fino alla metà del secolo XIX. Nella regione di La Rioja l'albero di olivo cresce soprattutto in terreni poveri di humus negli strati superficiali, ricchi di argilla, limo e sabbia, senza piani impermeabili: il che assicura un corretto drenaggio, una crescita limitata e un generale equilibrio, decisivo per la qualità dei frutti. Anche il clima è importante: qui è a metà tra il mediterraneo e il continentale, con inverni temperati e lunghe estati calde, scarsa piovosità ma comunque sufficiente, poca escursione termica tra il giorno e la notte e grande luminosità. Le ore di freddo che la pianta sopporta durante la stagione invernale consentono, durante la primavera, una buona fioritura e il successivo sviluppo. Le varietà maggiormente diffuse sono: arbequina, arroniz, blanqueta, cornicabra, empeltre, hojiblanca, manzanilla, negral, redondilla, royal, picual, verdial. Oltre all'habitat particolare non va sottovalutato il fattore umano: gli olivicoltori di queste terre uniscono infatti alla passione e alla cura per la pianta una conoscenza profonda della stessa e delle tecniche più idonee a ottenere una produzione di eccellenza. E così la Dop Aceite de La Rioja, che comprende la quasi totalità degli ettari olivetati ripartiti in 53 municipi, comprende anche la maggioranza dei produttori locali, costituendo un vero punto di riferimento per tutto il settore. E sono importanti le azioni che l'organo preposto della Dop ha promosso e promuove per diffondere la conoscenza del marchio di qualità: per esempio l'elaborazione di un piano strategico per definire le linee di sviluppo della Denominazione stessa, nel quale uno dei punti basilari è la conoscenza del prodotto certificato da parte degli importatori degli altri paesi, con l'obiettivo di introdurlo in un circuito economico di più ampio respiro.

In the Comunidad Autónoma de La Rioja in the north of Spain the figures of olive growing are the following: 5,651 hectares of olive groves, which represents 0.23% of the national total, and 21 oil mills distributed over the whole regional territory. In the last oil harvest 1,688.5 tons of oil were produced, equal to 0.15% of the total national quantity, with a decrease of 32.48% compared to the previous year. These figures are certainly considerable for the inhabitants of a region where the olive area is superior only to Galicia and País Vasco, but which has made extra virgin olive oil, the undisputed symbol of the Mediterranean diet, a basic element of its nutrition and gastronomy. After all here, as in the rest of the Iberian Peninsula, olive growing has very ancient origins, although the Romans were the first who transformed olive oil cultivation and extraction into an economic activity and gave a decisive stimulus to the planting of olive groves. The antiquity of this tradition is testified by some archaeological remains in the area of Murillo de Río Leza and by an olive store-room in an ancient olive oil mill in Alfaro, the district in which the majority of the oil produced at the time was marketed. This tradition has never disappeared: sources from the 18th century, the golden century of Spanish olive growing, besides documenting the presence of this cultivation and of numerous oil mills, underline the importance of oil exports, which from the city of Alfaro travelled toward Northern Europe and the Indies until the middle of the 19th century. In the region of La Rioja the olive tree can be found specifically on ground with little humus in the superficial layers, rich in clay, slime and sand and without impermeable levels, which allow a correct drainage, a limited growth and a general balance, decisive for the quality of the fruit. Even the climate is favourable: midway between Mediterranean and continental, with temperate winters and long warm summers, scarce but sufficient rainfalls, a few drops in temperature at night and a good light. The hours of cold that the olive tree tolerates during the winter season allow a good blossom and growth in spring. The most widespread varieties are arbequina, arroniz, blanqueta, cornicabra, empeltre, hojiblanca, manzanilla, negral, redondilla, royal, picual, verdial. Besides this highly suitable habitat the human factor has to be considered: the olive growers of these lands not only work with passion and care, but they also have a deep knowledge of the olive tree and of the techniques to achieve an excellent product. In fact the most local producers are enrolled in the Pdo Aceite de La Rioja, which includes almost the whole olive growing area distributed in 53 municipalities and is a point of reference for the whole sector. The appointed body of the Pdo is promoting various actions in order to spread the knowledge of the quality trademark, for example a strategic plan to define the lines of development of the denomination: one of the primary objectives is to launch the extra virgin olive oils produced and protected by the Pdo on the international market, so that foreign importers can get to know about this product.

Spagna Spain [ES] La Rioja

Almazara Ecológica Isul

Pago El Cascajo - Carretera Grávalos km 19
26540 Álfaro (La Rioja)
Tel.: +34 941 741004
E-mail: isul@isul.es - Web: www.isul.es

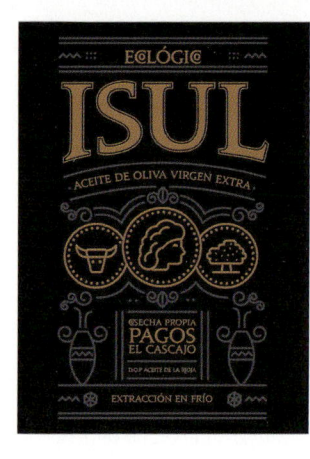

87

350 m

Specializzato
Specialized

Forma libera
Free form

Brucatura a mano e meccanica
Hand picking and mechanical harvesting

Sì - Ciclo continuo
Yes - Continuous cycle

Arbequina

Fruttato medio
Medium fruity

da 8,01 a 10,00 € - 500 ml
from € 8.01 to 10.00 - 500 ml

Almazara Ecológica Isul è un'impresa familiare fondata nel 1999 che si dedica all'olivicoltura biologica, dotandosi di un proprio frantoio a ciclo continuo pur di avere il controllo completo della filiera. Jesús, José Manuel e Vicente Catalán Alonso conducono 37 ettari di oliveto specializzato dove dimorano 15mila piante di sola varietà arbequina dalle quali sono stati raccolti quest'anno 1.500 quintali di olive che, con l'aggiunta di 2.500 acquistati, hanno reso 680 ettolitri di olio. L'Extravergine Isul Dop Aceite de La Rioja da Agricoltura Biologica è di colore giallo dorato intenso con lievi riflessi verdi, limpido. Al naso si apre pulito e avvolgente, dotato di sentori vegetali di cicoria, lattuga e sedano, cui si abbinano toni di mela bianca e sfumature di mandorla. Al palato è fine e complesso, con note di erbe aromatiche, con ricordo di basilico, menta e prezzemolo. Amaro deciso e piccante spiccato ed equilibrato. Eccellente accompagnamento per antipasti di legumi, insalate di ceci, marinate di orata, patate arrosto, zuppe di funghi finferli, risotto con carciofi, molluschi gratinati, tartare di salmone, pollame o carni di agnello al forno, formaggi caprini.

Almazara Ecológica Isul is a family-run farm founded in 1999, which follows organic farming and uses its own continuous cycle oil mill to have a complete control of the production chain. Jesús, José Manuel and Vicente Catalán Alonso run 37 hectares of specialized olive grove with 15,000 trees of the variety arbequina. In the last harvest 1,500 quintals of olives were produced and 2,500 purchased, equal to a yield of 680 hectolitres of oil. The Extra Virgin selection Isul Pdo Aceite de La Rioja from Organic Farming is an intense limpid golden yellow colour with slight green hues. Its aroma is clean and rotund, endowed with vegetal hints of chicory, lettuce and celery, together with hints of white apple and notes of almond. Its taste is fine and complex, with a flavour of aromatic herbs, especially basil, mint and parsley. Bitterness is definite and pungency is distinct and well balanced. It would be ideal on legume appetizers, chickpea salads, marinated gilthead, roast potatoes, chanterelle mushroom soups, risotto with artichokes, mussels au gratin, salmon tartare, baked poultry or lamb, goat cheese.

Comunidad Foral de Navarra

Dati Statistici		Statistic Data	
Superficie Olivetata Nazionale	2.434.799 (ha)	National Olive Surface	2,434,799 (ha)
Superficie Olivetata Regionale	7.752 (ha)	Regional Olive Surface	7,752 (ha)
Quota Regionale	0,32%	Regional Quota	0.32%
Frantoi	19	Olive Oil Mills	19
Produzione Nazionale 19-20	1.121.721,2 (t)	National Production 19-20	1,121,721.2 (t)
Produzione Regionale 19-20	4.560,1 (t)	Regional Production 19-20	4,560.1 (t)
Produzione Regionale 18-19	5.587,6 (t)	Regional Production 18-19	5,587.6 (t)
Variazione	- 18,39%	Variation	- 18.39%
Quota Regionale	0,41%	Regional Quota	0.41%

Ministry of Agriculture, Food and Environment - Information and Food Control Agency

La latitudine e la morfologia del territorio non ne fanno certo una terra dalla vocazione specificatamente olivicola, tuttavia negli ultimi anni la Comunidad Foral de Navarra ha vissuto un deciso balzo in avanti in questo settore: basti pensare al progetto prima, e poi alla realizzazione, di una Dop Aceite de Navarra che risulta oggi attuata. Alla base di questo traguardo c'è una cultura olivicola che ha perseguito nel tempo importanti finalità, come la creazione di un panel ufficiale di assaggiatori che ha infuso nuovo vigore al comparto, costituendo un primo punto di incontro, riflessione e dibattito in tutti gli ambiti della filiera, dalla produzione, alla trasformazione, alla commercializzazione dell'olio di qualità di Navarra. L'obiettivo è quello di riunire la totalità della produzione olearia della Comunidad per posizionarsi sul mercato in modo più deciso, offrendo una garanzia di tipicità e un alto livello di qualità degli extravergine. Ecco i numeri che descrivono la situazione attuale dell'olivicoltura nella Comunidad Foral de Navarra, nel nord della Spagna: 7.752 ettari di superficie olivetata (che rappresentano lo 0,32% del totale nazionale), irrigata per circa metà della sua estensione, e 19 frantoi attivi sul territorio dai quali, nell'ultima campagna 2019-2020, sono state ricavate 4.560,1 tonnellate di olio, pari allo 0,41% del totale nazionale, con una diminuzione del 18,39% rispetto all'annata precedente. L'area maggiormente vocata della Comunidad, dove si concentra la produzione, rappresenta in realtà un'esigua porzione delle terre destinate all'agricoltura e si trova nella parte meridionale della regione che appare delimitata a nord dalla Cordigliera Prepirenaica che si estende da ovest a est di Navarra, parallela all'asse dei Pirenei, ed è costituita dai rilievi di Codés, Lókiz, Urbasa, Andía, Perdón, Alaiz, Izko e Leire. Quest'area olivicola comprende circa 135 comuni, oltre al territorio di Bardenas Reales. La linea immaginaria che collega la Sierra de Codés a ovest con la Sierra de Leire a est divide virtualmente l'intero territorio in due parti: a nord l'altitudine supera i 600 metri sul livello del mare, mentre a sud è inferiore. Al di sotto di questo limite si colloca buona parte delle terre della Comunidad Foral de Navarra, tra cui quelle che ricadono nell'area geografica della Denominazione di Origine Protetta. Benché la latitudine costituisca il limite massimo per la coltivazione dell'olivo, lo sviluppo della pianta è reso possibile dal clima che presenta una chiara influenza mediterranea. Più precisamente si indicano due aree climatologicamente distinte. Quella a nord, che comprende la quasi totalità delle terre agricole di IV Tierra Estella e V Navarra Media (che rientrano nell'area geografica della Denominazione di Origine), presenta una decisa escursione termica tra estate e inverno, una media annuale intorno agli 11 °C e precipitazioni medie oscillanti tra i 500 e i 700 millimetri l'anno: tutte condizioni decisamente molto difficili per la coltivazione dell'olivo. In questo comprensorio la varietà più diffusa è l'arroniz. L'area a sud, che coincide con la Ribera, è caratterizzata invece da un clima simile a quello della valle del fiume Ebro: secco, a parte gli scarsi temporali estivi, e con temperature annuali medie tra 13 °C e i 14 °C. Qui la produzione di olio deriva principalmente da olive di varietà arbequina ed empeltre.

For its latitude and the conformation of the territory the Comunidad Foral de Navarra has not a specific olive growing tradition. However, in the last few years this sector has definitely developed, as shows first the project and then the achievement of a Pdo Aceite de Navarra, which at present has been implemented. This result is due to an olive growing tradition that has succeeded in creating an official panel of tasters, which has brought new vitality to this sector and has been set up for meeting and discussing all aspects of olive growing, from production to transformation and marketing. The aim is to unite all production of extra virgin olive oil of the Comunidad Foral in order to give it a strong decisive position in the market, which will guarantee typicality and high quality. The following figures describe the present situation of olive growing in this region in the north of Spain: an olive surface that extends over 7,752 hectares, which is 0.32% of the national total, irrigated for about a half of its extension, 19 active oil mills, which produced 4,560.1 tons of oil during the last oil harvest, equal to 0.41% of the total national quantity, with a 18.39% decrease compared to the previous year. The most favourable area, where production is concentrated, really represents only a very small part of the lands destined to agriculture and is situated in the southern half of the region, bounded to the north by the Cordillera Prepirenaica that extends from the east to the west of Navarra, parallel to the axis of the Pyrenees, and is constituted by the mountainous chains of Codés, Lókiz, Urbasa, Andía, Perdón, Alaiz, Izko and Leire. This olive area includes 135 towns and also the territory of Bardenas Reales. The imaginary line that connects the Sierra de Codés in the west with the Sierra de Leire in the east virtually divides the whole territory into two different parts: in the north altitude is more than 600 metres above sea level, while in the south it is lower. The most of the lands of the Comunidad Foral de Navarra is below this limit. Here we find the geographical area of the denomination Pdo Aceite de Navarra. Although it is at the maximum altitude for olive growing, the olive tree can grow thanks to the climate of the region that is certainly influenced by the Mediterranean Sea. In particular it is possible to point out two areas that present enough contrasts to be considered climatically different. The northern area includes practically all the agricultural lands of IV Tierra Estella and V Navarra Media, which are situated in the geographical area of the denomination of origin. This area has very different temperatures in summer and winter, an annual average temperature of around 11 °C and average rainfalls between 500 and 700 millimetres a year: these are all extreme conditions for olive growing. In this district the most common variety is arroniz. The southern area, which coincides with the Ribera, is characterized instead by a climate similar to the one of the valley of the river Ebro: that is a mainly dry climate, apart from scarce summer rains, with average annual temperatures varying from 13 °C to 14 °C. Here olive oil is mainly produced from olives of variety arbequina and empeltre.

Spagna Spain [ES] Comunidad Foral de Navarra

Aceite Artajo

Tudela - Finca Los Llanos - Finca Llanos A 68 km 102
31512 Fontellas (Navarra)
Tel.: +34 948 386225
E-mail: info@artajo.es - Web: www.artajo.es

10
95

265 m

Specializzato
Specialized

Cespuglio
Bush

Meccanica
Mechanical harvesting

Sì - Ciclo continuo
Yes - Continuous cycle

Koroneiki

Fruttato medio
Medium fruity

da 12,01 a 15,00 € - 500 ml
from € 12.01 to 15.00 - 500 ml

Consolida la sua posizione Aceite Artajo, una realtà che vanta antiche tradizioni olivicole nella zona. Dopoché nel 1998 Mária Dolores Artajo e Francisco Javier Urzaiz Sevilla decidono di riportarla agli antichi splendori, oggi la struttura comprende un oliveto specializzato di 220 ettari, con 210mila piante, e un moderno impianto di estrazione. Quest'anno sono stati ricavati 12mila quintali di olive e circa 1.834 ettolitri di olio. Quattro gli Extravergine Artajo 10 da Agricoltura Biologica: Coupage e i tre monocultivar, Arbequina, Arróniz e Koroneiki. Il panel sceglie quest'ultimo, di un bel colore giallo dorato intenso con delicati riflessi verdi, limpido. Al naso è pulito e avvolgente, ricco di sentori fruttati di pomodoro acerbo, mela bianca e banana, cui si aggiungono toni di erbe aromatiche, con ricordo di basilico, menta e prezzemolo. Al gusto è complesso e fine, con note vegetali di lattuga e sedano. Amaro spiccato e piccante deciso e armonico. Ideale su antipasti di mare, insalate di farro, marinate di orata, patate in umido, passati di legumi, primi piatti con asparagi, molluschi gratinati, tartare di salmone, pollame o carni di agnello al forno, formaggi caprini.

Another positive result for Aceite Artajo, a farm that can boast an ancient olive growing tradition in the area. In 1998 Mária Dolores Artajo and Francisco Javier Urzaiz Sevilla decided to give it new impetus and today they run 220 hectares of specialized olive grove, with 210,000 trees, and a modern extraction system. In the last harvest 12,000 quintals of olives and about 1,834 hectolitres of oil were produced. There are four Extra Virgin Artajo 10 from Organic Farming, Coupage and the three Monocultivar Arbequina, Arróniz and Koroneiki, chosen by the panel. It is a beautiful intense limpid golden yellow colour with delicate green hues. Its aroma is clean and rotund, rich in fruity hints of unripe tomato, white apple and banana, together with notes of aromatic herbs, especially basil, mint and parsley. Its taste is complex and fine, with vegetal notes of lettuce and celery. Bitterness is distinct and pungency is definite and harmonic. It would be ideal on seafood appetizers, farro salads, marinated gilthead, stewed potatoes, legume purée, pasta with asparagus, mussels au gratin, salmon tartare, baked poultry or lamb, goat cheese.

Spagna Spain [ES] Comunidad Foral de Navarra

Aceites La Maja

Carretera NA 8411 km 4
31587 Mendavia (Navarra)
Tel.: +34 948 685846 - Fax: +34 948 685846
E-mail: info@aceiteslamaja.com - Web: www.aceiteslamaja.com

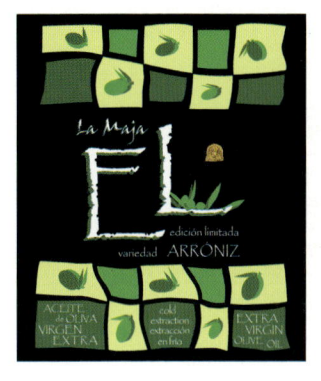

96

360 m

Specializzato
Specialized

Cespuglio
Bush

Meccanica
Mechanical harvesting

Sì - Ciclo continuo
Yes - Continuous cycle

Arróniz

Fruttato medio
Medium fruity

da 6,01 a 8,00 € - 500 ml
from € 6.01 to 8.00 - 500 ml

Sono tante le edizioni attraverso le quali seguiamo il percorso di questa bella realtà di Mendavia. Parliamo di una struttura familiare che si dedica all'olivicoltura dalla fine degli anni Novanta, curando tutta la filiera, dal campo alla bottiglia. Le olive provengono sia dagli impianti aziendali, 70 ettari con 90mila piante, che dai migliori agricoltori di zona: quest'anno al raccolto di 3mila quintali di olive se ne aggiungono 6mila acquistati, per una resa di circa 1.638 ettolitri di olio. Tre gli ottimi Extravergine: Alfar La Maja e i due La Maja, il Coupage Dop Aceite de Navarra e l'Edición Limitada - Arróniz. Quest'ultimo è giallo dorato intenso con lievi nuance verdi, limpido. Al naso è ampio e avvolgente, ricco di sentori di pomodoro acerbo, mela bianca e banana, cui si affiancano note aromatiche di basilico e prezzemolo. In bocca è fine e vegetale, con toni di cicoria, lattuga e sedano. Amaro spiccato e piccante deciso. Si abbina a bruschette con verdure, insalate di orzo, marinate di ricciola, patate al cartoccio, zuppe di legumi, primi piatti con salmone, molluschi gratinati, seppie arrosto, pollame o carni di agnello al forno, formaggi freschi a pasta filata.

Present in many editions of our Guide, this beautiful family-run farm has been practising olive growing in Mendavia since the late 90s, controlling the whole production chain, from the field to the bottle. The olives come from the farm olive groves, covering 70 hectares with 90,000 trees, but also from the best local producers. In the last harvest 3,000 quintals of olives were produced and 6,000 purchased, with a yield of about 1,638 hectolitres of oil. There are three very good Extra Virgin, Alfar La Maya and the two La Maya, Coupage Pdo Aceite de Navarra and Edición Limitada - Arróniz, which is an intense limpid golden yellow colour with slight green hues. Its aroma is ample and rotund, rich in hints of unripe tomato, white apple and banana, together with aromatic notes of basil and parsley. Its taste is fine and vegetal, with a flavour of chicory, lettuce and celery. Bitterness is distinct and pungency is definite. It would be ideal on bruschette with vegetables, barley salads, marinated amberjack, baked potatoes, legume soups, pasta with salmon, mussels au gratin, roast cuttlefish, baked poultry or lamb, mozzarella cheese.

Spagna Spain [ES] Comunidad Foral de Navarra

Hacienda Queiles

Paraje el Moral - Carretera Tudela - Tarazona km 12
31521 Monteagudo (Navarra)
Tel.: +34 948 410650 - Fax: +34 948 412200
E-mail: info@haciendaqueiles.com - Web: www.haciendaqueiles.com

97

- 230 m
- **Specializzato** / Specialized
- **Alberello** / Tree
- **Meccanica** / Mechanical harvesting
- **Sì - Ciclo continuo** / Yes - Continuous cycle
- **Arbequina**
- **Fruttato leggero** / Light fruity
- da 18,01 a 22,00 € - 500 ml / from € 18.01 to 22.00 - 500 ml

Consolida la sua già splendida posizione in Guida. Del resto sono anni che seguiamo lo straordinario percorso di quest'azienda che le ha permesso di distinguersi al di là dei confini regionali e nazionali. Hacienda Queiles nasce nel comprensorio di Monteagudo nel 2001 ed è gestita da Alfredo Barral Peralta che dispone di un patrimonio di 60 ettari con 16mila piante dalle quali sono stati raccolti quest'anno 5mila quintali di olive che hanno reso 550 ettolitri di olio. L'ottimo Extravergine Abbae de Queiles da Agricoltura Biologica si presenta alla vista di un bel colore giallo dorato intenso con leggere sfumature verdi, limpido. Ampio e avvolgente al naso, sprigiona sentori fruttati di pomodoro acerbo, mela bianca e banana, accompagnati da toni aromatici di basilico, menta e prezzemolo. Elegante e pulito in bocca, sprigiona note vegetali di cicoria, lattuga e sedano; e chiude con ricordo di pinolo. Amaro e piccante presenti e armonici. Si abbina bene a maionese, antipasti di ceci, carpaccio di orata, insalate di mare, marinate di dentice, passati di funghi ovoli, risotto con asparagi, molluschi al vapore, tartare di gamberi, formaggi freschi a pasta molle, biscotti da forno.

This farm confirms its splendid position in our Guide. In fact, its extraordinary growth over the years has allowed it to find a place also outside its region and country. Hacienda Queiles was founded in the district of Monteagudo in 2001 and is still run by Alfredo Barral Peralta, who manages 60 hectares of surface with 16,000 trees. In the last harvest 5,000 quintals of olives were produced, equal to a yield of 550 hectolitres of extra virgin olive oil. The very good Extra Virgin selection Abbae de Queiles from Organic Farming is a beautiful intense limpid golden yellow colour with slight green hues. Its aroma is ample and rotund, with fruity hints of unripe tomato, white apple and banana, together with aromatic notes of basil, mint and parsley. Its taste is elegant and clean, with a vegetal flavour of chicory, lettuce and celery and a pine nut finish. Bitterness and pungency are present and harmonic. It would be ideal on mayonnaise, chickpea appetizers, gilthead carpaccio, seafood salads, marinated sea bream, ovoli mushroom purée, risotto with asparagus, steamed mussels, shrimp tartare, soft fresh cheese, oven cookies.

Aragón

Dati Statistici

Superficie Olivetata Nazionale	2.434.799 (ha)
Superficie Olivetata Regionale	46.534 (ha)
Quota Regionale	1,91%
Frantoi	105
Produzione Nazionale 19-20	1.121.721,2 (t)
Produzione Regionale 19-20	10.491,5 (t)
Produzione Regionale 18-19	11.229,7 (t)
Variazione	-6,57%
Quota Regionale	0,93%

Statistic Data

National Olive Surface	2,434,799 (ha)
Regional Olive Surface	46,534 (ha)
Regional Quota	1.91%
Olive Oil Mills	105
National Production 19-20	1,121,721.2 (t)
Regional Production 19-20	10,491.5 (t)
Regional Production 18-19	11,229.7 (t)
Variation	-6.57%
Regional Quota	0.93%

Ministry of Agriculture, Food and Environment - Information and Food Control Agency

Il settore oleario nella Comunidad di Aragón, nel nord-est della Spagna, si distingue oggi per il notevole livello qualitativo dei suoi prodotti. D'altra parte siamo in una terra caratterizzata da una forte tradizione olivicola. Basti pensare alle origini antichissime che hanno qui i primi olivi che risalgono all'epoca dei Fenici, dei Greci e dei Romani: fin da allora la regione è un punto di riferimento per l'olio a livello mondiale. La produzione si è sempre concentrata nelle tre province di Huesca, Zaragoza e Teruel. Oggi in particolare emergono le produzioni della regione centrale di Bajo Aragón, tra Zaragoza e Teruel: un territorio che si estende a partire dal fiume Ebro fino agli ultimi contrafforti del Sistema Iberico, con un paesaggio e un clima tipicamente mediterranei e una vegetazione caratterizzata da ricchezza e varietà. Qui si coltivano cultivar di olivo come arbequina, empeltre, farga, manzanilla, negral, royal e verdeña. Alla qualità però corrisponde una produzione non proprio massiccia: 10.491,5 tonnellate di olio nella campagna 2019-2020, pari allo 0,93% del totale nazionale, con una lieve diminuzione del 6,57% rispetto all'annata precedente. Un volume, al di là della normale alternanza produttiva, comunque inferiore rispetto a quello di altre regioni peninsulari. Per comprendere a fondo queste differenze occorre ripercorrere alcune fasi della storia dell'olivicoltura in questa regione. Dal XVIII fino alla prima metà del XX secolo le produzioni si collocavano sul mercato internazionale, facendo del settore olivicolo un traino per l'economia di tutta la regione. Questa fase positiva però ha avuto un arresto negli anni seguenti, caratterizzati da un'inversione di tendenza dovuta alle difficoltà socioeconomiche del mondo rurale: spopolamento delle aree agricole, invecchiamento della popolazione e mancanza di incentivi per gli operatori del settore, afflitti dal problema generale dell'agricoltura tradizionale aragonese, ovvero la scarsa produttività dei terreni non irrigui. Allora, considerando che nella regione di Bajo Aragón gli oliveti vengono irrigati solo in piccola parte, si comprende il motivo principale del mancato aumento di produttività. Peraltro, sebbene la superficie olivetata abbia raggiunto gradualmente i 46.534 ettari, questi rappresentano solamente l'1,91% del totale nazionale; inoltre la maggior parte degli impianti è ancora di tipo familiare: ognuno è caratterizzato da un'estensione limitata di ettari in produzione, con una grande frammentazione delle colture. Tuttavia un primo segnale positivo per un futuro sviluppo è stato il riconoscimento della Dop Aceite del Bajo Aragón che tutela l'olio extravergine prodotto in questa regione e che ha rafforzato il suo status di appartenenza a uno degli epicentri oleicoli più rilevanti del paese. Si tratta di oli provenienti per la maggior parte da varietà empeltre, con piccole percentuali di arbequina e royal. E numero delle Dop è aumentato: risulta infatti attuata anche la Dop Aceite Sierra del Moncayo. Attualmente la trasformazione avviene in 105 frantoi. Inoltre, se prima la produzione era finalizzata per lo più all'autoconsumo e poi all'esportazione, oggi sono state introdotte le regole dell'imbottigliamento ed esteso il marchio di produzione a tutti i frantoi. Al momento il mercato nazionale si concentra principalmente in Cataluña, nella Comunidad di Madrid e in quella Valenciana, anche se l'autoconsumo è ancora lo sbocco produttivo primario.

In the Comunidad de Aragón in the north-east of Spain the olive oil sector is notable for the high quality of its production. This is in fact a land with a strong olive growing tradition. The first olive trees were planted by the Phoenicians, the Greeks and the Romans and since then the region has been a point of reference for olive oil at an international level. Production has always been concentrated in the three provinces of Huesca, Zaragoza and Teruel. Today in particular the productions of the central region of Bajo Aragón, between the provinces of Zaragoza and Teruel, are exceptional: this territory extends from the river Ebro up to the last buttresses of the Iberian System, with a typical Mediterranean landscape and such a variety of ecosystems to make the vegetation rich and different in a very special way. Here varieties like arbequina, empeltre, farga, manzanilla, negral, royal and verdeña are cultivated. This quality however does not correspond to big numbers: 10,491.5 tons of oil in the harvest 2019-2020, equal to 0.93% of the total national quantity, with a slight decrease of 6.57% compared to the previous year. A limited figure, also considering the normal production alternation, compared to the quantities that are obtained in the other peninsular regions. The reason for this situation depends on the history of olive growing in this region. From the 18th to the first part of the 20th century, production was sold on the international market making the olive sector the economic driving force of the whole territory. A positive phase lasted up to the following years, when there was a turnaround due to the socio-economic difficulties of the rural world: depopulation of agricultural areas, an aging population and lack of incentives for the operators of the sector, who are afflicted by the same problem of Aragonese traditional agriculture, that is the scarce productivity of the non irrigated land. Considering that in the region of Bajo Aragón only a few of the olive groves are irrigated, it is clear that productivity cannot increase. Besides, although the olive surface has gradually extended reaching 46,534 hectares, it represents only 1.91% of the national total. Moreover, the most of the plantations are still family-run, characterized by few hectares of land in production and a great fragmentation of the cultivation. Nevertheless, the olive oil produced in this region has been given the quality trademark Pdo Aceite del Bajo Aragón, which protects the extra virgin olive oil produced in this region and has strengthened its belonging to one of the most remarkable olive centres of the country. They are extra virgin olive oils coming especially from the variety empeltre with small percentages of arbequina and royal; moreover, the number of Pdo has increased: in fact, also the Pdo Aceite Sierra de Moncayo has been implemented. At present extraction takes place in 105 oil mills. If in the past marketing was essentially aimed at domestic consumption and only secondarily at export, today bottling rules have been introduced and the production trademark has been extended to all oil mills. The national market is mainly concentrated in Cataluña, in the Comunidad de Madrid and in the Comunidad de Valencia. Domestic consumption is, however, still the main outlet.

Spagna Spain [ES] Aragón

Diezdedos

Comarca del Matarraña - Cretas - Carretera de Cretas a Lledó km 1.5
44580 Teruel
Tel.: +34 93 2154413
E-mail: info@diezdedos.eu - Web: www.diezdedos.eu

83

520 m

Specializzato
Specialized

Alberello
Tree

Meccanica
Mechanical harvesting

Sì - Ciclo continuo
Yes - Continuous cycle

Arróniz

Fruttato intenso
Intense fruity

da 12,01 a 15,00 € - 500 ml
from € 12.01 to 15.00 - 500 ml

Diezdedos è il brand con il quale José María Rodas ha lanciato nel 2009 l'extravergine prodotto nel comprensorio di Cretas, proveniente da 8mila piante coltivate su una superficie dedicata di 56 ettari. Gli olivi, in parte esemplari centenari in parte nuovi impianti, appartengono a cinque cultivar selezionate e hanno reso quest'anno un raccolto di 900 quintali di olive, pari a una resa di 110 ettolitri di olio. I cinque Extravergine monovarietali Diezdedos sono: Arbequina, Corbella, Empeltre, Frantoio e Arróniz. Il panel sceglie quest'ultimo che appare alla vista di un bel colore giallo dorato intenso con delicate venature verdi, limpido. Al naso si apre deciso e avvolgente, ricco di sentori di pomodoro acerbo e mandorla, affiancati da note di erbe aromatiche, con ricordo di basilico, menta e rosmarino. Fine e di carattere in bocca, aggiunge toni vegetali di carciofo, lattuga e sedano. Amaro potente e piccante spiccato ed equilibrato. Ideale su bruschette con pomodoro, carpaccio di polpo, insalate di funghi porcini, radicchio ai ferri, zuppe di fagioli, primi piatti con salsiccia, pesce azzurro gratinato, pollame o carni di agnello arrosto, formaggi di media stagionatura.

Diezdedos is the brand José Maria Rodas used in 2009 to launch the extra virgin olive oil produced in the district of Cretas. The olive surface covers 56 hectares with 8,000 trees, partly century-old and partly new plants belonging to five selected cultivars. In the last harvest 900 quintals of olives were produced, equal to a yield of 110 hectolitres of extra virgin olive oil. There are five Monovarietal Extra Virgin selections Diezdedos, Arbequina, Corbella, Empeltre, Frantoio and Arróniz, chosen by the panel. It is a beautiful intense limpid golden yellow colour with delicate green hues. Its aroma is definite and rotund, rich in hints of unripe tomato and almond, together with notes of aromatic herbs, especially basil, mint and rosemary. Its taste is fine and strong, with a vegetal flavour of artichoke, lettuce and celery. Bitterness is powerful and pungency is distinct and harmonic. It would be ideal on bruschette with tomatoes, octopus carpaccio, porcini mushroom salads, grilled radicchio, bean soups, pasta with sausages, blue fish au gratin, roast poultry or lamb, medium mature cheese.

Cataluña

Dati Statistici

Superficie Olivetata Nazionale	2.434.799 (ha)
Superficie Olivetata Regionale	109.315 (ha)
Quota Regionale	4,49%
Frantoi	188
Produzione Nazionale 19-20	1.121.721,2 (t)
Produzione Regionale 19-20	35.752,2 (t)
Produzione Regionale 18-19	20.693,2 (t)
Variazione	+ 72,77%
Quota Regionale	3,19%

Statistic Data

National Olive Surface	2,434,799 (ha)
Regional Olive Surface	109,315 (ha)
Regional Quota	4.49%
Olive Oil Mills	188
National Production 19-20	1,121,721.2 (t)
Regional Production 19-20	35,752.2 (t)
Regional Production 18-19	20,693.2 (t)
Variation	+ 72.77%
Regional Quota	3.19%

Ministry of Agriculture, Food and Environment - Information and Food Control Agency

Se vogliamo tracciare un profilo della Cataluña, la cui qualità olivicola è riconosciuta e apprezzata dentro e fuori i confini nazionali, dobbiamo partire da alcuni dati numerici: 109.315 ettari di superficie olivetata, pari al 4,49% del totale nazionale, che si estendono su un territorio suddiviso in quattro province - Lleida, Gerona, Barcelona, Tarragona - e 188 frantoi attivi sul territorio. La Cataluña è attualmente il quarto distretto spagnolo per produzione: 35.752,2 tonnellate di olio nell'ultima campagna, pari al 3,19% del totale nazionale, con un notevole aumento del 72,77% rispetto all'annata precedente. A tutela degli extravergine catalani ci sono ben cinque Dop. Les Garrigues, con oltre quarant'anni di esistenza alle spalle, è nel settore olivicolo la Denominazione più antica della Spagna. La zona di produzione ricade nell'omonima regione a sud di Lleida, caratterizzata da valli alternate a forti pendenze, e con alcuni municipi limitrofi nelle province di El Segriá e l'Urgell dove l'andamento del terreno è più dolce. Il clima è di tipo mediterraneo-continentale: caratterizzato da forti escursioni termiche, estati calde e secche, inverni freddi ma mitigati dal mare, piogge temporalesche in primavera. Le varietà coltivate sono l'arbequina, proveniente da Mallorca e portata in Cataluña quando l'isola venne conquistata dai Mori, e la verdiell. Proseguendo verso sud-est, nella provincia di Tarragona, si trova la Dop Aceite de Terra Alta che comprende la regione omonima più alcuni municipi della vicina Ribera d'Ebre. Le peculiarità territoriali e climatiche di questo altipiano, circondato da rilievi e percorso dai venti, sono così propizie per l'olivo che, dalla fine del Settecento a tutto il XIX secolo, questo rappresentava la pianta più coltivata in Terra Alta. La cultivar principale è l'empeltre, talmente tipica da essere nota come "varietà di Terra Alta", il cui nome deriva dal catalano "empelt" (in spagnolo "injerto", innesto): probabilmente venne innestata su altre cultivar più antiche della zona. Seguono le varietà arbequina, farga e morrut. Sempre nella provincia di Tarragona ricade la Dop Siurana che ha anch'essa una lunga tradizione alle spalle e che coincide con una frangia di municipi che proseguono da Lleida fino alla costa mediterranea. L'altitudine, che va dai mille ai 200 metri sul livello del mare, e il clima mediterraneo consentono la coltivazione di olivi di varietà arbequina, morrut e royal. Questa Dop ha successivamente ricevuto il consenso dell'UE ad ampliare i suoi confini, con una potenziale crescita produttiva. All'estremità meridionale della regione si colloca l'area tutelata dalla Dop Aceite del Baix Ebre-Montsià che abbraccia 26 municipi suddivisi nelle due regioni Baix Ebre e Montsià ed è marcata dalla valle che il fiume Ebro forma con gli ultimi contrafforti della Cordillera Catalana. Qui l'olivicoltura, introdotta dagli Arabi, si è affermata nel tempo come principale attività agricola, dando lustro al territorio per la qualità dei suoi prodotti derivati dalle varietà autoctone farga, morrut e sevillenca. Per concludere, all'estremo nord della Cataluña, nella provincia di Gerona, risulta attuata la Dop Oli de l'Empordà: qui l'olivo ha una tradizione antichissima e una diffusione che da sola rappresenta gran parte dell'olivicoltura di tutta la provincia; le cultivar diffuse sono arbequina, argudell, curivell e verdal.

The following numbers can best describe the situation of Cataluña, where the quality of olive growing is recognized and appreciated inside and outside the borders of the country: 109,315 hectares of olive groves, equal to 4.49% of the national total, spread over a territory divided into four provinces - Lleida, Girona, Barcelona, Tarragona - and 188 active oil mills. Cataluña is currently the fourth Spanish district for production: 35,752.2 tons of oil in the last harvest, equal to 3.19% of the total national quantity, with a strong increase of 72.77% compared to the previous year. To protect the Catalan extra virgin olive oils there are a good 5 Pdo. Les Garrigues, which has been active in the sector for about forty years, is the most ancient denomination of the Spanish territory. The production area is constituted by the homonymous region to the south of Lleida - with valleys alternating with steep slopes - and by some neighbouring towns in the provinces of El Segriá and Urgell, where the gradient is gentler. The climate is Mediterranean-continental: a wide temperature range, warm dry summers, cold winters tempered by the sea and stormy rains in spring. The most common varieties are arbequina and verdiell: the first one comes from Mallorca, and was brought to Cataluña, when the island was conquered by the Moors. In the province of Tarragona in the south-east there is also the Pdo Aceite de Terra Alta, which includes the homonymous region and some towns of the near Ribera d' Ebre. The unusual territorial and climatic characteristics of this plateau surrounded by mountainous chains and swept by winds are propitious for the olive tree, so that from the end of the 18th century to the end of the 19th this was the most cultivated tree in Terra Alta. The main variety is empeltre, so typical to be known as "variety of Terra Alta", whose name derives from the Catalan "empelt", in Spanish "injerto", graft, which was probably grafted on other more ancient varieties of the area; besides, there are the cultivars arbequina, farga and morrut. In the province of Tarragona there is also the Pdo Siurana, which has a long tradition and coincides with a group of towns from Lleida to the Mediterranean coast. Altitude, which varies from 1,000 to 200 metres above sea level, and the Mediterranean climate allow the cultivation of olives from the varieties arbequina, morrut and royal. This Pdo has had EU consent to widen its borders, which may increase production. In the extreme south of the region there is the area protected by the Pdo Aceite del Baix Ebre-Montsià, including 26 municipalities divided into the two regions Baix Ebre and Montsià, marked deeply by the valley that the river Ebro forms with the last buttresses of the Cordillera Catalana. Here olive growing, introduced by the Arabs, has become the main agricultural activity over the centuries giving prestige to the territory for the quality of its products derived from the autochthonous varieties farga, morrut and sevillenca. Finally, in the extreme north of Cataluña, in the province of Girona, the Pdo Oli de l' Empordà has been implemented: here the olive tree has an ancient tradition and a distribution that represents a big part of the olive growing of the whole province. The most common cultivars are arbequina, argudell, curivell and verdal.

Spagna Spain [ES] Cataluña

Finca La Gramanosa

Calle Finca La Gramanosa
08793 Avinyonet del Penedès (Barcellona)
Tel.: +34 93 8970580
E-mail: lagramanosa@lagramanosa.es - Web: www.fincalagramanosa.com

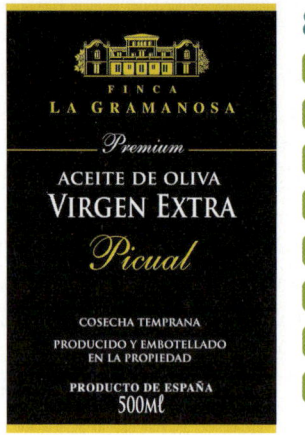

89

1/250 m

Specializzato
Specialized

Alberello
Tree

Meccanica
Mechanical harvesting

Sì - Ciclo continuo
Yes - Continuous cycle

Picual

Fruttato medio
Medium fruity

da 8,01 a 10,00 € - 500 ml
from € 8.01 to 10.00 - 500 ml

Un nuovo esordio per Finca La Gramanosa, marchio già noto nel settore olivicolo da oltre trent'anni, che ha recentemente cambiato la proprietà. Parliamo di un'azienda che produce extravergine nel controllo di tutta la filiera, con l'obiettivo dell'alta qualità. Su 240 ettari trovano posto 69.600 alberi che hanno fruttato un raccolto di 15mila quintali di olive e una produzione di 2.400 ettolitri di olio. Due le selezioni monocultivar presentate al panel per la Guida, gli ottimi Extravergine Finca La Gramanosa, Arbequina e Picual. Preferiamo quest'ultimo che appare alla vista di un bel colore giallo dorato intenso con delicate venature verdi, limpido. Al naso è ampio e avvolgente, dotato di sentori aromatici di basilico, menta e salvia, arricchito da note fruttate di pomodoro maturo, banana e mela bianca. Complesso e vegetale al gusto, aggiunge toni di fave fresche, lattuga e sedano. Amaro deciso e piccante presente e armonico. Buon accompagnamento per antipasti di farro, insalate di ceci, marinate di orata, patate arrosto, zuppe di legumi, primi piatti con salmone, molluschi gratinati, tartare di tonno, pollame o carni di agnello al forno, formaggi freschi a pasta filata.

A new debut for Finca La Gramanosa, a well known trademark in the olive sector for over 30 years, which has recently changed ownership. It is a farm that produces extra virgin olive oil, controlling the whole production chain, with the aim of high quality. The olive grove covers 240 hectars with 69,600 trees, which produced 15,000 quintals of olives and 2,400 hectolitres of oil in the last harvest. There are two very good Monocultivar Extra Virgin selections Finca La Gramanosa, Arbequina and Picual, chosen by the panel. It is a beautiful intense limpid golden yellow colour with delicate green hues. Its aroma is ample and rotund, endowed with aromatic hints of basil, mint and sage, enriched by fruity notes of ripe tomato, banana and white apple. Its taste is complex and vegetal, with a flavour of fresh broad beans, lettuce and celery. Bitterness is definite and pungency is present and harmonic. It would be ideal on farro appetizers, chickpea salads, marinated gilthead, roast potatoes, legume soups, pasta with salmon, mussels au gratin, tuna tartare, baked poultry or lamb, mozzarella cheese.

Spagna Spain [ES] Cataluña

Mas Auró

Veïnat Batllori, 7
17832 Esponellà (Gerona)
Tel.: +34 972 597144
E-mail: info@masauro.cat - Web: www.masauro.cat

91

- 180 m
- Specializzato / Specialized
- Forma libera / Free form
- Brucatura a mano / Hand picking
- Sì - Ciclo continuo / Yes - Continuous cycle
- Argudell
- Fruttato medio / Medium fruity
- da 10,01 a 12,00 € - 500 ml / from € 10.01 to 12.00 - 500 ml

Oli d'Oliva Verge Extra
ARGUDELL
ECOLÒGIC/ORGANIC/BIO
PREMIUM QUALITY

500 mL
1911 AG | 15°C - 20°C | DESEMBRE 2021

Mas Auró è un'impresa a conduzione familiare che vuole coniugare la ricerca dell'eccellenza attraverso l'impiego della moderna tecnologia con il rispetto dell'ambiente. La proprietà si trova a Esponellà ed è formata da poco più di 11 ettari con 2.500 olivi, tra i quali alcuni esemplari centenari. Nella recente campagna Enric Murio e Carmen Salvadó hanno ricavato un raccolto di 339 quintali di olive, pari a una resa in olio di 45 ettolitri. Due gli ottimi Extravergine monovarietali Mas Auró da Agricoltura Biologica: Arbequina e Argudell. Preferiamo il secondo, di un bel colore giallo dorato intenso con lievi riflessi verdi, limpido. All'olfatto è pulito e avvolgente, ricco di sentori vegetali di carciofo, cicoria e lattuga, cui si affiancano note speziate di pepe nero e ricordo di mandorla. Fine e di personalità al palato, emana toni di erbe aromatiche, con menta e rosmarino in rilievo. Amaro ben spiccato e piccante deciso. È perfetto per antipasti di tonno, carpaccio di pesce spada, insalate di funghi porcini, radicchio alla griglia, zuppe di fagioli, primi piatti con salsiccia, polpo bollito, agnello alla brace, cacciagione in umido, formaggi stagionati a pasta dura.

Mas Auró is a family-run farm that aims at excellence, combining the employ of modern technology and the respect for the environment. The estate is situated in Esponellà and consists of little more than 11 hectares of surface with 2,500 trees, some of which century-old. In the last harvest Enric Murio and Carmen Salvadó produced 339 quintals of olives, equal to a yield of 45 hectolitres of oil. There are two very good Monovarietal Extra Virgin selections Mas Auró from Organic Farming, Arbequina and Argudell, which we recommend. It is a beautiful intense limpid golden yellow colour with slight green hues. Its aroma is clean and rotund, rich in vegetal hints of artichoke, chicory and lettuce, together with spicy notes of black pepper and a note of almond. Its taste is fine and strong, with a flavour of aromatic herbs, especially mint and rosemary. Bitterness is distinct and pungency is definite. It would be ideal on tuna appetizers, swordfish carpaccio, porcini mushroom salads, grilled radicchio, bean soups, pasta with sausages, boiled octopus, barbecued lamb, stewed game, hard mature cheese.

Spagna Spain [ES] Cataluña

Olirium

Baix Empordà - Cami de Palau - Sator
17257 Fontanilles (Gerona)
E-mail: info@olirium.com - Web: www.olirium.com

85

29 m

Specializzato
Specialized

Alberello, ipsilon, policono
Tree, Y-trellis, polycone

Bacchiatura e brucatura a mano
Beating and hand picking

Sì - Ciclo continuo
Yes - Continuous cycle

Argudell

Fruttato medio
Medium fruity

da 12,01 a 15,00 € - 500 ml
from € 12.01 to 15.00 - 500 ml

La passione per l'extravergine anima il progetto di Olirium che nasce nel 2009 con l'ambizioso obiettivo di coniugare ricerca dell'eccellenza, moderna tecnologia e rispetto per l'ambiente. Nella tenuta di Baix Empordà 11 ettari sono dedicati a 3mila olivi, tra esemplari centenari e piante giovani, delle varietà arbequina e argudell. Il raccolto di quest'anno ha fruttato 490 quintali di olive che hanno prodotto 59 ettolitri di olio. Due gli Extravergine monocultivar Olirium da Agricoltura Biologica presentati per la Guida: Arbequina e l'ottimo Argudell che segnaliamo. Appare alla vista di un bel colore giallo dorato intenso con delicate sfumature verdi, limpido. Al naso si apre ampio e avvolgente, ricco di sentori di erbe aromatiche, con menta e rosmarino in evidenza, e ricordo marcato di mandorla. Elegante e complesso in bocca, aggiunge note vegetali di carciofo, cicoria selvatica e lattuga. Amaro spiccato e piccante deciso e ben armonizzato. È perfetto per antipasti di pomodori, insalate di legumi, marinate di ricciola, patate arrosto, passati di orzo, primi piatti con salmone, molluschi gratinati, seppie in umido, pollame o carni di agnello al forno, formaggi caprini.

The passion for extra virgin olive oil animates the project Olirium, which was founded in 2009 with the ambitious aim of combining the pursuit of excellence, modern technology and respect for the environment. The estate of Baix Empordà takes up 11 hectares with 3,000 trees, including both century-old and young plants, of the varieties arbequina and argudell. In the last harvest 490 quintals of olives were produced, with a yield of 59 hectolitres of oil. There are two Monocultivar Extra Virgin Olirium from Organic Farming, Arbequina and the very good Argudell, which we recommend. It is a beautiful intense limpid golden yellow colour with delicate green hues. Its aroma is ample and rotund, rich in hints of aromatic herbs, especially mint and rosemary, and a distinct note of almond. Its taste is elegant and complex, with a vegetal flavour of artichoke, wild chicory and lettuce. Bitterness is distinct and pungency is definite and harmonic. It would be ideal on tomato appetizers, legume salads, marinated amberjack, roast potatoes, barley purée, pasta with salmon, mussels au gratin, stewed cuttlefish, baked poultry or lamb, goat cheese.

Spagna Spain [ES] Cataluña

Agro Foods & Commerce

Parque Natural Montsant - Calle Anfores - Polígono 7 - Part. 6
43371 Margalef (Tarragona)
Tel.: +34 973 941848
E-mail: jciuraneta@priordei.com - Web: www.priordei.com

82

400 m

Promiscuo e specializzato
Promiscuous and specialized

Alberello, cespuglio
Tree, bush

Brucatura a mano e meccanica
Hand picking and mechanical harvesting

Sì - Ciclo continuo
Yes - Continuous cycle

Royal

Fruttato medio
Medium fruity

da 12,01 a 15,00 € - 500 ml
from € 12.01 to 15.00 - 500 ml

Questa è un'azienda di carattere familiare che si colloca nella provincia di Tarragona. Gli oliveti sono dislocati su diverse tenute, alcune della quali si trovano all'interno del Parco Naturale del Montsant, contribuendo alla salvaguardia e alla valorizzazione dell'ambiente. Parliamo di 360 ettari con 165mila piante messe a dimora dalle quali è stato ricavato quest'anno un raccolto di 21.550 quintali di olive che ha permesso una produzione di quasi 4.007 ettolitri di olio. Segnaliamo l'Extravergine Priordei - Royal che si presenta alla vista di un bel colore giallo dorato intenso con delicate sfumature verdi, limpido. Al naso è ampio e avvolgente, dotato di sentori fruttati di pomodoro acerbo, banana e mela bianca, cui si accompagnano note aromatiche di basilico e origano. Fine e complesso in bocca, aggiunge toni vegetali di lattuga e sedano, e chiude con ricordo di mandorla. Amaro deciso e piccante presente e ben espresso. È perfetto per antipasti di pomodori, insalate di farro, marinate di orata, patate in umido, passati di legumi, primi piatti con salmone, gamberi in guazzetto, tartare di ricciola, coniglio arrosto, pollame ai ferri, formaggi freschi a pasta filata.

This is a family-run farm that is situated in the province of Tarragona. The olive groves are spread over various estates, some of which are located inside the Natural Park of Montsant, contributing to the protection and enhancement of the environment. There are 360 hectares of olive surface with 165,000 trees, which produced 21,550 quintals of olives in the last harvest, with a yield of almost 4,007 hectolitres of oil. We recommend the Extra Virgin selection Priordei - Royal, which is a beautiful intense limpid golden yellow colour with delicate green hues. Its aroma is ample and rotund, endowed with fruity hints of unripe tomato, banana and white apple, together with aromatic notes of basil and oregano. Its taste is fine and complex, with a vegetal flavour of lettuce and celery and final notes of almond. Bitterness is definite and pungency is present and distinct. It would be ideal on tomato appetizers, farro salads, marinated gilthead, stewed potatoes, legume purée, pasta with salmon, stewed shrimps, amberjack tartare, roast rabbit, grilled poultry, mozzarella cheese.

Spagna Spain [ES] Cataluña

Mestral - Cooperativa de Cambrils

Carretera de Cambrils - Montbrió km 2
43850 Cambrils (Tarragona)
Tel.: +34 977 369511
E-mail: mestral@coopcambrils.com - Web: www.mestralcambrils.com

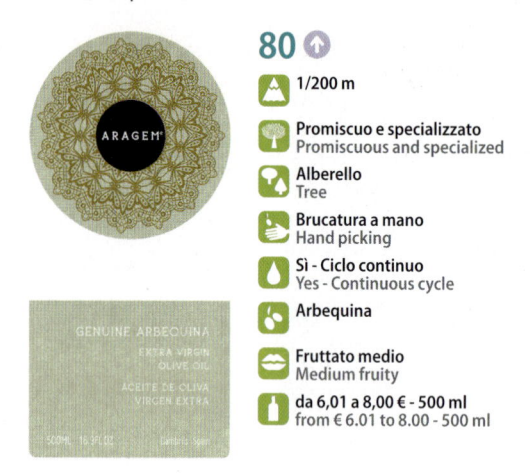

80 ⬆

- 1/200 m
- Promiscuo e specializzato / Promiscuous and specialized
- Alberello / Tree
- Brucatura a mano / Hand picking
- Sì - Ciclo continuo / Yes - Continuous cycle
- Arbequina
- Fruttato medio / Medium fruity
- da 6,01 a 8,00 € - 500 ml / from € 6.01 to 8.00 - 500 ml

La Cooperativa Agrícola de Cambrils nasce nel 1902 e al suo interno l'olivicoltura ha fin da subito rappresentato uno dei pilastri fondanti, per la forte influenza esercitata sull'ambiente e sulla cultura gastronomica della zona. Oggi gli associati sono 250 e si dedicano alla coltivazione di 65mila alberi di arbequina su 180 ettari di superficie. Il raccolto di quest'anno ha fruttato 30mila quintali di olive che, trasformate nel moderno frantoio cooperativo, hanno reso una produzione di circa 4.913 ettolitri di olio. L'Extravergine Aragem - Arbequina appare alla vista di un bel colore giallo dorato intenso con delicate venature verdi, limpido. Al naso è sottile e composto, dotato di sentori fruttati di pomodoro acerbo, mela bianca e banana, cui si associano note aromatiche di basilico e prezzemolo. Morbido e armonico al palato, aggiunge toni vegetali di lattuga di campo e sedano. Amaro e piccante presenti ed equilibrati, con finale dolce in rilievo. È ideale per bruschette con verdure, insalate di orzo, marinate di salmone, patate al cartoccio, zuppe di ceci, risotto con carciofi, molluschi gratinati, seppie in umido, pollame o carni di agnello al forno, formaggi caprini.

Cooperativa Agrícola de Cambrils was founded in 1902 and olive growing immediately represented one of its founding pillars, due to its strong influence on the environment and the gastronomic culture of the area. Today the members are 250, while the olive surface covers 180 hectares with 65,000 trees. In the last harvest 30,000 quintals of olives were produced, which, once crushed in the modern oil mill, yielded about 4,913 hectolitres of oil. The Extra Virgin selection Aragem - Arbequina is a beautiful intense limpid golden yellow colour with delicate green hues. Its aroma is fine and delicate, endowed with fruity hints of unripe tomato, white apple and banana, together with aromatic notes of basil and parsley. Its taste is mellow and harmonic, with a vegetal flavour of country lettuce and celery. Bitterness and pungency are present and well balanced, with a sweet finish. It would be ideal on bruschette with vegetables, barley salads, marinated salmon, baked potatoes, chickpea soups, risotto with artichokes, mussels au gratin, stewed cuttlefish, baked poultry or lamb, goat cheese.

Extremadura

Dati Statistici

Superficie Olivetata Nazionale	2.434.799 (ha)
Superficie Olivetata Regionale	195.332 (ha)
Quota Regionale	8,02%
Frantoi	136
Produzione Nazionale 19-20	1.121.721,2 (t)
Produzione Regionale 19-20	63.026,4 (t)
Produzione Regionale 18-19	73.693,9 (t)
Variazione	- 14,48%
Quota Regionale	5,62%

Statistic Data

National Olive Surface	2,434,799 (ha)
Regional Olive Surface	195,332 (ha)
Regional Quota	8.02%
Olive Oil Mills	136
National Production 19-20	1,121,721.2 (t)
Regional Production 19-20	63,026.4 (t)
Regional Production 18-19	73,693.9 (t)
Variation	- 14.48%
Regional Quota	5.62%

Ministry of Agriculture, Food and Environment - Information and Food Control Agency

L'Extremadura si colloca quest'anno al terzo posto in Spagna tra le regioni produttrici di olio. Diamo qualche dato: nell'ultima campagna sono state prodotte 63.026,4 tonnellate di olio, pari al 5,62% del totale nazionale, pur con una diminuzione del 14,48% rispetto all'annata precedente. D'altra parte oggi l'olivo è la coltura maggiormente diffusa sul territorio, con una superficie totale di 195.332 ettari, pressoché tutti destinati a olivi da olio, che rappresentano l'8,02% del totale nazionale. L'olivicoltura è diventata dunque uno dei settori emergenti, con produzioni che rappresentano un valore importante nell'ambito del reddito agricolo regionale. A questi numeri va aggiunto il fattore occupazionale, specialmente nel periodo della raccolta che è un momento fondamentale per migliaia di famiglie, data la presenza e la rilevanza economica dell'olivicoltura in Extremadura. E così l'olivo, presente in queste terre fin dall'antichità, è diventato il traino di un'attività economica di primaria importanza. D'altronde sia la morfologia del terreno che il clima sono favorevoli allo sviluppo di questa pianta: inverni miti e temperati, resi più dolci dalla prossimità con l'Atlantico, estati molto calde e piogge in autunno e in inverno hanno fatto sì che l'olivo da sempre fosse coltivato ovunque in questa terra che fa parte della Spagna sud-occidentale, al confine con il Portogallo, e che è formata dalle due province di Cáceres e Badajoz. Le varietà di olive da olio maggiormente coltivate in Extremadura sono la cornicabra (cornezuelo), la manzanilla cacereña, la carrasqueña, la verdial de Badajoz, la morisca e la jabata (picual). La trasformazione avviene in 136 frantoi, situati per lo più nella provincia di Badajoz. Attualmente un limite del comparto risulta essere il fatto che la coltivazione avviene in maniera piuttosto frazionata, con un gran numero di aziende di piccole o medie dimensioni per di più spesso situate in zone di bassa produttività. Inoltre, fino a non molti anni fa, per la maggior parte dei proprietari che cercavano di mantenere in vita le coltivazioni ereditate dai propri antenati, i profitti ottenuti dalla vendita delle olive non rappresentavano molto più che una modesta gratifica. Ma, a partire dagli ultimi anni, è in corso un importante sforzo a livello regionale per rivalutare l'olivicoltura, puntando decisamente sull'alta qualità delle produzioni. Allora l'impianto di nuovi oliveti nella zona di Monterrubio de la Serena e di Tierra de Barros, la sostituzione degli impianti di varietà da tavola con altre da olio, il decollo delle produzioni biologiche, nonché i previsti aiuti governativi, stanno segnando il futuro del settore; così come la nascita di due Denominazioni di Origine Protetta, la Dop Gata-Hurdes e la Dop Aceite Monterrubio, sono state un'ulteriore importante conquista. La prima, a nord-ovest della provincia di Cáceres, coincide con una regione le cui forti pendenze - si passa dai rilievi della Sierra de Gata alla valle del fiume Alagón - rendono talvolta difficoltosa la coltivazione dell'olivo. Gli oli tutelati dalla seconda Dop Aceite Monterrubio vengono prodotti invece a est della provincia di Badajoz. Altre produzioni rilevanti sono poi concentrate nei territori di Alburquerque, Vegas del Guadiana e La Siberia (nella provincia di Badajoz), oltre che nelle regioni di La Vera-Jerte-Ambroz, Ibores e Montanchez (nella provincia di Cáceres).

Currently Extremadura is the third oil producer in Spain. In this region, in the last oil harvest 63,026.4 tons of oil were produced, equal to 5.62% of the total national quantity, with a decrease of 14.48% compared to the previous year. Today the olive tree is the most widespread cultivation covering a total surface of 195,332 hectares (8.02% of the national total), of which almost the whole quantity is destined to olive trees for the production of oil. It is therefore one of the most relevant sectors, with productions that represent a considerable part of the regional agricultural income. Moreover, especially during the harvest, olive growing provides many opportunities of employment for thousands of families in Extremadura. And so the olive tree, always present in these lands, has become by now the driving force of a primary economic activity. Both the conformation of the land and the climate are favourable to the growth of this tree: mild and temperate winters because of the nearness of the Atlantic, very hot summers and rainfalls in autumn and in winter have always allowed its cultivation everywhere. This southwestern region on the border with Portugal is formed by the provinces of Cáceres and Badajoz. Among the varieties of olives traditionally cultivated in Extremadura we find cornicabra (cornezuelo), manzanilla cacereña, carrasqueña, verdial de Badajoz, morisca and jabata (or picual). Transformation happens in 136 oil mills, situated especially in the province of Badajoz. At present a problem of the sector is the fact that the land is broken up by the many small or average size farms often situated in low productivity areas. For most of the owners, who tried to preserve cultivation inherited from their ancestors, the profits obtained by the sale of olives represented only a modest income. But in the last few years a great effort has been made at regional level to enhance olive growing aiming at quality: the planting of new olive groves in the area of Monterrubio de la Serena and of Tierra de Barros, the replacement of olive groves of edible varieties with those for oil production, the development of organic productions as well as the expected government grants are determining the future of the sector. In addition, in the last few years the region has obtained two Protected Denominations of Origin, the Pdo Gata-Hurdes and the Pdo Aceite Monterrubio. The first is in the north-west of the province of Cáceres: reaching from the hills of the Sierra de Gata to the valley of the river Alagón, a region of steep slopes which make oil cultivation at times difficult. Instead the oils protected by the second Pdo Aceite Monterrubio are produced in the east of the province of Badajoz. Other relevant productions are concentrated in the territories of Alburquerque, Vegas del Guadiana and La Siberia (in the province of Badajoz) and in the regions of La Vera-Jerte-Ambroz, Ibores and Montanchez (in the province of Cáceres).

Spagna Spain [ES] Extremadura

Marqués de Valdueza

Perales de Miraflores - Autovía de Extremadura A-V km 360
06800 Mérida (Badajoz)
Tel.: +34 91 3191508 - 91 3101875 - Fax: +34 91 3084034
E-mail: contact@marquesdevaldueza.com - Web: www.marquesdevaldueza.com

94

290 m

Specializzato
Specialized

Alberello, forma libera, monocono
Tree, free form, monocone

Brucatura a mano e meccanica
Hand picking and mechanical harvesting

Sì - Ciclo continuo
Yes - Continuous cycle

Arbequina (33%), hojiblanca (33%), picual (26%), morisca (8%)

Fruttato medio
Medium fruity

da 22,01 a 26,00 € - 500 ml
from € 22.01 to 26.00 - 500 ml

Sono anni ormai che seguiamo quest'azienda nel suo bel percorso di crescita che non accenna a fermarsi. Proprietà degli Álvarez de Toledo dal XVII secolo, la tenuta è una splendida struttura situata presso Mérida e famosa per la produzione di vino e olio di alta qualità. Si estende complessivamente per 430 ettari, 200 dei quali destinati all'oliveto, con 43mila piante dalle quali, nell'ultima campagna, sono stati raccolti 16mila quintali di olive che, molite nel moderno frantoio di proprietà, hanno reso circa 2.009 ettolitri di olio. L'ottimo Extravergine Marqués de Valdueza è giallo dorato intenso con delicate sfumature verdi, limpido. Al naso è ampio e avvolgente, ricco di sentori di pomodoro acerbo e ricordo di banana e mela bianca, cui si aggiungono toni aromatici di basilico, menta e prezzemolo. Al gusto è fine e vegetale, con note di fave, lattuga e sedano. Amaro e piccante decisi ed equilibrati, con finale dolce in rilievo. Eccellente accompagnamento per antipasti di farro, insalate di ceci, legumi bolliti, patate arrosto, passati di fagioli, primi piatti con salmone, molluschi gratinati, tartare di ricciola, pollame o carni di agnello al forno, formaggi caprini.

We have been following the positive growth of this farm for years and it is still improving. Owned by the family Álvarez de Toledo since the 17th century, it is a splendid estate situated near Mérida and well known for its production of quality wine and oil. It extends over 430 hectares, 200 of which destined to olive grove with 43,000 trees. In the last harvest 16,000 quintals of olives were produced, which, once crushed in the modern oil mill, yielded about 2,009 hectolitres of oil. The very good Extra Virgin Marqués de Valdueza is an intense limpid golden yellow colour with delicate green hues. Its aroma is ample and rotund, rich in hints of unripe tomato and a note of banana and white apple, together with aromatic notes of basil, mint and parsley. Its taste is fine and vegetal, with a flavour of broad beans, lettuce and celery. Bitterness and pungency are definite and well balanced, with a sweet finish. It would be ideal on farro appetizers, chickpea salads, boiled legumes, roast potatoes, bean purée, pasta with salmon, mussels au gratin, amberjack tartare, baked poultry or lamb, goat cheese.

Spagna Spain [ES] Extremadura

Almazara As Pontis

Sierra de Gata - Carretera Valverde-Hervás km 18
10891 Eljas (Cáceres)
Tel.: +34 927 510714 - Fax: +34 927 510714
E-mail: info@aspontis.com - Web: www.aspontis.com

93

- 500 m
- Specializzato / Specialized
- Alberello / Tree
- Brucatura a mano / Hand picking
- Sì - Ciclo continuo / Yes - Continuous cycle
- Manzanilla cacereña
- Fruttato medio / Medium fruity
- da 12,01 a 15,00 € - 500 ml / from € 12.01 to 15.00 - 500 ml

Almazara As Pontis è una giovane azienda familiare che, fin da subito, si è posta come obiettivo la ricerca della qualità, nel pieno rispetto dell'ambiente e attraverso il controllo su tutta la filiera. Su una tenuta di 100 ettari la famiglia Carrasco Lajas coltiva attualmente 8mila olivi, di varietà manzanilla cacereña, dai quali sono stati raccolti quest'anno 2mila quintali di olive che, con i 25mila acquistati, hanno prodotto circa 2.505 ettolitri di olio. Segnaliamo l'ottimo Extravergine Vieiru Dop Gata-Hurdes da Agricoltura Biologica che appare alla vista di un bel colore giallo dorato intenso con lievi sfumature verdi, limpido. Al naso è ampio e avvolgente, ricco di sentori di pomodoro acerbo, mela bianca e banana, affiancati da note di erbe aromatiche, con ricordo di basilico, menta e prezzemolo. In bocca è fine e complesso, con toni vegetali di lattuga e sedano. Amaro e piccante presenti e ben espressi, con finale dolce in rilievo. Ideale su antipasti di pomodori, insalate di legumi, marinate di ricciola, verdure ai ferri, passati di fagioli, primi piatti con asparagi, gamberi in guazzetto, tartare di salmone, pollame o carni di agnello al forno, formaggi caprini.

Almazara As Pontis is a young family-run farm that has always aimed at quality, fully respecting the environment and controlling the whole production chain. Currently the family Carrasco Lajas cultivates 100 hectares of olive grove with 8,000 trees of the variety manzanilla cacereña. In the last harvest 2,000 quintals of olives were produced and 25,000 purchased, with a yield of about 2,505 hectolitres of oil. We recommend the very good Extra Virgin selection Vieiru Pdo Gata-Hurdes from Organic Farming, which is a beautiful intense limpid golden yellow colour with slight green hues. Its aroma is ample and rotund, rich in hints of unripe tomato, white apple and banana, together with notes of aromatic herbs, especially basil, mint and parsley. Its taste is fine and complex, with a vegetal flavour of lettuce and celery. Bitterness and pungency are present and distinct, with evident sweetness. It would be ideal on tomato appetizers, legume salads, marinated amberjack, grilled vegetables, bean purée, pasta with asparagus, stewed shrimps, salmon tartare, baked poultry or lamb, goat cheese.

Spagna Spain [ES] Extremadura

Pago de los Baldíos de San Carlos

Arroyo del Caño - Finca La Laguna
10529 Majadas del Tiétar (Cáceres)
Fax: +34 927 577215
E-mail: aceite@pagobaldiosancarlos.com - Web: www.pagobaldiosancarlos.com

89

- 258 m
- Specializzato / Specialized
- Alberello / Tree
- Meccanica / Mechanical harvesting
- Sì - Ciclo continuo / Yes - Continuous cycle
- Arbequina (70%), cornicabra (30%)
- Fruttato medio / Medium fruity
- da 8,01 a 10,00 € - 500 ml / from € 8.01 to 10.00 - 500 ml

Meritati progressi per Pago de los Baldíos de San Carlos, una realtà olivicola abbastanza giovane che produce e imbottiglia il proprio extravergine proveniente dagli impianti che si trovano collocati nella valle del Tiétar, nella provincia di Extremadura. Parliamo di 90 ettari con 28mila piante messe a dimora che, nella recente campagna, hanno prodotto 7mila quintali di olive, pari a una produzione di quasi 983 ettolitri di olio. Ben tre gli Extravergine proposti, tutti ottimi: Full Moon, Pago de los Baldíos de San Carlos e Oro San Carlos. Segnaliamo quest'ultimo, di un bel colore giallo dorato intenso con leggere venature verdi, limpido. Al naso è pulito e avvolgente, ricco di sentori aromatici di basilico, menta e prezzemolo, cui si aggiungono note di pomodoro acerbo, banana e mela bianca. Fine e complesso al palato, è dotato di un'ampia carica vegetale, con ricordo d lattuga e sedano. Amaro spiccato e piccante presente e armonico. Si abbina a bruschette con verdure, insalate di orzo, marinate di salmone, patate al cartoccio, zuppe di legumi, primi piatti al pomodoro, molluschi gratinati, seppie in umido, coniglio arrosto, pollame al forno, formaggi freschi a pasta filata.

Present again in our Guide with a result showing its progress, Pago de los Baldíos de San Carlos is a fairly young farm producing and bottling its own extra virgin olive oil. Its olive groves are situated in the valley of Tiétar, in the province of Extremadura, and cover 90 hectares with 28,000 trees. In the last harvest 7,000 quintals of olives were produced, equal to a yield of almost 983 hectolitres of oil. There are three very good Extra Virgin selections, Full Moon, Pago de los Baldíos de San Carlos and Oro San Carlos, which we recommend. It is a beautiful intense limpid golden yellow colour with slight green hues. Its aroma is clean and rotund, rich in aromatic hints of basil, mint and parsley, together with notes of unripe tomato, banana and white apple. Its taste is fine and complex, endowed with an ample vegetal flavour of lettuce and celery. Bitterness is distinct and pungency is present and harmonic. It would be ideal on bruschette with vegetables, barley salads, marinated salmon, baked potatoes, legume soups, pasta with tomato sauce, mussels au gratin, stewed cuttlefish, roast rabbit, baked poultry, mozzarella cheese.

Spagna Spain [ES] Extremadura

Jacoliva

Avenida de La Paz, 5
10813 Pozuelo de Zarzon (Cáceres)
Tel.: +34 927 448011 - Fax: +34 927 448476
E-mail: jacoliva@jacoliva.com - Web: www.jacoliva.com

83

430 m

Promiscuo
Promiscuous

Alberello
Tree

Meccanica
Mechanical harvesting

Sì - Ciclo continuo
Yes - Continuous cycle

Manzanilla cacereña

Fruttato medio
Medium fruity

da 8,01 a 10,00 € - 500 ml
from € 8.01 to 10.00 - 500 ml

Jacoliva è un'azienda che ha alle spalle più di un secolo di storia e di evoluzione di una famiglia che ha fatto dell'amore per la terra e della coltivazione dell'olivo la propria missione. Le origini risalgono al 1868, quando fu costruito il primo frantoio a Pozuelo de Zarzon; poi l'avventura prosegue. E oggi su 70 ettari di oliveto si coltivano 21mila piante di manzanilla cacereña dalle quali, nella recente campagna, sono stati raccolti 30mila quintali di olive che hanno reso circa 3.603 ettolitri di olio. L'Extravergine El Lagar del Soto Dop Gata-Hurdes è giallo dorato intenso con leggere venature verdi, limpido. Al naso è ampio e avvolgente, ricco di sentori vegetali di cicoria selvatica, cui si aggiungono note di pomodoro acerbo e mela bianca. Al palato è fine e complesso, con toni di lattuga, sedano e ricordo di erbe aromatiche, con basilico e prezzemolo in evidenza. Amaro e piccante presenti e armonici, con finale dolce in rilievo. Ideale su antipasti di pomodori, insalate di farro, marinate di orata, patate arrosto, passati di fagioli, risotto con carciofi, molluschi gratinati, seppie in umido, pollame o carni di agnello al forno, formaggi freschi a pasta filata.

Jacoliva is a farm whose origin dates back to over a hundred years ago. It is run by a family whose members have devoted their life to the love for the land and olive cultivation. It was founded in 1868, when the first oil mill was built in Pozuelo de Zarzon. Today the olive grove covers 70 hectares with 21,000 trees of the variety manzanilla cacereña. In the last harvest 30,000 quintals of olives were produced, with a yield of about 3,603 hectolitres of oil. The Extra Virgin El Lagar del Soto Pdo Gata-Hurdes is an intense limpid golden yellow colour with slight green hues. Its aroma is ample and rotund, rich in vegetal hints of wild chicory, together with notes of unripe tomato and white apple. Its taste is fine and complex, with a flavour of lettuce, celery and a note of aromatic herbs, especially basil and parsley. Bitterness and pungency are present and harmonic, with a sweet finish. It would be ideal on tomato appetizers, farro salads, marinated gilthead, roast potatoes, bean purée, risotto with artichokes, mussels au gratin, stewed cuttlefish, baked poultry or lamb, mozzarella cheese.

Spagna Spain [ES] Extremadura

Martín de Prado

Polígono Industrial Arroyo Caballo - Calle 1, 93-95
10200 Trujillo (Cáceres)
Tel.: +34 927 310044 - Fax: +34 924 810004
E-mail: info@martindeprado.es - Web: www.martindeprado.es

88

- 400/480 m
- **Specializzato** / Specialized
- **Alberello** / Tree
- **Meccanica** / Mechanical harvesting
- **Sì - Ciclo continuo** / Yes - Continuous cycle
- Manzanilla (50%), picual (50%)
- **Fruttato intenso** / Intense fruity
- da 15,01 a 18,00 € - 500 ml / from € 15.01 to 18.00 - 500 ml

La famiglia Martín de Prado ha alle spalle una lunga tradizione agricola: giunta alla quarta generazione, ha intrapreso circa cinque anni fa un progetto basato sull'incontro armonioso di materia prima impeccabile, lavoro artigianale e utilizzo della tecnologia più avanzata. Il patrimonio si compone di una superficie di 107 ettari, con 25.680 piante, e di un moderno impianto per l'estrazione dell'olio. Nella recente campagna sono stati ricavati 10mila quintali di olive e oltre 1.528 ettolitri di olio. L'ottimo Extravergine Primicia si presenta alla vista di un bel colore giallo dorato intenso con leggere venature verdi, limpido. Al naso è ampio e avvolgente, ricco di sentori di pomodoro acerbo, banana e mela bianca, affiancati da note aromatiche di erbe officinali, con ricordo di basilico e prezzemolo. Fine e di carattere al palato, sprigiona toni vegetali di cicoria, lattuga e sedano. Amaro spiccato e piccante deciso ed equilibrato. È ideale per bruschette con pomodoro, carpaccio di tonno, insalate di spinaci, radicchio alla griglia, zuppe di carciofi, primi piatti con salsiccia, polpo bollito, agnello alla piastra, carni rosse alla brace, formaggi stagionati a pasta dura.

The family Martín de Prado can boast a long agricultural tradition lasting four generations. About five years ago they started a project based on the harmonic combination of excellent raw materials, craftsmanship and use of the most advanced technology. The estate consists of a surface of 107 hectares with 25,680 trees and a modern extraction system. In the last harvest 10,000 quintals of olives and over 1,528 hectolitres of oil were produced. We recommend the selection proposed to the panel, the very good Extra Virgin Primicia, which is a beautiful intense limpid golden yellow colour with slight green hues. Its aroma is ample and rotund, rich in hints of unripe tomato, banana and white apple, together with aromatic notes of officinal herbs, especially basil and parsley. Its taste is fine and strong, with a vegetal flavour of chicory, lettuce and celery. Bitterness is distinct and pungency is definite and well balanced. It would be ideal on bruschette with tomatoes, tuna carpaccio, spinach salads, grilled radicchio, artichoke soups, pasta with sausages, boiled octopus, pan-seared lamb, barbecued red meat, hard mature cheese.

Comunidad de Madrid

Aree olivetate o a vocazione olivicola • Olive growing areas or areas suitable to olive growing

Dati Statistici
Superficie Olivetata Nazionale	2.434.799 (ha)
Superficie Olivetata Regionale	26.585 (ha)
Quota Regionale	1,09%
Frantoi	22
Produzione Nazionale 19-20	1.121.721,2 (t)
Produzione Regionale 19-20	1.123,5 (t)
Produzione Regionale 18-19	6.474,7 (t)
Variazione	-82,65%
Quota Regionale	0,10%

Statistic Data
National Olive Surface	2,434,799 (ha)
Regional Olive Surface	26,585 (ha)
Regional Quota	1.09%
Olive Oil Mills	22
National Production 19-20	1,121,721.2 (t)
Regional Production 19-20	1,123.5 (t)
Regional Production 18-19	6,474.7 (t)
Variation	-82.65%
Regional Quota	0.10%

Ministry of Agriculture, Food and Environment - Information and Food Control Agency

Situata proprio nel cuore della Spagna, la Comunidad de Madrid ha una superficie olivicola che si estende per 26.585 ettari, che rappresentano l'1,09% del totale nazionale, e 22 frantoi attivi sull'intero territorio. La produzione dell'ultima campagna olearia è stata di 1.123,5 tonnellate di olio, pari allo 0,10% del totale nazionale, con una decisa flessione dell'82,65% rispetto all'annata precedente. Volumi comunque esigui, pur considerando la normale alternanza produttiva; e ciò pur trattandosi di una terra olivicola di antichissima tradizione. Numerose infatti sono le testimonianze storiche che documentano, fin dal Medioevo, la presenza e la crescita dell'olivicoltura in vari municipi: alla fine del XV secolo a Villarejo de Salvanés gli impianti ricoprono il 10% della superficie e l'olio prodotto è utilizzato, oltre che per uso alimentare, per l'illuminazione domestica, il culto religioso e la manifattura del sapone. A distanza di cento anni la produzione si moltiplica per dieci e sul territorio si contano ben 19 frantoi. Nella regione di Morata de Tajuña, dove l'olivo fruttifica nonostante il clima estremo e il terreno accidentato, la Compagnia del Gesù acquista numerosi appezzamenti per trasformarli in oliveti; e moltissimi sono i monaci che coltivano gli alberi di proprietà dei conventi. In seguito, durante i secoli XVIII e XIX, l'olivicoltura continua a prosperare, e in una cronaca del 1890 questa è indicata, insieme alla viticoltura, come la principale fonte di benessere economico della regione. La situazione attuale vede un'olivicoltura ancora tradizionale e basata su strutture di tipo familiare, ma l'obiettivo futuro è quello di posizionare sul mercato la produzione eccedente rispetto all'autoconsumo. L'area più vocata si situa proprio all'interno di quella depressione in cui anticamente la conformazione del terreno aveva favorito lo sviluppo dell'attività agricola. Questa corrisponde alla porzione di territorio che ingloba le regioni di Las Vegas, Campiña e Sur-Occidental e che, per le sue caratteristiche peculiari, costituisce uno spazio pressoché unico. Infatti il clima è a metà tra il mediterraneo e il continentale e le stagioni sono decisamente marcate: inverni freddi o freschi, estati calde e secche, piogge in autunno e primavera, siccità da maggio a ottobre. Le temperature annuali medie ruotano intorno ai 14 °C, raggiungendo massime elevate nei mesi caldi e abbassandosi tra novembre e gennaio fino a provocare gelate. Si tratta di condizioni estreme che provocano una lenta e tardiva maturazione dei frutti, dai quali si ricavano oli dal fruttato intenso, con note amare e piccanti assai decise. Le cultivar maggiormente coltivate sono cornicabra e manzanilla, seguite da carrasqueña, gordal, picual e verdeja: tutte varietà che, nel corso dei secoli, si sono mantenute attraverso una selezione naturale, adattandosi perfettamente all'ambiente e offrendo un prodotto finale con caratteristiche differenziate dalle altre regioni olivicole. La tipicità di questa zona è data proprio dalla complessità del paniere varietale e ogni cultivar è responsabile di profili organolettici differenti. Oltre al fatto che la scarsa piovosità e le estati torride, così come le gelate, hanno determinato gran parte della selezione naturale delle varietà, contribuendo a definire il carattere fisico-chimico degli oli. Mentre i terreni poco profondi, alcalini e salini, influiscono sulla coltivazione, determinando rese piuttosto basse.

Situated exactly in the centre of Spain, the Comunidad de Madrid has an olive surface of 26,585 hectares, which represents 1.09% of the national total, and 22 active oil mills on the whole territory. In the last oil harvest there was a production of 1,123.5 tons of oil, equal to 0.10% of the total national quantity, with a strong decrease of 82.65% compared to the previous year. In spite of this still limited production, even considering the normal productive alternation, this land has a very ancient olive growing tradition. In fact, since the Middle Ages a lot of historical evidence has documented the existence and the development of olive growing in many towns: at the end of the 15th century in Villarejo de Salvanés the olive groves covered 10% of the territory and the oil produced was used not only to cook, but also for domestic lighting, religious ceremonies and soap manufacture. One hundred years later production multiplied ten times and 19 oil mills were in use. In the territory of Morata de Tajuña, where the olive tree adapted to the extreme climate and the uneven ground, the Society of Jesus purchased numerous lands in order to turn them into olive groves; and many monks cultivated the convent trees. Olive growing continued to flourish during the 18th and 19th century. In fact, in a chronicle of 1890 olive and wine-growing were defined as the main source of wealth of the region. Currently olive growing is still traditional and based on family-run farms, but the aim for the future is to market surplus production. The most favourable area is situated within the same depression, where in ancient times the conformation of the territory encouraged the development of agriculture. It includes the regions of Las Vegas, Campiña and Sur-Occidental and is unique for its unusual climatic and environmental characteristics. The climate is Mediterranean-continental, with marked seasons: cold or fresh winters, warm and dry summers, rainfalls in autumn and spring and drought from May to October. The annual average temperatures are around 14 °C, reaching maximum temperatures in the warm months and dropping from November to January, when there are sometimes frosts. These extreme conditions provoke a slow and late maturation of the fruit that produces intensely fruity oils, with definite bitter and pungent notes. The most cultivated varieties are cornicabra and manzanilla followed by carrasqueña, gordal, picual and verdeja: all cultivars that have been preserved over the centuries through a natural selection, have adjusted perfectly to the environment and offer an end product with characteristics differing from the rest of the olive growing regions. The particular feature of this area is given by its varietal complexity: every cultivar contributes to the creation of separate sensory profiles. Surely the few rainfalls and the warm summers, together with the frosts, have determined a great part of the natural selection of the olive varieties, besides defining the oil physical-chemical profile. In the same way the shallow, alkaline and salty lands influence cultivation determining a rather low yield.

I FEEL SLOVENIA

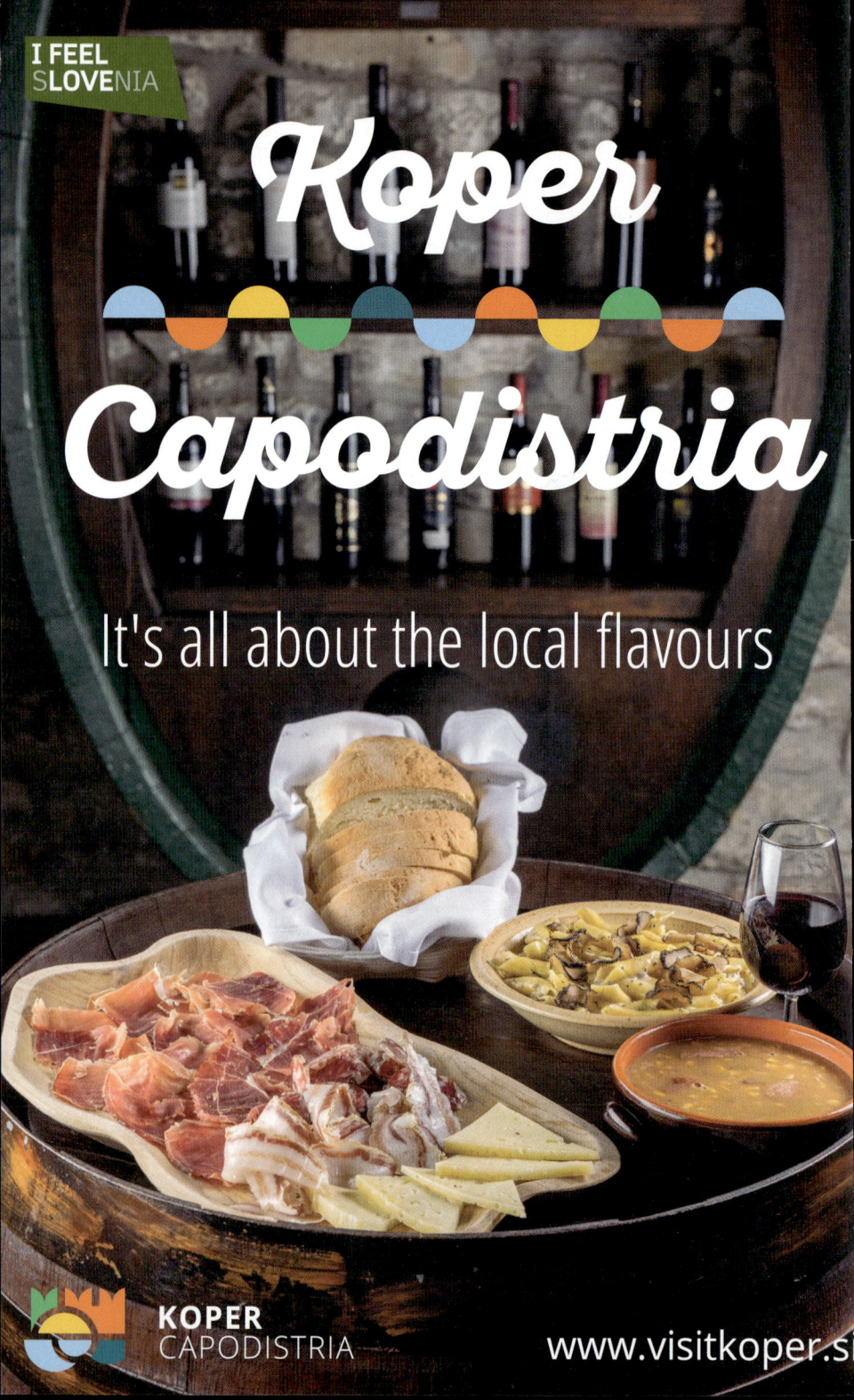

Koper Capodistria

It's all about the local flavours

KOPER CAPODISTRIA

www.visitkoper.si

Castilla-La Mancha

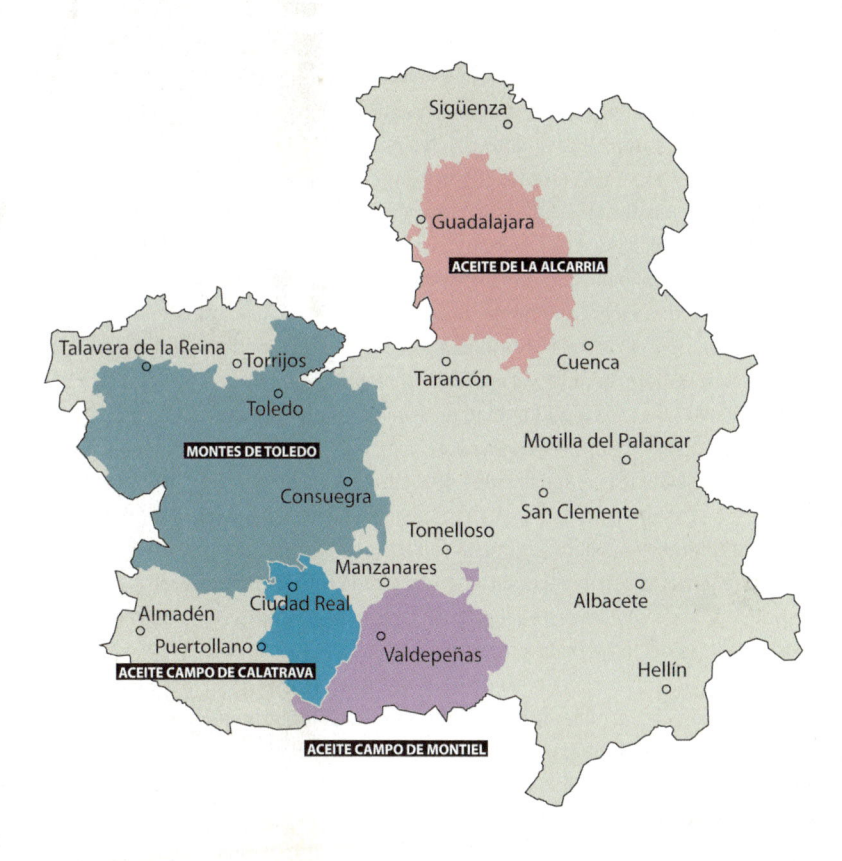

Dati Statistici
Superficie Olivetata Nazionale 2.434.799 (ha)
Superficie Olivetata Regionale 373.619 (ha)
Quota Regionale 15,35%
Frantoi 258
Produzione Nazionale 19-20 1.121.721,2 (t)
Produzione Regionale 19-20 68.398,4 (t)
Produzione Regionale 18-19 182.529,6 (t)
Variazione - 62,53%
Quota Regionale 6,10%

Statistic Data
National Olive Surface 2,434,799 (ha)
Regional Olive Surface 373,619 (ha)
Regional Quota 15.35%
Olive Oil Mills 258
National Production 19-20 1,121,721.2 (t)
Regional Production 19-20 68,398.4 (t)
Regional Production 18-19 182,529.6 (t)
Variation - 62.53%
Regional Quota 6.10%

Ministry of Agriculture, Food and Environment - Information and Food Control Agency

La Comunidad Autónoma di Castilla-La Mancha si presenta attualmente come il secondo distretto olivicolo della Spagna, sia per estensione degli impianti, che ricoprono una superficie di 373.619 ettari, pari al 15,35% del totale nazionale, sia per produzione: 68.398,4 tonnellate di olio, pari al 6,10% del totale nazionale, con una forte diminuzione del 62,53% rispetto all'annata precedente. La trasformazione avviene in 258 frantoi attivi sul territorio. L'olivicoltura è un'attività fiorente e fondamentale per il reddito di un numero assai rilevante di agricoltori, oltre al fatto che svolge un'importante funzione ambientale. E l'olio extravergine è un prodotto che da sempre si impone per l'alto valore sociale ed economico, radicato attraverso le generazioni come fonte di benessere ed elemento identificativo della cultura gastronomica di tutta la regione. Gli olivi centenari che affondano profondamente le loro radici nella terra di don Quijote, ovvero nella Comunidad Autónoma di Castilla-La Mancha, hanno assistito a grandi progressi dai tempi dei mulini in pietra fino agli attuali, moderni impianti che la regione può vantare. In molti villaggi della zona l'olivicoltura era infatti praticata fin dal Medioevo, con i coltivatori uniti in un sistema comune di vita e di lavoro: di qui il carattere ancora oggi prevalentemente familiare del comparto produttivo e le dimensioni esigue della maggior parte degli oliveti. La presenza della pianta sacra in queste terre è però molto più antica e risale alle dominazioni dei Fenici e dei Greci, anche se l'introduzione di una forma di coltura organizzata e, per così dire, intensiva si deve soprattutto ai Romani. Il settore si consolida comunque nei secoli successivi, arrivando a rappresentare nell'epoca attuale un comparto in crescita, grazie al clima e alla morfologia del territorio favorevoli allo sviluppo di questa pianta. In questi terreni fruttificano diverse varietà di olivo da cui si ricavano oli differenti e tipici, apprezzati dentro e fuori del confine spagnolo. Ma la cultivar dominante resta comunque la cornicabra, così chiamata per la particolare forma del frutto. Per proteggere e valorizzare gli oli extravergine prodotti sul territorio esiste la Dop Montes de Toledo che abbraccia le terre a sud della provincia di Toledo e a nord di Ciudad Real e che ha come nucleo centrale la formazione montuosa da cui prende il nome. L'area di produzione presenta caratteristiche climatiche omogenee e favorevoli all'olivo che viene coltivato con metodi tradizionali, il che costituisce un elemento di grande importanza per la conservazione dell'ambiente naturale. Il carattere distintivo degli oli denominati è la provenienza dall'unica varietà cornicabra, la cui coltura occupa praticamente la totalità della superficie olivetata, grazie alla sua grande adattabilità. Dopo l'attuazione della Dop Aceite de La Alcarria, che riguarda un'ampia regione tra le due province di Guadalajara e Cuenca, va segnalata quella della Dop Aceite Campo de Montiel, che include 26 municipi della regione omonima a sud-est di Ciudad Real e che comprende un'area caratterizzata da condizioni climatiche estreme con poche piogge, terreni poveri e rese basse. Risulta oggi attuata, inoltre, anche un'altra Denominazione, nella relativa zona di tradizione olivicola: la Dop Aceite Campo de Calatrava, la cui area comprende molti municipi della provincia di Ciudad Real.

Today Castilla-La Mancha is the second olive community in Spain both for extension of the olive groves, which cover a surface of 373,619 hectares, equal to 15.35% of the national total, and for production: 68,398.4 tons of extra virgin olive oil, equal to 6.10% of the total national quantity, with a strong decrease of 62.53% compared to the previous year. Transformation is carried out in 258 active oil mills. Olive growing is therefore fundamental for the income of a remarkable number of agriculturists, besides playing an important environmental role. Olive oil has always been a product of high social and economic value, deep-rooted over the generations as a source of wealth and a typical element of the gastronomic culture. The century-old olive trees deeply sinking their roots in the land of don Quijote, the Comunidad Autónoma de Castilla-La Mancha, have seen a great progress from stone mill times to today's modern systems. In many villages of this area olive growing has been practised since the Middle Ages, and farmers have developed a common way of life and work. This explains the present familiar character of the productive sector and the small dimensions of most of the olive groves. However, the presence of the olive tree in these lands is very ancient and goes back to the Phoenician and Greek domination, even if the introduction of an intensive cultivation is owed especially to the Romans. Olive growing became more important in the following centuries, representing nowadays one of the main economic sectors of the area thanks to the suitable climate and conformation of the territory. In these lands there are several varieties of olive trees, from which different and typical extra virgin olive oils are produced, appreciated inside and outside the Spanish border. The prevailing cultivar is cornicabra, so called for the peculiar form of the fruit. To protect and enhance extra virgin olive oil there is the Pdo Montes de Toledo, which includes the southern part of the province of Toledo and the northern area of Ciudad Real and its heart is the mountainous formation from which it takes its name. The production area has homogeneous and favourable climatic characteristics. The olive tree is cultivated with traditional methods, which constitutes an important element for environmental protection. Denominated olive oils come from the only variety cornicabra, which is cultivated on the whole olive surface thanks to its great adaptability. Besides the denomination Pdo Aceite de la Alcarria, including a vast region between the two provinces of Guadalajara and Cuenca, it should be mentioned the Pdo Aceite Campo de Montiel, including 26 towns of the homonymous region to the south-east of Ciudad Real. It is an area characterized by extreme climatic conditions with little rainfall, poor land and a low yield. Moreover, it has been implemented another denomination, which takes its name from the traditional area of cultivation: the Pdo Aceite Campo de Calatrava, including numerous towns of the province of Ciudad Real.

Spagna Spain [ES] Castilla-La Mancha

Olinexo - Agropecuaria Ecológica Sierra de Alcaraz

Vía Verde de la Sierra de Alcaraz
02300 Alcaraz (Albacete)
Tel.: +34 967 380577
E-mail: gestion@olinexo.com - Web: www.almazaraalcaraz.com

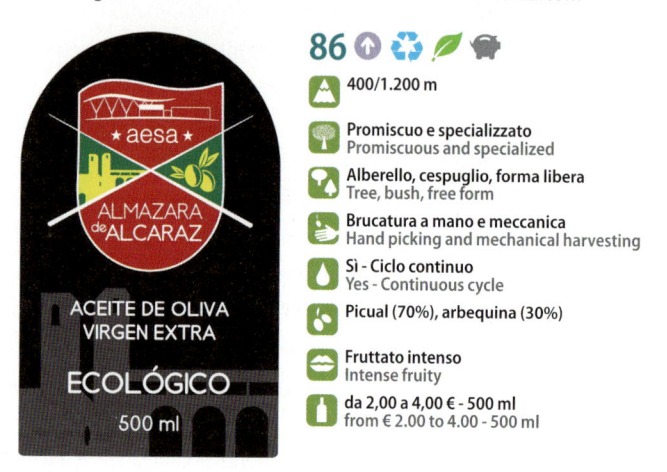

86

400/1.200 m

Promiscuo e specializzato
Promiscuous and specialized

Alberello, cespuglio, forma libera
Tree, bush, free form

Brucatura a mano e meccanica
Hand picking and mechanical harvesting

Sì - Ciclo continuo
Yes - Continuous cycle

Picual (70%), arbequina (30%)

Fruttato intenso
Intense fruity

da 2,00 a 4,00 € - 500 ml
from € 2.00 to 4.00 - 500 ml

Olinexo è il più grande distributore di extravergine da Agricoltura Biologica in Castilla-La Mancha, formato dall'unione di due imprese. AESA nasce nel 2007 dalla spiccata sensibilità di un nutrito gruppo di olivicoltori per l'ambiente e la qualità. Gli impianti, distribuiti su due aree diverse della regione, occupano 3mila ettari e ospitano 350mila piante che hanno fruttato un raccolto di 30mila quintali di olive. Questi, uniti ai 10mila acquistati, hanno prodotto 6.550 ettolitri di olio che, con gli 819 comprati, sono diventati 7.369. Due gli Extravergine da Agricoltura Biologica: O'Oleum de la Vía Verde e l'ottimo Almazara de Alcaraz, giallo dorato intenso con nuance verdoline, limpido. Al naso è pieno e avvolgente, ricco di sentori di pomodoro di media maturità, banana e mela bianca, cui si affiancano note aromatiche di basilico, menta e prezzemolo. Fine e vegetale in bocca, sa di lattuga e sedano. Amaro potente e piccante deciso. Ideale su bruschette con pomodoro, carpaccio di tonno, insalate di polpo, radicchio alla griglia, passati di lenticchie, primi piatti al ragù, pesce azzurro gratinato, agnello alla piastra, maiale alla brace, formaggi stagionati a pasta dura.

Olinexo, created from the union of two farms, is the largest distributor of organic extra virgin olive oil in Castilla-La Mancha. AESA was founded in 2007 by a large group of olive growers strongly interested in the environment and quality. The olive groves are in two different areas of the region and cover 3,000 hectares with 350,000 trees. In the last harvest 30,000 quintals of olives were produced and 10,000 purchased, with a yield of 6,550 hectolitres of oil. With 819 purchased, the total was 7,639 hectolitres. There are two Extra Virgin from Organic Farming, O'Oleum de la Vía Verde and the very good Almazara de Alcaraz, which is an intense limpid golden yellow colour with light green hues. Its aroma is full and rotund, rich in hints of medium ripe tomato, banana and white apple, with aromatic notes of basil, mint and parsley. Its taste is fine and vegetal, with a flavour of lettuce and celery. Bitterness is strong and pungency is definite. It would be ideal on bruschette with tomatoes, tuna carpaccio, octopus salads, grilled radicchio, lentil purée, pasta with meat sauce, blue fish au gratin, pan-seared lamb, barbecued pork, hard mature cheese.

Spagna Spain [ES] Castilla-La Mancha

Pago de Peñarrubia

Polígono 13 - Parcela 48 - Recinto 56
02400 Hellín (Albacete)
E-mail: juan.of@pagodepenarrubia.com - Web: www.pagodepenarrubia.com

81

625/660 m

Promiscuo
Promiscuous

Alberello, monocono, palmetta
Tree, monocone, fan

Bacchiatura e meccanica
Beating and mechanical harvesting

Sì - Ciclo continuo
Yes - Continuous cycle

Picual

Fruttato medio
Medium fruity

da 12,01 a 15,00 € - 500 ml
from € 12.01 to 15.00 - 500 ml

Pago de Peñarrubia, che si colloca alle porte della Sierra de Segura, nasce con l'obiettivo di produrre un extravergine di alta qualità all'interno di un'area dove il rispetto per l'ambiente è perseguito nei minimi dettagli e attraverso iniziative di vario genere. Agli oliveti sono dedicati 145 ettari di superficie, con 135mila alberi dai quali Juan Olivares Fernández ha ricavato quest'anno 10mila quintali di olive e circa 1.747 ettolitri di olio. L'etichetta proposta per la Guida è l'Extravergine monocultivar Pago de Peñarrubia - Picual che appare alla vista di un bel colore giallo dorato intenso con delicati riflessi verdi, limpido. Al naso è sottile e composto, dotato di sentori fruttati di pomodoro acerbo, banana e mela bianca, cui si affiancano note di erbe aromatiche, con ricordo di basilico e prezzemolo. Morbido e armonico al palato, si arricchisce di toni vegetali di lattuga e sedano. Amaro e piccante presenti e dosati. Si abbina a bruschette con verdure, insalate di orzo, marinate di salmone, patate al cartoccio, zuppe di ceci, risotto con carciofi, gamberi in guazzetto, seppie in umido, pollame o carni di agnello al forno, formaggi freschi a pasta filata.

Pago de Peñarrubia, which is located close to the Sierra de Segura range, was created with the aim of producing high quality extra virgin olive oil inside an area where the respect for the environment is pursued carefully through various initiatives. The olive groves extend over 145 hectares of surface with 135,000 trees. In the last harvest Juan Olivares Fernández produced 10,000 quintals of olives and about 1,747 hectolitres of oil. The selection proposed to the Guide is the Monocultivar Extra Virgin Pago de Peñarrubia - Picual, which is a beautiful intense limpid golden yellow colour with delicate green hues. Its aroma is fine and delicate, endowed with fruity hints of unripe tomato, banana and white apple, together with notes of aromatic herbs, especially basil and parsley. Its taste is mellow and harmonic, enriched by a vegetal flavour of lettuce and celery. Bitterness and pungency are present and complimentary. It would be ideal on bruschette with vegetables, barley salads, marinated salmon, baked potatoes, chickpea soups, risotto with artichokes, stewed shrimps, stewed cuttlefish, baked poultry or lamb, mozzarella cheese.

Spagna Spain [ES] Castilla-La Mancha

Encomienda de Cervera

Carretera CM-4111 km 15.900
13380 Aldea del Rey (Ciudad Real)
Tel.: +34 926 102099 - Fax: +34 926 106098
E-mail: info@encomiendadecervera.com - Web: www.encomiendadecervera.com

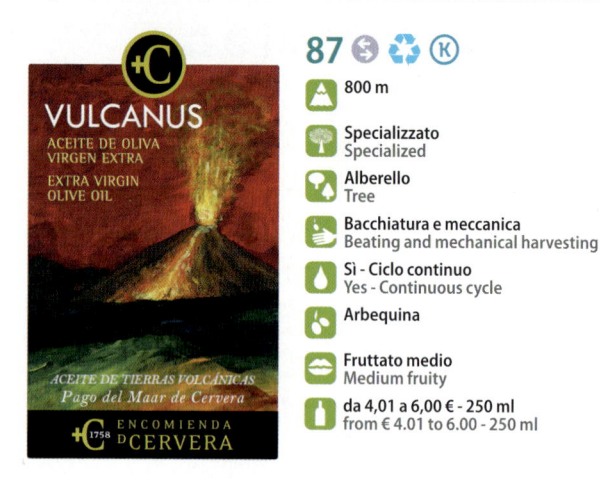

87

- 800 m
- **Specializzato** / Specialized
- **Alberello** / Tree
- **Bacchiatura e meccanica** / Beating and mechanical harvesting
- **Sì - Ciclo continuo** / Yes - Continuous cycle
- Arbequina
- **Fruttato medio** / Medium fruity
- da 4,01 a 6,00 € - 250 ml / from € 4.01 to 6.00 - 250 ml

Nel cuore della regione vulcanica del Campo de Calatrava si trova la tenuta Encomienda de Cervera che nasce nel 1758 dall'aggregazione di diverse proprietà dell'omonimo marchese. Oggi l'estesa struttura comprende vigneti, oliveti e spazi per l'allevamento di pecore di razza mancega. All'oliveto sono destinati 150 ettari, con 212.500 alberi, suddivisi tra esemplari centenari e piante giovani, dai quali sono stati ricavati quest'anno 7.500 quintali di olive e quasi 1.474 ettolitri di olio. Segnaliamo l'Extravergine monocultivar Vulcanus - Arbequina che appare alla vista di un bel colore giallo dorato intenso con nuance verdoline, limpido. Al naso è sottile e composto, con sentori fruttati di pomodoro di media maturità e ricordo di mela bianca, banana e pesca. Morbido e armonico al palato, comprende toni vegetali di cicoria, lattuga e note aromatiche di basilico, prezzemolo ed eucalipto. Amaro e piccante presenti e dosati, con finale dolce in rilievo. Ideale su antipasti di mare, insalate di farro, marinate di orata, patate in umido, zuppe di ceci, primi piatti con verdure, gamberi in guazzetto, molluschi gratinati, pollame o carni di agnello al forno, formaggi caprini.

Encomienda de Cervera, in the heart of the volcanic region of Campo de Calatrava, was founded in 1758 from the association of several properties of the homonymous marquis. Today the large estate includes vineyards, olive groves and areas destined to the farming of sheep of mancega variety. The olive grove covers 150 hectares with 212,500 century-old and young trees. In the last harvest 7,500 quintals of olives and almost 1,474 hectolitres of oil were produced. We recommend the Monocultivar Extra Virgin selection Vulcanus - Arbequina, which is a beautiful intense limpid golden yellow colour with light green hues. Its aroma is fine and delicate, with fruity hints of medium ripe tomato and a note of white apple, banana and peach. Its taste is mellow and harmonic, with a vegetal flavour of chicory and lettuce and aromatic notes of basil, parsley and eucalyptus. Bitterness and pungency are present and complimentary, with a sweet finish. It would be ideal on seafood appetizers, farro salads, marinated gilthead, stewed potatoes, chickpea soups, pasta with vegetables, stewed shrimps, mussels au gratin, baked poultry or lamb, goat cheese.

Spagna Spain [ES] Castilla-La Mancha

Aceites Olivar del Valle

Polígono Industrial El Salobral - Calle Jardineros, 4
13260 Bolaños de Calatrava (Ciudad Real)
Tel.: +34 926 871611
E-mail: info@olivardelvalle.es - Web: www.olivardelvalle.es

83

650 m

Specializzato
Specialized

Alberello, ipsilon
Tree, Y-trellis

Meccanica
Mechanical harvesting

Sì - Ciclo continuo
Yes - Continuous cycle

Arbequina (95%), koroneiki (5%)

Fruttato medio
Medium fruity

da 4,01 a 6,00 € - 500 ml
from € 4.01 to 6.00 - 500 ml

Aceites Olivar del Valle nasce nel 2003 quando Icaro Olivieri decide di ampliare l'attività agricola della sua proprietà di Bolaños de Calatrava, già attiva nella coltivazione di cereali, vite e olivi, costruendo un moderno frantoio per la trasformazione delle olive provenienti dai propri alberi, alcuni centenari, altri piantati recentemente. Oggi su 180 ettari dimorano 125mila piante dalle quali sono stati ricavati quest'anno 6.700 quintali di olive e circa 1.310 ettolitri di olio. L'Extravergine Magnolio - Cru si presenta alla vista di un bel colore giallo dorato intenso con leggere venature verdi, limpido. Al naso è ampio e avvolgente, dotato di sentori fruttati di pomodoro acerbo, mela bianca e banana, cui si aggiungono note di erbe aromatiche, con basilico e menta in rilievo. Elegante e complesso in bocca, si arricchisce di toni vegetali di lattuga di campo e sedano. Amaro e piccante presenti ed equilibrati, con chiusura dolce in rilievo. Ideale su maionese, antipasti di orzo, aragosta al vapore, carpaccio di spigola, marinate di dentice, passati di funghi ovoli, risotto con asparagi, seppie al forno, tartare di gamberi, formaggi freschi a pasta molle, dolci lievitati.

Aceites Olivar del Valle was founded in 2003, when Icaro Olivieri decided to enlarge the agricultural activity of his farm in Bolaños de Calatrava, which had been active in the cultivation of cereals, grapevines and olive trees, and built a modern oil mill to transform the olives produced by his century-old and young trees. Today there are 180 hectares of surface with 125,000 trees. In the last harvest 6,700 quintals of olives and about 1,310 hectolitres of oil were produced. We recommend the Extra Virgin Magnolio - Cru, which is a beautiful intense limpid golden yellow colour with slight green hues. Its aroma is ample and rotund, endowed with fruity hints of unripe tomato, white apple and banana, together with notes of aromatic herbs, especially basil and mint. Its taste is elegant and complex, enriched by a vegetal flavour of country lettuce and celery. Bitterness and pungency are present and well balanced, with a sweet finish. It would be ideal on mayonnaise, barley appetizers, steamed spiny lobster, bass carpaccio, marinated sea bream, ovoli mushroom purée, risotto with asparagus, baked cuttlefish, shrimp tartare, soft fresh cheese, yeast-raised cakes.

Spagna Spain [ES] Castilla-La Mancha

Palacio de Los Olivos

Carretera CM-4107 Bolaños de Calatrava - Daimiel km 9.500
13270 Almagro (Ciudad Real)
Tel.: +34 91 3082482
E-mail: info@olivapalacios.es - Web: www.olivapalacios.es

94

- 700 m
- Specializzato / Specialized
- Alberello / Tree
- Meccanica / Mechanical harvesting
- Sì - Ciclo continuo / Yes - Continuous cycle
- Picual
- Fruttato intenso / Intense fruity
- da 8,01 a 10,00 € - 500 ml / from € 8.01 to 10.00 - 500 ml

Le riconosciamo una spiccata capacità di coniugare eccellenza e aspetto economico: vince infatti il premio per il Migliore Olio Extravergine di Oliva - Qualità/Prezzo. Palacio de Los Olivos unisce a una radicata tradizione nel settore olivicolo la moderna tecnologia: segue la produzione dal campo alla bottiglia, avvalendosi di un frantoio all'avanguardia per molire le olive provenienti da 104.100 piante coltivate su 282 ettari. Quest'anno il raccolto ha fruttato 15mila quintali di olive e circa 2.100 ettolitri di olio. Dei due Extravergine Palacio de Los Olivos, Arbequina e Picual, il secondo è straordinario. Giallo dorato intenso con nuance verdoline, limpido; al naso è pieno e avvolgente, intriso di sentori di pomodoro di media maturità, banana e mela bianca, affiancati a note aromatiche di basilico, menta e prezzemolo. In bocca è riccamente vegetale, con toni di fave e cicoria, lattuga, rucola e sedano. Amaro potente e piccante deciso. Ideale su antipasti di tonno, carpaccio di pesce spada, insalate di spinaci, radicchio alla brace, zuppe di carciofi, primi piatti con funghi porcini, polpo bollito, cacciagione di piuma o pelo alla griglia, formaggi stagionati a pasta dura.

Palacios de Los Olivos is really good at combining excellence and affordability: in fact, it is the Best Extra Virgin Olive Oil - Quality/Price. This farm has a long tradition in the olive sector, supported today by modern technology: it follows the production chain from the field to the bottle and is supplied with an advanced oil mill. The olive grove covers 282 hectares with 104,100 trees. In the last harvest 15,000 quintals of olives and about 2,100 hectolitres of oil were produced. There are two Extra Virgin Palacio de los Olivos, Arbequina and the extraordinary Picual, which is an intense limpid golden yellow colour with light green hues. Its aroma is full and rotund, endowed with hints of medium ripe tomato, banana and white apple, together with aromatic notes of basil, mint and parsley. Its taste is richly vegetal, with a flavour of broad beans and chicory, lettuce, rocket and celery. Bitterness is strong and pungency is definite. It would be ideal on tuna appetizers, swordfish carpaccio, spinach salads, barbecued radicchio, artichoke soups, pasta with porcini mushrooms, boiled octopus, grilled game birds or animals, hard mature cheese.

Spagna Spain [ES] Castilla-La Mancha

Explotaciones Rurales el Bercial

Carretera Talavera de La Reina - Alcolea de Tajo km 25
45571 Alcolea de Tajo (Toledo)
Tel.: +34 91 3874499
E-mail: elbercialdesanrafael@erbal.es - Web: www.elbercialdesanrafael.es

86

340 m

Specializzato
Specialized

Alberello, palmetta
Tree, fan

Bacchiatura e meccanica
Beating and mechanical harvesting

Sì - Ciclo continuo
Yes - Continuous cycle

Cornicabra

Fruttato intenso
Intense fruity

da 6,01 a 8,00 € - 500 ml
from € 6.01 to 8.00 - 500 ml

Quest'azienda punta sul connubio tra una lunga tradizione olivicola e l'alta tecnologia oggi a disposizione. Della estesa tenuta di 1.700 ettari gli olivi occupano una superficie di 94 ettari e raggiungono attualmente il numero di 28.668 esemplari. Da questi, nella recente campagna, sono stati raccolti 6mila quintali di olive che, molite nel moderno frantoio di proprietà, hanno prodotto circa 928 ettolitri di olio. Segnaliamo l'etichetta proposta, l'ottimo Extravergine monocultivar El Bercial de San Rafael - Cornicabra che si presenta alla vista di un bel colore giallo dorato intenso con delicate venature verdi, limpido. Al naso si apre deciso e avvolgente, intriso di sentori fruttati di pomodoro acerbo, banana e mela bianca, cui si aggiungono toni aromatici di basilico, menta e prezzemolo. Al gusto è elegante e di carattere, con note vegetali di cicoria, lattuga e sedano. Amaro e piccante spiccati e armonici, con finale dolce in rilievo. Ideale su antipasti di tonno, funghi porcini arrosto, insalate di spinaci, radicchio alla brace, zuppe di fagioli, primi piatti al ragù, pesce azzurro gratinato, agnello alla griglia, carni rosse in umido, formaggi stagionati a pasta dura.

This farm can boast a long tradition in olive growing, accompanied today by the latest technology. The large estate covers 1,700 hectares, 94 of which are destined to olive grove with 28,668 trees. In the last harvest 6,000 quintals of olives were produced, which, once crushed in the modern oil mill, yielded about 928 hectolitres of extra virgin olive oil. We recommend the selection proposed to the panel, the very good Monocultivar Extra Virgin El Bercial de San Rafael - Cornicabra, which is a beautiful intense limpid golden yellow colour with delicate green hues. Its aroma is definite and rotund, endowed with fruity hints of unripe tomato, banana and white apple, together with aromatic notes of basil, mint and parsley. Its taste is elegant and strong, with a vegetal flavour of chicory, lettuce and celery. Bitterness and pungency are distinct and harmonic, with a sweet finish. It would be ideal on tuna appetizers, roast porcini mushrooms, spinach salads, barbecued radicchio, bean soups, pasta with meat sauce, blue fish au gratin, grilled lamb, stewed red meat, hard mature cheese.

Spagna Spain [ES] Castilla-La Mancha

Casas de Hualdo
Camino de la Barca
45533 El Carpio de Tajo (Toledo)
Tel.: +34 91 3794074 - Fax: +34 91 3791962
E-mail: aove@casasdehualdo.com - Web: www.casasdehualdo.com

99

- 400/600 m
- **Promiscuo** / Promiscuous
- **Alberello** / Tree
- **Meccanica** / Mechanical harvesting
- **Sì - Ciclo continuo** / Yes - Continuous cycle
- Cornicabra (40%), arbequina (25%), picual (25%), manzanilla cacereña (10%)
- **Fruttato intenso** / Intense fruity
- da 12,01 a 15,00 € - 500 ml / from € 12.01 to 15.00 - 500 ml

Garanzia di eccellenza che supera i confini nazionali, sa sempre come convincerci con i suoi prodotti di punta: quest'anno consolida la sua splendida posizione. L'avventura di Casas de Hualdo inizia con Francisco Riberas che intraprende un'ambiziosa trasformazione della proprietà; e oggi dai 285mila olivi coltivati su 630 ettari della tenuta di Hualdo si ricavano 50mila quintali di olive e quasi 7.642 ettolitri di olio. Segnaliamo la selezione proposta, l'ottimo Extravergine Casas de Hualdo - Reserva de Familia che appare alla vista di un bel colore giallo dorato intenso con lievi venature verdi, limpido. Al naso è deciso e avvolgente, intriso di sentori fruttati di pomodoro acerbo, banana e mela bianca, cui si affiancano nette note aromatiche di basilico, menta e prezzemolo. Fine e di carattere al palato, si arricchisce di toni vegetali di fave, lattuga e sedano; e chiude con ricordo di mandorla. Amaro potente e piccante spiccato e armonico. Perfetto su antipasti di tonno, carpaccio di pesce spada, insalate di funghi porcini, radicchio ai ferri, zuppe di fagioli, primi piatti al ragù, polpo bollito, cacciagione di piuma o pelo alla brace, formaggi stagionati a pasta dura.

Casas de Hualdo always guarantees high quality, appreciated also ouside the national borders. The present results confirm its splendid position. Its adventure started with Francisco Riberas, who undertook an ambitious transformation of his property. Today in the estate of Hualdo the olive grove covers 630 hectars with 285,000 trees. In the last harvest 50,000 quintals of olives and almost 7,642 hectolitres of oil were produced. We recommend the selection proposed, the very good Extra Virgin Casas de Hualdo - Reserva de Familia, which is a beautiful intense limpid golden yellow colour with slight green hues. Its aroma is definite and rotund, endowed with fruity hints of unripe tomato, banana and white apple, together with distinct aromatic notes of basil, mint and parsley. Its taste is fine and strong, enriched by a vegetal flavour of broad beans, lettuce and celery and an almond finish. Bitterness is powerful and pungency is distinct and harmonic. It would be ideal on tuna appetizers, swordfish carpaccio, porcini mushroom salads, grilled radicchio, bean soups, pasta with meat sauce, boiled octopus, barbecued game birds or animals, hard mature cheese.

Spagna Spain [ES] Castilla-La Mancha

Familia Corbel

Finca El Castillo - Camino de Los Nuevos
45211 Recas (Toledo)
E-mail: hola@familiacorbel.com - Web: www.familiacorbel.com

82

571 m

Specializzato
Specialized

Palmetta
Fan

Meccanica
Mechanical harvesting

No - Ciclo continuo
No - Continuous cycle

Arbequina

Fruttato leggero
Light fruity

da 12,01 a 15,00 € - 500 ml
from € 12.01 to 15.00 - 500 ml

Faustino Corbel Berbel, ingegnere agronomo, prosegue una tradizione familiare lunga almeno tre generazioni. La famiglia, già dedita all'olivicoltura nella zona di Jaén, in Andalucia, ha infatti deciso di trasferire i propri saperi nella regione di Toledo, dove gestisce una proprietà situata tra la pianura del Guadarrama e le antiche rovine del Castillo De Canales. Parliamo di una superficie di circa 50 ettari con 43mila olivi che hanno fruttato un raccolto di 30mila quintali di olive, pari a una produzione di 3mila ettolitri di olio. L'Extravergine Verde y Amén appare alla vista di un bel colore giallo dorato intenso con leggere gradazioni verdi, limpido. Al naso è sottile e composto, dotato di sentori fruttati di pomodoro acerbo e banana, cui si affiancano note aromatiche di basilico e prezzemolo. Morbido e armonico al palato, si arricchisce di toni di lattuga di campo e sedano. Amaro e piccante presenti e dosati, con chiusura dolce di mandorla. Ideale su maionese, antipasti di orzo, aragosta al vapore, carpaccio di ricciola, marinate di spigola, zuppe di piselli, risotto con asparagi, fritture di calamari, tartare di dentice, formaggi freschi a pasta molle, dolci lievitati.

Faustino Corbel Berbel, an agricultural engineer, continues a family tradition lasting at least three generations. His family, already active in the field of olive growing in the area of Jaén, in Andalucia, decided to move to the region of Toledo, where currently they manage an estate located between the plain of Guadarrama and the ancient ruins of Castillo De Canales. The olive surface covers about 50 hectares with 43,000 trees, which produced 30,000 quintals of olives in the last harvest, with a yield of 3,000 hectolitres of oil. The Extra Virgin Verde y Amén is a beautiful intense limpid golden yellow colour with slight green hues. Its aroma is fine and delicate, endowed with fruity hints of unripe tomato and banana, together with aromatic notes of basil and parsley. Its taste is mellow and harmonic, enriched by a flavour of country lettuce and celery. Bitterness and pungency are present and complimentary, with a sweet almond finish. It would be ideal on mayonnaise, barley appetizers, steamed spiny lobster, amberjack carpaccio, marinated bass, pea soups, risotto with asparagus, fried squids, sea bream tartare, soft fresh cheese, yeast-raised cakes.

Spagna Spain [ES] Castilla-La Mancha

Aceites García de la Cruz

Calle Reyes Católicos, 23
45710 Madridejos (Toledo)
Tel.: +34 925 460496
E-mail: aceites@garciadelacruz.com - Web: www.garciadelacruz.com

85

697 m

Specializzato
Specialized

Alberello, cespuglio
Tree, bush

Bacchiatura e meccanica
Beating and mechanical harvesting

Sì - Ciclo continuo
Yes - Continuous cycle

Cornicabra (50%), picual (30%), hojiblanca (20%)

Fruttato intenso
Intense fruity

da 12,01 a 15,00 € - 500 ml
from € 12.01 to 15.00 - 500 ml

Dal 1872 la famiglia García de la Cruz si dedica alla produzione di extravergine, puntando fin da subito sulla qualità. Forti dell'esperienza di cinque generazioni, oggi i fratelli Eusebio e Fernando hanno fatto passi da gigante, trasformando una piccola attività familiare in una grossa azienda che gestisce l'intera filiera. Da 120mila olivi, su 400 ettari, sono stati ricavati 35mila quintali di olive che, con l'aggiunta di 65mila acquistati, hanno prodotto quasi 27.293 ettolitri di olio. Segnaliamo l'Extravergine Master Miller da Agricoltura Biologica che appare alla vista di un bel colore giallo dorato intenso con lievi riflessi verdi, limpido. Al naso è deciso e avvolgente, ricco di sentori di pomodoro acerbo, mela bianca e banana, affiancati da note balsamiche di basilico, menta e prezzemolo. Fine e complesso al palato, emana toni vegetali di cicoria selvatica, lattuga e sedano. Amaro potente e piccante spiccato e armonico. Eccellente su bruschette con pomodoro, carpaccio di tonno, insalate di spinaci, radicchio alla griglia, passati di lenticchie, primi piatti con funghi porcini, polpo bollito, cacciagione di piuma o pelo alla brace, formaggi stagionati a pasta dura.

Since 1872 the family García de la Cruz has been producing extra virgin olive oil aiming at quality. Following the experience of five generations, today the brothers Eusebio and Fernando have turned their small family-run business into a big farm controlling the whole production chain. The olive grove covers 400 hectares with 120,000 trees. In the last harvest 35,000 quintals of olives were produced and 65,000 purchased, with a yield of almost 27,293 hectolitres of oil. We recommend the Extra Virgin selection Master Miller from Organic Farming, which is a beautiful intense limpid golden yellow colour with slight green hues. Its aroma is definite and rotund, rich in hints of unripe tomato, white apple and banana, together with fragrant notes of basil, mint and parsley. Its taste is fine and complex, endowed with a vegetal flavour of wild chicory, lettuce and celery. Bitterness is powerful and pungency is distinct and harmonic. It would be ideal on bruschette with tomatoes, tuna carpaccio, spinach salads, grilled radicchio, lentil purée, pasta with porcini mushrooms, boiled octopus, barbecued game birds or animals, hard mature cheese.

Spagna Spain [ES] Castilla-La Mancha

Marqués de Griñon Family Estate

Finca Casa de Vacas CM 4015 km 23.200
45692 Malpica de Tajo (Toledo)
Tel.: +34 925 597222
E-mail: mgonzalez@marquesdegrinon.com - Web: www.pagosdefamilia.es

99

450/700 m

Specializzato
Specialized

Alberello
Tree

Brucatura a mano e meccanica
Hand picking and mechanical harvesting

Sì - Ciclo continuo
Yes - Continuous cycle

Arbequina (40%), picual (40%), cornicabra (20%)

Fruttato intenso
Intense fruity

da 12,01 a 15,00 € - 500 ml
from € 12.01 to 15.00 - 500 ml

Abbiamo visto quest'azienda raggiungere nel tempo un traguardo eccezionale: vogliamo suggellarlo con il Premio Speciale Cristina Tiliacos, dedicato al suo creatore e anima Carlos Falcó, promotore straordinario della cultura del settore olivicolo, da poco scomparso. Marqués de Griñon Family Estate dispone oggi, all'interno dell'ampia tenuta, di un moderno frantoio e di 110 ettari con 18.060 piante dalle quali sono stati raccolti 425 quintali di olive che, con i 1.800 acquistati, hanno reso 300 ettolitri di olio. Tre gli Extravergine: i due Marqués de Griñon - Serie Limitada, Cornicabra e Picual, e Oleum Artis che scegliamo. Giallo dorato intenso con nuance verdoline, limpido; al naso è deciso e avvolgente, ricco di sentori fruttati di pomodoro acerbo, banana e mandorla, affiancati da toni aromatici di basilico, menta e rosmarino. Al gusto è di carattere e vegetale, con note di carciofo, sedano e lattuga. Amaro potente e piccante spiccato. Ideale su antipasti di tonno, carpaccio di pesce spada, insalate di carciofi, pomodori gratinati, zuppe di funghi porcini, primi piatti con salsiccia, polpo bollito, carni rosse o cacciagione alla griglia, formaggi stagionati a pasta dura.

We have seen this farm reach extraordinary results over the years, so we wish to reward it with The Special Award Cristina Tiliacos, dedicated to its creator and soul, Carlos Falcó, an extraordinary promoter of olive culture, recently passed away. Today Marqués de Griñon Family Estate is a large estate including 110 hectares of olive grove with 18,060 trees and a modern oil mill. In the last harvest 425 quintals of olives were produced and 1,800 purchased, equal to 300 hectolitres of oil. There are three Extra Virgin, the two Marqués de Griñon - Serie Limitada, Cornicabra and Picual, and Oleum Artis, which is an intense limpid golden yellow colour with slight green hues. Its aroma is definite and rotund, rich in fruity hints of unripe tomato, banana and almond, together with aromatic notes of basil, mint and rosemary. Its taste is strong and vegetal, with a flavour of artichoke, celery and lettuce. Bitterness is powerful and pungency is distinct. It would be ideal on tuna appetizers, swordfish carpaccio, artichoke salads, tomatoes au gratin, porcini mushroom soups, pasta with sausages, boiled octopus, grilled red meat or game, hard mature cheese.

Spagna Spain [ES] Castilla-La Mancha

Olinexo - Al Alma del Olivo

Finca El Torrao
45760 La Guardia (Toledo)
Tel.: +34 914 381 200
E-mail: gestion@olinexo.com - Web: www.alalmadelolivo.com

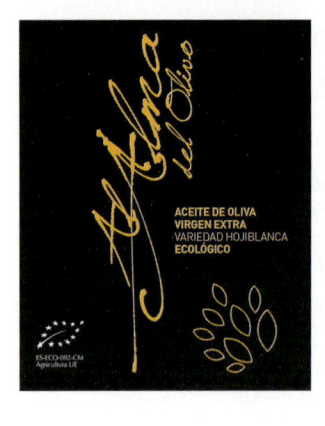

89

680 m

Promiscuo e specializzato
Promiscuous and specialized

Alberello
Tree

Bacchiatura e meccanica
Beating and mechanical harvesting

Sì - Ciclo continuo
Yes - Continuous cycle

Hojiblanca

Fruttato intenso
Intense fruity

da 6,01 a 8,00 € - 500 ml
from € 6.01 to 8.00 - 500 ml

Olinexo è il più grande distributore di extravergine da Agricoltura Biologica in Castilla-La Mancha, formato dall'unione di due imprese. Al Alma del Olivo è una realtà familiare con una marcata sensibilità per la salvaguardia dell'ambiente e della biodiversità e comprende frantoio, sala di degustazione e show room, oltre a una superficie di 300 ettari con 32mila olivi che hanno fruttato quest'anno 10mila quintali di olive e circa 1.747 ettolitri di olio. Due gli Extravergine monocultivar Al Alma del Olivo da Agricoltura Biologica: Cornicabra Dop Montes de Toledo e Hojiblanca. Il secondo, eccellente, è giallo dorato intenso con nuance verdoline, limpido. Al naso è deciso e avvolgente, ricco di sentori fruttati di pomodoro di media maturità, mela bianca e banana, cui si affiancano netti toni balsamici di menta, basilico e prezzemolo. Fine e di carattere in bocca, sprigiona note vegetali di fave e sedano. Amaro potente e piccante spiccato e armonico. Ideale su bruschette con pomodoro, carpaccio di tonno, insalate di spinaci, radicchio alla brace, zuppe di fagioli, primi piatti con salsiccia, pesce spada alla griglia, carni rosse o nere arrosto, formaggi stagionati a pasta dura.

Olinexo, created from the union of two farms, is the largest distributor of organic extra virgin olive oil in Castilla-La Mancha. Al Alma del Olivo is a family-run farm strongly interested in the protection of the environment and biodiversity and includes an oil mill, a tasting room and a showroom. The olive surface covers 300 hectares with 32,000 trees. In the last harvest 10,000 quintals of olives and about 1,747 hectolitres of oil were produced. There are two Monocultivar Extra Virgin Al Alma del Olivo from Organic Farming, Cornicabra Pdo Montes de Toledo and the excellent Hojiblanca, which is an intense limpid golden yellow colour with light green hues. Its aroma is definite and rotund, rich in fruity hints of medium ripe tomato, white apple and banana, with distinct fragrant notes of mint, basil and parsley. Its taste is fine and strong, with a vegetal flavour of broad beans and celery. Bitterness is strong and pungency is distinct and harmonic. It would be ideal on bruschette with tomatoes, tuna carpaccio, spinach salads, barbecued radicchio, bean soups, pasta with sausages, grilled swordfish, roast red meat or game, hard mature cheese.

Comunidad Valenciana

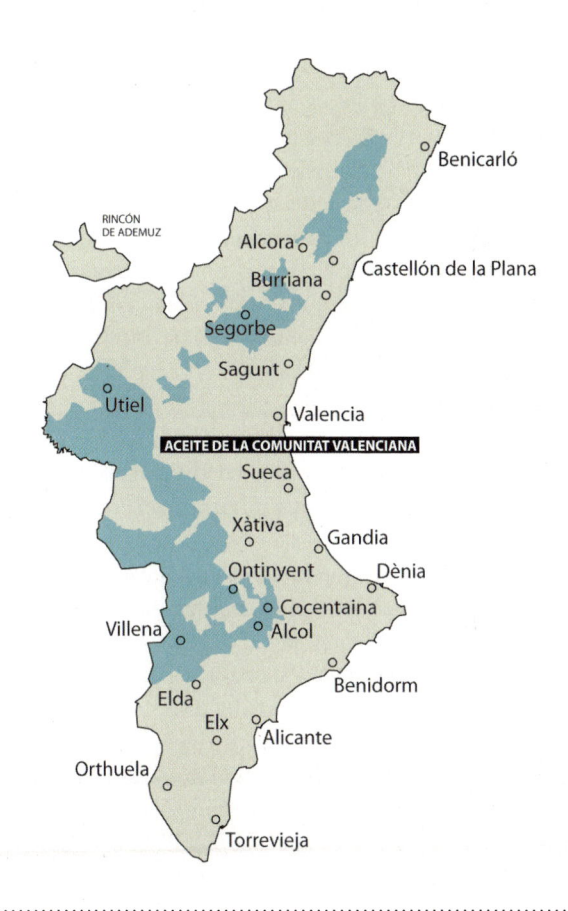

Dati Statistici
Superficie Olivetata Nazionale 2.434.799 (ha)
Superficie Olivetata Regionale 93.276 (ha)
Quota Regionale 3,83%
Frantoi 144
Produzione Nazionale 19-20 1.121.721,2 (t)
Produzione Regionale 19-20 25.889,2 (t)
Produzione Regionale 18-19 17.501,7 (t)
Variazione +47,92%
Quota Regionale 2,31%

Statistic Data
National Olive Surface 2,434,799 (ha)
Regional Olive Surface 93,276 (ha)
Regional Quota 3.83%
Olive Oil Mills 144
National Production 19-20 1,121,721.2 (t)
Regional Production 19-20 25,889.2 (t)
Regional Production 18-19 17,501.7 (t)
Variation +47.92%
Regional Quota 2.31%

Ministry of Agriculture, Food and Environment - Information and Food Control Agency

Nella Comunidad Valenciana la produzione olivicola non rappresenta una porzione molto rilevante rispetto alla totalità di quella agricola. Tuttavia è considerevole la sua importanza dal punto di vista economico e sociale, specie nelle zone più produttive collocate nelle regioni dell'entroterra. Esistono infatti in queste aree alcuni municipi in cui l'olivo rappresenta la maggioranza delle superfici coltivate e dunque costituisce una fondamentale fonte di reddito per molte famiglie. Diamo qualche dato numerico: la superficie olivetata totale si estende per 93.276 ettari, che rappresentano il 3,83% del totale nazionale, dei quali praticamente tutti sono destinati a olivi da olio, coltivati per lo più in modo estensivo e senza irrigazione. La trasformazione avviene in 144 frantoi, distribuiti sull'intero territorio. Da questi, nella scorsa campagna olearia, sono state ricavate 25.889,2 tonnellate di olio, pari al 2,31% del totale nazionale, con un aumento del 47,92% rispetto all'annata precedente. Quanto alla morfologia del territorio la Comunidad Valenciana, situata sulla costa orientale della Spagna, si distingue per la sua caratteristica conformazione allungata, con un'orografia piuttosto aspra e irregolare. Il clima è tipicamente mediterraneo su tutto il litorale, al nord e al centro della Comunidad: l'influsso marittimo comporta inverni miti e temperati e lunghe estati calde e secche, con precipitazioni temporalesche concentrate per lo più in primavera e in autunno. Nelle regioni più interne e montuose, invece, il clima è continentale ma con temperature più dolci, estati fresche e precipitazioni abbondanti. Dal nord della provincia di Alicante fino all'estremo sud infine è secco e arido: molto caldo in estate e temperato in inverno, con precipitazioni scarse. Aree tradizionalmente vocate all'olivicoltura si ritrovano in realtà in tutte e tre le province in cui, da nord a sud, è suddiviso il territorio della Comunidad, ovvero Castellón, Valencia e Alicante. Ma spiccano decisamente per importanza Baix Maestrat e Plana Baja in Castellón, le vallate di Albaida e Ayora in Valencia e le regioni di El Compact e l'Alcoià in Alicante. Le varietà di piante più diffuse sono la blanqueta, così chiamata per il colore madreperlaceo dell'oliva durante la maturazione, la farga, la serrana de Espadán e la villalonga, tutte cultivar che si adattano al clima tra il mediterraneo e il continentale tipico di queste terre. A un certo punto lungo il territorio della regione di Alto Palancia, all'interno del Parco Naturale della Sierra Calderona, tra Castellón de la Plana e Valencia, era stata istituita una Marca de Calidad per gli oli extravergine prodotti: è stato il primo passo per la Denominazione di Origine, a tutela della qualità e della peculiarità degli oli della zona. Infatti le cooperative olivicole fin dal 2001 avevano cominciato a riunirsi con le istituzioni locali per il varo della nuova Dop Aceite de la Comunitat Valenciana. Un progetto che si è concretizzato solo nel 2004, con la costituzione dell'Associazione per la Promozione e la Difesa dell'Olio Serranía de Espadán che comprende produttori, imbottigliatori, consumatori e organismi pubblici, con l'obiettivo comune di diffondere le corrette pratiche di coltivazione e la cultura dell'olio tra i consumatori. Infine il disciplinare è stato approvato dagli organismi competenti dell'UE e la Dop è stata finalmente attuata.

A lthough the olive tree does not represent such a remarkable percentage in comparison with the totality of the agricultural production of the Comunidad Valenciana, its importance is considerable from an economic and social point of view, especially in the most productive areas, situated in the inland regions. In fact, in some towns of these areas the olive tree constitutes the majority of the cultivated surfaces and therefore it represents a fundamental source of income for numerous families. Here are some data: on a total olive surface of 93,276 hectares (3.83% of the national total), almost all are destined to olive trees for the production of oil, cultivated in most cases in an extensive way and without irrigation. Transformation happens in 144 oil mills, distributed on the whole territory. In the last oil harvest they produced 25,889.2 tons of oil, equal to 2.31% of the total national quantity, with an increase of 47.92% compared to the previous year. Situated on the eastern coast of Spain, the Comunidad Valenciana is characterized by its elongated territory, with a steep and uneven orography. The climate is typically Mediterranean along the entire coast, in the north and the centre of the Comunidad: the maritime influence provokes temperate winters, and long warm dry summers with stormy rainfalls concentrated especially in spring and in autumn. Instead in the inland mountainous regions the climate is continental, but with milder temperatures, fresh summers and more abundant rainfalls; finally from the north of the province of Alicante to the extreme south it is dry and arid: very warm in summer and temperate in winter, with scarce rainfalls. The areas traditionally suitable to olive growing are really situated in all the three provinces of the Comunidad, from north to south: Castellón, Valencia and Alicante. The most important are Baix Maestrat and Plana Baja in Castellón, the valleys of Albaida and Ayora in Valencia and the regions of El Compact and l'Alcoià in Alicante. The most common varieties are blanqueta, so called for the olive pearly colour during its maturation, farga, serrana de Espadán and villalonga, all cultivars that adjust to the Mediterranean continental climate typical of these lands. A few years ago in the whole territory of the region of Alto Palancia - in the Natural Park of Sierra Calderona, between Castellón de la Plana and Valencia, - a Marca de Calidad was established for all the extra virgin olive oils produced: it was the first step towards the Denomination of Origin, to protect the quality and the peculiarity of the oils of these areas. In fact, as early as in 2001 olive co-operatives started to meet with local organizations to launch the new Pdo Aceite de la Comunitat Valenciana. A project that came about in 2004, with the constitution of the Association for the Promotion and the Defence of the Olive Oil Serranía de Espadán, which is composed of producers, bottlers, consumers and public bodies with the common objective of spreading the correct cultivation practices and oil culture among consumers. Finally, the specification has been approved by the competent EU institutions and the Pdo has been implemented.

Spagna Spain [ES] Comunidad Valenciana

Casa de La Arsenia
Diseminados Rodriguillo, 276
03650 Pinoso (Alicante)
Tel.: +34 966 938029
E-mail: info@casadelaarsenia.com - Web: www.casadelaarsenia.com

84

- 600 m
- **Specializzato** / Specialized
- **Alberello** / Tree
- **Meccanica** / Mechanical harvesting
- **Sì - Ciclo continuo** / Yes - Continuous cycle
- **Arbequina**
- **Fruttato leggero** / Light fruity
- da 10,01 a 12,00 € - 500 ml / from € 10.01 to 12.00 - 500 ml

Antonio López Galvañ si dedica alla produzione di extravergine di qualità nella tenuta Casa de La Arsenia la cui storia risale alla fine del XVIII secolo. Oggi a questa tradizione si unisce la moderna tecnologia: l'azienda, che segue la filiera dal campo alla bottiglia, si avvale di un frantoio all'avanguardia per molire le olive provenienti da 400mila piante coltivate su 200 ettari di superficie. Quest'anno il raccolto ha fruttato 15mila quintali di olive che hanno reso circa 2.756 ettolitri di olio. L'Extravergine Ma' Sarah - Arbequina da Agricoltura Biologica è di un bel colore giallo dorato intenso con delicate tonalità verdi, limpido. Al naso si apre sottile e composto, dotato di sentori di pomodoro acerbo, banana e mela bianca, cui si affiancano note di erbe aromatiche, con ricordo di basilico e prezzemolo. Al palato è finemente vegetale, con toni di cicoria, lattuga e sedano. Amaro e piccante presenti e dosati, con finale dolce in evidenza. Ideale su maionese, antipasti di orzo, aragosta al vapore, carpaccio di spigola, marinate di trota, zuppe di fave, risotto con asparagi, fritture di gamberi, tartare di dentice, formaggi freschi a pasta molle, dolci lievitati.

Antonio López Galvañ produces quality extra virgin olive oil in his estate Casa de la Arsenia, whose story dates back to the end of the 18th century. Today this tradition is combined with modern technology: the farm follows the production chain from the field to the bottle and is supplied with a modern oil mill. The olive grove covers 200 hectares with 400,000 trees. In the last harvest 15,000 quintals of olives were produced, with a yield of about 2,756 hectolitres of oil. The Extra Virgin selection Ma' Sarah - Arbequina from Organic Farming is a beautiful intense limpid golden yellow colour with delicate green hues. Its aroma is fine and delicate, endowed with hints of unripe tomato, banana and white apple, together with notes of aromatic herbs, especially basil and parsley. Its taste is finely vegetal, with a flavour of chicory, lettuce and celery. Bitterness and pungency are present and complimentary, with evident sweetness. It would be ideal on mayonnaise, barley appetizers, steamed spiny lobster, bass carpaccio, marinated trout, broad bean soups, risotto with asparagus, fried shrimps, sea bream tartare, soft fresh cheese, yeast-raised cakes.

Spagna Spain [ES] Comunidad Valenciana

Oterrum

Carretera de Bañeres a Onil CV 803
03459 Bañeres de Mariola (Alicante)
Tel.: +34 96 5032953
E-mail: info@oterrum.com - Web: www.oterrum.com

94

660/1.000 m

Specializzato
Specialized

Alberello, ipsilon
Tree, Y-trellis

Bacchiatura e meccanica
Beating and mechanical harvesting

No - Ciclo continuo
No - Continuous cycle

Picual (90%), alfafara (10%)

Fruttato intenso
Intense fruity

da 12,01 a 15,00 € - 500 ml
from € 12.01 to 15.00 - 500 ml

O terrum si colloca in una posizione privilegiata, a pochi chilometri dal mare e con le montagne dell'interno della provincia di Alicante sullo sfondo, tra i Parchi Naturali di Font Roja e Sierra de Mariola. Il progetto olivicolo voluto da José Tormos García fin dal 2015 conta su una tenuta di 15 ettari sulla quale dimorano 4mila piante che hanno fruttato, nella recente campagna, un raccolto di 805 quintali di olive che, con l'aggiunta di mille, hanno reso 290 ettolitri di olio. La selezione proposta è l'eccellente Extravergine Oterrum - Intense che appare alla vista di un bel colore giallo dorato intenso con lievi riflessi verdi, limpido. Al naso è deciso e avvolgente, intriso di sentori fruttati di pomodoro di media maturità, banana e mela bianca, cui si affiancano note aromatiche di basilico, menta e prezzemolo. Fine e di carattere al palato, aggiunge toni di pepe bianco e nuance vegetali di lattuga e sedano. Amaro potente e piccante deciso. Ideale su antipasti di tonno, bruschette con pomodoro, insalate di spinaci, radicchio alla brace, zuppe di fagioli, primi piatti con salsiccia, polpo bollito, agnello arrosto, carni rosse in tartare, formaggi stagionati a pasta dura.

O terrum is located in a privileged position, at a few kilometres from the sea, with the mountains of the interior of the province of Alicante in the background, between the Natural Parks of Font Roja and Sierra de Mariola. The project was created by José Tormos García in 2015 and consists of a 15-hectare estate with 4,000 trees. In the last harvest 805 quintals of olives were produced and 1,000 purchased, with a yield of 290 hectolitres of oil. The selection proposed to the Guide is the excellent Extra Virgin Oterrum - Intense, which is a beautiful intense limpid golden yellow colour with slight green hues. Its aroma is definite and rotund, endowed with fruity hints of medium ripe tomato, banana and white apple, together with aromatic notes of basil, mint and parsley. Its taste is fine and strong, with a flavour of white pepper and vegetal notes of lettuce and celery. Bitterness is powerful and pungency is definite. It would be ideal on tuna appetizers, bruschette with tomatoes, spinach salads, barbecued radicchio, bean soups, pasta with sausages, boiled octopus, roast lamb, red meat tartare, hard mature cheese.

Spagna Spain [ES] Comunidad Valenciana

Señorios de Relleu

Partida Figueret, 2
03578 Relleu (Alicante)
Tel.: +34 96 5984284
E-mail: info@senoriosderelleu.com - Web: www.senoriosderelleu.com

95

500 m

Specializzato
Specialized

Alberello, ipsilon
Tree, Y-trellis

Bacchiatura
Beating

Sì - Ciclo continuo
Yes - Continuous cycle

Arbequina (50%), genovesa (20%), changlot real, manzanilla Villalonga (20%), alfafara, blanqueta (10%)

Fruttato leggero
Light fruity

da 12,01 a 15,00 € - 500 ml
from € 12.01 to 15.00 - 500 ml

Brillanti progressi per Señorios de Relleu che si merita il premio per il Migliore Olio Extravergine di Oliva Blended - Fruttato Leggero. Eliseo Quintanilla, tecnico farmaceutico ma con una famiglia di tradizioni agricole alle spalle, e suo figlio Hugo hanno dato nuova linfa alla bella casa colonica costruita nel 1918, nucleo della tenuta che comprende oggi 65 ettari di oliveto con 14mila piante. Il raccolto di quest'anno ha fruttato 2.200 quintali di olive e 300 ettolitri di olio. Quattro gli Extravergine Señorios de Relleu - Coupage: quello da Agricoltura Biologica, l'Intense, Il Medium e il Delicate. Quest'ultimo è giallo dorato intenso con lievi nuance verdi, limpido. Al naso è ampio e avvolgente, con sentori fruttati di pomodoro acerbo e banana, affiancati da note balsamiche di basilico, prezzemolo e menta. In bocca è elegante e armonico, con toni vegetali di cicoria, lattuga e sedano. Amaro ben espresso e piccante presente e dosato. Si abbina a maionese, antipasti di funghi ovoli, carpaccio di orata, insalate di riso, marinate di crostacei, zuppe di piselli, risotto con gamberi, fritture di calamari, tartare di dentice, formaggi freschi a pasta molle, dolci lievitati.

Thanks to its brilliant progress Señorios de Relleu deserves the award for The Best Extra Virgin Olive Oil Blended - Light Fruity. Eliseo Quintanilla, a pharmacy technician from a family with agricultural traditions, and his son Hugo have given new life to the beautiful farmhouse built in 1918, the heart of the estate, including today 65 hectares of olive grove with 14,000 trees. In the last harvest 2,200 quintals of olives and 300 hectolitres of oil were produced. There are four Extra Virgin Señorios de Relleu - Coupage, the one from Organic Farming, Intense, Medium and Delicate, which is an intense limpid golden yellow colour with slight green hues. Its aroma is ample and rotund, with fruity hints of unripe tomato and banana, together with fragrant notes of basil, parsley and mint. Its taste is elegant and harmonic, with a vegetal flavour of chicory, lettuce and celery. Bitterness is distinct and pungency is present and complimentary. It would be ideal on mayonnaise, ovoli mushroom appetizers, gilthead carpaccio, rice salads, marinated shellfish, pea soups, risotto with shrimps, fried squids, sea bream tartare, soft fresh cheese, yeast-raised cakes.

Andalucía

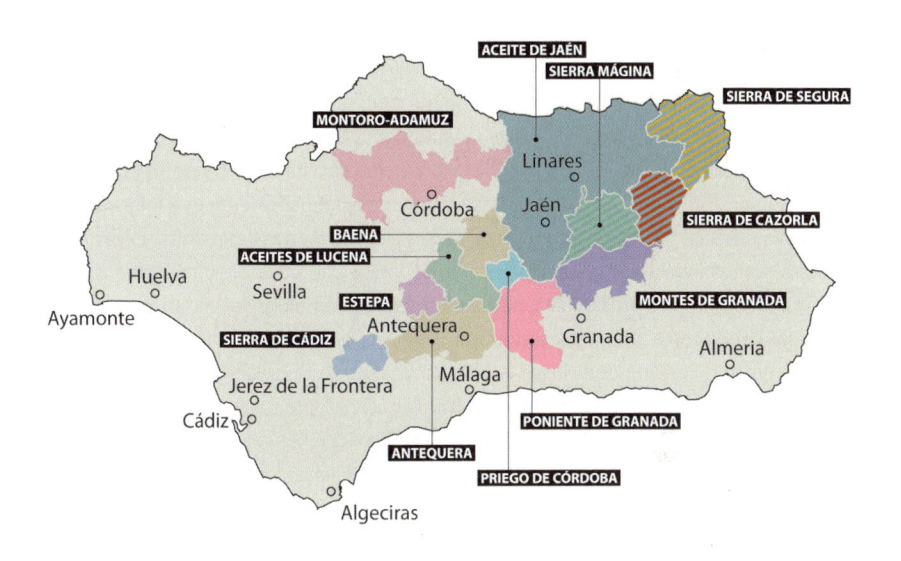

Map labels:
- ACEITE DE JAÉN
- SIERRA MÁGINA
- SIERRA DE SEGURA
- MONTORO-ADAMUZ
- Linares
- Córdoba
- Jaén
- BAENA
- SIERRA DE CAZORLA
- ACEITES DE LUCENA
- Huelva
- Sevilla
- ESTEPA
- MONTES DE GRANADA
- Ayamonte
- SIERRA DE CÁDIZ
- Antequera
- Granada
- Almería
- Jerez de la Frontera
- Málaga
- Cádiz
- PONIENTE DE GRANADA
- ANTEQUERA
- PRIEGO DE CÓRDOBA
- Algeciras

Dati Statistici

Superficie Olivetata Nazionale	2.434.799 (ha)
Superficie Olivetata Regionale	1.538.263 (ha)
Quota Regionale	63,18%
Frantoi	852
Produzione Nazionale 19-20	1.121.721,2 (t)
Produzione Regionale 19-20	897.377,7 (t)
Produzione Regionale 18-19	1.464.802,1 (t)
Variazione	-38,74%
Quota Regionale	80,00%

Statistic Data

National Olive Surface	2,434,799 (ha)
Regional Olive Surface	1,538,263 (ha)
Regional Quota	63.18%
Olive Oil Mills	852
National Production 19-20	1,121,721.2 (t)
Regional Production 19-20	897,377.7 (t)
Regional Production 18-19	1,464,802.1 (t)
Variation	-38.74%
Regional Quota	80.00%

Ministry of Agriculture, Food and Environment - Information and Food Control Agency

L'Andalucía è la regione olivicola per eccellenza in Spagna, al primo posto per impianti e volumi di produzione di olio. I numeri parlano chiaro: nella campagna 2019-2020 sono state prodotte, in 852 frantoi, 897.377,7 tonnellate di olio, pari all'80% del totale nazionale, pur con una diminuzione del 38,74% rispetto all'annata precedente. Gli oliveti sono distribuiti su un milione 538.263 ettari, che rappresentano il 63,18% del totale nazionale, concentrati soprattutto al centro e al nord della Comunidad, con le province di Jaén e Córdoba che da sole riuniscono più della metà delle coltivazioni dell'intera regione: la capitale dell'olio è Jaén, dove si addensa una grossa fetta della produzione nazionale. L'importanza dell'olivicoltura ha radici remote in Andalucía: il legame con il mondo olivicolo risale al IX secolo a.C. ed è così stretto da superare gli aspetti squisitamente agricoli ed economici, condizionando invece profondamente la vita degli abitanti di questa terra. L'impatto sociale dell'olivicoltura è infatti enorme, sia per la capacità di generare reddito sia per l'importanza culturale, come si ricava dai numerosi rimandi letterari e folcloristici all'olivo e ai suoi frutti e dal ruolo preponderante svolto da questi prodotti nella ricca gastronomia andalusa. Un elemento determinante è che i grandi volumi produttivi non vanno a scapito della qualità, né sono un segno di omologazione: climi e territori diversi permettono anzi la coesistenza di varietà e oli differenti. A tutela di questa biodiversità si contano dodici Dop e una Igp attuate. La Dop Baena, a sud-est della provincia di Córdoba, presenta un terreno e un clima adatti alle varietà chorrúo e picuda. La Dop Priego de Córdoba ne è la continuazione naturale, all'estremità della provincia: qui, nel cuore della Sierra Subbética, l'olivo è alla base dell'economia locale, occupando tutta la superficie coltivabile. Nella stessa provincia all'attuazione della Dop Montoro-Adamuz va aggiunta quella, più recente, della Dop Aceites de Lucena, il cui disciplinare è stato successivamente approvato dagli organismi competenti dell'UE. Con la Dop Sierra de Segura siamo a nord-est della provincia di Jaén: su un terreno irregolare di media altitudine, caratterizzato dalla presenza di un clima estremo, si coltivano royal e verdale. La stessa provincia vanta altre Dop: Sierra Mágina, in un territorio che alterna rilievi a pendii più dolci, e Sierra de Cazorla, in un'aspra area montuosa con cime più elevate. Chiusa tra i rilievi è la Dop Sierra de Cádiz, nell'omonima provincia: malgrado il clima freddo e i terreni poveri e difficili da coltivare, si evidenziano le varietà alameña e verdial. La regione della Dop Antequera, a nord-est della provincia di Malaga, è circondata da sistemi montuosi, con un clima continentale-mediterraneo che presenta forti escursioni termiche: in questa depressione gli olivi crescono a medie quote e su terreni calcarei particolarmente adatti alla varietà hojiblanca. Anche la provincia di Granada è sede di due Dop: Poniente de Granada e Montes de Granada. Qui l'ambiente mediterraneo e il regime climatico continentale favoriscono varietà come gordal, loaime e nevadillo. Infine nella provincia di Sevilla è stata attuata la Dop Estepa, dove l'olivicoltura è la punta di diamante dell'economia e il suo tratto distintivo è la diversità varietale: vi predominano hojiblanca, manzanilla, arbequina, picual e lechín. Risulta finalmente attuata anche la Igp Aceite de Jaén.

Andalucía is the first region in Spain for olive oil production and for olive grove extension, as these data clearly show: in the harvest 2019-2020 a quantity of 897,377.7 tons of extra virgin olive oil was produced in 852 oil mills, equal to 80% of the total national production, in spite of a decrease of 38.74% compared to the previous year. The olive trees are spread on 1 million 538,263 hectares (63.18% of the national total), concentrated mainly in the centre and in the north of the region, although the provinces of Jaén and Cordoba constitute more than a half of the whole regional cultivation: the oil capital is Jaén where the most of the national production is concentrated. The importance of olive growing is very ancient in Andalucía: in fact its connection with the olive oil world dates back to the 9th century B.C. and is so close, that it is limited not only to agricultural or economic factors, but it deeply influences the life of the local people. The social impact of olive growing is enormous, both because it produces income and for its cultural importance. This is shown by the numerous literary and folk references to the olive tree and its fruit and by the important role played by these products in the rich Andalusian gastronomy. These quantities and proportions do not effect quality, nor are they a sign of homologation: on the contrary different climates and territories allow the coexistence of varieties and consequently of different olive oils. To protect this peculiar character Andalucía has obtained twelve Pdo and a Pgi. The Pdo Baena, in the south-east of the province of Córdoba, has a climate and a territory suitable to the varieties chorrúo and picuda. The Pdo Priego de Córdoba is its natural continuation at the end of the province: here in the heart of the Sierra Subbética, the olive tree represents the mainstay of local economy, taking up the whole cultivable surface. In the same province, besides the Pdo Montoro-Adamuz, there is the more recent implementation of the Pdo Aceites de Lucena, whose specification has been subsequently approved by the competent EU bodies. The Pdo Sierra de Segura is in the north-east of the province of Jaén: here, on uneven ground at an average altitude and characterized by an extreme climate, royal and verdale are cultivated. The same province can boast other Pdo: Sierra Mágina in a territory alternating reliefs with gentler slopes, Sierra de Cazorla in a steep mountainous area with high tops. The Pdo Sierra de Cádiz, in the homonymous province, is surrounded by reliefs: in spite of its cold climate and the poor ground difficult to cultivate, the variety alameña and verdial stand out. The region of the Pdo Antequera in the north-east of the province of Malaga is surrounded by mountainous chains and has a continental-Mediterranean climate with a wide range of temperatures: in this depression the olive trees grow at average height on calcareous grounds particularly suitable to the variety hojiblanca. Also the province of Granada has two Pdo: Poniente de Granada and Montes de Granada. Here the Mediterranean environment and the continental climate favour varieties like gordal, loaime, nevadillo. In the province of Sevilla the Pdo Estepa has been implemented. Here olive growing is the diamond point of economy and its distinguishing feature are its many varieties: hojiblanca, manzanilla, arbequina, picual and lechín prevail. Also the Pgi Aceite de Jaén has finally been implemented.

Spagna Spain [ES] Andalucía

Rafael Alonso Aguilera

Los Albardinales - Carretera Nacional 340 A km 474
04200 Tabernas (Almería)
Tel.: +34 950 611707 - Fax: +34 950 611633
E-mail: orodeldesierto@orodeldesierto.com - Web: www.orodeldesierto.com

99

550/600 m

Specializzato
Specialized

Alberello, ipsilon
Tree, Y-trellis

Meccanica
Mechanical harvesting

Sì - Ciclo continuo
Yes - Continuous cycle

Picual (60%), arbequina (20%), hojiblanca (20%)

Fruttato medio
Medium fruity

da 12,01 a 15,00 € - 500 ml
from € 12.01 to 15.00 - 500 ml

Una straordinaria prestazione vale il premio come Migliore Olio Extravergine di Oliva da Agricoltura Biologica. Del resto Rafael Alonso Aguilera consolida una posizione in Guida a dir poco splendida. A capo di una struttura situata nel luogo di un frantoio del 1925 che comprende oggi un museo dell'olio e un ristorante tipico, la sua proprietà dispone di 130 ettari di oliveto con 31mila piante che hanno fruttato quest'anno un raccolto di 8.290 quintali di olive e una produzione di circa 1.350 ettolitri di olio. Tre gli Extravergine Oro del Desierto da Agricoltura Biologica: 1/10, Picual e Coupage. Quest'ultimo, superbo, è giallo dorato intenso con leggeri riflessi verdi, limpido. Al naso è ampio e avvolgente, ricco di note di pomodoro di media maturità, banana e mela bianca, affiancate da netti sentori aromatici di basilico, menta e prezzemolo. Al gusto è fine e complesso, con toni vegetali di lattuga e sedano. Amaro spiccato e piccante deciso e armonico. Ideale su antipasti di mare, insalate di legumi, marinate di ricciola, pomodori con riso, zuppe di farro, primi piatti con salmone, molluschi gratinati, tartare di tonno, pollame o carni di agnello al forno, formaggi caprini.

Rafael Alonso Aguilera confirms his splendid position in our Guide with an extraordinary performance that deserves the prize for The Best Extra Virgin Olive Oil from Organic Farming. His farm, located in the place of an ancient oil mill dating back to 1925, today includes an oil museum and a typical restaurant. The estate consists of 130 hectares of olive grove with 31,000 trees. In the last harvest 8,290 quintals of olives and about 1,350 hectolitres of oil were produced. There are three Extra Virgin Oro del Desierto from Organic Farming, 1/10, Picual and the splendid Coupage, which is an intense limpid golden yellow colour with slight green hues. Its aroma is ample and rotund, rich in notes of medium ripe tomato, banana and white apple, together with distinct aromatic hints of basil, mint and parsley. Its taste is fine and complex, with vegetal hints of lettuce and celery. Bitterness is distinct and pungency is definite and harmonic. It would be ideal on seafood appetizers, legume salads, marinated amberjack, tomatoes stuffed with rice, farro soups, pasta with salmon, mussels au gratin, tuna tartare, baked poultry or lamb, goat cheese.

Spagna Spain [ES] Andalucía

Hermanos Coca Serrano

Avenida Doctor Fleming, 4
14650 Bujalance (Córdoba)
Tel.: +34 957 614354
E-mail: comercial@manuelcocamoran.com - Web: www.manuelcocamoran.com

84

- 350 m
- Specializzato / Specialized
- Alberello / Tree
- Bacchiatura / Beating
- Sì - Ciclo continuo / Yes - Continuous cycle
- Picual
- Fruttato intenso / Intense fruity
- da 22,01 a 26,00 € - 500 ml / from € 22.01 to 26.00 - 500 ml

MANUEL COCA MORÁN
GOURMET CLUB
ACEITE DE OLIVA VIRGEN EXTRA
EXTRA VIRGIN OLIVE OIL
16,9 FL.OZ.   500ML

La storia di questa azienda comincia nel 1888 con la nascita di Manuel Coca Morán a Bujalance, un villaggio nel cuore dell'Andalucía dove l'olivicoltura ha tradizioni millenarie. Qui Manuel diventa uno dei principali produttori della zona e, sopravvissuto alla Guerra Civile, passa il testimone a figli e nipoti che ne ricordano fieri il nome. Oggi questi coltivano 5mila piante su 50 ettari, nel pieno rispetto dell'ambiente, ricavando quest'anno un raccolto di 1.700 quintali di olive, pari a una resa di circa 437 ettolitri di olio. L'Extravergine Manuel Coca Morán è giallo dorato intenso con delicate tonalità verdi, limpido. Al naso è deciso e avvolgente, dotato di un'ampia carica fruttata, con sentori di pomodoro maturo, mela bianca e banana, cui si affiancano note di pesca e albicocca. Fine e di carattere in bocca, unisce ai toni di sedano e lattuga nuance aromatiche di basilico, menta ed eucalipto. Amaro potente e piccante spiccato. Ideale su antipasti di tonno, carpaccio di polpo, insalate di funghi porcini, radicchio ai ferri, zuppe di fagioli, primi piatti al ragù, pesce azzurro gratinato, agnello alla piastra, maiale al forno, formaggi stagionati a pasta dura.

The story of this farm began in 1888, when Manuel Coca Morán was born in Bujalance, a village in the heart of Andalucía where olive growing has centuries-old traditions. Here Manuel became one of the main producers in the area and, after surviving the Civil War, passed down his activity to children and grandchildren, who are proud of his memory. Today the olive grove covers 50 hectares with 5,000 trees, cultivated fully respecting the environment. In the last harvest 1,700 quintals of olives and about 437 hectolitres of oil were produced. The Extra Virgin Manuel Coca Morán is an intense limpid golden yellow colour with delicate green hues. Its aroma is definite and rotund, endowed with ample fruity hints of ripe tomato, white apple and banana, together with notes of peach and apricot. Its taste is fine and strong, with a flavour of celery and lettuce and aromatic notes of basil, mint and eucalyptus. Bitterness is powerful and pungency is distinct. It would be ideal on tuna appetizers, octopus carpaccio, porcini mushroom salads, grilled radicchio, bean soups, pasta with meat sauce, blue fish au gratin, pan-seared lamb, baked pork, hard mature cheese.

Spagna Spain [ES] Andalucía

Olivarera La Purísima

Carretera Priego a Luque km 1.600 - Apartado Postal 130
14800 Priego de Córdoba (Córdoba)
Tel.: +34 957 540341 - Fax: +34 957 540341
E-mail: purisima@coopurisimapriego.com - Web: www.coopurisimapriego.com

92

649 m

Specializzato
Specialized

Alberello
Tree

Bacchiatura e meccanica
Beating and mechanical harvesting

Sì - Ciclo continuo
Yes - Continuous cycle

Hojiblanca

Fruttato medio
Medium fruity

da 12,01 a 15,00 € - 500 ml
from € 12.01 to 15.00 - 500 ml

Confermiamo meritatamente in Guida Olivarera La Purísima di Priego de Córdoba che è una cooperativa di produzione olearia che risale alla metà del secolo scorso e che oggi conta su 1.140 soci. Gli ettari a disposizione sono 379 e le piante raggiungono il numero di 36.600 esemplari. Nella recente campagna il raccolto totale conferito al frantoio è stato di 158mila quintali di olive che, una volta molite, hanno fruttato circa 32.751 ettolitri di olio. Segnaliamo l'Extravergine El Empiedro Dop Priego de Córdoba che si presenta alla vista di un bel colore giallo dorato intenso con delicate sfumature verdi, limpido. All'olfatto è ampio e avvolgente, intriso di note di pomodoro di media maturità, mela bianca e banana, cui si associano netti sentori di erbe aromatiche, con ricordo di basilico, menta e prezzemolo. In bocca è complesso e di carattere, con toni vegetali di lattuga di campo e sedano. Amaro deciso e piccante spiccato ed equilibrato. Si abbina a bruschette con pomodoro, carpaccio di tonno, insalate di polpo, radicchio al forno, zuppe di fagioli, primi piatti con salsiccia, pesce azzurro gratinato, cacciagione di piuma o pelo alla brace, formaggi stagionati a pasta dura.

Present again in our Guide, Olivarera La Purísima in Priego de Córdoba is an oil cooperative dating back to the middle of the last century and today consisting of 1,140 members. The olive grove takes up 379 hectares with 36,600 trees. In the last harvest 158,000 quintals of olives were produced, which, once crushed in the farm oil mill, yielded about 32,751 hectolitres of extra virgin olive oil. We recommend the Extra Virgin selection El Empiedro Pdo Priego de Córdoba, which is a beautiful intense limpid golden yellow colour with delicate green hues. Its aroma is ample and rotund, endowed with notes of medium ripe tomato, white apple and banana, together with distinct hints of aromatic herbs, especially basil, mint and parsley. Its taste is complex and strong, with a vegetal flavour of country lettuce and celery. Bitterness is definite and pungency is distinct and well balanced. It would be ideal on bruschette with tomatoes, tuna carpaccio, octopus salads, baked radicchio, bean soups, pasta with sausages, blue fish au gratin, barbecued game birds or animals, hard mature cheese.

Spagna Spain [ES] Andalucía

Cortijo de Suerte Alta

Albendín - Carretera Albendín - Martos
14859 Baena (Córdoba)
Tel.: +34 91 7584762 - Fax: +34 91 5418171
E-mail: almazara@suertealta.es - Web: www.suertealta.es

86

- 350 m
- **Specializzato** / Specialized
- **Alberello** / Tree
- **Meccanica** / Mechanical harvesting
- **Sì - Ciclo continuo** / Yes - Continuous cycle
- Picual (34%), hojiblanca (33%), picudo (33%)
- **Fruttato medio** / Medium fruity
- da 12,01 a 15,00 € - 500 ml / from € 12.01 to 15.00 - 500 ml

Cortijo de Suerte Alta è una proprietà familiare situata ad Albendín. La storia di questa realtà ha inizio nella prima metà del secolo scorso quando i marchesi di Bedmar convertono il podere in oliveto. Nel 2005 il marchese di Prado, Manuel Heredia Halcón, di professione architetto, costruisce il nuovo frantoio secondo moderni criteri di sostenibilità ambientale. Oggi su 255 ettari di superficie trovano posto 30mila piante che quest'anno hanno reso 9mila quintali di olive e 1.780 ettolitri di olio. Segnaliamo l'Extravergine Cortijo de Suerte Alta - Coupage Natural Dop Baena da Agricoltura Biologica, di un bel colore giallo dorato intenso con delicate sfumature verdi, limpido. Al naso si apre pulito e avvolgente, ricco di note di pomodoro acerbo, banana e mela bianca, cui si associano ampi sentori di basilico e prezzemolo. In bocca è elegante e vegetale, con ricordo di lattuga e sedano. Amaro deciso e piccante spiccato e armonico. Ottimo abbinamento con antipasti di pomodori, insalate di lenticchie, marinate di orata, patate in umido, zuppe di legumi, risotto con funghi finferli, gamberi in guazzetto, tartare di ricciola, pollame o carni di agnello al forno, formaggi caprini.

Cortijo de Suerte Alta is a family-run farm situated in Albendín. Its story started in the first half of the last century, when the Marquises of Bedmar converted their holding into olive grove. In 2005 the Marquis of Prado, Manuel Heredia Halcón, who was an architect, built the new oil mill according to modern criteria of environmental sustainability. Today there is a surface of 255 hectares with 30,000 trees. In the last harvest 9,000 quintals of olives and 1,780 hectolitres of oil were produced. We recommend the Extra Virgin Cortijo de Suerte Alta - Coupage Natural Pdo Baena from Organic Farming, which is a beautiful intense limpid golden yellow colour with delicate green hues. Its aroma is clean and rotund, rich in notes of unripe tomato, banana and white apple, together with ample hints of basil and parsley. Its taste is elegant and vegetal, with a flavour of lettuce and celery. Bitterness is definite and pungency is distinct and harmonic. It would be ideal on tomato appetizers, lentil salads, marinated gilthead, stewed potatoes, legume soups, risotto with chanterelle mushrooms, stewed shrimps, amberjack tartare, baked poultry or lamb, goat cheese.

Spagna Spain [ES] Andalucía

Aceites Vizcántar
Carretera de Zagrilla
14800 Priego de Córdoba (Córdoba)
Tel.: +34 957 540266
E-mail: vizcantar@aceitesvizcantar.com - Web: www.aceitesvizcantar.com

85

649 m

Specializzato
Specialized

Alberello
Tree

Bacchiatura e meccanica
Beating and mechanical harvesting

No - Ciclo continuo
No - Continuous cycle

Hojiblanca (40%), picudo (40%), picual (20%)

Fruttato medio
Medium fruity

da 8,01 a 10,00 € - 500 ml
from € 8.01 to 10.00 - 500 ml

Aceites Vizcántar è una struttura specializzata in olio e prodotti derivati, fino ai cosmetici. Fermín Rodriguez Jiménez, esperto assaggiatore, l'ha costituita nel 2000 e la dirige tuttora, offrendo anche corsi di degustazione. Per la produzione dell'extravergine lavora le olive prodotte dalle sue 800 piante, coltivate su 10 ettari, oltre ad acquistare partite di olio da selezionate realtà della zona. Quest'anno ha ricavato 350 quintali di olive e poco più di 76 ettolitri di olio; con i 1.150 acquistati, si raggiungono circa 1.226 ettolitri. L'ottimo Extravergine Señorío de Vizcántar Dop Priego de Córdoba è giallo dorato intenso con venature verdoline, limpido. Al naso è pulito e avvolgente, con sentori fruttati di pomodoro di media maturità, mela bianca e banana, affiancati da note aromatiche di basilico, menta e prezzemolo. Fine e vegetale al palato, sa di fave, lattuga e sedano. Amaro deciso e piccante ben espresso. Perfetto su antipasti di salmone, insalate di lenticchie, marinate di ricciola, verdure ai ferri, zuppe di farro, risotto con carciofi, gamberi in guazzetto, tartare di pesce spada, coniglio arrosto, pollame al forno, formaggi freschi a pasta filata.

Aceites Vizcántar is specialized in extra virgin olive oil and all kinds of by-products of oil, even cosmetics. It was founded in 2000 by Fermín Rodriguez Jiménez, an expert taster, who still runs it, also proposing tasting courses. His olive grove covers 10 hectares with 800 trees. In the last harvest 350 quintals of olives were produced, with a yield of little more than 76 hectolitres of oil. Moreover, 1,150 hectolitres were purchased from selected local producers, with a total of about 1,226 hectolitres. The very good Extra Virgin Señorío de Vizcántar Pdo Priego de Córdoba is an intense limpid golden yellow colour with light green hues. Its aroma is clean and rotund, with fruity hints of medium ripe tomato, white apple and banana, together with aromatic notes of basil, mint and parsley. Its taste is fine and vegetal, with a flavour of broad beans, lettuce and celery. Bitterness is definite and pungency is distinct. It would be ideal on salmon appetizers, lentil salads, marinated amberjack, grilled vegetables, farro soups, risotto with artichokes, stewed shrimps, swordfish tartare, roast rabbit, baked poultry, mozzarella cheese.

Spagna Spain [ES] Andalucía

X 37 Grados Norte

Paraje Olivillos
14800 Priego de Córdoba (Córdoba)
Tel.: +34 957 540772
E-mail: info@xyaceitedeoliva.com - Web: www.xyaceitedeoliva.com

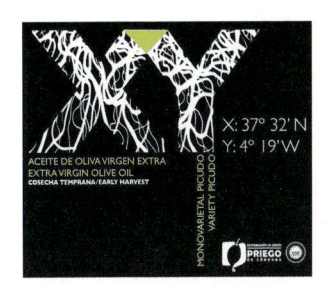

83

- 700 m
- **Specializzato** / Specialized
- **Alberello** / Tree
- **Bacchiatura e brucatura a mano** / Beating and hand picking
- **No - Ciclo continuo** / No - Continuous cycle
- Picudo
- **Fruttato medio** / Medium fruity
- da 8,01 a 10,00 € - 500 ml / from € 8.01 to 10.00 - 500 ml

X 37 Grados Norte, il cui nome rimanda alle coordinate geografiche di Priego de Córdoba, è una società formata da due aziende in collaborazione tra loro, entrambe fortemente legate al settore olivicolo da più generazioni e in particolare a questa zona così vocata. Il patrimonio attualmente gestito si compone di 24 ettari di impianto specializzato con 750 olivi di cultivar picudo messi a dimora. Nella recente campagna questi hanno fruttato un raccolto di 387 quintali di olive che hanno reso quasi 68 ettolitri di olio. L'Extravergine XY Dop Priego de Córdoba appare alla vista di un bel colore giallo dorato intenso con delicate sfumature verdi, limpido. Al naso si apre sottile e composto, dotato di sentori fruttati di pomodoro di media maturità, mela bianca e banana, accompagnati da note balsamiche di basilico e menta. Al palato è morbido e armonico, con toni vegetali di lattuga di campo e sedano. Amaro deciso e piccante spiccato ed equilibrato. Buon abbinamento con antipasti di mare, insalate di legumi, marinate di ricciola, pomodori con riso, zuppe di ceci, primi piatti con salmone, molluschi gratinati, rombo al forno, coniglio arrosto, pollame alla griglia, formaggi caprini.

X 37 Grados Norte, whose name refers to the geographical coordinates of Priego de Córdoba, is a company formed by two farms in collaboration with each other, both closely linked to the olive sector for generations and in particular to this very favourable area. Currently, the estate consists of 24 hectares of specialized olive grove with 750 trees of the cultivar picudo. In the last harvest 387 quintals of olives were produced, with a yield of almost 68 hectolitres of oil. The Extra Virgin selection XY Pdo Priego de Córdoba is a beautiful intense limpid golden yellow colour with delicate green hues. Its aroma is fine and delicate, endowed with fruity hints of medium ripe tomato, white apple and banana, together with fragrant notes of basil and mint. Its taste is mellow and harmonic, with a vegetal flavour of country lettuce and celery. Bitterness is definite and pungency is distinct and well balanced. It would be ideal on seafood appetizers, legume salads, marinated amberjack, tomatoes stuffed with rice, chickpea soups, pasta with salmon, mussels au gratin, baked turbot, roast rabbit, grilled poultry, goat cheese.

Spagna Spain [ES] Andalucía

O-Med

Carretera Ácula-Ventas de Huelma km 1
18003 Ácula (Granada)
Tel.: +34 958 588011
E-mail: info@omedoil.com - Web: www.omedoil.com

97

- 700 m
- **Specializzato** / Specialized
- **Alberello** / Tree
- **Meccanica** / Mechanical harvesting
- **Sì - Ciclo continuo** / Yes - Continuous cycle
- **Arbequina**
- **Fruttato medio** / Medium fruity
- da 18,01 a 22,00 € - 500 ml / from € 18.01 to 22.00 - 500 ml

Continua il percorso di crescita di questa realtà giovane e dinamica, ma con una lunga tradizione alle spalle. È una struttura creata da Juan de Dios García Molina il quale, erede di generazioni di olivicoltori, all'inizio del nuovo millennio acquista un frantoio per avere il controllo di tutta la filiera. Oggi, con i due figli, gestisce 200 ettari con 40mila alberi che hanno prodotto quest'anno 8mila quintali di olive e 1.360 ettolitri di olio. Due gli ottimi Extravergine monocultivar O-Med presentati per la Guida, Picual e Arbequina. Preferiamo il secondo che appare alla vista di colore giallo dorato scarico, limpido. Al naso è ampio e avvolgente, ricco di sentori fruttati di pomodoro acerbo, banana e mela bianca, cui si accompagnano toni di erbe aromatiche, con basilico e menta in evidenza. Elegante e dotato di un'ampia carica vegetale al gusto, sa di lattuga di campo e sedano. Amaro deciso e piccante ben espresso e armonico. Si abbina molto bene a maionese, antipasti di orzo, aragosta al vapore, carpaccio di ricciola, marinate di gallinella, zuppe di piselli, cous cous di pesce, fritture di gamberi, tartare di dentice, formaggi freschi a pasta molle, biscotti da forno.

This young and dynamic farm with a long tradition is growing in a positive way. It was created by Juan de Dios García Molina, the heir of generations of olive growers, who purchased an oil mill in the early 2000s to have direct control of the whole production chain. Today, with his two children, he runs 200 hectares of olive grove with 40,000 trees. In the last harvest 8,000 quintals of olives and 1,360 hectolitres of oil were produced. There are two very good Monocultivar Extra Virgin O-Med, Picual and Arbequina, chosen by the panel. It is a light limpid golden yellow colour. Its aroma is ample and rotund, rich in fruity hints of unripe tomato, banana and white apple, together with notes of aromatic herbs, especially basil and mint. Its taste is elegant, endowed with an ample vegetal flavour of country lettuce and celery. Bitterness is definite and pungency is distinct and harmonic. It would be ideal on mayonnaise, barley appetizers, steamed spiny lobster, amberjack carpaccio, marinated piper, pea soups, fish cous cous, fried shrimps, sea bream tartare, soft fresh cheese, oven cookies.

Spagna Spain [ES] Andalucía

Aceitex

Peal de Becerro - Carretera de Quesada km 1
23460 Jaén
Tel.: +34 953 243195
E-mail: exporta@aceitexp.com - Web: www.aceitexp.com

85

- 550 m
- **Promiscuo** / Promiscuous
- **Alberello** / Tree
- **Meccanica** / Mechanical harvesting
- **Sì - Ciclo continuo** / Yes - Continuous cycle
- Picual (80%), royal (20%)
- **Fruttato medio** / Medium fruity
- da 12,01 a 15,00 € - 500 ml / from € 12.01 to 15.00 - 500 ml

Aceitex è un'azienda di tipo familiare che vanta una tradizione olivicola che risale al 1920 ed è collocata nella Sierra de Cazorla, nella provincia di Jaén. Qui Joaquín Sánchez de la Torre, che si prende cura di tutta la filiera, gestisce un'ampia tenuta di circa 593 ettari con 89mila piante messe a dimora. Quest'anno al raccolto di 55mila quintali prodotti ne sono stati aggiunti 40mila acquistati; questi, moliti nel moderno frantoio aziendale, hanno reso circa 21.834 ettolitri di olio che, uniti ai 2.500 comprati, sono diventati circa 24.334. L'ottimo Extravergine Recuérdame - Picual è giallo dorato intenso con lievi riflessi verdi, limpido. Al naso è ampio e avvolgente, ricco di sentori fruttati di pomodoro di media maturità, banana e mela bianca, affiancati da note aromatiche di basilico e menta. In bocca è fine e vegetale, con toni di sedano e lattuga, e ricordo finale di pepe nero. Amaro spiccato e piccante ben espresso e armonico. Ideale su antipasti di pomodori, insalate di lenticchie, marinate di ricciola, verdure ai ferri, passati di legumi, primi piatti con asparagi, molluschi gratinati, tartare di salmone, pollame o carni di agnello al forno, formaggi caprini.

Aceitex is a family-run farm that can boast an olive tradition dating back to 1920. It is located in the Sierra de Cazorla, in the province of Jaén. Here Joaquín Sánchez de la Torre runs a large estate of about 593 hectares with 89,000 trees, controlling the whole production chain. In the last harvest 55,000 quintals of olives were produced and 40,000 purchased, which, once crushed in the modern oil mill, yielded about 21,834 hectolitres of oil. With 2,500 purchased, the total was about 24,334 hectolitres. The very good Extra Virgin Recuérdame - Picual is an intense limpid golden yellow colour with slight green hues. Its aroma is ample and rotund, rich in fruity hints of medium ripe tomato, banana and white apple, together with aromatic notes of basil and mint. Its taste is fine and vegetal, with a flavour of celery and lettuce and a note of black pepper. Bitterness is definite and pungency is distinct and harmonic. It would be ideal for tomato appetizers, lentil salads, marinated amberjack, grilled vegetables, legume purée, pasta with asparagus, mussels au gratin, salmon tartare, baked poultry or lamb, goat cheese.

Spagna Spain [ES] Andalucía

Castillo de Canena

Remedios, 4
23420 Canena (Jaén)
Tel.: +34 953 770101 - 953 127101 - Fax: +34 953 770898
E-mail: info@castillodecanena.com - Web: www.castillodecanena.com

100

- 430/470 m
- Specializzato / Specialized
- Alberello / Tree
- Meccanica / Mechanical harvesting
- Sì - Ciclo continuo / Yes - Continuous cycle
- Picual
- Fruttato intenso / Intense fruity
- da 12,01 a 15,00 € - 500 ml / from € 12.01 to 15.00 - 500 ml

È tra le aziende top a livello internazionale e il suo è un traguardo tale da seguitare a far parte della nostra Hall of Fame. Da oltre due secoli l'olio dei discendenti di Luis Vaño Martinez porta il nome dello splendido castello di famiglia; e oggi il patrimonio comprende 1.500 ettari, 285mila piante e un moderno frantoio. Quest'anno sono stati ricavati 9.590 quintali di olive e 1.464 ettolitri di olio. Cinque gli Extravergine Castillo de Canena: Royal Temprano, i due Biodynamic (Arbequina da Agricoltura Biologica e Biodinamica e Picual da Agricoltura Biodinamica) e i due Reserva Familiar (Arbequina e Picual). L'ultimo, straordinario, è giallo dorato intenso con lievi nuance verdi, limpido. Al naso è deciso e avvolgente, ricco di sentori di pomodoro di media maturità, mela bianca e banana, abbinati a note di basilico, menta e prezzemolo. Al gusto è fine e di personalità, con toni di fave, lattuga e sedano. Amaro potente e piccante spiccato. Ideale su antipasti di lenticchie, carpaccio di pesce spada, insalate di carciofi, pomodori gratinati, zuppe di asparagi, primi piatti con tonno, polpo bollito, agnello arrosto, carni rosse alla brace, formaggi stagionati a pasta dura.

This farm is one of the best at international level and deserves to be part of our Hall of Fame. For over 200 years Luis Vaño Martinez's descendants have called their oil like their splendid family castle. Today the estate consists of 1,500 hectares with 285,000 trees and a modern oil mill. In the last harvest 9,590 quintals of olives and 1,464 hectolitres of oil were produced. There are five Extra Virgin Castillo de Canena, Royal Temprano, the two Biodynamic, Arbequina from Organic and Biodynamic Farming and Picual from Biodynamic Farming, and the two Reserva Familiar, Arbequina and the extraordinary Picual, which is an intense limpid golden yellow colour with slight green hues. Its aroma is definite and rotund, rich in hints of medium ripe tomato, white apple and banana, together with notes of basil, mint and parsley. Its taste is fine and strong, with a flavour of broad beans, lettuce and celery. Bitterness is strong and pungency is distinct. It would be ideal on lentil appetizers, swordfish carpaccio, artichoke salads, tomatoes au gratin, asparagus soups, pasta with tuna, boiled octopus, roast lamb, barbecued red meat, hard mature cheese.

Spagna Spain [ES] Andalucía

Dominus

Cortijo Virgen de Los Milagros - Autovía A 316 - Salida 26 - Apartado Postal 10
23100 Mancha Real (Jaén)
Tel.: +34 95 3350178 - Fax: +34 91 5530340
E-mail: info@monva.es - Web: www.monva.es

96

600 m

Specializzato
Specialized

Alberello
Tree

Brucatura a mano e meccanica
Hand picking and mechanical harvesting

Sì - Ciclo continuo
Yes - Continuous cycle

Picual

Fruttato intenso
Intense fruity

da 12,01 a 15,00 € - 500 ml
from € 12.01 to 15.00 - 500 ml

Dominus è nata nel 1972 dall'unione, attraverso il matrimonio di due discendenti, delle due famiglie Montabes e Vañó, dalla fine dell'Ottocento impegnate nell'attività olivicola nell'area della Sierra Mágina. Oggi il patrimonio si compone di 650 ettari di oliveto, con 90mila alberi di picual, e un moderno impianto di estrazione. Quest'anno Francisco José Montabes Vañó ha raccolto circa 16.133 quintali di olive che hanno fruttato una produzione di quasi 4.009 ettolitri di olio. Segnaliamo l'ottimo Extravergine Dominus - Cosecha Temprana Dop Sierra Mágina che appare alla vista di un bel colore giallo dorato intenso con delicate sfumature verdi, limpido. Al naso è deciso e avvolgente, ricco di sentori fruttati di pomodoro di media maturità, banana e mela bianca, accompagnati da nette note di basilico, menta e prezzemolo. Fine e di carattere in bocca, sa di cicoria, lattuga e sedano. Amaro potente e piccante spiccato. Perfetto su antipasti di tonno, bruschette con pomodoro, carpaccio di polpo, insalate di funghi porcini, passati di lenticchie, primi piatti con salsiccia, pesce spada in umido, carni rosse o cacciagione alla griglia, formaggi stagionati a pasta dura.

Dominus was created in 1972 from the marriage of the descendants of the two families Montabes and Vañó, who had been practising olive growing in the area of Sierra Mágina since the end of the 19th century. Today there are 650 hectares of olive grove with 90,000 trees of the variety picual and a modern extraction system. In the last harvest Francisco José Montabes Vañó produced about 16,133 quintals of olives, with a yield of almost 4,009 hectolitres of oil. We recommend the very good Extra Virgin Dominus - Cosecha Temprana Pdo Sierra Mágina, which is a beautiful intense limpid golden yellow colour with delicate green hues. Its aroma is definite and rotund, rich in fruity hints of medium ripe tomato, banana and white apple, together with distinct notes of basil, mint and parsley. Its taste is fine and strong, with a flavour of chicory, lettuce and celery. Bitterness is powerful and pungency is distinct. It would be ideal on tuna appetizers, bruschette with tomatoes, octopus carpaccio, porcini mushroom salads, lentil purée, pasta with sausages, steamed swordfish, grilled red meat or game, hard mature cheese.

Spagna Spain [ES] Andalucía

Aceites Hacienda El Palo

Villatorres - Cortijo Villaconchita - Carretera de Mengíbar A-6000 km 16.35
23630 Villargordo (Jaén)
Tel.: +34 953 377190
E-mail: contacto@bravoleum.com - Web: www.bravoleum.com

96

347 m

Specializzato
Specialized

Alberello
Tree

Bacchiatura e meccanica
Beating and mechanical harvesting

Sì - Ciclo continuo
Yes - Continuous cycle

Picual

Fruttato intenso
Intense fruity

da 8,01 a 10,00 € - 500 ml
from € 8.01 to 10.00 - 500 ml

Consolida la sua brillante posizione in Guida quest'azienda di proprietà della famiglia Martos Ávila che si dedica all'olivicoltura da quattro generazioni e che si è dotata all'inizio del nuovo millennio di un moderno frantoio per la trasformazione del proprio raccolto, proveniente da 30mila piante su 300 ettari, e di quello di selezionati olivicoltori della zona. Quest'anno sono stati lavorati 13mila quintali di olive, più 260mila dei conferitori, pari a una resa in olio di quasi 59.607 ettolitri. L'ottimo Extravergine monovarietale Bravoleum Selección Especial - Picual è di un bel colore giallo dorato intenso con delicate venature verdi, limpido. Al naso è deciso e avvolgente, intriso di sentori fruttati di pomodoro di media maturità, banana e mela bianca, cui si affiancano note di sedano, fave e lattuga. In bocca è fine e di carattere, con toni balsamici di basilico, menta e prezzemolo. Amaro potente e piccante spiccato e armonico. Si abbina a bruschette con pomodoro, carpaccio di tonno, insalate di spinaci, radicchio alla griglia, passati di lenticchie, primi piatti con salsiccia, polpo bollito, carni rosse o cacciagione alla brace, formaggi stagionati a pasta dura.

This farm, which confirms its brilliant position in our Guide, belongs to the family Martos Ávila, active in the field of olive growing for four generations. In the early 2000s they supplied their farm with a modern oil mill to transform their olives and the ones of other selected local producers. There are 300 hectares of surface with 30,000 trees. In the last harvest 13,000 quintals of olives were produced and 260,000 from other producers were crushed, with a yield of almost 59,607 hectolitres of oil. The very good Monovarietal Extra Virgin Bravoleum Selección Especial - Picual is a beautiful intense limpid golden yellow colour with delicate green hues. Its aroma is definite and rotund, endowed with fruity hints of medium ripe tomato, banana and white apple, together with notes of celery, broad beans and lettuce. Its taste is fine and strong, with a fragrant flavour of basil, mint and parsley. Bitterness is strong and pungency is distinct and harmonic. It would be ideal on bruschette with tomatoes, tuna carpaccio, spinach salads, grilled radicchio, lentil purée, pasta with sausages, boiled octopus, barbecued red meat or game, hard mature cheese.

Spagna Spain [ES] Andalucía

Aove Green Sublim

Plaza Mayor, 8
23330 Villanueva del Arzobispo (Jaén)
Tel.: +34 953 453193
E-mail: info@aovegreensublim.com - Web: www.aovegreensublim.com

85

- 540 m
- **Specializzato** / Specialized
- **Alberello, forma libera** / Tree, free form
- **Meccanica** / Mechanical harvesting
- **No - Ciclo continuo** / No - Continuous cycle
- Picual
- **Fruttato medio** / Medium fruity
- da 12,01 a 15,00 € - 500 ml / from € 12.01 to 15.00 - 500 ml

Green Sublim è il sogno realizzato di questa realtà familiare che ha prodotto, nella scorsa campagna, il primo imbottigliamento del proprio extravergine di qualità. Il progetto è dunque giovane, ma lungo il percorso per giungere a questo risultato, frutto di un lavoro intenso per migliorare ogni anello della filiera, con l'obiettivo di un'olivicoltura sostenibile. Su 100 ettari adagiati ai piedi della Sierra de Segura crescono 11mila piante che hanno reso circa 101 quintali di olive e quasi 13 ettolitri di olio. Dei due Extravergine monocultivar Aove Green Sublim, Royal e Picual, segnaliamo il secondo, di un bel colore giallo dorato intenso con lievi riflessi verdi, limpido. Al naso è ampio e avvolgente, ricco di sentori fruttati di pomodoro di media maturità, mela bianca e banana, cui si affiancano note aromatiche di menta e basilico. In bocca è fine e vegetale, con ricordo di fave, lattuga e sedano. Amaro deciso e piccante spiccato e armonico. Ideale su antipasti di molluschi, insalate di farro, marinate di orata, patate alla griglia, passati di fagioli, primi piatti con asparagi, gamberi in guazzetto, seppie in umido, coniglio arrosto, pollame alla piastra, formaggi caprini.

Green Sublim is the dream come true of the members of this family, who bottled their quality extra virgin olive oil for the first time in the last harvest. Although the project is young, it is the product of long and intense work to improve every link in the production chain, with the aim of sustainable olive growing. The olive surface covers 100 hectares with 11,000 trees, placed at the foot of the Sierra de Segura. In the last harvest about 101 quintals of olives and almost 13 hectolitres of oil were produced. There are two Monocultivar Extra Virgin Aove Green Sublim, Royal and Picual, which is a beautiful intense limpid golden yellow colour with slight green hues. Its aroma is ample and rotund, rich in fruity hints of medium ripe tomato, white apple and banana, together with aromatic notes of mint and basil. Its taste is fine and vegetal, with a flavour of broad beans, lettuce and celery. Bitterness is definite and pungency is distinct and harmonic. It would be ideal on mussel appetizers, farro salads, marinated gilthead, grilled potatoes, bean purée, pasta with asparagus, stewed shrimps, stewed cuttlefish, roast rabbit, pan-seared poultry, goat cheese.

Spagna Spain [ES] Andalucía

Sociedad Cooperativa Andaluza Sierra de La Pandera

Calle Ejido, 6
23160 Los Villares (Jaén)
Tel.: +34 953 320310
E-mail: info@lapandera.com - Web: www.lapandera.com

89

- 650 m
- **Specializzato** / Specialized
- **Alberello, forma libera** / Tree, free form
- **Bacchiatura** / Beating
- **Sì - Ciclo continuo** / Yes - Continuous cycle
- **Picual**
- **Fruttato intenso** / Intense fruity
- da 6,01 a 8,00 € - 500 ml / from € 6.01 to 8.00 - 500 ml

La Pandera è una società cooperativa che mette insieme gli olivicoltori che si collocano alle falde della Sierra de La Pandera, nella vocatissima regione di Jaén. Fondata nel 2004, la struttura comprende attualmente circa 1.100 soci conferitori che coltivano una superficie di 3.200 ettari con 320mila piante dalle quali sono stati raccolti, nell'ultima campagna, 140mila quintali di olive, pari a una resa in olio di 32.751 ettolitri. La selezione presentata al panel per la Guida è l'Extravergine La Pandera - Premium, eccellente. Appare alla vista di un bel colore giallo dorato intenso con delicate venature verdi, limpido. Al naso è deciso e avvolgente, ricco di sentori fruttati di pomodoro maturo, banana e mela bianca, cui si affiancano note di erbe aromatiche, con ricordo di basilico, menta e prezzemolo. Fine e di carattere al palato, sprigiona toni vegetali di fave, lattuga e sedano. Amaro potente e piccante spiccato e ben armonizzato. Perfetto accompagnamento per bruschette con pomodoro, carpaccio di tonno, insalate di spinaci, radicchio alla griglia, zuppe di fagioli, primi piatti al ragù, polpo bollito, carni rosse o cacciagione alla brace, formaggi stagionati a pasta dura.

La Pandera is a co-operative consisting of the olive growers of the area at the foot of the Sierra de la Pandera, in the favourable region of Jaén. Founded in 2004, it includes about 1,100 members, who cultivate a total surface of 3,200 hectares with 320,000 trees. In the last harvest 140,000 quintals of olives were produced, equal to a yield of 32,751 hectolitres of oil. The selection proposed to the panel is the excellent Extra Virgin Pandera - Premium, which is a beautiful intense limpid golden yellow colour with delicate green hues. Its aroma is definite and rotund, rich in fruity hints of ripe tomato, banana and white apple, together with notes of aromatic herbs, especially basil, mint and parsley. Its taste is fine and strong, with a vegetal flavour of broad beans, lettuce and celery. Bitterness is powerful and pungency is distinct and harmonic. It would be ideal on bruschette with tomatoes, tuna carpaccio, spinach salads, grilled radicchio, bean soups, pasta with meat sauce, boiled octopus, barbecued red meat or game, hard mature cheese.

Spagna Spain [ES] Andalucía

Magnun Sess

Los Villares - Carretera Nacional IV km 315 - Salida 316
23160 Andújar (Jaén)
Tel.: +34 910 586574
E-mail: info@mgnss.com - Web: www.mgnss.com

82

500 m

Specializzato
Specialized

Alberello
Tree

Meccanica
Mechanical harvesting

No - Ciclo continuo
No - Continuous cycle

Picual

Fruttato intenso
Intense fruity

da 8,01 a 10,00 € - 500 ml
from € 8.01 to 10.00 - 500 ml

Magnun Sess è un progetto giovane che deve molto alla figura di Manuel Nieto che, con passione e perseveranza, gettò le basi dell'impresa familiare della quale è lui stesso fondatore, a titolo postumo, insieme ai soci Enrique Rodríguez, Amparo Salmerón ed Elisa Sánchez. Attualmente è il figlio, Manuel Nieto Peinado, che porta avanti il progetto, modernizzandolo. Parliamo di 10mila olivi, alcuni con più di trecento anni, coltivati su 100 ettari, in un'area di alto valore ambientale e paesaggistico. Da questi sono stati ricavati quest'anno 7mila quintali di olive e quasi 983 ettolitri di olio. L'Extravergine Magnun Sess - Premium è giallo dorato intenso con lievi riflessi verdi, limpido. Al naso è deciso e avvolgente, ricco di sentori di pomodoro maturo, mela bianca e banana, cui si affiancano note aromatiche di basilico, menta e prezzemolo. Fine e di carattere in bocca, sa di lattuga e sedano. Amaro potente e piccante spiccato e armonico. Ideale su antipasti di lenticchie, carpaccio di polpo, insalate di funghi porcini, radicchio ai ferri, zuppe di fagioli, primi piatti con tonno, pesce azzurro gratinato, carni rosse o nere alla griglia, formaggi stagionati a pasta dura.

Magnun Sess is a young family-run farm that owes much to Manuel Nieto, who laid its foundations with passion and perseverance. For this reason, his partners Enrique Rodríguez, Amparo Salmerón and Elisa Sánchez wanted him to be posthumously one of its founders. His son, Manuel Nieto Peinado, has updated the project and currently runs 100 hectares of olive grove with 10,000 trees, some of which are over three centuries old, in an area of high environmental and landscape value. In the last harvest 7,000 quintals of olives and almost 983 hectolitres of oil were produced. The Extra Virgin Magnum Sess - Premium is an intense limpid golden yellow colour with slight green hues. Its aroma is definite and rotund, rich in hints of ripe tomato, white apple and banana, together with aromatic notes of basil, mint and parsley. Its taste is fine and strong, with a flavour of lettuce and celery. Bitterness is powerful and pungency is distinct and harmonic. It would be ideal on lentil appetizers, octopus carpaccio, porcini mushroom salads, grilled radicchio, bean soups, pasta with tuna, blue fish au gratin, grilled red meat or game, hard mature cheese.

Spagna Spain [ES] Andalucía

Aceites Nobleza del Sur

Castellar - Carretera de Sabiote
23260 Jaén
Tel.: +34 953 460718 - Fax: +34 953 751269
E-mail: info@noblezadelsur.com - Web: www.noblezadelsur.com

99

650 m

Specializzato
Specialized

Alberello, ipsilon
Tree, Y-trellis

Brucatura a mano e meccanica
Hand picking and mechanical harvesting

Sì - Ciclo continuo
Yes - Continuous cycle

Picual

Fruttato medio
Medium fruity

da 15,01 a 18,00 € - 500 ml
from € 15.01 to 18.00 - 500 ml

Da tempo ne seguiamo l'ascesa che l'ha avvicinata all'Olimpo. Quest'anno la incoroniamo per il Migliore Olio Extravergine di Oliva dell'Anno. Impresa piuttosto giovane ma con una tradizione olivicola che dura da almeno tre generazioni, dal 2001 Aceites Nobleza del Sur gestisce l'intero processo produttivo. Su 306 ettari di impianto specializzato trovano posto 28.388 alberi che hanno reso quest'anno 7mila quintali di olive e 1.451 ettolitri di olio. Due gli Extravergine Nobleza del Sur, uno meglio dell'altro: Centenarium Premium ed Eco Day da Agricoltura Biologica che segnaliamo. Giallo dorato intenso con lievi nuance verdi, limpido; al naso è ampio e avvolgente, ricco di sentori fruttati di pomodoro di media maturità, mela bianca e banana, cui si affiancano note balsamiche di basilico, menta e prezzemolo. Elegante e di carattere al palato, sprigiona toni vegetali di fave, lattuga e sedano. Amaro deciso e piccante spiccato e armonico. Ideale su antipasti di farro, insalate di ceci, marinate di orata, patate in umido, zuppe di legumi, primi piatti al pomodoro, molluschi gratinati, tartare di ricciola, coniglio arrosto, pollame al forno, formaggi freschi a pasta filata.

Aceites Nobleza del Sur has progressed so much to be near our top farms. In fact, it is The Best Extra Virgin Olive Oil of the Year. This fairly young farm can boast an olive tradition lasting at least three generations. In 2001 it also started controlling the whole production process. The specialized olive surface covers 306 hectares with 28,388 trees. In the last harvest 7,000 quintals of olives and 1,451 hectolitres of oil were produced. There are two very good Extra Virgin Nobleza del Sur, Centenarium Premium and Eco Day from Organic Farming, chosen by the panel. It is an intense limpid golden yellow colour with slight green hues. Its aroma is ample and rotund, rich in fruity hints of medium ripe tomato, white apple and banana, together with fragrant notes of basil, mint and parsley. Its taste is elegant and strong, with vegetal notes of broad beans, lettuce and celery. Bitterness is definite and pungency is distinct and harmonic. It would be ideal on farro appetizers, chickpea salads, marinated gilthead, stewed potatoes, legume soups, pasta with tomato sauce, mussels au gratin, amberjack tartare, roast rabbit, baked poultry, mozzarella cheese.

Spagna Spain [ES] Andalucía

O.Live

Llanos de La Dehesa, 100
23614 Martos (Jaén)
E-mail: Jmchica@aceitesolive.com - Web: www.aceitesolive.com

86

- 850 m
- **Specializzato** / Specialized
- **Alberello** / Tree
- **Bacchiatura e meccanica** / Beating and mechanical harvesting
- **Sì - Ciclo continuo** / Yes - Continuous cycle
- **Picual**
- **Fruttato intenso** / Intense fruity
- da 12,01 a 15,00 € - 500 ml / from € 12.01 to 15.00 - 500 ml

Diamo volentieri il benvenuto in Guida all'azienda di José María Chica Fernández, una realtà fondata nel 1970 a Martos, nel vocatissimo comprensorio di Jaén. Il patrimonio olivicolo si compone di un grosso impianto di 2.600 ettari sul quale crescono 170mila alberi di picual dai quali sono stati raccolti, nella trascorsa campagna, 100mila quintali di olive che hanno prodotto circa 20.742 ettolitri di olio. La selezione proposta al panel per la Guida è l'Extravergine monovarietale O.Live, ottimo. Si presenta alla vista di un bel colore giallo dorato intenso con delicate gradazioni verdi, limpido. Al naso è deciso e avvolgente, ricco di sentori fruttati di pomodoro di media maturità, mela bianca e banana, cui si affiancano note di erbe aromatiche, con ricordo di basilico, menta e prezzemolo. Fine e di carattere in bocca, sprigiona toni vegetali di fave fresche, lattuga di campo e sedano. Amaro potente e piccante spiccato e armonico. Buon accompagnamento per antipasti di pesce azzurro, carpaccio di polpo, insalate di carciofi, pomodori gratinati, zuppe di fagioli, primi piatti con salsiccia, tonno ai ferri, agnello in umido, maiale alla griglia, formaggi stagionati a pasta dura.

We welcome the first appearance in our Guide of the farm owned by José María Chica Fernández, founded in 1970 in Martos, in the favourable district of Jaén. The large olive surface covers 2,600 hectares with 170,000 trees of the variety picual. In the last harvest 100,000 quintals of olives were produced, equal to a yield of about 20,742 hectolitres of extra virgin olive oil. The selection proposed to the panel is the very good Monovarietal Extra Virgin O.Live, which is a beautiful intense limpid golden yellow colour with delicate green hues. Its aroma is definite and rotund, rich in fruity hints of medium ripe tomato, white apple and banana, together with notes of aromatic herbs, especially basil, mint and parsley. Its taste is fine and strong, with a vegetal flavour of fresh broad beans, country lettuce and celery. Bitterness is powerful and pungency is harmonic. It would be ideal on bluefish appetizers, octopus carpaccio, artichoke salads, tomatoes au gratin, bean soups, pasta with sausages, grilled tuna, stewed lamb, grilled pork, hard mature cheese.

Spagna Spain [ES] Andalucía

Oleocampo

Carretera del Megatín
23640 Torredelcampo (Jaén)
Tel.: +34 953 410111 - 953 415029 - Fax: +34 953 415164
E-mail: info@oleocampo.com - Web: www.oleocampo.com

93

550 m

Specializzato
Specialized

Alberello
Tree

Bacchiatura e meccanica
Beating and mechanical harvesting

Sì - Ciclo continuo
Yes - Continuous cycle

Picual

Fruttato medio
Medium fruity

da 10,01 a 12,00 € - 500 ml
from € 10.01 to 12.00 - 500 ml

Cresce in qualità. Oleocampo è una società cooperativa di secondo grado costituitasi nel 1995 a Torredelcampo in seguito all'unione di tre cooperative della provincia di Jaén, con più di cinquant'anni di tradizione alle spalle. Oggi la struttura aggrega le produzioni di 2.600 soci conferitori i quali dispongono nella totalità di 5mila ettari di oliveti sui quali sono coltivate 630mila piante di picual. Quest'anno il raccolto ha fruttato 400mila quintali di olive e circa 87.336 ettolitri di olio. L'ottimo Extravergine Oleocampo - Premium - Picual è di un bel colore giallo dorato intenso con delicati riflessi verdi, limpido. Al naso è ampio ed elegante, ricco di sentori fruttati di pomodoro di media maturità, banana e mela bianca, uniti a note vegetali di fave, lattuga e sedano. Complesso e avvolgente al palato, sprigiona toni di erbe aromatiche, con ricordo di basilico, menta e prezzemolo. Amaro deciso e piccante spiccato e armonico. Ideale su antipasti di lenticchie, carpaccio di pesce spada, insalate di funghi porcini, pomodori gratinati, zuppe di carciofi, primi piatti con salsiccia, polpo bollito, cacciagione di piuma o pelo al forno, formaggi stagionati a pasta dura.

Oleocampo, which is improving the quality of its products, is a co-operative founded in 1995 in Torredelcampo from the association of three co-operatives in the province of Jaén with a tradition of over 50 years. Today the farm consists of 2,600 members, who own a total surface of 5,000 hectares of olive grove with 630,000 trees of the variety picual. In the last harvest 400,000 quintals of olives were produced, with a yield of about 87,336 hectolitres of extra virgin olive oil. The very good Extra Virgin selection Oleocampo - Premium - Picual is a beautiful intense limpid golden yellow colour with delicate green hues. Its aroma is ample and elegant, rich in fruity hints of medium ripe tomato, banana and white apple, together with vegetal notes of broad beans, lettuce and celery. Its taste is complex and rotund, endowed with an aromatic flavour of basil, mint and parsley. Bitterness is definite and pungency is distinct and harmonic. It would be ideal on lentil appetizers, swordfish carpaccio, porcini mushroom salads, tomatoes au gratin, artichoke soups, pasta with sausages, boiled octopus, baked game birds or animals, hard mature cheese.

Spagna Spain [ES] Andalucía

Aceites Olivsur

Finca El Coronel - Carretera J-5106 km 2
23400 Úbeda (Jaén)
Tel.: +34 953 039748
E-mail: info@olivsur.com - Web: www.olivsur.com

85 ⬆

- 510 m
- **Specializzato** / Specialized
- **Alberello** / Tree
- **Meccanica** / Mechanical harvesting
- **No - Ciclo continuo** / No - Continuous cycle
- **Picual**
- **Fruttato intenso** / Intense fruity
- da 10,01 a 12,00 € - 500 ml / from € 10.01 to 12.00 - 500 ml

Diamo volentieri il benvenuto in Guida all'azienda di Antonio e Miriam Serrano Fernández, una realtà giovane, ma con una lunga tradizione familiare alle spalle. Siamo nel vocatissimo comprensorio di Jaén e il patrimonio olivicolo si compone di un impianto di 140 ettari sul quale crescono 23mila alberi dai quali sono stati raccolti, nella trascorsa campagna, 12mila quintali di olive che hanno prodotto circa 2.183 ettolitri di olio. La selezione proposta al panel per la Guida è l'ottimo Extravergine Olivsur Premium - Picual che appare alla vista di un bel colore giallo dorato intenso con delicate sfumature verdi, limpido. Al naso è deciso e avvolgente, ricco di sentori fruttati di pomodoro di media maturità, mela bianca e banana, cui si affiancano toni aromatici di menta, basilico e origano. Fine e di carattere in bocca, sprigiona note vegetali di fave fresche, lattuga di campo e sedano. Amaro potente e piccante spiccato e armonico. Un abbinamento eccellente è con bruschette con pomodoro, carpaccio di tonno, insalate di spinaci, radicchio alla brace, zuppe di carciofi, primi piatti con salsiccia, polpo bollito, carni rosse o nere alla griglia, formaggi stagionati a pasta dura.

We welcome the first appearance in our Guide of the young farm owned by Antonio and Miriam Serrano Fernández, which can boast a long family tradition. It is located in the favourable district of Jaén and consists of an olive surface of 140 hectares with 23,000 trees. In the last harvest 12,000 quintals of olives were produced, equal to a yield of about 2,183 hectolitres of extra virgin olive oil. The selection proposed to the panel is the very good Extra Virgin Olivsur Premium - Picual, which is a beautiful intense limpid golden yellow colour with delicate green hues. Its aroma is definite and rotund, rich in fruity hints of medium ripe tomato, white apple and banana, together with aromatic notes of mint, basil and oregano. Its taste is fine and strong, with a vegetal flavour of fresh broad beans, country lettuce and celery. Bitterness is powerful and pungency is distinct and harmonic. It would be ideal on bruschette with tomatoes, tuna carpaccio, spinach salads, barbecued radicchio, artichoke soups, pasta with sausages, boiled octopus, grilled red meat or game, hard mature cheese.

Spagna Spain [ES] Andalucía

Aceites Oro Bailén - Galgón 99

Casa del Agua - Carretera de Plomeros
23740 Villanueva de La Reina (Jaén)
Tel.: +34 953 548038 - Fax: +34 953 537116
E-mail: comercial@orobailen.com - Web: www.orobailen.com

99

- 400 m
- **Specializzato** / Specialized
- **Alberello, cespuglio** / Tree, bush
- **Bacchiatura e meccanica** / Beating and mechanical harvesting
- **Sì - Ciclo continuo** / Yes - Continuous cycle
- **Picual**
- **Fruttato intenso** / Intense fruity
- **da 15,01 a 18,00 € - 500 ml** / from € 15.01 to 18.00 - 500 ml

I risultati delle degustazioni, sempre più convincenti, ne evidenziano la capacità di coniugare eccellenza e volumi produttivi: Oro Bailén - Galgón 99 vince con il Migliore Olio Extravergine di Oliva - Qualità/Quantità. José Gálvez González è oggi alla guida di un'azienda a tutto campo. Gli oliveti occupano 800 ettari con 240mila piante, di cui 100 ettari destinati a un allevamento superintensivo con 150mila piante. Il frantoio aziendale ha molito 29.550 quintali di olive, pari a 3.650 ettolitri di olio. Quattro gli Extravergine Oro Bailén - Reserva Familiar: Arbequina, Frantoio, Hojiblanca e Picual. L'ultimo, impeccabile, è giallo dorato intenso con lievi nuance verdi, limpido. Al naso è deciso e avvolgente, ricco di sentori di pomodoro di media maturità, mela bianca e banana, affiancati da note di basilico, menta e prezzemolo. In bocca è fine e di carattere, con toni di lattuga, sedano e pepe nero. Amaro potente e piccante spiccato. Ideale su bruschette con pomodoro, carpaccio di tonno, insalate di spinaci, radicchio alla griglia, zuppe di fagioli, primi piatti con salsiccia, pesce azzurro gratinato, carni rosse o cacciagione alla piastra, formaggi stagionati a pasta dura.

The increasingly convincing results of the tasting show its ability to combine excellence and productive volumes: Oro Bailén - Galgón 99 is The Best Extra Virgin Olive Oil - Quality/Quantity. Run by José Gálvez González, this all-round farm consists of 800 hectares of olive grove with 240,000 trees, 100 hectares of which are super intensive with 150,000 trees. In the last harvest 29,550 quintals of olives were crushed in the farm oil mill, with a yield of 3,650 hectolitres of oil. There are four Extra Virgin Oro Bailén - Reserva Familiar, Arbequina, Frantoio, Hojiblanca and the excellent Picual, which is an intense limpid golden yellow colour with slight green hues. Its aroma is definite and rotund, rich in hints of medium ripe tomato, white apple and banana, together with notes of basil, mint and parsley. Its taste is fine and strong, with a flavour of lettuce, celery and black pepper. Bitterness is powerful and pungency is distinct. It would be ideal on bruschette with tomatoes, tuna carpaccio, spinach salads, grilled radicchio, bean soups, pasta with sausages, blue fish au gratin, pan-seared red meat or game, hard mature cheese.

Spagna Spain [ES] Andalucía

Picualia
Campiña Norte - Calle Maria Bellido, 89
23710 Bailén (Jaén)
Tel.: +34 953 670565 - Fax: +34 953 673514
E-mail: info@picualia.com - Web: www.picualia.com

90

- 350 m
- **Specializzato** / Specialized
- **Alberello, forma libera** / Tree, free form
- **Bacchiatura e meccanica** / Beating and mechanical harvesting
- **Sì - Ciclo continuo** / Yes - Continuous cycle
- Picual
- **Fruttato intenso** / Intense fruity
- da 12,01 a 15,00 € - 500 ml / from € 12.01 to 15.00 - 500 ml

Questa grossa realtà cooperativa con una lunga tradizione alle spalle è attualmente animata da un forte spirito di rinnovamento, con l'obiettivo di armonizzare gli aspetti produttivi con quelli turistici. Gli impianti dei 945 olivicoltori associati si trovano in località Campiña Norte e occupano una superficie totale di 4.500 ettari sui quali crescono 380mila piante di picual. Quest'anno il raccolto ha raggiunto 150mila quintali di olive che, molite nel frantoio sociale, hanno reso circa 32.751 ettolitri di olio. Segnaliamo l'ottimo Extravergine Picualia - Premium Reserva, di un bel colore giallo dorato intenso con lievi nuance verdi, limpido. Al naso è deciso e avvolgente, ricco di sentori di pomodoro di media maturità, banana e mela bianca, affiancati da nette note aromatiche di basilico, prezzemolo e menta. In bocca è fine e di carattere, con toni vegetali di fave e finocchio, lattuga e sedano. Amaro potente e piccante spiccato e armonico. Ideale su antipasti di pesce azzurro, carpaccio di polpo, insalate di carciofi, pomodori gratinati, zuppe di fagioli, risotto con funghi porcini, tonno ai ferri, carni rosse o cacciagione alla griglia, formaggi stagionati a pasta dura.

This large co-operative with a long tradition is currently aiming at innovation, in order to combine tourism and production. The olive groves, owned by 945 members, are situated in Campiña Norte and take up a total surface of 4,500 hectares with 380,000 trees of the variety picual. In the last harvest 150,000 quintals of olives were produced, which, once crushed in the co-operative oil mill, yielded about 32,751 hectolitres of extra virgin olive oil. We recommend the very good Extra Virgin selection Picualia - Premium Reserva, which is a beautiful intense limpid golden yellow colour with slight green hues. Its aroma is definite and rotund, rich in hints of medium ripe tomato, banana and white apple, together with distinct aromatic notes of basil, parsley and mint. Its taste is fine and strong, with a vegetal flavour of broad beans and fennel, lettuce and celery. Bitterness is powerful and pungency is distinct and harmonic. It would be ideal on bluefish appetizers, octopus carpaccio, artichoke salads, tomatoes au gratin, bean soups, risotto with porcini mushrooms, grilled tuna, grilled red meat or game, hard mature cheese.

Spagna Spain [ES] Andalucía

Potosi 10

Sierra de Segura - Carretera de Hornos
23370 Orcera (Jaén)
Tel.: +34 953 482041
E-mail: envasadora@potosi10.com - Web: www.potosi10.com

98

800/1.200 m

Promiscuo e specializzato
Promiscuous and specialized

Alberello
Tree

Brucatura a mano e meccanica
Hand picking and mechanical harvesting

Sì - Ciclo continuo
Yes - Continuous cycle

Picual

Fruttato intenso
Intense fruity

da 8,01 a 10,00 € - 500 ml
from € 8.01 to 10.00 - 500 ml

L'azienda Potosi 10 consolida la sua bella posizione che la affianca a realtà di spicco a livello internazionale. Fondata nel 1998 da un gruppo familiare con più di settantacinque anni di esperienza nel settore, oggi possiede 200 ettari di oliveto con 20mila piante di picual dalle quali sono stati ricavati quest'anno 7mila quintali di olive che, molite nel moderno frantoio aziendale, hanno prodotto circa 1.146 ettolitri di olio. Segnaliamo l'ottima selezione proposta, l'Extravergine Fuenroble Dop Sierra de Segura che si presenta alla vista di un bel colore giallo dorato intenso con lievi riflessi verdi, limpido. Al naso si apre deciso e avvolgente, con ricchi sentori fruttati di pomodoro di media maturità, banana e mela bianca, affiancati da toni di erbe aromatiche, con ricordo di basilico, menta e prezzemolo. Al gusto è elegante e armonico, con note vegetali di lattuga di campo e sedano. Amaro potente e piccante spiccato e armonico. Ideale su bruschette con pomodoro, carpaccio di tonno, insalate di spinaci, radicchio alla brace, passati di lenticchie, primi piatti al ragù, pesce azzurro gratinato, cacciagione di piuma o pelo alla griglia, formaggi stagionati a pasta dura.

Potosi 10 confirms its good position that allows it to be at the same level of leading international farms. Founded in 1998 by a family with over 75 years of experience in the sector, today it consists of 200 hectares of olive grove with 20,000 trees of the variety picual. In the last harvest 7,000 quintals of olives were produced, which, once crushed in the modern oil mill, yielded about 1,146 hectolitres of oil. We recommend the very good selection proposed, the Extra Virgin Fuenroble Pdo Sierra de Segura, which is a beautiful intense limpid golden yellow colour with slight green hues. Its aroma is definite and rotund, with rich fruity hints of medium ripe tomato, banana and white apple, together with notes of aromatic herbs, especially basil, mint and parsley. Its taste is elegant and harmonic, with a vegetal flavour of country lettuce and celery. Bitterness is powerful and pungency is distinct and harmonic. It would be ideal on bruschette with tomatoes, tuna carpaccio, spinach salads, barbecued radicchio, lentil purée, pasta with meat sauce, blue fish au gratin, grilled game birds or animals, hard mature cheese.

Spagna Spain [ES] Andalucía

Sabor d'Oro

Camino del Pilarejo, 12
23100 Mancha Real (Jaén)
Tel.: +34 91 8049356
E-mail: info@sabordeoro.com - Web: www.sabordeoro.com

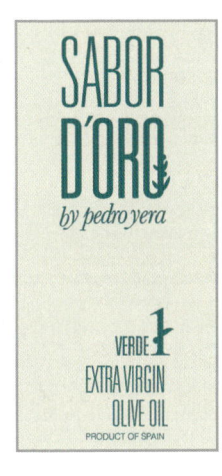

91

- 700 m
- Specializzato / Specialized
- Ipsilon / Y-trellis
- Bacchiatura e meccanica / Beating and mechanical harvesting
- Sì - Ciclo continuo / Yes - Continuous cycle
- Picual
- Fruttato medio / Medium fruity
- da 10,01 a 12,00 € - 500 ml / from € 10.01 to 12.00 - 500 ml

Rimarchiamo volentieri i progressi di Sabor d'Oro, una struttura che nasce nel 2014 a Mancha Real, nella vocatissima provincia di Jaén, per volontà di Pedro Jeronimo Yera Palomino. A disposizione ci sono 100 ettari di oliveto specializzato, sul quale sono coltivate 8.300 piante di picual, e un moderno impianto di trasformazione e di imbottigliamento, entrambi di proprietà. Il raccolto di quest'anno ha fruttato 5.500 quintali di olive che hanno reso mille ettolitri di olio. L'ottimo Extravergine Sabor d'Oro by Pedro Yera - Verde appare alla vista di un bel colore giallo dorato intenso con marcati riflessi verdi, limpido. Al naso è ampio e avvolgente, ricco di sentori fruttati di pomodoro di media maturità, banana e mela bianca, cui si associano note di erbe aromatiche, con ricordo di basilico, menta e prezzemolo. Fine e complesso in bocca, sprigiona toni vegetali di lattuga di campo e sedano. Amaro spiccato e piccante deciso e armonico. Buon abbinamento con bruschette con pomodoro, carpaccio di tonno, insalate di spinaci, radicchio alla brace, zuppe di lenticchie, risotto con funghi porcini, polpo bollito, carni rosse o nere alla griglia, formaggi stagionati a pasta dura.

Sabor d'Oro, which is steadily progressing, was founded by Pedro Jeronimo Yera Palomino in 2014 in Mancha Real, in the favourable province of Jaén. The farm consists of 100 hectares of specialized olive grove with 8,300 trees of the variety picual and a modern transformation and bottling system. In the last harvest 5,500 quintals of olives were produced, equal to a yield of 1,000 hectolitres of extra virgin olive oil. We recommend the very good Extra Virgin selection Sabor d'Oro by Pedro Yera - Verde, which is a beautiful intense limpid golden yellow colour with distinct green hues. Its aroma is ample and rotund, rich in fruity hints of medium ripe tomato, banana and white apple, together with notes of aromatic herbs, especially basil, mint and parsley. Its taste is fine and complex, with a vegetal flavour of country lettuce and celery. Bitterness is distinct and pungency is definite and harmonic. It would be ideal on bruschette with tomatoes, tuna carpaccio, spinach salads, barbecued radicchio, lentil soups, risotto with porcini mushrooms, boiled octopus, grilled red meat or game, hard mature cheese.

Spagna Spain [ES] Andalucía

The Green Gold Olive Oil Company

Celadillas, 2
23292 Hornos de Segura (Jaén)
E-mail: greengold@ggoliveoilcompany.com - Web: www.ggoliveoilcompany.com

89

800 m

Specializzato
Specialized

Alberello
Tree

Bacchiatura
Beating

Sì - Ciclo continuo
Yes - Continuous cycle

Picual

Fruttato medio
Medium fruity

da 15,01 a 18,00 € - 500 ml
from € 15.01 to 18.00 - 500 ml

The Green Gold Olive Oil Company è il progetto al quale Juan Jiménez dà vita nel 2011. L'obiettivo è l'eccellenza qualitativa ottenuta nel rispetto della terra e grazie alla conoscenza della stessa, dato che la squadra è composta da esperti orgogliosi di essere, prima di tutto, agricoltori. I possedimenti, distribuiti su due tenute del vocatissimo territorio di Jaén, comprendono 100 ettari con 30mila alberi di picual che hanno fruttato 9mila quintali di olive e circa 1.092 ettolitri di olio. L'ottimo Extravergine Oh! - Premium Dop Sierra de Segura appare alla vista di un bel colore giallo dorato intenso con calde venature verdi, limpido. Al naso è sottile e composto, dotato di sentori fruttati di pomodoro acerbo, mela bianca e banana, cui si affiancano note balsamiche di basilico e prezzemolo. Morbido e armonico al palato, sprigiona toni vegetali di cicoria, lattuga e sedano. Amaro e piccante presenti e armonici, con finale dolce in rilievo. Ideale su antipasti di pomodori, insalate di lenticchie, marinate di ricciola, verdure al forno, zuppe di legumi, primi piatti con salmone, molluschi gratinati, tartare di pesce spada, coniglio arrosto, pollame ai ferri, formaggi caprini.

The Green Gold Olive Oil Company was created by Juan Jiménez in 2011 to obtain excellent quality through the respect for the land and its knowledge. In fact, the team working for this farm is made up of experienced people proud to be first of all agriculturists. The olive groves are situated on two different estates in the favourable territory of Jaén and cover 100 hectares with 30,000 trees of the variety picual. In the last harvest 9,000 quintals of olives and about 1,092 hectolitres of oil were produced. The very good Extra Virgin Oh! - Premium Pdo Sierra de Segura is a beautiful intense limpid golden yellow colour with warm green hues. Its aroma is fine and delicate, endowed with fruity hints of unripe tomato, white apple and banana, together with fragrant notes of basil and parsley. Its taste is mellow and harmonic, with a vegetal flavour of chicory, lettuce and celery. Bitterness and pungency are present and harmonic, with evident sweetness. It would be ideal on tomato appetizers, lentil salads, marinated amberjack, baked vegetables, legume soups, pasta with salmon, mussels au gratin, swordfish tartare, roast rabbit, grilled poultry, goat cheese.

Spagna **Spain [ES]** Andalucía

Pagos de Toral

Calle San Cristóbal, 26
23400 Úbeda (Jaén)
Tel.: +34 953 183691
E-mail: info@pagosdetoral.com - Web: www.pagosdetoral.com

94

700 m

Specializzato
Specialized

Alberello
Tree

Bacchiatura e meccanica
Beating and mechanical harvesting

Sì - Ciclo continuo
Yes - Continuous cycle

Picual

Fruttato medio
Medium fruity

da 15,01 a 18,00 € - 500 ml
from € 15.01 to 18.00 - 500 ml

Pagos de Toral è una giovane azienda del vocato comprensorio di Úbeda che migliora la brillante posizione conquistata all'interno della nostra Guida. Dietro il marchio ci sono María José Toral Sierra, esperta di olivicoltura all'Università di Jaén, e Félix Ruiz Pérez, olivicoltore: una coppia, nella vita e nel lavoro, che da tempo perseguiva l'obiettivo di una produzione tutta propria. A disposizione ci sono 150 ettari e 15mila piante di picual che hanno reso 7.200 quintali di olive e quasi 1.638 ettolitri di olio. Segnaliamo l'ottimo Extravergine Pagos de Toral - Selección Gourmet, di un bel colore giallo dorato intenso con delicate venature verdi, limpido. Al naso si apre pulito e avvolgente, ricco di sentori di pomodoro di media maturità, mela bianca e banana, cui si aggiungono sfumature vegetali di lattuga e sedano. Al gusto è dotato di un'ampia carica aromatica, con toni di basilico, menta e prezzemolo. Amaro spiccato e piccante deciso. Ideale su bruschette con verdure, insalate di orzo, marinate di ricciola, patate al cartoccio, passati di orzo, primi piatti con salmone, gamberi in guazzetto, seppie in umido, pollame o carni di agnello al forno, formaggi caprini.

Pagos de Toral, a young farm situated in the favourable district of Úbeda, has improved its brilliant position in our Guide. This achievement is due to María José Toral Sierra, an expert in olive growing at the University of Jaén, and Félix Ruiz Pérez, an olive grower, a couple in life and work, who have long aimed at producing their own oil. The estate covers 150 hectares with 15,000 trees of the variety picual. In the last harvest 7,200 quintals of olives and almost 1,638 hectolitres of oil were produced. We recommend the very good Extra Virgin Pagos de Toral - Selección Gourmet, which is a beautiful intense limpid golden yellow colour with delicate green hues. Its aroma is clean and rotund, rich in hints of medium ripe tomato, white apple and banana, together with vegetal notes of lettuce and celery. Its taste has an ample aromatic flavour of basil, mint and parsley. Bitterness is distinct and pungency is definite. It would be ideal on bruschette with vegetables, barley salads, marinated amberjack, baked potatoes, barley purée, pasta with salmon, stewed shrimps, stewed cuttlefish, baked poultry or lamb, goat cheese.

Spagna Spain [ES] Andalucía

Hacienda Vadolivo

El Molar - Carretera de Santo Tomé km 1
23469 Cazorla (Jaén)
Tel.: +34 953 730733
E-mail: ventas@vadolivo.net - Web: www.vadolivo.com

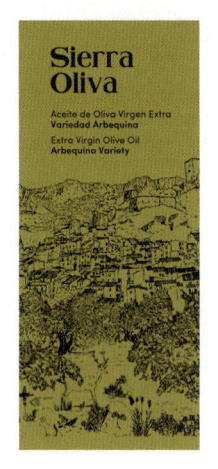

89

- 345 m
- **Promiscuo e specializzato** / Promiscuous and specialized
- **Alberello, cespuglio, ipsilon** / Tree, bush, Y-trellis
- **Brucatura a mano e meccanica** / Hand picking and mechanical harvesting
- **Sì - Ciclo continuo** / Yes - Continuous cycle
- **Arbequina**
- **Fruttato medio** / Medium fruity
- da 10,01 a 12,00 € - 500 ml / from € 10.01 to 12.00 - 500 ml

Nata alla fine degli anni Ottanta nel cuore della Sierra de Cazorla, Hacienda Vadolivo si è in seguito ampliata e rinnovata, grazie a professionisti del settore che lavorano al suo interno con l'obiettivo di tenere uniti in modo armonico saperi tradizionali, nuove tecnologie e rispetto dell'ambiente. Oggi Antonio Lorite Padilla gestisce un patrimonio composto da 187 ettari, 25mila olivi e un moderno frantoio che ha lavorato 16.250 quintali di olive, pari a 1.780 ettolitri di olio. Segnaliamo l'etichetta proposta, l'Extravergine monocultivar Sierra Oliva - Arbequina che appare alla vista di un bel colore giallo dorato intenso con lievi sfumature verdi, limpido. Al naso è pulito e avvolgente, ricco di sentori di pomodoro acerbo, banana e mela bianca, cui si accompagnano note di erbe aromatiche, con basilico e prezzemolo in rilievo. Fine e di carattere al palato, sprigiona toni vegetali di lattuga e sedano. Amaro e piccante presenti e dosati. Si abbina a maionese, antipasti di orzo, aragosta al vapore, carpaccio di ricciola, marinate di dentice, zuppe di piselli, cous cous di pesce, crostacei alla griglia, rombo al cartoccio, formaggi freschi a pasta molle, biscotti da forno.

Founded in the late 80s in the heart of the Sierra de Cazorla, Hacienda Vadolivo was later enlarged and renovated, thanks to professionals of the sector who aim at a harmonious combination of traditional knowledge, new technology and respect for the environment. Today, Antonio Lorite Padilla runs 187 hectares of olive grove with 25,000 trees and a modern oil mill. In the last harvest 16,250 quintals of olives were produced, equal to 1,780 hectolitres of oil. We recommend the selection proposed, the Monocultivar Extra Virgin Sierra Oliva - Arbequina, which is a beautiful intense limpid golden yellow colour with delicate green hues. Its aroma is clean and rotund, rich in hints of unripe tomato, banana and white apple, together with aromatic notes of basil and parsley. Its taste is fine and strong, with a vegetal flavour of lettuce and celery. Bitterness and pungency are present and complimentary. It would be ideal on mayonnaise, barley appetizers, steamed spiny lobster, amberjack carpaccio, marinated sea bream, pea soups, fish cous cous, grilled shellfish, turbot baked in parchment paper, soft fresh cheese, oven cookies.

Spagna Spain [ES] Andalucía

Palacio Marqués de Viana
Puente del Obispo - Cortijo de la Loma - Carretera A 316 salida 20
23529 Baeza (Jaén)
Tel.: +34 953 770101 - Fax: +34 953 770898
E-mail: export@palaciomarquesdeviana.com - Web: www.palaciomarquesdeviana.com

94

430/470 m

Specializzato
Specialized

Alberello
Tree

Meccanica
Mechanical harvesting

Sì - Ciclo continuo
Yes - Continuous cycle

Arbequina (70%), picual (20%), royal (10%)

Fruttato medio
Medium fruity

da 18,01 a 22,00 € - 500 ml
from € 18.01 to 22.00 - 500 ml

Palacio Marqués de Viana è un'azienda familiare, nella regione di Jaén, che persegue l'eccellenza nel controllo dell'intera filiera. Il nome rimanda allo storico palazzo, noto per essere l'unico esemplare di architettura rurale del Rinascimento spagnolo, nonché residenza del re di Spagna dal 1902 al 1931. Il patrimonio olivicolo consiste in una vasta superficie di 1.500 ettari, con 285mila piante, e in un moderno frantoio che ha lavorato quest'anno 716 quintali di olive, pari a 101 ettolitri di olio. Due gli ottimi Extravergine, Sublime e The Palace che segnaliamo. Giallo dorato intenso con delicate sfumature verdi, limpido; al naso si apre pulito e avvolgente, ricco di sentori di basilico, prezzemolo e menta, in aggiunta a note fruttate di pomodoro di media maturità, mela bianca e banana. Elegante e complesso al palato, sprigiona toni vegetali di lattuga e sedano e chiude con ricordo di noce fresca. Amaro deciso e piccante spiccato. Si abbina a bruschette con pomodoro, carpaccio di tonno, insalate di polpo, radicchio alla brace, zuppe di fagioli, primi piatti con salsiccia, pesce azzurro in umido, cacciagione di piuma o pelo ai ferri, formaggi stagionati a pasta dura.

Palacio Marqués de Viana is a family-run farm in the region of Jaén, which aims at excellent quality through the control of the whole production chain. Its name refers to the historical building known as the only example of rural architecture in the Spanish Renaissance, as well as the residence of the Spanish king from 1902 to 1931. The large estate covers 1,500 hectares with 285,000 trees and a modern oil mill. In the last harvest 716 quintals of olives and 101 hectolitres of oil were produced. There are two very good Extra Virgin, Sublime and The Palace, which we recommend. It is an intense limpid golden yellow colour with delicate green hues. Its aroma is clean and rotund, rich in hints of basil, parsley and mint, together with fruity notes of medium ripe tomato, white apple and banana. Its taste is elegant and complex, with a vegetal flavour of lettuce and celery and a fresh walnut finish. Bitterness is definite and pungency is distinct. It would be ideal on bruschette with tomatoes, tuna carpaccio, octopus salads, barbecued radicchio, bean soups, pasta with sausages, steamed blue fish, grilled game birds or animals, hard mature cheese.

Spagna Spain [ES] Andalucía

Aceite yo,verde

Carretera N 322 km 164.400
23400 Úbeda (Jaén)
Tel.: +34 953 755842
E-mail: araceli@yoverde.com - Web: www.yoverde.com

84

- 670 m
- Specializzato / Specialized
- Alberello, forma libera / Tree, free form
- Meccanica / Mechanical harvesting
- No - Ciclo continuo / No - Continuous cycle
- Picual
- Fruttato intenso / Intense fruity
- da 12,01 a 15,00 € - 500 ml / from € 12.01 to 15.00 - 500 ml

Aceite yo,verde è un progetto giovane ma che ha alle spalle una storia lunga quattro generazioni che si sono nutrite di valori come tradizione, rispetto per l'ambiente e passione per la pianta dell'olivo coltivata nella tenuta di famiglia, nel cuore delle colline di Úbeda. Oggi a disposizione di Araceli e José Ramón Blanco Reboll ci sono 192 ettari e 30.122 alberi di picual dai quali sono stati ricavati quest'anno 17mila quintali di olive e 4.148 ettolitri di olio. L'etichetta presentata al panel per la selezione è l'ottimo Extravergine yo,verde che appare alla vista di un bel colore verde intenso con lievi riflessi dorati, limpido. Al naso è deciso e avvolgente, ricco di sentori fruttati di pomodoro acerbo, mela bianca e banana, cui si accompagnano toni di foglia di fico e nuance aromatiche di basilico, eucalipto e prezzemolo. Fine e complesso al palato, sprigiona note vegetali di cicoria, lattuga e sedano. Amaro potente e piccante spiccato. Ideale su antipasti di lenticchie, carpaccio di tonno, marinate di polpo, radicchio ai ferri, passati di carciofi, primi piatti al ragù, pesce azzurro gratinato, agnello arrosto, maiale alla brace, formaggi di media stagionatura.

Aceite yo,verde is a young project, but with a story lasting four generations that worked according to values such as tradition, respect for the environment and passion for the olive tree. The family estate is located in the heart of the hills of Úbeda. Currently Araceli and José Ramón Blanco Reboll run 192 hectares of surface with 30,122 trees of the cultivar picual. In the last harvest 17,000 quintals of olives were produced, with a yield of 4,148 hectolitres of oil. The selection proposed to the panel is the very good Extra Virgin yo,verde, which is a beautiful intense limpid green colour with slight golden yellow hues. Its aroma is definite and rotund, rich in fruity hints of unripe tomato, white apple and banana, together with notes of fig leaf and aromatic hints of basil, eucalyptus and parsley. Its taste is fine and complex, with a vegetal flavour of chicory, lettuce and celery. Bitterness is powerful and pungency is distinct. It would be ideal on lentil appetizers, tuna carpaccio, marinated octopus, grilled radicchio, artichoke purée, pasta with meat sauce, blue fish au gratin, roast lamb, barbecued pork, medium mature cheese.

Spagna Spain [ES] Andalucía

Aceites Finca La Torre
Antequera - Camino Finca La Torre
29540 Bobadilla (Málaga)
Tel.: +34 952 111619
E-mail: info@fincalatorre.com - Web: www.fincalatorre.com

100

400 m

Specializzato
Specialized

Forma libera
Free form

Brucatura a mano e meccanica
Hand picking and mechanical harvesting

Sì - Ciclo continuo
Yes - Continuous cycle

Hojiblanca

Fruttato intenso
Intense fruity

da 35,01 a 40,00 € - 500 ml
from € 35.01 to 40.00 - 500 ml

La seguiamo da un po' e non fa che migliorare, raggiungendo vette di rara eccellenza: tanto che consolida la sua presenza all'interno della nostra Hall of Fame. Parliamo di un'azienda che sta vivendo un processo di rinnovamento, senza peraltro trascurare la tradizione, visto che vanta, all'interno della proprietà, i resti di un frantoio di epoca romana. Quest'anno i 33mila olivi, coltivati su 230 ettari, hanno reso 10mila quintali di olive e quasi 1.092 ettolitri di olio. Lo straordinario Extravergine Finca La Torre - One da Agricoltura Biologica e Biodinamica si presenta alla vista di un bel colore giallo dorato intenso con leggere tonalità verdi, limpido. Al naso è deciso e avvolgente, ricco di sentori di pomodoro di media maturità, banana e mela bianca, affiancati da nette sfumature di basilico, menta e prezzemolo. In bocca è elegante e di carattere, con toni di lattuga di campo, sedano e ricordo di pepe bianco. Amaro potente e piccante spiccato. Ideale su antipasti di tonno, carpaccio di polpo, insalate di spinaci, radicchio alla brace, zuppe di fagioli, primi piatti con carciofi, pesce spada in umido, carni rosse o nere alla griglia, formaggi stagionati a pasta dura.

We have followed this farm and its progress for some time and it has reached such excellence to deserve to be part of our Hall of Fame. Aceites Finca La Torre has been totally renewed in the last few years, without forgetting tradition, as the ruins of an ancient Roman oil mill inside the estate testify. There are 230 hectares of surface with 33,000 trees, which produced 10,000 quintals of olives in the last harvest, equal to almost 1,092 hectolitres of oil. The extraordinary Extra Virgin Finca La Torre - One from Organic and Biodynamic Farming is a beautiful intense limpid golden yellow colour with slight green hues. Its aroma is definite and rotund, rich in hints of medium ripe tomato, banana and white apple, together with distinct notes of basil, mint and parsley. Its taste is elegant and strong, with a flavour of country lettuce, celery and a note of white pepper. Bitterness is powerful and pungency is distinct. It would be ideal on tuna appetizers, octopus carpaccio, spinach salads, barbecued radicchio, bean soups, pasta with artichokes, steamed swordfish, grilled red meat or game, hard mature cheese.

Spagna Spain [ES] Andalucía

Cooperativa Agrícola Nuestra Señora de Los Ángeles
Calle Ronda, 34
41770 Montellano (Sevilla)
Tel.: +34 954 875335 - Fax: +34 954 875777
E-mail: admon@oleoangeles.com - Web: www.oleoangeles.com

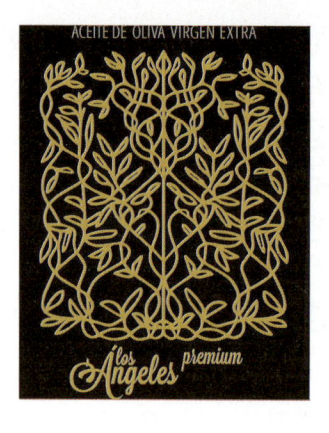

86

- 250 m
- **Promiscuo** / Promiscuous
- **Alberello** / Tree
- **Bacchiatura e meccanica** / Beating and mechanical harvesting
- **Sì - Ciclo continuo** / Yes - Continuous cycle
- **Hojiblanca**
- **Fruttato intenso** / Intense fruity
- da 2,00 a 4,00 € - 500 ml / from € 2.00 to 4.00 - 500 ml

Questa interessante realtà cooperativa nasce nel 1961 in un'area con una storia olivicola che risale alla fine del XIX secolo, con l'obiettivo di mettere insieme la passione e il lavoro degli olivicoltori locali. Attualmente aggrega mille soci che dispongono nella totalità di una superficie di 3mila ettari con 600mila piante dalle quali sono stati ricavati quest'anno quasi 83.032 quintali di olive, pari a una produzione di circa 13.283 ettolitri di olio. L'etichetta proposta è l'Extravergine Nuestra Señora de Los Ángeles - Premium che appare alla vista di un bel colore giallo dorato intenso con delicati riflessi verdi, limpido. Al naso è sottile e composto, dotato di sentori fruttati di pomodoro di media maturità, mela bianca e banana, cui si affiancano note aromatiche di basilico, menta e prezzemolo. Al gusto è morbido e armonico, con toni vegetali di lattuga di campo e sedano. Amaro e piccante ben espressi ed equilibrati. Ideale su antipasti di salmone, insalate di lenticchie, marinate di ricciola, pomodori con riso, passati di legumi, primi piatti con verdure, gamberi in guazzetto, seppie in umido, coniglio arrosto, pollame al forno, formaggi freschi a pasta filata.

This interesting co-operative was founded in 1961 in an area with an olive history dating back to the end of the 19th century. Its aim was to combine passion and work of the local olive growers. Currently, it consists of 1,000 members, who own a total surface of 3,000 hectares with 600,000 trees. In the last harvest almost 83,032 quintals of olives were produced, equal to a yield of about 13,283 hectolitres of oil. The selection proposed to the panel is the Extra Virgin Nuestra Señora de Los Ángeles - Premium, which is a beautiful intense limpid golden yellow colour with delicate green hues. Its aroma is fine and delicate, endowed with fruity hints of medium ripe tomato, white apple and banana, together with aromatic notes of basil, mint and parsley. Its taste is mellow and harmonic, with a vegetal flavour of country lettuce and celery. Bitterness and pungency are distinct and well balanced. It would be ideal on salmon appetizers, lentil salads, marinated amberjack, tomatoes stuffed with rice, legume purée, pasta with vegetables, stewed shrimps, stewed cuttlefish, roast rabbit, baked poultry, mozzarella cheese.

Región de Murcia

ACEITE DE LA REGIÓN DE MURCIA**

** All'esame del MAPAMA per la certificazione • *Under MAPAMA exam for certification*

Dati Statistici

Superficie Olivetata Nazionale	2.434.799 (ha)
Superficie Olivetata Regionale	21.815 (ha)
Quota Regionale	0,90%
Frantoi	45
Produzione Nazionale 19-20	1.121.721,2 (t)
Produzione Regionale 19-20	11.650,4 (t)
Produzione Regionale 18-19	7.504,9 (t)
Variazione	+55,24%
Quota Regionale	1,04%

Statistic Data

National Olive Surface	2,434,799 (ha)
Regional Olive Surface	21,815 (ha)
Regional Quota	0.90%
Olive Oil Mills	45
National Production 19-20	1,121,721.2 (t)
Regional Production 19-20	11,650.4 (t)
Regional Production 18-19	7,504.9 (t)
Variation	+55.24%
Regional Quota	1.04%

Ministry of Agriculture, Food and Environment - Information and Food Control Agency

Famosa ovunque come "orto d'Europa", la Comunidad Autónoma Región de Murcia è una terra che trae dall'agricoltura la sua grande ricchezza, grazie alle condizioni climatiche e territoriali estremamente favorevoli. All'interno di questo panorama produttivo l'olivicoltura occupa sicuramente un posto di rilievo. Situata all'estremità sud-orientale della Penisola Iberica e bagnata dal Mar Mediterraneo, questa Comunidad presenta infatti le caratteristiche proprie di un clima mediterraneo subtropicale, semiarido, con una temperatura annuale media che si attesta intorno ai 18 °C, lunghe estati calde e inverni temperati. Dal punto di vista morfologico lo spazio geografico regionale si definisce per i suoi molteplici contrasti tra terreni non irrigui e aree irrigate, pianure e rilievi montuosi, zone costiere marcate dall'influenza marittima e aride zone interne: una conformazione dovuta al fatto che si tratta di un territorio di transizione tra il nord e il sistema montuoso subbetico. I rilievi del territorio si inseriscono all'interno delle Cordilleras Béticas e presentano un'alternanza tra aree montuose accidentate, vallate e depressioni, con profondi contrasti di altitudine a distanze molto ridotte. Dal punto di vista storico, il legame tra questa regione e l'albero dell'olivo è molto antico: trova origine nella dominazione romana ed è sempre stato tale da non circoscriversi soltanto agli aspetti agricoli e commerciali, ma da connotare una parte importante della vita degli abitanti di questa terra, come traspare dal folclore e dalla letteratura locale. Attualmente nella Región de Murcia gli oliveti si estendono per 21.815 ettari che rappresentano lo 0,90% del totale nazionale: gli impianti sono per lo più concentrati a ovest, nella regione del Noroeste, e a nord, nelle zone non irrigue del Nordeste; poi al centro-sud, in piccole estensioni delle regioni del Río Segura. Una varietà di gran lunga dominante è il lechín de Granada, diffusa per lo più nel territorio di Moratalla (nel Noroeste) dove l'area coltivata rappresenta una grossa porzione della superficie olivetata totale. Nota popolarmente come cuquillo, è una cultivar rustica che si adatta molto bene a terreni calcarei e a climi aridi come quello di questa regione. La ritroviamo anche nel Nordeste, nel territorio di Jumilla; mentre più a nord, presso Yecla, predomina la cultivar cornicabra. Segue per importanza il picual, diffuso in parte anche nel resto della regione. La trasformazione avviene in 45 frantoi che, nell'ultima campagna olearia, hanno fruttato una produzione di 11.650,4 tonnellate di olio, pari all'1,04% del totale nazionale, con un aumento del 55,24% rispetto all'annata precedente. Un bilancio sicuramente positivo, considerando la normale alternanza produttiva: il settore infatti, negli ultimi anni, sta attraversando una fase di netto miglioramento, con la finalità di trasformare una coltura ancora marginale, completata da un'estrazione con metodi tradizionali, in una coltivazione intensiva irrigua con sistemi di raccolta e trasformazione moderni, pur nel rispetto dell'ambiente naturale. A tutela delle produzioni di queste aree è attualmente all'esame del MAPAMA per la certificazione un'unica Dop regionale, Aceite de la Región de Murcia. L'obiettivo per il futuro è dunque l'ottenimento di un prodotto extravergine di qualità, capace di inserirsi sul mercato nazionale, cominciando da quello delle zone non olivicole del nord della Spagna.

Región de Murcia is known everywhere as the "orchard of Europe" thanks to the extremely favourable climatic and territorial conditions. In this situation olive growing has certainly a considerable place. Situated at the extreme south-eastern end of the Iberian Peninsula and washed by the Mediterranean Sea, the region has the typical characters of the subtropical semi-arid Mediterranean climate: the average annual temperature is 18 °C with long and warm summers and temperate winters. From a morphological point of view the region is characterized by its many contrasts between non irrigated and irrigated areas, valleys and mountainous reliefs, coasts marked by the sea influence and dry inland areas: a conformation due to the fact that this is a transition territory between the north and the Subbética mountains. The territory reliefs are part of the Cordilleras Béticas and steep mountainous areas alternate with valleys and depressions with strong height contrasts in very reduced distances. From a historical point of view the connection between this region and the olive tree is very ancient: in fact, it derives from the Roman domination and is not only limited to agricultural and commercial factors, but it characterizes the life of a considerable part of the people, as is shown by local folklore and literature. Currently the olive groves extend over 21,815 hectares, which represents 0.90% of the national total. They are mainly concentrated in the west, in the region of Noroeste and in the north in the non irrigated areas of Nordeste; moreover, in the centre-south in small extensions in the regions of Río Segura. The prevailing variety is leichín de Granada, spread especially in the territory of Morotalla (Noroeste), where the cultivated area represents a considerable part of the total olive grove surface. Generally known as cuquillo, it is a rustic variety that perfectly adjusts to calcareous grounds and dry climates such as the one of the region. It can also be found in the Nordeste, in the territory of Jumilla, while more north, in Yecla, the cultivar cornicabra prevails. Then there is the variety picual, partly spread also in the rest of the region. Transformation occurs in 45 oil mills, while production in the last harvest was 11,650.4 tons of oil, equal to 1.04% of the total national quantity, with an increase of 55.24% compared to the previous year. Nevertheless, the balance is positive, considering the normal productive alternation: in fact, in a short time this sector has positively changed from a marginal cultivation using traditional extraction methods to an intensive irrigated cultivation with modern harvesting and transformation systems, respecting, however, the natural environment. To protect the productions of these areas only one Regional Pdo, Aceite de la Región de Murcia, is currently under MAPAMA examination. The aim for the future is a quality extra virgin product able to be competitive on the national market, starting from the non olive growing areas of northern Spain.

Spagna Spain [ES] Región de Murcia

Almazara Deortegas

Paraje Los Pinillos - Carretera Pinoso km 5
30510 Yecla (Murcia)
Tel.: +34 968 969644
E-mail: info@deortegas.com - Web: www.deortegas.com

98

600 m

Specializzato
Specialized

Alberello
Tree

Meccanica
Mechanical harvesting

Sì - Ciclo continuo
Yes - Continuous cycle

Cornicabra

Fruttato medio
Medium fruity

da 12,01 a 15,00 € - 500 ml
from € 12.01 to 15.00 - 500 ml

Almazara Deortegas è una giovane e dinamica azienda familiare nata nel 2008 nel comprensorio di Yecla, nell'estremo nord della provincia di Murcia. Facendo tesoro dell'esperienza di generazioni di olivicoltori esperti nei metodi biologici, Rafaela Ortega Torres è oggi alla guida di una superficie di 175 ettari sulla quale trovano dimora 35.500 olivi che hanno reso quest'anno un raccolto di 2.500 quintali di olive e una produzione, nel frantoio di proprietà, di 420 ettolitri di olio. L'etichetta proposta per la selezione è Extravergine monocultivar Deortegas - Cornicabra da Agricoltura Biologica, di un bel colore giallo dorato intenso con delicati riflessi verdi, limpido. Al naso è sottile e composto, dotato di sentori fruttati di pomodoro acerbo e mela bianca, banana, mora e mandorla. Morbido e armonico in bocca, emana note vegetali di cicoria e lattuga, unite a toni aromatici di basilico e prezzemolo. Amaro ben espresso e piccante presente. Ideale su antipasti di fagioli, carpaccio di salmone, insalate di pomodori, patate alla brace, passati di legumi, primi piatti con molluschi, rombo ai ferri, tartare di ricciola, pollame o carni di agnello al forno, formaggi caprini.

Almazara Deortegas is a young and dynamic family-run farm founded in 2008 in the district of Yecla, in the extreme north of the province of Murcia. Following the experience of generations of olive growers adept in organic farming, Rafaela Ortega Torres currently runs 175 hectares of surface with 35,500 trees. In the last harvest 2,500 quintals of olives were produced, which, once crushed in the farm oil mill, yielded 420 hectolitres of oil. The selection proposed to the panel is the Monocultivar Extra Virgin Deortegas - Cornicabra from Organic Farming, which is a beautiful intense limpid golden yellow colour with delicate green hues. Its aroma is fine and delicate, endowed with fruity hints of unripe tomato and white apple, banana, blackberry and almond. Its taste is mellow and harmonic, with a vegetal flavour of chicory and lettuce, together with aromatic notes of basil and parsley. Bitterness is distinct and pungency is present. It would be ideal on bean appetizers, salmon carpaccio, tomato salads, barbecued potatoes, legume purée, pasta with mussels, grilled turbot, amberjack tartare, baked poultry or lamb, goat cheese.

Islas Baleares

Mahón
ISLA DE MENORCA

Port de Sóller
Pollenca
ACEITE DE MALLORCA
Artá
Andratx
Palma de Mallorca
ISLA DE MALLORCA

ACEITE DE IBIZA
ISLA DE EIVISSA
Eivissa
ISLA DE FORMENTERA

Dati Statistici		Statistic Data	
Superficie Olivetata Nazionale	2.434.799 (ha)	National Olive Surface	2,434,799 (ha)
Superficie Olivetata Regionale	8.416 (ha)	Regional Olive Surface	8,416 (ha)
Quota Regionale	0,35%	Regional Quota	0.35%
Frantoi	14	Olive Oil Mills	14
Produzione Nazionale 19-20	1.121.721,2 (t)	National Production 19-20	1,121,721.2 (t)
Produzione Regionale 19-20	602,2 (t)	Regional Production 19-20	602.2 (t)
Produzione Regionale 18-19	299,8 (t)	Regional Production 18-19	299.8 (t)
Variazione	+100,87%	Variation	+100.87%
Quota Regionale	0,05%	Regional Quota	0.05%

Ministry of Agriculture, Food and Environment - Information and Food Control Agency

Dal punto di vista olivicolo le Islas Baleares sono una piccola realtà, ma di lunga e importante tradizione, specialmente l'isola di Mallorca dove la coltivazione della pianta dell'olivo e la produzione e il consumo di olio hanno una consuetudine che dura da secoli: qui l'olio ricavato viene conosciuto e apprezzato non soltanto dagli abitanti dell'isola, ma anche dai consumatori delle zone con cui si sono mantenute relazioni commerciali, in particolare con il sud della Francia. I documenti storici provano che furono i Fenici e i Greci a introdurre la coltivazione dell'olivo nella Penisola Iberica; e da qui fino a Mallorca. Dall'epoca degli Aragonesi fino alla metà del XV secolo l'olio veniva poi regolarmente esportato nel Nord Africa attraverso il porto di Sóller. Lo sviluppo dell'olivicoltura, diffusa in modo particolare nelle zone settentrionali e meridionali della Serra de Tramuntana (a nord-est di Mallorca), continua per tutto il XVI secolo rappresentando per lungo tempo un'importante fonte di ricchezza per molte aziende agricole dell'isola, un gran numero delle quali era dotato di frantoi propri. In seguito l'olio di Mallorca consolida il suo ruolo nell'economia del paese, sia come base dell'alimentazione tradizionale locale, sia come prodotto di scambio e di commercio estero, costituendo il 65-80% delle produzioni esportate. Oggi l'area di produzione si estende a tutti i municipi dell'isola e ricopre una superficie di 8.416 ettari, che rappresentano lo 0,35% del totale nazionale, dei quali la quasi totalità è destinata a oliveti da olio. Le piantagioni si collocano in ambienti di diversa altitudine, dal livello del mare fino agli 800 metri delle zone di montagna. I fattori a queste favorevoli sono: la natura calcarea dei terreni agricoli, il clima tipicamente mediterraneo con temperature piuttosto miti, inverni dolci ed estati calde e secche, l'alto livello di umidità che permette alle piante di sopportare i periodi di siccità, e l'orografia della regione che costituisce una barriera naturale contro i venti freddi. Una forma tipica di coltivazione sono le terrazze, situate in punti come la Sierra de Tramuntana, con le sue scoscese scarpate sul mare. Queste costituiscono uno dei paesaggi più emblematici e tipici dell'isola, presenti nella memoria collettiva come elementi da sempre facenti parte di questi luoghi. Le terrazze sono orientate a sud, sfruttando la pendenza e la massima insolazione, e sono riparate dai venti gelidi che spirano da nord. La difficoltà di accesso a queste piantagioni condiziona le tecniche di coltivazione. La produttività è minore perché minore è l'apporto di materiale nutritivo; così come la raccolta, più tardiva, determina un olio dalle caratteristiche organolettiche differenti rispetto a uno proveniente da una raccolta precoce. Le varietà più diffuse sono l'arbequina, l'empeltre (qui conosciuta come mallorquina) e il picual che determinano oli di elevata qualità olfatto-gustativa. La trasformazione avviene in impianti a ciclo continuo o con metodo tradizionale a presse, in 14 frantoi ripartiti sul territorio. La produzione nell'ultima campagna olearia ha raggiunto le 602,2 tonnellate di olio, pari allo 0,05% del totale nazionale, con un forte aumento del 100,87% rispetto all'annata precedente. A tutela di questa tradizione e qualità esiste una Denominazione, la Dop Aceite de Mallorca, che le Islas Baleares vantano fin dal 2003. Inoltre risulta recentemente attuata l'Igp Aceite de Ibiza.

The Islas Baleares are a small reality in the olive growing field, but they have a long and important tradition, particularly on the island of Mallorca, where olive tree cultivation and oil consumption have been practised for centuries: the olive oil produced here is appreciated not only by local people, but also by the consumers of the areas with whom there are commercial relations, especially southern France. Historical sources document that the Phoenicians and the Greeks introduced oil cultivation in the Iberian Peninsula and then in Mallorca. From the Aragonese times to the middle of the 15th century oil was regularly exported to North Africa from the port of Sòller. Olive growing spread particularly in the northern and southern area of the Serra de Tramuntana (to the north-east of Mallorca), continued during the 16th century and for a long time represented a source of wealth for many farms of the island, a great number of which had their own oil mills. Later the oil of Mallorca consolidated its role in the country's economy, both as a basic element of traditional local food, and as an exchange and foreign trade product, representing 65-80% of the exported productions. Currently the olive production area includes all towns of the island and covers a surface of 8,416 total hectares (0.35% of the national total), the most of which are intended for oil production. Olive groves are situated at different heights, from sea level to 800 metres above sea level in the mountainous areas. Favourable factors are the calcareous nature of the agricultural land, the typical Mediterranean climate with mild temperatures, warm winters and hot dry summers, the high degree of humidity, which allows the trees to withstand droughts, as well as the region orography, which is a natural bar to cold winds. A common method of cultivation are terraces situated in places like the Sierra de Tramuntana with its steep cliffs over the sea: this is one of the most typical and symbolic landscapes on the island, an element which has always been characteristic to Mallorca. The terraces are south-facing, taking advantage of the slopes and the sunny position and are at the same time sheltered from the cold winds blowing from the north. The difficult access to these olive groves influence the cultivation techniques: productivity is lower, because the supply of nutritive material is inferior. In the same way the late harvest determines an oil that from an organoleptic point of view is different from an oil harvested early. The most common varieties are arbequina, empeltre, here known as mallorquina, and picual, which allow to obtain high organoleptic quality oils. Transformation is made with the traditional press method or the continuous-cycle system in 14 oil mills spread over the whole territory. Production in the last olive oil harvest was 602.2 tons of oil, equal to 0.05% of the total national quantity, with a strong increase of 100.87% compared to the previous year. To protect this tradition and quality there is also a denomination, the Pdo Aceite de Mallorca, which was granted in 2003. Moreover, the Pgi Aceite de Ibiza has been recently implemented.

Spagna Spain [ES] Islas Baleares

Altivo Agricultura - Cariñoso Agricultura

Cami de Son Valls
07260 Porreres (Mallorca)
Tel.: +43 732 673500
E-mail: office@sonvalls.com - Web: www.sonvalls.com

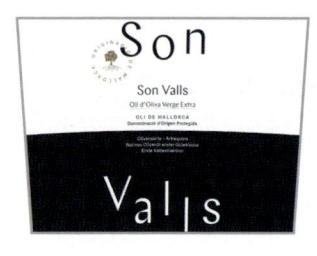

80

3 m

Specializzato
Specialized

Alberello
Tree

Meccanica
Mechanical harvesting

No - Ciclo continuo
No - Continuous cycle

Arbequina

Fruttato medio
Medium fruity

da 12,01 a 15,00 € - 500 ml
from € 12.01 to 15.00 - 500 ml

Confermiamo volentieri in Guida questo progetto piuttosto giovane che vede la luce nel 2000 a Porreres, nell'area centro-meridionale della provincia di Mallorca. Gli ideatori sono Hans Neunteufel e Kurt Helletzgruber che si prendono cura di 19mila alberi di cultivar arbequina piantati su 25 ettari di oliveto, all'interno di una più vasta tenuta di 110 ettari. Nella recente campagna sono stati ricavati 770 quintali di olive che hanno reso una produzione di 90 ettolitri di olio. L'etichetta proposta è l'Extravergine Son Valls Dop Aceite de Mallorca che appare alla vista di un bel colore giallo dorato intenso con delicate tonalità verdi, limpido. Al naso è composto, dotato di sentori di pomodoro acerbo e sfumature di pinolo, cui si affiancano note balsamiche di basilico, menta e prezzemolo. In bocca è morbido e armonico, con toni di cicoria, lattuga e sedano. Amaro e piccante presenti e dosati, con finale dolce in rilievo. Un abbinamento ottimo è con maionese, antipasti di orzo, aragosta bollita, carpaccio di ricciola, marinate di dentice, zuppe di piselli, risotto con gamberi, fritture di calamari, rombo al cartoccio, formaggi freschi a pasta molle, dolci lievitati.

Present again in our Guide, this fairly young project was created in 2000 in Porreres, in the south central area of the province of Mallorca. Founded by Hans Neunteufel and Kurt Helletzgruber, the farm consists of a larger estate of 110 hectares, 25 hectares of which are destined to olive grove with 19,000 trees of the cultivar arbequina. In the last harvest 770 quintals of olives were produced, equal to a yield of 90 hectolitres of extra virgin olive oil. The selection proposed to the panel is the Extra Virgin Son Valls Pdo Aceite de Mallorca, which is a beautiful intense limpid golden yellow colour with delicate green hues. Its aroma is fine and delicate, endowed with hints of unripe tomato and notes of pine nut, together with fragrant notes of basil, mint and parsley. Its taste is mellow and harmonic, with a flavour of chicory, lettuce and celery. Bitterness and pungency are present and complimentary, with a sweet finish. It would be ideal on mayonnaise, barley appetizers, boiled spiny lobster, amberjack carpaccio, marinated sea bream, pea soups, risotto with shrimps, fried squids, turbot baked in parchment paper, soft fresh cheese, yeast-raised cakes.

Francia
France

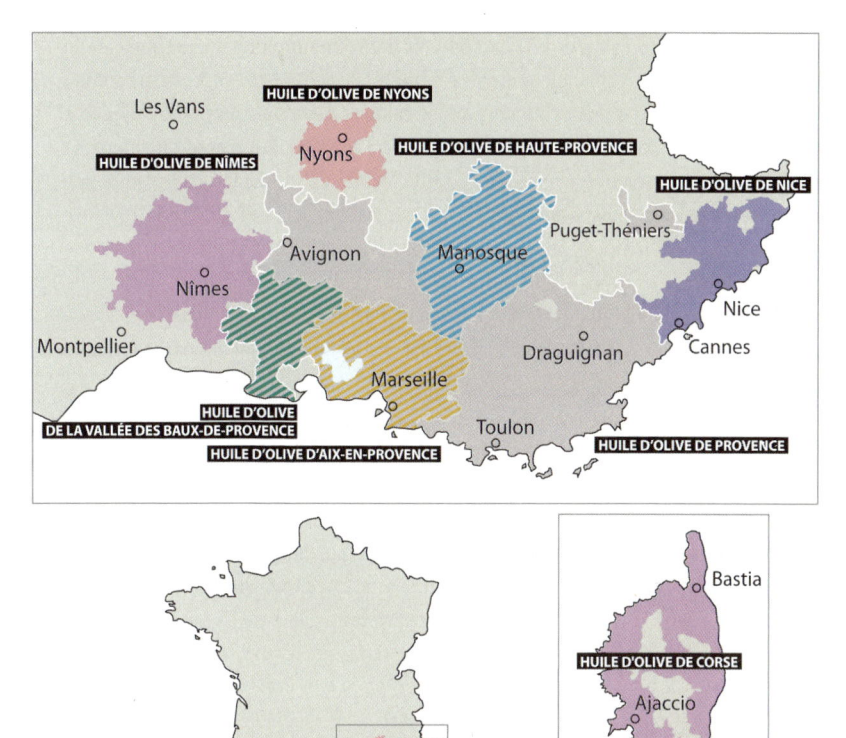

Dati Statistici

Superficie Olivetata Nazionale	22.000 (ha)
Frantoi	301
Produzione Nazionale 19-20	5.900,0 (t)
Produzione Nazionale 18-19	5.500,0 (t)
Variazione	+7,27%

International Olive Council - France Olive

Statistic Data

National Olive Surface	22,000 (ha)
Olive Oil Mills	301
National Production 19-20	5,900.0 (t)
National Production 18-19	5,500.0 (t)
Variation	+7.27%

La posizione geografica, al limite nord per la coltivazione dell'olivo, non la rende una terra olivicola d'elezione, tuttavia la Francia ha riscoperto un ruolo importante della pianta sacra all'interno dell'economia del paese, anche in considerazione delle virtù innegabili dei suoi prodotti per la gastronomia e la salute. Del resto l'albero dell'olivo ha una tradizione profondamente radicata in questa terra fin dall'antichità più remota: importato dai Fenici e dai Greci, la sua coltura si sviluppa per lo più in epoca romana. Ma il culmine della sua crescita lo raggiunge tra il XVIII e il XIX secolo: nel 1840 si contano ben 26 milioni di piante distribuite su 168mila ettari che, soltanto un secolo più tardi, l'esodo dei coltivatori dalle campagne e la crisi economica riducevano ad appena 80mila unità. E nel 1956 una rovinosa gelata accelerava ulteriormente il declino. Nell'epoca attuale è in atto un'inversione di tendenza e l'olivicoltura francese sta ritrovando tutto il suo vigore. Oggi le zone olivetate occupano 22mila ettari, con un numero di alberi produttivi che raggiunge i 3 milioni. Le aziende sono 5mila e 301 i frantoi. Il consumo di olio del paese si aggira intorno alle 101mila tonnellate, a fronte di una produzione che, nella campagna 2019-2020, è stata di 5.900 tonnellate, con un aumento del 7,27% rispetto all'annata precedente. Il consumo di olio pro capite è di 1,7 kg annui. Le aree olivicole si collocano in 13 dipartimenti di quattro regioni del sud della Francia: Provence-Alpes-Côte d'Azur, Languedoc-Roussillon, Rhône-Alpes e Région Corse. Data la diversità legata al territorio e al clima, che ha favorito le varietà autoctone come un rilancio del prodotto tipico, l'UE ha distinto ben otto Denominazioni di Origine Protetta. La Dop Huile d'Olive d'Aix-en-Provence corrisponde all'area collinare calcarea intorno alla città di Aix en Provence: qui l'olivicoltura è largamente praticata e le varietà più diffuse sono l'aglandau, la salonenque e la cayenne. La Dop Huile d'Olive de Haute-Provence ha il suo centro nella valle della Durance, sui primi contrafforti sassosi delle Prealpi, dove primeggia la varietà aglandau: gli oli sono tra i più vigorosi, intensi e piccanti. La Dop Huile d'Olive de la Vallée des Baux-de-Provence ricade nel cuore del Massif des Alpilles, una zona fatta di colline aride dove si trovano le varietà salonenque, aglandau e grossane. La Denominazione più recente, nel cuore del bacino olivicolo provenzale, è la Huile d'Olive de Provence che ha appena concluso l'iter burocratico e risulta finalmente attuata. La Dop Huile d'Olive de Nyons ha la sua zona tipica ai piedi del Mont Ventoux, dove le piante sono al riparo dai venti, come testimonia la varietà locale tanche, preservata dal gelo nel 1956: l'olio che se ne ricava ha una sottile nota di frutta secca. La Dop Huile d'Olive de Nice comprende una zona fatta di colline a strapiombo sul mare e terrazzamenti arroccati alle Alpi Marittime: al riparo dai venti, è l'habitat naturale per la varietà cailletier, presente in grandi piante secolari. La Dop Huile d'Olive de Nîmes è nella regione di Nîmes, circondata da colline di vigne e olivi dove le varietà sono picholine Languedoc, negrette e noirette; la Dop Huile d'Olive de Corse ricade in quella terra dove l'olivo fu portato dai Genovesi nel XVI secolo: una suggestiva "montagna sul mare" dove alberi enormi prosperano su terreni granitici e le olive appartengono a varietà locali come sabine, germaine, biancaghja e raspuluta.

Although France, on the northern border of olive cultivation, is not the spiritual olive growing home, the "sacred tree" has a central role in its economy thanks to the undisputable qualities of its products for gastronomy and health. Moreover, the olive tree has been deeply rooted in this territory since ancient times: imported by the Phoenicians and the Greeks, its cultivation developed under the Romans. But the apex of its growth was reached between the 18th and the 19th century: in 1840 there were 26 million trees distributed on 168,000 hectares, only a century later the exodus from the countryside and the economic crisis reduced them to only 80,000 units. In 1956 a damaging frost further accelerated decline. Fortunately this situation has changed in the last few years and today French olive growing is definitely recovering. Currently olive groves occupy 22,000 hectares with 3 million productive trees. There are 5,000 farms and 301 active oil mills. Olive oil consumption is around 101,000 tons compared with a production of 5,900 tons in the year 2019-2020, with an increase of 7.27% compared to the previous year. The per capita oil consumption in the country is 1.7 kg per year. In France olive groves are in 13 departments of four southern regions: Provence-Alpes-Côte d'Azur, Languedoc-Roussillon, Rhône-Alpes and Région Corse. Given the difference due to the territory and the climate that has favoured the autochthonous varieties allowing a re-launching of the typical product, EU has distinguished 8 Denominations of Protected Origin: the Pdo Huile d'Olive d'Aix-en-Provence corresponds to the calcareous hills around the city of Aix en Provence: here olive growing is largely practised and the most common varieties are aglandau, salonenque and cayenne. The Pdo Huile d'Olive de Haute-Provence is situated in the valley of Durance, on the first stony buttresses of the Prealps, where the variety aglandau prevails: this olive oil is among the most vigorous, intense and pungent of France. The Pdo Huile d'Olive de la Vallée des Baux de Provence is in the heart of the Massif des Alpilles, among arid hills, where the varieties are salonenque, aglandau and grossane. The most recent Denomination, which covers the heart of the Provencal olive area, is Huile d'Olive de Provence, which has finally been implemented. The Pdo Huile d'Olive de Nyons comes from an area at the foot of Mont Ventoux, where the trees are sheltered from the wind, as testified by the local variety tanche preserved from the cold winter of 1956; the extra virgin olive oil obtained has a fine note of dried fruit. The Pdo Huile d'Olive de Nice covers an area of hills falling sheer to the Mediterranean and terracing on the Maritime Alps. Sheltered from the wind it is the natural habitat for the variety cailletier, found in large century-old trees. The Pdo Huile d'Olive de Nîmes is in the region of Nîmes, surrounded by hills of vineyards and olive trees, where the varieties are picholine, negrette and noirette. The Pdo Huile d'Olive de Corse is situated in that land where in the 16th century people from Genoa brought the olive tree: a fascinating "mountain on the sea", where enormous trees flourish on granite soil. The local varieties are sabine, germaine, biancaghja, raspuluta.

Francia France [FR] Languedoc-Roussillon

Château de Montfrin

Château de Montfrin - Bôite Postal 1
30490 Montfrin (Gard)
Tel.: +33 466 575152
E-mail: moulindesombres@free.fr - Web: www.chateaudemontfrin.com

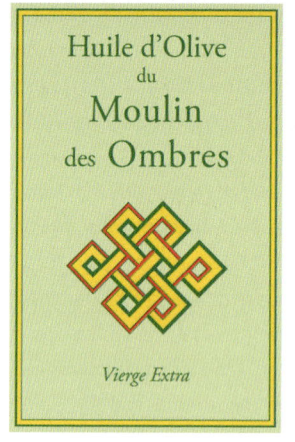

95

66 m

Promiscuo e specializzato
Promiscuous and specialized

Monocono, vaso
Monocone, vase

Brucatura a mano
Hand picking

Sì - Ciclo continuo
Yes - Continuous cycle

Fs17 (40%), petit ribiers (30%), coratina (20%), dahbia (10%)

Fruttato medio
Medium fruity

da 10,01 a 12,00 € - 500 ml
from € 10.01 to 12.00 - 500 ml

Confermiamo la presenza in Guida di Château de Montfrin, un'interessante realtà fondata nel 1996 da Jean René de Fleurieu, un vero pioniere dell'olivicoltura di qualità. Questa grossa azienda di 300 ettari, immersi nel cuore della Linguadoca, ne comprende 90 destinati agli oliveti, con 144mila piante appartenenti a un ricchissimo parco varietale. Quest'anno sono stati raccolti 4mila quintali di olive, pari a una resa di circa 611 ettolitri di olio. Segnaliamo l'etichetta proposta al panel, l'ottimo Extravergine Moulin des Ombres da Agricoltura Biologica che appare alla vista di un bel colore giallo dorato intenso con delicate venature verdi, limpido. Al naso è ampio e avvolgente, ricco di sentori di erbe officinali, con ricordo di menta e rosmarino, cui si affiancano note di mandorla e pepe nero. Al gusto è complesso ed elegante, con toni vegetali di carciofo, cicoria e lattuga. Amaro deciso e piccante spiccato e armonico. Eccellente l'abbinamento con bruschette con pomodoro, carpaccio di tonno, insalate di spinaci, radicchio alla griglia, zuppe di carciofi, primi piatti con salsiccia, polpo bollito, carni rosse o cacciagione arrosto, formaggi stagionati a pasta dura.

Present again in our Guide, Château de Montfrin is an interesting farm founded in 1996 by Jean René de Fleurieu, a real pioneer of quality olive growing. Placed in the heart of Languedoc, it consists of 300 hectares, 90 of which are destined to olive groves with 144,000 trees of a wide range of varieties. In the last harvest 4,000 quintals of olives were produced, equal to a yield of about 611 hectolitres of extra virgin olive oil. We recommend the selection proposed to the panel, the very good Extra Virgin Moulin des Ombres from Organic Farming, which is a beautiful intense limpid golden yellow colour with delicate green hues. Its aroma is ample and rotund, rich in hints of officinal herbs, especially mint and rosemary, together with notes of almond and black pepper. Its taste is complex and elegant, with a vegetal flavour of artichoke, chicory and lettuce. Bitterness is definite and pungency is distinct and harmonic. It would be ideal on bruschette with tomatoes, tuna carpaccio, spinach salads, grilled radicchio, artichoke soups, pasta with sausages, boiled octopus, roast red meat or game, hard mature cheese.

Francia France [FR] Rhône-Alpes

La Magnanerie

Hameau de Massargues - 265 Route de Pradelles
07150 Orgnac l'Aven (Ardèche)
Tel.: +33 475 370670
E-mail: domainelamagnanerie@gmail.com - Web: www.domainelamagnanerie.com

98

- 350 m
- Specializzato / Specialized
- Ipsilon / Y-trellis
- Brucatura a mano / Hand picking
- Sì - Ciclo continuo / Yes - Continuous cycle
- Leccio del corno
- Fruttato medio / Medium fruity
- oltre 50,01 € - 500 ml / more than € 50.01 - 500 ml

La conosciamo da tanti anni, l'abbiamo lodata e premiata, e non ci sbagliavamo perché si mantiene sulla cresta dell'onda. La Magnanerie è una giovane realtà guidata con passione e tanta voglia di fare da Eric Martin che gestisce a Massargues, nel dipartimento dell'Ardèche, un oliveto di 26 ettari con 8mila piante coltivate secondo il regime biologico. Dalla raccolta di quest'anno sono stati ricavati 700 quintali di olive e 76 ettolitri di olio. Segnaliamo l'ottimo Extravergine La Magnanerie - Cuvée Cosmos da Agricoltura Biologica che appare alla vista di un bel colore giallo dorato intenso con lievi riflessi verdi, limpido. Al naso si apre pulito e avvolgente, ricco di note balsamiche di menta e rosmarino, affiancate da sentori vegetali di carciofo e cicoria selvatica. Al gusto è fine e di personalità, con toni di lattuga, sfumature speziate di pepe nero e netto ricordo di mandorla. Amaro spiccato e piccante deciso e armonico. È perfetto per bruschette con pomodoro, funghi porcini ai ferri, insalate di polpo, radicchio alla brace, zuppe di fagioli, primi piatti con tonno, pesce azzurro gratinato, cacciagione di piuma o pelo alla griglia, formaggi stagionati a pasta dura.

Present in our Guide for many years, over time La Magnanerie has been praised and rewarded. Also the present result confirms its good position. It is a young farm run with passion and enthusiasm by Eric Martin in Massargues, in the deparment of Ardèche. The olive grove covers 26 hectars with 8,000 trees and is operated according to organic farming. In the last harvest 700 quintals of olives were produced, which allowed to yield 76 hectolitres of oil. We recommend the very good Extra Virgin selection La Magnanerie - Cuvée Cosmos from Organic Farming, which is a beautiful intense limpid golden yellow colour with slight green hues. Its aroma is clean and rotund, rich in fragrant notes of mint and rosemary, together with vegetal hints of artichoke and wild chicory. Its taste is fine and strong, with a flavour of lettuce, spicy notes of black pepper and a distinct note of almond. Bitterness is distinct and pungency is definite and harmonic. It would be ideal on bruschette with tomatoes, grilled porcini mushrooms, octopus salads, barbecued radicchio, bean soups, pasta with tuna, blue fish au gratin, grilled game birds or animals, hard mature cheese.

Francia France [FR] Provence-Alpes-Côte d'Azur

Domaine Salvator

Dabisse
04190 Les Mées (Alpes-de-Haute-Provence)
Tel.: +33 492 340045
E-mail: moulin@domainesalvator.fr - Web: www.domainesalvator.fr

98

- 450 m
- Promiscuo / Promiscuous
- Alberello / Tree
- Brucatura a mano / Hand picking
- Sì - Ciclo continuo / Yes - Continuous cycle
- Bouteillan (90%), aglandau (10%)
- Fruttato medio / Medium fruity
- da 15,01 a 18,00 € - 500 ml / from € 15.01 to 18.00 - 500 ml

Domaine Salvator conferma la sua splendida posizione in Guida. Parliamo di una proprietà che appartiene ai Pinatel dal 1904, in un'area limite per la coltivazione dell'olivo. Oggi Frédéric e Sophie, la quinta generazione della famiglia, praticano l'olivicoltura su 45 ettari dei 140 aziendali, destinati ad altre coltivazioni, e quest'anno ricavano, dai 12mila alberi, 1.900 quintali di olive e 230 ettolitri di olio. Segnaliamo l'unica selezione proposta per la Guida, l'Extravergine Cuvée Paradis Dop Huile d'Olive de Provence che si presenta alla vista di un bel colore giallo dorato intenso con delicate gradazioni verdi, limpido. Al naso è sottile e composto, dotato di sentori di pomodoro acerbo, banana e mela bianca, cui si affiancano sfumature aromatiche di basilico, menta e prezzemolo. Al gusto è morbido e armonico, con ricordo vegetale di lattuga di campo e sedano. Amaro ben espresso e piccante presente ed equilibrato. Perfetto su bruschette con verdure, insalate di orzo, marinate di ricciola, patate al cartoccio, zuppe di ceci, primi piatti con asparagi, molluschi gratinati, tartare di salmone, pollame o carni di agnello al forno, formaggi freschi a pasta filata.

Present again with a result confirming its splendid position in our Guide, Domaine Salvator has been owned by the family Pinatel since 1904 and is placed in an extreme area for olive cultivation. Today Frédéric and Sophie, the fifth generation of the family, run 140 hectares of surface, 45 of which destined to olive grove with 12,000 trees. In the last harvest 1,900 quintals of olives and 230 hectolitres of oil were produced. We recommend the only selection proposed to the Guide, the Extra Virgin Cuvée Paradis Pdo Huile d'Olive de Provence, which is a beautiful intense limpid golden yellow colour with delicate green hues. Its aroma is fine and delicate, endowed with hints of unripe tomato, banana and white apple, together with aromatic notes of basil, mint and parsley. Its taste is mellow and harmonic, with a vegetal flavour of country lettuce and celery. Bitterness is distinct and pungency is present and well balanced. It would be ideal on bruschette with vegetables, barley salads, marinated amberjack, baked potatoes, chickpea soups, pasta with asparagus, mussels au gratin, salmon tartare, baked poultry or lamb, mozzarella cheese.

Francia France [FR] Provence-Alpes-Côte d'Azur

Domaine de La Lieutenante

Moulès - Chemin de Cabane de Bégué
13280 Arles (Bouches-du-Rhône)
Tel.: +33 490 978853
E-mail: info@lalieutenante.com - Web: www.lalieutenante.com

92

45 m

Specializzato
Specialized

Vaso aperto
Open vase

Brucatura a mano
Hand picking

No - Ciclo continuo
No - Continuous cycle

Aglandau (55%),
verdale des Bouches du Rhone (25%),
salonenque (10%), altre/others (10%)

Fruttato medio
Medium fruity

da 15,01 a 18,00 € - 500 ml
from € 15.01 to 18.00 - 500 ml

Confermiamo con piacere, con una prestazione sempre convincente, quest'azienda che ha una bella storia da raccontare, quella di Laurent Bélorgey, giovane ingegnere che decide di dedicarsi totalmente al mestiere tramandatogli dalla sua famiglia e di divenire oliveron a tempo pieno. Oggi dispone di un patrimonio di 13mila piante, che prosperano su 48 ettari di oliveto, dalle quali sono stati raccolti quest'anno 340 quintali di olive, pari a una resa di 43 ettolitri di olio. Segnaliamo l'Extravergine La Lieutenante Dop Huile d'Olive de la Vallée des Baux-de-Provence, di un bel colore giallo dorato intenso, limpido. Al naso si apre sottile e composto, dotato di sentori aromatici di basilico e prezzemolo, cui si affiancano note fruttate di pomodoro acerbo, mela bianca e banana. Al gusto è morbido e armonico, con toni vegetali di cicoria selvatica, lattuga e sedano. Amaro e piccante presenti e dosati, con chiusura dolce in rilievo. È un perfetto accompagnamento per antipasti di salmone, insalate di legumi, marinate di ricciola, verdure ai ferri, zuppe di farro, risotto con carciofi, molluschi gratinati, tartare di ricciola, pollame o carni di agnello al forno, formaggi caprini.

Another convincing result for a farm with a beautiful story: the one of Laurent Bélorgey, a young engineer who decided to take up his family's traditional activity and become a full-time oliveron. Today he runs 48 hectares of olive grove with 13,000 trees. In the last harvest 340 quintals of olives were produced, equal to a yield of 43 hectolitres of extra virgin olive oil. We recommend the Extra Virgin selection La Lieutenante Pdo Huile d'Olive de la Vallée des Baux-de-Provence, which is a beautiful intense limpid golden yellow colour. Its aroma is fine and delicate, endowed with aromatic hints of basil and parsley, together with fruity notes of unripe tomato, white apple and banana. Its taste is mellow and harmonic, with a vegetal flavour of wild chicory, lettuce and celery. Bitterness and pungency are present and complimentary, with a sweet finish. It would be ideal on salmon appetizers, legume salads, marinated amberjack, grilled vegetables, farro soups, risotto with artichokes, mussels au gratin, amberjack tartare, baked poultry or lamb, goat cheese.

Francia France [FR] Provence-Alpes-Côte d'Azur

Moulin des Terroirs de Saint Laurent

Campagne Saint Laurent - Bôite Postal 7
84120 Beaumont de Pertuis (Vaucluse)
E-mail: ochs@oliverons.fr - Web: www.oliverons.fr

94

380 m

Specializzato
Specialized

Alberello, forma libera
Tree, free form

Brucatura a mano
Hand picking

Sì - Ciclo continuo e tradizionale a presse
Yes - Continuous cycle and traditional press system

Aglandau

Fruttato medio
Medium fruity

da 30,01 a 35,00 € - 500 ml
from € 30.01 to 35.00 - 500 ml

Chantal e Patrick Ochs dal 1993 sono alla guida, con competenza e passione, di un frantoio di ultima generazione e di un oliveto da non molto razionalizzato per favorire lo sviluppo di ciascuna pianta. Parliamo di circa 8 ettari di superficie con 1.700 alberi appartenenti a diverse cultivar dai quali, nell'ultima campagna, sono stati raccolti 60 quintali di olive che hanno prodotto più di 8 ettolitri di olio. Segnaliamo l'etichetta proposta, l'Extravergine Elixir d'Olivier - Fougueuse da Agricoltura Biologica: appare alla vista di un bel colore giallo dorato intenso con delicate sfumature verdi, limpido. Al naso si apre ampio e avvolgente, dotato di note fruttate di pomodoro acerbo, banana e mela bianca, accompagnate da sentori aromatici di erbe officinali, con ricordo di basilico e prezzemolo. In bocca è morbido e armonico, con toni vegetali di fave, lattuga di campo e sedano. Amaro ben espresso e piccante presente e dosato. È eccellente su antipasti di salmone, bruschette con verdure, insalate di orzo, marinate di ricciola, passati di fagioli, risotto con carciofi, molluschi gratinati, seppie arrosto, pollame o carni di agnello al forno, formaggi freschi a pasta filata.

Since 1993 Chantal and Patrick Ochs have been running their farm with competence and passion. It consists of a modern oil mill and an olive grove that has recently been rationalized to favour the development of each plant. There are about 8 hectares of surface with 1,700 trees of several cultivars. In the last harvest 60 quintals of olives were produced, with a yield of over 8 hectolitres of oil. We recommend the selection proposed, the Extra Virgin Elixir d'Olivier- Fougueuse from Organic Farming, which is a beautiful intense limpid golden yellow colour with delicate green hues. Its aroma is ample and rotund, endowed with fruity notes of unripe tomato, banana and white apple, together with aromatic hints of officinal herbs, especially basil and parsley. Its taste is mellow and harmonic, with a vegetal flavour of broad beans, country lettuce and celery. Bitterness is distinct and pungency is present and complimentary. It would be ideal on salmon appetizers, bruschette with vegetables, barley salads, marinated amberjack, bean purée, risotto with artichokes, mussels au gratin, roast cuttlefish, baked poultry or lamb, mozzarella cheese.

Svizzera
Switzerland

Aree olivetate o a vocazione olivicola • *Olive growing areas or areas suitable to olive growing*

Dati Statistici
Superficie Olivetata Nazionale	n.p.
Frantoi	2
Produzione Nazionale 19-20	0,1 (t)
Produzione Nazionale 18-19	1,5 (t)
Variazione	- 93,33%

Statistic Data
National Olive Surface	n/a
Olive Oil Mills	2
National Production 19-20	0.1 (t)
National Production 18-19	1.5 (t)
Variation	- 93.33%

International Olive Council - Federal Food Safety and Veterinary Office

Tutto ci si aspetterebbe tranne che la Svizzera, paese alpino senza sbocco sul mare il cui territorio è quasi totalmente occupato da montagne, possa essere annoverata tra i paesi olivicoli. Ma in realtà al suo interno si distinguono diverse aree geografiche e il clima presenta una notevole variabilità tra zone, anche in spazi ristretti. Le regioni a sud delle Alpi sono caratterizzate da un clima più mite, con inverni meno nevosi e più brevi rispetto a quelle del nord. E proporio nel Canton Ticino, il più meridionale della Svizzera, sono in atto da alcuni anni iniziative interessanti per promuovere l'olivicoltura, laddove nel resto del paese la pianta è conosciuta solo come ornamento. E si delineano anche le prime realtà produttive. Ma non è soltanto storia recente: c'è infatti una tradizione olivicola nel Ticino con la presenza, molti secoli fa, di boschi di alberi selvatici sul monte Arbostora, intorno a Lugano. Allora si sceglievano le piante più sane, da trapiantare nelle zone soleggiate in vicinanza del lago, le quali davano piccoli frutti; chi li voleva più grossi ricorreva all'innesto. Da alcuni documenti del 769 e poi del 1300 si deduce che la coltivazione fosse già sviluppata, qui e nei dintorni di Locarno, e che la produzione di olio ricoprisse un certo rilievo. Ma i rigidissimi inverni del 1494, 1600 e 1709 distruggono quasi interamente gli oliveti, e da allora questi sono sostituiti dai gelsi per la sericoltura. Tuttavia la pianta sopravvive, come si legge nei diari di alcuni viaggiatori del XVIII secolo: nel 1779 in un podere di Castagnola pare che vegetassero 40 olivi che resero quell'anno 140 litri di olio. E ancora all'inizio del secolo scorso se ne trovavano altri nei vigneti e nei giardini di Campione, Bissone, Maroggia, sulle falde meridionali del monte San Salvatore e dell'Arbostora, e poi a Castagnola, Gandria, Rancate e ai piedi del Monte San Giorgio. Ma soltanto a Gandria si produceva olio, in quantità minime e per l'illuminazione del paese. Per intravedere una ripresa dell'olivicoltura orientata all'estrazione dell'olio bisogna attendere gli anni Novanta, quando un'azienda di viticoltori già posizionata decide di scommettere sull'olivo, piantando 350 alberi nelle proprie tenute di Coldrerio, in località Colle degli Ulivi, e altri 150 a Gandria e a Morcote, sul lago. Nel 2001 nasce poi l'Associazione Amici dell'Olivo per reintrodurre la pianta nella Svizzera del sud e promuoverne la conoscenza. Al suo interno un traguardo importante è la realizzazione, nel 2004, del Sentiero dell'Olivo tra Gandria e Castagnola: un percorso didattico di 3,5 km, in un'area di antichi oliveti, che racconta e valorizza la pianta sacra e i suoi prodotti. Oggi gli olivi nel Ticino sono circa 6mila, non tutti sfruttati per la produzione di olio. Gli impianti, per lo più di tipo familiare, si trovano a Coldrerio, Besazio, Mendrisio (distretto di Mendrisio); Gandria, Morcote, Castelrotto, Sonvico (distretto di Lugano); Sementina, Gudo (distretto di Bellinzona); Losone (distretto di Locarno). Le cultivar più diffuse sono: leccino, pendolino, maurino e frantoio; seguite da bianchera, leccio del corno e ascolana. Le aziende sono 2, come pure i frantoi. Di questi uno è messo a disposizione dall'Associazione Amici dell'Olivo. La produzione di olio è molto esigua: 0,1 tonnellate quest'anno, con una diminuzione del 93,33% rispetto all'annata precedente. Il consumo nazionale si aggira intorno alle 15mila tonnellate, quantità importata soprattutto dall'Italia, quello pro capite è di 2 kg annui.

Switzerland is not supposed to be favourable to olive growing, as it is an Alpine country, whose territory is occupied almost entirely by mountains and without access to the sea. However, there are several geographic areas and the climate varies considerably even at a short distance. The regions to the south of the Alps are influenced by a milder climate, with shorter winters and less snowfall than in the north. In fact, in Canton Ticino, the most southern district in Switzerland, interesting initiatives have been carried out in the last few years to promote olive growing, whereas in the rest of the country this plant is known only as an ornament. At the moment there are also some farms that are starting to produce. In spite of this recent development, olive growing in Ticino has an old tradition, shown by the presence, many centuries ago, of woods of wild olive trees on mount Arbostora, near Lugano. At the time the healthiest trees were selected to be planted in the sunniest areas, near the lake. They produced small fruits, therefore, in order to obtain bigger ones, grafting was used. Some documents dating back to 769 and 1300 testify to the existence of olive cultivation here and near Locarno and to a quite relevant oil production. However, the rigid winters of 1494, 1600 and 1709 destroyed olive groves almost completely and later these were replaced by the cultivation of mulberry trees for sericulture. Nevertheless, the olive tree managed to survive, as we can read in the reports of some important 18th century travellers: in 1779 in a farmhouse in Castagnola 40 olive trees are thought to have produced 140 litres of oil. At the beginning of the last century others could still be found in the vineyards and gardens in Campione, Bissone, Maroggia, on the southern slopes of Mount San Salvatore and Arbostora and also in Castagnola, Gandria, Rancate and at the foot of Mount San Giorgio. However, only in Gandria a small amount of oil was produced for the illumination of the town. A type of olive growing oriented to oil extraction did not develop until the 90s, when a well established wine farm decided to invest in olive growing, planting 350 trees on its estates in Coldrerio, in Colle degli Ulivi, and other 150 trees in Gandria and Morcote, near the lake. In addition, in 2011 the Association Amici dell'Olivo was created with the double aim of reintroducing the plant in southern Switzerland and promoting its culture. Another important achievement was obtained in 2004, with the realization of the Sentiero dell'Olivo between Gandria and Castagnola, an educational path of 3.5 km, in an area of ancient olive groves, which recounts and enhances the sacred plant and its products. Today there are about 6,000 olive trees in Ticino, not entirely used for the production of oil. The mainly family-run olive groves are located in Coldrerio, Besazio, Mendrisio (district of Mendrisio); Gandria, Morcote, Castelrotto, Sonvico (district of Lugano); Sementina, Gudo (district of Bellinzona); Losone (district of Locarno). The most common cultivars are: leccino, pendolino, maurino and frantoio, followed by bianchera, leccio del corno and ascolana. There are 2 farms and 2 oil mills, one of which is available to the Association Amici dell'Olivo. The production of oil is very small: 0.1 tons this year, with a decrease of 93.33% compared to the previous year. National consumption is around 15,000 tons, a quantity imported mainly from Italy, while the per capita consumption is 2 kg per year.

CLEMENTE
technological and mechanical advancement

Italia
Italy

Distribuzione delle aree olivicole spagnole in rapporto alla produzione
Distribution of the Spanish olive areas compared to productions

- Assente Absent
- Bassa Low
- Media Medium
- Alta High

Regioni	2018-2019 (t)	2019-2020* (t)	Variazione (%) 2018-2019 2019-2020	Quota 2019-2020 (%)	Ettari Olivetati** (ha)	Quota Ettari (%)	Frantoi Attivi (n.)
Piemonte	21,1	2,5	-88,15	0,00	132	0,01	4
Liguria	5.245,3	1.447,6	-72,40	0,40	16.840	1,45	135
Lombardia	1.480,9	122,8	-91,71	0,03	2.394	0,21	20
Trentino Alto Adige	494,2	89,8	-81,83	0,02	392	0,02	7
Veneto	3.651,7	319,8	-91,24	0,09	5.160	0,44	42
Friuli Venezia Giulia	155,5	57,0	-63,34	0,02	625	0,05	9
Emilia Romagna	1.258,4	785,0	-37,62	0,21	4.155	0,36	39
Toscana	20.787,6	9.930,0	-52,23	2,71	89.929	7,72	380
Marche	2.219,5	2.424,3	+9,23	0,66	9.606	0,82	156
Umbria	6.395,4	3.825,3	-40,19	1,04	27.001	2,32	213
Lazio	8.746,3	10.906,5	+24,70	2,98	82.931	7,12	307
Abruzzo	7.145,8	8.927,7	+24,94	2,44	41.895	3,60	335
Molise	2.390,8	2.876,6	+20,32	0,79	14.335	1,23	100
Campania	6.775,7	15.555,8	+129,58	4,25	75.763	6,51	363
Puglia	73.108,4	212.563,3	+190,75	58,00	384.300	33,00	819
Basilicata	1.260,1	6.451,4	+411,98	1,76	26.086	2,24	124
Calabria	14.010,9	51.455,2	+267,25	14,04	184.529	15,85	757
Sicilia	18.108,5	34.352,8	+89,71	9,37	157.891	13,56	593
Sardegna	1.661,0	4.375,4	+163,42	1,19	40.604	3,49	80
ITALIA	**174.917,1**	**366.468,8**	**+109,51**	**100,00**	**1.164.568**	**100,00**	**4.483**
Nord	12.307,1	2.824,5	-77,05	0,77	29.698	2,54	256
Centro	38.148,8	27.086,1	-29,00	7,39	209.467	17,98	1.056
Sud	124.461,2	336.558,2	+170,41	91,84	925.403	79,48	3.171

* Dati provvisori - Service Institute for the Agricultural and Food Market on data from the Agency for Agricultural Payments. **National Institute of Statistics

Regions	2018-2019 (t)	2019-2020* (t)	Variation (%) 2018-2019 2019-2020	Quota 2019-2020 (%)	Olive Hectares** (ha)	Hectares Quota (%)	Active Olive Oil Mills (n.)
Piemonte	21.1	2.5	-88.15	0.00	132	0.01	4
Liguria	5,245.3	1,447.6	-72.40	0.40	16,840	1.45	135
Lombardia	1,480.9	122.8	-91.71	0.03	2,394	0.21	20
Trentino Alto Adige	494.2	89.8	-81.83	0.02	392	0.02	7
Veneto	3,651.7	319.8	-91.24	0.09	5,160	0.44	42
Friuli Venezia Giulia	155.5	57.0	-63.34	0.02	625	0.05	9
Emilia Romagna	1,258.4	785.0	-37.62	0.21	4,155	0.36	39
Toscana	20,787.6	9,930.0	-52.23	2.71	89,929	7.72	380
Marche	2,219.5	2,424.3	+9.23	0.66	9,606	0.82	156
Umbria	6,395.4	3,825.3	-40.19	1.04	27,001	2.32	213
Lazio	8,746.3	10,906.5	+24.70	2.98	82,931	7.12	307
Abruzzo	7,145.8	8,927.7	+24.94	2.44	41,895	3.60	335
Molise	2,390.8	2,876.6	+20.32	0.79	14,335	1.23	100
Campania	6,775.7	15,555.8	+129.58	4.25	75,763	6.51	363
Puglia	73,108.4	212,563.3	+190.75	58.00	384,300	33.00	819
Basilicata	1,260.1	6,451.4	+411.98	1.76	26,086	2.24	124
Calabria	14,010.9	51,455.2	+267.25	14.04	184,529	15.85	757
Sicilia	18,108.5	34,352.8	+89.71	9.37	157,891	13.56	593
Sardegna	1,661.0	4,375.4	+163.42	1.19	40,604	3.49	80
ITALY	**174,917.1**	**366,468.8**	**+109.51**	**100.00**	**1,164,568**	**100.00**	**4,483**
North	12,307.1	2,824.5	-77.05	0.77	29,698	2.54	256
Centre	38,148.8	27,086.1	-29.00	7.39	209,467	17.98	1,056
South	124,461.2	336,558.2	+170.41	91.84	925,403	79.48	3,171

* Provisional data. - Service Institute for the Agricultural and Food Market on data from the Agency for Agricultural Payments. **National Institute of Statistics

L'Italia seguita a distinguersi tra i paesi mediterranei come terra olivicola per eccellenza: per tradizione della coltura, per radicamento della pianta sul territorio nonché per qualità del prodotto finale. L'albero dell'olivo è diffuso lungo l'intera penisola: attualmente non solo in Piemonte, ma persino in Valle d'Aosta, sono in corso o si stanno attivando sperimentazioni mirate a reintrodurre questa coltivazione che era viva nel passato e che successivamente è stata abbandonata per ragioni soprattutto climatiche. C'è ovunque un'olivicoltura che ha delle basi consolidate nel corso di millenni di storia. Diamo qualche dato: la superficie olivetata è di un milione 164.568 ettari sui quali trova dimora un patrimonio di 179 milioni 334.841 piante. Le zone più vocate sono quelle collinari, poi quelle montuose e, in piccola parte, le pianure o altipiani. Nella filiera olivicola è impegnato oltre un milione di addetti e i frantoi attivi sono 4.483. Nella campagna 2019-2020 la produzione ha raggiunto le 366.468,8 tonnellate di olio, con un aumento del 109,51% rispetto all'annata precedente. La stragrande maggioranza (91,84%) proviene dalle regioni del Meridione, seguite dal Centro (7,39%) e dal Settentrione (0,77%). Primeggiano per volumi, nell'ordine, Puglia, Calabria, Sicilia e Campania, che insieme raggiungono l'85,66% del totale nazionale, seguite da Lazio, Toscana, Abruzzo e Basilicata che rappresentano il 9,88%. Il consumo interno si attesta sulle 500mila tonnellate, a fronte di un consumo pro capite di 8,9 kg annui. L'olivicoltura costituisce un importante contributo per le singole economie agricole regionali, soprattutto nelle aree più vocate del Mezzogiorno: in regioni come Puglia e Calabria l'olio costituisce una delle voci più importanti dell'intero comparto agricolo. Ma la vera ragione del primato italiano sta nel ricchissimo e complesso parco varietale: infatti a oggi sono state censite 695 cultivar che danno origine a oli di altissima qualità. Se infatti l'Italia ha ceduto alla Spagna il primato mondiale per i volumi prodotti, continua tuttavia a essere regina nell'eccellenza qualitativa. Posizione che riguarda tutti i gradini della filiera: dalla coltivazione, alla raccolta, alla trasformazione, attuate mediante tecnologie sempre più moderne e compatibili con la materia prima e con l'ambiente. E tutto questo all'interno di un panorama assai delicato: l'olivicoltura italiana infatti è strutturalmente fragile e disomogenea, per via di un marcato iperfrazionamento, per cui l'ambito produttivo è saturato da un gran numero di olivicoltori che ottengono volumi esigui, prediligendo la valorizzazione ambientale e storica dell'olivo anziché investire in impianti maggiormente razionalizzati, e da altrettanti frantoiani e imbottigliatori. Mancano ancora elementi di sinergia nel comparto e i singoli produttori non sono sufficientemente supportati né dalle istituzioni, né dalle associazioni di categoria, né dalla ricerca scientifica: lo dimostra il fatto che non sia stato reso ancora operativo un piano olivicolo nazionale; e a questo si aggiungono lo scarso incremento annuo delle superfici impiantate, i ridottissimi volumi degli oli imbottigliati a Denominazione di Origine Protetta e la carenza di adeguate strategie comunicazionali. Se contiamo poi la presenza di un forte nucleo di multinazionali che monopolizzano il mercato con prodotti standard a prezzi contenuti, si comprende come puntare esclusivamente su un mercato di nicchia sia una scelta pressoché obbligata.

Italy is the land of olive par excellence for the tradition of this cultivation, for the presence of this tree in the territory and for the quality of the end product. In fact, olive cultivation covers the whole peninsula, since at the moment not only in Piemonte, but even in Valle d'Aosta experimentation is in progress to reintroduce the tradition, once present but later abandoned mainly for climatic reasons. In short, there is olive growing everywhere consolidated over thousands of years of history. Currently there are 1 million 164,568 hectares of olive surface with 179 million 334,841 trees. The most suitable areas are mainly situated on the hills, sometimes in the mountains and in a small part in the lowlands or in the highlands. The olive oil sector involves over a million workers and the active oil mills are 4,483. In the last oil harvest 366,468.8 tons of oil were produced, with an increase of 109.51% compared to the previous year. The majority (91.84%) comes from the regions of the south, followed by the centre (7.39%) and then the north (0.77%). Puglia, Calabria, Sicilia and Campania stand out in order of importance, together they produce 85.66% of the total national quantity, followed by Lazio, Toscana, Abruzzo and Basilicata with a quota of 9.88%. Domestic consumption is around 500,000 tons, while the per capita consumption is 8.9 kg per year. As regards the economic contribution of olive growing to the single regional agricultural economy, its absolute importance is confirmed in the most favourable areas of the south: in regions like Puglia and Calabria olive oil constitutes one of the most important resources of the whole agricultural sector. But the true reason for the Italian record is in the rich and complex number of varieties - 695 cultivars have been censused, which produce excellent extra virgin olive oils. If Italy has handed over the record of greatest world producer to Spain, it certainly maintains the position of leader for its high quality. This result extends to all levels of the olive oil sector: from agronomy and harvesting to transformation, effected through technologies ever more specialized in their treatment of raw materials and their respect for the environment. All this takes place in a very complex reality: the Italian olive oil industry is in fact structurally weak, characterized by a lack of homogeneity due to considerable iper-splitting, therefore the productive circle is saturated by too many olive growers who produce a limited quantity - having a preference for the environmental and historical enhancement of the olive tree instead of investing in more rational and productive groves - and by equally as many oil millers and bottlers. What emerges is a lack of synergy in the sector, in which the single producers are supported neither at institutional level, nor by trading associations or scientific research: this is shown by the lack of a national olive growing plan, by the consequent small annual increase of the olive growing surfaces, the reduced volumes of the Pdo bottled oil and the absolute lack of communication strategies. Moreover, the presence in Italy of a strong nucleus of multinational companies that monopolize the market with an average quality product at low cost makes it necessary to aim exclusively at a niche market.

Intervento realizzato con il cofinanziamento FEASR
del Programma di Sviluppo Rurale 2014-2020 della Regione Toscana - sottomisura 3.2

TOSCANO
PER DAVVERO

L'Extravergine Toscano IGP
è frutto della terra toscana al 100%.
Dal 1997 il **Consorzio per la tutela dell'Olio Extravergine di Oliva Toscano IGP**
ne garantisce l'autenticità grazie
al contrassegno sul collo di bottiglia.
Il codice impresso ti permette di conoscere
chi ha coltivato le olive, chi le ha frante
e chi ha imbottigliato l'olio.

Un percorso sicuro e tracciabile,
dall'oliva alla bottiglia.
Per davvero.

Consorzio per la tutela dell'Olio Extravergine di Oliva Toscano IGP

www.oliotoscanoigp.it

Piemonte

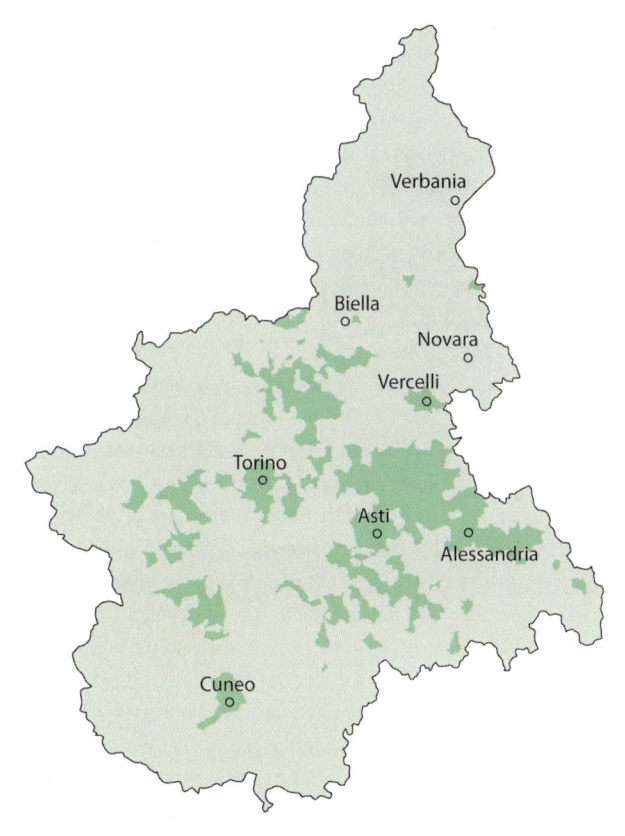

Aree olivetate o a vocazione olivicola • *Olive growing areas or areas suitable to olive growing*

Dati Statistici		**Statistic Data**	
Superficie Olivetata Nazionale	1.164.568 (ha)	National Olive Surface	1,164,568 (ha)
Superficie Olivetata Regionale	132 (ha)	Regional Olive Surface	132 (ha)
Quota Regionale	0,01%	Regional Quota	0.01%
Frantoi	4	Olive Oil Mills	4
Produzione Nazionale 19-20	366.468,8 (t)	National Production 19-20	366,468.8 (t)
Produzione Regionale 19-20	2,5 (t)	Regional Production 19-20	2.5 (t)
Produzione Regionale 18-19	21,1 (t)	Regional Production 18-19	21.1 (t)
Variazione	- 88,15%	Variation	- 88.15%
Quota Regionale	0,00%	Regional Quota	0.00%

National Institute of Statistics
Service Institute for the Agricultural and Food Market on data from the Agency for Agricultural Payments

Strano a dirsi, ma anche il Piemonte è una terra olivicola. Nonostante fino a non molti anni fa le statistiche la annoverassero tra le regioni prive di questa coltura, oggi sappiamo invece che questi dati sono superati e che in Piemonte si pratica l'olivicoltura non solo sulle colline più riparate e soleggiate, ma persino nelle vallate alpine. Anzi, proprio negli ultimi anni, si sta assistendo al fiorire di numerosi impianti di olivo e all'incremento della produzione di olio, stante ovviamente la normale alternanza. A questo proposito diamo qualche dato numerico: una superficie di 132 ettari olivetati, che rappresenta lo 0,01% del totale nazionale, 4 frantoi attivi sul territorio e una produzione che, nella campagna olearia 2019-2020, si attesta sulle 2,5 tonnellate di olio, con una forte diminuzione dell'88,15% rispetto all'annata precedente. Del resto la presenza di questa pianta e la sua coltivazione in Piemonte non sono un fatto recente, ma hanno radici molto profonde nel passato. Non mancano le testimonianze: nella zona di Biella già i Romani praticavano l'olivicoltura, come pure nel Torinese, in Val Pellice e in Val di Susa esistevano delle zone vocate. Durante il Medioevo nel Canavese vigeva più di una legge mirata a incentivare gli impianti olivicoli. E almeno fino a tutto il XIV secolo l'olio era in gran parte una produzione locale e gli impianti erano diffusi sia nell'area pedemontana che in quella padana: nelle Langhe e nel Monferrato, dove il terreno argilloso o ghiaioso si adatta alla pianta; nel Canavese, in particolare intorno al Lago di Viverone dove il clima è più mite e temperato; nonché nel Novarese e sul Lago d'Orta, zone più protette dalle intemperie. Crescevano olivi anche laddove terreno e clima sembravano inadatti, probabilmente per le esigenze degli istituti ecclesiastici per i quali l'olio era indispensabile per i riti religiosi. Si menzionano quindi esemplari anche nell'area di Cuneo, Saluzzo e Asti. L'olivicoltura prospera dunque fino a tutto il 1700, addirittura in concorrenza con la viticoltura; e l'olio era prodotto in quantità considerevole. Il primo fiero colpo subito è quello della gelata del 1789 cui segue un grave abbandono. L'ultima testimonianza di produzioni olearie risale al 1911; otto anni dopo nel Monferrato vengono estirpati gli ultimi oliveti e in produzione rimangono solo piante isolate. Anche i frantoi vengono chiusi e definitivamente smantellati. Bisogna attendere l'inizio degli anni Ottanta del secolo scorso per trovare i primi segnali di una ripresa di vigore, con l'introduzione di nuovi alberi che hanno permesso la realizzazione di impianti pionieri. L'olivicoltura suscita interesse in Piemonte sia come alternativa meno dispendiosa di manodopera rispetto alla vite, sia come elemento di tutela del paesaggio, essendo l'olivo una pianta adatta al recupero e alla valorizzazione dei versanti soleggiati di aree abbandonate o degradate. Attualmente la distribuzione degli impianti e delle aziende, che raggiungono il numero di 223, si trova in buona parte nel Monferrato, nella zona di Alessandria, oltre che in quelle di Torino, Cuneo e Asti dove si concentra la produzione. Le varietà da olio diffuse sono quelle che più resistono a freddo e malattie: leccino, frantoio, pendolino e leccio del corno. Ma sono in corso ricerche per studiare quali siano invece le varietà più adatte al terreno, garantendo in futuro un incremento della produzione e un miglioramento della qualità.

It may sound strange, but also Piemonte is an olive growing area. Even though only a few years ago statistics included it in the regions where olive cultivation was not present, today these data no longer stand. In Piemonte olive growing takes place not only on the sheltered and sunny hills, but also in the alpine valleys. In fact, especially in recent years, numerous olive groves have been started and, in spite of the normal alternation, olive oil production has generally increased. These are the present figures: a surface of 132 olive hectares, which represents 0.01% of the national total, 4 regional oil mills and a production that in 2019-2020 was of 2.5 tons of oil, with a strong decrease of 88.15% compared to the previous year. It is a fact that the presence of the olive and its cultivation in Piemonte are deeply rooted in the past, as historical sources testify. In the area of Biella the Romans grew olives and also near Turin, in Val Pellice and in Val di Susa. In the Middle Ages in the area of Canavese several laws were enacted to increase olive groves. Until the end of the 14th century olive oil was mainly a local production and olive groves were spread both in the piedmont and in the Po areas: in Langhe and in Monferrato, where the clayey, gravelly soil is suitable to the tree; in Canavese, in particular around Lake Viverone, where the climate is milder and more temperate, as well as in Novarese and near Lake Orta, areas that are more sheltered from bad weather. However, olive trees grew even where soil and climate seemed unsuitable, probably because monasteries needed olive oil for their religious rites. Olive groves are therefore mentioned also in the areas of Cuneo, Saluzzo and Asti. Olive growing flourished until the 18th century in competition with wine production and the quantity of oil produced was considerable. The first serious blow occurred in 1789, when frost was followed by neglect. The last document about olive oil production dates back to 1911 and eight years later the last olive groves were uprooted in Monferrato and only a few scattered trees remained productive. Also the oil mills were closed and dismantled forever. Only in the early 80s do we find the first signs of recovery, when new trees were planted allowing the start of pioneer olive groves. Olive growing has aroused interest in Piemonte both as an alternative to wine production, as it requires less manpower, and as an element which protects the landscape, since the olive tree can be used in the reclaiming and the enhancement of neglected or degraded areas. Currently, olive groves and farms, which reach the number of 223, are mainly located in Monferrato, in the province of Alessandria and in the provinces of Turin, Cuneo and Asti, where production is concentrated. The most common varieties are the most resistant to cold and diseases: leccino, frantoio, pendolino and leccio del corno. Moreover, research is being carried out to study which varieties are the most suitable to the soil, in order to increase production and improve quality.

Italia Italy [IT] Piemonte

Azienda Agricola Piero Veglio

Patro - Cascina Coletto, 2
14036 Moncalvo (AT)
Tel.: +39 0141 917869 - Fax: +39 0141 917869
E-mail: info@olioveglio.it - Web: www.olioveglio.it

86

232 m

Specializzato
Specialized

Policono, vaso policonico
Polycone, polyconic vase

Brucatura a mano e meccanica
Hand picking and mechanical harvesting

No - Ciclo continuo
No - Continuous cycle

Frantoio

Fruttato medio
Medium fruity

da 18,01 a 22,00 € - 500 ml
from € 18.01 to 22.00 - 500 ml

È l'unica realtà di produzione olivicola da noi selezionata in Piemonte. L'Azienda Veglio, sulla dorsale delle colline del Monferrato, ha origini che risalgono al 1921: allora il ritrovamento di un olivo di 25 anni, testimone dell'esistenza della coltura nella regione, incoraggiò la famiglia a modificare il proprio indirizzo colturale, oggi prevalentemente olivicolo. Parliamo di 4 ettari di impianto specializzato con 1.200 esemplari che quest'anno hanno fruttato 150 quintali di olive, pari a 15 ettolitri di olio. Tre gli Extravergine: Evento, Robur e Origini. il panel sceglie il terzo, di un bel colore giallo dorato intenso con lievi nuance verdi, limpido. Al naso è ampio e avvolgente, con note vegetali di carciofo, lattuga e cicoria, cui si affiancano sentori di erbe aromatiche, con menta e rosmarino in evidenza. Fine e complesso al palato, aggiunge toni speziati di pepe nero e ricordo di mandorla. Amaro spiccato e piccante deciso e armonico. Ideale su antipasti di polpo, carpaccio di tonno, insalate di spinaci, radicchio alla brace, zuppe di fagioli, primi piatti con salsiccia, pesce spada in umido, carni rosse o cacciagione alla griglia, formaggi di media stagionatura.

Azienda Agricola Piero Veglio is the only olive oil producer selected in Piemonte. The farm, situated on the ridge of the hills of Monferrato, dates back to 1921, when the discovery of a 25-year-old olive tree, witness to the existence of this cultivation in the region, made the family turn principally to olive growing. There are 4 hectares of specialized olive grove with 1,200 trees. In the last harvest 150 quintals of olives were produced, equal to 15 hectolitres of extra virgin olive oil. There are three Extra Virgin, Evento, Robur and Origini, chosen by the panel. It is a beautiful intense limpid golden yellow colour with slight green hues. Its aroma is ample and rotund, with vegetal notes of artichoke, lettuce and chicory, together with hints of aromatic herbs, especially mint and rosemary. Its taste is fine and complex, with a spicy flavour of black pepper and a note of almond. Bitterness is distinct and pungency is definite and harmonic. It would be ideal on octopus appetizers, tuna carpaccio, spinach salads, barbecued radicchio, bean soups, pasta with sausages, steamed swordfish, grilled red meat or game, medium mature cheese.

Liguria

RIVIERA LIGURE
- A Riviera dei Fiori
- B Riviera del Ponente Savonese
- C Riviera di Levante

Dati Statistici
Superficie Olivetata Nazionale	1.164.568 (ha)
Superficie Olivetata Regionale	16.840 (ha)
Quota Regionale	1,45%
Frantoi	135
Produzione Nazionale 19-20	366.468,8 (t)
Produzione Regionale 19-20	1.447,6 (t)
Produzione Regionale 18-19	5.245,3 (t)
Variazione	- 72,40%
Quota Regionale	0,40%

Statistic Data
National Olive Surface	1,164,568 (ha)
Regional Olive Surface	16,840 (ha)
Regional Quota	1.45%
Olive Oil Mills	135
National Production 19-20	366,468.8 (t)
Regional Production 19-20	1,447.6 (t)
Regional Production 18-19	5,245.3 (t)
Variation	- 72.40%
Regional Quota	0.40%

National Institute of Statistics
Service Institute for the Agricultural and Food Market on data from the Agency for Agricultural Payments

Secondo alcuni studiosi furono i Fenici a portare l'olivo nella zona di Nizza e di Imperia. In base a questa tesi le popolazioni che abitavano il territorio dell'odierna Liguria avrebbero conosciuto fin da allora anche l'olio, poi diffuso da Greci e Romani. Altri seguono invece la posizione dello storico greco Strabone secondo il quale i Liguri si rifornivano di olio da altre regioni. Ipotesi più accreditate attribuiscono in ogni caso agli ordini monastici, tra cui quello dei Benedettini dell'Imperiese, il merito di aver qui introdotto la coltivazione dell'olivo, scoprendone la straordinaria capacità di radicamento e l'adattabilità ai terreni scoscesi. Sviluppatasi pienamente a partire dal 1500, l'olivicoltura raggiunge l'apice tra il 1600 e il 1800: complice la marcata tradizione commerciale della regione, l'olio ligure, pur proveniente da un contesto agricolo disagevole, è molto richiesto. Nel Novecento nascono le grandi aziende capaci di produrre volumi importanti da esportare anche oltreoceano. La peculiare conformazione del territorio e la posizione geografica della Liguria ne caratterizzano profondamente l'olivicoltura: lunga e stretta, completamente bagnata dal mare, la regione si distende ad anfiteatro entro un'insenatura circondata da montagne che la riparano dai venti. Pur trovandosi al confine massimo settentrionale per l'adattamento dell'olivo, il particolare microclima, con temperature miti anche in inverno, la rende da sempre una terra olivicola d'eccellenza. E l'olio ligure è sempre stato considerato pregiato, grazie a una costanza qualitativa mai venuta meno: in anni più recenti cooperative olivicole e frantoi privati si sono dimostrati in buona parte capaci, tanto nella riorganizzazione produttiva quanto nell'incremento e nell'ammodernamento degli impianti, con l'obiettivo di accedere alla certificazione di qualità. Dal 1997 infatti esiste la Dop Riviera Ligure che comprende tutto il territorio regionale, con le tre menzioni geografiche: Riviera del Ponente Savonese, per il comprensorio di Savona; Riviera di Levante, per le province di Genova e La Spezia; e Riviera dei Fiori, per la provincia di Imperia. In Liguria gli oliveti sono letteralmente arrampicati sui crinali montuosi, con terrazzamenti strappati alle rocce, attraverso un lavoro durissimo e paziente, i quali svolgono anche un'importante funzione idrogeologica di contenimento dei versanti. La superficie coltivata si estende per 16.840 ettari che rappresentano l'1,45% del totale nazionale. Gli impianti più ampi si trovano nel Ponente ligure, nei territori di Imperia e Savona, dove è diffusa la principale varietà della regione, la rinomata taggiasca che prende il nome dall'abbazia benedettina di Taggia e da cui proviene la quasi totalità dell'olio prodotto nella zona. Accanto a questa cultivar campione si trovano le autoctone lizona, morino, olivana e razzola, tipiche del Savonese; e la colombaia e la pignola, diffuse nel comprensorio di Imperia. Nel Levante, nell'area di La Spezia dove la produzione è meno cospicua, le varietà più coltivate sono la lantesca e l'olivastrone; a Genova le autoctone pignola e rossese. In tutto il territorio esistono poi altre cultivar minori come castelnovina, cozanina, fiandola, finalina, mattea, negrera, premice e pietrasantina. Nella campagna 2019-2020 la Liguria ha ricavato, dai 135 frantoi, 1.447,6 tonnellate di olio, pari allo 0,40% del totale nazionale, con una diminuzione del 72,40% rispetto all'annata precedente.

According to some historians, the Phoenicians imported the olive tree into the area of Nizza and Imperia, therefore the populations who inhabited the territory of today's Liguria also knew oil, which was then spread by the Greeks and the Romans. Others follow the theory of the Greek historian Strabo, who maintains that tribes from Liguria stocked up on oil from other regions. The most reliable hypotheses give monastic orders, including that of the Benedictines in the area of Imperia, the merit of having introduced the cultivation of the olive tree here, discovering its extraordinary rooting capacity and its adaptability to steep territories. Fully developed from the 16th century, olive growing reached its peak between the 17th and the 19th century: thanks to the strong commercial tradition of the region, Ligurian oil, although coming from an unfavourable agricultural context, was in great demand. In the 20th century, large farms were created capable of producing large volumes to be exported also overseas. In fact, the peculiar conformation of the territory and its geographical position make Liguria a land particularly suitable to this cultivation: long and narrow, completely washed by the sea, the region stretches like an amphitheatre occupying an inlet sheltered from the winds by a chain of mountains. Despite being at the maximum northern border for the adaptation of the olive tree, its particular microclimate with mild temperatures even in winter, has made it an excellent olive growing land. In fact, the oil from Liguria has always been good thanks to its constant high quality: in recent years both olive co-operatives and private olive oil mills have contributed to reorganizing production and updating plants with the aim of obtaining the certification of quality. Indeed, in 1997 the Pdo Riviera Ligure was granted, which includes all the regional territory thanks to the three geographic names Riviera del Ponente Savonese for the province of Savona, Riviera di Levante for the province of Genoa and La Spezia, and Riviera dei Fiori, for the province of Imperia. In Liguria olive groves literally climb up the mountain ridges on terraces reclaimed from the mountains and the rocks with hard and patient labour. They also have the important hydrogeological function of containing the slopes. The olive surface currently covers 16,840 hectares, which represents 1.45% of the national total. The most extended olive groves are situated in the Ponente Ligure, above all in the provinces of Imperia and Savona, where the main variety of the region is spread, the well-known taggiasca, which takes its name from the Benedictine abbey of Taggia and from which comes almost all the oil produced in the area. Beside this champion cultivar, we find the autochthonous lizona, morino, olivana and razzola typical of the Savonese, and colombaia and pignola present in the province of Imperia. In the Levante, where production is less abundant, in the province of La Spezia the most common cultivars are lantesca and olivastrone; pignola and rossese are instead the typical autochthonous varieties of Genoa. In the whole territory we find other minor cultivars like castelnovina, cozanina, fiandola, finalina, mattea, negrera, premice and pietrasantina. In the oil harvest 2019-2020 the existing 135 oil mills in Liguria produced 1,447.6 tons of oil, equal to 0.40% of the total national quantity, with a decrease of 72.40% compared to the previous year.

Italia Italy [IT] Liguria

Olio Anfosso

Via 4 Novembre, 95
18027 Chiusavecchia (IM)
Tel.: +39 0183 52418 - Fax: +39 0183 529914
E-mail: anfosso@olioanfosso.it - Web: www.olioanfosso.it

86

- 100/200 m
- **Specializzato**
  Specialized
- **Ombrello**
  Weeping vase
- **Bacchiatura e brucatura a mano**
  Beating and hand picking
- **Sì - Ciclo continuo**
  Yes - Continuous cycle
- **Taggiasca**
- **Fruttato leggero**
  Light fruity
- **da 15,01 a 18,00 € - 500 ml**
  from € 15.01 to 18.00 - 500 ml

Confermiamo volentieri in Guida Olio Anfosso che è una storica azienda creata nel 1945 a Chiusavecchia, nell'Imperiese. La passione del fondatore Davide è stata trasmessa ai figli Alessandro e Alfredo che oggi sono al timone di una superficie di 15 ettari di oliveto specializzato con 4.500 piante di taggiasca. Nella recente campagna sono stati raccolti 1.050 quintali di olive che, uniti ai 980 acquistati, hanno reso 450 ettolitri di olio. Segnaliamo l'Extravergine monovarietale Olio Anfosso - Taggiasca che si offre alla vista di colore giallo dorato intenso con leggere venature verdi, limpido. Al naso è sottile e composto, dotato di sentori vegetali di carciofo e cicoria selvatica, cui si affiancano note balsamiche di erbe officinali, con ricordo di menta, basilico e prezzemolo. In bocca è complesso e fine, con toni di lattuga di campo e chiusura di mandorla. Amaro e piccante presenti ed equilibrati, con finale dolce in rilievo. È perfetto su maionese, antipasti di funghi ovoli, carpaccio di orata, insalate di riso, marinate di gallinella, passati di verdure, primi piatti con gamberi, fritture di calamari, tartare di dentice, formaggi freschi a pasta molle, dolci lievitati.

Present again in our Guide, Olio Anfosso is an historical farm created in 1945 in Chiusavecchia, in the area of Imperia. The founder Davide Anfosso handed down his passion to his sons Alessandro and Alfredo, who currently run 15 hectares of specialized olive grove with 4,500 trees of the variety taggiasca. In the last harvest 1,050 quintals of olives were produced and 980 purchased, with a yield of 450 hectolitres of oil. We recommend the Monovarietal Extra Virgin selection Olio Anfosso - Taggiasca, which is an intense limpid golden yellow colour with slight green hues. Its aroma is fine and delicate, endowed with vegetal hints of artichoke and wild chicory, together with fragrant notes of officinal herbs, especially mint, basil and parsley. Its taste is complex and fine, with a flavour of country lettuce and an almond finish. Bitterness and pungency are present and well balanced, with evident sweetness. It would be ideal on mayonnaise, ovoli mushroom appetizers, gilthead carpaccio, rice salads, marinated piper, vegetable purée, pasta with shrimps, fried squids, sea bream tartare, soft fresh cheese, yeast-raised cakes.

Italia Italy [IT] Liguria

Benza Frantoiano

Via Dolcedo, 180
18100 Dolcedo (IM)
Tel.: +39 0183 280132 - Fax: +39 0183 281968
E-mail: info@oliobenza.it - Web: www.oliobenza.it

93

- 100/500 m
- **Specializzato** / Specialized
- **Cono rovesciato** / Reverse cone
- **Bacchiatura** / Beating
- **Sì - Ciclo continuo misto** / Yes - Mixed continuous cycle
- **Taggiasca**
- **Fruttato leggero** / Light fruity
- da 12,01 a 15,00 € - 500 ml / from € 12.01 to 15.00 - 500 ml

Consolida la sua posizione in Guida Benza Frantoiano che è una delle aziende storiche dell'Imperiese: in attività dal 1853, è sempre stata proprietà della stessa famiglia che si è tramandata saperi e sapori senza rinunciare alla giusta innovazione tecnologica. I Benza conducono oggi 22 ettari di oliveto dove dimorano 7.700 piante di taggiasca. Nell'ultima campagna sono stati raccolti 543 quintali di olive che hanno prodotto quasi 114 ettolitri di olio. L'Extravergine proposto al panel è l'ottimo Crù Turé Dop Riviera Ligure - Riviera dei Fiori che alla vista si presenta di un bel colore giallo dorato intenso con delicate sfumature verdi, limpido. Al naso si apre ampio e avvolgente, dotato di note vegetali di carciofo, cicoria e lattuga di campo, cui si affiancano sentori balsamici di basilico, menta e rosmarino. In bocca è complesso ed elegante, con toni di mandorla e pepe nero. Amaro deciso e piccante ben espresso e armonico. Si accompagna bene a maionese, antipasti di orzo, carpaccio di ricciola, insalate di riso, marinate di dentice, zuppe di porri, primi piatti con funghi ovoli, fritture di calamari, rombo al cartoccio, formaggi freschi a pasta molle, dolci lievitati.

Another positive result for Benza Frantoiano, one of the historical farms in the area of Imperia. It has been active since 1853 and has always belonged to the same family. Loyalty to their own roots and technological innovation coexist in the farm. Today the Benza run a 22-hectare olive grove with 7,700 trees of the variety taggiasca. In the last harvest 543 quintals of olives were produced, with a yield of almost 114 hectolitres of oil. The selection proposed to the panel is the very good Extra Virgin Crù Turé Pdo Riviera Ligure - Riviera dei Fiori, which is a beautiful intense limpid golden yellow colour with delicate green hues. Its aroma is ample and rotund, endowed with vegetal notes of artichoke, chicory and country lettuce, together with fragrant hints of basil, mint and rosemary. Its taste is complex and elegant, with a flavour of almond and black pepper. Bitterness is definite and pungency is distinct and harmonic. It would be ideal on mayonnaise, barley appetizers, amberjack carpaccio, rice salads, marinated sea bream, leek soups, pasta with ovoli mushrooms, fried squids, turbot baked in parchment paper, soft fresh cheese, yeast-raised cakes.

Italia Italy [IT] Liguria

Azienda Agricola Paolo Cassini

Regione Gao - Via Roma, 62
18035 Isolabona (IM)
Tel.: +39 0184 208159 - Fax: +39 0184 208159
E-mail: info@oliocassini.it - Web: www.oliocassini.it

98

- 150/600 m
- **Specializzato** / Specialized
- **Vaso cespugliato, vaso policonico** / Vase bush, polyconic vase
- **Bacchiatura** / Beating
- **Sì - Ciclo continuo** / Yes - Continuous cycle
- **Taggiasca**
- **Fruttato leggero** / Light fruity
- da 15,01 a 18,00 € - 500 ml / from € 15.01 to 18.00 - 500 ml

Gli importanti traguardi raggiunti da questa realtà ne fanno, già da tempo, un punto di riferimento indiscusso della zona. Parliamo dell'azienda di Paolo Cassini a Isolabona, fondata nel 1962 da Giovanni e oggi guidata dal figlio Paolo che ha puntato sull'innovazione tecnologica per ottenere un prodotto finale d'eccellenza. Possiede un frantoio all'avanguardia e 13 ettari di oliveto con 2.600 alberi di taggiasca, in prevalenza secolari. Quest'anno il raccolto ha reso 230 quintali di olive e 40 ettolitri di olio. Segnaliamo l'ottimo Extravergine Extremum - Taggiasca, di un bel colore giallo dorato intenso con delicati riflessi verdi, limpido. Al naso è ampio e avvolgente, con note vegetali di carciofo, cicoria e lattuga, arricchite da sentori balsamici di basilico, menta e rosmarino. In bocca è fine e complesso, con toni speziati di pepe nero, cannella e sfumature di mandorla. Amaro ben espresso e piccante presente e armonico. Buon accompagnamento per maionese, antipasti di orzo, carpaccio di ricciola, insalate di mare, marinate di dentice, passati di ceci, primi piatti con funghi ovoli, seppie al forno, tartare di orata, formaggi freschi a pasta molle, dolci lievitati.

The important results reached by this farm make it an indisputable point of reference in the area. Agricola Paolo Cassini in Isolabona was founded in 1962 by Giovanni and today is run by his son Paolo, who has aimed at technological innovation to obtain a high quality end product. He owns an advanced oil mill and 13 hectares of olive grove with 2,600 mainly century-old trees of the variety taggiasca. In the last harvest 230 quintals of olives and 40 hectolitres of oil were produced. We recommend the very good Extra Virgin selection Extremum - Taggiasca, which is a beautiful intense limpid golden yellow colour with delicate green hues. Its aroma is ample and rotund, with vegetal notes of artichoke, chicory and lettuce, enriched by fragrant hints of basil, mint and rosemary. Its taste is fine and complex, with a spicy flavour of black pepper, cinnamon and notes of almond. Bitterness is distinct and pungency is present and harmonic. It would be ideal on mayonnaise, barley appetizers, amberjack carpaccio, seafood salads, marinated sea bream, chickpea purée, pasta with ovoli mushrooms, baked cuttlefish, gilthead tartare, soft fresh cheese, yeast-raised cakes.

Italia Italy [IT] Liguria

Galateo & Friends

Casa Olearia Taggiasca - Via Regione Prati e Pescine - Argine Sinistro
18018 Arma di Taggia (IM)
Tel.: +39 0184 486044 - Fax: +39 0184 487497
E-mail: info@galateofriends.it - Web: www.galateofriends.it

84

300/600 m

Specializzato
Specialized

Ombrello ribassato
Weeping vase

Bacchiatura e brucatura a mano
Beating and hand picking

No - Ciclo continuo
No - Continuous cycle

Taggiasca

Fruttato leggero
Light fruity

da 22,01 a 26,00 € - 500 ml
from € 22.01 to 26.00 - 500 ml

Il suo motto, "il buono racchiuso nel bello", riassume bene la filosofia di questa realtà che propone buon cibo, arte della tavola, oggettistica per ricevere e... naturalmente olio extravergine. Il marchio Galateo & Friends nasce nel 2002 da un'idea di Marco Bonaldo e accosta alla linea di food design una collezione di oggetti da tavola riattualizzati in chiave contemporanea. Da 1.500 piante coltivate su 5 ettari sono stati ricavati quest'anno 350 quintali di olive che hanno reso circa 76 ettolitri di olio. Segnaliamo l'ottimo Extravergine Galateo & Friends che appare alla vista di un bel colore giallo dorato intenso con delicati riflessi verdi, limpido. Al naso è ampio e avvolgente, con sentori fruttati di pomodoro acerbo, mela bianca e mandorla, arricchiti da note balsamiche di basilico, prezzemolo e menta. Fine e complesso al gusto, esprime toni vegetali di carciofo, lattuga e sedano. Amaro presente e piccante dosato e armonico. Eccellente abbinamento con maionese, antipasti di orzo, carpaccio di orata, insalate di riso, marinate di dentice, passati di funghi ovoli, risotto con asparagi, rombo al cartoccio, seppie al forno, formaggi freschi a pasta molle, dolci lievitati.

Its motto, "the good enclosed in the beautiful" sums up the philosophy of this farm, offering good food, the art of the table, objects and... of course extra virgin olive oil. The trademark Galateo & Friends was created by Marco Bonaldo in 2002 and combines the food design line with a collection of tableware updated in a contemporary key. The olive grove covers 5 hectares with 1,500 trees. In the last harvest 350 quintals of olives were produced, with a yield of about 76 hectolitres of oil. We recommend the very good Extra Virgin Galateo & Friends, which is a beautiful intense limpid golden yellow colour with delicate green hues. Its aroma is ample and rotund, with fruity hints of unripe tomato, white apple and almond, enriched by fragrant notes of basil, parsley and mint. Its taste is fine and complex, with a vegetal flavour of artichoke, lettuce and celery. Bitterness is present and pungency is complimentary and harmonic. It would be ideal on mayonnaise, barley appetizers, gilthead carpaccio, rice salads, marinated sea bream, ovoli mushroom purée, risotto with asparagus, turbot baked in parchment paper, baked cuttlefish, soft fresh cheese, yeast-raised cakes.

Italia Italy [IT] Liguria

Azienda Agricola Domenico Ruffino

Varigotti - Pria Grossa - Strada del Borriolo, 9
17024 Finale Ligure (SV)
E-mail: domenicoruffino@hotmail.com

97

- 40/90 m
- **Specializzato** / Specialized
- **Cespuglio, forma libera** / Bush, free form
- **Brucatura a mano** / Hand picking
- **Sì - Ciclo continuo** / Yes - Continuous cycle
- **Colombaia**
- **Fruttato medio** / Medium fruity
- da 15,01 a 18,00 € - 500 ml / from € 15.01 to 18.00 - 500 ml

Domenico Ruffino seguita a distinguersi per eccellenza, sia dal punto di vista qualitativo che tecnologico e ambientale: l'azienda infatti ha da non molto messo a punto il nuovo frantoio realizzato con tecniche di bioedilizia e criteri di risparmio energetico innovativi. La struttura comprende l'oliveto centenario Pria Grossa che si estende per quasi 3 ettari, sorretto dai suggestivi muretti di pietra a secco, con 900 piante che hanno fruttato quest'anno 160 quintali di olive e quasi 35 ettolitri di olio. L'ottimo Extravergine monocultivar Pria Grossa - Colombaia è giallo dorato intenso con delicate venature verdi, limpido. All'olfatto si apre ampio e avvolgente, ricco di sentori di carciofo e cicoria selvatica, cui si affiancano toni di erbe officinali, con menta e rosmarino in rilievo. Fine e complesso in bocca, sprigiona note di lattuga di campo, e nel finale ricorda il pepe nero e la mandorla. Amaro ben espresso e piccante presente e armonico. Ideale su bruschette con verdure, insalate di orzo, marinate di salmone, patate al cartoccio, zuppe di ceci, risotto con carciofi, gamberi in guazzetto, tartare di ricciola, pollame o carni di agnello al forno, formaggi caprini.

Domenico Ruffino is an advanced structure for its quality, but also from the technological and environmental point of view: in fact, a new oil mill realized with green building techniques and innovative energy saving criteria has been recently created. The estate includes the century-old olive grove Pria Grossa, covering almost 3 hectares with 900 trees, surrounded by picturesque dry-stone walls. In the last harvest 160 quintals of olives and almost 35 hectolitres of oil were produced. The very good Monocultivar Extra Virgin Pria Grossa - Colombaia is an intense limpid golden yellow colour with delicate green hues. Its aroma is ample and rotund, rich in hints of artichoke and wild chicory, together with notes of officinal herbs, especially mint and rosemary. Its taste is fine and complex, with a flavour of country lettuce and a final note of black pepper and almond. Bitterness is distinct and pungency is present and harmonic. It would be ideal on bruschette with vegetables, barley salads, marinated salmon, baked potatoes, chickpea soups, risotto with artichokes, stewed shrimps, amberjack tartare, baked poultry or lamb, goat cheese.

Lombardia

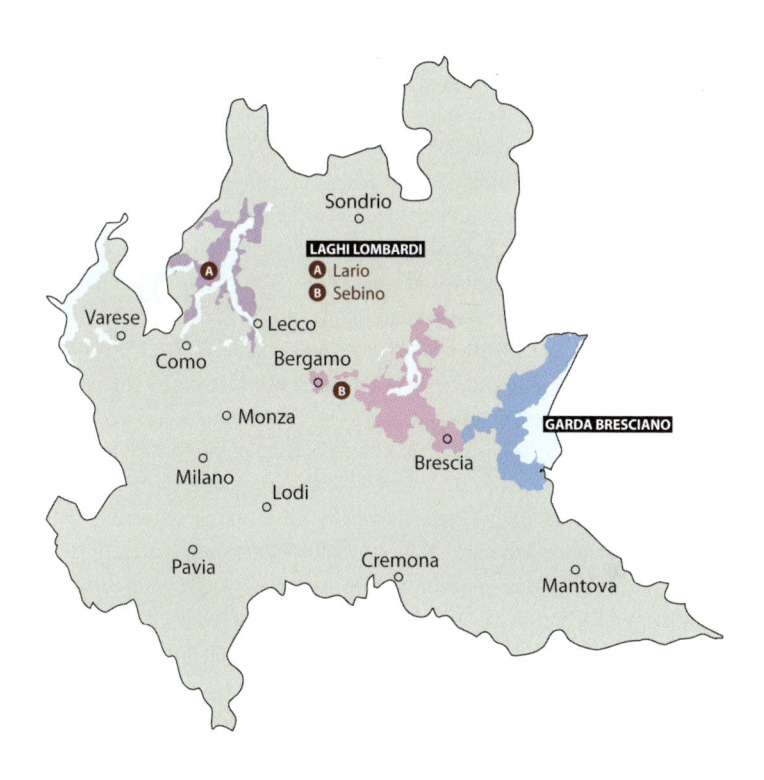

LAGHI LOMBARDI
- A Lario
- B Sebino

GARDA BRESCIANO

Sondrio · Varese · Lecco · Como · Bergamo · Monza · Milano · Lodi · Brescia · Pavia · Cremona · Mantova

Dati Statistici

Superficie Olivetata Nazionale	1.164.568 (ha)
Superficie Olivetata Regionale	2.394 (ha)
Quota Regionale	0,21%
Frantoi	20
Produzione Nazionale 19-20	366.468,8 (t)
Produzione Regionale 19-20	122,8 (t)
Produzione Regionale 18-19	1.480,9 (t)
Variazione	-91,71%
Quota Regionale	0,03%

Statistic Data

National Olive Surface	1,164,568 (ha)
Regional Olive Surface	2,394 (ha)
Regional Quota	0.21%
Olive Oil Mills	20
National Production 19-20	366,468.8 (t)
Regional Production 19-20	122.8 (t)
Regional Production 18-19	1,480.9 (t)
Variation	-91.71%
Regional Quota	0.03%

National Institute of Statistics
Service Institute for the Agricultural and Food Market on data from the Agency for Agricultural Payments

Benché la Lombardia sia comunemente famosa come la terra del latte e del burro, in realtà il particolare microclima delle zone che circondano i laghi prealpini lombardi (Maggiore, di Como, di Garda e d'Iseo) ne fa anche una regione dove è praticabile l'olivicoltura. Grazie infatti alla protezione dai venti offerta dall'arco subalpino e ai terreni di origine morenica, in questi comprensori prosperano le colture tipiche di zone più meridionali come oleandri, palme, limoni, viti e, per l'appunto, olivi. L'extravergine prodotto è di pregevole qualità. Sicuramente i volumi produttivi del passato erano molto più cospicui rispetto a oggi: lo testimoniano i toponimi come "Oliveto Lario", le denominazioni catastali dei fondi come "Zoca de l'Oli" e soprattutto il tributo in olio richiesto ai contadini della zona dai monaci di Sant'Ambrogio. Sebbene i reperti fossili e archeologici documentino come l'olivo fosse conosciuto persino in epoca preromana, tuttavia l'olivicoltura lombarda riceve un impulso davvero decisivo nell'alto Medioevo. "Garda deputavit ad olium" stabilisce nell'anno 835 Wala, abate del potente monastero di San Colombano di Bobbio: è l'inizio dell'olivicoltura intensiva sulla riviera bresciana del Garda. A bonificare paludi e dissodare colline per impiantarvi vigne e oliveti concorrono anche i monaci della Badia di Leno, in Valtenesi, come tutti i religiosi spinti dal bisogno di approvvigionarsi di olio per l'illuminazione delle chiese e per i riti sacri. L'olio prodotto sulle coste del Lago di Garda era il più apprezzato sul mercato veneziano e la Serenissima dà un'ulteriore spinta all'olivicoltura, per sfruttare al meglio il dazio sull'olio e per assicurarsi riserve di prodotto sempre disponibili. Con l'avvento dell'era industriale e lo sviluppo del comparto tessile, gli olivi vengono però espiantati per lasciare il posto a colture più redditizie quali il lino, la canapa e i filari di gelso per allevare i bachi da seta. Oggi il settore oleario è in lenta ma costante ripresa, anche se con quantitativi molto limitati: nella campagna 2019-2020 la produzione è stata di 122,8 tonnellate di olio, pari allo 0,03% del totale nazionale, con una severa diminuzione del 91,71% rispetto all'annata precedente. Tuttavia, anche se i numeri sono esigui, la qualità è alta e tutelata da due marchi Dop, assegnati nel 1998: Laghi Lombardi (con le menzioni geografiche aggiuntive Sebino e Lario) e Garda, accompagnato dalla menzione Bresciano. La superficie coltivata si estende attualmente per 2.394 ettari che rappresentano lo 0,21% del totale nazionale. La zona più produttiva della regione è sempre stata e rimane la provincia di Brescia. Gli oliveti più estesi si trovano in particolare sulla costa orientale del Lago d'Iseo, dove prevalgono le varietà frantoio, leccino, moraiolo e pendolino accanto alla casaliva gardesana. Sulla costa occidentale del Lago di Garda sono attive numerose aziende e la maggior parte dei frantoi che sono in tutto 20. A partire da Desenzano del Garda, e risalendo la costa, le zone olivicole coincidono con i più importanti e rinomati siti turistici: Salò, Gardone, Toscolano Maderno, per nominarne alcuni, fanno parte di una zona particolarmente vocata dove si produce olio extravergine da varietà frantoio, leccino e dalle autoctone casaliva e gargnà. Altri oliveti sono in produzione nell'area del Lago di Como, in particolare a Lenno e a Bellagio, dove si coltivano le cultivar frantoio, leccino e casaliva gardesana.

Lombardia is the land of milk and butter, but also of a good extra virgin olive oil, thanks to the particular microclimate of the areas surrounding the Lombard lakes of the Prealps: Maggiore, Como, Garda, Iseo. The subalpine mountains, which shelter these lands from the winds, and the morainic grounds favour the cultivation generally typical of more southern areas like oleanders, palm trees, lemon trees, grapevines and obviously olive trees. The quality of the extra virgin olive oil produced here is excellent. Certainly once oil production was much more abundant than today, as is shown by toponyms like "Oliveto Lario", the cadastal names of plots of land like the "Zoca de l'Oli" and especially the fact that the monks of Sant'Ambrogio levied an oil duty to local peasants. Although fossil and archaeological finds testify that the olive tree was also known in pre-Roman times, Lombard olive growing really developed in the early Middle Ages. "Garda deputavit ad olium" was stated in 835 by Wala, the abbot of the powerful monastery of San Colombano di Bobbio: this was the beginning of intensive olive growing on the coast of lake Garda facing Brescia. In order to plant vineyards and olive groves marshes were reclaimed and hills tilled. Also the monks of the Badia di Leno in Valtenesi contributed, as well as all the churchmen who needed oil for religious rites and to illuminate their churches. The oil produced on the coasts of Lake Garda was the most appreciated on the Venice market and the Serenissima further stimulated olive growing to exploit the duty on oil in the best way and to always have supplies available. In the Industrial Age with the development of the textile industry olive trees were uprooted in favour of more profitable cultivations such as flax, hemp and mulberry to rear silkworms. Today the olive oil sector is slowly but constantly recovering, even if quantity is still limited: in the last harvest 122.8 tons of oil were produced, equal to 0.03% of the total national quantity, with a strong decrease of 91.71% in comparison to the previous year. However, though figures are small, quality is so high that it is protected by two Pdo granted in 1998: Laghi Lombardi - with the additional geographical name Sebino and Lario - and Garda together with the name Bresciano. The olive surface currently covers 2,394 hectares, which represents 0.21% of the national total. The most productive area of the region has always been and still is the province of Brescia. The biggest olive groves are mostly on the eastern coast of Lake Iseo, where the varieties frantoio, leccino, moraiolo, pendolino, together with casaliva gardesana prevail. On the west coast of Lake Garda there are numerous farms and the most oil mills, which are 20 altogether: from Desenzano del Garda going up the coast, the olive growing areas coincide with the most important and well-known tourist sites. Salò, Gardone, Toscolano Maderno, to quote only some, are part of a particularly suitable area, where extra virgin olive oil is produced from the varieties frantoio, leccino and from the autochthonous casaliva and gargnà. Other olive groves are in the area of Lake Como, especially in Lenno and Bellagio, where we find the varieties frantoio, leccino and casaliva gardesana.

Italia Italy [IT] Lombardia

Frantoio Manestrini

Via Avanzi, 7
25080 Soiano del Lago (BS)
Tel.: +39 0365 502231
E-mail: info@manestrini.it - Web: www.manestrini.it

88

270 m

Specializzato
Specialized

Vaso policonico
Polyconic vase

Meccanica
Mechanical harvesting

Sì - Ciclo continuo
Yes - Continuous cycle

Leccino

Fruttato medio
Medium fruity

da 10,01 a 12,00 € - 500 ml
from € 10.01 to 12.00 - 500 ml

Il Frantoio Manestrini sorge nel luogo in cui anticamente si trovava il convento francescano di San Rocco, con annesso frantoio per la molitura delle olive. Continuando la tradizione del posto, Egidio Manestrini inaugura nel 1960 il suo primo impianto che oggi è condotto con il valido aiuto della figlia Nicoletta, alla guida anche dell'oliveto di 2 ettari con mille alberi dai quali sono stati raccolti 80 quintali di olive che, con i 3mila acquistati, hanno reso 400 ettolitri di olio. Segnaliamo l'etichetta proposta per la Guida, l'Extravergine monocultivar Manestrini - Leccino che si presenta alla vista di un bel colore giallo dorato intenso con delicate tonalità verdi, limpido. Al naso è sottile e composto, dotato di sentori vegetali di carciofo e cicoria, cui si associano note balsamiche di menta e basilico. Morbido e armonico al palato, aggiunge toni di sedano, lattuga e chiude con netto ricordo di mandorla. Amaro e piccante presenti e ben dosati. Ideale su antipasti di mare, insalate di farro, marinate di orata, pomodori con riso, zuppe di funghi ovoli, primi piatti con verdure, gamberi in umido, tartare di ricciola, coniglio al forno, pollame arrosto, formaggi caprini.

Frantoio Manestrini is situated in the place where once there was the Franciscan convent of San Rocco and its oil mill. Carrying on a local tradition, Egidio Manestrini started up his first establishment in 1960. Today, with the valuable help of his daughter Nicoletta, he runs an olive grove of 2 hectares with 1,000 trees. In the last harvest 80 quintals of olives were produced and 3,000 purchased, with a yield of 400 hectolitres of oil. We recommend the selection proposed to the Guide, the Monocultivar Extra Virgin Manestrini - Leccino, which is a beautiful intense limpid golden yellow colour with delicate green hues. Its aroma is fine and delicate, endowed with vegetal hints of artichoke and chicory, together with fragrant notes of mint and basil. Its taste is mellow and harmonic, with a flavour of celery, lettuce and a distinct note of almond. Bitterness and pungency are present and complimentary. It would be ideal on seafood appetizers, farro salads, marinated gilthead, tomatoes stuffed with rice, ovoli mushroom soups, pasta with vegetables, stewed shrimps, amberjack tartare, baked rabbit, roast poultry, goat cheese.

Trentino Alto Adige

GARDA TRENTINO

Dati Statistici

Superficie Olivetata Nazionale	1.164.568 (ha)
Superficie Olivetata Regionale	392 (ha)
Quota Regionale	0,02%
Frantoi	7
Produzione Nazionale 19-20	366.468,8 (t)
Produzione Regionale 19-20	89,8 (t)
Produzione Regionale 18-19	494,2 (t)
Variazione	- 81,83%
Quota Regionale	0,02%

Statistic Data

National Olive Surface	1,164,568 (ha)
Regional Olive Surface	392 (ha)
Regional Quota	0.02%
Olive Oil Mills	7
National Production 19-20	366,468.8 (t)
Regional Production 19-20	89.8 (t)
Regional Production 18-19	494.2 (t)
Variation	- 81.83%
Regional Quota	0.02%

National Institute of Statistics
Service Institute for the Agricultural and Food Market on data from the Agency for Agricultural Payments

I numerosi reperti archeologici rinvenuti nella provincia di Trento documentano la presenza della pianta dell'olivo e l'utilizzo dei suoi frutti fin dall'antichità più remota: noccioli risalenti all'età del bronzo dimostrano come già allora le popolazioni lacustri consumassero le olive e come i luoghi fossero naturalmente vocati allo sviluppo di questo albero. Le prime testimonianze storiche che attestano la presenza dell'olivo sulla sponda trentina del Garda risalgono tuttavia al Medioevo, anche se è molto probabile che le piante siano state portate sotto le Alpi dai Romani conquistatori, i primi a praticare questa coltivazione su larga scala.

In epoca altomedievale furono i grandi luoghi monastici e in particolare gli abati del potente monastero di San Colombano di Bobbio presso Roverето, a sud di Trento, a sostenere e incentivare l'olivicoltura. Gli ordini religiosi infatti avevano bisogno di olio per l'illuminazione delle chiese e per le cerimonie sacre; cominciarono così a far piantare olivi ovunque fosse possibile e le sponde dei laghi prealpini come il Garda si dimostrarono particolarmente adatte. Questo perché il microclima gardesano è assai vicino al clima mediterraneo, nonostante il nucleo del territorio trentino si trovi ben più a nord del limite oltre il quale l'olivo riesce a sopravvivere e fruttificare, se non fosse per il benefico influsso del lago. Oggi gli impianti olivicoli si concentrano nel lembo meridionale della regione che si affaccia sul Garda: si tratta di una superficie di 392 ettari, che rappresentano lo 0,02% del totale nazionale, distribuiti in tanti piccoli appezzamenti, situati soprattutto nella zona collinare, dove trovano dimora circa 14.158 piante coltivate da numerosi piccoli produttori locali. Arrivando da nord e scendendo nella valle del fiume Sarca, che sfocia nel lago, subito ci si accorge che il paesaggio, segnato dalle simmetriche geometrie delle vigne, si arricchisce di un nuovo elemento ambientale: l'albero dell'olivo infatti si fa sempre più presente, a Riva come a Nago Torbole, a Tenno come ad Arco e soprattutto a Riva del Garda, piccola capitale dell'olivicoltura trentina adagiata sulle sponde settentrionali del Benaco. Per quanto riguarda il paniere varietale degli oliveti, questo è composto da cloni di diverse cultivar, con prevalenza della casaliva gardesana, cui si aggiungono leccino e frantoio che sono varietà tipiche anche della riva lombarda del lago. Altre cultivar autoctone che possono concorrere all'olivaggio sono la favarol, la trep e la raza: varietà che troviamo non soltanto sulla sponda del lago, ma anche in zone più interne come la Val Lagarina e la Val d'Adige che seguono l'Adige fino al confine col Veronese e che sono aree anch'esse interessate, seppur in misura minore, dall'attività olivicola. Nella campagna olearia 2019-2020 in Trentino Alto Adige sono state ricavate, dai 7 frantoi esistenti, 89,8 tonnellate di olio, pari allo 0,02% del totale nazionale, con una severa diminuzione dell'81,83% rispetto all'annata precedente. Sono volumi molto esigui, di nicchia, tuttavia il comparto olivicolo regionale non ha nulla da invidiare ad altre zone più rinomate, sia per quel che riguarda la qualità che ne fa un prodotto ricercatissimo, sia dal punto di vista della tradizione storica. Ragioni per le quali nel 1998 è stata registrata dall'Unione Europea la Denominazione di Origine Protetta Garda, accompagnata dalla menzione geografica aggiuntiva Trentino.

Archaeological finds testify to the use of the olive tree and its fruits in the province of Trento since remote times: hazels dating back to the Bronze Age show how lake people already consumed olives, which further witnesses the natural disposition of these lands. However, the first historical evidence showing the presence of the olive tree on the bank of Lake Garda dates back to the Middle Ages, even if it is likely that the first trees were brought by the Roman conquerors, the first who practised large scale olive growing. In the early Middle Ages large monasteries, particularly the abbots of the powerful monastery of San Colombano di Bobbio, near Rovereto, to the south of Trento, favoured and stimulated olive growing. The religious orders in fact needed oil to light churches and for religious rites; so olive trees were planted wherever possible and the lakes of the Pre-alps like Garda proved to be particularly suitable. Indeed the microclimate of Garda is very similar to the Mediterranean climate, while the heart of the territory of the region is situated beyond the maximum latitude in which the olive tree can survive and bear fruit, but the lake has a beneficial influence. Today olive growing is concentrated in the southern end of the region overlooking Lake Garda. It is a surface of 392 hectares, which represents 0.02% of the national total, distributed in many small plots placed especially in the hilly areas, where there are about 14,158 trees cultivated by numerous small local producers. From the north going down the valley of the river Sarca it is immediately clear that the landscape characterized by the symmetrical structure of the vineyards is enriched by a new natural element: the olive tree is ever more present, in Riva, in Nago Torbole, in Tenno and in Arco and above all in Riva del Garda, the small capital of regional olive growing situated on the northern banks of the river Benaco. As regards the varieties present in the olive groves there are clones of different cultivars, but especially of casaliva gardesana. Moreover, we find leccino and frantoio, also typical of the Lombard bank of the lake. Other autochthonous varieties used for the production of oil are favarol, trep and raza: these cultivars are present not only on the bank of the lake, but also in more inland areas like the Val Lagarina and the Val d'Adige, which follow the river as far as the border with the area of Verona and also practise olive growing even if to a lesser extent. In the oil harvest 2019-2020 the existing 7 oil mills in Trentino Alto Adige produced 89.8 tons of oil, equal to 0.02% of the total national quantity, with a strong decrease of 81.83% compared to the previous year. It is the so called niche quantity, but in spite of this the regional olive oil sector is as good as that of other more famous areas, both as regards quality (it is a very sought-after product) and for its historical tradition. For these reasons in 1998 the EU granted the Pdo Garda with the additional geographic name Trentino.

Italia Italy [IT] Trentino Alto Adige

Azienda Agricola Brioleum
Via Sant'Andrea, 16/n
38062 Arco (TN)
E-mail: info@brioleum.it - Web: www.brioleum.it

87

- 200 m
- Specializzato / Specialized
- Vaso policonico / Polyconic vase
- Bacchiatura / Beating
- Sì - Ciclo continuo / Yes - Continuous cycle
- Casaliva
- Fruttato medio / Medium fruity
- da 18,01 a 22,00 € - 500 ml / from € 18.01 to 22.00 - 500 ml

Brioleum nasce nel 2016 dalla passione per l'olivicoltura di Gian Piero Scannone il quale l'ha ereditata dal nonno Ferruccio. Parliamo di un patrimonio composto da un oliveto di quasi 4 ettari sul quale trovano dimora 730 alberi e da un frantoio di proprietà di ultima generazione. Nella trascorsa campagna il raccolto di 180 quintali di olive ha fruttato, con l'aggiunta di 30 quintali acquistati, circa 27 ettolitri di olio. Segnaliamo l'ottimo Extravergine monovarietale Tenuta Ferruccio - Casaliva Dop Garda - Trentino che appare alla vista di un bel colore giallo dorato intenso con leggere venature verdi, limpido. Al naso si apre ampio e avvolgente, con sentori vegetali di carciofo e cicoria, cui si affiancano note speziate di pepe nero e ricordo di mandorla. Complesso e di carattere al palato, si arricchisce di toni di lattuga ed erbe aromatiche, con menta e rosmarino in evidenza. Amaro spiccato e piccante deciso e armonico. Ideale su antipasti di fagioli, carpaccio di salmone, insalate di pomodori, patate alla brace, zuppe di farro, primi piatti con molluschi, pesce azzurro marinato, tartare di tonno, pollame o carni di agnello al forno, formaggi freschi a pasta filata.

Brioleum was founded in 2016 by Gian Piero Scannone, who inherited his passion for olive growing from his grandfather Ferruccio. The estate consists of an olive grove of almost 4 hectares of surface with 730 trees and a modern oil mill. In the last harvest 180 quintals of olives were produced and 30 quintals purchased, which allowed a yield of about 27 hectolitres of extra virgin olive oil. We recommend the very good Monovarietal Extra Virgin selection Tenuta Ferruccio - Casaliva Pdo Garda - Trentino, which is a beautiful intense limpid golden yellow colour with slight green hues. Its aroma is ample and rotund, with vegetal hints of artichoke and chicory, together with spicy notes of black pepper and a note of almond. Its taste is complex and strong, enriched by a flavour of lettuce and aromatic herbs, especially mint and rosemary. Bitterness is distinct and pungency is definite and harmonic. It would be ideal on bean appetizers, salmon carpaccio, tomato salads, barbecued potatoes, farro soups, pasta with mussels, marinated blue fish, tuna tartare, baked poultry or lamb, mozzarella cheese.

Italia Italy [IT] Trentino Alto Adige

Laghel7

Via al Colodri di Laghel, 7
38062 Arco (TN)
E-mail: info@laghel7.it - Web: www.laghel7.it

94

- 360 m
- **Specializzato** / Specialized
- **Vaso policonico** / Polyconic vase
- **Meccanica** / Mechanical harvesting
- **No - Ciclo continuo** / No - Continuous cycle
- Casaliva (96%), leccino (2%), pendolino (2%)
- **Fruttato medio** / Medium fruity
- da 15,01 a 18,00 € - 500 ml / from € 15.01 to 18.00 - 500 ml

L'abbiamo seguita attraverso numerose edizioni e continuiamo volentieri a confermare in Guida questa giovane struttura agrituristica a conduzione biologica di Arco in cui si coltivano ortaggi, frutta e piante officinali. Il merito è di Paola Jori che gestisce anche un piccolo polo zootecnico, con cavalli e asini. Ma il suo gioiello è l'oliveto specializzato di quasi 2 ettari con 300 alberi che, nella recente campagna, hanno fruttato circa 8 quintali di olive, pari a poco più di un ettolitro di olio. Il panel segnala l'Extravergine Elle Sette da Agricoltura Biologica che appare alla vista di un bel colore giallo dorato intenso, limpido. Al naso è ampio e avvolgente, dotato di una ricca carica vegetale di carciofo, cicoria e lattuga, cui si aggiungono eleganti sentori di mandorla e pepe nero. Fine e complesso in bocca, sprigiona toni di erbe aromatiche, con ricordo di menta e rosmarino. Amaro spiccato e piccante deciso e armonico. Ideale per bruschette con verdure, insalate di orzo, marinate di salmone, patate al cartoccio, passati di legumi, primi piatti con molluschi, gamberi in guazzetto, seppie in umido, coniglio arrosto, pollame ai ferri, formaggi freschi a pasta filata.

Present again in our Guide with a good result, this young holiday farm in Arco produces vegetables, fruit and officinal herbs with organic methods and also includes a small zootecnic area with horses and donkeys. But Paola Jori's best achievement is the specialized olive grove of almost 2 hectares with 300 trees. In the last harvest about 8 quintals of olives were produced, equal to little more than one hectolitre of extra virgin olive oil. Our panel recommends the Extra Virgin selection Elle Sette from Organic Farming, which is a beautiful intense limpid golden yellow colour. Its aroma is ample and rotund, endowed with rich vegetal notes of artichoke, chicory and lettuce, together with elegant hints of almond and black pepper. Its taste is fine and complex, with a flavour of aromatic herbs, especially mint and rosemary. Bitterness is distinct and pungency is definite and harmonic. It would be ideal on bruschette with vegetables, barley salads, marinated salmon, baked potatoes, legume purée, pasta with mussels, stewed shrimps, stewed cuttlefish, roast rabbit, grilled poultry, mozzarella cheese.

Italia Italy [IT] Trentino Alto Adige

Azienda Agricola Francesco Mandelli

Linfano - Via Gardesana, 31
38062 Arco (TN)
Tel.: +39 0464 505644 - Fax: +39 0464 505166
E-mail: info@oliomandelli.it - Web: www.oliomandelli.it

85

- 70 m
- **Specializzato** / Specialized
- **Vaso aperto, vaso policonico** / Open vase, polyconic vase
- **Bacchiatura** / Beating
- **No - Ciclo continuo** / No - Continuous cycle
- Cipressino (50%), pendolino (50%)
- **Fruttato medio** / Medium fruity
- da 18,01 a 22,00 € - 500 ml / from € 18.01 to 22.00 - 500 ml

La passione per l'olivicoltura nella famiglia Mandelli nasce con nonno Francesco negli anni Cinquanta e viene tramandata al figlio Pietro Lino. Di padre in figlio, ne è contagiato anche il nipote Francesco, l'attuale proprietario dell'azienda che porta il suo nome, e che è nata circa due anni fa. La superficie coltivata, quasi interamente parte integrante del Camping Bellavista, raggiunge 2 ettari di superficie e ospita 240 olivi dai quali sono stati raccolti, nella trascorsa campagna, 26 quintali di olive e quasi 4 ettolitri di olio. L'etichetta presentata è l'Extravergine Tomanèl, di un bel colore giallo dorato intenso con delicate venature verdi, limpido. Al naso è ampio e avvolgente, intriso di sentori vegetali di carciofo e cicoria, cui si affiancano toni aromatici di menta e rosmarino. Complesso e fine al palato, emana note di lattuga di campo e sfumature speziate di pepe nero. Amaro spiccato e piccante presente e ben armonizzato. Buon abbinamento con antipasti di mare, insalate di fagioli, marinate di orata, patate arrosto, passati di orzo, primi piatti con funghi finferli, gamberi in umido, tartare di ricciola, pollame o carni di agnello al forno, formaggi caprini.

In the family Mandelli the interest in olive growing began with Francesco in the 1950s and was handed down to his son Pietro Lino. Also the grandson Francesco has inherited the same passion and about two years ago founded the farm that takes his name. The cultivated area, almost entirely an integral part of the Camping Bellavista, covers 2 hectares of surface with 240 trees. In the last harvest 26 quintals of olives were produced, with a yield of almost 4 hectolitres of oil. The selection proposed to the panel is the Extra Virgin Tomanèl, which is a beautiful intense limpid golden yellow colour with delicate green hues. Its aroma is ample and rotund, endowed with vegetal hints of artichoke and chicory, together with aromatic notes of mint and rosemary. Its taste is complex and fine, with a flavour of country lettuce and spicy notes of black pepper. Bitterness is distinct and pungency is present and harmonic. It would be ideal on seafood appetizers, bean salads, marinated gilthead, roast potatoes, barley purée, pasta with chanterelle mushrooms, stewed shrimps, amberjack tartare, baked poultry or lamb, goat cheese.

Italia Italy [IT] Trentino Alto Adige

OlioCRU

Via Maso Belli, 1/b
38066 Riva del Garda (TN)
Tel.: +39 0464 715344
E-mail: info@oliocru.it - Web: www.oliocru.it

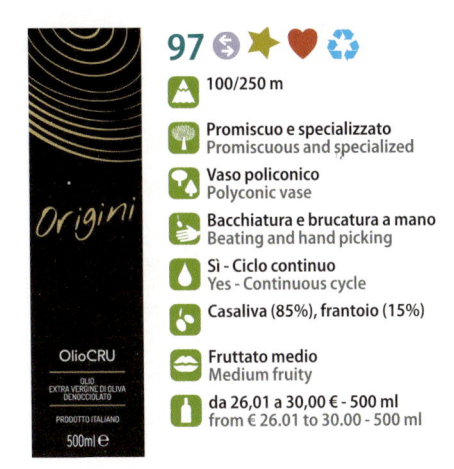

97

100/250 m

Promiscuo e specializzato
Promiscuous and specialized

Vaso policonico
Polyconic vase

Bacchiatura e brucatura a mano
Beating and hand picking

Sì - Ciclo continuo
Yes - Continuous cycle

Casaliva (85%), frantoio (15%)

Fruttato medio
Medium fruity

da 26,01 a 30,00 € - 500 ml
from € 26.01 to 30.00 - 500 ml

Ai confini settentrionali dell'olivicoltura, OlioCRU ha raggiunto un livello di eccellenza straordinario che seguita a confermare, con una prestazione impeccabile. Il progetto nasce nel 2011 con l'intento di valorizzare il territorio e i suoi prodotti, utilizzando la tecnologia nel giusto connubio con l'ambiente. Oggi Mario Morandini gestisce quasi 5 ettari, con 2.100 olivi, e un frantoio all'avanguardia che trasforma le olive proprie e dei conferitori: 200 quintali, più 950 acquistati, per una resa in olio di 200 ettolitri. Dei due ottimi Extravergine presentati, Extra Lab e Origini, preferiamo il secondo che appare alla vista di un bel colore giallo dorato intenso con delicate tonalità verdi, limpido. Al naso è pieno e avvolgente, ricco di sentori aromatici di menta, rosmarino e salvia, in aggiunta a note di pepe nero e mandorla acerba. Fine e di carattere al palato, sa di carciofo, cicoria e lattuga. Amaro ben spiccato e piccante deciso. Si abbina bene a bruschette con pomodoro, carpaccio di tonno, insalate di spinaci, radicchio alla brace, zuppe di lenticchie, primi piatti con salsiccia, polpo bollito, carni rosse o nere alla griglia, formaggi stagionati a pasta dura.

On the nothern border of olive growing, OlioCRU has reached extraordinary levels, confirmed by the present result. It was created in 2011 with the aim of enhancing the territory and its products, using technology, but also respecting the environment. Today Mario Morandini runs almost 5 hectares of olive grove with 2,100 trees and an advanced oil mill, which also transforms other producers' olives. In the last harvest 200 quintals of olives were produced and 950 purchased, with a yield of 200 hectolitres of oil. There are two very good Extra Virgin selections, Extra Lab and Origini, which we recommend. It is a beautiful intense limpid golden yellow colour with delicate green hues. Its aroma is full and rotund, rich in aromatic hints of mint, rosemary and sage, together with notes of black pepper and unripe almond. Its taste is fine and strong, with a flavour of artichoke, chicory and lettuce. Bitterness is distinct and pungency is definite. It would be ideal on bruschette with tomatoes, tuna carpaccio, spinach salads, barbecued radicchio, lentil soups, pasta with sausages, boiled octopus, grilled red meat or game, hard mature cheese.

Italia Italy [IT] Trentino Alto Adige

Frantoio di Riva

Via San Nazzaro, 4
38066 Riva del Garda (TN)
Tel.: +39 0464 552133 - Fax: +39 0464 560904
E-mail: info@agririva.it - Web: www.agririva.it

99

100/600 m

Promiscuo e specializzato
Promiscuous and specialized

Vaso policonico
Polyconic vase

Brucatura a mano
Hand picking

Sì - Ciclo continuo
Yes - Continuous cycle

Frantoio (90%), altre/others (10%)

Fruttato medio
Medium fruity

da 15,01 a 18,00 € - 500 ml
from € 15.01 to 18.00 - 500 ml

Seguiamo questa realtà da numerose edizioni e l'abbiamo vista giungere a un livello straordinario, che confermiamo. La cooperativa, nata nel 1926 per promuovere l'agricoltura del Garda Trentino, cresce nel tempo grazie alla passione degli attuali 300 soci. Nella struttura viene lavorato il meglio della produzione locale: da 80mila olivi su 250 ettari quest'anno sono stati ricavati quasi 3.068 quintali di olive e circa 299 ettolitri di olio. Due gli ottimi Extravergine: Uliva Dop Garda - Trentino e 46° Parallelo da Agricoltura Biologica. Scegliamo il secondo che appare alla vista di un bel colore giallo dorato intenso con leggere venature verdi, limpido. Al naso è ampio e avvolgente, intriso di sentori aromatici di menta e rosmarino, cui si affiancano note speziate di cannella, pepe nero e ricordo di mandorla acerba. Complesso e fine al gusto, si arricchisce di toni vegetali di carciofo e cicoria. Amaro spiccato e piccante deciso. Eccellente su antipasti di legumi, insalate di ceci, marinate di orata, patate alla brace, passati di fagioli, primi piatti con salmone, molluschi gratinati, tartare di tonno, coniglio arrosto, pollame alla griglia, formaggi freschi a pasta filata.

Present in numerous editions of our Guide, this farm has reached extraordinary levels. It is a co-operative founded in 1926 to promote agriculture in Garda Trentino, which has grown over the years thanks to its 300 members. It crushes the best local production. The olive grove covers 250 hectares with 80,000 trees, which produced almost 3,068 quintals of olives and about 299 hectolitres of oil in the last harvest. There are two very good Extra Virgin selections, Uliva Pdo Garda - Trentino and 46° Parallelo from Organic Farming, which we recommend. It is a beautiful intense limpid golden yellow colour with slight green hues. Its aroma is ample and rotund, endowed with aromatic hints of mint and rosemary, together with spicy notes of cinnamon, black pepper and unripe almond Its taste is complex and fine, enriched by a vegetal flavour of artichoke and chicory. Bitterness is distinct and pungency is definite. It would be ideal on legume appetizers, chickpea salads, marinated gilthead, barbecued potatoes, bean purée, pasta with salmon, mussels au gratin, tuna tartare, roast rabbit, grilled poultry, mozzarella cheese.

Veneto

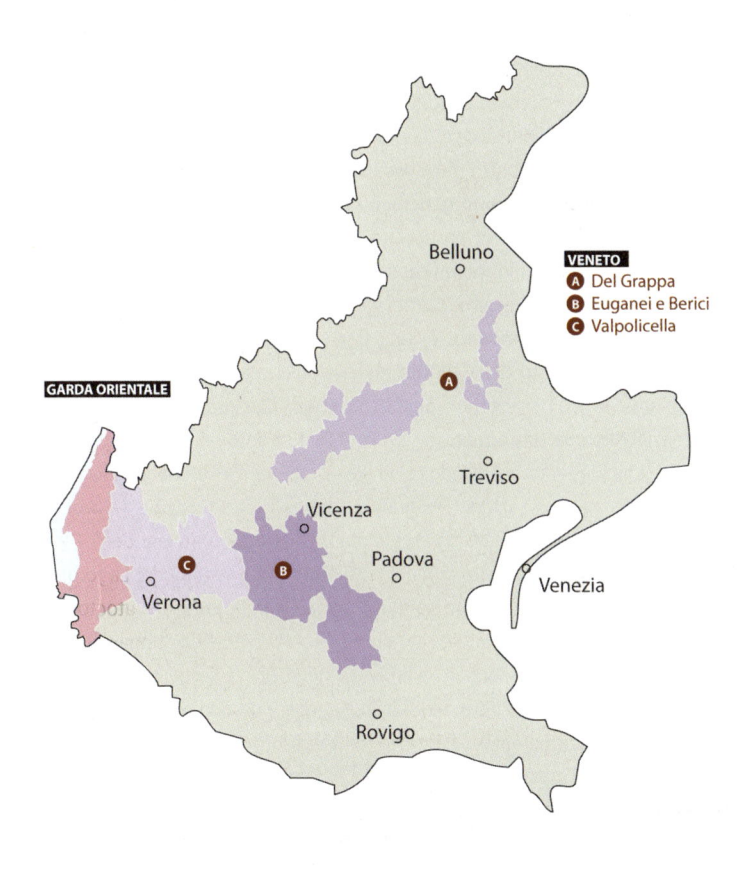

VENETO
- A Del Grappa
- B Euganei e Berici
- C Valpolicella

GARDA ORIENTALE

Dati Statistici
Superficie Olivetata Nazionale	1.164.568 (ha)
Superficie Olivetata Regionale	5.160 (ha)
Quota Regionale	0,44%
Frantoi	42
Produzione Nazionale 19-20	366.468,8 (t)
Produzione Regionale 19-20	319,8 (t)
Produzione Regionale 18-19	3.651,7 (t)
Variazione	-91,24%
Quota Regionale	0,09%

Statistic Data
National Olive Surface	1,164,568 (ha)
Regional Olive Surface	5,160 (ha)
Regional Quota	0.44%
Olive Oil Mills	42
National Production 19-20	366,468.8 (t)
Regional Production 19-20	319.8 (t)
Regional Production 18-19	3,651.7 (t)
Variation	-91.24%
Regional Quota	0.09%

National Institute of Statistics
Service Institute for the Agricultural and Food Market on data from the Agency for Agricultural Payments

Come accade per le altre regioni del Settentrione, anche il Veneto è una regione dalle antiche tradizioni olivicole: lo testimoniano alcuni reperti archeologici ritrovati sulla costa orientale del Lago di Garda che indicano come in questo comprensorio l'origine dell'olivicoltura risalga addirittura all'epoca preromana, mentre un netto impulso a questa coltura lo si registra in epoca medievale, quando l'olio proveniente da questa zona era considerato particolarmente pregiato e costituiva moneta corrente per il pagamento di decime e canoni d'affitto. Nel Cinquecento la Repubblica Serenissima considerava il bacino del Benaco come terra di olivi e vigne, e centro della produzione dell'olio per tutta l'alta Italia. Situato molto più a nord del territorio generalmente riconosciuto ideale per la coltivazione dell'olivo, il Veneto, grazie al particolare microclima dovuto alla presenza del lago e ai fertili terreni di origine morenica, ospita da sempre le colture tipiche di zone più meridionali tra le quali oleandri, palme, viti e - appunto - olivi. L'olio da olive è quindi non solo una risorsa economica di una discreta importanza ma anche, da sempre, un prestigioso elemento della cultura materiale veneta. Oggi la superficie destinata agli impianti olivicoli si estende per 5.160 ettari, che rappresentano lo 0,44% del totale nazionale, e la trasformazione avviene in 42 frantoi, diffusi sull'intero territorio regionale. L'alta qualità del prodotto finale è attestata e tutelata dalla Dop Garda accompagnata dalla menzione geografica Orientale che riguarda le produzioni di un comprensorio tanto vocato da essere stato ribattezzato Riviera degli Ulivi, nome con cui è universalmente noto: parliamo della sponda orientale del Lago di Garda in provincia di Verona, la più produttiva. Qui il ventaglio delle cultivar, autoctone e non, è molto nutrito: prevalgono le varietà casaliva e drizzar, seguite da grignan, lezzo, favarol, rossanel, fort, trepp e pendolino. Se la Riviera degli Ulivi è senz'altro la zona olivetata più rinomata del Veneto, altre aree della regione possono vantare una tradizione altrettanto prestigiosa e antica. Parliamo dei territori olivicoli che ricadono nella Dop Veneto, cui si accompagnano le tre specifiche sottozone: Del Grappa, Euganei e Berici, e Valpolicella. Di queste l'ultima ricade nel Veronese, le prime due rispettivamente nelle province di Vicenza e Treviso e di Padova e Vicenza. Sui Colli Euganei, area dal clima moderatamente soleggiato con terreni calcarei, la tradizione risale al Medioevo e agli Statuti Patavini che imponevano ai proprietari terrieri di piantare ben dieci olivi per ogni appezzamento destinato ai vigneti. In queste aree, dove l'olivicoltura non è meno importante rispetto alla riviera del Garda, si trovano varietà come casaliva, frantoio, leccino, grignan, favarol, raza, trepp, less e fort che sono alla base di una produzione, limitata ma di eccellente qualità, che ha il suo epicentro ad Arquà Petrarca, Baone, Cinto Euganeo e Galzignano Terme. Nella provincia di Vicenza, dove la tradizione olivicola è antica ma il rilancio della coltivazione è storia più recente, la produzione di olio è localizzata soprattutto a nord del capoluogo, nella valle del Brenta, e a sud, sulle pendici dei Colli Berici. La produzione della campagna olearia 2019-2020 in Veneto è stata di 319,8 tonnellate di olio, pari allo 0,09% del totale nazionale, con una severa diminuzione del 91,24% rispetto all'annata precedente.

Like the other northern regions, Veneto has an ancient olive growing tradition as is testified by the remains found on the eastern coast of Lake Garda, showing that in this area the origin of this cultivation dates back to pre-Roman times. Olive growing received a strong stimulus in the Middle Ages, when the oil coming from these lands was considered excellent and was used to pay tithes and ground rents. In the 16th century the Repubblica Serenissima considered the Benaco basin as land of olive trees and vineyards and oil production centre for the whole of northern Italy. Although Veneto is situated in a more northern position than it is generally ideal for olive growing, its particular microclimate, influenced by the presence of the lake and the fertile morainic grounds, makes possible cultivations typical of more southern areas, like oleanders, palm trees, grapevines and also olive trees. Olive oil is therefore not only a notable economic resource, but also an important element of the material culture of Veneto. Currently the olive grove surface covers 5,160 hectares, which represents 0.44% of the national total, and transformation is carried out in 42 oil mills present in the whole territory. The high quality of the end product is certified and protected by the Pdo Garda together with the geographic name Orientale, which involves the productions of such a suitable area to be called Riviera degli Ulivi (Olive Tree Riviera), a name known everywhere. It is the eastern coast of Lake Garda in the province of Verona, the most productive area. Here we find a great wealth of autochthonous and non autochthonous varieties, where the cultivars casaliva and drizzar prevail, followed by the varieties grignan, lezzo, favarol, rossanel, fort, trepp and pendolino. If the Riviera degli Ulivi is the most popular olive area of Veneto, other regional areas can also boast an important and ancient tradition, for instance the territories included in the Pdo Veneto, moreover the three subareas Del Grappa, Euganei e Berici and Valpolicella. The last one is part of the province of Verona, the others are respectively in the provinces of Vicenza and Treviso and Padova and Vicenza. On the Euganean Hills, a moderately sunny area with calcareous grounds, olive traditions date back to the Middle Ages and to the Patavinian Statutes, which imposed landowners to plant 10 olive trees in every vineyard. In these areas, where olive growing is as important as in the riviera of Garda, there are varieties like casaliva, frantoio, leccino, grignan, favarol, raza, trepp, less, fort. Production is limited, but excellent and its heart is in Arquà Petrarca, Baone, Cinto Euganeo and Galzignano Terme. Finally, in the province of Vicenza, where olive tradition is ancient, but cultivation has been re-launched recently, oil production is concentrated mainly to the north of the main city, in the valley of the river Brenta and to the south on the sides of the Berici Hills. In 2019-2020 this region produced 319.8 tons of oil, equal to 0.09% of the total national quantity, with a strong decrease of 91.24% compared to the previous year.

Italia Italy [IT] Veneto

Frantoio di Cornoleda

Via Cornoleda, 15
35030 Cinto Euganeo (PD)
Tel.: +39 0429 647123
E-mail: frantoiodicornoleda@gmail.com - Web: www.frantoiodicornoleda.com

95

70 m

Specializzato
Specialized

Vaso policonico
Polyconic vase

Bacchiatura
Beating

Sì - Ciclo continuo
Yes - Continuous cycle

Frantoio (30%), leccino (30%), rasara (30%), altre/others (10%)

Fruttato medio
Medium fruity

da 10,01 a 12,00 € - 500 ml
from € 10.01 to 12.00 - 500 ml

Nella zona del Parco dei Colli Euganei, alle pendici del Monte Gemola, la famiglia Zanaica ha dato vita nel 2008 al Frantoio di Cornoleda, coniugando tradizione e innovazione tecnologica e puntando all'alta qualità. Il patrimonio consiste in una tenuta di 12 ettari dei quali 6 sono dedicati agli olivi, con 2mila esemplari. Nella trascorsa campagna Devis e Jaci hanno raccolto e molito 300 quintali di olive che, uniti ai 500 acquistati, hanno reso 100 ettolitri di olio. Segnaliamo l'ottimo Extravergine Frantoio di Cornoleda - Green Selection che appare alla vista di un bel colore giallo dorato intenso con delicate venature verdi, limpido. Al naso è ampio e avvolgente, ricco di sentori di carciofo e cicoria selvatica, cui si aggiungono sfumature speziate di cannella e pepe nero. Complesso e di carattere al palato, sprigiona toni di lattuga e chiude con note balsamiche di menta e rosmarino. Amaro spiccato e piccante deciso e armonico. Perfetto accompagnamento per bruschette con pomodoro, carpaccio di tonno, insalate di spinaci, radicchio alla brace, zuppe di fagioli, primi piatti con salsiccia, polpo bollito, carni rosse o cacciagione alla griglia, formaggi di media stagionatura.

The family Zanaica founded Frantoio di Cornoleda in 2008, in the area of the Park of Colli Euganei, at the foot of Mount Gemola, combining tradition and technological innovation and aiming at high quality. The estate consists of 12 hectares, 6 of which are destined to olive grove with 2,000 trees. In the last harvest Devis and Jaci produced and crushed 300 quintals of olives and purchased 500, with a yield of 100 hectolitres of oil. We recommend the very good Extra Virgin Frantoio di Cornoleda - Green Selection, which is a beautiful intense limpid golden yellow colour with delicate green hues. Its aroma is ample and rotund, rich in hints of artichoke and wild chicory, together with spicy notes of cinnamon and black pepper. Its taste is complex and strong, with a flavour of lettuce and final fragrant notes of mint and rosemary. Bitterness is distinct and pungency is definite and harmonic. It would be ideal on bruschette with tomatoes, tuna carpaccio, spinach salads, barbecued radicchio, bean soups, pasta with sausages, boiled octopus, grilled red meat or game, medium mature cheese.

Italia Italy [IT] Veneto

Frantoio Bonamini

Via Santa Giustina, 10
37031 Illasi (VR)
Tel.: +39 045 6520558 - Fax: +39 045 6528133
E-mail: info@oliobonamini.com - Web: www.oliobonamini.com

100

150/250 m

Specializzato
Specialized

Vaso
Vase

Brucatura a mano e meccanica
Hand picking and mechanical harvesting

Sì - Ciclo continuo
Yes - Continuous cycle

Peranzana (60%), coratina (30%), frantoio (10%)

Fruttato medio
Medium fruity

da 6,01 a 8,00 € - 500 ml
from € 6.01 to 8.00 - 500 ml

Azienda modello di armonia tra storia e innovazione, conferma un livello tale da meritarsi di far parte della nostra Hall of Fame. Già leader nella trasformazione, oggi la curatissima struttura di Giancarlo e Sabrina comprende anche 6.500 olivi coltivati su 18 ettari. Il raccolto della trascorsa campagna ha fruttato 800 quintali di olive che, uniti agli 8mila acquistati, hanno reso circa 1.400 ettolitri di olio, più 2mila comprati, per un totale di circa 3.400 ettolitri. Dei due Extravergine, Bonamini Dop Veneto - Valpolicella e l'ottimo Vert de Vertes, preferiamo il secondo, di un bel colore giallo dorato intenso con delicati riflessi verdi, limpido. Al naso è elegante e complesso, intriso di sentori fruttati di pomodoro acerbo, con ricordo di banana e mandorla. Al gusto sprigiona ampie note aromatiche di basilico, menta e rosmarino, cui susseguono toni vegetali di lattuga e cicoria. Amaro deciso e piccante presente ed equilibrato. Ideale su antipasti di pomodori, bruschette con verdure, insalate di legumi, marinate di ricciola, passati di orzo, primi piatti con molluschi, gamberi in guazzetto, seppie in umido, coniglio al forno, pollo arrosto, formaggi freschi a pasta filata.

A model of harmony between tradition and innovation, Frantoio Bonamini has reached such a level to deserve to be part of our Hall of Fame. A leader of transformation, today Giancarlo and Sabrina's comfortable farm also includes 18 hectares of olive grove with 6,500 trees. In the last harvest 800 quintals of olives were produced and 8,000 purchased, with a yield of about 1,400 hectolitres of oil. With 2,000 purchased, the total was about 3,400 hectolitres. There are two Extra Virgin, Bonamini Pdo Veneto - Valpolicella and the very good Vert de Vertes, which we recommend. It is a beautiful intense limpid golden yellow colour with delicate green hues. Its aroma is elegant and complex, with fruity hints of unripe tomato and a note of banana and almond. Its taste has an ample aromatic flavour of basil, mint and rosemary, together with vegetal hints of lettuce and chicory. Bitterness is definite and pungency is present and complimentary. It would be ideal on tomato appetizers, bruschette with vegetables, legume salads, marinated amberjack, barley purée, pasta with mussels, stewed shrimps, stewed cuttlefish, baked rabbit, roast chicken, mozzarella cheese.

Italia Italy [IT] Veneto

Montenigo

Montorio - Via delle Rive, 3/a
37141 Verona
E-mail: info@montenigo.it - Web: www.montenigo.it

87

200 m

Specializzato
Specialized

Policono
Polycone

Bacchiatura e brucatura a mano
Beating and hand picking

No - Ciclo continuo
No - Continuous cycle

Favarol

Fruttato medio
Medium fruity

da 15,01 a 18,00 € - 500 ml
from € 15.01 to 18.00 - 500 ml

Montenigo è una realtà familiare nata pochi anni or sono dalla passione per il territorio e i prodotti naturali dei Roncari. Siamo a pochi chilometri dal centro di Verona, nelle campagne della Valpolicella: qui l'azienda si sviluppa su un'ampia superficie dedicata a vigneto, oliveto e area boschiva. Gli olivi occupano 5 ettari e raggiungono il numero di 700 esemplari dai quali Giovanni Roncari ha ricavato quest'anno 170 quintali di olive e 20 ettolitri di olio. Segnaliamo l'ottimo Extravergine monovarietale Montenigo - Favaròl da Agricoltura Biologica che appare alla vista di un bel colore giallo dorato intenso con delicate venature verdi, limpido. Al naso è ampio e avvolgente, ricco di sentori fruttati di pomodoro acerbo, mela bianca e banana, cui si affiancano note balsamiche di menta e basilico. In bocca è fine e di carattere, con toni vegetali di sedano, cicoria e lattuga di campo. Amaro e piccante presenti ed equilibrati. È eccellente per maionese, antipasti di funghi ovoli, carpaccio di pesce persico, insalate di riso, marinate di dentice, zuppa di patate, risotto con asparagi, rombo al cartoccio, tartare di orata, formaggi freschi a pasta molle, biscotti da forno.

Montenigo is a family-run farm created a few years ago thanks to the passion for the territory and natural products of the family Roncari. The estate is a few kilometres from the centre of Verona, in the countryside of Valpolicella and extends over a large area dedicated to vineyards, olive groves and woods. The olive groves take up 5 hectares with 700 trees. In the last harvest Giovanni Roncari produced 170 quintals of olives, with a yield of 20 hectolitres of oil. We recommend the very good Monovarietal Extra Virgin Montenigo - Favaròl from Organic Farming, which is a beautiful intense limpid golden yellow colour with delicate green hues. Its aroma is ample and rotund, rich in fruity hints of unripe tomato, white apple and banana, together with fragrant notes of mint and basil. Its taste is fine and strong, with a vegetal flavour of celery, chicory and country lettuce. Bitterness and pungency are present and complimentary. It would be ideal on mayonnaise, ovoli mushroom appetizers, perch carpaccio, rice salads, marinated sea bream, potato soup, risotto with asparagus, turbot baked in parchment paper, gilthead tartare, soft fresh cheese, oven cookies.

Friuli Venezia Giulia

Dati Statistici

Superficie Olivetata Nazionale	1.164.568 (ha)
Superficie Olivetata Regionale	625 (ha)
Quota Regionale	0,05%
Frantoi	9
Produzione Nazionale 19-20	366.468,8 (t)
Produzione Regionale 19-20	57,0 (t)
Produzione Regionale 18-19	155,5 (t)
Variazione	-63,34%
Quota Regionale	0,02%

Statistic Data

National Olive Surface	1,164,568 (ha)
Regional Olive Surface	625 (ha)
Regional Quota	0.05%
Olive Oil Mills	9
National Production 19-20	366,468.8 (t)
Regional Production 19-20	57.0 (t)
Regional Production 18-19	155.5 (t)
Variation	-63.34%
Regional Quota	0.02%

National Institute of Statistics
Service Institute for the Agricultural and Food Market on data from the Agency for Agricultural Payments

Il Friuli Venezia Giulia è una regione montuosa ma aperta a est verso il mare con il litorale giuliano. Qui la coltura dell'olivo è stata importata dai Romani che la impiantarono in tutta l'area nord-orientale dell'Adriatico e quindi anche sulla costa triestina. Infatti, nonostante il Friuli Venezia Giulia sia situato all'estremo limite nord per l'olivo, in questa parte del territorio il clima è mitigato dai venti marini e dalla presenza dei contrafforti delle Alpi Carniche e Giulie che costituiscono una barriera naturale alle gelide tramontane provenienti da nord. Grado più grado meno, sono le stesse condizioni ambientali di altre zone vocatissime, come le sponde gardesane o le colline toscane e liguri. Questo spiega meglio di ogni altra cosa il segreto degli oli extravergine prodotti nella regione e la salubrità della coltura, dato che il clima riduce al minimo anche il rischio di patologie della pianta: ragione per cui l'olivo ha continuato a fruttificare durante il Medioevo, grazie all'opera degli ordini monastici, e successivamente in età comunale. Fino al rigido inverno del 1929, quando gran parte degli oliveti venne abbattuta per ricavare legna da ardere. Più avanti lo spopolamento delle campagne dopo la seconda guerra mondiale sancì la scomparsa quasi definitiva dell'olivo dal paesaggio friulano, mentre prendevano piede altre colture come la vite, meno dipendente dalla variabile del clima e sicuramente più redditizia. Una prima timida ripresa si registra negli anni Settanta, poi nel 1981 una legge regionale infonde ulteriore, deciso vigore all'olivicoltura. All'inizio del secondo millennio è ben avviato il recupero di questa coltivazione soprattutto nella zona di San Dorligo della Valle-Dolina (provincia di Trieste), nelle aree del Carso Triestino, del Collio (provincia di Gorizia) e dei Colli Orientali (Udine). Nel 2005 infine è arrivata la Dop Tergeste, il nome latino di Trieste, a tutela dell'olio prodotto nel territorio giuliano. La provincia di Udine è la più produttiva, seguita da quella di Trieste. Nella zona del Carso, in particolare, l'olivo è sempre stato presente, visto il clima temperato e il terreno ricco di calcare bianco. Nelle zone del Collio e dei Colli Orientali invece, dove erano sopravvissute poche piante di olivo, si è proceduto a impianti ex novo. Nuovi oliveti sono stati realizzati anche nelle province di Gorizia e Udine, nell'area collinare già nota per la produzione di vino: si tratta soprattutto di oliveti specializzati di piccola estensione, talvolta in ambiente promiscuo con la vite o altre colture. Complessivamente la superficie coltivata si estende per 625 ettari che rappresentano lo 0,05% del totale nazionale. La varietà più diffusa è l'autoctona bianchera che rappresenta più del 50% delle piante nell'area triestina, seguita da altre varietà preesistenti ricavate da antiche piante madri ovvero leccio del corno, buka, carbona, gentile di Rosazzo. Inoltre sono state messe a dimora alcune cultivar tipiche dell'Italia centrale (leccino, frantoio, moraiolo e pendolino) e del Lago di Garda (grignan, casaliva e favarol). La trasformazione avviene in 9 frantoi attivi sul territorio dai quali, nell'ultima campagna olearia 2019-2020, sono state ricavate 57 tonnellate di olio, pari allo 0,02% del totale nazionale, con una diminuzione del 63,34% rispetto all'annata precedente. Sebbene si tratti di una produzione di nicchia, tuttavia il settore può dirsi in ripresa rispetto a un recente passato di crisi.

Friuli Venezia Giulia is a mountainous region but open to the sea to the east with the Giuliano seashore. Here olive cultivation was spread by the Romans, who established it in the whole north-eastern area of the Adriatic and also on the coast of Trieste. In fact, even if Friuli Venezia Giulia is situated at the extreme northern boundary for olive growing, in this part of the territory the climate is tempered by the Adriatic sea winds and by the presence of the spurs of the Alpi Carniche and Giulie, a natural bar to the chilly north winds. The natural conditions are approximately the same as very favourable areas like the banks of Lake Garda or the Tuscanian or Ligurian hills and determine the excellent quality of the extra virgin olive oil produced in this region and its healthy character, since the climate minimizes the risk of pathologies. In the Middle Ages thanks to monastic orders and later in the period of the medieval communes the olive tree flourished, until the cold winter of 1929, when most of the trees were cut down to obtain firewood. Afterwards the depopulation of the countryside due to the Second World War caused the olive tree to disappear from these lands, while other cultivations, especially the grapevine, gained ground, as they were less dependent on the climate and certainly more profitable. In the 70s there were the first few signs of recovery, then in 1981 a regional law gave further stimulus to olive growing. In the years following 2000 this ancient cultivation has been recovered, especially in the area of San Dorligo in the Valle-Dolina (province of Trieste), in the areas of Carso Triestino, Collio (province of Gorizia) and Colli Orientali (Udine). Finally, in 2005 the Pdo Tergeste was established. Its name comes from the old Latin name of Trieste and it protects the extra virgin olive oil produced in the Giuliano territory. The province of Udine is the most productive followed by Trieste. In the area of Carso in particular the olive tree has always been present because of the temperate climate and ground rich in white limestone. In the areas of Collio and Colli Orientali instead new olive groves have been planted, because few olive trees had survived. New olive groves have also been planted in the provinces of Gorizia and Udine, in the same hilly area already well-known for wine production: mainly we find specialized olive groves of small dimensions, sometimes mixed with the grapevine or other cultivations. Currently the olive surface covers 625 hectares, which represents 0.05% of the national total. The prevailing variety is the autochthonous bianchera, which represents more than 50% of the trees in the area of Trieste, followed by other varieties already present in the area, obtained from ancient trees - leccio del corno, buka, carbona, gentile di Rosazzo. Besides, there are typical cultivars of central Italy like leccino, frantoio, moraiolo and pendolino, and of Lake Garda like grignan, casaliva and favarol. Transformation is carried out in 9 oil mills, which produced 57 tons of oil in the last harvest, equal to 0.02% of the total national quantity, with a decrease of 63.34% compared to the previous year. Although it is almost a niche production, the whole olive oil sector is clearly recovering, if one considers the neglect and oblivion of the recent past.

Italia Italy [IT] Friuli Venezia Giulia

Parovel Vigneti e Oliveti 1898

Bagnoli della Rosandra, 624
34018 San Dorligo della Valle (TS)
Tel.: +39 040 227050 - Fax: +39 040 227080
E-mail: info@parovel.com - Web: www.parovel.com

92

48/121 m

Promiscuo e specializzato
Promiscuous and specialized

Vaso policonico
Polyconic vase

Brucatura a mano
Hand picking

Sì - Ciclo continuo
Yes - Continuous cycle

Bianchera istriana

Fruttato medio
Medium fruity

da 12,01 a 15,00 € - 250 ml
from € 12.01 to 15.00 - 250 ml

Continua a distinguersi nella nostra Guida Parovel, il cui nome richiama un'antica tradizione: la famiglia, infatti, produce vino e olio extravergine da quattro generazioni, e già alla fine dell'Ottocento Pietro Parovel esportava in Austria il frutto dei propri oliveti. Oggi l'azienda è guidata da Elena ed Euro che dispongono di 5mila piante su una superficie di 15 ettari. Da queste, nella recente campagna, sono stati raccolti 440 quintali di olive che, uniti agli 800 acquistati, hanno reso 131 ettolitri di olio. L'ottimo Extravergine Ul'ka Dop Tergeste è giallo dorato intenso con sottili riflessi verdi, limpido. All'olfatto è pulito e avvolgente, ricco di eleganti sfumature di mandorla, cannella e pepe nero, cui si associano note balsamiche di menta e rosmarino. Morbido e armonico in bocca, è dotato di un'ampia carica vegetale, con ricordo di lattuga, cicoria e carciofo. Amaro spiccato e piccante presente e ben espresso. Ideale su antipasti di legumi, carpaccio di salmone, insalate di pomodori, patate alla brace, zuppe di ceci, risotto con carciofi, rombo arrosto, seppie in umido, tartare di tonno, coniglio al forno, pollame ai ferri, formaggi freschi a pasta filata.

Another positive result for the farm Parovel, whose name recalls an old tradition: in fact, this family has been producing wine and extra virgin olive oil for four generations and Pietro Parovel already exported his produce to Austria at the end of the 19th century. Today the farm is run by Elena and Euro, who have 5,000 trees on a surface of 15 hectares. In the last harvest 440 quintals of olives were produced and 800 purchased, with a yield of 131 hectolitres of oil. We recommend the very good Extra Virgin Ul'ka Pdo Tergeste, which is an intense limpid golden yellow colour with slight green hues. Its aroma is clean and rotund, rich in elegant hints of almond, cinnamon and black pepper, together with fragrant notes of mint and rosemary. Its taste is mellow and harmonic, endowed with an ample vegetal flavour of lettuce, chicory and artichoke. Bitterness is definite and pungency is present and distinct. It would be ideal on legume appetizers, salmon carpaccio, tomato salads, barbecued potatoes, chickpea soups, risotto with artichokes, roast turbot, stewed cuttlefish, tuna tartare, baked rabbit, grilled poultry, mozzarella cheese.

Emilia Romagna

Dati Statistici		Statistic Data	
Superficie Olivetata Nazionale	1.164.568 (ha)	National Olive Surface	1,164,568 (ha)
Superficie Olivetata Regionale	4.155 (ha)	Regional Olive Surface	4,155 (ha)
Quota Regionale	0,36%	Regional Quota	0.36%
Frantoi	39	Olive Oil Mills	39
Produzione Nazionale 19-20	366.468,8 (t)	National Production 19-20	366,468.8 (t)
Produzione Regionale 19-20	785,0 (t)	Regional Production 19-20	785.0 (t)
Produzione Regionale 18-19	1.258,4 (t)	Regional Production 18-19	1,258.4 (t)
Variazione	- 37,62%	Variation	- 37.62%
Quota Regionale	0,21%	Regional Quota	0.21%

National Institute of Statistics
Service Institute for the Agricultural and Food Market on data from the Agency for Agricultural Payments

In Emilia Romagna il territorio, per lo più pianeggiante, circoscrive la coltivazione dell'olivo quasi esclusivamente alle aree collinari che si trovano all'estremità sud-orientale della regione, ovvero tra Rimini, Forlì e Faenza. Si tratta di zone che custodiscono un patrimonio olivicolo importante e che hanno un'antica tradizione. Secondo gli studiosi, infatti, la presenza della pianta sacra risalirebbe addirittura all'età preistorica, precisamente all'epoca villanoviana (X-VIII secolo a.C.). E il fatto che, a differenza rispetto ad altre regioni, qui l'olivicoltura sia sopravvissuta alla caduta dell'Impero Romano, alle invasioni barbariche e alla successiva crisi dell'assetto agricolo, ne attesta l'importanza anche dal punto di vista culturale. La rinascita risale all'alto Medioevo, quando gli ordini monastici diffondono l'olivo un po' ovunque e quindi anche sulle colline intorno a Bologna, Piacenza e Parma, alimentando un fiorente commercio. Fino a quando, all'inizio del Novecento, gli oliveti sono stati invece progressivamente abbandonati ed espiantati per fare posto ad altre colture di pianura (cereali e alberi da frutto) e all'allevamento intensivo, entrambi senza dubbio più redditizi. Bisognerà attendere i nostri giorni per registrare un'inversione di tendenza. Oggi in Emilia Romagna si contano circa 4.155 ettari di oliveti che rappresentano lo 0,36% del totale nazionale: questi sono distribuiti per lo più nella provincia di Rimini, quella da sempre maggiormente vocata all'olivicoltura, poi nella provincia di Forlì-Cesena, seguita da quella di Ravenna, e infine in minima parte nel Bolognese. Per quanto riguarda il patrimonio varietale nella provincia di Rimini si trovano le cultivar autoctone rossina e colombina accanto a nuovi impianti nei quali hanno attecchito varietà dell'Italia centrale come frantoio, moraiolo, pendolino e correggiolo. Il frantoio di Villa Verrucchio e di Montegridolfo si trovano invece sia qui che nella provincia di Forlì-Cesena dove, oltre a frantoio, leccino e correggiolo, esiste anche un'altra varietà locale, il selvatico, diffusa soprattutto nella zona di Carpineta, insieme alla carbuncion di Carpineta. Nel Faentino, sulle colline della Vena del Gesso, intorno al comune di Brisighella, si coltivano le cultivar autoctone nostrana di Brisighella, colombina e ghiacciola. L'olio ottenuto gode di particolare, meritata rinomanza, tanto che a tutela della sua qualità è stata a suo tempo riconosciuta la Dop Brisighella. A questa si è aggiunta in seguito la Dop Colline di Romagna che riguarda le province di Rimini e Forlì-Cesena. E proprio alle porte di Forlì, nel comune di Castrocaro, è stato condotto uno studio del CNR teso a valorizzare il patrimonio varietale autoctono: dal censimento delle piante secolari sono state individuate sei nuove cultivar che hanno preso il nome dei poderi nei quali sono state trovate. Quattro sono cloni, due della nostrana di Brisighella (casalino e conversello) e due rispettivamente della ghiacciola (casalinetto) e del correggiolo (pennita). Le altre si chiamano cortigiana, perché scoperta nella fortezza di Castrocaro, e quarantoleto. Attualmente le aziende attive sul territorio sono 4.514, per lo più di piccole dimensioni; mentre dai 39 frantoi attivi, nell'ultima campagna 2019-2020, sono state ricavate 785 tonnellate di olio, pari allo 0,21% del totale nazionale, con una diminuzione del 37,62% rispetto all'annata precedente.

In Emilia Romagna the mainly flat morphology of the territory restricts olive cultivation to particular hilly areas situated in the south-eastern part of the region, near Rimini, Forlì and Faenza. However, these areas have a very important and ancient range of varieties. In fact, according to historians olive cultivation dates back to prehistoric times, exactly to the Villanovian period (10th -8th century B.C.). In contrast to other regions olive growing here survived the fall of the Roman Empire, the Barbarian invasions and the subsequent crisis of the agricultural system, which proves its cultural importance. Recovery started in the early Middle Ages, when monastic orders spread the olive tree everywhere, even on the hills surrounding Bologna, Piacenza and Parma, stimulating a very flourishing trade. Unfortunately, at the beginning of the 20th century olive groves were gradually neglected and dug up to be replaced by other cultivations, such as cereals and fruit trees and by more profitable intensive cultivations. Recovery is relatively recent and today in Emilia Romagna there are about 4,155 hectares of olive groves, which represents 0.36% of the national total. They are mainly in the province of Rimini, historically the most suitable to olive growing, then in the province of Forlì-Cesena, followed by the province of Ravenna and finally only a limited amount in the area of Bologna. As regards varieties, in the province of Rimini we find the autochthonous cultivars rossina and colombina, together with new olive groves, where the typical varieties of central Italy have taken root, especially frantoio, moraiolo, pendolino and correggiolo. Frantoio di Villa Verrucchio and frantoio di Montegridolfo instead can be found both here and in the province of Forlì-Cesena, where, besides the cultivars frantoio, leccino and correggiolo, there is also a local cultivar called selvatico, which is mainly spread in the area of Carpineta, together with the variety carbuncion di Carpineta. In the area of Faenza, especially in the hilly area of Vena del Gesso, around the town of Brisighella, typical autochthonous varieties like nostrana di Brisighella, colombina and ghiacciola are cultivated and the oil obtained from these cultivars is particularly famous. In fact the quality of this oil was recognized by the Pdo Brisighella. Later the Pdo Colline di Romagna was added to protect the production of extra virgin olive oils in the provinces of Rimini and Forlì-Cesena. Moreover CNR has carried out a research near Forlì, in the town of Castrocaro, to enhance the autochthonous range of varieties. This census has identified six new cultivars that have taken their name from the farms where they were found. Four of them are clones, two of nostrana di Brisighella (casalino and conversello) and two respectively of ghiacciola (casalinetto) and correggiolo (pennita). The others are called cortigiana, because it was found in the fortress of Castrocaro, and quarantoleto. In the territory there are 4,514 mainly small farms and 39 oil mills. In 2019-2020 they produced 785 tons of oil, equal to 0.21% of the total national quantity, with a decrease of 37.62% compared to the previous year.

Italia Italy [IT] Emilia Romagna

Palazzo di Varignana

San Nicolo di Varignana - Via Ca' Masino, 611/a
40024 Castel San Pietro Terme (BO)
Tel.: +39 051 19938300 - Fax: +39 051 19938380
E-mail: infofood@palazzodivarignana.com - Web: www.palazzodivarignanafood.com

87

- 200 m
- Specializzato / Specialized
- Palma libera, vaso / Free fan, vase
- Bacchiatura / Beating
- No - Ciclo continuo / No - Continuous cycle
- Ghiacciola
- Fruttato intenso / Intense fruity
- da 15,01 a 18,00 € - 250 ml / from € 15.01 to 18.00 - 250 ml

Palazzo di Varignana nasce nel 2013 con l'ambizioso progetto di offrire una linea di prodotti ispirata alla vocazione storica del territorio, coltivando direttamente estesi poderi circostanti il resort grazie alla propria azienda agricola. Il fiore all'occhiello è l'olio extravergine ottenuto dalla coltivazione, su 107 ettari, di 66.829 olivi. Nella trascorsa campagna Carlo Gherardi ha raccolto circa 243 quintali di olive che hanno reso 45 ettolitri di olio. I due Extravergine monocultivar presentati sono Vargnano e Claterna: segnaliamo il secondo, il cui nome rievoca l'omonimo sito archeologico. Giallo dorato intenso con delicati riflessi verdi, limpido; al naso è deciso e avvolgente, ricco di sentori fruttati di pomodoro di media maturità, mela bianca e banana, cui si affiancano note aromatiche di basilico, menta e prezzemolo. Fine e di carattere in bocca, sprigiona toni vegetali di lattuga e sedano. Amaro potente e piccante spiccato. Ideale su bruschette con pomodoro, carpaccio di pesce spada, insalate di carciofi, marinate di tonno, zuppe di fagioli, primi piatti con salsiccia, polpo bollito, agnello in umido, carni rosse ai ferri, formaggi stagionati a pasta filata.

Palazzo di Varignana was founded in 2013 with the ambitious aim of offering a line of products inspired to the history of this territory, thanks to its farm that cultivates directly the large holdings surrounding the resort. The best achievement is the extra virgin olive oil obtained from 66,829 trees on 107 hectares of land. In the last harvest Carlo Gherardi produced about 243 quintals of olives, with a yield of 45 hectolitres of oil. There are two Monocultivar Extra Virgin selections, Vargnano and Claterna, from the homonymous archaeological site, which we recommend. It is an intense limpid golden yellow colour with delicate green hues. Its aroma is definite and rotund, rich in fruity hints of medium ripe tomato, white apple and banana, together with aromatic notes of basi, mint and parsley. Its taste is fine and strong, with a vegetal flavour of lettuce and celery. Bitterness is powerful and pungency is distinct. It would be ideal on bruschette with tomatoes, swordfish carpaccio, artichoke salads, marinated tuna, bean soups, pasta with sausages, boiled octopus, stewed lamb, grilled red meat, aged cheese.

Italia Italy [IT] Emilia Romagna

Terra di Brisighella
Via Strada, 2
48013 Brisighella (RA)
Tel.: +39 0546 81103 - 0546 80131 - Fax: +39 0546 81497
E-mail: commerciale@brisighello.net - Web: www.terradibrisighella.it

96

- 300 m
- Promiscuo / Promiscuous
- Vaso policonico / Polyconic vase
- Brucatura a mano / Hand picking
- Sì - Ciclo continuo / Yes - Continuous cycle
- Nostrana di Brisighella
- Fruttato medio / Medium fruity
- da 12,01 a 15,00 € - 500 ml / from € 12.01 to 15.00 - 500 ml

Punto di riferimento indiscusso per l'olivicoltura di qualità della zona, Terra di Brisighella è una cooperativa che nasce nel 1962 da un'idea di 16 agricoltori e attualmente è una delle più importanti realtà olearie della Romagna, con 500 soci e un patrimonio di 480 ettari con 105mila alberi. Quest'anno il raccolto ha fruttato 5mila quintali di olive e circa 655 ettolitri di olio. La selezione presentata al panel è l'Extravergine Brisighello Dop Brisighella, sempre ottimo. Si presenta alla vista di un bel colore giallo dorato intenso con leggere sfumature verdi, limpido. Al naso è elegante e avvolgente, ricco di note fruttate di pomodoro di media maturità, banana e mela bianca, cui si accompagnano ampi sentori balsamici di basilico e menta, origano e prezzemolo. Fine e complesso al palato, è dotato di una marcata carica vegetale, con ricordo di fave fresche, lattuga e sedano. Amaro molto spiccato e piccante deciso e armonico. Buono l'abbinamento con antipasti di mare, fagioli bolliti, insalate di salmone, patate al cartoccio, passati di orzo, risotto con molluschi, gamberi in guazzetto, tartare di tonno, coniglio al forno, pollame arrosto, formaggi freschi a pasta filata.

This farm, an undisputed point of reference of quality olive growing in the area, is a co-operative founded by 16 wine-growers in 1962 and today is one of the most important oil farms in Romagna, with 500 members and a surface of 480 hectares with 105,000 trees. In the last harvest 5,000 quintals of olives and about 655 hectolitres of oil were produced. The selection proposed to the panel is the very good Extra Virgin Brisighello Pdo Brisighella, which is a beautiful intense limpid golden yellow colour with slight green hues. Its aroma is elegant and rotund, rich in fruity notes of medium ripe tomato, banana and white apple, together with ample fragrant hints of basil and mint, oregano and parsley. Its taste is fine and complex, endowed with a strong vegetal flavour of fresh broad beans, lettuce and celery. Bitterness is distinct and pungency is definite and harmonic. It would be ideal on seafood appetizers, boiled beans, salmon salads, baked potatoes, barley purée, risotto with mussels, stewed shrimps, tuna tartare, baked rabbit, roast poultry, mozzarella cheese.

Italia Italy [IT] Emilia Romagna

Il Borgo del Melograno
Via Val di Ranco, 814
47834 Montefiore Conca (RN)
Tel.: +39 0541 852031 - Fax: +39 0541 853629
E-mail: info@ilborgodelmelograno.com - Web: www.ilborgodelmelograno.com

94

- 400 m
- Specializzato / Specialized
- Policono / Polycone
- Brucatura a mano / Hand picking
- No - Ciclo continuo / No - Continuous cycle
- Correggiolo (60%), leccino (40%)
- Fruttato medio / Medium fruity
- da 18,01 a 22,00 € - 500 ml / from € 18.01 to 22.00 - 500 ml

Sulle alture della Valconca, a pochi chilometri dai centri costieri di Rimini, Riccione e Cattolica, si colloca questa bella realtà di produzione gestita da Monica, Valerio Sapucci e la loro famiglia. La dimora padronale, di fine Ottocento, è inserita all'interno di un tipico borgo antico e si affaccia su un giardino terrazzato circondato dall'oliveto composto da 2.500 piante, per lo più secolari, distribuite su 15 ettari. La raccolta di quest'anno ha reso quasi 100 quintali di olive e circa 11 ettolitri di olio. L'ottimo Extravergine Il Borgo del Melograno da Agricoltura Biologica è giallo dorato intenso con leggere sfumature verdi, limpido. Al naso è pulito e avvolgente, ricco di sentori balsamici di menta e rosmarino, affiancati da note speziate di cannella e pepe nero. In bocca è elegante e vegetale, con ricordo di carciofo, cicoria selvatica e lattuga. Amaro e piccante presenti ed equilibrati, con finale dolce in rilievo. È perfetto per antipasti di salmone, insalate di legumi, marinate di ricciola, verdure al forno, passati di fagioli, risotto con carciofi, gamberi in guazzetto, seppie in umido, coniglio arrosto, pollame alla brace, formaggi freschi a pasta filata.

This beautiful farm, run by Monica, Valerio Sapucci and their family, is placed on the hills of Valconca, near the coastal towns of Rimini, Riccione and Cattolica. The late 19th-century farmhouse is located in a typical ancient village and overlooks a terraced garden. The olive grove surrounding it covers 15 hectares with 2,500 mainly century-old trees. In the last harvest almost 100 quintals of olives and around 11 hectolitres of extra virgin olive oil were produced. The very good Extra Virgin selection Il Borgo del Melograno from Organic Farming is an intense limpid golden yellow colour with slight green hues. Its aroma is clean and rotund, rich in fragrant hints of mint and rosemary, together with spicy notes of cinnamon and black pepper. Its taste is elegant and vegetal, with a flavour of artichoke, wild chicory and lettuce. Bitterness and pungency are present and well balanced, with a sweet finish. It would be ideal on salmon appetizers, legume salads, marinated amberjack, baked vegetables, bean purée, risotto with artichokes, stewed shrimps, stewed cuttlefish, roast rabbit, barbecued poultry, mozzarella cheese.

Toscana

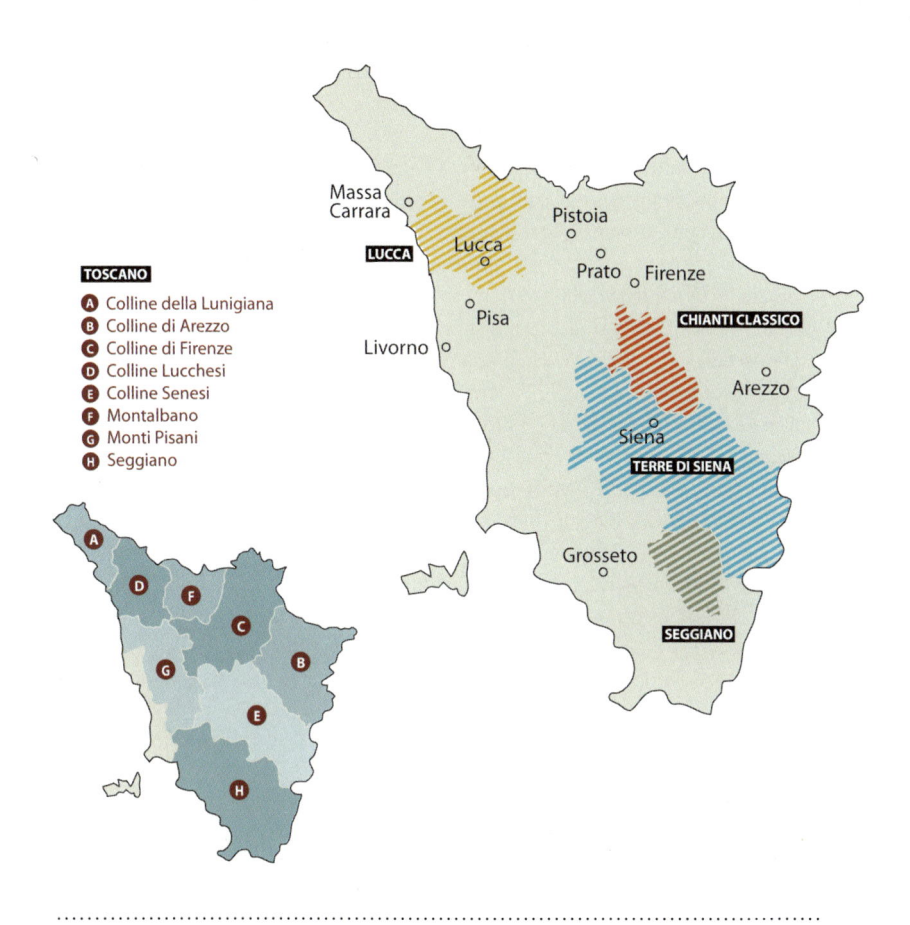

TOSCANO
- A Colline della Lunigiana
- B Colline di Arezzo
- C Colline di Firenze
- D Colline Lucchesi
- E Colline Senesi
- F Montalbano
- G Monti Pisani
- H Seggiano

Dati Statistici

Superficie Olivetata Nazionale	1.164.568 (ha)
Superficie Olivetata Regionale	89.929 (ha)
Quota Regionale	7,72%
Frantoi	380
Produzione Nazionale 19-20	366.468,8 (t)
Produzione Regionale 19-20	9.930,0 (t)
Produzione Regionale 18-19	20.787,6 (t)
Variazione	- 52,23%
Quota Regionale	2,71%

Statistic Data

National Olive Surface	1,164,568 (ha)
Regional Olive Surface	89,929 (ha)
Regional Quota	7.72%
Olive Oil Mills	380
National Production 19-20	366,468.8 (t)
Regional Production 19-20	9,930.0 (t)
Regional Production 18-19	20,787.6 (t)
Variation	- 52.23%
Regional Quota	2.71%

National Institute of Statistics
Service Institute for the Agricultural and Food Market on data from the Agency for Agricultural Payments

La notorietà, meritatissima, dell'olio toscano sfida i secoli e i confini geografici: tanto per farsi un'idea della sua rinomanza basta citare il Concise Oxford Dictionary il quale, alla voce "Lucca", così recita: "Lucca - Oil, Superior Quality of Olive Oil". E questo nonostante le quantità di prodotto non siano sterminate. Del resto l'olivicoltura costituisce la spina dorsale della tradizione agroalimentare toscana, il suo cuore e la sua sintesi. Accanto alla vite, infatti, l'olivo è non soltanto protagonista assoluto dell'economia rurale e, con i suoi frutti, della tradizione gastronomica della regione, ma riveste un'insostituibile funzione paesaggistica e culturale. Esistono diverse testimonianze storiche secondo le quali la pianta sacra sarebbe stata presente come qualità selvatica già in età preistorica soprattutto in alcune zone del litorale. Tuttavia l'olivo comincia a marcare fortemente le colline toscane soltanto verso la fine del Medioevo: a partire da quell'epoca gli oliveti sono diffusi praticamente su tutto il territorio regionale, fatta eccezione per le aree pianeggianti di fondovalle e i terreni eccessivamente argillosi. Fondamentale poi fu l'opera dei Medici che dettero un forte impulso alla coltura bonificando boschi e paludi per ricavarne aree coltivabili. Gli impianti in Toscana arrivano, infatti, fin quasi ai limiti settentrionali per questa coltura il che, in anni particolarmente freddi, può esporli a gravi rischi: è quanto accadde nel 1985 quando oltre il 70% del patrimonio olivicolo regionale andò completamente distrutto per il gelo. Oggi però, grazie sia a un'intelligente politica di gestione del territorio che alla grande attenzione alla qualità da parte di produttori piccoli e grandi, il comparto ha ripreso completo vigore interessando in maniera più o meno profonda quasi tutte le province, pur comprendendo queste territori anche molto diversi tra loro. Attualmente si contano 17 milioni 436.734 piante messe a dimora su una superficie di 89.929 ettari che rappresentano il 7,72% del totale nazionale. Le zone più vocate sono il Chianti, le falde del Monte Albano, i Colli Fiorentini, la Rufina e i Colli Senesi con in testa il comprensorio di Montalcino e di Montepulciano, come pure la provincia di Lucca, i Colli Aretini, le Colline Pisane e le aree collinari di Livorno e Grosseto. Le aziende attive nel settore raggiungono le 77.567 unità, mentre 380 sono i frantoi presenti che, nella campagna 2019-2020, hanno prodotto 9.930 tonnellate di olio, pari al 2,71% del totale nazionale, con una diminuzione del 52,23% rispetto all'annata precedente. La varietà dominante è la pregiata frantoio. Ma accanto a questa troviamo moraiolo, leccino, pendolino e correggiolo. Oltre a tante altre cultivar meno conosciute ma che contribuiscono in modo determinante alla tipicità degli oli toscani: allora, arancino, ciliegino, colombino, cuoricino, ginestrino, giogolino, gremignolo, grossaio, lastrino, lazzero, leccio del corno, madremignola, melaiolo, morcone, mortellino, ornellaia, piangente, piturzello, quercetano, rosino, rossello, salicino, tondello e trillo. A partire dal 1998 la produzione olearia toscana è tutelata dalla Igp Toscano che abbraccia tutta la regione, con ben otto sottozone: Colline della Lunigiana, Colline di Arezzo, Colline di Firenze, Colline Lucchesi, Colline Senesi, Montalbano, Monti Pisani e Seggiano. A questa si affiancano quattro Denominazioni di Origine Protetta certificate: Chianti Classico, Terre di Siena, Lucca e Seggiano.

The name Tuscan oil has rightly deserved has endured over the centuries and crossed geographic borders, suffice it to say that the entry Lucca in the Concise Oxford Dictionary says "Lucca - Oil: Superior Quality of olive oil".

Although the quantities produced are not extremely abundant, olive growing is the backbone of Tuscan agricultural and food tradition and represents its heart and synthesis. Together with the grapevine the olive tree is the real protagonist not only of the rural economy and of the gastronomic tradition of the region, but it has also an important landscape and cultural function. From an historical point of view the olive tree was already present as a wild variety in prehistoric times, mostly in some coastal areas, but it started to spread only at the end of the Middle Ages: since then olive groves have spread on the whole regional territory, with the only exception of the flat thalweg areas and the too clayey soil. The role of the Medicis was fundamental in this regard, as they strongly stimulated olive cultivation, reclaiming woods and marshes to obtain cultivable areas. Tuscan olive groves are nearly always on the north border for this kind of cultivation and in extremely cold years this fact can damage them seriously: this happened in fact in 1985, when over 70% of the regional olive trees was completely destroyed by frost. Nowadays the sector has fully recovered, thanks to an intelligent management of the territory and to the great attention to quality of both small and large producers. Olive cultivation is present in nearly all provinces, in spite of the different territories they include. In Tuscany there are currently 17 million 436,734 trees on a surface of 89,929 hectares, which represents 7.72% of the national total. The most suitable areas are Chianti, the slopes of Monte Albano, Colli Fiorentini, Rufina and Colli Senesi, particularly the areas of Montalcino, Montepulciano, as well as Lucchesia, Colli Aretini, Colline Pisane and the hilly areas of the regions of Livorno and Grosseto. The farms involved in the sector are 77,567 and 380 the oil mills. In the last harvest 9,930 tons of oil were produced, equal to 2.71% of the total national quantity, with a decrease of 52.23% compared to the previous year. The prevailing variety is obviously the fine frantoio. Together with this champion cultivar we find also moraiolo, leccino, pendolino and correggiolo. Besides these well-known varieties there are many others, which although less popular give a decisive contribution to the Tuscan oil characteristics. Here are some examples: arancino, ciliegino, colombino, cuoricino, ginestrino, giogolino, gremignolo, grossaio, lastrino, lazzero, leccio del corno, madremignola, melaiolo, morcone, mortellino, ornellaia, piangente, piturzello, quercetano, rosino, rossello, salicino, tondello and trillo. Since 1998 oil production has been protected by the Pgi Toscano, which covers the whole region with eight subareas: Colline della Lunigiana, Colline di Arezzo, Colline di Firenze, Colline Lucchesi, Colline Senesi, Montalbano, Monti Pisani and Seggiano. Moreover, we have four certified Pdo: Chianti Classico, Terre di Siena, Lucca and Seggiano.

Italia Italy [IT] Toscana

Società Agricola Il Borro

San Giustino Valdarno - Il Borro, 1
52024 Loro Ciuffenna (AR)
Tel.: +39 055 9772921 - 055 977053 - Fax: +39 055 9772921
E-mail: vino@ilborro.it - Web: www.ilborrowines.it

87

- 350 m
- Promiscuo e specializzato / Promiscuous and specialized
- Vaso policonico / Polyconic vase
- Brucatura a mano / Hand picking
- Sì - Ciclo continuo / Yes - Continuous cycle
- Moraiolo (60%), frantoio (20%), fiorentino (10%), leccino (10%)
- Fruttato medio / Medium fruity
- da 40,01 a 50,00 € - 500 ml / from € 40.01 to 50.00 - 500 ml

Il Borro è un vero e proprio villaggio che si estende per 1.100 ettari. Inizialmente concepito come fortezza baronale, fu prima della famiglia Pazzi, poi donato dal granduca di Toscana al duca Alessandro dal Borro, infine acquistato all'inizio del secolo scorso dal duca Amedeo D'Aosta. Dal 1993 è proprietà della famiglia Ferragamo che gestisce un patrimonio comprendente 33 ettari di oliveti con 8mila piante dalle quali quest'anno sono stati ricavati 200 quintali di olive e 24 ettolitri di olio. La selezione proposta è l'ottimo Extravergine Primo Raccolto da Agricoltura Biologica che appare alla vista di un bel colore giallo dorato intenso con delicate sfumature verdi, limpido. Al naso è ampio e avvolgente, dotato di sentori aromatici di menta e rosmarino, in aggiunta a toni vegetali di carciofo e cicoria selvatica. Fine e di carattere in bocca, si arricchisce di note di mandorla e cannella. Amaro deciso e piccante ben espresso e armonico. Si accompagna a bruschette con pomodoro, funghi porcini ai ferri, insalate di spinaci, radicchio alla brace, zuppe di fagioli, primi piatti con tonno, polpo bollito, carni rosse o cacciagione alla griglia, formaggi stagionati a pasta dura.

Il Borro is a real village stretching over 1,100 hectares. Built initially as a baronial fortress, it belonged first to the family Pazzi, then it was donated to the Duke Alessandro dal Borro by the Grand Duke of Tuscany and at the beginning of the last century it was purchased by the Duke Amedeo D'Aosta. Since 1993 it has belonged to the family Ferragamo. There are 33 hectares of olive grove with 8,000 trees, which produced 200 quintals of olives in the last harvest, equal to 24 hectolitres of oil. The selection proposed is the very good Extra Virgin Primo Raccolto from Organic Farming, which is a beautiful intense limpid golden yellow colour with delicate green hues. Its aroma is ample and rotund, endowed with aromatic hints of mint and rosemary, together with vegetal notes of artichoke and wild chicory. Its taste is fine and strong, enriched by notes of almond and cinnamon. Bitterness is definite and pungency is distinct and harmonic. It would be ideal on bruschette with tomatoes, grilled porcini mushrooms, spinach salads, barbecued radicchio, bean soups, pasta with tuna, boiled octopus, grilled red meat or game, hard mature cheese.

Italia Italy [IT] Toscana

Castello di Montegonzi

Montegonzi - Via Chiantigiana
52022 Cavriglia (AR)
Tel.: +39 055 966022 - Fax: +39 055 579999
E-mail: castellodimontegonzi@gmail.com - Web: www.castellomontegonzi.com

86

500 m

Specializzato
Specialized

Alberello
Tree

Brucatura a mano
Hand picking

No - Ciclo continuo
No - Continuous cycle

Frantoio (30%), leccino (30%), moraiolo (30%), pendolino (10%)

Fruttato intenso
Intense fruity

da 12,01 a 15,00 € - 500 ml
from € 12.01 to 15.00 - 500 ml

A Greve in Chianti, a metà strada fra Firenze e Siena, il Castello di Montegonzi offre la possibilità di godere della vita rurale in un antico e storico sito di campagna risalente al XII secolo. Oltre a offrire ospitalità nella raffinata e accogliente struttura, Donatella e Riccardo Viligiardi producono olio extravergine ricavandolo da 17mila olivi coltivati su 40 ettari: parliamo di circa 340 ettolitri ottenuti da 2.330 quintali di olive. Segnaliamo l'Extravergine Castello di Montegonzi Igp Toscano da Agricoltura Biologica che appare alla vista di un bel colore giallo dorato intenso con leggere venature verdi, limpido. Al naso si apre sottile e composto, dotato di sentori vegetali di carciofo, cicoria e lattuga selvatica, in aggiunta a note aromatiche di menta e rosmarino. Morbido e armonico in bocca, sprigiona toni speziati di cannella, pepe nero, e chiude con ricordo spiccato di mandorla dolce. Amaro e piccante presenti e dosati. Buon accompagnamento per bruschette con pomodoro, funghi porcini ai ferri, insalate di spinaci, radicchio alla griglia, passati di lenticchie, primi piatti al ragù, pesce azzurro gratinato, carni rosse o nere arrosto, formaggi di media stagionatura.

In Greve in Chianti, between Florence and Siena, Castello di Montegonzi offers the opportunity to enjoy rural life in an ancient and historic country site, dating back to the 12th century. In addition to offering accommodation in the elegant and cozy structure, Donatella and Riccardo Viligiardi produce extra virgin olive oil from 40 hectares with 17,000 trees. In the last harvest about 2,330 quintals of olives and around 340 hectolitres of oil were produced. We recommend the Extra Virgin Castello di Montegonzi Pgi Toscano from Organic Farming, which is a beautiful intense limpid golden yellow colour with slight green hues. Its aroma is fine and delicate, endowed with vegetal hints of artichoke, chicory and country lettuce, together with aromatic notes of mint and rosemary. Its taste is mellow and harmonic, with a spicy flavour of cinnamon, black pepper and a distinct sweet almond finish. Bitterness and pungency are present and complimentary. It would be ideal on bruschette with tomatoes, grilled porcini mushrooms, spinach salads, grilled radicchio, lentil purée, pasta with meat sauce, blue fish au gratin, roast red meat or game, medium mature cheese.

Italia Italy [IT] Toscana

Poggiotondo

Poggiotondo
52010 Subbiano (AR)
Tel.: +39 055 288095 - Fax: +39 055 294642
E-mail: info@poggiotondo.it - Web: www.poggiotondo.it

83

200/300 m

Specializzato
Specialized

Vaso policonico
Polyconic vase

Brucatura a mano e meccanica
Hand picking and mechanical harvesting

No - Ciclo continuo
No - Continuous cycle

Moraiolo (70%), leccino (20%), pendolino (10%)

Fruttato medio
Medium fruity

da 12,01 a 15,00 € - 500 ml
from € 12.01 to 15.00 - 500 ml

Poggiotondo si estende per 54 ettari nel Casentino, nei pressi di Subbiano. È una bella tenuta condotta da Lorenzo Massart e Cinzia Chiarion che seguono rispettivamente le produzioni di vino e olio, aiutati da un gruppo molto affiatato di esperti. L'ampia superficie, all'interno della quale si possono incontrare anche gli asinelli sardi di cui i proprietari sono amanti, comprende 6 ettari dedicati agli oliveti, con 800 piante dalle quali sono stati ricavati quest'anno 70 quintali di olive e circa 10 ettolitri di olio. L'etichetta proposta è l'Extravergine Valloni, di un bel colore giallo dorato intenso con delicati riflessi verdi, limpido. Al naso è sottile e composto, dotato di note di erbe aromatiche, con ricordo di menta e basilico, cui si affiancano sentori di erba fresca falciata e mandorla. Al palato è morbido e armonico, con toni di carciofo, sedano e lattuga. Amaro e piccante presenti e dosati, con finale dolce in rilievo. Ideale su antipasti di molluschi, insalate di farro, marinate di orata, patate in umido, zuppe di legumi, primi piatti al pomodoro, gamberi in guazzetto, tartare di salmone, coniglio arrosto, pollame ai ferri, formaggi freschi a pasta filata.

Poggiotondo is a beautiful estate extending over 54 hectares in the area of Casentino, near Subbiano. It is run by Lorenzo Massart and Cinzia Chiarion, who follow respectively the productions of wine and oil, supported by a very tight team of experts. The large surface, inside which you can also meet the Sardinian donkeys loved by the owners, includes 6 hectares of olive grove with 800 trees, which produced 70 quintals of olives and about 10 hectolitres of oil in the last harvest. The selection proposed to the panel is the Extra Virgin Valloni, which is a beautiful intense limpid golden yellow colour with delicate green hues. Its aroma is fine and delicate, endowed with notes of aromatic herbs, especially mint and basil, together with hints of freshly mown grass and almond. Its taste is mellow and harmonic, with a flavour of artichoke, celery and lettuce. Bitterness and pungency are present and complimentary, with a sweet finish. It would be ideal on mussel appetizers, farro salads, marinated gilthead, stewed potatoes, legume soups, pasta with tomato sauce, stewed shrimps, salmon tartare, roast rabbit, grilled poultry, mozzarella cheese.

Italia Italy [IT] Toscana

Azienda Agricola Ristori

Santa Maria Nuova - Via Case Sparse
52044 Cortona (AR)
Tel.: +39 0575 1596212
E-mail: info@aziendaagricolaristori.it - Web: www.aziendaagricolaristori.it

86

- 450 m
- **Specializzato** / Specialized
- **Forma libera** / Free form
- **Bacchiatura e brucatura a mano** / Beating and hand picking
- **No - Ciclo continuo** / No - Continuous cycle
- **Frantoio (35%), leccino (35%), moraiolo (30%)**
- **Fruttato medio** / Medium fruity
- da 10,01 a 12,00 € - 500 ml / from € 10.01 to 12.00 - 500 ml

L'Agricola Ristori è stata fondata nella prima metà del secolo scorso dall'avvocato Girolamo Ristori e poi gestita per tanti anni dal figlio Silvio che ha profuso in essa tutta la sua cultura e la sua passione per ottenere un prodotto sempre altamente qualificato. Oggi il testimone passa alla giovane nipote Margherita Maria che dal nonno ha ereditato l'entusiasmo e i segreti. Su poco più di 4 ettari di impianto specializzato sono coltivati 632 olivi che hanno reso, nella trascorsa campagna, 55 quintali di olive e quasi 6 ettolitri di olio. Segnaliamo l'Extravergine Ristori da Agricoltura Biologica che appare alla vista di un bel colore giallo dorato intenso con delicate sfumature verdi, limpido. Al naso è sottile e composto, con sentori vegetali di carciofo e cicoria, cui si affiancano nuance di mandorla. Al gusto è morbido e armonico, con toni di lattuga e ricordo balsamico di basilico, menta e rosmarino. Amaro e piccante presenti e dosati. Ideale su bruschette con verdure, insalate di orzo, marinate di ricciola, patate al cartoccio, zuppe di legumi, primi piatti al pomodoro, molluschi gratinati, tartare di salmone, pollame o carni di agnello al forno, formaggi caprini.

Agricola Ristori was founded in the first half of the last century by the lawyer Girolamo Ristori and then run for many years by his son Silvio, who used all his passion and competence to obtain a quality product. Today the farm is managed by the young granddaughter Margherita Maria, who has inherited enthusiasm and secrets from her grandfather. There are little more than 4 hectares of specialized olive grove with 632 trees, which produced 55 quintals of olives and almost 6 hectolitres of oil in the last harvest. We recommend the Extra Virgin Ristori from Organic Farming, which is a beautiful intense limpid golden yellow colour with delicate green hues. Its aroma is fine and delicate, with vegetal notes of artichoke and chicory, together with hints of almond. Its taste is mellow and harmonic, with a flavour of lettuce and a fragrant note of basil, mint and rosemary. Bitterness and pungency are present and complimentary. It would be ideal on bruschette with vegetables, barley salads, marinated amberjack, baked potatoes, legume soups, pasta with tomato sauce, mussels au gratin, salmon tartare, baked poultry or lamb, goat cheese.

Italia Italy [IT] Toscana

Società Agricola Buonamici

Via Montebeni, 11
50061 Fiesole (FI)
Tel.: +39 055 654991 - Fax: +39 055 65499216
E-mail: info@buonamici.it - Web: www.buonamici.it

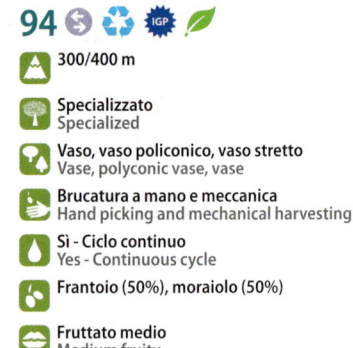

94

300/400 m

Specializzato
Specialized

Vaso, vaso policonico, vaso stretto
Vase, polyconic vase, vase

Brucatura a mano e meccanica
Hand picking and mechanical harvesting

Sì - Ciclo continuo
Yes - Continuous cycle

Frantoio (50%), moraiolo (50%)

Fruttato medio
Medium fruity

da 15,01 a 18,00 € - 500 ml
from € 15.01 to 18.00 - 500 ml

Conferma la posizione consolidata durante molti anni di partecipazione all'interno della Guida. A Fiesole, sulle colline intorno a Firenze, la Società Agricola Buonamici produce ortaggi e legumi, oltre, naturalmente, all'extravergine ricavato da 30mila olivi coltivati su 110 ettari di impianto specializzato. Quest'anno Cesare Buonamici ha ricavato un raccolto di circa 1.609 quintali di olive che hanno reso 319 ettolitri di olio. L'etichetta proposta è l'Extravergine Buonamici Igp Toscano - Colline di Firenze da Agricoltura Biologica che appare alla vista di un bel colore giallo dorato intenso con lievi venature verdi, limpido. Al naso è sottile e composto, caratterizzato da sentori vegetali di carciofo e cicoria selvatica, cui si affiancano ricchi sentori balsamici di menta e rosmarino. Al gusto è morbido e armonico, con netti toni speziati di pepe nero e ricordo finale di mandorla acerba. Amaro deciso e piccante spiccato. Buon abbinamento con antipasti di legumi, insalate di ceci, marinate di orata, patate alla piastra, passati di fagioli, primi piatti al pomodoro, gamberi in guazzetto, seppie in umido, coniglio arrosto, pollame ai ferri, formaggi freschi a pasta filata.

Società Agricola Buonamici confirms its good position in our Guide, where it has been present for many years. This farm produces vegetables and legumes, besides extra virgin olive oil, in Fiesole, on the hills around Florence. The estate includes 110 hectares of specialized olive grove with 30,000 trees. In the last harvest Cesare Buonamici produced about 1,609 quintals of olives, equal to a yield of 319 hectolitres of oil. The selection proposed is the Extra Virgin Buonamici Pgi Toscano - Colline di Firenze from Organic Farming, which is a beautiful intense limpid golden yellow colour with slight green hues. Its aroma is fine and delicate, characterized by vegetal hints of artichoke and wild chicory, together with rich fragrant notes of mint and rosemary. Its taste is mellow and harmonic, with a distinct spicy flavour of black pepper and an unripe almond finish. Bitterness is definite and pungency is distinct. It would be ideal on legume appetizers, chickpea salads, marinated gilthead, seared potatoes, bean purée, pasta with tomato sauce, stewed shrimps, stewed cuttlefish, roast rabbit, grilled poultry, mozzarella cheese.

Italia Italy [IT] Toscana

Castel Ruggero Pellegrini

Castel Ruggero - Via Castel Ruggero, 31
50012 Greve in Chianti (FI)
Tel.: +39 055 2343685 - Fax: +39 055 2343685
E-mail: info@castelruggeropellegrini.it - Web: www.castelruggeropellegrini.it

93

- 230 m
- Specializzato / Specialized
- Vaso cespugliato, vaso policonico / Vase bush, polyconic vase
- Bacchiatura / Beating
- No - Ciclo continuo / No - Continuous cycle
- Moraiolo (80%), leccino (20%)
- Fruttato medio / Medium fruity
- da 12,01 a 15,00 € - 500 ml / from € 12.01 to 15.00 - 500 ml

Questa realtà a pochi passi dal centro di Firenze ha una storia antichissima e complessa, fatta di alterne vicende. I fratelli Pellegrini hanno cercato di ricostruire la storia della zona e del castello, oggi per metà proprietà della loro famiglia. Il principale prodotto realizzato nell'azienda che vanta anche una superficie a vigneto e offre ospitalità agrituristica è l'olio, ricavato da 3.299 olivi coltivati su 15 ettari che hanno fruttato 300 quintali di olive e 36 ettolitri di olio. Dei due ottimi Extravergine Dop Chianti Classico da Agricoltura Biologica, Ruggente e Idea, preferiamo il secondo, giallo dorato intenso con lievi riflessi verdi, limpido. Al naso è ampio e avvolgente, ricco di sentori vegetali di carciofo, cicoria e lattuga, cui si affiancano netti toni balsamici di menta e rosmarino. In bocca è fine e di carattere, con marcate note di mandorla e ricordo speziato di pepe nero. Amaro ben spiccato e piccante deciso. Ideale su bruschette, carpaccio di carne chianina con funghi porcini, insalate di tonno, radicchio alla griglia, zuppe di carciofi, primi piatti con salsiccia, polpo bollito, agnello arrosto, carni rosse alla brace, formaggi stagionati a pasta dura.

This farm, not distant from the centre of Florence, has an ancient and complex past with many twists and turns. The brothers Pellegrini have tried to reconstruct the story of the area and the castle, today partly owned by their family. The estate, which also includes a vineyard and offers accommodation, mainly produces extra virgin olive oil from a 15-hectare olive grove with 3,299 trees. In the last harvest 300 quintals of olives were produced, with a yield of 36 hectolitres of oil. There are two very good Extra Virgin Pdo Chianti Classico from Organic Farming, Ruggente and Idea, which is an intense limpid golden yellow colour with slight green hues. Its aroma is ample and rotund, rich in vegetal hints of artichoke, chicory and lettuce, together with distinct fragrant notes of mint and rosemary. Its taste is fine and strong, with a definite flavour of almond and a spicy note of black pepper. Bitterness is distinct and pungency is definite. It would be ideal on bruschette, chianina beef carpaccio with porcini mushrooms, tuna salads, grilled radicchio, artichoke soups, pasta with sausages, boiled octopus, roast lamb, barbecued red meat, hard mature cheese.

Italia Italy [IT] Toscana

Marchesi de' Frescobaldi

Camperiti
50060 Pelago (FI)
Tel.: +39 055 27141
E-mail: info@frescobaldi.it - Web: www.frescobaldi.it

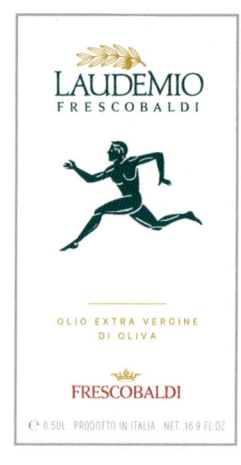

87

150/500 m

Promiscuo e specializzato
Promiscuous and specialized

Alberello, monocono, vaso aperto
Tree, monocone, open vase

Brucatura a mano e meccanica
Hand picking and mechanical harvesting

Sì - Ciclo continuo
Yes - Continuous cycle

Frantoio (80%), leccino (10%), moraiolo (10%)

Fruttato medio
Medium fruity

da 26,01 a 30,00 € - 500 ml
from € 26.01 to 30.00 - 500 ml

Marchesi de' Frescobaldi è uno dei marchi più noti dell'enologia toscana. Oltre a fregiarsi dei successi conseguiti nel settore del vino, dove è considerata leader nazionale e internazionale, l'azienda si sta facendo strada anche nell'olio: tra le sue tenute, infatti, la famiglia Frescobaldi possiede anche circa 300 ettari di oliveti con 160mila piante che hanno fruttato quest'anno 5.700 quintali di olive e 750 ettolitri di olio. Segnaliamo l'ottimo Extravergine Frescobaldi - Laudemio che ricorda, nel nome, l'usanza medievale di riservare al signore proprietario delle terre la parte migliore del raccolto. Giallo dorato intenso con delicati riflessi verdi, limpido; al naso è ampio e avvolgente, ricco di sentori vegetali di carciofo e cicoria, in aggiunta a note balsamiche di basilico, menta e rosmarino. Elegante e pulito in bocca, sprigiona toni di lattuga, pepe nero e mandorla. Amaro spiccato e piccante deciso e armonico. Ideale su bruschette con verdure, insalate di orzo, marinate di ricciola, patate al cartoccio, zuppe di legumi, primi piatti al pomodoro, molluschi gratinati, tartare di salmone, pollame o carni di agnello al forno, formaggi freschi a pasta filata.

Marchesi dé Frescobaldi is one of the most popular labels of Tuscan enology. Besides its many triumphs in the wine sector, where it is considered a national and international leader, the farm also produces good extra virgin olive oil. In fact, its estates include 300 hectares of olive groves with 160,000 trees. In the last harvest 5,700 quintals of olives and 750 hectolitres of oil were produced. We recommend the very good Extra Virgin Frescobaldi - Laudemio, whose name recalls the Medieval custom of reserving the best part of the harvest for the landlord. It is an intense limpid golden yellow colour with delicate green hues. Its aroma is ample and rotund, rich in vegetal hints of artichoke and chicory, together with fragrant notes of basil, mint and rosemary. Its taste is elegant and clean, with a flavour of lettuce, black pepper and almond. Bitterness is distinct and pungency is definite and harmonic. It would be ideal on bruschette with vegetables, barley salads, marinated amberjack, baked potatoes, legume soups, pasta with tomato sauce, mussels au gratin, salmon tartare, baked poultry or lamb, mozzarella cheese.

Italia Italy [IT] Toscana

Giachi Oleari

Mercatale in Val di Pesa - Quattrostrade - Via Campoli, 33
50026 San Casciano in Val di Pesa (FI)
Tel.: +39 055 821082 - Fax: +39 055 8218113
E-mail: info@giachioleari.it - Web: www.giachioleari.it

90

350 m

Promiscuo e specializzato
Promiscuous and specialized

Cespuglio, ombrello, vaso aperto
Bush, weeping vase, open vase

Meccanica
Mechanical harvesting

No - Ciclo continuo
No - Continuous cycle

Moraiolo (60%), frantoio (40%)

Fruttato medio
Medium fruity

da 18,01 a 22,00 € - 500 ml
from € 18.01 to 22.00 - 500 ml

Meritata conferma per la Giachi Oleari di Mercatale in Val di Pesa, un'azienda attiva dal 1955 nel commercio dell'olio extravergine. I fratelli Alberto e Francesco Giachi sono da sempre selezionatori e imbottigliatori di olio acquistato nella zona, ma attualmente anche proprietari di 6 ettari con 3.500 piante. Quest'anno la Giachi ha prodotto quasi 33 ettolitri di olio dai 160 quintali di olive proprie, e ne ha acquistati circa 867, per un totale di 900 ettolitri. La selezione proposta per la Guida è l'Extravergine Duomo Igp Toscano - Colline di Firenze che appare alla vista di un bel colore giallo dorato intenso con delicate tonalità verdi, limpido. Al naso si apre sottile e composto, con sentori vegetali di carciofo e cicoria selvatica, in aggiunta a note balsamiche di menta e rosmarino. Al gusto è morbido e armonico, con toni di lattuga, mandorla e pepe nero. Amaro e piccante ben espressi ed equilibrati, con finale dolce in evidenza. Ideale su antipasti di pomodori, insalate di farro, marinate di orata, patate in umido, passati di fagioli, risotto con carciofi, molluschi gratinati, tartare di ricciola, pollame o carni di agnello al forno, formaggi freschi a pasta filata.

Another good result for Giachi Oleari in Mercatale in Val di Pesa, which has been marketing extra virgin olive oil since 1955. The brothers Alberto and Francesco Giachi have always selected and bottled oil purchased from local olive growers, but today they also own 6 hectares of land with 3,500 trees. In the last harvest 160 quintals of olives and almost 33 hectolitres of oil were produced. In addition, about 867 hectolitres were purchased, with a total of 900 hectolitres. The selection proposed to the Guide is the Extra Virgin, Duomo Pgi Toscano - Colline di Firenze, which is a beautiful intense limpid golden yellow colour with delicate green hues. Its aroma is fine and delicate, with vegetal hints of artichoke and wild chicory, together with fragrant notes of mint and rosemary. Its taste is mellow and harmonic, with a flavour of lettuce, almond and black pepper. Bitterness and pungency are distinct and complimentary, with a sweet finish. It would be ideal on tomato appetizers, farro salads, marinated gilthead, stewed potatoes, bean purée, risotto with artichokes, mussels au gratin, amberjack tartare, baked poultry or lamb, mozzarella cheese.

Italia Italy [IT] Toscana

Azienda Agricola La Gramigna

Sieci - Via di Gricigliano, 43
50065 Pontassieve (FI)
Tel.: +39 055 8328167 - Fax: +39 055 8328455
E-mail: lagramigna@gmail.com - Web: www.gramignabio.com

87

150/450 m

Promiscuo e specializzato
Promiscuous and specialized

Alberello, vaso libero
Tree, free vase

Brucatura a mano e meccanica
Hand picking and mechanical harvesting

Sì - Ciclo continuo
Yes - Continuous cycle

Frantoio (60%), leccino (30%), morellino (5%), pendolino (5%)

Fruttato medio
Medium fruity

da 10,01 a 12,00 € - 500 ml
from € 10.01 to 12.00 - 500 ml

Confermiamo con piacere, rimarcandone i progressi, La Gramigna che si trova sulle colline a est di Firenze dove Renata Conti ha cominciato a coltivare, alla fine degli anni Ottanta, i terreni intorno alla sua dimora. Il rispetto per la terra toscana, rinomata in tutto il mondo, ha ispirato la scelta di produrre in modo biologico frutta, verdura, vino e, naturalmente, olio extravergine. Questo è ricavato da 4.500 olivi coltivati su 18 ettari che hanno reso 185 quintali di olive e circa 27 ettolitri di olio. L'ottimo Extravergine Olio Grullo Igp Toscano - Colline di Firenze da Agricoltura Biologica appare alla vista di un bel colore giallo dorato intenso con delicati riflessi verdi, limpido. Al naso è ampio e avvolgente, ricco di sentori aromatici di menta e rosmarino, cui si affiancano note di carciofo, cicoria e lattuga. In bocca è fine e di carattere, con toni speziati di pepe nero e ricordo finale di mandorla. Amaro spiccato e piccante deciso. Ideale su antipasti di lenticchie, funghi porcini arrosto, marinate di tonno, pomodori gratinati, passati di carciofi, primi piatti al ragù, pesce spada ai ferri, agnello al forno, cacciagione in umido, formaggi stagionati a pasta dura.

Present again in our Guide with a result showing its progress, La Gramigna is placed on the hills to the east of Florence. Here Renata Conti started cultivating the land around her house in the late 80s. The respect for the Tuscan territory, known all over the world, made her choose to adopt organic farming to produce fruit, vegetables, wine and of course extra virgin olive oil. There are 18 hectares with 4,500 trees, which produced 185 quintals of olives and about 27 hectolitres of oil in the last harvest. The very good Extra Virgin Olio Grullo Pgi Toscano - Colline di Firenze from Organic Farming is a beautiful intense limpid golden yellow colour with delicate green hues. Its aroma is ample and rotund, rich in aromatic hints of mint and rosemary, together with notes of artichoke, chicory and lettuce. Its taste is fine and strong, with a spicy flavour of black pepper and an almond finish. Bitterness is distinct and pungency is definite. It would be ideal on lentil appetizers, roast porcini mushrooms, marinated tuna, tomatoes au gratin, artichoke purée, pasta with meat sauce, grilled swordfish, baked lamb, stewed game, hard mature cheese.

Italia Italy [IT] Toscana

Azienda Agricola La Ranocchiaia

Via Benvenuto Cellini, 42
50026 San Casciano in Val di Pesa (FI)
Tel.: +39 055 2695796
E-mail: info@laranocchiaia.it - Web: www.laranocchiaia.it

95

240 m

Specializzato
Specialized

Monocono, vaso
Monocone, vase

Bacchiatura
Beating

Sì - Ciclo continuo
Yes - Continuous cycle

Correggiolo (60%), leccio del corno (25%), frantoio (15%)

Fruttato medio
Medium fruity

da 10,01 a 12,00 € - 250 ml
from € 10.01 to 12.00 - 250 ml

S eguita a crescere l'Agricola La Ranocchiaia che sorge a pochi chilometri da Firenze, sulla strada che porta a Siena, nel cuore delle colline del Chianti. Si tratta di una piccola realtà familiare capitanata da Gian Luca Grandis e Judyta Tyszklewicz che puntano decisamente sulla qualità, coniugando territorio, tipicità e moderne tecniche di lavorazione. Agli oliveti sono dedicati 20 ettari, con 7mila alberi che hanno reso quest'anno 340 quintali di olive che, uniti ai 120 comprati, hanno fruttato quasi 69 ettolitri di olio. L'eccellente Extravergine La Ranocchiaia - Selezione Grandis da Agricoltura Biologica è giallo dorato intenso con delicate tonalità verdi, limpido. Al naso è ampio e avvolgente, ricco di sentori di carciofo, cicoria e lattuga, cui si affiancano nette note aromatiche di menta, salvia e rosmarino. In bocca è pieno e di carattere, con toni speziati di pepe nero e marcato ricordo di mandorla. Amaro spiccato e piccante deciso. Ideale su bruschette con pomodoro, carpaccio di carne chianina con funghi porcini, insalate di tonno, zuppe di fagioli, primi piatti con salsiccia, polpo bollito, cacciagione di piuma o pelo alla griglia, formaggi stagionati a pasta dura.

P resent again in our Guide with a result showing its progress, Agricola La Ranocchiaia is situated a few kilometres from Florence, on the road to Siena, in the heart of Chianti hills. It is a small family-run farm, managed by Gian Luca Grandis and Judyta Tyszklewicz, who aim at high quality, combining territory, typicality and modern techniques. The olive grove covers 20 hectares with 7,000 trees. In the last harvest 340 quintals of olives were produced and 120 purchased, equal to almost 69 hectolitres of oil. The excellent Extra Virgin La Ranocchiaia - Selezione Grandis from Organic Farming is an intense limpid golden yellow colour with delicate green hues. Its aroma is ample and rotund, rich in hints of artichoke, chicory and lettuce, together with distinct aromatic notes of mint, sage and rosemary. Its taste is full and strong, with a spicy flavour of black pepper and a strong almond finish. Bitterness is distinct and pungency is definite. It would be ideal on bruschette with tomatoes, chianina beef carpaccio with porcini mushrooms, tuna salads, bean soups, pasta with sausages, boiled octopus, grilled game birds or animals, hard mature cheese.

Italia Italy [IT] Toscana

Matrix

Compiobbi - Via Paiatici, 26
50014 Fiesole (FI)
E-mail: info@matrixfiesole.it - Web: www.matrixfiesole.it

85 IGP

200/400 m

Specializzato
Specialized

Vaso
Vase

Brucatura a mano
Hand picking

No - Ciclo continuo
No - Continuous cycle

Frantoio (70%), moraiolo (20%), leccino (10%)

Fruttato medio
Medium fruity

da 18,01 a 22,00 € - 500 ml
from € 18.01 to 22.00 - 500 ml

L'extravergine prodotto da Giovanni Donnini rappresenta il risultato di un'attenta selezione di olive di cultivar frantoio, moraiolo e leccino provenienti dai migliori oliveti dell'azienda di famiglia, una fattoria presente sul territorio di Fiesole con i suoi olivi secolari fin dal 1300 e proprietà dei Donnini Tussardi dal 1872. Nella trascorsa campagna Giovanni ha acquistato circa 14 quintali di olive che, una volta moliti, hanno reso 2 ettolitri di olio. L'Extravergine Essentia Gocce d'Oro Igp Toscano - Colline di Firenze da Agricoltura Biologica appare alla vista di un bel colore giallo dorato intenso con delicate tonalità verdi, limpido. Al naso è ampio e avvolgente, ricco di sentori vegetali di carciofo e cicoria selvatica, cui si aggiungono sfumature di mandorla acerba. Complesso e fine al palato, sprigiona note di lattuga, pepe nero ed erbe officinali, con ricordo di menta e rosmarino. Amaro spiccato e piccante deciso. Perfetto per bruschette con pomodoro, carpaccio di tonno, funghi porcini ai ferri, insalate di spinaci, passati di lenticchie, primi piatti al ragù, pesce azzurro gratinato, agnello arrosto, carni rosse alla griglia, formaggi di media stagionatura.

The extra virgin olive oil produced by Giovanni Donnini is the result of a careful selection of olives of the cultivars frantoio, moraiolo and leccino. They come from the best olive groves of the family farm, which has been present in the territory of Fiesole with its centuries-old trees since the 14th century and has been owned by the family Donnini Tussardi since 1872. In the last harvest Giovanni purchased about 14 quintals of olives, which, once crushed, yielded 2 hectolitres of oil. The Extra Virgin Essentia Gocce d'Oro Pgi Toscano - Colline di Firenze from Organic Farming is a beautiful intense limpid golden yellow colour with delicate green hues. Its aroma is ample and rotund, rich in vegetal hints of artichoke and wild chicory, together with notes of unripe almond. Its taste is complex and fine, with a flavour of lettuce, black pepper and officinal herbs, especially mint and rosemary. Bitterness is distinct and pungency is definite. It would be ideal on bruschette with tomatoes, tuna carpaccio, grilled porcini mushrooms, spinach salads, lentil purée, pasta with meat sauce, blue fish au gratin, roast lamb, grilled red meat, medium mature cheese.

Italia Italy [IT] Toscana

Azienda Agricola Miciolo - I Greppi di Silli

Mercatale in Val di Pesa - Via Vallacchio, 17/b
50026 San Casciano in Val di Pesa (FI)
Tel.: +39 055 8217956
E-mail: igreppidisilli@gmail.com - Web: www.igreppidisilli.it

97

300 m

Specializzato
Specialized

Vaso aperto
Open vase

Brucatura a mano
Hand picking

No - Ciclo continuo
No - Continuous cycle

Leccio del corno

Fruttato medio
Medium fruity

da 18,01 a 22,00 € - 500 ml
from € 18.01 to 22.00 - 500 ml

Confermiamo una gran bella realtà che seguiamo da numerose edizioni e che consolida una splendida posizione. Nata nel 1934 dal sogno di Gianni Alfani di avere una proprietà tutta sua, con le generazioni successive si è sempre più orientata all'olivicoltura di alta qualità e oggi è guidata da Michele che si prende cura di 1.800 alberi su quasi 10 ettari di impianto. Il raccolto della passata campagna ha reso circa 94 quintali di olive e pressoché 13 ettolitri di olio. Segnaliamo la selezione proposta, l'ottimo Extravergine monocultivar I Greppi di Silli - Leccio del Corno che appare alla vista di un bel colore giallo dorato intenso con lievi riflessi verdi, limpido. Al naso è ampio e avvolgente, ricco di sentori vegetali di carciofo, cicoria e lattuga, in aggiunta a nette note di mandorla. Fine e complesso in bocca, emana toni balsamici di menta e rosmarino, e chiude con sfumature speziate di pepe nero. Amaro spiccato e piccante deciso. Perfetto su bruschette con verdure, insalate di orzo, marinate di ricciola, patate al cartoccio, passati di fagioli, primi piatti con salmone, pesci alla brace, seppie in umido, coniglio arrosto, pollame ai ferri, formaggi freschi a pasta filata.

A splendid performance for this beautiful farm that has been present in our Guide for many years. It was founded in 1934 by Gianni Alfani, who wanted to have his own property. The following generations have increasingly oriented it towards quality olive growing. Today Michele runs almost 10 hectares of olive grove with 1,800 trees. In the last harvest about 94 quintals of olives and around 13 hectolitres of oil were produced. We recommend the selection proposed, the very good Monocultivar Extra Virgin I Greppi di Silli - Leccio del Corno, which is a beautiful intense limpid golden yellow colour with slight green hues. Its aroma is ample and rotund, rich in vegetal hints of artichoke, chicory and lettuce, together with distinct notes of almond. Its taste is fine and complex, with fragrant hints of mint and rosemary and final spicy notes of black pepper. Bitterness is distinct and pungency is definite. It would be ideal on bruschette with vegetables, barley salads, marinated amberjack, baked potatoes, bean purée, pasta with salmon, barbecued fish, stewed cuttlefish, roast rabbit, grilled poultry, mozzarella cheese.

Italia Italy [IT] Toscana

Poggio Torselli

Via Scopeti, 10
50026 San Casciano in Val di Pesa (FI)
Tel.: +39 055 8290241
E-mail: info@poggiotorselli.it - Web: www.poggiotorselli.it

86

200 m

Promiscuo
Promiscuous

Vaso cespugliato
Vase bush

Brucatura a mano
Hand picking

No - Ciclo continuo
No - Continuous cycle

Frantoio (60%), moraiolo (30%), leccino (5%), pendolino (5%)

Fruttato medio
Medium fruity

da 18,01 a 22,00 € - 500 ml
from € 18.01 to 22.00 - 500 ml

Situata sulle colline di San Casciano e già proprietà, dal 1427 in avanti, delle più illustri famiglie patrizie toscane, Villa Poggio Torselli è stata sottoposta a una rigorosa attività di restauro che l'ha ricondotta all'assetto originario portando alla luce autentici tesori di architettura e arte. Completata dal mirabile giardino all'italiana, è circondata da una vasta campagna ricca di olivi, vigne e cipressi. Inseriti armoniosamente in questo scenario, 2.700 olivi sono coltivati su 6 ettari di impianto, rendendo un raccolto di 160 quintali di olive e 20 ettolitri di olio. L'ottimo Extravergine Poggio Torselli Dop Chianti Classico è giallo dorato intenso, limpido. Al naso è ampio e avvolgente, ricco di sentori aromatici di basilico, menta e rosmarino, affiancati da note di pepe nero e ricordo marcato di mandorla. Al palato è fine e complesso, con toni vegetali di carciofo, cicoria e lattuga. Amaro deciso e piccante spiccato. Abbinamento ideale con antipasti di salmone, insalate di legumi, marinate di ricciola, verdure ai ferri, zuppe di ceci, risotto con funghi finferli, gamberi in guazzetto, tartare di pesce spada, coniglio arrosto, pollame alla brace, formaggi caprini.

Placed on the hills of San Casciano, since 1427 Villa Poggio Torselli has been owned by the most illustrious Tuscan patrician families. A rigorous restoration has brought it back to its original structure, discovering real treasures of architecture and art. Completed by the splendid Italian garden, it is surrounded by a vast countryside rich in olive trees, vineyards and cypresses. In this harmonious scenery there are 6 hectares of olive grove with 2,700 trees, which produced 160 quintals of olives and 20 hectolitres of oil in the last harvest. The very good Extra Virgin Poggio Torselli Pdo Chianti Classico is an intense limpid golden yellow colour. Its aroma is ample and rotund, rich in aromatic hints of basil, mint and rosemary, together with notes of black pepper and a distinct note of almond. Its taste is fine and complex, with a vegetal flavour of artichoke, chicory and lettuce. Bitterness is definite and pungency is distinct. It would be ideal on salmon appetizers, legume salads, marinated amberjack, grilled vegetables, chickpea soups, risotto with chanterelle mushrooms, stewed shrimps, swordfish tartare, roast rabbit, barbecued poultry, goat cheese.

Italia Italy [IT] Toscana

Fattoria di Poggiopiano

Girone - Via dei Bassi, 13
50061 Fiesole (FI)
Tel.: +39 055 6593020
E-mail: info@poggiopiano.it - Web: www.poggiopiano.it

88

150 m

Specializzato
Specialized

Monocono, vaso cespugliato, vaso policonico
Monocone, vase bush, polyconic vase

Meccanica
Mechanical harvesting

No - Ciclo continuo
No - Continuous cycle

Frantoio (60%), moraiolo (30%), leccino (10%)

Fruttato medio
Medium fruity

da 15,01 a 18,00 € - 500 ml
from € 15.01 to 18.00 - 500 ml

Conferma la sua posizione in Guida Fattoria di Poggiopiano, azienda vitivinicola e olivicola del comprensorio di Fiesole che appartiene dal 1935 alla famiglia Galardi. Attualmente al suo timone c'è Mauro Galardi al quale va il merito di aver ripristinato da zero gli oliveti di famiglia dopo la terribile gelata del 1985: su 10 ettari di oliveto specializzato crescono 4mila piante che, nella trascorsa campagna, hanno reso quasi 85 quintali di olive e circa 15 ettolitri di olio. Segnaliamo l'Extravergine Plenum da Agricoltura Biologica che appare alla vista di un bel colore giallo dorato intenso con sottili venature verdi, limpido. Al naso si apre sottile e composto, dotato di sentori vegetali di carciofo, cicoria e lattuga, cui si affiancano note di erbe aromatiche, con ricordo di menta e rosmarino. In bocca è morbido e armonico, con toni di lattuga di campo e mandorla. Amaro e piccante presenti e dosati, con finale dolce in rilievo. L'abbinamento ideale è con antipasti di mare, insalate di farro, marinate di orata, patate in umido, zuppe di ceci, primi piatti con molluschi, pesci ai ferri, tartare di salmone, pollame o carni di agnello al forno, formaggi freschi a pasta filata.

Present again in our Guide, Fattoria di Poggiopiano is a wine and olive growing farm in the district of Fiesole, which has belonged to the family Galardi since 1935. Currently it is run by Mauro Galardi, who completely restored the family olive groves after the terrible 1985 frost. The specialized olive grove covers 10 hectares with 4,000 trees, which produced almost 85 quintals of olives in the last harvest, equal to about 15 hectolitres of extra virgin olive oil. We recommend the Extra Virgin selection Plenum from Organic Farming, which is a beautiful intense limpid golden yellow colour with slight green hues. Its aroma is fine and delicate, endowed with vegetal hints of artichoke, chicory and lettuce, together with notes of aromatic herbs, especially mint and rosemary. Its taste is mellow and harmonic, with a flavour of country lettuce and almond. Bitterness and pungency are present and complimentary, with a sweet finish. It would be ideal on seafood appetizers, farro salads, marinated gilthead, stewed potatoes, chickpea soups, pasta with mussels, grilled fish, salmon tartare, baked poultry or lamb, mozzarella cheese.

Italia Italy [IT] Toscana

Azienda Agricola Pruneti
San Polo in Chianti - Via dell'Oliveto, 24
50022 Greve in Chianti (FI)
Tel.: +39 055 8555091 - 055 855355
E-mail: frantoio@pruneti.it - Web: www.pruneti.it

98

360 m

Promiscuo e specializzato
Promiscuous and specialized

Vaso aperto
Open vase

Brucatura a mano
Hand picking

Sì - Ciclo continuo
Yes - Continuous cycle

Frantoio

Fruttato medio
Medium fruity

da 22,01 a 26,00 € - 500 ml
from € 22.01 to 26.00 - 500 ml

Da anni punto di riferimento indiscusso tra le aziende top, e non solo in Toscana, l'Agricola Pruneti seguita a emozionarci con i suoi prodotti di punta. Merito dei fratelli Gionni e Paolo, rampolli di floricoltori e produttori di zafferano che si sono sempre più specializzati nell'olivicoltura di qualità nei terreni di famiglia, nel cuore del Chianti Classico, dove coltivano un oliveto di 82 ettari con 18.700 piante che hanno reso 2.200 quintali di olive e 290 ettolitri di olio. Tre gli ottimi Extravergine Pruneti da Agricoltura Biologica: Leccino, Moraiolo e Frantoio. Preferiamo quest'ultimo, giallo dorato intenso con caldi riflessi verdi, limpido. Al naso è ampio e avvolgente, intriso di sentori di carciofo, cicoria e lattuga, cui si abbinano note di cannella, pepe nero e ricordo di mandorla. Complesso e fine al palato, si arricchisce di toni balsamici di menta, rosmarino e salvia. Amaro deciso e piccante spiccato e armonico. Ideale su antipasti di polpo, carpaccio di tonno, insalate di funghi porcini, radicchio ai ferri, passati di lenticchie, primi piatti con salsiccia, pesce azzurro gratinato, agnello in umido, carni rosse alla brace, formaggi stagionati a pasta dura.

An undisputed point of reference among the top farms, not only in Tuscany, Agricola Pruneti always proposes high level products, thanks to the brothers Gionni and Paolo, the descendants of floriculturists and saffron producers, who have specialized in quality olive growing on the family estate, in the heart of Chianti Classico. There is an 82-hectare olive grove with 18,700 trees, which produced 2,200 quintals of olives and 290 hectolitres of oil in the last harvest. There are three very good Extra Virgin Pruneti from Organic Farming, Leccino, Moraiolo and Frantoio, chosen by the panel. It is an intense limpid golden yellow colour with warm green hues. Its aroma is ample and rotund, with hints of artichoke, chicory and lettuce, together with notes of cinnamon, black pepper and a note of almond. Its taste is complex and fine, enriched by a fragrant flavour of mint, rosemary and sage. Bitterness is definite and pungency is distinct and harmonic. It would be ideal on octopus appetizers, tuna carpaccio, porcini mushroom salads, grilled radicchio, lentil purée, pasta with sausages, blue fish au gratin, stewed lamb, barbecued red meat, hard mature cheese.

Italia Italy [IT] Toscana

Frantoio Pruneti

San Polo in Chianti - Via dell'Oliveto, 24
50022 Greve in Chianti (FI)
Tel.: +39 055 8555091 - 055 855355
E-mail: frantoio@pruneti.it - Web: www.pruneti.it

94

- 360 m
- **Promiscuo e specializzato**
  Promiscuous and specialized
- **Vaso aperto**
  Open vase
- **Brucatura a mano**
  Hand picking
- **Sì - Ciclo continuo**
  Yes - Continuous cycle
- Frantoio (60%), moraiolo (30%), maurino (10%)
- **Fruttato medio**
  Medium fruity
- da 15,01 a 18,00 € - 500 ml
  from € 15.01 to 18.00 - 500 ml

Convincono sempre di più i risultati ottenuti da Frantoio Pruneti, la realtà più giovane che i due fratelli Gionni e Paolo affiancano alla ben nota e lodata impresa di famiglia. Con questo marchio i Pruneti producono e commercializzano una serie di oli extravergine "blended", ricavati da 7.500 piante distribuite su 20 ettari. Quest'anno sono stati raccolti 1.100 quintali di olive che, uniti ai 700 acquistati, hanno reso 270 ettolitri di olio. Tre gli Extravergine Pruneti: Leggero, Equilibrato Dop Chianti Classico e Intenso. Quest'ultimo, ottimo, appare alla vista di un bel colore giallo dorato intenso con leggeri riflessi verdi, limpido. Al naso è ampio e avvolgente, ricco di sentori di carciofo e cicoria, affiancati da note di erbe aromatiche, con netto ricordo di menta, rosmarino e salvia. Fine e di personalità in bocca, sprigiona toni di lattuga di campo e sfumature di cannella, pepe nero e mandorla. Amaro deciso e piccante spiccato. Buon abbinamento con bruschette con pomodoro, carpaccio di tonno, insalate di spinaci, radicchio alla brace, zuppe di carciofi, primi piatti con salsiccia, polpo bollito, agnello in umido, maiale alla griglia, formaggi stagionati a pasta dura.

Another convincing result for Frantoio Pruneti, the young farm the two brothers Gionni and Paolo run besides the well-known and appreciated family estate. With this trademark they produce and market several "blended" extra virgin olive oils. There is a 20-hectare olive grove with 7,500 trees. In the last harvest 1,100 quintals of olives were produced and 700 purchased, with a yield of 270 hectolitres of oil. There are three Extra Virgin Pruneti, Leggero, Equilibrato Pdo Chianti Classico and the very good Intenso, which is a beautiful intense limpid golden yellow colour with slight green hues. Its aroma is ample and rotund, rich in hints of artichoke and chicory, together with notes of aromatic herbs, especially mint, rosemary and sage. Its taste is fine and strong, with a flavour of country lettuce and notes of cinnamon, black pepper and almond. Bitterness is definite and pungency is distinct. It would be ideal on bruschette with tomatoes, tuna carpaccio, spinach salads, barbecued radicchio, artichoke soups, pasta with sausages, boiled octopus, stewed lamb, grilled pork, hard mature cheese.

Italia Italy [IT] Toscana

Fattoria Ramerino

Via Roma, 404
50012 Bagno a Ripoli (FI)
Tel.: +39 055 631520
E-mail: info@fattoriaramerinosrl.it - Web: www.fattoriaramerino.it

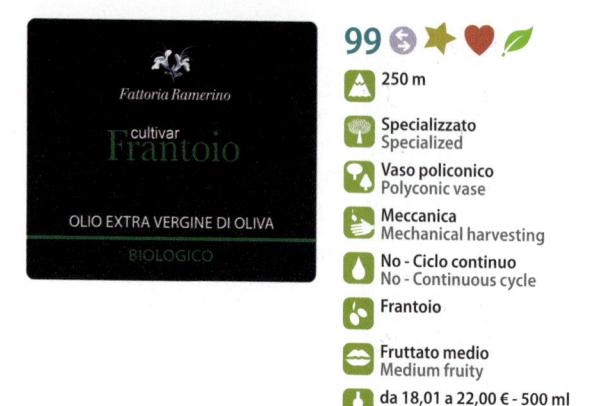

99

- 250 m
- Specializzato / Specialized
- Vaso policonico / Polyconic vase
- Meccanica / Mechanical harvesting
- No - Ciclo continuo / No - Continuous cycle
- Frantoio
- Fruttato medio / Medium fruity
- da 18,01 a 22,00 € - 500 ml / from € 18.01 to 22.00 - 500 ml

Seguiamo questa bella realtà ormai da parecchie edizioni e l'abbiamo accompagnata nel percorso che l'ha portata a un livello straordinario, che confermiamo. Fattoria Ramerino, sulle colline tra il Chianti e il Valdarno, è capitanata dal giovane Filippo Alampi che ha fatto negli anni passi da gigante: oggi conduce 28 ettari di oliveto con 5.500 piante dalle quali sono stati ricavati 271 quintali di olive che hanno reso 38 ettolitri di olio, più 30 comprati, per un totale di 68 ettolitri. Tre le selezioni Extravergine da Agricoltura Biologica: Guadagnòlo - Primus e i due Ramerino, Moraiolo e Frantoio. Quest'ultimo, ottimo, è giallo dorato intenso con leggere sfumature verdi, limpido. Al naso è ampio e avvolgente, ricco di sentori di carciofo e cicoria, cui si associano note balsamiche di menta e rosmarino. Pieno e complesso al gusto, ha toni di lattuga e netto ricordo di pepe nero, cannella e mandorla. Amaro molto spiccato e piccante deciso. Buon abbinamento con bruschette con pomodoro, carpaccio di tonno, insalate di spinaci, radicchio alla griglia, zuppe di carciofi, primi piatti con salsiccia, polpo bollito, carni rosse o nere alla piastra, formaggi stagionati a pasta dura.

We have been following this beautiful farm for many years and have seen it reach extraordinary levels. Placed on the hills between Chianti and Valdarno, Fattoria Ramerino is run by the young Filippo Alampi, who has considerably improved it. Today it consists of 28 hectares of olive grove with 5,500 trees. In the last harvest 271 quintals of olives and 38 hectolitres of oil were produced. With 30 hectolitres purchased, the total was 68 hectolitres. There are three Extra Virgin selections from Organic Farming, Guadagnòlo - Primus and the two Ramerino, Moraiolo and the very good Frantoio, which is an intense limpid golden yellow colour with slight green hues. Its aroma is ample and rotund, rich in hints of artichoke and chicory, together with fragrant notes of mint and rosemary. Its taste is full and complex, with a flavour of lettuce and a distinct note of black pepper, cinnamon and almond. Bitterness is distinct and pungency is definite. It would be ideal on bruschette with tomatoes, tuna carpaccio, spinach salads, grilled radicchio, artichoke soups, pasta with sausages, boiled octopus, pan-seared red meat or game, hard mature cheese.

Italia Italy [IT] Toscana

Società Agricola Sant'Anastasio

Doccia - Via Doccia, 26
50065 Pontassieve (FI)
Tel.: +39 0571 1962165
E-mail: ormaevinae@yahoo.com - Web: www.ormaevinae.com

83

300/400 m

Specializzato
Specialized

Forma libera
Free form

Meccanica
Mechanical harvesting

No - Ciclo continuo
No - Continuous cycle

Frantoio (60%), moraiolo (20%), leccino (10%), pendolino (10%)

Fruttato medio
Medium fruity

da 12,01 a 15,00 € - 500 ml
from € 12.01 to 15.00 - 500 ml

ElleivÆ è il marchio con il quale la Società Agricola Sant'Anastasio commercializza il suo extravergine prodotto a Pontassieve. L'obiettivo di questo giovane progetto, che abbraccia anche l'attività vinicola, è quello di recuperare e rivitalizzare antichi vigneti e oliveti per allinearli ai più alti e moderni standard produttivi. L'impianto olivicolo raggiunge circa 15 ettari di superficie, con 2.320 alberi che hanno fruttato quasi 31 quintali di olive e pressoché 3 ettolitri di olio. Segnaliamo l'Extravergine ElleivÆ Igp Toscano da Agricoltura Biologica che appare alla vista di un bel colore giallo dorato intenso con delicate sfumature verdi, limpido. Al naso è sottile e composto, con sentori vegetali di carciofo e cicoria, cui si affiancano note aromatiche di menta, maggiorana e rosmarino. Morbido e armonico in bocca, aggiunge toni di lattuga di campo, pepe nero e ricordo finale di mandorla. Amaro e piccante presenti e dosati. Ideale su antipasti di pomodori, insalate di legumi, marinate di salmone, verdure ai ferri, zuppe di ceci, risotto con carciofi, gamberi in guazzetto, tartare di ricciola, coniglio arrosto, pollame alla brace, formaggi freschi a pasta filata.

ElleivÆ is the trademark used by Società Agricola Sant'Anastasio to market its extra virgin olive oil produced in Pontassieve. This young project, which also includes wine-growing, aims at recovering and revitalizing ancient vineyards and olive groves to align them with the highest and most modern production standards. Currently the olive grove covers about 15 hectares of surface with 2,320 trees, which produced almost 31 quintals of olives and about 3 hectolitres of oil in the last harvest. We recommend the Extra Virgin ElleivÆ Pgi Toscano from Organic Farming, which is a beautiful intense limpid golden yellow colour with delicate green hues. Its aroma is fine and delicate, with vegetal hints of artichoke and chicory, together with aromatic notes of mint, marjoram and rosemary. Its taste is mellow and harmonic, with a flavour of country lettuce, black pepper and a final note of almond. Bitterness and pungency are present and complimentary. It would be ideal on tomato appetizers, legume salads, marinated salmon, grilled vegetables, chickpea soups, risotto with artichokes, stewed shrimps, amberjack tartare, roast rabbit, barbecued poultry, mozzarella cheese.

Italia Italy [IT] Toscana

Azienda Agricola Talente

Talente - Via Empolese, 95/c
50026 San Casciano in Val di Pesa (FI)
Tel.: +39 055 8290179 - Fax: +39 055 8290179
E-mail: info@oliocassiano.com - Web: www.oliocassiano.com

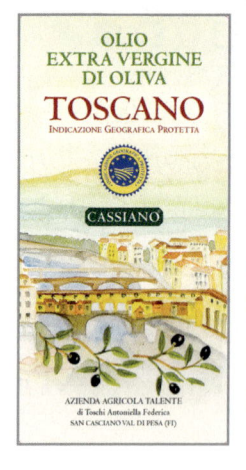

90

300/400 m

Specializzato
Specialized

Monocono, vaso aperto, vaso cespugliato
Monocone, open vase, vase bush

Brucatura a mano e meccanica
Hand picking and mechanical harvesting

Sì - Ciclo continuo
Yes - Continuous cycle

Frantoio (60%), leccino (20%), moraiolo (20%)

Fruttato medio
Medium fruity

da 8,01 a 10,00 € - 500 ml
from € 8.01 to 10.00 - 500 ml

L'Agricola Talente si trova nell'omonima località del comune di San Casciano in Val di Pesa. Qui si estende una proprietà coltivata a vigneto e oliveto, alla quale si aggiungono poi altri terreni nelle zone circostanti. Agli olivi, 20mila esemplari, sono dedicati in totale 77 ettari gestiti con dedizione da Federica Toschi Antoniella la quale ha ricavato, nella trascorsa campagna, un raccolto di mille quintali di olive che, con l'aggiunta di 400 comprati, ha fruttato circa 175 ettolitri di olio. L'Extravergine proposto si chiama Cassiano Igp Toscano - Colline di Firenze e appare alla vista di un bel colore giallo dorato intenso con delicate sfumature verdi, limpido. Al naso si apre sottile e composto, dotato di sentori vegetali di carciofo e cicoria, affiancati da note balsamiche di menta e rosmarino. Morbido e armonico in bocca, emana toni di lattuga di campo e nel finale ricorda la mandorla. Amaro e piccante presenti e dosati. Perfetto per antipasti di fagioli, carpaccio di salmone, insalate di pomodori, patate al forno, zuppe di orzo, primi piatti con molluschi, pesci ai ferri, tartare di ricciola, coniglio arrosto, pollame alla piastra, formaggi freschi a pasta filata.

Agricola Talente is situated in the homonymous place in the municipality of San Casciano in Val di Pesa. The farm consists of a vineyard and an olive grove and also includes other lands in the neighbouring areas. There are 77 hectares of olive grove with 20,000 trees, run with dedication by Federica Toschi Antoniella. In the last harvest 1,000 quintals of olives were produced and 400 purchased, with a yield of about 175 hectolitres of oil. The selection proposed is the Extra Virgin Cassiano Pgi Toscano - Colline di Firenze, which is a beautiful intense limpid golden yellow colour with delicate green hues. Its aroma is fine and delicate, endowed with vegetal hints of artichoke and chicory, together with fragrant notes of mint and rosemary. Its taste is mellow and harmonic, with a flavour of country lettuce and an almond finish. Bitterness and pungency are present and complimentary. It would be ideal on bean appetizers, salmon carpaccio, tomato salads, roast potatoes, barley soups, pasta with mussels, grilled fish, amberjack tartare, roast rabbit, pan-seared poultry, mozzarella cheese.

Italia Italy [IT] Toscana

Frantoio Anteata

Monte Giovi - Podere Anteata, 6
58033 Castel del Piano (GR)
Tel.: +39 0564 1720519
E-mail: info@anteata.it - Web: www.frantoioanteata.com

93

350 m

Promiscuo e specializzato
Promiscuous and specialized

Forma libera, vaso aperto, vaso cespugliato
Free form, open vase, vase bush

Brucatura a mano e meccanica
Hand picking and mechanical harvesting

Sì - Ciclo continuo
Yes - Continuous cycle

Coratina (20%), frantoio (20%), leccino (20%), moraiolo (20%), olivastra seggianese (20%)

Fruttato medio
Medium fruity

da 18,01 a 22,00 € - 500 ml
from € 18.01 to 22.00 - 500 ml

Vince con il Migliore Olio Extravergine di Oliva Blended - Fruttato Medio. Frantoio Anteata nasce nel 2005 da un'idea dei genitori di Daniele Lepori i quali, stanchi dei ritmi frenetici di Roma, si trasferiscono nella loro casa di campagna. Da qui ad acquistare un antico podere con 10 ettari di oliveti secolari il passo è breve. Oggi gli ettari sono diventati quasi 30, con 5mila alberi e un frantoio di ultima generazione che quest'anno ha lavorato mille quintali di olive che, con l'aggiunta di altrettanti acquistati, hanno reso 300 ettolitri di olio. Impeccabili i due Extravergine, Da Noi a Voi e Piro. Scegliamo il secondo, giallo dorato intenso con delicate venature verdi, limpido. Al naso è ampio e avvolgente, ricco di sentori balsamici di menta e rosmarino, affiancati da toni speziati di pepe nero e cannella. Fine e vegetale al palato, sa di carciofo, cicoria e lattuga; e chiude con ricordo di mandorla. Amaro deciso e piccante ben espresso. Ideale su antipasti di fagioli, insalate di ceci, legumi bolliti, patate alla piastra, zuppe di orzo, primi piatti al pomodoro, molluschi gratinati, seppie in umido, coniglio arrosto, pollame ai ferri, formaggi freschi a pasta filata.

It is The Best Extra Virgin Olive Oil Blended - Medium Fruity. Frantoio Anteata was founded in 2005 by Daniele Lepori's parents, who were tired of the frenetic rhythm of Roman life and decided to move to their countryhouse. After that, they purchased an ancient farmhouse with 10 hectares of century-old olive groves. Today there are almost 30 hectares of surface with 5,000 trees and a modern oil mill. In the last harvest 1,000 quintals of olives were produced and 1,000 purchased, with a yield of 300 hectolitres of oil. There are two perfect Extra Virgin, Da Noi a Voi and Piro, chosen by the panel. It is an intense limpid golden yellow colour with delicate green hues. Its aroma is ample and rotund, rich in fragrant hints of mint and rosemary, together with spicy notes of black pepper and cinnamon. Its taste is fine and vegetal, with a flavour of artichoke, chicory and lettuce and an almond finish. Bitterness is definite and pungency is distinct. It would be ideal on bean appetizers, chickpea salads, boiled legumes, seared potatoes, barley soups, pasta with tomato sauce, mussels au gratin, stewed cuttlefish, roast rabbit, grilled poultry, mozzarella cheese.

Italia Italy [IT] Toscana

Frantoio Franci

Montenero d'Orcia - Via Achille Grandi, 5
58033 Castel del Piano (GR)
Tel.: +39 0564 954000 - Fax: +39 0564 954154
E-mail: info@frantoiofranci.it - Web: www.frantoiofranci.it

100

- 200/750 m
- **Specializzato**
  Specialized
- **Vaso**
  Vase
- **Brucatura a mano e meccanica**
  Hand picking and mechanical harvesting
- **Sì - Ciclo continuo**
  Yes - Continuous cycle
- **Frantoio (60%), moraiolo (40%)**
- **Fruttato intenso**
  Intense fruity
- da 12,01 a 15,00 € - 500 ml
  from € 12.01 to 15.00 - 500 ml

La stoffa del frantoiano, una professionalità impareggiabile e un ricchissimo paniere di proposte impeccabili: Frantoio Franci conferma un livello tale da continuare a far parte della nostra Hall of Fame. Le 15mila piante dei 65 ettari di oliveto hanno fruttato oltre 1.581 quintali di olive che, uniti ai circa 5.887 acquistati, hanno reso quasi 1.115 ettolitri di olio. Sei gli Extravergine, tutti impeccabili: Le Trebbiane; i tre Franci (Moraiolo, Olivastra Seggianese e Bio Igp Toscano da Agricoltura Biologica); e i due Villa Magra, Grand Cru e Riserva di Famiglia. Quest'ultimo, straordinario, è giallo dorato intenso con delicate tonalità verdi, limpido. Al naso è deciso e avvolgente, con netti sentori di cicoria, carciofo e lattuga, cui si affiancano ricchi toni aromatici di salvia, menta e rosmarino. Ampio e di carattere al palato, sprigiona note di pepe nero, cannella e mandorla acerba. Amaro potente e piccante spiccato e armonico. È perfetto su bruschette con pomodoro, carpaccio di carne chianina con funghi porcini, radicchio al forno, passati di lenticchie, primi piatti con salsiccia, tonno alla griglia, carni rosse o cacciagione alla brace, formaggi stagionati a pasta dura.

The experience as oil millers, great competence and a rich range of excellent products, this is Frantoio Franci, which deserves again to be part of our Hall of Fame. The olive grove covers 65 hectares with 15,000 trees. In the last harvest over 1,581 quintals of olives were produced and about 5,887 purchased, with a yield of almost 1,115 hectolitres of oil. There are six perfect Extra Virgin, Le Trebbiane, the three Franci, Moraiolo, Olivastra Seggianese and Bio Pgi Toscano from Organic Farming, and the two Villa Magra, Grand Cru and the extraordinary Riserva di Famiglia, which is an intense limpid golden yellow colour with delicate green hues. Its aroma is definite and rotund, with distinct hints of chicory, artichoke and lettuce, together with rich aromatic notes of sage, mint and rosemary. Its taste is ample and strong, with notes of black pepper, cinnamon and unripe almond. Bitterness is powerful and pungency is distinct and harmonic. It would be ideal on bruschette with tomatoes, chianina beef carpaccio with porcini mushrooms, baked radicchio, lentil purée, pasta with sausages, grilled tuna, barbecued red meat or game, hard mature cheese.

Italia Italy [IT] Toscana

Lucini Italia

Frantoio Franci - Via Achille Grandi, 5
58033 Castel del Piano (GR)
Tel.: +1 530 8266430
E-mail: mmori@cal-olive.com - Web: www.lucini.com

83

- 200/750 m
- **Specializzato** / Specialized
- **Vaso aperto** / Open vase
- **Meccanica** / Mechanical harvesting
- **No - Ciclo continuo** / No - Continuous cycle
- **Coratina (25%), frantoio (25%), moraiolo (25%), peranzana (25%)**
- **Fruttato medio** / Medium fruity
- da 12,01 a 15,00 € - 500 ml / from € 12.01 to 15.00 - 500 ml

Confermiamo volentieri in questa edizione della Guida Lucini Italia, marchio di proprietà della società americana California Olive Ranch che propone delle selezioni di extravergine proveniente dalle produzioni di rinomate realtà italiane. In Toscana la Lucini Italia confeziona e commercializza l'olio di Frantoio Franci presso lo stabilimento di Castel del Piano, nel Grossetano. Nella recente annata sono stati selezionati, acquistati e imbottigliati circa 47 ettolitri di olio. Segnaliamo l'ottimo Extravergine Lucini - Premium Select Special che appare alla vista di colore giallo dorato intenso con delicati riflessi verdi, limpido. All'olfatto è ampio e avvolgente, intriso di sentori vegetali di carciofo, cicoria e lattuga, affiancati da toni di erbe aromatiche, con menta e rosmarino in rilievo. Fine e complesso al palato, sprigiona note speziate di pepe nero e nel finale ricorda la mandorla. Amaro molto spiccato e piccante deciso. Buon abbinamento con antipasti di legumi, fagioli bolliti, insalate di salmone, patate alla griglia, zuppe di ceci, primi piatti con verdure, gamberi in guazzetto, seppie in umido, coniglio al forno, pollame arrosto, formaggi freschi a pasta filata.

Present again in our Guide, Lucini Italia is a trademark owned by the American company California Olive Ranch, which proposes extra virgin olive oil selections from important Italian producers. In Tuscany Lucini Italia packages and markets the oil produced by Frantoio Franci in Castel del Piano, in the area of Grosseto. In the last harvest about 47 hectolitres of extra virgin olive oil were selected, purchased and bottled. We recommend the very good Extra Virgin selection Lucini - Premium Select Special, which is an intense limpid golden yellow colour with delicate green hues. Its aroma is ample and rotund, endowed with vegetal hints of artichoke, chicory and lettuce, together with notes of aromatic herbs, especially mint and rosemary. Its taste is fine and complex, with spicy notes of black pepper and an almond finish. Bitterness is distinct and pungency is definite. It would be ideal on legume appetizers, boiled beans, salmon salads, grilled potatoes, chickpea soups, pasta with vegetables, stewed shrimps, stewed cuttlefish, baked rabbit, roast poultry, mozzarella cheese.

Italia Italy [IT] Toscana

Poggio Amasi
Batignano - Via Grossetana
58100 Grosseto
E-mail: info@poggioamasi.it - Web: www.poggioamasi.it

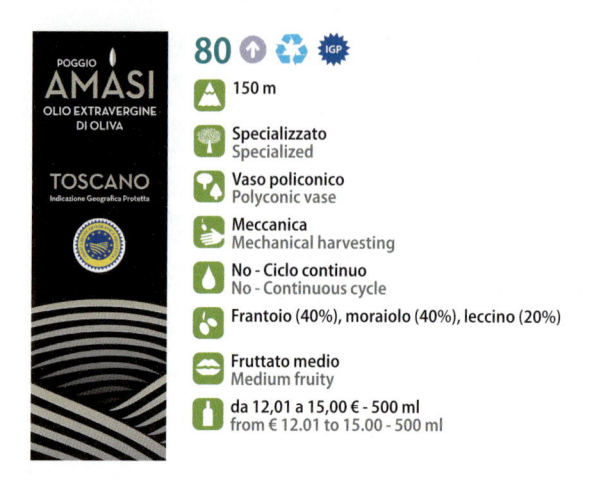

80

150 m

Specializzato
Specialized

Vaso policonico
Polyconic vase

Meccanica
Mechanical harvesting

No - Ciclo continuo
No - Continuous cycle

Frantoio (40%), moraiolo (40%), leccino (20%)

Fruttato medio
Medium fruity

da 12,01 a 15,00 € - 500 ml
from € 12.01 to 15.00 - 500 ml

L'avventura di Poggio Amasi comincia nel 2016 quando la famiglia milanese Rusconi Clerici acquista un grande oliveto nel cuore della Maremma. L'obiettivo è quello di riqualificare un luogo splendido ma abbandonato e produrre un extravergine di alta qualità, coniugando cultura gastronomica toscana e pragmatismo lombardo. Attualmente su 20 ettari di superficie crescono 5mila olivi che hanno fruttato, nella passata campagna, un raccolto di 600 quintali di olive e una produzione di circa 87 ettolitri di olio. Segnaliamo l'Extravergine Poggio Amasi Igp Toscano che appare alla vista di un bel colore giallo dorato intenso con delicate sfumature verdi, limpido. Al naso si apre sottile e composto, con sentori vegetali di carciofo e cicoria selvatica, in aggiunta a note aromatiche di menta e rosmarino. Al palato è morbido e armonico, con toni di lattuga di campo e chiusura di mandorla dolce. Amaro deciso e piccante spiccato e ben armonizzato. È ideale su fagioli al vapore, insalate di salmone, patate alla brace, verdure gratinate, passati di asparagi, primi piatti al pomodoro, crostacei in guazzetto, seppie in umido, coniglio arrosto, pollame ai ferri, formaggi freschi a pasta filata.

The story of Poggio Amasi began in 2016, when the Milanese family Rusconi Clerici bought a large olive grove in the heart of Maremma. Their goal was to redevelop a splendid, but abandoned place and produce a high quality extra virgin olive oil, combining Tuscan gastronomic culture and Lombard pragmatism. Today the olive grove covers 20 hectares with 5,000 trees, which produced 600 quintals of olives in the last harvest, with a yield of about 87 hectolitres of oil. We recommend the Extra Virgin selection Poggio Amasi Pgi Toscano, which is a beautiful intense limpid golden yellow colour with delicate green hues. Its aroma is fine and delicate, with vegetal hints of artichoke and wild chicory, together with aromatic notes of mint and rosemary. Its taste is mellow and harmonic, with a flavour of country lettuce and a sweet almond finish. Bitterness is definite and pungency is distinct and harmonic. It would be ideal on steamed beans, salmon salads, barbecued potatoes, vegetables au gratin, asparagus purée, pasta with tomato sauce, stewed shellfish, stewed cuttlefish, roast rabbit, grilled poultry, mozzarella cheese.

Italia Italy [IT] Toscana

Podere Riparbella

Sopra Pian di Mucini - Podere Riparbella, 4
58024 Massa Marittima (GR)
Tel.: +39 0566 915557
E-mail: riparbella@riparbella.com - Web: www.riparbella.com

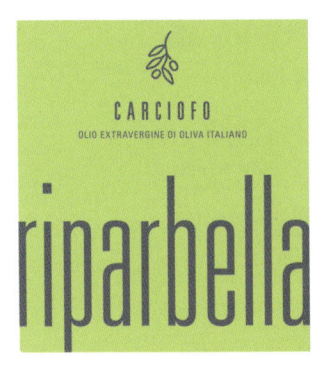

87

- 200/400 m
- Specializzato / Specialized
- Vaso libero / Free vase
- Brucatura a mano e meccanica / Hand picking and mechanical harvesting
- No - Ciclo continuo / No - Continuous cycle
- Moraiolo (60%), frantoio (30%), leccino (5%), pendolino (5%)
- Fruttato medio / Medium fruity
- da 15,01 a 18,00 € - 500 ml / from € 15.01 to 18.00 - 500 ml

Ritroviamo con piacere Podere Riparbella che si trova a pochi passi da Massa Marittima, circondato da dolci pendii ricoperti di macchia mediterranea. La proprietà comprende 50 ettari di terreno dedicati a vigneto, oliveto e orto, e ospita animali domestici e asini amiatini. La casa padronale e la stalla, ristrutturate secondo principi ecologici, sono oggi un accogliente agriturismo. Gli olivi sono 1.600 su 11 ettari e il raccolto di quest'anno ha reso circa 39 quintali di olive che hanno prodotto quasi 7 ettolitri di olio. L'Extravergine Carciofo da Agricoltura Biologica appare alla vista di un bel colore giallo dorato intenso con leggere sfumature verdi, limpido. Al naso si apre sottile e composto, dotato di sentori di cicoria e carciofo, accompagnati da note balsamiche di menta e rosmarino. Morbido e armonico in bocca, sprigiona toni di lattuga di campo e mandorla. Amaro e piccante presenti e dosati, con finale dolce in rilievo. Perfetto per bruschette con verdure, insalate di orzo, marinate di salmone, patate al cartoccio, passati di legumi, risotto con carciofi, molluschi gratinati, tartare di ricciola, pollame o carni di agnello al forno, formaggi freschi a pasta filata.

Present again in our Guide, Podere Riparbella is placed near Massa Marittima, surrounded by gentle slopes covered with Mediterranean scrub. The estate, including 50 hectares of vineyard, olive grove and orchard, is home to pets and amiatini donkeys, while the house and the stable, restored with ecological principles, are a comfortable holiday farm. The olive grove takes up 11 hectares with 1,600 trees. In the last harvest about 39 quintals of olives and almost 7 hectolitres of oil were produced. The Extra Virgin Carciofo from Organic Farming is a beautiful intense limpid golden yellow colour with slight green hues. Its aroma is fine and delicate, endowed with hints of chicory and artichoke, together with fragrant notes of mint and rosemary. Its taste is mellow and harmonic, with a flavour of country lettuce and almond. Bitterness and pungency are present and complimentary, with a sweet finish. It would be ideal on bruschette with vegetables, barley salads, marinated salmon, baked potatoes, legume purée, risotto with artichokes, mussels au gratin, amberjack tartare, baked poultry or lamb, mozzarella cheese.

Italia Italy [IT] Toscana

Terenzi

Montedonico
58054 Scansano (GR)
Tel.: +39 0564 599601 - Fax: +39 0564 599625
E-mail: info@terenzi.eu - Web: www.terenzi.eu

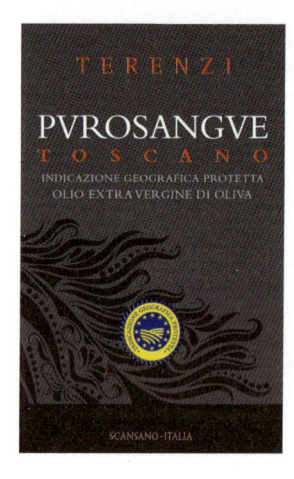

87

- 300 m
- **Specializzato** / Specialized
- **Vaso policonico** / Polyconic vase
- **Brucatura a mano** / Hand picking
- **Sì - Ciclo continuo** / Yes - Continuous cycle
- **Frantoio (60%), moraiolo (30%), leccino (10%)**
- **Fruttato medio** / Medium fruity
- da 10,01 a 12,00 € - 500 ml / from € 10.01 to 12.00 - 500 ml

Buona conferma per Terenzi, un nome noto agli appassionati di vino del comprensorio di Scansano. Ma non solo vino, a quanto sembra. La famiglia Terenzi si dedica infatti anche alla produzione di un ottimo olio extravergine, ricavato da 2.500 olivi che sono coltivati su una superficie specializzata di 12 ettari. Nella recente campagna il raccolto ha fruttato 400 quintali di olive che hanno reso 50 ettolitri di olio. Sono due le etichette aziendali proposte, entrambe Igp Toscano: gli Extravergine Madrechiesa e Purosangue. Il panel sceglie il secondo che si presenta alla vista di un bel colore giallo dorato intenso con delicate sfumature verdi, limpido. Al naso si apre ampio e avvolgente, ricco di sentori vegetali di carciofo, cicoria e lattuga, cui si affiancano toni speziati di cannella e pepe nero. Elegante e aromatico al palato, sa di menta e rosmarino, e chiude con ricordo di mandorla. Amaro ben spiccato e piccante deciso e armonico. È perfetto per antipasti di legumi, fagioli bolliti, insalate di salmone, patate alla griglia, passati di orzo, cous cous di verdure, gamberi in guazzetto, pesce azzurro marinato, coniglio arrosto, pollame alla brace, formaggi freschi a pasta filata.

Another good result for Terenzi. It is a name known to wine lovers in the district of Scansano, but the family also produces very good extra virgin olive oil from a specialized 12-hectare olive grove with 2,500 trees. In the last harvest 400 quintals of olives were produced, which allowed to yield 50 hectolitres of extra virgin olive oil. There are two selections, both Pgi Toscano, the Extra Virgin Madrechiesa and Purosangue, chosen by the panel. It is a beautiful intense limpid golden yellow colour with delicate green hues. Its aroma is ample and rotund, rich in vegetal hints of artichoke, chicory and lettuce, together with spicy notes of cinnamon and black pepper. Its taste is elegant and aromatic, endowed with a flavour of mint and rosemary and an almond finish. Bitterness is distinct and pungency is definite and harmonic. It would be ideal on legume appetizers, boiled beans, salmon salads, grilled potatoes, barley purée, vegetable cous cous, stewed shrimps, marinated blue fish, roast rabbit, barbecued poultry, mozzarella cheese.

Italia Italy [IT] Toscana

W2east

Frantoio Franci - Via Achille Grandi, 5
58033 Castel del Piano (GR)
Tel.: +39 0586 446013
E-mail: quality@fjt.it

85 ⬆

200/750 m

Specializzato
Specialized

Vaso aperto
Open vase

Meccanica
Mechanical harvesting

No - Ciclo continuo
No - Continuous cycle

Frantoio (20%), leccino (20%), moraiolo (20%), olivastra seggianese (20%), peranzana (20%)

Fruttato medio
Medium fruity

da 12,01 a 15,00 € - 500 ml
from € 12.01 to 15.00 - 500 ml

W2east è un marchio di proprietà dell'imprenditore cinese Tun Seng Loo, responsabile della Fissler China, punto di riferimento internazionale in fatto di attrezzature per la ristorazione di alta qualità. Animato da uno spirito dinamico e creativo, crede nella cultura dell'extravergine e ha selezionato per il mercato cinese una rosa di aziende d'eccellenza. In Toscana realizza una sua private label, proveniente dalle produzioni di Frantoio Franci, distinguendo e imbottigliando, nella recente campagna, 130 ettolitri di olio. Delle due etichette proposte, gli Extravergine Donna Romina, "base" e Black Label, preferiamo il secondo, di un bel colore giallo dorato intenso, limpido. Al naso è ampio e avvolgente, ricco di sentori vegetali di carciofo e cicoria, affiancati da note aromatiche di menta e rosmarino. Fine e di carattere in bocca, sprigiona toni di lattuga e sfumature di mandorla e pepe nero. Amaro deciso e piccante spiccato e armonico. Buon abbinamento con bruschette con pomodoro, carpaccio di polpo, insalate di pesce spada, radicchio al forno, zuppe di fagioli, primi piatti con salsiccia, tonno ai ferri, carni rosse o nere alla griglia, formaggi stagionati a pasta dura.

W2east is a brand owned by the Chinese entrepreneur Tun Seng Loo, the head of Fissler China, an international point of reference of high-quality catering equipment. Animated by a dynamic and creative spirit, he believes in extra virgin olive oil culture and has selected a group of excellent farms for the Chinese market. In Tuscany he has his own private label, consisting of the productions of Frantoio Franci. In the last harvest he selected and bottled 130 hectolitres of oil. There are two Extra Virgin selections Donna Romina, the "basic" and Black Label, which we recommend. It is a beautiful intense limpid golden yellow colour. Its aroma is ample and rotund, rich in vegetal hints of artichoke and chicory, together with aromatic notes of mint and rosemary. Its taste is fine and strong, with a flavour of lettuce and hints of almond and black pepper. Bitterness is definite and pungency is distinct and harmonic. It would be ideal on bruschette with tomatoes, octopus carpaccio, swordfish salads, baked radicchio, bean soups, pasta with sausages, grilled tuna, grilled red meat or game, hard mature cheese.

Italia Italy [IT] Toscana

Fonte di Foiano

Fonte di Foiano, 148
57022 Castagneto Carducci (LI)
Tel.: +39 0565 766043 - Fax: +39 0565 765826
E-mail: informazioni@fontedifoiano.it - Web: www.fontedifoiano.com

99

- 20/170 m
- **Specializzato** / Specialized
- **Vaso policonico** / Polyconic vase
- **Brucatura a mano e meccanica** / Hand picking and mechanical harvesting
- **Sì - Ciclo continuo** / Yes - Continuous cycle
- Picholine Languedoc (40%), frantoio (30%), moraiolo (20%), maurino (10%)
- **Fruttato intenso** / Intense fruity
- da 22,01 a 26,00 € - 500 ml / from € 22.01 to 26.00 - 500 ml

Conferma lo straordinario livello raggiunto. Parliamo di Fonte di Foiano la cui avventura inizia nel 1979 con Michele Di Gaetano che sceglie Bolgheri per realizzare il sogno di una realtà tutta sua. Dopo il recupero di alcuni oliveti secolari e l'impianto di nuovi viene costruito il frantoio; e oggi Paolo e Simone, con la sorella Beatrice, curano 28 ettari con 8mila piante, oltre a un accogliente agriturismo con annesso ristorante vegetariano. Dal raccolto di 1.500 quintali di olive, più 600 acquistati, sono stati ricavati 290 ettolitri di olio. Cinque gli Extravergine: 40° Anniversary; Zèfiro; e i tre Fonte di Foiano, 1979, Igp Toscano e l'eccellente Grand Cru. Giallo dorato intenso con nuance verdoline, limpido; al naso è deciso e ampio, ricco di sentori di carciofo e cicoria, affiancati da note di menta, rosmarino e salvia. Pieno e di carattere in bocca, sa di lattuga, pepe nero e mandorla. Amaro potente e piccante spiccato e armonico. Ideale su antipasti di tonno, carpaccio di carne chianina con funghi porcini, radicchio al forno, zuppe di fagioli, primi piatti con salsiccia, pesce azzurro gratinato, carni rosse o cacciagione alla griglia, formaggi stagionati a pasta dura.

Oliveto Fonte di Foiano confirms its extraordinary level. Its story started in 1979, when Michele Di Gaetano chose Bolgheri to realize his dream, recovering some century-old olive groves, planting new ones and later building the oil mill. Today Paolo, Simone and their sister Beatrice run 28 hectares with 8,000 trees and a cozy farmhouse with an adjoining vegetarian restaurant. In the last harvest 1,500 quintals of olives were produced and 600 purchased, with a yield of 290 hectolitres of oil. There are five Extra Virgin, 40° Anniversary, Zèfiro and the three Fonte di Foiano, 1979, Pgi Toscano and the excellent Grand Cru, which is an intense limpid golden yellow colour with light green hues. Its aroma is definite and ample, rich in hints of artichoke and chicory, with notes of mint, rosemary and sage. Its taste is full and strong, with a flavour of lettuce, black pepper and almond. Bitterness is strong and pungency is distinct and harmonic. It would be ideal on tuna appetizers, chianina beef carpaccio with porcini mushrooms, baked radicchio, bean soups, pasta with sausages, blue fish au gratin, grilled red meat or game, hard mature cheese.

Italia Italy [IT] Toscana

Azienda Agricola Il Cavallino

Via Paratino, 43
57020 Bibbona (LI)
Tel.: +39 0586 677383
E-mail: info@ilcavallino.it - Web: www.ilcavallino.it

93

- 1/600 m
- **Specializzato** / Specialized
- **Forma libera** / Free form
- **Brucatura a mano** / Hand picking
- **Sì - Ciclo continuo** / Yes - Continuous cycle
- **Leccio del corno**
- **Fruttato medio** / Medium fruity
- **da 10,01 a 12,00 € - 500 ml** / from € 10.01 to 12.00 - 500 ml

La famiglia Salvadori è originaria di Montescudaio, borgo collinare a pochi chilometri dal mare di Cecina, dove boschi, vigne e oliveti ornano il paesaggio. Con il tempo gli oliveti si sono ingranditi, alcuni sono stati rinnovati, altri sono secolari. Oggi Romina Salvadori, pur legata alle proprie origini in Montescudaio, dove maturano ancora molte olive lavorate nel frantoio di famiglia, gestisce nelle campagne di Bibbona 55 ettari di oliveti con 16mila piante. Quest'anno il raccolto ha fruttato 3mila quintali di olive e quasi 426 ettolitri di olio. L'Extravergine Il Cavallino - Special Edition, molto buono, appare alla vista di un bel colore giallo dorato intenso con lievi sfumature verdi, limpido. Al naso è ampio e avvolgente, con sentori di carciofo, cicoria e note balsamiche di menta e rosmarino. Al gusto è pieno e fine, con toni di lattuga e mandorla. Amaro e piccante ben espressi ed equilibrati, con finale dolce in rilievo. Ottimo su antipasti di molluschi, insalate di farro, marinate di orata, patate alla piastra, passati di legumi, primi piatti con salmone, gamberi in guazzetto, tartare di ricciola, pollame o carni di agnello al forno, formaggi freschi a pasta filata.

The family Salvadori comes from Montescudaio, a hilly village near Cecina seaside, where woods, vineyards and olive groves adorn the landscape. Over the years the olive groves have grown, some have been renovated, others are century-old. Today Romina Salvadori is still linked to her roots in Montescudaio, where the olives crushed in the family oil mill ripen, but she also runs 55 hectares of olive grove with 16,000 trees in the countryside of Bibbona. In the last harvest 3,000 quintals of olives and almost 426 hectolitres of oil were produced. We recommend the very good Extra Virgin Il Cavallino - Special Edition, which is a beautiful intense limpid golden yellow colour with slight green hues. Its aroma is ample and rotund, with hints of artichoke, chicory and fragrant notes of mint and rosemary. Its taste is full and fine, with a flavour of lettuce and almond. Bitterness and pungency are distinct and well balanced, with a sweet finish. It would be ideal on mussel appetizers, farro salads, marinated gilthead, seared potatoes, legume purée, pasta with salmon, stewed shrimps, amberjack tartare, baked poultry or lamb, mozzarella cheese.

Italia Italy **[IT]** Toscana

Il Felciaio

Campastrello, 274
57022 Castagneto Carducci (LI)
E-mail: info@ilfelciaio.it - Web: www.ilfelciaio.it

93

40 m

Specializzato
Specialized

Monocono, vaso policonico
Monocone, polyconic vase

Bacchiatura
Beating

Sì - Ciclo continuo
Yes - Continuous cycle

Frantoio

Fruttato medio
Medium fruity

da 12,01 a 15,00 € - 500 ml
from € 12.01 to 15.00 - 500 ml

Brillante conferma per Il Felciaio. Con l'intento di proseguire una tradizione plurisecolare che vede la loro famiglia attiva fin dall'Ottocento nella produzione di olio a Castagneto Carducci, i fratelli Luigi e Sandro Ferrini hanno dato vita, nel 2015, a una nuova realtà agricola. Parliamo di un patrimonio costituito da 12 ettari di impianto specializzato con 2mila piante dalle quali, nella recente campagna, sono stati ricavati 200 quintali di olive e 30 ettolitri di olio. Segnaliamo l'etichetta presentata, l'ottimo Extravergine Il Felciaio - 1929 che appare alla vista di un bel colore giallo dorato intenso con delicati riflessi verdi, limpido. Al naso è ampio e avvolgente, ricco di sentori vegetali di carciofo e cicoria, affiancati da note balsamiche di menta, rosmarino e basilico. Elegante e di carattere al palato, sprigiona toni di lattuga, con netto ricordo finale di mandorla e pepe nero. Amaro deciso e piccante spiccato. L'abbinamento ideale è con antipasti di farro, insalate di ceci, legumi bolliti, marinate di orata, passati di fagioli, risotto con molluschi, gamberi in guazzetto, seppie in umido, coniglio al forno, pollame arrosto, formaggi freschi a pasta filata.

Another brilliant result for Il Felciaio. The brothers Luigi and Sandro Ferrini created a new farm in 2015, to carry on the centuries-old tradition of their family, active in the production of extra virgin olive oil in Castagneto Carducci since the 19th century. The estate consists of 12 hectares of specialized olive grove with 2,000 trees. In the last harvest 200 quintals of olives were produced, which allowed to yield 30 hectolitres of extra virgin olive oil. We recommend the selection proposed, the very good Extra Virgin Il Felciaio - 1929. It is a beautiful intense limpid golden yellow colour with delicate green hues. Its aroma is ample and rotund, rich in vegetal hints of artichoke and chicory, together with fragrant notes of mint, rosemary and basil. Its taste is elegant and strong, with a flavour of lettuce and distinct final notes of almond and black pepper. Bitterness is definite and pungency is distinct. It would be ideal on farro appetizers, chickpea salads, boiled legumes, marinated gilthead, bean purée, risotto with mussels, stewed shrimps, stewed cuttlefish, baked rabbit, roast poultry, mozzarella cheese.

Italia Italy [IT] Toscana

Pietrasca

Pietrasca, 44/b
57028 Suvereto (LI)
E-mail: info@pietrasca.it - Web: www.pietrasca.it

83

40 m

Specializzato
Specialized

Vaso
Vase

Meccanica
Mechanical harvesting

No - Ciclo continuo
No - Continuous cycle

Leccio del corno (70%), coratina (15%), moraiolo (15%)

Fruttato medio
Medium fruity

da 15,01 a 18,00 € - 500 ml
from € 15.01 to 18.00 - 500 ml

Antonio Russo dà vita nel 1996 all'azienda Pietrasca, anche se la sua esperienza ha radici molto più antiche, che risalgono al lavoro svolto nell'attività vitivinicola della sua famiglia. Attualmente gli ambiti in cui è impegnato sono la produzione di extravergine, cereali e legumi; anche se da qualche anno ha allargato l'interesse all'allevamento delle api e alla coltura dei ciliegi. Agli olivi sono dedicati 15 ettari, con 4mila esemplari che hanno fruttato nella recente campagna un raccolto di 870 quintali di olive, pari a una resa di circa 98 ettolitri di olio. L'ottimo Extravergine Malizia di Tosca da Agricoltura Biologica è giallo dorato intenso con delicati riflessi verdi, limpido. Al naso è ampio e avvolgente, ricco di sentori vegetali di carciofo e cicoria, in aggiunta a note balsamiche di menta e rosmarino. Fine e di carattere in bocca, sprigiona toni di lattuga, pepe nero e mandorla. Amaro spiccato e piccante deciso e armonico. È ideale su antipasti di lenticchie, carpaccio di pesce spada, insalate di carciofi, pomodori gratinati, zuppe di fagioli, primi piatti con salsiccia, polpo bollito, agnello arrosto, carni rosse al forno, formaggi di media stagionatura.

Antonio Russo founded the farm Pietrasca in 1996, although his experience has more ancient roots dating back to his activity in his family's wine business. In the last few years, besides producing extra virgin olive oil, cereals and legumes, he has also expanded his interest in the breeding of bees and the cultivation of cherry trees. The olive groves cover 15 hectares with 4,000 trees, which produced 870 quintals of olives in the last harvest, with a yield of about 98 hectolitres of oil. The very good Extra Virgin selection Malizia di Tosca from Organic Farming is an intense limpid golden yellow colour with delicate green hues. Its aroma is ample and rotund, rich in vegetal hints of artichoke and chicory, together with fragrant notes of mint and rosemary. Its taste is fine and strong, with a flavour of lettuce, black pepper and almond. Bitterness is distinct and pungency is definite and harmonic. It would be ideal on lentil appetizers, swordfish carpaccio, artichoke salads, tomatoes au gratin, bean soups, pasta with sausages, boiled octopus, roast lamb, baked red meat, medium mature cheese.

Italia Italy [IT] Toscana

Santissima Annunziata

Via del Castelluccio, 142
57027 San Vincenzo (LI)
Tel.: +39 0565 702144
E-mail: info@ssannunziata.it - Web: www.ssannunziata.it

87

- 60/150 m
- **Promiscuo e specializzato** / Promiscuous and specialized
- **Roventina, vaso, vaso aperto** / Polyconic vase, vase, open vase
- **Brucatura a mano** / Hand picking
- **Sì - Ciclo continuo** / Yes - Continuous cycle
- **Frantoio (40%), cipressino (30%), pendolino (30%)**
- **Fruttato medio** / Medium fruity
- da 10,01 a 12,00 € - 500 ml / from € 10.01 to 12.00 - 500 ml

Santissima Annunziata nasce negli anni Sessanta quando il padre dell'attuale proprietaria decide di creare, all'interno dell'azienda, un frantoio per trasformare le sue olive e quelle delle più importanti famiglie della zona. Oggi Beatrice Massaza ha ristrutturato un vecchio edificio, facendone un moderno complesso a basso impatto ambientale, proseguendo così la tradizione familiare. E dalle 5mila piante coltivate su 29 ettari ha ricavato quest'anno 400 quintali di olive e circa 57 ettolitri di olio. Due gli Extravergine Santissima Annunziata da Agricoltura Biologica presentati al panel: 2020 e 1999. Preferiamo quest'ultimo, di un bel colore giallo dorato intenso con leggere tonalità verdi, limpido. Al naso è sottile e composto, dotato di sentori aromatici di menta e rosmarino, affiancati da note di erba fresca falciata e mandorla. Al gusto è fine e vegetale, con toni di carciofo, cicoria e lattuga. Amaro spiccato e piccante ben espresso. Ideale su antipasti di pomodori, insalate di legumi, marinate di ricciola, verdure ai ferri, zuppe di orzo, primi piatti con funghi finferli, molluschi gratinati, tartare di salmone, pollame o carni di agnello al forno, formaggi caprini.

Santissima Annunziata was founded in the 60s, when the current owner's father decided to create an oil mill inside his farm to transform his olives and those of the most important families in the area. Today Beatrice Massaza has renovated an old building, making it a modern structure with low environmental impact, thus continuing the family tradition. The olive grove covers 29 hectares with 5,000 trees, which produced 400 quintals of olives and about 57 hectolitres of oil in the last harvest. There are two Extra Virgin Santissima Annunziata from Organic Farming, 2020 and 1999, chosen by the panel. It is a beautiful intense limpid golden yellow colour with slight green hues. Its aroma is fine and delicate, endowed with aromatic hints of mint and rosemary, together with notes of freshly mown grass and almond. Its taste is fine and vegetal, with a flavour of artichoke, chicory and lettuce. Bitterness is definite and pungency is distinct. It would be ideal on tomato appetizers, legume salads, marinated amberjack, grilled vegetables, barley soups, pasta with chanterelle mushrooms, mussels au gratin, salmon tartar, baked poultry or lamb, goat cheese.

Italia Italy [IT] Toscana

Fattoria Colleverde

Matraia - Castello
55018 Capannori (LU)
Tel.: +39 0583 402310
E-mail: info@colleverde.it - Web: www.colleverde.it

81

- 150/300 m
- **Specializzato** / Specialized
- **Vaso libero** / Free vase
- **Brucatura a mano** / Hand picking
- **Sì - Ciclo continuo** / Yes - Continuous cycle
- **Frantoio (80%), moraiolo (10%), leccino (5%), altre/others (5%)**
- **Fruttato medio** / Medium fruity
- da 12,01 a 15,00 € - 500 ml / from € 12.01 to 15.00 - 500 ml

In provincia di Lucca, proprio sotto il colle di Matraia, si trova Fattoria Colleverde, in un contesto di ville ed edifici tardo rinascimentali che degradano verso la pianura. Anche l'azienda si integra in questo paesaggio, situata in una valle che scende dai 300 ai 150 metri sul livello del mare, attraverso una serie di terrazzamenti che creano un sistema agricolo estremamente equilibrato. L'oliveto occupa quasi 9 ettari, con 2.300 piante che hanno fruttato quest'anno circa 121 quintali di olive e 18 ettolitri di olio. L'Extravergine Matraja da Agricoltura Biologica appare alla vista di un bel colore giallo dorato intenso con leggeri riflessi verdi, limpido. Al naso è sottile e composto, con sentori vegetali di carciofo e cicoria selvatica, affiancati da note di erbe officinali, con ricordo di malva e rosmarino. Morbido e armonico in bocca, sa di lattuga di campo e chiude con nuance di mandorla. Amaro e piccante presenti e ben espressi. Ideale su antipasti di fagioli, insalate di funghi finferli, marinate di orata, patate alla griglia, zuppe di ceci, primi piatti con salmone, gamberi in guazzetto, molluschi gratinati, pollame o carni di agnello al forno, formaggi caprini.

Fattoria Colleverde is situated in the province of Lucca, just below the hill of Matraia, in a context of late Renaissance villas and buildings that slope down towards the plain. Also the farm is integrated into this landscape, located in a valley that drops from 300 to 150 metres above sea level, through a series of terraces that create an extremely balanced agricultural system. The olive grove takes up almost 9 hectares with 2,300 trees, which produced about 121 quintals of olives and 18 hectolitres of oil in the last harvest. The Extra Virgin Matraja from Organic Farming is a beautiful intense limpid golden yellow colour with slight green hues. Its aroma is fine and delicate, with vegetal hints of artichoke and wild chicory, together with notes of officinal herbs, especially mallow and rosemary. Its taste is mellow and harmonic, with a flavour of country lettuce and final notes of almond. Bitterness and pungency are present and distinct. It would be ideal on bean appetizers, chanterelle mushroom salads, marinated gilthead, grilled potatoes, chickpea soups, pasta with salmon, stewed shrimps, mussels au gratin, baked poultry or lamb, goat cheese.

Italia Italy [IT] Toscana

Fattoria di Fubbiano

San Gennaro - Fubbiano - Via di Tófori
55012 Capannori (LU)
Tel.: +39 0583 978011
E-mail: fubbiano@fattoriadifubbiano.it - Web: www.fattoriadifubbiano.it

97

100/150 m

Specializzato
Specialized

Vaso policonico
Polyconic vase

Brucatura a mano e meccanica
Hand picking and mechanical harvesting

No - Ciclo continuo
No - Continuous cycle

Frantoio (90%),
leccino, moraiolo, pendolino (10%)

Fruttato medio
Medium fruity

da 18,01 a 22,00 € - 500 ml
from € 18.01 to 22.00 - 500 ml

La tenuta di Fattoria di Fubbiano si estende sui dolci pendii delle colline lucchesi con vigneti, oliveti e boschi, tutti intorno alla splendida dimora padronale della fine del XVII secolo. Alla sua guida c'è Alfred Schiller che offre anche ospitalità agrituristica nella villa, nella casa colonica e in diversi appartamenti. Su 17 ettari di oliveto crescono 2.500 piante dalle quali sono stati raccolti quest'anno 64 quintali di olive, pari a circa 8 ettolitri di olio. Il panel segnala per la Guida l'ottimo Extravergine Fubbiano che si presenta alla vista di un bel colore giallo dorato intenso con delicate venature verdi, limpido. All'olfatto si offre elegante e ampio, ricco di note vegetali di carciofo e cicoria di campo, cui si accompagnano sentori balsamici di basilico, menta e rosmarino. Al gusto è complesso e avvolgente, con toni di lattuga e netto ricordo di pepe nero e mandorla. Amaro e piccante spiccati e ben armonizzati. Perfetto per antipasti di salmone, insalate di lenticchie, marinate di ricciola, verdure ai ferri, passati di fagioli, risotto con carciofi, molluschi gratinati, seppie in umido, coniglio arrosto, pollame alla brace, formaggi freschi a pasta filata.

Fattoria di Fubbiano is placed on the gentle slopes of the hills near Lucca and includes vineyards, olive groves and woods around the splendid villa dating back to the end of the 17th century. It is run by Alfred Schiller and also offers accommodation in the villa, the country house and some apartments. There is a 17-hectare olive grove with 2,500 trees, which produced 64 quintals of olives in the last harvest, equal to about 8 hectolitres of oil. We recommend the very good selection proposed to the panel, the Extra Virgin Fubbiano, which is a beautiful intense limpid golden yellow colour with delicate green hues. Its aroma is elegant and ample, rich in vegetal notes of artichoke and wild chicory, together with fragrant hints of basil, mint and rosemary. Its taste is complex and rotund, with a flavour of lettuce and a distinct note of black pepper and almond. Bitterness and pungency are distinct and well balanced. It would be ideal on salmon appetizers, lentil salads, marinated amberjack, grilled vegetables, bean purée, risotto with artichokes, mussels au gratin, stewed cuttlefish, roast rabbit, barbecued poultry, mozzarella cheese.

Italia Italy [IT] Toscana

Azienda Agricola Cesare Diddi

Podere Montaleo - Via del Montaleo, 26/b
56040 Casale Marittimo (PI)
Tel.: +39 0586 652493 - Fax: +39 0586 652493
E-mail: info@podereilmontaleo.it - Web: www.podereilmontaleo.it

91

200 m

Specializzato
Specialized

Monocono, vaso
Monocone, vase

Meccanica
Mechanical harvesting

Sì - Ciclo continuo
Yes - Continuous cycle

Moraiolo (50%), frantoio (40%), leccino (10%)

Fruttato medio
Medium fruity

da 10,01 a 12,00 € - 500 ml
from € 10.01 to 12.00 - 500 ml

Premiamo i progressi di questa realtà con un titolo che le si addice: quello di Azienda Emergente. Infatti Cesare Diddi Mussi, che ha preso in mano nel 2009 la proprietà di Podere Montaleo appartenente alla sua famiglia fin dall'Ottocento, sta ampliando il progetto e ha recentemente installato un proprio moderno frantoio. I 6mila olivi distribuiti su 25 ettari di impianto specializzato hanno fruttato quest'anno un raccolto di 500 quintali di olive, pari a una resa di circa 49 ettolitri di olio. Segnaliamo l'eccellente Extravergine Podere Il Montaleo, di un bel colore giallo dorato intenso con lievi riflessi verdi, limpido. Al naso è ampio e avvolgente, ricco di sentori vegetali di carciofo e cicoria, affiancati da toni aromatici di erbe officinali, con ricordo di menta e rosmarino. Fine e di carattere al palato, sprigiona note di lattuga e chiude con sfumature di pepe nero e mandorla. Amaro deciso e piccante spiccato ed equilibrato. Ideale su antipasti di salmone, insalate di legumi, marinate di ricciola, pomodori con riso, zuppe di ceci, primi piatti con asparagi, gamberi in guazzetto, seppie arrosto, pollame o carni di agnello al forno, formaggi freschi a pasta filata.

We are glad to reward its progress with the prize for The Emerging Farm. This estate in Podere Montaleo has been run by Cesare Diddi Mussi since 2009, but has belonged to his family since the 19th century. In the last few years the project has been developed and a modern oil mill has been built. The specialized olive grove covers 25 hectares with 6,000 trees. In the last harvest 500 quintals of olives were produced, with a yield of about 49 hectolitres of oil. We recommend the excellent Extra Virgin selection Podere Il Montaleo, which is a beautiful intense limpid golden yellow colour with slight green hues. Its aroma is ample and rotund, rich in vegetal hints of artichoke and chicory, together with aromatic notes of officinal herbs, especially mint and rosemary. Its taste is fine and strong, with a flavour of lettuce and final notes of black pepper and almond. Bitterness is definite and pungency is distinct and well balanced. It would be ideal on salmon appetizers, legume salads, marinated amberjack, tomatoes stuffed with rice, chickpea soups, pasta with asparagus, stewed shrimps, roast cuttlefish, baked poultry or lamb, mozzarella cheese.

Italia Italy **[IT]** Toscana

Podere San Bartolomeo

Pastina - Podere San Bartolomeo - Via San Bartolomeo, 19
56040 Santa Luce (PI)
Tel.: +39 050 8665103
E-mail: info@poderesanbartolomeo.com - Web: www.poderesanbartolomeo.com

82

- 180 m
- **Specializzato** / Specialized
- **Vaso** / Vase
- **Meccanica** / Mechanical harvesting
- **No - Ciclo continuo** / No - Continuous cycle
- Moraiolo (40%), frantoio (25%), leccino (25%), pendolino (10%)
- **Fruttato medio** / Medium fruity
- da 12,01 a 15,00 € - 500 ml / from € 12.01 to 15.00 - 500 ml

Confermiamo con piacere in Guida quest'azienda che prende il nome dalla località denominata San Bartolomeo, patrono del piccolo centro di Pastina e conosciuto quale uno dei dodici Apostoli. Si tratta di una giovane struttura di tipo familiare che dispone di una tenuta di 27 ettari, dei quali quasi 6 dedicati all'oliveto, con 2.500 piante che hanno fruttato, nella passata campagna, 250 quintali di olive, pari a una produzione di circa 38 ettolitri di olio. Segnaliamo l'etichetta sottoposta all'attenzione del panel, l'ottimo Extravergine San Bartolomeo da Agricoltura Biologica che appare alla vista di un bel colore giallo dorato intenso, limpido. Al naso è pieno e avvolgente, ricco di sentori vegetali di carciofo e cicoria selvatica, cui si affiancano note balsamiche di menta e rosmarino. Fine e di carattere in bocca, emana toni di lattuga di campo e nel finale ricorda la mandorla. Amaro ben spiccato e piccante deciso e armonico. Ideale su bruschette con verdure, insalate di orzo, marinate di ricciola, patate al cartoccio, zuppe di farro, primi piatti con salmone, molluschi gratinati, seppie alla griglia, coniglio arrosto, pollame ai ferri, formaggi freschi a pasta filata.

Present again in our Guide, this farm takes its name from the place of San Bartolomeo, the patron of the small centre of Pastina and known as one of the twelve Apostles. It is a young family-run farm, consisting of an estate of 27 hectares, almost 6 of which are destined to olive grove with 2,500 trees. In the last harvest 250 quintals of olives were produced, which allowed to yield about 38 hectolitres of extra virgin olive oil. We recommend the selection proposed to the panel, the very good Extra Virgin San Bartolomeo from Organic Farming, which is a beautiful intense limpid golden yellow colour. Its aroma is full and rotund, rich in vegetal hints of artichoke and wild chicory, together with fragrant notes of mint and rosemary. Its taste is fine and strong, with a flavour of country lettuce and an almond finish. Bitterness is distinct and pungency is definite and harmonic. It would be ideal on bruschette with vegetables, barley salads, marinated amberjack, baked potatoes, farro soups, pasta with salmon, mussels au gratin, grilled cuttlefish, roast rabbit, grilled poultry, mozzarella cheese.

Italia Italy [IT] Toscana

Verdoliva

Capannile - Lari - Via Capannile
56035 Casciana Terme Lari (PI)
E-mail: info@verdoliva.eu - Web: www.verdoliva.eu

85

- 165 m
- Specializzato / Specialized
- Vaso libero, vaso policonico / Free vase, polyconic vase
- Brucatura a mano e meccanica / Hand picking and mechanical harvesting
- No - Ciclo continuo / No - Continuous cycle
- Frantoio (70%), leccino (20%), moraiolo (5%), pendolino (5%)
- Fruttato medio / Medium fruity
- da 18,01 a 22,00 € - 500 ml / from € 18.01 to 22.00 - 500 ml

I risultati delle degustazioni testimoniano un bel balzo in avanti per Verdoliva, piccola e giovane realtà olivicola a conduzione familiare, collocata nel cuore della Toscana, sulle colline tra Pisa e Firenze. A disposizione della proprietaria Roberta Caciagli ci sono attualmente 2 ettari di superficie con 400 alberi messi a dimora dai quali sono stati ricavati quest'anno 50 quintali di olive e oltre 5 ettolitri di olio. Segnaliamo l'ottima l'etichetta aziendale, l'Extravergine Verdoliva Igp Toscano che appare alla vista di un bel colore giallo dorato intenso con delicate sfumature verdi, limpido. Al naso si apre ampio e avvolgente, dotato di sentori vegetali di erba fresca falciata, carciofo e cicoria, cui si aggiungono note di mandorla e pepe nero. Fine e complesso al palato, si arricchisce di toni di lattuga di campo ed erbe officinali, con ricordo di menta e rosmarino. Amaro deciso e piccante ben espresso e armonico. Ideale accompagnamento per antipasti di legumi, insalate di ceci, marinate di orata, patate arrosto, zuppe di farro, primi piatti al pomodoro, gamberi in guazzetto, seppie in umido, pollame o carni di agnello al forno, formaggi freschi a pasta filata.

Present again in our Guide with a result showing its great progress, Verdoliva is a small and young family-run farm, situated in the heart of Tuscany, on the hills between Pisa and Florence. Currently Roberta Caciagli manages 2 hectares of surface with 400 trees, which produced 50 quintals of olives in the last harvest, which allowed a yield of over 5 hectolitres of extra virgin olive oil. We recommend the very good farm selection, the Extra Virgin Verdoliva Pgi Toscano, which is a beautiful intense limpid golden yellow colour with delicate green hues. Its aroma is ample and rotund, endowed with vegetal hints of freshly mown grass, artichoke and chicory, together with notes of almond and black pepper. Its taste is fine and complex, enriched by notes of country lettuce and officinal herbs, especially mint and rosemary. Bitterness is definite and pungency is distinct and harmonic. It would be ideal on legume appetizers, chickpea salads, marinated gilthead, roast potatoes, farro soups, pasta with tomato sauce, stewed shrimps, stewed cuttlefish, baked poultry or lamb, mozzarella cheese.

Italia Italy [IT] Toscana

Frantoio di Croci

Via Vignoli, 96
51010 Massa e Corzille (PT)
Tel.: +39 0572 60016 - Fax: +39 0572 60016
E-mail: info@frantoiodicroci.it - Web: www.frantoiodicroci.it

83

200 m

Specializzato
Specialized

Roventina, vaso, vaso policonico
Polyconic vase, vase, polyconic vase

Brucatura a mano e meccanica
Hand picking and mechanical harvesting

Sì - Ciclo continuo
Yes - Continuous cycle

Frantoio (50%), moraiolo (30%), leccino (10%), maurino (10%)

Fruttato medio
Medium fruity

da 10,01 a 12,00 € - 500 ml
from € 10.01 to 12.00 - 500 ml

Quest'azienda nasce alla fine degli anni Ottanta del secolo scorso proseguendo una tradizione familiare lunga generazioni. Inizialmente dedita alla produzione di ortaggi, oltre che di olio extravergine, e all'allevamento di bovini e suini, nel tempo la famiglia Campioni ha ampliato queste attività e nel 2004 ha realizzato un moderno frantoio aziendale. Oggi su una superficie di 20 ettari dimorano 5mila olivi che hanno fruttato, nella trascorsa campagna, 600 quintali di olive e 75 ettolitri di olio. Segnaliamo l'etichetta proposta, l'Extravergine Prima Oliva Igp Toscano, di un bel colore giallo dorato intenso con delicate venature verdi, limpido. Al naso è sottile e composto, con sentori vegetali di carciofo e cicoria, cui si affiancano toni aromatici di menta e rosmarino. Morbido e armonico in bocca, sa di lattuga di campo e chiude con sfumature di mandorla. Amaro e piccante presenti ed equilibrati, con finale dolce in rilievo. Buon accompagnamento per antipasti di molluschi, insalate di farro, marinate di orata, patate in umido, passati di legumi, primi piatti con funghi finferli, gamberi in guazzetto, seppie arrosto, pollame o carni di agnello al forno, formaggi caprini.

This farm was created in the late 80s of the last century, continuing a long-lasting family tradition. Initially dedicated to the production of vegetables, as well as extra virgin olive oil, and the breeding of cattle and pigs, over time the family Campioni has expanded these activities and in 2004 a modern oil mill was built. Today there are 20 hectares of surface with 5,000 trees, which produced 600 quintals of olives and 75 hectolitres of oil in the last harvest. We recommend the selection proposed, the Extra Virgin Prima Oliva Pgi Toscano, which is a beautiful intense limpid golden yellow colour with delicate green hues. Its aroma is fine and delicate, with vegetal hints of artichoke and chicory, together with aromatic notes of mint and rosemary. Its taste is mellow and harmonic, with a flavour of country lettuce and an almond finish. Bitterness and pungency are present and well balanced, with a sweet finish. It would be ideal on mussel appetizers, farro salads, marinated gilthead, stewed potatoes, legume purée, pasta with chanterelle mushrooms, stewed shrimps, roast cuttlefish, baked poultry or lamb, goat cheese.

Italia Italy [IT] Toscana

Dievole

Pianella - Strada Provinciale 408
53013 Gaiole in Chianti (SI)
Tel.: +39 0577 322613 - Fax: +39 0577 1793001
E-mail: info@dievole.it - Web: www.dievole.it

96

100/500 m

Specializzato
Specialized

Monocono, policono, vaso policonico
Monocone, polycone, polyconic vase

Brucatura a mano e meccanica
Hand picking and mechanical harvesting

Sì - Ciclo continuo
Yes - Continuous cycle

Coratina

Fruttato medio
Medium fruity

da 12,01 a 15,00 € - 500 ml
from € 12.01 to 15.00 - 500 ml

Dievole, che significa "Dio vuole", è un piccolo paradiso terrestre in terra Toscana. Dal 1090, anno in cui questa valle divina è menzionata nel contratto di affitto di una vigna, a oggi molte cose sono cambiate; ma ciò che resta è la volontà di far risaltare, nel rinnovamento, l'identità profonda di questi luoghi. Accanto ai vigneti e alla villa storica, l'oliveto occupa 55 ettari e ospita 9.500 piante che hanno fruttato mille quintali di olive che, con l'aggiunta di 9mila comprati, hanno reso 1.200 ettolitri di olio. Tre gli Extravergine Dievole: il "base", l'Igp Toscano e il monocultivar Coratina. Quest'ultimo è giallo dorato intenso con leggere tonalità verdi, limpido; al naso è ampio e avvolgente, ricco di sentori di carciofo e cicoria, affiancati da note di menta e rosmarino. Al palato è fine e di carattere, con toni di lattuga, mandorla acerba e ricordo speziato di pepe nero e cannella. Amaro deciso e piccante spiccato. Perfetto su bruschette, carpaccio di tonno, insalate di polpo, radicchio alla griglia, zuppe della tradizione regionale, primi piatti con salsiccia, pesce azzurro gratinato, agnello in umido, carni rosse alla brace, formaggi stagionati a pasta dura.

Dievole, which means "God wants", is a small paradise on earth in Tuscany. Since 1090, when this divine valley is present in the lease of a vineyard, many things have changed; but what remains is the desire to innovate, preserving at the same time the real identity of these places. The estate includes the historic villa, vineyards and 55 hectares of olive grove with 9,500 trees. In the last harvest 1,000 quintals of olives were produced and 9,000 purchased, with a yield of 1,200 hectolitres of oil. There are three Extra Virgin Dievole, the "basic", the Pgi Toscano and the Monocultivar Coratina, which is an intense limpid golden yellow colour with slight green hues. Its aroma is ample and rotund, rich in hints of artichoke and chicory, together with notes of mint and rosemary. Its taste is fine and strong, with a flavour of lettuce, unripe almond and a spicy note of black pepper and cinnamon. Bitterness is definite and pungency is distinct. It would be ideal on bruschette, tuna carpaccio, octopus salads, grilled radicchio, traditional regional soups, pasta with sausages, blue fish au gratin, stewed lamb, barbecued red meat, hard mature cheese.

Italia Italy [IT] Toscana

Fèlsina

Via del Chianti, 101
53019 Castelnuovo Berardenga (SI)
Tel.: +39 0577 355117 - Fax: +39 0577 355651
E-mail: info@felsina.it - Web: www.felsina.it

97

340/420 m

Promiscuo e specializzato
Promiscuous and specialized

Vaso cespugliato
Vase bush

Brucatura a mano
Hand picking

Sì - Ciclo continuo
Yes - Continuous cycle

Raggiola (85%), leccino (5%), moraiolo (5%), pendolino (5%)

Fruttato medio
Medium fruity

da 26,01 a 30,00 € - 500 ml
from € 26.01 to 30.00 - 500 ml

Fèlsina, marchio di prestigio della vitivinicoltura toscana, continua a tenere desta la nostra attenzione, regalandoci delle belle soddisfazioni e dimostrando di avere tutte le carte in regola per fare olivicoltura di alta qualità. Su questa grande proprietà al confine tra il Chianti Classico e le Crete Senesi, in aree distinte per ciascuna cultivar, sono coltivate 10.400 piante, su una superficie di 116 ettari. Il raccolto di quest'anno ha fruttato circa 260 quintali di olive e pressoché 34 ettolitri di olio. Segnaliamo l'ottimo Extravergine Berardenga da Agricoltura Biologica che appare alla vista di un bel colore giallo dorato intenso con leggere nuance verdi, limpido. Al naso è pulito e avvolgente, ricco di sentori balsamici di rosmarino e menta, affiancati da note di carciofo, cicoria e lattuga di campo. In bocca è elegante e di carattere, con ricordo di pepe nero e netta mandorla in chiusura. Amaro deciso e piccante spiccato e armonico. Buon abbinamento con bruschette con verdure, insalate di orzo, marinate di ricciola, patate al cartoccio, zuppe di legumi, risotto con carciofi, pesci alla brace, tartare di salmone, pollame o carni di agnello al forno, formaggi caprini.

Another good result for Fèlsina, an important trademark of Tuscan wine-growing, which also produces high quality extra virgin olive oil. On this large estate on the border between Chianti Classico and Crete Senesi, there are 116 hectares of surface with 10,400 trees planted in different areas according to each cultivar. In the last harvest about 260 quintals of olives were produced, which allowed to yield around 34 hectolitres of extra virgin olive oil. We recommend the very good Extra Virgin selection Berardenga from Organic Farming, which is a beautiful intense limpid golden yellow colour with slight green hues. Its aroma is clean and rotund, rich in fragrant hints of rosemary and mint, together with notes of artichoke, chicory and country lettuce. Its taste is elegant and strong, with a flavour of black pepper and a distinct almond finish. Bitterness is definite and pungency is distinct and harmonic. It would be ideal on bruschette with vegetables, barley salads, marinated amberjack, baked potatoes, legume soups, risotto with artichokes, barbecued fish, salmon tartare, baked poultry or lamb, goat cheese.

Italia Italy [IT] Toscana

Mezzecrete

Bollano - Podere Neci
53041 Asciano (SI)
Tel.: +39 06 57301448
E-mail: neci@mezz.it - Web: www.olionece.it

85 DOP

- 300 m
- **Specializzato** / Specialized
- **Vaso** / Vase
- **Bacchiatura e brucatura a mano** / Beating and hand picking
- **No - Ciclo continuo** / No - Continuous cycle
- Leccino (42%), frantoio (27%), moraiolo (20%), pendolino (11%)
- **Fruttato medio** / Medium fruity
- da 8,01 a 10,00 € - 500 ml / from € 8.01 to 10.00 - 500 ml

Nel cuore delle Crete Senesi, lungo il fiume Ombrone, l'azienda confina con i possedimenti dell'abbazia di Monte Oliveto Maggiore che, dal XIV secolo in avanti, ha influenzato profondamente l'organizzazione agricola della zona, fatta di fondi autonomi delimitati da filari di vite. Nel tempo si sono formati quattro nuclei poderali, alcuni già restaurati. Il vecchio oliveto è stato risanato e ampliato, fino a raggiungere l'attuale superficie: quasi 9 ettari, con 2.363 alberi. Il raccolto quest'anno ha reso 69 quintali di olive e quasi 10 ettolitri di olio. L'Extravergine Olio Nece Dop Terre di Siena è giallo dorato intenso con delicate sfumature verdi, limpido. Al naso è sottile e composto, dotato di sentori aromatici di basilico, menta e rosmarino, cui si affiancano note di carciofo e cicoria. Al palato è morbido e armonico, con toni di lattuga e spiccato ricordo finale di mandorla. Amaro e piccante presenti ed equilibrati. È ideale per antipasti di mare, insalate di fagioli, marinate di orata, patate alla griglia, zuppe di farro, primi piatti con salmone, gamberi in guazzetto, tartare di ricciola, coniglio arrosto, pollame alla piastra, formaggi freschi a pasta filata.

In the area of Crete Senesi, along the river Ombrone, this farm borders on the lands of the Abbey of Monte Oliveto Maggiore, which has influenced the local agricultural organisation, made up of autonomous funds, surrounded by rows of grapevines, since the 14th century. Over the years four holdings, some of which by now restored, have been created. The old olive grove has been reclaimed and enlarged and today covers almost 9 hectares with 2,363 trees. In the last harvest 69 quintals of olives and almost 10 hectolitres of oil were produced. The Extra Virgin Olio Nece Pdo Terre di Siena is an intense limpid golden yellow colour with delicate green hues. Its aroma is fine and delicate, endowed with aromatic hints of basil, mint and rosemary, together with notes of artichoke and chicory. Its taste is mellow and harmonic, with a flavour of lettuce and a distinct final note of almond. Bitterness and pungency are present and complimentary. It would be ideal on seafood appetizers, bean salads, marinated gilthead, grilled potatoes, farro soups, pasta with salmon, stewed shrimps, amberjack tartare, roast rabbit, pan-seared poultry, mozzarella cheese.

Italia Italy [IT] Toscana

Podere Ricavo

Traversa Strada Statale 321 Est n. 4
53040 Cetona (SI)
Tel.: +39 0578 274565 - Fax: +39 0578 274005
E-mail: info@ricavo.it - Web: www.ricavo.it

91

350 m

Specializzato
Specialized

Vaso policonico
Polyconic vase

Bacchiatura e brucatura a mano
Beating and hand picking

No - Ciclo continuo
No - Continuous cycle

Frantoio (35%), moraiolo (35%), correggiolo (25%), leccino (5%)

Fruttato medio
Medium fruity

da 12,01 a 15,00 € - 500 ml
from € 12.01 to 15.00 - 500 ml

Progressi importanti per quest'azienda situata nell'area collinare del comune di Cetona. La titolare, che cura nei minimi particolari la coltivazione secondo i metodi biologici, gestisce dai primi anni Novanta del secolo scorso un oliveto di quasi 10 ettari su cui dimorano 3mila alberi. Da questi sono stati ricavati, nella recente campagna, 430 quintali di olive, pari a circa 66 ettolitri di olio. Tre gli ottimi Extravergine da Agricoltura Biologica presentati: Sacrapone e i due Podere Ricavo, il "base" e il Dop Terre di Siena. Il panel sceglie quest'ultimo, di un bel colore giallo dorato intenso con delicati riflessi verdi, limpido. Al naso è pieno ed elegante, ricco di sentori vegetali di carciofo e cicoria, cui si affiancano note di erbe officinali, con ricordo marcato di menta, rosmarino e salvia. Al palato è avvolgente e di carattere, con toni di lattuga e nuance di pepe nero e mandorla. Amaro molto deciso e piccante spiccato e armonico. Ideale su carpaccio di carne chianina con funghi porcini, insalate di tonno, marinate di pesce spada, zuppe di fagioli, primi piatti con salsiccia, polpo bollito, agnello in umido, maiale alla piastra, formaggi stagionati a pasta dura.

Present again in our Guide with a result showing its considerable growth, this farm is situated in the hilly area of the town of Cetona. Since the early 90s of the last century its owner, who strictly follows organic farming, has been running almost 10 hectares of olive grove with 3,000 trees. In the last harvest 430 quintals of olives were produced, equal to about 66 hectolitres of oil. There are three very good Extra Virgin from Organic Farming, Sacrapone and the two Podere Ricavo, the "basic" and the Pdo Terre di Siena, chosen by the panel. It is a beautiful intense limpid golden yellow colour with delicate green hues. Its aroma is full and elegant, rich in vegetal hints of artichoke and chicory, together with notes of officinal herbs, especially mint, rosemary and sage. Its taste is rotund and strong, with a flavour of lettuce and notes of black pepper and almond. Bitterness is definite and pungency is distinct and harmonic. It would be ideal on chianina beef carpaccio with porcini mushrooms, tuna salads, marinated swordfish, bean soups, pasta with sausages, boiled octopus, stewed lamb, pan-seared pork, hard mature cheese.

Italia Italy **[IT]** Toscana

Salcione

Via della Costa, 8
53023 Castiglione d'Orcia (SI)
E-mail: giancarlosoldi3@gmail.com

85

- 400 m
- **Specializzato** / Specialized
- **Vaso, vaso aperto** / Vase, open vase
- **Brucatura a mano e meccanica** / Hand picking and mechanical harvesting
- **No - Ciclo continuo** / No - Continuous cycle
- Correggiolo (30%), frantoio (30%), pendolino (25%), coratina (15%)
- **Fruttato medio** / Medium fruity
- da 10,01 a 12,00 € - 500 ml / from € 10.01 to 12.00 - 500 ml

Dopo un viaggio in Marocco in cui rimangono affascinati da alcune lezioni su come degustare un olio e riconoscerne le doti, Giancarlo Soldi e Stefania Casini, documentaristi di professione ma con l'amore per l'olio nel cuore, acquistano un oliveto in Toscana per tentare l'avventura della produzione. Da allora non si sono più fermati e stanno crescendo a 360 gradi, dalla potatura al packaging. L'impianto occupa quasi 4 ettari con 700 piante. Quest'anno dell'intero raccolto sono stati trasformati 20 quintali di olive, pari a una resa in olio di circa 2 ettolitri che, con un'esigua aggiunta comprata, diventano quasi 3. L'Extravergine Salcione da Agricoltura Biologica è giallo dorato intenso con lievi riflessi verdi, limpido. Al naso è fine e pulito, con sentori di carciofo e cicoria affiancati da note balsamiche di menta e rosmarino. Avvolgente e armonico al palato, sa di lattuga, mandorla e cannella. Amaro e piccante ben espressi ed equilibrati. Ideale su antipasti di farro, insalate di ceci, legumi bolliti, patate alla griglia, passati di fagioli, risotto con carciofi, gamberi in guazzetto, tartare di ricciola, pollame o carni di agnello al forno, formaggi caprini.

After a trip to Morocco, where they were fascinated by some lessons on oil tasting techniques, Giancarlo Soldi and Stefania Casini, documentary film makers by profession, but with a passionate interest in olive growing, decided to buy an olive grove in Tuscany and start producing. Since then they have enlarged their activities, now including pruning and even packaging. The olive grove takes up almost 4 hectares with 700 trees. In the last harvest 20 quintals of olives of the whole harvest produced about 2 hectolitres of oil. With a small quantity purchased, the total was almost 3 hectolitres. The Extra Virgin Salcione from Organic Farming is an intense limpid golden yellow colour with slight green hues. Its aroma is fine and clean, with hints of artichoke and chicory, together with fragrant notes of mint and rosemary. Its taste is rotund and harmonic, with a flavour of lettuce, almond and cinnamon. Bitterness and pungency are distinct and complimentary. It would be ideal on farro appetizers, chickpea salads, boiled legumes, grilled potatoes, bean purée, risotto with artichokes, stewed shrimps, amberjack tartare, baked poultry or lamb, goat cheese.

Italia Italy [IT] Toscana

Oliviera Sant'Andrea

Costallaia
53040 Sinalunga (SI)
Tel.: +39 0577 630494 - 0577 704102 - Fax: +39 0577 704063
E-mail: info@oliodelcapunto.com - Web: www.oliodelcapunto.it

96

- 350 m
- **Specializzato** / Specialized
- **Vaso globoso** / Globe
- **Brucatura a mano e meccanica** / Hand picking and mechanical harvesting
- **Sì - Ciclo continuo** / Yes - Continuous cycle
- Correggiolo (50%), leccio del corno (20%), maurino (20%), pendolino (10%)
- **Fruttato medio** / Medium fruity
- da 12,01 a 15,00 € - 500 ml / from € 12.01 to 15.00 - 500 ml

Seguita a dare belle soddisfazioni, con una produzione di alto livello, l'Oliviera Sant'Andrea, a due passi da Rapolano Terme, famosa per le sue acque salutari. Si tratta di un'interessante e assai promettente realtà olivicola che nasce nel 1971 e che dispone oggi di 60 ettari di superficie specializzata, con 22mila piante, e di un moderno impianto di estrazione a ciclo continuo. L'azienda appartiene a Enrico ed Enzo Giganti i quali hanno raccolto quest'anno 1.250 quintali di olive che hanno fruttato circa 164 ettolitri di olio. Segnaliamo l'ottimo Extravergine Olio del Capúnto - Ecco! Igp Toscano, di un bel colore giallo dorato intenso con leggere venature verdi, limpido. Al naso è ampio e avvolgente, ricco di note vegetali di carciofo e cicoria selvatica, affiancate da sentori balsamici di menta e rosmarino. In bocca è complesso e fine, con toni di lattuga di campo e nuance di mandorla. Amaro e piccante ben espressi e armonici. Si abbina a bruschette con verdure, insalate di orzo, marinate di ricciola, patate al cartoccio, zuppe di farro, primi piatti al pomodoro, pesci ai ferri, tartare di salmone, pollame o carni di agnello al forno, formaggi freschi a pasta filata.

Another high level performance for Oliviera Sant'Andrea, located near Rapolano Terme, well-known for its healing waters. Today this interesting and promising oil farm, founded in 1971, extends over 60 hectares of specialized surface with 22,000 trees and a modern continuous cycle extraction system. It belongs to Enrico and Enzo Giganti, who produced 1,250 quintals of olives in the last harvest, which allowed a yield of about 164 hectolitres of extra virgin olive oil. We recommend the really good Extra Virgin Olio del Capúnto - Ecco! Pgi Toscano, which is a beautiful intense limpid golden yellow colour with slight green hues. Its aroma is ample and rotund, rich in vegetal notes of artichoke and wild chicory, together with fragrant hints of mint and rosemary. Its taste is complex and fine, with a flavour of country lettuce and notes of almond. Bitterness and pungency are distinct and harmonic. It would be ideal on bruschette with vegetables, barley salads, marinated amberjack, baked potatoes, farro soups, pasta with tomato sauce, grilled fish, salmon tartare, baked poultry or lamb, mozzarella cheese.

Marche

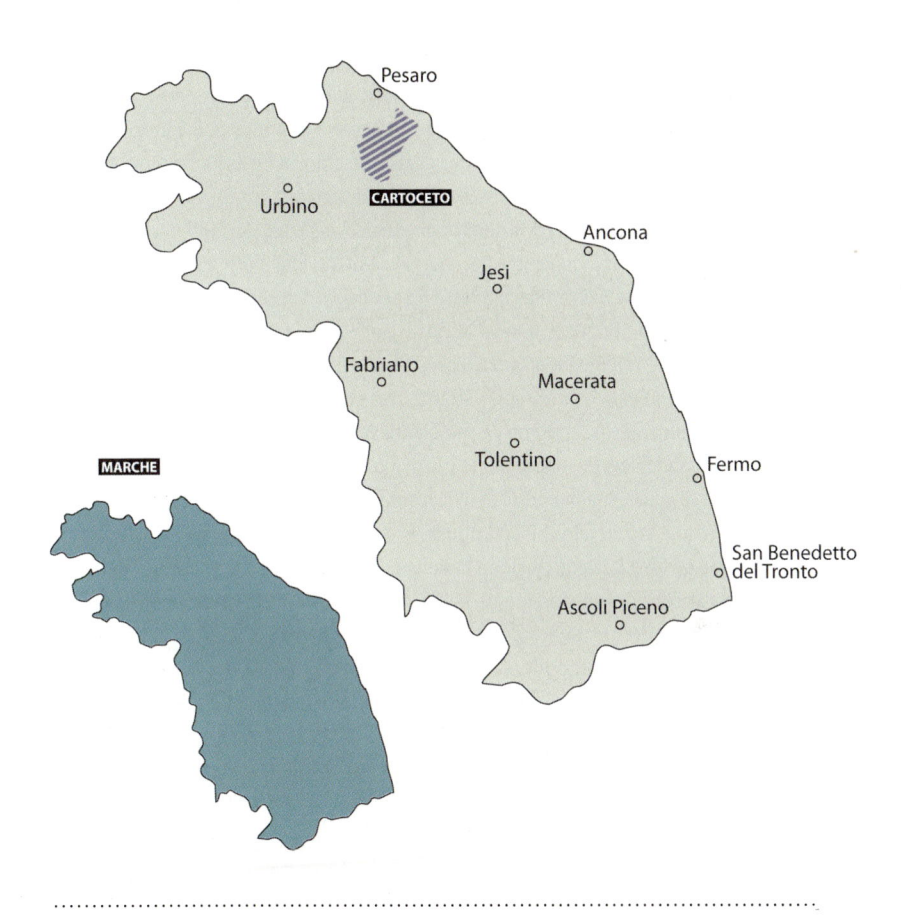

Dati Statistici		Statistic Data	
Superficie Olivetata Nazionale	1.164.568 (ha)	National Olive Surface	1,164,568 (ha)
Superficie Olivetata Regionale	9.606 (ha)	Regional Olive Surface	9,606 (ha)
Quota Regionale	0,82%	Regional Quota	0.82%
Frantoi	156	Olive Oil Mills	156
Produzione Nazionale 19-20	366.468,8 (t)	National Production 19-20	366,468.8 (t)
Produzione Regionale 19-20	2.424,3 (t)	Regional Production 19-20	2,424.3 (t)
Produzione Regionale 18-19	2.219,5 (t)	Regional Production 18-19	2,219.5 (t)
Variazione	+9,23%	Variation	+9.23%
Quota Regionale	0,66%	Regional Quota	0.66%

National Institute of Statistics
Service Institute for the Agricultural and Food Market on data from the Agency for Agricultural Payments

Comprendendo paesaggi che vanno dal mare alla montagna, intervallati da pianure e colline, le Marche vantano un'antica tradizione olivicola. Già documentata in epoca romana, l'olivicoltura marchigiana riceve un impulso molto forte durante il Medioevo soprattutto per opera degli ordini monastici che avevano bisogno dell'olio per celebrare le cerimonie sacre e i riti religiosi. I monaci affidarono la ricostruzione degli oliveti agli stessi contadini i quali potevano tenere per sé il frutto del proprio lavoro in cambio di una certa quantità di prodotto: nasceva così la mezzadria che nel tempo si delinea come l'asse portante dell'economia agricola regionale. Sta di fatto che nel Medioevo l'olio marchigiano era tenuto in grande considerazione perché era considerato di particolare pregio: fonti storiche della Serenissima documentano come alle navi provenienti dai porti della Marchia che approdavano sul fiume Po venisse richiesto un pedaggio di 25 libbre di olio di oliva. Tale pedaggio, chiamato "ripatico", veniva imposto anche alle navi pugliesi, ma in misura quantitativamente minore: segno che l'olio "de Marchia" era considerato più prezioso rispetto agli altri. Fino ai primi anni Ottanta del secolo scorso l'olivo viene coltivato per lo più in forma promiscua, con poche piante sparse segregate nelle aree marginali delle aziende agricole e destinate per lo più alla produzione di olio per l'autoconsumo. La svolta decisiva avviene nei primi anni Novanta, anche grazie alla politica di incentivi avviata a livello istituzionale che dà impulso alla produzione olivicola sottolineandone la tipicità, attraverso la valorizzazione delle varietà autoctone in precedenza del tutto soppiantate dalle cultivar dominanti frantoio e leccino. L'idea vincente si è rivelata quella di coinvolgere tutti i comparti della filiera dell'olio in diversi progetti tesi allo sviluppo di un'olivicoltura moderna e altamente specializzata sul piano tecnologico. Così oggi, pur non vantando una superficie olivetata molto estesa, 9.606 ettari di impianti produttivi che rappresentano lo 0,82% del totale nazionale, le Marche offrono un'ampia gamma di oli extravergine di alto livello. Ascoli Piceno e Macerata sono le due province con maggiore concentrazione produttiva; altre realtà di notevole importanza si trovano nei territori di Monte San Vito, in provincia di Ancona, e soprattutto nella zona di Cartoceto, in provincia di Pesaro-Urbino, che ha ottenuto la Dop Cartoceto a tutela di una tradizione ampiamente documentata fin dal Cinquecento. Tra le cultivar autoctone le più diffuse in tutta la regione sono la raggiola, la carboncella e la rosciola; ma vanno menzionate anche le meno note laurina, lea, nebbio, sargano, piantone di Macerata e piantone di Falerone. In particolare quest'ultima è un'antica varietà che ancora adesso si distingue per l'ottima produttività. Nel Maceratese troviamo poi la mignola, la orbetana, la coroncina e il piantone di Mogliano. E non dimentichiamo di citare la famosa oliva ascolana tenera, una pregiata varietà a doppia attitudine, la stessa che i classici latini chiamavano "picena" e per la quale si è completato presso l'UE l'iter per la Dop. La trasformazione avviene in 156 frantoi dai quali, nella campagna olivicola 2019-2020, sono state ricavate 2.424,3 tonnellate di olio, pari allo 0,66% del totale nazionale, con un aumento del 9,23% rispetto all'annata precedente. Attualmente ha concluso l'iter, e risulta attuata, l'Igp regionale Marche.

Marche, which includes landscapes ranging from the sea to the mountains, interspersed with plains and hills, can boast an ancient olive growing tradition. Already documented in Roman times, olive growing was strongly stimulated in the Middle Ages by the monastic orders, who needed oil for services and religious rites. The monks gave the task of replanting the olive groves to farmers, who could keep the fruit of their work in exchange for a given quantity of the product: in this way tenant farming started, the system that in the course of the time will become the backbone of the regional agricultural economy. In the Middle Ages the oil from Marche was considered particularly good: there are documents of the Repubblica di Venezia showing that the ships coming from the Marchia ports and landing in the river Po were required to pay a toll of 25 pounds of olive oil. Such toll called "ripatico" was also required from the ships from Puglia, but the quantity was less. In fact the oil "de Marchia" was considered better than the others. Until the early 80s of the last century the olive tree was mainly cultivated together with other crops with a few trees along the borders of the farm and was destined to oil production for domestic consumption. In the early 90s there was a definite change favoured by a policy of grants started by the institutions, which contributed to increase olive production and to underline its characteristics enhancing autochthonous varieties, previously replaced by frantoio and leccino. The brainwave was to involve all the parts of the olive oil sector in several plans aiming at developing modern and highly specialized olive growing. For this reason today, although the olive surface is not very large, Marche can offer a wide range of high quality extra virgin olive oils. Currently there are 9,606 hectares of olive groves spread on the whole territory, which represents 0.82% of the national total. It is not a very large area, but the region can boast a wide range of high quality extra virgin olive oils. Ascoli Piceno and Macerata are the two provinces with the greatest productive concentration: other important areas are situated in the territories of Monte San Vito, in the province of Ancona and especially in Cartoceto, in the province of Pesaro-Urbino, which has obtained the Pdo Cartoceto to reward a tradition widely documented since the 16th century. Among the autochthonous cultivars the most common in the whole territory are raggiola, carboncella and rosciola, but it should be mentioned also the less popular laurina, lea, nebbio, sargano, piantone di Macerata and piantone di Falerone. The latter is an ancient variety that even now stands out for its excellent productivity. In the area of Macerata in particular we find mignola, orbetana, coroncina and piantone di Mogliano. Moreover, there is the renowned oliva ascolana tenera, an excellent variety with double attitude, the same that the Latin classics called "Picena" and which has completed the EU procedure to obtain the Pdo certification. Transformation is carried out in 156 oil mills, which produced 2,424.3 tons of oil in the harvest 2019-2020, equal to 0.66% of the total national quantity, with an increase of 9.23% compared to the previous year. At present the regional Pgi Marche has been implemented.

Italia Italy [IT] Marche

Azienda Agricola del Carmine

Torrette - Via del Carmine, 51
60126 Ancona
Tel.: +39 071 889403
E-mail: leonardo.castracani@aziendadelcarmine.it - Web: www.aziendadelcarmine.it

97

50 m

Specializzato
Specialized

Monocono
Monocone

Meccanica
Mechanical harvesting

Sì - Ciclo continuo
Yes - Continuous cycle

Ascolana tenera

Fruttato medio
Medium fruity

da 18,01 a 22,00 € - 500 ml
from € 18.01 to 22.00 - 500 ml

L'Agricola del Carmine è un punto di riferimento per l'extravergine di qualità. Merito della famiglia Roversi, in continuo fermento di idee: una delle recenti novità è il piccolo agriturismo in cui l'olio è protagonista in tavola. I Roversi hanno cominciato nella metà degli anni Novanta un importante rinnovamento della proprietà, impiantando 11mila olivi su 26 ettari e attrezzando moderni sistemi di irrigazione e trasformazione. Quest'anno 1.500 quintali di olive hanno reso 170 ettolitri di olio. Due gli Extravergine, Olio del Carmine e l'ottimo Oleo de la Marchia - Ascolana Tenera Igp Marche. Preferiamo il secondo, giallo dorato intenso con sottili venature verdi, limpido. Al naso è ampio e avvolgente, ricco di sentori fruttati di pomodoro di media maturità, mela bianca e banana, in aggiunta a toni balsamici di basilico e menta. Al gusto è fine e vegetale, con ricordo di sedano e lattuga. Amaro spiccato e piccante deciso. È eccellente per antipasti di carciofi, carpaccio di salmone, insalate di pomodori, patate alla brace, passati di fagioli, primi piatti con molluschi, pesce azzurro marinato, tartare di ricciola, coniglio arrosto, pollame al forno, formaggi caprini.

Agricola del Carmine is a point of reference for quality extra virgin olive oil. In fact, the family Roversi is always looking for innovation: a small holiday farm, where oil is the protagonist, is one of the latest examples. They started renewing their estate in the mid-90s, planting 11,000 olive trees on 26 hectares and using modern irrigation and transformation systems. In the last harvest 1,500 quintals of olives yielded 170 hectolitres of oil. There are two Extra Virgin selections, Olio del Carmine and the very good Oleo de la Marchia - Ascolana Tenera Pgi Marche, which is an intense limpid golden yellow colour with slight green hues. Its aroma is ample and rotund, rich in fruity notes of medium ripe tomato, white apple and banana, together with fragrant hints of basil and mint. Its taste is fine and vegetal, with a flavour of celery and lettuce. Bitterness is distinct and pungency is definite. It would be ideal on artichoke appetizers, salmon carpaccio, tomato salads, barbecued potatoes, bean purée, pasta with mussels, marinated blue fish, amberjack tartare, roast rabbit, baked poultry, goat cheese.

Italia Italy [IT] Marche

Frantoio L'Olivaio

Via Case Nuove, 25
60010 Castellone di Suasa (AN)
Tel.: +39 071 966123
E-mail: info@olivaio.it - Web: www.olivaio.it

89

- 300 m
- Specializzato / Specialized
- Vaso policonico / Polyconic vase
- Brucatura a mano e meccanica / Hand picking and mechanical harvesting
- Sì - Ciclo continuo / Yes - Continuous cycle
- Ascolana tenera
- Fruttato medio / Medium fruity
- da 15,01 a 18,00 € - 500 ml / from € 15.01 to 18.00 - 500 ml

I risultati delle degustazioni rimarcano i progressi di quest'azienda che sorge nei pressi della zona archeologica dell'antica città romana di Suasa. L'Olivaio nasce nel 1962 e da allora tre generazioni di frantoiani si sono succedute, ampliando i propri possedimenti e rinnovando la struttura. Attualmente il patrimonio è composto da 8.500 piante su 19 ettari, dalle quali Valter Cestini e Davide Morganti hanno ricavato quest'anno 600 quintali di olive che, con l'aggiunta di mille acquistati, hanno fruttato 160 ettolitri di olio. Segnaliamo l'ottimo Extravergine Spaliá, di un bel colore giallo dorato intenso con leggeri riflessi verdi, limpido. Al naso è ampio e avvolgente, ricco di sentori fruttati di pomodoro maturo, mela bianca e banana, affiancati da note balsamiche di basilico, menta e prezzemolo. Elegante e di carattere in bocca, sprigiona toni vegetali di fave fresche, lattuga e sedano. Amaro deciso e piccante spiccato. Ideale su antipasti di salmone, bruschette con verdure, insalate di legumi, pomodori con riso, passati di orzo, risotto con carciofi, molluschi gratinati, pesce azzurro marinato, pollame o carni di agnello al forno, formaggi freschi a pasta filata.

L'Olivaio, which is constantly progressing, is located near the archaeological area of the ancient Roman city of Suasa and was founded in 1962. Since then three generations of olive growers have enlarged their possessions and renewed the structure. Currently the estate consists of 19 hectares of surface with 8,500 trees. In the last harvest Valter Cestini and Davide Morganti produced 600 quintals of olives and purchased 1,000, with a yield of 160 hectolitres of oil. We recommend the very good Extra Virgin selection Spaliá, which is a beautiful intense limpid golden yellow colour with slight green hues. Its aroma is ample and rotund, rich in fruity hints of ripe tomato, white apple and banana, together with fragrant notes of basil, mint and parsley. Its taste is elegant and strong, with a vegetal flavour of fresh broad beans, lettuce and celery. Bitterness is definite and pungency is distinct. It would be ideal on salmon appetizers, bruschette with vegetables, legume salads, tomatoes stuffed with rice, barley purée, risotto with artichokes, mussels au gratin, marinated blue fish, baked poultry or lamb, mozzarella cheese.

Italia Italy [IT] Marche

Montecappone
Via Colle Olivo, 2
60035 Jesi (AN)
Tel.: +39 0731 205761 - Fax: +39 0731 205761
E-mail: info@montecappone.com - Web: www.montecappone.com

90

- 300 m
- Promiscuo / Promiscuous
- Alberello / Tree
- Brucatura a mano / Hand picking
- No - Ciclo continuo / No - Continuous cycle
- Leccino
- Fruttato leggero / Light fruity
- da 10,01 a 12,00 € - 500 ml / from € 10.01 to 12.00 - 500 ml

Registriamo brillanti progressi per la Montecappone di Jesi. Realtà attiva nella produzione di Verdicchio dalla fine degli anni Sessanta, più recentemente la grande tenuta è stata rilevata e completamente riqualificata dalla famiglia Bomprezzi - Mirizzi la quale ha deciso di affiancare all'attività vitivinicola la produzione di olio extravergine. Su 15 ettari di oliveto trovano dimora 4.600 piante che, nell'ultima campagna, hanno fruttato 250 quintali di olive e 30 ettolitri di olio. Due gli Extravergine monocultivar Montecappone: Tenera Ascolana e Leccino. Quest'ultimo, eccellente, è di un bel colore giallo dorato intenso con lievi riflessi verdi, limpido. Al naso è ampio e avvolgente, ricco di note aromatiche di erbe officinali, con menta e rosmarino in rilievo, affiancate da sentori di mandorla e cannella. Fine e vegetale in bocca, sprigiona toni di cicoria, carciofo e lattuga. Amaro ben espresso e piccante presente e dosato. È perfetto su maionese, antipasti di orzo, aragosta al vapore, insalate di crostacei, marinate di trota, passati di piselli, primi piatti con funghi ovoli, fritture di calamari, tartare di gallinella, formaggi freschi a pasta molle, dolci lievitati.

Present again in our Guide with a brilliant result, Montecappone in Jesi has been producing Verdicchio since the end of the 60s. More recently the large estate has been taken over and completely reorganized by the family Bomprezzi-Mirizzi. They have decided to produce extra virgin olive oil besides wine. The olive grove covers 15 hectares of olive grove with 4,600 trees, which produced 250 quintals of olives in the last harvest, equal to 30 hectolitres of oil. There are two Monocultivar Extra Virgin selections Montecappone, Tenera Ascolana and the excellent Leccino, which is a beautiful intense limpid golden yellow colour with slight green hues. Its aroma is ample and rotund, rich in aromatic notes of officinal herbs, especially mint and rosemary, together with hints of almond and cinnamon. Its taste is fine and vegetal, with a flavour of chicory, artichoke and lettuce. Bitterness is distinct and pungency is present and complimentary. It would be ideal on mayonnaise, barley appetizers, steamed spiny lobster, shellfish salads, marinated trout, pea purée, pasta with ovoli mushrooms, fried squids, piper tartare, soft fresh cheese, yeast-raised cakes.

Italia Italy [IT] Marche

Tenute Pieralisi - Monte Schiavo

Monteschiavo - Via Vivaio
60030 Maiolati Spontini (AN)
Tel.: +39 0731 700385 - Fax: +39 0731 703359
E-mail: info@monteschiavo.it - Web: www.monteschiavo.it

88

250 m

Specializzato
Specialized

Ipsilon, monocono
Y-trellis, monocone

Meccanica
Mechanical harvesting

Sì - Ciclo continuo
Yes - Continuous cycle

Frantoio

Fruttato medio
Medium fruity

da 10,01 a 12,00 € - 500 ml
from € 10.01 to 12.00 - 500 ml

Confermiamo in Guida il frantoio Monte Schiavo, ricavato dagli annessi di un'antica casa colonica oggi sede dell'azienda agricola. La struttura lavora le olive provenienti dai 50 ettari di oliveti di proprietà utilizzando la tecnologia più all'avanguardia dell'azienda Pieralisi, leader mondiale nella produzione di macchine per l'estrazione dell'olio. Quest'anno il raccolto delle 25mila piante è stato di 508 quintali di olive, ovvero quasi 70 ettolitri di olio. L'etichetta proposta fa parte della linea 4 ore che prende il nome dai tempi di conferimento al frantoio dopo la raccolta: l'Extravergine monocultivar Frantoio Igp Marche è giallo dorato intenso con delicate tonalità verdi, limpido. Al naso è ampio e avvolgente, ricco di sentori di carciofo e cicoria, affiancati da note balsamiche di menta e rosmarino. Complesso ed elegante in bocca, emana toni di lattuga, con sfumature di pepe nero e mandorla. Amaro spiccato e piccante deciso. Ideale su bruschette con verdure, insalate di orzo, marinate di ricciola, patate al cartoccio, zuppe di legumi, primi piatti al pomodoro, molluschi gratinati, tartare di salmone, coniglio arrosto, pollame ai ferri, formaggi caprini.

Present again in our Guide, the oil mill Monte Schiavo was obtained from the appurtenances of an ancient farmhouse, where the present farm is based. It transforms the olives coming from 50 hectares of olive grove with 25,000 trees, using the most advanced technology of the farm Pieralisi, a leader producer of extraction machinery all over the world. In the last harvest 508 quintals of olives were produced, equal to almost 70 hectolitres of oil. The selection proposed is part of the line 4 ore, that is the time between harvesting and delivery: the Monocultivar Extra Virgin Frantoio Pgi Marche is an intense limpid golden yellow colour with delicate green hues. Its aroma is ample and rotund, rich in hints of artichoke and chicory, together with fragrant notes of mint and rosemary. Its taste is complex and elegant, with a flavour of lettuce and notes of black pepper and almond. Bitterness is distinct and pungency is definite. It would be ideal on bruschette with vegetables, barley salads, marinated amberjack, baked potatoes, legume soups, pasta with tomato sauce, mussels au gratin, salmon tartare, roast rabbit, grilled poultry, goat cheese.

Italia Italy [IT] Marche

Azienda Agricola Fiorano

Fiorano - Contrada Fiorano, 19
63067 Cossignano (AP)
Tel.: +39 0735 98247 - Fax: +39 0735 98247
E-mail: info@agrifiorano.it - Web: www.agrifiorano.it

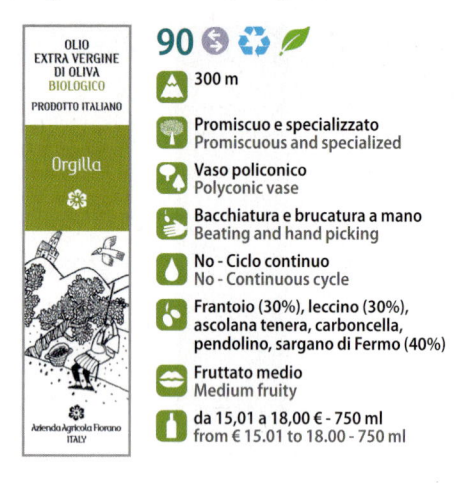

90

300 m

Promiscuo e specializzato
Promiscuous and specialized

Vaso policonico
Polyconic vase

Bacchiatura e brucatura a mano
Beating and hand picking

No - Ciclo continuo
No - Continuous cycle

Frantoio (30%), leccino (30%), ascolana tenera, carboncella, pendolino, sargano di Fermo (40%)

Fruttato medio
Medium fruity

da 15,01 a 18,00 € - 750 ml
from € 15.01 to 18.00 - 750 ml

Continua a farsi notare, nella regione e non solo, per l'alta qualità. Adagiata sulle colline in prossimità delle spiagge adriatiche di Grottammare e San Benedetto del Tronto, l'azienda Fiorano ha sede in una casa colonica dell'Ottocento ristrutturata in bioedilizia come agriturismo. Tutt'intorno vigneti e oliveti sono gestiti, con metodi biologici, da Paolo Beretta e Paola Massi. Quest'anno da 1.300 olivi, adagiati su quasi 5 ettari, sono stati ricavati 200 quintali di olive e 20 ettolitri di olio. L'Extravergine Orgilla da Agricoltura Biologica è di un bel colore giallo dorato intenso con leggere tonalità verdi, limpido. Al naso è pulito e avvolgente, ricco di sentori balsamici di menta e rosmarino, cui si affiancano note di mandorla e sfumature speziate di pepe nero. Fine e complesso in bocca, sprigiona toni vegetali di carciofo, lattuga e cicoria. Amaro e piccante ben espressi e armonici, con finale dolce in rilievo. Si accompagna a bruschette con verdure, insalate di lenticchie, marinate di ricciola, pomodori con riso, zuppe di funghi ovoli, primi piatti con asparagi, molluschi gratinati, tartare di salmone, pollame o carni di agnello al forno, formaggi caprini.

Fiorano stands out for quality at regional and national level. Placed on the hills near the Adriatic beaches of Grottammare and San Benedetto del Tronto, it is a 19th century farmhouse, transformed into a structure for guests, following green building. Around it vineyards and olive groves are cultivated with organic methods. Paolo Beretta and Paola Massi run almost 5 hectares of surface with 1,300 trees. In the last harvest 200 quintals of olives and 20 hectolitres of oil were produced. We recommend the Extra Virgin Orgilla from Organic Farming, which is a beautiful intense limpid golden yellow colour with slight green hues. Its aroma is clean and rotund, rich in fragrant hints of mint and rosemary, together with notes of almond and spicy hints of black pepper. Its taste is fine and complex, with a vegetal flavour of artichoke, lettuce and chicory. Bitterness and pungency are distinct and harmonic, with a sweet finish. It would be ideal on bruschette with vegetables, lentil salads, marinated amberjack, tomatoes stuffed with rice, ovoli mushroom soups, pasta with asparagus, mussels au gratin, salmon tartare, baked poultry or lamb, goat cheese.

Italia Italy [IT] Marche

Azienda Agricola Saladini Pilastri

Via Saladini, 5
63078 Spinetoli (AP)
Tel.: +39 0736 899534 - 0736 899580 - Fax: +39 0736 898594
E-mail: info@saladinipilastri.it - Web: www.saladinipilastri.it

94

200 m

Specializzato
Specialized

Vaso aperto, vaso policonico
Open vase, polyconic vase

Brucatura a mano
Hand picking

No - Ciclo continuo
No - Continuous cycle

Ascolana tenera

Fruttato medio
Medium fruity

da 10,01 a 12,00 € - 500 ml
from € 10.01 to 12.00 - 500 ml

Brillante conferma per questa consolidata realtà di Spinetoli, l'antico borgo-fortezza di origine medievale che si incontra percorrendo le colline sovrastanti il fiume Tronto. Qui risiede la famiglia dei conti Saladini Pilastri, noti produttori vinicoli che si distinguono anche per un extravergine degno del loro lignaggio. Su 16 ettari di impianto specializzato trovano posto 4.800 olivi che hanno fruttato quest'anno un raccolto di 400 quintali di olive, pari a 55 ettolitri di olio. L'etichetta proposta al panel è l'Extravergine monovarietale Saladini Pilastri - Ascolana Tenera che appare alla vista di un bel colore giallo dorato intenso con leggeri riflessi verdi, limpido. Al naso è ampio e avvolgente, con sentori fruttati di pomodoro di media maturità, mela bianca e banana, cui si affiancano note balsamiche di basilico, menta e prezzemolo. Elegante e vegetale in bocca, sa di lattuga e sedano. Amaro deciso e piccante spiccato e armonico. Ideale su antipasti di pomodori, insalate di legumi, marinate di ricciola, verdure ai ferri, zuppe di funghi finferli, primi piatti con molluschi, gamberi in guazzetto, seppie in umido, coniglio al forno, pollo arrosto, formaggi caprini.

Another brilliant result for this solid farm located in Spinetoli, the ancient Medieval fortress placed on the hills overhanging the river Tronto. It is the residence of the Earls Saladini Pilastri, well-known wine growers and producers of a high-class extra virgin olive oil. The specialized olive grove covers 16 hectares with 4,800 trees, which produced 400 quintals of olives and a yield of 55 hectolitres of extra virgin olive oil in the last harvest. The selection proposed to the panel is the Monovarietal Extra Virgin Saladini Pilastri - Ascolana Tenera, which is a beautiful intense limpid golden yellow colour with slight green hues. Its aroma is ample and rotund, with fruity hints of medium ripe tomato, white apple and banana, together with fragrant notes of basil, mint and parsley. Its taste is elegant and vegetal, with a flavour of lettuce and celery. Bitterness is definite and pungency is distinct and harmonic. It would be ideal on tomato appetizers, legume salads, marinated amberjack, grilled vegetables, chanterelle mushroom soups, pasta with mussels, stewed shrimps, stewed cuttlefish, baked rabbit, roast chicken, goat cheese.

Italia Italy [IT] Marche

Velenosi

Via dei Biancospini, 11
63100 Ascoli Piceno
Tel.: +39 0736 341218 - Fax: +39 0736 346706
E-mail: info@velenosivini.com - Web: www.velenosivini.com

82

- 200 m
- Specializzato / Specialized
- Palmetta / Fan
- Brucatura a mano / Hand picking
- No - Ciclo continuo / No - Continuous cycle
- Ascolana tenera
- Fruttato medio / Medium fruity
- da 18,01 a 22,00 € - 500 ml / from € 18.01 to 22.00 - 500 ml

Brillante rientro per Velenosi, azienda nota nel settore vitivinicolo per l'alta qualità dei suoi prodotti che si cimenta anche nell'olio extravergine, conquistandosi una bella posizione nella nostra Guida. Angela ed Ercole Velenosi, con Paolo Garbini, sono alla guida di 12 ettari di oliveto specializzato sul quale trovano dimora 2.400 alberi. Dal raccolto dell'ultima campagna sono stati ricavati 550 quintali di olive che hanno fruttato 70 ettolitri di olio. Due le selezioni Extravergine proposte: Velenosi da Agricoltura Biologica e il monocultivar Puro che appare alla vista di un bel colore giallo dorato intenso con leggere tonalità verdi, limpido. Al naso è pulito e avvolgente, con sentori fruttati di pomodoro acerbo e mandorla, cui si affiancano sfumature balsamiche di basilico, menta e prezzemolo. Armonico e vegetale al palato, emana note di carciofo, lattuga e sedano. Amaro e piccante presenti ed equilibrati, con finale dolce in rilievo. Ideale su antipasti di pomodori, bruschette con verdure, insalate di lenticchie, marinate di ricciola, passati di orzo, risotto con carciofi, molluschi gratinati, tartare di salmone, pollame o carni di agnello al forno, formaggi caprini.

Present again in our Guide with a brilliant result, Velenosi, a farm well-known in the wine-growing field for the high quality of its products, also produces good extra virgin olive oil. Angela and Ercole Velenosi and Paolo Garbini run 12 hectares of specialized olive grove with 2,400 trees. In the last harvest 550 quintals of olives were produced, equal to a yield of 70 hectolitres of oil. There are two Extra Virgin selections, Velenosi from Organic Farming and the Monocultivar Puro, chosen by the panel. It is a beautiful intense limpid golden yellow colour with slight green hues. Its aroma is clean and rotund, with fruity hints of unripe tomato and almond, together with fragrant notes of basil, mint and parsley. Its taste is harmonic and vegetal, with a flavour of artichoke, lettuce and celery. Bitterness and pungency are present and well balanced, with evident sweetness. It would be ideal on tomato appetizers, bruschette with vegetables, lentil salads, marinated amberjack, barley purée, risotto with artichokes, mussels au gratin, salmon tartare, baked poultry or lamb, goat cheese.

Italia Italy [IT] Marche

Frantoio Agostini

Valmir - Contrada Paganelli, 49
63848 Petritoli (FM)
Tel.: +39 0734 658350
E-mail: info@frantoioagostini.it - Web: www.frantoioagostini.it

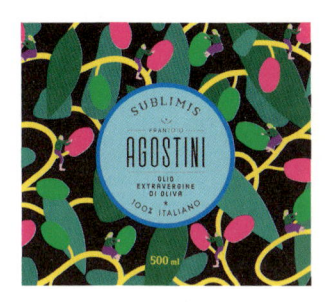

95

1/300 ml

Specializzato
Specialized

Monocono
Monocone

Bacchiatura e brucatura a mano
Beating and hand picking

Sì - Ciclo continuo
Yes - Continuous cycle

Frantoio (90%), carboncella (10%)

Fruttato medio
Medium fruity

da 8,01 a 10,00 € - 500 ml
from € 8.01 to 10.00 - 500 ml

Convincente conferma per Frantoio Agostini, un'azienda familiare nata nel 1945 e tuttora di proprietà degli eredi del fondatore. Si tratta di una struttura di trasformazione che acquista e molisce partite di olive provenienti dalle colline marchigiane, in particolare dalla zona di Fermo, ma che possiede anche 33 ettari di oliveto specializzato sul quale dimorano 12mila piante. Nella trascorsa campagna sono stati prodotti 2.500 quintali di olive che, uniti ai 13mila acquistati, hanno reso 2.200 ettolitri di olio. Dei due ottimi Extravergine presentati, Hurticinum e Sublìmis, il panel seglie il secondo, di un bel colore giallo dorato intenso con leggere tonalità verdi, limpido. Al naso è ampio e avvolgente, ricco di sentori balsamici di menta, basilico e rosmarino, affiancati da sfumature speziate di pepe nero e ricordo di mandorla. In bocca è fine e di carattere, con toni vegetali di carciofo, cicoria e lattuga. Amaro deciso e piccante spiccato. Perfetto su antipasti di fagioli, carpaccio di salmone, insalate di pomodori, patate alla brace, passati di legumi, primi piatti con asparagi, molluschi gratinati, tartare di ricciola, pollame o carni di agnello al forno, formaggi caprini.

Present again in our Guide with a convincing result, Frantoio Agostini is a family-run farm founded in 1945 and still owned by its founder's heirs. It is a transformation structure that purchases and crushes olive parcels coming from the nearby hills, especially from the area of Fermo. However, there are also 33 hectares of specialized olive grove with 12,000 trees. In the last harvest 2,500 quintals of olives were produced and 13,000 purchased, with a yield of 2,200 hectolitres of oil. There are two very good Extra Virgin selections, Hurticinum and Sublìmis, chosen by the panel. It is a beautiful intense limpid golden yellow colour with slight green hues. Its aroma is ample and rotund, rich in fragrant hints of mint, basil and rosemary, together with spicy notes of black pepper and a note of almond. Its taste is fine and strong, with a vegetal flavour of artichoke, chicory and lettuce. Bitterness is definite and pungency is distinct. It would be ideal on bean appetizers, salmon carpaccio, tomato salads, barbecued potatoes, legume purée, pasta with asparagus, mussels au gratin, amberjack tartare, baked poultry or lamb, goat cheese.

Italia Italy [IT] Marche

Azienda Agricola Barbara Pacioni

Contrada Guazzetti
63812 Montegranaro (FM)
E-mail: info@ilfrantoiodelpiceno.it

92

- 200 m
- Specializzato / Specialized
- Vaso policonico / Polyconic vase
- Meccanica / Mechanical harvesting
- Sì - Ciclo continuo / Yes - Continuous cycle
- Raggia
- Fruttato intenso / Intense fruity
- da 10,01 a 12,00 € - 500 ml / from € 10.01 to 12.00 - 500 ml

Continuiamo a seguire l'attività di Barbara Pacioni che migliora la sua posizione, segnalandosi come realtà promettente nel pur nutrito panorama regionale. A Montegranaro, in provincia di Fermo, Barbara è alla guida di una tenuta più ampia che comprende anche 11 ettari dedicati agli olivi: 2.700 esemplari, di differenti cultivar. Quest'anno il raccolto ha fruttato 520 quintali di olive che hanno prodotto 70 ettolitri di olio. Segnaliamo l'etichetta aziendale, l'Extravergine monocultivar Gocce di Frantoio - Raggia da Agricoltura Biologica, eccellente. Si presenta alla vista di un bel colore giallo dorato intenso con delicate venature verdi, limpido. Al naso è deciso e avvolgente, ricco di sentori vegetali di carciofo, cicoria e lattuga, affiancati da netti toni di cannella e pepe nero. Fine e di personalità al palato, emana note di mandorla ed erbe officinali, con ricordo marcato di menta, rosmarino e salvia. Amaro potente e piccante spiccato. Ottimo per bruschette con pomodoro, carpaccio di tonno, insalate di spinaci, radicchio alla brace, zuppe di fagioli, primi piatti con salsiccia, polpo bollito, cacciagione di piuma o pelo alla brace, formaggi stagionati a pasta dura.

Present again in our Guide with a good result showing her progress, Barbara Pacioni runs a promising farm in a very productive region. Her larger estate, situated in Montegranaro, in the province of Fermo, also includes 11 hectares of olive groves with 2,700 trees of several cultivars. In the last harvest 520 quintals of olives were produced, which allowed to yield 70 hectolitres of extra virgin olive oil. We recommend the farm selection, the excellent Monocultivar Extra Virgin Gocce di Frantoio - Raggia from Organic Farming, which is a beautiful intense limpid golden yellow colour with delicate green hues. Its aroma is definite and rotund, rich in vegetal hints of artichoke, chicory and lettuce, together with distinct notes of cinnamon and black pepper. Its taste is fine and strong, with a flavour of almond and officinal herbs, especially mint, rosemary and sage. Bitterness is powerful and pungency is distinct. It would be ideal on bruschette with tomatoes, tuna carpaccio, spinach salads, barbecued radicchio, bean soups, pasta with sausages, boiled octopus, barbecued game birds or animals, hard mature cheese.

Italia Italy [IT] Marche

Frantoio Sassetti

Contrada Madonna del Buoncuore, 1
63815 Monte San Pietrangeli (FM)
Tel.: +39 0734 960329
E-mail: info@frantoiosassetti.com - Web: www.frantoiosassetti.com

92

240/300 m

Specializzato
Specialized

Vaso policonico
Polyconic vase

Bacchiatura e brucatura a mano
Beating and hand picking

Sì - Ciclo continuo
Yes - Continuous cycle

Frantoio

Fruttato medio
Medium fruity

da 18,01 a 22,00 € - 500 ml
from € 18.01 to 22.00 - 500 ml

R itroviamo con piacere in Guida Frantoio Sassetti che si colloca nel comprensorio di Monte San Pietrangeli, in provincia di Fermo. Il progetto di Roberto è giovane, risale al 2015, e consiste nella gestione di una tenuta di 9 ettari di impianto specializzato sulla quale sono coltivati 3mila alberi di olivo, appartenenti a un ventaglio di cultivar davvero variegato e ricercato. Nella trascorsa campagna da questi sono stati ricavati 800 quintali di olive e 140 ettolitri di olio. Segnaliamo l'Extravergine Pietra degli Angeli che appare alla vista di un bel colore giallo dorato intenso con delicate sfumature verdi, limpido. Al naso si apre sottile e composto, dotato di sentori balsamici di menta e rosmarino, cui si affiancano note marcate di mandorla e pepe nero. Morbido e armonico al palato, è dotato di un'ampia carica vegetale, con ricordo di carciofo, cicoria e lattuga. Amaro e piccante ben espressi ed equilibrati, con finale dolce in rilievo. Ideale su antipasti di mare, insalate di fagioli, marinate di orata, patate in umido, zuppe di funghi finferli, primi piatti con molluschi, gamberi in guazzetto, tartare di ricciola, coniglio arrosto, pollame ai ferri, formaggi caprini.

P resent again in our Guide, Frantoio Sassetti is placed in the district of Monte San Pietrangeli, in the province of Fermo. Roberto's young project dates back to 2015 and consists of an estate with 9 hectares of specialized olive grove with 3,000 trees of a wide and exclusive range of cultivars. In the last harvest 800 quintals of olives were produced, which allowed to yield 140 hectolitres of extra virgin olive oil. We recommend the Extra Virgin selection Pietra degli Angeli, which is a beautiful intense limpid golden yellow colour with delicate green hues. Its aroma is fine and delicate, endowed with fragrant hints of mint and rosemary, together with distinct notes of almond and black pepper. Its taste is mellow and harmonic, with a flavour of artichoke, chicory and lettuce. Bitterness and pungency are distinct and well balanced, with evident sweetness. It would be ideal on seafood appetizers, bean salads, marinated gilthead, stewed potatoes, chanterelle mushroom soups, pasta with mussels, stewed shrimps, amberjack tartare, roast rabbit, grilled poultry, goat cheese.

Italia Italy [IT] Marche

Gabrielloni

Montefiore
62019 Recanati (MC)
Tel.: +39 0733 852498 - 0733 850355
E-mail: info@gabrielloni.it - Web: www.gabrielloni.it

91

200 m

Specializzato
Specialized

Policono
Polycone

Brucatura a mano
Hand picking

Sì - Tradizionale a presse
Yes - Traditional press system

Frantoio (40%), leccino (30%), raggia (10%), orbetana, piantone di Mogliano (10%), altre/others (10%)

Fruttato medio
Medium fruity

da 18,01 a 22,00 € - 500 ml
from € 18.01 to 22.00 - 500 ml

Gabrielloni si trova a pochi passi da Recanati e continua a rappresentare un marchio di riferimento dell'olivicoltura marchigiana e nazionale. Il merito va al lavoro e alla cura delle sorelle Elisabetta e Gabriella, due professioniste innamorate dell'olio, eredi dell'azienda fondata nel 1955 da nonno Guglielmo e ampliata da papà Emilio. I 7 ettari di oliveto, con 2.300 piante, hanno reso quest'anno un raccolto di 470 quintali di olive dai quali, con l'aggiunta di 10 quintali acquistati, sono stati ricavati circa 62 ettolitri di olio. Due gli Extravergine: Virgoro - Ascolana Dura e Laudato. Quest'ultimo, ottimo, è giallo dorato intenso con delicati riflessi verdi, limpido. Al naso è ampio e avvolgente, ricco di note di carciofo e cicoria, cui si affiancano sentori balsamici di menta e rosmarino. Pieno e armonico al gusto, sprigiona toni di lattuga di campo e chiude con ricordo di mandorla. Amaro ben spiccato e piccante presente. Perfetto su antipasti di mare, insalate di fagioli, marinate di orata, patate alla griglia, passati di orzo, primi piatti con molluschi, gamberi in umido, tartare di ricciola, coniglio arrosto, pollame ai ferri, formaggi freschi a pasta filata.

Gabrielloni, not far from Recanati, has always been a point of reference of regional and national olive growing. Its achievements are due to the passionate and careful work of the sisters Elisabetta and Gabriella, the heirs of the farm founded in 1955 by their grandfather Guglielmo and enlarged by their father Emilio. The olive grove covers 7 hectares with 2,300 trees. In the last harvest 470 quintals of olives were produced and 10 purchased, with a yield of about 62 hectolitres of oil. There are two Extra Virgin selections, Virgoro - Ascolana Dura and the very good Laudato, which is an intense limpid golden yellow colour with delicate green hues. Its aroma is ample and rotund, rich in notes of artichoke and chicory, together with fragrant hints of mint and rosemary. Its taste is full and harmonic, with a flavour of country lettuce and an almond finish. Bitterness is distinct and pungency is present. It would be ideal on seafood appetizers, bean salads, marinated gilthead, grilled potatoes, barley purée, pasta with mussels, stewed shrimps, amberjack tartare, roast rabbit, grilled poultry, mozzarella cheese.

Italia Italy [IT] Marche

Conventino Monteciccardo

Conventino - Via Giulio Turcato, 4
61024 Monteciccardo (PU)
Tel.: +39 0721 910574 - Fax: +39 0721 489442
E-mail: info@conventinomonteciccardo.bio - Web: www.conventinomonteciccardo.bio

98

350 m

Specializzato
Specialized

Monocono, vaso policonico
Monocone, polyconic vase

Meccanica
Mechanical harvesting

Sì - Ciclo continuo
Yes - Continuous cycle

Ascolana tenera

Fruttato medio
Medium fruity

da 22,01 a 26,00 € - 500 ml
from € 22.01 to 26.00 - 500 ml

Conventino Monteciccardo seguita a migliorare la sua posizione, già splendida, nella nostra Guida. La famiglia Marcantoni ha dato vita, oltre dieci anni fa, a una delle più promettenti strutture aziendali marchigiane, una moderna realtà olivicola e viticola. Oggi 18 ettari della proprietà sono dedicati all'oliveto, con 8mila piante dalle quali quest'anno sono stati raccolti 600 quintali di olive che, con l'aggiunta di 400 acquistati, hanno reso 130 ettolitri di olio. Due gli ottimi Extravergine da Agricoltura Biologica presentati: Fra' Pasquale e Fra' Bernardo. Quest'ultimo, preferito dal panel, si presenta alla vista di un bel colore giallo dorato intenso con delicate sfumature verdi, limpido. Al naso è avvolgente e ampio, con ricchi sentori di menta e prezzemolo, cui si aggiungono note fruttate di pomodoro maturo, mela bianca e banana. In bocca è elegante e vegetale, con toni di fave e cicoria, lattuga e sedano. Amaro deciso e piccante presente. Ideale su antipasti di pomodori, insalate di legumi, marinate di ricciola, patate arrosto, zuppe di ceci, primi piatti con salmone, gamberi in guazzetto, seppie in umido, pollame o carni di agnello al forno, formaggi caprini.

Another splendid result that shows its constant progress for Il Conventino di Monteciccardo. Over ten years ago the family Marcantoni founded one of the best modern farms in Marche, producing both wine and olive oil. Today 18 hectares of the estate are destined to olive grove with 8,000 trees. In the last harvest 600 quintals of olives were produced and 400 purchased, which allowed to yield 130 hectolitres of extra virgin olive oil. There are two very good Extra Virgin selections from Organic Farming, Fra' Pasquale and Fra' Bernardo, chosen by the panel. It is a beautiful intense limpid golden yellow colour with delicate green hues. Its aroma is rotund and ample, with rich hints of mint and parsley, together with fruity notes of ripe tomato, white apple and banana. Its taste is elegant and vegetal, with a flavour of broad beans and chicory, lettuce and celery. Bitterness is definite and pungency is present. It would be ideal on tomato appetizers, legume salads, marinated amberjack, roast potatoes, chickpea soups, pasta with salmon, stewed shrimps, stewed cuttlefish, baked poultry or lamb, goat cheese.

Italia Italy [IT] Marche

Emozioneolio

Serrungarina - Via Tomba, 50/a
61036 Colli al Metauro (PU)
Tel.: +39 0721 371070
E-mail: info@emozioneolio.com - Web: www.emozioneolio.com

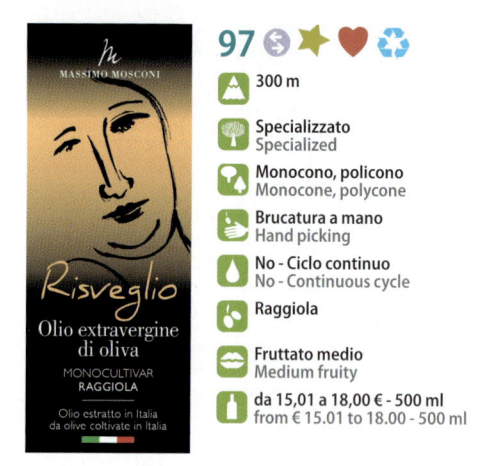

97

300 m

Specializzato
Specialized

Monocono, policono
Monocone, polycone

Brucatura a mano
Hand picking

No - Ciclo continuo
No - Continuous cycle

Raggiola

Fruttato medio
Medium fruity

da 15,01 a 18,00 € - 500 ml
from € 15.01 to 18.00 - 500 ml

La lodiamo fin dal suo esordio e non ci sbagliavamo, perché seguita nel suo percorso e consolida una brillante posizione. Merito di Massimo Mosconi che inaugura nel 2012 un progetto che coinvolge amore per la terra e tradizione: si chiama Emozioneolio e prevede l'accostamento emozionale fra arte e natura, nell'idea che un frutto della terra possa commuovere come un'opera d'arte. Dagli attuali 5.500 olivi, su 15 ettari, quest'anno sono stati raccolti 500 quintali di olive, più 100 comprati, per una resa in olio di 80 ettolitri. Due gli Extravergine proposti, Ménage à Trois e il monocultivar Risveglio. Quest'ultimo, ottimo, è giallo dorato intenso con riflessi verdolini, limpido. Al naso è ampio e avvolgente, ricco di sentori di carciofo, cicoria e lattuga, affiancati da netti toni di menta, rosmarino e salvia. Fine e complesso in bocca, sprigiona note di cannella, pepe nero e mandorla. Amaro molto spiccato e piccante deciso. È eccellente per bruschette con pomodoro, carpaccio di tonno, insalate di spinaci, radicchio alla griglia, zuppe di fagioli, primi piatti con salsiccia, pesce azzurro gratinato, cacciagione di piuma o pelo al forno, formaggi stagionati a pasta dura.

We have praised this farm since its debut and its results confirm its brilliant progress. In 2012 Massimo Mosconi started his project based on the love for the land and tradition: it is called Emozioneolio and consists in the emotional contact between art and nature, considering that a fruit of the land can move like a work of art. Today the olive grove covers 15 hectares with 5,500 trees. In the last harvest 500 quintals of olives were produced and 100 purchased, with a yield of 80 hectolitres of oil. There are two Extra Virgin selections, Ménage à Trois and the very good Monocultivar Risveglio, which is an intense limpid golden yellow colour with light green hues. Its aroma is ample and rotund, rich in hints of artichoke, chicory and lettuce, together with distinct notes of mint, rosemary and sage. Its taste is fine and complex, with a flavour of cinnamon, black pepper and almond. Bitterness is distinct and pungency is definite. It would be ideal on bruschette with tomatoes, tuna carpaccio, spinach salads, grilled radicchio, bean soups, pasta with sausages, blue fish au gratin, baked game birds or animals, hard mature cheese.

Umbria

UMBRIA
- A Colli Amerini
- B Colli Assisi-Spoleto
- C Colli del Trasimeno
- D Colli Martani
- E Colli Orvietani

Dati Statistici

Superficie Olivetata Nazionale	1.164.568 (ha)
Superficie Olivetata Regionale	27.001 (ha)
Quota Regionale	2,32%
Frantoi	213
Produzione Nazionale 19-20	366.468,8 (t)
Produzione Regionale 19-20	3.825,3 (t)
Produzione Regionale 18-19	6.395,4 (t)
Variazione	- 40,19%
Quota Regionale	1,04%

Statistic Data

National Olive Surface	1,164,568 (ha)
Regional Olive Surface	27,001 (ha)
Regional Quota	2.32%
Olive Oil Mills	213
National Production 19-20	366,468.8 (t)
Regional Production 19-20	3,825.3 (t)
Regional Production 18-19	6,395.4 (t)
Variation	- 40.19%
Regional Quota	1.04%

National Institute of Statistics
Service Institute for the Agricultural and Food Market on data from the Agency for Agricultural Payments

L'olivicoltura è un'attività molto fiorente in Umbria e diffusa su tutto il territorio regionale. Del resto la pianta sacra cresce qui praticamente dappertutto e l'olio prodotto si distingue per l'alto livello qualitativo. Da un punto di vista storico la presenza dell'olivo in queste terre è antichissima: i primi a diffonderlo furono gli Etruschi, la cui civiltà traeva sostentamento anche dai proventi del commercio dell'olio. Tanto che a Orvieto è ancora visibile un frantoio, il Mulino di Santa Chiara, che ha lavorato le olive dal tempo degli Etruschi fino al XVII secolo: le enormi macine in basalto, le vasche, le stalle per gli animali testimoniano un insediamento produttivo di tipo semindustriale. Con lo sviluppo della civiltà romana cresce anche l'impianto di nuovi oliveti: numerosi reperti, come i dolii e gli orli di grossi ziri, che sono tipici contenitori per l'olio, sono stati ritrovati nella zona tra i fiumi Tevere e Nera, a testimonianza di un consumo molto diffuso. Ma quando il mercato di Roma venne meno, ebbe inizio un periodo di crisi e di abbandono. Tuttavia gli ordini monastici reimpiantarono molti oliveti, dandoli in affitto agli agricoltori con la formula di contratto "ad laburandum": cosicché nel Quattrocento è di nuovo documentata una buona presenza di olivi nel territorio tra Assisi e Trevi. Alla fine dell'Ottocento, grazie anche agli incentivi introdotti dallo stato pontificio allo scopo di ripopolare le aree incolte, si calcola che la superficie destinata all'olivicoltura fosse quasi il doppio di quella attuale. Successivamente però il numero delle piante diminuisce progressivamente a causa dei danni provocati dal clima, in particolare dalle gelate del 1929 e del 1956. Il resto è la storia recente di una filiera modello: 6 milioni 191.609 piante si estendono su una superficie complessiva di 27.001 ettari, di cui una buona parte è in provincia di Perugia. Questi rappresentano il 2,32% del totale nazionale. La Dop Umbria, accordata all'intera produzione regionale, comprende cinque menzioni geografiche: Colli Amerini, Colli Assisi-Spoleto, Colli del Trasimeno, Colli Martani e Colli Orvietani. La più vocata è la Colli Assisi-Spoleto che si estende nell'area che va da Gubbio a Terni: si presenta come un'unica lunga fascia di oliveti ribattezzata la Costiera d'Argento. La parte più conosciuta, anche per la bellezza del paesaggio, è la cosiddetta Strada Francescana, tra Assisi e Spoleto, dove sono diffuse le varietà moraiolo, raja, leccino, frantoio, San Felice e le locali pocciolo e vocio. L'altra sottozona del Ternano è la Colli Amerini, con le cultivar moraiolo, rajo, leccino, frantoio e tendellone. Intorno al Lago Trasimeno è la sottozona Colli del Trasimeno, con l'autoctona dolce di agogia. Nella Colli Martani è coltivata la correggiolo di Massa Martana, accanto alle cultivar classiche frantoio, moraiolo e leccino che predominano nella Colli Orvietani. Altre varietà sono la nostrale di Rigali e l'orbetana, diffuse a Gualdo Tadino, la borgiona nell'alto Tevere e la bianchella di Umbertide nel Narnese. I frantoi sono 213 e sono altamente specializzati nella trasformazione; molte aziende sono leader nell'imbottigliamento e nella distribuzione; e piccole industrie si distinguono per la costruzione di moderni macchinari per la molitura e l'imbottigliamento. La campagna 2019-2020 ha reso 3.825,3 tonnellate di olio, pari all'1,04% del totale nazionale, con una diminuzione del 40,19% rispetto all'annata precedente.

Olive growing is a flourishing activity in Umbria, where it is present in the whole regional territory. The sacred tree here grows everywhere and the oil produced is outstanding for its quality. The presence of the olive tree in these lands is ancient: first it was spread by the Etrurians, who thrived thanks to the oil trade proceeds. In Orvieto there is still an oil mill, known as Santa Chiara's Mill, which pressed oil from olives from Etrurian times to the 17th century: the enormous basalt grindstones, the basins, the animal stables testify to a semi-industrial productive settlement. When the Roman civilization grew, new olive groves were planted and numerous remains like the "dolii" (typical containers) and jar rims were found in the area between the rivers Tiber and Nera, which shows a very frequent use of olive oil. When the Roman market came to an end, a period of crisis and decay set in. Nevertheless, monastic orders planted large olive groves again and leased them to peasants with the contract "ad laburandum". Therefore in the 15th century a considerable presence of olive trees between Assisi and Trevi is already documented. At the end of the 19th century, also thanks to the Papal State's incentives to repopulate neglected areas, the olive growing surface was almost twice as much as today. Later the number of trees gradually decreased because of the frost damage, particularly in 1929 and 1956. Then we have the recent story of a model olive oil sector: 6 million 191,609 trees extend over a total surface of 27,001 hectares, a great part of which in the province of Perugia. They represent 2.32% of the national total. The Pdo Umbria, granted to the whole regional oil production, includes 5 subareas: Colli Amerini, Colli Assisi-Spoleto, Colli del Trasimeno, Colli Martani and Colli Orvietani. The best area, Colli Assisi-Spoleto, spreads in the area from Gubbio to Terni: it is a long string of olive groves known as the Silver Side. The most famous for its beautiful landscape is the area between Assisi and Spoleto, the so called Franciscan Street, where the following varieties are spread: moraiolo, raja, leccino, frantoio, San Felice and the local pocciolo and vocio. Another subarea near Terni is Colli Amerini with the cultivar moraiolo, rajo, leccino, frantoio and tendellone. In the area of lake Trasimeno we find the subarea Colli del Trasimeno, with the autochthonous dolce di agogia. In the area Colli Martani the variety correggiolo di Massa Martana is common besides the classical cultivars frantoio, moraiolo and leccino, which also prevail in the area of Colli Orvietani. Other cultivars are nostrale di Rigali and orbetana in Gualdo Tadino, borgiona in alto Tevere, bianchella di Umbertide in the area of Narni. There are 213 oil mills, which are highly specialized in transformation, while we also find leader companies in the field of bottling and marketing and small industries that have specialized in building the most modern crushing and bottling machines. In the last harvest 3,825.3 tons of oil were produced, equal to 1.04% of the total national quantity, with a decrease of 40.19% compared to the previous year.

Italia Italy [IT] Umbria

Antonelli - San Marco

San Marco, 60
06036 Montefalco (PG)
Tel.: +39 0742 379158 - Fax: +39 0742 371063
E-mail: info@antonellisanmarco.it - Web: www.antonellisanmarco.it

90

- 350 m
- **Specializzato** / Specialized
- **Vaso policonico** / Polyconic vase
- **Brucatura a mano** / Hand picking
- **No - Ciclo continuo** / No - Continuous cycle
- Moraiolo (65%), frantoio (20%), leccino (5%), pendolino (5%), San Felice (5%)
- **Fruttato medio** / Medium fruity
- da 8,01 a 10,00 € - 500 ml / from € 8.01 to 10.00 - 500 ml

Si distingue anche nell'extravergine, oltre che nel vino: è la Antonelli - San Marco, noto marchio di riferimento dell'area del Sagrantino di Montefalco, acquisita nel 1881 dalla famiglia Antonelli. Oggi le redini sono passate a Filippo Antonelli, alla guida di una grande tenuta di 180 ettari in un unico corpo, a Montefalco, dei quali 10 sono riservati all'oliveto specializzato, con 3.600 piante messe a dimora. Il raccolto della trascorsa campagna ha reso 200 quintali di olive, pari a circa 26 ettolitri di olio. Segnaliamo l'Extravergine Antonelli da Agricoltura Biologica, di un bel colore giallo dorato intenso con leggere venature verdi, limpido. Al naso è ampio e avvolgente, dotato di netti sentori di carciofo e cicoria selvatica, cui si aggiungono toni balsamici di menta e rosmarino. Al gusto è morbido e armonico, con note di lattuga di campo e spiccato ricordo di mandorla e cannella. Amaro e piccante presenti ed equilibrati. Ottimo abbinamento con antipasti di mare, fagioli bolliti, insalate di pomodori, patate al cartoccio, zuppe di ceci, primi piatti con salmone, molluschi gratinati, seppie in umido, coniglio arrosto, pollame al forno, formaggi freschi a pasta filata.

Besides wine, also excellent extra virgin olive oil: Antonelli - San Marco, a well-known point of reference in the area of Sagrantino di Montefalco, was purchased in 1881 by the family Antonelli. Today it is run by Filippo Antonelli, whose large estate in Montefalco extends over 180 hectares, with 10 hectares of specialized olive grove and 3,600 trees. In the last harvest 200 quintals of olives were produced, equal to about 26 hectolitres of oil. We recommend the Extra Virgin selection Antonelli from Organic Farming, which is a beautiful intense limpid golden yellow colour with slight green hues. Its aroma is ample and rotund, endowed with distinct notes of artichoke and wild chicory, together with fragrant hints of mint and rosemary. Its taste is mellow and harmonic, with a flavour of country lettuce and a distinct note of almond and cinnamon. Bitterness and pungency are present and well balanced. It would be ideal on seafood appetizers, boiled beans, tomato salads, baked potatoes, chickpea soups, pasta with salmon, mussels au gratin, stewed cuttlefish, roast rabbit, baked poultry, mozzarella cheese.

Italia Italy [IT] Umbria

Azienda Agraria Noemio Bacci

Ponte di Ferro - Via Madonna del Puglia, 5/a
06035 Gualdo Cattaneo (PG)
Tel.: +39 0742 91456 - Fax: +39 0742 91456
E-mail: baccinoemio@libero.it - Web: www.oliobaccinoemio.it

91

400 m

Promiscuo e specializzato
Promiscuous and specialized

Vaso cespugliato
Vase bush

Bacchiatura e meccanica
Beating and mechanical harvesting

Sì - Ciclo continuo
Yes - Continuous cycle

Moraiolo (60%), frantoio (20%), leccino (20%)

Fruttato medio
Medium fruity

da 10,01 a 12,00 € - 500 ml
from € 10.01 to 12.00 - 500 ml

L'Agraria Noemio Bacci nasce nel 1947 nel territorio di Gualdo Cattaneo e oggi è giunta alla terza generazione. Noemio, titolare e nipote dell'omonimo fondatore, cura all'interno della proprietà l'intero processo produttivo, lavorando e imbottigliando anche il prodotto selezionato di fattorie di zona. Dai 36 ettari con 11mila piante sono stati raccolti, nella trascorsa campagna, 658 quintali di olive che, uniti ai 625 acquistati, hanno fruttato oltre 251 ettolitri di olio, più circa 66 comprati, per un totale di pressoché 317 ettolitri. L'eccellente Extravergine Noemio Bacci da Agricoltura Biologica appare alla vista di un bel colore giallo dorato intenso con leggere sfumature verdi, limpido. Al naso si apre pulito e avvolgente, ricco di sentori di menta, rosmarino e salvia, cui si aggiungono note di cannella, pepe nero e mandorla. Fine e vegetale in bocca, sa di carciofo, cicoria e lattuga. Amaro ben spiccato e piccante deciso. È perfetto per antipasti di tonno, carpaccio di polpo, funghi porcini arrosto, insalate di carciofi, zuppe di fagioli, primi piatti con salsiccia, pesce spada alla griglia, cacciagione di piuma o pelo alla brace, formaggi stagionati a pasta dura.

Agraria Noemio Bacci was founded in 1947 in the territory of Gualdo Cattaneo and has been active for three generations. Today Noemio, the owner and grandson of the homonymous founder, manages the whole production process, also crushing and bottling the products of local farms. There are 36 hectares of olive grove with 11,000 trees. In the last harvest 658 quintals of olives were produced and 625 purchased, with a yield of over 251 hectolitres of oil. With about 66 purchased, the total was around 317 hectolitres. The excellent Extra Virgin Noemio Bacci from Organic Farming is a beautiful intense limpid golden yellow colour with slight green hues. Its aroma is clean and rotund, rich in hints of mint, rosemary and sage, together with notes of cinnamon, black pepper and almond. Its taste is fine and vegetal, with a flavour of artichoke, chicory and lettuce. Bitterness is distinct and pungency is definite. It would be ideal on tuna appetizers, octopus carpaccio, roast porcini mushrooms, artichoke salads, bean soups, pasta with sausages, grilled swordfish, barbecued game birds or animals, hard mature cheese.

Italia Italy [IT] Umbria

Frantoio Giovanni Batta

Via San Girolamo, 127
06126 Perugia
Tel.: +39 075 5724782 - Fax: +39 075 5724782
E-mail: giovanni.batta@tin.it - Web: www.frantoiobatta.it

98

300 m

Specializzato
Specialized

Monocono, vaso globoso
Monocone, globe

Brucatura a mano e meccanica
Hand picking and mechanical harvesting

Sì - Ciclo continuo
Yes - Continuous cycle

Frantoio (35%), leccino (20%), moraiolo (15%), altre/others (30%)

Fruttato medio
Medium fruity

da 12,01 a 15,00 € - 500 ml
from € 12.01 to 15.00 - 500 ml

Abbiamo conosciuto quest'azienda molti anni fa e l'abbiamo seguita passo passo nel suo percorso di crescita che l'ha portata a raggiungere traguardi importanti che superano di gran lunga i confini regionali. Erede di una tradizione familiare iniziata nel 1923 da suo nonno, Giovanni Batta cura 13 ettari di oliveto, 3.600 piante e un frantoio tecnologicamente avanzato. Questo ha lavorato quest'anno 350 quintali di olive che, uniti ai 200 acquistati, hanno reso 76 ettolitri di olio. Due gli ottimi Extravergine Batta da Agricoltura Biologica: il Dop Umbria - Colli del Trasimeno e il "base" che segnaliamo. Giallo dorato intenso con nuance verdoline, limpido; al naso è ampio e avvolgente, ricco di sentori di carciofo e cicoria, cui si affiancano toni balsamici di menta, rosmarino e salvia. Al gusto è fine e complesso, con note di lattuga e ricordo speziato di pepe nero, cannella e mandorla. Amaro spiccato e piccante deciso e armonico. Ideale su antipasti di pomodori, insalate di legumi, marinate di salmone, patate in umido, passati di orzo, primi piatti con molluschi, gamberi in guazzetto, tartare di ricciola, coniglio arrosto, pollame ai ferri, formaggi freschi a pasta filata.

We have been following this farm for many years and have seen it grow and reach important targets at regional and national level. Giovanni Batta, the heir of a family tradition started in 1923 by his grandfather, runs a 13-hectare olive grove with 3,600 trees and an advanced oil mill. In the last harvest 350 quintals of olives were produced and 200 purchased, equal to a yield of 76 hectolitres of extra virgin olive oil. There are two very good Extra Virgin selections Batta from Organic Farming, the Pdo Umbria - Colli del Trasimeno and the "basic", which we recommend. It is an intense limpid golden yellow colour with light green hues. Its aroma is ample and rotund, rich in hints of artichoke and chicory, together with fragrant notes of mint, rosemary and sage. Its taste is fine and complex, with a flavour of lettuce and a spicy note of black pepper, cinnamon and almond. Bitterness is distinct and pungency is definite and harmonic. It would be ideal on tomato appetizers, legume salads, marinated salmon, stewed potatoes, barley purée, pasta with mussels, stewed shrimps, amberjack tartare, roast rabbit, grilled poultry, mozzarella cheese.

Italia Italy [IT] Umbria

Arnaldo Caprai

Torre
06036 Montefalco (PG)
Tel.: +39 0742 378802 - Fax: +39 0742 378422
E-mail: info@arnaldocaprai.it - Web: www.arnaldocaprai.it

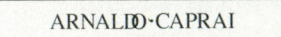

88

330/370 m

Specializzato
Specialized

Vaso
Vase

Brucatura a mano e meccanica
Hand picking and mechanical harvesting

No - Ciclo continuo misto
No - Mixed continuous cycle

Moraiolo (40%), frantoio (30%), leccino (30%)

Fruttato medio
Medium fruity

da 8,01 a 10,00 € - 500 ml
from € 8.01 to 10.00 - 500 ml

Arnaldo Caprai, valente produttore di Sagrantino di Montefalco, si cimenta con successo anche nel campo dell'extravergine, rientrando in Guida decisamente in grande spinta. Nell'azienda Caprai 14 ettari sono destinati agli oliveti dove sono messe a dimora 2.200 piante di varietà moraiolo, frantoio e leccino che, nella trascorsa campagna, hanno reso un raccolto di 200 quintali di olive e una produzione di 20 ettolitri di olio. Unica la selezione proposta al panel, l'ottimo Extravergine Arnaldo Caprai che si presenta alla vista di un bel colore giallo dorato intenso, limpido. All'olfatto si apre ampio e avvolgente, ricco di sentori vegetali di carciofo e cicoria selvatica, cui si affiancano toni balsamici di erbe officinali, con ricordo di rosmarino e menta. Al gusto si esprime elegante e di carattere, dotato di note di lattuga di campo e netta chiusura di mandorla e pepe bianco. Amaro deciso e piccante spiccato e ben armonizzato. È un perfetto accompagnamento per antipasti di farro, insalate di ceci, legumi bolliti, patate alla griglia, passati di fagioli, primi piatti al pomodoro, molluschi gratinati, tartare di salmone, coniglio arrosto, pollame ai ferri, formaggi caprini.

Arnaldo Caprai, a well-known producer of Sagrantino di Montefalco, is also successful in the field of extra virgin olive oil, as his good performance shows. In the farm Caprai the olive groves cover 14 hectares with 2,200 trees of the varieties moraiolo, frantoio and leccino. In the last harvest 200 quintals of olives were produced, with a yield of 20 hectolitres of extra virgin olive oil. The selection proposed to the panel is the very good Extra Virgin Arnaldo Caprai, which is a beautiful intense limpid golden yellow colour. Its aroma is ample and rotund, rich in vegetal notes of artichoke and wild chicory, together with fragrant hints of officinal herbs, especially rosemary and mint. Its taste is elegant and strong, endowed with a flavour of country lettuce and a distinct finish of almond and white pepper. Bitterness is definite and pungency is distinct and harmonic. It would be ideal on farro appetizers, chickpea salads, boiled legumes, grilled potatoes, bean purée, pasta with tomato sauce, mussels au gratin, salmon tartare, roast rabbit, grilled poultry, goat cheese.

Italia Italy [IT] Umbria

Centumbrie

Agello - Via Osteria San Martino, 31/c
06063 Magione (PG)
E-mail: cm@centumbrie.com - Web: www.centumbrie.com

86

- 300 m
- Specializzato / Specialized
- Vaso policonico / Polyconic vase
- Bacchiatura e brucatura a mano / Beating and hand picking
- Sì - Ciclo continuo / Yes - Continuous cycle
- Frantoio (60%), dolce agogia (15%), moraiolo (15%), leccino (10%)
- Fruttato medio / Medium fruity
- da 18,01 a 22,00 € - 500 ml / from € 18.01 to 22.00 - 500 ml

Centumbrie è una società di recentissima costituzione che nasce per salvaguardare e valorizzare la bellezza del paesaggio, la ricchezza delle coltivazioni e la qualità del lavoro artigianale e artistico. Casolari, orti, oliveti, frantoio e molino sono i luoghi di questa struttura in espansione. Una superficie di 15 ettari è dedicata agli olivi, 5mila esemplari che hanno fruttato quest'anno 300 quintali di olive che, in aggiunta ai 150 acquistati, hanno reso 60 ettolitri di olio. Tre gli ottimi Extravergine CM Centumbrie: i due monocultivar, Dolce di Agogia e Frantoio da Agricoltura Biologica, e il Dop Umbria - Colli del Trasimeno scelto dal panel. Giallo dorato intenso con nuance verdoline, limpido; al naso è ampio e avvolgente, ricco di sentori di carciofo e cicoria, affiancati da note aromatiche di menta e rosmarino. Fine e di carattere in bocca, si arricchisce di toni speziati di pepe nero e cannella. Amaro deciso e piccante spiccato. Ideale su antipasti di mare, insalate di farro, marinate di orata, patate arrosto, passati di orzo, primi piatti con funghi finferli, molluschi gratinati, tartare di ricciola, pollame o carni di agnello al forno, formaggi freschi a pasta filata.

Centumbrie is a recently established company that was created to safeguard and enhance the beauty of the landscape, the abundance of the crops and the quality of artisanal and artistic work. Farmhouses, orchards, olive groves, an oil mill and a mill compose this expanding structure. The olive grove covers 15 hectares with 5,000 trees. In the last harvest 300 quintals of olives were produced and 150 purchased, with a yield of 60 hectolitres of oil. There are three very good Extra Virgin CM Centumbrie, the two Monocultivar Dolce di Agogia and Frantoio from Organic Farming and the Pdo Umbria - Colli del Trasimeno, chosen by the panel. It is an intense limpid golden yellow colour with light green hues. Its aroma is ample and rotund, rich in hints of artichoke and chicory, together with aromatic notes of mint and rosemary. Its taste is fine and strong, enriched by a spicy flavour of black pepper and cinnamon. Bitterness is definite and pungency is distinct. It would be ideal on seafood appetizers, farro salads, marinated gilthead, roast potatoes, barley purée, pasta with chanterelle mushrooms, mussels au gratin, amberjack tartare, baked poultry or lamb, mozzarella cheese.

Italia Italy [IT] Umbria

Azienda Agraria Frantoio Ciarletti

Manciano - Via Pintura, 3
06039 Trevi (PG)
Tel.: +39 0742 78354 - Fax: +39 0742 78354
E-mail: info@oliociarletti.it - Web: www.oliociarletti.it

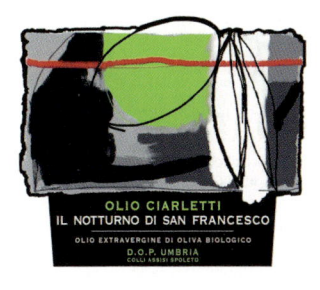

90

500 m

Specializzato
Specialized

Monocono
Monocone

Brucatura a mano
Hand picking

Sì - Ciclo continuo
Yes - Continuous cycle

Moraiolo (98%), frantoio (1%), leccino (1%)

Fruttato medio
Medium fruity

da 12,01 a 15,00 € - 500 ml
from € 12.01 to 15.00 - 500 ml

Da generazioni la famiglia Ciarletti è impegnata nella coltivazione dei suoi olivi nel vocatissimo comprensorio di Trevi. Attualmente Simona Ciarletti è la titolare dell'azienda che comprende, con la tradizione di sempre e le tecnologie più avanzate di oggi, l'intera filiera, dal campo alla bottiglia. Gli ettari olivetati sono 28 e le piante raggiungono il numero di 6.800 esemplari, di sola varietà moraiolo. Quest'anno il raccolto di 600 quintali di olive ha prodotto 85 ettolitri di olio. Segnaliamo l'etichetta proposta, l'Extravergine Il Notturno di San Francesco Dop Umbria da Agricoltura Biologica, di un bel colore giallo dorato intenso con leggere sfumature verdi, limpido. Al naso è ampio e avvolgente, dotato di sentori balsamici di menta e rosmarino, cui si associano note vegetali di carciofo e cicoria. Al palato è morbido e armonico, con toni di lattuga di campo e netta chiusura di mandorla e pepe nero. Amaro spiccato e piccante ben espresso. Ideale su bruschette con verdure, insalate di orzo, marinate di ricciola, patate al cartoccio, zuppe di farro, primi piatti al pomodoro, pesci ai ferri, tartare di salmone, pollame o carni di agnello al forno, formaggi caprini.

For generations the family Ciarletti has been practising olive growing in the favourable district of Trevi. Today their farm is run by Simona Ciarletti, who attends to the whole production chain, from the field to the bottle, combining tradition and advanced technology. The olive grove extends over 28 hectares with 6,800 trees of the variety moraiolo. In the last harvest 600 quintals of olives were produced, with a yield of 85 hectolitres of oil. We recommend the selection proposed, the Extra Virgin Il Notturno di San Francesco Pdo Umbria from Organic Farming, which is a beautiful intense limpid golden yellow colour with slight green hues. Its aroma is ample and rotund, endowed with fragrant hints of mint and rosemary, together with vegetal notes of artichoke and chicory. Its taste is mellow and harmonic, with a flavour of country lettuce and a definite finish of almond and black pepper. Bitterness is definite and pungency is distinct. It would be ideal on bruschette with vegetables, barley salads, marinated amberjack, baked potatoes, farro soups, pasta with tomato sauce, grilled fish, salmon tartare, baked poultry or lamb, goat cheese.

Italia Italy [IT] Umbria

Azienda Agricola Decimi

Passaggio - Via Prigionieri, 19
06084 Bettona (PG)
Tel.: +39 075 987304
E-mail: info@oliodecimi.it - Web: www.oliodecimi.it

97

300/500 m

Specializzato
Specialized

Vaso policonico
Polyconic vase

Bacchiatura
Beating

Sì - Ciclo continuo
Yes - Continuous cycle

Moraiolo

Fruttato intenso
Intense fruity

da 18,01 a 22,00 € - 500 ml
from € 18.01 to 22.00 - 500 ml

Sempre interessante la proposta della famiglia Decimi che consolida la sua splendida posizione. Fondata nel 2006, oggi l'azienda comprende 22 ettari di oliveto specializzato con 6.500 piante situate in parte sulle colline tra Bettona e Cannara e in parte a Giano dell'Umbria, a ridosso dell'abbazia di San Felice. Nella trascorsa campagna Graziano e Romina hanno raccolto 700 quintali di olive, pari a circa 76 ettolitri di olio. Segnaliamo l'etichetta presentata al panel per la Guida, l'ottimo Extravergine monocultivar Decimi - Moraiolo che appare alla vista di un bel colore giallo dorato intenso con delicate venature verdi, limpido. Al naso è deciso e complesso, con ricche note di carciofo e cicoria selvatica, affiancate da netti sentori balsamici di menta, basilico e rosmarino. Al gusto è avvolgente e di personalità, con toni di cardo, lattuga e sfumature di pepe nero e mandorla. Amaro potente e piccante spiccato e armonico. Si abbina bene a bruschette con pomodoro, carpaccio di tonno, insalate di pesce spada, radicchio alla brace, passati di lenticchie, primi piatti con salsiccia, polpo bollito, cacciagione di piuma o pelo alla griglia, formaggi stagionati a pasta dura.

The family Decimi proposes an interesting range of products, confirming their splendid position in our Guide. Founded in 2006, today the farm consists of 22 hectares of specialized olive grove with 6,500 trees, partly situated on the hills between Bettona and Cannara and partly in Giano dell'Umbria, near the abbey of San Felice. In the last harvest Graziano and Romina produced 700 quintals of olives, equal to about 76 hectolitres of oil. We recommend the selection proposed to the panel, the very good Monocultivar Extra Virgin Decimi - Moraiolo, which is a beautiful intense limpid golden yellow colour with delicate green hues. Its aroma is definite and complex, with rich notes of artichoke and wild chicory, together with distinct fragrant hints of mint, basil and rosemary. Its taste is rotund and strong, with a flavour of thistle, lettuce and notes of black pepper and almond. Bitterness is powerful and pungency is distinct and harmonic. It would be ideal on bruschette with tomatoes, tuna carpaccio, swordfish salads, barbecued radicchio, lentil purée, pasta with sausages, boiled octopus, grilled game birds or animals, hard mature cheese.

Italia Italy [IT] Umbria

Frantoio Filippi

Fabbri - Via Case Sparse, 117
06030 Giano dell'Umbria (PG)
Tel.: +39 0742 90365
E-mail: info@frantoiofilippi.it - Web: www.frantoiofilippi.it

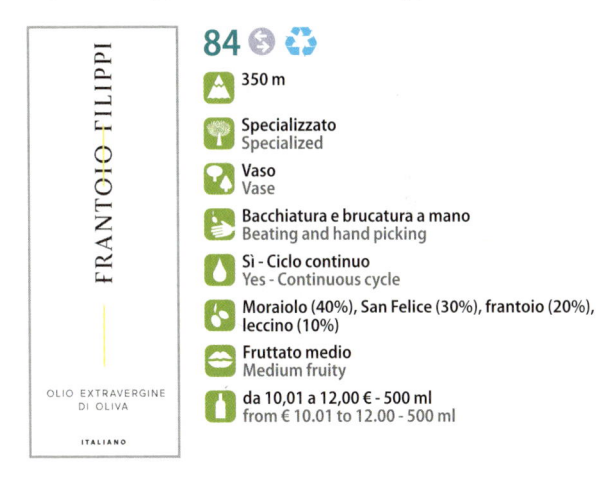

84

350 m

Specializzato
Specialized

Vaso
Vase

Bacchiatura e brucatura a mano
Beating and hand picking

Sì - Ciclo continuo
Yes - Continuous cycle

Moraiolo (40%), San Felice (30%), frantoio (20%), leccino (10%)

Fruttato medio
Medium fruity

da 10,01 a 12,00 € - 500 ml
from € 10.01 to 12.00 - 500 ml

Confermiamo volentieri quest'azienda di Giano dell'Umbria. Nell'oliveto, che occupa 3 ettari con 1.100 piante, c'è il patrimonio degli alberi secolari diventati monumenti vegetali che, resistendo nel tempo, hanno creato un forte legame tra l'uomo e il territorio circostante. All'interno di questa cornice, coniugando tradizione e tecnologia, la famiglia Filippi ha posizionato un frantoio all'avanguardia che ha trasformato, nella trascorsa campagna, 100 quintali di olive del proprio raccolto più 120 acquistati, per una resa in olio di 27 ettolitri. L'Extravergine Manso è di un bel colore giallo dorato intenso con delicate sfumature verdi, limpido. Al naso si apre ampio e avvolgente, dotato di sentori vegetali di carciofo e cicoria, cui si affiancano note aromatiche di menta e rosmarino. Morbido e armonico al palato, si arricchisce di toni di lattuga di campo e chiude con ricordo di mandorla. Amaro e piccante presenti ed equilibrati. Ideale su antipasti di lenticchie, funghi porcini arrosto, marinate di tonno, radicchio ai ferri, zuppe di carciofi, primi piatti al ragù, pesce azzurro gratinato, agnello in umido, carni rosse alla brace, formaggi di media stagionatura.

Present again in our Guide, this farm is situated in Giano dell'Umbria. The olive grove, which takes up 3 hectares with 1,100 trees, contains centuries-old trees, vegetal monuments that, over time, have created a strong bond between man and the surrounding area. In this scenery, combining tradition and technology, the family Filippi has built an advanced oil mill. In the last harvest 100 quintals of olives were produced and 120 were purchased, equal to a yield of 27 hectolitres of oil. The selection proposed is the Extra Virgin Manso, which is a beautiful intense limpid golden yellow colour with delicate green hues. Its aroma is ample and rotund, endowed with vegetal hints of artichoke and chicory, together with aromatic notes of mint and rosemary. Its taste is mellow and harmonic, enriched by a flavour of country lettuce and an almond finish. Bitterness and pungency are present and well balanced. It would be ideal on lentil appetizers, roast porcini mushrooms, marinated tuna, grilled radicchio, artichoke soups, pasta with meat sauce, blue fish au gratin, stewed lamb, barbecued red meat, medium mature cheese.

Italia Italy [IT] Umbria

Fontanaro

Vocabolo Montanaro, 64
06060 Paciano (PG)
Tel.: +39 075 830507
E-mail: lucia@fontanaro.it - Web: www.bestitalianoliveoil.com

91

- 400 m
- Specializzato / Specialized
- Policono, vaso / Polycone, vase
- Brucatura a mano / Hand picking
- Sì - Ciclo continuo / Yes - Continuous cycle
- Frantoio (30%), leccino (30%), dolce agogia (20%), moraiolo (20%)
- Fruttato medio / Medium fruity
- da 12,01 a 15,00 € - 500 ml / from € 12.01 to 15.00 - 500 ml

Fontanaro inizia a produrre extravergine nel 1972 e cresce piano piano, ampliando i propri oliveti con l'acquisizione di nuovi terreni limitrofi e l'impianto di centinaia di piante. L'attività dell'azienda si sviluppa anche con la realizzazione, nella vasta tenuta, di un curatissimo agriturismo, con cottage e appartamenti di standard elevato. Attualmente gli olivi sono 3.800, su 15 ettari: quest'anno Lucia, con i figli Bianca e Giovanni, ha ricavato 300 quintali di olive e 30 ettolitri di olio. L'ottimo Extravergine Fonte della Pace da Agricoltura Biologica appare alla vista di un bel colore giallo dorato intenso con sfumature verdoline, limpido. Al naso è pieno e avvolgente, ricco di sentori vegetali di carciofo e cicoria, cui si affiancano nette note balsamiche di menta e rosmarino. Al gusto è elegante e complesso, con toni di lattuga e ricordo di mandorla e pepe nero. Amaro molto spiccato e piccante deciso e armonico. È eccellente per antipasti di mare, insalate di ceci, legumi bolliti, patate alla piastra, passati di fagioli, primi piatti con molluschi, gamberi in guazzetto, seppie in umido, coniglio arrosto, pollame alla griglia, formaggi freschi a pasta filata.

Fontanaro started producing extra virgin olive oil in 1972 and gradually enlarged its olive groves, purchasing new pieces of land and planting hundreds of trees. The farm also includes a well-kept holiday farm with high quality flats and cottages. Currently the 15-hectare olive grove contains 3,800 trees. In the last harvest Lucia and her children Bianca and Giovanni produced 300 quintals of olives, equal to a yield of 30 hectolitres of oil. We recommend the very good Extra Virgin selection Fonte della Pace from Organic Farming, which is a beautiful intense limpid golden yellow colour with light green hues. Its aroma is full and rotund, rich in vegetal hints of artichoke and chicory, together with definite fragrant notes of mint and rosemary. Its taste is elegant and complex, with a flavour of lettuce and a note of almond and black pepper. Bitterness is distinct and pungency is definite and harmonic. It would be ideal on seafood appetizers, chickpea salads, boiled legumes, seared potatoes, bean purée, pasta with mussels, stewed shrimps, stewed cuttlefish, roast rabbit, grilled poultry, mozzarella cheese.

Frantoio Gaudenzi

Pigge - Camporeale, 6
06039 Trevi (PG)
Tel.: +39 0742 781107 - Fax: +39 0742 781107
E-mail: info@frantoiogaudenzi.it - Web: www.frantoiogaudenzi.it

99

300/650 m

Specializzato
Specialized

Vaso policonico
Polyconic vase

Brucatura a mano e meccanica
Hand picking and mechanical harvesting

Sì - Ciclo continuo
Yes - Continuous cycle

Leccino (65%), dolce agogia (35%)

Fruttato leggero
Light fruity

da 12,01 a 15,00 € - 500 ml
from € 12.01 to 15.00 - 500 ml

Un bel bis per questa famiglia che si aggiudica anche quest'anno un meritato premio: per il Migliore Olio Extravergine di Oliva Dop/Igp - Fruttato Leggero. Frantoio Gaudenzi nasce nel 1950 e nel tempo acquisisce un moderno impianto di estrazione e nuovi oliveti, fino agli attuali 114 ettari con 28mila piante dalle quali sono stati ricavati quasi 2.358 quintali di olive che, con i circa 1.730 acquistati, hanno reso pressoché 681 ettolitri di olio. Cinque gli ottimi Extravergine: Quinta Luna, 6 Novembre, Chiuse di Sant'Arcangelo da Agricoltura Biologica, 89/93 Dop Umbria - Colli Martani e Seven Dop Umbria - Colli del Trasimeno. Quest'ultimo è giallo dorato intenso con delicati riflessi verdi, limpido. Al naso è ampio e avvolgente, con note di pomodoro acerbo, mela bianca e banana, cui si affiancano sentori di basilico, menta e prezzemolo. Fine e vegetale in bocca, sa di cicoria, lattuga e sedano. Amaro ben espresso e piccante dosato. È perfetto per maionese, antipasti di orzo, aragosta al vapore, carpaccio di ricciola, marinate di spigola, passati di piselli, primi piatti con funghi ovoli, fritture di calamari, tartare di gamberi, formaggi freschi a pasta molle, dolci lievitati.

This family wins a prize for the second consecutive year: this time for The Best Extra Virgin Olive Oil Pdo/Pgi - Light Fruity. Frantoio Gaudenzi was founded in 1950 and over time has been supplied with new olive groves and a modern extraction system. Today there are 114 hectares with 28,000 trees. In the last harvest almost 2,358 quintals of olives were produced and about 1,730 purchased, with a yield of about 681 hectolitres of oil. There are five very good Extra Virgin, Quinta Luna, 6 Novembre, Chiuse di Sant'Arcangelo from Organic Farming, 89/93 Pdo Umbria - Colli Martani and Seven Pdo Umbria - Colli del Trasimeno, which is an intense limpid golden yellow colour with delicate green hues. Its aroma is ample and rotund, with notes of unripe tomato, white apple and banana, together with hints of basil, mint and parsley. Its taste is fine and vegetal, with a flavour of chicory, lettuce and celery. Bitterness is distinct and pungency is complimentary. It would be ideal on mayonnaise, barley appetizers, steamed spiny lobster, amberjack carpaccio, marinated bass, pea purée, pasta with ovoli mushrooms, fried squids, shrimp tartare, soft fresh cheese, yeast-raised cakes.

Italia Italy [IT] Umbria

Frantoio Gradassi

Via Virgilio, 2
06042 Campello sul Clitunno (PG)
Tel.: +39 0743 521033
E-mail: a.gradassi@cufrol.com - Web: www.cufrol.com

84 DOP

- 300/500 m
- **Specializzato** / Specialized
- **Monocono** / Monocone
- **Brucatura a mano e meccanica** / Hand picking and mechanical harvesting
- **Sì - Ciclo continuo e sinolea** / Yes - Continuous cycle and sinolea
- Moraiolo (70%), frantoio (20%), leccino (10%)
- **Fruttato medio** / Medium fruity
- da 12,01 a 15,00 € - 750 ml / from € 12.01 to 15.00 - 750 ml

Frantoio Gradassi, situato a Campello sul Clitunno, vanta una tradizione risalente al XVII secolo. Da allora a oggi molte cose sono cambiate, ma resta la passione per un mestiere antico, l'amore per la terra umbra e il rispetto per l'ambiente. Oggi i titolari dell'azienda sono Andrea e la sorella Elisabetta, al fianco del papà Carlo Gradassi. Il patrimonio comprende un'ampia tenuta, con 60 ettari dedicati a 35mila piante di olivo dalle quali sono stati ricavati 3.500 quintali di olive che, in aggiunta a mille acquistati, hanno reso 650 ettolitri di olio. L'Extravergine Lo Storico Dop Umbria Colli Assisi-Spoleto appare alla vista di un bel colore giallo dorato intenso con nuance verdoline, limpido. Al naso è pulito e avvolgente, dotato di sentori vegetali di carciofo e cicoria, cui si affiancano note aromatiche di menta e rosmarino. In bocca è fine e armonico, con toni di lattuga, pepe nero e mandorla. Amaro deciso e piccante spiccato. Si abbina a bruschette con pomodoro, carpaccio di pesce spada, insalate di carciofi, marinate di tonno, zuppe di lenticchie, risotto con funghi porcini, polpo bollito, agnello arrosto, carni rosse in umido, formaggi di media stagionatura.

Frantoio Gradassi, located in Campello sul Clitunno, can boast a tradition dating back to the 17th century. Since then, many things have changed, but the passion for an ancient craft, the love for the Umbrian land and the respect for the environment remain. Today the owners of the farm are Andrea and his sister Elisabetta, with their father Carlo Gradassi. The large estate includes 60 hectares of olive grove with 35,000 trees. In the last harvest 3,500 quintals of olives were produced and 1,000 purchased, with a yield of 650 hectolitres of oil. The Extra Virgin Lo Storico Pdo Umbria Colli Assisi-Spoleto is a beautiful intense limpid golden yellow colour with light green hues. Its aroma is clean and rotund, endowed with vegetal hints of artichoke and chicory, together with aromatic notes of mint and rosemary. Its taste is fine and harmonic, with a flavour of lettuce, black pepper and almond. Bitterness is definite and pungency is distinct. It would be ideal on bruschette with tomatoes, swordfish carpaccio, artichoke salads, marinated tuna, lentil soups, risotto with porcini mushrooms, boiled octopus, roast lamb, stewed red meat, medium mature cheese.

Italia Italy [IT] Umbria

Azienda Agricola Le Due Torri

Scandolaro - Vocabolo Rocca Deli
06034 Foligno (PG)
Tel.: +39 0743 275983 - Fax: +39 0742 344246
E-mail: prodotti@leduetorribio.com - Web: www.leduetorribio.com

86

- 650 m
- **Specializzato** / Specialized
- **Vaso** / Vase
- **Brucatura a mano e meccanica** / Hand picking and mechanical harvesting
- **No - Ciclo continuo** / No - Continuous cycle
- Moraiolo (80%), frantoio (10%), leccino (10%)
- **Fruttato medio** / Medium fruity
- da 10,01 a 12,00 € - 500 ml / from € 10.01 to 12.00 - 500 ml

Continuiamo a seguire con piacere i progressi di quest'azienda che prende il nome dalle torri medievali di Quadrano e Rocca Deli e si trova nella campagna di Spello, a poca distanza da Assisi. La struttura, che offre anche ospitalità agrituristica, comprende una vasta tenuta nella quale si coltivano la vite, l'olivo, i cereali e i foraggi destinati ai bovini di razza chianina. L'oliveto occupa quasi 19 ettari, con 5mila piante che hanno reso quest'anno un raccolto di 200 quintali di olive, pari a 30 ettolitri di olio. Segnaliamo l'Extravergine Le Due Torri da Agricoltura Biologica e Biodinamica, di un bel colore giallo dorato intenso con leggere sfumature verdi, limpido. Al naso è ampio e avvolgente, dotato di sentori vegetali di carciofo e cicoria, arricchiti da note aromatiche di menta e rosmarino. In bocca è fine e complesso, con toni di lattuga di campo e ricordo di mandorla e pepe nero. Amaro spiccato e piccante deciso e armonico. Si abbina a bruschette con verdure, insalate di orzo, marinate di salmone, patate al cartoccio, zuppe di ceci, risotto con carciofi, molluschi gratinati, tartare di ricciola, coniglio arrosto, pollo al forno, formaggi freschi a pasta filata.

Present again in our Guide, this farm takes its name from the Medieval towers of Quadrano and Rocca Deli. It is situated in the countryside of Spello, a few kilometres from Assisi and also offers guest accommodation. The large estate contains grapevines, olive trees, cereals and fodder destined to the Chianina cattle. The olive grove takes up almost 19 hectares with 5,000 trees. In the last harvest 200 quintals of olives were produced, with a yield of 30 hectolitres of oil. We recommend the Extra Virgin selection Le Due Torri from Organic and Biodynamic Farming, which is a beautiful intense limpid golden yellow colour with slight green hues. Its aroma is ample and rotund, endowed with vegetal hints of artichoke and chicory, enriched by aromatic notes of mint and rosemary. Its taste is fine and complex, with a flavour of country lettuce and a note of almond and black pepper. Bitterness is distinct and pungency is definite and harmonic. It would be ideal on bruschette with vegetables, barley salads, marinated salmon, baked potatoes, chickpea soups, risotto with artichokes, mussels au gratin, amberjack tartare, roast rabbit, baked chicken, mozzarella cheese.

Italia Italy [IT] Umbria

Frantoio Loreti

Zona Industriale Nord
06023 Gualdo Tadino (PG)
Tel.: +39 075 9145081
E-mail: info@frantoioloreti.it - Web: www.frantoioloreti.it

88

- 400/650 m
- **Specializzato** / Specialized
- **Forma libera** / Free form
- **Bacchiatura** / Beating
- **Sì - Ciclo continuo** / Yes - Continuous cycle
- **Moraiolo**
- **Fruttato intenso** / Intense fruity
- da 12,01 a 15,00 € - 500 ml / from € 12.01 to 15.00 - 500 ml

Frantoio Loreti, pur vantando una storia antica, incarna una realtà giovane e innovativa che crede nella cura dei dettagli e nella combinazione armoniosa di tradizione, territorio e tecnologia. L'avventura inizia nel 1880 quando Egidio Tega acquista un molino in pietra. Di generazione in generazione, dal 2001 Ulderico Loreti e suo figlio Rodolfo conducono il frantoio, trasformandolo dalla pietra all'acciaio. Quest'anno questo ha lavorato 100 quintali di olive, provenienti dalle 900 piante coltivate su quasi 5 ettari, che in aggiunta ai 700 acquistati hanno reso circa 98 ettolitri di olio. L'ottimo Extravergine Istante è di un bel colore giallo dorato intenso con lievi riflessi verdi, limpido. Al naso è deciso e avvolgente, ricco di sentori vegetali di carciofo e cicoria, affiancati da note aromatiche di menta e rosmarino. Fine e di carattere in bocca, sprigiona toni di lattuga, pepe nero e mandorla. Amaro potente e piccante spiccato e armonico. Ideale su bruschette con pomodoro, carpaccio di tonno, insalate di spinaci, radicchio alla griglia, passati di lenticchie, primi piatti al ragù, polpo bollito, cacciagione di piuma o pelo al forno, formaggi stagionati a pasta dura.

Frantoio Loreti, while boasting an ancient story, is a young and modern farm that believes in the attention to detail and in the harmonious combination of tradition, territory and technology. Its adventure began in 1880, when Egidio Tega bought a stone mill. Since 2001 Ulderico Loreti and his son Rodolfo have been running the oil mill, transforming it from stone to steel. The olive grove covers almost 5 hectares with 900 trees. In the last harvest 100 quintals of olives were produced and 700 purchased, with a yield of about 98 hectolitres of oil. The very good Extra Virgin Istante is a beautiful intense limpid golden yellow colour with slight green hues. Its aroma is definite and rotund, rich in vegetal hints of artichoke and chicory, together with aromatic notes of mint and rosemary. Its taste is fine and strong, with a flavour of lettuce, black pepper and almond. Bitterness is strong and pungency is distinct and harmonic. It would be ideal on bruschette with tomatoes, tuna carpaccio, spinach salads, grilled radicchio, lentil purée, pasta with meat sauce, boiled octopus, baked game birds or animals, hard mature cheese.

Italia Italy [IT] Umbria

Marfuga

Viale Firenze
06042 Campello sul Clitunno (PG)
Tel.: +39 0743 521338 - Fax: +39 0743 270043
E-mail: marfuga@marfuga.it - Web: www.marfuga.it

99

- 300/500 m
- Specializzato / Specialized
- Vaso policonico / Polyconic vase
- Brucatura a mano / Hand picking
- Sì - Ciclo continuo / Yes - Continuous cycle
- Moraiolo (70%), frantoio (30%)
- Fruttato intenso / Intense fruity
- da 18,01 a 22,00 € - 500 ml / from € 18.01 to 22.00 - 500 ml

Continua la scalata, con una straordinaria prestazione che vale il premio per il Migliore Olio Extravergine di Oliva Dop/Igp - Fruttato Intenso. Complimenti a Francesco Gradassi, erede di una famiglia attiva nell'olivicoltura dal 1817. Oggi il centro aziendale e la maggior parte della proprietà sono a Campello sul Clitunno: 30 ettari con 13mila alberi dai quali sono stati raccolti 1.100 quintali di olive che, uniti ai mille acquistati, hanno reso circa 344 ettolitri di olio. Due gli Extravergine da Agricoltura Biologica: L'Affiorante e Marfuga - Riserva Dop Umbria - Colli Assisi-Spoleto che segnaliamo. Giallo dorato intenso con sfumature verdoline, limpido; al naso è deciso e avvolgente, ricco di sentori di carciofo, cicoria e lattuga, affiancati da toni balsamici di basilico e menta. Fine e complesso al palato, sprigiona note aromatiche di salvia, rosmarino e chiude con ricordo di mandorla e pepe nero. Amaro potente e piccante spiccato. Ideale su bruschette con pomodoro, funghi porcini alla brace, insalate di tonno, radicchio arrosto, passati di lenticchie, primi piatti al ragù, pesce azzurro gratinato, carni rosse o cacciagione alla griglia, formaggi stagionati a pasta dura.

An extraordinary performance deserves the award for The Best Extra Virgin Olive Oil Pdo/Pgi - Intense Fruity. Congratulations to Francesco Gradassi, the heir of a family practising olive growing since 1817. Today the farm and the most of the estate are based in Campello sul Clitunno, where 13,000 trees grow on 30 hectares of olive grove. In the last harvest 1,100 quintals of olives were produced and 1,000 purchased, with a yield of about 344 hectolitres of oil. There are two Extra Virgin from Organic Farming, L'Affiorante and Marfuga - Riserva Pdo Umbria - Colli Assisi-Spoleto, which is an intense limpid golden yellow colour with light green hues. Its aroma is definite and rotund, rich in notes of artichoke, chicory and lettuce, together with fragrant hints of basil and mint. Its taste is fine and complex, with an aromatic flavour of sage, rosemary and a final note of almond and black pepper. Bitterness is strong and pungency is distinct. It would be ideal on bruschette with tomatoes, barbecued porcini mushrooms, tuna salads, roast radicchio, lentil purée, pasta with meat sauce, blue fish au gratin, grilled red meat or game, hard mature cheese.

Italia Italy [IT] Umbria

Mitera

Rocca di Rigo - Mercatello, 11
06055 Marsciano (PG)
Tel.: +39 075 8783001
E-mail: info@mitera.ch - Web: www.mitera.ch

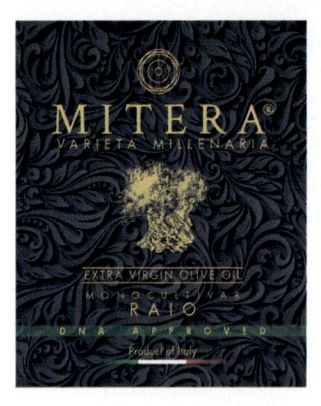

85

300 m

Specializzato
Specialized

Vaso aperto, vaso policonico
Open vase, polyconic vase

Brucatura a mano
Hand picking

No - Ciclo continuo
No - Continuous cycle

Raio

Fruttato medio
Medium fruity

da 26,01 a 30,00 € - 500 ml
from € 26.01 to 30.00 - 500 ml

Mitera, in greco Madre, è il nome scelto come brand da un'azienda che produce extravergine da una varietà millenaria, rievocando l'antico sodalizio dell'uomo con l'albero più simbolico del Mediterraneo. Al rispetto della tradizione e dell'ambiente si unisce la ricerca delle tecnologie più innovative, con l'obiettivo di una coltivazione sostenibile a protezione della biodiversità. Antonella Meyer-Masciulli, la creatrice del progetto, non possiede oliveti ma seleziona e acquista olive della cultivar locale raio: 50 quintali nella passata campagna, pari a una resa in olio di quasi 11 ettolitri. L'Extravergine Mitera - Raio è giallo dorato intenso con delicate tonalità verdi, limpido. Al naso è ampio e avvolgente, ricco di sentori di cicoria e carciofo, affiancati da note balsamiche di menta e rosmarino. Fine e complesso in bocca, sprigiona toni vegetali di lattuga e nel finale ricorda la mandorla. Amaro ben espresso e piccante presente. Ideale su maionese, antipasti di pesce persico, aragosta bollita, carpaccio di spigola, marinate di trota, zuppa di patate, risotto con asparagi, molluschi al vapore, tartare di dentice, formaggi freschi a pasta molle, dolci lievitati.

Mitera, in Greek Mother, is the name chosen as the brand of a farm that produces extra virgin olive oil from a millenary cultivar, recalling the ancient bond of man with the most symbolic tree of the Mediterranean. The respect for tradition and the environment is combined with the research for the latest technologies, to protect biodiversity through the use of sustainable cultivation. Antonella Meyer-Masciulli, who created the project, does not own olive groves, but selects and purchases olives of the local cultivar raio: in the last harvest 50 quintals, with a yield of almost 11 hectolitres of oil. The Extra Virgin Mitera - Raio is an intense limpid golden yellow colour with delicate green hues. Its aroma is ample and rotund, rich in hints of chicory and artichoke, together with fragrant notes of mint and rosemary. Its taste is fine and complex, with a vegetal flavour of lettuce and an almond finish. Bitterness is distinct and pungency is present. It would be ideal on mayonnaise, perch appetizers, boiled spiny lobster, bass carpaccio, marinated trout, potato soup, risotto with asparagus, steamed mussels, sea bream tartare, soft fresh cheese, yeast-raised cakes.

Italia Italy [IT] Umbria

Oro di Giano

Macciano
06030 Giano dell'Umbria (PG)
Tel.: +39 0742 849511
E-mail: info@orodigiano.it - Web: www.orodigiano.it

88

- 546 m
- **Specializzato** / Specialized
- **Vaso policonico** / Polyconic vase
- **Bacchiatura** / Beating
- **No - Ciclo continuo** / No - Continuous cycle
- San Felice
- **Fruttato intenso** / Intense fruity
- da 18,01 a 22,00 € - 500 ml / from € 18.01 to 22.00 - 500 ml

La famiglia Pompilj è presente nel piccolo borgo di Macciano, nel comprensorio di Giano dell'Umbria, fin dal XVI secolo. I suoi discendenti proseguono la tradizione, riconoscendosi nel simbolo di Giano bifronte, il dio che può guardare al passato e al futuro. Il patrimonio è composto da 160 ettari, curati con il prezioso aiuto di uomini e donne del posto; gli olivi - 3.553 esemplari - occupano 10 ettari e hanno fruttato 146 quintali di olive che hanno reso 25 ettolitri di olio. Segnaliamo l'ottimo Extravergine monocultivar Oro di Giano - San Felice che appare alla vista di un bel colore giallo dorato intenso con lievi tonalità verdi, limpido. Al naso si apre deciso e avvolgente, ricco di sentori balsamici di menta, salvia e rosmarino, cui si associano note vegetali di carciofo e cicoria. Fine e di carattere al palato, sprigiona toni di lattuga di campo e chiude con nuance di mandorla e pepe nero. Amaro potente e piccante spiccato. Eccellente su bruschette con pomodoro, carpaccio di pesce spada, insalate di carciofi, marinate di tonno, passati di lenticchie, zuppe di fagioli, primi piatti con salsiccia, polpo bollito, carni rosse o nere al forno, formaggi di media stagionatura.

The family Pompilj has been present in the little village of Macciano, in the district of Giano dell'Umbria, since the 16th century. Their descendants carry on this tradition, identifying themselves with the symbol of two-faced Janus, the god who can look to the past and the future. The estate, run with the help of local people, covers 160 hectares, 10 of which destined to olive grove with 3,553 trees. In the last harvest 146 quintals of olives were produced, with a yield of 25 hectolitres of oil. We recommend the very good Monocultivar Extra Virgin Oro di Giano - San Felice, which is a beautiful intense limpid golden yellow colour with slight green hues. Its aroma is definite and rotund, rich in fragrant hints of mint, sage and rosemary, together with vegetal notes of artichoke and chicory. Its taste is fine and strong, with a flavour of country lettuce and a finish of almond and black pepper. Bitterness is powerful and pungency is distinct. It would be ideal on bruschette with tomatoes, swordfish carpaccio, artichoke salads, marinated tuna, lentil purée, bean soups, pasta with sausages, boiled octopus, baked red meat or game, medium mature cheese.

Italia Italy [IT] Umbria

Passo della Palomba
Cecanibbi - Boschetto, 47
06059 Todi (PG)
Tel.: +39 06 5294414
E-mail: info@passodellapalomba.com - Web: www.passodellapalomba.com

91

- 300 m
- **Specializzato** / Specialized
- **Monocono, palmetta, vaso policonico** / Monocone, fan, polyconic vase
- **Bacchiatura e meccanica** / Beating and mechanical harvesting
- **Sì - Ciclo continuo** / Yes - Continuous cycle
- Moraiolo (30%), dolce agogia (20%), frantoio (20%), leccino (20%), don Carlo (10%)
- **Fruttato medio** / Medium fruity
- da 12,01 a 15,00 € - 500 ml / from € 12.01 to 15.00 - 500 ml

Nel verde delle campagne dell'Umbria, lontano dai ritmi frenetici della città, a Passo della Palomba Alessandro Gilotti persegue un obiettivo ambizioso: produrre extravergine di alta qualità nel pieno controllo dell'intera filiera, dal campo alla bottiglia. Il patrimonio è composto da una vasta tenuta, della quale 15 ettari destinati all'oliveto con 5mila alberi, e da un impianto di estrazione di ultima generazione. Quest'anno il raccolto ha fruttato 400 quintali di olive e 48 ettolitri di olio. L'etichetta proposta è l'ottimo Extravergine Olistico - Gran Cru che appare alla vista di un bel colore giallo dorato intenso con delicate venature verdi, limpido. Al naso è ampio e avvolgente, ricco di sentori balsamici di menta e rosmarino, in aggiunta a note speziate di pepe nero. Fine e complesso al palato, sprigiona toni vegetali di carciofo, cicoria e lattuga, e nel finale ricorda la mandorla. Amaro deciso e piccante spiccato. È ottimo su antipasti di lenticchie, funghi porcini al forno, insalate di tonno, radicchio alla griglia, passati di carciofi, primi piatti al ragù, pesce azzurro gratinato, agnello alla brace, carni rosse in tartare, formaggi stagionati a pasta dura.

Alessandro Gilotti pursues the ambitious aim of producing high quality extra virgin olive oil in Passo della Palomba, in the green countryside of Umbria, far from the frenetic rhythm of the city. He controls the whole production chain, from the field to the bottle. The large estate includes a 15-hectare olive grove with 5,000 trees and an advanced extraction system. In the last harvest 400 quintals of olives and 48 hectolitres of oil were produced. The selection proposed is the very good Extra Virgin Olistico - Gran Cru, which is a beautiful intense limpid golden yellow colour with delicate green hues. Its aroma is ample and rotund, rich in fragrant hints of mint and rosemary, together with spicy notes of black pepper. Its taste is fine and complex, with a vegetal flavour of artichoke, chicory, lettuce and an almond finish. Bitterness is definite and pungency is distinct. It would be ideal on lentil appetizers, baked porcini mushrooms, tuna salads, grilled radicchio, artichoke purée, pasta with meat sauce, blue fish au gratin, barbecued lamb, red meat tartare, hard mature cheese.

Italia Italy [IT] Umbria

Frantoio Speranza

Via Caldarello, 21
06030 Giano dell'Umbria (PG)
Tel.: +39 0742 90364 - Fax: +39 0742 90364
E-mail: info@frantoiosperanza.com - Web: www.frantoiosperanza.com

87

- 600 m
- Specializzato / Specialized
- Vaso aperto / Open vase
- Brucatura a mano e meccanica / Hand picking and mechanical harvesting
- Sì - Ciclo continuo / Yes - Continuous cycle
- Moraiolo (60%), frantoio (35%), San Felice (5%)
- Fruttato medio / Medium fruity
- da 4,01 a 6,00 € - 500 ml / from € 4.01 to 6.00 - 500 ml

Frantoio Speranza sorge sulle colline di Giano dell'Umbria, piccolo centro storico nel cuore della regione, in un'area privilegiata per la coltura dell'olivo. L'azienda ha alle spalle generazioni di antenati che si sono dedicati a quest'attività e, oggi che il testimone è passato a Valeria Massucci, questa si prende cura dell'impianto che ha lavorato il raccolto delle 700 piante di famiglia messe a dimora su 3 ettari: 80 quintali di olive che hanno prodotto 15 ettolitri di olio. Segnaliamo l'Extravergine Veglio che appare alla vista di un bel colore giallo dorato intenso con delicati riflessi verdi, limpido. Al naso è sottile e composto, dotato di sentori vegetali di carciofo e cicoria selvatica, cui susseguono netti toni di mandorla. Morbido e armonico al palato, è caratterizzato da sfumature balsamiche di erbe officinali, con ricordo di menta e rosmarino. Amaro e piccante presenti e dosati, con finale dolce in rilievo. È un perfetto accompagnamento per antipasti di pomodori, insalate di legumi, marinate di orata, patate in umido, zuppe di farro, primi piatti con salmone, molluschi gratinati, rombo al forno, coniglio arrosto, pollame alla piastra, formaggi caprini.

Frantoio Speranza is situated on the hills of Giano dell'Umbria, a little historical town in the heart of the region, in an area traditionally favourable to olive growing. Several generations of the family cultivated these trees before Valeria Massucci, who now runs 3 hectares of surface with 700 trees. In the last harvest 80 quintals of olives were produced, which allowed to yield 15 hectolitres of extra virgin olive oil. We recommend the Extra Virgin selection Veglio, which is a beautiful intense limpid golden yellow colour with delicate green hues. Its aroma is fine and delicate, endowed with vegetal hints of artichoke and wild chicory, together with distinct notes of almond. Its taste is mellow and harmonic, characterized by a fragrant flavour of officinal herbs, especially mint and rosemary. Bitterness and pungency are present and complimentary, with a sweet finish. It would be ideal on tomato appetizers, legume salads, marinated gilthead, stewed potatoes, farro soups, pasta with salmon, mussels au gratin, baked turbot, roast rabbit, pan-seared poultry, goat cheese.

Italia Italy [IT] Umbria

Luigi Tega

Vescia - Via dei Frantoi, 53
06034 Foligno (PG)
Tel.: +39 0742 660015 - Fax: +39 0742 660015
E-mail: info@luigitega.it - Web: www.luigitega.it

98

300/400 m

Specializzato
Specialized

Cespuglio
Bush

Brucatura a mano e meccanica
Hand picking and mechanical harvesting

Sì - Ciclo continuo
Yes - Continuous cycle

Moraiolo (40%), coratina (30%), frantoio (30%)

Fruttato intenso
Intense fruity

da 8,01 a 10,00 € - 500 ml
from € 8.01 to 10.00 - 500 ml

I progressi di Luigi Tega lo avvicinano ai traguardi più ambiti della Guida. Del resto seguiamo questa realtà da tante edizioni e le riconosciamo il vanto di essere un punto di riferimento indiscusso per l'alta qualità. La struttura è in attività dal 1950, anno in cui il nonno (e omonimo) di Luigi acquistò un frantoio del XV secolo che ospita tuttora la sede aziendale. Da 5mila piante, su 15 ettari, sono stati raccolti quest'anno 300 quintali di olive che, con l'aggiunta di 2.500 acquistati, hanno reso 420 ettolitri di olio, più 150 comprati, per un totale di 570 ettolitri. Due gli Extravergine da Agricoltura Biologica: Fior d'Oliva e l'eccellente Luigi Tega - Selection. Giallo dorato intenso con nuance verdoline, limpido; al naso è deciso e avvolgente, ricco di note di carciofo e cicoria, affiancate da sentori di menta e rosmarino. Fine e di carattere in bocca, aggiunge toni di lattuga, mandorla e cannella. Amaro potente e piccante spiccato. Ideale su bruschette con pomodoro, carpaccio di tonno, insalate di spinaci, radicchio alla griglia, zuppe di fagioli, primi piatti con salsiccia, polpo bollito, cacciagione di piuma o pelo arrosto, formaggi stagionati a pasta dura.

Luigi Tega's progress makes him near the top targets of our Guide, in fact, his farm has been an undisputed point of reference for high quality for many years. It has been active since 1950, when Luigi's grandfather and homonym purchased a 15th century oil mill, where there is still the farm office. The olive grove covers 15 hectares with 5,000 trees. In the last harvest 300 quintals of olives were produced and 2,500 purchased, with a yield of 420 hectolitres of oil. With 150 purchased, the total was 570 hectolitres. There are two Extra Virgin from Organic Farming, Fior d'Oliva and the excellent Luigi Tega - Selection, which is an intense limpid golden yellow colour with light green hues. Its aroma is definite and rotund, rich in notes of artichoke and chicory, together with hints of mint and rosemary. Its taste is fine and strong, with a flavour of lettuce, almond and cinnamon. Bitterness is powerful and pungency is distinct. It would be ideal on bruschette with tomatoes, tuna carpaccio, spinach salads, grilled radicchio, bean soups, pasta with sausages, boiled octopus, roast game birds or animals, hard mature cheese.

Italia Italy [IT] Umbria

Villa della Genga

Poreta - Contrada Villa della Genga
06049 Spoleto (PG)
Tel.: +39 0743 274137 - Fax: +39 0743 270322
E-mail: info@leterrediporeta.it - Web: www.leterrediporeta.it

97

300 m

Specializzato
Specialized

Policono, vaso policonico
Polycone, polyconic vase

Bacchiatura e brucatura a mano
Beating and hand picking

Sì - Ciclo continuo
Yes - Continuous cycle

Moraiolo

Fruttato medio
Medium fruity

da 15,01 a 18,00 € - 500 ml
from € 15.01 to 18.00 - 500 ml

Questa interessante realtà situata sulle terre di Poreta, tra le colline della Valle Spoletina, ha tutte le carte in regola per continuare un percorso di crescita qualitativa. L'antica tenuta, in attività dalla metà del Settecento, è oggi condotta da Federico Montani della Fargna il quale dispone di 40 ettari di oliveto con 10mila piante dalle quali sono stati ricavati, nella trascorsa campagna, 800 quintali di olive e 100 ettolitri di olio. L'Extravergine monocultivar Villa della Genga - Moraiolo da Agricoltura Biologica appare alla vista di un bel colore giallo dorato intenso con lievi riflessi verdi, limpido. Al naso è pulito e avvolgente, con note di carciofo e cicoria selvatica, cui si accompagnano sentori aromatici di basilico, menta e rosmarino. Elegante e armonico al palato, aggiunge toni vegetali di sedano, lattuga e sfumature di mela bianca e mandorla in chiusura. Amaro e piccante ben espressi, con finale dolce in rilievo. Ideale per antipasti di pomodori, insalate di legumi, marinate di ricciola, verdure al forno, passati di fagioli, primi piatti con molluschi, gamberi in guazzetto, seppie in umido, coniglio arrosto, pollame ai ferri, formaggi freschi a pasta filata.

This interesting farm, situated in the lands of Poreta, among the hills of the valley of Spoleto, is constantly improving the quality of its products. It is an old estate, active since the mid-18th century and currently run by Federico Montani della Fargna, who has a 40-hectare olive grove with 10,000 trees. In the last harvest 800 quintals of olives were produced, equal to 100 hectolitres of oil. The Monocultivar Extra Virgin Villa della Genga - Moraiolo from Organic Farming is a beautiful intense limpid golden yellow colour with slight green hues. Its aroma is clean and rotund, with notes of artichoke and wild chicory, together with aromatic hints of basil, mint and rosemary. Its taste is elegant and harmonic, with a vegetal flavour of celery, lettuce and final notes of white apple and almond. Bitterness and pungency are distinct, with a sweet finish. It would be ideal on tomato appetizers, legume salads, marinated amberjack, baked vegetables, bean purée, pasta with mussels, stewed shrimps, stewed cuttlefish, roast rabbit, grilled poultry, mozzarella cheese.

Italia Italy [IT] Umbria

Azienda Agricola Villa Umbra

San Clemente - Via Colle San Clemente, 2
06036 Montefalco (PG)
Tel.: +39 0742 379124 - Fax: +39 0742 398122
E-mail: agricola.villaumbra@gmail.com

89

400 m

Specializzato
Specialized

Vaso policonico
Polyconic vase

Brucatura a mano
Hand picking

No - Ciclo continuo
No - Continuous cycle

Moraiolo (60%), frantoio (20%), leccino (20%)

Fruttato medio
Medium fruity

da 10,01 a 12,00 € - 500 ml
from € 10.01 to 12.00 - 500 ml

Continuiamo a seguire con piacere Villa Umbra, interessante e promettente azienda produttrice di extravergine che commercializza sotto il marchio Emme Elle. Luciana Conocchia e il marito Maurizio Biondi proseguono, valorizzandola, l'antica tradizione olivicola familiare e conducono attualmente una superficie di 5 ettari di impianto specializzato con 1.300 piante messe a dimora. Quest'anno sono stati raccolti 150 quintali di olive che hanno reso una produzione di 21 ettolitri di olio. L'etichetta presentata per la Guida è l'ottimo Extravergine Luciana che si presenta alla vista di un bel colore giallo dorato intenso con delicate sfumature verdi, limpido. All'olfatto è ampio e avvolgente, ricco di sentori di cicoria selvatica e carciofo, cui si affiancano note balsamiche di menta e rosmarino. Al gusto è morbido e armonico, con toni di lattuga di campo e ricordo di mandorla e pepe nero. Amaro deciso e piccante spiccato ed equilibrato. Buon abbinamento con antipasti di farro, insalate di ceci, legumi bolliti, marinate di orata, zuppe di orzo, primi piatti con molluschi, crostacei in umido, seppie arrosto, pollame o carni di agnello al forno, formaggi freschi a pasta filata.

Present again in our Guide, Villa Umbra is an interesting and promising producer of extra virgin olive oil, which is marketed under the name Emme Elle. Luciana Conocchia and her husband Maurizio Biondi carry on and enhance the ancient family tradition, running a 5-hectare specialized olive grove with 1,300 trees. In the last harvest 150 quintals of olives were produced, which allowed to yield 21 hectolitres of extra virgin olive oil. We recommend the selection proposed to the Guide, the very good Extra Virgin Luciana, which is a beautiful intense limpid golden yellow colour with delicate green hues. Its aroma is ample and rotund, rich in hints of wild chicory and artichoke, together with fragrant notes of mint and rosemary. Its taste is mellow and harmonic, with a flavour of country lettuce and final notes of almond and black pepper. Bitterness is definite and pungency is distinct and well balanced. It would be ideal on farro appetizers, chickpea salads, boiled legumes, marinated gilthead, barley soups, pasta with mussels, stewed shellfish, roast cuttlefish, baked poultry or lamb, mozzarella cheese.

Italia Italy [IT] Umbria

Azienda Agraria Viola

Sant'Eraclio - Via Borgo San Giovanni, 11/b
06037 Foligno (PG)
Tel.: +39 0742 67515 - Fax: +39 0742 392203
E-mail: info@viola.it - Web: www.viola.it

100

300/450 m

Specializzato
Specialized

Forma libera, vaso aperto
Free form, open vase

Meccanica
Mechanical harvesting

Sì - Ciclo continuo
Yes - Continuous cycle

Moraiolo

Fruttato intenso
Intense fruity

da 15,01 a 18,00 € - 500 ml
from € 15.01 to 18.00 - 500 ml

Straordinario interprete di una qualità che supera i confini nazionali, consolida il suo posto all'interno della nostra Hall of Fame. Marco Viola è un giovane imprenditore alla guida di un'azienda di tradizione: nello stabilimento del 1927, rinnovato con tecnologia all'avanguardia, lavora le olive raccolte da 22mila piante coltivate su 65 ettari. Quest'anno 1.450 quintali di olive, più 400 acquistati, hanno reso 270 ettolitri di olio che, con i 170 comprati, sono diventati 440 ettolitri. Quattro gli Extravergine, impeccabili: Inprivio, Colleruita Dop Umbria - Colli Assisi-Spoleto, Costa del Riparo da Agricoltura Biologica e Il Sincero. Quest'ultimo è giallo dorato intenso con tonalità verdoline, limpido; al naso è deciso e avvolgente, ricco di note di carciofo e cicoria, con netti sentori di menta, salvia e rosmarino. Al gusto è fine e di carattere, con toni di lattuga e ricordo di mandorla e pepe nero. Amaro potente e piccante spiccato. Ideale su antipasti di tonno, bruschette con pomodoro, funghi porcini arrosto, insalate di carciofi, zuppe di fagioli, primi piatti al ragù, pesce azzurro gratinato, cacciagione di piuma o pelo al forno, formaggi stagionati a pasta dura.

This farm, whose extraordinary quality exceeds the national borders, deserves to be part of our Hall of Fame. Marco Viola is a young entrepreneur who runs a farm with a long tradition. The olives from 65 hectares with 22,000 trees are crushed in the oil mill built in 1927 and renovated with modern technology. In the last harvest 1,450 quintals of olives were produced and 400 puchased, with a yield of 270 hectolitres of oil. With 170 purchased, the total was 440 hectolitres. There are four perfect Extra Virgin, Inprivio, Colleruita Pdo Umbria - Colli Assisi-Spoleto, Costa del Riparo from Organic Farming and Il Sincero, which is an intense limpid golden yellow colour with light green hues. Its aroma is definite and rotund, rich in notes of artichoke and chicory, with distinct hints of mint, sage and rosemary. Its taste is fine and strong, with a flavour of lettuce and a note of almond and black pepper. Bitterness is strong and pungency is distinct. It would be ideal on tuna appetizers, bruschette with tomatoes, roast porcini mushrooms, artichoke salads, bean soups, pasta with meat sauce, blue fish au gratin, baked game birds or animals, hard mature cheese.

Italia Italy [IT] Umbria

Famiglia Malvetani
Via San Lorenzo, 25
05039 Stroncone (TR)
Tel.: +39 0744 60113
E-mail: info@malvetani.it - Web: www.malvetani.it

92

- 250/450 m
- **Specializzato**
  Specialized
- **Vaso cespugliato, vaso policonico**
  Vase bush, polyconic vase
- **Bacchiatura**
  Beating
- **Sì - Ciclo continuo**
  Yes - Continuous cycle
- Moraiolo (40%), frantoio (30%), altre/others (30%)
- **Fruttato medio**
  Medium fruity
- da 15,01 a 18,00 € - 500 ml
  from € 15.01 to 18.00 - 500 ml

La famiglia Malvetani ha origini che risalgono a oltre cento anni fa e, nonostante le svariate attività intraprese dai suoi membri, non ha mai abbandonato la passione per la terra e i suoi frutti, oggi coniugata con l'impiego delle più recenti tecnologie. La tenuta si compone per la maggior parte di oliveti, con 25 ettari e 7mila piante dalle quali sono stati ricavati quest'anno 320 quintali di olive che hanno reso quasi 49 ettolitri di olio. Due gli Extravergine intitolati Messer Francesco 1640, dal nome dall'agronomo appassionato di olio nonché medico personale del cardinale Barberini di Roma: il monocultivar Moraiolo e l'ottimo Selezione. Quest'ultimo è giallo dorato intenso con delicate tonalità verdi, limpido; al naso è ampio e avvolgente, ricco di sentori balsamici di menta e rosmarino, affiancati da toni di pepe nero e mandorla. Al palato è fine e vegetale, con note di carciofo, cicoria e lattuga. Amaro deciso e piccante spiccato. È perfetto per bruschette con pomodoro, carpaccio di tonno, insalate di spinaci, radicchio al forno, passati di lenticchie, primi piatti al ragù, pesce azzurro gratinato, carni rosse o nere alla griglia, formaggi stagionati a pasta dura.

The origins of the family Malvetani date back to over 100 years ago. In spite of their various activities, its members have always maintained their passion for the land and its fruits, combined today with the employ of the latest technology. The estate mainly consists of olive groves, covering 25 hectares with 7,000 trees. In the last harvest 320 quintals of olives were produced, with a yield of almost 49 hectolitres of oil. There are two Extra Virgin Messer Francesco 1640, from the name of the agronomist, oil lover and personal doctor of cardinal Barberini in Rome: the Monocultivar Moraiolo and the very good Selezione, which is an intense limpid golden yellow colour with delicate green hues. Its aroma is ample and rotund, rich in fragrant hints of mint and rosemary, together with notes of black pepper and almond. Its taste is fine and vegetal, with a flavour of artichoke, chicory and lettuce. Bitterness is definite and pungency is distinct. It would be ideal on bruschette with tomatoes, tuna carpaccio, spinach salads, baked radicchio, lentil purée, pasta with meat sauce, blue fish au gratin, grilled red meat or game, hard mature cheese.

Italia Italy [IT] Umbria

Azienda Agricola Frantoio Pistelli

Via Santa Maria Maddalena, 24/e
05100 Terni
E-mail: info@frantoiopistelli.it - Web: www.frantoiopistelli.it

86

- 300 m
- **Specializzato** / Specialized
- **Vaso policonico** / Polyconic vase
- **Brucatura a mano e meccanica** / Hand picking and mechanical harvesting
- **Sì - Ciclo continuo** / Yes - Continuous cycle
- **Moraiolo (90%), frantoio (10%)**
- **Fruttato medio** / Medium fruity
- da 15,01 a 18,00 € - 500 ml / from € 15.01 to 18.00 - 500 ml

concalma
OLIO EXTRAVERGINE DI OLIVA
BIOLOGICO ESTRATTO A FREDDO
DOP UMBRIA
COLLI ASSISI SPOLETO
Selection

I Pistelli producono olio extravergine in Umbria da tre generazioni, e oggi Silvia Pistelli porta avanti con impegno e passione la tradizione di famiglia, coniugando mestiere antico e moderna tecnologia, nel pieno rispetto dell'ambiente. Il patrimonio da gestire comprende 60 ettari, 15mila piante e un frantoio di ultima generazione che ha lavorato nella trascorsa campagna 850 quintali di olive, pari a una produzione di 100 ettolitri di olio. L'Extravergine Concalma - Selection Dop Umbria - Colli Assisi-Spoleto da Agricoltura Biologica che appare alla vista di un bel colore giallo dorato intenso con lievi tonalità verdi, limpido. Al naso è pulito e avvolgente, ricco di sentori balsamici di menta e rosmarino, affiancati da netti toni di pepe nero, cannella e mandorla. Al palato è elegante e complesso, dotato di un'ampia carica vegetale, con ricordo di carciofo, cicoria e lattuga. Amaro e piccante spiccati ed equilibrati, con finale dolce in rilievo. Ideale su bruschette con verdure, insalate di orzo, marinate di ricciola, patate al cartoccio, zuppe di ceci, primi piatti al pomodoro, seppie alla griglia, tartare di salmone, coniglio arrosto, pollame alla brace, formaggi caprini.

T he family Pistelli has been producing extra virgin olive oil in Umbria for three generations and today Silvia Pistelli carries on her family tradition with dedication, combining past experience and modern technology, fully respecting the environment. The estate consists of 60 hectares with 15,000 trees and an advanced oil mill. In the last harvest 850 quintals of olives were produced, equal to a yield of 100 hectolitres of oil. The Extra Virgin Concalma - Selection Pdo Umbria - Colli Assisi-Spoleto from Organic Farming is a beautiful intense limpid golden yellow colour with slight green hues. Its aroma is clean and rotund, rich in fragrant hints of mint and rosemary, together with distinct notes of black pepper, cinnamon and almond. Its taste is elegant and complex, endowed with an ample vegetal flavour of artichoke, chicory and lettuce. Bitterness and pungency are distinct and well balanced, with a sweet finish. It would be ideal on bruschette with vegetables, barley salads, marinated amberjack, baked potatoes, chickpea soups, pasta with tomato sauce, grilled cuttlefish, salmon tartare, roast rabbit, barbecued poultry, goat cheese.

Italia Italy [IT] Umbria

Frantoio Ranchino

Canale, 53
05018 Orvieto (TR)
Tel.: +39 0763 374061 - Fax: +39 0763 374061
E-mail: frantoioranchino@gmail.com - Web: www.frantoioranchino.it

98

450 m

Specializzato
Specialized

Monocono, vaso policonico
Monocone, polyconic vase

Meccanica
Mechanical harvesting

Sì - Ciclo continuo
Yes - Continuous cycle

Leccino (65%), frantoio (20%), moraiolo (15%)

Fruttato medio
Medium fruity

da 8,01 a 10,00 € - 500 ml
from € 8.01 to 10.00 - 500 ml

Seguita a migliorare la sua posizione l'azienda di Eugenio Ranchino il quale proviene da una famiglia di olivicoltori di tradizione e continua l'attività familiare con uno sguardo rivolto al futuro: ha infatti rinnovato gli impianti, dotandosi di un frantoio di ultima generazione. Su 28 ettari dimorano 9mila piante dalle quali quest'anno sono stati ricavati 500 quintali di olive che hanno prodotto quasi 55 ettolitri di olio. Due gli ottimi Extravergine proposti al panel: Poggio Amante Dop Umbria - Colli Orvietani e Femmine che segnaliamo. Di un bel colore giallo dorato intenso con leggere venature verdi, limpido; al naso si apre ampio e avvolgente, intriso di sentori di erbe officinali, con netto ricordo di rosmarino e menta. Complesso e di carattere in bocca, sprigiona toni vegetali di carciofo, cicoria e lattuga di campo, arricchiti da note di pepe nero, cannella e mandorla. Amaro spiccato e piccante ben espresso ed equilibrato. Perfetto per antipasti di salmone, insalate di lenticchie, marinate di pesce persico, pomodori con riso, passati di legumi, primi piatti con molluschi, gamberi in guazzetto, tartare di ricciola, pollame o carni di agnello al forno, formaggi caprini.

Another result showing its progress for the farm owned by Eugenio Ranchino, who belongs to a family of olive growers and carries on this tradition, but also aims at innovation. In fact, he has recently updated his plants, supplying himself with an advanced oil mill. There are 28 hectares of surface with 9,000 trees. In the last harvest 500 quintals of olives were produced, with a yield of almost 55 hectolitres of oil. There are two very good Extra Virgin selections, Poggio Amante Pdo Umbria - Colli Orvietani and Femmine, which we recommend. It is a beautiful intense limpid golden yellow colour with slight green hues. Its aroma is ample and rotund, endowed with hints of officinal herbs, especially rosemary and mint. Its taste is complex and strong, with a vegetal flavour of artichoke, chicory and country lettuce, enriched by notes of black pepper, cinnamon and almond. Bitterness is definite and pungency is distinct and harmonic. It would be ideal on salmon appetizers, lentil salads, marinated perch, tomatoes stuffed with rice, legume purée, pasta with mussels, stewed shrimps, amberjack tartare, baked poultry or lamb, goat cheese.

Lazio

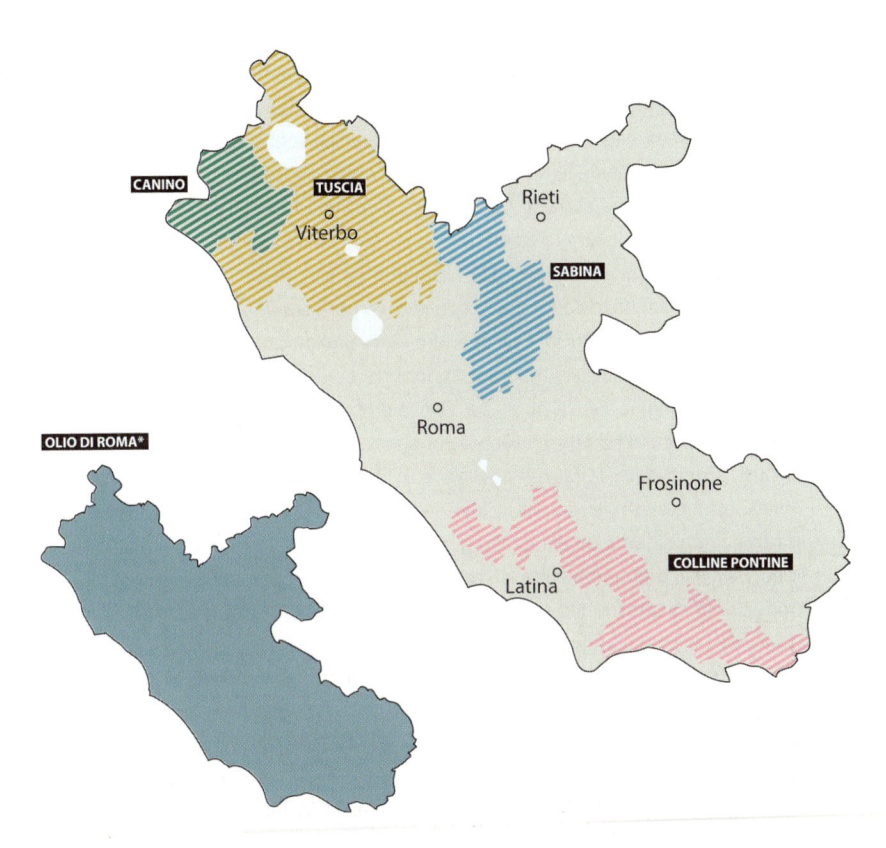

Map labels: CANINO, TUSCIA, Viterbo, Rieti, SABINA, OLIO DI ROMA*, Roma, Frosinone, Latina, COLLINE PONTINE

* All'esame della UE per la certificazione • Under EU exam for certification

Dati Statistici

Superficie Olivetata Nazionale	1.164.568 (ha)
Superficie Olivetata Regionale	82.931 (ha)
Quota Regionale	7,12%
Frantoi	307
Produzione Nazionale 19-20	366.468,8 (t)
Produzione Regionale 19-20	10.906,5 (t)
Produzione Regionale 18-19	8.746,3 (t)
Variazione	+24,70%
Quota Regionale	2,98%

Statistic Data

National Olive Surface	1,164,568 (ha)
Regional Olive Surface	82,931 (ha)
Regional Quota	7.12%
Olive Oil Mills	307
National Production 19-20	366,468.8 (t)
Regional Production 19-20	10,906.5 (t)
Regional Production 18-19	8,746.3 (t)
Variation	+24.70%
Regional Quota	2.98%

National Institute of Statistics
Service Institute for the Agricultural and Food Market on data from the Agency for Agricultural Payments

Nella regione laziale la presenza dell'olivo è molto antica. Da sempre, infatti, la pianta sacra ha trovato qui un habitat naturale ideale, grazie alla morfologia del territorio, irrorato da abbondanti acque di superficie, e alle condizioni climatiche favorevoli al suo sviluppo. La storia racconta che gli Etruschi piantarono l'olivo in tutta l'Italia centrale e in particolare nella regione della Tuscia che corrisponde all'attuale provincia di Viterbo. L'antichità di questa tradizione è ben documentata dal famoso olivo di Canneto Sabino, il più antico d'Europa, tuttora in piena vegetazione nonostante i duemila anni di età. In seguito furono i Romani a perfezionare le tecniche di produzione e di trasformazione e a diffondere l'olivicoltura su larga scala in tutti i territori conquistati, anche i più remoti, allo scopo di approvvigionare la madre patria. Si stima infatti che nella Roma imperiale si consumassero ogni anno più di 321mila anfore di olio, pari a circa 22.500 tonnellate di prodotto. Una valutazione resa possibile dai reperti accumulati sul Monte Testaccio, situato vicino al porto fluviale, l'Emporium, dove giungevano le navi cariche di anfore che, una volta svuotate dall'olio, venivano rotte e depositate e che, sedimentandosi, hanno dato origine nei secoli a una vera e propria collinetta, battezzata Monte dei Cocci. Durante il Medioevo, invece, furono i monaci dell'abbazia di Farfa, in Sabina, a farsi custodi delle tradizioni agricole e in particolare di quelle olivicole: avevano infatti bisogno dell'olio per l'illuminazione delle chiese e per celebrare le cerimonie sacre e i riti religiosi. Arriviamo così ai nostri giorni in cui il comparto olivicolo laziale può definirsi sufficientemente al passo con i tempi, grazie ai nuovi impianti, alle tecniche agronomiche avanzate e ai moderni sistemi di estrazione. Si stima che la superficie olivetata raggiunga attualmente gli 82.931 ettari che rappresentano il 7,12% del totale nazionale. Molte le zone vocate, a cominciare dalla Sabina, divisa fra le province di Roma e di Rieti: area di antichissima tradizione, si è conquistata una delle prime Dop d'Italia, la Dop Sabina appunto, che tutela gli oli ottenuti dalle varietà frantoio, leccino, pendolino, moraiolo, rosciola, carboncella, oltre che dalle cultivar locali raja, olivastrone, olivago e salviana. In provincia di Viterbo ricadono invece due Denominazioni, Canino e Tuscia, all'interno delle quali prevale l'autoctona cultivar caninese insieme a leccino, pendolino, maurino e frantoio. In provincia di Roma, nell'area del Monte Soratte, è diffusa la varietà locale sirole. L'olivicoltura è praticata anche nel Frusinate, con le varietà tipiche dell'Italia centrale (leccino, frantoio e moraiolo), accanto all'autoctona rosciola. In provincia di Latina, dove è stata attuata la Dop Colline Pontine, si segnalano le varietà minutella e vallanella; mentre nell'area di Cori, nei Monti Lepini, si coltiva l'itrana, ottima anche come oliva da tavola. Infine esiste una proposta di Igp che abbraccia l'intero ambito regionale, Olio di Roma, all'esame dell'UE per la certificazione. Quanto al resto della filiera si contano 127.865 aziende, buona parte delle quali ottiene il reddito maggiore proprio dall'olivicoltura. La trasformazione avviene in 307 frantoi attivi su tutto il territorio regionale dai quali, nella campagna 2019-2020, sono state ricavate 10.906,5 tonnellate di olio, pari al 2,98% del totale nazionale, con un aumento del 24,70% rispetto all'annata precedente.

The origins of olive growing in Lazio are lost in antiquity. In fact the olive tree has always found its ideal habitat here, thanks to the orography of this territory, with its abundant surface waters, and to the favourable climatic conditions. According to history the Etrurians planted the olive tree in the whole of central Italy and particularly in Tuscia, the present province of Viterbo. This ancient tradition is well represented by the famous olive tree of Canneto Sabino, the oldest in Europe, which is still fruit-bearing, although it is 2,000 years old. The Romans perfected oil production and extraction techniques and spread large scale olive growing in all the conquered territories, even the remotest, in order to supply their mother country. In Imperial Rome over 321,000 amphoras of oil a year are thought to have been consumed, a quantity equal to 22,500 tons of product. This assessment was made possible by the finds on Monte Testaccio, situated near the river port, the Emporium, where cargoes of amphoras arrived. These were emptied, broken and piled up to create over the centuries a small hill called "Potsherd Mount". During the Middle Ages the monks of the abbey of Farfa in Sabina became the repository of the agricultural and especially olive growing traditions: in fact they needed oil to light their churches and for religious rites and ceremonies. Today the olive sector in Lazio is in the vanguard thanks to new plantations, advanced agronomic techniques, modern extraction systems. The olive grove surface covers 82,931 hectares, which represents 7.12% of the national total. There are many suitable areas, starting from Sabina, divided between the provinces of Roma and Rieti: this area with a very ancient tradition was granted one of the first Pdo in Italy, Sabina, which protects oils obtained from the varieties frantoio, leccino, pendolino, moraiolo, rosciola, carboncella, besides the autochthonous raja, olivastrone, olivago and salviana. In the province of Viterbo there are two Pdo, Canino and Tuscia, where the autochthonous variety caninese prevails, together with leccino, pendolino, maurino and frantoio. In the province of Rome, in the area of Mount Soratte, the local variety sirole is common. Olive growing is spread also in the area of Frosinone, where we find the typical varieties of central Italy - leccino, frantoio and moraiolo - together with the autochthonous rosciola. The province of Latina has obtained the Pdo Colline Pontine. Here we find the varieties minutella and vallanella, while in the area of Cori, in Monti Lepini, itrana is cultivated, also an excellent table olive. Finally, a Pgi proposal concerning the whole region, Olio di Roma, is being examined by EU. The olive oil sector consists of 127,865 farms, the most of which has its greatest income from olive growing. Transformation is carried out in 307 oil mills, active on the whole regional territory, which produced 10,906.5 tons of oil in the harvest 2019-2020, equal to 2.98% of the total national quantity, with an increase of 24.70% compared to the previous year.

Italia Italy [IT] Lazio

Società Agricola Collefraioli
Via Borgo Murata, 230
03022 Arce (FR)
E-mail: info@collefraioli.it - Web: www.collefraioli.it

86

450 m

Specializzato
Specialized

Vaso policonico
Polyconic vase

Bacchiatura e brucatura a mano
Beating and hand picking

No - Ciclo continuo
No - Continuous cycle

Moraiolo (50%), leccino (40%), itrana (10%)

Fruttato medio
Medium fruity

da 12,01 a 15,00 € - 500 ml
from € 12.01 to 15.00 - 500 ml

Collefraioli è un giovane progetto nato dalla volontà di Domenico Germani, dentista di professione ma con la passione dell'olio nel sangue, di recuperare antichi oliveti sparsi tra le colline della zona di Arce. Oggi con il supporto dei tre soci - Antonio, Carolina e Marco - si prende cura di 2mila piante su 9 ettari; e da queste ha ricavato nella trascorsa campagna 100 quintali di olive, pari a 15 ettolitri di olio che, con l'aggiunta di altrettanti comprati, portano il totale a 30 ettolitri. L'Extravergine Connubium da Agricoltura Biologica si presenta alla vista di un bel colore giallo dorato intenso con delicati riflessi verdi, limpido. Al naso è sottile e composto, dotato di sentori fruttati di pomodoro acerbo, mela bianca e banana, affiancati da note balsamiche di basilico, menta e prezzemolo. Morbido e armonico al gusto, emana toni vegetali di carciofo e lattuga di campo. Amaro e piccante presenti ed equlibrati, con finale dolce in rilievo. Ideale su antipasti di mare, insalate di ceci, legumi bolliti, patate arrosto, zuppe di orzo, primi piatti al pomodoro, molluschi gratinati, tartare di ricciola, pollame o carni di agnello al forno, formaggi freschi a pasta filata.

Collefraioli is a young project created by Domenico Germani, a dentist by profession, but also an oil enthusiast, who wanted to recover ancient olive groves scattered among the hills in the area of Arce. Today, supported by his three partners, Antonio, Carolina and Marco, he runs 9 hectares of land with 2,000 trees. In the last harvest 100 quintals of olives were produced, equal to 15 hectolitres of oil. With 15 purchased, the total was 30 hectolitres. The Extra Virgin selection Connubium from Organic Farming is a beautiful intense limpid golden yellow colour with delicate green hues. Its aroma is fine and delicate, endowed with fruity hints of unripe tomato, white apple and banana, together with fragrant notes of basil, mint and parsley. Its taste is mellow and harmonic, with a vegetal flavour of artichoke and country lettuce. Bitterness and pungency are present and well balanced, with a sweet finish. It would be ideal on seafood appetizers, chickpea salads, boiled legumes, roast potatoes, barley soups, pasta with tomato sauce, mussels au gratin, amberjack tartare, baked poultry or lamb, mozzarella cheese.

Italia Italy [IT] Lazio

Olio Sant'Anna

Sant'Anna
03029 Veroli (FR)
Tel.: +39 0775 257881
E-mail: info@santannaolio.it - Web: www.santannaolio.it

86

- 500 m
- **Specializzato** / Specialized
- **Vaso policonico** / Polyconic vase
- **Bacchiatura** / Beating
- **Sì - Ciclo continuo** / Yes - Continuous cycle
- Moraiolo (70%), frantoio (20%), leccino (10%)
- **Fruttato medio** / Medium fruity
- da 8,01 a 10,00 € - 500 ml / from € 8.01 to 10.00 - 500 ml

Olio Sant'Anna incarna la storia di una famiglia, quella di Andrea e Davide Quattrociocchi che esprimono attraverso il proprio lavoro l'amore per la terra ciociara e per gli antichi mestieri. L'azienda dispone di un impianto a ciclo continuo di ultima generazione che lavora le olive provenienti da 1.500 piante coltivate su 6 ettari di superficie. Quest'anno 100 quintali di olive hanno reso circa 16 ettolitri di olio. L'Extravergine aziendale si chiama Erào, nome che, rievocando Sant'Erasmo, l'antichissima chiesa di Veroli, richiama le radici e la storia del proprio paese. Giallo dorato intenso con delicate tonalità verdi, limpido; al naso è ampio e avvolgente, dotato di sentori vegetali di carciofo e cicoria, cui si affiancano freschi toni balsamici di basilico, rosmarino e menta. Fine e complesso al palato, si arricchisce di note di lattuga di campo e nel finale ricorda la mandorla. Amaro spiccato e piccante presente. È eccellente per antipasti di molluschi, insalate di farro, marinate di orata, patate arrosto, zuppe di funghi finferli, risotto con carciofi, seppie in umido, tartare di ricciola, pollame o carni di agnello al forno, formaggi freschi a pasta filata.

Olio Sant'Anna embodies the story of a family, that of Andrea and Davide Quattrociocchi, who express their love for the land of Ciociaria and ancient crafts through their work. The farm is supplied with an advanced continuous cycle system and consists of 6 hectares of surface with 1,500 trees. In the last harvest 100 quintals of olives yielded about 16 hectolitres of extra virgin olive oil. The farm selection is called Erào, a name that, evoking Sant'Erasmo, the ancient church of Veroli, recalls the roots and history of its country. It is an intense limpid golden yellow colour with delicate green hues. Its aroma is ample and rotund, endowed with vegetal hints of artichoke and chicory, together with fresh fragrant notes of basil, rosemary and mint. Its taste is fine and complex, with a flavour of country lettuce and an almond finish. Bitterness is distinct and pungency is present. It would be ideal on mussel appetizers, farro salads, marinated gilthead, roast potatoes, chanterelle mushroom soups, risotto with artichokes, stewed cuttlefish, amberjack tartare, baked poultry or lamb, mozzarella cheese.

Italia Italy [IT] Lazio

Azienda Agricola Molino 7Cento

Contrada Sant'Angelo, 36
04010 Cori (LT)
Tel.: +39 06 9667642
E-mail: info@molino7cento.it - Web: www.molino7cento.it

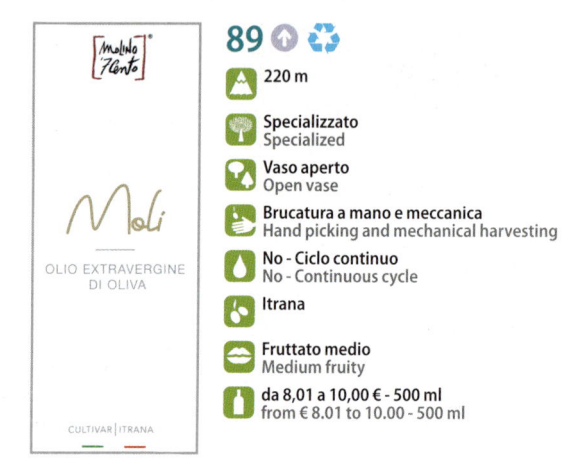

89

220 m

Specializzato
Specialized

Vaso aperto
Open vase

Brucatura a mano e meccanica
Hand picking and mechanical harvesting

No - Ciclo continuo
No - Continuous cycle

Itrana

Fruttato medio
Medium fruity

da 8,01 a 10,00 € - 500 ml
from € 8.01 to 10.00 - 500 ml

Nel cuore della campagna pontina, e precisamente nel territorio di Cori, si trova Molino 7Cento, un'azienda giovane, guidata da un gruppo di persone che vogliono unire al rispetto per la natura e per i suoi cicli le moderne tecniche di lavorazione. Nel loro oliveto, che si estende lungo 4 ettari di superficie, trovano dimora 1.600 piante, tra cui alcuni alberi centenari. Nella recente campagna Giuseppe e Vito Miceli hanno raccolto 90 quintali di olive, pari a una resa di 13 ettolitri di olio. L'ottimo Extravergine monocultivar Molì - Itrana appare alla vista di un bel colore giallo dorato intenso con marcate tonalità verdi, limpido. Al naso è pulito e avvolgente, ricco di sentori fruttati di pomodoro di media maturità, mela bianca e banana, affiancati da ampie note balsamiche di basilico e menta, origano e prezzemolo. Fine e vegetale in bocca, sprigiona toni di fave, lattuga e sedano. Amaro spiccato e piccante presente ed equilibrato. Ideale su bruschette con verdure, insalate di orzo, marinate di salmone, patate al cartoccio, passati di fagioli, risotto con molluschi, gamberi in guazzetto, seppie in umido, coniglio arrosto, pollame ai ferri, formaggi freschi a pasta filata.

Situated in the heart of the Pontine countryside, precisely in the territory of Cori, Molino 7Cento is a young farm run by a group of people who want to combine the respect for nature and its cycles with modern processing techniques. Their olive grove extends over 4 hectares of surface with 1,600 trees, including some that are century-old. In the last harvest Giuseppe and Vito Miceli produced 90 quintals of olives, equal to a yield of 13 hectolitres of oil. The very good Monocultivar Extra Virgin Molì- Itrana is a beautiful intense limpid golden yellow colour with strong green hues. Its aroma is clean and rotund, rich in fruity hints of medium ripe tomato, white apple and banana, together with ample fragrant notes of basil and mint, oregano and parsley. Its taste is fine and vegetal, with a flavour of broad beans, lettuce and celery. Bitterness is distinct and pungency is present and well balanced. It would be ideal on bruschette with vegetables, barley salads, marinated salmon, baked potatoes, bean purée, risotto with mussels, stewed shrimps, stewed cuttlefish, roast rabbit, grilled poultry, mozzarella cheese.

Italia Italy [IT] Lazio

Marco Carpineti

Strada Provinciale Velletri-Anzio n. 3
04010 Cori (LT)
Tel.: +39 06 9679860
E-mail: info@marcocarpineti.com - Web: www.marcocarpineti.com

89

- 300 m
- Specializzato / Specialized
- Cono rovesciato, vaso aperto / Reverse cone, open vase
- Bacchiatura / Beating
- No - Ciclo continuo / No - Continuous cycle
- Itrana
- Fruttato medio / Medium fruity
- da 18,01 a 22,00 € - 500 ml / from € 18.01 to 22.00 - 500 ml

Ritroviamo volentieri in Guida, e in grande spinta, Marco Carpineti, un nome noto ai conoscitori di vino. Situata nel territorio di Cori, l'azienda appartiene all'omonima famiglia da generazioni e fin dal 1994 ha scelto la strada del biologico. Produce soprattutto vino, ma conta anche su quasi 8 ettari di oliveto, con 1.800 piante messe a dimora, dalle quali in questa campagna sono stati raccolti 180 quintali di olive che hanno reso 40 ettolitri di olio. Ottima l'etichetta proposta, l'Extravergine monocultivar Mo' Mo' da Agricoltura Biologica che appare alla vista di un bel colore giallo dorato intenso con leggere venature verdi, limpido. Al naso è ampio e avvolgente, ricco di sentori fruttati di pomodoro di media maturità, mela bianca e banana, cui si affiancano note aromatiche di basilico, menta e prezzemolo. Al gusto è elegante e complesso, con toni vegetali di fave, lattuga e sedano. Amaro deciso e piccante spiccato e armonico. Ideale su antipasti di pomodori, insalate di legumi, marinate di ricciola, patate in umido, passati di orzo, cous cous di verdure, seppie alla griglia, tartare di salmone, coniglio arrosto, pollame alla brace, formaggi freschi a pasta filata.

Present again in our Guide with a very good result, Marco Carpineti is a name well known to wine experts. Situated in the territory of Cori, the farm has belonged to the homonymous family for generations and since 1994 it has been managed according to organic farming. It mainly produces wine, but also includes almost 8 hectares of olive grove with 1,800 trees. In the last harvest 180 quintals of olives were produced, with a yield of 40 hectolitres of oil. The very good selection proposed, the Monocultivar Extra Virgin Mo' Mo' from Organic Farming, is a beautiful intense limpid golden yellow colour with slight green hues. Its aroma is ample and rotund, rich in fruity hints of medium ripe tomato, white apple and banana, together with aromatic notes of basil, mint and parsley. Its taste is elegant and complex, with a vegetal flavour of broad beans, lettuce and celery. Bitterness is definite and pungency is distinct and harmonic. It would be ideal on tomato appetizers, legume salads, marinated amberjack, stewed potatoes, barley purée, vegetable cous cous, grilled cuttlefish, salmon tartare, roast rabbit, barbecued poultry, mozzarella cheese.

Italia Italy [IT] Lazio

Azienda Agricola Alfredo Cetrone

Via Consolare Frasso, 5800
04010 Sonnino (LT)
Tel.: +39 0773 949008 - Fax: +39 0773 949008
E-mail: info@cetrone.it - Web: www.cetrone.it

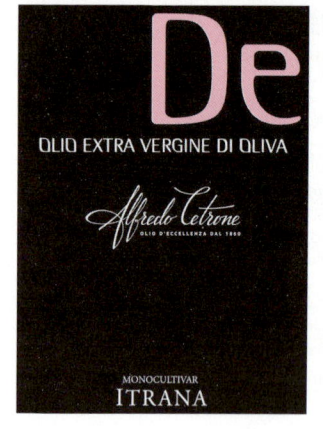

98

500 m

Specializzato
Specialized

Vaso policonico
Polyconic vase

Brucatura a mano e meccanica
Hand picking and mechanical harvesting

Sì - Ciclo continuo
Yes - Continuous cycle

Itrana

Fruttato medio
Medium fruity

da 15,01 a 18,00 € - 500 ml
from € 15.01 to 18.00 - 500 ml

Sono davvero tante le edizioni della Guida che segnalano Alfredo Cetrone, punto di riferimento indiscusso nel comprensorio di Sonnino e garanzia di altissima qualità. Su 100 ettari di impianto specializzato trovano posto 20mila alberi secolari che sono il patrimonio di olivi coltivati con amore dalla famiglia Cetrone dal 1860. Quest'anno il raccolto di 3mila quintali di olive, molite nel moderno frantoio aziendale, ha reso 375 ettolitri di olio. Due gli Extravergine Cetrone proposti al panel, entrambi ottimi: In e De. Scegliamo il secondo che appare alla vista di un bel colore giallo dorato intenso con caldi riflessi verdi, limpido. Al naso è ampio e avvolgente, dotato di sentori fruttati di pomodoro di media maturità, mela bianca e banana, cui si affiancano note balsamiche di basilico, menta e prezzemolo. Al gusto è complesso e di personalità, con toni di fave fresche, sedano e lattuga. Amaro ben espresso e piccante presente e armonico. Eccellente su bruschette con verdure, insalate di pesce persico, marinate di ricciola, patate al cartoccio, zuppe di ceci, primi piatti con salmone, molluschi gratinati, tartare di ricciola, pollame o carni di agnello al forno, formaggi caprini.

Present in our Guide for many years, Alfredo Cetrone, an undisputed point of reference in the district of Sonnino, always guarantees high quality. He runs 100 hectares of specialized olive grove with 20,000 century-old trees, passionately cultivated by the family Cetrone since 1860. In the last harvest 3,000 quintals of olives were produced and crushed in the modern oil mill, with a yield of 375 hectolitres of oil. There are two very good Extra Virgin Cetrone proposed to the panel, In and De, which we recommend. It is a beautiful intense limpid golden yellow colour with warm green hues. Its aroma is ample and rotund, endowed with fruity hints of medium ripe tomato, white apple and banana, together with fragrant notes of basil, mint and parsley. Its taste is complex and strong, with a flavour of fresh broad beans, celery and lettuce. Bitterness is distinct and pungency is present and harmonic. It would be ideal on bruschette with vegetables, perch salads, marinated amberjack, baked potatoes, chickpea soups, pasta with salmon, mussels au gratin, amberjack tartare, baked poultry or lamb, goat cheese.

Italia Italy [IT] Lazio

Azienda Agricola Cosmo Di Russo

Via Pontone
04024 Gaeta (LT)
Tel.: +39 0771 462201
E-mail: dirussocosmo@yahoo.it - Web: www.cosmodirusso.com

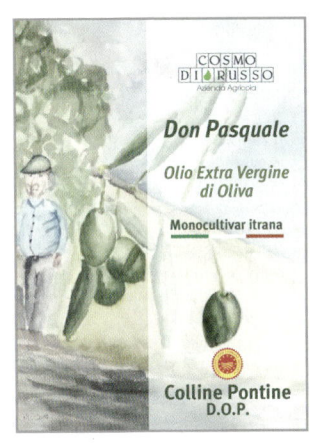

97

1/450 m

Specializzato
Specialized

Vaso policonico
Polyconic vase

Bacchiatura
Beating

No - Ciclo continuo
No - Continuous cycle

Itrana

Fruttato medio
Medium fruity

da 18,01 a 22,00 € - 500 ml
from € 18.01 to 22.00 - 500 ml

Rimarchiamo le potenzialità di questa giovane struttura con un premio: per il Migliore Olio Extravergine di Oliva Dop/Igp - Fruttato Medio. Il progetto nasce nel 2008 con l'ambizioso obiettivo di portare l'oliva di Gaeta in giro per il mondo, senza abbandonare però le proprie radici. Guidata da Cosmo, con il papà Pasquale e il fratello Elio, l'azienda dispone oggi di un oliveto specializzato di 30 ettari, con 7mila alberi di itrana dai quali sono stati ricavati 1.500 quintali di olive e 120 ettolitri di olio. Due gli Extravergine: Caieta e Don Pasquale Dop Colline Pontine. Il secondo, straordinario, è giallo dorato intenso con marcate tonalità verdi, limpido. Al naso è ampio e avvolgente, ricco di toni di pomodoro di media maturità e di note fruttate di banana e mela bianca. Fine e complesso al palato, sa di fave, lattuga e sedano; e chiude con nuance aromatiche di basilico, menta e prezzemolo. Amaro spiccato e piccante deciso e armonico. È eccellente per antipasti di pomodori, insalate di funghi finferli, legumi bolliti, marinate di orata, zuppe di ceci, primi piatti con salmone, gamberi in guazzetto, seppie alla brace, coniglio arrosto, pollame al forno, formaggi caprini.

We are glad to reward the good potential of this young farm with the award for The Best Extra Virgin Olive Oil Pdo/Pgi - Medium Fruity. It was founded in 2008 with the ambitious aim of making Gaeta olives popular all over the world, without forgetting their own roots. Run by Cosmo with his father Pasquale and his brother Elio, it consists of a 30-hectare specialized olive grove with 7,000 trees of itrana. In the last harvest 1,500 quintals of olives and 120 hectolitres of oil were produced. There are two Extra Virgin, Caieta and the extraordinary Don Pasquale Pdo Colline Pontine, which is an intense limpid golden yellow colour with strong green hues. Its aroma is ample and rotund, rich in hints of medium ripe tomato and fruity notes of banana and white apple. Its taste is fine and complex, with a flavour of broad beans, lettuce and celery and final aromatic notes of basil, mint and parsley. Bitterness is distinct and pungency is definite and harmonic. It would be ideal on tomato appetizers, chanterelle mushroom salads, boiled legumes, marinated gilthead, chickpea soups, pasta with salmon, stewed shrimps, barbecued cuttlefish, roast rabbit, baked poultry, goat cheese.

Italia Italy [IT] Lazio

Azienda Agricola È.D.Enrico

Castellonorato - Via Campole, 5
04023 Formia (LT)
E-mail: info@edenrico.com - Web: www.edenrico.com

91

400 m

Specializzato
Specialized

Vaso cespugliato
Vase bush

Brucatura a mano e meccanica
Hand picking and mechanical harvesting

No - Ciclo continuo
No - Continuous cycle

Moraiolo (50%), frantoio (20%), itrana (15%), leccino (15%)

Fruttato medio
Medium fruity

da 6,01 a 8,00 € - 500 ml
from € 6.01 to 8.00 - 500 ml

Con il supporto del papà Osvaldo e dello zio Franco, Enrico De Marco inizia, nel 2014, un progetto di recupero della tradizione di famiglia, riqualificando i terreni e gli oliveti situati in un'area rinomata fin dall'antichità per la sua bellezza e vocazione agricola. Oggi su 21 ettari di impianto specializzato trovano dimora 5mila alberi che hanno fruttato, nella recente campagna, 700 quintali di olive e 100 ettolitri di olio. Segnaliamo l'eccellente etichetta proposta, l'Extravergine È.D.Enrico che appare alla vista di un bel colore giallo dorato intenso con delicate tonalità verdi, limpido. Al naso è pulito e avvolgente, intriso di sentori vegetali di carciofo e cicoria selvatica, affiancati da nette note di erbe aromatiche, con ricordo di menta e rosmarino. Complesso ed elegante al palato, si arricchisce di toni di sedano e lattuga, e chiude con nuance di pepe nero e mandorla. Amaro spiccato e piccante deciso e armonico. È ottimo su bruschette con verdure, insalate di orzo, marinate di salmone, patate al cartoccio, passati di fagioli, primi piatti con molluschi, pesci ai ferri, tartare di tonno, coniglio arrosto, pollame alla griglia, formaggi freschi a pasta filata.

In 2014 Enrico De Marco, with the help of his father Osvaldo and his uncle Franco, started a project to revive his family tradition, redeveloping the lands and the olive groves placed in an area well known for its beauty and its agricultural activities since ancient times. Today the specialized olive grove covers 21 hectares with 5,000 trees. In the last harvest 700 quintals of olives and 100 hectolitres of oil were produced. We recommend the excellent selection proposed, the Extra Virgin È.D.Enrico, which is a beautiful intense limpid golden yellow colour with delicate green hues. Its aroma is clean and rotund, endowed with vegetal hints of artichoke and wild chicory, together with distinct notes of aromatic herbs, especially mint and rosemary. Its taste is complex and elegant, enriched by a flavour of celery and lettuce and final notes of black pepper and almond. Bitterness is distinct and pungency is definite and harmonic. It would be ideal on bruschette with vegetables, barley salads, marinated salmon, baked potatoes, bean purée, pasta with mussels, grilled fish, tuna tartare, roast rabbit, grilled poultry, mozzarella cheese.

Italia Italy [IT] Lazio

Olio Iannotta

Capocroce - Via Capocroce, 10
04010 Sonnino (LT)
Tel.: +39 0773 947005 - Fax: +39 0773 947005
E-mail: info@olioiannotta.it - Web: www.olioiannotta.it

92

400 m

Specializzato
Specialized

Vaso policonico
Polyconic vase

Bacchiatura
Beating

Sì - Ciclo continuo
Yes - Continuous cycle

Itrana

Fruttato intenso
Intense fruity

da 10,01 a 12,00 € - 500 ml
from € 10.01 to 12.00 - 500 ml

Continua a crescere in qualità l'azienda di Lucia Iannotta la quale, dopo aver maturato e consolidato per anni la propria esperienza nella struttura di famiglia, l'ha rilevata nel 2008 rinnovandola e dotandola di una moderna linea di estrazione. Siamo nel vocato comune di Sonnino, su una superficie collinare terrazzata dove si estendono 15 ettari di oliveto specializzato con 4.500 piante di itrana. Nella recente campagna da un raccolto di 1.100 quintali di olive sono stati ricavati circa 273 ettolitri di olio. L'eccellente Extravergine Olio Iannotta da Agricoltura Biologica appare alla vista di un bel colore giallo dorato intenso con delicate tonalità verdi, limpido. All'olfatto è deciso e ampio, con note fruttate di pomodoro di media maturità, mela bianca e banana, arricchite da sentori balsamici di basilico, menta e salvia. Al gusto è complesso e vegetale, con toni di sedano, fave e lattuga. Amaro potente e piccante spiccato e armonico. Perfetto su bruschette con pomodoro, carpaccio di tonno, insalate di spinaci, radicchio alla piastra, zuppe di fagioli, primi piatti con salsiccia, polpo bollito, agnello arrosto, carni rosse alla brace, formaggi stagionati a pasta filata.

Increasingly higher quality for Lucia Iannotta's farm. After gaining experience in the family farm for years, in 2008 she took it over, renewing it and supplying it with a modern extraction system. The estate is in the favourable area of Sonnino on a hilly terraced surface with 15 hectares of specialized olive grove containing 4,500 trees of the variety itrana. In the last harvest 1,100 quintals of olives yielded about 273 hectolitres of extra virgin olive oil. The selection proposed, the excellent Extra Virgin Olio Iannotta from Organic Farming, is a beautiful intense limpid golden yellow colour with delicate green hues. Its aroma is definite and ample, with fruity notes of medium ripe tomato, white apple and banana, enriched by fragrant hints of basil, mint and sage. Its taste is complex and vegetal, with hints of celery, broad beans and lettuce. Bitterness is powerful and pungency is distinct and harmonic. It would be ideal on bruschette with tomatoes, tuna carpaccio, spinach salads, pan-seared radicchio, bean soups, pasta with sausages, boiled octopus, roast lamb, barbecued red meat, aged cheese.

Italia Italy [IT] Lazio

Azienda Agricola Biologica Orsini

San Martino - Via Villa Meri, 1
04015 Priverno (LT)
Tel.: +39 0773 913030
E-mail: info@olioorsini.it - Web: www.olioorsini.it

99

- 200 m
- **Specializzato** / Specialized
- **Vaso** / Vase
- **Brucatura a mano e meccanica** / Hand picking and mechanical harvesting
- **Sì - Ciclo continuo** / Yes - Continuous cycle
- **Itrana**
- **Fruttato intenso** / Intense fruity
- da 15,01 a 18,00 € - 500 ml / from € 15.01 to 18.00 - 500 ml

RISERVA PAOLA ORSINI
MONOVARIETALE ITRANA

La Biologica Orsini conferma lo straordinario traguardo raggiunto: merito di Paola che eredita dal nonno e dal papà l'azienda di famiglia, fondata alla fine dell'Ottocento a Priverno, nel vocato territorio dei Monti Lepini. Il patrimonio dispone oggi di 70 ettari di oliveto con 20mila piante di itrana, coltivate secondo il metodo biologico e intervallate da mandorli e agrumi. Quest'anno il raccolto di 4mila quintali di olive, molite nel moderno frantoio di proprietà, ha reso 400 ettolitri di olio. La selezione proposta per la Guida è l'Extravergine Riserva Paola Orsini da Agricoltura Biologica, di un bel colore giallo dorato intenso con leggere tonalità verdi, limpido. Al naso è deciso e avvolgente, ricco di note di pomodoro acerbo, banana e mela bianca, cui si affiancano sentori balsamici di basilico, rosmarino e menta. In bocca è fine e di carattere, con toni di lattuga, sedano e mandorla in chiusura. Amaro potente e piccante spiccato. Si abbina a bruschette con pomodoro, carpaccio di tonno, insalate di pesce spada, radicchio alla brace, passati di carciofi, primi piatti al ragù, polpo bollito, agnello arrosto, carni rosse alla griglia, formaggi stagionati a pasta filata.

Biologica Orsini confirms its extraordinary results thanks to Paola. She inherited the family farm, founded at the end of the 19th century in Priverno, in the favourable territory of Mounts Lepini, from her grandfather and her father. Today the estate consists of a 70-hectare olive grove with 20,000 trees of itrana, cultivated with organic farming methods and interspersed with almond and citrus trees, and a modern oil mill. In the last harvest 4,000 quintals of olives and 400 hectolitres of oil were produced. The selection proposed is the Extra Virgin Paola Orsini from Organic Farming, which is a beautiful intense limpid golden yellow colour with slight green hues. Its aroma is definite and rotund, rich in notes of unripe tomato, banana and white apple, together with fragrant hints of basil, rosemary and mint. Its taste is fine and strong, with a flavour of lettuce, celery and an almond finish. Bitterness is strong and pungency is distinct. It would be ideal on bruschette with tomatoes, tuna carpaccio, swordfish salads, barbecued radicchio, artichoke purée, pasta with meat sauce, boiled octopus, roast lamb, grilled red meat, aged cheese.

Italia Italy [IT] Lazio

Azienda Agricola Biologica Americo Quattrociocchi

Via Pontina km 99.400
04019 Terracina (LT)
E-mail: info@olioquattrociocchi.it - Web: www.olioquattrociocchi.it

100

400/600 m

Promiscuo
Promiscuous

Vaso policonico
Polyconic vase

Brucatura a mano
Hand picking

Sì - Ciclo continuo
Yes - Continuous cycle

Itrana

Fruttato medio
Medium fruity

da 10,01 a 12,00 € - 500 ml
from € 10.01 to 12.00 - 500 ml

Ne abbiamo seguito la brillante ascesa che gli ha fatto conquistare una posizione nella nostra Hall of Fame. E ne rimarchiamo il trasferimento nel nuovo stabilimento, completamente riqualificato. Americo Quattrociocchi, nato da una famiglia di olivicoltori dal 1888, ha trasformato la sua struttura in una realtà di spicco a livello internazionale e gestisce oggi 110 ettari, 45mila piante e un moderno frantoio che ha molito quest'anno 5mila quintali di olive, pari a 750 ettolitri di olio. Quattro gli Extravergine da Agricoltura Biologica presentati: l'Olivastro e i tre Quattrociocchi, Delicato, Superbo e l'eccellente Classico. Giallo dorato intenso con leggere sfumature verdi, limpido; al naso è ampio e avvolgente, con sentori fruttati di pomodoro di media maturità, mela bianca e banana, affiancati da note aromatiche di basilico, menta e prezzemolo. Fine e di carattere al palato, sa di fave, lattuga e sedano. Amaro deciso e piccante spiccato. Ideale su antipasti di pomodori, bruschette con verdure, insalate di orzo, marinate di ricciola, zuppe di legumi, primi piatti con salmone, gamberi in guazzetto, molluschi gratinati, pollame o carni di agnello al forno, formaggi caprini.

This farm, which has progressed over time in a brilliant way and is by now in our Hall of Fame, has recently moved to a new completely upgraded establishment. Born into a family that has practised olive growing since 1888, Americo Quattrociocchi has turned his farm into an important international reality. Today the estate consists of 110 hectares with 45,000 trees and a modern oil mill. In the last harvest 5,000 quintals of olives and 750 hectolitres of oil were produced. There are four Extra Virgin from Organic Farming, Olivastro and the three Quattrociocchi, Delicato, Superbo and the excellent Classico, which is an intense limpid golden yellow colour with slight green hues. Its aroma is ample and rotund, with fruity hints of medium ripe tomato, white apple and banana, together with aromatic notes of basil, mint and parsley. Its taste is fine and strong, with a flavour of broad beans, lettuce and celery. Bitterness is definite and pungency is distinct. It would be ideal on tomato appetizers, bruschette with vegetables, barley salads, marinated amberjack, legume soups, pasta with salmon, stewed shrimps, mussels au gratin, baked poultry or lamb, goat cheese.

Italia Italy [IT] Lazio

Casale San Giorgio
Via Casalazzara, 13
04011 Aprilia (LT)
Tel.: +39 06 9256388
E-mail: info@casalesangiorgio.it - Web: www.casalesangiorgio.it

91

PONENTINO
olio extravergine di oliva
100 % italiano

200 m

Specializzato
Specialized

Superintensivo
Superintensive

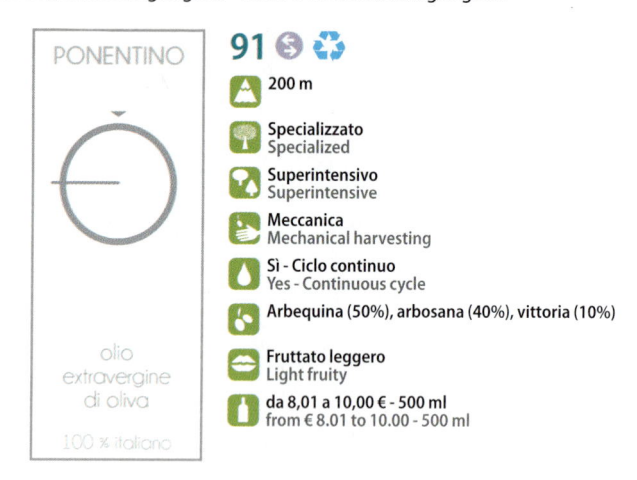

Meccanica
Mechanical harvesting

Sì - Ciclo continuo
Yes - Continuous cycle

Arbequina (50%), arbosana (40%), vittoria (10%)

Fruttato leggero
Light fruity

da 8,01 a 10,00 € - 500 ml
from € 8.01 to 10.00 - 500 ml

I risultati delle degustazioni confermano il livello di Casale San Giorgio, un'azienda a conduzione familiare nata negli anni Cinquanta nell'Agro Pontino e oggi specializzata in olivicoltura. Alessandro Federici e Patrizia Gioia De Leone, con il supporto dei figli, hanno piantato su una superficie di 10 ettari un oliveto ad alta densità, con 17mila alberi, e hanno arricchito la struttura di un moderno frantoio. Nella trascorsa campagna questo ha ricavato da 500 quintali di olive 45 ettolitri di olio. L'Extravergine Ponentino appare alla vista di un bel colore giallo dorato intenso con delicate tonalità verdi, limpido. Al naso è sottile e composto, con sentori balsamici di basilico e prezzemolo, affiancati da note fruttate di pomodoro acerbo. Morbido e armonico al palato, emana toni di carciofo, lattuga e chiude con ricordo speziato di pepe nero e cannella. Amaro e piccante presenti ed equilibrati, con finale dolce di mandorla. Si abbina a maionese, antipasti di funghi ovoli, carpaccio di pesce persico, insalate di riso, marinate di dentice, passati di verdure, cous cous di pesce, molluschi al vapore, tartare di gallinella, formaggi freschi a pasta molle, biscotti da forno.

Another good performance for Casale San Giorgio, a family-run farm founded in the 50s of the last century in the area of Agro Pontino. Run by Alessandro Federici and Patrizia Gioia De Leone with the support of their children, it is specialized in olive growing and consists of a 10-hectare super intensive olive grove with 17,000 trees and a modern oil mill. In the last harvest 500 quintals of olives were produced, which allowed to yield 45 hectolitres of oil. The Extra Virgin selection Ponentino is a beautiful intense limpid golden yellow colour with delicate green hues. Its aroma is fine and delicate, with fragrant hints of basil and parsley, together with fruity notes of unripe tomato. Its taste is mellow and harmonic, with a flavour of artichoke, lettuce and a final spicy note of black pepper and cinnamon. Bitterness and pungency are present and well balanced, with a sweet almond finish. It would be ideal on mayonnaise, ovoli mushroom appetizers, perch carpaccio, rice salads, marinated sea bream, vegetable purée, fish cous cous, steamed mussels, piper tartare, soft fresh cheese, oven cookies.

Italia Italy [IT] Lazio

Villa Pontina

Sant'Adamini - Via Carbonara
04010 Sonnino (LT)
E-mail: info@villapontina.it - Web: www.olio.villapontina.it

92

200 m

Promiscuo
Promiscuous

Vaso policonico
Polyconic vase

Bacchiatura
Beating

No - Ciclo continuo
No - Continuous cycle

Itrana

Fruttato medio
Medium fruity

da 18,01 a 22,00 € - 500 ml
from € 18.01 to 22.00 - 500 ml

Proprietà della famiglia Pontecorvi da quattro generazioni, Villa Pontina si trova nel comprensorio di Sonnino, ai piedi dei Monti Lepini, e domina la piana dell'Agro Pontino. La tenuta, da sempre destinata agli olivi e bonificata negli anni Cinquanta del secolo scorso con la costruzione di terrazzamenti con muretti a secco, conta oggi 2mila alberi di itrana coltivati su 6 ettari di impianto specializzato. Il raccolto di quest'anno ha fruttato 105 quintali di olive e circa 18 ettolitri di olio. L'ottimo Extravergine Villa Pontina Dop Colline Pontine da Agricoltura Biologica e Biodinamica è di un bel colore giallo dorato intenso con tonalità verdoline, limpido. Al naso è ampio e avvolgente, ricco di toni fruttati di pomodoro di media maturità, mela bianca e banana, cui si affiancano freschi sentori di menta, basilico e prezzemolo. Al palato è elegante e vegetale, con ricordo di fave, lattuga e sedano. Amaro molto spiccato e piccante deciso. Buon accompagnamento per antipasti di pesce azzurro, insalate di carciofi, pinzimonio, pomodori gratinati, zuppe di lenticchie, primi piatti al ragù, polpo bollito, agnello in umido, maiale alla brace, formaggi stagionati a pasta filata.

Owned by the family Pontecorvi for four generations, Villa Pontina is placed in the district of Sonnino, at the foot of the Mounts Lepini, overlooking the plain of Agro Pontino. Today the estate, always used as an olive grove and reclaimed in the 50s of the last century with the construction of terraces with dry stone walls, includes 2,000 trees of itrana, cultivated on 6 hectares of specialized surface. In the last harvest 105 quintals of olives and about 18 hectolitres of oil were produced. The very good Extra Virgin Villa Pontina Pdo Colline Pontine from Organic and Biodynamic Farming is a beautiful intense limpid golden yellow colour with light green hues. Its aroma is ample and rotund, rich in fruity hints of medium ripe tomato, white apple and banana, together with fresh notes of mint, basil and parsley. Its taste is elegant and vegetal, with a note of broad beans, lettuce and celery. Bitterness is distinct and pungency is definite. It would be ideal on bluefish appetizers, artichoke salads, pinzimonio, tomatoes au gratin, lentil soups, pasta with meat sauce, boiled octopus, stewed lamb, barbecued pork, aged cheese.

Italia Italy [IT] Lazio

Tenuta Colle Bello

Colle Bello
02040 Configni (RI)
Tel.: +39 06 7096413 - 06 7000761
E-mail: tenutacollebello@tiscali.it

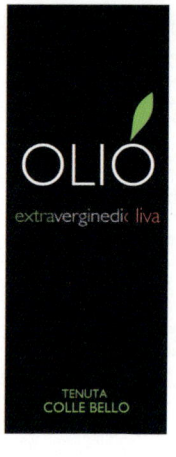

87

450 m

Specializzato
Specialized

Cono rovesciato, vaso aperto
Reverse cone, open vase

Brucatura a mano e meccanica
Hand picking and mechanical harvesting

No - Ciclo continuo
No - Continuous cycle

Frantoio (65%), leccino (23%), carboncella (10%), pendolino (2%)

Fruttato medio
Medium fruity

da 15,01 a 18,00 € - 500 ml
from € 15.01 to 18.00 - 500 ml

Tenuta Colle Bello seguita a distinguersi nel pur vocato territorio sabino. La storia di questa proprietà risale all'inizio degli anni Novanta, quando Valerio Morena, l'attuale proprietario, acquista un rudere con i terreni circostanti al confine tra il Lazio e l'Umbria. Innamorato di questa terra, decide di ridare vita al casale settecentesco e a un vecchio oliveto. Oggi gli oliveti sono aumentati e occupano quasi 4 ettari di superficie, con 500 piante dalle quali sono stati ricavati quest'anno 50 quintali di olive e circa 8 ettolitri di olio. Segnaliamo l'Extravergine Tenuta Colle Bello che appare alla vista di un bel colore giallo dorato intenso con lievi riflessi verdi, limpido. Al naso è sottile e composto, dotato di sentori vegetali di carciofo e cicoria, cui si affiancano note balsamiche di basilico, menta e rosmarino. Morbido e armonico in bocca, emana toni di lattuga di campo e ricordo finale di mandorla. Amaro e piccante presenti ed equilibrati. Ideale su antipasti di farro, insalate di ceci, legumi bolliti, patate arrosto, passati di fagioli, primi piatti con asparagi, molluschi gratinati, seppie in umido, pollame o carni di agnello al forno, formaggi caprini.

Tenuta Colle Bello always excels in the favourable territory of Sabina. The story of this estate dates back to the early 90s, when Valerio Morena, the present owner, purchased some ruins and the neighbouring lands on the border between Lazio and Umbria. After taking an interest in the land, he decided to give new life to the 18th-century farmhouse and an old olive grove. Today there are almost 4 hectares of olive surface with 500 trees. In the last harvest 50 quintals of olives were produced, equal to about 8 hectolitres of oil. We recommend the Extra Virgin Tenuta Colle Bello, which is a beautiful intense limpid golden yellow colour with slight green hues. Its aroma is fine and delicate, endowed with vegetal hints of artichoke and chicory, together with fragrant notes of basil, mint and rosemary. Its taste is mellow and harmonic, with a flavour of country lettuce and a final note of almond. Bitterness and pungency are present and well balanced. It would be ideal on farro appetizers, chickpea salads, boiled legumes, roast potatoes, bean purée, pasta with asparagus, mussels au gratin, stewed cuttlefish, baked poultry or lamb, goat cheese.

Italia Italy [IT] Lazio

Azienda Agricola Fagiolo

Passo Corese - Via Arci, 22
02032 Fara in Sabina (RI)
Tel.: +39 0765 487036
E-mail: laurafagiolo@tiscali.it - Web: www.laurafagiolo.it

91

200 m

Specializzato
Specialized

Vaso
Vase

Bacchiatura
Beating

Sì - Ciclo continuo
Yes - Continuous cycle

Raja (30%), carboncella (20%), frantoio (20%), leccino (20%), altre/others (10%)

Fruttato medio
Medium fruity

da 8,01 a 10,00 € - 750 ml
from € 8.01 to 10.00 - 750 ml

Laura e Antonella Fagiolo sono alla guida dell'azienda di famiglia che esiste dal 1946 in un'area collinare della Sabina reatina, nota fin dall'antichità per la coltivazione dell'olivo e la produzione dell'olio. La proprietà, che è anche fattoria didattica e accogliente agriturismo, dispone di un oliveto specializzato di 17 ettari dove trovano posto 4.300 piante. Durante la recente campagna sono stati raccolti 500 quintali di olive che hanno fruttato 70 ettolitri di olio. Segnaliamo l'etichetta aziendale, l'Extravergine Cru di Cures Dop Sabina, di un bel colore giallo dorato intenso con leggere tonalità verdi, limpido. Al naso è sottile e composto, dotato di note vegetali di carciofo e cicoria selvatica, cui si aggiungono sentori aromatici di menta e rosmarino. Al gusto è morbido e armonico, con toni di lattuga di campo e netto ricordo di mandorla in chiusura. Amaro e piccante presenti e ben armonizzati, con finale dolce in rilievo. Ideale su antipasti di molluschi, insalate di fagioli, marinate di orata, pomodori con riso, zuppe di legumi, primi piatti con salmone, pesce azzurro marinato, seppie alla griglia, coniglio arrosto, pollame alla brace, formaggi caprini.

Laura and Antonella Fagiolo run their family farm, founded in 1946 in a hilly area of Sabina Reatina, where the olive tree has been cultivated and oil produced since ancient times. The estate is also a didactic farm and offers guest accommodation. The specialized olive grove covers 17 hectares with 4,300 trees. In the last harvest 500 quintals of olives were produced, which allowed a yield of 70 hectolitres of extra virgin olive oil. We recommend the farm selection, the Extra Virgin Cru di Cures Pdo Sabina, which is a beautiful intense limpid golden yellow colour with slight green hues. Its aroma is fine and delicate, endowed with vegetal notes of artichoke and wild chicory, together with aromatic hints of mint and rosemary. Its taste is mellow and harmonic, with a flavour of country lettuce and a distinct final note of almond. Bitterness and pungency are present and harmonic, with a sweet finish. It would be ideal on mussel appetizers, bean salads, marinated gilthead, tomatoes stuffed with rice, legume soups, pasta with salmon, marinated blue fish, grilled cuttlefish, roast rabbit, barbecued poultry, goat cheese.

Italia Italy [IT] Lazio

Azienda Agricola DueNoveSei

Via Roma, 55
00010 Moricone (RM)
Tel.: +39 0774 604140
E-mail: info@duenovesei.com - Web: www.duenovesei.com

89

- 296 m
- **Specializzato** / Specialized
- **Policono** / Polycone
- **Brucatura a mano** / Hand picking
- **No - Ciclo continuo** / No - Continuous cycle
- Carboncella (50%), leccio del corno (20%), salviana (20%), itrana (10%)
- **Fruttato medio** / Medium fruity
- da 12,01 a 15,00 € - 500 ml / from € 12.01 to 15.00 - 500 ml

Quando i progenitori della famiglia Prosseda iniziano a coltivare la passione per l'agricoltura nel comprensorio di Moricone i primi olivi erano già lì, alcuni millenari, altri più giovani. Oggi Adolfo Prosseda, la terza generazione, si prende cura di 1.400 esemplari, distribuiti su 11 ettari, accanto a ciliegi, peschi e albicocchi. Nella trascorsa campagna olearia il raccolto ha fruttato 300 quintali di olive, pari a una produzione in olio di 40 ettolitri. L'etichetta aziendale è l'Extravergine Rosalena che si presenta alla vista di un bel colore giallo dorato intenso con delicate tonalità verdi, limpido. All'olfatto è ampio e avvolgente, dotato di sentori vegetali di carciofo, cicoria selvatica e lattuga, cui si affianca un netto ricordo di mandorla dolce. Morbido e armonico al palato, sprigiona toni aromatici di erbe officinali, con menta e rosmarino in evidenza. Amaro e piccante presenti ed equilibrati, con finale dolce in rilievo. Ideale su antipasti di pomodori, insalate di farro, marinate di orata, verdure gratinate, zuppe di ceci, primi piatti con salmone, pesce azzurro marinato, seppie in umido, pollame o carni di agnello al forno, formaggi freschi a pasta filata.

When the ancestors of the family Prosseda started their agricultural activity in the district of Moricone, the first olive trees, some centuries-old, others younger, were already there. Today Adolfo Prosseda, a member of the third generation, runs 11 hectares of surface with 1,400 trees, placed next to cherry, peach and apricot trees. In the last harvest 300 quintals of olives were produced, which allowed a yield of 40 hectolitres of oil. We recommend the farm selection, the Extra Virgin Rosalena. It is a beautiful intense limpid golden yellow colour with delicate green hues. Its aroma is ample and rotund, endowed with vegetal hints of artichoke, wild chicory and lettuce, together with a distinct note of sweet almond. Its taste is mellow and harmonic, with an aromatic flavour of officinal herbs, especially mint and rosemary. Bitterness and pungency are present and well balanced, with a sweet finish. It would be ideal on tomato appetizers, farro salads, marinated gilthead, vegetables au gratin, chickpea soups, pasta with salmon, marinated blue fish, stewed cuttlefish, baked poultry or lamb, mozzarella cheese.

Italia Italy [IT] Lazio

Il Simposio

Tre Cancelli - Via Santa Maria Goretti, 211
00048 Nettuno (RM)
Tel.: +39 06 9858473 - Fax: +39 06 77209322
E-mail: marialuisanardelli@tiscali.it - Web: www.aziendailsimposio.com

90

- 80 m
- **Specializzato**
  Specialized
- **Vaso policonico**
  Polyconic vase
- **Bacchiatura e brucatura a mano**
  Beating and hand picking
- **No - Ciclo continuo**
  No - Continuous cycle
- **Coratina**
- **Fruttato medio**
  Medium fruity
- da 8,01 a 10,00 € - 500 ml
  from € 8.01 to 10.00 - 500 ml

Meritata conferma in Guida per Il Simposio che prende il nome dal celebre dialogo del filosofo greco Platone dedicato alla comunicazione e alla convivialità. Maria Luisa Nardelli, figlia del fondatore Franco, ha preso in mano da qualche anno l'azienda di famiglia, trasformandola da struttura produttrice di uve da vino in tenuta principalmente olivicola. Oggi su 14 ettari di oliveto crescono 4mila piante che hanno fruttato quest'anno 600 quintali di olive e 60 ettolitri di olio. Segnaliamo l'etichetta aziendale, l'Extravergine monocultivar Il Simposio - Coratina: appare alla vista di un bel colore giallo dorato intenso con delicate sfumature verdi, limpido. Al naso è pulito e avvolgente, dotato di sentori vegetali di carciofo, cicoria selvatica e lattuga, affiancati da netti toni di mandorla dolce e pepe nero. Morbido e armonico in bocca, ricorda le erbe balsamiche, con menta, basilico e rosmarino in evidenza. Amaro deciso e piccante spiccato. Perfetto su antipasti di legumi, fagioli al vapore, insalate di ceci, pomodori con riso, zuppe di funghi finferli, primi piatti con salmone, molluschi gratinati, seppie in umido, coniglio arrosto, pollame ai ferri, formaggi caprini.

Present again in our Guide, Il Simposio takes its name from the famous dialogue the Greek philosopher Plato dedicated to communication and conviviality and is the family farm that Maria Luisa Nardelli, the founder Franco's daughter, has been running for several years, turning it from wine grape producer into an olive farm. Today there is a 14-hectare olive grove with 4,000 trees. In the last harvest 600 quintals of olives and 60 hectolitres of oil were produced. We recommend the farm selection, the Monocultivar Extra Virgin Il Simposio - Coratina, which is a beautiful intense limpid golden yellow colour with delicate green hues. Its aroma is clean and rotund, endowed with vegetal hints of artichoke, wild chicory and lettuce, together with distinct notes of sweet almond and black pepper. Its taste is mellow and harmonic, with a flavour of aromatic herbs, especially mint, basil and rosemary. Bitterness is definite and pungency is distinct. It would be ideal on legume appetizers, steamed beans, chickpea salads, tomatoes stuffed with rice, chanterelle mushroom soups, pasta with salmon, mussels au gratin, stewed cuttlefish, roast rabbit, grilled poultry, goat cheese.

Italia Italy [IT] Lazio

Azienda Agricola Enza Pennacchi
Via Vecchia di Napoli, 13
00049 Velletri (RM)
Tel.: +39 06 9628172 - 06 9635538 - Fax: +39 06 9628172
E-mail: enza.pennacchi@gmail.com - Web: www.maximumextra.company.site

81

- 273 m
- Promiscuo e specializzato / Promiscuous and specialized
- Palmetta, vaso libero / Fan, free vase
- Bacchiatura / Beating
- No - Ciclo continuo / No - Continuous cycle
- Itrana (40%), leccino (30%), frantoio (20%), pendolino (10%)
- Fruttato medio / Medium fruity
- da 10,01 a 12,00 € - 500 ml / from € 10.01 to 12.00 - 500 ml

L'Agricola Enza Pennacchi di Velletri nasce nel 2018 dopo la scomparsa del marito Otello Pallocca che era a capo dell'azienda di famiglia dal 1961. Otello, che aveva alle spalle generazioni di antenati impegnati nella produzione e vendita di vini e oli, aveva già dato recentemente una connotazione esclusivamente olivicola all'attività. E oggi il percorso è continuato dal figlio Massimo il quale, pur svolgendo un'altra professione, si prende cura con passione di 360 olivi coltivati su circa 3 ettari che hanno reso quest'anno 150 quintali di olive e 15 ettolitri di olio. Segnaliamo l'Extravergine Maximum, giallo dorato intenso con delicati riflessi verdi, limpido. Al naso è sottile e composto, dotato di sentori fruttati di pomodoro acerbo e mandorla, cui si aggiungono note balsamiche di menta e basilico. Morbido e armonico in bocca, emana toni vegetali di carciofo e cardo, cicoria e lattuga. Amaro ben espresso e piccante presente e dosato. Ideale su antipasti di mare, insalate di fagioli, marinate di orata, pomodori con riso, zuppe di farro, primi piatti al pomodoro, molluschi gratinati, rombo arrosto, pollame o carni di agnello al forno, formaggi freschi a pasta filata.

Enza Pennacchi founded her farm in Velletri in 2018, after the death of her husband Otello Pallocca, who had run the family farm since 1961. Otello, who followed the tradition of generations involved in the production and sale of wines and oils, had recently focused exclusively on olive growing. Today his son Massimo, while pursuing another profession, also manages about 3 hectares of olive surface with 360 trees. In the last harvest 150 quintals of olives were produced, with a yield of 15 hectolitres of oil. We recommend the Extra Virgin selection Maximum, which is an intense limpid golden yellow colour with delicate green hues. Its aroma is fine and delicate, endowed with fruity hints of unripe tomato and almond, together with fragrant notes of mint and basil. Its taste is mellow and harmonic, with a vegetal flavour of artichoke and thistle, chicory and lettuce. Bitterness is distinct and pungency is present and complimentary. It would be ideal on seafood appetizers, bean salads, marinated gilthead, tomatoes stuffed with rice, farro soups, pasta with tomato sauce, mussels au gratin, roast turbot, baked poultry or lamb, mozzarella cheese.

Italia Italy **[IT]** Lazio

Appo

Via Roma, 31
01010 Gradoli (VT)
Tel.: +39 0761 456090
E-mail: info@appoviterbo.it - Web: www.appoviterbo.it

85

300/500 m

Promiscuo e specializzato
Promiscuous and specialized

Vaso, vaso cespugliato, vaso policonico
Vase, vase bush, polyconic vase

Brucatura a mano e meccanica
Hand picking and mechanical harvesting

Sì - Ciclo continuo
Yes - Continuous cycle

Caninese (80%), frantoio (10%), leccino (10%)

Fruttato medio
Medium fruity

da 8,01 a 10,00 € - 500 ml
from € 8.01 to 10.00 - 500 ml

L'organizzazione di produttori olivicoli Appo svolge la propria attività in ambito regionale e si pone come obiettivo di tutelare la produzione di olive e di olio, supportando i suoi iscritti e cercando di adattare la loro offerta alle esigenze del mercato. A disposizione c'è una superficie complessiva di 8.300 ettari dei soci, con un milione 660mila piante dalle quali sono stati ricavati 80mila quintali di olive, pari a una resa di circa 9.020 ettolitri di olio. Due gli Extravergine Appo: quello da Agricoltura Biologica e il Dop Tuscia, preferito dal panel. Appare alla vista di un bel colore giallo dorato intenso con delicate venature verdi, limpido. Al naso è ampio e avvolgente, ricco di sentori vegetali di carciofo e cicoria, cui si affiancano note aromatiche di menta e rosmarino. Morbido e armonico al palato, sprigiona toni di lattuga e chiude con nuance speziate di cannella e netto ricordo di mandorla. Amaro spiccato e piccante deciso. Ideale su bruschette con pomodoro, carpaccio di tonno, funghi porcini al forno, insalate di spinaci, passati di lenticchie, primi piatti al ragù, pesce azzurro gratinato, agnello alla griglia, maiale ai ferri, formaggi di media stagionatura.

The organization of olive producers APPO carries out its activity in a regional context and aims to protect the production of olives and oil, supporting its members and trying to adapt their offer to the needs of the market. The total surface of the olive groves covers 8,300 hectares with 1 million 660,000 trees, which produced 80,000 quintals of olives in the last harvest, equal to a yield of about 9,020 hectolitres of extra virgin olive oil. There are two Extra Virgin selections Appo, the one from Organic Farming and the Pdo Tuscia, chosen by the panel. It is a beautiful intense limpid golden yellow colour with delicate green hues. Its aroma is ample and rotund, rich in vegetal hints of artichoke and chicory, together with aromatic notes of mint and rosemary. Its taste is mellow and harmonic, with a flavour of lettuce and final spicy notes of cinnamon and distinct almond. Bitterness is distinct and pungency is definite. It would be ideal on bruschette with tomatoes, tuna carpaccio, baked porcini mushrooms, spinach salads, lentil purée, pasta with meat sauce, blue fish au gratin, grilled lamb, grilled pork, medium mature cheese.

Italia Italy [IT] Lazio

Frantoio Archibusacci dal 1888

Via di Tarquinia
01011 Canino (VT)
Tel.: +39 0761 437202 - 0761 437213 - Fax: +39 0761 438728
E-mail: archibusacci@archibusacci.com - Web: www.archibusacci.com

83

250 m

Specializzato
Specialized

Cespuglio, palma libera, vaso cespugliato
Bush, free fan, vase bush

Brucatura a mano e meccanica
Hand picking and mechanical harvesting

Sì - Ciclo continuo
Yes - Continuous cycle

Caninese (30%), leccino (20%), maurino (20%), pendolino (20%), frantoio (10%)

Fruttato medio
Medium fruity

da 22,01 a 26,00 € - 500 ml
from € 22.01 to 26.00 - 500 ml

Questa struttura è una delle più rinomate della zona: la sua tradizione risale al 1888 quando il fondatore Arturo dà inizio all'attività di produttore frantoiano a Canino. Oggi il patrimonio comprende 100 ettari di oliveto con 27mila alberi, un moderno impianto di trasformazione e anche una foresteria con annesso ristorante di specialità maremmane. Nell'ultima campagna sono stati prodotti 3mila quintali di olive che, con l'aggiunta di 15mila acquistati, hanno fruttato 2.250 ettolitri di olio. L'Extravergine presentato al panel si chiama 130.1 anni e si presenta alla vista di un bel colore giallo dorato intenso con marcate tonalità verdi, limpido. Al naso si offre pulito e avvolgente, dotato di sentori vegetali di erba fresca falciata, carciofo, lattuga e sfumature speziate di cannella. In bocca è morbido e armonico, con note balsamiche di menta, rosmarino e ricordo di mandorla in chiusura. Amaro deciso e piccante presente ed equilibrato. Ideale per antipasti di molluschi, insalate di farro, marinate di orata, pomodori con riso, passati di funghi finferli, primi piatti con asparagi, gamberi in guazzetto, seppie in umido, coniglio al forno, pollo arrosto, formaggi caprini.

This farm is one of the most popular in the area: its tradition dates back to 1888, when its founder Arturo started his activity as an oil miller in Canino. Today the estate consists of 100 hectares of olive grove with 27,000 trees, a modern transformation system and also a guesthouse with a restaurant specialized in local dishes. In the last harvest 3,000 quintals of olives were produced and 15,000 purchased, with a yield of 2,250 hectolitres of oil. We recommend the Extra Virgin selection 130.1 anni, which is a beautiful intense limpid golden yellow colour with definite green hues. Its aroma is clean and rotund, endowed with vegetal hints of freshly mown grass, artichoke, lettuce and spicy notes of cinnamon. Its taste is mellow and harmonic, with fragrant notes of mint, rosemary and an almond finish. Bitterness is definite and pungency is present and well balanced. It would be ideal on mussel appetizers, farro salads, marinated gilthead, tomatoes stuffed with rice, chanterelle mushroom purée, pasta with asparagus, stewed shrimps, stewed cuttlefish, baked rabbit, roast chicken, goat cheese.

Italia Italy [IT] Lazio

Azienda Agricola e Frantoio Battaglini

Via Cassia km 111.700
01023 Bolsena (VT)
Tel.: +39 0761 798847 - Fax: +39 0761 798847
E-mail: bolsena@frantoiobattaglini.it - Web: www.frantoiobattaglini.it

90

- 400 m
- Specializzato / Specialized
- Vaso policonico / Polyconic vase
- Brucatura a mano e meccanica / Hand picking and mechanical harvesting
- Sì - Ciclo continuo / Yes - Continuous cycle
- Frantoio
- Fruttato medio / Medium fruity
- da 10,01 a 12,00 € - 500 ml / from € 10.01 to 12.00 - 500 ml

Sono davvero tanti gli anni durante i quali abbiamo seguito l'Azienda Agricola e Frantoio Battaglini situata sulle colline del Lago di Bolsena. Fondata nel 1935 da Nazareno, che acquistò i terreni dove dimoravano già gli olivi e un frantoio tradizionale, oggi è gestita da Bruno Battaglini con i figli Andrea e Stefano. La proprietà vanta 14 ettari di oliveto specializzato con 4.300 piante che hanno reso quest'anno 800 quintali di olive e 96 ettolitri di olio. Delle due selezioni proposte, gli Extravergine Frantoio Antica Tuscia da Agricoltura Biologica e Di Bolsena, segnaliamo quest'ultimo, eccellente. Giallo dorato intenso con delicate tonalità verdi, limpido; al naso è elegante e avvolgente, con sentori balsamici di menta e rosmarino, arricchiti da toni di erba fresca falciata e sfumature di pepe nero e mandorla. In bocca è fine e vegetale, con ricordo marcato di carciofo, cicoria e lattuga. Amaro spiccato e piccante deciso e armonico. Ottimo per antipasti di pomodori, bruschette con verdure, insalate di orzo, marinate di ricciola, passati di legumi, primi piatti con molluschi, gamberi in guazzetto, tartare di salmone, coniglio arrosto, pollame ai ferri, formaggi caprini.

We have been following Azienda Agricola e Frantoio Battaglini for many years. Placed on the hills near Lake Bolsena, it was founded in 1935 by Nazareno, who purchased the lands with the olive trees and a traditional oil mill. Today it is run by Bruno Battaglini with his sons Andrea and Stefano. The 14-hectare specialized olive grove contains 4,300 trees, which produced 800 quintals of olives and 96 hectolitres of oil in the last harvest. There are two selections, the Extra Virgin Frantoio Antica Tuscia from Organic Farming and the excellent Di Bolsena, which we recommend. It is an intense limpid golden yellow colour with delicate green hues. Its aroma is elegant and rotund, with fragrant hints of mint and rosemary, enriched by hints of freshly mown grass and notes of black pepper and almond. Its taste is fine and vegetal, with a strong flavour of artichoke, chicory and lettuce. Bitterness is distinct and pungency is definite and harmonic. It would be ideal on tomato appetizers, bruschette with vegetables, barley salads, marinated amberjack, legume purée, pasta with mussels, stewed shrimps, salmon tartare, roast rabbit, grilled poultry, goat cheese.

Italia Italy [IT] Lazio

Oleificio Sociale Cooperativo di Canino

Via di Montalto, 48
01011 Canino (VT)
Tel.: +39 0761 437089 - Fax: +39 0761 433041
E-mail: oscc@oscc.it - Web: www.oscc.it

84

- 250 m
- **Promiscuo e specializzato**
  Promiscuous and specialized
- **Policono, vaso**
  Polycone, vase
- **Brucatura a mano e meccanica**
  Hand picking and mechanical harvesting
- **Sì - Ciclo continuo**
  Yes - Continuous cycle
- Maurino
- **Fruttato medio**
  Medium fruity
- da 8,01 a 10,00 € - 500 ml
  from € 8.01 to 10.00 - 500 ml

Quella di Canino è una delle più interessanti realtà cooperative dell'olearia italiana. La struttura, fondata nel 1965 da Ubaldo Rancini, è attualmente presieduta da Alfredo Quinto Bartoccini e comprende circa 1.100 soci conferitori, tutti proprietari di oliveti situati in questa vocatissima zona. Su una superficie totale di 3mila ettari sono messe a dimora 280mila piante che quest'anno hanno reso 80mila quintali di olive, pari a una produzione di 10mila ettolitri di olio. Segnaliamo l'Extravergine Ducato di Castro che appare alla vista di un bel colore giallo dorato intenso con delicati riflessi verdi, limpido. All'olfatto si apre ampio e avvolgente, caratterizzato da sentori vegetali di carciofo e cicoria, affiancati da note aromatiche di erbe officinali, con ricordo di menta e rosmarino. Al gusto è morbido e armonico, con toni vegetali di lattuga di campo, pepe nero e mandorla. Amaro spiccato e piccante deciso ed equilibrato. È ideale su bruschette con pomodoro, carpaccio di pesce spada, insalate di spinaci, radicchio alla griglia, passati di lenticchie, primi piatti al ragù, pesce azzurro gratinato, pollame o carni di maiale alla piastra, formaggi di media stagionatura.

This co-operative in Canino is one of the most interesting in the field of Italian olive growing. It was founded in 1965 by Ubaldo Rancini and today is run by Alfredo Quinto Bartoccini. It consists of 1,100 members who possess olive groves in this really favourable area. The total surface covers 3,000 hectares with 280,000 trees, which produced 80,000 quintals of olives in the last harvest, equal to a yield of 10,000 hectolitres of oil. We recommend the Extra Virgin Ducato di Castro, which is a beautiful intense limpid golden yellow colour with delicate green hues. Its aroma is ample and rotund, characterized by vegetal hints of artichoke and chicory, together with aromatic notes of officinal herbs, especially mint and rosemary. Its taste is mellow and harmonic, with a vegetal flavour of country lettuce, black pepper and almond. Bitterness is distinct and pungency is definite and well balanced. It would be ideal on bruschette with tomatoes, swordfish carpaccio, spinach salads, grilled radicchio, lentil purée, pasta with meat sauce, blue fish au gratin, pan-seared poultry or pork, medium mature cheese.

Italia Italy [IT] Lazio

Frantoio Cioccolini

Via della Marescotta, 7
01039 Vignanello (VT)
Tel.: +39 0761 754198 - Fax: +39 0761 754198
E-mail: info@frantoiocioccolini.it - Web: www.frantoiocioccolini.it

86

360/400 m

Promiscuo
Promiscuous

Cono rovesciato
Reverse cone

Brucatura a mano e meccanica
Hand picking and mechanical harvesting

Sì - Ciclo continuo
Yes - Continuous cycle

Frantoio (40%), leccino (30%), caninese (20%), moraiolo (10%)

Fruttato medio
Medium fruity

da 8,01 a 10,00 € - 500 ml
from € 8.01 to 10.00 - 500 ml

Confermiamo in Guida l'azienda della famiglia Cioccolini la quale produce olio extravergine nella propria tenuta di Torre Aliano fin dal 1890. Attualmente il frantoio oleario, in funzione dal 1963 e modernizzato secondo le più avanzate tecnologie del settore, trasforma la produzione propria e quella di molti olivicoltori della zona. Da 3 ettari di superficie, con 600 piante, sono stati ricavati quest'anno 10 quintali di olive che, uniti ai 1.660 acquistati, hanno reso quasi 233 ettolitri di olio. Segnaliamo l'etichetta aziendale, l'Extravergine Cioccolini che appare alla vista di un bel colore giallo dorato intenso con delicati riflessi verdi, limpido. Al naso è sottile e composto, dotato di sentori vegetali di carciofo e cicoria, con l'aggiunta di note aromatiche di menta e rosmarino. In bocca è morbido e armonico, con toni di lattuga di campo e chiusura di mandorla. Amaro e piccante presenti e ben espressi, con finale dolce in rilievo. Ideale su antipasti di pomodori, insalate di farro, marinate di orata, patate arrosto, zuppe di legumi, risotto con carciofi, gamberi in guazzetto, seppie in umido, coniglio al forno, pollame alla brace, formaggi freschi a pasta filata.

Present again in our Guide, the family Cioccolini has been producing extra virgin olive oil on their estate in Torre Aliano since 1890. Today the oil mill, active since 1963 and updated with the most advanced technology, also transforms the production of many local olive growers. The olive grove covers 3 hectares with 600 trees. In the last harvest 10 quintals of olives were produced and 1,660 purchased, with a yield of almost 233 hectolitres of oil. We recommend the Extra Virgin selection Cioccolini, which is a beautiful intense limpid golden yellow colour with delicate green hues. Its aroma is fine and delicate, endowed with vegetal hints of artichoke and chicory, together with aromatic notes of mint and rosemary. Its taste is mellow and harmonic, with hints of country lettuce and an almond finish. Bitterness and pungency are present and distinct, with evident sweetness. It would be ideal on tomato appetizers, farro salads, marinated gilthead, roast potatoes, legume soups, risotto with artichokes, stewed shrimps, stewed cuttlefish, baked rabbit, barbecued poultry, mozzarella cheese.

Italia Italy [IT] Lazio

Società Agricola Colli Etruschi

Via degli Ulivi, 2
01010 Blera (VT)
Tel.: +39 0761 470469
E-mail: info@collietruschi.it - Web: www.collietruschi.it

97

320 m

Promiscuo e specializzato
Promiscuous and specialized

Vaso cespugliato, vaso policonico
Vase bush, polyconic vase

Brucatura a mano e meccanica
Hand picking and mechanical harvesting

Sì - Ciclo continuo
Yes - Continuous cycle

Caninese

Fruttato medio
Medium fruity

da 12,01 a 15,00 € - 500 ml
from € 12.01 to 15.00 - 500 ml

La conosciamo da tanti anni e l'abbiamo seguita nel percorso che l'ha portata ai livelli qualitativi davvero elevati che confermiamo. Attiva dal 1965 nella vocata zona di Blera, la Colli Etruschi è una cooperativa che aggrega attualmente 300 soci i quali conducono 850 ettari di oliveti, con 45mila piante. Quest'anno sono stati conferiti al moderno frantoio 12.400 quintali di olive che hanno reso una produzione di quasi 1.583 ettolitri di olio. Due gli ottimi Extravergine: io da Agricoltura Biologica ed eVo Dop Tuscia. Il panel predilige il secondo che appare alla vista di un bel colore giallo dorato intenso con delicate gradazioni verdi, limpido. Al naso è complesso e avvolgente, con sentori vegetali di carciofo, cicoria e lattuga, arricchiti da freschi toni di menta e rosmarino. Al palato è fine e di carattere, con sfumature speziate di pepe nero, cannella e netto ricordo di mandorla. Amaro deciso e piccante spiccato e armonico. È eccellente per antipasti di pomodori, insalate di funghi finferli, marinate di ricciola, patate in umido, passati di legumi, primi piatti con salmone, molluschi gratinati, tartare di pesce spada, coniglio arrosto, pollo al forno, formaggi caprini.

We have been following this farm, always characterized by high quality, for many years. The present result confirms its excellent level. Active since 1965 in the favourable area of Blera, Colli Etruschi is a co-operative of 300 members, who run 850 hectares of olive groves with 45,000 trees. In the last harvest 12,400 quintals of olives were crushed in the modern oil mill, with a yield of almost 1,583 hectolitres of oil. There are two very good Extra Virgin selections, io from Organic Farming and eVo Pdo Tuscia, chosen by the panel. It is a beautiful intense limpid golden yellow colour with delicate green hues. Its aroma is complex and rotund, with vegetal notes of artichoke, chicory and lettuce, enriched by fresh hints of mint and rosemary. Its taste is fine and strong, with a spicy flavour of black pepper, cinnamon and a distinct almond finish. Bitterness is definite and pungency is distinct and harmonic. It would be ideal on tomato appetizers, chanterelle mushroom salads, marinated amberjack, stewed potatoes, legume purée, pasta with salmon, mussels au gratin, swordfish tartare, roast rabbit, baked chicken, goat cheese.

Italia Italy [IT] Lazio

Azienda Agricola Laura De Parri

Cerrosughero
01011 Canino (VT)
Tel.: +39 0761 438594 - Fax: +39 0761 438594
E-mail: lauradeparri@libero.it - Web: www.oliocerrosughero.com

97

- 300 m
- **Specializzato** / Specialized
- **Vaso policonico** / Polyconic vase
- **Meccanica** / Mechanical harvesting
- **Sì - Ciclo continuo** / Yes - Continuous cycle
- **Caninese (70%), frantoio (30%)**
- **Fruttato medio** / Medium fruity
- **da 12,01 a 15,00 € - 500 ml** / from € 12.01 to 15.00 - 500 ml

La "Signora di Cerrosughero", ovvero Laura De Parri, conferma la sua, più che consolidata, posizione in Guida. All'interno di uno splendido complesso agrituristico nel cuore della Maremma tosco-laziale, tra boschi di querce e pascoli, questa realtà comprende un oliveto specializzato di 30 ettari con 8mila piante e un moderno frantoio ristrutturato. Quest'anno sono stati moliti 1.325 quintali di olive che, con l'aggiunta di 380 acquistati, hanno reso 170 ettolitri di olio. Dei due Extravergine Cerrosughero, il monocultivar Maurino e il Dop Canino, il panel predilige il secondo, di un bel colore giallo dorato intenso con caldi riflessi verdi, limpido. Al naso si apre ampio e avvolgente, con sentori vegetali di carciofo, cicoria e lattuga, affiancati da note aromatiche di menta e rosmarino. In bocca è complesso e fine, con toni speziati di pepe nero, cannella e netto ricordo di mandorla. Amaro deciso e piccante spiccato e armonico. Perfetto su antipasti di salmone, insalate di lenticchie, marinate di ricciola, pomodori con riso, zuppe di ceci, primi piatti con molluschi, seppie alla griglia, tartare di tonno, pollame o carni di agnello al forno, formaggi freschi a pasta filata.

Another positive performance for Laura De Parri, "Cerrosughero Lady". This beautiful farmhouse in the heart of Maremma tosco-laziale, in the middle of oaks and pastures, includes a specialized olive grove of 30 hectares of surface, with 8,000 trees and a recently upgraded oil mill. In the last harvest 1,325 quintals of olives were produced and 380 purchased, equal to a yield of 170 hectolitres of extra virgin olive oil. There are two Extra Virgin selections Cerrosughero, the Monocultivar Maurino and the Pdo Canino, chosen by our panel. It is a beautiful intense limpid golden yellow colour with warm green hues. Its aroma is ample and rotund, with vegetal hints of artichoke, chicory and lettuce, together with aromatic notes of mint and rosemary. Its taste is complex and fine, with a spicy flavour of black pepper, cinnamon and a distinct note of almond. Bitterness is definite and pungency is distinct and harmonic. It would be ideal on salmon appetizers, lentil salads, marinated amberjack, tomatoes stuffed with rice, chickpea soups, pasta with mussels, grilled cuttlefish, tuna tartare, baked poultry or lamb, mozzarella cheese.

Italia Italy [IT] Lazio

Azienda Agricola Antonio e Antonio Gioacchini

Mandria Marcelliani
01017 Tuscania (VT)
E-mail: info@oliosolum.com - Web: www.oliosolum.com

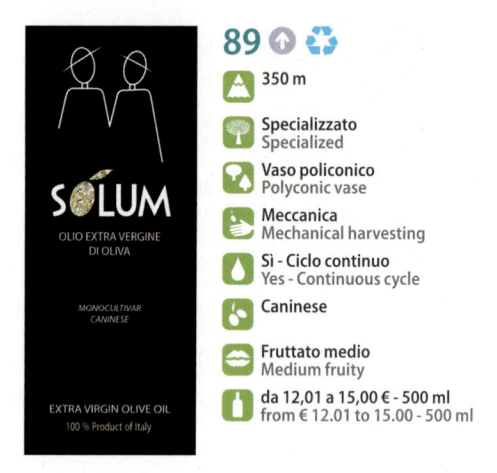

89

350 m

Specializzato
Specialized

Vaso policonico
Polyconic vase

Meccanica
Mechanical harvesting

Sì - Ciclo continuo
Yes - Continuous cycle

Caninese

Fruttato medio
Medium fruity

da 12,01 a 15,00 € - 500 ml
from € 12.01 to 15.00 - 500 ml

Una realtà che seguita a emergere. Le origini dell'azienda della famiglia Gioacchini risalgono alla prima metà del secolo scorso quando il bisnonno Sante acquistò un appezzamento nel comune di Tuscania. Già allora furono messi a dimora i primi olivi, ma è a partire dalla fine degli anni Ottanta che l'impianto viene incrementato fino a raggiungere la condizione attuale, di 2.800 alberi su 10 ettari. Nella recente campagna il raccolto ha reso 210 quintali di olive e 24 ettolitri di olio. Segnaliamo l'etichetta aziendale, l'ottimo Extravergine Olio Solum - Caninese che appare alla vista di un bel colore giallo dorato intenso con delicati riflessi verdi, limpido. Al naso è elegante e avvolgente, ricco di sentori di basilico, menta e rosmarino, affiancati da toni speziati di cannella e pepe nero. In bocca è dotato di un'ampia carica vegetale, con note di carciofo, cicoria e lattuga; e chiude con netto ricordo di mandorla. Amaro deciso e piccante spiccato. Ideale su antipasti di farro, fagioli al vapore, insalate di pomodori, marinate di orata, zuppe di legumi, primi piatti con salmone, molluschi gratinati, tartare di tonno, coniglio arrosto, pollo al forno, formaggi caprini.

The origins of the farm owned by the family Gioacchini, which is constantly progressing, date back to the first half of the last century, when the great-grandfather Sante purchased a plot in the town of Tuscania. The first olive trees were planted then, but since the 80s the estate has been developed, reaching now a surface of 10 hectares with 2,800 trees. In the last harvest 210 quintals of olives were produced, which allowed to yield 24 hectolitres of oil. We recommend the farm selection, the very good Extra Virgin Olio Solum - Caninese, which is a beautiful intense limpid golden yellow colour with delicate green hues. Its aroma is elegant and rotund, rich in hints of basil, mint and rosemary, together with spicy notes of cinnamon and black pepper. Its taste is endowed with an ample vegetal flavour of artichoke, chicory and lettuce and a distinct almond finish. Bitterness is definite and pungency is distinct. It would be ideal on farro appetizers, steamed beans, tomato salads, marinated gilthead, legume soups, pasta with salmon, mussels au gratin, tuna tartare, roast rabbit, baked chicken, goat cheese.

Italia Italy [IT] Lazio

Azienda Agricola Giorgio Grani

Strada Signorino, 3
01100 Viterbo
Tel.: +39 0761 308688
E-mail: giorgio@poderedellarco.com - Web: www.poderedellarco.com

85

305 m

Specializzato
Specialized

Vaso policonico
Polyconic vase

Meccanica
Mechanical harvesting

No - Ciclo continuo
No - Continuous cycle

Caninese (71%), leccino (13%), frantoio (12%), pendolino (4%)

Fruttato medio
Medium fruity

da 12,01 a 15,00 € - 500 ml
from € 12.01 to 15.00 - 500 ml

Da tre generazioni la famiglia Grani si occupa con passione e dedizione di olivicoltura sulle colline che circondano Viterbo. Oggi alla guida dell'azienda c'è Giorgio Grani che coltiva 553 piante su quasi 7 ettari, comprendenti sia gli oliveti secolari che si affacciano sul palazzo papale della città sia i nuovi impianti. Nella recente campagna il raccolto ha fruttato circa 82 quintali di olive, pari a pressoché 11 ettolitri di olio. La selezione aziendale proposta al panel è l'ottimo Extravergine Il Signorino Dop Tuscia che si offre alla vista di un bel colore giallo dorato intenso con leggeri riflessi verdi, limpido. All'olfatto è pulito e avvolgente, dotato di un'ampia carica vegetale, con ricordo di cicoria selvatica e asparago, sedano e lattuga. Fine e complesso in bocca, si arricchisce di note balsamiche di menta e rosmarino e chiude con toni marcati di pepe nero e mandorla. Amaro spiccato e piccante deciso e armonico. È eccellente su bruschette con verdure, insalate di orzo, marinate di orata, pomodori con riso, zuppe di legumi, primi piatti con salmone, crostacei in umido, tartare di ricciola, coniglio al forno, pollame ai ferri, formaggi freschi a pasta filata.

On the hills surrounding Viterbo the family Grani has been practising olive growing with passion and dedication for three generations. Today the farm is run by Giorgio Grani, who cultivates almost 7 hectares of land with 553 trees, including both centuries-old olive groves overlooking the papal palace of the city and younger trees. In the last harvest about 82 quintals of olives were produced, equal to about 11 hectolitres of oil. The farm selection is the very good Extra Virgin Il Signorino Pdo Tuscia, which is a beautiful intense limpid golden yellow colour with slight green hues. Its aroma is clean and rotund, endowed with ample vegetal notes of wild chicory and asparagus, celery and lettuce. Its taste is fine and complex, enriched by fragrant notes of mint and rosemary and a strong finish of black pepper and almond. Bitterness is distinct and pungency is definite and harmonic. It would be ideal on bruschette with vegetables, barley salads, marinated gilthead, tomatoes stuffed with rice, legume soups, pasta with salmon, stewed shellfish, amberjack tartare, baked rabbit, grilled poultry, mozzarella cheese.

Italia Italy [IT] Lazio

Il Molino

Pisello - Strada Pisello
01100 Montefiascone (VT)
E-mail: info@oliodelmolino.it - Web: www.oliodelmolino.it

88

- 300 m
- **Specializzato** / Specialized
- **Vaso policonico** / Polyconic vase
- **Brucatura a mano e meccanica** / Hand picking and mechanical harvesting
- **Sì - Ciclo continuo** / Yes - Continuous cycle
- Leccino (50%), caninese (25%), frantoio (25%)
- **Fruttato medio** / Medium fruity
- da 12,01 a 15,00 € - 500 ml / from € 12.01 to 15.00 - 500 ml

Immersa tra le colline della Tuscia viterbese, tra Montefiascone e il Lago di Bolsena, la tenuta familiare si sviluppa, da generazioni, attorno al casale settecentesco che ne costituisce il fulcro. Il terreno agricolo che lo circonda, coltivato con metodi biologici, è destinato alla produzione di cereali e all'oliveto che occupa 40 ettari, con 9mila piante. Nella recente campagna il raccolto ha fruttato 550 quintali di olive e 60 ettolitri di olio. Due gli Extravergine Il Molino da Agricoltura Biologica: Caninese Denocciolato Dop Tuscia e Limited Edition. Preferiamo quest'ultimo, giallo dorato intenso con delicati riflessi verdi, limpido. Al naso è ampio e avvolgente, con netti sentori di erba fresca falciata e cicoria selvatica, cui si affiancano toni di basilico, menta e rosmarino. In bocca è fine e complesso, con note vegetali di carciofo e chiusura di mandorla. Amaro e piccante ben espressi e armonici, con finale dolce in rilievo. Ideale su bruschette con pomodoro, funghi porcini ai ferri, insalate di spinaci, radicchio alla griglia, passati di lenticchie, primi piatti con carciofi, pesce spada alla brace, pollame o carni di maiale al forno, formaggi di media stagionatura.

Placed among the hills of Tuscia Viterbese, between Montefiascone and Lake Bolsena, this family estate, developed in the course of several generations, surrounds the 18th-century farmhouse that is its centre. The lands around it are cultivated with organic methods and are destined to cereals and the olive grove, which takes up 40 hectares with 9,000 trees. In the last harvest 550 quintals of olives and 60 hectolitres of oil were produced. There are two Extra Virgin Il Molino from Organic Farming, Caninese Denocciolato Pdo Tuscia and Limited Edition, which we recommend. It is an intense limpid golden yellow colour with delicate green hues. Its aroma is ample and rotund, with distinct hints of freshly mown grass and wild chicory, together with notes of basil, mint and rosemary. Its taste is fine and complex, with vegetal notes of artichoke and an almond finish. Bitterness and pungency are distinct and harmonic, with a sweet finish. It would be ideal on bruschette with tomatoes, grilled porcini mushrooms, spinach salads, grilled radicchio, lentil purée, pasta with artichokes, barbecued swordfish, baked poultry or pork, medium mature cheese.

Italia Italy [IT] Lazio

Azienda Agricola Ione Zobbi

Gioacchina - Strada Comunale della Sala, 12
01011 Canino (VT)
E-mail: info@iandp.it - Web: www.iandp.it

90

100/300 m

Specializzato
Specialized

Vaso policonico
Polyconic vase

Brucatura a mano e meccanica
Hand picking and mechanical harvesting

Sì - Ciclo continuo
Yes - Continuous cycle

Caninese

Fruttato medio
Medium fruity

da 10,01 a 12,00 € - 250 ml
from € 10.01 to 12.00 - 250 ml

I&P
OLIO EXTRAVERGINE DI OLIVA
Grand Cru Morone
MONOCOLTURA
OLIVE VARIETÀ CANINESE
ESTRATTO A FREDDO
Frantoio Aziendale
AZIENDA AGRICOLA IONE ZOBBI
Canino (Viterbo)
www.iandp.it

Paolo Borzatta e Ione Zobbi sono i protagonisti di un'avventura che li vede diventare, da semplici innamorati di un territorio, la campagna di Canino, produttori appassionati di extravergine, specialmente monovarietali, nell'intento di valorizzare le potenzialità dei piccoli oliveti collocati nelle vicinanze della casa. Parliamo di 30 ettari di impianto con 2.031 alberi che hanno prodotto quest'anno circa 447 quintali di olive e quasi 50 ettolitri di olio. Due le selezioni Extravergine I & P Grand Cru presentate: Musignano e Morone. Il panel sceglie quest'ultimo, ottimo, che appare alla vista di colore giallo dorato intenso con leggere tonalità verdi, limpido. Al naso è deciso e ampio, con sentori di carciofo e cicoria, arricchiti da eleganti sfumature di pepe nero e cannella. Avvolgente e complesso in bocca, sprigiona toni di erbe officinali, con ricordo di menta, rosmarino e salvia. Amaro spiccato e piccante presente e armonico. Ideale su antipasti di pomodori, insalate di funghi finferli, marinate di orata, patate arrosto, zuppe di legumi, risotto con carciofi, molluschi gratinati, tartare di salmone, pollame o carni di agnello al forno, formaggi freschi a pasta filata.

Paolo Borzatta and Ione Zobbi's adventure started when they fell in love with the territory of Canino countryside and decided to produce especially monovarietal extra virgin olive oil, to enhance the potential of the small olive groves located near their house. The olive surface covers 30 hectares with 2,031 trees. In the last harvest about 447 quintals of olives were produced, equal to almost 50 hectolitres of oil. There are two Extra Virgin selections I & P Grand Cru, Musignano and the very good Morone, chosen by the panel. It is an intense limpid golden yellow colour with slight green hues. Its aroma is definite and ample, with hints of artichoke and chicory, enriched by elegant notes of black pepper and cinnamon. Its taste is rotund and complex, with a flavour of officinal herbs, especially mint, rosemary and sage. Bitterness is distinct and pungency is present and harmonic. It would be ideal on tomato appetizers, chanterelle mushroom salads, marinated gilthead, roast potatoes, legume soups, risotto with artichokes, mussels au gratin, salmon tartare, baked poultry or lamb, mozzarella cheese.

Italia Italy [IT] Lazio

Olio Traldi - Francesca Boni

La Carrozza - Strada Poggio Montano, 34
01019 Vetralla (VT)
Tel.: +39 0761 477686
E-mail: info@oliotraldi.com - Web: www.oliotraldi.com

93

- 270 m
- Specializzato / Specialized
- Vaso policonico / Polyconic vase
- Meccanica / Mechanical harvesting
- No - Ciclo continuo / No - Continuous cycle
- Caninese
- Fruttato intenso / Intense fruity
- da 15,01 a 18,00 € - 500 ml / from € 15.01 to 18.00 - 500 ml

Consolida la sua già brillante posizione in Guida. Nata negli anni Sessanta quando nonno Angelo acquista a Vetralla la tenuta La Carrozza, la tradizione olearia della famiglia Traldi prosegue con la figlia Elisabetta che eredita la proprietà. Oggi è la nipote Francesca Boni a infondere nuova linfa all'azienda: da 3mila alberi coltivati su 27 ettari ha ricavato quest'anno 825 quintali di olive che hanno prodotto quasi 82 ettolitri di olio. Delle due selezioni sottoposte al giudizio del panel, gli Extravergine Athos ed Eximius, segnaliamo il secondo, ottimo. Appare alla vista di un bel colore giallo dorato intenso con delicate venature verdi, limpido. Al naso si apre deciso e avvolgente, intriso di sentori aromatici di menta e rosmarino, cui si affiancano netti toni di mandorla, cannella e pepe nero. Al palato è riccamente vegetale, con note di carciofo, cicoria e lattuga di campo. Amaro potente e piccante spiccato e ben armonizzato. È eccellente per antipasti di pomodori, bruschette con verdure, insalate di orzo, marinate di ricciola, passati di funghi finferli, primi piatti con salmone, molluschi gratinati, rombo arrosto, pollame o carni di agnello al forno, formaggi caprini.

Another good result confirming the brilliant position of this farm. Founded in the 60s by Angelo, who bought the estate La Carrozza in Vetralla, the oil tradition of the family Traldi was carried on by his daughter Elisabetta, who inherited the property. Today his granddaughter Francesca Boni is giving new life to the farm, consisting of 27 hectares with 3,000 trees. In the last harvest 825 quintals of olives were produced, with a yield of almost 82 hectolitres of oil. There are two Extra Virgin selections, Athos and the very good Eximius, which we recommend. It is a beautiful intense limpid golden yellow colour with delicate green hues. Its aroma is definite and rotund, with aromatic hints of mint and rosemary, together with distinct notes of almond, cinnamon and black pepper. Its taste is richly vegetal, with a flavour of artichoke, chicory and country lettuce. Bitterness is powerful and pungency is distinct and harmonic. It would be ideal on tomato appetizers, bruschette with vegetables, barley salads, marinated amberjack, chanterelle mushroom purée, pasta with salmon, mussels au gratin, roast turbot, baked poultry or lamb, goat cheese.

Italia Italy [IT] Lazio

Frantoio Paolocci

Strada Statale Cassia 12 - km 69.500
01019 Vetralla (VT)
Tel.: +39 0761 485248
E-mail: info@frantoiopaolocci.it - Web: www.frantoiopaolocci.it

82

300 m

Specializzato
Specialized

Vaso policonico
Polyconic vase

Meccanica
Mechanical harvesting

Sì - Ciclo continuo
Yes - Continuous cycle

Caninese (90%),
frantoio, leccino, altre/others (10%)

Fruttato medio
Medium fruity

da 10,01 a 12,00 € - 750 ml
from € 10.01 to 12.00 - 750 ml

La storia di quest'azienda risale all'inizio del Novecento quando il nonno degli attuali proprietari, l'avvocato Agostino Paolocci, compra un frantoio con macine in pietra nella Vetralla antica. Di padre in figlio, l'attività prosegue con papà Marcello; e oggi sono i nipoti a guidare la nuova sede sulla via Cassia, divenuta un punto di riferimento per gli olivicoltori locali. Nella passata campagna Fausto e Stefano hanno selezionato e lavorato 14mila quintali di olive, pari a 2mila ettolitri di olio. L'Extravergine Paolocci da Agricoltura Biologica è di un bel colore giallo dorato intenso con leggere venature verdi, limpido. Al naso è ampio e avvolgente, dotato di un'ampia carica vegetale, con ricordo di carciofo e cicoria, cui si affiancano note aromatiche di basilico, menta e prezzemolo. Fine e complesso in bocca, sa di lattuga e sedano, e chiude con ricordo di mandorla e cannella. Amaro e piccante presenti ed equilibrati. È perfetto su bruschette con verdure, insalate di lenticchie, marinate di ricciola, pomodori con riso, zuppe di legumi, risotto con carciofi, pesci alla brace, tartare di salmone, coniglio arrosto, pollame ai ferri, formaggi freschi a pasta filata.

The story of this farm dates back to the beginning of the 20th century, when the present owners' grandfather, the lawyer Agostino Paolocci, purchased an oil mill with stone millstones in the ancient part of Vetralla. The activity was carried on by his son Marcello and today his grandchildren run the new farm on the via Cassia, a point of reference for local olive growers. In the last harvest Fausto and Stefano selected and processed 14,000 quintals of olives, with a yield of 2,000 hectolitres of oil. The Extra Virgin selection Paolocci from Organic Farming is a beautiful intense limpid golden yellow colour with slight green hues. Its aroma is ample and rotund, endowed with ample vegetal hints of artichoke and chicory, together with aromatic notes of basil, mint and parsley. Its taste is fine and complex, with a flavour of lettuce and celery and a final note of almond and cinnamon. Bitterness and pungency are present and well balanced. It would be ideal on bruschette with vegetables, lentil salads, marinated amberjack, tomatoes stuffed with rice, legume soups, risotto with artichokes, barbecued fish, salmon tartare, roast rabbit, grilled poultry, mozzarella cheese.

Italia Italy [IT] Lazio

Petrignanum

Strada Gavazzano, 1
01100 Viterbo
E-mail: olio@petrignanum.it - Web: www.petrignanum.it

85

- 350 m
- Specializzato / Specialized
- Policono / Polycone
- Meccanica / Mechanical harvesting
- No - Ciclo continuo / No - Continuous cycle
- Caninese (80%), frantoio (10%), moraiolo (10%)
- Fruttato medio / Medium fruity
- da 8,01 a 10,00 € - 500 ml / from € 8.01 to 10.00 - 500 ml

Petrignanum nasce nel 1922 sulle colline alle porte di Viterbo dove la nonna Felicetta assiste all'impianto, per opera dei suoi genitori, degli oliveti ancora oggi presenti in azienda. Con il marito Antonio prosegue la tradizione, trasmettendo a figli e nipoti l'amore per l'olivo e i suoi frutti. Nel 2000 Cristina eredita passione e campagna, e con i figli Lorenzo e Beatrice dà nuova linfa all'attività, abbinando alla produzione dell'olio l'ospitalità e l'orto didattico. Mille piante coltivate su circa 8 ettari hanno reso quest'anno 60 quintali di olive e quasi 9 ettolitri di olio. L'ottimo Extravergine Petrignanum da Agricoltura Biologica è giallo dorato intenso con leggeri riflessi verdi, limpido. Al naso è ampio e avvolgente, ricco di sentori di carciofo e cicoria, affiancati da note balsamiche di basilico, menta e rosmarino. Complesso e fine in bocca, sa di lattuga, sedano e mandorla. Amaro spiccato e piccante deciso e armonico. Ideale su antipasti di mare, insalate di fagioli, marinate di orata, pomodori con riso, zuppe di ceci, primi piatti con salmone, molluschi gratinati, seppie in umido, coniglio arrosto, pollame ai ferri, formaggi freschi a pasta filata.

Petrignanum was founded in 1922 on the hills outside Viterbo, when Felicetta saw her parents plant the olive groves still present on the farm. She carried on this tradition with her husband Antonio, passing on the love for this tree to the next generations. In 2000 Cristina inherited passion and countryside and with her children Lorenzo and Beatrice gave new life to the farm, combining oil with guest accommodation and an educational garden. There are 1,000 trees on about 8 hectares, which produced 60 quintals of olives and almost 9 hectolitres of oil in the last harvest. The very good Extra Virgin Petrignanum from Organic Farming is an intense limpid golden yellow colour with slight green hues. Its aroma is ample and rotund, rich in hints of artichoke and chicory, with fragrant notes of basil, mint and rosemary. Its taste is complex and fine, with a flavour of lettuce, celery and almond. Bitterness is distinct and pungency is definite and harmonic. It would be ideal on seafood appetizers, bean salads, marinated gilthead, tomatoes stuffed with rice, chickpea soups, pasta with salmon, mussels au gratin, stewed cuttlefish, roast rabbit, grilled poultry, mozzarella cheese.

Italia Italy [IT] Lazio

Andrea Pileri

Dogane - Via della Dogana
01019 Vetralla (VT)
Tel.: +39 06 92704247
E-mail: arborolea@virgilio.it

82

- 360 m
- **Promiscuo** / Promiscuous
- **Vaso** / Vase
- **Meccanica** / Mechanical harvesting
- **No - Ciclo continuo** / No - Continuous cycle
- Caninese (70%), frantoio (15%), leccino (15%)
- **Fruttato medio** / Medium fruity
- da 8,01 a 10,00 € - 500 ml / from € 8.01 to 10.00 - 500 ml

Ritroviamo volentieri nella nostra Guida questa giovane e piccola realtà produttiva che si trova nella Tuscia viterbese, situata in una località che è anche un sito etrusco, come rivelano i resti dell'antica necropoli di Grotta Porcina. Al suo timone c'è Andrea Pileri il quale, dal 2012, ricava olio dai suoi 140 alberi che trovano dimora su un ettaro di impianto. Nella recente campagna il raccolto ha fruttato 28 quintali di olive, per una resa in olio di circa 5 ettolitri. Segnaliamo la selezione proposta, l'Extravergine Andrea Pileri - Etichetta Rossa che si presenta alla vista di un bel colore giallo dorato intenso con delicate tonalità verdi, limpido. Al naso si apre ampio e avvolgente, caratterizzato da sentori vegetali di erba fresca falciata e carciofo, affiancati da note aromatiche di malva e rosmarino. Fine e armonico in bocca, si arricchisce di toni di cicoria, lattuga e chiude con ricordo di mandorla. Amaro deciso e piccante presente. Perfetto su bruschette con verdure, insalate di orzo, marinate di salmone, patate al cartoccio, passati di fagioli, risotto con carciofi, molluschi gratinati, tartare di ricciola, pollame o carni di agnello al forno, formaggi caprini.

Present again in our Guide, this young and small farm is placed in the area of Tuscia Viterbese, in a place that is also an Etrurian site, as shown by the ruins of the ancient necropolis Grotta Porcina. Since 2012 it has been run by Andrea Pileri, who manages one hectare of olive grove with 140 trees. In the last harvest 28 quintals of olives were produced, with a yield of about 5 hectolitres of extra virgin olive oil. We recommend the selection proposed by the farm, the Extra Virgin Andrea Pileri - Etichetta Rossa, which is a beautiful intense limpid golden yellow colour with delicate green hues. Its aroma is ample and rotund, characterized by vegetal hints of freshly mown grass and artichoke, together with aromatic notes of mallow and rosemary. Its taste is fine and harmonic, enriched by a flavour of chicory, lettuce and an almond finish. Bitterness is definite and pungency is present. It would be ideal on bruschette with vegetables, barley salads, marinated salmon, baked potatoes, bean purée, risotto with artichokes, mussels au gratin, amberjack tartare, baked poultry or lamb, goat cheese.

Italia Italy [IT] Lazio

Frantoio Presciuttini

Via Giuseppe Contadini, 55
01027 Montefiascone (VT)
Tel.: +39 0761 820495
E-mail: info@frantoiopresciuttini.it - Web: www.frantoiopresciuttini.it

85

500 m

Specializzato
Specialized

Vaso policonico
Polyconic vase

Meccanica
Mechanical harvesting

Sì - Ciclo continuo
Yes - Continuous cycle

Caninese

Fruttato medio
Medium fruity

da 12,01 a 15,00 € - 250 ml
from € 12.01 to 15.00 - 250 ml

Pierluigi Presciuttini eredita una tradizione familiare risalente agli anni Sessanta e si dedica oggi con passione e caparbietà ai propri olivi, 3.500 piante su 25 ettari, e alla trasformazione dei loro frutti, alla ricerca di continui miglioramenti e privilegiando una coltivazione sostenibile. Nella trascorsa campagna ha raccolto 500 quintali di olive che, con gli 800 acquistati, hanno reso 140 ettolitri di olio; con i 12 comprati il totale sale a 152 ettolitri. Dei due Extravergine, Le Rose e ...diNotte, scegliamo il secondo che deve il nome alla consuetudine di raccogliere le olive nelle ore notturne per preservarle dagli effetti dannosi della luce solare. Giallo dorato intenso con delicati riflessi verdi, limpido; al naso è ampio e avvolgente, ricco di sentori di carciofo, cicoria e lattuga, cui si affiancano note balsamiche di menta e rosmarino. Fine e complesso in bocca, sa di cannella, mandorla e pepe nero. Amaro deciso e piccante spiccato. Ideale su antipasti di farro, fagioli bolliti, insalate di salmone, patate alla griglia, passati di orzo, primi piatti al pomodoro, gamberi in guazzetto, seppie arrosto, pollame o carni di agnello al forno, formaggi freschi a pasta filata.

Pierluigi Presciuttini is the heir of a family tradition dating back to the 60s. He runs his olive groves with passion and patience, aiming at improving his production and favouring sustainable cultivation. The olive grove covers 25 hectares with 3,500 trees. In the last harvest 500 quintals of olives were produced and 800 purchased, with a yield of 140 hectolitres of oil. With 12 hectolitres purchased, the total was 152 hectolitres. There are two Extra Virgin, Le Rose and ...diNotte, called in this way because of the habit of picking olives at night, to protect them from the damaging effects of sunlight. It is an intense limpid golden yellow colour with delicate green hues. Its aroma is ample and rotund, rich in hints of artichoke, chicory and lettuce, together with fragrant notes of mint and rosemary. Its taste is fine and complex, with a flavour of cinnamon, almond and black pepper. Bitterness is definite and pungency is distinct. It would be ideal on farro appetizers, boiled beans, salmon salads, grilled potatoes, barley purée, pasta with tomato sauce, stewed shrimps, roast cuttlefish, baked poultry or lamb, mozzarella cheese.

Italia Italy [IT] Lazio

Pucinum

Pian di San Martino - Via della Roverella
01019 Vetralla (VT)
Tel.: +39 06 8813380 - Fax: +39 06 8815586
E-mail: info@stssicurezza.it

81 ↑

300 m

Specializzato
Specialized

Vaso
Vase

Meccanica
Mechanical harvesting

No - Ciclo continuo
No - Continuous cycle

Caninese (93%), pendolino (5%), frantoio (1%), leccino (1%)

Fruttato medio
Medium fruity

da 8,01 a 10,00 € - 500 ml
from € 8.01 to 10.00 - 500 ml

Diamo volentieri il benvenuto in Guida all'azienda di Valter Violanti, una realtà fondata all'inizio del nuovo millennio a Pian di San Martino, nel vocatissimo comprensorio di Vetralla. Il patrimonio si compone di un oliveto di 3 ettari sul quale crescono 480 alberi di differenti cultivar dai quali sono stati raccolti, nella trascorsa campagna, 21 quintali di olive che hanno prodotto circa 3 ettolitri di olio. L'Extravergine proposto al panel per la selezione si chiama Costellazione Pesci e si presenta alla vista di un bel colore giallo dorato intenso con delicati riflessi verdi, limpido. Al naso si apre sottile e composto, dotato di sentori di carciofo e cicoria selvatica, cui si affiancano note di erbe aromatiche, con ricordo di basilico, menta e rosmarino. Morbido e armonico in bocca, si arricchisce di toni di lattuga di campo e chiude con sfumature di mandorla. Amaro e piccante presenti ed equilibrati, con finale dolce in rilievo. Si abbina bene a bruschette con verdure, insalate di orzo, marinate di salmone, patate al cartoccio, passati di fagioli, primi piatti con molluschi, pesci di lago al forno, seppie in umido, coniglio arrosto, pollame ai ferri, formaggi caprini.

We welcome the first appearance in our Guide of the farm owned by Valter Violanti, founded in the early 2000s in Pian San Martino, in the favourable district of Vetralla. The estate consists of a 3-hectare olive grove with 480 trees of several cultivars. In the last harvest 21 quintals of olives were produced, which allowed to yield about 3 hectolitres of extra virgin olive oil. The selection proposed to the panel is the Extra Virgin Costellazione Pesci, which is a beautiful intense limpid golden yellow colour with delicate green hues. Its aroma is fine and delicate, endowed with hints of artichoke and wild chicory, together with notes of aromatic herbs, especially basil, mint and rosemary. Its taste is mellow and harmonic, enriched by a flavour of country lettuce and an almond finish. Bitterness and pungency are present and well balanced, with evident sweetness. It would be ideal on bruschette with vegetables, barley salads, marinated salmon, baked potatoes, bean purée, pasta with mussels, baked freshwater fish, stewed cuttlefish, roast rabbit, grilled poultry, goat cheese.

Italia Italy [IT] Lazio

Rasena Olearia

Via Cassia Sud, 10
01100 Viterbo
Tel.: +39 0761 328974 - Fax: +39 0761 321872
E-mail: rasenaoleariasrl@libero.it - Web: www.rasenaolearia.it

87

300 m

Specializzato
Specialized

Forma libera
Free form

Meccanica
Mechanical harvesting

Sì - Ciclo continuo
Yes - Continuous cycle

Caninese (60%), frantoio (30%), moraiolo (10%)

Fruttato medio
Medium fruity

da 6,01 a 8,00 € - 500 ml
from € 6.01 to 8.00 - 500 ml

Rasena Olearia nasce alla fine degli anni Novanta con l'obiettivo di offrire al consumatore un olio di qualità prodotto nelle colline del Viterbese. Dal 2012 l'azienda è proprietà della famiglia Lini e comprende un oliveto specializzato di 30 ettari, con 3mila piante, e un moderno frantoio che lavora sia le olive aziendali che quelle di selezionati coltivatori locali. In certe annate alcuni di questi vendono poi l'olio molito all'azienda. Al raccolto di 2.400 quintali di olive di quest'anno sono stati aggiunti 10mila quintali acquistati, pari a una resa di 1.550 ettolitri di olio che, con i 500 comprati, sono diventati 2.050. L'Extravergine Eleiva è giallo dorato intenso con lievi nuance verdi, limpido. Al naso è sottile e composto, con sentori di carciofo e cicoria, affiancati da note aromatiche di basilico e menta. Morbido e armonico in bocca, sa di lattuga e chiude con ricordo di mandorla. Amaro e piccante presenti e dosati. Ideale su antipasti di fagioli, carpaccio di salmone, insalate di pomodori, patate alla brace, verdure marinate, zuppe di ceci, risotto con carciofi, gamberi in guazzetto, seppie in umido, pollame o carni di agnello al forno, formaggi caprini.

Rasena Olearia was founded in the late 90s to offer consumers a quality oil produced in the hills near Viterbo. Since 2012 the farm has been owned by the family Lini. It consists of a specialized 30-hectare olive grove with 3,000 trees and a modern oil mill, which also transforms the olives of selected local farmers. In some years, after crushing, some of them sell their oil to the farm. In the last harvest 2,400 quintals of olives were produced and 10,000 purchased, with a yield of 1,550 hectolitres of oil. With 500 purchased, the total was 2,050 hectolitres. The Extra Virgin Eleiva is an intense limpid golden yellow colour with slight green hues. Its aroma is fine and delicate, with hints of artichoke and chicory, together with aromatic notes of basil and mint. Its taste is mellow and harmonic, with a flavour of lettuce and a note of almond. Bitterness and pungency are present and complimentary. It would be ideal on bean appetizers, salmon carpaccio, tomato salads, barbecued potatoes, marinated vegetables, chickpea soups, risotto with artichokes, stewed shrimps, stewed cuttlefish, baked poultry or lamb, goat cheese.

Italia Italy [IT] Lazio

Gloria Sanna
Santarello
01039 Vignanello (VT)
E-mail: gloria.sanna@qutun.it - Web: www.qutun.it

85 ↑

- 369 m
- Promiscuo / Promiscuous
- Vaso policonico / Polyconic vase
- Bacchiatura / Beating
- No - Ciclo continuo / No - Continuous cycle
- Frantoio
- Fruttato medio / Medium fruity
- da 8,01 a 10,00 € - 500 ml / from € 8.01 to 10.00 - 500 ml

Rimarchiamo volentieri i progressi dell'azienda Sanna, una giovane struttura che si colloca nel vocatissimo territorio viterbese. Gloria Sanna e Roberto D'Antoni gestiscono un patrimonio che comprende una proprietà più ampia, di quasi 5 ettari, della quale 2 sono dedicati all'oliveto, con 450 piante messe a dimora. Da queste, nella trascorsa campagna, sono stati ricavati 80 quintali di olive che hanno reso una produzione di quasi 9 ettolitri di olio. Segnaliamo l'etichetta proposta al panel, l'Extravergine monocultivar Qutun - Frantoio, molto buono. Appare alla vista di un bel colore giallo dorato intenso con delicate tonalità verdi, limpido. Al naso si apre ampio e avvolgente, ricco di sentori balsamici di erbe officinali, con ricordo di menta e rosmarino, affiancati da nette note di mandorla, cannella e pepe nero. In bocca è fine e complesso, con toni vegetali di carciofo, cicoria e lattuga. Amaro deciso e piccante spiccato e armonico. Buon abbinamento con antipasti di farro, insalate di fagioli, marinate di orata, patate arrosto, passati di legumi, primi piatti al pomodoro, molluschi gratinati, tartare di salmone, pollame o carni di agnello al forno, formaggi caprini.

Present again in our Guide with a result showing its progress, this is a young farm situated in the favourable territory of Viterbo. Gloria Sanna and Roberto D'Antoni run a larger estate of almost 5 hectares, 2 of which destined to olive grove with 450 trees. In the last harvest 80 quintals of olives were produced, with a yield of almost 9 hectolitres of extra virgin olive oil. We recommend the selection proposed to the panel, the very good Monocultivar Extra Virgin Qutun - Frantoio, which is a beautiful intense limpid golden yellow colour with delicate green hues. Its aroma is ample and rotund, rich in fragrant hints of officinal herbs, especially mint and rosemary, together with distinct notes of almond, cinnamon and black pepper. Its taste is fine and complex, with a vegetal flavour of artichoke, chicory and lettuce. Bitterness is definite and pungency is distinct and harmonic. It would be ideal on farro appetizers, bean salads, marinated gilthead, roast potatoes, legume purée, pasta with tomato sauce, mussels au gratin, salmon tartare, baked poultry or lamb, goat cheese.

Italia Italy [IT] Lazio

Tamia - Società Agricola Sergio Delle Monache

Capacqua, 14
01019 Vetralla (VT)
Tel.: +39 0761 364840
E-mail: info@oliotamia.com - Web: www.oliotamia.com

95

- 280 m
- **Specializzato** / Specialized
- **Policono** / Polycone
- **Brucatura a mano e meccanica** / Hand picking and mechanical harvesting
- **No - Ciclo continuo** / No - Continuous cycle
- Leccino (50%), frantoio (40%), maurino (10%)
- **Fruttato medio** / Medium fruity
- da 22,01 a 26,00 € - 500 ml / from € 22.01 to 26.00 - 500 ml

Sono sempre più convincenti i risultati ottenuti da quest'azienda che ha tutte le carte in regola per fare alta qualità. Nata nel 1928 a Vetralla, nella Tuscia viterbese, da allora molto è cambiato nella tecnologia applicata ai processi produttivi, ma sono sempre le stesse la scrupolosità e la dedizione dedicate agli oliveti. Questi oggi occupano 13 ettari, con 3.500 piante che hanno prodotto, nella recente campagna, 700 quintali di olive e 70 ettolitri di olio. Eccellente la selezione proposta al panel, l'Extravergine Tamia Gold da Agricoltura Biologica che appare alla vista di un bel colore giallo dorato intenso, limpido. Ampio e avvolgente al naso, è dotato di ricchi sentori di carciofo, cicoria e lattuga di campo, affiancati da fresche note balsamiche di menta e rosmarino. Elegante e di carattere al palato, sprigiona toni speziati di pepe nero e nel finale ricorda la mandorla acerba. Amaro spiccato e piccante deciso e armonico. È perfetto per carpaccio di carne chianina con funghi porcini, marinate di pesce azzurro, radicchio arrosto, zuppe di lenticchie, primi piatti con salsiccia, tonno alla brace, carni rosse o cacciagione alla griglia, formaggi stagionati a pasta dura.

Another convincing result for this farm that aims at high quality. It was founded in 1928 in Vetralla, in the area of Tuscia Viterbese. Since then technology has notably changed the production process, but the olive groves still receive the same care and dedication. Today they take up 13 hectares with 3,500 trees, which produced 700 quintals of olives in the last harvest, equal to 70 hectolitres of extra virgin olive oil. We recommend the excellent selection proposed to the panel, the Extra Virgin Tamia Gold from Organic Farming, which is a beautiful intense limpid golden yellow colour. Its aroma is ample and rotund, endowed with rich hints of artichoke, chicory and country lettuce, together with fresh fragrant notes of mint and rosemary. Its taste is elegant and strong, with a spicy flavour of black pepper and a final note of unripe almond. Bitterness is distinct and pungency is definite and harmonic. It would be ideal on chianina beef carpaccio with porcini mushrooms, marinated bluefish, roast radicchio, lentil soups, pasta with sausages, barbecued tuna, grilled red meat or game, hard mature cheese.

Abruzzo

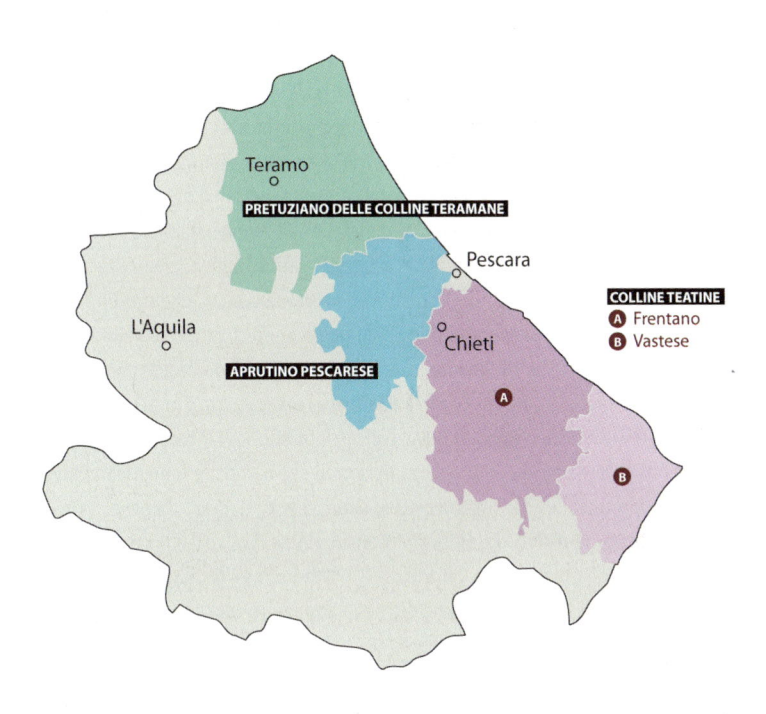

PRETUZIANO DELLE COLLINE TERAMANE

APRUTINO PESCARESE

COLLINE TEATINE
- A Frentano
- B Vastese

Teramo
Pescara
L'Aquila
Chieti

Dati Statistici

Superficie Olivetata Nazionale	1.164.568 (ha)
Superficie Olivetata Regionale	41.895 (ha)
Quota Regionale	3,60%
Frantoi	335
Produzione Nazionale 19-20	366.468,8 (t)
Produzione Regionale 19-20	8.927,7 (t)
Produzione Regionale 18-19	7.145,8 (t)
Variazione	+24,94%
Quota Regionale	2,44%

Statistic Data

National Olive Surface	1,164,568 (ha)
Regional Olive Surface	41,895 (ha)
Regional Quota	3.60%
Olive Oil Mills	335
National Production 19-20	366,468.8 (t)
Regional Production 19-20	8,927.7 (t)
Regional Production 18-19	7,145.8 (t)
Variation	+24.94%
Regional Quota	2.44%

National Institute of Statistics
Service Institute for the Agricultural and Food Market on data from the Agency for Agricultural Payments

In Abruzzo l'olivicoltura ha tradizioni antichissime e gloriose. In epoca romana tanti scrittori ne cantavano i pregi in lingua latina: Virgilio testimonia la presenza di oliveti nella regione della Marsica; Ovidio documenta la produzione di olio nella Valle Peligna, che descrive negli "Amores" come una "piccola terra, ma salubre per le acque che la irrigano"; Silio Italico definisce Penne, nel Pescarese, "Pinnam virentem", ovvero la verdeggiante, proprio in virtù della presenza degli alberi di olivo che ancora oggi la caratterizzano come una delle zone più produttive della regione. E ancora ai giorni nostri l'olivicoltura rimane uno dei settori produttivi di maggior rilievo nel comparto agronomico abruzzese. Attualmente la regione vanta una superficie olivetata di 41.895 ettari, che rappresentano il 3,60% del totale nazionale, con circa 8 milioni 528.359 piante messe a dimora. L'olivo prospera dal mare fino alle pendici delle montagne, costituendo un elemento stabile e importante per il paesaggio. Lo troviamo sulle colline affacciate sull'Adriatico, così come nelle zone interne, dai caratteri pedemontani, con quote di 500-600 metri di altitudine e dal clima più rigido. Si distinguono tre aree principali: quella a nord, lungo le valli del Tordino e del Vomano, in provincia di Teramo; quella nell'entroterra pescarese, nella vallata del Tavo e lungo la fascia collinare parallela alla costa compresa tra Chieti e Vasto; e un'area interna, nella vallata del Tirino e nella conca di Sulmona. La caratteristica principale dell'olivicoltura abruzzese è la presenza di boschi secolari dove i microclimi favorevoli, grazie alla protezione dei massicci del Gran Sasso e della Majella, consentono all'albero di vegetare fino ad altitudini considerevoli. L'olivo è diffuso in particolare nella provincia di Chieti, dove gli impianti costituiscono la maggioranza del totale regionale: in questo territorio, che ricade nella zona protetta dalla Dop Colline Teatine, troviamo oli ottenuti dalle varietà gentile di Chieti, nebbio, intosso, oltre al diffusissimo leccino. Accompagnano la denominazione due menzioni geografiche - Frentano e Vastese - che comprendono, tra gli altri, i territori di Sulmona, Lanciano e Vasto. Prima e storica Dop regionale è però la Aprutino Pescarese che tutela le produzioni della provincia di Pescara, una zona che è la più interessante realtà di produzione abruzzese: qui troviamo olive da varietà dritta, toccolana, castiglionese, pollice e il sempre presente leccino. Ultima in ordine di riconoscimento è la Dop Pretuziano delle Colline Teramane, caratterizzata dalle varietà leccino, frantoio e, in alcune aree, dalla cultivar locale tortiglione. Ancora priva di Dop è la provincia di L'Aquila, anche se l'olivo qui è ben presente e ricopre interi boschi di origine secolare, specialmente nella conca di Sulmona. Nell'Aquilano troviamo le classiche varietà del centro Italia cioè leccino, frantoio e moraiolo, accanto a più modesti impianti delle autoctone rustica e olivastra. In fase di studio gli extravergine ottenuti nella Valle Roveto, nella vallata del Tirino (in modo particolare nella piana di Navelli e Ofena) e nella Valle Peligna. Il resto della filiera dell'olio comprende 60.776 aziende e 335 frantoi attivi che hanno reso nell'ultima campagna, la 2019-2020, una produzione di 8.927,7 tonnellate di olio, pari al 2,44% del totale nazionale, con un aumento del 24,94% rispetto all'annata precedente.

In Abruzzo olive growing has ancient and glorious traditions. In Roman times many Latin writers described its merits: Virgil witnesses the presence of olive groves in Marsica, Ovid documents oil production in Valle Peligna, defined in the "Amores" "small, but healthy land considering the waters irrigating it". Silius Italicus describes Penne in the area of Pescara as "Pinnam virentem", green, because of the presence of the olive trees, which even today make it one of the most productive areas of the region. Today olive growing is still one of the most relevant productive sectors in the agronomy of Abruzzo. Currently the region has an olive surface of 41,895 hectares, which represents 3.60% of the national total, with about 8 million 528,359 trees. In Abruzzo the olive tree grows from the sea to the mountain sides, representing a constant and important element in the landscape. We find it in the gentle hills overlooking the Adriatic, as well as in the colder piedmont inland areas, as far as 500-600 metres above sea level. There are three fundamental areas: in the north along the valleys of Tordino and Vomano, in the province of Teramo, in the hinterland of Pescara in the valley of the river Tavo and along the hilly zone parallel to the coast between Chieti and Vasto and inland, in the valley of the river Tirino and in the basin of Sulmona. The principal character of olive growing in Abruzzo is the presence of whole secular woods, where the favourable microclimates, thanks also to the protection of the Gran Sasso and Majella massifs, allow the tree to vegetate to considerable heights. The olive trees are spread particularly in the province of Chieti, where they take up the most of the total regional quantity: in this territory, included in the Pdo area Colline Teatine, we find oils obtained from the varieties gentile di Chieti, nebbio, intosso and the common leccino. Two geographical names are added to the denomination, Frentano and Vastese, which include among others the territories of Sulmona, Lanciano and Vasto. The main historical regional Pdo is however Aprutino Pescarese, which protects the productions of the province of Pescara, an area representing the best production in Abruzzo: here we find olives of the variety dritta, toccolana, castiglionese, pollice and the ever present leccino. The last to obtain a certification is the Pdo Pretuziano delle Colline Teramane, which is characterized by the varieties leccino, frantoio, and in some areas also by the autochthonous tortiglione. The province of Aquila has no Pdo yet, even if the olive tree is present here with whole century-old woods, especially in the Sulmona basin. In the area of L'Aquila we find the classical varieties of central Italy, leccino, frantoio and moraiolo, together with smaller trees of the autochthonous cultivars rustica and olivastra. The extra virgin olive oils obtained in Valle Roveto, in the valley of Tirino (especially in the plain of Navelli and Ofena) and in Valle Peligna are being studied. The olive oil sector consists of 60,776 farms and 335 active oil mills. In 2019-2020 they produced 8,927.7 tons of oil, equal to 2.44% of the total national quantity, with an increase of 24.94% compared to the previous year.

Italia Italy [IT] Abruzzo

Azienda Agricola La Selvotta

Via Buonanotte, 10
66054 Vasto (CH)
Tel.: +39 0873 801658
E-mail: info@laselvotta.it - Web: www.laselvotta.it

96

100 m

Promiscuo
Promiscuous

Vaso libero, vaso policonico
Free vase, polyconic vase

Bacchiatura e meccanica
Beating and mechanical harvesting

Sì - Ciclo continuo
Yes - Continuous cycle

Oliva grossa

Fruttato leggero
Light fruity

da 6,01 a 8,00 € - 500 ml
from € 6.01 to 8.00 - 500 ml

Per la famiglia Sputore fare l'olio è una passione che si tramanda da generazioni, con risultati sempre migliori. Fondata nel 1964 da Nicola Sputore, oggi l'azienda è guidata da Giovanni ed Elio che gestiscono anche un accogliente agriturismo. Sono più di 14 ettari di oliveto specializzato con 3.800 alberi, tra secolari e più giovani, e un moderno impianto di estrazione. L'ultima campagna ha fruttato pressoché 1.021 quintali di olive che, uniti ai 131 acquistati, hanno reso circa 203 ettolitri di olio. Dei due Extravergine, Electum e La Selvotta - Oliva Grossa, segnaliamo quest'ultimo, eccellente. Giallo dorato intenso con tenui riflessi verdi, limpido; al naso è pulito e avvolgente, con sentori di pomodoro acerbo, mela bianca e banana, cui si affiancano note balsamiche di basilico, menta e prezzemolo. Complesso e fine al palato, sprigiona toni vegetali di fave fresche, piselli e lattuga di campo. Amaro ben espresso e piccante presente e armonico. Ideale su antipasti di orzo, aragosta al vapore, carpaccio di ricciola, marinate di gallinella, passati di verdure, risotto con asparagi, pesci di lago al cartoccio, seppie ai ferri, formaggi freschi a pasta molle, dolci da forno.

For the family Sputore oil making is a passion handed down for generations with increasingly better results. Founded in 1964 by Nicola Sputore, today the farm is run by Giovanni and Elio, who also offer tourist accommodation. The estate includes a specialized olive grove of over 14 hectares with 3,800 century-old and younger trees, and a modern extraction system. In the last harvest around 1,021 quintals of olives were produced and 131 purchased, with a yield of about 203 hectolitres of oil. There are two Extra Virgin, Electum and the excellent La Selvotta - Oliva Grossa, which is an intense limpid golden yellow colour with slight green hues. Its aroma is clean and rotund, with hints of unripe tomato, white apple and banana, together with fragrant notes of basil, mint and parsley. Its taste is complex and fine, with vegetal hints of fresh broad beans, peas and country lettuce. Bitterness is distinct and pungency is present and harmonic. It would be ideal on barley appetizers, steamed spiny lobster, amberjack carpaccio, marinated piper, vegetable purée, risotto with asparagus, freshwater fish cooked in tin foil, grilled cuttlefish, soft fresh cheese, oven cakes.

Italia Italy [IT] Abruzzo

Tenuta Masciangelo

Contrada Sant'Elena, 10
66023 Francavilla al Mare (CH)
Tel.: +39 085 60729 - Fax: +39 085 66348
E-mail: info@tenutamasciangelo.com - Web: www.tenutamasciangelo.com

84

- 1/200 m
- **Specializzato** / Specialized
- **Vaso aperto, vaso policonico, vaso pugliese** / Open vase, polyconic vase, Apulia vase
- **Bacchiatura e brucatura a mano** / Beating and hand picking
- **No - Ciclo continuo** / No - Continuous cycle
- **Bella di Cerignola (35%), gentile di Chieti (35%), caninese (20%), leccino (10%)**
- **Fruttato medio** / Medium fruity
- da 18,01 a 22,00 € - 375 ml / from € 18.01 to 22.00 - 375 ml

Perseveranza, dedizione e amore per la terra sono imperativi all'interno della Tenuta Masciangelo, rappresentando non soltanto un modo di lavorare, ma una vera e propria visione della vita. Compreso tra la dolcezza delle colline e l'immensità del mare, il patrimonio olivicolo si compone di 9 ettari con 2.200 piante. Nella recente campagna queste hanno fruttato un raccolto di mille quintali di olive che hanno reso circa 109 ettolitri di olio. Dei due Extravergine Masciangelo, Linea Welness e Linea Maria, il panel sceglie quest'ultimo che appare alla vista di un bel colore giallo dorato intenso con marcati riflessi verdi, limpido. Al naso è ampio e avvolgente, con note fruttate di mela bianca e banana, cui si affiancano toni aromatici di erbe officinali, con ricordo di menta, prezzemolo e basilico. Fine e vegetale al gusto, sa di cicoria selvatica e lattuga, sedano e piselli. Amaro e piccante presenti e armonici, con finale dolce di mandorla. Ideale su antipasti di fagioli, insalate di farro, legumi bolliti, patate alla brace, zuppe di ceci, primi piatti con salmone, crostacei in umido, seppie alla piastra, pollame o carni di agnello al forno, formaggi freschi a pasta filata.

Perseverance, dedication and love for the land are imperative in Tenuta Masciangelo, representing not only a way of working, but a true vision of life. Placed between gentle hills and the immense sea, the olive grove consists of 9 hectares with 2,200 trees. In the last harvest 1,000 quintals of olives were produced, equal to a yield of about 109 hectolitres of extra virgin olive oil. There are two Extra Virgin selections Masciangelo, Linea Welness and Linea Maria, chosen by the panel. It is a beautiful intense limpid golden yellow colour with strong green hues. Its aroma is ample and rotund, with fruity notes of white apple and banana, together with aromatic hints of officinal herbs, especially mint, parsley and basil. Its taste is fine and vegetal, with a flavour of wild chicory and lettuce, celery and peas. Bitterness and pungency are present and harmonic, with a sweet almond finish. It would be ideal on bean appetizers, farro salads, boiled legumes, barbecued potatoes, chickpea soups, pasta with salmon, stewed shellfish, pan-seared cuttlefish, baked poultry or lamb, mozzarella cheese.

Italia Italy [IT] Abruzzo

Azienda Agricola Tommaso Masciantonio

Contrada Caprafico, 35
66043 Casoli (CH)
Tel.: +39 0871 897457
E-mail: info@trappetodicaprafico.com - Web: www.trappetodicaprafico.com

98

500 m

Specializzato
Specialized

Vaso aperto
Open vase

Meccanica
Mechanical harvesting

Sì - Ciclo continuo
Yes - Continuous cycle

Intosso

Fruttato medio
Medium fruity

da 15,01 a 18,00 € - 500 ml
from € 15.01 to 18.00 - 500 ml

U n'azienda importante che seguiamo ormai da molte edizioni della Guida. Tommaso Masciantonio ha trasmesso ai suoi figli, Paolo e Casimiro, la passione per l'olio che li unisce intorno al Trappèto di Caprafico, il frantoio di proprietà nel quale oggi le famiglie lavorano i frutti dei propri olivi, nel controllo totale della filiera. Su 18 ettari crescono 5mila olivi che hanno reso quest'anno 1.600 quintali di olive e 210 ettolitri di olio. Davvero ottimi entrambi gli Extravergine Masciantonio presentati, i monocultivar Crognale e Intosso. Il panel sceglie il secondo che appare alla vista di un bel colore giallo dorato intenso con leggeri riflessi verdi, limpido. Al naso è ampio e avvolgente, ricco di sentori balsamici di menta, rosmarino e maggiorana, affiancati da netti toni di mandorla, pepe nero e pomodoro acerbo. Complesso e vegetale in bocca, sa di carciofo, cicoria e lattuga. Amaro spiccato e piccante deciso ed equilibrato. Buon abbinamento con bruschette con verdure, insalate di pesce persico, marinate di ricciola, patate alla brace, zuppe di farro, primi piatti con salmone, crostacei in guazzetto, seppie arrosto, pollame o carni di agnello al forno, formaggi caprini.

T his important farm has been present in numerous editions of our Guide. Tommaso Masciantonio has passed to his sons Paolo and Casimiro his passion for oil, symbolized by their oil mill, Trappèto di Caprafico, where they process their olives, controlling the whole production chain. The olive grove covers 18 hectares with 5,000 trees, which produced 1,600 quintals of olives and 210 hectolitres of oil in the last harvest. There are two very good Extra Virgin selections Masciantonio, the Monocultivar Crognale and Intosso, chosen by the panel. It is a beautiful intense limpid golden yellow colour with slight green hues. Its aroma is ample and rotund, rich in fragrant hints of mint, rosemary and marjoram, together with distinct notes of almond, black pepper and unripe tomato. Its taste is complex and vegetal, with a flavour of artichoke, chicory and lettuce. Bitterness is distinct and pungency is definite and well balanced. It would be ideal on bruschette with vegetables, perch salads, marinated amberjack, barbecued potatoes, farro soups, pasta with salmon, stewed shellfish, roast cuttlefish, baked poultry or lamb, goat cheese.

Italia Italy [IT] Abruzzo

Forcella

Via Vincenzo Cilli, 45
65123 Città Sant'Angelo (PE)
E-mail: info@agricolaforcella.it - Web: www.agricolaforcella.it

95

- 100/300 m
- **Specializzato** / Specialized
- **Vaso policonico** / Polyconic vase
- **Meccanica** / Mechanical harvesting
- **No - Ciclo continuo** / No - Continuous cycle
- **Intosso**
- **Fruttato medio** / Medium fruity
- da 10,01 a 12,00 € - 500 ml / from € 10.01 to 12.00 - 500 ml

Con una ricerca quotidiana di eccellenza i fratelli Giovanni e Paolo Iannetti si dedicano a un'attività che nella loro famiglia esiste fin dalla metà del Seicento. Oggi gli impianti si trovano sia nella storica proprietà di Città Sant'Angelo, sulle colline che guardano il mare, sia a Loreto Aprutino, sui primi rilievi del Gran Sasso. In tutto sono 18 ettari di oliveto con 4.400 piante che hanno fruttato quest'anno 650 quintali di olive e 75 ettolitri di olio. Due gli Extravergine Forcella: il Dop Aprutino Pescarese e il monocultivar Intosso. Preferiamo il secondo che appare alla vista di un bel colore giallo dorato intenso con delicate venature verdi, limpido. Al naso è ampio e avvolgente, con sentori fruttati di pomodoro acerbo, mela bianca e mandorla, affiancati da toni di basilico, menta e prezzemolo. In bocca è riccamente vegetale, con note di carciofo, cicoria di campo e lattuga. Amaro spiccato e piccante deciso e armonico. Eccellente accompagnamento per antipasti di carciofi, carpaccio di salmone, legumi bolliti, patate alla brace, passati di fagioli, primi piatti al pomodoro, crostacei in guazzetto, coniglio arrosto, pollame ai ferri, formaggi freschi a pasta filata.

Daily searching for quality, the brothers Giovanni and Paolo Iannetti carry on an activity existing in their family since the mid-17th century. Today their olive groves are placed both on the historical estate of Città Sant'Angelo, on the hills overlooking the sea, and in Loreto Aprutino, on the first reliefs of Gran Sasso. The 18-hectare olive grove contains 4,400 trees, which produced 650 quintals of olives and 75 hectolitres of oil in the last harvest. There are two Extra Virgin selections Forcella, the Pdo Aprutino Pescarese and the Monocultivar Intosso, which we recommend. It is a beautiful intense limpid golden yellow colour with delicate green hues. Its aroma is ample and rotund, with fruity hints of unripe tomato, white apple and almond, together with notes of basil, mint and parsley. Its taste is richly vegetal, with a flavour of artichoke, wild chicory and lettuce. Bitterness is distinct and pungency is definite and harmonic. It would be ideal on artichoke appetizers, salmon carpaccio, boiled legumes, barbecued potatoes, bean purée, pasta with tomato sauce, stewed shellfish, roast rabbit, grilled poultry, mozzarella cheese.

Italia Italy [IT] Abruzzo

Azienda Marramiero

Villa Oliveti - Contrada Tratturo
65020 Rosciano (PE)
Tel.: +39 085 8505766 - Fax: +39 085 8505318
E-mail: info@marramiero.it - Web: www.marramiero.it

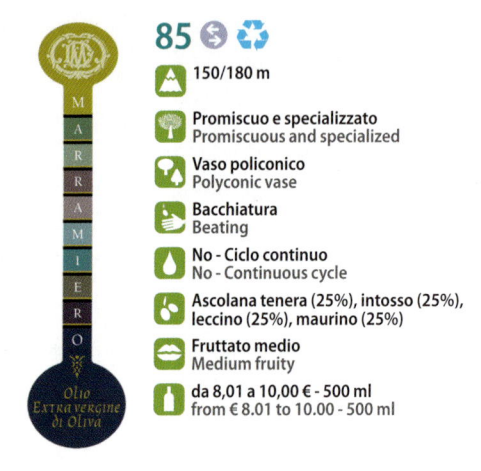

85

150/180 m

Promiscuo e specializzato
Promiscuous and specialized

Vaso policonico
Polyconic vase

Bacchiatura
Beating

No - Ciclo continuo
No - Continuous cycle

Ascolana tenera (25%), intosso (25%), leccino (25%), maurino (25%)

Fruttato medio
Medium fruity

da 8,01 a 10,00 € - 500 ml
from € 8.01 to 10.00 - 500 ml

Dante Marramiero è stato il fondatore di una cantina che si distingue nel settore della viticoltura locale, reinterpretando in chiave moderna la secolare tradizione contadina. A partire dagli anni Novanta il rinnovamento dell'azienda comprende anche il settore oleario: su 4 ettari di oliveto dimorano mille piante, espressione di un ricco parco varietale. Nella recente campagna da queste sono stati ricavati 250 quintali di olive che hanno prodotto 30 ettolitri di olio. Segnaliamo l'etichetta proposta al panel, l'Extravergine Marramiero che appare alla vista di un bel colore giallo dorato intenso con delicati riflessi verdi, limpido. Al naso si offre sottile e composto, dotato di sentori fruttati di mela bianca e banana, affiancati da note di erbe balsamiche, con sfumature di basilico e prezzemolo. Al palato è morbido e armonico, con toni vegetali di fave fresche, lattuga e sedano. Amaro e piccante presenti ed equilibrati, con finale dolce in rilievo. Ideale su antipasti di legumi, insalate di fagioli, marinate di orata, patate arrosto, passati di orzo, primi piatti con molluschi, gamberi in guazzetto, tartare di salmone, pollame o carni di agnello al forno, formaggi caprini.

Dante Marramiero is the founder of a wine cellar standing out in the local wine-growing sector, as it is a modern version of the century-old rural tradition. Since the 90s the farm has also included an oil sector. The 4-hectare olive grove contains 1,000 trees of a wide range of varieties. In the last harvest 250 quintals of olives were produced, which allowed to yield 30 hectolitres of extra virgin olive oil. We recommend the selection proposed to the panel, the Extra Virgin Marramiero, which is a beautiful intense limpid golden yellow colour with delicate green hues. Its aroma is fine and delicate, endowed with fruity hints of white apple and banana, together with notes of aromatic herbs, especially basil and parsley. Its taste is mellow and harmonic, with a vegetal flavour of fresh broad beans, lettuce and celery. Bitterness and pungency are present and complimentary, with a sweet finish. It would be ideal on legume appetizers, bean salads, marinated gilthead, roast potatoes, barley purée, pasta with mussels, stewed shrimps, salmon tartare, baked poultry or lamb, goat cheese.

Italia Italy [IT] Abruzzo

Azienda Agricola Marina Palusci

Contrada Fonte Gallo, 2
65019 Pianella (PE)
E-mail: info@olivetopependone.com - Web: www.olivetopependone.com

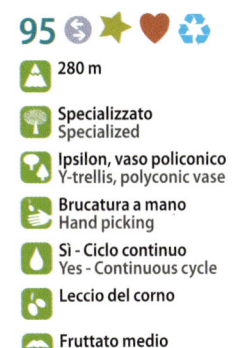

95

280 m

Specializzato
Specialized

Ipsilon, vaso policonico
Y-trellis, polyconic vase

Brucatura a mano
Hand picking

Sì - Ciclo continuo
Yes - Continuous cycle

Leccio del corno

Fruttato medio
Medium fruity

da 10,01 a 12,00 € - 500 ml
from € 10.01 to 12.00 - 500 ml

Consolida la sua brillante posizione l'azienda di Marina Palusci che si colloca nel vocato comprensorio di Pianella, tra il Mare Adriatico e il Parco Nazionale della Majella. La struttura, che ha secoli di storia e almeno quattro generazioni di olivicoltori alle spalle, comprende oggi un oliveto specializzato di 48 ettari con 12mila piante. Nell'ultima campagna queste hanno fruttato 4.800 quintali di olive e 688 ettolitri di olio. Tre gli ottimi Extravergine proposti: Oliomania da Agricoltura Biologica e i due monocultivar, L'Uomo di Ferro - Dritta e Alchimia - Leccio del Corno. Il panel sceglie quest'ultimo, giallo dorato intenso con sfumature verdoline, limpido. Al naso è pulito e avvolgente, dotato di sentori fruttati di mela bianca e mandorla, affiancati da netti toni balsamici di menta e rosmarino. In bocca è riccamente vegetale, con note di carciofo, cicoria e lattuga di campo. Amaro deciso e piccante spiccato e armonico. È eccellente per bruschette con pomodoro, funghi porcini al forno, insalate di tonno, radicchio arrosto, zuppe di fagioli, primi piatti con carciofi, pesce spada alla brace, agnello alla griglia, carni rosse ai ferri, formaggi di media stagionatura.

Marina Palusci's farm confirms its brilliant position in our Guide. It is placed in the favourable district of Pianella, between the Adriatic Sea and the National Park of Majella, and can boast centuries of history and at least four generations of olive growers. Today the specialized olive grove covers 48 hectares with 12,000 trees. In the last harvest 4,800 quintals of olives and 688 hectolitres of oil were produced. There are three very good Extra Virgin, Oliomania from Organic Farming and the two Monocultivar, L'Uomo di Ferro - Dritta and Alchimia - Leccio del Corno, chosen by the panel. It is an intense limpid golden yellow colour with light green hues. Its aroma is clean and rotund, with fruity hints of white apple and almond, together with distinct fragrant notes of mint and rosemary. Its taste is richly vegetal, with a flavour of artichoke, chicory and country lettuce. Bitterness is definite and pungency is distinct and harmonic. It would be ideal on bruschette with tomatoes, baked porcini mushrooms, tuna salads, roast radicchio, bean soups, pasta with artichokes, barbecued swordfish, grilled lamb, grilled red meat, medium mature cheese.

Italia Italy [IT] Abruzzo

Frantoio Montecchia

Contrada Case Di Pasquale, 13
64020 Morro d'Oro (TE)
Tel.: +39 085 895141
E-mail: info@frantoiomontecchia.it - Web: www.frantoiomontecchia.it

90

230 m

Specializzato
Specialized

Vaso policonico
Polyconic vase

Meccanica
Mechanical harvesting

Si - Ciclo continuo
Yes - Continuous cycle

Frantoio (30%), leccino (30%), dritta (20%), maurino, tortiglione (20%)

Fruttato medio
Medium fruity

da 8,01 a 10,00 € - 500 ml
from € 8.01 to 10.00 - 500 ml

Alle spalle c'è l'esperienza di maestri dell'extravergine che gli hanno insegnato il rispetto per la natura e la tradizione: è così che Frantoio Montecchia è oggi punto di riferimento per la qualità al passo con i tempi. Centro di sperimentazione e luogo di incontro per esperti, la struttura ha sede nel Teramano e conta su moderni impianti di trasformazione e su 34 ettari di oliveto con 25mila piante, tra esemplari secolari e giovani. Quest'anno i 5mila quintali di olive raccolti, uniti agli altrettanti acquistati, hanno prodotto 1.300 ettolitri di olio che, con i circa 109 comprati, hanno reso pressoché 1.409 ettolitri. L'Extravergine Frantoio Montecchia 22 - Classico è giallo dorato intenso con venature verdoline, limpido. Al naso è ampio e avvolgente, con sentori balsamici di menta e rosmarino, affiancati da toni di pepe nero e mandorla. Fine e vegetale in bocca, sa di carciofo, cicoria e lattuga. Amaro spiccato e piccante deciso. Ideale su antipasti di pomodori, insalate di legumi, marinate di orata, patate in umido, zuppe di ceci, primi piatti con salmone, molluschi gratinati, tartare di ricciola, pollame o carni di agnello al forno, formaggi freschi a pasta filata.

Frantoio Montecchia, which has its roots in the respect for nature and past tradition, is a modern quality point of reference. Situated in the area of Teramo, the farm is also an experimentation centre and a meeting point for experts and is supplied with modern transformation systems. The olive grove covers 34 hectares with 25,000 century-old and young trees. In the last harvest 5,000 quintals of olives were produced and 5,000 purchased, with a yield of 1,300 hectolitres of oil. With about 109 purchased, the total was about 1,409 hectolitres. The Extra Virgin selection Frantoio Montecchia 22 - Classico is an intense limpid golden yellow colour with light green hues. Its aroma is ample and rotund, with fragrant hints of mint and rosemary, together with notes of black pepper and almond. Its taste is fine and vegetal, with a flavour of artichoke, chicory and lettuce. Bitterness is distinct and pungency is definite. It would be ideal on tomato appetizers, legume salads, marinated gilthead, stewed potatoes, chickpea soups, pasta with salmon, mussels au gratin, amberjack tartare, baked poultry or lamb, mozzarella cheese.

Italia Italy [IT] Abruzzo

Frantoio Tini

Contrada Pizzannocca, 1
64035 Castilenti (TE)
Tel.: +39 0861 996230
E-mail: info@frantoiotini.it - Web: www.frantoiotini.it

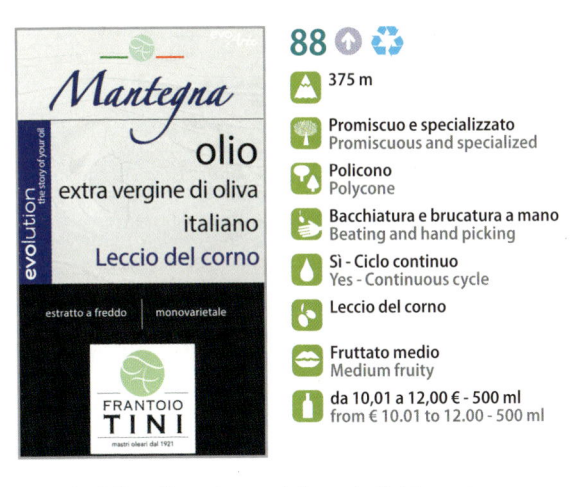

88

- 375 m
- Promiscuo e specializzato / Promiscuous and specialized
- Policono / Polycone
- Bacchiatura e brucatura a mano / Beating and hand picking
- Sì - Ciclo continuo / Yes - Continuous cycle
- Leccio del corno
- Fruttato medio / Medium fruity
- da 10,01 a 12,00 € - 500 ml / from € 10.01 to 12.00 - 500 ml

Mantegna
olio extra vergine di oliva italiano
Leccio del corno
estratto a freddo | monovarietale
FRANTOIO TINI
maestri oleari dal 1921

Immerso nel verde delle colline abruzzesi, Frantoio Tini è gestito con cura e passione familiari dal 1921. Durante questo secolo di storia i padri hanno trasmesso ai figli il mestiere dei frantoiani, coniugando artigianalità e tecnologia e puntando a una qualità senza compromessi, nel pieno rispetto dell'ambiente. Nella trascorsa campagna olearia la famiglia Tini ha lavorato 500 quintali di olive che hanno fruttato una produzione di 40 ettolitri di olio. Due gli Extravergine proposti al panel, Giotto da Agricoltura Biologica e Mantegna. Quest'ultimo, ottimo, è di un bel colore giallo dorato intenso con delicati riflessi verdi, limpido. Al naso è pulito e avvolgente, ricco di sentori vegetali di carciofo, cicoria e lattuga, accompagnati da toni speziati di pepe nero. Elegante e complesso in bocca, sprigiona note balsamiche di menta e rosmarino, e chiude con sfumature di mandorla acerba. Amaro molto spiccato e piccante deciso e armonico. Si abbina bene a bruschette con pomodoro, funghi porcini alla griglia, insalate di carciofi, radicchio alla brace, zuppe di lenticchie, primi piatti con tonno, polpo bollito, carni rosse o cacciagione al forno, formaggi stagionati a pasta dura.

Placed in the middle of the green hills of Abruzzo, Frantoio Tini has been run with passion and care since 1921. In the course of a century of history, fathers have taught their children their work as olive growers, combining tradition and technology and aiming at absolute quality in the full respect for the environment. In the last harvest the family Tini produced 500 quintals of olives, with a yield of 40 hectolitres of oil. There are two Extra Virgin selections, Giotto from Organic Farming and the very good Mantegna, which is a beautiful intense limpid golden yellow colour with delicate green hues. Its aroma is clean and rotund, rich in vegetal hints of artichoke, chicory and lettuce, together with spicy notes of black pepper. Its taste is elegant and complex, with a fragrant flavour of mint and rosemary and final notes of unripe almond. Bitterness is distinct and pungency is definite and harmonic. It would be ideal on bruschette with tomatoes, grilled porcini mushrooms, artichoke salads, barbecued radicchio, lentil soups, pasta with tuna, boiled octopus, baked red meat or game, hard mature cheese.

Italia Italy [IT] Abruzzo

Tenuta Zuppini

Via dei Quercioni, 13
64010 Torricella Sicura (TE)
Tel.: +39 0861 240557 - Fax: +39 0861 240557
E-mail: info@tenutazuppini.com - Web: www.tenutazuppini.com

97

600 m

Specializzato
Specialized

Monocono, vaso policonico
Monocone, polyconic vase

Brucatura a mano e meccanica
Hand picking and mechanical harvesting

Sì - Ciclo continuo
Yes - Continuous cycle

Dritta (40%), tortiglione (40%), frantoio, itrana, leccino, leccio del corno, moraiolo (20%)

Fruttato intenso
Intense fruity

da 12,01 a 15,00 € - 500 ml
from € 12.01 to 15.00 - 500 ml

Ci ha colpito fin dal suo esordio: non ci sbagliavamo, dato che seguita a crescere in qualità tanto da meritarsi il premio per il Migliore Olio Extravergine di Oliva Blended - Fruttato Intenso. La struttura del giovane Rino Matone, "maniacale" in campo e in frantoio, comprende l'oliveto e l'impianto di estrazione, ma funziona anche come fattoria didattica, foresteria e accogliente B&B. I 3mila alberi distribuiti su 8 ettari hanno fruttato 450 quintali di olive che, uniti ai 200 comprati, hanno reso 80 ettolitri di olio. Segnaliamo l'eccellente Extravergine Veneranda 19, giallo dorato intenso con delicate sfumature verdi, limpido. All'olfatto si apre deciso e avvolgente, ricco di sentori vegetali di carciofo, cicoria e lattuga, cui si affiancano marcate note aromatiche di menta e rosmarino. Al palato si offre ampio e pieno, con toni speziati di pepe nero e netta mandorla in chiusura. Amaro potente e piccante spiccato e armonico. Ottimo abbinamento con antipasti di polpo, carpaccio di carne cruda con funghi porcini, pomodori gratinati, zuppe di carciofi, primi piatti con tonno, pesce spada alla piastra, agnello in umido, cacciagione ai ferri, formaggi stagionati a pasta dura.

We have noticed it since its debut and its quality is still growing, so that it deserves to be The Best Extra Virgin Olive Oil Blended - Intense Fruity. Rino Matone, who defines himself a maniac in the field and in the oil mill, owns an estate including an olive grove and an oil mill, but he also runs a didactic farm, a guesthouse and a comfortable B&B. The olive grove covers 8 hectares with 3,000 trees. In the last harvest 450 quintals of olives were produced and 200 purchased, with a yield of 80 hectolitres of oil. We recommend the excellent Extra Virgin Veneranda 19, which is an intense limpid golden yellow colour with delicate green hues. Its aroma is definite and rotund, rich in vegetal hints of artichoke, chicory and lettuce, together with strong aromatic notes of mint and rosemary. Its taste is ample and full, with a spicy flavour of black pepper and a definite almond finish. Bitterness is powerful and pungency is distinct and harmonic. It would be ideal on octopus appetizers, beef carpaccio with porcini mushrooms, tomatoes au gratin, artichoke soups, pasta with tuna, pan-seared swordfish, stewed lamb, grilled game, hard mature cheese.

Molise

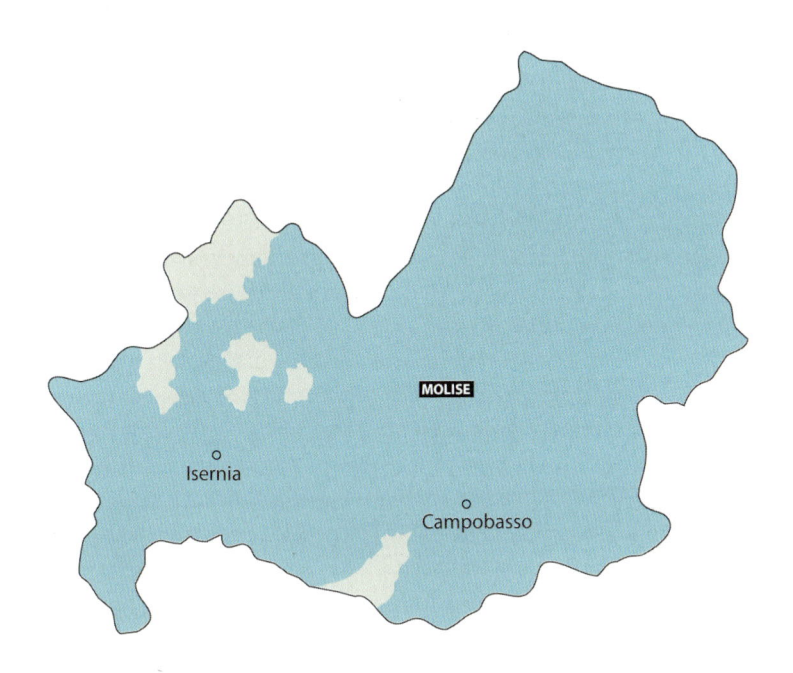

Dati Statistici		Statistic Data	
Superficie Olivetata Nazionale	1.164.568 (ha)	National Olive Surface	1,164,568 (ha)
Superficie Olivetata Regionale	14.335 (ha)	Regional Olive Surface	14,335 (ha)
Quota Regionale	1,23%	Regional Quota	1.23%
Frantoi	100	Olive Oil Mills	100
Produzione Nazionale 19-20	366.468,8 (t)	National Production 19-20	366,468.8 (t)
Produzione Regionale 19-20	2.876,6 (t)	Regional Production 19-20	2,876.6 (t)
Produzione Regionale 18-19	2.390,8 (t)	Regional Production 18-19	2,390.8 (t)
Variazione	+20,32%	Variation	+20.32%
Quota Regionale	0,79%	Regional Quota	0.79%

National Institute of Statistics
Service Institute for the Agricultural and Food Market on data from the Agency for Agricultural Payments

L'olio molisano è noto e molto apprezzato fin dall'epoca romana. Tante le citazioni: Catone il Censore ne tesse le lodi nel "De Agricoltura", Marco Terenzio Varrone nel "De re rustica", così come ne fanno menzione lo storico e geografo Strabone e i poeti Giovenale e Quinto Orazio Flacco. Anche Plinio il Vecchio, nel "De Oleo", celebrò la straordinaria qualità dell'olio molisano: analizzando le varie qualità di olio conosciute a quel tempo, definisce quello della Penisola il migliore e in particolare quello dell'area di Venafro come il "primus inter pares", ovvero il fior fiore in assoluto. Ancora: sembra che l'olivicoltura praticata su larga scala sia stata introdotta nel IV secolo a.C. dal patrizio romano Marco Licinio, da cui l'appellativo "licinia" conferito alla varietà di oliva più pregiata, che vegetava nella zona di Venafro e dalla quale discende l'attuale cultivar aurina. Una tradizione tanto rilevante non poteva non essere premiata, nel 2004, con l'attribuzione della Dop Molise, riconosciuta agli oli extravergine prodotti nell'intero territorio regionale. Un riconoscimento prestigioso, un traguardo e al tempo stesso un importante punto di partenza per il rilancio di tutto il comparto olivicolo e dell'indotto a esso collegato. Del resto in Molise l'olivicoltura ha sempre svolto un ruolo primario nell'economia agricola. Attualmente la regione, che pure ha delle dimensioni territoriali così ridotte, conta su 14.335 ettari di superficie olivetata, pari all'1,23% del totale nazionale, che ospitano complessivamente 2 milioni 710.511 piante. Nella maggior parte dei casi gli impianti sono situati nelle aree collinari, ma li troviamo diffusi anche nelle zone interne ad altitudini notevoli, come pure nelle pianure del litorale. La provincia di Campobasso è quella più produttiva, e la piana di Venafro è in assoluto il territorio più vocato; ma non sono da meno la valle del Biferno e le distese a sud di Campobasso e a nord-ovest di Isernia. Il ventaglio delle cultivar è davvero molto ricco e complesso. Oltre alle comunissime varietà dell'Italia centrale (frantoio, leccino e moraiolo), presenti ormai ovunque, la gentile di Larino è senza dubbio la cultivar più diffusa: ricopre infatti tutta la fascia dell'antica area denominata Frentania, della quale la città di Larino era il centro principale. Altre varietà autoctone, che contribuiscono al paniere in maniera più o meno rilevante, sono la nera di Colletorto, la aurina, la nocciuta di San Giuliano di Puglia, la rosciola di Rotello, la curina, l'olivastra, la cerasa di Montenero, la salegna di Larino, la spagnuola, lo sperone di gallo e la paesana. Fino a oggi sono state identificate e studiate 40 cultivar autoctone di olivo, ufficialmente iscritte nello schedario oleicolo italiano; ma accanto a questo nutrito gruppo-base esiste un elenco vastissimo di nomi che costituiscono certo dei sinonimi ma che denotano tuttavia la potenzialità di questo territorio. Tanto che uno degli obiettivi primari della Dop regionale Molise è proprio quello di incentivare il reimpianto di alcuni oliveti selezionando varietà tipiche regionali. Il resto della filiera produttiva comprende 100 frantoi e un numero di aziende attive nel territorio che raggiunge le 21.581 unità. Nella campagna olearia 2019-2020 in Molise sono state prodotte 2.876,6 tonnellate di olio, pari allo 0,79% del totale nazionale, con un aumento del 20,32% rispetto all'annata precedente.

The olive oil from Molise has been well-known and appreciated since Roman times, as numerous quotations show: Cato the Censor praises it in "De Agricoltura", as well as Varro in "De re rustica", while the historian and geographer Strabo and the poets Juvenal and Horace Flaccus also mention it. Even Pliny the Elder in "De Oleo" celebrated the extraordinary quality of the oil from Molise: analyzing the different oil qualities known at the time, he considered Italian oil the best and in particular the one of the area of Venafro "primus inter pares", the best by far. It seems that large scale olive growing was introduced in the 4th century B.C. by the Roman patrician Marcus Licinius, from whose name "licinia" derives, that is the most popular variety which grew in the area of Venafro and from which comes the present aurina. In 2004 such an important tradition was granted the Pdo for the extra virgin olive oils produced in the whole regional territory. A high award, a target and at the same time a starting-point to re-launch all the olive oil sector and the allied industries. In Molise olive growing has always played a considerable role in the agricultural economy. Currently this small region has 14,335 hectares of olive surface, equal to 1.23% of the national total, with 2 million 710,511 trees. In most cases the olive groves are situated in hilly areas, but they can also be found at notable heights inland, as well as in the coastal valleys. The province of Campobasso is the most productive area and the valley of Venafro is by far the most suitable area, but also the valley of Biferno and the territories to the south of Campobasso and to the north-west of Isernia are favourable. Although it is one of the smallest regions in Italy, Molise has a wide and complex range of varieties. Besides the very common varieties of central Italy, by now present everywhere, that is leccino, frantoio and moraiolo, we find gentile di Larino, undoubtedly the most widespread, as it covers the whole zone of the ancient Frentania, where the city of Larino was the main centre. Other autochthonous varieties contributing in different ways are nera di Colletorto, aurina, noccioluta di San Giuliano di Puglia, rosciola di Rotello, curina, olivastra, cerasa di Montenero, salegna di Larino, spagnuola, sperone di gallo and paesana. Until now 40 autochthonous olive cultivars have been identified and studied. They are included in the Italian oil register, but apart from this group there is a long list of names, synonyms that express this territory potential, so that one of the primary aims of the regional Pdo Molise is to stimulate olive grove replanting using the typical regional varieties. The oil sector consists of 100 oil mills and 21,581 farms. In the oil harvest 2019-2020 Molise produced 2,876.6 tons of oil, equal to 0.79% of the total national quantity, with an increase of 20.32% compared to the previous year.

Italia Italy [IT] Molise

Marina Colonna
Contrada Bosco Pontoni
86046 San Martino in Pensilis (CB)
Tel.: +39 0875 603009 - 0875 603006 - Fax: +39 0875 603002
E-mail: info@marinacolonna.it - Web: www.marinacolonna.it

96

80/120 m

Promiscuo e specializzato
Promiscuous and specialized

Monocono, vaso aperto, vaso policonico
Monocone, open vase, polyconic vase

Bacchiatura e brucatura a mano
Beating and hand picking

Sì - Ciclo continuo
Yes - Continuous cycle

Peranzana (70%), coratina (30%)

Fruttato medio
Medium fruity

da 15,01 a 18,00 € - 750 ml
from € 15.01 to 18.00 - 750 ml

In terra molisana, tra dolci colline punteggiate di olivi e campi di grano, si trova l'azienda agricola di proprietà della famiglia Colonna da più di duecento anni. Attualmente condotta da donna Marina, erede del principe Francesco Colonna, la struttura è stata completamente rinnovata e comprende 55 ettari di oliveto, con 18mila piante allevate con innovative tecniche agronomiche, e un moderno impianto di estrazione. Quest'anno sono stati raccolti 4mila quintali di olive e sono stati prodotti quasi 590 ettolitri di olio. L'ottimo Extravergine Colonna - Classic è di un bel colore giallo dorato intenso con delicate sfumature verdi, limpido. Al naso è ampio e avvolgente, intriso di sentori di pomodoro acerbo, banana e mela bianca, arricchiti da toni di basilico, mentuccia e prezzemolo. Al gusto è fine e armonico, dotato di note vegetali di lattuga e sedano, e ricordo finale di mandorla. Amaro deciso e piccante presente ed equilibrato. È eccellente per bruschette con verdure, insalate di orzo, marinate di ricciola, pomodori con riso, zuppe di legumi, primi piatti con salmone, molluschi gratinati, rombo arrosto, pollame o carni di agnello al forno, formaggi freschi a pasta filata.

The farm owned by the family Colonna for over 200 years is placed in Molise, among gentle hills scattered with olive trees and wheat fields. Run by donna Marina, the heir of the Prince Francesco Colonna, the farm has been fully renovated and includes 55 hectares of olive grove with 18,000 trees, cultivated with modern agronomic techniques, and an advanced extraction system. In the last harvest 4,000 quintals of olives were produced, equal to almost 590 hectolitres of extra virgin olive oil. The very good Extra Virgin selection Colonna - Classic is a beautiful intense limpid golden yellow colour with delicate green hues. Its aroma is ample and rotund, full of hints of unripe tomato, banana and white apple, enriched by notes of basil, field balm and parsley. Its taste is fine and harmonic, endowed with a vegetal flavour of lettuce and celery and an almond finish. Bitterness is definite and pungency is present and well balanced. It would be ideal on bruschette with vegetables, barley salads, marinated amberjack, tomatoes stuffed with rice, legume soups, pasta with salmon, mussels au gratin, roast turbot, baked poultry or lamb, mozzarella cheese.

Italia Italy [IT] Molise

Oleificio Di Vito

Contrada Cocciolete, 10
86042 Campomarino (CB)
Tel.: +39 0875 539257 - Fax: +39 0875 539257
E-mail: info@oliodivito.it - Web: www.oliodivito.it

90

- 100/200 m
- **Specializzato** / Specialized
- **Monocono, superintensivo, vaso policonico** / Monocone, superintensive, polyconic vase
- **Bacchiatura e meccanica** / Beating and mechanical harvesting
- **Sì - Ciclo continuo** / Yes - Continuous cycle
- **Gentile di Larino (80%), leccino (20%)**
- **Fruttato leggero** / Light fruity
- **da 8,01 a 10,00 € - 500 ml** / from € 8.01 to 10.00 - 500 ml

Situato tra le colline litoranee di Campomarino l'Oleificio Di Vito è evoluto negli anni, facendo tesoro dell'esperienza di tre generazioni di frantoiani. Oggi l'azienda vanta un sistema di estrazione all'avanguardia dove sono lavorate partite di olive selezionate dai coltivatori della zona oltre a quelle dell'oliveto di proprietà, fatto di 43 ettari con 40mila piante. Nell'ultima campagna l'impianto ha fruttato 4.500 quintali di olive che, uniti ai 1.500 acquistati, hanno reso 700 ettolitri di olio. L'Extravergine Di Vito Dop Molise appare alla vista di un bel colore giallo dorato intenso con lievi tonalità verdi, limpido. All'olfatto è sottile e composto, dotato di sentori di pomodoro acerbo, mela bianca e pepe nero, accompagnati da toni aromatici di basilico, menta e prezzemolo. Al gusto è morbido e armonico, con ricordo vegetale di carciofo, lattuga e sedano. Amaro e piccante presenti ed equilibrati, con finale dolce in rilievo. Si abbina a maionese, antipasti di funghi ovoli, carpaccio di orata, insalate di mare, marinate di dentice, passati di ceci, cous cous di pesce, crostacei al vapore, rombo al cartoccio, formaggi freschi a pasta molle, dolci lievitati.

Oleificio Di Vito is situated on the littoral hills of Campomarino. Following the experience of three generations of olive growers, the farm has been developed and today is supplied with an advanced extraction system, where also olive parcels selected from local olive growers are processed. The olive grove covers 43 hectares with 40,000 trees. In the last harvest 4,500 quintals of olives were produced and 1,500 purchased, equal to a yield of 700 hectolitres of extra virgin olive oil. The Extra Virgin selection Di Vito Pdo Molise is a beautiful intense limpid golden yellow colour with slight green hues. Its aroma is fine and delicate, endowed with hints of unripe tomato, white apple and black pepper, together with aromatic notes of basil, mint and parsley. Its taste is mellow and harmonic, with a vegetal flavour of artichoke, lettuce and celery. Bitterness and pungency are present and well balanced, with a sweet finish. It would be ideal on mayonnaise, ovoli mushroom appetizers, gilthead carpaccio, seafood salads, marinated sea bream, chickpea purée, fish cous cous, steamed shellfish, turbot baked in parchment paper, soft fresh cheese, yeast-raised cakes.

Italia Italy [IT] Molise

Terra Sacra
Contrada Fara
86030 Lupara (CB)
Tel.: +39 0875 81213 - Fax: +39 0875 81213
E-mail: info@oliobenedetto.it - Web: www.oliobenedetto.it

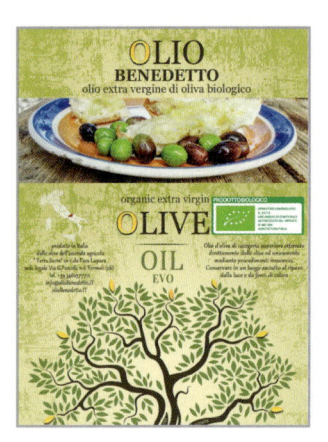

83

400 m

Specializzato
Specialized

Vaso policonico
Polyconic vase

Bacchiatura
Beating

No - Ciclo continuo
No - Continuous cycle

Gentile di Larino (40%), leccino (20%),
oliva nera di Colletorto, rumignana (30%),
olivastro (10%)

Fruttato medio
Medium fruity

da 15,01 a 18,00 € - 500 ml
from € 15.01 to 18.00 - 500 ml

Buona conferma per Terra Sacra. Inserita in un contesto collinare ancora incontaminato, nasce dal recupero di un territorio in parte abbandonato e da una spiccata sensibilità verso l'olivo: parliamo di alberi secolari più una piantagione degli anni Ottanta già curati da Angelo Salvatore, al quale succede Benedetto, attualmente alla guida della struttura che conta mille olivi coltivati su 5 ettari. Nella trascorsa campagna il raccolto ha fruttato 80 quintali di olive che hanno reso 10 ettolitri di olio. L'Extravergine Olio Benedetto da Agricoltura Biologica appare alla vista di un bel colore giallo dorato intenso con delicate sfumature verdi, limpido. Al naso si apre ampio e avvolgente, dotato di sentori balsamici di menta e rosmarino, in aggiunta a note speziate di pepe nero. Morbido e armonico al palato, emana toni vegetali di carciofo, cicoria e lattuga; e chiude con ricordo di mandorla. Amaro ben espresso e piccante presente. Si abbina molto bene a maionese, antipasti di orzo, carpaccio di spigola, insalate di riso, marinate di gamberi, passati di fave, primi piatti con funghi ovoli, fritture di calamari, tartare di dentice, formaggi freschi a pasta molle, dolci da forno.

Another good result for Terra Sacra, placed in a still uncontaminated hilly area. The farm is the result of the recovery of a partly abandoned territory and a great interest in the olive tree. The estate consists of centuries-old trees and an olive grove dating back to the 80s, first run by Angelo Salvatore and then by Benedetto, who currently manages 5 hectares with 1,000 trees. In the last harvest 80 quintals of olives were produced, with a yield of 10 hectolitres of oil. The selection proposed to our panel is the Extra Virgin Olio Benedetto from Organic Farming, which is a beautiful intense limpid golden yellow colour with delicate green hues. Its aroma is ample and rotund, endowed with fragrant hints of mint and rosemary, together with spicy hints of black pepper. Its taste is mellow and harmonic, with a vegetal flavour of artichoke, chicory and lettuce and final notes of almond. Bitterness is distinct and pungency is present. It would be ideal on mayonnaise, barley appetizers, bass carpaccio, rice salads, marinated shrimps, broad bean purée, pasta with ovoli mushrooms, fried squids, sea bream tartare, soft fresh cheese, oven cakes.

Campania

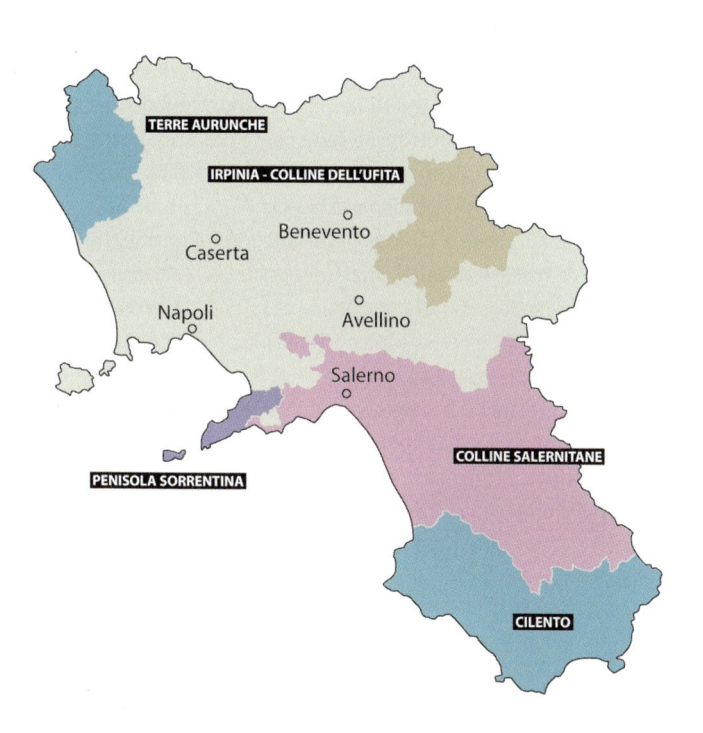

Map regions labeled:
- TERRE AURUNCHE
- IRPINIA - COLLINE DELL'UFITA
- PENISOLA SORRENTINA
- COLLINE SALERNITANE
- CILENTO

Cities: Caserta, Benevento, Napoli, Avellino, Salerno

Dati Statistici

Superficie Olivetata Nazionale	1.164.568 (ha)
Superficie Olivetata Regionale	75.763 (ha)
Quota Regionale	6,51%
Frantoi	363
Produzione Nazionale 19-20	366.468,8 (t)
Produzione Regionale 19-20	15.555,8 (t)
Produzione Regionale 18-19	6.775,7 (t)
Variazione	+129,58%
Quota Regionale	4,25%

Statistic Data

National Olive Surface	1,164,568 (ha)
Regional Olive Surface	75,763 (ha)
Regional Quota	6.51%
Olive Oil Mills	363
National Production 19-20	366,468.8 (t)
Regional Production 19-20	15,555.8 (t)
Regional Production 18-19	6,775.7 (t)
Variation	+129.58%
Regional Quota	4.25%

National Institute of Statistics
Service Institute for the Agricultural and Food Market on data from the Agency for Agricultural Payments

Romani la definivano "Campania felix" quando volevano celebrare questa terra per la qualità non soltanto dei suoi vini, ma anche degli oli prodotti che venivano utilizzati come merce di scambio preziosa e di gran pregio. D'altronde la vocazione olivicola della regione è un tutt'uno con la sua storia che risale, qui come nel resto del Mezzogiorno, al periodo della colonizzazione greca. Fin da quell'epoca infatti, e probabilmente anche da prima, la pianta sacra è considerata parte integrante della cultura materiale e del paesaggio campano dove permangono tuttora tutte le condizioni territoriali e climatiche ideali per lo sviluppo della sua coltura. Attualmente infatti la regione spicca in Italia per produzione di olio non solo di alta qualità, ma anche fortemente tipico e caratterizzato, grazie a un indescrivibile patrimonio di varietà autoctone che è difficilmente riscontrabile da altre parti. Gli impianti si estendono attraverso 75.763 ettari diffusi praticamente ovunque, dove sono messe a dimora 14 milioni 265.507 piante. Questa superficie coltivata rappresenta il 6,51% del totale nazionale. Le cultivar locali sono più di cento: tra le più note ricordiamo la pisciottana, la rotondella, la carpellese, la salella e l'ogliastro che sono diffuse nel Salernitano, l'area più produttiva. La minutella, l'ortice e l'ortolana si coltivano invece nella provincia di Benevento; la ravece è tipica della zona di Avellino, mentre la caiazzana, la corniola, la palombina, la sessana, l'olivella e la tonnella si trovano soprattutto nella provincia di Caserta. E ancora: la trignarola, l'ajtanella, la ciciona, la marinese e la tamponica... ma l'elenco sarebbe davvero troppo lungo. Peraltro negli oliveti campani si trovano anche cultivar di alto livello qualitativo che sono state importate da altre regioni d'Italia, come il frantoio e il leccino dall'Umbria e dalla Toscana, la coratina e l'ogliarola dalla Puglia e la carolea dalla Calabria. La tipicità degli oli campani è riconosciuta anche a livello comunitario con l'attribuzione di ben cinque Denominazioni attualmente certificate: la Dop Cilento e la Dop Colline Salernitane che tutelano le produzioni della provincia di Salerno; la Dop Penisola Sorrentina che comprende gli oli prodotti in provincia di Napoli - in particolare nella penisola di Sorrento e nell'isola di Capri - e in una parte del territorio di Castellammare di Stabia; infine la Dop Irpinia - Colline dell'Ufita che ricade nella provincia di Avellino; alla quale si aggiunge la Dop Terre Aurunche che riguarda il comprensorio di Caserta. Sono tutte aree in cui la presenza degli olivi è documentata come antichissima: storicamente, infatti, tanto nella Penisola Sorrentina quanto nel Cilento si ritiene che la pianta sacra sia stata introdotta addirittura dai coloni Focesi nel VI secolo a.C.. Per quanto riguarda poi il resto della filiera produttiva dell'olio, questa comprende 112.093 aziende, mentre strutture di trasformazione sono diffuse in tutte le aree di coltivazione: in totale si contano 363 frantoi attivi. Da questi, nell'ultima campagna, sono state ricavate 15.555,8 tonnellate di olio, pari al 4,25% del totale nazionale, con un forte aumento del 129,58% rispetto all'annata precedente. Sono numeri che, pur considerando l'alternanza produttiva, attestano la rilevanza che il settore oleario ricopre all'interno dell'economia regionale la quale può trarre dall'olivicoltura importanti risorse per il suo sviluppo futuro.

This region was called "Campania Felix" by the Romans, who celebrated not only the quality of its wine, but also the olive oils produced here, used as valuable goods of exchange. This tradition dates back in Campania as in the other southern regions to the Greek colonization; since then or even before the olive tree has always been an essential part of the culture and of the landscape, because here there are still all the ideal territorial and climatic conditions to favour this cultivation. Currently Campania stands out in Italy for the production of high quality, but also very typical olive oil, thanks to a great wealth of autochthonous varieties we rarely find in other areas. The olive groves cover 75,763 hectares spread almost everywhere, with 14 million 265,507 trees. This surface represents 6.51% of the national total. The local cultivars exceed 100: among the most popular there are pisciottana, rotondella, carpellese, salella and ogliastro, which are common in the area of Salerno, the most productive one. Minutella, ortice and ortolana are instead spread in the province of Benevento; ravece is typical of the area of Avellino and caiazzana, corniola, palombina, sessana, olivella and tonnella are found especially in the province of Caserta. Moreover trignarola, ajtanella, ciciona, marinese and tamponica... but the list would be too long. Moreover, in the olive groves of Campania we can also find fine cultivars imported from other parts of Italy, like frantoio and leccino from Umbria and Toscana, coratina and ogliarola from Puglia and finally carolea from Calabria. This number of varieties determines the quality and characteristics of these olive oils. Such characteristics have also been recognized by the EU, which has granted five Pdo: the Pdo Cilento and the Pdo Colline Salernitane that protect the productions of the province of Salerno; the Pdo Penisola Sorrentina, including the olive oils produced in the province of Neaples - particularly in the peninsula of Sorrento and on the island of Capri - and partly in the territory of Castellammare di Stabia; finally the Pdo Irpinia - Colline dell'Ufita, in the province of Avellino, and the Pdo Terre Aurunche, in the province of Caserta. In these areas the presence of the olive tree is very ancient: historically in the peninsula of Sorrento and in Cilento the sacred tree is thought to have been introduced by the colonists from Phocaea in the 6th century B.C.. The olive oil sector includes 112,093 farms, while transformation structures are spread in all cultivation areas: currently there are 363 active oil mills. In 2019-2020 Campania produced 15,555.8 tons of extra virgin olive oil, equal to 4.25% of the total national quantity, with a strong increase of 129.58% compared to the previous year. Even considering the alternation in production, this volume shows the importance of this sector for the regional economy and could make olive growing a driving element of its future development.

Italia Italy [IT] Campania

Azienda Agricola Case d'Alto

Carpignano - Via Veneto, 109
83035 Grottaminarda (AV)
E-mail: info@casedalto.it - Web: www.oliocoevo.it

95

- 400/500 m
- Specializzato / Specialized
- Cespuglio, vaso policonico / Bush, polyconic vase
- Brucatura a mano / Hand picking
- No - Ciclo continuo / No - Continuous cycle
- Ravece
- Fruttato intenso / Intense fruity
- da 8,01 a 10,00 € - 250 ml / from € 8.01 to 10.00 - 250 ml

Seguita a migliorare Case d'Alto che già si era fatta notare nelle precedenti edizioni. Merito di Claudio De Luca che, nel 2011, fonda a Carpignano questa struttura con l'obiettivo di creare prodotti di eccellenza, fortemente legati al territorio: olio extravergine e vino Taurasi. Gli olivi occupano una superficie di 7 ettari e raggiungono il numero di 2mila esemplari che hanno reso quest'anno 150 quintali di olive e 20 ettolitri di olio. Di grande spessore entrambi gli Extravergine Coevo da Agricoltura Biologica: il Gran Cru e il monocultivar Ravece. Il panel sceglie il secondo, giallo dorato intenso con delicate sfumature verdi, limpido. Al naso è deciso e avvolgente, ricco di sentori di pomodoro di media maturità, banana e mela bianca, affiancati da marcate note balsamiche di basilico, menta e prezzemolo. Al palato è fine e dotato di un'ampia carica vegetale, con ricordo di cicoria, lattuga e sedano. Amaro potente e piccante spiccato. Ideale su carpaccio di pesce spada, insalate di carciofi, marinate di tonno, pomodori gratinati, zuppe di lenticchie, primi piatti con funghi porcini, polpo bollito, cacciagione di piuma o pelo al forno, formaggi stagionati a pasta dura.

Case d'Alto, which is constantly progressing, is situated in Carpignano and was founded in 2011 by Claudio De Luca with the aim of creating excellent products, strongly tied to their territory: extra virgin olive oil and Taurasi wine. The olive groves cover a surface of 7 hectares with 2,000 trees. In the last harvest 150 quintals of olives were produced, with a yield of 20 hectolitres of extra virgin olive oil. There are two very good Extra Virgin selections from Organic Farming, Gran Cru and the Monocultivar Ravece, chosen by the panel. It is an intense limpid golden yellow colour with delicate green hues. Its aroma is definite and rotund, rich in hints of medium ripe tomato, banana and white apple, together with distinct fragrant notes of basil, mint and parsley. Its taste is fine, endowed with an ample vegetal flavour of chicory, lettuce and celery. Bitterness is powerful and pungency is distinct. It would be ideal on swordfish carpaccio, artichoke salads, marinated tuna, tomatoes au gratin, lentil soups, pasta with porcini mushrooms, boiled octopus, baked game birds or animals, hard mature cheese.

Il Mulino della Signora

Contrada Sterparo
83055 Sturno (AV)
Tel.: +39 0825 437207
E-mail: info@ilmulinodellasignora.it - Web: www.ilmulinodellasignora.it

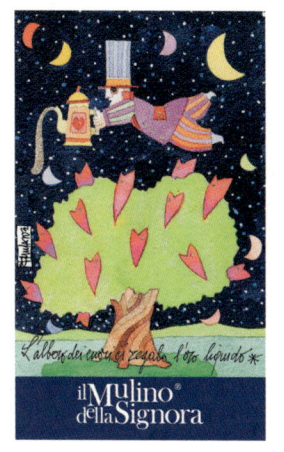

90

- 500 m
- **Promiscuo** / Promiscuous
- **Vaso policonico** / Polyconic vase
- **Brucatura a mano** / Hand picking
- **No - Ciclo continuo** / No - Continuous cycle
- **Ravece**
- **Fruttato intenso** / Intense fruity
- da 10,01 a 12,00 € - 500 ml / from € 10.01 to 12.00 - 500 ml

Migliora la sua posizione in Guida Il Mulino della Signora, accogliente country house nel verde dell'Irpinia, capitanata da Gianfranco Testa, medico di professione e olivicoltore per passione. Dell'intera superficie destinata anche a vigneto, noceto, cereali e bosco, 6 ettari sono di oliveto, con 2.500 piante di cui alcune appartenenti alla vecchia piantagione, oggi razionalizzata. Il raccolto di quest'anno ha fruttato 150 quintali di olive e 16 ettolitri di olio. Due le selezioni proposte, gli Extravergine Papalola e Il Mulino della Signora - Ravece. Preferiamo quest'ultimo, di un bel colore giallo dorato intenso con delicate tonalità verdi, limpido. Al naso è deciso e avvolgente, ricco di sentori fruttati di pomodoro di media maturità, banana e mela bianca, affiancati da marcati toni balsamici di basilico, menta e prezzemolo. In bocca è fine e di carattere, con note vegetali di fave, lattuga e sedano. Amaro potente e piccante spiccato. Ideale su antipasti di tonno, carpaccio di pesce spada, insalate di funghi porcini, radicchio al forno, zuppe di asparagi, primi piatti al ragù, polpo bollito, agnello alla piastra, carni rosse ai ferri, formaggi stagionati a pasta dura.

Il Mulino della Signora, a cozy country house in the green Irpinia, improves its position in our Guide. It is run by Gianfranco Testa, a doctor by profession and a passionate olive grower. The olive grove covers 6 hectares of the whole surface, which is also destined to vineyard, walnut grove, cereals and wood. There are 2,500 trees, some of which belong to the old plantation, by now rationalized. The last harvest produced 150 quintals of olives and 16 hectolitres of oil. There are two Extra Virgin selections, Papalola and Il Mulino della Signora - Ravece, which is a beautiful intense limpid golden yellow colour with delicate green hues. Its aroma is definite and rotund, rich in fruity hints of medium ripe tomato, banana and white apple, together with distint fragrant notes of basil, mint and parsley. Its taste is fine and strong, with a vegetal flavour of broad beans, lettuce and celery. Bitterness is powerful and pungency is distinct. It would be ideal on tuna appetizers, swordfish carpaccio, porcini mushroom salads, baked radicchio, asparagus soups, pasta with meat sauce, boiled octopus, pan-seared lamb, grilled red meat, hard mature cheese.

Italia Italy [IT] Campania

Frantoio Romano

Via Candele, 13
82030 Ponte (BN)
Tel.: +39 0824 874332 - Fax: +39 0824 874459
E-mail: info@frantoioromano.it - Web: www.frantoioromano.it

97

300/500 m

Promiscuo e specializzato
Promiscuous and specialized

Forma libera, monocono, vaso policonico
Free form, monocone, polyconic vase

Brucatura a mano e meccanica
Hand picking and mechanical harvesting

Sì - Ciclo continuo
Yes - Continuous cycle

Ortice

Fruttato medio
Medium fruity

da 8,01 a 10,00 € - 500 ml
from € 8.01 to 10.00 - 500 ml

Importante conferma per Alberto Romano che unisce all'eccellenza del prodotto una sensibilità e una cura davvero speciali. Quarta generazione di una famiglia di olivicoltori attivi dalla metà dell'Ottocento, Alberto conduce oggi 10 ettari di oliveto con 2.500 piante e un moderno frantoio. Quest'anno sono stati raccolti 150 quintali di olive che, con l'aggiunta di 1.050 acquistati, hanno reso 200 ettolitri di olio, più 40 comprati, per un totale di 240 ettolitri. Tre gli Extravergine Romano: l'Ortice Riserva e i due da Agricoltura Biologica, Gold e Ortice. Quest'ultimo, ottimo, è giallo dorato intenso con leggeri riflessi verdi, limpido. Al naso è ampio e avvolgente, ricco di sentori di pomodoro di media maturità, banana e mandorla, cui si aggiungono note di erbe officinali, con ricordo di basilico, menta e prezzemolo. Pieno e di carattere in bocca, ha toni di fave fresche, lattuga e sedano. Amaro spiccato e piccante deciso. Si accompagna bene a bruschette con pomodoro, carpaccio di tonno, insalate di spinaci, radicchio alla griglia, passati di lenticchie, primi piatti al ragù, pesce azzurro gratinato, agnello arrosto, maiale al forno, formaggi stagionati a pasta filata.

Alberto Romano, who confirms his good position, combines excellence with a special dedication and care. He belongs to the fourth generation of a family of olive growers active since the mid-19th century. Today he runs 10 hectares of surface with 2,500 trees and a modern oil mill. In the last harvest 150 quintals of olives were produced and 1,050 purchased, with a yield of 200 hectolitres of oil. 40 hectolitres were also purchased, with a total of 240 hectolitres. There are three Extra Virgin Romano, Ortice Riserva and the two from Organic Farming, Gold and the very good Ortice, which is an intense limpid golden yellow colour with light green hues. Its aroma is ample and rotund, rich in hints of medium ripe tomato, banana and almond, together with notes of officinal herbs, especially basil, mint and parsley. Its taste is full and strong, with a flavour of fresh broad beans, lettuce and celery. Bitterness is distinct and pungency is definite. It would be ideal on bruschette with tomatoes, tuna carpaccio, spinach salads, grilled radicchio, lentil purée, pasta with meat sauce, blue fish au gratin, roast lamb, baked pork, aged cheese.

Italia Italy [IT] Campania

Terre di Molinara
Via Regina Margherita, 138
82020 Molinara (BN)
E-mail: info@terredimolinara.it - Web: www.terredimolinara.it

88

- 500 m
- Specializzato / Specialized
- Vaso / Vase
- Brucatura a mano / Hand picking
- Sì - Ciclo continuo / Yes - Continuous cycle
- Ortice
- Fruttato medio / Medium fruity
- da 10,01 a 12,00 € - 500 ml / from € 10.01 to 12.00 - 500 ml

ELAIOS MONOCULTIVAR ORTICE
OLIO EXTRA VERGINE DI OLIVA ITALIANO

Un tempo a Molinara esisteva un'antica varietà di olivo proveniente dal Peloponneso. I Greci attribuirono il suo nome, morìa elaìa, alla zona più ricca di olivi della regione e poi al paese stesso; e oggi Terre di Molinara rende onore alla sue origini. Questa cooperativa, nata nel 2010, comprende piantagioni ultracentenarie che caratterizzano profondamente l'identità di questi luoghi dove si pratica un'olivicoltura eroica su terreni di forte pendenza. Da 2.100 alberi coltivati su 9 ettari sono stati raccolti e moliti nel frantoio aziendale 450 quintali di olive che hanno reso 68 ettolitri di olio. L'ottimo Extravergine Elaios - Ortice è giallo dorato intenso con lievi riflessi verdi, limpido. Al naso è ampio e avvolgente, ricco di sentori fruttati di pomodoro di media maturità, mela bianca e banana, affiancati da note balsamiche di basilico, menta e prezzemolo. Fine e vegetale al palato, sa di fave, lattuga e sedano. Amaro spiccato e piccante deciso. Ideale su antipasti di mare, insalate di farro, marinate di orata, patate in umido, passati di orzo, primi piatti con asparagi, molluschi gratinati, tartare di ricciola, coniglio arrosto, pollame alla brace, formaggi caprini.

Once in Molinara there was an ancient olive variety coming from the Peloponnese. The Greeks gave its name, morìa elaìa, to the area that was the richest in olive trees and then to the region itself. Today Terre di Molinara honours its origins. This co-operative, founded in 2010, includes hundreds-year-old olive groves, deeply characterising this land, where a heroic olive growing is practised on steep slopes. The estate covers 9 hectares with 2,100 trees. In the last harvest 450 quintals of olives were produced and crushed in the farm oil mill, with a yield of 68 hectolitres of oil. The very good Extra Virgin Elaios - Ortice is an intense limpid golden yellow colour with slight green hues. Its aroma is ample and rotund, rich in fruity hints of medium ripe tomato, white apple and banana, with fragrant notes of basil, mint and parsley. Its taste is fine and vegetal, with a flavour of broad beans, lettuce and celery. Bitterness is distinct and pungency is definite. It would be ideal on seafood appetizers, farro salads, marinated gilthead, stewed potatoes, barley purée, pasta with asparagus, mussels au gratin, amberjack tartare, roast rabbit, barbecued poultry, goat cheese.

Italia Italy [IT] Campania

Terre Stregate

Santa Lucia
82034 Guardia Sanframondi (BN)
Tel.: +39 0824 817857
E-mail: info@terrestregate.it - Web: www.terrestregate.it

86

- 250/350 m
- **Specializzato** / Specialized
- **Vaso, vaso aperto** / Vase, open vase
- **Brucatura a mano e meccanica** / Hand picking and mechanical harvesting
- **Sì - Ciclo continuo** / Yes - Continuous cycle
- Racioppella (40%), ortolana (35%), ortice (25%)
- **Fruttato medio** / Medium fruity
- da 8,01 a 10,00 € - 750 ml / from € 8.01 to 10.00 - 750 ml

Ecco uno di quei casi in cui la qualità è figlia dell'esperienza: svariate generazioni e più di un secolo di storia nell'olivicoltura a tutto campo. Fondata nel lontano 1898, oggi Terre Stregate di Carlo Iacobucci conta su 4 ettari di oliveti situati nel territorio collinare dell'alta valle del Calore, alle pendici del massiccio del Matese, con 600 piante e un moderno impianto di estrazione. Quest'anno la raccolta ha fruttato 300 quintali di olive che, con i 200 acquistati, hanno reso 80 ettolitri di olio. Segnaliamo l'Extravergine Primo Fiore che appare alla vista di un bel colore giallo dorato intenso con delicate sfumature verdi, limpido. Al naso si apre ampio e avvolgente, con sentori fruttati di pomodoro acerbo, banana e mela bianca, cui si aggiungono toni balsamici di basilico, menta e prezzemolo. Al gusto è morbido e armonico, dotato di note vegetali di sedano e lattuga di campo. Amaro e piccante ben presenti ed equilibrati. Si accompagna bene a maionese, antipasti di ceci, asparagi bolliti, carpaccio di dentice, marinate di trota, passati di fave, primi piatti con funghi ovoli, gamberi al vapore, tartare di spigola, formaggi freschi a pasta molle, dolci lievitati.

This is one of the cases in which quality depends on experience: several generations and over a century of olive growing history. Founded way back in 1898, today Carlo Iacobucci's Terre Stregate consists of 4 hectares of olive groves with 600 trees and a modern extraction system, situated on the hills of upper Valle del Calore, at the foot of the Matese massif. In the last harvest 300 quintals of olives were produced and 200 purchased, equal to a yield of 80 hectolitres of extra virgin olive oil. We recommend the Extra Virgin Primo Fiore, which is a beautiful intense limpid golden yellow colour with delicate green hues. Its aroma is ample and rotund, with fruity hints of unripe tomato, banana and white apple, together with fragrant hints of basil, mint and parsley. Its taste is mellow and harmonic, endowed with vegetal hints of celery and country lettuce. Bitterness and pungency are present and well balanced. It would be ideal on mayonnaise, chickpea appetizers, boiled asparagus, sea bream carpaccio, marinated trout, broad bean purée, pasta with ovoli mushrooms, steamed shrimps, bass tartare, soft fresh cheese, yeast-raised cakes.

Italia Italy [IT] Campania

Torre a Oriente
Mercuri I, 19
82030 Torrecuso (BN)
Tel.: +39 0824 874376 - 0824 874274 - Fax: +39 0824 1811075
E-mail: info@torreaoriente.eu - Web: www.torreaoriente.eu

96

200/700 m

Specializzato
Specialized

Vaso policonico
Polyconic vase

Meccanica
Mechanical harvesting

Sì - Ciclo continuo
Yes - Continuous cycle

Ortice

Fruttato medio
Medium fruity

da 12,01 a 15,00 € - 500 ml
from € 12.01 to 15.00 - 500 ml

Abbiamo scoperto e premiato quest'azienda, e a ragione: Torre a Oriente non delude le aspettative e seguita a crescere. Nota per i suoi vini da vitigni autoctoni, questa giovane realtà collocata nello splendido contesto collinare del massiccio del Taburno ha superato se stessa anche nell'olio. Patrizia Iannella e Giorgio Gentilcore si dedicano infatti, con altrettanta competenza e dedizione, alla cura di 2mila olivi su 8 ettari di impianto, realizzando 200 quintali di olive e 40 ettolitri di olio. L'Extravergine Cuore d'Ortice, eccellente, è di un bel colore giallo dorato intenso con delicate tonalità verdi, limpido. Al naso si apre pulito e avvolgente, ricco di sentori fruttati di pomodoro di media maturità, mela bianca e banana, affiancati da un'ampia carica aromatica di basilico, menta e prezzemolo. Complesso e di carattere al palato, sprigiona note vegetali di fave, lattuga e sedano. Amaro deciso e piccante spiccato e armonico. Ideale su antipasti di mare, bruschette con verdure, insalate di legumi, marinate di ricciola, zuppe di orzo, risotto con carciofi, molluschi gratinati, tartare di salmone, pollame o carni di agnello al forno, formaggi freschi a pasta filata.

This young farm, which we have discovered and rewarded, confirms our expectations and improves its position. Well known for its wines from autochthonous vines, it is placed in the splendid hilly scenery of the relief of Taburno and thanks to Patrizia Iannella's and Giorgio Gentilcore's competence and passion also obtains excellent results with oil. They run 8 hectares of olive grove with 2,000 trees. In the last harvest 200 quintals of olives were produced, with a yield of 40 hectolitres of oil. The excellent Extra Virgin Cuore d'Ortice is a beautiful intense limpid golden yellow colour with delicate green hues. Its aroma is clean and rotund, rich in fruity hints of medium ripe tomato, white apple and banana, together with ample aromatic notes of basil, mint and parsley. Its taste is complex and strong, with a vegetal flavour of broad beans, lettuce and celery. Bitterness is definite and pungency is distinct and harmonic. It would be ideal on seafood appetizers, bruschette with vegetables, legume salads, marinated amberjack, barley soups, risotto with artichokes, mussels au gratin, salmon tartare, baked poultry or lamb, mozzarella cheese.

Italia Italy [IT] Campania

Uliveti Castel San Martino

Corso Cusani, 2
82036 Solopaca (BN)
E-mail: info@uliveti.net - Web: www.uliveti.net

84

200 m

Specializzato
Specialized

Forma libera
Free form

Bacchiatura
Beating

No - Ciclo continuo
No - Continuous cycle

Peranzana (40%), leccino (25%), frantoio (20%), ortolana (15%)

Fruttato medio
Medium fruity

da 6,01 a 8,00 € - 500 ml
from € 6.01 to 8.00 - 500 ml

La storia di Uliveti è l'avventura di Giovanni e Nils Johan, un italiano e un norvegese uniti dalla passione per l'extravergine. Così come la famiglia di Giovanni ha fatto per generazioni, i due curano con impegno e dedizione tutte le fasi della lavorazione avvalendosi del supporto di Michele, loro socio e agronomo. Dalle 1.500 piante coltivate su quasi 7 ettari sono stati raccolti quest'anno 259 quintali di olive che, con l'aggiunta di 95 acquistati, hanno reso una produzione di circa 45 ettolitri di olio. Delle due selezioni proposte, gli Extravergine Ancino Oro e Ancino Verde, preferiamo quest'ultimo, giallo dorato intenso con lievi tonalità verdi, limpido. Al naso è ampio e avvolgente, dotato di sentori di erba fresca falciata e mela bianca, cui si affiancano note balsamiche di menta e rosmarino. Morbido e vegetale al gusto, sprigiona toni di carciofo, cicoria e lattuga di campo. Amaro e piccante ben espressi e bilanciati. Perfetto per antipasti di pomodori, insalate di funghi finferli, marinate di orata, patate in umido, zuppe di farro, primi piatti con molluschi, rombo arrosto, tartare di salmone, pollame o carni di agnello al forno, formaggi freschi a pasta filata.

The story of Uliveti is tied to the adventure of Giovanni, an Italian with a family tradition in the sector, and Nils Johan, a Norwegian, who share the same passion for extra virgin olive oil. They follow the whole production chain with commitment and dedication, also with the support of Michele, their partner and agronomist. The olive grove covers almost 7 hectares with 1,500 trees. In the last harvest 259 quintals of olives were produced and 95 purchased, with a yield of about 45 hectolitres of oil. There are two selections, the Extra Virgin Ancino Oro and Ancino Verde, chosen by the panel. It is an intense limpid golden yellow colour with slight green hues. Its aroma is ample and rotund, endowed with hints of freshly mown grass and white apple, together with fragrant notes of mint and rosemary. Its taste is mellow and vegetal, with a flavour of artichoke, chicory and country lettuce. Bitterness and pungency are distinct and harmonic. It would be ideal on tomato appetizers, chanterelle mushroom salads, marinated gilthead, stewed potatoes, farro soups, pasta with mussels, roast turbot, salmon tartare, baked poultry or lamb, mozzarella cheese.

Italia Italy [IT] Campania

Benedetta Cipriano

Pigna-Pioppetelli - Via Pigna, 23
81016 Piedimonte Matese (CE)
Tel.: +39 0823 785644 - Fax: +39 0823 785644
E-mail: extra.koine@gmail.com

87

- 200 m
- Specializzato / Specialized
- Vaso, vaso aperto / Vase, open vase
- Brucatura a mano e meccanica / Hand picking and mechanical harvesting
- No - Ciclo continuo / No - Continuous cycle
- Tonda del Matese
- Fruttato medio / Medium fruity
- da 8,01 a 10,00 € - 500 ml / from € 8.01 to 10.00 - 500 ml

TONDA DEL MATESE
OLIO
EXTRA VERGINE
DI OLIVA

S eguita a dimostrare di avere tutte le carte in regola per fare alta qualità. Benedetta Cipriano è alla conduzione, da quasi venticinque anni, di una piccola realtà familiare in provincia di Caserta, nel cuore del Parco Regionale del Matese. Il suo patrimonio si compone di poco più di 4 ettari di oliveto specializzato con 1.200 piante che hanno prodotto quest'anno 250 quintali di olive e 30 ettolitri di olio. Sempre valida la selezione aziendale proposta al panel, l'Extravergine Koinè da Agricoltura Biologica: si presenta alla vista di un bel colore giallo dorato intenso con delicate tonalità verdi, limpido. All'olfatto si apre pulito e avvolgente, dotato di sentori fruttati di pomodro acerbo, mela bianca e banana, cui si affiancano toni balsamici di basilico, menta e prezzemolo. In bocca è elegante e complesso, con note vegetali di sedano e lattuga di campo. Amaro e piccante presenti e ben equilibrati, con finale dolce in rilievo. È perfetto per antipasti di legumi, fagioli bolliti, insalate di verdure, patate alla griglia, zuppe di ceci, risotto con carciofi, pesce azzurro marinato, tartare di ricciola, pollame o carni di agnello al forno, formaggi freschi a pasta filata.

T his farm, whose results are always characterized by high quality, has been run by Benedetta Cipriano for almost 25 years. It is a small family-run farm in the province of Caserta, in the heart of the Regional Park of Matese. The specialized olive grove covers little more than 4 hectares with 1,200 trees. In the last harvest 250 quintals of olives were produced, equal to a yield of 30 hectolitres of extra virgin olive oil. We recommend the good selection proposed to the panel, the Extra Virgin Koinè from Organic Farming, which is a beautiful intense limpid golden yellow colour with delicate green hues. Its aroma is clean and rotund, endowed with fruity hints of unripe tomato, white apple and banana, together with fragrant notes of basil, mint and parsley. Its taste is elegant and complex, with vegetal notes of celery and country lettuce. Bitterness and pungency are present and well balanced, with a sweet finish. It would be ideal on legume appetizers, boiled beans, vegetable salads, grilled potatoes, chickpea soups, risotto with artichokes, marinated blue fish, amberjack tartare, baked poultry or lamb, mozzarella cheese.

Italia Italy [IT] Campania

Azienda Olivicola Petrazzuoli

Via Scoccilli, 29
81010 Ruviano (CE)
Tel.: +39 0823 341052
E-mail: info@petrazzuoli.it - Web: www.petrazzuoli.it

87

- 300 m
- Specializzato / Specialized
- Vaso aperto, vaso policonico / Open vase, polyconic vase
- Meccanica / Mechanical harvesting
- No - Ciclo continuo / No - Continuous cycle
- Frantoio (30%), caiazzana (20%), ortice (20%), bosana (10%), fs17 (10%), ravece (10%)
- Fruttato medio / Medium fruity
- da 8,01 a 10,00 € - 500 ml / from € 8.01 to 10.00 - 500 ml

I Petrazzuoli hanno una storia che risale al XII secolo quando il principe di Capua affidò la cura dei propri terreni alla famiglia Petra, maestra in olivicoltura. La fama del suo olio era così affermata da contribuire alla modifica del proprio nome, includendovi il riferimento al mestiere. In anni più recenti un discentente della famiglia, Giovanni, recupera la tradizione e oggi coltiva 2mila olivi distribuiti su quasi 6 ettari ottenendo, nella recente campagna, 500 quintali di olive che, con l'aggiunta di 100 acquistati, hanno prodotto 84 ettolitri di olio. L'ottimo Extravergine Fontana Lupo è di un bel colore giallo dorato intenso con delicati riflessi verdi, limpido. Al naso è ampio e avvolgente, con sentori balsamici di basilico, menta e prezzemolo, associati a note fruttate di pomodoro acerbo, banana e mela bianca. Morbido e armonico al palato, sprigiona toni vegetali di carciofo, lattuga e sedano. Amaro molto spiccato e piccante deciso. Buon accompagnamento per antipasti di mare, insalate di ceci, marinate di orata, patate alla griglia, zuppe di legumi, primi piatti con salmone, gamberi in guazzetto, seppie in umido, pollame o carni di agnello al forno, formaggi caprini.

T he story of the Petrazzuoli dates back to the 12th century, when the Prince of Capua entrusted the care of his lands to the family Petra, experienced in olive growing. The fame of their oil was so well established, that it contributed to the modification of their name, which included the reference to this trade. In more recent years a family descendant, Giovanni, recovered this tradition and now runs almost 6 hectares with 2,000 trees. In the last harvest 500 quintals of olives were produced and 100 purchased, with a yield of 84 hectolitres of oil. The very good Extra Virgin Fontana Lupo is a beautiful intense limpid golden yellow colour with delicate green hues. Its aroma is ample and rotund, with fragrant hints of basil, mint and parsley, together with fruity notes of unripe tomato, banana and white apple. Its taste is mellow and harmonic, with a vegetal flavour of artichoke, lettuce and celery. Bitterness is distinct and pungency is definite. It would be ideal on seafood appetizers, chickpea salads, marinated gilthead, grilled potatoes, legume soups, pasta with salmon, stewed shrimps, stewed cuttlefish, baked poultry or lamb, goat cheese.

Italia Italy [IT] Campania

Azienda Agricola Ragozzino De Marco
Via Madonna delle Grazie
81040 Pontelatone (CE)
Tel.: +39 0823 876819
E-mail: info@ragozzinodemarco.it - Web: www.ragozzinodemarco.it

81

120 m

Promiscuo e specializzato
Promiscuous and specialized

Vaso policonico
Polyconic vase

Bacchiatura e brucatura a mano
Beating and hand picking

Sì - Ciclo continuo misto
Yes - Mixed continuous cycle

Corniola (50%), caiazzana (20%), frantoio (15%), leccino (15%)

Fruttato medio
Medium fruity

da 10,01 a 12,00 € - 500 ml
from € 10.01 to 12.00 - 500 ml

Siamo ai piedi dei Monti Trebulani, nei pressi dell'antica città conosciuta come la Pompei dei Sanniti. Su questa terra Marianna Ragozzino decide di puntare, portando avanti un progetto ambizioso che coniuga valori della tradizione e rispetto della natura con una realtà imprenditoriale moderna che crede nel recupero delle aree marginali e nella valorizzazione della biodiversità. Dai 6mila olivi coltivati su 32 ettari di impianti sono stati raccolti quest'anno 800 quintali di olive che hanno prodotto circa 109 ettolitri di olio. La selezione presentata è l'Extravergine Don Raffaè da Agricoltura Biologica, giallo dorato intenso con lievi riflessi verdi, limpido. Al naso è ampio e avvolgente, con sentori vegetali di carciofo e cicoria, affiancati da note balsamiche di menta e rosmarino. Fine e di carattere al palato, si arricchisce di toni speziati di cannella e chiude con ricordo di mandorla. Amaro spiccato e piccante ben espresso. Ottimo su antipasti di salmone, insalate di lenticchie, marinate di ricciola, verdure al forno, passati di legumi, primi piatti con asparagi, gamberi in guazzetto, seppie in umido, coniglio arrosto, pollame ai ferri, formaggi freschi a pasta filata.

At the foot of the Trebulani Mountains, near the ancient city known as the Pompeii of the Samnites, Marianna Ragozzino decided to start her ambitious project, combining tradition and respect for the environment with a modern entrepreneurial reality that believes in the recovery of marginal areas and in the enhancement of biodiversity. The olive groves cover 32 hectares with 6,000 trees. In the last harvest 800 quintals of olives were produced, with a yield of about 109 hectolitres of extra virgin olive oil. The selection proposed, the Extra Virgin Don Raffaè from Organic Farming, is an intense limpid golden yellow colour with slight green hues. Its aroma is ample and rotund, with vegetal hints of artichoke and chicory, together with fragrant notes of mint and rosemary. Its taste is fine and strong, enriched by spicy notes of cinnamon and an almond finish. Bitterness is definite and pungency is distinct. It would be ideal on salmon appetizers, lentil salads, marinated amberjack, baked vegetables, legume purée, pasta with asparagus, stewed shrimps, stewed cuttlefish, roast rabbit, grilled poultry, mozzarella cheese.

Italia Italy [IT] Campania

Fattoria Ambrosio

Palazza - Coste
84040 Salento (SA)
Tel.: +39 0974 62016 - Fax: +39 0974 62944
E-mail: info@fattoriaambrosio.it - Web: www.fattoriaambrosio.it

96

- 120 m
- **Specializzato** / Specialized
- **Monocono, vaso policonico** / Monocone, polyconic vase
- **Brucatura a mano e meccanica** / Hand picking and mechanical harvesting
- **Sì - Ciclo continuo** / Yes - Continuous cycle
- **Itrana**
- **Fruttato intenso** / Intense fruity
- **da 18,01 a 22,00 € - 500 ml** / from € 18.01 to 22.00 - 500 ml

IDRA
FATTORIA AMBROSIO 1938

Abbiamo creduto in quest'azienda fin dal suo esordio e non ci sbagliavamo: Fattoria Ambrosio vince con il Migliore Olio Extravergine di Oliva Monovarietale - Fruttato Intenso. Complimenti a Massimo Valentino Ambrosio che con passione e impegno gestisce a Coste, nel Salernitano, un'estesa tenuta di 90 ettari dei quali 28 sono dedicati agli olivi, 8.500 esemplari. Nella recente campagna sono stati raccolti 100 quintali di olive che, con gli altrettanti comprati, hanno reso 30 ettolitri di olio. Quattro gli Extravergine: Alfa, Crux da Agricoltura Biologica, Riserva e Idra. Quest'ultimo, eccellente, è di un bel colore verde intenso con leggeri riflessi dorati, limpido. Al naso è deciso e avvolgente, ricco di sentori fruttati di pomodoro di media maturità, mela bianca e banana, cui si affiancano note balsamiche di basilico, menta e prezzemolo. Ampio e vegetale al palato, sa di fave fresche, lattuga e sedano. Amaro potente e piccante spiccato. È perfetto per bruschette con pomodoro, carpaccio di pesce spada, insalate di carciofi, marinate di tonno, zuppe di fagioli, primi piatti con salsiccia, polpo bollito, agnello in umido, carni rosse in tartare, formaggi stagionati a pasta dura.

We have believed in this farm since its debut and we were right: in fact, this year Fattoria Ambrosio is The Best Extra Virgin Olive Oil Monovarietal - Intense Fruity. Congratulations to Massimo Valentino Ambrosio, who runs with passion and dedication a large estate of 90 hectares in Coste, in the area of Salerno. The olive grove covers 28 hectares with 8,500 trees. In the last harvest 100 quintals of olives were produced and 100 purchased, with a yield of 30 hectolitres of oil. There are four Extra Virgin, Alfa, Crux from Organic Farming, Riserva and the excellent Idra, which is a beautiful intense limpid green colour with slight golden yellow hues. Its aroma is definite and rotund, rich in fruity hints of medium ripe tomato, white apple and banana, together with fragrant notes of basil, mint and parsley. Its taste is ample and vegetal, with a flavour of fresh broad beans, lettuce and celery. Bitterness is powerful and pungency is distinct. It would be ideal on bruschette with tomatoes, swordfish carpaccio, artichoke salads, marinated tuna, bean soups, pasta with sausages, boiled octopus, stewed lamb, red meat tartare, hard mature cheese.

Italia Italy [IT] Campania

Tenuta del Consigliere

Via Angelo Malandrino
84060 Perdifumo (SA)
E-mail: info@tenutadelconsigliere.com - Web: www.tenutadelconsigliere.com

80

- 430 m
- Specializzato / Specialized
- Vaso policonico / Polyconic vase
- Meccanica / Mechanical harvesting
- No - Ciclo continuo / No - Continuous cycle
- Peranzana
- Fruttato medio / Medium fruity
- da 8,01 a 10,00 € - 500 ml / from € 8.01 to 10.00 - 500 ml

OLIO EXTRA VERGINE DI OLIVA

Nel 1815 il Consigliere, discendente da un'antica famiglia di origini amalfitane, decise di comprare dei terreni nel Cilento per destinarli alla coltivazione dell'olivo e alla produzione di olio in un vecchio frantoio di cui si conserva ancora il simbolo, l'originaria macina in pietra. Da allora a oggi molte cose sono cambiate, ma resta la voglia di rispettare la tradizione, anche se lo sguardo è rivolto al futuro. Dai 3mila alberi, coltivati su 20 ettari, sono stati raccolti quest'anno 600 quintali di olive che, in aggiunta ai 150 acquistati, hanno reso 90 ettolitri di olio. Segnaliamo l'Extravergine Ars, giallo dorato intenso con lievi riflessi verdi, limpido. Al naso è ampio e avvolgente, con sentori fruttati di pomodoro acerbo, mela bianca e banana, affiancati da note aromatiche di basilico e prezzemolo. Complesso e fine in bocca, si arricchisce di toni vegetali di lattuga di campo e sedano. Amaro spiccato e piccante presente e ben espresso. Ideale su antipasti di pomodori, insalate di farro, marinate di orata, patate alla piastra, zuppe di legumi, primi piatti con verdure, molluschi gratinati, tartare di salmone, coniglio arrosto, pollame al forno, formaggi caprini.

In 1815 the Councilor, a descendant of an ancient family coming from Amalfi, decided to buy some land in Cilento to cultivate the olive tree and produce oil in an old mill, whose symbol, the original millstone, is still preserved. Since then many things have changed, but the desire to respect tradition remains, with an eye to the future. The olive grove covers 20 hectares with 3,000 trees. In the last harvest 600 quintals of olives were produced and 150 purchased, with a yield of 90 hectolitres of oil. We recommend the Extra Virgin selection Ars, which is an intense limpid golden yellow colour with slight green hues. Its aroma is ample and rotund, with fruity hints of unripe tomato, white apple and banana, together with aromatic notes of basil and parsley. Its taste is complex and fine, enriched by a vegetal flavour of country lettuce and celery. Bitterness is definite and pungency is present and distinct. It would be ideal on tomato appetizers, farro salads, marinated gilthead, seared potatoes, legume soups, pasta with vegetables, mussels au gratin, salmon tartare, roast rabbit, baked poultry, goat cheese.

Italia Italy **[IT]** Campania

Madonna dell'Olivo

Via Madonna dell'Ulivo
84028 Serre (SA)
Tel.: +39 0828 974950 - Fax: +39 06 23316606
E-mail: info@madonnaolivo.it - Web: www.madonnaolivo.it

99

- 250 m
- Promiscuo e specializzato
  Promiscuous and specialized
- Forma libera, vaso aperto, vaso policonico
  Free form, open vase, polyconic vase
- Brucatura a mano e meccanica
  Hand picking and mechanical harvesting
- Sì - Ciclo continuo
  Yes - Continuous cycle
- Itrana
- Fruttato medio
  Medium fruity
- da 18,01 a 22,00 € - 500 ml
  from € 18.01 to 22.00 - 500 ml

Sono anni che seguiamo con interesse i progressi di quest'azienda: la capacità e la passione di Antonino Mennella gli hanno permesso di conseguire nel tempo risultati eccellenti; e il suo extravergine si aggiudica quest'anno il premio per il Migliore Olio Extravergine di Oliva Monovarietale - Fruttato Medio. Su quasi 7 ettari di oliveto, nel comprensorio di Serre, si collocano 2.050 piante e un moderno impianto di estrazione e imbottigliamento: quest'anno sono stati ricavati 350 quintali di olive che, in aggiunta ai 100 acquistati, hanno prodotto 45 ettolitri di olio. L'Extravergine Madonna dell'Olivo - Itran's è straordinario: giallo dorato intenso con nuance verdoline, limpido; al naso è ampio e avvolgente, ricco di sentori balsamici di menta, basilico e prezzemolo, cui si aggiungono note fruttate di pomodoro di media maturità, banana e mela bianca. Fine e complesso al palato, sa di sedano, fave e lattuga. Amaro deciso e piccante spiccato. Ideale su bruschette con pomodoro, funghi porcini al forno, insalate di spinaci, radicchio alla griglia, zuppe di fagioli, primi piatti con salsiccia, tonno ai ferri, carni rosse o nere arrosto, formaggi stagionati a pasta filata.

We have been following this farm for some years and Antonino Mennella's competence and passion have allowed him to achieve excellent results, so that his extra virgin olive oil is awarded the prize for The Best Extra Virgin Olive Oil Monovarietal - Medium Fruity. The estate consists of almost 7 hectares of olive surface in the district of Serre, with 2,050 trees and a modern extraction and bottling system. In the last harvest 350 quintals of olives were produced and 100 purchased, with a yield of 45 hectolitres of oil. We recommend the extraordinary Extra Virgin Madonna dell'Olivo - Itran's. It is an intense limpid golden yellow colour with light green hues. Its aroma is ample and rotund, rich in fragrant hints of mint, basil and parsley, together with fruity notes of medium ripe tomato, banana and white apple. Its taste is fine and complex, with a flavour of celery, broad beans and lettuce. Bitterness is definite and pungency is distinct. It would be ideal on bruschette with tomatoes, baked porcini mushrooms, spinach salads, grilled radicchio, bean soups, pasta with sausages, grilled tuna, roast red meat or game, aged cheese.

Italia Italy [IT] Campania

Nicolangelo Marsicani

Sicilì - Contrada Croceviale
84030 Morigerati (SA)
Tel.: +39 0974 982074
E-mail: frantoio@marsicani.com - Web: www.marsicani.com

96

- 200 m
- Specializzato / Specialized
- Monocono, vaso / Monocone, vase
- Meccanica / Mechanical harvesting
- Sì - Ciclo continuo / Yes - Continuous cycle
- Coratina
- Fruttato medio / Medium fruity
- da 12,01 a 15,00 € - 500 ml / from € 12.01 to 15.00 - 500 ml

Appassionato interprete di una terra straordinaria che merita di essere valorizzata, il Cilento, Nicolangelo Marsicani conferma la sua brillante posizione. Continuando con passione e competenza l'attività della famiglia la quale opera nel settore oleario fin dal 1928, oggi coltiva 6mila alberi su 30 ettari di impianto specializzato. Questi hanno fruttato mille quintali di olive che, con l'aggiunta di 200 acquistati, hanno prodotto 144 ettolitri di olio. Tre gli ottimi Extravergine proposti: Algoritmo Dop Cilento, Alter Ego e Viride - Coratina da Agricoltura Biologica. Il panel sceglie quest'ultimo, giallo dorato intenso con nuance verdoline, limpido. Al naso è ampio e avvolgente, intriso di sentori vegetali di carciofo, cicoria e lattuga, cui si aggiungono toni balsamici di menta, rosmarino e salvia. Elegante e complesso al palato, si arricchisce di note di pepe nero e netta mandorla acerba. Amaro spiccato e piccante deciso e armonico. Ideale su antipasti di tonno, carpaccio di pesce spada, insalate di funghi porcini, radicchio ai ferri, passati di lenticchie, primi piatti con salsiccia, polpo bollito, cacciagione di piuma o pelo alla brace, formaggi stagionati a pasta dura.

Nicolangelo Marsicani, the passionate interpreter of an extraordinary land to be enhanced, Cilento, confirms his brilliant position. With dedication and competence he carries on the activity started by his family in 1928. Today the specialized olive grove covers 30 hectares with 6,000 trees. In the last harvest 1,000 quintals of olives were produced and 200 purchased, equal to a yield of 144 hectolitres of oil. There are three very good Extra Virgin selections, Algoritmo Pdo Cilento, Alter Ego and Viride - Coratina from Organic Farming, chosen by the panel. It is an intense limpid golden yellow colour with light green hues. Its aroma is ample and rotund, with vegetal notes of artichoke, chicory and lettuce, together with fragrant hints of mint, rosemary and sage. Its taste is elegant and complex, enriched by notes of black pepper and distinct hints of unripe almond. Bitterness is distinct and pungency is definite and harmonic. It would be ideal on tuna appetizers, swordfish carpaccio, porcini mushroom salads, grilled radicchio, lentil purée, pasta with sausages, boiled octopus, barbecued game birds or animals, hard mature cheese.

Italia Italy [IT] Campania

Antico Frantoio Mennella
Campo Fiorito
84028 Serre (SA)
E-mail: info@frantoiomennella.it - Web: www.frantoiomennella.it

88

600 m

Specializzato
Specialized

Alberello
Tree

Bacchiatura
Beating

Sì - Ciclo continuo
Yes - Continuous cycle

Frantoio (50%), carpellese (25%), rotondella (25%)

Fruttato intenso
Intense fruity

da 10,01 a 12,00 € - 500 ml
from € 10.01 to 12.00 - 500 ml

Quella dell'Antico Frantoio Mennella è una storia di radici ritrovate, quelle dell'omonima famiglia, da sempre legata alla pianta dell'olivo, coltivata secondo la tradizione dei Monti Alburni dove risiedeva. Oggi tra Controne, Serre e Postiglione l'ultima generazione dei Mennella, rappresentata da Luca e Anna, infonde nuova linfa all'azienda, con la costruzione di un nuovo frantoio nel quale lavora il raccolto di 3.500 piante che crescono su 12 ettari. Quest'anno sono stati ricavati circa 123 quintali di olive e 22 ettolitri di olio. Segnaliamo l'eccellente Extravergine Evo Nostrum, giallo dorato intenso con delicati riflessi verdi, limpido. Al naso è deciso e avvolgente, ricco di sentori vegetali di carciofo, cicoria e lattuga, affiancati da note balsamiche di menta e rosmarino. Elegante e di carattere al palato, sprigiona toni speziati di cannella e pepe nero, e chiude con netto ricordo di mandorla. Amaro potente e piccante spiccato. Ideale su bruschette con pomodoro, carpaccio di tonno, insalate di spinaci, radicchio alla brace, zuppe di fagioli, primi piatti con salsiccia, polpo bollito, agnello in umido, carni rosse alla griglia, formaggi di media stagionatura.

The story of Antico Frantoio Mennella consists in the rediscovery of the roots of the homonymous family, always linked to the olive tree, cultivated according to the tradition of the Alburni Mountains. Today, between Controne, Serre and Postiglione, the latest generation, represented by Luca and Anna, has given new life to the farm, with the construction of a new oil mill. The olive grove covers 12 hectares with 3,500 trees. In the last harvest about 123 quintals of olives were produced, with a yield of 22 hectolitres of oil. We recommend the excellent Extra Virgin Evo Nostrum, which is an intense limpid golden yellow colour with delicate green hues. Its aroma is definite and rotund, rich in vegetal hints of artichoke, chicory and lettuce, together with fragrant hints of mint and rosemary. Its taste is elegant and strong, with a spicy flavour of cinnamon and black pepper and a distinct almond finish. Bitterness is powerful and pungency is distinct. It would be ideal on bruschette with tomatoes, tuna carpaccio, spinach salads, barbecued radicchio, bean soups, pasta with sausages, boiled octopus, stewed lamb, grilled red meat, medium mature cheese.

Italia Italy [IT] Campania

San Salvatore 1988

Contrada Zerilli
84075 Stio (SA)
Tel.: +39 0828 1990900 - Fax: +39 0828 1990901
E-mail: info@sansalvatore1988.it - Web: www.sansalvatore1988.it

91

600 m

Specializzato
Specialized

Alberello
Tree

Bacchiatura
Beating

No - Ciclo continuo
No - Continuous cycle

Frantoio (70%), rotondella (15%), salella (15%)

Fruttato medio
Medium fruity

da 12,01 a 15,00 € - 500 ml
from € 12.01 to 15.00 - 500 ml

San Salvatore 1988, nel cuore del Parco del Cilento, è una realtà ben conosciuta dagli amanti del vino, campano e non solo, la quale trae la sua forza dall'interazione organica tra persone e ambiente, adottando per le proprie coltivazioni processi biologici o biodinamici. E ottiene risultati sempre più convincenti anche nell'olio, come dimostra l'etichetta proposta. Giuseppe Pagano è alla guida dal 2004 di un oliveto specializzato di 15 ettari sul quale crescono 2mila piante che hanno reso quest'anno 150 quintali di olive e circa 21 ettolitri di olio. Eccellente l'Extravergine San Salvatore 1988 da Agricoltura Biologica, di un bel colore giallo dorato intenso con lievi riflessi verdi, limpido. Al naso è ampio e avvolgente, ricco di sentori balsamici di menta e rosmarino, affiancati da note di mandorla, cannella e pepe nero. Elegante e pieno al gusto, è dotato di toni di carciofo, cicoria e lattuga. Amaro deciso e piccante spiccato. Si abbina a bruschette con pomodoro, carpaccio di tonno, insalate di spinaci, radicchio arrosto, zuppe di fagioli, primi piatti con salsiccia, pesce azzurro gratinato, agnello alla piastra, carni rosse al forno, formaggi di media stagionatura.

San Salvatore 1988, in the heart of the Park of Cilento, is well known to wine lovers, not only in Campania, and draws its strength from the organic interaction between people and environment, using organic or biodynamic processes. Its oil production is equally good, as shown by the selection proposed to our panel. Since 2004 Giuseppe Pagano has been running a 15-hectare specialized olive grove with 2,000 trees. In the last harvest 150 quintals of olives were produced, with a yield of about 21 hectolitres of oil. The excellent Extra Virgin San Salvatore 1988 from Organic Farming is a beautiful intense limpid golden yellow colour with slight green hues. Its aroma is ample and rotund, rich in fragrant hints of mint and rosemary, together with notes of almond, cinnamon and black pepper. Its taste is elegant and full, endowed with a flavour of artichoke, chicory and lettuce. Bitterness is definite and pungency is distinct. It would be ideal on bruschette with tomatoes, tuna carpaccio, spinach salads, roast radicchio, bean soups, pasta with sausages, blue fish au gratin, pan-seared lamb, baked red meat, medium mature cheese.

Italia Italy [IT] Campania

Torretta

Via Serroni Alto, 27
84091 Battipaglia (SA)
Tel.: +39 0828 672615 - Fax: +39 0828 672615
E-mail: info@oliotorretta.it - Web: www.oliotorretta.it

97

100 m

Specializzato
Specialized

Forma libera, vaso libero
Free form, free vase

Brucatura a mano e meccanica
Hand picking and mechanical harvesting

Sì - Ciclo continuo
Yes - Continuous cycle

Carpellese (80%), frantoio (10%), rotondella (10%)

Fruttato medio
Medium fruity

da 12,01 a 15,00 € - 500 ml
from € 12.01 to 15.00 - 500 ml

Torretta di Battipaglia è una garanzia di qualità. Merito di Maria Provenza, tecnico specializzato e responsabile commerciale, con numerosi anni di esperienza professionale e una vita sul campo. La cooperativa nasce nel 1960 e conta oggi su 40 ettari di proprietà dei soci, con 18mila piante, e su uno stabilimento da non molto riqualificato. Nel frantoio aziendale sono stati moliti 2mila quintali di olive che, uniti ai mille acquistati, hanno reso circa 426 ettolitri di olio. Delle due ottime selezioni proposte, gli Extravergine Teti e DieSis Dop Colline Salernitane, segnaliamo quest'ultimo, giallo dorato intenso con leggeri riflessi verdi, limpido. Al naso è pulito e ampio, ricco di note fruttate di pomodoro acerbo, banana e mela bianca, cui si aggiungono sentori balsamici di basilico, prezzemolo e menta. Al gusto è complesso e avvolgente, con toni vegetali di cicoria, lattuga e sedano. Amaro spiccato e piccante presente e armonico. Ideale su antipasti di salmone, insalate di fagioli, marinate di pesce persico, pomodori con riso, zuppe di farro, risotto con carciofi, molluschi gratinati, tartare di ricciola, coniglio arrosto, pollame alla griglia, formaggi freschi a pasta filata.

Torretta in Battipaglia always guarantees high quality, thanks to Maria Provenza, specialized technician and commercial manager with many years of experience and a life on the ground. The co-operative was founded in 1960 and today consists of 40 hectares of land with 18,000 trees and a recently upgraded establishment. In the last harvest 2,000 quintals of olives were crushed in the farm oil mill. Together with 1,000 purchased, the yield was about 426 hectolitres of oil. There are two very good selections, the Extra Virgin Teti and DieSis Pdo Colline Salernitane, which we recommend. It is an intense limpid golden yellow colour with slight green hues. Its aroma is clean and ample, rich in fruity notes of unripe tomato, banana and white apple, together with fragrant hints of basil, parsley and mint. Its taste is complex and rotund, with a vegetal flavour of chicory, lettuce and celery. Bitterness is distinct and pungency is present and harmonic. It would be ideal on salmon appetizers, bean salads, marinated perch, tomatoes stuffed with rice, farro soups, risotto with artichokes, mussels au gratin, amberjack tartare, roast rabbit, grilled poultry, mozzarella cheese.

Puglia

TERRA DI BARI
- A Bitonto
- B Castel del Monte
- C Murgia dei Trulli e delle Grotte

DAUNO
- A Alto Tavoliere
- B Basso Tavoliere
- C Gargano
- D Sub Appennino

COLLINA DI BRINDISI

TERRE TARENTINE

TERRA D'OTRANTO

OLIO DI PUGLIA

Dati Statistici

Superficie Olivetata Nazionale	1.164.568 (ha)
Superficie Olivetata Regionale	384.300 (ha)
Quota Regionale	33,00%
Frantoi	819
Produzione Nazionale 19-20	366.468,8 (t)
Produzione Regionale 19-20	212.563,3 (t)
Produzione Regionale 18-19	73.108,4 (t)
Variazione	+190,75%
Quota Regionale	58,00%

Statistic Data

National Olive Surface	1,164,568 (ha)
Regional Olive Surface	384,300 (ha)
Regional Quota	33.00%
Olive Oil Mills	819
National Production 19-20	366,468.8 (t)
Regional Production 19-20	212,563.3 (t)
Regional Production 18-19	73,108.4 (t)
Variation	+190.75%
Regional Quota	58.00%

National Institute of Statistics
Service Institute for the Agricultural and Food Market on data from the Agency for Agricultural Payments

In Puglia l'olivicoltura è arrivata in epoche remote, si pensa grazie ai primi navigatori Fenici. Però a darle l'impulso decisivo furono i coloni Greci e soprattutto i Romani che ne fecero un'attività economica su scala organizzata. Ulteriori incentivi per la coltura dell'olivo si ebbero a partire dall'alto Medioevo, grazie all'opera degli ordini religiosi presenti sul territorio. Nel Rinascimento la qualità dell'olio pugliese era riconosciuta ben oltre i confini regionali e l'esportazione raggiungeva Genova, Venezia, Maiorca, Cipro, Rodi, Costantinopoli, la Terrasanta e addirittura l'Impero Ottomano. La conferma di tale vocazione plurimillenaria ci è data, prima che da ogni altra cosa, dalle sterminate distese di olivi dai grossi tronchi contorti e dalle chiome folte e imponenti che avvolgono letteralmente il territorio pugliese, rappresentandone il connotato paesaggistico più rilevante. Oggi all'olivo sono destinati 384.300 ettari di superficie, pari al 33% del totale nazionale, sui quali trovano dimora circa 56 milioni 172.940 piante. Si distinguono sostanzialmente quattro aree geografiche: la zona di Foggia, la provincia di Bari - territorio che presenta la più alta densità di olivi in Europa - quella di Barletta-Andria-Trani e il Salento che comprende le restanti tre province regionali di Brindisi, Lecce e Taranto. Per quanto riguarda il patrimonio varietale nella provincia di Foggia oltre alla coratina e all'ogliarola barese, che sono diffuse un po' ovunque anche nel resto della Puglia, dimorano diverse cultivar locali come la provenzale, la rotondella, la garganica e la gentile. La coratina, invece, prevale nella provincia di Bari, soprattutto lungo la fascia costiera, mentre nelle zone interne viene coltivata soprattutto l'ogliarola barese. Nell'alto Salento è tipica l'ogliarola, detta in questo caso salentina, mentre nel basso Salento prevale la cellina di Nardò, detta anche saracena. Infine, in provincia di Taranto, ritroviamo le tipiche coratina e ogliarola. Nel ricco paniere che caratterizza gli oliveti della regione trovano comunque sempre più spazio anche pregiate cultivar non autoctone, come frantoio e leccino che qui sono perfettamente acclimatate. Attualmente la civiltà dell'olio seguita a essere un elemento fondante della cultura materiale pugliese, ma anche una voce economica di primaria importanza per il bilancio regionale, con un numero di aziende che raggiunge le 267.203 unità e 819 frantoi attivi. Nella campagna olearia 2019-2020 sono state ricavate 212.563,3 tonnellate di olio, pari al 58% del totale nazionale, con uno straordinario aumento del 190,75% rispetto all'annata precedente. Questi volumi fanno della Puglia la prima realtà in Italia per produzione di olio, seguita quest'anno da Calabria e Sicilia e dalle altre regioni che stanno vivendo, negli ultimi anni, un incremento produttivo. La quantità non va a scapito della qualità, sancita a livello comunitario dall'attribuzione di cinque Denominazioni di Origine Protetta: la Dop Dauno, che comprende le sottozone Alto Tavoliere, Basso Tavoliere, Gargano e Sub Appennino; la Dop Terra di Bari, con le sottozone Bitonto, Castel del Monte e Murgia dei Trulli e delle Grotte; e le Dop Collina di Brindisi, Terra d'Otranto e Terre Tarentine. Inoltre risulta finalmente attuata l'Igp Olio di Puglia. Negli ultimi anni allo sviluppo dell'olivicoltura di qualità ha concorso l'ammodernamento di oliveti e frantoi, insieme all'adozione di sistemi di coltura e lavorazione sostenibili a livello ambientale.

In Puglia olive growing arrived in remote times, probably thanks to Phoenician sailors, but the decisive stimulus was given by the Greeks and especially by the Romans, who made it an organized activity. Olive cultivation was further stimulated in the early Middle Ages by the religious orders present in the territory. During the Renaissance the quality of the oil from Puglia was appreciated even outside the regional borders and exports reached Genoa, Venice, Maiorca, Cyprus, Rhodes, Constantinople, the Holy Land and even the Ottoman empire. This multimillennial tradition is confirmed by the endless stretches of olive trees with big twisted trunks and thick and imposing heads. They literally cover valleys and hills of the region and represent the most evident landscape feature. Today 384,300 hectares with about 56 million 172,940 trees are destined to olive trees. They represent 33% of the national total. Olive growing in Puglia can be divided essentially into four different areas: the area of Foggia, the province of Bari - the territory with the highest olive grove concentration in Europe - the province of Barletta-Andria-Trani and Salento, including the remaining three provinces of Brindisi, Lecce and Taranto. As regards the range of varieties, in the province of Foggia, besides coratina and ogliarola barese, which are spread almost everywhere in the region, we find several local cultivars like provenzale, rotondella, garganica and gentile. Coratina is instead the prevailing variety in the province of Bari, especially along the coast, while inland the most widespread variety is ogliarola barese. In the north of Salento ogliarola is more common and is generally called salentina, while in the south of Salento cellina di Nardò, also called saracena, prevails. Finally in the province of Taranto we find the typical varieties coratina and ogliarola. In the wide range of varieties characterizing the regional olive groves also the fine allochthonous cultivars frantoio and leccino are increasingly cultivated, as they have perfectly adjusted to the climate. Today oil civilization is still a basic element of the material culture of Puglia, but also an economic item of primary importance for the regional budget with 267,203 farms and 819 active oil mills. In the last oil harvest 212,563.3 tons of oil were produced, equal to 58% of the total national quantity, with an extraordinary increase of 190.75% compared to the previous year. These considerable figures make Puglia the first productive region in Italy, followed this year by Calabria and Sicilia and the other regions, which have been experiencing a productive increase in recent years. High numbers, but also high quality, recognized at EU level by a good five Pdo: Pdo Dauno, including the subareas of Alto Tavoliere, Basso Tavoliere, Gargano and Sub-Appennino; Pdo Terra di Bari with the subareas Bitonto, Castel del Monte, Murgia dei Trulli and Delle Grotte; Pdo Collina di Brindisi; Pdo Terra d'Otranto and Pdo Terre Tarentine. In addition, the Pgi Olio di Puglia has finally been implemented. In recent years the boom of quality olive growing has been due to the updating of olive groves and oil mills, together with the use of more sustainable cultivation and working systems.

Italia Italy [IT] Puglia

Azienda Agricola Maria Bisceglie

Via Nicholas Green, 20
70127 Santo Spirito (BA)
E-mail: info@oliogangalupo.com - Web: www.oliogangalupo.com

91

- 73 m
- Specializzato / Specialized
- Vaso cespugliato / Vase bush
- Brucatura a mano / Hand picking
- No - Ciclo continuo / No - Continuous cycle
- Coratina
- Fruttato intenso / Intense fruity
- da 8,01 a 10,00 € - 500 ml / from € 8.01 to 10.00 - 500 ml

Luigi e Vito sono cresciuti tra le piante di olivo, rincorrendo il trattore di papà Michele in contrada Ganga di Lupo e facendo tesoro degli insegnamenti di mamma Maria che gli ha trasmesso valori come la pazienza, la costanza e l'amore per la terra. Oggi la famiglia Girone - Bisceglie si prende cura di 4mila alberi di coratina coltivati su 20 ettari di impianto. Quest'anno il raccolto di olive ha raggiunto i mille quintali che hanno prodotto quasi 142 ettolitri di olio. Segnaliamo l'eccellente Extravergine monocultivar GangaLupo - Coratina che appare alla vista di un bel colore giallo dorato intenso con delicati riflessi verdi, limpido. Al naso si apre deciso e avvolgente, intriso di sentori vegetali di carciofo e cicoria, in aggiunta a note balsamiche di menta e rosmarino. Fine e di carattere in bocca, sa di lattuga di campo e chiude con netto ricordo di pepe nero e mandorla acerba. Amaro potente e piccante spiccato e armonico. Ideale su bruschette con pomodoro, funghi porcini ai ferri, insalate di spinaci, radicchio arrosto, zuppe della tradizione regionale, primi piatti con salsiccia, polpo bollito, carni rosse o cacciagione alla griglia, formaggi stagionati a pasta dura.

Luigi and Vito grew up among the olive trees, running after their father Michele's tractor in the district Ganga di Lupo, but also listening to their mother Maria, who taught them the importance of values such as patience, constancy and love for the land. Today the family Girone-Bisceglie run 20 hectares of olive grove with 4,000 trees of coratina. In the last harvest 1,000 quintals of olives were produced, with a yield of almost 142 hectolitres of oil. We recommend the excellent Monocultivar Extra Virgin GangaLupo - Coratina, which is a beautiful intense limpid golden yellow colour with delicate green hues. Its aroma is definite and rotund, endowed with vegetal hints of artichoke and chicory, together with fragrant notes of mint and rosemary. Its taste is fine and strong, with a flavour of country lettuce and a distinct final note of black pepper and unripe almond. Bitterness is powerful and pungency is distinct and harmonic. It would be ideal on bruschette with tomatoes, grilled porcini mushrooms, spinach salads, roast radicchio, traditional regional soups, pasta with sausages, boiled octopus, grilled red meat or game, hard mature cheese.

Italia Italy [IT] Puglia

Azienda Agricola Ciccolella

Strada Vicinale Fondo Favale
70056 Molfetta (BA)
Tel.: +39 080 9023998
E-mail: info@oliociccolella.it - Web: www.oliociccolella.it

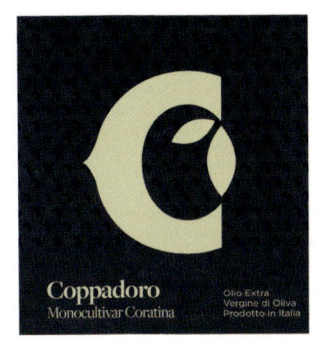

94

- 150 m
- Specializzato / Specialized
- Vaso barese / Vase
- Meccanica / Mechanical harvesting
- Sì - Ciclo continuo / Yes - Continuous cycle
- Coratina
- Fruttato intenso / Intense fruity
- da 12,01 a 15,00 € - 500 ml / from € 12.01 to 15.00 - 500 ml

Coppadoro
Olio Extra Vergine di Oliva
Monocultivar Coratina
Prodotto in Italia

I risultati delle degustazioni registrano un bel passo in avanti dell'Agricola Ciccolella. Questa consolidata realtà di Molfetta nasce nella prima metà degli anni Novanta e possiede una verde e suggestiva distesa di olivi, a ridosso del Mare Adriatico, con 8mila esemplari, delle cultivar coratina e ogliarola barese, messi a dimora su 31 ettari. Nella recente campagna Giuseppe Ciccolella ha impiegato 3mila quintali di olive del raccolto per la produzione di 400 ettolitri di olio. Segnaliamo l'Extravergine monocultivar Coppadoro, ottimo. Appare alla vista di un bel colore giallo dorato intenso con delicate sfumature verdi, limpido. All'olfatto si apre deciso e avvolgente, intriso di sentori vegetali di carciofo e cicoria, affiancati da ricche note balsamiche di menta e rosmarino. Al palato è fine e di carattere, con toni marcati di pepe nero e mandorla acerba. Amaro e piccante spiccati e armonizzati, con finale dolce in rilievo. Un abbinamento eccellente è con antipasti di lenticchie, funghi porcini arrosto, insalate di carciofi, marinate di tonno, zuppe di asparagi, primi piatti con salsiccia, polpo bollito, carni rosse o nere alla griglia, formaggi stagionati a pasta dura.

Present again in our Guide with a result showing its progress, Agricola Ciccolella was founded in the early 90s of the last century and is characterized by a green and beautiful expanse of olive trees, next to the Adriatic Sea. There are 31 hectares of surface with 8,000 trees of the varieties coratina and ogliarola barese. In the last harvest Giuseppe Ciccolella used 3,000 quintals of olives of his total production to yield 400 hectolitres of oil. We recommend the very good Monocultivar Extra Virgin selection Coppadoro, which is a beautiful intense limpid golden yellow colour with delicate green hues. Its aroma is definite and rotund, with vegetal hints of artichoke and chicory, together with rich fragrant notes of mint and rosemary. Its taste is fine and strong, with a distinct flavour of black pepper and unripe almond. Bitterness and pungency are distinct and harmonic, with evident sweetness. It would be ideal on lentil appetizers, roast porcini mushrooms, artichoke salads, marinated tuna, asparagus soups, pasta with sausages, boiled octopus, grilled red meat or game, hard mature cheese.

Italia Italy [IT] Puglia

Crudo - Schiralli

Strada Provinciale Binetto - Bitetto
70020 Binetto (BA)
Tel.: +39 080 7831755 - Fax: +39 080 7831755
E-mail: info@crudo.it - Web: www.crudo.it

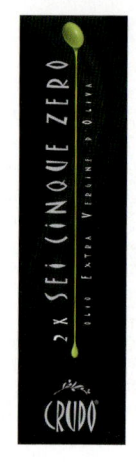

92

140 m

Specializzato
Specialized

Forma libera
Free form

Meccanica
Mechanical harvesting

Sì - Ciclo continuo
Yes - Continuous cycle

Coratina

Fruttato intenso
Intense fruity

da 12,01 a 15,00 € - 500 ml
from € 12.01 to 15.00 - 500 ml

Confermiamo le ottime potenzialità di questa azienda attiva sulle colline di Bitetto. La famiglia Schiralli fonda la società alla fine degli anni Novanta, anche se la tradizione nel settore risale alla fine dell'Ottocento. Attualmente il patrimonio gestito dai fratelli Schiralli, animati da una forte spinta innovativa, è composto da un moderno frantoio e da 8mila olivi distribuiti su 22 ettari circondati dai tipici muretti in pietra. Quest'anno il raccolto ha reso 3mila quintali di olive che, uniti ai 1.900 acquistati, hanno prodotto quasi 710 ettolitri di olio. Dei due Extravergine, Crudo e SeiCinqueZero, preferiamo il secondo, eccellente. Giallo dorato intenso con delicati riflessi verdi, limpido; al naso è deciso e avvolgente, ricco di sentori balsamici di menta e rosmarino, affiancati da nette note di mandorla acerba, cannella e pepe nero. Fine e di carattere al palato, sa di carciofo, cicoria e lattuga. Amaro potente e piccante spiccato e armonico. Ideale su bruschette con pomodoro, carpaccio di tonno, insalate di pesce spada, radicchio al forno, zuppe di fagioli, primi piatti con salsiccia, polpo bollito, carni rosse o nere alla piastra, formaggi stagionati a pasta dura.

This farm placed on the hills of Bitetto confirms its very good potential. The family Schiralli founded it in the late 90s, although their tradition in this sector dates back to the end of the 19th century. Currently the estate, run with innovative systems by the brothers Schiralli, consists of 22 hectares with 8,000 trees, surrounded by the typical stone walls, and a modern oil mill. In the last harvest 3,000 quintals of olives were produced and 1,900 purchased, with a yield of almost 710 hectolitres of oil. There are two Extra Virgin, Crudo and the excellent SeiCinqueZero, chosen by the panel. It is an intense limpid golden yellow colour with delicate green hues. Its aroma is definite and rotund, rich in fragrant hints of mint and rosemary, together with distinct notes of unripe almond, cinnamon and black pepper. Its taste is fine and strong, with a flavour of artichoke, chicory and lettuce. Bitterness is strong and pungency is distinct and harmonic. It would be ideal on bruschette with tomatoes, tuna carpaccio, swordfish salads, baked radicchio, bean soups, pasta with sausages, boiled octopus, pan-seared red meat or game, hard mature cheese.

Italia Italy [IT] Puglia

Azienda Agricola De Carlo

Via XXIV Maggio, 54/b
70020 Bitritto (BA)
Tel.: +39 080 630767 - Fax: +39 080 631234
E-mail: info@oliodecarlo.com - Web: www.oliodecarlo.com

99

150/220 m

Promiscuo e specializzato
Promiscuous and specialized

Monocono, vaso barese
Monocone, vase

Brucatura a mano e meccanica
Hand picking and mechanical harvesting

Sì - Ciclo continuo misto
Yes - Mixed continuous cycle

Coratina

Fruttato intenso
Intense fruity

da 12,01 a 15,00 € - 500 ml
from € 12.01 to 15.00 - 500 ml

Le degustazioni del panel evidenziano l'importante percorso di cresciita della famiglia De Carlo, sempre più vicina all'Olimpo delle aziende top. Eredi di una tradizione familiare che risale al XVII secolo, Francesco e Marina, con il sostegno dei genitori, conducono uno stabilimento all'avanguardia nel quale lavorano il raccolto di 33mila olivi coltivati su 132 ettari, ovvero 3mila quintali di olive che hanno reso 400 ettolitri di olio. Ben cinque gli Extravergine: L'Olio di Felice Garibaldi, i due De Carlo (Favolosa e Peranzana) e i due Dop Terra di Bari - Bitonto (Tenuta Torre di Mossa e Tenuta Arcamone da Agricoltura Biologica). Quest'ultimo, eccellente, è giallo dorato intenso con calde sfumature verdi, limpido. Al naso è deciso e avvolgente, intriso di note di carciofo e cicoria, con ricchi sentori di cannella, pepe nero e mandorla acerba. Pieno ed elegante in bocca, sa di menta, rosmarino e lattuga. Amaro potente e piccante spiccato. Ideale su antipasti di tonno, carpaccio di pesce spada, insalate di funghi porcini, radicchio ai ferri, zuppe della tradizione regionale, primi piatti al ragù, polpo bollito, carni rosse o nere arrosto, formaggi stagionati a pasta dura.

This performance is the result of the great progress of the farm run by the family De Carlo, which is by now near the top farms. Francesco and Marina, the heirs of a family tradition dating back to the 17th century, run an advanced establishment with their parents' help. The olive grove covers 132 hectares with 33,000 trees. In the last harvest 3,000 quintals of olives and 400 hectolitres of oil were produced. There are five Extra Virgin, L'Olio di Felice Garibaldi, the two De Carlo, Favolosa and Peranzana, and the two Pdo Terra di Bari - Bitonto, Tenuta Torre di Mossa and the excellent Tenuta Arcamone from Organic Farming, which is an intense limpid golden yellow colour with warm green hues. Its aroma is definite and rotund, with notes of artichoke and chicory and rich hints of cinnamon, black pepper and unripe almond. Its taste is full and elegant, with notes of mint, rosemary and lettuce. Bitterness is strong and pungency is distinct. It would be ideal on tuna appetizers, swordfish carpaccio, porcini mushroom salads, grilled radicchio, traditional regional soups, pasta with meat sauce, boiled octopus, roast red meat or game, hard mature cheese.

Italia Italy [IT] Puglia

Frantoio De Carlo

Via XXIV Maggio, 54/b
70020 Bitritto (BA)
Tel.: +39 080 630767 - Fax: +39 080 631234
E-mail: info@oliodecarlo.com - Web: www.oliodecarlo.com

85

150/220 m

Promiscuo e specializzato
Promiscuous and specialized

Monocono, vaso barese
Monocone, vase

Brucatura a mano e meccanica
Hand picking and mechanical harvesting

Sì - Ciclo continuo misto
Yes - Mixed continuous cycle

Coratina (60%), ogliarola barese (40%)

Fruttato medio
Medium fruity

da 6,01 a 8,00 € - 500 ml
from € 6.01 to 8.00 - 500 ml

B rillante rientro in Guida del Frantoio De Carlo, la realtà che Saverio affianca alla ben nota e lodata impresa di famiglia situata a Bitritto. Con questo marchio i De Carlo producono e commercializzano oli extravergine ricavati dai frutti acquistati da selezionati olivicoltori locali. Nella trascorsa campagna il loro frantoio ha trasformato 35mila quintali di olive dai quali sono stati ricavati 5.880 ettolitri di olio. Segnaliamo l'Extravergine 7 Giorni Dop Terra di Bari - Bitonto da Agricoltura Biologica, ottimo: si presenta alla vista di un bel colore giallo dorato intenso con delicati riflessi verdi, limpido. Al naso si apre ampio e avvolgente, intriso di sentori vegetali di carciofo e cicoria selvatica, affiancati da toni aromatici di erbe officinali, con ricordo di menta, rosmarino e basilico. Fine e complesso al palato, si arricchisce di note di lattuga, mandorla acerba e pepe bianco. Amaro molto spiccato e piccante deciso e armonico. Ideale su bruschette con verdure, insalate di orzo, marinate di salmone, pomodori con riso, zuppe di farro, risotto con carciofi, molluschi gratinati, tartare di ricciola, pollame o carni di agnello al forno, formaggi freschi a pasta filata.

P resent again in our Guide with a brilliant result, Frantoio De Carlo, situated in Bitritto, is run by Saverio besides the famous and renowned family farm. With this trademark the family De Carlo produces and markets extra virgin olive oil obtained from the olives of selected local producers. In the last harvest 35,000 quintals of olives were crushed in their oil mill, with a yield of 5,880 hectolitres of oil. We recommend the very good Extra Virgin selection 7 Giorni Pdo Terra di Bari - Bitonto from Organic Farming. It is a beautiful intense limpid golden yellow colour with delicate green hues. Its aroma is ample and rotund, endowed with aromatic hints of officinal herbs, especially mint, rosemary and basil. Its taste is fine and complex, enriched by a flavour of lettuce, unripe almond and white pepper. Bitterness is distinct and pungency is definite and harmonic. It would be ideal on bruschette with vegetables, barley salads, marinated salmon, tomatoes stuffed with rice, farro soups, risotto with artichokes, mussels au gratin, amberjack tartare, baked poultry or lamb, mozzarella cheese.

Italia Italy [IT] Puglia

Azienda Agricola De Palma

Masseria Chieco - Contrada Trepieschi
70027 Palo del Colle (BA)
Tel.: +39 080 5326906 - Fax: +39 080 5326906
E-mail: info@agricolturabiodepalma.com - Web: www.agricolturabiodepalma.com

88

285 m

Promiscuo e specializzato
Promiscuous and specialized

Vaso policonico
Polyconic vase

Meccanica
Mechanical harvesting

No - Ciclo continuo
No - Continuous cycle

Coratina

Fruttato intenso
Intense fruity

da 10,01 a 12,00 € - 500 ml
from € 10.01 to 12.00 - 500 ml

La storia dell'Agricola De Palma ha inizio nel 2001 per iniziativa dell'eclettico Mario che non era un agricoltore di professione. Dal primo appezzamento di terreno, acquisito quasi per hobby, oggi l'azienda vanta circa 60 ettari dei quali 42 sono dedicati agli oliveti, con 9.300 alberi; e il resto sono mandorleti. Dell'intero raccolto di olive, nella trascorsa campagna, 250 quintali sono stati impiegati per la produzione di olio che è stata di quasi 31 ettolitri, più circa 10 acquistati, pari a un totale di pressoché 41 ettolitri. L'ottimo Extravergine De Palma - Coratina da Agricoltura Biologica è di un bel colore giallo dorato intenso con calde tonalità verdi, limpido. Al naso è deciso e avvolgente, ricco di sentori vegetali di carciofo e cicoria, affiancati da toni balsamici di menta, rosmarino e salvia. Pieno e di carattere in bocca, sa di lattuga di campo, mandorla e pepe nero. Amaro potente e piccante spiccato e ben armonizzato. È perfetto per antipasti di polpo, carpaccio di tonno, insalate di pesce spada, radicchio ai ferri, zuppe di asparagi, primi piatti al ragù, pesce azzurro gratinato, agnello arrosto, carni rosse alla brace, formaggi di media stagionatura.

The story of Agricola De Palma started in 2001, thanks to the eclectic Mario, who wasn't a professional farmer. He purchased the first plot of land as a hobby, but now the estate covers about 60 hectares of surface, 42 of which destined to olive grove with 9,300 trees, and the rest consisting of almond trees. In the last harvest 250 quintals of olives of the whole production yielded almost 31 hectolitres of oil. About 10 hectolitres were also purchased, with a total of about 41 hectolitres. The very good Extra Virgin selection De Palma - Coratina from Organic Farming is a beautiful intense limpid golden yellow colour with warm green hues. Its aroma is definite and rotund, rich in vegetal hints of artichoke and chicory, together with fragrant notes of mint, rosemary and sage. Its taste is full and strong, with a flavour of country lettuce, almond and black pepper. Bitterness is powerful and pungency is distinct and harmonic. It would be ideal on octopus appetizers, tuna carpaccio, swordfish salads, grilled radicchio, asparagus soups, pasta with meat sauce, blue fish au gratin, roast lamb, barbecued red meat, medium mature cheese.

Italia Italy [IT] Puglia

Azienda Agricola Luigi Depalo

Piazza Duomo, 55
70054 Giovinazzo (BA)
Tel.: +39 080 9683313
E-mail: info@oliodepalo.it - Web: www.oliodepalo.it

95

40/60 m

Specializzato
Specialized

Vaso barese
Vase

Meccanica
Mechanical harvesting

No - Ciclo continuo
No - Continuous cycle

Coratina

Fruttato intenso
Intense fruity

da 15,01 a 18,00 € - 500 ml
from € 15.01 to 18.00 - 500 ml

Nella metà degli anni Ottanta del secolo scorso Luigi Depalo, appena diciottenne, eredita alcuni terreni coltivati con passione dal padre e inizia ad amarli: nasce così la sua azienda che oggi è molto cresciuta e vanta una superficie di 40 ettari sulla quale sono messi a dimora 10mila olivi. Nella passata campagna Luigi, con il supporto del figlio Savino che è anche un assaggiatore preparato, ha raccolto mille quintali di olive che hanno fruttato 100 ettolitri di olio. Segnaliamo l'etichetta proposta, l'eccellente Extravergine Giove che si presenta alla vista di un bel colore giallo dorato intenso, limpido. Deciso e avvolgente all'olfatto, sprigiona ricchi sentori vegetali di carciofo, cicoria selvatica e lattuga, in aggiunta a note balsamiche di menta e rosmarino. Al palato è elegante e di carattere, dotato di toni di mandorla acerba e ricordo speziato di cannella e pepe nero. Amaro potente e piccante spiccato e ben armonizzato. Ottimo su antipasti di polpo, carpaccio di pesce spada, insalate di funghi porcini, radicchio ai ferri, zuppe della tradizione regionale, primi piatti con salsiccia, tonno alla brace, carni rosse o nere alla griglia, formaggi stagionati a pasta dura.

In the mid-80s of the last century Luigi Depalo, who was just 18 years old, inherited some lands passionately cultivated by his father, fell in love with them and started his farm. Today his estate is much larger and can boast 40 hectares of olive grove with 10,000 trees. In the last harvest Luigi and his son Savino, who is also an expert taster, produced 1,000 quintals of olives, with a yield of 100 hectolitres of extra virgin olive oil. We recommend the selection proposed to the panel, the excellent Extra Virgin Giove, which is a beautiful intense limpid golden yellow colour. Its aroma is definite and rotund, with rich vegetal hints of artichoke, wild chicory and lettuce, together with fragrant notes of mint and rosemary. Its taste is elegant and strong, endowed with a flavour of unripe almond and a spicy note of cinnamon and black pepper. Bitterness is powerful and pungency is distinct and complimentary. It would be ideal on octopus appetizers, swordfish carpaccio, porcini mushroom salads, grilled radicchio, traditional regional soups, pasta with sausages, barbecued tuna, grilled red meat or game, hard mature cheese.

Italia Italy [IT] Puglia

Masseria Faraona

Zona Industriale - Via Sant'Elia
70033 Corato (BA)
Tel.: +39 080 9172412
E-mail: info@masseriafaraona.it - Web: www.masseriafaraona.it

86

- 250 m
- **Specializzato** / Specialized
- **Vaso barese** / Vase
- **Brucatura a mano e meccanica** / Hand picking and mechanical harvesting
- **No - Ciclo continuo** / No - Continuous cycle
- **Coratina**
- **Fruttato intenso** / Intense fruity
- da 12,01 a 15,00 € - 500 ml / from € 12.01 to 15.00 - 500 ml

Masseria Faraona affonda le sue radici nel XIX secolo e si colloca nel cuore del Parco Nazionale dell'Alta Murgia, un territorio dalla storia millenaria la cui asprezza paesaggistica ha favorito lo sviluppo di specie animali e vegetative autoctone come la faraona, l'uccello selvatico dal quale prende il nome la tenuta. Qui la famiglia Casillo cura i suoi vigneti e ha costruito una splendida cantina; ma coltiva anche 10mila olivi su 40 ettari raccogliendo 2.800 quintali di olive che hanno prodotto quasi 459 ettolitri di olio. L'etichetta presentata è l'ottimo Extravergine Faraona - Coratina, giallo dorato intenso con delicate venature verdi, limpido. Al naso è deciso e avvolgente, ricco di sentori vegetali di carciofo e cicoria di campo, affiancati da note di erbe officinali, con ricordo di menta, rosmarino e salvia. Fine e di carattere in bocca, sprigiona toni di lattuga, mandorla e cannella. Amaro potente e piccante spiccato. È perfetto su antipasti di tonno, carpaccio di pesce spada, insalate di funghi porcini, radicchio al forno, passati di lenticchie, primi piatti con salsiccia, polpo bollito, agnello arrosto, carni rosse alla brace, formaggi stagionati a pasta dura.

Founded in the 19th century, Masseria Faraona is placed in the heart of the National Park of Alta Murgia, a thousand-year-old territory whose harsh landscape has favoured the development of native animal and vegetative species like the guinea fowl, the wild bird from which the estate takes its name. Here the family Casillo runs their vineyards and has built a splendid cellar, but also manages 40 hectares of olive grove with 10,000 trees. In the last harvest 2,800 quintals of olives and almost 459 hectolitres of oil were produced. The very good Extra Virgin selection Faraona - Coratina, is an intense limpid golden yellow colour with delicate green hues. Its aroma is definite and rotund, rich in vegetal hints of artichoke and wild chicory, together with notes of officinal herbs, especially mint, rosemary and sage. Its taste is fine and strong, with a flavour of lettuce, almond and cinnamon. Bitterness is strong and pungency is distinct. It would be ideal on tuna appetizers, swordfish carpaccio, porcini mushroom salads, baked radicchio, lentil purée, pasta with sausages, boiled octopus, roast lamb, barbecued red meat, hard mature cheese.

Italia Italy [IT] Puglia

Azienda Agricola Le Tre Colonne

Contrada Caldarola - Strada Provinciale 107 Giovinazzo-Terlizzi km 0.200
70054 Giovinazzo (BA)
Tel.: +39 080 8594360 - Fax: +39 080 2143661
E-mail: info@letrecolonne.com - Web: www.letrecolonne.com

99

- 40/60 m
- **Specializzato** / Specialized
- **Vaso barese** / Vase
- **Meccanica** / Mechanical harvesting
- **Sì - Ciclo continuo** / Yes - Continuous cycle
- **Coratina**
- **Fruttato intenso** / Intense fruity
- da 10,01 a 12,00 € - 500 ml / from € 10.01 to 12.00 - 500 ml

Ciò che colpisce di questa realtà è il continuo rinnovarsi e migliorare: vince con il Migliore Olio Extravergine di Oliva - Metodo di Estrazione. La famiglia Stallone, attiva nel settore da oltre tre generazioni, punta su valori solidi come colonne: tradizione, gusto e genuinità. Oggi Salvatore conduce 36 ettari di oliveto, con 9.500 piante, e un moderno frantoio che quest'anno ha lavorato un raccolto di 4mila quintali di olive, pari a una resa di quasi 328 ettolitri di olio. Tre gli Extravergine presentati: Den - Denocciolato Evolution e i due Le Tre Colonne, Armonia e Le Selezioni - Coratina. Quest'ultimo, straordinario, è giallo dorato intenso con leggeri riflessi verdi, limpido; al naso è deciso e avvolgente, ricco di sentori balsamici di menta e rosmarino, con nette note di carciofo, cicoria e lattuga. Fine e di carattere al palato, sprigiona toni speziati di pepe nero e mandorla acerba. Amaro potente e piccante spiccato e armonico. Ideale su antipasti di tonno, carpaccio di pesce spada, insalate di funghi porcini, radicchio ai ferri, passati di lenticchie, primi piatti con salsiccia, polpo bollito, carni rosse o cacciagione alla griglia, formaggi stagionati a pasta dura.

This farm, which has always aimed at innovation and quality, deserves the prize for The Best Extra Virgin Olive Oil - Extraction System. In fact, tradition, taste and genuineness are the pillars of the family Stallone, active in this field for over three generations. Today Salvatore runs 36 hectares of olive grove with 9,500 trees and a modern oil mill. In the last harvest 4,000 quintals of olives and almost 328 hectolitres of oil were produced. There are three Extra Virgin, Den - Denocciolato Evolution and the two Le Tre Colonne, Armonia and the extraordinary Le Selezioni - Coratina, which is an intense limpid golden yellow colour with slight green hues. Its aroma is definite and rotund, rich in fragrant hints of mint and rosemary, with distinct notes of artichoke, chicory and lettuce. Its taste is fine and strong, with a spicy flavour of black pepper and unripe almond. Bitterness is powerful and pungency is distinct and harmonic. It would be ideal on tuna appetizers, swordfish carpaccio, porcini mushroom salads, grilled radicchio, lentil purée, pasta with sausages, boiled octopus, grilled red meat or game, hard mature cheese.

Italia Italy [IT] Puglia

Lucini Italia

Frantoio De Carlo - Via XXIV Maggio, 54/b
70020 Bitritto (BA)
Tel.: +1 530 8266430
E-mail: mmori@cal-olive.com - Web: www.lucini.com

84 ⬆ 🌿

- 150/220 m
- Promiscuo e specializzato / Promiscuous and specialized
- Monocono, vaso / Monocone, vase
- Brucatura a mano e meccanica / Hand picking and mechanical harvesting
- No - Ciclo continuo misto / No - Mixed continuous cycle
- Coratina (50%), ogliarola barese (50%)
- Fruttato intenso / Intense fruity
- da 22,01 a 26,00 € - 500 ml / from € 22.01 to 26.00 - 500 ml

Meritato passo in avanti in Guida per Lucini Italia, un marchio di proprietà della società americana California Olive Ranch che propone delle selezioni di extravergine proveniente dalle produzioni di rinomate realtà italiane. In Puglia la Lucini Italia confeziona e commercializza l'olio dell'Azienda Agricola De Carlo che si trova a Bitritto, in provincia di Bari. Nella recente annata sono stati selezionati e imbottigliati quasi 603 ettolitri di olio. L'Extravergine Lucini - Organic Premium Select da Agricoltura Biologica appare alla vista di un bel colore giallo dorato intenso con leggere sfumature verdi limpido. All'olfatto si offre deciso e avvolgente, ricco di sentori vegetali di carciofo e cicoria selvatica, affiancati da note speziate di cannella, pepe nero e netto ricordo di mandorla acerba. Al palato è fine e di carattere, con toni di lattuga ed erbe officinali, con menta e rosmarino in rilievo. Amaro potente e piccante spiccato. Buon accompagnamento per antipasti di tonno, carpaccio di pesce spada, insalate di funghi porcini, pomodori gratinati, zuppe di lenticchie, primi piatti al ragù, polpo bollito, carni rosse o nere arrosto, formaggi stagionati a pasta filata.

Present again in our Guide with a result showing its progress, Lucini Italia is a trademark owned by the American company California Olive Ranch, which proposes extra virgin olive oil selections from important Italian producers. In Puglia Lucini Italia packages and markets the oil produced by Azienda Agricola De Carlo, situated in Bitritto, in the province of Bari. In the last harvest almost 603 hectolitres of oil were selected and bottled. We recommend the Extra Virgin Lucini - Organic Premium Select from Organic Farming, which is a beautiful intense limpid golden yellow colour with slight green hues. Its aroma is definite and rotund, rich in vegetal hints of artichoke and wild chicory, together with spicy notes of cinnamon, black pepper and a distinct note of unripe almond. Its taste is fine and strong, with a flavour of lettuce and officinal herbs, especially mint and rosemary. Bitterness is powerful and pungency is distinct. It would be ideal on tuna appetizers, swordfish carpaccio, porcini mushroom salads, tomatoes au gratin, lentil soups, pasta with meat sauce, boiled octopus, roast red meat or game, aged cheese.

Italia Italy [IT] Puglia

Azienda Agricola Maselli

Via Neviere Vecchie
70011 Alberobello (BA)
Tel.: +39 080 4321947
E-mail: info@oliodellemurge.it - Web: www.oliodellemurge.it

91

400 m

Promiscuo e specializzato
Promiscuous and specialized

Vaso policonico, vaso pugliese
Polyconic vase, Apulia vase

Bacchiatura
Beating

No - Ciclo continuo
No - Continuous cycle

Coratina

Fruttato intenso
Intense fruity

da 10,01 a 12,00 € - 500 ml
from € 10.01 to 12.00 - 500 ml

I poderi della famiglia Maselli si trovano nel territorio di Acquaviva delle Fonti e di Alberobello. La conduzione è oggi nelle mani di Maria Antonietta, subentrata al fondatore Francesco conosciuto come Don Ciccio, e di suo figlio Andrea, giovane intraprendente e amante delle attività agricole. Parliamo di 9 ettari con mille olivi appartenenti a un nutrito ventaglio di cultivar. Il raccolto della trascorsa campagna ha fruttato 55 quintali di olive che, con l'aggiunta di 50 acquistati, hanno reso circa 13 ettolitri di olio. Segnaliamo l'Extravergine Maselli - Coratina, eccellente. Alla vista è di un bel colore giallo dorato intenso con lievi riflessi verdi, limpido. Deciso e avvolgente al naso, è ricco di sentori di carciofo e cicoria selvatica, accompagnati da note balsamiche di menta e rosmarino. Al palato è fine e di carattere, con sfumature vegetali di lattuga e toni marcati di mandorla, cannella e pepe nero. Amaro potente e piccante spiccato. Ideale su antipasti di pesce azzurro, insalate di carciofi, pomodori gratinati, radicchio ai ferri, zuppe di lenticchie, primi piatti con tonno, polpo bollito, carni rosse o cacciagione alla piastra, formaggi stagionati a pasta dura.

T he estates of the family Maselli are placed in the territory of Acquaviva delle Fonti and Alberobello. Today the farm is run by Maria Antonietta, who took the place of the founder Francesco, known as Don Ciccio, and by her son Andrea, a dynamic young man who loves agriculture. The estate consists of 9 hectares of surface with 1,000 trees of a wide range of cultivars. In the last harvest 55 quintals of olives were produced and 50 purchased, with a yield of about 13 hectolitres of oil. We recommend the excellent Extra Virgin selection Maselli - Coratina, which is a beautiful intense limpid golden yellow colour with slight green hues. Its aroma is definite and rotund, rich in hints of artichoke and wild chicory, together with fragrant notes of mint and rosemary. Its taste is fine and strong, with a vegetal flavour of lettuce and strong notes of almond, cinnamon and black pepper. Bitterness is powerful and pungency is distinct. It would be ideal on bluefish appetizers, artichoke salads, tomatoes au gratin, grilled radicchio, lentil soups, pasta with tuna, boiled octopus, pan-seared red meat or game, hard mature cheese.

Italia Italy [IT] Puglia

Mazzone Extravergine

Via Senatora Gramegna, 15
70037 Ruvo di Puglia (BA)
Tel.: +39 080 9723387
E-mail: info@oliomazzone.com - Web: www.oliomazzone.com

84

- 300 m
- Promiscuo / Promiscuous
- Vaso barese / Vase
- Bacchiatura / Beating
- Sì - Ciclo continuo misto / Yes - Mixed continuous cycle
- Coratina
- Fruttato medio / Medium fruity
- da 6,01 a 8,00 € - 500 ml / from € 6.01 to 8.00 - 500 ml

Quello della famiglia Mazzone è un piccolo frantoio artigiano alle porte del Parco Nazionale dell'Alta Murgia che da quattro generazioni lavora le olive proprie e quelle di selezionati coltivatori locali. L'avventura comincia con Tommaso Mazzone che iniziò l'attività nei primi anni Trenta. Da allora molte cose sono cambiate, ma resta saldo l'amore per la terra e la cultura contadina. Quest'anno dalle 400 piante di coratina coltivate su 2 ettari sono stati raccolti 100 quintali di olive che, con gli altrettanti acquistati, hanno reso quasi 33 ettolitri di olio. L'ottimo Extravergine Mazzone è giallo dorato intenso con lievi tonalità verdi, limpido. Al naso è ampio e avvolgente, ricco di sentori di menta e rosmarino, affiancati da toni di mandorla acerba e noce matura. Fine e vegetale in bocca, aggiunge note di carciofo, cicoria e lattuga; e chiude con ricordo speziato di cannella e pepe nero. Amaro spiccato e piccante deciso. Ideale su antipasti di lenticchie, funghi porcini alla piastra, insalate di carciofi, pomodori gratinati, zuppe di asparagi, primi piatti con salsiccia, pesce spada alla griglia, pollame o carni di agnello arrosto, formaggi stagionati a pasta dura.

The family Mazzone owns a small artisan oil mill not far from the National Park of Alta Murgia. They have been crushing their own olives and those of selected local producers for four generations, since Tommaso Mazzone started this activity in the early 30s. Since then many things have changed, but their love for the land and peasant culture remains strong. The olive grove takes up 2 hectares with 400 trees of the variety coratina. In the last harvest 100 quintals of olives were produced and 100 purchased, with a yield of almost 33 hectolitres of oil. The very good Extra Virgin Mazzone is an intense limpid golden yellow colour with slight green hues. Its aroma is ample and rotund, rich in hints of mint and rosemary, together with notes of unripe almond and ripe walnut. Its taste is fine and vegetal, with a flavour of artichoke, chicory and lettuce and a spicy finish of cinnamon and black pepper. Bitterness is distinct and pungency is definite. It would be ideal on lentil appetizers, seared porcini mushrooms, artichoke salads, tomatoes au gratin, asparagus soups, pasta with sausages, grilled swordfish, roast poultry or lamb, hard mature cheese.

Italia Italy [IT] Puglia

Mitrani

Contrada La Molignana
70100 Adelfia (BA)
E-mail: info@mitrani.it - Web: www.mitrani.it

85

- 180 m
- Promiscuo e specializzato / Promiscuous and specialized
- Vaso barese / Vase
- Bacchiatura / Beating
- No - Ciclo continuo / No - Continuous cycle
- Coratina
- Fruttato intenso / Intense fruity
- da 8,01 a 10,00 € - 500 ml / from € 8.01 to 10.00 - 500 ml

MITRANI
AMORE DI
PUGLIA

PIZZICOTTO
IL CUSTODE INNAMORATO

OLIO
EXTRAVERGINE
DI OLIVA (EVO)
CULTIVAR CORATINA
500ML

Mitrani è una realtà nata in Puglia per valorizzare uno dei tesori più grandi della propria regione: la cultura olearia al servizio della buona salute. In questa giovane azienda tradizione e innovazione vanno di pari passo, con l'obiettivo dell'alta qualità. Su un impianto di 5 ettari Gabriele Mitrani si prende cura di 1.100 piante di coratina dalle quali è stato ricavato quest'anno un raccolto di 148 quintali di olive, pari a una produzione di 18 ettolitri di olio. La selezione proposta per la Guida è l'ottimo Extravergine Pizzicotto che appare alla vista di un bel colore giallo dorato intenso con delicate tonalità verdi, limpido. Al naso si apre deciso e avvolgente, ricco di sentori vegetali di carciofo e cardo selvatico, accompagnati da note balsamiche di menta e rosmarino. Fine e complesso in bocca, sprigiona toni di cicoria, lattuga e chiude con sfumature di pepe nero e mandorla. Amaro potente e piccante spiccato e armonico. È perfetto su antipasti di lenticchie, insalate di carciofi, marinate di tonno, pomodori gratinati, zuppe della tradizione regionale, primi piatti con salsiccia, polpo bollito, carni rosse o cacciagione al forno, formaggi stagionati a pasta dura.

Mitrani was founded in Puglia to enhance one of the greatest treasures of its region: oil culture at the service of good health. This young farm combines tradition and innovation, with the aim of high quality. Gabriele Mitrani runs 5 hectares of surface with 1,100 trees of the variety coratina, which produced 148 quintals of olives in the last harvest, which allowed to yield 18 hectolitres of extra virgin olive oil. The selection proposed to the Guide is the very good Extra Virgin Pizzicotto, which is a beautiful intense limpid golden yellow colour with delicate green hues. Its aroma is definite and rotund, rich in vegetal hints of artichoke and wild thistle, together with fragrant notes of mint and rosemary. Its taste is fine and complex, with a flavour of chicory, lettuce and final notes of black pepper and almond. Bitterness is powerful and pungency is distinct and harmonic. It would be ideal on lentil appetizers, artichoke salads, marinated tuna, tomatoes au gratin, traditional regional soups, pasta with sausages, boiled octopus, baked red meat or game, hard mature cheese.

Italia Italy [IT] Puglia

Olio Intini

Contrada Popoleto
70011 Alberobello (BA)
Tel.: +39 080 4325983 - Fax: +39 080 4325983
E-mail: info@oliointini.it - Web: www.oliointini.it

98

- 150/470 m
- Promiscuo e specializzato / Promiscuous and specialized
- Vaso, vaso pugliese / Vase, Apulia vase
- Brucatura a mano e meccanica / Hand picking and mechanical harvesting
- Sì - Ciclo continuo / Yes - Continuous cycle
- Coratina
- Fruttato intenso / Intense fruity
- da 15,01 a 18,00 € - 500 ml / from € 15.01 to 18.00 - 500 ml

Olio Extra Vergine di Oliva — CORATINA — 100x100 Olio Italiano — Intini — 0,50 l ℮ — MONOCULTIVAR

I risultati delle degustazioni confermano la costante ricerca di eccellenza degli Intini. Forte di una salda tradizione familiare, consolidatasi in quasi un secolo di attività, oggi alla guida dell'azienda c'è Pietro, preparato assaggiatore, il quale gestisce 23 ettari di superficie con 6mila piante e un frantoio all'avanguardia che ha molito un raccolto di 1.500 quintali di olive che, con gli altrettanti acquistati, hanno reso circa 360 ettolitri di olio. Ben cinque gli Extravergine: Affiorato e i quattro Intini, quello da Agricoltura Biologica e i tre monocultivar, Olivastra, Cima di Mola e Coratina. Il panel sceglie quest'ultimo, giallo dorato intenso con lievi tonalità verdi, limpido. Al naso è deciso e complesso, ricco di sentori di carciofo e cicoria, affiancati da note aromatiche di menta e rosmarino. Fine e di carattere in bocca, aggiunge toni di lattuga, pepe nero e netta mandorla acerba. Amaro potente e piccante spiccato. Si abbina a bruschette con pomodoro, funghi porcini ai ferri, insalate di spinaci, radicchio alla griglia, zuppe di lenticchie, primi piatti al ragù, pesce azzurro in umido, carni rosse o cacciagione alla brace, formaggi stagionati a pasta dura.

The results of the tasting confirm the Intini's constant research for excellence over the years. With a solid family tradition of almost a century, today the farm is run by Pietro, an expert taster, who manages 23 hectares of olive grove with 6,000 trees and an advanced oil mill. In the last harvest 1,500 quintals of olives were produced and 1,500 purchased, with a yield of about 360 hectolitres of oil. There are five Extra Virgin, Affiorato and the four Intini, the one from Organic Farming and the three Monocultivar, Olivastra, Cima di Mola and Coratina, chosen by the panel. It is an intense limpid golden yellow colour with slight green hues. Its aroma is definite and complex, rich in hints of artichoke and chicory, together with aromatic notes of mint and rosemary. Its taste is fine and strong, with a flavour of lettuce, black pepper and distinct unripe almond. Bitterness is strong and pungency is distinct. It would be ideal on bruschette with tomatoes, grilled porcini mushrooms, spinach salads, grilled radicchio, lentil soups, pasta with meat sauce, steamed blue fish, barbecued red meat or game, hard mature cheese.

Italia Italy [IT] Puglia

Olio Mimì

Contrada Gravinella
70026 Modugno (BA)
Tel.: +39 080 5327751 - Fax: +39 080 5367809
E-mail: info@oliomimi.com - Web: www.oliomimi.com

98

80 m

Promiscuo e specializzato
Promiscuous and specialized

Vaso policonico
Polyconic vase

Brucatura a mano
Hand picking

Sì - Ciclo continuo
Yes - Continuous cycle

Coratina

Fruttato intenso
Intense fruity

da 12,01 a 15,00 € - 500 ml
from € 12.01 to 15.00 - 500 ml

Olio Mimì consolida una splendida posizione in Guida. Domenico Conserva, per tutti Mimì, nasce e cresce con l'amore per gli olivi nel cuore. Riesce a coronare il sogno di fare l'olivicoltore, ma lo coltiva per troppo poco tempo. Oggi che non c'è più il suo progetto vive con i figli, Donato e Michele, e la moglie Giuditta i quali si prendono cura di 22mila piante su 75 ettari. Queste hanno fruttato 3.800 quintali di olive che, con gli 800 acquistati, hanno reso 655 ettolitri di olio. Tre gli Extravergine monocultivar Mimì: Peranzana e i due Coratina, quello da Agricoltura Biologica e il "base". Quest'ultimo, eccellente, è giallo dorato intenso con lievi riflessi verdi, limpido; al naso è deciso e avvolgente, ricco di sentori balsamici di menta, rosmarino e salvia, affiancati da note di carciofo e cardo. Pieno e di carattere in bocca, sa di cicoria, lattuga e chiude con netto ricordo di mandorla acerba e pepe nero. Amaro potente e piccante spiccato. Ideale su carpaccio di carne cruda con funghi porcini, insalate di carciofi, pomodori gratinati, zuppe di lenticchie, primi piatti con tonno, polpo bollito, carni rosse o cacciagione alla griglia, formaggi stagionati a pasta dura.

Olio Mimì confirms its splendid position in our Guide. Domenico Conserva, known as Mimì, was born and grew up loving the olive tree. He succeeded in becoming an olive grower, but his dream lasted too little time. Today, his passion is carried on by his sons Donato and Michele and his wife Giuditta, who run 75 hectares with 22,000 trees. In the last harvest 3,800 quintals of olives were produced and 800 purchased, with a yield of 655 hectolitres of oil. There are three Monovarietal Extra Virgin Mimì, Peranzana and the two Coratina, the one from Organic Farming and the excellent "basic", which is an intense limpid golden yellow colour with slight green hues. Its aroma is definite and rotund, rich in fragrant hints of mint, rosemary and sage, together with notes of artichoke and thistle. Its taste is full and strong, with a flavour of chicory, lettuce and a distinct finish of unripe almond and black pepper. Bitterness is strong and pungency is distinct. It would be ideal on beef carpaccio with porcini mushrooms, artichoke salads, tomatoes au gratin, lentil soups, pasta with tuna, boiled octopus, grilled red meat or game, hard mature cheese.

Italia Italy [IT] Puglia

Azienda Agricola Ortoplant

Contrada Rufolo
70054 Giovinazzo (BA)
Fax: +39 080 3944722
E-mail: info@orodirufolo.it - Web: www.orodirufolo.it

97

- 50 m
- **Specializzato** / Specialized
- **Vaso barese** / Vase
- **Meccanica** / Mechanical harvesting
- **Sì - Ciclo continuo** / Yes - Continuous cycle
- **Coratina**
- **Fruttato intenso** / Intense fruity
- da 10,01 a 12,00 € - 500 ml / from € 10.01 to 12.00 - 500 ml

Seguiamo con piacere i progressi di Ortoplant che migliorano una già splendida posizione in Guida. Parliamo di un'azienda da tempo impegnata nel settore vivaistico e che deve la propria vitalità al progetto dei tre soci, Luigi, Michele e Pantaleo, che hanno rilevato gli oliveti appartenenti da generazioni alle proprie famiglie con l'obiettivo di fare alta qualità. Attualmente su 12 ettari dimorano 2mila piante di coratina e ogliarola barese che hanno fruttato mille quintali di olive e 150 ettolitri di olio. Delle due ottime selezioni proposte, gli Extravergine Don Gaudio e Oro di Rufolo - Coratina, scegliamo il secondo, giallo dorato intenso con leggere venature verdi, limpido. Al naso è deciso e avvolgente, ricco di sentori balsamici di menta e rosmarino, affiancati da toni vegetali di carciofo e cicoria. Fine e di carattere al palato, sprigiona note speziate di pepe nero e chiude con netto ricordo di mandorla acerba. Amaro potente e piccante spiccato. Ideale su antipasti di lenticchie, funghi porcini arrosto, insalate di carciofi, pomodori gratinati, zuppe di fagioli, primi piatti con salsiccia, polpo bollito, carni rosse o nere alla griglia, formaggi stagionati a pasta dura.

Ortoplant, which is steadily progressing, improves its already splendid position in our Guide. The farm has been active in the nursery field for some years. More recently the three partners, Luigi, Michele and Pantaleo, have taken over the olive groves owned by their families for generations, aiming at high quality. Currently there are 12 hectares with 2,000 trees of coratina and ogliarola barese, which produced 1,000 quintals of olives and 150 hectolitres of oil in the last harvest. There are two very good Extra Virgin, Don Gaudio and Oro di Rufolo - Coratina, chosen by the panel. It is an intense limpid golden yellow colour with slight green hues. Its aroma is definite and rotund, rich in fragrant hints of mint and rosemary, together with vegetal notes of artichoke and chicory. Its taste is fine and strong, with a spicy flavour of black pepper and a distinct final note of unripe almond. Bitterness is powerful and pungency is distinct. It would be ideal on lentil appetizers, roast porcini mushrooms, artichoke salads, tomatoes au gratin, bean soups, pasta with sausages, boiled octopus, grilled red meat or game, hard mature cheese.

Italia Italy [IT] Puglia

Oliveti Pileri

Contrada Chiuso dei Cucchi - Via Appia Traiana
70038 TERLIZZI (BA)
Tel.: +39 080 3511891 - Fax: +39 080 3511891
E-mail: info@olivetipileri.it - Web: www.olivetipileri.it

87

218 m

Specializzato
Specialized

Vaso policonico
Polyconic vase

Meccanica
Mechanical harvesting

No - Ciclo continuo
No - Continuous cycle

Coratina

Fruttato intenso
Intense fruity

da 15,01 a 18,00 € - 500 ml
from € 15.01 to 18.00 - 500 ml

Lungo l'antica via Appia Traiana, nell'agro di Terlizzi, la famiglia Pileri coltiva con dedizione l'oliveto secolare, preservando le tradizioni di un tempo nel rispetto appassionato per la propria terra. Su una superficie di 12 ettari trovano dimora 2.400 piante di coratina che hanno fruttato nella recente campagna un raccolto di 500 quintali di olive, pari a una produzione di quasi 55 ettolitri di olio. Due le ottime selezioni presentate al panel, gli Extravergine Vergilium e Caesanum. Quest'ultimo, eccellente, si presenta alla vista di un bel colore giallo dorato intenso con delicati riflessi verdi, limpido. Al naso si apre deciso e avvolgente, intriso di sentori vegetali di carciofo e cicoria, affiancati da sfumature aromatiche di menta, rosmarino e salvia. Fine e di carattere in bocca, si arricchisce di toni di lattuga di campo e chiude con marcato ricordo di mandorla e cannella. Amaro potente e piccante spiccato e armonico. È perfetto su antipasti di polpo, insalate di funghi porcini, pomodori gratinati, radicchio ai ferri, zuppe di fagioli, primi piatti con salsiccia, pesce spada alla griglia, cacciagione di piuma o pelo alla piastra, formaggi stagionati a pasta dura.

Along the ancient Via Appia Traiana, in the countryside of Terlizzi, the family Pileri cultivates their century-old olive grove with passion, fully respecting their land and keeping the old traditions. The olive surface covers 12 hectares with 2,400 trees of the variety coratina, which produced 500 quintals of olives in the last harvest, equal to a yield of almost 55 hectolitres of oil. There are two very good selections, the Extra Virgin Vergilium and the excellent Caesanum, which is a beautiful intense limpid golden yellow colour with delicate green hues. Its aroma is definite and rotund, endowed with vegetal hints of artichoke and chicory, together with aromatic notes of mint, rosemary and sage. Its taste is fine and strong, enriched by a flavour of country lettuce and a strong finish of almond and cinnamon. Bitterness is powerful and pungency is distinct and harmonic. It would be ideal on octopus appetizers, porcini mushroom salads, tomatoes au gratin, grilled radicchio, bean soups, pasta with sausages, grilled swordfish, pan-seared game birds or animals, hard mature cheese.

Italia Italy [IT] Puglia

Azienda Agricola Scisci

Contrada Marzone, 429
70043 Monopoli (BA)
Tel.: +39 080 9376459 - Fax: +39 080 9379363
E-mail: info@agriscisci.it - Web: www.agriscisci.it

93

- 50 m
- **Specializzato** / Specialized
- **Vaso pugliese** / Apulia vase
- **Brucatura a mano e meccanica** / Hand picking and mechanical harvesting
- **Sì - Ciclo continuo** / Yes - Continuous cycle
- **Coratina**
- **Fruttato medio** / Medium fruity
- **da 10,01 a 12,00 € - 500 ml** / from € 10.01 to 12.00 - 500 ml

Buona conferma per l'Agricola Scisci di Monopoli che presenta un paniere di etichette ampio e interessante. Domenico, Franco e Mimmo Scisci sono alla conduzione di un appezzamento di 10 ettari, con 3.300 alberi, e di un frantoio di moderna concezione che lavora anche il raccolto selezionato degli olivicoltori locali. Nella recente campagna sono stati prodotti 1.100 quintali di olive dai quali, con l'aggiunta di 15mila acquistati, sono stati ricavati quasi 3.712 ettolitri di olio. Tre gli Extravergine: L'Olio di Mia Figlia e le due selezioni I Grandi Oli Scisci, Picholine da Agricoltura Biologica e Coratina. Il panel sceglie quest'ultimo, giallo dorato intenso con lievi nuance verdi, limpido. Al naso è pieno e avvolgente, intriso di sentori balsamici di menta e rosmarino, affiancati da nette note di mandorla e cannella. In bocca è riccamente vegetale, con toni di carciofo e cicoria, sedano e lattuga. Amaro deciso e piccante spiccato. Si abbina bene a bruschette con pomodoro, carpaccio di tonno, insalate di spinaci, radicchio alla brace, zuppe di carciofi, primi piatti al ragù, pesce spada ai ferri, agnello arrosto, carni rosse alla griglia, formaggi stagionati a pasta dura.

Agricola Scisci in Monopoli has proposed a wide and interesting range of products, confirming its good results. It is run by Domenico, Franco and Mimmo Scisci, who manage 10 hectares of surface with 3,300 trees and a modern oil mill that also crushes the olives selected from local olive growers. In the last harvest 1,100 quintals of olives were produced and 15,000 purchased, with a yield of almost 3,712 hectolitres of oil. There are three Extra Virgin, L'Olio di Mia Figlia and the two selections I Grandi Oli Scisci, Picholine from Organic Farming and Coratina, chosen by the panel. It is an intense limpid golden yellow colour with slight green hues. Its aroma is full and rotund, endowed with fragrant hints of mint and rosemary, together with distinct notes of almond and cinnamon. Its taste is richly vegetal, with a flavour of artichoke and chicory, celery and lettuce. Bitterness is definite and pungency is distinct. It would be ideal on bruschette with tomatoes, tuna carpaccio, spinach salads, barbecued radicchio, artichoke soups, pasta with meat sauce, grilled swordfish, roast lamb, grilled red meat, hard mature cheese.

Italia Italy **[IT]** Puglia

Azienda Agricola Solimando

Contrada Vagone, 340/a
70043 Monopoli (BA)
E-mail: costantinosolimando85@gmail.com

86

- 100/350 m
- Promiscuo e specializzato / Promiscuous and specialized
- Alberello, vaso aperto, vaso libero / Tree, open vase, free vase
- Brucatura a mano e meccanica / Hand picking and mechanical harvesting
- No - Ciclo continuo / No - Continuous cycle
- Picholine Languedoc
- Fruttato intenso / Intense fruity
- da 12,01 a 15,00 € - 500 ml / from € 12.01 to 15.00 - 500 ml

L'ORO DI ANGELO — OLIO EXTRA VERGINE DI OLIVA — MONOCULTIVAR PICHOLINE — Solimando

Diamo volentieri il benvenuto in Guida all'Agricola Solimando che esordisce con un prodotto di ottimo livello qualitativo. La sua è una giovanissima e piccola realtà nata nel 2018 nel vocato comprensorio di Monopoli: il patrimonio olivicolo si compone di 250 alberi coltivati su quasi un ettaro di superficie. E il raccolto della scorsa campagna ha fruttato 20 quintali di olive, pari a una produzione di circa 3 ettolitri di olio. Segnaliamo l'etichetta sottoposta al giudizio del panel, l'Extravergine L'Oro di Angelo che appare alla vista di un bel colore giallo dorato intenso con delicati riflessi verdi, limpido. Al naso si apre deciso e avvolgente, dotato di sentori fruttati di pomodoro acerbo, banana e mela bianca, affiancati da toni aromatici di basilico, menta e prezzemolo. Fine e di carattere in bocca, sprigiona un'ampia carica vegetale, con note di lattuga di campo e sedano. Amaro potente e piccante spiccato e armonico. Buon accompagnamento per bruschette con pomodoro, carpaccio di tonno, insalate di spinaci, radicchio alla brace, zuppe di fagioli, primi piatti con salsiccia, polpo bollito, agnello alla griglia, carni rosse al forno, formaggi di media stagionatura.

We welcome the first appearance in our Guide of Agricola Solimando, which starts with a high quality product. It is a young and small farm founded in 2018 in the favourable district of Monopoli. The olive surface takes up almost one hectare of surface with 250 trees. In the last harvest 20 quintals of olives were produced, equal to a yield of about 3 hectolitres of extra virgin olive oil. We recommend the selection proposed to the panel, the Extra Virgin L'Oro di Angelo, which is a beautiful intense limpid golden yellow colour with delicate green hues. Its aroma is definite and rotund, endowed with fruity hints of unripe tomato, banana and white apple, together with aromatic notes of basil, mint and parsley. Its taste is fine and strong, with an ample vegetal flavour of country lettuce and celery. Bitterness is powerful and pungency is distinct and harmonic. It would be ideal on bruschette with tomatoes, tuna carpaccio, spinach salads, barbecued radicchio, bean soups, pasta with sausages, boiled octopus, grilled lamb, baked red meat, medium mature cheese.

Italia Italy [IT] Puglia

Caporale

Contrada Posta Locone
76012 Canosa di Puglia (BT)
E-mail: info@agricolacaporale.it - Web: www.agricolacaporale.it

86

- 130 m
- Promiscuo / Promiscuous
- Vaso, vaso policonico / Vase, polyconic vase
- Meccanica / Mechanical harvesting
- No - Ciclo continuo / No - Continuous cycle
- Coratina
- Fruttato medio / Medium fruity
- da 4,01 a 6,00 € - 250 ml / from € 4.01 to 6.00 - 250 ml

CAPORALE
OLIO EXTRA VERGINE DI OLIVA
Coratina Monocultivar
250 ml

Quando fu fondata nel 1870 era poco più di un pascolo con alcuni fabbricati. Poi furono piantati olivi, mandorli e viti, a esprimere in modo diverso lo stesso amore per la terra. Oggi l'azienda, condotta da Sabino Antonio Caporale e suo figlio, produce frutta, uva da vino, cereali e, naturalmente, olio da 7mila piante coltivate su 32 ettari. Nella recente campagna il raccolto ha fruttato 2mila quintali di olive, per una resa in olio di 350 ettolitri. Dei due Extravergine Caporale, Peranzana e Coratina, il panel preferisce il secondo che è di un bel colore giallo dorato intenso con delicati riflessi verdi, limpido. Al naso è ampio e avvolgente, con netti sentori di carciofo e cicoria, cui si affiancano note aromatiche di erbe officinali, con ricordo di menta e rosmarino. Fine e complesso al palato, si arricchisce di toni vegetali di lattuga e nuance speziate di cannella e pepe nero. Amaro e piccante decisi e armonici, con finale dolce in evidenza. Ideale su antipasti di pomodori, insalate di legumi, marinate di orata, patate in umido, zuppe di ceci, risotto con carciofi, molluschi gratinati, tartare di ricciola, pollame o carni di agnello al forno, formaggi freschi a pasta filata.

When this farm was founded in 1870, it was only a place for pasture with some buildings. Later olive, almond and vine trees were planted as different expressions of the same love for the land. Today the farm, run by Sabino Antonio Caporale and his son, produces fruit, grapes, cereals and of course oil from 7,000 trees on 32 hectares. In the last harvest 2,000 quintals of olives and 350 hectolitres of oil were produced. There are two Extra Virgin Caporale, Peranzana and Coratina, chosen by the panel. It is a beautiful intense limpid golden yellow colour with delicate green hues. Its aroma is ample and rotund, with distinct hints of artichoke and chicory, together with aromatic notes of officinal herbs, especially mint and rosemary. Its taste is fine and complex, enriched by a vegetal flavour of lettuce and spicy notes of cinnamon and black pepper. Bitterness and pungency are definite and harmonic, with evident sweetness. It would be ideal on tomato appetizers, legume salads, marinated gilthead, stewed potatoes, chickpea soups, risotto with artichokes, mussels au gratin, amberjack tartare, baked poultry or lamb, mozzarella cheese.

Italia Italy [IT] Puglia

Azienda Agricola De Robertis
Contrada Schinosa - Via dei Gelsi, 47
76125 Trani (BT)
E-mail: info@derobertis-oliveoil.com - Web: www.derobertis-oliveoil.com

87

- 30 m
- **Specializzato** / Specialized
- **Vaso barese** / Vase
- **Brucatura a mano e meccanica** / Hand picking and mechanical harvesting
- **No - Ciclo continuo** / No - Continuous cycle
- Coratina
- **Fruttato medio** / Medium fruity
- da 10,01 a 12,00 € - 500 ml / from € 10.01 to 12.00 - 500 ml

Donato De Robertis, cardiologo, costruì la villa dei suoi sogni nella propria tenuta, a pochi chilometri da Trani, e acquistò l'oliveto circostante. Negli anni, la sua passione è accolta dalla figlia Ottilia la quale, assieme al marito Paolo, decide di continuare la tradizione: oggi i due coltivano 4.500 piante di coratina su una superficie di 29 ettari e, nella trascorsa campagna, hanno raccolto 2.500 quintali di olive, pari a una produzione di circa 426 ettolitri di olio. L'etichetta proposta per la Guida è l'ottimo Extravergine Chiaroscuro, di un bel colore giallo dorato intenso con leggeri riflessi verdi, limpido. Al naso si apre ampio e avvolgente, intriso di sentori vegetali di carciofo e cicoria selvatica, cui si affiancano toni balsamici di erbe officinali, con ricordo di menta, rosmarino e salvia. Fine e di carattere in bocca, sprigiona note di lattuga, mandorla acerba e pepe nero. Amaro molto spiccato e piccante deciso. È perfetto per bruschette con pomodoro, carpaccio di tonno, insalate di spinaci, radicchio alla brace, zuppe di asparagi, primi piatti con carciofi, pesce azzurro gratinato, agnello alla griglia, cacciagione in umido, formaggi di media stagionatura.

Donato De Robertis, a cardiologist, built his ideal villa on his estate, a few kilometres from Trani, and also bought the surrounding olive grove. After some years, his daughter Ottilia, who shared the same passion, decided to continue this tradition with her husband Paolo. Today they run a surface of 29 hectares with 4,500 trees of the variety coratina. In the last harvest 2,500 quintals of olives were produced, equal to a yield of about 426 hectolitres of oil. The selection proposed to the panel is the very good Extra Virgin Chiaroscuro, which is a beautiful intense limpid golden yellow colour with slight green hues. Its aroma is ample and rotund, endowed with vegetal hints of artichoke and wild chicory, together with fragrant notes of officinal herbs, especially mint, rosemary and sage. Its taste is fine and strong, with a flavour of lettuce, unripe almond and black pepper. Bitterness is distinct and pungency is definite. It would be ideal on bruschette with tomatoes, tuna carpaccio, spinach salads, barbecued radicchio, asparagus soups, pasta with artichokes, blue fish au gratin, grilled lamb, stewed game, medium mature cheese.

Italia Italy [IT] Puglia

Società Agricola Fratelli Ferrara

Contrada Posta Locone
76012 Canosa di Puglia (BT)
E-mail: info@fratelli-ferrara.it - Web: www.fratelli-ferrara.it

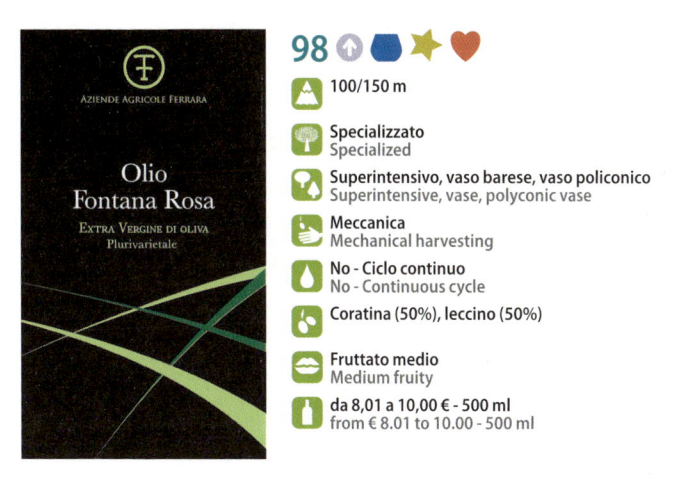

98

100/150 m

Specializzato
Specialized

Superintensivo, vaso barese, vaso policonico
Superintensive, vase, polyconic vase

Meccanica
Mechanical harvesting

No - Ciclo continuo
No - Continuous cycle

Coratina (50%), leccino (50%)

Fruttato medio
Medium fruity

da 8,01 a 10,00 € - 500 ml
from € 8.01 to 10.00 - 500 ml

È l'Azienda del Cuore. Con questo premio rimarchiamo la tenacia e la cura con cui i fratelli Ferrara hanno maturato in questi anni risultati importanti. Eredi di una tradizione familiare risalente alla fine del Settecento, la loro società comprende oggi due aziende agricole. Gli oliveti, la maggior parte dei quali si trova in agro Canosa di Puglia, occupano in tutto 103 ettari con 24.500 piante, di cui 4 ettari destinati a un allevamento superintensivo con 9.300 piante. Della totalità del raccolto sono stati moliti quasi 138 quintali di olive, per una resa in olio di circa 17 ettolitri. Due gli Extravergine, Posta Locone e Fontana Rosa. Il secondo, superbo, è giallo dorato intenso con lievi nuance verdi, limpido. Al naso è ampio e avvolgente, ricco di sentori vegetali di carciofo, cicoria e lattuga, in aggiunta a toni di menta e rosmarino. Fine e di personalità al gusto, sa di mandorla acerba, cannella e pepe nero. Amaro spiccato e piccante deciso. Ideale su bruschette con pomodoro, carpaccio di tonno, insalate di spinaci, radicchio alla griglia, zuppe di fagioli, primi piatti con salsiccia, polpo bollito, agnello in umido, carni rosse arrosto, formaggi stagionati a pasta dura.

It is The "Made with Love" Farm. In fact, thanks to their dedication the brothers Ferrara, the heirs of a tradition dating back to the end of the 18th century, have reached important results over time. Today their company includes two farms. The most of the olive groves are in the countryside of Canosa di Puglia and cover 103 hectares with 24,500 trees, 4 hectares of which are destined to a super intensive olive grove with 9,300 trees. Almost 138 quintals of olives of the whole production were crushed in the last harvest, with a yield of about 17 hectolitres. There are two Extra Virgin, Posta Locone and the superb Fontana Rosa, which is an intense limpid golden yellow colour with slight green hues. Its aroma is ample and rotund, rich in vegetal hints of artichoke, chicory and lettuce, with notes of mint and rosemary. Its taste is fine and strong, with a flavour of unripe almond, cinnamon and black pepper. Bitterness is distinct and pungency is definite. It would be ideal on bruschette with tomatoes, tuna carpaccio, spinach salads, grilled radicchio, bean soups, pasta with sausages, boiled octopus, stewed lamb, roast red meat, hard mature cheese.

Italia Italy [IT] Puglia

Le 4 Contrade

Contrada Torre di Bocca
76123 Andria (BT)
Tel.: +39 0883 591141 - Fax: +39 0883 591141
E-mail: sales@le4contrade.com - Web: www.le4contrade.com

94

160/180 m

Promiscuo
Promiscuous

Vaso barese
Vase

Bacchiatura e meccanica
Beating and mechanical harvesting

No - Ciclo continuo
No - Continuous cycle

Coratina

Fruttato medio
Medium fruity

da 12,01 a 15,00 € - 500 ml
from € 12.01 to 15.00 - 500 ml

Il progetto ha salde fondamenta, frutto della tradizione olivicola della famiglia Spagnoletti Zeuli che risale al XVII secolo. Dietro al marchio Le 4 Contrade ci sono oggi tre giovani, Emanuele, Sebastiano e Valeria che hanno deciso, dopo anni di studio e lavoro all'estero, di tornare nella loro Puglia per dedicarsi all'olivicoltura di qualità. Dell'intero raccolto, ricavato da 11.300 alberi di coratina coltivati su 86 ettari, 171 quintali di olive sono stati impiegati per la trasformazione in olio che ha reso un quantitativo di circa 20 ettolitri. L'eccellente Extravergine Le 4 Contrade da Agricoltura Biologica è giallo dorato intenso con delicate tonalità verdi, limpido. Al naso si apre ampio e avvolgente, dotato di sentori balsamici di menta e rosmarino, affiancati da netti toni di mandorla acerba e pepe nero. Fine e di carattere in bocca, è riccamente vegetale, con note di carciofo, cicoria e lattuga. Amaro deciso e piccante spiccato. Ideale su bruschette con verdure, insalate di lenticchie, marinate di ricciola, patate al cartoccio, passati di legumi, primi piatti con salmone, molluschi gratinati, seppie in umido, pollame o carni di agnello al forno, formaggi caprini.

This project has solid roots, the result of the olive tradition of the family Spagnoletti Zeuli, which dates back to the 17th century. Today, behind the trademark Le 4 Contrade there are three young people, Emanuele, Sebastiano and Valeria, who decided to come back to Puglia and practise quality olive growing, after studying and working abroad. The olive grove covers 86 hectares with 11,300 trees of the variety coratina. In the last harvest 171 quintals of the whole production of olives yielded about 20 hectolitres of oil. The excellent Extra Virgin selection Le 4 Contrade from Organic Farming is an intense limpid golden yellow colour with delicate green hues. Its aroma is ample and rotund, endowed with fragrant hints of mint and rosemary, together with distinct notes of unripe almond and black pepper. Its taste is fine and strong, with a rich vegetal flavour of artichoke, chicory and lettuce. Bitterness is definite and pungency is distinct. It would be ideal on bruschette with vegetables, lentil salads, marinated amberjack, baked potatoes, legume purée, pasta with salmon, mussels au gratin, stewed cuttlefish, baked poultry or lamb, goat cheese.

Italia Italy [IT] Puglia

Sabino Leone

Contrada Cefalicchio km 5
76012 Canosa di Puglia (BT)
E-mail: info@sabinoleone.it - Web: www.sabinoleone.it

98

145 m

Specializzato
Specialized

Vaso libero
Free vase

Meccanica
Mechanical harvesting

Sì - Ciclo continuo
Yes - Continuous cycle

Coratina

Fruttato intenso
Intense fruity

da 15,01 a 18,00 € - 500 ml
from € 15.01 to 18.00 - 500 ml

M eritata conferma in Guida per la famiglia Leone che seguita e emergere nel pur vocatissimo areale. Situata sul dolce pendio murgiano che scende da Castel del Monte, la tenuta ricopre attualmente 320 ettari, 180 dei quali destinati alla coltivazione di 70mila olivi, sia secolari che giovani. Dall'ultimo raccolto sono stati ricavati 18mila quintali di olive che, con l'aggiunta di altrettanti acquistati, hanno reso quasi 5.459 ettolitri di olio. Notevole il paniere dei tre Extravergine: La Patràun, Ex Terra da Agricoltura Biologica e Don Gioacchino Dop Terra di Bari - Castel del Monte. Quest'ultimo, eccellente, è giallo dorato intenso con leggeri riflessi verdi, limpido; al naso è deciso e avvolgente, ricco di sentori di menta e rosmarino, cui si aggiungono netti toni di carciofo e cicoria. Fine e di carattere al palato, sprigiona note vegetali di lattuga e chiude con ricordo marcato di mandorla e cannella. Amaro potente e piccante spiccato. Ideale su bruschette con pomodoro, carpaccio di tonno, insalate di spinaci, radicchio alla griglia, zuppe di fagioli, primi piatti al ragù, pesce azzurro gratinato, agnello arrosto, carni rosse alla brace, formaggi stagionati a pasta dura.

P resent again in our Guide with a good result, the family Leone excels in an area with many good producers. Their estate, situated on the gentle slope of Murgia that descends from Castel del Monte, covers today 320 hectares, 180 of which destined to olive grove with 70,000 century-old and young trees. In the last harvest 18,000 quintals of olives were produced and 18,000 purchased, with a yield of almost 5,459 hectolitres of oil. There are three very good Extra Virgin, La Patràun, Ex Terra from Organic Farming and the excellent Don Gioacchino Pdo Terra di Bari - Castel del Monte, which is an intense limpid golden yellow colour with slight green hues. Its aroma is definite and rotund, rich in hints of mint and rosemary, together with distinct notes of artichoke and chicory. Its taste is fine and strong, with a vegetal flavour of lettuce and a strong final note of almond and cinnamon. Bitterness is powerful and pungency is distinct. It would be ideal on bruschettes with tomatoes, tuna carpaccio, spinach salads, grilled radicchio, bean soups, pasta with meat sauce, blue fish au gratin, roast lamb, barbecued red meat, hard mature cheese.

Italia Italy [IT] Puglia

Azienda Agricola Nicola Monterisi

Wolfgang Amadeus Mozart, 140
76123 Andria (BT)
Tel.: +39 0883 561836 - Fax: +39 0883 561836
E-mail: oliomonterisi@gmail.com - Web: www.oliomonterisi.com

95

380 m

Specializzato
Specialized

Vaso barese
Vase

Brucatura a mano e meccanica
Hand picking and mechanical harvesting

No - Ciclo continuo
No - Continuous cycle

Coratina

Fruttato medio
Medium fruity

da 15,01 a 18,00 € - 500 ml
from € 15.01 to 18.00 - 500 ml

Brillante rientro in Guida per l'azienda di Nicola Monterisi che conferma di essere un punto di riferimento in fatto di alta qualità anche al di fuori dei confini regionali. Attiva dal 1992 nel vocato comprensorio di Andria, la tenuta dispone di 5 ettari di oliveto con 1.060 piante di coratina messe a dimora. Da queste, nell'ultima campagna, è stato ricavato un raccolto di 180 quintali di olive che hanno reso 18 ettolitri di olio. Segnaliamo l'etichetta aziendale proposta al panel, l'ottimo Extravergine Monterisi - Cru di Coratina da Agricoltura Biologica. Appare alla vista di un bel colore giallo dorato intenso con delicate sfumature verdi, limpido. Al naso è ampio e avvolgente, con ricche note vegetali di carciofo, cicoria selvatica e lattuga, affiancate da netti sentori di pepe nero e mandorla. In bocca è complesso e di carattere, con ricordo balsamico di menta, rosmarino e alloro. Amaro molto spiccato e piccante deciso e armonico. È perfetto per antipasti di salmone, insalate di legumi, marinate di ricciola, pomodori con riso, zuppe di funghi finferli, primi piatti con molluschi, gamberi in guazzetto, seppie in umido, coniglio al forno, pollo arrosto, formaggi caprini.

Present again in our Guide with a brilliant result, the farm owned by Nicola Monterisi always guarantees high quality at regional and national level. Active since 1992 in the favourable district of Andria, the estate includes 5 hectares of olive grove with 1,060 trees of the variety coratina. In the last harvest 180 quintals of olives were produced, which allowed to yield 18 hectolitres of extra virgin olive oil. We recommend the very good selection proposed to our panel, the Extra Virgin Monterisi - Cru di Coratina from Organic Farming, which is a beautiful intense limpid golden yellow colour with delicate green hues. Its aroma is ample and rotund, with rich vegetal notes of artichoke, wild chicory and lettuce, together with distinct hints of black pepper and almond. Its taste is complex and strong, with a fragrant flavour of mint, rosemary and laurel. Bitterness is distinct and pungency is definite and harmonic. It would be ideal on salmon appetizers, legume salads, marinated amberjack, tomatoes stuffed with rice, chanterelle mushroom soups, pasta with mussels, stewed shrimps, stewed cuttlefish, baked rabbit, roast chicken, goat cheese.

Italia Italy [IT] Puglia

Frantoio Muraglia

Via San Candido, 83
76123 Andria (BT)
Tel.: +39 0883 1950959
E-mail: news@frantoiomuraglia.it - Web: www.frantoiomuraglia.it

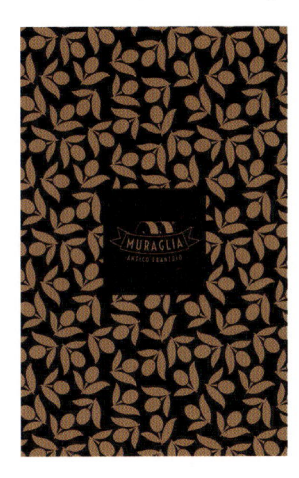

89

- 200 m
- **Specializzato** / Specialized
- **Alberello** / Tree
- **Brucatura a mano e meccanica** / Hand picking and mechanical harvesting
- **Sì - Ciclo continuo misto** / Yes - Mixed continuous cycle
- Coratina
- **Fruttato intenso** / Intense fruity
- da 35,01 a 40,00 € - 500 ml / from € 35.01 to 40.00 - 500 ml

Nella tradizione della famiglia Muraglia c'è l'olio che significa prima di tutto amore per questa terra, lo splendido territorio di Andria. Le olive sono quelle degli oliveti di proprietà, 44 ettari sui quali dimorano sia il maestoso albero centenario comprato dal trisavolo Savino, il vero capostipite della famiglia, sia gli esemplari più giovani, in tutto 13mila piante. Il raccolto della trascorsa campagna ha fruttato 5.500 quintali di olive che, con l'aggiunta di mille acquistati, hanno prodotto 660 ettolitri di olio. Due gli Extravergine: Muraglia - Denocciolato di Coratina e Tenuta Macchia di Rose - Grand Cru scelto dal panel. Giallo dorato intenso con delicati riflessi verdi, limpido; al naso è deciso e avvolgente, intriso di sentori di carciofo e cicoria, affiancati da ricche note balsamiche di menta e rosmarino. Fine e di carattere al palato, sa di lattuga e chiude con netto ricordo di mandorla. Amaro e piccante spiccati e armonici. Si abbina a bruschette con pomodoro, funghi porcini ai ferri, insalate di polpo, radicchio alla brace, zuppe di asparagi, cous cous di carne, pesce azzurro in umido, pollame o carni di maiale alla griglia, formaggi stagionati a pasta dura.

The tradition of the family Muraglia is based on oil, which means first of all love for this land, the splendid territory of Andria. Their olives come from 44 hectares of olive grove with 13,000 young and old trees, including the imposing century-old tree bought by their great-grandfather Savino, the real head of the family. In the last harvest 5,500 quintals of olives were produced and 1,000 purchased, with a yield of 660 hectolitres of oil. There are two Extra Virgin selections, Muraglia - Denocciolato di Coratina and Tenuta Macchia di Rose - Grand Cru, chosen by the panel. It is an intense limpid golden yellow colour with delicate green hues. Its aroma is definite and rotund, endowed with hints of artichoke and chicory, together with rich fragrant notes of mint and rosemary. Its taste is fine and strong, with a flavour of lettuce and a distinct almond finish. Bitterness and pungency are distinct and harmonic. It would be ideal on bruschette with tomatoes, grilled porcini mushrooms, octopus salads, barbecued radicchio, asparagus soups, meat cous cous, steamed blue fish, grilled poultry or pork, hard mature cheese.

Italia Italy [IT] Puglia

Olio Guglielmi

Via Canosa, 443
76123 Andria (BT)
Tel.: +39 0883 591815 - 0883 883395 - Fax: +39 0883 883395
E-mail: info@olioguglielmi.it - Web: www.olioguglielmi.it

86

150 m

Specializzato
Specialized

Vaso policonico
Polyconic vase

Bacchiatura e meccanica
Beating and mechanical harvesting

Sì - Ciclo continuo
Yes - Continuous cycle

Coratina

Fruttato intenso
Intense fruity

da 18,01 a 22,00 € - 500 ml
from € 18.01 to 22.00 - 500 ml

Olio Guglielmi nasce nel 1954 quando nonno Saverio, con la voglia di ricostruire che ha animato il secondo dopoguerra, pone il primo mattone del frantoio e di quello che diventerà l'azienda di famiglia, una realtà in continuo rinnovamento. Oggi figli e nipoti si dedicano alla coltivazione di 80mila olivi su 190 ettari che hanno reso, nella trascorsa campagna, 18mila quintali di olive che, con l'aggiunta di 30mila acquistati, hanno prodotto quasi 7.642 ettolitri di olio. L'etichetta proposta dall'azienda al panel è l'Extravergine Guglielmi Igp Olio di Puglia che appare alla vista di un bel colore giallo dorato intenso, limpido. Al naso si apre deciso e avvolgente, intriso di sentori aromatici di menta e rosmarino, accompagnati da note spiccate di mandorla dolce. Al palato è fine e di carattere, con ampi toni vegetali di carciofo, cicoria selvatica e lattuga. Amaro e piccante spiccati e armonizzati, con finale dolce in rilievo. Si abbina molto bene a bruschette con pomodoro, carpaccio di tonno, insalate di polpo, radicchio alla brace, passati di lenticchie, primi piatti al ragù, pesce azzurro gratinato, agnello arrosto, carni rosse ai ferri, formaggi di media stagionatura.

Olio Guglielmi was founded in 1954, when Saverio, the grandfather, sharing the desire to reconstruct that characterized the post-war period, started building the oil mill and the future family farm, which has continuously been renewed. Today children and grandchildren run 190 hectares of olive grove with 80,000 trees. In the last harvest 18,000 quintals of olives were produced and 30,000 purchased, with a yield of almost 7,642 hectolitres of extra virgin olive oil. The selection proposed to the panel is the Extra Virgin Guglielmi Pgi Olio di Puglia, which is a beautiful intense limpid golden yellow colour. Its aroma is definite and rotund, endowed with aromatic hints of mint and rosemary, together with distinct notes of sweet almond. Its taste is fine and strong, with an ample vegetal flavour of artichoke, wild chicory and lettuce. Bitterness and pungency are distinct and harmonic, with a sweet finish. It would be ideal on bruschette with tomatoes, tuna carpaccio, octopus salads, barbecued radicchio, lentil purée, pasta with meat sauce, blue fish au gratin, roast lamb, grilled red meat, medium mature cheese.

Italia Italy [IT] Puglia

Azienda Agricola Adriatica Vivai

Speziale - Via Lecce
72016 Fasano (BR)
Tel.: +39 080 4810989
E-mail: info@profumidicastro.it - Web: www.profumidicastro.it

87

84 m

Specializzato
Specialized

Vaso pugliese
Apulia vase

Brucatura a mano e meccanica
Hand picking and mechanical harvesting

Sì - Ciclo continuo
Yes - Continuous cycle

Coratina

Fruttato medio
Medium fruity

da 8,01 a 10,00 € - 500 ml
from € 8.01 to 10.00 - 500 ml

Brillante conferma per l'Adriatica Vivai. Tra Ostuni e Fasano, immersa in un panorama incontaminato reso ancora più suggestivo dalla presenza di olivi millenari, questa azienda è impegnata da generazioni nel settore olivicolo. Più recentemente Mario Conserva e Mario Franco hanno deciso di dotarsi anche di un moderno impianto di trasformazione che lavora le olive ricavate da 13mila alberi coltivati su 50 ettari. Il raccolto di quest'anno ha fruttato 5mila quintali di olive che hanno reso quasi 546 ettolitri di olio. L'ottimo Extravergine monocultivar Profumi Di Castro - Coratina di Agricoltura Biologica è giallo dorato intenso con tonalità verdoline, limpido. Al naso è ampio e avvolgente, ricco di sentori vegetali di carciofo e cicoria selvatica, affiancati da toni aromatici di menta e rosmarino. Fine e complesso in bocca, sprigiona note di lattuga, pepe nero e spiccata mandorla acerba. Amaro e piccante decisi e ben armonizzati. Perfetto l'abbinamento con bruschette con pomodoro, carpaccio di tonno, insalate di pesce spada, radicchio al forno, passati di lenticchie, primi piatti al ragù, pesce azzurro gratinato, carni rosse o nere ai ferri, formaggi stagionati a pasta dura.

A brilliant result for Adriatica Vivai. This farm, active in the oil field for generations, is placed between Ostuni and Fasano, in the middle of a pristine scenery, particularly fascinating for the presence of centuries-old olive trees. More recently Mario Conserva and Mario Franco have also supplied it with a modern transformation system. The olive grove covers 50 hectares with 13,000 trees. In the last harvest 5,000 quintals of olives were produced, with a yield of almost 546 hectolitres of oil. The very good Monocultivar Extra Virgin Profumi Di Castro - Coratina from Organic Farming is an intense limpid golden yellow colour with light green hues. Its aroma is ample and rotund, rich in vegetal hints of artichoke and wild chicory, together with aromatic notes of mint and rosemary. Its taste is fine and complex, with a flavour of lettuce, black pepper and distinct unripe almond. Bitterness and pungency are definite and harmonic. It would be ideal on bruschette with tomatoes, tuna carpaccio, swordfish salads, baked radicchio, lentil purée, pasta with meat sauce, blue fish au gratin, grilled red meat or game, hard mature cheese.

Italia Italy [IT] Puglia

Tenute Allegretti

Contrada La Spetterrata, 1/a
72016 Fasano (BR)
Tel.: +39 080 4810319 - Fax: +39 080 4810023
E-mail: info@tenuteallegretti.com - Web: www.tenuteallegretti.com

86

105 m

Specializzato
Specialized

Vaso aperto, vaso libero
Open vase, free vase

Meccanica
Mechanical harvesting

Sì - Ciclo continuo
Yes - Continuous cycle

Coratina

Fruttato medio
Medium fruity

da 12,01 a 15,00 € - 500 ml
from € 12.01 to 15.00 - 500 ml

Allegretti è il nome di un'antica famiglia nobile discendente dai duchi di Mirabella che si tramanda da generazioni le terre, 71 ettari, dove fioriscono le 12mila piante di olivo attualmente condotte dal nipote della duchessa Allegretti, in qualità di amministratore unico di una società che ha dato vita a un importante progetto di ampliamento aziendale, con la creazione di una struttura qualificata come masseria didattica. La produzione della trascorsa campagna è stata di 5mila quintali di olive e 800 ettolitri di olio. E gli Extravergine Allegretti da Agricoltura Biologica presentati sono due, Picholine e Coratina. Preferiamo il secondo, di un bel colore giallo dorato intenso con nuance verdoline, limpido. Al naso è pulito e avvolgente, ricco di sentori balsamici di menta e rosmarino, cui si affiancano note speziate di cannella e ricordo di mandorla. In bocca è di carattere e vegetale, e sa di carciofo, cicoria e lattuga. Amaro ben spiccato e piccante deciso. Ideale su antipasti di pomodori, insalate di farro, marinate di orata, patate in umido, zuppe di legumi, risotto con carciofi, molluschi gratinati, tartare di salmone, pollame o carni di agnello al forno, formaggi caprini.

Allegretti is the name of an ancient noble family descending from the dukes of Mirabella. For generations they have handed down their lands, consisting of 71 hectares with 12,000 olive trees. The estate is currently run by the duchess Allegretti's grandson, the sole director of the farm, and is being expanded with the creation of a didactic farm. In the last harvest 5,000 quintals of olives were produced, with a yield of 800 hectolitres of extra virgin olive oil. There are two Extra Virgin selections Allegretti from Organic Farming, Picholine and Coratina, which we recommend. It is a beautiful intense limpid golden yellow colour with light green hues. Its aroma is clean and rotund, rich in fragrant hints of mint and rosemary, together with spicy notes of cinnamon and hints of almond. Its taste is strong and vegetal, with a flavour of artichoke, chicory and lettuce. Bitterness is distinct and pungency is definite. It would be ideal on tomato appetizers, farro salads, marinated gilthead, stewed potatoes, legume soups, risotto with artichokes, mussels au gratin, salmon tartare, baked poultry or lamb, goat cheese.

Italia Italy [IT] Puglia

Azienda Agricola Francesco Domenico Caliandro

Via Regina Elena, 11
72018 San Michele Salentino (BR)
Tel.: +39 0831 966014 - Fax: +39 0831 966014
E-mail: p.caliandro@outlook.com

85

- 302 m
- **Specializzato** / Specialized
- **Vaso, vaso pugliese** / Vase, Apulia vase
- **Brucatura a mano** / Hand picking
- **No - Ciclo continuo** / No - Continuous cycle
- **Cellina di Nardò**
- **Fruttato medio** / Medium fruity
- da 6,01 a 8,00 € - 250 ml / from € 6.01 to 8.00 - 250 ml

Lavra
OLIO EXTRA VERGINE DI OLIVA
ITALIANO

Nata tra gli olivi secolari dell'alto Salento, crocevia di culture e sintesi di Oriente e Occidente, l'azienda di famiglia si ricollega alla storia dei monaci basiliani che, in fuga dalle persecuzioni iconoclaste dell'Impero Bizantino, si rifugiarono nelle grotte carsiche, dando origine al fenomeno della "lavra" salentina. Oggi su 10 ettari di oliveto Francesco Domenico Caliandro si prende cura di 1.300 alberi che hanno fruttato 250 quintali di olive e quasi 22 ettolitri di olio. L'etichetta proposta è l'ottimo Extravergine Lavra che appare alla vista di un bel colore giallo dorato intenso con tenui venature verdi, limpido. Al naso è ampio e avvolgente, dotato di sentori vegetali di carciofo e cicoria selvatica, cui si affiancano note di erbe officinali, con ricordo di menta e rosmarino. Fine e complesso in bocca, sprigiona toni di lattuga e chiude con nuance di cannella e mandorla. Amaro spiccato e piccante deciso e armonico. Perfetto accompagnamento per antipasti di pomodori, insalate di legumi, marinate di orata, patate in umido, zuppe di farro, primi piatti con asparagi, gamberi in guazzetto, tartare di ricciola, pollame o carni di agnello al forno, formaggi caprini.

Created among the centuries-old olive trees of high Salento, a crossroads of cultures and synthesis of East and West, this family farm is linked to the story of the Basilian monks. Fleeing from the iconoclastic persecutions of the Byzantine Empire, they took refuge in the karst caves, giving rise to the phenomenon of the "lavra" of Salento. Today Francesco Domenico Caliandro runs 10 hectares with 1,300 trees, which produced 250 quintals of olives and almost 22 hectolitres of oil in the last harvest. The farm selection is the very good Extra Virgin Lavra, which is a beautiful intense limpid golden yellow colour with slight green hues. Its aroma is ample and rotund, endowed with vegetal hints of artichoke and wild chicory, together with notes of officinal herbs, especially mint and rosemary. Its taste is fine and complex, with a flavour of lettuce and final notes of cinnamon and almond. Bitterness is distinct and pungency is definite and harmonic. It would be ideal on tomato appetizers, legume salads, marinated gilthead, stewed potatoes, farro soups, pasta with asparagus, stewed shrimps, amberjack tartare, baked poultry or lamb, goat cheese.

Italia Italy [IT] Puglia

Tenuta Foggiali

Contrada Foggiali, 3
72017 Ostuni (BR)
E-mail: info@tenutafoggiali.it - Web: www.tenutafoggiali.it

84

150 m

Specializzato
Specialized

Policono, vaso pugliese
Polycone, Apulia vase

Brucatura a mano e meccanica
Hand picking and mechanical harvesting

No - Ciclo continuo
No - Continuous cycle

Picholine Languedoc

Fruttato medio
Medium fruity

da 15,01 a 18,00 € - 500 ml
from € 15.01 to 18.00 - 500 ml

A Ostuni, splendida cittadina nota anche con l'appellativo di "regina degli olivi", si estendono gli oliveti della Tenuta Foggiali che comprendono sia alberi monumentali secolari che i nuovi impianti voluti da Mimì Rosati, figlio di nonno Vincenzo che acquistò la proprietà oltre un secolo fa. Oggi alla cura dei 20 ettari, con 3mila piante, si dedica la terza generazione della famiglia che ha ricavato, dal raccolto di 600 quintali di olive dell'ultima campagna, 100 ettolitri di olio. Segnaliamo l'Extravergine monocultivar Rosati - Picholine da Agricoltura Biologica, di un bel colore giallo dorato intenso con delicate sfumature verdi, limpido. Al naso è sottile e composto, con note fruttate di pomodoro acerbo, banana e mela bianca, affiancate da sentori aromatici di basilico, menta e prezzemolo. Morbido e armonico in bocca, si arricchisce di toni vegetali di cicoria, lattuga e sedano. Amaro e piccante presenti ed equilibrati, con finale dolce in rilievo. Ideale su antipasti di legumi, insalate di farro, marinate di orata, patate in umido, passati di orzo, primi piatti con asparagi, gamberi in guazzetto, tartare di ricciola, pollame o carni di agnello al forno, formaggi caprini.

Tenuta Foggiali is situated in Ostuni, a splendid little town, also known as "the queen of olive trees", and includes both centuries-old monumental trees and new plants. It was started by Mimì Rosati, the son of Vincenzo, who purchased the estate over a century ago. Today the farm is run by the third generation of the family and consists of 20 hectares with 3,000 trees. In the last harvest 600 quintals of olives and 100 hectolitres of oil were produced. We recommend the Monocultivar Extra Virgin Rosati - Picholine from Organic Farming, which is a beautiful intense limpid golden yellow colour with delicate green hues. Its aroma is fine and delicate, with fruity notes of unripe tomato, banana and white apple, together with fragrant hints of basil, mint and parsley. Its taste is mellow and harmonic, with a vegetal flavour of chicory, lettuce and celery. Bitterness and pungency are present and complimentary, with a sweet finish. It would be ideal on legume appetizers, farro salads, marinated gilthead, stewed potatoes, barley purée, pasta with asparagus, stewed shrimps, amberjack tartare, baked poultry or lamb, goat cheese.

Italia Italy [IT] Puglia

Monsignore

Pezze di Greco - Contrada Pezze di Monsignore
72015 Fasano (BR)
Tel.: +39 080 4898720
E-mail: info@monsignore.shop - Web: www.monsignore.shop

86

100 m

Promiscuo e specializzato
Promiscuous and specialized

Alberello, policono, vaso globoso
Tree, polycone, globe

Bacchiatura e brucatura a mano
Beating and hand picking

Sì - Ciclo continuo
Yes - Continuous cycle

Coratina

Fruttato intenso
Intense fruity

da 10,01 a 12,00 € - 500 ml
from € 10.01 to 12.00 - 500 ml

Monsignore è un'azienda a conduzione familiare che cura da anni la produzione di vini Igp e oli extravergine. Dell'intera tenuta gli oliveti occupano 14 ettari, con 800 piante di diverse cultivar, tra locali e importate; mentre il frantoio lavora sia le olive proprie che quelle di selezionati coltivatori dell'agro di Fasano e dintorni. Nella recente campagna al raccolto di 350 quintali di olive ne sono stati aggiunti 1.500 acquistati, per una produzione in olio di 300 ettolitri. Dei due ottimi Extravergine Monsignore, Picholine e Coratina, il panel sceglie il secondo, giallo dorato intenso con delicati riflessi verdi, limpido. Al naso si offre deciso e avvolgente, ricco di note vegetali di carciofo e cicoria, accompagnate da sentori aromatici di menta e rosmarino. Fine e di carattere in bocca, si arricchisce di toni di lattuga e chiude con netto ricordo di mandorla, pepe nero e cannella. Amaro potente e piccante spiccato e armonico. Ideale su bruschette con pomodoro, carpaccio di tonno, insalate di spinaci, radicchio alla griglia, passati di lenticchie, primi piatti al ragù, pesce azzurro gratinato, agnello arrosto, carni rosse alla brace, formaggi stagionati a pasta dura.

Monsignore is a family-run farm, which has been producing Pgi wines and extra virgin olive oil for years. The olive groves take up 14 hectares of the whole estate, with 800 trees of several local and imported cultivars, while the oil mill crushes both the farm olives and the ones of selected producers of the countryside of Fasano and its surroundings. In the last harvest 350 quintals of olives were produced and 1,500 purchased, with a yield of 300 hectolitres of oil. There are two very good Extra Virgin Monsignore, Picholine and Coratina, chosen by the panel. It is an intense limpid golden yellow colour with delicate green hues. Its aroma is definite and rotund, rich in vegetal hints of artichoke and chicory, together with aromatic notes of mint and rosemary. Its taste is fine and strong, enriched by a flavour of lettuce and a distinct finish of almond, black pepper and cinnamon. Bitterness is powerful and pungency is distinct and harmonic. It would be ideal on bruschettes with tomatoes, tuna carpaccio, spinach salads, grilled radicchio, lentil purée, pasta with meat sauce, blue fish au gratin, roast lamb, barbecued red meat, hard mature cheese.

Italia Italy [IT] Puglia

Olio Sant'Oro

Contrada Archinuovi, 2
72018 San Michele Salentino (BR)
E-mail: info@frantoiosantoro.it - Web: www.frantoiosantoro.it

81

- 120 m
- Specializzato / Specialized
- Vaso policonico / Polyconic vase
- Bacchiatura e meccanica / Beating and mechanical harvesting
- Sì - Ciclo continuo / Yes - Continuous cycle
- Picholine Languedoc
- Fruttato medio / Medium fruity
- da 10,01 a 12,00 € - 500 ml / from € 10.01 to 12.00 - 500 ml

Olio Sant'Oro ha come metodo produttivo per il proprio extravergine il rispetto del territorio, lo splendido Salento. Gli alberi secolari sono quelli della tenuta di proprietà della famiglia Santoro: occupano 30 ettari e raggiungono il numero di 3mila esemplari appartenenti a un nutrito ventaglio di cultivar, locali e non. Questi hanno fruttato, nella trascorsa campagna, 250 quintali di olive che, con l'aggiunta di 1.100 acquistati, hanno reso 210 ettolitri di olio. Segnaliamo l'Extravergine monovarietale Olivate - Picholine da Agricoltura Biologica che appare alla vista di un bel colore giallo dorato intenso con riflessi verdolini, limpido. Al naso è sottile e composto, con sentori fruttati di pomodoro acerbo, banana e mela bianca, cui si uniscono note aromatiche di basilico, menta e prezzemolo. In bocca è morbido e armonico, con toni vegetali di lattuga e sedano. Amaro e piccante presenti ed equilibrati, con finale dolce in rilievo. Ideale su antipasti di farro, fagioli bolliti, insalate di salmone, patate alla griglia, zuppe di legumi, risotto con funghi finferli, crostacei in umido, molluschi gratinati, coniglio al forno, pollo arrosto, formaggi freschi a pasta filata.

Olio Sant'Oro produces its extra virgin olive oil fully respecting its territory, the splendid Salento. In fact, the estate of the family Santoro contains centuries-old trees and extends over 30 hectares with 3,000 trees of a wide range of local and imported cultivars. In the last harvest 250 quintals of olives were produced and 1,100 purchased, with a yield of 210 hectolitres of extra virgin olive oil. We recommend the Monovarietal Extra Virgin selection Olivate - Picholine from Organic Farming, which is a beautiful intense limpid golden yellow colour with light green hues. Its aroma is fine and delicate, with fruity hints of unripe tomato, banana and white apple, together with aromatic notes of basil, mint and parsley. Its taste is mellow and harmonic, with a vegetal flavour of lettuce and celery. Bitterness and pungency are present and complimentary, with a sweet finish. It would be ideal on farro appetizers, boiled beans, salmon salads, grilled potatoes, legume soups, risotto with chanterelle mushrooms, stewed shellfish, mussels au gratin, baked rabbit, roast chicken, mozzarella cheese.

Italia Italy [IT] Puglia

Oleificio Giovanni Petruzzi

Viale del Miracolo, 186
72015 Fasano (BR)
Tel.: +39 080 4890210 - Fax: +39 080 4890210
E-mail: info@oleificiopetruzzi.com - Web: www.oleificiopetruzzi.com

83

70 m

Specializzato
Specialized

Forma libera, monocono
Free form, monocone

Bacchiatura e meccanica
Beating and mechanical harvesting

Sì - Ciclo continuo
Yes - Continuous cycle

Picholine Languedoc

Fruttato medio
Medium fruity

da 8,01 a 10,00 € - 750 ml
from € 8.01 to 10.00 - 750 ml

Nel 1954 in un antico frantoio ipogeo nonno Pierino inizia a estrarre l'olio. La sua esperienza e le solide tradizioni si intrecciano con la moderna tecnologia che caratterizza la struttura oggi guidata da Giovanni. A questo binomio si associano le forze giovani del nipote Pietro, al quale si deve il lavoro continuo di aggiornamento, imprescindibile per garantire una qualità costante. Dai 1.100 olivi coltivati su quasi 7 ettari sono stati raccolti quest'anno 200 quintali di olive che, con l'aggiunta dei 30mila acquistati, hanno prodotto 5mila ettolitri di olio. Dei due Extravergine monocultivar Petruzzi, Ogliarola Salentina e Picholine, il secondo è giallo dorato intenso con leggeri riflessi verdi, limpido. Al naso è ampio e avvolgente, ricco di sentori fruttati di pomodoro e mandorla acerbi, affiancati da note di basilico, menta e pepe nero. Fine e vegetale in bocca, sa di carciofo, cicoria e lattuga. Amaro deciso e piccante spiccato. Ideale su antipasti di mare, insalate di fagioli, marinate di orata, patate alla piastra, zuppe di ceci, primi piatti con salmone, molluschi gratinati, tartare di ricciola, coniglio arrosto, pollame ai ferri, formaggi freschi a pasta filata.

In 1954 Pierino, the grandfather, began extracting oil in an ancient underground oil mill. His experience and solid traditions are intertwined today with modern technology. The farm is currently run by Giovanni, while the young grandson Pietro is in charge of the continuous updating work that is essential to ensure constant quality. The olive grove covers almost 7 hectares with 1,100 trees. In the last harvest 200 quintals of olives were produced and 30,000 purchased, with a yield of 5,000 hectolitres of oil. There are two Monocultivar Extra Virgin selections Petruzzi, Ogliarola Salentina and Picholine, which is an intense limpid golden yellow colour with slight green hues. Its aroma is ample and rotund, rich in fruity hints of unripe tomato and almond, together with notes of basil, mint and black pepper. Its taste is fine and vegetal, with a flavour of artichoke, chicory and lettuce. Bitterness is definite and pungency is distinct. It would be ideal on seafood appetizers, bean salads, marinated gilthead, seared potatoes, chickpea soups, pasta with salmon, mussels au gratin, amberjack tartare, roast rabbit, grilled poultry, mozzarella cheese.

Italia Italy [IT] Puglia

Masseria Pezze Galere

Speziale - Contrada Case Sparse, 10
72015 Fasano (BR)
Tel.: +39 080 4810971 - Fax: +39 080 4810971
E-mail: info@masseriapezzegalere.it - Web: www.masseriapezzegalere.it

89

120 m

Specializzato
Specialized

Vaso libero
Free vase

Meccanica
Mechanical harvesting

No - Ciclo continuo
No - Continuous cycle

Coratina

Fruttato medio
Medium fruity

da 12,01 a 15,00 € - 500 ml
from € 12.01 to 15.00 - 500 ml

Brillante conferma per questa bella realtà della provincia di Brindisi che migliora un già ottimo punteggio. La storia di Masseria Pezze Galere è lunga cinque generazioni: l'impianto è quello antico ai piedi delle colline di Cisternino, 24 ettari con 3mila alberi, e tra gli olivi esiste oggi anche una casa tradizionale, La Casina, riqualificata e adibita ad accogliente B&B. Il raccolto della passata campagna ha fruttato 800 quintali di olive che hanno reso circa 109 ettolitri di olio. Dei due Extravergine proposti, Alba e Giacomì, il panel preferisce il secondo, giallo dorato intenso con delicati riflessi verdi, limpido. Al naso è ampio e avvolgente, dotato di sentori vegetali di carciofo, cicoria e lattuga, cui si accompagnano sfumature speziate di pepe nero, cannella e netti toni di mandorla acerba. Elegante e complesso al palato, si arricchisce di note aromatiche di menta e rosmarino. Amaro deciso e piccante spiccato e armonico. Ideale su antipasti di pomodori, insalate di legumi, marinate di ricciola, verdure ai ferri, zuppe di farro, primi piatti con salmone, molluschi gratinati, tartare di pesce spada, pollame o carni di agnello al forno, formaggi freschi a pasta filata.

A brilliant result for Masseria Pezze Galere in the province of Bari, which improves its position in our Guide. Active for five generations, this beautiful farm consists of the old olive grove at the foot of the hills of Cisternino, covering 24 hectares with 3,000 trees. Today among the olive trees there is also a traditional house, La Casina, completely restored and used as a cozy B&B. In the last harvest 800 quintals of olives were produced, with a yield of about 109 hectolitres of oil. There are two Extra Virgin, Alba and Giacomì, chosen by the panel. It is an intense limpid golden yellow colour with delicate green hues. Its aroma is ample and rotund, endowed with vegetal hints of artichoke, chicory and lettuce, together with spicy notes of black pepper, cinnamon and distinct unripe almond. Its taste is elegant and complex, enriched by aromatic notes of mint and rosemary. Bitterness is definite and pungency is distinct and harmonic. It would be ideal on tomato appetizers, legume salads, marinated amberjack, grilled vegetables, farro soups, pasta with salmon, mussels au gratin, swordfish tartare, baked poultry or lamb, mozzarella cheese.

Italia Italy [IT] Puglia

Società Agricola Biorussi

Contrada Macchiarotonda
71010 Carpino (FG)
Tel.: +39 0884 992513
E-mail: info@biorussi.com - Web: www.biorussi.com

83

600 m

Specializzato
Specialized

Vaso
Vase

Meccanica
Mechanical harvesting

No - Ciclo continuo
No - Continuous cycle

Ogliarola garganica

Fruttato medio
Medium fruity

da 12,01 a 15,00 € - 500 ml
from € 12.01 to 15.00 - 500 ml

B iorussi è l'avventura di due giovani fratelli, Domenico e Maria Giulia Russi, che hanno i piedi ben piantati nella terra garganica e quattro generazioni di olivicoltori alle spalle. Con loro in azienda, situata tra le rive del lago Varano e la piana di Carpino, si trova la nonna Marì, fonte di insegnamento di saperi e sapori antichi, e i genitori Graziana e Matteo che gli hanno trasmesso l'amore e il rispetto per la natura. Gli oliveti occupano 53 ettari, con 18mila alberi che hanno reso un raccolto di 4.800 quintali di olive e una produzione di circa 912 ettolitri di olio. L'Extravergine Macchiarotonda da Agricoltura Biologica è di un bel colore giallo dorato intenso con lievi riflessi verdi, limpido. Al naso è ampio e avvolgente, ricco di sentori aromatici di menta e rosmarino, affiancati da note di pepe nero, mandorla e noce matura. Fine e vegetale al palato, sa di carciofo, cicoria e lattuga. Amaro deciso e piccante spiccato. È ottimo su antipasti di salmone, insalate di legumi, marinate di ricciola, pomodori con riso, passati di patate, primi piatti con molluschi, gamberi in guazzetto, seppie in umido, coniglio arrosto, pollame al forno, formaggi freschi a pasta filata.

B iorussi was founded by two young brothers, Domenico and Maria Giulia Russi, whose roots are the land of Gargano and four generations of olive growers. The farm, located between the shores of Lake Varano and the plain of Carpino, is also run by their grandmother Marì, a source of ancient traditions and flavours, and their parents Graziana and Matteo, who have passed on to them love and respect for nature. The olive groves take up 53 hectares with 18,000 trees, which produced 4,800 quintals of olives and about 912 hectolitres of oil in the last harvest. The Extra Virgin Macchiarotonda from Organic Farming is a beautiful intense limpid golden yellow colour with slight green hues. Its aroma is ample and rotund, rich in aromatic hints of mint and rosemary, together with notes of black pepper, almond and ripe walnut. Its taste is fine and vegetal, with a flavour of artichoke, chicory and lettuce. Bitterness is definite and pungency is distinct. It would be ideal on salmon appetizers, legume salads, marinated amberjack, tomatoes stuffed with rice, potato purée, pasta with mussels, stewed shrimps, stewed cuttlefish, roast rabbit, baked poultry, mozzarella cheese.

Italia Italy [IT] Puglia

Podere Centodieci

Via Napoli - Podere 110
71122 Foggia
Tel.: +39 0881 233203
E-mail: info@poderecentodieci.it - Web: www.poderecentodieci.it

84

70 m

Specializzato
Specialized

Cespuglio, superintensivo, vaso policonico
Bush, superintensive, polyconic vase

Bacchiatura e meccanica
Beating and mechanical harvesting

No - Ciclo continuo
No - Continuous cycle

Arbequina

Fruttato medio
Medium fruity

da 12,01 a 15,00 € - 500 ml
from € 12.01 to 15.00 - 500 ml

Podere Centodieci nasce nel 1939, e da allora si sono susseguite tre generazioni cresciute nel rispetto di valori come vita contadina, passione e serietà professionale. Oggi Luigi Dattoli, architetto, ha unito l'amore per il bello a quello per la pianta dell'olivo. E prosegue la tradizione di famiglia, prendendosi cura di 3.950 esemplari coltivati su 4 ettari di oliveto dai quali, nella recente campagna, ha raccolto 100 quintali di olive e prodotto 10 ettolitri di olio. La selezione proposta è l'ottimo Extravergine Siepe - Arbequina che appare alla vista di un bel colore giallo dorato intenso con delicati riflessi verdi, limpido. Al naso è ampio e avvolgente, ricco di sentori fruttati di pomodoro acerbo, banana e mela bianca, cui si associano note aromatiche di basilico e prezzemolo. Fine e complesso al palato, sprigiona toni vegetali di cicoria, lattuga e sedano. Amaro e piccante presenti ed equilibrati, con finale dolce in rilievo. Eccellente per maionese, antipasti di orzo, aragosta al vapore, carpaccio di ricciola, marinate di spigola, zuppe di piselli, primi piatti con funghi ovoli, fritture di verdure, tartare di gamberi, formaggi freschi a pasta molle, dolci lievitati.

Podere Centodieci was founded in 1939 and since then three generations have grown respecting values such as country life, passion and professional competence. Today Luigi Dattoli, an architect, has combined his love for beauty with his passion for the olive tree, carrying on his family tradition and running 4 hectares of olive grove with 3,950 trees. In the last harvest 100 quintals of olives were produced, with a yield of 10 hectolitres of oil. The selection proposed is the very good Extra Virgin Siepe - Arbequina, which is a beautiful intense limpid golden yellow colour with delicate green hues. Its aroma is ample and rotund, rich in fruity hints of unripe tomato, banana and white apple, together with aromatic notes of basil and parsley. Its taste is fine and complex, with a vegetal flavour of chicory, lettuce and celery. Bitterness and pungency are present and well balanced, with a sweet finish. It would be ideal on mayonnaise, barley appetizers, steamed spiny lobster, amberjack carpaccio, marinated bass, pea soups, pasta with ovoli mushrooms, fried vegetables, shrimp tartare, soft fresh cheese, yeast-raised cakes.

Italia Italy **[IT]** Puglia

Azienda Agricola Corleto

Bisciglietto - Contrada Corleto
71022 Ascoli Satriano (FG)
E-mail: info@agricolacorleto.com - Web: www.agricolacorleto.com

88

330 m

Specializzato
Specialized

Vaso pugliese
Apulia vase

Bacchiatura e meccanica
Beating and mechanical harvesting

No - Ciclo continuo
No - Continuous cycle

Coratina

Fruttato intenso
Intense fruity

da 10,01 a 12,00 € - 500 ml
from € 10.01 to 12.00 - 500 ml

Splendido esordio dell'Agricola Corleto che presenta al panel due prodotti, uno meglio dell'altro. L'azienda, attiva nel settore dalla metà degli anni Cinquanta del secolo scorso, è una realtà familiare che vanta quattro generazioni di olivicoltori alle spalle. Oggi Marco Carrillo si prende cura di 4mila olivi su 16 ettari all'interno di una tenuta pù ampia, con un occhio particolarmente attento alla sostenibilità ambientale. Quest'anno da un raccolto di 250 quintali di olive sono stati ricavati circa 20 ettolitri di olio. Dei due Extravergine monocultivar Carrillo, Peranzana e Coratina, il panel sceglie il secondo, eccellente. Giallo dorato intenso con leggeri riflessi verdi, limpido; al naso è deciso e avvolgente, ricco di sentori aromatici di menta, rosmarino e salvia, affiancati da note di pepe nero e mandorla acerba. Fine e vegetale in bocca, sprigiona toni di carciofo, cicoria e lattuga. Amaro potente e piccante spiccato e armonico. Si abbina a bruschette con pomodoro, funghi porcini ai ferri, insalate di spinaci, radicchio alla brace, zuppe di fagioli, primi piatti con tonno, polpo bollito, carni rosse o cacciagione alla griglia, formaggi stagionati a pasta dura.

A splendid debut for Agricola Corleto, which has proposed two very good products to our panel. It is a family-run farm that has been active in this sector since the mid-50s of the last century and can boast four generations of olive growers. Today Marco Carrillo runs a larger estate, 16 hectares of which are destined to olive grove with 4,000 trees, and is especially interested in environmental sustainability. In the last harvest 250 quintals of olives were produced, with a yield of 20 hectolitres of oil. There are two Monocultivar Extra Virgin Carrillo, Peranzana and the excellent Coratina, which is an intense limpid golden yellow colour with slight green hues. Its aroma is definite and rotund, rich in aromatic hints of mint, rosemary and sage, together with notes of black pepper and unripe almond. Its taste is fine and vegetal, with a flavour of artichoke, chicory and lettuce. Bitterness is strong and pungency is distinct and harmonic. It would be ideal on bruschette with tomatoes, grilled porcini mushrooms, spinach salads, barbecued radicchio, bean soups, pasta with tuna, boiled octopus, grilled red meat or game, hard mature cheese.

Italia Italy [IT] Puglia

Fratelli Fratta

Strada Statale km 664.8
71121 Foggia
Tel.: +39 0881 1782916
E-mail: info@fratellifratta.it - Web: www.fratellifratta.it

82

- 76 m
- **Promiscuo e specializzato**
  Promiscuous and specialized
- **Monocono, superintensivo**
  Monocone, superintensive
- **Meccanica**
  Mechanical harvesting
- **No - Ciclo continuo**
  No - Continuous cycle
- **Arbosana (70%), coratina (30%)**
- **Fruttato medio**
  Medium fruity
- **da 12,01 a 15,00 € - 500 ml**
  from € 12.01 to 15.00 - 500 ml

Quella di Luca e Marco è l'avventura di due fratelli che incarnano due storie che si incontrano: tradizione e innovazione. Luca, agronomo, segue le terre di famiglia; Marco, laureato in Economia, cura la parte commerciale dell'azienda, tra le prime nel nord della Puglia a impiantare oliveti ad alta densità. Con la guida di papà Vincenzo i due gestiscono una superficie di 9 ettari con 15mila piante che hanno fruttato quest'anno 220 quintali di olive, pari a 30 ettolitri di olio che, con i circa 5 acquistati, sono diventati pressoché 35. L'Extravergine Fratelli Fratta - 01 si presenta alla vista di un bel colore giallo dorato intenso con delicate venature verdi, limpido. Al naso è ampio e avvolgente, ricco di sentori vegetali di carciofo e cicoria, cui si associano note balsamiche di menta e rosmarino. Morbido e armonico al palato, sprigiona toni di lattuga di campo e chiude con ricordo di mandorla. Amaro spiccato e piccante presente. Ideale su antipasti di pomodori, bruschette con verdure, insalate di orzo, patate in umido, zuppe di ceci, primi piatti con salmone, molluschi gratinati, tartare di ricciola, coniglio arrosto, pollame ai ferri, formaggi freschi a pasta filata.

Luca and Marco are two brothers whose story symbolizes the combination of tradition and innovation. Luca, an agronomist, attends to the family lands; Marco, with a degree in Economics, is in charge of the commercial part. Their farm is one of the first in the north of Puglia to plant high density olive groves. Under the supervision of their father Vincenzo, they run a surface of 9 hectares with 15,000 trees, which produced 220 quintals of olives in the last harvest, equal to 30 hectolitres of oil. With about 5 purchased, the total was around 35 hectolitres. The Extra Virgin Fratelli Fratta - 01 is a beautiful intense limpid golden yellow colour with delicate green hues. Its aroma is ample and rotund, rich in vegetal hints of artichoke and chicory, together with fragrant notes of mint and rosemary. Its taste is mellow and harmonic, with a flavour of country lettuce and an almond finish. Bitterness is distinct and pungency is present. It would be ideal on tomato appetizers, bruschette with vegetables, barley salads, stewed potatoes, chickpea soups, pasta with salmon, mussels au gratin, amberjack tartare, roast rabbit, grilled poultry, mozzarella cheese.

Italia Italy [IT] Puglia

Agricola Giuliani - EX U A

Contrada Salottolo
71017 Torremaggiore (FG)
Tel.: +39 0882 994750
E-mail: info@agricolagiuliani.it - Web: www.agricolagiuliani.it

81

- 100 m
- Specializzato / Specialized
- Vaso policonico, vaso pugliese / Polyconic vase, Apulia vase
- Bacchiatura e brucatura a mano / Beating and hand picking
- No - Ciclo continuo / No - Continuous cycle
- Peranzana
- Fruttato medio / Medium fruity
- da 12,01 a 15,00 € - 500 ml / from € 12.01 to 15.00 - 500 ml

Il sogno di Vincenzomaria Giuliani è mettere in bottiglia la migliore espressione della sua terra, l'Alto Tavoliere delle Puglie, culla della cultivar peranzana. Dal 2016 è alla guida dell'azienda di famiglia, un'estesa proprietà che comprende 7 ettari di oliveto con 2mila alberi, molti secolari, che hanno fruttato quest'anno 300 quintali di olive e 30 ettolitri di olio. Il criterio della raccolta precoce è diventato il nome della gamma aziendale di olio: Ex Ulivis Albis significa infatti "da olive chiare". E la selezione proposta per la Guida è l'Extravergine EX U A - n° 127, proveniente dall'oliveto più antico della tenuta. Giallo dorato intenso con delicati riflessi verdi, limpido; al naso si offre ampio e avvolgente, dotato di sentori vegetali di carciofo e cicoria, accompagnati da note balsamiche di menta e rosmarino. Fine e complesso in bocca, sa di lattuga, pepe nero e mandorla. Amaro e piccante ben espressi ed equilibrati. Ideale su antipasti di fagioli, carpaccio di salmone, insalate di pomodori, patate alla brace, zuppe di funghi finferli, primi piatti con molluschi, gamberi in guazzetto, seppie in umido, pollame o carni di agnello al forno, formaggi caprini.

Vincenzomaria Giuliani's dream was to bottle the best expression of his land, the Alto Tavoliere delle Puglie, the cradle of the cultivar peranzana. Since 2016 he has been running his family farm, a large estate including 7 hectares of olive groves with 2,000 mainly century-old trees. In the last harvest 300 quintals of olives and 30 hectolitres of oil were produced. The method of early harvest has become the name of the farm oil range: Ex Ulivis Albis, in fact, means "from light-coloured olives". The selection proposed, the Extra Virgin EX U A - n ° 127, coming from the oldest olive grove, is an intense limpid golden yellow colour with delicate green hues. Its aroma is ample and rotund, endowed with vegetal hints of artichoke and chicory, together with fragrant notes of mint and rosemary. Its taste is fine and complex, with a flavour of lettuce, black pepper and almond. Bitterness and pungency are distinct and well balanced. It would be ideal on bean appetizers, salmon carpaccio, tomato salads, barbecued potatoes, chanterelle mushroom soups, pasta with mussels, stewed shrimps, stewed cuttlefish, baked poultry or lamb, goat cheese.

Italia Italy [IT] Puglia

Olio Cristofaro

Contrada Sterparone
71017 Torremaggiore (FG)
Tel.: +39 0882 276370
E-mail: info@oliocristofaro.it - Web: www.oliocristofaro.it

86

- 72 m
- **Specializzato** / Specialized
- **Vaso policonico** / Polyconic vase
- **Bacchiatura** / Beating
- **No - Ciclo continuo** / No - Continuous cycle
- **Peranzana**
- **Fruttato medio** / Medium fruity
- da 8,01 a 10,00 € - 500 ml / from € 8.01 to 10.00 - 500 ml

Gli olivi sono quelli secolari di cultivar peranzana coltivati da oltre quarant'anni nel comprensorio di Torremaggiore dal papà olivicoltore. Il figlio ingegnere, nonché esperto di Internet, eredita la passione per l'extravergine d'eccellenza e nel 2016 subentra alla conduzione dell'azienda, rinnovandola anche grazie all'utilizzo della tecnologia per la parte commerciale. Su 7 ettari si collocano 1.099 piante che hanno fruttato 500 quintali di olive che, con l'aggiunta di 100 acquistati, hanno reso 90 ettolitri di olio. L'ottimo Extravergine Olio Cristofaro - Peranzana appare alla vista di colore giallo dorato intenso con delicati riflessi verdi, limpido. Al naso è ampio e avvolgente, dotato di sentori fruttati di pomodoro acerbo, banana e mela bianca, affiancati da note balsamiche di basilico, prezzemolo e menta. In bocca è elegante e vegetale, con toni di lattuga e sedano. Amaro e piccante presenti e armonici, con finale dolce in rilievo. Ideale su antipasti di pomodori, insalate di farro, marinate di orata, patate in umido, zuppe di funghi finferli, risotto con carciofi, gamberi in guazzetto, seppie arrosto, pollame o carni di agnello al forno, formaggi caprini.

For over 40 years the father, who was an olive grower, cultivated century-old trees of the cultivar peranzana in the district of Torremaggiore. His son, an engineer and Internet expert, sharing the same passion for quality extra virgin olive oil, took over the farm in 2016, renewing it also thanks to the use of technology for the commercial part. There are 7 hectares of surface with 1,099 trees. In the last harvest 500 quintals of olives were produced and 100 purchased, with a yield of 90 hectolitres of oil. The very good Extra Virgin Olio Cristofaro - Peranzana is an intense limpid golden yellow colour with delicate green hues. Its aroma is ample and rotund, endowed with fruity hints of unripe tomato, banana and white apple, together with fragrant notes of basil, parsley and mint. Its taste is elegant and vegetal, with a flavour of lettuce and celery. Bitterness and pungency are present and harmonic, with a sweet finish. It would be ideal on tomato appetizers, farro salads, marinated gilthead, stewed potatoes, chanterelle mushroom soups, risotto with artichokes, stewed shrimps, roast cuttlefish, baked poultry or lamb, goat cheese.

Italia Italy [IT] Puglia

Oro d'Oliva

Via Garibaldi, 87
71017 Torremaggiore (FG)
Tel.: +39 0882 382623
E-mail: info@orodoliva.it - Web: www.orodoliva.it

91

- 162 m
- Specializzato / Specialized
- Vaso aperto / Open vase
- Brucatura a mano / Hand picking
- No - Ciclo continuo / No - Continuous cycle
- Peranzana
- Fruttato medio / Medium fruity
- da 8,01 a 10,00 € - 500 ml / from € 8.01 to 10.00 - 500 ml

Quello di Alessia, Guseppe e Ilaria è un progetto giovane ma che trae linfa dalle antiche tradizioni della famiglia Schiavone. È anche un disegno ambizioso, volendo rappresentare la sintesi di storia, passione ed eccellenza qualitativa. Le potenzialità ci sono tutte e non mancano impegno e tenacia nel valorizzare la cultivar autoctona peranzana. Gli oliveti si trovano nel comprensorio di Torremaggiore, nel Foggiano, e ricoprono una superficie di 30 ettari, con 3mila piante che hanno fruttato, nella trascorsa campagna, 3mila quintali di olive e 280 ettolitri di olio. L'ottimo Extravergine Oro d'Oliva - Primi Frutti è di un bel colore giallo dorato intenso con lievi sfumature verdi, limpido. Al naso è ampio e avvolgente, ricco di sentori di pomodoro acerbo, mela bianca e banana, cui si affiancano note di basilico, menta e prezzemolo. Fine e complesso al palato, sa di lattuga e cicoria selvatica. Amaro spiccato e piccante presente ed equilibrato. Ideale su antipasti di mare, insalate di fagioli, marinate di orata, patate in umido, zuppe di orzo, risotto con funghi ovoli, gamberi in guazzetto, pesci ai ferri, coniglio arrosto, pollame alla piastra, formaggi freschi a pasta filata.

Alessia, Giuseppe and Ilaria's project is young, but its roots are the ancient traditions of the family Schiavone. It is also an ambitious project, which aims at combining history, passion and excellent quality, enhancing at the same time the autochthonous cultivar peranzana. The olive groves are in the district of Torremaggiore, in the area of Foggia, and cover a surface of 30 hectares, with 3,000 trees. In the last harvest 3,000 quintals of olives were produced, equal to a yield of 280 hectolitres of oil. The very good Extra Virgin selection Oro d'Oliva - Primi Frutti is a beautiful intense limpid golden yellow colour with slight green hues. Its aroma is ample and rotund, rich in hints of unripe tomato, white apple and banana, together with notes of basil, mint and parsley. Its taste is fine and complex, with a flavour of lettuce and wild chicory. Bitterness is distinct and pungency is present and harmonic. It would be ideal on seafood appetizers, bean salads, marinated gilthead, stewed potatoes, barley soups, risotto with ovoli mushrooms, stewed shrimps, grilled fish, roast rabbit, pan-seared poultry, mozzarella cheese.

Italia Italy [IT] Puglia

Paviro
Via Foggia km 0.200
71017 Torremaggiore (FG)
Tel.: +39 0882 382684
E-mail: info@paviro.it - Web: www.paviro.it

83

150 m

Specializzato
Specialized

Vaso
Vase

Meccanica
Mechanical harvesting

Sì - Ciclo continuo
Yes - Continuous cycle

Peranzana

Fruttato medio
Medium fruity

da 8,01 a 10,00 € - 500 ml
from € 8.01 to 10.00 - 500 ml

Quella della famiglia D'Ettorres è una storia semplice, ma animata da solidi valori morali trasmessi da papà Armando ai figli Pasquale, Roberto e Vincenzo. Questi, dopo la scomparsa del padre, proseguono la tradizione intraprendendo una sfida possibile da vincere solo se spinti da una forte passione: trasformano il lavoro di una vita in un'azienda agricola e costruiscono un frantoio. Oggi dai 4.990 olivi coltivati su quasi 36 ettari hanno raccolto 5.800 quintali di olive e prodotto 600 ettolitri di olio. Dei due Extravergine Olio Principe, quello da Agricoltura Biologica e il "base", il secondo è giallo dorato intenso con delicati riflessi verdi, limpido. Al naso è ampio e avvolgente, ricco di sentori fruttati di pomodoro acerbo e banana, affiancati da note di basilico, prezzemolo e menta. Fine e vegetale in bocca, sa di cicoria, lattuga e sedano; e chiude con ricordo di mandorla e cannella. Amaro ben espresso e piccante presente. Ottimo su bruschette con verdure, insalate di orzo, marinate di ricciola, pomodori con riso, zuppe di legumi, risotto con funghi finferli, molluschi gratinati, tartare di salmone, coniglio arrosto, pollame alla brace, formaggi freschi a pasta filata.

The story of the family D'Ettorres is simple, but full of the solid moral values transmitted by Armando to his sons Pasquale, Roberto and Vincenzo. After their father passed away, they continued the family tradition by undertaking a challenge that can only be won if animated by a strong passion: they created a farm and built an oil mill. Today the olive grove covers almost 36 hectares with 4,990 trees, which produced 5,800 quintals of olives and 600 hectolitres of oil. There are two Extra Virgin Olio Principe, the one from Organic Farming and the "basic", which is an intense limpid golden yellow colour with delicate green hues. Its aroma is ample and rotund, rich in fruity hints of unripe tomato and banana, together with notes of basil, parsley and mint. Its taste is fine and vegetal, with a flavour of chicory, lettuce and celery and final notes of almond and cinnamon. Bitterness is distinct and pungency is present. It would be ideal on bruschette with vegetables, barley salads, marinated amberjack, tomatoes stuffed with rice, legume soups, risotto with chanterelle mushrooms, mussels au gratin, salmon tartare, roast rabbit, barbecued poultry, mozzarella cheese.

Italia Italy [IT] Puglia

Azienda Agricola Maria Rosa Prencipe

Contrada Valola
71019 Vieste (FG)
Tel.: +39 0884 705118
E-mail: olioprencipe@hotmail.com - Web: www.ogliarolagarganica.it

88

100 m

Specializzato
Specialized

Forma libera, monocono
Free form, monocone

Meccanica
Mechanical harvesting

No - Ciclo continuo
No - Continuous cycle

Coratina

Fruttato medio
Medium fruity

da 8,01 a 10,00 € - 500 ml
from € 8.01 to 10.00 - 500 ml

Confermiamo volentieri in Guida l'azienda Prencipe, nel Parco Nazionale del Gargano dove l'olivicoltura ha tradizioni antichissime, come testimoniano i ritrovamenti, all'interno della tenuta, di una villa rustica di età romana con i resti di orci oleari. L'attività di Michelino Dirodi, detto Chinicchio, e della moglie Maria Rosa è oggi portata avanti con passione dai tre figli che hanno ricavato, dalle 2.500 piante coltivate su 25 ettari, 900 quintali di olive e 150 ettolitri di olio. L'ottimo Extravergine Primofiore - Coratina da Agricoltura Biologica è di un bel colore giallo dorato intenso con delicate sfumature verdi, limpido. Al naso si apre ampio e avvolgente, intriso di sentori di carciofo, cicoria selvatica e lattuga, cui si affiancano netti toni di mandorla acerba e note speziate di pepe nero. Fine e di carattere al palato, si arricchisce di sfumature aromatiche di menta e rosmarino. Amaro deciso e piccante spiccato e armonico. Buon accompagnamento per antipasti di polpo, carpaccio di tonno, insalate di funghi porcini, radicchio ai ferri, zuppe di fagioli, primi piatti al ragù, pesce spada alla griglia, carni rosse o nere arrosto, formaggi di media stagionatura.

Present again in our Guide, the farm Prencipe is placed inside the National Park of Gargano, where olive growing has ancient traditions, as evidenced by the findings of a Roman rustic villa with the remains of oil jars inside the estate. Today the activity of Michelino Dirodi, known as Chinicchio, and his wife Maria Rosa is carried on by their three children, who run 25 hectares of olive grove with 2,500 trees. In the last harvest 900 quintals of olives and 150 hectolitres of oil were produced. The very good Extra Virgin Primofiore - Coratina from Organic Farming is a beautiful intense limpid golden yellow colour with delicate green hues. Its aroma is ample and rotund, with hints of artichoke, wild chicory and lettuce, together with distinct notes of unripe almond and spicy hints of black pepper. Its taste is fine and strong, enriched by aromatic notes of mint and rosemary. Bitterness is definite and pungency is distinct and harmonic. It would be ideal on octopus appetizers, tuna carpaccio, porcini mushroom salads, grilled radicchio, bean soups, pasta with meat sauce, grilled swordfish, roast red meat or game, medium mature cheese.

Italia Italy [IT] Puglia

Raffaeli 1899
Valle Cannella
71042 Cerignola (FG)
E-mail: info@miapoesia.it - Web: www.miapoesia.it

82

- 300 m
- Specializzato / Specialized
- Vaso barese / Vase
- Bacchiatura / Beating
- No - Ciclo continuo / No - Continuous cycle
- Coratina
- Fruttato medio / Medium fruity
- da 8,01 a 10,00 € - 500 ml / from € 8.01 to 10.00 - 500 ml

L'avventura di Raffaeli 1899 ha inizio con nonno Francesco e papà Michele, lavoratori appassionati e maestri di potatura con l'amore per gli olivi nel cuore. Da allora molti passi avanti sono stati fatti e oggi è il nipote Davide Raffaeli a prendersi cura di 6mila piante messe a dimora su 20 ettari. Il raccolto della trascorsa campagna ha reso 1.500 quintali di olive e circa 246 ettolitri di olio. L'Extravergine monocultivar Mia Poesia - Coratina, che richiama nel nome l'emozione trasmessa dalla dedizione degli avi, appare alla vista di un bel colore giallo dorato intenso con calde tonalità verdi, limpido. Al naso è sottile e composto, dotato di sentori vegetali di carciofo e cicoria, cui si affiancano note aromatiche di erbe officinali, con ricordo di menta e rosmarino. Morbido e armonico al palato, emana toni di lattuga di campo e chiude con nuance di mandorla. Amaro e piccante presenti ed equilibrati, con finale dolce in evidenza. Buon abbinamento con bruschette con verdure, insalate di orzo, marinate di ricciola, patate al cartoccio, passati di legumi, primi piatti con salmone, molluschi gratinati, tartare di tonno, pollame o carni di agnello al forno, formaggi caprini.

The story of Raffaeli 1899 began with the present owner's grandfather Francesco and his father Michele, passionate workers and expert pruners, both in love with olive growing. Since then the farm has been developed and today the grandson Davide Raffaeli runs 20 hectares of olive grove with 6,000 trees. In the last harvest 1,500 quintals of olives and about 246 hectolitres of oil were produced. The Monocultivar Extra Virgin selection Mia Poesia - Coratina, whose name refers to the emotion given by the ancestors' dedication, is a beautiful intense limpid golden yellow colour with warm green hues. Its aroma is fine and delicate, endowed with vegetal hints of artichoke and chicory, together with aromatic notes of officinal herbs, especially mint and rosemary. Its taste is mellow and harmonic, with a flavour of country lettuce and final notes of almond. Bitterness and pungency are present and well balanced, with evident sweetness. It would be ideal on bruschette with vegetables, barley salads, marinated amberjack, baked potatoes, legume purée, pasta with salmon, mussels au gratin, tuna tartare, baked poultry or lamb, goat cheese.

Italia Italy [IT] Puglia

Sacco Oliveti e Frantoio

Via Prima Traversa Michele di Pumpo
71017 Torremaggiore (FG)
Tel.: +39 0882 391772 - Fax: +39 0882 391772
E-mail: info@oliosacco.it - Web: www.oliosacco.it

89

162 m

Specializzato
Specialized

Vaso policonico
Polyconic vase

Bacchiatura e brucatura a mano
Beating and hand picking

No - Ciclo continuo
No - Continuous cycle

Peranzana

Fruttato medio
Medium fruity

da 8,01 a 10,00 € - 500 ml
from € 8.01 to 10.00 - 500 ml

Il progetto della famiglia Sacco nasce dall'idea di nobilitare la cultivar locale peranzana, lavorandola in purezza: per questo da anni coltiva nei propri terreni questa varietà, acquisendo nel tempo una grande esperienza. Attualmente i due fratelli Paolo e Sonia si prendono cura di 1.700 alberi su 8 ettari che hanno fruttato, nella trascorsa campagna, un raccolto di mille quintali di olive; con l'aggiunta di 4mila quintali acquistati, la resa in olio è stata di quasi 710 ettolitri. L'etichetta presentata è l'ottimo Extravergine Sacco - Peranzana che appare alla vista di un bel colore giallo dorato intenso con lievi riflessi verdi, limpido. Al naso è pieno e avvolgente, ricco di sentori fruttati di pomodoro acerbo, mela bianca e banana, cui si associano note aromatiche di basilico, menta e prezzemolo. In bocca è elegante e vegetale, con ricordo di lattuga di campo e sedano. Amaro spiccato e piccante deciso e armonico. È un ideale accompagnamento per antipasti di pomodori, insalate di legumi, marinate di pesce persico, patate in umido, zuppe di farro, primi piatti con salmone, molluschi gratinati, tartare di ricciola, pollame o carni di agnello al forno, formaggi caprini.

The project of the family Sacco aims at enhancing the local cultivar peranzana. For this reason, they have focused their work on the cultivation of this variety, acquiring a great experience over time. Currently the two siblings Paolo and Sonia run 8 hectares of olive grove with 1,700 trees. In the last harvest 1,000 quintals of olives were produced and 4,000 purchased, with a yield of almost 710 hectolitres of extra virgin olive oil. The selection proposed to the panel is the very good Extra Virgin Sacco - Peranzana, which is a beautiful intense limpid golden yellow colour with slight green hues. Its aroma is full and rotund, rich in fruity hints of unripe tomato, white apple and banana, together with aromatic notes of basil, mint and parsley. Its taste is elegant and vegetal, with a flavour of country lettuce and celery. Bitterness is distinct and pungency is definite and harmonic. It would be ideal on tomato appetizers, legume salads, marinated perch, stewed potatoes, farro soups, pasta with salmon, mussels au gratin, amberjack tartare, baked poultry or lamb, goat cheese.

Italia Italy [IT] Puglia

Azienda Agricola Trotta

Scaloria
71043 Manfredonia (FG)
Tel.: +39 0882 411888
E-mail: agritrotta@gmail.com - Web: www.agribiotrotta.it

86

70/130 m

Promiscuo e specializzato
Promiscuous and specialized

Alberello
Tree

Bacchiatura e brucatura a mano
Beating and hand picking

No - Ciclo continuo
No - Continuous cycle

Coratina

Fruttato intenso
Intense fruity

da 12,01 a 15,00 € - 500 ml
from € 12.01 to 15.00 - 500 ml

Adagiati ai piedi del Gargano e affacciati sul golfo di Manfredonia si trovano gli oliveti che la famiglia Trotta coltiva da oltre tre generazioni. Domenico Trotta, l'attuale proprietario, ha accettato la sfida di rivedere la cultura olivicola del passato in un'ottica moderna e ha dato vita a un'azienda modello che pone qualità e salvaguardia del territorio al primo posto nel percorso produttivo. Gli alberi sono oggi 1.500, su una superficie di 8 ettari, e da questi sono stati raccolti 800 quintali di olive, pari a una resa in olio di circa 98 ettolitri. L'ottimo Extravergine Maximum da Agricoltura Biologica appare alla vista di un bel colore giallo dorato intenso con leggere tonalità verdi, limpido. Al naso è deciso e avvolgente, ricco di sentori vegetali di carciofo e cicoria, affiancati da note di menta e rosmarino. Fine e di carattere in bocca, sa di lattuga di campo, mandorla acerba e pepe nero. Amaro potente e piccante spiccato e armonico. Ideale su bruschette con pomodoro, carpaccio di tonno, insalate di spinaci, radicchio alla brace, zuppe di fagioli, primi piatti con salsiccia, polpo bollito, carni rosse o cacciagione alla griglia, formaggi stagionati a pasta dura.

The olive groves that the family Trotta has been cultivating for over three generations lie at the foot of the Gargano Promontory and overlook the Gulf of Manfredonia. Domenico Trotta, the current owner, has revised the traditional olive culture in a modern perspective and has created a model farm focusing on quality and protection of the territory. Today the olive grove covers 8 hectares with 1,500 trees, which produced 800 quintals of olives in the last harvest, equal to a yield of about 98 hectolitres of oil. The very good Extra Virgin Maximum from Organic Farming is a beautiful intense limpid golden yellow colour with slight green hues. Its aroma is definite and rotund, rich in vegetal hints of artichoke and chicory, together with notes of mint and rosemary. Its taste is fine and strong, with a flavour of country lettuce, unripe almond and black pepper. Bitterness is powerful and pungency is distinct and harmonic. It would be ideal on bruschette with tomatoes, tuna carpaccio, spinach salads, barbecued radicchio, bean soups, pasta with sausages, boiled octopus, grilled red meat or game, hard mature cheese.

Italia Italy [IT] Puglia

Frantoio Oleario Congedi

Contrada Bianco - Via Marina
73059 Ugento (LE)
Tel.: +39 0833 555263 - Fax: +39 0833 555263
E-mail: ordini@oliocongedi.com - Web: www.oliocongedi.com

84

30 m

Specializzato
Specialized

Cespuglio, vaso aperto
Bush, open vase

Brucatura a mano e meccanica
Hand picking and mechanical harvesting

Sì - Ciclo continuo
Yes - Continuous cycle

Coratina (60%), ogliarola (30%), fs17 (10%)

Fruttato medio
Medium fruity

da 10,01 a 12,00 € - 500 ml
from € 10.01 to 12.00 - 500 ml

La famiglia Congedi produce olio da oltre un secolo: l'avventura comincia nel 1917 quando Luce Damiani, donna forte e caparbia, eredita gli oliveti dal padre e dà vita a uno dei più grandi stabilimenti della zona. Da allora l'attività è portata avanti dal figlio Antonio, maestro frantoiano, e dal nipote Luigi che unisce tradizione e avanguardia tecnologica, assecondato dai figli Ettore e Matteo, oggi alla guida di una struttura ecosostenibile. Da 2.700 olivi, su quasi 39 ettari, sono stati ricavati 1.500 quintali di olive che, uniti ai 6mila acquistati, hanno reso oltre 1.200 ettolitri di olio. L'Extravergine Congedi - 100 Grand Cru è giallo dorato intenso con caldi riflessi verdi, limpido. Al naso è deciso e avvolgente, ricco di sentori di carciofo e cicoria, cui si aggiungono note aromatiche di menta e rosmarino. Fine e di carattere in bocca, sa di lattuga, pepe nero e mandorla acerba. Amaro e piccante spiccati ed equilibrati. Ottimo su bruschette con verdure, insalate di orzo, marinate di ricciola, patate al cartoccio, passati di fagioli, primi piatti al pomodoro, molluschi gratinati, tartare di tonno, pollame o carni di agnello al forno, formaggi freschi a pasta filata.

The family Congedi has been producing oil for over a century, since 1917, when Luce Damiani, a strong and stubborn woman, inherited her father's olive groves and created one of the largest farms in the area. Later the activity was carried on by her son Antonio, an experienced oil miller, and her grandson Luigi with his sons Ettore and Matteo. Today they run an eco-sustainable farm combining tradition and technology. There are almost 39 hectares with 2,700 trees. In the last harvest 1,500 quintals of olives were produced and 6,000 purchased, with a yield of over 1,200 hectolitres of oil. The Extra Virgin Congedi - 100 Grand Cru is an intense limpid golden yellow colour with warm green hues. Its aroma is definite and rotund, rich in hints of artichoke and chicory, together with aromatic notes of mint and rosemary. Its taste is fine and strong, with a flavour of lettuce, black pepper and unripe almond. Bitterness and pungency are distinct and harmonic. It would be ideal on bruschette with vegetables, barley salads, marinated amberjack, baked potatoes, bean purée, pasta with tomato sauce, mussels au gratin, tuna tartare, baked poultry or lamb, mozzarella cheese.

Italia Italy **[IT]** Puglia

Curtimaggi

Curtimaggi
74023 Grottaglie (TA)
Tel.: +39 099 5617929
E-mail: info@curtimaggi.it - Web: www.curtimaggi.it

olio extra vergine di oliva
prodotto in Italia
biologico estratto a freddo

CURTIMAGGI
production agricola da cinque generazioni
500 ml ℮

80

200 ml

Promiscuo e specializzato
Promiscuous and specialized

Ipsilon, vaso libero, vaso pugliese
Y-trellis, free vase, Apulia vase

Meccanica
Mechanical harvesting

Sì - Ciclo continuo
Yes - Continuous cycle

Picholine Languedoc

Fruttato medio
Medium fruity

da 6,01 a 8,00 € - 500 ml
from € 6.01 to 8.00 - 500 ml

Diamo volentieri il benvenuto in Guida all'azienda Curtimaggi che nasce all'inizio degli anni Settanta a Grottaglie, nel cuore della provincia di Taranto. Qui Francesco Paolo d'Urso si prende cura di un'ampia tenuta comprendente anche 270 ettari destinati agli oliveti sui quali crescono 35mila piante. Da queste sono stati ricavati quest'anno 10mila quintali di olive che hanno prodotto circa 1.638 ettolitri di olio. La selezione presentata al panel è l'Extravergine monovarietale Curtimaggi da Agricoltura Biologica che appare alla vista di un bel colore giallo dorato intenso con delicati riflessi verdi, limpido. Al naso è sottile e composto, dotato di sentori vegetali di carciofo e cicoria selvatica, in aggiunta a note aromatiche di erbe officinali, con basilico e prezzemolo in evidenza. Morbido e armonico al palato, si arricchisce di toni di lattuga di campo e chiude con ricordo di mandorla. Amaro e piccante presenti e ben espressi. Ideale su antipasti di pomodori, insalate di farro, marinate di orata, patate in umido, zuppe di ceci, primi piatti con salmone, molluschi gratinati, tartare di ricciola, coniglio arrosto, pollame ai ferri, formaggi freschi a pasta filata.

We welcome the first appearance in our Guide of the farm Curtimaggi, founded in the early 70s in Grottaglie, in the heart of the province of Taranto. Here Francesco Paolo D'Urso runs a large estate, including also 270 hectares destined to olive groves with 35,000 trees. In the last harvest 10,000 quintals of olives were produced, with a yield of about 1,638 hectolitres of extra virgin olive oil. The selection proposed to the panel is the Monovarietal Extra Virgin Curtimaggi from Organic Farming, which is a beautiful intense limpid golden yellow colour with delicate green hues. Its aroma is fine and delicate, endowed with vegetal hints of artichoke and wild chicory, together with aromatic notes of officinal herbs, especially basil and parsley. Its taste is mellow and harmonic, enriched by a flavour of country lettuce and an almond finish. Bitterness and pungency are present and distinct. It would be ideal on tomato appetizers, farro salads, marinated gilthead, stewed potatoes, chickpea soups, pasta with salmon, mussels au gratin, amberjack tartare, roast rabbit, grilled poultry, mozzarella cheese.

Italia Italy [IT] Puglia

Azienda Agricola Giovanni Mazzarrino
Mangiaricotta - Contrada Serrapizzuta, 19/a
74018 Palagianello (TA)
E-mail: info@oliomazzarrino.it - Web: www.oliomazzarrino.it

87

- 220 m
- **Specializzato** / Specialized
- **Vaso pugliese** / Apulia vase
- **Meccanica** / Mechanical harvesting
- **Sì - Ciclo continuo** / Yes - Continuous cycle
- **Frantoio (60%), cima di Melfi (20%), picholine Languedoc (20%)**
- **Fruttato medio** / Medium fruity
- da 6,01 a 8,00 € - 500 ml / from € 6.01 to 8.00 - 500 ml

Immersa nel Parco delle Gravine, tra Palagianello e Castellaneta, dove gli oliveti secolari si estendono rigogliosi per ettari tuffandosi nel Mar Ionio, l'Agricola Mazzarrino affonda le sue radici nell'Ottocento. Con il susseguirsi delle generazioni e l'evoluzione delle tecniche agronomiche sorgono nuovi impianti intensivi nel rispetto dell'ambiente. Oggi Giovanni si prende cura di 16mila alberi distribuiti su 37 ettari ricavando da questi 2mila quintali di olive e 300 ettolitri di olio. Dei due Extravergine Mazzarrino, Intrepido e Delizioso, entrambi ottimi, il panel sceglie il secondo, di un bel colore giallo dorato intenso con delicate venature verdi, limpido. Al naso è ampio e avvolgente, ricco di sentori vegetali di carciofo, cicoria e lattuga, affiancati da note balsamiche di menta e rosmarino. Fine e complesso al gusto, aggiunge toni speziati di pepe nero e cannella; e nel finale ricorda la mandorla. Amaro deciso e piccante presente e armonico. Ideale su maionese, antipasti di orzo, carpaccio di ricciola, insalate di riso, marinate di dentice, zuppe di fave, risotto con asparagi, fritture di paranza, tartare di orata, formaggi freschi a pasta molle, dolci lievitati.

Founded in the 19th century, Agricola Mazzarrino is placed in the Parco delle Gravine, between Palagianello and Castellaneta, where the luxuriant century-old olive groves stretch for hectares diving into the Ionian Sea. Over time, with the evolution of the agronomic techniques, new intensive olive groves have been created respecting the environment. Today Giovanni runs 37 hectares with 16,000 trees. In the last harvest 2,000 quintals of olives were produced, with a yield of 300 hectolitres of oil. There are two very good Extra Virgin Mazzarrino, Intrepido and Delizioso, which is a beautiful intense limpid golden yellow colour with delicate green hues. Its aroma is ample and rotund, rich in vegetal hints of artichoke, chicory and lettuce, together with fragrant notes of mint and rosemary. Its taste is fine and complex, with a spicy flavour of black pepper and cinnamon and an almond finish. Bitterness is definite and pungency is present and harmonic. It would be ideal on mayonnaise, barley appetizers, amberjack carpaccio, rice salads, marinated sea bream, broad bean soups, risotto with asparagus, fried small fish, gilthead tartare, soft fresh cheese, yeast-raised cakes.

Italia Italy [IT] Puglia

Puglia Alimentare
Contrada Trazzonara - Zona H 526
74015 Martina Franca (TA)
Tel.: +39 080 4490725 - 080 4490402 - Fax: +39 080 4490780
E-mail: info@caroli.it - Web: www.caroli.it

87

420 m

Specializzato
Specialized

Vaso
Vase

Brucatura a mano e meccanica
Hand picking and mechanical harvesting

Sì - Ciclo continuo
Yes - Continuous cycle

Leccino (50%), olivastra (30%), coratina (10%), majatica di Ferrandina (10%)

Fruttato medio
Medium fruity

da 12,01 a 15,00 € - 500 ml
from € 12.01 to 15.00 - 500 ml

Puglia Alimentare si trova in una grande masseria ed è gestita dalla famiglia Caroli la quale, con questo marchio, commercializza dal 1990 anche vini e prodotti tipici della zona di Martina Franca, in provincia di Taranto. I Caroli dispongono di una linea di estrazione all'avanguardia con la quale trasformano le olive selezionate delle zone limitrofe e quelle di 60 ettari di impianto specializzato con 6mila piante. Quest'anno sono stati raccolti 1.500 quintali di olive che, uniti agli 8mila acquistati, hanno reso 1.150 ettolitri di olio. L'Extravergine Monti del Duca è giallo dorato intenso con delicate tonalità verdi, limpido. Al naso è pulito e avvolgente, dotato di sentori di erbe aromatiche, con ricordo di menta e rosmarino, note speziate di cannella e pepe nero, e ricordo di mandorla acerba. Fine e armonico in bocca, emana un'ampia carica vegetale, con nuance di carciofo, cicoria e lattuga. Amaro ben spiccato e piccante deciso. Perfetto per antipasti di salmone, insalate di legumi, marinate di ricciola, patate in umido, passati di fagioli, risotto con molluschi, gamberi in guazzetto, rombo arrosto, coniglio al forno, pollame ai ferri, formaggi freschi a pasta filata.

Puglia Alimentare is based in a big farmhouse and is run by the family Caroli, who have been using this trademark since 1990 to market also wine and typical products of the area of Martina Franca, in the province of Taranto. The Caroli have an advanced extraction system, which they use to transform also the olives of the nearby areas, and 60 hectares of specialized olive surface with 6,000 trees. In the last harvest 1,500 quintals of olives were produced and 8,000 purchased, with a yield of 1,150 hectolitres of oil. The Extra Virgin Monti del Duca is an intense limpid golden yellow colour with delicate green hues. Its aroma is clean and rotund, endowed with hints of aromatic herbs, especially mint and rosemary, spicy notes of cinnamon and black pepper and a note of unripe almond. Its taste is fine and harmonic, with an ample vegetal flavour of artichoke, chicory and lettuce. Bitterness is distinct and pungency is definite. It would be ideal on salmon appetizers, legume salads, marinated amberjack, stewed potatoes, bean purée, risotto with mussels, stewed shrimps, roast turbot, baked rabbit, grilled poultry, mozzarella cheese.

Italia Italy [IT] Puglia

Pujje

Contrada Serrapizzuta
74018 Palagianello (TA)
E-mail: info@pujje.it - Web: www.pujje.it

85

170 m

Specializzato
Specialized

Cono rovesciato, vaso policonico
Reverse cone, polyconic vase

Meccanica
Mechanical harvesting

Sì - Ciclo continuo
Yes - Continuous cycle

Coratina (60%), nociara (40%)

Fruttato intenso
Intense fruity

da 22,01 a 26,00 € - 500 ml
from € 22.01 to 26.00 - 500 ml

Pujje, che in dialetto tarantino significa Puglia, nasce dall'amore per le terre ioniche di tre giovani pugliesi che da anni condividono la passione per il buon cibo e il gusto del bello. Facendo tesoro di generazioni di insegnamenti, oggi l'azienda si compone di 52 ettari con 15mila piante e di un frantoio di moderna concezione. Nella recente campagna del raccolto totale di olive sono stati trasformati in olio 800 quintali, pari a una resa di 100 ettolitri di extravergine. Segnaliamo l'ottima selezione presentata per la Guida, l'Extravergine Rea, che nel nome richiama la dea della terra, della natura e dell'abbondanza. Giallo dorato intenso con delicate nuance verdi, limpido; al naso è deciso e avvolgente, ricco di sentori balsamici di menta, basilico e rosmarino, affiancati da note marcate di mandorla e pepe nero. In bocca è fine e vegetale, con toni di carciofo, cicoria e lattuga. Amaro potente e piccante deciso e armonico. È perfetto per bruschette con pomodoro, carpaccio di tonno, funghi porcini ai ferri, insalate di spinaci, zuppe di lenticchie, primi piatti al ragù, pesce azzurro gratinato, agnello in umido, carni rosse alla brace, formaggi di media stagionatura.

Pujje, which means Puglia in the local dialect, was created thanks to the love for the Ionian lands of three young people who have shared their passion for good food and beauty for years. Following the tradition of several generations, today the farm consists of 52 hectares of olive grove, with 15,000 trees, and a modern oil mill. In the last harvest 800 quintals of the whole production of olives were used to yield 100 hectolitres of oil. We recommend the very good Extra Virgin selection Rea, whose name recalls the goddess of the earth, nature and abundance. It is an intense limpid golden yellow colour with delicate green hues. Its aroma is definite and rotund, rich in fragrant hints of mint, basil and rosemary, together with distinct notes of almond and black pepper. Its taste is fine and vegetal, with a flavour of artichoke, chicory and lettuce. Bitterness is powerful and pungency is definite and harmonic. It would be ideal on bruschette with tomatoes, tuna carpaccio, grilled porcini mushrooms, spinach salads, lentil soups, pasta with meat sauce, blue fish au gratin, stewed lamb, barbecued red meat, medium mature cheese.

Italia Italy [IT] Puglia

Tenuta Venterra

Contrada Mannara
74023 Grottaglie (TA)
Tel.: +39 099 9915296 - Fax: +39 099 9915297
E-mail: info@tenutaventerra.it - Web: www.tenutaventerra.it

86

- 220 m
- Promiscuo e specializzato / Promiscuous and specialized
- Alberello, monocono, vaso aperto / Tree, monocone, open vase
- Brucatura a mano e meccanica / Hand picking and mechanical harvesting
- Sì - Ciclo continuo / Yes - Continuous cycle
- Coratina
- Fruttato medio / Medium fruity
- da 12,01 a 15,00 € - 500 ml / from € 12.01 to 15.00 - 500 ml

Tenuta Venterra è un'azienda familiare che si dedica alla produzione di extravergine di qualità nel completo rispetto per l'ambiente, visto che si avvale di un impianto fotovoltaico che la rende energeticamente autosufficiente e che segue i metodi di coltivazione biologici. Gli oliveti ricoprono 87 ettari e ospitano 67mila piante, di cultivar locali e importare, che hanno reso quest'anno un raccolto di 690 quintali di olive che, moliti nel frantoio di proprietà, hanno reso circa 82 ettolitri di olio. L'Extravergine Tenuta Venterra - Cru #112 - Coratina da Agricoltura Biologica è giallo dorato intenso con delicate sfumature verdi, limpido. Al naso è sottile e composto, con sentori balsamici di menta e rosmarino, in aggiunta a lievi note di camomilla e mandorla. Morbido e armonico al palato, si arricchisce di toni vegetali di carciofo, cicoria e lattuga di campo. Amaro e piccante presenti ed equilibrati, con finale dolce in rilievo. Ideale su antipasti di pomodori, insalate di lenticchie, marinate di ricciola, verdure ai ferri, passati di legumi, primi piatti con funghi finferli, gamberi in guazzetto, tartare di salmone, pollame o carni di agnello al forno, formaggi caprini.

Tenuta Venterra is a family-run farm that produces quality extra virgin olive oil, fully respecting the environment, since it uses a photovoltaic system that makes it energetically self-sufficient and follows organic farming. The olive groves cover 87 hectares with 67,000 trees of local and imported cultivars. In the last harvest 690 quintals of olives were produced, which, once crushed in the modern oil mill, yielded about 82 hectolitres of oil. We recommend the Extra Virgin selection Tenuta Venterra - Cru #112 - Coratina from Organic Farming, which is an intense limpid golden yellow colour with delicate green hues. Its aroma is fine and delicate, with fragrant hints of mint and rosemary, together with slight notes of chamomile and almond. Its taste is mellow and harmonic, enriched by a vegetal flavour of artichoke, chicory and country lettuce. Bitterness and pungency are present and well balanced, with a sweet finish. It would be ideal on tomato appetizers, lentil salads, marinated amberjack, grilled vegetables, legume purée, pasta with chanterelle mushrooms, stewed shrimps, salmon tartare, baked poultry or lamb, goat cheese.

Basilicata

Dati Statistici		Statistic Data	
Superficie Olivetata Nazionale	1.164.568 (ha)	National Olive Surface	1,164,568 (ha)
Superficie Olivetata Regionale	26.086 (ha)	Regional Olive Surface	26,086 (ha)
Quota Regionale	2,24%	Regional Quota	2.24%
Frantoi	124	Olive Oil Mills	124
Produzione Nazionale 19-20	366.468,8 (t)	National Production 19-20	366,468.8 (t)
Produzione Regionale 19-20	6.451,4 (t)	Regional Production 19-20	6,451.4 (t)
Produzione Regionale 18-19	1.260,1 (t)	Regional Production 18-19	1,260.1 (t)
Variazione	+411,98%	Variation	+411.98%
Quota Regionale	1,76%	Regional Quota	1.76%

National Institute of Statistics
Service Institute for the Agricultural and Food Market on data from the Agency for Agricultural Payments

L'olivicoltura in Basilicata ha radici profonde e antichissime, e nel presente continua a rivestire un ruolo primario nell'economia regionale. Merito del territorio e del clima che ne fanno una terra particolarmente adatta allo sviluppo di questa pianta. Stretta fra tre giganti oleari come Puglia, Calabria e Campania, la Basilicata è una regione piccola che tuttavia si caratterizza per ricchezza di suoli, paesaggi e microclimi anche profondamente diversi fra loro. Il territorio, prevalentemente montuoso, è bagnato da due mari; e questa condizione determina benefici influssi su tutto l'assetto climatico. Proprio dal mare è arrivato qui in tempi assai remoti l'olivo, al seguito di quei popoli di navigatori, come i Fenici, che solcavano il Mediterraneo ricercando nuove rotte commerciali. Questa regione era allora denominata Lucania ed era una base di collegamento tra le colonie della Magna Grecia e le città etrusco-italiche del centro-nord della penisola. La tradizione olearia lucana è documentata da numerosi reperti archeologici riguardanti fattorie, sementi, aratri e altri oggetti come le straordinarie tavole di Heraclea. Dopo la caduta dell'Impero Bizantino la coltivazione dell'olivo conobbe un nuovo impulso grazie all'opera degli ordini religiosi, in particolare quello dei monaci basiliani che furono spinti a conoscere e tramandare saperi e tecniche olivicole dal bisogno di olio necessario per la celebrazione del culto cristiano. Oggi il comparto oleario lucano è uno dei più competitivi e all'avanguardia nel settore primario regionale: infatti negli ultimi anni si è molto lavorato sia per il risanamento degli impianti tradizionali che per la razionalizzazione delle tecniche di raccolta; e anche i frantoi si avvalgono ormai della tecnologia più avanzata di estrazione dell'olio. Attualmente le piante trovano dimora su 26.086 ettari di superficie che rappresentano il 2,24% del totale nazionale. Le zone più vocate si trovano principalmente nel nord della provincia di Potenza, nel bacino pedemontano del Vulture, dove il terreno di origine vulcanica è particolarmente adatto allo sviluppo dell'olivo. Altri luoghi olivicoli sono situati in quella parte più orientale della regione che lambisce la Puglia, ovvero nella valle del Bradano e in quella più centrale del Basento; inoltre nella zona di Ferrandina (sotto Matera), sulla costa ionica, sulla costa tirrenica di Maratea e nei comuni di Muro Lucano e Vietri in provincia di Potenza. Molto interessante e ampio si presenta il paniere varietale: le specie autoctone più diffuse sono la palmarola, l'angellina, la ripolese, la pizzuto e soprattutto la pregiata majatica di Ferrandina che è indicata anche come oliva da tavola. Queste varietà, presenti negli oliveti più antichi, sono però diventate minoritarie rispetto a quelle importate dalle regioni limitrofe, soprattutto dalla Puglia. Tra queste la rotondella e l'ogliarola barese sono le più note. Per tutelare alcune delle proprie produzioni la Basilicata vanta una Denominazione di Origine Protetta, la Dop Vulture. Inoltre esiste una Igp, Olio Lucano, che ha concluso l'iter per la certificazione ed è finalmente attuata. Per quanto riguarda gli altri dati statistici regionali i frantoi attivi sono 124, mentre si contano 42.084 aziende, soprattutto di medio-piccole dimensioni. Nella campagna olearia 2019-2020 sono state prodotte 6.451,4 tonnellate di olio, pari all'1,76% del totale nazionale, con uno straordinario aumento del 411,98% rispetto all'annata precedente.

Olive growing in Basilicata has ancient and deep roots, but also plays a primary role in the present regional economy. Thanks to its soil and climate this land is in fact particularly suitable to the growth of the olive tree.

Surrounded by three oil giants like Puglia, Calabria and Campania, Basilicata is a small region characterized by very different soils, landscapes and microclimates. The mainly mountainous territory overlooks two seas, which determines a beneficial influence on the whole climate. In remote times the olive tree arrived here from the sea brought by those seafaring people, like the Phoenicians, who sailed the Mediterranean to look for new commercial routes. This region once called Lucania was a connection point between the colonies of Magna Grecia and the Etrurian-Italic cities of the centre-north of the peninsula. The oil tradition in Lucania is really ancient and glorious, as testified by the many archaeological finds of farms, seeds, ploughs and other objects like the extraordinary Heraclea tables. After the fall of the Byzantine Empire oil cultivation had a new stimulus thanks to religious orders, especially the Basilian monks, who handed down oil knowledge and techniques because of their need for oil, which was necessary to celebrate Christian rites. Today the olive oil sector is one of the most competitive and modern in the regional primary sector. In the last few years traditional olive groves have been reorganized and harvesting techniques have been rationalized. Also the oil mills now use the most modern extraction techniques. Currently there are 26,086 hectares of olive surface, which represents 2.24% of the national total. The most suitable areas are above all in the north of the province of Potenza, in the piedmont basin of Vulture, thanks to the particular composition of these volcanic soils. Other olive basins are in the eastern part, in the valley of Bradano and more to the centre in the valley of Basento, moreover in the area of Ferrandina (south of Matera), on the Ionian coast, on the Tirrenian coast of Maratea and in the province of Potenza, in the municipalities of Muro Lucano and Vietri. The range of varieties is interesting and wide: among the most common autochthonous varieties there are palmarola, angellina, ripolese, pizzuto and especially the fine majatica di Ferrandina, also suitable to prepare table olives. These autochthonous varieties, still present in the oldest olive groves, are however minor in comparison with the ones imported from neighbouring regions, especially from Puglia. Among the imported varieties rotondella and ogliarola barese are undoubtedly the most well-known. To protect some of its productions, Basilicata has obtained a Protected Denomination of Origin, the Pdo Vulture. In addition, the Pgi Olio Lucano has finally been implemented. As regards other statistical data, there are 124 oil mills active on the territory and 42,084 farms, mainly of medium-small dimensions. In the oil harvest 2019-2020 Basilicata produced 6,451.4 tons of oil, equal to 1.76% of the total national quantity, with an extraordinary increase of 411.98% compared to the previous year.

Italia Italy [IT] Basilicata

Azienda Agricola Vincenzo Marvulli

Contrada Giardinelle
75100 Matera
Tel.: +39 0835 332568
E-mail: giovanni.marvulli@yahoo.it

97

- 200 m
- **Promiscuo** / Promiscuous
- **Vaso policonico** / Polyconic vase
- **Brucatura a mano** / Hand picking
- **No - Ciclo continuo** / No - Continuous cycle
- Coratina
- **Fruttato medio** / Medium fruity
- da 8,01 a 10,00 € - 500 ml / from € 8.01 to 10.00 - 500 ml

Una prestazione coi fiocchi migliora una già brillante posizione all'interno della Guida. Giovanni Marvulli ha creato nel 2006 questa struttura alle soglie di Matera, dandogli il nome del padre Vincenzo che nel 1960 investì qui la dote matrimoniale. Oggi la superficie, coltivata con metodi biologici, ricopre 30 ettari e gli olivi, dopo il recente recupero di alberi abbandonati, raggiungono le 2.700 unità che quest'anno hanno reso 244 quintali di olive e circa 34 ettolitri di olio. Due gli Extravergine Cenzino da Agricoltura Biologica, entrambi monocultivar: Ogliarola del Bradano e Coratina. Il secondo, eccellente, è giallo dorato intenso con leggeri riflessi verdi, limpido. Al naso è ampio e avvolgente, ricco di sentori balsamici di menta e rosmarino, cui si affiancano note speziate di pepe nero, cannella e ricordo marcato di mandorla acerba. Fine e complesso in bocca, sa di carciofo, cicoria e lattuga. Amaro ben spiccato e piccante deciso. Si abbina a bruschette con pomodoro, funghi porcini alla brace, insalate di tonno, radicchio arrosto, zuppe di lenticchie, primi piatti con pesce spada, polpo bollito, carni rosse o cacciagione alla piastra, formaggi stagionati a pasta dura.

Such a good performance improves an already brilliant position in our Guide. This farm was founded by Giovanni Marvulli in 2006 on the outskirts of Matera and takes its name from his father Vincenzo, who invested his dowry in these lands in 1960. Today there are 30 hectares, managed with organic farming principles, and 2,700 trees, including some cultivated again after being abandoned. In the last harvest 244 quintals of olives and about 34 hectolitres of oil were produced. There are two Monocultivar Extra Virgin Cenzino from Organic Farming, Ogliarola del Bradano and the excellent Coratina, which is an intense limpid golden yellow colour with slight green hues. Its aroma is ample and rotund, rich in fragrant hints of mint and rosemary, together with spicy notes of black pepper, cinnamon and a strong note of unripe almond. Its taste is fine and complex, with a flavour of artichoke, chicory and lettuce. Bitterness is distinct and pungency is definite. It would be ideal on bruschette with tomatoes, barbecued porcini mushrooms, tuna salads, roast radicchio, lentil soups, pasta with swordfish, boiled octopus, pan-seared red meat or game, hard mature cheese.

Italia Italy [IT] Basilicata

Antico Frantoio Di Perna

Via Alfieri, 2
85010 Campomaggiore (PZ)
E-mail: info@frantoiodiperna.it - Web: www.frantoiodiperna.it

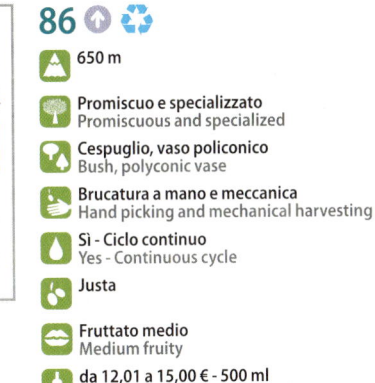

86

650 m

Promiscuo e specializzato
Promiscuous and specialized

Cespuglio, vaso policonico
Bush, polyconic vase

Brucatura a mano e meccanica
Hand picking and mechanical harvesting

Sì - Ciclo continuo
Yes - Continuous cycle

Justa

Fruttato medio
Medium fruity

da 12,01 a 15,00 € - 500 ml
from € 12.01 to 15.00 - 500 ml

La produzione di extravergine dell'Antico Frantoio Di Perna avviene in un piccolo centro delle Dolomiti lucane, Campomaggiore. Qui Giovanni Adamo ha ereditato dal nonno materno un appezzamento che oggi misura 10 ettari, con 2mila piante, e un moderno impianto di trasformazione che molisce le olive proprie e quelle, esclusivamente lucane, dapprima accuratamente selezionate dai produttori locali. Quest'anno, con il papà Vito, ha ricavato 800 quintali di olive che, uniti ai 600 acquistati, hanno fruttato 180 ettolitri di olio. Segnaliamo l'Extravergine monocultivar Di Perna - Justa che appare alla vista di un bel colore giallo dorato intenso, limpido. Al naso è ampio e avvolgente, ricco di sentori vegetali di carciofo e cicoria, accompagnati da note aromatiche di basilico, menta e rosmarino. In bocca è complesso e fine, con sfumature di lattuga di campo, mandorla e ricordo speziato di pepe nero. Amaro deciso e piccante spiccato ed equilibrato. È perfetto per antipasti di lenticchie, funghi porcini arrosto, marinate di tonno, radicchio ai ferri, passati di carciofi, primi piatti con salsiccia, pesce azzurro gratinato, carni rosse o nere in umido, formaggi di media stagionatura.

Antico Frantoio Di Perna produces its extra virgin olive oil in a little village in the Dolomiti Lucane, Campomaggiore. Here Giovanni Adamo inherited from his maternal grandfather an estate, now covering 10 hectares with 2,000 trees and including a modern transformation system that processes its olives and the ones carefully selected from local producers. In the last harvest Giovanni and his father Vito produced 800 quintals of olives and purchased 600, with a yield of 180 hectolitres of extra virgin olive oil. We recommend the Monocultivar Extra Virgin selection Di Perna - Justa, which is a beautiful intense limpid golden yellow colour. Its aroma is ample and rotund, rich in vegetal hints of artichoke and chicory, together with aromatic notes of basil, mint and rosemary. Its taste is complex and fine, with a flavour of country lettuce, almond and a spicy note of black pepper. Bitterness is definite and pungency is distinct and harmonic. It would be ideal on lentil appetizers, roast porcini mushrooms, marinated tuna, grilled radicchio, artichoke purée, pasta with sausages, blue fish au gratin, stewed red meat or game, medium mature cheese.

Italia Italy [IT] Basilicata

Frantoiani del Vùlture

Vulture - Contrada Le Tufarelle
85029 Venosa (PZ)
Tel.: +39 0972 32519 - Fax: +39 0972 32519
E-mail: sales@oliovu.com - Web: www.oliovu.com

85

- 550 m
- **Promiscuo e specializzato** / Promiscuous and specialized
- **Forma libera** / Free form
- **Bacchiatura** / Beating
- **Sì - Ciclo continuo** / Yes - Continuous cycle
- **Coratina**
- **Fruttato intenso** / Intense fruity
- da 10,01 a 12,00 € - 750 ml / from € 10.01 to 12.00 - 750 ml

Ricoperte da oliveti secolari, le colline del Vulture - il vulcano spento nel cuore della Basilicata - sono vocatissime all'agricoltura. Qui 16 operatori, tra frantoiani e confezionatori dei comuni facenti parte dell'area della Dop, si sono uniti in società per commercializzare l'olio Dop Vulture attraverso un'unica etichetta, oltre a produrre extravergine non certificato ma proveniente da varietà locali. Dai 10mila olivi coltivati su 110 ettari sono stati ricavati 740 quintali di olive e circa 83 ettolitri di olio. L'ottimo Extravergine monocultivar Olio Vù - Coratina appare alla vista di un bel colore giallo dorato intenso con delicate sfumature verdi limpido. Al naso è deciso e avvolgente, intriso di sentori vegetali di lattuga e sedano, accompagnati da note aromatiche di menta e prezzemolo. Complesso e fine al palato, si arricchisce di toni di pomodoro acerbo e chiude con ricordo di mandorla. Amaro potente e piccante spiccato. È ideale su antipasti di polpo, carpaccio di pesce spada, insalate di funghi porcini, radicchio ai ferri, zuppe di fagioli, primi piatti al ragù, tonno alla griglia, cacciagione al forno, carni rosse alla brace, formaggi di media stagionatura.

The hills of Vulture, the extinct volcano in the heart of Basilicata, covered with centuries-old olive trees, are very favourable to agriculture. Here 16 olive-press operators and producers of the area of the Pdo have created a company to market the extra virgin Pdo Vulture with a single label, besides producing non-certified oil coming from local varieties. There are 110 hectares of land with 10,000 trees, which produced 740 quintals of olives and about 83 hectolitres of oil in the last harvest. The very good Monocultivar Extra Virgin Olio Vù - Coratina is a beautiful intense limpid golden yellow colour with delicate green hues. Its aroma is definite and rotund, endowed with vegetal hints of lettuce and celery, together with aromatic notes of mint and parsley. Its taste is complex and fine, enriched by a flavour of unripe tomato and an almond finish. Bitterness is powerful and pungency is distinct. It would be ideal on octopus appetizers, swordfish carpaccio, porcini mushroom salads, grilled radicchio, bean soups, pasta with meat sauce, grilled tuna, baked game, barbecued red meat, medium mature cheese.

Calabria

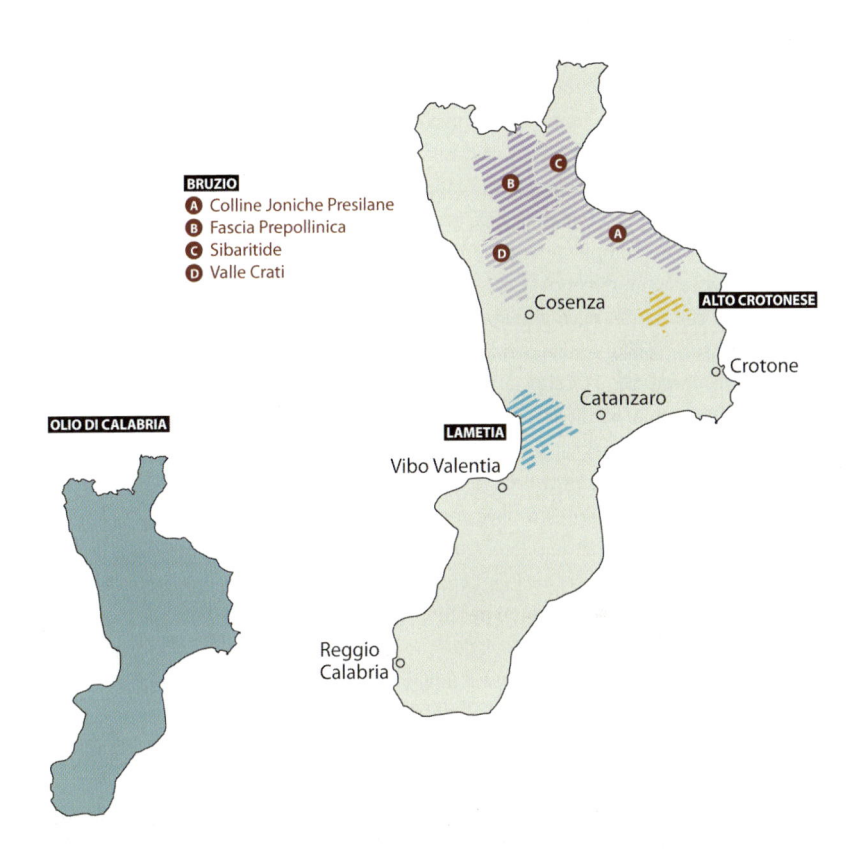

BRUZIO
- A Colline Joniche Presilane
- B Fascia Prepollinica
- C Sibaritide
- D Valle Crati

ALTO CROTONESE

OLIO DI CALABRIA

LAMETIA

Cosenza
Crotone
Catanzaro
Vibo Valentia
Reggio Calabria

Dati Statistici
Superficie Olivetata Nazionale	1.164.568 (ha)
Superficie Olivetata Regionale	184.529 (ha)
Quota Regionale	15,85%
Frantoi	757
Produzione Nazionale 19-20	366.468,8 (t)
Produzione Regionale 19-20	51.455,2 (t)
Produzione Regionale 18-19	14.010,9 (t)
Variazione	+ 267,25%
Quota Regionale	14,04%

Statistic Data
National Olive Surface	1,164,568 (ha)
Regional Olive Surface	184,529 (ha)
Regional Quota	15.85%
Olive Oil Mills	757
National Production 19-20	366,468.8 (t)
Regional Production 19-20	51,455.2 (t)
Regional Production 18-19	14,010.9 (t)
Variation	+ 267.25%
Regional Quota	14.04%

National Institute of Statistics
Service Institute for the Agricultural and Food Market on data from the Agency for Agricultural Payments

La Calabria, soprattutto nelle annate di incremento produttivo, è nel novero delle prime regioni in Italia per volumi di olio extravergine. È il caso di quest'anno in cui, grazie al forte aumento sia nazionale che regionale, conquista la seconda posizione: pur superata dalla Puglia che la distanzia di parecchio, si pone davanti a Sicilia e Campania, continuando a rappresentare uno dei pilastri dell'olivicoltura nazionale. Nella campagna 2019-2020 sono state prodotte 51.455,2 tonnellate di olio, pari al 14,04% del totale nazionale, con un aumento del 267,25% rispetto all'annata precedente. Si tratta di una regione che trova nell'olivicoltura non solo uno dei caposaldi della sua cultura materiale, ma anche una risorsa economica fondamentale e un motore di sviluppo. Il microclima della punta dello stivale, completamente attraversata da aspre montagne ma al tempo stesso completamente circondata dal mare, è infatti quanto di meglio si possa desiderare per la coltura dell'olivo che in questa regione cresce un po' dappertutto, sulle coste come sulle colline e sulle pendici pedemontane, sul versante tirrenico come su quello ionico. Tanto che la Calabria può essere considerata come una delle culle storiche dell'olivicoltura mediterranea, grazie all'opera dei coloni greci che sbarcarono sulle coste tirreniche nel VII secolo a.C.. Per fare soltanto un esempio, nelle campagne di Mirto Crosia, in provincia di Cosenza, è ancora visibile uno spettacolo molto suggestivo: un gigantesco olivo monumentale, chiamato localmente "u' tata rannu" (che significa "il grande padre"), un albero millenario che sembra sia stato piantato proprio dai coloni greci messi in fuga dall'esercito di Ciro il Grande. Oggi in Calabria gli impianti olivicoli si estendono per ben 184.529 ettari di superficie che rappresentano il 15,85% del totale nazionale. Il patrimonio varietale di olive autoctone annovera più di trenta cultivar: la più diffusa è la carolea, seguita da tondina, roggianella, grossa di Cassano, moresca, grossa di Gerace, ottobratica, dolce di Rossano e sinopolese. Ma negli oliveti calabresi troviamo anche pregiate varietà importate, come frantoio, leccino, coratina; oltre a nocellara del Belice, nocellara messinese e tante altre cultivar che si sono perfettamente acclimatate. Assai vasta è dunque la gamma degli oli extravergine calabresi, uniti nella qualità ma diversi per le caratteristiche delle olive impiegate. Alla Calabria sono state finora riconosciute tre Denominazioni di Origine Protetta: la Dop Lametia che ricade nella zona del Lametino, in provincia di Catanzaro, dove domina la varietà carolea; quindi la Dop Bruzio, con le quattro menzioni geografiche (Sibaritide, Fascia Prepollinica, Valle Crati e Colline Joniche Presilane) che sono tutte zone della provincia di Cosenza dove si produce olio dalle varietà carolea, tondina, grossa di Cassano e dolce di Rossano; e infine la Dop Alto Crotonese che riguarda la provincia di Crotone. Inoltre esiste anche un'Igp regionale, Olio di Calabria. Attualmente si contano 136.243 aziende impegnate nel settore oleario, cioè una fetta importante delle imprese agricole attive nella regione, e 757 frantoi nei quali si distinguono due metodologie di trasformazione: una tradizionale, presente soprattutto nelle zone collinari interne, e una più moderna e tecnologicamente all'avanguardia che viene praticata da imprese specializzate, diffuse per lo più nelle zone pianeggianti dove sono stati messi a dimora degli oliveti di tipo intensivo.

Statistical data show that Calabria, especially in years characterized by productive increase, is one of the first extra virgin olive oil producers in Italy. Thanks to the strong national and regional increase, this year it is, in fact, the second producer after Puglia, which has much larger volumes, surpassing Sicilia and Campania. It is still, therefore, one of the productive giants of national olive growing. In the harvest 2019-2020 the region produced 51,455.2 tons of oil, equal to 14.04% of the total national quantity, with an increase of 267.25% compared to the previous year. It is therefore a territory, where olive growing is not only a mainstay of its material culture, but also a fundamental economic resource and one of the engines of regional development. The microclimate of the "tip of the boot", which is crossed by steep mountains, but is at the same time completely surrounded by the sea, is ideal for olive growing. The olive tree grows in fact everywhere, on the coasts, as well as on the hills and on the piedmont sides, on both the Thyrrenian and the Ionian sides. Calabria is one of the historical birthplaces of Mediterranean olive growing, thanks to the Greek colonists who landed on the Thyrrenian coasts in the 7th century B.C.. In the country of Mirto Crosia, in the province of Cosenza, it is still possible to see a huge monumental olive tree called "u' tata rannu" (which means "the big father"): a centuries-old tree that seems to have been planted by the Greek colonists who escaped from Cyrus's army. Today in Calabria olive groves cover a surface of 184,529 hectares, which represents 15.85% of the national total. The range of autochthonous varieties is composed of more than 30 cultivars, even if the most common is carolea, followed by tondina, roggianella, grossa di Cassano, moresca, grossa di Gerace, ottobratica, dolce di Rossano and sinopolese. In the regional olive groves we also find fine allochthonous varieties, such as frantoio, leccino, coratina, but also nocellara del Belice, nocellara messinese and many others that have perfectly adapted to the climate. The range of the oils from Calabria is very wide, they are all excellent as regards quality, but they differ in the characteristics of the olives used. Calabria has at the moment three Pdo: Lametia, including the oil produced especially in the area of Lametino, in the province of Catanzaro, obtained from the variety carolea; moreover the Pdo Bruzio followed by the four geographical names (Sibaritide, Fascia Prepollinica, Valle Crati and Colline Joniche Presilane), all areas in the province of Cosenza, where oil is produced from the varieties carolea, tondina, grossa di Cassano and dolce di Rossano. Finally the Pdo, Alto Crotonese, in the province of Crotone. Moreover, there is the regional Pgi Olio di Calabria. Today in Calabria there are 136,243 farms in the olive oil sector, that is a considerable part of the total amount of the agricultural farms of the region. In the 757 oil mills there are essentially two types of transformation: a traditional one, present especially in the hilly inland areas, and a more modern one, practised by specialized farms in the flat areas, where we find intensive cultivation.

Italia Italy [IT] Calabria

Azienda Agricola Arcobaleno

Piano di Porro
88024 Girifalco (CZ)
E-mail: info@oliofrisina.it - Web: www.oliofrisina.it

83

450 m

Specializzato
Specialized

Vaso aperto, vaso policonico
Open vase, polyconic vase

Brucatura a mano e meccanica
Hand picking and mechanical harvesting

Sì - Ciclo continuo
Yes - Continuous cycle

Carolea (97%), altre/others (3%)

Fruttato medio
Medium fruity

da 10,01 a 12,00 € - 750 ml
from € 10.01 to 12.00 - 750 ml

L'azienda della famiglia Frisina Regenass nasce nel 1995 con l'acquisto di un terreno, con degli alberi di olivo messi a dimora, nel comune di Girifalco. Da allora sono tanti i passi in avanti: si ristruttura la casa per la famiglia, si ripristina l'oliveto e si acquista un moderno frantoio di proprietà, con l'obiettivo della qualità a tutto campo. Quest'anno dalle 3.300 piante coltivate su 18 ettari è stato ricavato un raccolto di mille quintali di olive che hanno reso 150 ettolitri di olio. L'etichetta proposta è l'Extravergine Frisina, di un bel colore giallo dorato intenso con delicate sfumature verdi, limpido. Al naso è pulito e avvolgente, con sentori fruttati di pomodoro acerbo, mela bianca e pinolo, accompagnati da note di erbe officinali, con ricordo di basilico, menta e prezzemolo. Ampio e vegetale al palato, sprigiona toni di carciofo, lattuga di campo e sedano. Amaro deciso e piccante presente ed equilibrato. È perfetto per antipasti di salmone, bruschette con verdure, insalate di orzo, marinate di ricciola, zuppe di farro, primi piatti con molluschi, pesci arrosto, seppie alla griglia, pollame o carni di agnello al forno, formaggi freschi a pasta filata.

The farm of the family Frisina Regenass was founded in 1995, when a piece of land with some olive trees was purchased in the municipality of Girifalco. Since then the house has been restored, the olive grove has been upgraded and a modern oil mill has been purchased, in order to obtain quality in the whole production chain. Today the olive surface covers 18 hectares with 3,300 trees. In the last harvest 1,000 quintals of olives were produced, with a yield of 150 hectolitres of oil. The selection proposed is the Extra Virgin Frisina, which is a beautiful intense limpid golden yellow colour with delicate green hues. Its aroma is clean and rotund, with fruity hints of unripe tomato, white apple and pine nut, together with notes of officinal herbs, especially basil, mint and parsley. Its taste is ample and vegetal, with a flavour of artichoke, country lettuce and celery. Bitterness is definite and pungency is present and well balanced. It would be ideal on salmon appetizers, bruschette with vegetables, barley salads, marinated amberjack, farro soups, pasta with mussels, roast fish, grilled cuttlefish, baked poultry or lamb, mozzarella cheese.

Italia Italy [IT] Calabria

I Tesori del Sole

Contrada Feudo
88046 Lamezia Terme (CZ)
Tel.: +39 0968 51065
E-mail: info@tesoridelsole.it - Web: www.tesoridelsole.it

87

- 50 m
- Specializzato / Specialized
- Cespuglio / Bush
- Meccanica / Mechanical harvesting
- Sì - Ciclo continuo / Yes - Continuous cycle
- Coratina
- Fruttato medio / Medium fruity
- da 6,01 a 8,00 € - 500 ml / from € 6.01 to 8.00 - 500 ml

Brillante conferma per I Tesori del Sole che nasce nel 1974, nel vocato territorio della piana di Lamezia Terme, dall'originaria società gestita fin dagli anni Cinquanta da Giuseppe De Lorenzo. Oggi la struttura dispone di un oliveto specializzato di 15mila piante, distribuite su 90 ettari di terreno, e di un moderno frantoio di proprietà. Durante la recente campagna sono stati raccolti e moliti 6mila quintali di olive che hanno prodotto mille ettolitri di olio. Due gli Extravergine I Tesori del Sole proposti: il Dop Lametia e il monocultivar Coratina da Agricoltura Biologica. Preferiamo il secondo, di un bel colore giallo dorato intenso con leggere sfumature verdi, limpido. All'olfatto è ampio e avvolgente, ricco di sentori balsamici di menta e rosmarino, affiancati da note speziate di pepe nero e ricordo di mandorla. Al gusto è fine e vegetale, con toni di carciofo, cicoria e lattuga. Amaro molto spiccato e piccante deciso e armonico. È un buon accompagnamento per antipasti di mare, insalate di fagioli, marinate di orata, patate alla piastra, zuppe di farro, primi piatti con salmone, molluschi gratinati, rombo al forno, coniglio arrosto, pollame alla brace, formaggi caprini.

Present again in our Guide with a brilliant result, I Tesori del Sole was founded in 1974 in the favourable territory of the plain of Lamezia Terme, after the original company had been run by Giuseppe De Lorenzo since the 50s. Today the farm has a specialized olive grove of 90 hectares with 15,000 trees, and a modern oil mill. In the last harvest 6,000 quintals of olives were produced and crushed, with a yield of 1,000 hectolitres of extra virgin olive oil. There are two Extra Virgin selections I Tesori del Sole, the Pdo Lametia and the Monocultivar Coratina from Organic Farming, which is a beautiful intense limpid golden yellow colour with slight green hues. Its aroma is ample and rotund, rich in fragrant hints of mint and rosemary, together with spicy notes of black pepper and a note of almond. Its taste is fine and vegetal, with a flavour of artichoke, chicory and lettuce. Bitterness is distinct and pungency is definite and harmonic. It would be ideal on seafood appetizers, bean salads, marinated gilthead, seared potatoes, farro soups, pasta with salmon, mussels au gratin, baked turbot, roast rabbit, barbecued poultry, goat cheese.

Italia Italy [IT] Calabria

Frantoio Figoli

Contrada Ogliastretti
87064 Corigliano Calabro (CS)
Tel.: +39 0983 82081 - Fax: +39 0983 82081
E-mail: info@frantoiofigoli.it - Web: www.frantoiofigoli.it

96

100 m

Specializzato
Specialized

Alberello
Tree

Meccanica
Mechanical harvesting

Sì - Ciclo continuo
Yes - Continuous cycle

Nocellara (70%), coratina (30%)

Fruttato medio
Medium fruity

da 6,01 a 8,00 € - 500 ml
from € 6.01 to 8.00 - 500 ml

Conferma la sua brillante posizione in Guida. Frantoio Figoli nasce nel 1941 a Corigliano Calabro, in provincia di Cosenza, per iniziativa di Leonardo Figoli. Di padre in figlio, oggi è una struttura gestita da Tommaso, la terza generazione della famiglia, ed è molto cresciuta in impianti e in tecnologia. Su 41 ettari di oliveto specializzato trovano dimora 13.500 alberi che hanno fruttato quest'anno un raccolto di 1.800 quintali di olive dai quali, con l'aggiunta di 200 quintali acquistati, sono stati ricavati quasi 328 ettolitri di olio. Segnaliamo l'Extravergine Frantoio Figoli - Tappo Oro da Agricoltura Biologica, giallo dorato intenso con lievi venature verdi, limpido. Al naso è ampio e avvolgente, dotato di sentori fruttati di pomodoro maturo e banana, affiancati da note aromatiche di basilico, menta e prezzemolo. Fine e pulito in bocca, aggiunge toni di lattuga e sedano, e chiude con ricordo di mandorla. Amaro e piccante ben espressi e armonici. Ideale su antipasti di pomodori, insalate di fagioli, marinate di orata, patate in umido, passati di legumi, primi piatti con asparagi, molluschi gratinati, rombo arrosto, pollame o carni di agnello al forno, formaggi caprini.

This farm confirms its brilliant position in our Guide. Frantoio Figoli was founded by Leonardo Figoli in 1941 in Corigliano Calabro, in the province of Cosenza. Passed down from father to son, today it is run by Tommaso, a member of the third generation of the family, and its plants and technology have been greatly developed. There is a 41-hectare specialized olive grove with 13,500 trees. In the last harvest 1,800 quintals of olives were produced and 200 purchased, equal to almost 328 hectolitres of oil. We recommend the Extra Virgin selection Frantoio Figoli - Tappo Oro from Organic Farming, which is an intense limpid golden yellow colour with slight green hues. Its aroma is ample and rotund, endowed with fruity hints of ripe tomato and banana, together with aromatic notes of basil, mint and parsley. Its taste is fine and clean, with a flavour of lettuce and celery and an almond finish. Bitterness and pungency are distinct and harmonic. It would be ideal on tomato appetizers, bean salads, marinated gilthead, stewed potatoes, legume purée, pasta with asparagus, mussels au gratin, roast turbot, baked poultry or lamb, goat cheese.

Italia Italy [IT] Calabria

Tenute Pasquale Librandi

Via Marina, 23
87060 Vaccarizzo Albanese (CS)
Tel.: +39 0983 84068 - 0983 84321
E-mail: info@oliolibrandi.it - Web: www.oliolibrandi.it

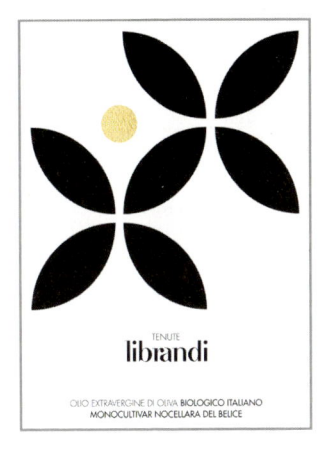

99

100/600 m

Specializzato
Specialized

Vaso, vaso aperto
Vase, open vase

Brucatura a mano e meccanica
Hand picking and mechanical harvesting

Sì - Ciclo continuo
Yes - Continuous cycle

Nocellara del Belice

Fruttato intenso
Intense fruity

da 18,01 a 22,00 € - 500 ml
from € 18.01 to 22.00 - 500 ml

È l'Azienda dell'Anno. Punto di riferimento indiscusso nella nostra Guida, i Librandi hanno raggiunto in questi anni risultati straordinari che vogliamo suggellare con un ambito premio. Il capofamiglia Pasquale era giustamente fiero dei cinque figli che portano avanti una tradizione centenaria con passione, professionalità e spirito innovativo. Da 28mila piante, su 155 ettari, sono stati ricavati quest'anno quasi 4.441 quintali di olive e circa 882 ettolitri di olio. Tre gli Extravergine monocultivar Librandi da Agricoltura Biologica: Carolea, Frantoio e Nocellara del Belice. Quest'ultimo, superbo, è giallo dorato intenso con delicate venature verdi, limpido. Al naso è deciso e avvolgente, ricco di note fruttate di pomodoro di media maturità, banana e mela bianca, accompagnate da marcati sentori balsamici di basilico, menta e prezzemolo. Complesso e vegetale in bocca, sa di fave, lattuga e sedano. Amaro potente e piccante spiccato. Ideale su antipasti di lenticchie, bruschette, carpaccio di carne cruda con funghi ovoli, insalate di pesce spada, zuppe di fagioli, primi piatti con salsiccia, polpo bollito, carni rosse o nere alla piastra, formaggi stagionati a pasta filata.

It is The Farm of the Year. The family Librandi has reached such splendid results over time that it deserves a prestigious prize. The head of the family, Pasquale, was rightly proud of his five children, who carry on a century-old tradition with passion and competence, aiming at innovation. The olive grove covers 155 hectares with 28,000 trees, which produced almost 4,441 quintals of olives and about 882 hectolitres of oil in the last harvest. There are three Monocultivar Extra Virgin Librandi from Organic Farming, Carolea, Frantoio and the superb Nocellara del Belice, which is an intense limpid golden yellow colour with delicate green hues. Its aroma is definite and rotund, rich in fruity notes of medium ripe tomato, banana and white apple, together with definite fragrant hints of basil, mint and parsley. Its taste is complex and vegetal, with a flavour of broad beans, lettuce and celery. Bitterness is strong and pungency is distinct. It would be ideal on lentil appetizers, bruschette, beef carpaccio with ovoli mushrooms, swordfish salads, bean soups, pasta with sausages, boiled octopus, pan-seared red meat or game, aged cheese.

Italia Italy [IT] Calabria

Azienda Agricola Donato Parisi

Rossano - Contrada Scinetto
87064 Corigliano-Rossano (CS)
Tel.: +39 0983 64956
E-mail: vendita@olioparisi.it - Web: www.olioparisi.it

83

50/200 m

Specializzato
Specialized

Vaso globoso, vaso policonico
Globe, polyconic vase

Brucatura a mano e meccanica
Hand picking and mechanical harvesting

No - Ciclo continuo
No - Continuous cycle

Dolce di Rossano (50%), nocellara (40%), coratina (10%)

Fruttato intenso
Intense fruity

da 22,01 a 26,00 € - 750 ml
from € 22.01 to 26.00 - 750 ml

Il pioniere della tradizione dell'attuale attività familiare fu Giuseppe Donato Parisi il quale avviò negli anni Venti la produzione agricola di olio, farina e vino, concentrandosi in un secondo momento sulla quella di extravergine di qualità. Oggi l'azienda coltiva 11mila olivi su 70 ettari, dai quali sono stati ricavati quest'anno 2.600 quintali di olive che hanno permesso una resa di 295 ettolitri di olio. Segnaliamo l'etichetta proposta per la Guida, l'Extravergine 1920 - Primo Parisi Riserva di Famiglia che appare alla vista di un bel colore giallo dorato intenso con leggere venature verdi, limpido. Al naso è deciso e avvolgente, ricco di sentori fruttati di pomodoro acerbo e mela bianca, cui si affiancano note aromatiche di basilico, menta e rosmarino. Fine e vegetale al palato, aggiunge toni di carciofo, cicoria selvatica e lattuga, e chiude con ricordo di pepe nero e mandorla. Amaro potente e piccante spiccato e armonico. Si abbina molto bene a bruschette con pomodoro, carpaccio di tonno, insalate di pesce spada, radicchio al forno, zuppe di fagioli, primi piatti con carciofi, polpo bollito, agnello in umido, carni rosse in tartare, formaggi di media stagionatura.

Giuseppe Donato Parisi, the pioneer of the current family business, started producing oil, flour and wine in the 1920s, later focusing on quality extra virgin olive oil. Today the estate consists of 70 hectares of surface with 11,000 trees. In the last harvest 2,600 quintals of olives were obtained, which allowed to yield 295 hectolitres of extra virgin olive oil. We recommend the selection proposed to the Guide, the Extra Virgin 1920 - Primo Parisi Riserva di Famiglia, which is a beautiful intense limpid golden yellow colour with slight green hues. Its aroma is definite and rotund, rich in fruity hints of unripe tomato and white apple, together with aromatic notes of basil, mint and rosemary. Its taste is fine and vegetal, with a flavour of artichoke, wild chicory and lettuce and final notes of black pepper and almond. Bitterness is powerful and pungency is distinct and harmonic. It would be ideal on bruschette with tomatoes, tuna carpaccio, swordfish salads, baked radicchio, bean soups, pasta with artichokes, boiled octopus, stewed lamb, red meat tartare, medium mature cheese.

Italia Italy [IT] Calabria

Frantoio Fratelli Pugliese - Terre di Lao

Contrada San Filippo
87020 Santa Domenica Talao (CS)
Tel.: +39 0985 939902
E-mail: commerciale@terredellao.it - Web: www.terredellao.it

83

- 110 m
- Promiscuo / Promiscuous
- Vaso / Vase
- Brucatura a mano e meccanica / Hand picking and mechanical harvesting
- Sì - Ciclo continuo / Yes - Continuous cycle
- Carolea (80%), coratina (10%), roggianella (10%)
- Fruttato medio / Medium fruity
- da 10,01 a 12,00 € - 500 ml / from € 10.01 to 12.00 - 500 ml

La storia di quest'azienda inizia nel 1958 con i nonni; e continua con Piero e Adriana, i genitori degli attuali proprietari che sono Angelo, Giovanni e Pino Pugliese i quali proseguono con impegno e passione l'attività della famiglia. Siamo all'interno del Parco Nazionale del Pollino e gli oliveti si trovano lungo la valle del fiume Lao: 14 ettari di impianti sui quali crescono 5.200 alberi dai quali sono stati ricavati quest'anno 3.180 quintali di olive che, con l'aggiunta di 1.200 acquistati, hanno reso quasi 568 ettolitri di olio. L'etichetta presentata è l'Extravergine Il Bio da Agricoltura Biologica, di un bel colore giallo dorato intenso con lievi riflessi verdi, limpido. Al naso è ampio e avvolgente, con sentori balsamici di menta e rosmarino, cui si affiancano toni speziati di pepe nero e cannella. Fine e vegetale al palato, sa di carciofo e lattuga di campo. Amaro e piccante presenti ed equilibrati, con finale dolce di mandorla. Ideale su antipasti di salmone, insalate di lenticchie, marinate di pesce persico, pomodori con riso, zuppe di farro, primi piatti con molluschi, rombo ai ferri, tartare di tonno, pollame o carni di agnello al forno, formaggi caprini.

The story of this farm started in 1958 with the first generation and went on with Piero and Adriana, the present owners' parents and now with Angelo, Giovanni and Pino Pugliese, who carry on their family activity with dedication and passion. The estate is inside the National Park of Pollino and the olive groves are along the valley of the river Lao: 14 hectares with 5,200 trees. In the last harvest 3,180 quintals of olives were produced and 1,200 purchased, with a yield of almost 568 hectolitres of oil. The selection proposed is the Extra Virgin Il Bio from Organic Farming, which is a beautiful intense limpid golden yellow colour with slight green hues. Its aroma is ample and rotund, with fragrant hints of mint and rosemary, together with spicy notes of black pepper and cinnamon. Its taste is fine and vegetal, with a flavour of artichoke and country lettuce. Bitterness and pungency are present and complimentary, with a sweet almond finish. It would be ideal on salmon appetizers, lentil salads, marinated perch, tomatoes stuffed with rice, farro soups, pasta with mussels, grilled turbot, tuna tartare, baked poultry or lamb, goat cheese.

Italia Italy [IT] Calabria

Azienda Agricola Fratelli Renzo

Onda - Contrada Amica
87067 Rossano (CS)
Tel.: +39 0983 520218 - Fax: +39 0983 520218
E-mail: info@orolioextravergine.it - Web: www.orolioextravergine.it

90

1/100 m

Promiscuo e specializzato
Promiscuous and specialized

Vaso policonico
Polyconic vase

Brucatura a mano e meccanica
Hand picking and mechanical harvesting

No - Ciclo continuo
No - Continuous cycle

Dolce di Rossano (40%), tommarella (40%), carolea (20%)

Fruttato medio
Medium fruity

da 10,01 a 12,00 € - 500 ml
from € 10.01 to 12.00 - 500 ml

Situata nel comprensorio di Rossano, antica città bizantina dell'alto Jonio, questa bella realtà agricola e B&B si estende intorno a un antico maniero, un ex monastero risalente a un'epoca tra la fine del Cinquecento e l'inizio del Seicento, già di proprietà ecclesiastica e poi della famiglia Renzo. Oggi i terreni occupano circa 50 ettari, dei quali parte è dedicata all'agrumeto e parte all'oliveto che conta 28 ettari con 8mila piante dalle quali Cesare e Vincenzo hanno ricavato 300 quintali di olive e 45 ettolitri di olio. Segnaliamo l'Extravergine Orolio, giallo dorato intenso con delicate sfumature verdi, limpido. Al naso è ampio e avvolgente, con note aromatiche di menta, basilico e prezzemolo, affiancate da sentori di mela bianca e ricordo speziato di pepe nero. Morbido e fine al palato, si arricchisce di toni vegetali di carciofo, cicoria e lattuga. Amaro e piccante presenti e armonici, con finale dolce di mandorla. Ottimo per antipasti di pomodori, insalate di legumi, marinate di pesce persico, verdure ai ferri, zuppe di ceci, primi piatti con molluschi, gamberi in umido, tartare di ricciola, pollame o carni di agnello al forno, formaggi freschi a pasta filata.

Located in the district of Rossano, an ancient Byzantine town of the Upper Ionian Sea, this beautiful farm and B&B extends around an ancient manor, a former monastery dating back to the late 16th-early 17th century, which was first an ecclesiastical property and then was bought by the family Renzo. Today the estate covers about 50 hectares, which are destined partly to the citrus grove and partly to the 28-hectare olive grove with 8,000 trees. In the last harvest Cesare and Vincenzo obtained 300 quintals of olives and 45 hectolitres of oil. The Extra Virgin Orolio is an intense limpid golden yellow colour with delicate green hues. Its aroma is ample and rotund, with fragrant notes of mint, basil and parsley, together with hints of white apple and a spicy note of black pepper. Its taste is mellow and fine, enriched by a vegetal flavour of artichoke, chicory and lettuce. Bitterness and pungency are present and harmonic, with a sweet almond finish. It would be ideal on tomato appetizers, legume salads, marinated perch, grilled vegetables, chickpea soups, pasta with mussels, stewed shrimps, amberjack tartare, baked poultry or lamb, mozzarella cheese.

Italia Italy [IT] Calabria

Azienda Agricola La Valle

Contrada Valle
88831 San Mauro Marchesato (KR)
E-mail: oliolavalle@libero.it - Web: www.oliolavalle.com

81

350 m

Specializzato
Specialized

Vaso policonico
Polyconic vase

Bacchiatura e meccanica
Beating and mechanical harvesting

No - Ciclo continuo
No - Continuous cycle

Carolea (72%), nocellara messinese (18%), borgese (5%), leccino (5%)

Fruttato medio
Medium fruity

da 12,01 a 15,00 € - 500 ml
from € 12.01 to 15.00 - 500 ml

La Valle sorge nel cuore delle colline del Marchesato Crotonese e comprende una tenuta di 157 ettari. Di questi gli oliveti occupano circa 67 ettari, dislocati nei tre comuni di San Mauro Marchesato, Scandale e Crotone, sui quali crescono 11.800 piante, tra giovani e secolari. L'azienda vanta una tradizione familiare lunga almeno tre generazioni, iniziata nel 1927 con i bisnonni dell'attuale proprietario Salvatore Rota che oggi porta avanti il progetto con una particolare attenzione alla salvaguardia del territorio. Quest'anno ha ricavato oltre 344 quintali di olive e quasi 60 ettolitri di olio. L'Extravergine La Valle da Agricoltura Biologica è giallo dorato intenso con lievi riflessi verdi, limpido. Al naso è sottile e composto, con sentori fruttati di pomodoro maturo, banana e mela bianca, affiancati da note di basilico e prezzemolo. Morbido e armonico in bocca, sa di lattuga e sedano. Amaro ben espresso e piccante presente e dosato. Si abbina a bruschette con verdure, insalate di orzo, marinate di ricciola, patate al cartoccio, zuppe di legumi, risotto con carciofi, rombo al forno, tartare di salmone, coniglio arrosto, pollame ai ferri, formaggi freschi a pasta filata.

La Valle is located in the heart of the hills of Marchesato Crotonese and includes an estate of 157 hectares, 67 of which destined to olive groves with 11,800 young and century-old trees in the three municipalities of San Mauro Marchesato, Scandale and Crotone. The farm can boast a family tradition of at least three generations, started in 1927 with the great-grandparents of the current owner Salvatore Rota, who runs the farm with particular attention to protecting the territory. In the last harvest over 344 quintals of olives and almost 60 hectolitres of oil were produced. The Extra Virgin La Valle from Organic Farming is an intense limpid golden yellow colour with slight green hues. Its aroma is fine and delicate, with fruity hints of ripe tomato, banana and white apple, together with notes of basil and parsley. Its taste is mellow and harmonic, with a flavour of lettuce and celery. Bitterness is distinct and pungency is present and complimentary. It would be ideal on bruschette with vegetables, barley salads, marinated amberjack, baked potatoes, legume soups, risotto with artichokes, baked turbot, salmon tartare, roast rabbit, grilled poultry, mozzarella cheese.

Italia Italy [IT] Calabria

Azienda Agricola Maria Eleonora Acton

Cannavà - Piazza Minniti, 6
89016 Rizziconi (RC)
Tel.: +39 0966 59057 - Fax: +39 0966 59211
E-mail: info@actondileporano.com - Web: www.actondileporano.com

89

90/150 m

Promiscuo e specializzato
Promiscuous and specialized

Vaso, vaso libero
Vase, free vase

Bacchiatura e meccanica
Beating and mechanical harvesting

Sì - Ciclo continuo
Yes - Continuous cycle

Carolea

Fruttato medio
Medium fruity

da 6,01 a 8,00 € - 500 ml
from € 6.01 to 8.00 - 500 ml

L'Azienda Acton è di proprietà, da secoli, di una nobile famiglia inglese il cui capostipite, l'ammiraglio John Acton, venne chiamato a Napoli da Ferdinando II per riordinare la sua flotta militare. Oggi, tra vecchi e nuovi impianti, la tenuta di Cannavà dispone di 250 ettari e 40mila piante dalle quali sono stati ricavati quest'anno 30mila quintali di olive, pari a una resa di circa 3.275 ettolitri di olio. Segnaliamo l'etichetta sottoposta al giudizio del panel, l'Extravergine monovarietale La Foresta - Carolea che si presenta alla vista di un bel colore giallo dorato intenso con delicate venature verdi, limpido. Al naso si esprime sottile e composto, dotato di sentori fruttati di pomodoro acerbo, banana e mela bianca, affiancati da note aromatiche di basilico e menta. Al gusto è morbido e armonico, con toni vegetali di cicoria selvatica e lattuga. Amaro e piccante ben espressi ed equilibrati, con finale dolce in rilievo. Perfetto per antipasti di legumi, insalate di fagioli, marinate di ricciola, patate alla piastra, passati di asparagi, primi piatti al pomodoro, gamberi in umido, molluschi gratinati, coniglio al forno, pollo arrosto, formaggi freschi a pasta filata.

The farm Acton has belonged to a noble English family for centuries. Its founder, the admiral John Acton, was called to Naples by Ferdinand II to reorganize his military fleet. Today the old and new olive groves of the estate of Cannavà cover 250 hectares with 40,000 trees. In the last harvest 30,000 quintals of olives were produced, equal to a yield of about 3,275 hectolitres of extra virgin olive oil. We recommend the selection proposed to the panel, the Monovarietal Extra Virgin La Foresta - Carolea, which is a beautiful intense limpid golden yellow colour with delicate green hues. Its aroma is fine and delicate, endowed with fruity hints of unripe tomato, banana and white apple, together with aromatic notes of basil and mint. Its taste is mellow and harmonic, with a vegetal flavour of wild chicory and lettuce. Bitterness and pungency are distinct and well balanced, with a sweet finish. It would be ideal on legume appetizers, bean salads, marinated amberjack, seared potatoes, asparagus purée, pasta with tomato sauce, stewed shrimps, mussels au gratin, baked rabbit, roast chicken, mozzarella cheese.

Italia Italy [IT] Calabria

Azienda Agricola Sorelle Garzo

Via Fontana Santa Maria, 1
89028 Seminara (RC)
Tel.: +39 0966 317478
E-mail: dolciterre@hotmail.com - Web: www.oliodolciterre.com

93

- 300 m
- **Specializzato** / Specialized
- **Forma libera** / Free form
- **Meccanica** / Mechanical harvesting
- **Sì - Ciclo continuo** / Yes - Continuous cycle
- Roggianella (70%), sinopolese (30%)
- **Fruttato medio** / Medium fruity
- da 12,01 a 15,00 € - 500 ml / from € 12.01 to 15.00 - 500 ml

Fondata nella seconda metà del secolo scorso da Pietro Garzo, questa bella azienda in crescita è oggi guidata dalla seconda generazione della famiglia che segue l'intero processo produttivo, facendo uso di macchinari sempre più evoluti. Il prodotto proviene dagli oliveti di Seminara: 40 ettari di impianti, con 4.500 alberi dai quali, nella recente campagna, sono stati raccolti e moliti 3mila quintali di olive, per una resa in olio di 450 ettolitri. Dei due ottimi Extravergine Dolciterre presentati, il monocultivar Ottobratico e Rosì, il panel sceglie il secondo che appare alla vista di un bel colore giallo dorato intenso con leggere venature verdi, limpido. Al naso è ampio e avvolgente, ricco di sentori fruttati di pomodoro acerbo, banana e mela bianca, cui si affiancano sfumature balsamiche di menta e prezzemolo. Fine e vegetale al palato, sprigiona note di carciofo, cicoria e lattuga. Amaro deciso e piccante spiccato e armonico. Buon accompagnamento per antipasti di polpo, bruschette con pomodoro, carpaccio di tonno, insalate di carciofi, minestroni di verdure, primi piatti al ragù, pesce azzurro gratinato, pollame o carni di agnello in umido, formaggi di media stagionatura.

Founded in the second half of the last century by Pietro Garzo, this beautiful and promising farm is run today by the second generation of the family. They follow the whole production chain, making use of advanced technology. The olives come from the olive groves in Seminara, covering 40 hectares with 4,500 trees. In the last harvest 3,000 quintals of olives were produced and crushed, with a yield of 450 hectolitres of oil. There are two very good Extra Virgin selections Dolciterre, the Monocultivar Ottobratico and Rosì, chosen by the panel. It is a beautiful intense limpid golden yellow colour with slight green hues. Its aroma is ample and rotund, rich in fruity hints of unripe tomato, banana and white apple, together with fragrant notes of mint and parsley. Its taste is fine and vegetal, with a flavour of artichoke, chicory and lettuce. Bitterness is definite and pungency is distinct and harmonic. It would be ideal on octopus appetizers, bruschette with tomatoes, tuna carpaccio, artichoke salads, minestrone with vegetables, pasta with meat sauce, blue fish au gratin, stewed poultry or lamb, medium mature cheese.

Italia Italy [IT] Calabria

Olearia Mamerto

Mazzanova - Strada Statale Provinciale 112 bis
89019 Oppido Mamertino (RC)
Tel.: +39 0966 472264
E-mail: oleariamamerto@gmail.com - Web: www.oleariamamerto.it

86

- 300 m
- **Specializzato** / Specialized
- **Ombrello** / Weeping vase
- **Brucatura a mano** / Hand picking
- **No - Ciclo continuo** / No - Continuous cycle
- **Ottobratica**
- **Fruttato medio** / Medium fruity
- da 8,01 a 10,00 € - 500 ml / from € 8.01 to 10.00 - 500 ml

Diamo volentieri il benvenuto in Guida a Olearia Mamerto che nasce nel 2017 nell'incantevole paesaggio collinare ai piedi del Parco Nazionale dell'Aspromonte. Alessandro Tripodi gestisce attualmente una superficie che si estende per 11 ettari coltivati a oliveto, sui quali dimorano 1.100 piante di cultivar ottobratica che hanno reso, nella recente campagna, un raccolto di 200 quintali di olive, pari a una produzione di 25 ettolitri di olio. L'etichetta proposta al panel è l'ottimo Extravergine October Evoo che appare alla vista di un bel colore giallo dorato intenso con leggeri riflessi verdi, limpido. Al naso è ampio e avvolgente, ricco di sentori fruttati di pomodoro acerbo, banana e mela bianca, accompagnati da note aromatiche di basilico, menta e prezzemolo. Fine e complesso al palato, sprigiona toni vegetali di lattuga di campo e sedano, e nel finale ricorda la mandorla. Amaro spiccato e piccate presente e ben armonizzato. Buon abbinamento con antipasti di salmone, insalate di legumi, marinate di pesce persico, pomodori con riso, zuppe di ceci, primi piatti con molluschi, gamberi in guazzetto, tartare di ricciola, coniglio arrosto, pollame ai ferri, formaggi caprini.

We welcome the first appearance in our Guide of Olearia Mamerto, which was founded in 2017 in the lovely hilly landscape at the foot of the National Park of Aspromonte. Alessandro Tripodi currently runs an olive grove covering 11 hectares with 1,100 trees of the cultivar ottobratica. In the last harvest 200 quintals of olives were produced, equal to a yield of 25 hectolitres of extra virgin olive oil. The selection proposed to the panel is the very good Extra Virgin October Evoo, which is a beautiful intense limpid golden yellow colour with slight green hues. Its aroma is ample and rotund, rich in fruity hints of unripe tomato, banana and white apple, together with aromatic notes of basil, mint and parsley. Its taste is fine and complex, with a vegetal flavour of country lettuce and celery and a final note of almond. Bitterness is distinct and pungency is present and harmonic. It would be ideal on salmon appetizers, legume salads, marinated perch, tomatoes stuffed with rice, chickpea soups, pasta with mussels, stewed shrimps, amberjack tartare, roast rabbit, grilled poultry, goat cheese.

Italia Italy [IT] Calabria

Olearia San Giorgio

Contrada Ricevuto, 18
89017 San Giorgio Morgeto (RC)
Tel.: +39 0966 935321 - 0966 940569
E-mail: info@olearia.eu - Web: www.olearia.eu

97

- 250/500 m
- **Promiscuo e specializzato**
  Promiscuous and specialized
- **Vaso**
  Vase
- **Brucatura a mano e meccanica**
  Hand picking and mechanical harvesting
- **Sì - Ciclo continuo**
  Yes - Continuous cycle
- **Ottobratica**
- **Fruttato leggero**
  Light fruity
- da 10,01 a 12,00 € - 500 ml
  from € 10.01 to 12.00 - 500 ml

Meritatissima conferma per Olearia San Giorgio, importante e strutturata realtà di San Giorgio Morgeto gestita dai fratelli Fazari che continuano una tradizione familiare iniziata circa ottant'anni anni fa e sono oggi alla guida di un moderno impianto di trasformazione e di 130 ettari di oliveto con 23mila piante che hanno fruttato quest'anno un raccolto di 10mila quintali di olive e una produzione di 2mila ettolitri di olio. Dei due Extravergine proposti, L'Aspromontano e L'Ottobratico, preferiamo quest'ultimo, di un bel colore giallo dorato intenso con delicati riflessi verdi, limpido. Al naso si apre ampio e avvolgente, con sentori fruttati di pomodoro acerbo, banana e mela bianca, cui si affiancano toni aromatici di basilico, mentuccia e prezzemolo. Complesso e fine al gusto, si arricchisce di note di lattuga di campo, sedano e ricordo speziato di pepe nero. Amaro e piccante presenti ed equilibrati, con finale dolce in rilievo. Si abbina bene a maionese, antipasti di funghi ovoli, carpaccio di orata, insalate di riso, marinate di dentice, zuppe di piselli, cous cous di pesce, crostacei alla griglia, rombo al cartoccio, formaggi freschi a pasta molle, dolci lievitati.

Present again in our Guide with another good result, Olearia San Giorgio is an important and solid farm situated in San Giorgio Morgeto and managed by the brothers Fazari, who follow a family tradition started about 80 years ago. Today they run a modern transformation system and a 130-hectare olive grove with 23,000 trees. In the last harvest 10,000 quintals of olives were produced, equal to 2,000 hectolitres of oil. There are two Extra Virgin selections, L'Aspromontano and L'Ottobratico, which we recommend. It is a beautiful intense limpid golden yellow colour with delicate green hues. Its aroma is ample and rotund, endowed with fruity notes of unripe tomato, banana and white apple, together with aromatic hints of basil, field balm and parsley. Its taste is complex and fine, enriched with notes of country lettuce, celery and a spicy note of black pepper. Bitterness and pungency are present and well balanced, with a sweet finish. It would be ideal on mayonnaise, ovoli mushroom appetizers, gilthead carpaccio, rice salads, marinated sea bream, pea soups, fish cous cous, grilled shellfish, turbot baked in parchment paper, soft fresh cheese, yeast-raised cakes.

Italia Italy [IT] Calabria

Azienda Agricola Santa Tecla

Contrada Santa Tecla
89050 Cosoleto (RC)
Tel.: +39 0965 375320
E-mail: oliosantatecla@gmail.com - Web: www.oliosantatecla.com

89

- 450 m
- Specializzato / Specialized
- Vaso globoso / Globe
- Bacchiatura e meccanica / Beating and mechanical harvesting
- No - Ciclo continuo / No - Continuous cycle
- Ottobratica (40%), sinopolese (40%), nocellara del Belice (20%)
- Fruttato leggero / Light fruity
- da 8,01 a 10,00 € - 500 ml / from € 8.01 to 10.00 - 500 ml

SANTA TECLA
OLIO EXTRA VERGINE DI OLIVA
ESTRATTO A FREDDO
PRODOTTO ITALIANO

Si mantiene stabile Santa Tecla, collocata sulle colline a metà strada tra il mare e il Parco Nazionale d'Aspromonte e guidata da Rita Licastro la quale prosegue un'attività che affonda le sue radici nella metà dell'Ottocento. Gli oliveti occupano una superficie di 15 ettari e gli alberi coltivati sono 2.500 esemplari che quest'anno hanno fruttato un raccolto di 800 quintali di olive e una produzione di circa 87 ettolitri di olio. L'etichetta presentata al panel è l'Extravergine Santa Tecla che appare alla vista di un bel colore giallo dorato intenso con delicate sfumature verdi, limpido. Al naso si apre sottile e composto, dotato di sentori balsamici di erbe officinali, con basilico e menta in evidenza, affiancati da note di erba fresca falciata e mandorla. Morbido e armonico al palato, è caratterizzato da toni vegetali di carciofo, cicoria e lattuga di campo. Amaro e piccante presenti e dosati, con finale dolce in rilievo. Si accompagna bene a maionese, antipasti di funghi ovoli, carpaccio di orata, insalate di riso, marinate di dentice, passati di verdure, risotto con asparagi, fritture di calamari, rombo al cartoccio, formaggi freschi a pasta molle, dolci lievitati.

Another positive result for Santa Tecla, placed on the hills halfway between the sea and the National Park of Aspromonte. The farm is run by Rita Licastro, who carries on an activity started in the mid-19th century. The olive groves cover a surface of 15 hectares with 2,500 trees. In the last harvest 800 quintals of olives were produced, with a yield of about 87 hectolitres of extra virgin olive oil. The selection proposed to the panel is the Extra Virgin Santa Tecla, which is a beautiful intense limpid golden yellow colour with delicate green hues. Its aroma is fine and delicate, endowed with fragrant hints of officinal herbs, especially basil and mint, together with notes of freshly mown grass and almond. Its taste is mellow and harmonic, characterized by a vegetal flavour of artichoke, chicory and country lettuce. Bitterness and pungency are present and complimentary, with a sweet finish. It would be ideal on mayonnaise, ovoli mushroom appetizers, gilthead carpaccio, rice salads, marinated sea bream, vegetable purée, risotto with asparagus, fried squids, turbot baked in parchment paper, soft fresh cheese, yeast-raised cakes.

Sicilia

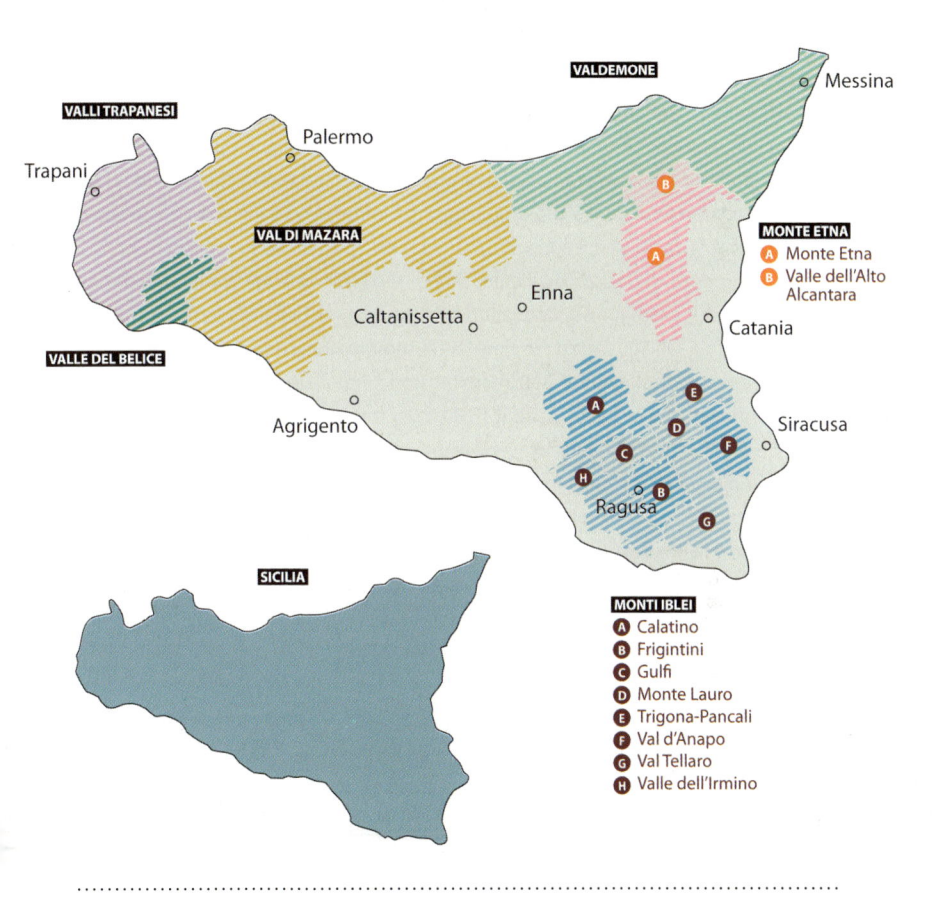

VALDEMONE

VALLI TRAPANESI

VAL DI MAZARA

VALLE DEL BELICE

MONTE ETNA
- A Monte Etna
- B Valle dell'Alto Alcantara

MONTI IBLEI
- A Calatino
- B Frigintini
- C Gulfi
- D Monte Lauro
- E Trigona-Pancali
- F Val d'Anapo
- G Val Tellaro
- H Valle dell'Irmino

SICILIA

Dati Statistici

Superficie Olivetata Nazionale	1.164.568 (ha)
Superficie Olivetata Regionale	157.891 (ha)
Quota Regionale	13,56%
Frantoi	593
Produzione Nazionale 19-20	366.468,8 (t)
Produzione Regionale 19-20	34.352,8 (t)
Produzione Regionale 18-19	18.108,5 (t)
Variazione	+89,71%
Quota Regionale	9,37%

Statistic Data

National Olive Surface	1,164,568 (ha)
Regional Olive Surface	157,891 (ha)
Regional Quota	13.56%
Olive Oil Mills	593
National Production 19-20	366,468.8 (t)
Regional Production 19-20	34,352.8 (t)
Regional Production 18-19	18,108.5 (t)
Variation	+89.71%
Regional Quota	9.37%

National Institute of Statistics
Service Institute for the Agricultural and Food Market on data from the Agency for Agricultural Payments

La Sicilia può dirsi a ragione terra olivicola d'eccellenza. E ricopre questo ruolo fin da un'antichità tanto remota da fondersi con il mito che narra come Aristeo, figlio del dio Apollo e della ninfa Cirene, abbia fatto conoscere le tecniche di coltivazione dell'olivo proprio al popolo dei Siculi. Sta di fatto che la coltivazione di questa pianta, portata in Sicilia dal popolo dei Fenici navigatori, è documentata nell'isola con abbondanza di citazioni classiche. Oggi alle doti naturali del territorio, che sono la fertilità dei suoli, l'insolazione costante e un clima di straordinaria dolcezza, si sommano i risultati stimolanti di una politica agricola moderna che vuole tornare a scommettere sull'olivicoltura. Infatti laddove un tempo il comparto rurale era monopolizzato dal latifondo e dalle colture estensive, oggi troviamo i frutti di un'agricoltura altamente specializzata, capace di brillare per i suoi prodotti di decisa peculiarità. Grandi e piccole aziende compongono uno scenario in cui è protagonista la qualità; e le conoscenze della moderna tecnologia sono utilizzate a salvaguardia della tipicità. Da sempre non c'è zona in Sicilia in cui la pianta dell'olivo non sia diffusa: sull'intero territorio regionale si contano ben 157.891 ettari di impianti che rappresentano il 13,56% del totale nazionale. La grande varietà di suoli e di microclimi ha dato vita nel tempo a un patrimonio di cultivar autoctone molto complesso, risultato di lunghi periodi di adattamento, di confronti, di selezione e di differenti tecniche di coltivazione. La nocellara etnea è diffusa alle pendici del monte Etna e nelle province di Catania, Enna e Messina. La tonda iblea, la moresca e la verdese sono invece tipiche delle province di Ragusa, Siracusa, Catania. Nella valle del Belice, come in tutto il Trapanese, prevalgono la nocellara del Belice e la cerasuola, comuni anche nell'area di Palermo e di Agrigento, dove invece domina la biancolilla. A queste si aggiungono cultivar più rare come crastu, aitana, giarraffa, minuta, nerba, passalunara, piricuddara, verdello, santagatese, zaituna, virdisa, tunnulidda, prunara, morgatana, citrara, mantonica e abunara, per citare soltanto le più diffuse. La tipicità e l'eccellenza dell'olio extravergine di oliva siciliano sono certificate a livello europeo da sei Dop riconosciute: la Monti Iblei è divisa tra le province di Ragusa, Siracusa e Catania e arriva a comprendere ben otto sottodenominazioni ovvero Calatino, Frigintini, Gulfi, Monte Lauro, Trigona-Pancali, Val d'Anapo, Val Tellaro e Valle dell'Irmino; la Valli Trapanesi e la Val di Mazara interessano l'area tra Palermo, Agrigento e Trapani; la Monte Etna ricade nella provincia di Catania; e infine ci sono altre due Dop che sono la Valle del Belice, che tutela gli oli extravergine prodotti nell'omonima e vocatissima area della provincia di Trapani, e la Valdemone, in provincia di Messina. Non va inoltre dimenticata l'Igp regionale Sicilia che ha concluso l'iter burocratico e che risulta finalmente attuata. Per quanto riguarda i restanti gradini della filiera olearia i frantoi attivi raggiungono il numero di 593. Da questi nell'ultima campagna, la 2019-2020, sono state prodotte 34.352,8 tonnellate di olio, pari al 9,37% del totale nazionale, con un aumento dell'89,71% rispetto all'annata precedente. Grazie al deciso incremento sia nazionale che regionale queste quantità fanno della Sicilia la terza regione in Italia per produzione.

Sicily has been an olive growing land par excellence since very remote times. A myth tells in fact that Aristeus, Apollo and the nymph Cyrene's son made olive cultivation techniques known to the Sicel people. As a matter of fact, olive cultivation, introduced into Sicily by the Phoenicians, is documented on the island by many classical quotations. Today, besides the natural character of the land, soil exposure and fertility, constant exposure to the sun, an extraordinary mild climate, there are the stimulating results of a modern agricultural policy. While in the past the rural sector was monopolized by large landed estates and extensive cultivation, today we find a highly specialized agriculture, able to excel for its really special produce. Both large and small farms aim for quality and modern technology is used to protect typicality. Ever since the olive tree has been present everywhere: in the regional territory there are 157,891 hectares of olive surface, which represents 13.56% of the national total. The great variety of soils and microclimates gave rise in the course of the time to a complex range of autochthonous cultivars, as a consequence of long periods of adjustment, comparisons and selections and of different cultivation techniques. Nocellara etnea is spread on the sides of mount Etna and in the provinces of Catania, Enna and Messina. Tonda iblea, moresca and verdese instead are typical of the provinces of Ragusa, Siracusa and Catania. In the valley of Belice and in the whole Trapanese the most common varieties are nocellara del Belice and cerasuola, which are also spread in the area of Palermo and Agrigento, where biancolilla prevails. Moreover, there are the less common cultivars crastu, aitana, giarraffa, minuta, nerba, passalunara, piricuddara, verdello, santagatese, zaituna, virdisa, tunnulidda, prunara, morgatana, citrara, mantonica and abunara, but the list would be too long. The typicality and excellence of the Sicilian extra virgin olive oil have been certified at EU level by a good six Pdo: Monti Iblei is divided into the provinces of Ragusa, Siracusa and Catania, it includes eight subdenominations: Calatino, Frigintini, Gulfi, Monte Lauro, Trigona-Pancali, Val d'Anapo, Val Tellaro and Valle dell'Irmino; Valli Trapanesi and Val di Mazara include the areas of Palermo, Agrigento and Trapani; Monte Etna concerns the province of Catania and finally the Pdo Valle del Belice protects the oil produced in the homonymous and very suitable area in the province of Trapani, and the Pdo Valdemone the province of Messina. Moreover, the regional Pgi Sicilia has finally been implemented. The active oil mills, present on the whole regional territory, are 593. In the harvest 2019-2020 they produced 34,352.8 tons of oil, equal to 9.37% of the total national quantity, with an increase of 89.71% compared to the previous year. Thanks to the strong national and regional increase, this volume makes Sicily the third productive region in Italy.

Italia Italy [IT] Sicilia

Azienda Agricola Mandranova

Contrada Mandranova - Strada Statale 115 km 217 - Stradella di Servizio
92020 Palma di Montechiaro (AG)
E-mail: info@mandranova.com - Web: www.mandranova.com

98

- 100/200 m
- **Specializzato** / Specialized
- **Vaso aperto** / Open vase
- **Brucatura a mano e meccanica** / Hand picking and mechanical harvesting
- **Sì - Ciclo continuo** / Yes - Continuous cycle
- **Nocellara del Belice**
- **Fruttato medio** / Medium fruity
- da 10,01 a 12,00 € - 500 ml / from € 10.01 to 12.00 - 500 ml

Seguiamo l'azienda Mandranova da parecchi anni e ci colpisce il desiderio di Silvia e Giuseppe di non fermarsi ai pur altissimi traguardi raggiunti, ma di migliorarsi continuamente. Adesso ancor di più, con le forze giovani di Gabriele. Struttura familiare di lunga tradizione, offre anche ospitalità in antichi edifici ripristinati con gusto, rispettando le costruzioni originarie e recuperando i materiali. Dai 50 ettari di oliveto con 10mila piante quest'anno sono stati raccolti e moliti quasi 1.668 quintali di olive, pari a circa 361 ettolitri di olio. Segnaliamo l'ottimo Extravergine monocultivar Mandranova - Nocellara, giallo dorato intenso con calde tonalità verdi, limpido. Al naso è ampio e avvolgente, ricco di sentori balsamici di menta, prezzemolo e basilico, affiancati da note di pomodoro di media maturità, mela bianca e banana. Fine e vegetale al gusto, sa di fave, lattuga e sedano. Amaro molto spiccato e piccante deciso. È eccellente per antipasti di mare, insalate di fagioli, marinate di orata, patate alla piastra, zuppe di legumi, primi piatti con asparagi, pesci alla brace, tartare di tonno, coniglio arrosto, pollame alla griglia, formaggi freschi a pasta filata.

We have been following the farm Mandranova for many years and Silvia and Giuseppe, together with the young Gabriele, still aim at improving their already excellent results. It is a family-run farm with a long tradition, which also offers tourist accommodation in ancient structures restored with taste, respecting the original buildings and using old materials. The 50-hectare olive grove with 10,000 trees produced almost 1,668 quintals of olives in the last harvest, equal to about 361 hectolitres of oil. We recommend the very good Monocultivar Extra Virgin Mandranova - Nocellara, which is an intense limpid golden yellow colour with warm green hues. Its aroma is ample and rotund, rich in fragrant hints of mint, parsley and basil, together with notes of medium ripe tomato, white apple and banana. Its taste is fine and vegetal, with a flavour of broad beans, lettuce and celery. Bitterness is distinct and pungency is definite. It would be ideal on seafood appetizers, bean salads, marinated gilthead, seared potatoes, legume soups, pasta with asparagus, barbecued fish, tuna tartare, roast rabbit, grilled poultry, mozzarella cheese.

Italia Italy [IT] Sicilia

Planeta

Contrada Capparrina
92013 Menfi (AG)
Tel.: +39 0925 80009
E-mail: planeta@planeta.it - Web: www.planeta.it

92

- 20/70 m
- Specializzato / Specialized
- Vaso, vaso policonico / Vase, polyconic vase
- Brucatura a mano / Hand picking
- Sì - Ciclo continuo / Yes - Continuous cycle
- Nocellara del Belice (40%), biancolilla (30%), cerasuola (30%)
- Fruttato medio / Medium fruity
- da 10,01 a 12,00 € - 500 ml / from € 10.01 to 12.00 - 500 ml

PLANETA
Olio Extra Vergine di Oliva
Extra Virgin Olive Oil
Nocellara del Belice, Biancolilla, Cerasuola
SICILIA I.G.P.

Planeta è un marchio di qualità e un punto di riferimento consolidato per la moderna enologia siciliana; i prodotti proposti negli anni dimostrano come l'azienda possa distinguersi anche in campo oleario. Oliveti e frantoio di proprietà, ovvero il cuore dell'azienda e la sua base operativa, si trovano a Menfi: parliamo di un patrimonio di 150 ettari con 45mila piante dalle quali quest'anno sono stati ricavati 8mila quintali di olive e 1.200 ettolitri di olio. L'etichetta proposta per la Guida è l'Extravergine Planeta Igp Sicilia che si presenta alla vista di un bel colore giallo dorato intenso con delicate venature verdi, limpido. Al naso si apre sottile e composto, con note balsamiche di basilico, menta e prezzemolo, affiancate da netti sentori di pomodoro maturo, banana e mela bianca. Al gusto è morbido e armonico, con toni vegetali di lattuga di campo e sedano. Amaro e piccante decisi ed equilibrati, con finale dolce in rilievo. Si abbina a bruschette con verdure, insalate di orzo, marinate di salmone, patate al cartoccio, zuppe di farro, risotto con carciofi, pesci alla griglia, tartare di ricciola, coniglio arrosto, pollame al forno, formaggi freschi a pasta filata.

Planeta is a quality trademark and a point of reference of regional modern enology. However, the products proposed over the years show how the farm also excels in the oil field. The olive groves and the oil mill, the heart of the farm and its operating base, are situated in Menfi: 150 hectares and 45,000 trees, which produced 8,000 quintals of olives and 1,200 hectolitres of oil in the last harvest. The selection proposed to our panel is the Extra Virgin Planeta Pgi Sicilia, which is a beautiful intense limpid golden yellow colour with delicate green hues. Its aroma is fine and delicate, with fragrant notes of basil, mint and parsley, together with distinct hints of ripe tomato, banana and white apple. Its taste is mellow and harmonic, with a vegetal flavour of country lettuce and celery. Bitterness and pungency are definite and well balanced, with a sweet finish. It would be ideal on bruschette with vegetables, barley salads, marinated salmon, baked potatoes, farro soups, risotto with artichokes, grilled fish, amberjack tartare, roast rabbit, baked poultry, mozzarella cheese.

Italia Italy [IT] Sicilia

Ravida

Contrada Gurra Soprana - Strada Provinciale 48 km 3
92013 Menfi (AG)
E-mail: ravida@ravida.it - Web: www.ravida.it

92

75/110 m

Specializzato
Specialized

Forma libera, policono
Free form, polycone

Meccanica
Mechanical harvesting

Sì - Ciclo continuo
Yes - Continuous cycle

Biancolilla (45%), cerasuola (35%), nocellara del Belice (20%)

Fruttato medio
Medium fruity

da 22,01 a 26,00 € - 500 ml
from € 22.01 to 26.00 - 500 ml

Negli anni Settanta Nicolò Ravidà ha riorganizzato la tenuta La Gurra, proprietà della sua famiglia dal Settecento, mentre il primo imbottigliamento è del 1993. Oggi la Ravida si occupa esclusivamente della produzione e commercializzazione dell'extravergine, separandosi dalla società proprietaria dei terreni. Nell'ultima campagna sono stati acquistati circa 1.366 quintali di olive che, moliti nel frantoio aziendale, hanno futtato 218 ettolitri di olio che, con l'aggiunta di 107 comprati, sono diventati 325. Segnaliamo l'Extravergine Ravida da Agricoltura Biologica, di un bel colore giallo dorato intenso con leggere sfumaure verdi, limpido. All'olfatto si apre ampio e avvolgente, ricco di sentori fruttati di pomodoro acerbo, banana e mela bianca, cui si affiancano netti toni balsamici di basilico, menta e prezzemolo. Complesso e vegetale in bocca, sa di sedano e lattuga di campo. Amaro e piccante presenti e armonici. È un eccellente accompagnamento per antipasti di mare, insalate di legumi, marinate di ricciola, pomodori con riso, passati di fagioli, cous cous di verdure, molluschi gratinati, tartare di pesce spada, pollame o carni di agnello al forno, formaggi caprini.

In the 70s Nicolò Ravidà reorganized the estate La Gurra, owned by his family since the 18th century, and in 1993 bottling was started. Today the farm only produces and markets extra virgin olive oil, while a company owns the land. In the last harvest about 1,366 quintals of olives were purchased and, once crushed in the farm oil mill, yielded 218 hectolitres of extra virgin olive oil. In addition, 107 hectolitres were purchased, with a total of 325 hectolitres. We recommend the Extra Virgin Ravida from Organic Farming, which is a beautiful intense limpid golden yellow colour with slight green hues. Its aroma is ample and rotund, rich in fruity notes of unripe tomato, banana and white apple, together with distinct fragrant hints of basil, mint and parsley. Its taste is complex and vegetal, with a flavour of celery and country lettuce. Bitterness and pungency are present and harmonic. It would be ideal on seafood appetizers, legume salads, marinated amberjack, tomatoes stuffed with rice, bean purée, vegetable cous cous, mussels au gratin, swordfish tartare, baked poultry or lamb, goat cheese.

Italia Italy [IT] Sicilia

Frantoio Scalia

Via Pulei, 35
95030 Mascalucia (CT)
Tel.: +39 095 7279001
E-mail: info@frantoioscalia.com - Web: www.frantoioscalia.com

88

400 m

Specializzato
Specialized

Alberello
Tree

Brucatura a mano
Hand picking

Sì - Ciclo continuo
Yes - Continuous cycle

Nocellara etnea

Fruttato medio
Medium fruity

da 8,01 a 10,00 € - 500 ml
from € 8.01 to 10.00 - 500 ml

Ritroviamo in Guida Frantoio Scalia che si colloca al centro di un'ampia area coltivata arrampicata sul fianco dell'Etna. Fondato nel dopoguerra da Antonino Scalia, oggi è condotto da Carmelo il quale dispone di 10 ettari di oliveto specializzato e di un moderno impianto di estrazione. Dalle 2mila piante di nocellara etnea messe a dimora sono stati raccolti, nella recente campagna, 500 quintali di olive che, uniti ai 2mila acquistati, hanno prodotto quasi 328 ettolitri di olio. L'Extravergine Scalia Igp Sicilia si presenta alla vista di un bel colore giallo dorato intenso con tenui riflessi verdi, limpido. Al naso è sottile e composto, dotato di note di pomodoro di media maturità, mela bianca e banana, cui si associano sentori di erbe aromatiche, con ricordo di basilico, menta e prezzemolo. Morbido e armonico al gusto, aggiunge toni vegetali di lattuga di campo e sedano. Amaro e piccante ben presenti e dosati, con finale dolce in rilievo. Ideale su antipasti di pomodori, insalate di orzo, marinate di ricciola, verdure al vapore, zuppe di farro, risotto con carciofi, molluschi gratinati, tartare di salmone, coniglio arrosto, pollame ai ferri, formaggi freschi a pasta filata.

Present again in our Guide, Frantoio Scalia is situated in the heart of a large area climbing up the side of Mount Etna. Founded after the Second World War by Antonino Scalia, today it is run by Carmelo, who has a 10-hectare specialized olive grove and a modern extraction system. There are 2,000 trees of the variety nocellara etnea, which produced 500 quintals of olives in the last harvest. With 2,000 purchased, they yielded almost 328 hectolitres of extra virgin olive oil. The Extra Virgin Scalia Pgi Sicilia is a beautiful intense limpid golden yellow colour with slight green hues. Its aroma is fine and delicate, endowed with notes of medium ripe tomato, white apple and banana, together with hints of aromatic herbs, especially basil, mint and parsley. Its taste is mellow and harmonic, with a vegetal flavour of country lettuce and celery. Bitterness and pungency are present and complimentary, with evident sweetness. It would be ideal on tomato appetizers, barley salads, marinated amberjack, steamed vegetables, farro soups, risotto with artichokes, mussels au gratin, salmon tartare, roast rabbit, grilled poultry, mozzarella cheese.

Italia Italy [IT] Sicilia

Vincenzo Signorelli Olivicoltore

Contrada Difesa - Via Paternò
95030 Ragalna (CT)
E-mail: esignorelli@mac.com - Web: www.enzosignorelli.wordpress.com

81

400/600 m

Promiscuo e specializzato
Promiscuous and specialized

Vaso
Vase

Brucatura a mano
Hand picking

No - Ciclo continuo
No - Continuous cycle

Nocellara etnea (75%), moresca (10%), altre/others (15%)

Fruttato medio
Medium fruity

da 12,01 a 15,00 € - 500 ml
from € 12.01 to 15.00 - 500 ml

Quella di Vincenzo Signorelli è la storia del ritorno alla terra, tra gli olivi di famiglia, di un fotoreporter e viaggiatore che coltiva secondo i metodi tradizionali due oliveti antichi su suolo vulcanico nei territori di Santa Maria di Licodia e Regaina, due piccoli comuni del parco dell'Etna. Parliamo di 4 ettari con 270 piante che hanno fruttato, nella recente campagna, 90 quintali di olive e 12 ettolitri di olio. L'etichetta presentata è l'Extravergine Contrada Difesa - Antica Proprietà Tomaselli Igp Sicilia che appare alla vista di un bel colore giallo dorato intenso con leggere venature verdi, limpido. Al naso si apre ampio e avvolgente, dotato di sentori fruttati di pomodoro di media maturità, mela bianca e banana, cui si affiancano note aromatiche di basilico, menta e prezzemolo. Fine e vegetale in bocca, sprigiona toni di sedano, cicoria e lattuga di campo. Amaro e piccante ben espressi ed equilibrati, con finale dolce in rilievo. Buon abbinamento con antipasti di pomodori, insalate di legumi, verdure al vapore, zuppe di farro, primi piatti con salmone, molluschi gratinati, tartare di ricciola, coniglio arrosto, pollame ai ferri, formaggi freschi a pasta filata.

Vincenzo Signorelli is a photojournalist and traveller who decided to return to the land, among the family olive trees, to cultivate according to traditional methods two ancient olive groves situated on volcanic soil in the territories of Santa Maria di Licodia and Regaina, two small municipalities in the Etna park. The estate consists of 4 hectares with 270 trees, which produced 90 quintals of olives and 12 hectolitres of oil in the last harvest. The selection proposed is the Extra Virgin Contrada Difesa - Antica Proprietà Tomaselli Pgi Sicilia, which is a beautiful intense limpid golden yellow colour with slight green hues. Its aroma is ample and rotund, endowed with fruity hints of medium ripe tomato, white apple and banana, together with aromatic notes of basil, mint and parsley. Its taste is fine and vegetal, with a flavour of celery, chicory and country lettuce. Bitterness and pungency are distinct and well balanced, with a sweet finish. It would be ideal on tomato appetizers, legume salads, steamed vegetables, farro soups, pasta with salmon, mussels au gratin, amberjack tartare, roast rabbit, grilled poultry, mozzarella cheese.

Italia Italy [IT] Sicilia

Sikulus
Via Serafica
95038 Santa Maria di Licodia (CT)
E-mail: info@sikulus.it - Web: www.sikulus.it

83

- 750/800 m
- Promiscuo / Promiscuous
- Forma libera / Free form
- Brucatura a mano / Hand picking
- No - Ciclo continuo / No - Continuous cycle
- Nocellara etnea
- Fruttato medio / Medium fruity
- da 18,01 a 22,00 € - 500 ml / from € 18.01 to 22.00 - 500 ml

olio extra vergine di oliva
I.G.P. SICILIA

SIKULUS
azienda agricola

La famiglia Pappalardo possiede da oltre un secolo appezzamenti di terreno nella provincia di Catania, precisamente nella zona di Santa Maria di Licodia, cuore della produzione olivicola dell'Etna. Per oltre quattro generazioni tutti i membri della famiglia si sono dedicati con passione alla cura degli olivi. Oggi l'azienda è guidata da Sergio Pappalardo che coltiva 380 piante su quasi 4 ettari ottenendo, nella recente campagna, circa 114 quintali di olive, pari a 10 ettolitri di olio. L'etichetta presentata per la Guida è l'Extravergine Don Peppino Igp Sicilia, di un bel colore giallo dorato intenso con delicate tonalità verdi, limpido. Al naso si apre ampio e avvolgente, dotato di sentori fruttati di pomodoro maturo, mela bianca e banana, affiancati da note balsamiche di basilico, menta e prezzemolo. Fine e vegetale in bocca, sprigiona toni di sedano e lattuga di campo. Amaro e piccante presenti e ben espressi, con finale dolce in rilievo. Ideale su bruschette con verdure, insalate di orzo, marinate di salmone, patate al cartoccio, passati di fagioli, primi piatti al pomodoro, molluschi gratinati, seppie in umido, coniglio arrosto, pollame alla piastra, formaggi caprini.

For over a century the family Pappalardo has owned plots of land in the province of Catania, precisely in the area of Santa Maria di Licodia, the heart of Etna's olive production. For over four generations all the members of the family have been passionately practising olive growing. Today the farm is run by Sergio Pappalardo, who cultivates almost 4 hectares of surface with 380 trees. In the last harvest about 114 quintals of olives were produced, equal to 10 hectolitres of oil. The selection proposed to the Guide is the Extra Virgin Don Peppino Pgi Sicilia, which is a beautiful intense limpid golden yellow colour with delicate green hues. Its aroma is ample and rotund, endowed with fruity hints of ripe tomato, white apple and banana, together with fragrant notes of basil, mint and parsley. Its taste is fine and vegetal, with a flavour of celery and country lettuce. Bitterness and pungency are present and distinct, with a sweet finish. It would be ideal on bruschette with vegetables, barley salads, marinated salmon, baked potatoes, bean purée, pasta with tomato sauce, mussels au gratin, stewed cuttlefish, roast rabbit, pan-seared poultry, goat cheese.

Italia Italy [IT] Sicilia

Feudo Disisa

Grisì - Contrada Disisa - Strada Provinciale 30 km 6
90046 Monreale (PA)
Tel.: +39 091 6127109 - Fax: +39 091 6127109
E-mail: info@vinidisisa.it - Web: www.feudodisisa.it

96

- 350/500 m
- Specializzato / Specialized
- Ombrello ribassato / Weeping vase
- Brucatura a mano / Hand picking
- Sì - Ciclo continuo / Yes - Continuous cycle
- Cerasuola
- Fruttato medio / Medium fruity
- da 12,01 a 15,00 € - 500 ml / from € 12.01 to 15.00 - 500 ml

Sono tante le edizioni attraverso le quali seguiamo quest'azienda il cui nome è già un bel biglietto da visita: Disisa infatti, in arabo, significa "la splendida". Complimenti a Renato Di Lorenzo e alla signora Maria Paola che, splendidi, lo sono soprattutto per la qualità dei loro prodotti. La struttura, che ha origini risalenti ai Normanni, conta 400 ettari, ricoperti in gran parte da vigneti di Alcamo Doc. Gli oliveti occupano 90 ettari, con 20mila piante che hanno reso 1.500 quintali di olive e 250 ettolitri di olio. Tre gli Extravergine: Tesoro e i due Disisa, il "base" e quello di Agricoltura Biologica che preferiamo. Giallo dorato intenso con lievi riflessi verdi, limpido; al naso è ampio e avvolgente, ricco di note di pomodoro acerbo, banana e mela bianca, affiancati da netti sentori di basilico, menta e prezzemolo. Al gusto è fine e armonico, con toni di lattuga e sedano. Amaro e piccante spiccati ed equilibrati, con finale dolce in rilievo. Ideale su antipasti di mare, insalate di fagioli, marinate di orata, patate alla griglia, passati di funghi finferli, risotto con carciofi, pesci ai ferri, tartare di tonno, coniglio arrosto, pollame alla piastra, formaggi caprini.

We have been following this farm for many years and its name is already a promise: in fact, Disisa in Arab means "splendid". Congratulations to Renato Di Lorenzo and Maria Paola, who always produce quality extra virgin olive oil. The farm, dating back to Norman times, consists of 400 hectares, mainly covered with vineyards of Alcamo Doc, while the olive groves take up 90 hectares with 20,000 trees. In the last harvest 1,500 quintals of olives and 250 hectolitres of oil were produced. There are three Extra Virgin, Tesoro and the two Disisa, the "basic" and the one from Organic Farming, which is an intense limpid golden yellow colour with slight green hues. Its aroma is ample and rotund, rich in notes of unripe tomato, banana and white apple, together with distinct hints of basil, mint and parsley. Its taste is fine and harmonic, with a flavour of lettuce and celery. Bitterness and pungency are distinct and complimentary, with a sweet finish. It would be ideal on seafood appetizers, bean salads, marinated gilthead, grilled potatoes, chanterelle mushroom purée, risotto with artichokes, grilled fish, tuna tartare, roast rabbit, pan-seared poultry, goat cheese.

Italia Italy [IT] Sicilia

Azienda Agricola Giovanni Cutrera

Contrada Piano dell'Acqua, 71
97012 Chiaramonte Gulfi (RG)
Tel.: +39 0932 926187
E-mail: olio@frantoicutrera.it - Web: www.frantoicutrera.it

88

- 400 m
- **Specializzato** / Specialized
- **Ombrello** / Weeping vase
- **Brucatura a mano** / Hand picking
- **Sì - Ciclo continuo** / Yes - Continuous cycle
- **Tonda iblea**
- **Fruttato medio** / Medium fruity
- da 8,01 a 10,00 € - 500 ml / from € 8.01 to 10.00 - 500 ml

Giovanni Cutrera ha affiancato alla nota e consolidata azienda di famiglia anche un'altra realtà olivicola, che si fregia di altrettanto antica tradizione. Oggi che purtroppo non c'è più il testimone è passato al figlio Salvatore, supportato dalle sorelle e dal nipote Sebastiano, i quali hanno inaugurato da poco anche un'accogliente struttura ricettiva. Il patrimonio olivicolo è fatto di 10mila piante su 75 ettari che hanno reso un raccolto di 1.500 quintali di olive e una produzione in olio di circa 328 ettolitri. La selezione proposta è l'Extravergine Giovanni Cutrera - Riserva, giallo dorato intenso con leggeri riflessi verdi, limpido. Al naso è ampio e avvolgente, con toni fruttati di pomodoro di media maturità, banana e mela bianca, in aggiunta a sentori balsamici di basilico, menta e salvia. In bocca è morbido e armonico, con ricordo di lattuga, sedano e pepe nero. Amaro e piccante presenti ed equilibrati, con finale dolce in rilievo. Ideale per antipasti di mare, insalate di fagioli, legumi bolliti, patate alla piastra, zuppe di orzo, primi piatti con salmone, molluschi gratinati, seppie arrosto, pollame o carni di agnello al forno, formaggi freschi a pasta filata.

Besides working in the well-known and well-established family farm, Giovanni Cutrera also created another renowned olive farm. Since he passed away, his son Salvatore with his sisters and his nephew Sebastiano have been running a 75-hectare olive grove with 10,000 trees. Recently they have also opened a comfortable holiday farm. In the last harvest 1,500 quintals of olives were produced, which allowed a yield of about 328 hectolitres of oil. We recommend the selection proposed, the Extra Virgin Giovanni Cutrera - Riserva, which is an intense limpid golden yellow colour with slight green hues. Its aroma is ample and rotund, with fruity notes of medium ripe tomato, banana and white apple, together with fragrant hints of basil, mint and sage. Its taste is mellow and harmonic, with a flavour of lettuce, celery and black pepper. Bitterness and pungency are present and well balanced, with a sweet finish. It would be ideal on seafood appetizers, bean salads, boiled legumes, seared potatoes, barley soups, pasta with salmon, mussels au gratin, roast cuttlefish, baked poultry or lamb, mozzarella cheese.

Italia Italy [IT] Sicilia

Frantoi Cutrera

Contrada Piano dell'Acqua, 71
97012 Chiaramonte Gulfi (RG)
Tel.: +39 0932 926187 - Fax: +39 0932 921757
E-mail: olio@frantoicutrera.it - Web: www.frantoicutrera.it

98

350 m

Specializzato
Specialized

Forma libera, ombrello ribassato, vaso aperto
Free form, weeping vase, open vase

Brucatura a mano
Hand picking

Sì - Ciclo continuo
Yes - Continuous cycle

Nocellara del Belice

Fruttato medio
Medium fruity

da 12,01 a 15,00 € - 500 ml
from € 12.01 to 15.00 - 500 ml

Il panel conferma la splendida posizione raggiunta in Guida. Frantoi Cutrera nasce nel 1979 per volontà del capofamiglia Giovanni e di sua moglie Maria, anche se le origini dell'azienda risalgono all'inizio del secolo. Oggi la struttura è gestita dai figli con coniugi e nipoti, e dispone di 100 ettari di oliveto con 11mila piante, due stabilimenti e tre linee di estrazione. Quest'anno sono stati raccolti 4mila quintali di olive e ne sono stati acquistati 25mila, per una resa in olio di circa 4.400 ettolitri. Quattro gli Extravergine: Cutrera Igp Sicilia; i due Primo, quello da Agricoltura Biologica e il Dop Monti Iblei - Gulfi; e Salvatore Cutrera - Nocellara. Giallo dorato intenso con nuance verdoline, limpido; al naso è ampio e avvolgente, ricco di sentori di pomodoro maturo, banana e mela bianca, affiancati da toni di basilico, prezzemolo e menta. Fine e di carattere al palato, sa di fave, lattuga e sedano. Amaro deciso e piccante spiccato. Ideale su antipasti di lenticchie, funghi porcini arrosto, marinate di tonno, pomodori gratinati, zuppe di fagioli, primi piatti al ragù, pesce spada in umido, carni rosse o cacciagione alla griglia, formaggi stagionati a pasta filata.

Our panel confirms its splendid position in our Guide. Frantoi Cutrera was founded in 1979 by Giovanni and his wife Maria, although its origins date back to the beginning of last century. Today it is run by their children with their families. There are 100 hectares of olive grove with 11,000 trees, two establishments and three extraction systems. In the last harvest 4,000 quintals of olives were produced and 25,000 purchased, with a yield of about 4,400 hectolitres of oil. There are four Extra Virgin, Cutrera Pgi Sicilia, the two Primo, the one from Organic Farming and the Pdo Monti Iblei - Gulfi, and Salvatore Cutrera - Nocellara, which is an intense limpid golden yellow colour with light green hues. Its aroma is ample and rotund, rich in hints of ripe tomato, banana and white apple, together with notes of basil, parsley and mint. Its taste is fine and strong, with a flavour of broad beans, lettuce and celery. Bitterness is definite and pungency is distinct. It would be ideal on lentil appetizers, roast porcini mushrooms, marinated tuna, tomatoes au gratin, bean soups, pasta with meat sauce, steamed swordfish, grilled red meat or game, aged cheese.

Italia Italy [IT] Sicilia

Viragí

Contrada Mazzarronello
97012 Chiaramonte Gulfi (RG)
E-mail: info@viragi.it - Web: www.viragi.it

96

- 350 m
- Specializzato / Specialized
- Vaso / Vase
- Brucatura a mano / Hand picking
- No - Ciclo continuo / No - Continuous cycle
- Tonda iblea
- Fruttato medio / Medium fruity
- da 12,01 a 15,00 € - 500 ml / from € 12.01 to 15.00 - 500 ml

Conferma la sua già brillante posizione in Guida: parliamo della Viragí, giovane e dinamica azienda di Chiaramonte Gulfi, territorio collinare dei Monti Iblei, nel cuore della Sicilia sud-orientale. Gli attuali proprietari proseguono una tradizione familiare che ha radici nella storia olivicola di questa terra e sono alla guida di 50 ettari di superficie specializzata con 5mila olivi. Da questi sono stati raccolti quest'anno 2.500 quintali di olive, pari a circa 273 ettolitri di olio. L'ottimo Extravergine Polifemo Dop Monti Iblei - Gulfi appare alla vista di un bel colore giallo dorato intenso con marcate sfumature verdi, limpido. Al naso si apre ampio e avvolgente, ricco di sentori di pomodoro di media maturità, mela bianca e banana. In bocca è complesso e di carattere, con netti toni balsamici di basilico, menta e prezzemolo, cui si aggiungono note di sedano e lattuga di campo. Amaro spiccato e piccante deciso e ben armonizzato. È ideale per antipasti di pomodori, bruschette con verdure, insalate di orzo, marinate di ricciola, zuppe di legumi, risotto con carciofi, molluschi gratinati, tartare di salmone, pollame o carni di agnello al forno, formaggi freschi a pasta filata.

Viragí confirms its brilliant position in our Guide. It is a young and dynamic farm in Chiaramonte Gulfi, a hilly territory of the Mounts Iblei, in the heart of south-eastern Sicily. The present owners carry on a familiar tradition rooted in the olive history of this land and run 50 hectares of specialized olive surface with 5,000 trees. In the last harvest 2,500 quintals of olives were produced, equal to about 273 hectolitres of oil. We recommend the very good Extra Virgin selection Polifemo Pdo Monti Iblei - Gulfi, which is a beautiful intense limpid golden yellow colour with strong green hues. Its aroma is ample and rotund, rich in hints of medium ripe tomato, white apple and banana. Its taste is complex and strong, with a definite fragrant flavour of basil, mint and parsley, together with notes of celery and country lettuce. Bitterness is distinct and pungency is definite and harmonic. It would be ideal on tomato appetizers, bruschette with vegetables, barley salads, marinated amberjack, legume soups, risotto with artichokes, mussels au gratin, salmon tartare, baked poultry or lamb, mozzarella cheese.

Italia Italy [IT] Sicilia

Società Cooperativa Agricola Agrestis

Via Sabauda, 86/a
96010 Buccheri (SR)
Tel.: +39 0931 315353 - Fax: +39 0931 873145
E-mail: agrestis.evoo@gmail.com - Web: www.agrestis.eu

95

600/700 m

Specializzato
Specialized

Ombrello
Weeping vase

Brucatura a mano
Hand picking

No - Ciclo continuo
No - Continuous cycle

Tonda iblea

Fruttato medio
Medium fruity

da 15,01 a 18,00 € - 500 ml
from € 15.01 to 18.00 - 500 ml

Rimarchiamo con piacere i progressi di Agrestis, attiva in un piccolo centro dell'entroterra siracusano, Buccheri, in una zona dove l'olivo rappresenta una tradizione plurisecolare. Nel 2003 i soci, Giuseppe, Lorenzo e Silvana, con l'aiuto dei figli Pietro e Salvatore, decidono di valorizzare l'extravergine di qualità. Il progetto ha dunque inizio e oggi la struttura è in grande spinta, con il frutto di 10mila alberi coltivati su 45 ettari, 1.200 quintali di olive che hanno reso, con i 400 acquistati, 250 ettolitri di olio. L'eccellente Extravergine NettarIbleo Dop Monti Iblei - Monte Lauro da Agricoltura Biologica è giallo dorato intenso con delicate sfumature verdi, limpido. Al naso è ampio e avvolgente, ricco di sentori fruttati di pomodoro di media maturità, mela bianca e banana, cui si aggiungono note di basilico, menta e prezzemolo. Al gusto è elegante e di carattere, con toni di lattuga e sedano. Amaro molto spiccato e piccante deciso. Ideale su antipasti di molluschi, insalate di farro, marinate di orata, patate arrosto, zuppe di funghi finferli, cous cous di verdure, gamberi in guazzetto, tartare di ricciola, pollame o carni di agnello al forno, formaggi caprini.

Present again in our Guide with a result showing its progress, Agrestis is active in Buccheri, a small village in the inland of Siracusa, where olive growing is a centuries-old tradition. It was founded in 2003 by the partners Giuseppe, Lorenzo and Silvana with the help of their sons Pietro and Salvatore, to enhance quality extra virgin olive oil. Today the olive surface covers 45 hectares with 10,000 trees. In the last harvest 1,200 quintals of olives were produced and 400 purchased, with a yield of 250 hectolitres of oil. The excellent Extra Virgin NettarIbleo Pdo Monti Iblei - Monte Lauro from Organic Farming is an intense limpid golden yellow colour with delicate green hues. Its aroma is ample and rotund, rich in fruity hints of medium ripe tomato, white apple and banana, together with notes of basil, mint and parsley. Its taste is elegant and strong, with a flavour of lettuce and celery. Bitterness is distinct and pungency is definite. It would be ideal on mussel appetizers, farro salads, marinated gilthead, roast potatoes, chanterelle mushroom soups, vegetable cous cous, stewed shrimps, amberjack tartare, baked poultry or lamb, goat cheese.

Italia Italy [IT] Sicilia

Azienda Agricola Sebastiana Fisicaro - Frantoio Galioto

Contrada Campanio
96010 Ferla (SR)
Tel.: +39 0931 879710 - Fax: +39 0931 879710
E-mail: info@frantoiogalioto.it - Web: www.frantoiogalioto.it

95

- 350/600 m
- **Specializzato** / Specialized
- **Ombrello** / Weeping vase
- **Brucatura a mano e meccanica** / Hand picking and mechanical harvesting
- **Sì - Ciclo continuo** / Yes - Continuous cycle
- **Tonda iblea**
- **Fruttato medio** / Medium fruity
- da 8,01 a 10,00 € - 500 ml / from € 8.01 to 10.00 - 500 ml

Il bel percorso di crescita di quest'azienda ne fa un punto di riferimento che supera i confini regionali e nazionali. Da quattro generazioni la famiglia Galioto si dedica con passione e competenza all'olivicoltura: dal 1952, quando furono acquisiti i primi 10 ettari di terreno, fino ai giorni nostri con un moderno frantoio e 50 ettari con 17mila piante. Quest'anno sono stati raccolti 5mila quintali di olive che hanno reso quasi 1.092 ettolitri di olio. L'etichetta presentata è l'Extravergine Castel di Lego - Oro che appare alla vista di un bel colore giallo dorato intenso con delicati riflessi verdi, limpido. Al naso è ampio e avvolgente, dotato di note balsamiche di basilico, menta e prezzemolo, cui si affiancano sentori fruttati di pomodoro di media maturità, mela bianca e banana. Al gusto è morbido e armonico, con toni vegetali di cicoria, lattuga e sedano. Amaro e piccante presenti e ben espressi, con finale dolce in rilievo. Ideale su antipasti di salmone, insalate di legumi, marinate di orata, patate in umido, zuppe di ceci, primi piatti al pomodoro, gamberi in guazzetto, tartare di ricciola, coniglio arrosto, pollame alla piastra, formaggi freschi a pasta filata.

Thanks to its positive growth this farm has become a point of reference not only at regional and national level. In fact, the family Galioto has been practising olive growing with passion and competence for four generations. They started in 1952 with 10 hectares of land, while today the estate includes a modern oil mill and 50 hectares of olive grove with 17,000 trees. In the last harvest 5,000 quintals of olives were produced, with a yield of almost 1,092 hectolitres of oil. The selection proposed to the panel is the Extra Virgin Castel di Lego - Oro, which is a beautiful intense limpid golden yellow colour with delicate green hues. Its aroma is ample and rotund, endowed with fragrant notes of basil, mint and parsley, together with fruity hints of medium ripe tomato, white apple and banana. Its taste is mellow and harmonic, with a vegetal flavour of chicory, lettuce and celery. Bitterness and pungency are present and distinct, with a sweet finish. It would be ideal on salmon appetizers, legume salads, marinated gilthead, stewed potatoes, chickpea soups, pasta with tomato sauce, stewed shrimps, amberjack tartare, roast rabbit, pan-seared poultry, mozzarella cheese.

Italia Italy [IT] Sicilia

Agricola Oliva
Contrada Finaiti
96010 Solarino (SR)
Tel.: +39 0931 340277 - Fax: +39 0931 1846104
E-mail: info@AgricolaOliva.it - Web: www.agricolaoliva.it

85

- 30/820 m
- Promiscuo e specializzato
  Promiscuous and specialized
- Cono cespugliato, vaso globoso
  Cone, globe
- Brucatura a mano
  Hand picking
- Sì - Ciclo continuo
  Yes - Continuous cycle
- Tonda iblea
- Fruttato medio
  Medium fruity
- da 15,01 a 18,00 € - 500 ml
  from € 15.01 to 18.00 - 500 ml

Il nome dell'azienda coincide con la storia di questa famiglia che si dedica fin dagli anni Cinquanta alla produzione di olio extravergine, limone Igp e ortaggi. Attualmente gli Oliva sono produttori in campo, ma anche in frantoio, gestendo l'intera filiera: parliamo di 20 ettari di superficie con 5mila piante dalle quali sono stati raccolti quest'anno 1.274 quintali di olive che, con l'aggiunta di 887 comprati, hanno fruttato circa 266 ettolitri di olio. L'etichetta presentata è l'Extravergine Favola - Tonda Iblea da Agricoltura Biologica che appare alla vista di un bel colore giallo dorato intenso con delicati riflessi verdi, limpido. Al naso si apre ampio e avvolgente, ricco di sentori fruttati di pomodoro di media maturità, mela bianca e banana, cui si associano note aromatiche di basilico, menta e prezzemolo. Fine e complesso in bocca, sprigiona toni vegetali di fave, lattuga e sedano. Amaro e piccante presenti ed equilibrati. Ideale su antipasti di mare, insalate di fagioli, legumi bolliti, patate alla piastra, passati di orzo, primi piatti con asparagi, molluschi gratinati, tartare di salmone, pollame o carni di agnello al forno, formaggi freschi a pasta filata.

The name of this farm coincides with the story of this family, active in the production of extra virgin olive oil, PGI lemons and vegetables since the 50s of the last century. Currently the Oliva follow the whole production chain, from the field to the bottle. There are 20 hectares of surface with 5,000 trees. In the last harvest 1,274 quintals of olives were produced and 887 purchased, with a yield of about 266 hectolitres of extra virgin olive oil. The selection proposed to the Guide is the Extra Virgin Favola - Tonda Iblea from Organic Farming, which is a beautiful intense limpid golden yellow colour with delicate green hues. Its aroma is ample and rotund, rich in fruity hints of medium ripe tomato, white apple and banana, together with aromatic notes of basil, mint and parsley. Its taste is fine and complex, with a vegetal flavour of broad beans, lettuce and celery. Bitterness and pungency are present and well balanced. It would be ideal on seafood appetizers, bean salads, boiled legumes, seared potatoes, barley purée, pasta with asparagus, mussels au gratin, salmon tartare, baked poultry or lamb, mozzarella cheese.

Italia Italy [IT] Sicilia

Baglio Ingardia

Porticalazzo - Strada Provinciale Trapani-Salemi, 162
91027 Paceco (TP)
Tel.: +39 0923 882863
E-mail: azienda@baglioingardia.com - Web: www.baglioingardia.com

86

60 m

Specializzato
Specialized

Ipsilon, policono
Y-trellis, polycone

Brucatura a mano
Hand picking

No - Ciclo continuo
No - Continuous cycle

Cerasuola

Fruttato medio
Medium fruity

da 12,01 a 15,00 € - 500 ml
from € 12.01 to 15.00 - 500 ml

Collocata alle falde del monte Erice, Baglio Ingardia è fondata da Salvatore e oggi gestita dalla figlia Mariella e dai nipoti Nicola e Salvatore che proseguono la tradizione avviata dalla famiglia oltre un secolo fa, con un occhio attento all'ecosostenibilità ambientale. Il fulcro dell'azienda sono il maestoso baglio, la tipica fattoria siciliana di origine settecentesca, e il lago privato indispensabile per l'irrigazione. Agli oliveti sono dedicati 16 ettari, con 3mila piante che hanno fruttato quest'anno 600 quintali di olive e 100 ettolitri di olio. L'Extravergine Alberelli Grand Cru - Cerasuola Dop Valli Trapanesi da Agricoltura Biologica è giallo dorato intenso con nuance verdi, limpido; al naso è ampio e avvolgente, ricco di sentori fruttati di pomodoro acerbo, banana e mela bianca, affiancati da note di basilico, menta e prezzemolo. Al gusto è fine e vegetale, con ricordo di fave, lattuga e sedano. Amaro deciso e piccante spiccato. Ideale su antipasti di molluschi, insalate di farro, marinate di orata, patate in umido, zuppe di ceci, primi piatti con salmone, pesci alla brace, rombo alla griglia, coniglio arrosto, pollame ai ferri, formaggi freschi a pasta filata.

Located at the foot of Mount Erice, Baglio Ingardia was founded by Salvatore and is now run by his daughter Mariella and his grandchildren Nicola and Salvatore, who continue the tradition started by their family over a century ago, focusing also on environmental sustainability. The majestic baglio, the typical 18-century Sicilian farm, and the private lake essential for irrigation are the centre of the estate. The olive groves cover 16 hectares with 3,000 trees, which produced 600 quintals of olives and 100 hectolitres of oil in the last harvest. The Extra Virgin Alberelli Grand Cru - Cerasuola Pdo Valli Trapanesi from Organic Farming is an intense limpid golden yellow colour with green hues. Its aroma is ample and rotund, rich in fruity hints of unripe tomato, banana and white apple, together with notes of basil, mint and parsley. Its taste is fine and vegetal, with a flavour of broad beans, lettuce and celery. Bitterness is definite and pungency is distinct. It would be ideal on mussel appetizers, farro salads, marinated gilthead, stewed potatoes, chickpea soups, pasta with salmon, barbecued fish, grilled turbot, roast rabbit, grilled poultry, mozzarella cheese.

Italia Italy **[IT]** Sicilia

Azienda Agricola Centonze

Contrada Latomie - Strada Statale 115 per Selinunte km 0.500 - N. 103
91022 Castelvetrano (TP)
Tel.: +39 0924 904231 - 0924 907727
E-mail: commerciale@oliocentonze.com - Web: www.oliocentonze.com

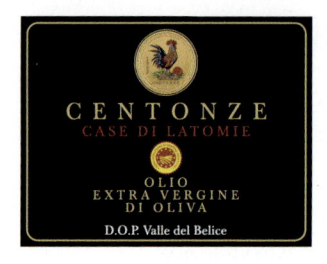

93

111 m

Specializzato
Specialized

Vaso policonico
Polyconic vase

Brucatura a mano
Hand picking

Sì - Ciclo continuo
Yes - Continuous cycle

Nocellara del Belice

Fruttato medio
Medium fruity

da 12,01 a 15,00 € - 500 ml
from € 12.01 to 15.00 - 500 ml

Meritata conferma per l'azienda di Antonino Centonze che è anche elegante e attrezzato agriturismo a pochi chilometri da Selinunte, su una superficie coltivata ad agrumeto e oliveto con metodo biologico. Circa 99 ettari della tenuta sono destinati a 19mila olivi all'interno delle latomie, le cave da cui i Greci estraevano i blocchi di tufo per costruire i templi. Quest'anno quasi 6.305 quintali di olive hanno reso, con l'aggiunta di circa 6.907 acquistati, pressoché 1.947 ettolitri di olio. Segnaliamo l'Extravergine Centonze - Case di Latomie Dop Valle del Belice che appare alla vista di un bel colore giallo dorato intenso con delicate venature verdi, limpido. Al naso è sottile e composto, dotato di sentori fruttati di pomodoro maturo, mela bianca e banana, cui si affiancano toni di basilico, menta e prezzemolo. In bocca è morbido e armonico, con note vegetali di fave fresche, lattuga e sedano. Amaro e piccante presenti e dosati. Ideale su antipasti di molluschi, insalate di farro, marinate di orata, patate in umido, passati di legumi, primi piatti con salmone, gamberi in guazzetto, tartare di ricciola, pollame o carni di agnello al forno, formaggi freschi a pasta filata.

Present again in our Guide, Antonino Centonze's farm is also an elegant and well-equipped holiday farm near Selinunte, including a citrus fruit orchard and an olive grove cultivated with organic farming principles. About 99 hectares are destined to 19,000 olive trees placed inside quarries, the caves the Greek used to extract tophus for their temples. In the last harvest almost 6,305 quintals of olives were produced and about 6,907 purchased, with a yield of around 1,947 hectolitres of oil. We recommend the Extra Virgin Centonze - Case di Latomie Pdo Valle del Belice, which is a beautiful intense limpid golden yellow colour with delicate green hues. Its aroma is fine and delicate, endowed with fruity hints of ripe tomato, white apple and banana, together with notes of basil, mint and parsley. Its taste is mellow and harmonic, with a vegetal flavour of fresh broad beans, lettuce and celery. Bitterness and pungency are present and complimentary. It would be ideal on mussel appetizers, farro salads, marinated gilthead, stewed potatoes, legume purée, pasta with salmon, stewed shrimps, amberjack tartare, baked poultry or lamb, mozzarella cheese.

Italia Italy [IT] Sicilia

Azienda Agricola Evo Sicily

Contrada Bresciana
91021 Campobello di Mazara (TP)
E-mail: carmen@evoembrace.com - Web: www.evoembrace.com

86

- 90 m
- **Specializzato** / Specialized
- **Vaso policonico** / Polyconic vase
- **Brucatura a mano** / Hand picking
- **No - Ciclo continuo** / No - Continuous cycle
- Nocellara del Belice (80%), biancolilla (20%)
- **Fruttato medio** / Medium fruity
- da 8,01 a 10,00 € - 500 ml / from € 8.01 to 10.00 - 500 ml

L'anima di Evo Sicily sono due donne, Carmen e Giusy, legate dall'amore per l'extravergine. Alla base della loro avventura c'è il richiamo alle origini tramandato dai nonni, lo studio approfondito del settore e la spinta verso il futuro: da qui la voglia di raccontare, attraverso un prodotto d'eccellenza, una terra che nei secoli ha abbracciato popoli e culture diverse. L'oliveto si trova a Campobello di Mazara e comprende 5 ettari con mille piante che hanno fruttato quest'anno 400 quintali di olive e una produzione in olio di 60 ettolitri. Dei due Extravergine, Embrace Igp Sicilia ed EvoSì, preferiamo il secondo, giallo dorato intenso con delicate tonalità verdi, limpido. Al naso è ampio e avvolgente, ricco di sentori fruttati di pomodoro maturo, banana e mela bianca, affiancati da toni balsamici di basilico, menta e prezzemolo. Fine e vegetale in bocca, sprigiona note di sedano, fave e lattuga. Amaro spiccato e piccante presente e armonico. Ideale su maionese, antipasti di orzo, carpaccio di ricciola, insalate di mare, marinate di gallinella, zuppe di piselli, cous cous di pesce, seppie al forno, tartare di dentice, formaggi freschi a pasta molle, dolci lievitati.

The soul of Evo Sicily are two women, Carmen and Giusy, linked by their love for extra virgin olive oil. Their activity is based on the call of their grandparents' origins, the in-depth study of the sector, the interest in the future and aims at telling a multicultural land through a product of excellence. The olive grove is placed in Campobello di Mazara and consists of 5 hectares with 1,000 trees. In the last harvest 400 quintals of olives and 60 hectolitres of oil were produced. There are two Extra Virgin selections, Embrace Pgi Sicilia and EvoSì, chosen by the panel. It is an intense limpid golden yellow colour with delicate green hues. Its aroma is ample and rotund, rich in fruity hints of ripe tomato, banana and white apple, together with fragrant notes of basil, mint and parlsey. Its taste is fine and vegetal, with a flavour of celery, broad beans and lettuce. Bitterness is distinct and pungency is present and harmonic. It would be ideal on mayonnaise, barley appetizers, amberjack carpaccio, seafood salads, marinated piper, pea soups, fish cous cous, baked cuttlefish, sea bream tartare, soft fresh cheese, yeast-raised cakes.

Italia Italy [IT] Sicilia

Azienda Agricola Lombardo

Via Regina Elena, 22
91021 Campobello di Mazara (TP)
Tel.: +39 0924 48368
E-mail: info@aziendaagricolalombardo.it - Web: www.aziendaagricolalombardo.it

95

- 50 m
- **Specializzato**
  Specialized
- **Vaso globoso**
  Globe
- **Brucatura a mano**
  Hand picking
- **No - Ciclo continuo**
  No - Continuous cycle
- **Nocellara del Belice**
- **Fruttato medio**
  Medium fruity
- **da 10,01 a 12,00 € - 500 ml**
  from € 10.01 to 12.00 - 500 ml

Da tre generazioni la famiglia Lombardo si dedica alle coltivazioni tipiche mediterranee, tramandando di padre in figlio un secolo di esperienza e di amore per il territorio. Oggi Francesco, enologo e appassionato assaggiatore di oli, nonché nipote e omonimo del fondatore, gestisce con la moglie Francesca l'azienda creata nel 1928 che produce, oltre all'olio, anche ottime olive da tavola, vino e agrumi. All'oliveto sono dedicati 30 ettari, con 5mila piante di nocellara del Belice che quest'anno hanno reso 1.780 quintali di olive e circa 295 ettolitri di olio. L'ottimo Extravergine Fiore del Belice da Agricoltura Biologica è di un bel colore giallo dorato intenso, limpido. Al naso è ampio e avvolgente, ricco di note di pomodoro maturo, mela bianca e banana, affiancate da netti sentori di fave fresche, lattuga e sedano. Al gusto è fine e aromatico, con toni di basilico, menta e prezzemolo. Amaro ben spiccato e piccante deciso. È eccellente per bruschette con verdure, insalate di orzo, marinate di ricciola, patate al cartoccio, zuppe di funghi finferli, primi piatti con salmone, molluschi gratinati, tartare di ricciola, coniglio arrosto, pollame ai ferri, formaggi caprini.

The family Lombardo has been cultivating typical Mediterranean products for 3 generations, passing down their experience and love for the land from father to son. Today the founder's grandson and homonym, Francesco, an oenologist and a passionate oil taster, runs the farm, founded in 1928, with his wife Francesca, and also produces very good table olives, wine and citrus fruit. There is a 30-hectare olive grove with 5,000 trees of nocellara del Belice. In the last harvest 1,780 quintals of olives and about 295 hectolitres of oil were produced. The very good Extra Virgin Fiore del Belice from Organic Farming is a beautiful intense limpid golden yellow colour. Its aroma is ample and rotund, rich in notes of ripe tomato, white apple and banana, together with distinct hints of fresh broad beans, lettuce and celery. Its taste is fine and aromatic, with a flavour of basil, mint and parsley. Bitterness is distinct and pungency is definite. It would be ideal on bruschette with vegetables, barley salads, marinated amberjack, baked potatoes, chanterelle mushroom soups, pasta with salmon, mussels au gratin, amberjack tartare, roast rabbit, grilled poultry, goat cheese.

Italia Italy [IT] Sicilia

Olivoil - Geraci

Contrada Biggini
91028 Partanna (TP)
Tel.: +39 091 6524711 - Fax: +39 091 6527513
E-mail: info@oliogeraci.it - Web: www.oliogeraci.it

86

300 m

Specializzato
Specialized

Alberello
Tree

Brucatura a mano
Hand picking

Sì - Ciclo continuo
Yes - Continuous cycle

Nocellara del Belice

Fruttato medio
Medium fruity

da 10,01 a 12,00 € - 500 ml
from € 10.01 to 12.00 - 500 ml

Questa è una storia di famiglia che risale alla fine dell'Ottocento, fatta di passione, rigore produttivo e forte personalità in un territorio ancora incontaminato e di suggestiva bellezza. Siamo a Partanna, nel cuore della Valle del Belice, terra di olivi millenari e di cultivar ricercate. Qui i fratelli Geraci coniugano tradizione e tecnologia coltivando 3mila piante su 10 ettari dalle quali, nella passata campagna, sono stati ricavati 350 quintali di olive che, con l'aggiunta di 2.800 acquistati, hanno reso quasi 546 ettolitri di olio. L'etichetta proposta per la Guida è l'Extravergine Geraci - Nocellara, di un bel colore giallo dorato intenso con nuance verdoline, limpido. Al naso è ampio e avvolgente, ricco di note fruttate di pomodoro maturo, banana e mela bianca, cui si aggiungono sentori balsamici di basilico, menta e prezzemolo. In bocca è fine e vegetale, con toni di fave, lattuga e sedano. Amaro deciso e piccante spiccato. Ideale su antipasti di tonno, carpaccio di polpo, insalate di funghi porcini, radicchio ai ferri, zuppe di fagioli, primi piatti con salsiccia, pesce spada in umido, agnello alla piastra, carni rosse al forno, formaggi stagionati a pasta dura.

The story of this family dates back to the late 19th century and is made of passion, professionalism and strong personality in a still uncontaminated territory of evocative beauty. We are in Partanna, in the heart of the Valle del Belice, a land of thousand-year-old olive trees and refined cultivars. Here the siblings Geraci, combining tradition and technology, run 10 hectares with 3,000 trees. In the last harvest 350 quintals of olives were produced and 2,800 purchased, with a yield of almost 546 hectolitres of oil. The selection proposed to the Guide is the Extra Virgin Geraci - Nocellara, which is a beautiful intense limpid golden yellow colour with light green hues. Its aroma is ample and rotund, rich in fruity notes of ripe tomato, banana and white apple, together with fragrant hints of basil, mint and parsley. Its taste is fine and vegetal, with a flavour of broad beans, lettuce and celery. Bitterness is definite and pungency is distinct. It would be ideal on tuna appetizers, octopus carpaccio, porcini mushroom salads, grilled radicchio, bean soups, pasta with sausages, steamed swordfish, pan-seared lamb, baked red meat, hard mature cheese.

Italia Italy [IT] Sicilia

Azienda Agricola Biologica Titone

Locogrande - Via Piro, 68
91100 Trapani
E-mail: info@titone.it - Web: www.titone.it

98

15 m

Specializzato
Specialized

Vaso globoso, vaso policonico
Globe, polyconic vase

Brucatura a mano
Hand picking

Sì - Ciclo continuo
Yes - Continuous cycle

Cerasuola (80%), nocellara del Belice (20%)

Fruttato intenso
Intense fruity

da 15,01 a 18,00 € - 500 ml
from € 15.01 to 18.00 - 500 ml

Seguiamo da anni l'ottimo lavoro della famiglia Titone la quale conferma l'importante posizione raggiunta. Farmacisti da generazioni, i Titone hanno sempre avuto una passione per l'olio e possiedono questa struttura dal 1936. Oggi alla guida dell'azienda, riconvertita al biologico, c'è Antonella la quale si prende cura di 5mila piante su 19 ettari. Quest'anno un raccolto di mille quintali di olive, più 100 acquistati, ha fruttato 150 ettolitri di olio. Dei due Extravergine Titone da Agricoltura Biologica, il "base" e il Dop Valli Trapanesi, quest'ultimo appare alla vista di un bel colore giallo dorato intenso con lievi riflessi verdi, limpido. Al naso è deciso e avvolgente, intriso di note di pomodoro di media maturità, mela bianca e banana, affiancate da sentori balsamici di basilico, menta e prezzemolo. Fine e di carattere al gusto, si arricchisce di toni vegetali di lattuga e sedano. Amaro potente e piccante spiccato. È eccellente per antipasti di mare, insalate di fagioli, marinate di orata, patate alla piastra, passati di legumi, risotto con funghi ovoli, molluschi gratinati, seppie in umido, coniglio arrosto, pollame al forno, formaggi freschi a pasta filata.

We have been following the family Titone and their very good work for years and also this result confirms their important position in our Guide. Chemists for generations, they have always loved oil and have owned this farm since 1936. Today it is run by Antonella, who has converted it to organic farming. There are 19 hectares of olive grove with 5,000 trees. In the last harvest 1,000 quintals of olives were produced and 100 purchased, with a yield of 150 hectolitres of oil. There are two Extra Virgin Titone from Organic Farming, the "basic" and the Pdo Valli Trapanesi , which is a beautiful intense limpid golden yellow colour with slight green hues. Its aroma is definite and rotund, with notes of medium ripe tomato, white apple and banana, together with fragrant hints of basil, mint and parsley. Its taste is fine and strong, enriched by vegetal notes of lettuce and celery. Bitterness is strong and pungency is distinct. It would be ideal on seafood appetizers, bean salads, marinated gilthead, seared potatoes, legume purée, risotto with ovoli mushrooms, mussels au gratin, stewed cuttlefish, roast rabbit, baked poultry, mozzarella cheese.

Sardegna

Dati Statistici		Statistic Data	
Superficie Olivetata Nazionale	1.164.568 (ha)	National Olive Surface	1,164,568 (ha)
Superficie Olivetata Regionale	40.604 (ha)	Regional Olive Surface	40,604 (ha)
Quota Regionale	3,49%	Regional Quota	3.49%
Frantoi	80	Olive Oil Mills	80
Produzione Nazionale 19-20	366.468,8 (t)	National Production 19-20	366,468.8 (t)
Produzione Regionale 19-20	4.375,4 (t)	Regional Production 19-20	4,375.4 (t)
Produzione Regionale 18-19	1.661,0 (t)	Regional Production 18-19	1,661.0 (t)
Variazione	+163,42%	Variation	+163.42%
Quota Regionale	1,19%	Regional Quota	1.19%

National Institute of Statistics
Service Institute for the Agricultural and Food Market on data from the Agency for Agricultural Payments

La diffusione della pianta sacra in quest'angolo del Mediterraneo risale con tutta probabilità alla colonizzazione dei Fenici. A testimonianza dell'antichità di questa tradizione si trovano nell'isola alcuni toponimi (Ogliastra, Oliena, Oleana, Partes Olea) e numerosi reperti archeologici, in particolare molte anfore olearie. All'epoca fenicia segue un periodo di stasi in età punica, quando vigeva l'obbligo di abbattere qualsiasi albero per riconvertire i terreni alla produzione di cereali da destinare alla madre patria Cartagine. Ma subito dopo, in epoca romana, l'olivicoltura riprende vigore. In seguito alla caduta dell'Impero sono i governatori della Repubblica di Pisa a incentivare la produzione di olio, favorendo l'impianto di nuovi olivi mediante la concessione ai fittavoli della proprietà della pianta innestata. Ma è durante il Seicento che l'olivicoltura sarda conosce la sua massima espansione: molti oliveti sono infatti impiantati durante la dominazione spagnola e questo è testimoniato tuttora dalla presenza di alcune cultivar di chiara origine iberica come la palma, la majorca e la sivigliana. Venendo a oggi, gli anni più recenti sono stati quelli decisivi per il rilancio di tutto il comparto, anche perché molti giovani agricoltori hanno deciso di scommettere sull'olivicoltura: migliaia di ettari improduttivi sono stati dedicati all'olivo con impianti razionali, molte aziende sono state riconvertite, altre hanno intrapreso la strada della moderna meccanizzazione e in zone come Gonnosfanadiga, Villamassargia e Villacidro l'olivicoltura è al momento il settore trainante dell'economia agricola locale. Attualmente si contano 40.604 ettari di oliveti che rappresentano il 3,49% del totale nazionale. Dunque la Sardegna può essere considerata attualmente come una delle più promettenti realtà olivicole italiane, grazie a un comparto specializzato in pieno rilancio che permette la realizzazione di un prodotto finale di alto livello. Allora anche la tanto attesa e poi finalmente attuata Dop Sardegna non fa che sancire la bella realtà del nuovo corso dell'olivicoltura isolana, decisamente indirizzata su un percorso di qualità. La Sardegna è infatti una delle regioni italiane che possono vantare questo imprimatur di qualità totale che si estende per tutto il territorio regionale. Ricco e complesso il patrimonio olivicolo isolano: tante cultivar dalle quali si ottengono altrettanti oli dalle diverse caratteristiche organolettiche, comunque tutti spiccatamente tipici. Nel Campidano, intorno a Cagliari, e soprattutto a nord del capoluogo, nella zona di Dolianova, sono diffuse le varietà tonda, bianca di Cagliari e pizz'e carroga. Nel Nuorese l'olivicoltura è concentrata nella zona di Oliena e Dorgali, mentre nell'Ogliastra ritroviamo olivi nei pressi di Ilbono. Il Sassarese è il regno della tipica bosana, detta anche tonda sassarese e presente pure nella provincia di Oristano, soprattutto nel nord, alle pendici del Monte Ferru, dove la troviamo insieme alla varietà terza. Ma il parco varietale sardo conta parecchie altre cultivar come ceresia, olianedda, semidana, nera di Gonnosfanadiga, nero di Villacidro, cariasina di Dorgali e di Oristano, corsicana, pezza de quaddu e majorca di Dorgali. Nel settore della trasformazione sono attivi 80 frantoi che nella campagna olearia 2019-2020 hanno prodotto 4.375,4 tonnellate di olio, pari all'1,19% del totale nazionale, con un significativo aumento del 163,42% rispetto all'annata precedente.

The spreading of the "sacred tree" in this corner of the Mediterranean dates probably back to the Phoenician colonization: in fact this ancient tradition is testified by the presence on the island of some toponyms - Ogliastra, Oliena, Oleana, Partes Olea - and by numerous remains found during archaeological excavations, in particular many oil amphoras. In the subsequent Punic age there was a period of stagnation due to the obligation to cut down every tree to reconvert the lands to cereal production destined to the mother country Carthage. Instead in Roman times olive growing recovered. After the fall of the Empire oil production was stimulated thanks to the governors of the Repubblica di Pisa, who favoured olive plantations giving the property of the grafted plant to tenants. Olive growing in Sardinia had its maximum expansion in the 18th century: many olive groves were in fact planted during the Spanish domination and this is shown even today by the presence of some varieties of clear Spanish origin such as palma, majorca and sivigliana. As to the present the last few years have been decisive to re-launch the sector, even because many young people have decided to speculate on olive growing: consequently thousands of hectares of unproductive land have been converted to olive groves with suitable plants, many farms have been transformed, others have carried out a process of modern mechanization and in areas like Gonnosfanadiga, Villamassargia and Villacidro olive growing is today the driving sector of the local agricultural economy. Currently the olive surface covers 40,604 hectares, which represents 3,49% of the national total. Therefore Sardinia can be considered one of the most promising regions in Italy thanks to a specialized sector which is being re-launched and which allows a high quality end product. The long expected and at last obtained Pdo Sardegna confirms the new trend of the regional olive growing, today definitely quality-oriented. In fact Sardinia is one of the Italian regions that have received this quality recognition for the whole regional territory. The range of varieties present on the island is wide and unusual: many varieties from which many oils are obtained, with different organoleptic characters, but equally typical. In the area of Campidano around Cagliari and especially to the north of the main town, in the area of Dolianova, we find the varieties tonda, bianca di Cagliari and pizz'e carroga. In the area of Nuoro olive growing is mainly concentrated in the area of Oliena and Dorgali, while in the area of Ogliastra we find olive trees near Ilbono. In the area of Sassari we find the ideal place for the typical oliva bosana, also called tonda sassarese, which is also present in the province of Oristano, especially in the north on the side of Monte Ferru, where there is also the variety terza. And many other cultivars are typical in Sardinia, for instance ceresia, olianedda, semidana, nera di Gonnosfanadiga, nero di Villacidro, cariasina di Dorgali and Oristano, corsicana, pezza de quaddu and majorca di Dorgali. In the transformation sector there are 80 active oil mills, which produced 4,375.4 tons of oil in the last harvest, equal to 1.19% of the total national quantity, with a strong increase of 163.42% compared to the previous year.

Italia Italy [IT] Sardegna

Callicarpo
Biriari
08025 Oliena (NU)
E-mail: callicarpo@gmail.com

86

- 300/350 m
- **Promiscuo** / Promiscuous
- **Alberello, vaso globoso, vaso libero** / Tree, globe, free vase
- **Bacchiatura** / Beating
- **No - Ciclo continuo** / No - Continuous cycle
- **Bosana (70%), nera di Oliena (30%)**
- **Fruttato medio** / Medium fruity
- da 8,01 a 10,00 € - 500 ml / from € 8.01 to 10.00 - 500 ml

L'azienda Callicarpo è una realtà piuttosto giovane che nasce nel 2013 nel comprensorio di Oliena, in provincia di Nuoro. L'anima della bella struttura è Luisella Cogoni che si occupa con passione e dedizione di un patrimonio fatto di 362 piante, di cultivar bosana e nera di Oliena, messe a dimora su 3 ettari di oliveto, sparso all'interno di una tenuta più estesa. Nella trascorsa campagna il raccolto ha fruttato 90 quintali di olive che hanno reso 10 ettolitri di olio. Segnaliamo l'etichetta proposta al panel, l'Extravergine Callicarpo da Agricoltura Biologica che appare alla vista di un bel colore giallo dorato intenso con delicati riflessi verdi, limpido. Al naso si offre ampio e avvolgente, ricco di sentori vegetali di carciofo e cicoria, cui si affiancano toni aromatici di menta e rosmarino. Elegante e complesso in bocca, sprigiona note di lattuga e chiude con ricordo di mandorla e pepe nero. Amaro e piccante spiccati e ben armonizzati. Si abbina a bruschette con verdure, insalate di orzo, marinate di ricciola, patate al cartoccio, passati di fagioli, primi piatti con salmone, gamberi in guazzetto, seppie in umido, coniglio arrosto, pollame ai ferri, formaggi caprini.

Callicarpo is a young farm founded in 2013 in the district of Oliena, in the province of Nuoro. It is run with passion and dedication by Luisella Cogoni and consists of a larger estate, 3 hectares of which are destined to olive grove with 362 trees of the cultivars bosana and nera di Oliena. In the last harvest 90 quintals of olives were produced, with a yield of 10 hectolitres of extra virgin olive oil. We recommend the selection proposed to the panel, the Extra Virgin Callicarpo from Organic Farming, which is a beautiful intense limpid golden yellow colour with delicate green hues. Its aroma is ample and rotund, rich in vegetal hints of artichoke and chicory, together with aromatic notes of mint and rosemary. Its taste is elegant and complex, with a flavour of lettuce and final notes of almond and black pepper. Bitterness and pungency are distinct and harmonic. It would be ideal on bruschette with vegetables, barley salads, marinated amberjack, baked potatoes, bean purée, pasta with salmon, stewed shrimps, stewed cuttlefish, roast rabbit, grilled poultry, goat cheese.

Italia Italy [IT] Sardegna

Agriturismo Il Giglio

Massama - Strada Provinciale 9
09170 Oristano
E-mail: info@agriturismoilgiglio.com - Web: www.agriturismoilgiglio.com

85

- 10 m
- **Specializzato** / Specialized
- **Vaso policonico** / Polyconic vase
- **Bacchiatura e meccanica** / Beating and mechanical harvesting
- **No - Ciclo continuo** / No - Continuous cycle
- **Semidana**
- **Fruttato medio** / Medium fruity
- da 15,01 a 18,00 € - 500 ml / from € 15.01 to 18.00 - 500 ml

Il Giglio è un agriturismo situato nella valle del Tirso, a pochi passi da Oristano. Ricavato da una casa padronale dell'Ottocento e circondato da agrumeti e fiori, prende il nome dal suo fondatore, Giglio Orrù che, proseguendo la tradizione di famiglia, ha guidato fino al 2003 l'azienda agricola e zootecnica nata nel 1857. Oggi la moglie Marisa e i figli, con le rispettive famiglie, curano una tenuta che comprende quasi 5 ettari di oliveto, con mille alberi centenari che hanno prodotto 120 quintali di olive e 12 ettolitri di olio. L'Extravergine Treslizos - Semidana da Agricoltura Biologica è giallo dorato intenso con nuance verdoline, limpido. Al naso è ampio e avvolgente, ricco di sentori fruttati di pomodoro acerbo, mela bianca e mandorla, affiancati da note balsamiche di basilico, menta e salvia. Fine e vegetale al palato, sa di carciofo e cicoria, lattuga e sedano; e chiude con toni di pepe nero e cannella. Amaro deciso e piccante ben espresso. Ideale su antipasti di pomodori, insalate di farro, marinate di orata, patate alla griglia, zuppe di ceci, primi piatti con molluschi, gamberi in guazzetto, seppie in umido, pollame o carni di agnello al forno, formaggi caprini.

Il Giglio is a holiday farm placed in the Tirso Valley, not far from Oristano. Housed in a 19th-century manor house surrounded by citrus groves and flowers, it takes its name from its founder, Giglio Orrù. Carrying on his family tradition, he ran his farm and animal husbandry, founded in 1857, until 2003. Today his wife Marisa and her children with their families manage an estate including almost 5 hectares of olive grove with 1,000 century-old trees. In the last harvest 120 quintals of olives and 12 hectolitres of oil were produced. The Extra Virgin Treslizos - Semidana from Organic Farming is an intense limpid golden yellow colour with light green hues. Its aroma is ample and rotund, rich in fruity hints of unripe tomato, white apple and almond, with fragrant notes of basil, mint and sage. Its taste is fine and vegetal, with a flavour of artichoke and chicory, lettuce and celery and a finish of black pepper and cinnamon. Bitterness is definite and pungency is distinct. It would be ideal on tomato appetizers, farro salads, marinated gilthead, grilled potatoes, chickpea soups, pasta with mussels, stewed shrimps, stewed cuttlefish, baked poultry or lamb, goat cheese.

Italia Italy [IT] Sardegna

Azienda Agricola Santa Suia

Giogoni
09098 Terralba (OR)
E-mail: info@santasuia.it - Web: www.santasuia.it

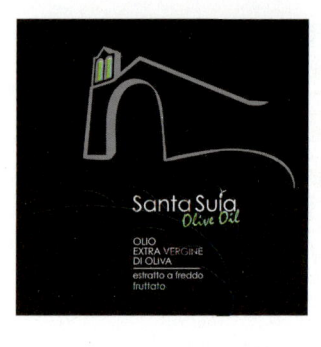

83

- 15 m
- **Specializzato** / Specialized
- **Monocono** / Monocone
- **Bacchiatura e brucatura a mano** / Beating and hand picking
- **No - Ciclo continuo** / No - Continuous cycle
- **Bosana (50%), semidana (50%)**
- **Fruttato medio** / Medium fruity
- da 10,01 a 12,00 € - 500 ml / from € 10.01 to 12.00 - 500 ml

La tenuta di Santa Suia prende il nome da un'antica chiesetta campestre che domina dall'alto della collina la proprietà di 35 ettari, regalando alla vista tramonti indimenticabili con il mare all'orizzonte. In origine terra sassosa e impervia, oggi il podere è circondato da macchia mediterranea, mandorli e olivastri secolari. Gli oliveti occupano 5 ettari sui quali Giorgio Sequi si prende cura di 2.500 piante che hanno fruttato, nella recente campagna, 350 quintali di olive e 35 ettolitri di olio. La selezione proposta per la Guida è l'ottimo Extravergine Santa Suia che appare alla vista di colore giallo dorato scarico, limpido. Al naso si offre ampio e avvolgente, ricco di sentori vegetali di carciofo e cicoria, affiancati da toni aromatici di menta e rosmarino. Elegante e complesso al gusto, sprigiona note di lattuga di campo e aggiunge sfumature di banana, mandorla e pepe nero. Amaro spiccato e piccante deciso e armonico. È eccellente su antipasti di pomodori, insalate di legumi, marinate di ricciola, verdure ai ferri, zuppe di farro, primi piatti con molluschi, gamberi in guazzetto, seppie arrosto, pollame o carni di agnello al forno, formaggi freschi a pasta filata.

The estate of Santa Suia takes its name from an ancient country church that dominates the 35-hectare property from the top of the hill, offering unforgettable sunsets with the sea on the horizon. Originally a stony and impervious land, today the farm, run by Giorgio Sequi, is surrounded by Mediterranean scrub, almond trees and centuries-old olive trees. The olive groves take up 5 hectares with 2,500 trees, which produced 350 quintals of olives and 35 hectolitres of oil in the last harvest. The selection proposed to the Guide is the very good Extra Virgin Santa Suia, which is a light limpid golden yellow colour. Its aroma is ample and rotund, rich in vegetal hints of artichoke and chicory, together with aromatic notes of mint and rosemary. Its taste is elegant and complex, with a flavour of country lettuce and notes of banana, almond and black pepper. Bitterness is distinct and pungency is definite and harmonic. It would be ideal on tomato appetizers, legume salads, marinated amberjack, grilled vegetables, farro soups, pasta with mussels, stewed shrimps, roast cuttlefish, baked poultry or lamb, mozzarella cheese.

Italia Italy [IT] Sardegna

Accademia Olearia - Tenute Fois

Ungias Galantè - Via Carbonai
07041 Alghero (SS)
Tel.: +39 079 980394 - Fax: +39 079 970954
E-mail: commerciale@accademiaolearia.com - Web: www.accademiaolearia.com

98

30 m

Specializzato
Specialized

Policono, vaso cespugliato, vaso globoso
Polycone, vase bush, globe

Meccanica
Mechanical harvesting

Sì - Ciclo continuo
Yes - Continuous cycle

Bosana (60%), semidana (30%), tonda di Cagliari (10%)

Fruttato medio
Medium fruity

da 18,01 a 22,00 € - 500 ml
from € 18.01 to 22.00 - 500 ml

Realtà di spicco del comprensorio di Alghero nonché punto di riferimento dell'olivicoltura regionale, Accademia Olearia è gestita da Giuseppe Fois, quarta generazione della famiglia, il quale ha il controllo di tutta la filiera. Su una tenuta di 200 ettari si trovano 25mila olivi che hanno reso quest'anno 9.260 quintali di olive e circa 1.459 ettolitri di olio. Tre gli Extravergine Accademia Olearia proposti per la Guida: i due Dop Sardegna (Riserva del Produttore e Fruttato Verde da Agricoltura Biologica) e l'ottimo Gran Riserva Giuseppe Fois - Fruttato Verde che appare alla vista di un bel colore giallo dorato intenso con leggere sfumature verdi, limpido. Al naso è ampio e avvolgente, ricco di sentori di carciofo e cardo selvatico, affiancati da toni di erbe officinali, con menta e rosmarino in rilievo. Al gusto è fine e di carattere, con note di cicoria, lattuga e netto ricordo di mandorla e pepe nero. Amaro spiccato e piccante deciso. Ideale su bruschette con verdure, insalate di orzo, marinate di salmone, patate al cartoccio, zuppe di funghi finferli, primi piatti al pomodoro, molluschi gratinati, tartare di tonno, pollame o carni di agnello al forno, formaggi caprini.

Accademia Olearia is an important farm in the area of Alghero and a point of reference of regional olive growing. It is run by Giuseppe Fois, a member of the fourth generation of the family, who controls the whole production chain. The estate covers 200 hectares with 25,000 trees. In the last harvest 9,260 quintals of olives and about 1,459 hectolitres of oil were produced. There are three Extra Virgin Accademia Olearia, the two Pdo Sardegna, Riserva del Produttore and Fruttato Verde from Organic Farming, and the very good Gran Riserva Giuseppe Fois - Fruttato Verde, which is a beautiful intense limpid golden yellow colour with slight green hues. Its aroma is ample and rotund, rich in hints of artichoke and wild thistle, together with notes of officinal herbs, especially mint and rosemary. Its taste is fine and strong, with a flavour of chicory, lettuce and a distinct note of almond and black pepper. Bitterness is distinct and pungency is definite. It would be ideal on bruschette with vegetables, barley salads, marinated salmon, baked potatoes, chanterelle mushroom soups, pasta with tomato sauce, mussels au gratin, tuna tartare, baked poultry or lamb, goat cheese.

Italia Italy [IT] Sardegna

Domenico Manca

San Giuliano - Via Carrabuffas - Casella Postale 56
07041 Alghero (SS)
Tel.: +39 079 977215 - Fax: +39 079 977349
E-mail: info@sangiuliano.it - Web: www.sangiuliano.it

85

- 25/125 m
- **Specializzato** / Specialized
- **Ipsilon, vaso** / Y-trellis, vase
- **Meccanica** / Mechanical harvesting
- **Sì - Ciclo continuo** / Yes - Continuous cycle
- **Bosana**
- **Fruttato medio** / Medium fruity
- **da 10,01 a 12,00 € - 750 ml** / from € 10.01 to 12.00 - 750 ml

Confermiamo volentieri la presenza di quest'azienda storica del comprensorio di Alghero, nata nel lontano 1916 quando il nonno e omonimo del titolare Domenico Manca acquistò un frantoio e iniziò una piccola produzione di extravergine per il mercato locale. Oggi, dopo un recente incremento di alberi giovani in impianto intensivo, gli ettari coltivati sono diventati 220, con 172mila piante dalle quali, nell'ultima campagna, sono stati ricavati 14mila quintali di olive e circa 2.729 ettolitri di olio. Due gli Extravergine San Giuliano: Cuor d'Olivo - Fruttato e il monocultivar Bosana che preferiamo. Giallo dorato intenso con delicate venature verdi, limpido; al naso si apre ampio e avvolgente, ricco di sentori vegetali di cicoria e cardo selvatico, cui si affiancano note aromatiche di menta e rosmarino. Al gusto è complesso ed elegante, con toni di lattuga di campo e ricordo di mandorla e pepe nero. Amaro spiccato e piccante presente e armonico. Ideale su antipasti di legumi, fagioli bolliti, insalate di salmone, patate alla brace, zuppe di farro, risotto con carciofi, molluschi gratinati, tartare di ricciola, pollame o carni di agnello al forno, formaggi freschi a pasta filata.

Present again in our Guide, this historical farm in the area of Alghero was founded in 1916, when Domenico Manca's grandfather and homonym bought an oil mill and started a small production of extra virgin olive oil for the local market. Today, after the recent planting of young trees in an intensive olive grove, there are 220 hectares with 172,000 trees. In the last harvest 14,000 quintals of olives and about 2,729 hectolitres of oil were produced. There are two Extra Virgin San Giuliano, Cuor d'Olivo - Fruttato and the Monocultivar Bosana, which we recommend. It is an intense limpid golden yellow colour with delicate green hues. Its aroma is ample and rotund, rich in vegetal hints of chicory and wild thistle, together with aromatic notes of mint and rosemary. Its taste is complex and elegant, with a flavour of country lettuce and final notes of almond and black pepper. Bitterness is distinct and pungency is present and harmonic. It would be ideal on legume appetizers, boiled beans, salmon salads, barbecued potatoes, farro soups, risotto with artichokes, mussels au gratin, amberjack tartare, baked poultry or lamb, mozzarella cheese.

Italia Italy [IT] Sardegna

Società Agricola Fratelli Pinna

Caniga - Prato Comunale - Strada Vicinale Maccia d'Agliastru, 21
07100 Sassari
Tel.: +39 079 441100 - Fax: +39 079 441100
E-mail: info@oliopinna.it - Web: www.oliopinna.it

95

- 250 m
- Specializzato / Specialized
- Vaso policonico / Polyconic vase
- Meccanica / Mechanical harvesting
- Sì - Ciclo continuo / Yes - Continuous cycle
- Bosana
- Fruttato medio / Medium fruity
- da 10,01 a 12,00 € - 250 ml / from € 10.01 to 12.00 - 250 ml

I fratelli Pinna sono una garanzia di alta qualità oltre a essere un punto di riferimento importante dell'olivicoltura regionale, distinguendosi anche per la loro produzione di ortaggi, poi preparati sott'olio. Eredi di una tradizione familiare che risale al 1940, Antonella, Gavino e Leonardo conducono, con la madre Maria Caterina, 32 ettari di oliveto alle porte di Sassari, dove dimorano 5mila piante di varietà bosana dalle quali sono stati raccolti quest'anno quasi 418 quintali di olive e circa 79 ettolitri di olio. Dei due Extravergine proposti, Antichi Uliveti del Prato e Denocciolato di Bosana, il secondo è giallo dorato intenso con lievi venature verdi, limpido. Al naso è ampio e avvolgente, con sentori vegetali di carciofo e cicoria, in aggiunta a toni aromatici di menta e rosmarino. Fine e complesso in bocca, sprigiona note di sedano e lattuga; e chiude con ricordo di mandorla e pepe nero. Amaro e piccante decisi, con finale dolce in rilievo. Ideale su antipasti di salmone, bruschette con verdure, insalate di orzo, marinate di ricciola, zuppe di legumi, risotto con carciofi, molluschi gratinati, seppie alla griglia, coniglio arrosto, pollo al forno, formaggi caprini.

The brothers Pinna always aim at high quality, besides being an important point of reference of regional olive growing and good producers of vegetables, which are then preserved in oil. With their mother Maria Caterina, Antonella, Gavino and Leonardo Pinna, the heirs of a familiar tradition dating back to 1940, run 32 hectares of olive grove just outside Sassari, with 5,000 trees of the variety bosana. In the last harvest almost 418 quintals of olives and about 79 hectolitres of oil were produced. There are two Extra Virgin, Antichi Uliveti del Prato and Denocciolato di Bosana, which is an intense limpid golden yellow colour with slight green hues. Its aroma is ample and rotund, with vegetal hints of artichoke and chicory, together with aromatic notes of mint and rosemary. Its taste is fine and complex, with a flavour of celery and lettuce and a finish of almond and black pepper. Bitterness and pungency are definite, with evident sweetness. It would be ideal on salmon appetizers, bruschette with vegetables, barley salads, marinated amberjack, legume soups, risotto with artichokes, mussels au gratin, grilled cuttlefish, roast rabbit, baked chicken, goat cheese.

Italia Italy [IT] Sardegna

Azienda Agricola Francesco Piras
Rudas - Catalano - Strada Statale 127 bis - km 25.500
07041 Alghero (SS)
E-mail: info@oliocorax.it - Web: www.oliocorax.it

85

- 100 m
- Specializzato / Specialized
- Cono rovesciato / Reverse cone
- Meccanica / Mechanical harvesting
- Sì - Ciclo continuo / Yes - Continuous cycle
- Bosana
- Fruttato medio / Medium fruity
- da 10,01 a 12,00 € - 500 ml / from € 10.01 to 12.00 - 500 ml

Ritroviamo volentieri in Guida questa realtà di produzione olearia di Alghero, nata nei primi anni Novanta per iniziativa di Francesco Piras. Attualmente la struttura dispone di un moderno impianto di estrazione e di 103 ettari di oliveto specializzato dove trovano dimora 22mila piante. Nell'ultima campagna il raccolto ha fruttato 5.800 quintali di olive che hanno consentito di produrre quasi 964 ettolitri di olio. Segnaliamo la selezione sottoposta all'esame del panel, l'Extravergine Corax Dop Sardegna che si presenta alla vista di un bel colore giallo dorato intenso con delicati riflessi verdi, limpido. All'olfatto si esprime elegante e avvolgente, ricco di sentori di carciofo e cicoria selvatica, affiancati da fresche note balsamiche di menta, rosmarino e salvia. Ampio e vegetale in bocca, sprigiona toni di lattuga, sedano e chiude con spiccato ricordo di mandorla. Amaro e piccante presenti e ben armonizzati, con finale dolce in rilievo. Ottimo su antipasti di farro, insalate di fagioli, marinate di orata, patate alla griglia, passati di orzo, primi piatti con funghi finferli, molluschi gratinati, tartare di salmone, coniglio arrosto, pollame ai ferri, formaggi caprini.

Present again in our Guide, this oil farm based in Alghero was founded in the early 90s by Francesco Piras. Currently it is supplied with a modern extraction system and includes 103 hectares of specialized olive grove with 22,000 trees. In the last harvest 5,800 quintals of olives were produced, which allowed to yield almost 964 hectolitres of extra virgin olive oil. We recommend the selection proposed to our panel, the Extra Virgin Corax Pdo Sardegna, which is a beautiful intense limpid golden yellow colour with delicate green hues. Its aroma is elegant and rotund, rich in hints of artichoke and wild chicory, together with fresh fragrant notes of mint, rosemary and sage. Its taste is ample and vegetal, with a flavour of lettuce, celery and a distinct almond finish. Bitterness and pungency are present and harmonic, with evident sweetness. It would be ideal on farro appetizers, bean salads, marinated gilthead, grilled potatoes, barley purée, pasta with chanterelle mushrooms, mussels au gratin, salmon tartare, roast rabbit, grilled poultry, goat cheese.

Slovenia
Slovenia

Dati Statistici

Superficie Olivetata Nazionale	2.389 (ha)
Frantoi	45
Produzione Nazionale 19-20	300,0 (t)
Produzione Nazionale 18-19	900,0 (t)
Variazione	-66,67%

Statistic Data

National Olive Surface	2,389 (ha)
Olive Oil Mills	45
National Production 19-20	300.0 (t)
National Production 18-19	900.0 (t)
Variation	-66.67%

International Olive Council
Ministry of Agriculture, Forestry and Food - Institute of Oliveculture: Science and Research Centre Koper

La storia recente del comparto olivicolo in Slovenia è quella di una ripresa lenta e difficoltosa dopo anni di grave decadenza e abbandono. Ma il dato positivo è che oggi si stiano compiendo delle scelte giuste, perseguendo il fine della qualità. Sono scelte che comportano interventi sia dal punto di vista territoriale che da quello agronomico e produttivo, ripristinando i vecchi oliveti come parti integranti del paesaggio, adottando provvedimenti di tutela ambientale con tecniche colturali ecosostenibili e lavorando in vista di un buon prodotto finale. L'obiettivo è l'incremento del livello qualitativo degli oli, perché possano finalmente posizionarsi sul mercato. Già qualche risultato positivo è visibile, e un grande impulso in questa direzione lo ha dato l'approvazione delle due Dop: dapprima la Dop Ekstra Deviško Oljčno Olje Slovenske Istre e recentemente la Dop Istra, entrambe riguardanti il territorio dell'Istria slovena. E altrettanto vantaggiosi si sono rivelati i sussidi governativi per lo sviluppo agricolo in vista dell'adeguamento agli standard europei in tema di misure ambientali e assistenza tecnologica. Situata al crocevia tra l'Europa continentale e il Mediterraneo, la Slovenia presenta un territorio splendido e per molti aspetti ancora incontaminato, dove la coltura dell'olivo esiste da millenni. Tracce fossili di coltivazioni di questa pianta vengono fatte risalire infatti all'era della colonizzazione greca, nel IV secolo a.C., anche se furono i Romani a diffondere l'olivicoltura in maniera massiccia in tutti i territori dell'Impero e a trasformarla in un'attività organizzata su larga scala. Nei secoli a venire questa coltura non è mai stata abbandonata e raggiunge il massimo splendore tra il XVII e il XVIII secolo, con un patrimonio olivicolo di oltre 300mila piante. Ma in epoche più recenti inizia il suo declino, ovvero negli anni che precedono la prima guerra mondiale e, ancor di più, dopo la rovinosa gelata del 1929 che determinò una vera e propria decimazione degli oliveti. Bisogna aspettare i nostri giorni per registrare un'inversione di tendenza. Oggi la regione più coltivata è l'Istria slovena, che occupa il lembo sud-occidentale del paese con i comuni di Koper, Izola e Piran; ma anche più a nord stanno nascendo nuovi impianti. La superficie olivetata raggiunge i 2.389 ettari, con 580mila piante, ed è composta per lo più da piccoli appezzamenti gestiti da privati. Ciò comporta una frammentazione dell'offerta - si contano 4.221 aziende - ma, del resto, gran parte del prodotto è destinato all'autoconsumo che peraltro rileva un discreto incremento di anno in anno. Per quanto riguarda le varietà in produzione, dopo la gelata del 1985 sono state selezionate quelle che avevano subito un danno minore e che garantivano una maggiore resistenza e una produttività più elevata. La cultivar più robusta e con la massima resa in olio si è rivelata l'autoctona istrska belica che oggi è in netta prevalenza nelle piantagioni, seguita da leccino, pendolino, frantoio e da altre piante autoctone provenienti dalla zona di Piran: štorta, črnica, drobnica. La trasformazione avviene in 45 frantoi, in parte tradizionali a presse e in parte moderni a ciclo continuo. La produzione, benché soggetta a oscillazioni dovute alle ricorrenti gelate, ha registrato negli ultimi anni una sostanziale stabilità. La scorsa campagna ha reso 300 tonnellate di olio, con una diminuzione del 66,67% rispetto all'annata precedente. Il consumo di olio pro capite del paese è di 1,3 kg annui.

The recent history of olive growing in Slovenia can be described as a slow and difficult recovery after years of decadence and neglect. But the positive fact is that the country is moving in the right direction, first of all pursuing the objective of quality. This means considering the environment, but also the agronomic and productive point of view, thus restoring the old olive groves, adopting provisions of environmental protection with ecosustainable cultural techniques and aiming at the quality of the end product. In fact the objective for the future is to increase quality, so that local olive oil can come on the market. Some positive results are already visible and in this sense a great stimulus has been given by the recognition of two Pdo: first the Pdo Ekstra Deviško Oljčno Olje Slovenske Istre and more recently the Pdo Istra, both regarding the territory of Slovenian Istria. Another useful initiative has regarded the granting of government subsidies for agricultural development, in order to conform to European environment and technological standards. Situated at the crossroads between continental Europe and the Mediterranean, Slovenia has a wonderful and still uncontaminated territory, where olive growing has been present for thousands of years. Fossil traces of olive cultivation date back to the era of the Greek colonization (4th century B.C.), even if the decisive stimulus was given by the Romans, who spread olive growing to all the territories of the Empire and transformed it into a large scale organized activity. Since then this cultivation has never been abandoned and it reached the maximum peak between the 17th and the 18th century, when there were over 300,000 olive trees. Unfortunately in more recent times olive cultivation started to decline: in the years before the First World War and especially after the disastrous 1929 frost that caused massive damage to olive groves. Only recently has there been a turnaround. Today Slovenian Istria, which takes up the south-western strip of the country with the municipalities of Koper, Izola and Piran is the most cultivated region, but also more to the north new plantations can be found. The olive surface is 2,389 hectares with 580,000 trees and is composed mainly of small pieces of ground run by private owners. This involves a notable fragmentation of the offer- there are 4,221 farms - even if the biggest part of the product is still destined to domestic consumption, which is also increasing from one year to the other. As regards the varieties in production, after the 1985 frost, only the plants that had suffered less damage and guaranteed high productivity were selected. The strongest cultivar with the maximum yield of oil is the autochthonous istrska belica, which is today clearly prevailing in the plantations, followed by leccino, pendolino, frantoio and by autochthonous plants coming from the area of Piran: štorta, črnica, drobnica. Transformation is carried out in 45 oil mills, a part of which use traditional press extraction systems, while the others use modern continuous cycle systems. Production, although subject to variations due to the frequent frosts, has been stable in the last few years. In the last oil harvest it reached 300 tons of oil, with a decrease of 66.67% compared to the previous year. The per capita oil consumption in the country is 1.3 kg per year.

Slovenia Slovenia [SI] Goriška

Bose Oil - Boris Marinič

Ceglo - Ceglo, 15/a
5212 Dobrovo v Brdih (GO)
Tel.: +386 5 3045666
E-mail: boris.marinic@gmail.com

88

122 m

Promiscuo
Promiscuous

Vaso
Vase

Brucatura a mano
Hand picking

No - Ciclo continuo
No - Continuous cycle

Briška črnica

Fruttato medio
Medium fruity

da 12,01 a 15,00 € - 500 ml
from € 12.01 to 15.00 - 500 ml

L'amore per la pianta sacra e i suoi frutti e la cura con cui la famiglia di Boris Marinič si è sempre dedicata all'olivicoltura sono le fondamenta di questa azienda che pianta i primi olivi nella metà degli anni Novanta del secolo scorso e che dispone attualmente di 350 alberi su un ettaro di superficie, suddiviso in due piccoli appezzamenti. Nella trascorsa campagna il raccolto ha fruttato circa 21 quintali di olive e quasi 4 ettolitri di olio. Segnaliamo l'ottimo Extravergine monocultivar Bose - Briška Črnica che si presenta alla vista di un bel colore giallo dorato intenso con delicati riflessi verdi, limpido. Al naso si apre ampio e avvolgente, intriso di sentori vegetali di carciofo, cicoria selvatica e lattuga, cui si affiancano note aromatiche di menta e rosmarino. Fine e complesso al gusto, si arricchisce di toni speziati di pepe nero e chiude con netto ricordo di mandorla. Amaro deciso e piccante spiccato e armonico. È ideale su bruschette con pomodoro, carpaccio di pesce spada, insalate di polpo, radicchio ai ferri, passati di lenticchie, primi piatti con funghi porcini, tonno alla griglia, carni rosse o cacciagione alla brace, formaggi stagionati a pasta dura.

The foundations of the farm run by Boris Marinič's family have always been their love for the sacred plant and its fruits and their dedication to olive growing. The first olive trees were planted in the mid-90s of the last century. Currently the estate consists of one hectare of surface with 350 trees, divided into two small plots. In the last harvest about 21 quintals of olives were produced, with a yield of almost 4 hectolitres of extra virgin olive oil. We recommend the very good Monocultivar Extra Virgin Bose - Briška Črnica, which is a beautiful intense limpid golden yellow colour with delicate green hues. Its aroma is ample and rotund, endowed with vegetal hints of artichoke, wild chicory and lettuce, together with aromatic notes of mint and rosemary. Its taste is fine and complex, enriched by a spicy flavour of black pepper and a distinct almond finish. Bitterness is definite and pungency is distinct and harmonic. It would be ideal on bruschette with tomatoes, swordfish carpaccio, octopus salads, grilled radicchio, lentil purée, pasta with porcini mushrooms, grilled tuna, barbecued red meat or game, hard mature cheese.

Slovenia Slovenia [SI] Goriška

Kmetija Kante Slovenija

Vipavska Dolina - Šempas, 17/e
5261 Šempas (GO)
Tel.: +386 5 3078611
E-mail: ernest@kerinba.si - Web: www.kerinba.si

86

160 m

Promiscuo e specializzato
Promiscuous and specialized

Vaso
Vase

Brucatura a mano
Hand picking

No - Ciclo continuo
No - Continuous cycle

**Istrska belica (50%), frantoio (20%),
maurino (10%),
buga, grignan, leccino, leccio del corno (20%)**

Fruttato medio
Medium fruity

da 10,01 a 12,00 € - 500 ml
from € 10.01 to 12.00 - 500 ml

I risultati delle degustazioni attestano i progressi dell'azienda di Ernest Kante che migliora la sua posizione in Guida. La sua è una realtà abbastanza giovane, creata nel 2011 nel comprensorio di Šempas, che conta su un patrimonio olivicolo composto da 800 alberi, appartenenti a un nutrito ventaglio di cultivar, coltivati su quasi 3 ettari di superficie. Il raccolto della scorsa campagna ha fruttato 48 quintali di olive, pari a una produzione di circa 7 ettolitri di olio. La selezione proposta è l'ottimo Extravergine Kante - Cuvée che appare alla vista di un bel colore giallo dorato intenso con lievi venature verdi, limpido. Al naso si apre ampio e avvolgente, ricco di sentori fruttati di pomodoro acerbo e banana, pera e mela bianca, cui si associano note aromatiche di basilico, menta e prezzemolo. In bocca è elegante e complesso, con toni di carciofo, sedano e lattuga di campo. Amaro deciso e piccante spiccato ed equilibrato. Buon abbinamento con antipasti di salmone, insalate di legumi, marinate di ricciola, verdure ai ferri, passati di funghi finferli, primi piatti con asparagi, gamberi in guazzetto, seppie arrosto, pollame o carni di agnello al forno, formaggi caprini.

P resent again in our Guide with a result showing its progress, the young farm owned by Ernest Kante was created in 2011 in the district of Šempas and consists of almost 3 hectares of olive surface with 800 trees of a wide range of cultivars. In the last harvest 48 quintals of olives were produced, equal to a yield of about 7 hectolitres of extra virgin olive oil. The selection proposed to our panel is the very good Extra Virgin Kante - Cuvée, which is a beautiful intense limpid golden yellow colour with slight green hues. Its aroma is ample and rotund, rich in fruity hints of unripe tomato and banana, pear and white apple, together with aromatic notes of basil, mint and parsley. Its taste is elegant and complex, with a flavour of artichoke, celery and country lettuce. Bitterness is definite and pungency is distinct and well balanced. It would be ideal on salmon appetizers, legume salads, marinated amberjack, grilled vegetables, chanterelle mushroom purée, pasta with asparagus, stewed shrimps, roast cuttlefish, baked poultry or lamb, goat cheese.

Slovenia Slovenia [SI] Obalno-kraška

Adamič - Olje Ronkaldo

Istra - Baredi, 5/g
6310 Izola
Tel.: +386 5 6281313
E-mail: info@roncaldo.si - Web: www.roncaldo.si

95

140 m

Specializzato
Specialized

Vaso policonico
Polyconic vase

Brucatura a mano
Hand picking

No - Ciclo continuo
No - Continuous cycle

Maurino

Fruttato medio
Medium fruity

da 10,01 a 12,00 € - 500 ml
from € 10.01 to 12.00 - 500 ml

Amore per l'olivo, rispetto per il territorio, duro e paziente lavoro. È quanto sta alla base dell'esperienza di Miran e Martin Adamič, alla guida di una proprietà che si estende sull'anfiteatro naturale denominato Ronkaldo, presso Izola. Il patrimonio è formato da circa 3 ettari di oliveto dove trovano posto 673 piante coltivate secondo i dettami dell'agricoltura biologica. Quest'anno sono stati raccolti 78 quintali di olive, pari a 12 ettolitri di olio. L'ottimo Extravergine monocultivar Ronkaldo - Maurino Dop Ekstra Deviško Oljčno Olje Slovenske Istre da Agricoltura Biologica è di un bel colore giallo dorato intenso con lievi riflessi verdi, limpido. Al naso è ampio e avvolgente, ricco di sentori vegetali di carciofo e cicoria selvatica, cui si associano note aromatiche di menta e rosmarino. Al gusto è complesso ed elegante, con toni di lattuga e ricordo di pepe nero e mandorla. Amaro spiccato e piccante ben espresso e armonico. Ideale su antipasti di mare, insalate di fagioli, marinate di orata, patate arrosto, passati di legumi, risotto con carciofi, molluschi gratinati, tartare di ricciola, pollame o carni di agnello al forno, formaggi freschi a pasta filata.

Love for the olive tree, respect for the territory, hard and patient work: this characterizes the experience of Miran and Martin Adamič, who run an oil farm placed in the natural amphitheatre called Ronkaldo, near Izola. There are about 3 hectares of olive grove with 673 trees, cultivated according to organic farming. In the last harvest 78 quintals of olives were produced, equal to a yield of 12 hectolitres of oil. The very good Monocultivar Extra Virgin selection Ronkaldo - Maurino Pdo Ekstra Deviško Oljčno Olje Slovenske Istre from Organic Farming is a beautiful intense limpid golden yellow colour with slight green hues. Its aroma is ample and rotund, rich in vegetal hints of artichoke and wild chicory, together with aromatic notes of mint and rosemary. Its taste is complex and elegant, with a flavour of lettuce and a note of black pepper and almond. Bitterness is definite and pungency is distinct and harmonic. It would be ideal on seafood appetizers, bean salads, marinated gilthead, roast potatoes, legume purée, risotto with artichokes, mussels au gratin, amberjack tartare, baked poultry or lamb, mozzarella cheese.

Slovenia Slovenia [SI] Obalno-kraška

Ekološka Kmetija Bočaj

Istra - Truške - Bočaji, 8/a
6273 Koper
Tel.: +386 5 6550452
E-mail: janko.bocaj@siol.net - Web: www.bocaj.si

92

325 m

Specializzato
Specialized

Policono
Polycone

Brucatura a mano
Hand picking

No - Ciclo continuo
No - Continuous cycle

Istrska belica

Fruttato medio
Medium fruity

da 12,01 a 15,00 € - 500 ml
from € 12.01 to 15.00 - 500 ml

STARA KORTINA
ekstra deviško oljčno olje
Slovenske Istre
Extra Virgin Olive Oil

Ancora progressi per l'azienda Bočaj che si colloca nel comprensorio di Truške. Parliamo di una piccola realtà, ma che può vantare un'antica tradizione nel settore risalente al 1929. Attualmente Janko Bočaj gestisce una tenuta di circa 6 ettari dei quali quasi 3 sono destinati agli olivi, 650 esemplari appartenenti a un ricchissimo ventaglio di cultivar. Nella recente campagna il raccolto ha fruttato 78 quintali di olive e pressoché 13 ettolitri di olio. L'eccellente Extravergine Stara Kortina Dop Ekstra Deviško Oljčno Olje Slovenske Istre da Agricoltura Biologica è di un bel colore giallo dorato intenso con lievi nuance verdi, limpido. Al naso si apre ampio e avvolgente, ricco di sentori di carciofo, cicoria e lattuga, cui si associano note floreali di ginestra. Fine e complesso al palato, sprigiona toni balsamici di menta, salvia e rosmarino; e chiude con ricordo di mandorla e pepe nero. Amaro molto spiccato e piccante deciso e armonico. Si abbina a bruschette con pomodoro, carpaccio di tonno, funghi porcini ai ferri, insalate di spinaci, zuppe di fagioli, primi piatti con salsiccia, polpo bollito, cacciagione di piuma o pelo arrosto, formaggi stagionati a pasta dura.

We are glad to notice the constant progress of the farm Bočaj, situated in the district of Truške. It is a small farm that can boast an ancient tradition in the sector dating back to 1929. Currently Janko Bočaj runs an estate of about 6 hectares of surface, almost 3 of which destined to olive grove with 650 trees of a wide range of cultivars. In the last harvest 78 quintals of olives and almost 13 hectolitres of oil were produced. The excellent Extra Virgin selection Stara Kortina Pdo Ekstra Deviško Oljčno Olje Slovenske Istre from Organic Farming is a beautiful intense limpid golden yellow colour with slight green hues. Its aroma is ample and rotund, rich in hints of artichoke, chicory and lettuce, together with floral notes of broom. Its taste is fine and complex, with fragrant notes of mint, sage and rosemary and a final note of almond and black pepper. Bitterness is distinct and pungency is definite and harmonic. It would be ideal on bruschette with tomatoes, tuna carpaccio, grilled porcini mushrooms, spinach salads, bean soups, pasta with sausages, boiled octopus, roast game birds or animals, hard mature cheese.

Slovenia Slovenia [SI] Obalno-kraška

Vanja Dujc
Istra - Dolga Reber, 4
6000 Koper
E-mail: vanjadujc@siol.net - Web: www.vanjadujc.net

97

150 m

Specializzato
Specialized

Vaso policonico
Polyconic vase

Brucatura a mano
Hand picking

No - Ciclo continuo
No - Continuous cycle

Itrana (50%), istrska belica (30%), leccino (10%), maurino (10%)

Fruttato medio
Medium fruity

da 15,01 a 18,00 € - 500 ml
from € 15.01 to 18.00 - 500 ml

Conosciamo il talento di Vanja Dujc che seguita a proporci etichette molto interessanti, consolidando una splendida posizione in Guida. Vanja è proprietario e creatore di questa ormai consolidata realtà del comprensorio di Koper che egli stesso ha tirato su dal nulla quasi quarant'anni fa e che oggi si estende su 4 ettari di oliveto. Il patrimonio comprende 1.200 piante, appartenenti a un variegato ventaglio di cultivar, che quest'anno hanno reso 200 quintali di olive e 30 ettolitri di olio. Segnaliamo l'eccellente Extravergine Vanja - Couvée che appare alla vista di un bel colore giallo dorato intenso con delicate sfumature verdi, limpido. Al naso è ampio e avvolgente, ricco di sentori fruttati di pomodoro acerbo, banana e mela bianca, cui si affiancano toni balsamici di basilico, menta e prezzemolo. In bocca è fine e di carattere, con note vegetali di fave fresche e lattuga di campo. Amaro molto deciso e piccante spiccato e armonico. Ideale su antipasti di salmone, bruschette con verdure, insalate di orzo, marinate di ricciola, zuppe di ceci, primi piatti con molluschi, rombo arrosto, tartare di tonno, coniglio al forno, pollame alla brace, formaggi freschi a pasta filata.

Vanja Dujc always proposes very interesting products, confirming his splendid position in our Guide. He is the owner and creator of this solid oil farm in the district of Koper, which he started almost 40 years ago. Today the estate extends over 4 hectares of olive grove with 1,200 trees of a wide range of cultivars. In the last harvest 200 quintals of olives were produced, equal to 30 hectolitres of extra virgin olive oil. We recommend the excellent Extra Virgin selection Vanja - Couvée, which is a beautiful intense limpid golden yellow colour with delicate green hues. Its aroma is ample and rotund, rich in fruity hints of unripe tomato, banana and white apple, together with fragrant notes of basil, mint and parsley. Its taste is fine and strong, with a vegetal flavour of fresh broad beans and country lettuce. Bitterness is definite and pungency is distinct and harmonic. It would be ideal on salmon appetizers, bruschette with vegetables, barley salads, marinated amberjack, chickpea soups, pasta with mussels, roast turbot, tuna tartare, baked rabbit, barbecued poultry, mozzarella cheese.

Slovenia Slovenia [SI] Obalno-kraška

Ekološka Kmetija Jasa - Arsen Jurinčič
Istra - Marezige - Boršt, 60/d
6273 Koper
E-mail: jasa.olje@gmail.com

88

359 m

Specializzato
Specialized

Ombrello
Weeping vase

Brucatura a mano
Hand picking

No - Ciclo continuo
No - Continuous cycle

Istrska belica (90%), maurino (10%)

Fruttato medio
Medium fruity

da 12,01 a 15,00 € - 500 ml
from € 12.01 to 15.00 - 500 ml

Cresce in qualità. L'azienda Jasa nasce nel 1996 nel comprensorio di Marezige, nel piccolo villaggio di Boršt, in provincia di Koper. Gli oliveti di Arsen Jurinčič si collocano in un'area ventosa e a una discreta altitudine: parliamo di 350 alberi, coltivati secondo i dettami dell'agricoltura biologica, che crescono su un ettaro di superficie e che quest'anno hanno fruttato 70 quintali di olive e circa 12 ettolitri di olio. Il panel segnala per la Guida l'ottimo Extravergine Jasa - Prestige da Agricoltura Biologica che appare alla vista di un bel colore giallo dorato intenso con lievi riflessi verdi, limpido. Al naso si apre ampio e avvolgente, ricco di sentori vegetali di carciofo e cicoria, cui si affiancano note aromatiche di maggiorana, menta e rosmarino. Elegante e complesso al gusto, sprigiona toni di lattuga di campo e chiude con netto ricordo di pepe nero e mandorla. Amaro ben spiccato e piccante deciso e armonico. È eccellente per antipasti di tonno, carpaccio di polpo, insalate di funghi porcini, radicchio al forno, zuppe di fagioli, primi piatti con salsiccia, pesce azzurro gratinato, carni rosse o cacciagione alla griglia, formaggi stagionati a pasta dura.

The farm Jasa was founded in 1996 in the district of Marezige, in the small village of Boršt, in the province of Koper. The olive groves owned by Arsen Jurinčič are located in a windy area and at a certain height. They cover one hectare of surface with 350 trees, cultivated according to organic farming. In the last harvest 70 quintals of olives were produced, with a yield of about 12 hectolitres of extra virgin olive oil. Our panel recommends the very good Extra Virgin selection Jasa - Prestige from Organic Farming, which is a beautiful intense limpid golden yellow colour with slight green hues. Its aroma is ample and rotund, rich in vegetal hints of artichoke and chicory, together with aromatic notes of marjoram, mint and rosemary. Its taste is elegant and complex, with a flavour of country lettuce and a distinct finish of black pepper and almond. Bitterness is distinct and pungency is definite and harmonic. It would be ideal on tuna appetizers, octopus carpaccio, porcini mushroom salads, baked radicchio, bean soups, pasta with sausages, blue fish au gratin, grilled red meat or game, hard mature cheese.

Slovenia Slovenia [SI] Obalno-kraška

Jenko
Istra - Bertoki - Pobeška Cesta, 11
6000 Koper
E-mail: info@oiljenko.si - Web: www.oiljenko.si

97

80 m

Specializzato
Specialized

Vaso, vaso policonico
Vase, polyconic vase

Brucatura a mano
Hand picking

No - Ciclo continuo
No - Continuous cycle

Istrska belica (35%), leccino (30%), maurino (18%), frantoio (17%)

Fruttato medio
Medium fruity

da 15,01 a 18,00 € - 500 ml
from € 15.01 to 18.00 - 500 ml

B oris Jenko ci propone ancora una volta un prodotto di alto profilo che premiamo come Migliore Olio Extravergine di Oliva da Agricoltura Biologica e Dop/Igp. L'azienda esiste dal 1993 e conta attualmente su un patrimonio di quasi 3 ettari di superficie con 700 piante messe a dimora. Il raccolto della passata campagna ha raggiunto i 125 quintali di olive, pari a una produzione di quasi 19 ettolitri di olio. Eccellenti i due Extravergine Jenko, entrambi Dop Ekstra Deviško Oljčno Olje Slovenske Istre da Agricoltura Biologica: Belica e Cuvée. Segnaliamo il secondo, giallo dorato intenso con delicate venature verdi, limpido. Al naso è ampio e avvolgente, con netti sentori vegetali di erba fresca falciata, carciofo e cicoria selvatica, arricchiti da note balsamiche di menta, rosmarino e salvia. In bocca è elegante e di personalità, con toni di lattuga e ricordo di pepe nero e mandorla. Amaro spiccato e piccante ben espresso ed equilibrato. Perfetto l'abbinamento con bruschette con pomodoro, carpaccio di tonno, funghi porcini ai ferri, insalate di spinaci, zuppe di fagioli, primi piatti con salsiccia, polpo bollito, carni rosse o cacciagione al forno, formaggi stagionati a pasta dura.

B oris Jenko has proposed another high level product to our panel, deserving the award for The Best Extra Virgin Olive Oil from Organic Farming and Pdo/Pgi. Founded in 1993, today the farm consists of almost 3 hectares of surface with 700 trees. In the last harvest 125 quintals of olives were produced, equal to a yield of almost 19 hectolitres of extra virgin olive oil. There are two excellent Extra Virgin Jenko Pdo Ekstra Deviško Oljčno Olje Slovenske Istre from Organic Farming, Belica and Cuvée, which we recommend. It is an intense limpid golden yellow colour with delicate green hues. Its aroma is ample and rotund, with distinct vegetal hints of freshly mown grass, artichoke and wild chicory, enriched by fragrant notes of mint, rosemary and sage. Its taste is elegant and strong, with a flavour of lettuce and a note of black pepper and almond. Bitterness is definite and pungency is distinct and complimentary. It would be ideal on bruschettes with tomatoes, tuna carpaccio, grilled porcini mushrooms, spinach salads, bean soups, pasta with sausages, boiled octopus, baked red meat or game, hard mature cheese.

Slovenia Slovenia [SI] Obalno-kraška

Bio Olično Olje Karlonga
Istra - Potok, 4
6276 Pobegi (KP)
E-mail: jakomind.karlonga@gmail.com

88

80 m

Specializzato
Specialized

Vaso
Vase

Brucatura a mano
Hand picking

No - Ciclo continuo
No - Continuous cycle

Istrska belica

Fruttato medio
Medium fruity

da 12,01 a 15,00 € - 500 ml
from € 12.01 to 15.00 - 500 ml

L'azienda Karlonga di Darko Jakomin è attiva nel comprensorio di Pobegi, in una zona litoranea ad alta vocazione olivicola. La proprietà si estende per due ettari all'interno dei quali l'oliveto ne occupa circa uno, con 150 piante messe a dimora. Il raccolto della trascorsa campagna è stato di 35 quintali di olive che hanno permesso di produrre quasi 7 ettolitri di olio. Segnaliamo l'unica selezione proposta, l'eccellente Extravergine Karlonga Dop Ekstra Deviško Oljčno Olje Slovenske Istre da Agricoltura Biologica che si offre alla vista di un bel colore giallo dorato intenso con delicate gradazioni verdi, limpido. All'olfatto si apre ampio e avvolgente, ricco di sentori vegetali di carciofo e cicoria selvatica, cui si accompagnano note aromatiche di menta, rosmarino e salvia. Fine e di personalità al palato, sprigiona toni di lattuga e sfumature di mandorla e pepe nero. Amaro molto spiccato e piccante deciso e armonico. Buon abbinamento con antipasti di tonno, carpaccio di pesce spada, insalate di funghi porcini, radicchio ai ferri, zuppe di fagioli, primi piatti con salsiccia, polpo bollito, agnello in umido, carni rosse al forno, formaggi stagionati a pasta dura.

The farm Karlonga, run by Darko Jakomin, is active in the district of Pobegi, in a littoral zone that is very favourable to olive growing. The estate extends over 2 hectares, one of which destined to olive grove with 150 trees. In the last harvest 35 quintals of olives were produced, which allowed to yield almost 7 hectolitres of extra virgin olive oil. We recommend the only selection proposed by the farm, the excellent Extra Virgin Karlonga Pdo Ekstra Deviško Oljčno Olje Slovenske Istre from Organic Farming, which is a beautiful intense limpid golden yellow colour with delicate green hues. Its aroma is ample and rotund, rich in vegetal hints of artichoke and wild chicory, together with aromatic notes of mint, rosemary and sage. Its taste is fine and strong, with a flavour of lettuce and notes of almond and black pepper. Bitterness is distinct and pungency is definite and harmonic. It would be ideal on tuna appetizers, swordfish carpaccio, porcini mushroom salads, grilled radicchio, bean soups, pasta with sausages, boiled octopus, stewed lamb, baked red meat, hard mature cheese.

Slovenia Slovenia [SI] Obalno-kraška

Olive Oil Morgan

Istra - Šmarje - Grintovec, 1
6274 Koper
Tel.: +386 5 6560328
E-mail: info@olje-morgan.si - Web: www.olje-morgan.si

97

- 230 m
- Specializzato / Specialized
- Ipsilon, monocono, vaso policonico / Y-trellis, monocone, polyconic vase
- Brucatura a mano / Hand picking
- No - Ciclo continuo / No - Continuous cycle
- Istrska belica
- Fruttato intenso / Intense fruity
- da 12,01 a 15,00 € - 500 ml / from € 12.01 to 15.00 - 500 ml

Lo seguiamo da diverse edizioni e seguita a distinguersi, emozionandoci ogni volta di più. All'inizio degli anni Novanta Janko Franc Morgan decide di piantare degli olivi sulla sua proprietà, incrementando quelli già esistenti e riqualificando due terreni che oggi si estendono per 3 ettari, con mille piante. Nella trascorsa campagna il raccolto di 200 quintali di olive ha reso 30 ettolitri di olio. Segnaliamo l'unica selezione proposta, l'ottimo Extravergine monovarietale Morgan - Belica Dop Ekstra Deviško Oljčno Olje Slovenske Istre da Agricoltura Biologica. Appare alla vista di un bel colore giallo dorato intenso con lievi riflessi verdi, limpido. Al naso è deciso e avvolgente, ricco di sentori vegetali di carciofo e cicoria, cui si aggiungono nette note balsamiche di menta, rosmarino e salvia. Fine e di carattere in bocca, emana toni di lattuga e chiude con ricordo marcato di pepe nero e mandorla. Amaro potente e piccante spiccato e armonico. Ideale su antipasti di polpo, bruschette con pomodoro, carpaccio di tonno, insalate di spinaci, minestroni di verdure, primi piatti al ragù, pesce azzurro gratinato, carni rosse o nere alla piastra, formaggi stagionati a pasta dura.

We have been following this farm for some years and every time its products are a higher level. In the early 90s Janko Franc Morgan decided to plant some olive trees on his estate, increasing the existing ones and upgrading two fields, which now cover 3 hectares with 1,000 trees. In the last harvest 200 quintals of olives produced 30 hectolitres of oil. We recommend the only selection proposed by the farm, the very good Monovarietal Extra Virgin Morgan - Belica Pdo Ekstra Deviško Oljčno Olje Slovenske Istre from Organic Farming, which is a beautiful intense limpid golden yellow colour with slight green hues. Its aroma is definite and rotund, rich in vegetal hints of artichoke and chicory, together with distinct fragrant notes of mint, rosemary and sage. Its taste is fine and strong, with a flavour of lettuce and a distinct finish of black pepper and almond. Bitterness is powerful and pungency is distinct and harmonic. It would be ideal on octopus appetizers, bruschette with tomatoes, tuna carpaccio, spinach salads, minestrone with vegetables, pasta with meat sauce, blue fish au gratin, pan-seared red meat or game, hard mature cheese.

Slovenia Slovenia [SI] Obalno-kraška

Pr' Rojcah
Istra - Marezige - Babici, 48
6273 Koper
E-mail: oliveoilrojci@gmail.com

85

200 m

Specializzato
Specialized

Vaso policonico
Polyconic vase

Brucatura a mano e meccanica
Hand picking and mechanical harvesting

No - Ciclo continuo
No - Continuous cycle

Leccino (80%), istrska belica (10%), maurino (5%), pendolino (5%)

Fruttato medio
Medium fruity

da 8,01 a 10,00 € - 500 ml
from € 8.01 to 10.00 - 500 ml

Diamo volentieri il benvenuto in Guida all'azienda di Sonja Cerkvenik, una realtà fondata nel 2010 a Marezige, nel vocato comprensorio di Koper. Il patrimonio olivicolo si compone di un impianto di quasi 2 ettari, all'interno di una tenuta di poco più ampia, sul quale crescono 350 alberi di diverse cultivar dai quali sono stati raccolti, nella trascorsa campagna, 60 quintali di olive che hanno prodotto circa 7 ettolitri di olio. Unica l'etichetta aziendale proposta al panel, l'ottimo Extravergine Rojci - Leccino che si presenta alla vista di un bel colore giallo dorato intenso con delicate sfumature verdi, limpido. All'olfatto si offre ampio e avvolgente, ricco di sentori vegetali di carciofo e cicoria selvatica, cui si accompagnano note aromatiche di maggiorana, menta e rosmarino. Fine e complesso in bocca, sprigiona toni di lattuga di campo, pepe nero e chiude con netto ricordo di mandorla. Amaro ben spiccato e piccante deciso e armonico. Si abbina a bruschette con pomodoro, carpaccio di tonno, insalate di spinaci, radicchio alla griglia, zuppe di fagioli, primi piatti con salsiccia, polpo bollito, carni rosse o cacciagione al forno, formaggi stagionati a pasta dura.

We welcome the first appearance in our Guide of the farm owned by Sonja Cerkvenik, founded in 2010 in Marezige, in the favourable district of Koper. The estate consists of a larger area, almost 2 hectares of which are destined to olive grove with 350 trees of several cultivars. In the last harvest 60 quintals of olives were produced, with a yield of about 7 hectolitres of extra virgin olive oil. We recommend the very good selection proposed, the Extra Virgin Rojci - Leccino, which is a beautiful intense limpid golden yellow colour with delicate green hues. Its aroma is ample and rotund, rich in vegetal hints of artichoke and wild chicory, together with aromatic notes of marjoram, mint and rosemary. Its taste is fine and complex, with a flavour of country lettuce, black pepper and a distinct almond finish. Bitterness is distinct and pungency is definite and harmonic. It would be ideal on bruschette with tomatoes, tuna carpaccio, spinach salads, grilled radicchio, bean soups, pasta with sausages, boiled octopus, baked red meat or game, hard mature cheese.

Slovenia Slovenia [SI] Obalno-kraška

Danjel Sabadin

Istra - Marezige - Marezige, 86
6273 Koper
Tel.: +386 5 6550196
E-mail: sabadin.danjel@gmail.com

83

- 200/320 m
- Specializzato / Specialized
- Vaso policonico / Polyconic vase
- Brucatura a mano / Hand picking
- No - Ciclo continuo / No - Continuous cycle
- Istrska belica
- Fruttato medio / Medium fruity
- da 12,01 a 15,00 € - 500 ml / from € 12.01 to 15.00 - 500 ml

Diamo volentieri il benvenuto in Guida all'azienda di Danjel Sabadin, una realtà fondata nella metà degli anni Novanta a Marezige, nel vocato comprensorio di Koper. Il patrimonio olivicolo si compone di un impianto di 4 ettari sul quale crescono 1.300 alberi dai quali sono stati raccolti, nella trascorsa campagna, 150 quintali di olive che hanno prodotto 22 ettolitri di olio. Segnaliamo l'etichetta proposta al panel per la selezione, l'Extravergine monovarietale Sabadin - Istrska Belica che si presenta alla vista di un bel colore giallo dorato intenso con leggere sfumature verdi, limpido. Al naso si apre pulito e avvolgente, dotato di sentori vegetali di carciofo e cicoria selvatica, cui si aggiungono fresche note balsamiche di erbe officinali, con menta e rosmarino in evidenza. In bocca è morbido e armonico, con toni di lattuga di campo e ricordo speziato di pepe nero e mandorla in chiusura. Amaro deciso e piccante presente e dosato. Buon accompagnamento per antipasti di pomodori, insalate di legumi, marinate di orata, patate in umido, zuppe di ceci, primi piatti con salmone, molluschi gratinati, tartare di ricciola, coniglio arrosto, pollame alla griglia, formaggi caprini.

We welcome the first appearance in our Guide of the farm owned by Danjel Sabadin, founded in the mid-90s of the last century in Marezige, in the favourable district of Koper. The olive surface takes up 4 hectares with 1,300 trees. In the last harvest 150 quintals of olives were produced, with a yield of 22 hectolitres of extra virgin olive oil. We recommend the selection proposed to the panel, the Monovarietal Extra Virgin Sabadin - Istrska Belica, which is a beautiful intense limpid golden yellow colour with slight green hues. Its aroma is clean and rotund, endowed with vegetal hints of artichoke and wild chicory, together with fresh fragrant notes of officinal herbs, especially mint and rosemary. Its taste is mellow and harmonic, with a flavour of country lettuce and a spicy final note of black pepper and almond. Bitterness is definite and pungency is present and complimentary. It would be ideal on tomato appetizers, legume salads, marinated gilthead, stewed potatoes, chickpea soups, pasta with salmon, mussels au gratin, amberjack tartare, roast rabbit, grilled poultry, goat cheese.

Slovenia Slovenia [SI] Obalno-kraška

Eko Oljčna Kmetija Šavrin

Istra - Šmarje 96
6274 Šmarje (KP)
Tel.: +386 5 6560296
E-mail: rokglavina@gmail.com - Web: www.savrin.si

81

130 m

Specializzato
Specialized

Vaso
Vase

Brucatura a mano
Hand picking

No - Ciclo continuo
No - Continuous cycle

Istrska belica (60%), leccino (20%), maurino (20%)

Fruttato medio
Medium fruity

da 8,01 a 10,00 € - 500 ml
from € 8.01 to 10.00 - 500 ml

L'azienda Šavrin nasce nel 1984 nel comprensorio di Šmarje, in provincia di Koper, per volontà di Evgen Glavina. L'oliveto, attualmente curato da Rok, occupa una superficie di quasi 3 ettari e comprende 550 alberi, dei quali 400 sono giovani pianticelle e 150 esemplari più antichi. Da questi, coltivati secondo i metodi biologici, sono stati ricavati quest'anno 85 quintali di olive e circa 15 ettolitri di olio. Segnaliamo l'Extravergine Šavrin Dop Ekstra Deviško Oljčno Olje Slovenske Istre da Agricoltura Biologica che appare alla vista di un bel colore giallo dorato intenso con delicate sfumature verdi, limpido. Al naso è ampio e avvolgente, dotato di sentori vegetali di carciofo e cicoria, cui si accompagnano note aromatiche di erbe officinali, con menta e rosmarino in evidenza. Morbido e armonico al palato, emana toni di lattuga di campo, sedano e chiude con netto ricordo di mandorla. Amaro e piccante presenti e dosati. Ottimo per bruschette con verdure, insalate di lenticchie, marinate di ricciola, pomodori con riso, zuppe di orzo, primi piatti con salmone, molluschi gratinati, seppie alla brace, pollame o carni di agnello al forno, formaggi freschi a pasta filata.

The farm Šavrin was founded by Evgen Glavina in 1984 in the district of Šmarje, in the province of Koper. The olive grove is currently run by Rok according to organic farming and takes up almost 3 hectares of surface with 550 trees, 400 of which are young plants and 150 are older. In the last harvest 85 quintals of olives and about 15 hectolitres of oil were produced. We recommend the Extra Virgin selection Šavrin Pdo Ekstra Deviško Oljčno Olje Slovenske Istre from Organic Farming, which is a beautiful intense limpid golden yellow colour with delicate green hues. Its aroma is ample and rotund, endowed with vegetal hints of artichoke and chicory, together with aromatic notes of officinal herbs, especially mint and rosemary. Its taste is mellow and harmonic, with a flavour of country lettuce, celery and a distinct almond finish. Bitterness and pungency are present and complimentary. It would be ideal on bruschette with vegetables, lentil salads, marinated amberjack, tomatoes stuffed with rice, barley soups, pasta with salmon, mussels au gratin, barbecued cuttlefish, baked poultry or lamb, mozzarella cheese.

Slovenia Slovenia [SI] Obalno-kraška

Kmetija Šturman
Istra - Dekani - Dekani, 165
6271 Koper
Tel.: +386 5 6580368 - 5 9167100
E-mail: olje.sturman@gmail.com

88

15/50 m

Specializzato
Specialized

Vaso, vaso policonico
Vase, polyconic vase

Brucatura a mano e meccanica
Hand picking and mechanical harvesting

No - Ciclo continuo
No - Continuous cycle

Istrska belica (70%), leccino (20%), altre/others (10%)

Fruttato medio
Medium fruity

da 12,01 a 15,00 € - 500 ml
from € 12.01 to 15.00 - 500 ml

Gli oliveti della fattoria Šturman si trovano nei dintorni di Villa Dekani, a pochi chilometri da Koper: i primi alberi sono stati piantati nel 2004 e negli anni seguenti ne sono stati aggiunti altri, fino a raggiungere gli attuali 360 esemplari, su poco più di un ettaro di superficie. Nella trascorsa campagna Andrej Šturman ha ricavato da questi 35 quintali di olive che hanno reso una produzione di quasi 7 ettolitri di olio. L'etichetta presentata al panel per la Guida è l'ottimo Extravergine Šturman che appare alla vista di un bel colore giallo dorato intenso con delicate venature verdi, limpido. Al naso è ampio e avvolgente, ricco di sentori vegetali di carciofo, cicoria di campo e lattuga, cui si associano note aromatiche di erbe officinali, con menta e rosmarino in rilievo. Fine e complesso in bocca, emana marcati toni speziati di pepe nero, e chiude con ricordo di mandorla. Amaro ben spiccato e piccante deciso e armonico. Perfetto per antipasti di fagioli, carpaccio di salmone, insalate di pomodori, patate alla brace, passati di legumi, primi piatti con molluschi, seppie in umido, tartare di tonno, pollame o carni di agnello al forno, formaggi freschi a pasta filata.

The olive groves of the farm Šturman are located near Villa Dekani, a few kilometres from Koper: the first trees were planted in 2004 and in the following years others were added. Currently the olive grove covers little more than one hectare of surface with 360 trees. In the last harvest Andrej Šturman produced 35 quintals of olives, with a yield of almost 7 hectolitres of extra virgin olive oil. The selection proposed to our panel is the very good Extra Virgin Šturman, which is a beautiful intense limpid golden yellow colour with delicate green hues. Its aroma is ample and rotund, rich in vegetal hints of artichoke, wild chicory and lettuce, together with aromatic notes of officinal herbs, especially mint and rosemary. Its taste is fine and complex, with a distinct spicy flavour of black pepper and an almond finish. Bitterness is distinct and pungency is definite and harmonic. It would be ideal on bean appetizers, salmon carpaccio, tomato salads, barbecued potatoes, legume purée, pasta with mussels, stewed cuttlefish, tuna tartare, baked poultry or lamb, mozzarella cheese.

Croazia
Croatia

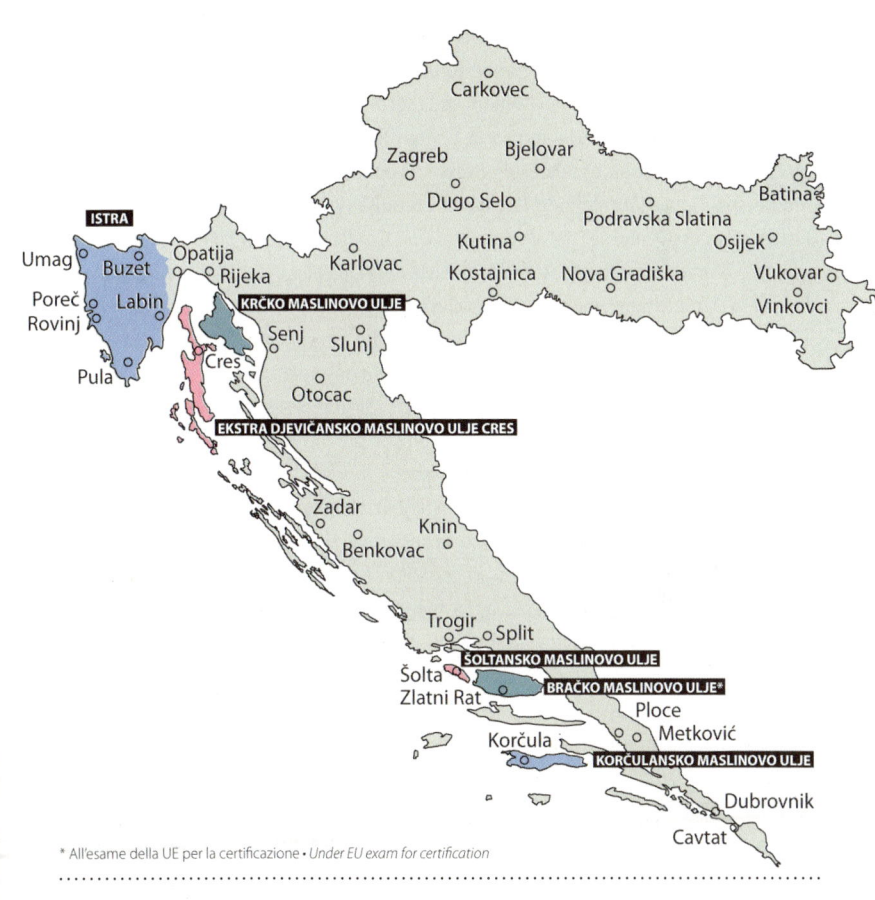

* All'esame della UE per la certificazione • Under EU exam for certification

Dati Statistici

Superficie Olivetata Nazionale	18.606 (ha)
Frantoi	180
Produzione Nazionale 19-20	3.500,0 (t)
Produzione Nazionale 18-19	3.400,0 (t)
Variazione	+2,94%

Statistic Data

National Olive Surface	18,606 (ha)
Olive Oil Mills	180
National Production 19-20	3,500.0 (t)
National Production 18-19	3,400.0 (t)
Variation	+2.94%

International Olive Council - Croatian Bureau of Statistics
Paying Agency for Agriculture, Fisheries and Rural Development

L'attuale panorama olivicolo in Croazia registra un grande impulso innovativo del settore dal punto di vista colturale e produttivo e una decisa crescita qualitativa del prodotto finale. D'altro canto qui l'olivicoltura è fiorente, dato il clima favorevole e l'ottima composizione del terreno, ed è tradizionalmente diffusa lungo la costa, nella penisola istriana e in Dalmacija, oltre che nelle isole. I primi a coltivare l'olivo in queste zone furono i Greci, giunti nell'alto Adriatico nel IV secolo a.C.. Ma è con l'arrivo dei Romani, nel I secolo d.C., che l'olivicoltura conosce una grande espansione su tutto il territorio, come provano i resti di frantoi oleari a Poreč, Ćervar Porat, Barbariga e nelle isole Brijuni. Proprio in questo periodo lo scrittore di origine spagnola Marziale loda la città di Córdoba definendola "perfetta come l'olio d'Istria". Successivamente, nel VII secolo d.C., i Croati giungono sulla costa adriatica orientale e gradualmente adottano la coltivazione dell'olivo. Un ulteriore incentivo lo dà la Serenissima; ma il culmine dello sviluppo risale alla fine del XVIII secolo, quando sul territorio si contano 30 milioni di piante che producono in media 20-30mila tonnellate di olio annue. Nel Novecento si assiste a un rapido declino dell'olivicoltura, provocato dall'espansione della vite: il numero di alberi scende drasticamente a 2 milioni. Trascurata durante il regime comunista perché praticata da piccoli nuclei familiari, l'olivicoltura subisce un colpo pressoché mortale durante la guerra del 1991-1995 a causa dei rovinosi incendi che devastano le campagne. Ma oggi in Croazia circa 3 milioni 700mila piante dimorano su una superficie di 18.606 ettari. La coltivazione è estensiva nelle zone aspre e poco accessibili, mentre, dove il territorio lo consente, è semintensiva e, in parte, intensiva. La maggioranza degli impianti è fatta di olivi di circa 50 anni di età, seguita da impianti giovani (con meno di 10 anni) e poi da quelli fino a 30 anni. In piccola parte sopravvivono olivi secolari. La tendenza attuale, soprattutto con l'ingresso in Europa, è di crescita. Nelle quattro zone olivicole - Istra, Kvarner, Dalmacija nord e Dalmacija centro-sud - le cultivar principali sono: istarska bjelica, buža, carbonera, leccino (Istria); slivnjača, slatka, orkula, rošinjola, leccino (Kvarner); oštrica, drobnica, leccino (Dalmacija nord); oblica, lastovka, levantinka, coratina, leccino (Dalmacija centro-sud). Ma il paniere comprende anche altre varietà autoctone tra le quali la più diffusa è la oblica. La Croazia ha cinque Dop attuate: la Dop Istra, riguardante tutta l'Istria croata; la Dop Krčko Maslinovo Ulje, nella regione Primorje-Gorski Kotar; la Dop Ekstra Djevičansko Maslinovo Ulje Cres che, nella stessa regione, tutela le produzioni dell'isola di Cres; la Šoltansko Maslinovo Ulje, in Split-Dalmatija; e la Korčulansko Maslinovo Ulje, in Dubrovnik-Neretva. La Dop Bračko Maslinovo Ulje è invece ancora all'esame dell'UE per la certificazione. Le aziende attive nel settore sono 21.630 e i frantoi 180, nella maggioranza a ciclo continuo. Nell'ultimo decennio la produzione media di olio si è aggirata intorno alle 4mila tonnellate: nella campagna 2019-2020 si registra un lieve incremento dei volumi, con una produzione di 3.500 tonnellate, equivalente a un aumento del 2,94% rispetto all'annata precedente. Pur in presenza di un rinnovato sviluppo dell'olivicoltura, il consumo pro capite di olio - 1,8 kg annui - è in crescita, ma resta ancora piuttosto basso.

Innovating cultivation and production and improving the quality of the end product is the present trend of olive growing in Croatia. Actually olive growing is flourishing, due to the favourable climate and the good composition of the soil. It has traditionally spread along the coast, in the Istrian peninsula and in Dalmacija, as well as on the islands. The first to cultivate the olive tree in these areas were the Greeks, who arrived in the Upper Adriatico during the 4th century B.C.; however, only when the Romans arrived in the 1st century A.D., olive growing went through a great expansion and spread over the whole territory, as the remains of oil crushers in Poreč, Ćervar Porat, Barbariga and on the islands Brijuni witness. It is in the same period that the Spanish writer Martial praises the city of Córdoba defining it "as perfect as the oil of Istria". In the 7th century A.D. the Croatians arrived on the eastern Adriatic coast and gradually started cultivating the olive tree. A further incentive was given by the Serenissima, but the peak of the development was at the end of the 18th century, when there were 30 million trees that produced an average of 20,000-30,0000 tons of olive oil a year. In the 20th century olive growing went through a rapid decline, provoked by the expansion of the grapevine, and the number of trees went down to two million. Olive growing was neglected during the Communist regime, because it was practised only by small families and it nearly suffered a death stroke during the 1991-1995 war because of the ruinous fires that ravaged the countryside. However, currently in Croatia we find around 3 million 700,000 trees that cover a surface of 18,606 hectares. Cultivation is extensive in steep and inaccessible areas, while it is semi intensive and partly intensive where the soil is more favourable. The most olive groves are up to 50 years of age, followed by those younger than 10 years and by those up to 30 years. A small part are century-old ones. The present tendency, especially considering the admittance to the European Union, is towards growth. In the four olive areas - Istra, Kvarner, north Dalmacija and centre-south Dalmacija - the main olive varieties are: istarska bjelica, buža, carbonera, leccino (Istria); slivnjača, slatka, orkula, rošinjola, leccino (Kvarner); oštrica, drobnica, leccino (north Dalmacija); oblica, lastovka, levantinka, coratina, leccino (centre-south Dalmacija). But the range of varieties is constituted by other autochthonous varieties, among which the most common is oblica. Currently in Croatia there are five implemented Pdo: the Pdo Istra, regarding the whole Croatian Istria, the Pdo Krčko Maslinovo Ulje, in the region Primorje-Gorski Kotar, the Pdo Ekstra Djevičansko Maslinovo Ulje Cres, which protects the production of the island of Cres, the Pdo Šoltansko Maslinovo Ulje, in Split-Dalmatija, and the Pdo Korčulansko Maslinovo Ulje, in Dubrovnik-Neretva. Instead, the Pdo Bračko Maslinovo Ulje is still under EU examination. The farms involved in the sector are 21,630 and there are 180 oil mills, the most of which use a continuous cycle extraction system. In the last decade the average oil production has been around 4,000 tons, but in the harvest 2019-2020 these volumes have undergone a slight increase of 2.94% compared to the previous year, with a production of 3,500 tons. Even if there is a new development of olive growing, the per capita oil consumption is still rather low (1.8 kg per year).

Croazia Croatia [HR] Istra

Grubić
Aldo Negri, 7
52211 Bale
Tel.: +385 52 824284 - 52 824446
E-mail: info@grubic.hr - Web: www.grubic.hr

94

- 65 m
- **Specializzato** / Specialized
- **Vaso libero** / Free vase
- **Brucatura a mano** / Hand picking
- **Sì - Ciclo continuo** / Yes - Continuous cycle
- Rošinjola
- **Fruttato medio** / Medium fruity
- da 15,01 a 18,00 € - 500 ml / from € 15.01 to 18.00 - 500 ml

B ale è la culla storica delle cultivar autoctone istriane e a testimoniarlo era un antico frantoio del 1930, simbolo della tradizione olivicola, purtroppo abbandonato nella seconda metà del secolo scorso. Ma nel 2006 questo viene acquistato e completamente riqualificato da Emanuel Grubić e dalla sua famiglia. Sotto lo stesso tetto ci sono anche i nuovi macchinari, dotati di moderna tecnologia, che hanno molito quest'anno il raccolto proveniente da 1.700 piante distribuite su 8 ettari: 300 quintali di olive che hanno prodotto circa 26 ettolitri di olio. Segnaliamo l'Extravergine monocultivar Grubić - Rošinjola che appare alla vista di un bel colore giallo dorato intenso con lievi riflessi verdi, limpido. Al naso è pulito e avvolgente, ricco di freschi sentori di menta e rosmarino, affiancati da note di mandorla e pepe nero. Al gusto è fine e vegetale, con toni di carciofo, cicoria e lattuga. Amaro e piccante presenti ed equilibrati. Perfetto per antipasti di molluschi, insalate di farro, marinate di orata, patate arrosto, passati di fagioli, primi piatti con asparagi, gamberi in guazzetto, seppie in umido, pollame o carni di agnello al forno, formaggi freschi a pasta filata.

B ale is the historic birthplace of Istrian autochthonous cultivars, as testified by an ancient oil mill dating back to 1930, a symbol of olive tradition. Unfortunately, in the middle of the last century, it was deserted, until, in 2006, Emanuel Grubić and his family purchased and renovated it completely. Today the estate, which is supplied with machinery of the latest technology, includes 8 hectares of olive grove with 1,700 trees. In the last harvest 300 quintals of olives were produced, with a yield of about 26 hectolitres of oil. We recommend the Monocultivar Extra Virgin Grubić - Rošinjola, which is a beautiful intense limpid golden yellow colour with slight green hues. Its aroma is clean and rotund, rich in fresh hints of mint and rosemary, together with notes of almond and black pepper. Its taste is complex and fine, with a flavour of artichoke, chicory and lettuce. Bitterness and pungency are present and well balanced. It would be ideal on mussel appetizers, farro salads, marinated gilthead, roast potatoes, bean purée, pasta with asparagus, stewed shrimps, stewed cuttlefish, baked poultry or lamb, mozzarella cheese.

Croazia Croatia [HR] Istra

O.P.G. Lupić

Tomaso Bembo, 14
52211 Bale
Tel.: +385 52 824205
E-mail: info@bembo.eu - Web: www.bembo.eu

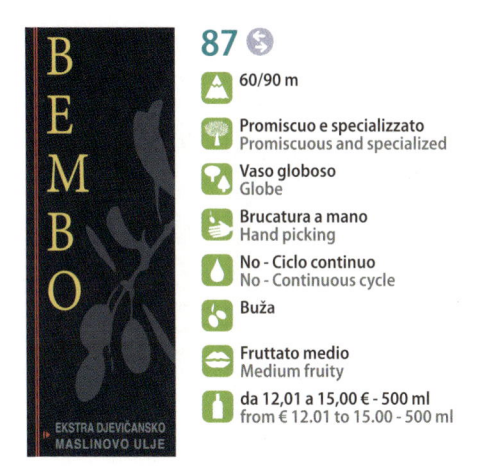

87

- 60/90 m
- Promiscuo e specializzato / Promiscuous and specialized
- Vaso globoso / Globe
- Brucatura a mano / Hand picking
- No - Ciclo continuo / No - Continuous cycle
- Buža
- Fruttato medio / Medium fruity
- da 12,01 a 15,00 € - 500 ml / from € 12.01 to 15.00 - 500 ml

Confermiamo la presenza della struttura familiare di Vedran ed Elena Lupić, fondata nel 2009 a Bale. Il patrimonio aziendale consiste in una superficie di 30 ettari, dei quali 26 dedicati all'oliveto dove trovano dimora 5mila alberi, tra cui esemplari millenari. Si tratta infatti di vecchi impianti abbandonati che sono stati completamente riqualificati, alimentando la tradizione delle cultivar autoctone. Nella trascorsa campagna sono stati ricavati 310 quintali di olive e quasi 44 ettolitri di olio. Segnaliamo l'Extravergine monocultivar Bembo - Buža che si presenta alla vista di un bel colore giallo dorato intenso con tenui riflessi verdi, limpido. Al naso è ampio e avvolgente, ricco di sentori fruttati di pomodoro acerbo, banana e mela bianca, affiancati da note di erbe aromatiche, con ricordo di menta, basilico e prezzemolo. Al gusto è fine e vegetale, con toni di cicoria, sedano e lattuga. Amaro e piccante presenti e armonici. È un perfetto accompagnamento per antipasti di mare, insalate di farro, marinate di orata, patate in umido, zuppe di legumi, primi piatti con molluschi, pesci alla griglia, tartare di salmone, coniglio arrosto, pollame alla brace, formaggi caprini.

Present again in our Guide, the family-run farm owned by Vedran and Elena Lupić was founded in 2009 in Bale. The estate consists of a 30-hectare surface, 26 hectares of which are destined to olive grove with 5,000 trees, some of which millennial. In fact, the old deserted olive groves have been treated to enhance the tradition of the autochthonous cultivars. In the last harvest 310 quintals of olives were produced, equal to almost 44 hectolitres of oil. We recommend the Monocultivar Extra Virgin selection Bembo - Buža, which is a beautiful intense limpid golden yellow colour with slight green hues. Its aroma is ample and rotund, rich in fruity hints of unripe tomato, banana and white apple, together with notes of aromatic herbs, especially mint, basil and parsley. Its taste is fine and vegetal, with a flavour of chicory, celery and lettuce. Bitterness and pungency are present and harmonic. It would be ideal on seafood appetizers, farro salads, marinated gilthead, stewed potatoes, legume soups, pasta with mussels, grilled fish, salmon tartare, roast rabbit, barbecued poultry, goat cheese.

Croazia Croatia [HR] Istra

Meneghetti

Stancija Meneghetti, 1 - Post Box PP8
52211 Bale
Tel.: +385 52 528800
E-mail: info@meneghetti.hr - Web: www.meneghetti.hr

94

- 45 m
- **Specializzato** / Specialized
- **Vaso policonico** / Polyconic vase
- **Brucatura a mano** / Hand picking
- **No - Ciclo continuo** / No - Continuous cycle
- Rošinjola
- **Fruttato medio** / Medium fruity
- da 15,01 a 18,00 € - 250 ml / from € 15.01 to 18.00 - 250 ml

Confermiamo in Guida la Meneghetti di Bale che è una bella azienda agrituristica fondata nel 2001 e tuttora condotta da Miroslav Plišo, alla guida di quasi 2 ettari di oliveto con 500 piante messe a dimora. Nella recente campagna da queste sono stati raccolti 50 quintali di olive che, in aggiunta ai 75 acquistati, hanno permesso di produrre circa 13 ettolitri di olio. Due le selezioni Extravergine proposte: Izbor e Meneghetti - Rošulja, entrambi monovarietali. Quest'ultimo, scelto dal panel, appare alla vista di un bel colore giallo dorato intenso con leggere venature verdi, limpido. All'olfatto si esprime ampio e avvolgente, ricco di sentori vegetali di carciofo e cicoria selvatica, cui si affiancano note balsamiche di erbe officinali, con netto ricordo di rosmarino e menta. Morbido e fine al palato, sprigiona toni di lattuga e chiude con ricordo di pepe nero e mandorla. Amaro e piccante spiccati e armonici, con finale dolce in rilievo. Buon accompagnamento per antipasti di fagioli, carpaccio di salmone, insalate di pomodori, patate alla brace, passati di orzo, risotto con carciofi, molluschi gratinati, tartare di tonno, pollame o carni di agnello al forno, formaggi caprini.

Present again in our Guide, Meneghetti in Bale is a beautiful holiday farm founded in 2001 and still run by Miroslav Plišo. The olive grove covers almost 2 hectares with 500 trees. In the last harvest 50 quintals of olives were produced and 75 purchased, which allowed to yield about 13 hectolitres of extra virgin olive oil. There are two Monovarietal Extra Virgin selections, Izbor and Meneghetti - Rošulja, chosen by the panel. It is a beautiful intense limpid golden yellow colour with slight green hues. Its aroma is ample and rotund, rich in vegetal hints of artichoke and wild chicory, together with fragrant notes of officinal herbs, especially rosemary and mint. Its taste is mellow and fine, with a flavour of lettuce and final notes of black pepper and almond. Bitterness and pungency are distinct and harmonic, with evident sweetness. It would be ideal on bean appetizers, salmon carpaccio, tomato salads, barbecued potatoes, barley purée, risotto with artichokes, mussels au gratin, tuna tartare, baked poultry or lamb, goat cheese.

Croazia Croatia [HR] Istra

Valenzan

Valenzan, 1
52211 Bale
Tel.: +385 1 3455515 - Fax: +385 1 3455515
E-mail: fimas.fimas@gmail.com - Web: www.valencano.com

87

- 50 m
- **Specializzato** / Specialized
- **Vaso** / Vase
- **Brucatura a mano** / Hand picking
- **No - Ciclo continuo** / No - Continuous cycle
- **Buža puntoža (30%), istarska bjelica (30%), leccino (30%), oblica (10%)**
- **Fruttato medio** / Medium fruity
- **da 8,01 a 10,00 € - 500 ml** / from € 8.01 to 10.00 - 500 ml

Confermiamo in Guida l'azienda Valenzan, collocata nel vocatissimo comprensorio di Bale dove è stata fondata nel 2016 da Mario Paunović che la gestisce tuttora. Il patrimonio olivicolo a sua disposizione comprende poco più di 2 ettari di superficie specializzata sulla quale trovano posto 950 alberi, appartenenti a un ampio ventaglio di cultivar. Nella recente campagna queste hanno prodotto 50 quintali di olive, pari a una resa in olio di 7 ettolitri. Segnaliamo l'Extravergine Valencano da Agricoltura Biologica che appare alla vista di un bel colore giallo dorato intenso con delicate venature verdi, limpido. Al naso è sottile e composto, dotato di sentori vegetali di erba fresca falciata e carciofo, affiancati da note aromatiche di basilico, menta e prezzemolo. Morbido e armonico in bocca, si arricchisce di toni di pomodoro acerbo, lattuga, sedano; e chiude con netto ricordo di mandorla. Amaro e piccante presenti e dosati, con finale dolce in rilievo. Ideale su antipasti di mare, insalate di ceci, marinate di salmone, patate al cartoccio, passati di fagioli, primi piatti con molluschi, gamberi in guazzetto, seppie arrosto, pollame o carni di agnello al forno, formaggi caprini.

Present again in this Guide, the farm Valenzan, situated in the favourable district of Bale, was founded in 2016 by Mario Paunović, who still runs it. The estate consists of little more than 2 hectares of specialized olive surface with 950 trees of a wide range of cultivars. In the last harvest 50 quintals of olives were produced, equal to a yield of 7 hectolitres of extra virgin olive oil. Our panel recommends the selection proposed by the farm, the Extra Virgin Valencano from Organic Farming, which is a beautiful intense limpid golden yellow colour with delicate green hues. Its aroma is fine and delicate, endowed with vegetal hints of freshly mown grass and artichoke, together with aromatic notes of basil, mint and parsley. Its taste is mellow and harmonic, with a flavour of unripe tomato, lettuce, celery and a distinct almond finish. Bitterness and pungency are present and complimentary, with evident sweetness. It would be ideal on seafood appetizers, chickpea salads, marinated salmon, baked potatoes, bean purée, pasta with mussels, stewed shrimps, roast cuttlefish, baked poultry or lamb, goat cheese.

Croazia Croatia [HR] Istra

O.P.G. Damir Vanđelić
Valade, 2
52211 Bale
E-mail: prodaja@nonoremido.hr - Web: www.nonoremido.hr

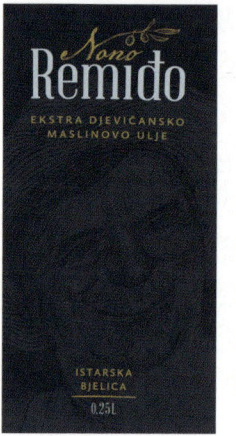

88

- 50/90 m
- **Specializzato** / Specialized
- **Vaso policonico** / Polyconic vase
- **Brucatura a mano** / Hand picking
- **Sì - Ciclo continuo** / Yes - Continuous cycle
- Istarska bjelica
- **Fruttato intenso** / Intense fruity
- da 8,01 a 10,00 € - 250 ml / from € 8.01 to 10.00 - 250 ml

Meritati progressi per Damir Vanđelić, al timone dell'azienda da lui fondata nel 2008, nel vocato comprensorio di Bale. Il patrimonio olivicolo è composto da un impianto specializzato di quasi 13 ettari, all'interno di una tenuta più ampia, sul quale crescono 3.500 alberi. Nella trascorsa campagna il raccolto ha fruttato 363 quintali di olive, pari a una resa di circa 52 ettolitri di olio. Tre gli ottimi Extravergine Nono Remiđo proposti al panel: Finide e i due monocultivar, Rošinjola e Istarska Bjelica. Preferiamo quest'ultimo che appare alla vista di un bel colore giallo dorato intenso con delicate sfumature verdi, limpido. All'olfatto è deciso e avvolgente, ricco di sentori vegetali di carciofo, cicoria di campo e lattuga, in aggiunta a note speziate di pepe nero e cannella. Elegante e di carattere al palato, sprigiona toni aromatici di menta e rosmarino; e chiude con ricordo di mandorla. Amaro potente e piccante spiccato e armonico. Ideale su bruschette con pomodoro, funghi porcini ai ferri, insalate di spinaci, radicchio alla griglia, zuppe di fagioli, primi piatti con tonno, polpo bollito, cacciagione di piuma o pelo alla brace, formaggi stagionati a pasta dura.

Present again in our Guide with a good result, Damir Vanđelić runs the farm he founded in 2008 in the favourable district of Bale. The estate includes an area destined to specialized olive grove of almost 13 hectares, with 3,500 trees. In the last harvest 363 quintals of olives were produced, equal to a yield of about 52 hectolitres of extra virgin olive oil. There are three very good Extra Virgin selections Nono Remiđo, Finide and the two Monocultivar, Rošinjola and Istarska Bjelica, chosen by the panel. It is a beautiful intense limpid golden yellow colour with delicate green hues. Its aroma is definite and rotund, rich in vegetal hints of artichoke, wild chicory and lettuce, together with spicy notes of black pepper and cinnamon. Its taste is elegant and strong, endowed with an aromatic flavour of mint and rosemary. Bitterness is powerful and pungency is distinct and harmonic. It would be ideal on bruschette with tomatoes, grilled porcini mushrooms, spinach salads, grilled radicchio, bean soups, pasta with tuna, boiled octopus, barbecued game birds or animals, hard mature cheese.

Croazia Croatia [HR] Istra

O.P.G. Buršić

Nova Vas, 102
52474 Brtonigla
Tel.: +385 52 774102 - Fax: +385 52 774348
E-mail: info@bursic.net - Web: www.bursic.net

96

- 100/120 m
- Specializzato / Specialized
- Vaso libero / Free vase
- Brucatura a mano / Hand picking
- No - Ciclo continuo / No - Continuous cycle
- Istarska bjelica (40%), buža (20%), leccino (20%), frantoio (10%), pendolino (10%)
- Fruttato medio / Medium fruity
- da 12,01 a 15,00 € - 500 ml / from € 12.01 to 15.00 - 500 ml

EKSTRA DJEVIČANSKO MASLINOVO ULJE

DE KLEVA

Conferma di avere tutte le carte in regola per essere un'azienda di alta qualità. Complimenti alla famiglia Buršić che dal 1998 si dedica all'olivicoltura nel borgo di Nova Vas, a sud di Brtonigla, nella fertile valle del Quieto. Qui, su 9 ettari di superficie specializzata, Maria e Franko Buršić coltivano 2.500 piante che quest'anno hanno fruttato un raccolto di 250 quintali di olive, pari a una resa di 25 ettolitri di olio. Segnaliamo la selezione proposta al panel per la Guida, l'ottimo Extravergine De Kleva che appare alla vista di un bel colore giallo dorato intenso con leggere sfumature verdi, limpido. All'olfatto si apre pulito e avvolgente, ricco di sentori fruttati di pomodoro acerbo, banana e mela bianca, cui si affiancano note aromatiche di basilico, menta e prezzemolo. In bocca è dotato di un'ampia carica vegetale, con toni di fave e carciofo, lattuga e sedano. Amaro e piccante spiccati e armonici, con chiusura dolce di mandorla. Ideale su antipasti di salmone, insalate di legumi, marinate di orata, patate in umido, zuppe di ceci, risotto con carciofi, pesci ai ferri, tartare di ricciola, coniglio arrosto, pollo al forno, formaggi freschi a pasta filata.

Another high quality result for the family Buršić. They have been practising olive growing since 1998 in the village of Nova Vas, to the south of Brtonigla, in the fertile valley of the river Quieto. Here, on a specialized olive surface of 9 hectares, Maria and Franko Buršić cultivate 2,500 olive trees, which produced 250 quintals of olives in the last harvest, equal to a yield of 25 hectolitres of extra virgin olive oil. We recommend the selection proposed to the panel, the very good Extra Virgin De Kleva, which is a beautiful intense limpid golden yellow colour with slight green hues. Its aroma is clean and rotund, rich in fruity hints of unripe tomato, banana and white apple, together with aromatic notes of basil, mint and parsley. Its taste has an ample vegetal flavour of broad beans and artichoke, lettuce and celery. Bitterness and pungency are distinct and harmonic, with a sweet almond finish. It would be ideal on salmon appetizers, legume salads, marinated gilthead, stewed potatoes, chickpea soups, risotto with artichokes, grilled fish, amberjack tartare, roast rabbit, baked chicken, mozzarella cheese.

Croazia Croatia [HR] Istra

O.P.G. Petar Palčić

Fiorini - Fiorini, 9/c
52474 Brtonigla
Tel.: +385 52 774426
E-mail: info@palcic-fiorini.com - Web: www.palcic-fiorini.com

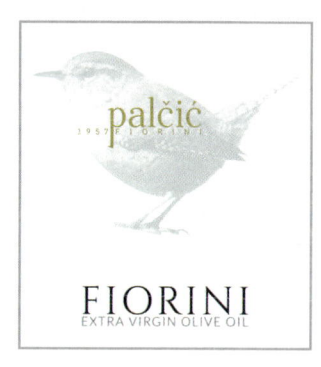

87

70 m

Specializzato
Specialized

Vaso libero
Free vase

Brucatura a mano
Hand picking

No - Ciclo continuo
No - Continuous cycle

Leccino, moraiolo, pendolino (60%), frantoio, itrana (30%), istarska bjelica (10%)

Fruttato medio
Medium fruity

da 8,01 a 10,00 € - 500 ml
from € 8.01 to 10.00 - 500 ml

Palčić in croato significa scricciolo, l'uccellino che vola intorno agli olivi e che è divenuto il simbolo dell'amore di quest'azienda per la propria terra. L'avventura della famiglia Palčić comincia nel 1957, quando nonno Giovanni si trasferisce a Fiorini per dedicarsi all'olivicoltura. Oggi il testimone è passato nelle mani di Petar e Igor, figlio e nipote, che uniscono esperienza pratica, approccio scientifico e moderna tecnologia. Quest'anno dalle 500 piante coltivate su quasi 2 ettari sono stati ricavati 100 quintali di olive e circa 12 ettolitri di olio. L'ottimo Extravergine Fiorini è giallo dorato intenso con venature verdoline, limpido. Al naso è sottile e composto, con sentori vegetali di carciofo e cicoria, affiancati da note aromatiche di menta e rosmarino. Fine e armonico al palato, sprigiona toni di lattuga e chiude con ricordo di mandorla. Amaro e piccante presenti e dosati, con finale dolce in rilievo. È perfetto per antipasti di farro, fagioli bolliti, insalate di salmone, patate alla griglia, zuppe di legumi, primi piatti con asparagi, molluschi gratinati, tartare di ricciola, pollame o carni di agnello al forno, formaggi freschi a pasta filata.

Palčić, in the Croatian language, means wren, the small bird flying around the olive trees, which is also the symbol of the love of this farm for its own land. The adventure of the family Palčić started in 1957, when Giovanni, the grandfather, moved to Fiorini to practise olive growing. Today the farm is run by his son Petar and his grandson Igor, who combine practical experience, scientific approach and modern technology. The olive grove covers almost 2 hectares with 500 trees, which produced 100 quintals of olives and about 12 hectolitres of oil in the last harvest. The very good Extra Virgin Fiorini is an intense limpid golden yellow colour with light green hues. Its aroma is fine and delicate, with vegetal hints of artichoke and chicory, together with aromatic notes of mint and rosemary. Its taste is fine and harmonic, with a flavour of lettuce and an almond finish. Bitterness and pungency are present and complimentary, with evident sweetness. It would be ideal on farro appetizers, boiled beans, salmon salads, grilled potatoes, legume soups, pasta with asparagus, mussels au gratin, amberjack tartare, baked poultry or lamb, mozzarella cheese.

Croazia Croatia [HR] Istra

Primizia

Srednja Ulica, 2
52474 Brtonigla
Tel.: +385 52 725000 - Fax: +385 52 725026
E-mail: info@san-rocco.hr - Web: www.san-rocco.hr

93

- 60/140 m
- Promiscuo e specializzato / Promiscuous and specialized
- Vaso policonico / Polyconic vase
- Bacchiatura e brucatura a mano / Beating and hand picking
- No - Ciclo continuo / No - Continuous cycle
- Istarska bjelica
- Fruttato intenso / Intense fruity
- da 12,01 a 15,00 € - 500 ml / from € 12.01 to 15.00 - 500 ml

Cresce in qualità, confermando le brillanti potenzialità che le abbiamo riconosciuto fin dall'inizio. Primizia si trova a Brtonigla, pittoresco villaggio situato nella parte settentrionale dell'Istria, ed è una valida struttura produttiva oltre che un accogliente hotel di charme. Alla sua guida c'è Tullio Fernetich che dispone di una superficie di 5 ettari dove albergano 1.100 olivi che hanno fruttato un raccolto di 100 quintali di olive e una produzione di 10 ettolitri di olio. Dei due ottimi Extravergine San Rocco, Selection Blend e Istarska Bjelica, il panel seleziona quest'ultimo, di un bel colore giallo dorato intenso con delicati riflessi verdi, limpido. Al naso è deciso e avvolgente, ricco di sentori vegetali di carciofo e cicoria, cui si aggiungono netti toni balsamici di menta e rosmarino. In bocca è fine e di carattere, con note di lattuga e ricordo di pepe nero e mandorla. Amaro potente e piccante deciso e armonico. È eccellente per bruschette con pomodoro, carpaccio di tonno, insalate di spinaci, radicchio alla griglia, passati di lenticchie, primi piatti al ragù, pesce azzurro gratinato, agnello arrosto, cacciagione in umido, formaggi stagionati a pasta dura.

Present again in our Guide with a result confirming its brilliant potential, Primizia is situated in Brtonigla, a charming village in the northern part of Istria. This solid farm, also including a comfortable charme hotel, is run by Tullio Fernetich. The olive grove covers 5 hectares with 1,100 trees. In the last harvest 100 quintals of olives were produced, with a yield of 10 hectolitres of extra virgin olive oil. There are two very good Extra Virgin San Rocco, Selection Blend and Istarska Bjelica, chosen by the panel. It is a beautiful intense limpid golden yellow colour with delicate green hues. Its aroma is definite and rotund, rich in vegetal hints of artichoke and chicory, together with distinct fragrant notes of mint and rosemary. Its taste is fine and strong, with a flavour of lettuce and a note of black pepper and almond. Bitterness is powerful and pungency is definite and harmonic. It would be ideal on bruschette with tomatoes, tuna carpaccio, spinach salads, grilled radicchio, lentil purée, pasta with meat sauce, blue fish au gratin, roast lamb, stewed game, hard mature cheese.

Croazia Croatia [HR] Istra

Šlajner

Radini - Radini, 1
52474 Brtonigla
Tel.: +385 52 756113
E-mail: info@inistria.eu - Web: www.inistria.eu

82

- 65 m
- Promiscuo / Promiscuous
- Alberello, ombrello, vaso aperto / Tree, weeping vase, open vase
- Meccanica / Mechanical harvesting
- No - Ciclo continuo / No - Continuous cycle
- Istarska bjelica
- Fruttato medio / Medium fruity
- da 10,01 a 12,00 € - 500 ml / from € 10.01 to 12.00 - 500 ml

Diamo volentieri il benvenuto in Guida all'azienda di Danijel Šlajner, una realtà fondata all'inizio del nuovo millennio a Radini, nel vocatissimo comprensorio di Brtonigla. Il patrimonio olivicolo si compone di un impianto di quasi 3 ettari, all'interno di una tenuta più estesa, sul quale crescono 1.200 alberi dai quali sono stati raccolti, nella trascorsa campagna, 100 quintali di olive che hanno prodotto 15 ettolitri di olio. La selezione proposta al panel è l'Extravergine monovarietale Šlajner - Istarska Bjelica che appare alla vista di colore giallo dorato scarico, limpido. Al naso si offre ampio e avvolgente, ricco di sentori vegetali di carciofo e cicoria selvatica, cui si accompagnano toni aromatici di erbe officinali, con menta e basilico in evidenza. Elegante e complesso in bocca, sprigiona note di lattuga, sedano e chiude con ricordo marcato di pepe nero e mandorla. Amaro e piccante presenti e dosati, con finale dolce in rilievo. È perfetto per antipasti di legumi, insalate di ceci, marinate di orata, patate alla piastra, passati di fagioli, primi piatti al pomodoro, gamberi in guazzetto, seppie in umido, coniglio al forno, pollame ai ferri, formaggi caprini.

We welcome the first appearance in our Guide of the farm owned by Danijel Šlajner, founded in the early 2000s in Radini, in the very favourable district of Brtonigla. The estate consists of a larger area, almost 3 hectares of which are destined to olive grove with 1,200 trees. In the last harvest 100 quintals of olives were produced, with a yield of 15 hectolitres of extra virgin olive oil. The selection proposed to the panel is the Monovarietal Extra Virgin Šlajner - Istarska Bjelica, which is a light limpid golden yellow colour. Its aroma is ample and rotund, rich in vegetal hints of artichoke and wild chicory, together with aromatic notes of officinal herbs, especially mint and basil. Its taste is elegant and complex, with a flavour of lettuce, celery and a definite finish of black pepper and almond. Bitterness and pungency are present and complimentary, with evident sweetness. It would be ideal on legume appetizers, chickpea salads, marinated gilthead, seared potatoes, bean purée, pasta with tomato sauce, stewed shrimps, stewed cuttlefish, baked rabbit, grilled poultry, goat cheese.

Croazia Croatia [HR] Istra

O.P.G. Franco Basiaco

Alessandro Manzoni, 13/15
52460 Buje
Tel.: +385 52 773405 - 52 772189 - Fax: +385 52 772867
E-mail: francobasiaco@gmail.com

93

- 100/200 m
- **Specializzato** / Specialized
- **Cespuglio, vaso policonico** / Bush, polyconic vase
- **Brucatura a mano** / Hand picking
- **No - Ciclo continuo** / No - Continuous cycle
- **Frantoio**
- **Fruttato intenso** / Intense fruity
- da 10,01 a 12,00 € - 500 ml / from € 10.01 to 12.00 - 500 ml

Ritroviamo volentieri in Guida questa realtà del vocato comprensorio di Buje. Fondata nel 1997 da Franco Basiaco, l'azienda dispone di una superficie di 23 ettari, di cui 6 destinati all'oliveto specializzato dove sono messe a dimora 2.200 piante, tra varietà autoctone e d'importazione. Da queste, nella recente campagna, sono stati raccolti 100 quintali di olive, pari a 14 ettolitri di olio. Segnaliamo l'etichetta aziendale sottoposta al giudizio del panel, l'Extravergine monocultivar Gocce D'Oro - Frantoio che appare alla vista di un bel colore giallo dorato intenso con lievi venature verdi, limpido. Al naso è deciso e avvolgente, intriso di note di carciofo, cicoria di campo e lattuga, cui si affiancano netti sentori di erba fresca falciata e mandorla. Elegante e armonico al palato, si arricchisce di toni di erbe aromatiche, con ricordo di menta e rosmarino. Amaro e piccante spiccati ed equilibrati, con finale dolce in rilievo. Ideale su bruschette con pomodoro, carpaccio di polpo, insalate di spinaci, radicchio alla griglia, zuppe di fagioli, primi piatti con tonno, pesce spada in umido, agnello alla piastra, carni rosse alla brace, formaggi stagionati a pasta dura.

Present again in our Guide, this farm located in the favourable district of Buje was founded by Franco Basiaco in 1997. It consists of 23 hectares of surface, 6 of which destined to specialized olive grove with 2,200 trees of both autochthonous and imported varieties. In the last harvest 100 quintals of olives were produced, equal to 14 hectolitres of extra virgin olive oil. We recommend the selection proposed to the panel, the Monocultivar Extra Virgin Gocce D'Oro - Frantoio, which is a beautiful intense limpid golden yellow colour with slight green hues. Its aroma is definite and rotund, endowed with notes of artichoke, wild chicory and lettuce, together with distinct hints of freshly mown grass and almond. Its taste is elegant and harmonic, enriched by a flavour of aromatic herbs, especially mint and rosemary. Bitterness and pungency are distinct and well balanced, with evident sweetness. It would be ideal on bruschette with tomatoes, octopus carpaccio, spinach salads, grilled radicchio, bean soups, pasta with tuna, steamed swordfish, pan-seared lamb, barbecued red meat, hard mature cheese.

Croazia Croatia [HR] Istra

O.P.G. Kristjan Brajko

Momjan - Oskoruš, 48
52462 Buje
Tel.: +385 52 779077
E-mail: oilbrajko@net.hr - Web: www.oilbrajko.com

89

- 300 m
- Promiscuo / Promiscuous
- Vaso policonico / Polyconic vase
- Bacchiatura e brucatura a mano / Beating and hand picking
- No - Ciclo continuo / No - Continuous cycle
- Leccino
- Fruttato leggero / Light fruity
- da 12,01 a 15,00 € - 500 ml / from € 12.01 to 15.00 - 500 ml

LECCINO

Ancora passi avanti per l'azienda di Kristjan Brajko che si colloca a Momjan, nel vocatissimo comprensorio di Buje. Brajko è al timone di un'interessante realtà produttiva che dispone di 4 ettari di impianto specializzato sul quale trovano posto 1.600 piante di diverse cultivar. Nella recente campagna il raccolto ha fruttato 100 quintali di olive, pari a una produzione di 10 ettolitri di olio. Il panel segnala l'etichetta sottoposta al suo giudizio, l'ottimo Extravergine monocultivar Brajko - Leccino che si presenta alla vista di un bel colore giallo dorato intenso con delicate sfumature verdi, limpido. All'olfatto si offre ampio e avvolgente, dotato di sentori vegetali di carciofo e cicoria selvatica, cui si affiancano note di erbe officinali, con netto ricordo di menta e rosmarino. Elegante e complesso al palato, si arricchisce di toni di lattuga, pepe nero e mandorla. Amaro deciso e piccante presente e ben armonizzato. Eccellente accompagnamento per maionese, antipasti di orzo, carpaccio di spigola, insalate di riso, marinate di trota, zuppe di porri, primi piatti con gamberi, molluschi al vapore, tartare di dentice, formaggi freschi a pasta molle, dolci lievitati.

Present again in our Guide with a result showing its progress, the farm owned by Kristjan Brajko is situated in Momjan, in the favourable district of Buje. It is an interesting estate consisting of 4 hectares of specialized olive grove with 1,600 trees of several cultivars. In the last harvest 100 quintals of olives were produced, equal to a yield of 10 hectolitres of extra virgin olive oil. Our panel recommends the selection proposed, the very good Monocultivar Extra Virgin Brajko - Leccino, which is a beautiful intense limpid golden yellow colour with delicate green hues. Its aroma is ample and rotund, endowed with vegetal hints of artichoke and wild chicory, together with notes of officinal herbs, especially mint and rosemary. Its taste is elegant and complex, enriched by a flavour of lettuce, black pepper and almond. Bitterness is definite and pungency is present and harmonic. It would be ideal on mayonnaise, barley appetizers, bass carpaccio, rice salads, marinated trout, leek soups, pasta with shrimps, steamed mussels, sea bream tartare, soft fresh cheese, yeast-raised cakes.

Croazia Croatia [HR] Istra

O.P.G. Nino Činić

Krasica, 40
52460 Buje
Tel.: +385 52 776164
E-mail: nino.cinic@gmail.com

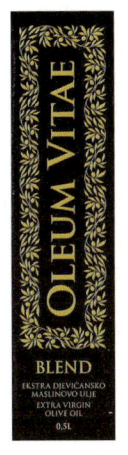

91

170 m

Specializzato
Specialized

Forma libera, monocono
Free form, monocone

Brucatura a mano e meccanica
Hand picking and mechanical harvesting

No - Ciclo continuo
No - Continuous cycle

Istarska bjelica (50%), frantoio (20%), leccino (20%), buža (10%)

Fruttato medio
Medium fruity

da 10,01 a 12,00 € - 500 ml
from € 10.01 to 12.00 - 500 ml

U n'altra buona performance dell'azienda Činić che conferma l'importante posizione raggiunta nella nostra Guida. A Buje, storica cittadina situata nel nord della penisola istriana, questa realtà è stata fondata nel 1996 e tuttora è condotta da Nino Činić il quale può contare su un patrimonio di 5 ettari di oliveto specializzato dove sono messe a dimora 1.200 piante. Quest'anno il raccolto ha fruttato 100 quintali di olive che, con i 40 acquistati, hanno reso circa 15 ettolitri di olio. Ottima l'etichetta proposta al panel, l'Extravergine Oleum Vitae che appare alla vista di un bel colore giallo dorato intenso con delicate sfumature verdi, limpido. Al naso si esprime elegante e ampio, con ricchi sentori vegetali di carciofo e cicoria di campo, affiancati da netti toni speziati di pepe nero, mandorla e noce fresca. In bocca è avvolgente e fine, con note di lattuga, menta e rosmarino. Amaro deciso e piccante spiccato e armonico. È eccellente per antipasti di legumi, insalate di fagioli, marinate di orata, patate arrosto, zuppe di farro, primi piatti con salmone, gamberi in guazzetto, seppie in umido, pollame o carni di agnello al forno, formaggi freschi a pasta filata.

P resent again with a performance confirming its important position in our Guide, the farm Činić is situated in Buje, an historical little town in the north of the Istrian peninsula. Founded in 1996 and still run by Nino Činić, it consists of 5 hectares of specialized olive grove with 1,200 trees. In the last harvest 100 quintals of olives were produced and 40 purchased, with a yield of about 15 hectolitres of extra virgin olive oil. We recommend the very good selection proposed to the panel, the Extra Virgin Oleum Vitae, which is a beautiful intense limpid golden yellow colour with delicate green hues. Its aroma is elegant and ample, with rich vegetal hints of artichoke and wild chicory, together with distinct spicy notes of black pepper, almond and fresh walnut. Its taste is rotund and fine, with a flavour of lettuce, mint and rosemary. Bitterness is definite and pungency is distinct and harmonic. It would be ideal on legume appetizers, bean salads, marinated gilthead, roast potatoes, farro soups, pasta with salmon, stewed shrimps, stewed cuttlefish, baked poultry or lamb, mozzarella cheese.

Croazia Croatia [HR] Istra

O.P.G. Cossetto

Krasica, 38
52460 Buje
Tel.: +385 52 776184
E-mail: marijan_cos@libero.it

91

- 300 m
- **Specializzato** / Specialized
- **Forma libera** / Free form
- **Brucatura a mano** / Hand picking
- **No - Ciclo continuo** / No - Continuous cycle
- Buža (25%), frantoio (25%), istarska bjelica (25%), leccino (25%)
- **Fruttato medio** / Medium fruity
- da 10,01 a 12,00 € - 500 ml / from € 10.01 to 12.00 - 500 ml

La conosciamo da parecchi anni, e possiamo dire che fare qualità è stato nelle corde di quest'azienda fin dall'inizio. Interessante realtà produttiva del comprensorio di Buje, fondata nel 2004 da Marijan Cossetto, dispone di 3 ettari di oliveto specializzato di proprietà dove trovano dimora 800 piante dalle quali, nell'ultima campagna, sono stati raccolti 100 quintali di olive che hanno reso una produzione di circa 15 ettolitri di olio. Segnaliamo la selezione proposta per la Guida, l'Extravergine Cossetto che appare alla vista di un bel colore giallo dorato intenso con delicate sfumature verdi, limpido. All'olfatto si apre pulito e avvolgente, ricco di sentori vegetali di carciofo e cicoria selvatica, affiancati da note balsamiche di erbe officinali, con menta e rosmarino in evidenza. Al gusto si offre pieno e complesso, intriso di toni di lattuga e nuance speziate di pepe nero e mandorla. Amaro spiccato e piccante deciso. Si abbina bene a bruschette con verdure, insalate di orzo, marinate di salmone, patate al cartoccio, passati di fagioli, risotto con molluschi, pesci alla brace, seppie in umido, pollame o carni di agnello al forno, formaggi freschi a pasta filata.

Cossetto has been present in this Guide for many years and has always aimed at a high quality production. It is an interesting farm in the district of Buje, founded in 2004 by Marijan Cossetto and consisting of a 3-hectare specialized olive grove with 800 trees. In the last harvest 100 quintals of olives were produced, equal to a yield of about 15 hectolitres of extra virgin olive oil. We recommend the selection proposed to the Guide, the Extra Virgin Cossetto, which is a beautiful intense limpid golden yellow colour with delicate green hues. Its aroma is clean and rotund, rich in vegetal hints of artichoke and wild chicory, together with fragrant notes of officinal herbs, especially mint and rosemary. Its taste is full and complex, endowed with a flavour of lettuce and spicy notes of black pepper and almond. Bitterness is distinct and pungency is definite. It would be ideal on bruschette with vegetables, barley salads, marinated salmon, baked potatoes, bean purée, risotto with mussels, barbecued fish, stewed cuttlefish, baked poultry or lamb, mozzarella cheese.

Croazia Croatia [HR] Istra

O.P.G. Josip Franković

Trg Josipa Broza Tita, 6
52460 Buje
Tel.: +385 52 773203
E-mail: info.frankovic@gmail.com - Web: www.frankovic.hr

85

250 m

Specializzato
Specialized

Cono cespugliato, vaso, vaso aperto
Cone, vase, open vase

Brucatura a mano
Hand picking

No - Tradizionale a presse
No - Traditional press system

Frantoio

Fruttato medio
Medium fruity

da 12,01 a 15,00 € - 500 ml
from € 12.01 to 15.00 - 500 ml

Consolida la posizione conquistata l'azienda creata all'inizio del nuovo millennio e tuttora condotta da Josip Franković nel vocato comprensorio di Buje. Il proprietario, che è anche produttore di vino nonché appassionato di cavalli, possiede una tenuta di 7 ettari di cui 4 dedicati all'oliveto, un impianto specializzato di 700 piante. Nella recente campagna il raccolto ha reso 50 quintali di olive e 8 ettolitri di olio. Segnaliamo l'etichetta sottoposta al giudizio del panel, l'Extravergine Amfiterra che appare alla vista di un bel colore giallo dorato intenso con delicate venature verdi, limpido. All'olfatto si apre sottile e composto, dotato di sentori balsamici di menta e rosmarino, affiancati da note di erba fresca falciata e netto ricordo di mandorla. Morbido e armonico al palato, sprigiona toni vegetali di carciofo, cicoria selvatica e lattuga. Amaro e piccante spiccati ed equilibrati, con finale dolce in evidenza. Perfetto accompagnamento per antipasti di farro, fagioli bolliti, insalate di verdure, patate alla griglia, passati di asparagi, primi piatti con molluschi, gamberi in umido, tartare di ricciola, coniglio arrosto, pollame al forno, formaggi caprini.

This farm, created in the early 2000s in the favourable district of Buje, confirms its good position in our Guide. Its founder and owner Josip Franković, who still runs it, also produces wine and is fond of horses. The estate covers 7 hectares, 4 of which destined to the specialized olive grove with 700 trees. In the last harvest 50 quintals of olives were produced, equal to a yield of 8 hectolitres of extra virgin olive oil. We recommend the selection proposed to the panel, the Extra Virgin Amfiterra, which is a beautiful intense limpid golden yellow colour with delicate green hues. Its aroma is fine and delicate, endowed with fragrant hints of mint and rosemary, together with notes of freshly mown grass and a distinct almond finish. Its taste is mellow and harmonic, with a vegetal flavour of artichoke, wild chicory and lettuce. Bitterness and pungency are distinct and well balanced, with evident sweetness. It would be ideal on farro appetizers, boiled beans, vegetable salads, grilled potatoes, asparagus purée, pasta with mussels, stewed shrimps, amberjack tartare, roast rabbit, baked poultry, goat cheese.

Croazia Croatia [HR] Istra

Poljoprivredna Zadruga Maslinari Istre

Krasica - Krasica, 44/a
52460 Buje
E-mail: info@maslinari-istre.com - Web: www.konfinoliveoil.com

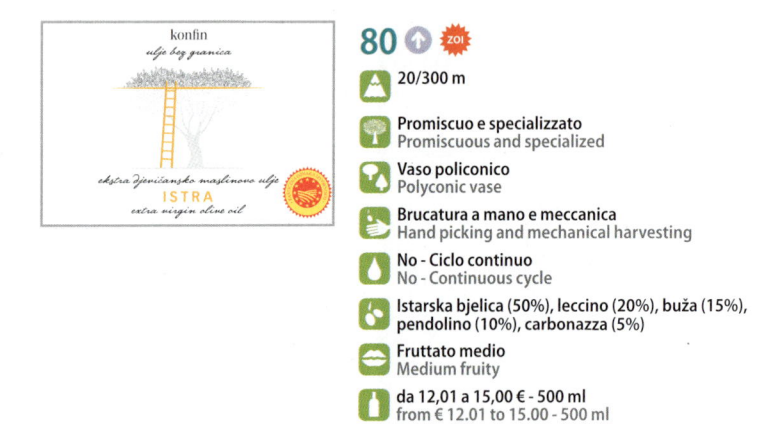

80 ZOI

20/300 m

Promiscuo e specializzato
Promiscuous and specialized

Vaso policonico
Polyconic vase

Brucatura a mano e meccanica
Hand picking and mechanical harvesting

No - Ciclo continuo
No - Continuous cycle

Istarska bjelica (50%), leccino (20%), buža (15%), pendolino (10%), carbonazza (5%)

Fruttato medio
Medium fruity

da 12,01 a 15,00 € - 500 ml
from € 12.01 to 15.00 - 500 ml

Nata nel 2019 dopo dieci anni di tentativi, questa è la prima cooperativa istriana che mette insieme 66 olivicoltori appartenenti sia alla parte croata che a quella slovena della regione, uniti dall'obiettivo di creare un brand unico e originale in grado di rappresentare i produttori di una terra con una tradizione olivicola così radicata. Da 75mila piante su 300 ettari dei soci sono stati ricavati quest'anno 550 quintali di olive e 73 ettolitri di olio, confezionati con il marchio Konfin che, richiamando i confini da cancellare, incarna perfettamente l'essenza della cooperativa. Due gli Extravergine Konfin Dop Istra, quello da Agricoltura Biologica e il "base" che è giallo dorato intenso con nuance verdoline, limpido. Al naso è sottile e composto, con sentori di carciofo e cicoria, affiancati da note aromatiche di basilico, menta e rosmarino. Morbido e armonico in bocca, aggiunge toni di lattuga e mandorla. Amaro e piccante presenti e dosati. Ideale su antipasti di mare, insalate di farro, marinate di orata, patate in umido, zuppe di orzo, risotto con funghi ovoli, gamberi in guazzetto, tartare di ricciola, coniglio arrosto, pollame al forno, formaggi freschi a pasta filata.

Founded in 2019 after ten years of attempts, this is the first Istrian co-operative that brings together 66 olive growers from both the Croatian and Slovenian parts of the region, united by the goal of creating a unique and original brand representing a land with such a deep-rooted tradition. The olive grove covers 300 hectares with 75,000 trees, which produced 550 quintals of olives and 73 hectolitres of oil in the last harvest. The oil, packaged with the brand Konfin, recalling the boundaries to be abolished, perfectly embodies the essence of this farm. There are two Extra Virgin Konfin Pdo Istra, the one from Organic Farming and the "basic", which is an intense limpid golden yellow colour with light green hues. Its aroma is fine and delicate, with hints of artichoke and chicory and aromatic notes of basil, mint and rosemary. Its taste is mellow and harmonic, with a flavour of lettuce and almond. Bitterness and pungency are present and complimentary. It would be ideal on seafood appetizers, farro salads, marinated gilthead, stewed potatoes, barley soups, risotto with ovoli mushrooms, stewed shrimps, amberjack tartare, roast rabbit, baked poultry, mozzarella cheese.

Croazia Croatia [HR] Istra

Veralda

Kršin, 3
52474 Brtonigla (Buje)
Tel.: +385 52 774111 - Fax: +385 52 720340
E-mail: info@veralda.hr - Web: www.veralda.hr

82

- 100/150 m
- Specializzato / Specialized
- Vaso policonico / Polyconic vase
- Brucatura a mano / Hand picking
- No - Ciclo continuo / No - Continuous cycle
- Leccino (62%), istarska bjelica (38%)
- Fruttato medio / Medium fruity
- da 8,01 a 10,00 € - 500 ml / from € 8.01 to 10.00 - 500 ml

Veralda è un'azienda vinicola di Brtonigla, un territorio di antica vocazione sulla soleggiata costa occidentale dell'Istria Croata. Ma non solo vino, a quanto pare: infatti questa struttura familiare fondata da Nives e Narciso Visintin, e oggi gestita dai figli Ketty e Luciano, produce vini tipici della zona ma anche olio extravergine, ricavato da 5 ettari di oliveto dove dimorano 1.500 piante. Quest'anno sono stati raccolti 150 quintali di olive che hanno reso 15 ettolitri di olio. Segnaliamo l'Extravergine Veralda da Agricoltura Biologica che si presenta alla vista di un bel colore giallo dorato intenso con lievi riflessi verdi, limpido. Al naso è sottile e composto, dotato di note vegetali di carciofo e cicoria selvatica, cui si affiancano sentori di erbe aromatiche, con ricordo di menta e rosmarino. Morbido e armonico in bocca, aggiunge toni di lattuga di campo e chiude con sfumature di mandorla. Amaro ben espresso e piccante presente e dosato. Ideale su antipasti di pomodori, insalate di legumi, marinate di orata, patate in umido, passati di orzo, primi piatti con salmone, molluschi gratinati, tartare di ricciola, pollame o carni di agnello al forno, formaggi caprini.

Veralda is a family-run wine farm in Brtonigla, an area with an ancient tradition on the sunny west coast of Croatian Istria. It was founded by Nives and Narciso Visintin and today is managed by their children Ketty and Luciano, who produce typical wines of the area, but also extra virgin olive oil. The olive surface covers 5 hectares with 1,500 trees, which produced 150 quintals of olives in the last harvest, with a yield of 15 hectolitres of oil. We recommend the Extra Virgin selection Veralda from Organic Farming, which is a beautiful intense limpid golden yellow colour with slight green hues. Its aroma is fine and delicate, endowed with vegetal notes of artichoke and wild chicory, together with hints of aromatic herbs, especially mint and rosemary. Its taste is mellow and harmonic, with a flavour of country lettuce and an almond finish. Bitterness is distinct and pungency is present and complimentary. It would be ideal on tomato appetizers, legume salads, marinated gilthead, stewed potatoes, barley purée, pasta with salmon, mussels au gratin, amberjack tartare, baked poultry or lamb, goat cheese.

Croazia Croatia [HR] Istra

O.P.G. Denis Has

Sveti Donat, 21
52420 Buzet
E-mail: hasdenis8@gmail.com - Web: www.maslinovouji.com

83

320 m

Specializzato
Specialized

Vaso
Vase

Brucatura a mano
Hand picking

No - Ciclo continuo
No - Continuous cycle

Istarska bjelica (75%), leccino (25%)

Fruttato intenso
Intense fruity

da 10,01 a 12,00 € - 500 ml
from € 10.01 to 12.00 - 500 ml

Conferma la sua posizione in Guida Denis Has, al timone di una giovane realtà nata nel 2011 nel comprensorio di Buzet. Il patrimonio olivicolo si compone di 800 alberi coltivati su quasi 3 ettari che fanno parte di una tenuta più grande. Il raccolto della scorsa campagna ha fruttato 30 quintali di olive che, una volta moliti, hanno permesso una produzione di circa 4 ettolitri di olio. La selezione proposta al panel è l'Extravergine San Donato che prende il nome dal luogo nel quale è situato l'oliveto. Appare alla vista di un bel colore giallo dorato intenso con lievi riflessi verdi, limpido; all'olfatto si apre pulito e avvolgente, ricco di sentori di erba fresca falciata ed erbe balsamiche, con menta e rosmarino in evidenza. Al palato è morbido e armonico, dotato di note vegetali di carciofo, cicoria selvatica e lattuga, con netto ricordo di mandorla in chiusura. Amaro e piccante presenti e dosati, con finale dolce in rilievo. Si accompagna molto bene a bruschette con pomodoro, carpaccio di pesce spada, insalate di carciofi, marinate di tonno, zuppe di fagioli, primi piatti con salsiccia, polpo bollito, agnello arrosto, carni rosse in umido, formaggi di media stagionatura.

Present again in our Guide, this young farm was created by Denis Has in 2011 in the district of Buzet. The estate covers a larger area, almost 3 hectares of which are destined to olive grove with 800 trees. In the last harvest 30 quintals of olives were produced, which, once crushed, allowed to yield about 4 hectolitres of extra virgin olive oil. The selection proposed to the panel is the Extra Virgin San Donato, which takes its name from the place where the olive grove is placed. It is a beautiful intense limpid golden yellow colour with slight green hues. Its aroma is clean and rotund, rich in hints of freshly mown grass and aromatic herbs, especially mint and rosemary. Its taste is mellow and harmonic, endowed with a vegetal flavour of artichoke, wild chicory and lettuce and a distinct almond finish. Bitterness and pungency are present and complimentary, with evident sweetness. It would be ideal on bruschette with tomatoes, swordfish carpaccio, artichoke salads, marinated tuna, bean soups, pasta with sausages, boiled octopus, roast lamb, stewed red meat, medium mature cheese.

Torkop

Pračana - Sovinjak - Brnozi, 51
52420 Buzet
E-mail: cerneka.torkop@gmail.com - Web: www.cerneka-torkop.hr

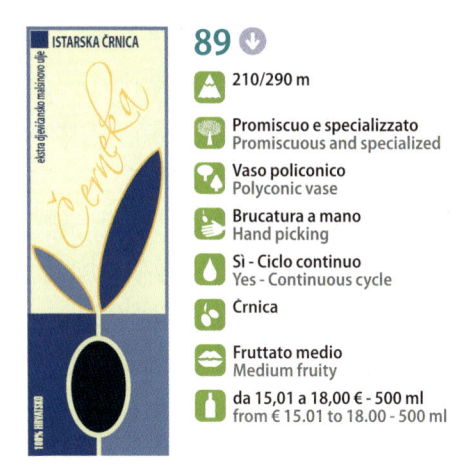

ISTARSKA ČRNICA

89

210/290 m

Promiscuo e specializzato
Promiscuous and specialized

Vaso policonico
Polyconic vase

Brucatura a mano
Hand picking

Sì - Ciclo continuo
Yes - Continuous cycle

Črnica

Fruttato medio
Medium fruity

da 15,01 a 18,00 € - 500 ml
from € 15.01 to 18.00 - 500 ml

Continuiamo a seguire l'attività della famiglia Černeka che ha fondato l'azienda Torkop nei pressi di Sovinjak, un paesino dell'entroterra istriano lungo le pendici calcaree, ma ricoperte di boschi, dell'omonimo colle. Il testimone è oggi passato a Dražen che conduce 5 ettari di oliveto con 2mila piante dalle quali, nell'ultima campagna, sono stati raccolti 200 quintali di olive che hanno fruttato 24 ettolitri di olio. L'etichetta proposta al panel è l'Extravergine monocultivar Černeka - Istarska Črnica che appare alla vista di un bel colore giallo dorato intenso con delicate sfumature verdi, limpido. Al naso è sottile e composto, dotato di sentori vegetali di carciofo e cicoria, cui si associano toni balsamici di erbe officinali, con menta e rosmarino in evidenza. Morbido e armonico al palato, sprigiona note di lattuga di campo e chiude con ricordo di mandorla. Amaro e piccante presenti e dosati, con finale dolce in rilievo. Buon accompagnamento per antipasti di mare, insalate di ceci, marinate di orata, patate alla piastra, zuppe di funghi finferli, risotto con carciofi, seppie arrosto, tartare di salmone, pollame o carni di agnello al forno, formaggi caprini.

Present again in our Guide, the farm Torkop was founded by the family Černeka near Sovinjak, a village in the Istrian inland, situated on the calcareous and woody sides of the homonymous hill. Today it is run by Dražen and consists of a 5-hectare olive grove with 2,000 trees. In the last harvest 200 quintals of olives were produced, equal to a yield of 24 hectolitres of extra virgin olive oil. We recommend the selection proposed to the panel, the Monocultivar Extra Virgin Černeka - Istarska Črnica, which is a beautiful intense limpid golden yellow colour with delicate green hues. Its aroma is fine and delicate, endowed with vegetal notes of artichoke and chicory, together with fragrant hints of officinal herbs, especially mint and rosemary. Its taste is mellow and harmonic, with a flavour of country lettuce and final notes of almond. Bitterness and pungency are present and complimentary, with a sweet finish. It would be ideal on seafood appetizers, chickpea salads, marinated gilthead, seared potatoes, chanterelle mushroom soups, risotto with artichokes, roast cuttlefish, salmon tartare, baked poultry or lamb, goat cheese.

Croazia Croatia [HR] Istra

Ulja Komarija

Draguć - Borut, 65/1
52402 Cerovlje
E-mail: ulja.komarija@gmail.com

87

- 480 m
- **Specializzato** / Specialized
- **Vaso** / Vase
- **Brucatura a mano** / Hand picking
- **No - Ciclo continuo** / No - Continuous cycle
- **Leccino**
- **Fruttato medio** / Medium fruity
- da 6,01 a 8,00 € - 500 ml / from € 6.01 to 8.00 - 500 ml

I risultati delle degustazioni evidenziano i progressi dell'azienda Ulja Komarija che ritroviamo volentieri in Guida. Collocata a Draguć, nel comprensorio di Cerovlje, è una bella struttura creata nel 2013 da Nikola Zidarić e attualmente condotta da Vilim Jakša. Il patrimonio è composto da 6 ettari destinati all'oliveto, un impianto specializzato di 1.500 alberi appartenenti a diverse cultivar. Nella recente campagna il raccolto ha reso 120 quintali di olive che hanno permesso di produrre 15 ettolitri di olio. Segnaliamo l'ottimo Extravergine Sveti Mihovil, di un bel colore giallo dorato intenso con delicate venature verdi, limpido. Al naso è ampio e avvolgente, intriso di sentori vegetali di carciofo e cicoria, cui si affiancano nuance balsamiche di menta e rosmarino. Elegante e complesso al palato, sprigiona note di lattuga di campo affiancate da toni di cannella, pepe nero e mandorla. Amaro ben espresso e piccante presente. Ideale su bruschette con verdure, insalate di orzo, marinate di ricciola, pomodori con riso, passati di legumi, primi piatti con molluschi, pesci alla griglia, tartare di salmone, coniglio arrosto, pollame alla brace, formaggi freschi a pasta filata.

Present again in our Guide with a result showing its progress, Ulja Komarija is situated in Draguć, in the district of Cerovlje. It is a beautiful farm founded in 2013 by Nikola Zidarić and currently run by Vilim Jakša. The estate consists of a 6-hectare specialized olive grove with 1,500 trees of several cultivars. In the last harvest 120 quintals of olives were produced, which allowed to yield 15 hectolitres of extra virgin olive oil. We recommend the selection proposed to the panel, the very good Extra Virgin Sveti Mihovil, which is a beautiful intense limpid golden yellow colour with delicate green hues. Its aroma is ample and rotund, endowed with vegetal hints of artichoke and chicory, together with fragrant notes of mint and rosemary. Its taste is elegant and complex, with a flavour of country lettuce, together with notes of cinnamon, black pepper and almond. Bitterness is distinct and pungency is present. It would be ideal on bruschette with vegetables, barley salads, marinated amberjack, tomatoes stuffed with rice, legume purée, pasta with mussels, grilled fish, salmon tartare, roast rabbit, barbecued poultry, mozzarella cheese.

Croazia Croatia [HR] Istra

O.P.G. Viviano Antolović

Peroi, 13/b
52429 Grožnjan
Tel.: +385 52 776107
E-mail: ketrin1108@gmail.com - Web: www.antolovic-maslinova-ulja.hr

89

250/315 m

Specializzato
Specialized

Forma libera
Free form

Brucatura a mano
Hand picking

No - Ciclo continuo
No - Continuous cycle

Leccino

Fruttato medio
Medium fruity

da 10,01 a 12,00 € - 500 ml
from € 10.01 to 12.00 - 500 ml

Sono parecchi anni che seguiamo con piacere questa bella azienda che esiste dal 1995 a Peroi, nella vocata provincia di Grožnjan. E i risultati delle degustazioni ne sottolineano la continuità. Il fondatore e proprietario, Viviano Antolović, è alla guida di 3 ettari di oliveto specializzato con 1.500 piante messe a dimora. Da queste, nella recente campagna, è stato ricavato un raccolto di 100 quintali di olive, pari a una produzione finale di 10 ettolitri di olio. Segnaliamo l'Extravergine monocultivar Antolović - Leccino che appare alla vista di un bel colore giallo dorato intenso con leggeri riflessi verdi, limpido. All'olfatto è pulito e avvolgente, dotato di un'ampia carica vegetale di carciofo e cicoria, cui si aggiungono eleganti sentori di erbe officinali, con ricordo di menta e rosmarino. In bocca è morbido e armonico, con toni di lattuga di campo e netta chiusura di pepe nero e mandorla. Amaro spiccato e piccante presente. Si abbina a bruschette con verdure, insalate di orzo, marinate di ricciola, patate al cartoccio, zuppe di legumi, risotto con carciofi, gamberi in guazzetto, seppie in umido, coniglio arrosto, pollame ai ferri, formaggi freschi a pasta filata.

We have been following this beautiful farm for many years and its performances have always been constant. It has been active since 1995 in Peroi, in the favourable province of Grožnjan. Its founder and owner, Viviano Antolović, runs 3 hectares of specialized olive grove with 1,500 trees. In the last harvest 100 quintals of olives were produced, equal to a yield of 10 hectolitres of extra virgin olive oil. We recommend the Monocultivar Extra Virgin selection Antolović - Leccino, which is a beautiful intense limpid golden yellow colour with slight green hues. Its aroma is clean and rotund, endowed with ample vegetal notes of artichoke and chicory, together with elegant hints of officinal herbs, especially mint and rosemary. Its taste is mellow and harmonic, with a flavour of country lettuce and a definite finish of black pepper and almond. Bitterness is distinct and pungency is present. It would be ideal on bruschette with vegetables, barley salads, marinated amberjack, baked potatoes, legume soups, risotto with artichokes, stewed shrimps, stewed cuttlefish, roast rabbit, grilled poultry, mozzarella cheese.

Croazia Croatia [HR] Istra

B10 Istrian Fusion

Biloslavi - Kostanjica - Kostanjice, 78/d
52429 Grožnjan
Tel.: +385 52 776020
E-mail: info@b10.hr - Web: www.b10.hr

86

- 100/350 m
- **Specializzato** / Specialized
- **Vaso aperto** / Open vase
- **Brucatura a mano e meccanica** / Hand picking and mechanical harvesting
- **No - Ciclo continuo** / No - Continuous cycle
- **Istarska bjelica**
- **Fruttato intenso** / Intense fruity
- da 15,01 a 18,00 € - 500 ml / from € 15.01 to 18.00 - 500 ml

FIRST NIGHT

Confermiamo con piacere in Guida B10 Istrian Fusion, l'azienda fondata nel 2006 e tuttora condotta da Sanja Galić a Kostanjica. Il patrimonio è formato da una tenuta di quasi 7 ettari destinati all'oliveto specializzato su cui trovano dimora 1.650 piante che hanno fruttato, nella recente campagna, un raccolto di 30 quintali di olive, pari a una produzione di circa 4 ettolitri di olio. Segnaliamo l'etichetta proposta da Galić al panel, l'Extravergine B10 - Istarska Bjelica da Agricoltura Biologica che appare alla vista di un bel colore giallo dorato intenso con delicati riflessi verdi, limpido. Al naso è deciso e avvolgente, ricco di sentori aromatici di erbe officinali, con netto ricordo di menta e rosmarino, cui si accompagnano note marcate di pepe nero e mandorla. Al palato è fine e di carattere, con toni vegetali di carciofo, cicoria e lattuga di campo. Amaro e piccante spiccati ed equilibrati, con finale dolce in rilievo. Buon abbinamento con bruschette con pomodoro, carpaccio di polpo, insalate di spinaci, radicchio ai ferri, zuppe di fagioli, primi piatti con salsiccia, pesce spada alla brace, carni rosse o cacciagione alla griglia, formaggi stagionati a pasta dura.

Present again in our Guide, the farm B10 Istrian Fusion was founded in 2006 and is still run by Sanja Galić in Kostanjica. The estate consists of almost 7 hectares of specialized olive grove with 1,650 trees. In the last harvest 30 quintals of olives were produced, equal to a yield of about 4 hectolitres of extra virgin olive oil. We recommend the selection proposed to the panel, the Extra Virgin B10 - Istarska Bjelica from Organic Farming. It is a beautiful intense limpid golden yellow colour with delicate green hues. Its aroma is definite and rotund, rich in aromatic hints of officinal herbs, especially mint and rosemary, together with distinct notes of black pepper and almond. Its taste is fine and strong, with a vegetal flavour of artichoke, chicory and country lettuce. Bitterness and pungency are distinct and well balanced, with a sweet finish. It would be ideal on bruschette with tomatoes, octopus carpaccio, spinach salads, grilled radicchio, bean soups, pasta with sausages, barbecued swordfish, grilled red meat or game, hard mature cheese.

Croazia Croatia [HR] Istra

Zigante

Kostanjica, 57
52429 Grožnjan
Tel.: +385 52 777410 - 52 777409 - Fax: +385 52 777111
E-mail: info@zigantetartufi.com - Web: www.zigantetartufi.com

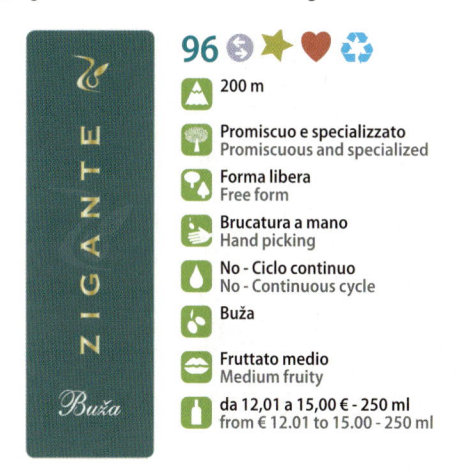

96

- 200 m
- **Promiscuo e specializzato**
  Promiscuous and specialized
- **Forma libera**
  Free form
- **Brucatura a mano**
  Hand picking
- **No - Ciclo continuo**
  No - Continuous cycle
- **Buža**
- **Fruttato medio**
  Medium fruity
- da 12,01 a 15,00 € - 250 ml
  from € 12.01 to 15.00 - 250 ml

Sono ormai numerose le edizioni della Guida nelle quali abbiamo segnalato questa azienda, seguendo con interesse il suo percorso. Giancarlo Zigante, che è famoso fin dal 1999 per aver trovato, nella sua Buje, il tartufo bianco più grande del mondo (1,31 kg), entrato nel guinness dei primati, si dedica da anni alla raccolta e al commercio dei tartufi, attività che affianca a quella di premiato ristoratore. In più produce olio da 7 ettari di oliveto con 1.400 piante che hanno reso quest'anno 226 quintali di olive e quasi 25 ettolitri di olio. L'Extravergine monocultivar Zigante - Buža è di un bel colore giallo dorato intenso con lievi nuance verdi, limpido. Al naso è ampio e avvolgente, ricco di sentori fruttati di pomodoro acerbo, mela bianca e banana, affiancati da note di erbe officinali, con ricordo di menta, prezzemolo e basilico. Al gusto è fine e complesso, con toni di fave, lattuga e sedano. Amaro deciso e piccante spiccato e armonico. Ideale su antipasti di legumi, fagioli al vapore, insalate di salmone, patate al cartoccio, zuppe di funghi finferli, primi piatti al pomodoro, pesce azzurro marinato, seppie in umido, pollame o carni di agnello al forno, formaggi caprini.

This farm has been present in numerous editions of our Guide, constantly improving its quality. Giancarlo Zigante, well-known since 1999, when he found in Buje the biggest white truffle in the world (1.31 kg), included in the Guinness of records, has been picking and marketing truffles for years. Moreoover, he is a renowned restaurateur and oil producer. He runs 7 hectares of olive grove with 1,400 trees, which produced 226 quintals of olives in the last harvest, equal to almost 25 hectolitres of oil. The Monocultivar Extra Virgin Zigante - Buža is a beautiful intense limpid golden yellow colour with slight green hues. Its aroma is ample and rotund, rich in fruity hints of unripe tomato, white apple and banana, together with notes of officinal herbs, especially mint, parsley and basil. Its taste is fine and complex, with a flavour of broad beans, lettuce and celery. Bitterness is definite and pungency is distinct and harmonic. It would be ideal on legume appetizers, steamed beans, salmon salads, baked potatoes, chanterelle mushroom soups, pasta with tomato sauce, marinated blue fish, stewed cuttlefish, baked poultry or lamb, goat cheese.

Croazia Croatia [HR] Istra

O.P.G. Mauricio Beaković

Bernobići, 74
52464 Kaštelir
Tel.: +385 52 455217
E-mail: opg.beakovich@gmail.com

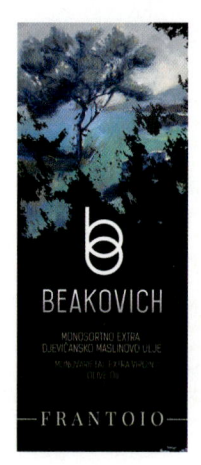

84

- 150/200 m
- **Specializzato** / Specialized
- **Vaso** / Vase
- **Brucatura a mano** / Hand picking
- **No - Ciclo continuo** / No - Continuous cycle
- **Frantoio**
- **Fruttato intenso** / Intense fruity
- da 8,01 a 10,00 € - 500 ml / from € 8.01 to 10.00 - 500 ml

Meritata conferma per Mauricio Beaković che migliora la sua posizione in Guida. La sua è una giovane realtà nata nel 2010 nel vocato comprensorio di Kaštelir e il patrimonio olivicolo si compone di 1.100 alberi coltivati su 5 ettari di superficie. Il raccolto della scorsa campagna ha fruttato 230 quintali di olive, pari a una produzione di circa 28 ettolitri di olio. Segnaliamo l'etichetta sottoposta al giudizio del panel, l'ottimo Extravergine monovarietale Beaković - Frantoio che si presenta alla vista di un bel colore giallo dorato intenso con delicate sfumature verdi, limpido. Al naso si apre deciso e avvolgente, dotato di sentori vegetali di carciofo e cicoria selvatica, cui si accompagnano note aromatiche di menta e rosmarino. Fine e di carattere al palato, si arricchisce di toni di lattuga di campo e chiude con ricordo marcato di mandorla e pepe nero. Amaro e piccante spiccati ed equilibrati, con finale dolce in rilievo. È eccellente per antipasti di tonno, funghi porcini alla griglia, marinate di pollo, radicchio arrosto, zuppe di fagioli, primi piatti con salsiccia, pesce spada ai ferri, agnello alla piastra, cacciagione in umido, formaggi stagionati a pasta dura.

Present again in our Guide with a result showing its progress, the young farm owned by Mauricio Beaković was founded in 2010 in the favourable district of Kaštelir and consists of 5 hectares of olive grove with 1,100 trees. In the last harvest 230 quintals of olives were produced, equal to a yield of about 28 hectolitres of extra virgin olive oil. We recommend the very good selection proposed to the panel, the Monovarietal Extra Virgin Beaković - Frantoio, which is a beautiful intense limpid golden yellow colour with delicate green hues. Its aroma is definite and rotund, endowed with vegetal hints of artichoke and wild chicory, together with aromatic notes of mint and rosemary. Its taste is fine and strong, enriched by a flavour of country lettuce and a definite finish of almond and black pepper. Bitterness and pungency are distinct and well balanced, with evident sweetness. It would be ideal on tuna appetizers, grilled porcini mushrooms, marinated chicken, roast radicchio, bean soups, pasta with sausages, grilled swordfish, pan-seared lamb, stewed game, hard mature cheese.

Croazia Croatia [HR] Istra

O.P.G. Oliveri

Labinci, 41
52464 Kaštelir
Tel.: +385 52 455041
E-mail: info@oli-veri.com - Web: www.oli-veri.com

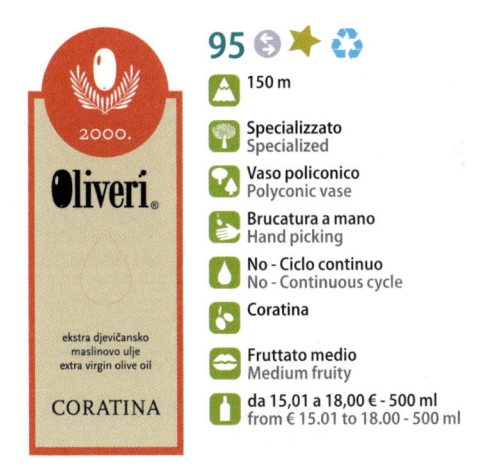

95

- 150 m
- **Specializzato** / Specialized
- **Vaso policonico** / Polyconic vase
- **Brucatura a mano** / Hand picking
- **No - Ciclo continuo** / No - Continuous cycle
- **Coratina**
- **Fruttato medio** / Medium fruity
- da 15,01 a 18,00 € - 500 ml / from € 15.01 to 18.00 - 500 ml

Oliveri è il marchio con cui la Paulišić confeziona e commercializza il suo olio extravergine prodotto nella zona di Kaštelir, cittadina situata nella parte nord-est della regione di Poreč. Fondata nel 2000 da Dario Paulišić, l'azienda è oggi composta da 7 ettari di oliveto specializzato sul quale dimorano 2mila piante, tra varietà locali e importate. Da queste, nella recente campagna, sono stati ricavati 130 quintali di olive che hanno fruttato circa 14 ettolitri di olio. L'etichetta proposta al panel è l'ottimo Extravergine monovarietale Oliveri - Coratina che appare alla vista di un bel colore giallo dorato intenso con leggere tonalità verdi, limpido. Al naso è pulito e avvolgente, dotato di un'ampia carica vegetale di carciofo, cicoria e lattuga. Elegante e complesso al palato, sprigiona note aromatiche di menta e rosmarino e chiude con netti toni di pepe nero e mandorla. Amaro deciso e piccante spiccato e armonico. È eccellente su bruschette con verdure, insalate di lenticchie, marinate di ricciola, pomodori con riso, zuppe di legumi, risotto con carciofi, molluschi gratinati, seppie arrosto, pollame o carni di agnello al forno, formaggi freschi a pasta filata.

Oliveri is the trademark the farm Paulišić uses to bottle and market its extra virgin olive oil produced in the area of Kaštelir, a little town in the north-eastern part of the region of Poreč. Founded in 2000 by Dario Paulišić, today the farm consists of 7 hectares of specialized olive grove with 2,000 trees of both local and imported varieties. In the last harvest 130 quintals of olives were produced, with a yield of about 14 hectolitres of oil. The selection proposed to the panel is the very good Monovarietal Extra Virgin Oliveri - Coratina, which is a beautiful intense limpid golden yellow colour with slight green hues. Its aroma is clean and rotund, endowed with ample vegetal hints of artichoke, chicory and lettuce. Its taste is elegant and complex, with aromatic notes of mint and rosemary and a distinct finish of black pepper and almond. Bitterness is definite and pungency is distinct and harmonic. It would be ideal on bruschette with vegetables, lentil salads, marinated amberjack, tomatoes stuffed with rice, legume soups, risotto with artichokes, mussels au gratin, roast cuttlefish, baked poultry or lamb, mozzarella cheese.

Croazia Croatia [HR] Istra

O.P.G. Grebac

Kovači, 17
52464 Kaštelir-Labinci
Tel.: +385 52 455312
E-mail: karlo.grebac@gmail.com - Web: www.grebac.com

80

250 m

Specializzato
Specialized

Forma libera
Free form

Meccanica
Mechanical harvesting

No - Ciclo continuo
No - Continuous cycle

Istarska bjelica

Fruttato intenso
Intense fruity

da 8,01 a 10,00 € - 500 ml
from € 8.01 to 10.00 - 500 ml

Da quattro generazioni la famiglia Grebac si dedica all'olivicoltura, riqualificando antichi esemplari e piantando nuovi alberi nel vocato comprensorio di Kaštelir-Labinci. L'oliveto si estende per 4 ettari, all'interno di una tenuta più ampia, e comprende in tutto 1.200 piante che hanno fruttato nella scorsa campagna un raccolto di 200 quintali di olive e una produzione in olio di 20 ettolitri. Segnaliamo l'etichetta presentata per la Guida, l'Extravergine monovarietale Istarska Bjelica che appare alla vista di un bel colore giallo dorato intenso con delicate gradazioni verdi, limpido. Al naso è sottile e composto, dotato di sentori di carciofo e cicoria selvatica, cui si affiancano toni di erbe aromatiche, con ricordo di basilico, menta e rosmarino. Morbido e armonico al palato, emana note di lattuga di campo e chiude con sfumature spiccate di mandorla. Amaro e piccante ben espressi ed equilibrati, con finale dolce in rilievo. Ideale su bruschette con pomodoro, carpaccio di polpo, insalate di spinaci, radicchio alla brace, zuppe di fagioli, primi piatti al ragù, pesce azzurro gratinato, agnello alla piastra, carni rosse alla griglia, formaggi stagionati a pasta dura.

The family Grebac has been practising olive growing for four generations, redeveloping ancient trees and planting new ones in the favourable area of Kaštelir-Labinci. The olive grove extends over 4 hectares, within a larger estate, and includes a total of 1,200 trees. In the last harvest 200 quintals of olives were produced, with a yield of 20 hectolitres of extra virgin olive oil. We recommend the selection proposed to the Guide, the Monovarietal Extra Virgin Istarska Bjelica, which is a beautiful intense limpid golden yellow colour with delicate green hues. Its aroma is fine and delicate, endowed with hints of artichoke and wild chicory, together with hints of aromatic herbs, especially basil, mint and rosemary. Its taste is mellow and harmonic, with a flavour of country lettuce and distinct final notes of almond. Bitterness and pungency are distinct and well balanced, with evident sweetness. It would be ideal on bruschette with tomatoes, octopus carpaccio, spinach salads, barbecued radicchio, bean soups, pasta with meat sauce, blue fish au gratin, pan-seared lamb, grilled red meat, hard mature cheese.

Croazia Croatia [HR] Istra

Olea B. B.

Rabac - Creska, 34
52221 Labin
Tel.: +385 52 872189
E-mail: info@oleabb.hr - Web: www.oleabb.hr

98

- 30 m
- **Specializzato** / Specialized
- **Vaso policonico** / Polyconic vase
- **Brucatura a mano e meccanica** / Hand picking and mechanical harvesting
- **No - Ciclo continuo** / No - Continuous cycle
- Ascolana tenera (50%), rošinjola (25%), buža (10%), leccino (10%), casaliva (5%)
- **Fruttato medio** / Medium fruity
- da 15,01 a 18,00 € - 500 ml / from € 15.01 to 18.00 - 500 ml

Punto di riferimento fondamentale per l'olivicoltura di qualità, lodata e più volte premiata nel suo percorso, quest'anno consolida la sua splendida posizione. La struttura creata e gestita da Bosiljka Belić, moderna e di grande gusto, comprende un oliveto di 12 ettari con 4.500 piante dalle quali sono stati raccolti quasi 410 quintali di olive che, in aggiunta ai 330 acquistati, hanno reso circa 98 ettolitri di olio. Quattro gli Extravergine Oleum Viride da Agricoltura Biologica, impeccabili: i tre monocultivar (Ascolana Tenera, Rošulja e Casaliva) e il Selekcija Belić che segnaliamo. Giallo dorato intenso con leggere venature verdi, limpido; al naso è pulito e avvolgente, ricco di sentori fruttati di pomodoro acerbo e note aromatiche di basilico, menta e rosmarino. Fine e di carattere in bocca, aggiunge toni vegetali di carciofo, cicoria e lattuga; e chiude con ricordo di pepe nero e mandorla. Amaro deciso e piccante spiccato. Ideale su bruschette con verdure, insalate di legumi, marinate di ricciola, pomodori con riso, passati di fagioli, primi piatti con salmone, gamberi in guazzetto, seppie alla brace, coniglio arrosto, pollame ai ferri, formaggi freschi a pasta filata.

Olea B. B. is a fundamental point of reference of quality olive growing, in fact, over time it has been praised and rewarded. This year it confirms its splendid position. Founded and run by Bosiljka Belić, this modern and elegant farm consists of a 12-hectare olive grove with 4,500 trees. In the last harvest almost 410 quintals of olives were produced and 330 purchased, with a yield of about 98 hectolitres of oil. There are four excellent Extra Virgin Oleum Viride from Organic Farming, the three Monocultivar, Ascolana Tenera, Rošulja and Casaliva, and Selekcija Belić, which is an intense limpid golden yellow colour with slight green hues. Its aroma is clean and rotund, rich in fruity hints of unripe tomato and aromatic notes of basil, mint and rosemary. Its taste is fine and strong, with a vegetal flavour of artichoke, chicory and lettuce and final notes of black pepper and almond. Bitterness is definite and pungency is distinct. It would be ideal on bruschette with vegetables, legume salads, marinated amberjack, tomatoes stuffed with rice, bean purée, pasta with salmon, stewed shrimps, barbecued cuttlefish, roast rabbit, grilled poultry, mozzarella cheese.

Croazia Croatia [HR] Istra

O.P.G. Andrea Grabunda - Traulin Oils

Šišan - Ulica Giuseppe Tromba, 1
52204 Ližnjan
Tel.: +385 52 574815
E-mail: info@traulin.hr - Web: www.traulin.hr

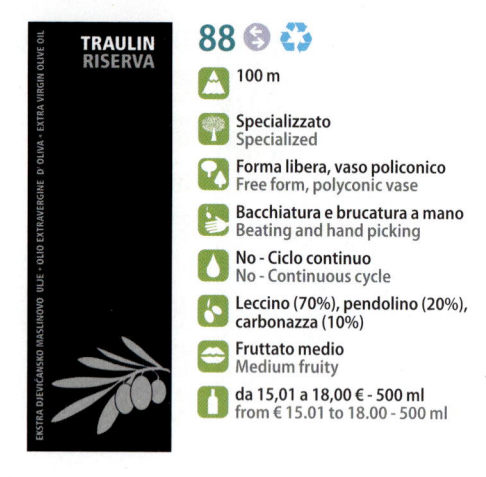

88

- 100 m
- Specializzato / Specialized
- Forma libera, vaso policonico / Free form, polyconic vase
- Bacchiatura e brucatura a mano / Beating and hand picking
- No - Ciclo continuo / No - Continuous cycle
- Leccino (70%), pendolino (20%), carbonazza (10%)
- Fruttato medio / Medium fruity
- da 15,01 a 18,00 € - 500 ml / from € 15.01 to 18.00 - 500 ml

Conferma la sua posizione in Guida l'azienda di Andrea Grabunda, una promettente realtà produttiva di Šišan, nel vocato comprensorio di Ližnjan. Il progetto risale al 2005 e tuttora Andrea gestisce un patrimonio di 7 ettari di oliveto specializzato sul quale crescono 2mila piante. Da queste, nella trascorsa campagna, sono stati raccolti 120 quintali di olive che hanno fruttato circa 13 ettolitri di olio. Segnaliamo l'etichetta proposta, l'ottimo Extravergine Traulin - Riserva che appare alla vista di un bel colore giallo dorato intenso con delicate sfumature verdi, limpido. All'olfatto si offre pulito e avvolgente, dotato di un'ampia carica aromatica di erbe officinali, con menta e rosmarino in evidenza. Al palato è complesso ed elegante, caratterizzato da note vegetali di carciofo, cicoria di campo e lattuga, affiancate da toni speziati di cannella e netto ricordo di mandorla. Amaro spiccato e piccante presente e ben espresso. Buon abbinamento con antipasti di legumi, fagioli al vapore, insalate di pomodori, patate al cartoccio, zuppe di ceci, primi piatti con molluschi, gamberi in guazzetto, seppie alla griglia, coniglio al forno, pollame ai ferri, formaggi caprini.

Present again in our Guide, this promising farm is situated in Šišan, in the favourable district of Ližnjan. It was founded in 2005 by Andrea Grabunda, who still runs an estate of 7 hectares of specialized olive grove with 2,000 trees. In the last harvest 120 quintals of olives were produced, with a yield of about 13 hectolitres of extra virgin olive oil. We recommend the selection proposed, the very good Extra Virgin Traulin - Riserva, which is a beautiful intense limpid golden yellow colour with delicate green hues. Its aroma is clean and rotund, endowed with ample aromatic hints of officinal herbs, especially mint and rosemary. Its taste is complex and elegant, characterized by vegetal notes of artichoke, wild chicory and lettuce, together with spicy notes of cinnamon and a definite note of almond. Bitterness is definite and pungency is present and distinct. It would be ideal on legume appetizers, steamed beans, tomato salads, baked potatoes, chickpea soups, pasta with mussels, stewed shrimps, grilled cuttlefish, baked rabbit, grilled poultry, goat cheese.

Croazia Croatia [HR] Istra

O.P.G. Tone Grubešić

Loborika, 31
52206 Marčana
Tel.: +385 52 550468
E-mail: info@vesna.hr - Web: www.vesna.hr

85

- 110 m
- **Specializzato** / Specialized
- **Vaso policonico** / Polyconic vase
- **Brucatura a mano** / Hand picking
- **No - Ciclo continuo** / No - Continuous cycle
- **Istarska bjelica**
- **Fruttato intenso** / Intense fruity
- da 10,01 a 12,00 € - 500 ml / from € 10.01 to 12.00 - 500 ml

I risultati delle degustazioni confermano il buon livello raggiunto dall'azienda di Tone Grubešić che consolida la sua posizione. La sua è una giovanissima realtà nata circa cinque anni or sono nel comprensorio di Marčana e il patrimonio olivicolo si compone di 1.250 alberi coltivati su una superficie di quasi 5 ettari. Il raccolto della trascorsa campagna ha fruttato 100 quintali di olive, pari a 16 ettolitri di olio. La selezione proposta è l'ottimo Extravergine monovarietale Ča - Istarska Bjelica che appare alla vista di un bel colore giallo dorato intenso, limpido. Al naso si apre deciso e avvolgente, ricco di sentori fruttati di pomodoro acerbo e mela bianca, cui si accompagnano note aromatiche di erbe officinali, con ricordo di basilico, menta e rosmarino. Fine e di carattere in bocca, sprigiona toni vegetali di carciofo, cicoria e lattuga. Amaro e piccante spiccati ed equilibrati, con marcato ricordo finale di mandorla dolce. È perfetto per antipasti di polpo, carpaccio di tonno, insalate di funghi porcini, radicchio ai ferri, zuppe di carciofi, primi piatti al ragù, pesce azzurro gratinato, carni rosse o cacciagione alla griglia, formaggi stagionati a pasta dura.

The young farm owned by Tone Grubešić confirms its good position in our Guide. It was founded about five years ago in the district of Marčana and consists of almost 5 hectares of olive grove with 1,250 trees. In the last harvest 100 quintals of olives were produced, equal to a yield of 16 hectolitres of extra virgin olive oil. The selection proposed to our panel is the very good Monovarietal Extra Virgin Ča - Istarska Bjelica, which is a beautiful intense limpid golden yellow colour. Its aroma is definite and rotund, rich in fruity hints of unripe tomato and white apple, together with aromatic notes of officinal herbs, especially basil, mint and rosemary. Its taste is fine and strong, endowed with a vegetal flavour of artichoke, chicory and lettuce. Bitterness and pungency are distinct and well balanced, with a definite sweet almond finish. It would be ideal on octopus appetizers, tuna carpaccio, porcini mushroom salads, grilled radicchio, artichoke soups, pasta with meat sauce, blue fish au gratin, grilled red meat or game, hard mature cheese.

Croazia Croatia [HR] Istra

O.P.G. Mario Crnobori

Banjole - Kaštanjež, 2
52203 Medulin
Tel.: +385 52 573067 - Fax: +385 52 573067
E-mail: mariobanjolac@gmail.com

87

5/15 m

Specializzato
Specialized

Vaso policonico
Polyconic vase

Brucatura a mano
Hand picking

No - Ciclo continuo
No - Continuous cycle

Istarska bjelica

Fruttato medio
Medium fruity

da 12,01 a 15,00 € - 500 ml
from € 12.01 to 15.00 - 500 ml

Confermiamo con piacere in Guida l'azienda di Mario Crnobori che dal 2005 prospera a Banjole. Parliamo di una piccola proprietà di quasi 3 ettari di oliveto specializzato sul quale trovano dimora 360 piante di numerose varietà, locali e non. Da queste, nella trascorsa campagna, è stato ricavato un raccolto di 52 quintali di olive che hanno reso una produzione di quasi 6 ettolitri di olio. L'etichetta sottoposta al giudizio del panel è l'Extravergine monocultivar Banjolac - Istarska Bjelica, molto buono. Si offre alla vista di un bel colore giallo dorato intenso con delicate sfumature verdi, limpido; al naso si esprime pulito ed elegante, caratterizzato da ricchi sentori di erbe aromatiche, con menta e rosmarino in evidenza. In bocca è avvolgente e complesso, dotato di toni vegetali di lattuga di campo e carciofo, in aggiunta a note di mandorla, cannella e pepe nero. Amaro e piccante spiccati ed equilibrati, con finale dolce in rilievo. Si abbina bene a bruschette con verdure, insalate di lenticchie, marinate di ricciola, pomodori con riso, zuppe di farro, primi piatti con molluschi, gamberi in guazzetto, tonno arrosto, pollame o carni di agnello al forno, formaggi caprini.

Present again in our Guide, the farm owned by Mario Crnobori has been active in Banjole since 2005. It is a small estate consisting of almost 3 hectares of specialized olive grove with 360 trees of numerous local and imported varieties. In the last harvest 52 quintals of olives were produced, which allowed to yield almost 6 hectolitres of extra virgin olive oil. The farm selection proposed to our panel is the very good Monocultivar Extra Virgin Banjolac - Istarska Bjelica. It is a beautiful intense limpid golden yellow colour with delicate green hues. Its aroma is clean and elegant, characterized by rich hints of aromatic herbs, especially mint and rosemary. Its taste is rotund and complex, endowed with a vegetal flavour of country lettuce and artichoke, together with notes of almond, cinnamon and black pepper. Bitterness and pungency are distinct and well balanced, with evident sweetness. It would be ideal on bruschette with vegetables, lentil salads, marinated amberjack, tomatoes stuffed with rice, farro soups, pasta with mussels, stewed shrimps, roast tuna, baked poultry or lamb, goat cheese.

Croazia Croatia [HR] Istra

Uljara Nonno Bruno

Banjole - Kamik, 35
52203 Medulin
Tel.: +385 52 574001 - Fax: +385 52 574001
E-mail: info@nonnobruno.hr - Web: www.nonnobruno.hr

85

68 m

Specializzato
Specialized

Vaso policonico
Polyconic vase

Brucatura a mano
Hand picking

Sì - Ciclo continuo
Yes - Continuous cycle

Buža

Fruttato medio
Medium fruity

da 12,01 a 15,00 € - 500 ml
from € 12.01 to 15.00 - 500 ml

I risultati delle degustazioni confermano la posizione raggiunta nella nostra Guida. Nonno Bruno è l'azienda condotta da Davor Zanini nel vocato comprensorio di Banjole. Il patrimonio è composto da una piccola proprietà di 4 ettari di oliveto specializzato sui quali verdeggiano 1.080 piante di diverse cultivar che hanno fruttato, nella trascorsa campagna, un raccolto di 378 quintali di olive e una produzione di circa 47 ettolitri di olio. Segnaliamo la selezione proposta, l'Extravergine monocultivar Nonno Bruno - Buža che si presenta alla vista di un bel colore giallo dorato intenso con delicate venature verdi, limpido. All'olfatto si esprime ampio e avvolgente, intriso di sentori fruttati di pomodoro acerbo, banana e mela bianca, affiancati da note balsamiche di basilico, menta e prezzemolo. Al palato è elegante e complesso, con sfumature vegetali di lattuga di campo e sedano. Amaro e piccante presenti e dosati, con finale dolce in evidenza. È ideale per antipasti di farro, insalate di salmone, patate al forno, verdure gratinate, passati di fagioli, risotto con carciofi, pesci ai ferri, seppie in umido, coniglio arrosto, pollame alla brace, formaggi freschi a pasta filata.

P resent again in our Guide with a result confirming its good position, Nonno Bruno is the name of the farm run by Davor Zanini in the favourable district of Banjole. The estate consists of a small 4-hectare specialized olive grove with 1,080 trees of several cultivars. In the last harvest 378 quintals of olives were produced, with a yield of about 47 hectolitres of extra virgin olive oil. We recommend the selection proposed to the panel, the Monocultivar Extra Virgin Nonno Bruno - Buža, which is a beautiful intense limpid golden yellow colour with delicate green hues. Its aroma is ample and rotund, endowed with fruity hints of unripe tomato, banana and white apple, together with fragrant notes of basil, mint and parsley. Its taste is elegant and complex, with a vegetal flavour of country lettuce and celery. Bitterness and pungency are present and complimentary, with evident sweetness. It would be ideal on farro appetizers, salmon salads, roast potatoes, vegetables au gratin, bean purée, risotto with artichokes, grilled fish, stewed cuttlefish, roast rabbit, barbecued poultry, mozzarella cheese.

Croazia Croatia [HR] Istra

Uljara Al Torcio
Buzinija - Stradi Kontesi, 22/a
52466 Novigrad
Tel.: +385 52 757174 - 52 758093
E-mail: torci@nautico.hr - Web: www.altorcio.hr

95

20/50 m

Specializzato
Specialized

Alberello
Tree

Brucatura a mano
Hand picking

Sì - Ciclo continuo
Yes - Continuous cycle

Leccino

Fruttato medio
Medium fruity

da 12,01 a 15,00 € - 500 ml
from € 12.01 to 15.00 - 500 ml

Continuiamo a seguire questa bella azienda di Novigrad che è una delle più interessanti realtà olivicole del panorama croato. Tranquilino l'ha creata venti anni fa e, ora che è purtroppo venuto a mancare, la dirigono i figli. La famiglia Beletić, che ha anche un accogliente ristorante sul porto di Novigrad, dispone di 7 ettari di oliveto specializzato con 1.700 piante e di un moderno impianto di estrazione. Quest'anno il raccolto ha reso 150 quintali di olive e 20 ettolitri di olio. Segnaliamo l'Extravergine monocultivar Al Torcio - Leccino che si presenta alla vista di un bel colore giallo dorato intenso con delicate tonalità verdi, limpido. All'olfatto si apre ampio e avvolgente, dotato di sentori balsamici di menta e rosmarino, arricchiti da note vegetali di carciofo e cicoria selvatica. Al gusto è fine e complesso, con ricordo di lattuga di campo e sfumature di mandorla e pepe nero. Amaro e piccante ben espressi e armonici. Perfetto per antipasti di farro, fagioli bolliti, insalate di verdure, patate alla griglia, passati di legumi, primi piatti con salmone, molluschi gratinati, tartare di ricciola, pollame o carni di agnello al forno, formaggi freschi a pasta filata.

Present again in our Guide, this beautiful farm in Novigrad is one of the most interesting oil producers in Croatia. Tranquilino founded it twenty years ago and, since he passed away, it has been run by his children. The family Beletić also owns a comfortable restaurant near the port of Novigrad and manages a 7-hectare specialized olive grove with 1,700 trees and a modern extraction system. In the last harvest 150 quintals of olives and 20 hectolitres of oil were produced. We recommend the Monocultivar Extra Virgin selection Al Torcio - Leccino, which is a beautiful intense limpid golden yellow colour with delicate green hues. Its aroma is ample and rotund, endowed with fragrant hints of mint and rosemary, enriched by vegetal notes of artichoke and wild chicory. Its taste is fine and complex, with a flavour of country lettuce and notes of almond and black pepper. Bitterness and pungency are distinct and harmonic. It would be ideal on farro appetizers, boiled beans, vegetable salads, grilled potatoes, legume purée, pasta with salmon, mussels au gratin, amberjack tartare, baked poultry or lamb, mozzarella cheese.

Croazia Croatia [HR] Istra

O.P.G. Andrea Brečević - Rheos

Dajla - Belvedere, 48
52466 Novigrad
Tel.: +385 52 735570
E-mail: info@rheosistria.hr - Web: www.rheosistria.hr

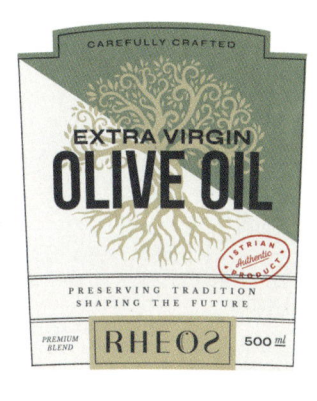

84

- 10 m
- **Specializzato**
  Specialized
- **Vaso policonico**
  Polyconic vase
- **Brucatura a mano e meccanica**
  Hand picking and mechanical harvesting
- **No - Ciclo continuo**
  No - Continuous cycle
- Leccino (40%), pendolino (30%), frantoio (15%), istarska bjelica (10%), buža (5%)
- **Fruttato medio**
  Medium fruity
- da 12,01 a 15,00 € - 500 ml
  from € 12.01 to 15.00 - 500 ml

L'amore per gli olivi è profondamente radicato nella famiglia Brečević da almeno tre generazioni. Tutto comincia con nonno Mario che pianta il primo oliveto di 60 alberi nel 1981. Di padre in figlio, la passione si è tramandata e la proprietà è cresciuta: oggi il nipote Andrea si prende cura, con orgoglio e professionalità, di 700 olivi su quasi 3 ettari, ricavando nella trascorsa campagna 100 quintali di olive e 12 ettolitri di olio. L'ottimo Extravergine Rheos - Premium Blend, che rievoca nel nome l'appellativo di "oro che cola" spesso attribuito all'olio, è di un bel colore giallo dorato intenso con leggeri riflessi verdi, limpido. Al naso è ampio e avvolgente, ricco di sentori vegetali di carciofo e cicoria, cui si affiancano nette note aromatiche di menta, salvia e rosmarino. Elegante e complesso in bocca, si arricchisce di toni di lattuga di campo e chiude con ricordo di mandorla. Amaro deciso e piccante ben espresso e armonico. Ideale su antipasti di lenticchie, carpaccio di pesce spada, insalate di carciofi, pomodori gratinati, zuppe di fagioli, primi piatti con salsiccia, polpo bollito, agnello arrosto, carni rosse alla brace, formaggi stagionati a pasta dura.

The love for the olive tree has been deeply rooted in the family Brečević for at least three generations. Everything started when Mario, the grandfather, planted the first olive grove with 60 trees in 1981. From father to son, this passion has been passed on and the estate has been enlarged: today the competent and proud grandson Andrea runs almost 3 hectares with 700 trees. In the last harvest 100 quintals of olives and 12 hectolitres of oil were produced. The very good Extra Virgin Rheos - Premium Blend, whose name means "dripping gold", a common attribute of oil, is a beautiful intense limpid golden yellow colour with slight green hues. Its aroma is ample and rotund, rich in vegetal hints of artichoke and chicory, together with aromatic notes of mint, sage and rosemary. Its taste is elegant and complex, enriched by a flavour of country lettuce and an almond finish. Bitterness is definite and pungency is distinct and harmonic. It would be ideal on lentil appetizers, swordfish carpaccio, artichoke salads, tomatoes au gratin, bean soups, pasta with sausages, boiled octopus, roast lamb, barbecued red meat, hard mature cheese.

Croazia Croatia [HR] Istra

Červar

Bužinija - Sveti Servul, 7/b
52466 Novigrad
Tel.: +385 52 758091 - Fax: +385 52 758091
E-mail: info@cervar.hr - Web: www.cervar.hr

90

60 m

Promiscuo e specializzato
Promiscuous and specialized

Vaso aperto
Open vase

Meccanica
Mechanical harvesting

No - Ciclo continuo
No - Continuous cycle

Coratina

Fruttato medio
Medium fruity

da 12,01 a 15,00 € - 500 ml
from € 12.01 to 15.00 - 500 ml

Continuiamo a seguire con piacere i progressi di Franko e Rožana Červar che raggiungono un importante traguardo in Guida. A Novigrad da oltre venticinque anni, i Červar sono al timone di una struttura che comprende circa 8 ettari di impianto specializzato con 1.800 olivi messi a dimora. Nella recente campagna questi hanno fruttato un raccolto di 270 quintali di olive che, una volta molite, hanno prodotto 30 ettolitri di olio. Segnaliamo l'etichetta sottoposta al giudizio del panel, l'Extravergine Červar che si presenta alla vista di un bel colore giallo dorato intenso con delicate sfumature verdi, limpido. Al naso si apre elegante e ampio, intriso di note vegetali di carciofo e cicoria selvatica, arricchite da sentori di erbe officinali, con menta e rosmarino in rilievo. In bocca è pieno e avvolgente, con toni di lattuga di campo e netto ricordo di pepe nero e mandorla acerba. Amaro deciso e piccante spiccato e ben armonizzato. È un perfetto accompagnamento per antipasti di farro, fagioli bolliti, insalate di salmone, patate alla griglia, zuppe di legumi, primi piatti con verdure, molluschi gratinati, tartare di tonno, pollame o carni di agnello al forno, formaggi caprini.

Present again with a result showing its progress, the farm owned by Franko and Rožana Červar in Novigrad has achieved an important goal in our Guide. For over 25 years the family Červar has been running an estate consisting of about 8 hectares of specialized olive grove with 1,800 trees. In the last harvest 270 quintals of olives were produced, which, once crushed, allowed to yield 30 hectolitres of extra virgin olive oil. We recommend the selection proposed to our panel, the Extra Virgin Červar, which is a beautiful intense limpid golden yellow colour with delicate green hues. Its aroma is elegant and ample, endowed with vegetal notes of artichoke and wild chicory, enriched by hints of officinal herbs, especially mint and rosemary. Its taste is full and rotund, with a flavour of country lettuce and a distinct note of black pepper and unripe almond. Bitterness is definite and pungency is distinct and harmonic. It would be ideal on farro appetizers, boiled beans, salmon salads, grilled potatoes, legume soups, pasta with vegetables, mussels au gratin, tuna tartare, baked poultry or lamb, goat cheese.

Croazia Croatia [HR] Istra

O.P.G. Igor Kocijančić

Ulica Sveti Anton, 22
52466 Novigrad
Tel.: +385 52 757996
E-mail: igor.kocijancic@pu.t-com.hr

84

- 15 m
- **Specializzato** / Specialized
- **Vaso aperto** / Open vase
- **Brucatura a mano** / Hand picking
- **No - Ciclo continuo** / No - Continuous cycle
- Leccino (50%), istarska bjelica (20%), pendolino (15%), frantoio (10%), altre/others (5%)
- **Fruttato intenso** / Intense fruity
- da 6,01 a 8,00 € - 500 ml / from € 6.01 to 8.00 - 500 ml

I risultati delle degustazioni registrano meritati progressi dell'azienda creata nel 2010 da Igor e attualmente condotta da Marina Kocijančić nell'accogliente centro di Novigrad. Il patrimonio è composto da una superficie di 6 ettari dedicata all'oliveto, un impianto specializzato di 1.400 piante dalle quali, nella trascorsa campagna, sono stati raccolti 80 quintali di olive, pari a una produzione di circa 12 ettolitri di olio. L'etichetta che l'azienda sottopone all'attenzione del panel è l'Extravergine San Antonio che si offre alla vista di un bel colore giallo dorato intenso con delicate venature verdi, limpido. All'olfatto si apre deciso e avvolgente, intriso di sentori balsamici di erbe officinali, con ricordo di menta e rosmarino, affiancati da note di mela bianca e mandorla. Elegante e complesso al palato, emana toni vegetali di carciofo, cicoria e lattuga di campo. Amaro deciso e piccante spiccato e armonico. Perfetto abbinamento con antipasti di lenticchie, funghi porcini alla brace, insalate di tonno, radicchio alla griglia, passati di carciofi, primi piatti al ragù, polpo bollito, agnello arrosto, carni rosse in umido, formaggi stagionati a pasta dura.

Present again in our Guide with a result showing its progress, this farm, created in 2010 by Igor, is currently run by Marina Kocijančić in the cozy town of Novigrad. The estate consists of a 6-hectare specialized olive grove with 1,400 trees. In the last harvest 80 quintals of olives were produced, equal to a yield of about 12 hectolitres of extra virgin olive oil. We recommend the selection proposed to our panel, the Extra Virgin San Antonio, which is a beautiful intense limpid golden yellow colour with delicate green hues. Its aroma is definite and rotund, endowed with fragrant hints of officinal herbs, especially mint and rosemary, together with notes of white apple and almond. Its taste is elegant and complex, with a vegetal flavour of artichoke, chicory and country lettuce. Bitterness is definite and pungency is distinct and harmonic. It would be ideal on lentil appetizers, barbecued porcini mushrooms, tuna salads, grilled radicchio, artichoke purée, pasta with meat sauce, boiled octopus, roast lamb, stewed red meat, hard mature cheese.

Croazia Croatia [HR] Istra

Vergal

Karpinjan
52466 Novigrad
Tel.: +385 52 858691 - Fax: +385 52 757006
E-mail: info@vergal.hr - Web: www.vergal.hr

89

- 2/10 m
- Specializzato / Specialized
- Cono rovesciato, vaso aperto / Reverse cone, open vase
- Brucatura a mano / Hand picking
- No - Ciclo continuo / No - Continuous cycle
- Frantoio
- Fruttato intenso / Intense fruity
- da 12,01 a 15,00 € - 500 ml / from € 12.01 to 15.00 - 500 ml

Vergal conferma il suo punteggio, seguitando a farsi strada tra le più importanti realtà olivicole della regione. Nata all'inizio degli anni Novanta a Karpinjan, nel comprensorio di Novigrad, questa struttura conta oggi su un patrimonio composto da quasi 8 ettari di oliveto specializzato sul quale albergano 2.100 piante. Nella trascorsa campagna il raccolto ha fruttato 453 quintali di olive, pari a una resa di quasi 50 ettolitri di olio. Due le selezioni proposte, gli Extravergine Vergal, Leccino e Frantoio. Il panel preferisce il secondo che appare alla vista di un bel colore giallo dorato intenso con delicate sfumature verdi, limpido. All'olfatto è deciso e avvolgente, intriso di sentori vegetali di carciofo e cicoria selvatica, affiancati da ricche note balsamiche di menta e rosmarino. Al gusto è complesso e fine, con toni di lattuga e netto ricordo finale di mandorla e pepe nero. Amaro potente e piccante deciso e ben armonizzato. È eccellente per bruschette con pomodoro, carpaccio di tonno, insalate di spinaci, radicchio alla griglia, zuppe di fagioli, primi piatti con salsiccia, pesce spada ai ferri, cacciagione di piuma o pelo alla brace, formaggi stagionati a pasta dura.

Present again in our Guide with a result confirming its position, Vergal is one of the most important oil farms in its region. It was founded in Karpinjan, in the district of Novigrad, in the early 90s and today consists of almost 8 hectares of specialized olive grove with 2,100 trees. In the last harvest 453 quintals of olives were produced, equal to a yield of almost 50 hectolitres of extra virgin olive oil. There are two Extra Virgin selections Vergal, Leccino and Frantoio, chosen by the panel. It is a beautiful intense limpid golden yellow colour with delicate green hues. Its aroma is definite and rotund, endowed with vegetal hints of artichoke and wild chicory, together with rich aromatic notes of mint and rosemary. Its taste is complex and fine, with a flavour of lettuce and distinct final notes of almond and black pepper. Bitterness is powerful and pungency is definite and harmonic. It would be ideal on bruschette with tomatoes, tuna carpaccio, spinach salads, grilled radicchio, bean soups, pasta with sausages, grilled swordfish, barbecued game birds or animals, hard mature cheese.

Croazia Croatia [HR] Istra

Ipša

Ipša - Livade - Ipši, 10
52427 Oprtalj
Tel.: +385 52 664010
E-mail: info@ipsa.com.hr - Web: www.ipsa.maslinovaulja.hr

98

1/350 m

Specializzato
Specialized

Vaso policonico
Polyconic vase

Brucatura a mano
Hand picking

No - Ciclo continuo
No - Continuous cycle

Istarska bjelica

Fruttato intenso
Intense fruity

da 15,01 a 18,00 € - 500 ml
from € 15.01 to 18.00 - 500 ml

Da quando la conosciamo, l'azienda di Klaudio e Irena Ipša ha seguito un percorso di continuo rinnovamento e crescita qualitativa; e anche quest'anno consolida la sua bella posizione in Guida. Gli Ipša conducono una piccola struttura agrituristica nella verde Oprtalj e, tra le varie attività, gestiscono più di 12 ettari di oliveto con 3.500 alberi, dai quali quest'anno sono stati raccolti 293 quintali di olive, pari a circa 38 ettolitri di olio. Due gli ottimi Extravergine Ipša da Agricoltura Biologica, entrambi monocultivar: Frantoio e Istarska Bjelica. Segnaliamo il secondo, che appare alla vista di un bel colore giallo dorato intenso con lievi tonalità verdi, limpido. Al naso è deciso e avvolgente, ricco di sentori di carciofo e cicoria selvatica, affiancati da note balsamiche di menta e rosmarino. Al gusto è fine e di carattere, con toni di lattuga e netto ricordo di mandorla e pepe nero. Amaro potente e piccante spiccato ed equilibrato. Ideale su antipasti di tonno, bruschette con pomodoro, carpaccio di polpo, radicchio al forno, zuppe di fagioli, primi piatti al ragù, pesce azzurro gratinato, carni rosse o cacciagione alla griglia, formaggi stagionati a pasta dura.

Another positive result for the farm owned by Klaudio and Irena Ipša, who have always aimed at innovation and quality. They run a small holiday farm situated in the green Oprtalj and, besides other activities, also manage over 12 hectares of olive grove with 3,500 trees. In the last harvest 293 quintals of olives were produced, equal to about 38 hectolitres of extra virgin olive oil. There are two very good Monocultivar Extra Virgin selections Ipša from Organic Farming, Frantoio and Istarska Bjelica, which we recommend. It is a beautiful intense limpid golden yellow colour with slight green hues. Its aroma is definite and rotund, rich in hints of artichoke and wild chicory, together with fragrant notes of mint and rosemary. Its taste is fine and strong, with a flavour of lettuce and a distinct note of almond and black pepper. Bitterness is powerful and pungency is distinct and complimentary. It would be ideal on tuna appetizers, bruschette with tomatoes, octopus carpaccio, baked radicchio, bean soups, pasta with meat sauce, blue fish au gratin, grilled red meat or game, hard mature cheese.

Croazia Croatia [HR] Istra

Agrolaguna
Mate Vlašića, 34
52440 Poreč
Tel.: +385 52 451215 - Fax: +385 52 451610
E-mail: agrolaguna@agrolaguna.hr - Web: www.olistria.com.hr

90

20/50 m

Specializzato
Specialized

Vaso
Vase

Brucatura a mano e meccanica
Hand picking and mechanical harvesting

Sì - Ciclo continuo
Yes - Continuous cycle

Picholine Languedoc

Fruttato medio
Medium fruity

da 12,01 a 15,00 € - 250 ml
from € 12.01 to 15.00 - 250 ml

Da diversi anni segnaliamo quest'azienda seguendola nel suo percorso. Agrolaguna è attualmente una delle più grandi realtà olivicole della Croazia, nonché leader nel territorio per la produzione di vino e formaggio. Nasce nel 1953 nel comprensorio di Poreč, nota località turistica non distante da Trieste, e dispone di un patrimonio di 220 ettari con 67mila piante. Queste hanno fruttato quest'anno un raccolto di circa 5.287 quintali di olive che, in aggiunta a quasi 643 acquistati, hanno reso circa 769 ettolitri di olio. Dei due Extravergine OL Istria Dop Istra, Picholine e Selection, il panel sceglie il secondo, di un bel colore giallo dorato intenso con lievi riflessi verdi, limpido; al naso è ampio e avvolgente, ricco di note fruttate di pomodoro acerbo, mela bianca e banana, cui si affiancano sentori balsamici di basilico, menta e prezzemolo. In bocca è morbido e vegetale, con toni di carciofo, cicoria e lattuga. Amaro deciso e piccante presente. Ideale su antipasti di salmone, insalate di legumi, marinate di ricciola, pomodori con riso, passati di orzo, primi piatti con molluschi, gamberi in guazzetto, rombo arrosto, pollame o carni di agnello al forno, formaggi caprini.

We have been following the positive progress of this farm for some years. Today Agrolaguna is one of the biggest oil producers in Croatia and also a leader producer of wine and cheese. It was founded in 1953 in the district of Poreč, a popular tourist resort not far from Trieste. The olive surface covers 220 hectares with 67,000 trees. In the last harvest about 5,287 quintals of olives were produced and almost 643 purchased, with a yield of about 769 hectolitres of oil. There are two Extra Virgin selections OL Istria Pdo Istra, Picholine and Selection, chosen by the panel. It is a beautiful intense limpid golden yellow colour with slight green hues. Its aroma is ample and rotund, rich in fruity notes of unripe tomato, white apple and banana, together with fragrant hints of basil, mint and parsley. Its taste is mellow and vegetal, with a flavour of artichoke, chicory and lettuce. Bitterness is definite and pungency is present. It would be ideal on salmon appetizers, legume salads, marinated amberjack, tomatoes stuffed with rice, barley purée, pasta with mussels, stewed shrimps, roast turbot, baked poultry or lamb, goat cheese.

Croazia Croatia [HR] Istra

O.P.G. Bartolić

Fuškulin, 12
52440 Poreč
Tel.: +385 52 444431
E-mail: silvano@opg-bartolic.hr - Web: www.opg-bartolic.hr

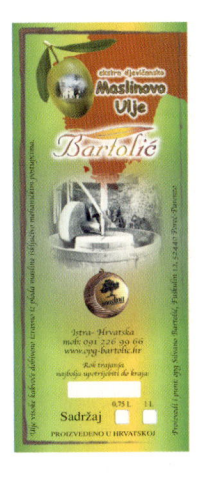

84 ⬆

- 85 m
- **Specializzato**
  Specialized
- **Vaso, vaso libero**
  Vase, free vase
- **Brucatura a mano e meccanica**
  Hand picking and mechanical harvesting
- **No - Ciclo continuo misto**
  No - Mixed continuous cycle
- **Istarska bjelica (60%), buža (20%), pendolino (20%)**
- **Fruttato medio**
  Medium fruity
- **da 10,01 a 12,00 € - 500 ml**
  from € 10.01 to 12.00 - 500 ml

Meritati progressi per l'azienda di Silvano Bartolić, situata a pochi chilometri da Poreč e a pochi passi dal mare. Si tratta di una bella realtà che affonda le proprie origini nel lontano 1918 e che oggi vanta un patrimonio costituito da 800 piante, di cultivar locali e non, che albergano su quasi 3 ettari di oliveto. Il raccolto della scorsa campagna ha reso 20 quintali di olive, pari a una produzione di circa 3 ettolitri di olio. Segnaliamo l'etichetta sottoposta al giudizio del panel, l'ottimo Extravergine Bartolić che appare alla vista di un bel colore giallo dorato intenso con delicati riflessi verdi, limpido. All'olfatto si apre ampio e avvolgente, dotato di sentori fruttati di pomodoro acerbo, banana e mela bianca, cui si affiancano note balsamiche di basilico, menta e rosmarino. Al gusto è complesso e riccamente vegetale, con toni di carciofo e cicoria, lattuga e sedano. Amaro e piccante presenti e ben espressi, con finale dolce in rilievo. Ideale su antipasti di pomodori, insalate di farro, marinate di orata, patate alla piastra, primi piatti con salmone, molluschi gratinati, seppie in umido, coniglio arrosto, pollame ai ferri, formaggi freschi a pasta filata.

Present again in our Guide with a result showing its progress, the beautiful farm owned by Silvano Bartolić is situated a few kilometres from Poreč, near the sea. It was founded in 1918. and today consists of a surface of almost 3 hectares of olive grove with 800 trees of local and imported cultivars. In the last harvest 20 quintals of olives were produced, which allowed to yield about 3 hectolitres of extra virgin olive oil. We recommend the selection proposed to the panel, the very good Extra Virgin Bartolić, which is a beautiful intense limpid golden yellow colour with delicate green hues. Its aroma is ample and rotund, endowed with fruity hints of unripe tomato, banana and white apple, together with fragrant notes of basil, mint and rosemary. Its taste is complex and richly vegetal, with a flavour of artichoke and chicory, lettuce and celery. Bitterness and pungency are present and distinct, with a sweet finish. It would be ideal on tomato appetizers, farro salads, marinated gilthead, seared potatoes, pasta with salmon, mussels au gratin, stewed cuttlefish, roast rabbit, grilled poultry, mozzarella cheese.

Croazia Croatia [HR] Istra

Divino - Antonio Vivoda

Slobode, 5
52440 Saladinska (Poreč)
Tel.: +385 58 219314
E-mail: villasborghetto@finmavi.hr - Web: www.villasborghetto.com

82

8 m

Specializzato
Specialized

Cespuglio
Bush

Brucatura a mano
Hand picking

No - Ciclo continuo
No - Continuous cycle

Leccino

Fruttato medio
Medium fruity

da 12,01 a 15,00 € - 250 ml
from € 12.01 to 15.00 - 250 ml

Divino è una struttura agricola di tipo familiare con una storia di generazioni alle spalle, fatta di saperi e sapori antichi da tramandare ai discendenti. L'oliveto si trova nel comprensorio di Saladinska, su una superficie che si affaccia sul mare. È un piccolo appezzamento di un ettaro sul quale crescono 270 piante che hanno tra i trentacinque e i quarant'anni. Da queste, nella passata campagna, Maurizio Vivoda ha ricavato 20 quintali di olive che hanno prodotto circa 3 ettolitri di olio. L'etichetta aziendale è l'Extravergine Divino che appare alla vista di un bel colore giallo dorato intenso con lievi venature verdi, limpido. Al naso è ampio e avvolgente, dotato di sentori vegetali di carciofo e cicoria, cui si affiancano note di erbe aromatiche, con ricordo di menta e rosmarino. Morbido e armonico al palato, emana toni di lattuga e chiude con sfumature di cannella, pepe nero e netto finale di mandorla. Amaro spiccato e piccante deciso. Ideale su bruschette con verdure, insalate di orzo, marinate di salmone, patate al cartoccio, passati di legumi, primi piatti con molluschi, gamberi in guazzetto, seppie in umido, coniglio arrosto, pollame ai ferri, formaggi caprini.

Divino is a family-run farm with a long story of traditions and flavous handed down from generation to generation. The olive grove is located in the district of Saladinska, on an area overlooking the sea. It is a small one-hectare plot with 270 trees aged between 35 and 40 years. In the last harvest Maurizio Vivoda produced 20 quintals of olives, with a yield of about 3 hectolitres of extra virgin olive oil. We recommend the farm selection, the Extra Virgin Divino, which is a beautiful intense limpid golden yellow colour with slight green hues. Its aroma is ample and rotund, endowed with vegetal hints of artichoke and chicory, together with notes of aromatic herbs, especially mint and rosemary. Its taste is mellow and harmonic, with a flavour of lettuce and a finish of cinnamon, black pepper and distinct almond. Bitterness is distinct and pungency is definite. It would be ideal on bruschette with vegetables, barley salads, marinated salmon, baked potatoes, legume purée, pasta with mussels, stewed shrimps, stewed cuttlefish, roast rabbit, grilled poultry, goat cheese.

Croazia Croatia [HR] Istra

O.P.G. Marko Geržinić

Ohnići, 9
52447 Vižinada (Poreč)
Tel.: +385 52 446285
E-mail: vina@gerzinic.com - Web: www.gerzinic.com

90

- 210 m
- **Specializzato** / Specialized
- **Vaso policonico** / Polyconic vase
- **Brucatura a mano** / Hand picking
- **No - Ciclo continuo** / No - Continuous cycle
- Istarska bjelica (50%), leccino (40%), pendolino (10%)
- **Fruttato medio** / Medium fruity
- da 10,01 a 12,00 € - 500 ml / from € 10.01 to 12.00 - 500 ml

Seguiamo ormai da diversi anni quest'azienda che si colloca a Vižinada, delizioso paesino dell'entroterra istriano. Si tratta di una realtà produttiva piuttosto giovane, fondata nel 2000 da Mirijana e oggi guidata da Marko Geržinić. Il patrimonio olivicolo si compone di 3 ettari di superficie sulla quale trovano posto 700 piante. Da queste, nella trascorsa campagna, sono stati raccolti 100 quintali di olive che hanno reso una produzione di 12 ettolitri di olio. La selezione sottoposta all'attenzione del panel è l'Extravergine Geržinić che appare alla vista di un bel colore giallo dorato intenso con leggere tonalità verdi, limpido. Al naso è sottile e composto, dotato di sentori di erba fresca falciata, carciofo e cicoria di campo. In bocca è morbido e armonico, con netti toni balsamici di menta e rosmarino, cui si affiancano note di lattuga e ricordo di cannella e mandorla acerba. Amaro e piccante presenti e dosati, con finale dolce in rilievo. Ideale su antipasti di pomodori, insalate di farro, marinate di orata, patate in umido, zuppe di orzo, primi piatti con molluschi, pesci alla griglia, tartare di salmone, pollame o carni di agnello al forno, formaggi caprini.

Present again in our Guide, this quite young farm is situated in Vižinada, a charming village in the Istrian inland. It was founded in 2000 by Mirijana and today is run by Marko Geržinić. The estate consists of 3 hectares of olive grove with 700 trees. In the last harvest 100 quintals of olives were produced, with a yield of 12 hectolitres of extra virgin olive oil. We recommend the selection proposed to the panel, the Extra Virgin Geržinić, which is a beautiful intense limpid golden yellow colour with slight green hues. Its aroma is fine and delicate, endowed with hints of freshly mown grass, artichoke and wild chicory. Its taste is mellow and harmonic, with a distinct fragrant flavour of mint and rosemary, together with hints of lettuce and a finish of cinnamon and unripe almond. Bitterness and pungency are present and complimentary, with a sweet finish. It would be ideal on tomato appetizers, farro salads, marinated gilthead, stewed potatoes, barley soups, pasta with mussels, grilled fish, salmon tartare, baked poultry or lamb, goat cheese.

Croazia Croatia [HR] Istra

O.P.G. Anton i Nivio Stojnić
Republika, 16
52465 Tar-Vabriga (Poreč)
Tel.: +385 52 443062 - Fax: +385 52 443062
E-mail: anton.stojnic1@pu.t-com.hr

88

- 70 m
- Specializzato / Specialized
- Vaso policonico / Polyconic vase
- Brucatura a mano / Hand picking
- No - Ciclo continuo / No - Continuous cycle
- Rošinjola
- Fruttato medio / Medium fruity
- da 10,01 a 12,00 € - 500 ml / from € 10.01 to 12.00 - 500 ml

L'azienda Stojnić non delude nel suo bel percorso di crescita qualitativa. Parliamo di una realtà di produzione attiva dal 1950 in un'area distante pochi chilometri da Poreč. Anton e Nivio continuano con passione una tradizione che dura da secoli in Istria e gestiscono un oliveto specializzato di 10 ettari sul quale trovano dimora 3mila piante. Da queste, nella recente campagna, sono stati raccolti 300 quintali di olive che hanno reso circa 33 ettolitri di olio. Quest'anno l'etichetta proposta per la Guida è l'Extravergine C & P Laron che si presenta alla vista di un bel colore giallo dorato intenso con delicate sfumature verdi, limpido. All'olfatto si apre ampio e avvolgente, ricco di sentori vegetali di carciofo e cicoria selvatica, affiancati da toni aromatici di menta e rosmarino. Morbido e armonico in bocca, è dotato di note di lattuga di campo e chiude con ricordo di mandorla. Amaro deciso e piccante spiccato ed equilibrato. Buon abbinamento con antipasti di legumi, insalate di fagioli, marinate di orata, patate alla griglia, zuppe di farro, primi piatti con molluschi, gamberi in guazzetto, seppie in umido, pollame o carni di agnello al forno, formaggi caprini.

Another quality result for the farm Stojnić, which has been active in an area not far from Poreč since 1950. Anton and Nivio carry on a century-old Istrian tradition with dedication, running a specialized olive grove of 10 hectares with 3,000 trees. In the last harvest 300 quintals of olives were produced, equal to a yield of about 33 hectolitres of extra virgin olive oil. We recommend the selection proposed to the panel, the Extra Virgin C & P Laron, which is a beautiful intense limpid golden yellow colour with delicate green hues. Its aroma is ample and rotund, rich in vegetal hints of artichoke and wild chicory, together with aromatic notes of mint and rosemary. Its taste is mellow and harmonic, endowed with a flavour of country lettuce and a final note of almond. Bitterness is definite and pungency is distinct and well balanced. It would be ideal on legume appetizers, bean salads, marinated gilthead, grilled potatoes, farro soups, pasta with mussels, stewed shrimps, stewed cuttlefish, baked poultry or lamb, goat cheese.

Croazia Croatia [HR] Istra

O.P.G. Vošten

Vošteni, 23
52448 Sveti Lovreč (Poreč)
Tel.: +385 52 448403 - Fax: +385 52 448403
E-mail: opgvosten@gmail.com - Web: www.opg-vosten.com

88

220 m

Promiscuo
Promiscuous

Alberello, forma libera, vaso policonico
Tree, free form, polyconic vase

Brucatura a mano
Hand picking

No - Ciclo continuo
No - Continuous cycle

Buža

Fruttato medio
Medium fruity

da 12,01 a 15,00 € - 500 ml
from € 12.01 to 15.00 - 500 ml

Interessante conferma per l'azienda Vošten che consolida una brillante posizione. Il fondatore della struttura, Mario, inizia la sua attività nella metà degli anni Ottanta; oggi che non c'è più il testimone è passato al figlio Roberto il quale, con i fratelli, si prende cura di un'ampia tenuta, comprendente 9 ettari di oliveti con 1.700 piante messe a dimora. Queste, nella recente campagna, hanno fruttato un raccolto di 220 quintali di olive che hanno prodotto quasi 32 ettolitri di olio. L'etichetta presentata è l'ottimo Extravergine monovarietale Vošten - Buža, di un bel colore giallo dorato intenso con delicate tonalità verdi, limpido. Al naso si offre pulito e avvolgente, ricco di sentori fruttati di pomodoro acerbo, banana e mela bianca, accompagnati da note balsamiche di basilico, menta e prezzemolo. Fine e di carattere in bocca, sprigiona toni vegetali di lattuga di campo e sedano. Amaro deciso e piccante spiccato e ben armonizzato. È perfetto per bruschette con verdure, insalate di orzo, marinate di ricciola, pomodori con riso, passati di fagioli, risotto con carciofi, molluschi gratinati, seppie arrosto, pollame o carni di agnello al forno, formaggi caprini.

Another interesting performance for the farm Vošten, which confirms its brilliant position in our Guide. Its founder, Mario, started his activity in the mid-80s of the last century and, after he passed away, his son Roberto and his brothers have been running a large estate, including 9 hectares of olive grove with 1,700 trees. In the last harvest 220 quintals of olives were produced, equal to a yield of almost 32 hectolitres of extra virgin olive oil. We recommend the farm selection, the very good Monovarietal Extra Virgin Vošten - Buža, which is a beautiful intense limpid golden yellow colour with delicate green hues. Its aroma is clean and rotund, rich in fruity hints of unripe tomato, banana and white apple, together with fragrant notes of basil, mint and parsley. Its taste is fine and strong, with a vegetal flavour of country lettuce and celery. Bitterness is definite and pungency is distinct and harmonic. It would be ideal on bruschette with vegetables, barley salads, marinated amberjack, tomatoes stuffed with rice, bean purée, risotto with artichokes, mussels au gratin, roast cuttlefish, baked poultry or lamb, goat cheese.

Croazia Croatia [HR] Istra

O.P.G. Bodiš

Kranjčevića, 10
52100 Pula
E-mail: nikola.bodis@gmail.com - Web: www.opg-bodis.hr

86

- 50 m
- **Specializzato** / Specialized
- **Vaso policonico** / Polyconic vase
- **Meccanica** / Mechanical harvesting
- **No - Ciclo continuo** / No - Continuous cycle
- **Leccino**
- **Fruttato medio** / Medium fruity
- da 10,01 a 12,00 € - 500 ml / from € 10.01 to 12.00 - 500 ml

Da quattro generazioni la famiglia Bodiš si dedica all'apicoltura, attività alla quale si è successivamente affiancata l'olivicoltura: e le due tradizioni ora camminano di pari passo, combinandosi. Il primo impianto olivicolo risale al 2008 nella zona di Šišan, al quale se ne sono aggiunti altri nell'area di Galižana, Pomer e Medulin, fino a raggiungere l'assetto attuale di quasi 15 ettari con 4mila piante che hanno fruttato 100 quintali di olive, pari a una produzione di 12 ettolitri di olio. Segnaliamo l'Extravergine Bodiš da Agricoltura Biologica, di un bel colore giallo dorato intenso con lievi nuance verdi, limpido. Al naso si apre sottile e composto, con sentori vegetali di carciofo, cicoria selvatica e lattuga, cui si accompagnano note spiccate di mandorla. Al palato è morbido e armonico, dotato di toni di erbe officinali, con menta e rosmarino in evidenza. Amaro e piccante presenti e dosati, con finale dolce in rilievo. È ideale per antipasti di pomodori, insalate di farro, legumi bolliti, patate alla griglia, zuppe di ceci, primi piatti con molluschi, pesci ai ferri, tartare di salmone, coniglio al forno, pollame alla brace, formaggi freschi a pasta filata.

For four generations the family Bodiš has practised beekeeping. This activity was later accompanied by olive growing and the two traditions now walk hand in hand. The first olive grove dates back to 2008 in the area of Šišan and others have been added in the areas of Galižana, Pomer and Medulin. Today there is a surface of almost 15 hectares with 4,000 trees. In the last harvest 100 quintals of olives were produced, with a yield of 12 hectolitres of oil. We recommend the Extra Virgin Bodiš from Organic Farming, which is a beautiful intense limpid golden yellow colour with slight green hues. Its aroma is fine and delicate, with vegetal hints of artichoke, wild chicory and lettuce, together with distinct notes of almond. Its taste is mellow and harmonic, endowed with a flavour of officinal herbs, especially mint and rosemary. Bitterness and pungency are present and complimentary, with a sweet finish. It would be ideal on tomato appetizers, farro salads, boiled legumes, grilled potatoes, chickpea soups, pasta with mussels, grilled fish, salmon tartare, baked rabbit, barbecued poultry, mozzarella cheese.

Croazia Croatia [HR] Istra

O.P.G. Grgorinić
Paganorska Cesta, 46
52100 Pula
Tel.: +385 52 505968 - Fax: +385 52 505968
E-mail: ggrgorin@inet.hr

86

- 36 m
- **Specializzato** / Specialized
- **Vaso aperto** / Open vase
- **Brucatura a mano** / Hand picking
- **No - Ciclo continuo** / No - Continuous cycle
- **Frantoio**
- **Fruttato medio** / Medium fruity
- da 12,01 a 15,00 € - 500 ml / from € 12.01 to 15.00 - 500 ml

Quest'azienda è stata fondata nel 2005 nel comprensorio di Paganor, vicino al delizioso porto di Fasana, a pochi chilometri dalla città di Pula. La famiglia Grgorinić dispone di poco più di un ettaro di oliveto specializzato di proprietà, sul quale trovano dimora 360 piante, di varietà sia locali che importate. Da queste, nella recente campagna, sono stati ricavati 69 quintali di olive che hanno prodotto circa 10 ettolitri di olio. Segnaliamo l'ottimo Extravergine Paganor - Frantoio che appare alla vista di un bel colore giallo dorato intenso con delicate sfumature verdi, limpido. Al naso si apre ampio e avvolgente, ricco di sentori vegetali di lattuga, carciofo e cicoria, accompagnati da intense note aromatiche di menta e rosmarino. In bocca è elegante e complesso, conferma i toni di ortaggi di campo e chiude con netto ricordo di mandorla, cannella e pepe nero. Amaro e piccante presenti ed equilibrati, con finale dolce in rilievo. Buon abbinamento con antipasti di molluschi, insalate di farro, marinate di orata, patate in umido, zuppe di legumi, primi piatti al pomodoro, gamberi in guazzetto, rombo arrosto, pollame o carni di agnello al forno, formaggi freschi a pasta filata.

This farm was founded in 2005 in the district of Paganor, near the charming port of Fasana, a few kilometres from the town of Pula. The family Grgorinić owns little more than 1 hectare of specialized olive grove with 360 trees of both local and imported varieties. In the last harvest 69 quintals of olives were produced, with a yield of about 10 hectolitres of oil. We recommend the selection proposed to the panel, the very good Extra Virgin Paganor - Frantoio, which is a beautiful intense limpid golden yellow colour with delicate green hues. Its aroma is ample and rotund, rich in vegetal hints of lettuce, artichoke and chicory, together with intense aromatic notes of mint and rosemary. Its taste is elegant and complex, with a flavour of country vegetables and distinct final notes of almond, cinnamon and black pepper. Bitterness and pungency are present and well balanced, with evident sweetness. It would be ideal on mussel appetizers, farro salads, marinated gilthead, stewed potatoes, legume soups, pasta with tomato sauce, stewed shrimps, roast turbot, baked poultry or lamb, mozzarella cheese.

Croazia Croatia [HR] Istra

O.P.G. Memento Moris
Krnica
52208 Marčana (Pula)
E-mail: info@mementomoris.eu - Web: www.mementomoris.eu

81

176 m

Specializzato
Specialized

Vaso policonico
Polyconic vase

Brucatura a mano e meccanica
Hand picking and mechanical harvesting

No - Ciclo continuo
No - Continuous cycle

Istarska bjelica (30%), rošinjola (30%),
buža (20%), carbonazza (10%), moražola (10%)

Fruttato medio
Medium fruity

da 15,01 a 18,00 € - 500 ml
from € 15.01 to 18.00 - 500 ml

Diamo volentieri il benvenuto in Guida all'azienda di Moris Vareško, una realtà fondata all'inizio del nuovo millennio a Krnica, nel vocatissimo comprensorio di Marčana. Il patrimonio olivicolo si compone di un impianto di 5 ettari sul quale crescono 1.500 alberi di diverse cultivar tipiche della zona dai quali sono stati raccolti, nella trascorsa campagna, 50 quintali di olive che hanno prodotto quasi 7 ettolitri di olio. La selezione proposta al panel è l'Extravergine Aurora da Agricoltura Biologica che appare alla vista di un bel colore giallo dorato intenso con delicate venature verdi, limpido. Al naso si apre sottile e composto, dotato di sentori vegetali di carciofo e cicoria selvatica, cui si accompagnano toni di erbe aromatiche, con ricordo di menta e basilico. In bocca è morbido e armonico, con note di lattuga di campo e netta chiusura di mandorla. Amaro e piccante presenti e ben espressi, con finale dolce in rilievo. È perfetto per antipasti di pomodori, insalate di legumi, marinate di ricciola, verdure al forno, zuppe di ceci, primi piatti con salmone, molluschi gratinati, tartare di ricciola, coniglio arrosto, pollame ai ferri, formaggi freschi a pasta filata.

We welcome the first appearance in our Guide of the farm owned by Moris Vareško, founded in the early 2000s in Krnica, in the favourable district of Marčana. The estate consists of a 5-hectare olive surface with 1,500 trees of typical cultivars, which produced 50 quintals of olives in the last harvest, equal to almost 7 hectolitres of extra virgin olive oil. The selection proposed to the panel is the Extra Virgin Aurora from Organic Farming, which is a beautiful intense limpid golden yellow colour with delicate green hues. Its aroma is fine and delicate, endowed with vegetal hints of artichoke and wild chicory, together with notes of aromatic herbs, especially mint and basil. Its taste is mellow and harmonic, with notes of country lettuce and a distinct almond finish. Bitterness and pungency are present and distinct, with evident sweetness. It would be ideal on tomato appetizers, legume salads, marinated amberjack, baked vegetables, chickpea soups, pasta with salmon, mussels au gratin, amberjack tartare, roast rabbit, grilled poultry, mozzarella cheese.

Croazia Croatia [HR] Istra

O.P.G. Rakovac
Uljca Vidikovac, 68
52100 Pula
Tel.: +385 52 880666
E-mail: info@opg-rakovac.hr - Web: www.opg-rakovac.hr

86 ⬆

- 263 m
- Promiscuo / Promiscuous
- Vaso / Vase
- Brucatura a mano / Hand picking
- No - Ciclo continuo / No - Continuous cycle
- Leccino (40%), buža (30%), frantoio (10%), istarska bjelica (10%), pendolino (10%)
- Fruttato medio / Medium fruity
- da 10,01 a 12,00 € - 500 ml / from € 10.01 to 12.00 - 500 ml

Continuiamo a segnalare questa realtà giovane che seguita a crescere nel pur nutrito panorama del comprensorio di Poreč. Vedrana Rakovac è oggi alla guida di una piccola proprietà, creata nel 2010 da Mladen Rakovac, che comprende 2 ettari dedicati all'oliveto sul quale si sviluppano 550 piante. Nella trascorsa campagna da un raccolto di 70 quintali di olive sono stati ricavati quasi 9 ettolitri di olio. La selezione proposta dall'azienda all'attenzione del panel è l'ottimo Extravergine Bilini che si presenta alla vista di un bel colore giallo dorato intenso con delicate sfumature verdi, limpido. All'olfatto si apre ampio e avvolgente, dotato di sentori fruttati di pomodoro acerbo, banana e mela bianca, cui si accompagnano note aromatiche di basilico, menta e prezzemolo. Al palato è elegante e complesso, con toni vegetali di cicoria, lattuga di campo e sedano. Amaro e piccante presenti e dosati, con finale dolce in rilievo. Perfetto su bruschette con verdure, insalate di orzo, marinate di salmone, patate al cartoccio, passati di fagioli, risotto con carciofi, gamberi in guazzetto, tartare di ricciola, pollame o carni di agnello al forno, formaggi freschi a pasta filata.

Present again in our Guide, this young farm, created in 2010 by Mladen Rakovac, excels in the district of Poreč, an area with many good oil producers. Today Vedrana Rakovac runs a small estate including 2 hectares of olive grove with 550 trees. In the last harvest 70 quintals of olives were produced, which allowed to yield almost 9 hectolitres of extra virgin olive oil. The selection proposed to the panel is the very good Extra Virgin Bilini, which is a beautiful intense limpid golden yellow colour with delicate green hues. Its aroma is ample and rotund, endowed with fruity hints of unripe tomato, banana and white apple, together with aromatic notes of basil, mint and parsley. Its taste is elegant and complex, with a vegetal flavour of chicory, country lettuce and celery. Bitterness and pungency are present and complimentary, with evident sweetness. It would be ideal on bruschette with vegetables, barley salads, marinated salmon, baked potatoes, bean purée, risotto with artichokes, stewed shrimps, amberjack tartare, baked poultry or lamb, mozzarella cheese.

Croazia Croatia [HR] Istra

Negri Olive

Trget - Reburići, 56
52224 Raša
Tel.: +385 52 875280 - Fax: +385 52 875280
E-mail: info@negri-olive.com - Web: www.negri-olive.com

96

197 m

Specializzato
Specialized

Vaso
Vase

Brucatura a mano
Hand picking

No - Ciclo continuo
No - Continuous cycle

Leccino (70%), buža (10%), istarska bjelica (10%), pendolino (10%)

Fruttato medio
Medium fruity

da 18,01 a 22,00 € - 500 ml
from € 18.01 to 22.00 - 500 ml

Decisamente orientati verso l'alta qualità, William e Anessa Negri migliorano la loro già splendida posizione nella nostra Guida. La loro azienda si trova a Trget, nel comune di Raša, lungo la costa orientale della Penisola Istriana. Qui i due continuano una nobile tradizione di famiglia e sono al timone, dal 2001, di una tenuta che oggi comprende 8 ettari di oliveto con 2.500 piante. Da queste sono stati raccolti quest'anno 600 quintali di olive, pari a una resa di quasi 66 ettolitri di olio. Segnaliamo l'eccellente Extravergine Negri, di un bel colore giallo dorato intenso con leggere sfumature verdi, limpido. All'olfatto si apre ampio e avvolgente, ricco di sentori vegetali di carciofo e cicoria, affiancati da netti toni di erbe officinali, con menta e rosmarino in rilievo. In bocca è fine e di personalità, con note di lattuga, salvia e ricordo marcato di mandorla e cannella. Amaro spiccato e piccante deciso ed equilibrato. Ottimo su antipasti di fagioli, carpaccio di salmone, insalate di pomodori, patate al cartoccio, zuppe di farro, primi piatti con molluschi, rombo al forno, tartare di ricciola, coniglio arrosto, pollame alla griglia, formaggi freschi a pasta filata.

Another splendid result for William and Anessa Negri, who always aim at high quality. Their farm is situated in Trget, in the municipality of Raša, along the eastern coast of the Istrian peninsula. Here they carry on a noble family tradition and since 2001 have been running 8 hectares of olive grove with 2,500 trees. In the last harvest 600 quintals of olives were produced, equal to a yield of almost 66 hectolitres of oil. We recommend the excellent selection proposed, the Extra Virgin Negri, which is a beautiful intense limpid golden yellow colour with slight green hues. Its aroma is ample and rotund, rich in vegetal hints of artichoke and chicory, together with distinct notes of officinal herbs, especially mint and rosemary. Its taste is fine and strong, with a flavour of lettuce, sage and a strong note of almond and cinnamon. Bitterness is distinct and pungency is definite and well balanced. It would be ideal on bean appetizers, salmon carpaccio, tomato salads, baked potatoes, farro soups, pasta with mussels, baked turbot, amberjack tartare, roast rabbit, grilled poultry, mozzarella cheese.

Croazia Croatia [HR] Istra

O.P.G. Dario Činić

Sveta Cecilija - Centener, 52
52210 Rovinj
Tel.: +385 52 830533
E-mail: dario.cinic@rovinj.hr

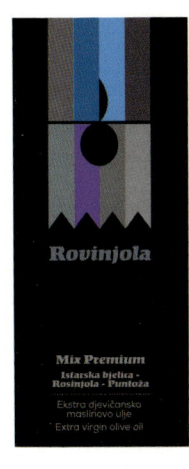

90

70 m

Specializzato
Specialized

Vaso pugliese
Apulia vase

Brucatura a mano
Hand picking

No - Ciclo continuo
No - Continuous cycle

Istarska bjelica (60%), rošinjola (30%),
buža puntoža (10%)

Fruttato intenso
Intense fruity

da 18,01 a 22,00 € - 500 ml
from € 18.01 to 22.00 - 500 ml

Ancora progressi per l'azienda di Dario Činić che raggiunge un traguardo importante. Fondata nel 2004 nella rinomata località turistica di Rovinj, vanta un patrimonio olivicolo che comprende oggi una superficie specializzata di 4 ettari sulla quale trovano dimora mille piante. Da queste, nella recente campagna, sono stati ricavati 65 quintali di olive che hanno fruttato una produzione di quasi 7 ettolitri di olio. Segnaliamo l'etichetta proposta al panel, l'eccellente Extravergine Rovinjola - Mix Premium che appare alla vista di un bel colore giallo dorato intenso con lievi nuance verdi, limpido. Al naso è deciso e avvolgente, ricco di sentori vegetali di carciofo, cardo e cicoria, cui si affiancano note speziate di pepe nero e ricordo di mandorla acerba. Al palato è fine e di carattere, con toni di lattuga di campo e ricordo balsamico di erbe officinali, con menta e rosmarino in rilievo. Amaro deciso e piccante spiccato e armonico. Ideale su antipasti di tonno, carpaccio di pesce spada, insalate di funghi porcini, radicchio ai ferri, passati di lenticchie, primi piatti con salsiccia, polpo bollito, cacciagione di piuma o pelo alla griglia, formaggi stagionati a pasta dura.

Present again in our Guide with a result showing its progress, the farm owned by Dario Činić was founded in 2004 in Rovinj, a well known tourist resort in Istria. The estate includes 4 hectares of specialized olive grove with 1,000 trees. In the last harvest 65 quintals of olives were produced, equal to a yield of almost 7 hectolitres of extra virgin olive oil. We recommend the selection proposed to the panel, the excellent Extra Virgin Rovinjola - Mix Premium, which is a beautiful intense limpid golden yellow colour with slight green hues. Its aroma is definite and rotund, rich in vegetal hints of artichoke, thistle and chicory, together with spicy notes of black pepper and a note of unripe almond. Its taste is fine and strong, with a flavour of country lettuce and fragrant notes of officinal herbs, especially mint and rosemary. Bitterness is definite and pungency is distinct and harmonic. It would be ideal on tuna appetizers, swordfish carpaccio, porcini mushroom salads, grilled radicchio, lentil purée, pasta with sausages, boiled octopus, grilled game birds or animals, hard mature cheese.

Croazia Croatia [HR] Istra

Dobravac

Karmelo, 1
52210 Rovinj
Tel.: +385 52 813006
E-mail: info@villa-dobravac.com - Web: www.villa-dobravac.com

88

- 40 m
- **Specializzato** / Specialized
- **Vaso libero, vaso policonico** / Free vase, polyconic vase
- **Brucatura a mano** / Hand picking
- **No - Ciclo continuo** / No - Continuous cycle
- Istarska bjelica (40%), leccino (25%), buža (20%), pendolino (15%)
- **Fruttato medio** / Medium fruity
- da 10,01 a 12,00 € - 500 ml / from € 10.01 to 12.00 - 500 ml

I risultati delle degustazioni confermano l'ottima posizione raggiunta da questa bella realtà di Rovinj. Damir Dobravac fonda nel 1960 la struttura, continuando una tradizione agricola familiare che originariamente consisteva nella produzione di frutta e verdura, e in seguito si è arricchita con l'impianto di vigneto, oliveto e con l'attività turistica. Oggi è alla guida di 4 ettari di superficie con 1.100 piante che, nella trascorsa campagna, hanno reso un raccolto di 200 quintali di olive e una produzione di 20 ettolitri di olio. Segnaliamo l'Extravergine OL che appare alla vista di un bel colore giallo dorato intenso con lievi nuance verdi, limpido. Al naso è ampio e avvolgente, con sentori di carciofo e cicoria, cui si aggiungono note di erba fresca falciata e sfumature di mandorla. Al gusto è fine e pulito, con toni vegetali di lattuga e ricordo balsamico di menta e rosmarino. Amaro e piccante presenti e dosati, con finale dolce in rilievo. Ideale su bruschette con verdure, insalate di orzo, marinate di salmone, patate al cartoccio, passati di fagioli, primi piatti con molluschi, pesci alla piastra, tonno arrosto, pollame o carni di agnello al forno, formaggi caprini.

P resent again in our Guide with a good result, Dobravac in Rovinj is a beautiful farm founded by Damir Dobravac in 1960, following the familiar agricultural tradition, which originally consisted in the production of fruit and vegetables, then also included a vineyard, an olive grove and tourist accommodation. Today Damir runs 4 hectares of surface with 1,100 trees. In the last harvest 200 quintals of olives were produced, equal to a yield of 20 hectolitres of oil. We recommend the selection proposed, the Extra Virgin OL, which is a beautiful intense limpid golden yellow colour with slight green hues. Its aroma is ample and rotund, with hints of artichoke and chicory, together with notes of freshly mown grass and almond. Its taste is fine and clean, with a vegetal flavour of lettuce and a fragrant note of mint and rosemary. Bitterness and pungency are present and complimentary, with a sweet finish. It would be ideal on bruschette with vegetables, barley salads, marinated salmon, baked potatoes, bean purée, pasta with mussels, pan-seared fish, roast tuna, baked poultry or lamb, goat cheese.

Croazia Croatia [HR] Istra

O.P.G. Juraj Mastilović

Sarižol - Sarižol, 11
52210 Rovinj
E-mail: stancija.collis@gmail.com - Web: www.stancija-collis.com

85

- 100 m
- Specializzato / Specialized
- Vaso aperto / Open vase
- Brucatura a mano / Hand picking
- No - Ciclo continuo / No - Continuous cycle
- Buža (30%), leccino (30%), pendolino (20%), rošinjola (20%)
- Fruttato medio / Medium fruity
- da 12,01 a 15,00 € - 500 ml / from € 12.01 to 15.00 - 500 ml

La storia di quest'azienda inizia alla fine degli anni Novanta quando la famiglia Mastilović si stabilisce su una collina panoramica e vi costruisce una casa immersa tra vigneti e oliveti. Oggi il casale Collis è un accogliente agriturismo dove è possibile degustare vino, latte d'asina e, naturalmente, olio extravergine proveniente da 500 olivi coltivati su un ettaro di impianto specializzato. Quest'anno il raccolto ha fruttato 50 quintali di olive che hanno prodotto 5 ettolitri di olio. La selezione proposta per la Guida è l'Extravergine Collis, ottimo. Di un bel colore giallo dorato intenso con marcate venature verdi, limpido; al naso si apre ampio e avvolgente, ricco di sentori vegetali di carciofo e cicoria selvatica, cui si affiancano toni aromatici di menta e rosmarino. Elegante e di carattere al palato, sprigiona note di lattuga di campo e chiude con ricordo di pepe nero e mandorla acerba. Amaro ben spiccato e piccante deciso e armonico. Ideale su antipasti di pomodori, insalate di legumi, marinate di salmone, verdure ai ferri, passati di orzo, primi piatti con asparagi, molluschi gratinati, tartare di ricciola, pollame o carni di agnello al forno, formaggi caprini.

The story of this farm started in the late 90s, when the family Mastilović settled on a panoramic hill and built a house surrounded by vineyards and olive groves. Today the Collis farmhouse is a welcoming place, where it is possible to taste wine, donkey milk and, of course, extra virgin olive oil. The specialized olive grove covers one hectare with 500 trees. In the last harvest 50 quintals of olives were produced, with a yield of 5 hectolitres of oil. The selection proposed to the Guide is the very good Extra Virgin Collis, which is a beautiful intense limpid golden yellow colour with strong green hues. Its aroma is ample and rotund, rich in vegetal hints of artichoke and wild chicory, together with aromatic notes of mint and rosemary. Its taste is elegant and strong, with a flavour of country lettuce and final notes of black pepper and unripe almond. Bitterness is distinct and pungency is definite and harmonic. It would be ideal on tomato appetizers, legume salads, marinated salmon, grilled vegetables, barley purée, pasta with asparagus, mussels au gratin, amberjack tartare, baked poultry or lamb, goat cheese.

Croazia Croatia [HR] Istra

O.P.G. Nadišić - Olea Magica

Rovinjsko Selo - Kirinka
52210 Rovinj
Tel.: +385 52 830746
E-mail: oleamagica@gmail.com - Web: www.oleamagica.com

86 ZOI

- 140 m
- Specializzato / Specialized
- Vaso policonico / Polyconic vase
- Brucatura a mano / Hand picking
- No - Ciclo continuo / No - Continuous cycle
- Buža (60%), istarska bjelica (20%), rošinjola (20%)
- Fruttato medio / Medium fruity
- da 12,01 a 15,00 € - 500 ml / from € 12.01 to 15.00 - 500 ml

Cresce di livello e migliora la sua posizione in Guida. Olea Magica è il brand scelto dalla famiglia Nadišić per rimarcare le doti dell'oro liquido e per sottolineare come le scelte aziendali siano decisamente orientate all'alta qualità. Su una superficie di 2 ettari in località Kirinka crescono attualmente 500 piante dalle quali, nella trascorsa campagna, Ardiano Nadišić ha ricavato un raccolto di 50 quintali di olive, pari a una produzione di 5 ettolitri di olio. La selezione proposta è l'Extravergine Olea Magica Dop Istra che appare alla vista di un bel colore giallo dorato intenso con delicate sfumature verdi, limpido. Al naso è ampio e avvolgente, ricco di sentori vegetali di carciofo, cicoria e lattuga, affiancati da note aromatiche di basilico, menta e prezzemolo. Fine e complesso in bocca, sprigiona toni di lattuga di campo e ricordo finale di pepe nero e mandorla. Amaro deciso e piccante spiccato e ben armonizzato. Perfetto su antipasti di farro, carpaccio di salmone, insalate di pomodori, patate al cartoccio, passati di fagioli, risotto con carciofi, gamberi in guazzetto, seppie alla griglia, coniglio arrosto, pollame al forno, formaggi freschi a pasta filata.

Present again in our Guide with a result showing its progress, Olea Magica is the brand chosen by the family Nadišić to highlight the qualities of liquid gold and to emphasize how the farm choices are decidedly oriented towards high quality. The estate is located in Kirinka and currently consists of a 2-hectare surface with 500 trees. In the last harvest Ardiano Nadišić produced 50 quintals of olives, equal to a yield of 5 hectolitres of extra virgin olive oil. The selection proposed to the panel is the Extra Virgin Olea Magica Pdo Istra, which is a beautiful intense limpid golden yellow colour with delicate green hues. Its aroma is ample and rotund, rich in vegetal hints of artichoke, chicory and lettuce, together with aromatic notes of basil, mint and parsley. Its taste is fine and complex, with a flavour of country lettuce and a final note of black pepper and almond. Bitterness is definite and pungency is distinct and harmonic. It would be ideal on farro appetizers, salmon carpaccio, tomato salads, baked potatoes, bean purée, risotto with artichokes, stewed shrimps, grilled cuttlefish, roast rabbit, baked poultry, mozzarella cheese.

Croazia Croatia [HR] Istra

O.P.G. Guido Zanini

Barat - Zagrebačka, 14/a
52210 Rovinj
Tel.: +385 52 813537 - Fax: +385 52 811020
E-mail: eltelrovinj@gmail.com

90

200 m

Specializzato
Specialized

Vaso libero, vaso policonico
Free vase, polyconic vase

Brucatura a mano
Hand picking

No - Ciclo continuo
No - Continuous cycle

Buža

Fruttato medio
Medium fruity

da 8,01 a 10,00 € - 500 ml
from € 8.01 to 10.00 - 500 ml

Non smette di brillare la stella dell'azienda Zanini che continuiamo a segnalare come un'interessante realtà produttiva del comprensorio di Rovinj, uno dei centri turistici più famosi dell'Istria. Alla sua conduzione, dal 1989, c'è Guido Zanini che cura una superficie di poco più di 3 ettari di oliveto specializzato con 750 piante. Nella recente campagna queste hanno fruttato un raccolto di 100 quintali di olive, per una resa in olio di 13 ettolitri. Ottima l'etichetta proposta, l'Extravergine monocultivar Zanini - Buža che si presenta alla vista di colore giallo dorato intenso con delicate tonalità verdi, limpido. All'olfatto si apre pulito e avvolgente, intriso di sentori fruttati di pomodoro acerbo, banana e mela bianca, cui si accompagnano toni balsamici di basilico, menta e prezzemolo. Elegante e armonico in bocca, si arricchisce di sfumature vegetali di lattuga e sedano. Amaro ben spiccato e piccante deciso ed equilibrato. Abbinamento ideale con bruschette con verdure, insalate di orzo, marinate di salmone, patate al cartoccio, passati di fagioli, risotto con carciofi, gamberi in guazzetto, seppie in umido, coniglio arrosto, pollame ai ferri, formaggi caprini.

Another brilliant performance for O.P.G Guido Zanini, an interesting oil farm situated in the district of Rovinj, one of the most popular tourist resorts in Istria. Since 1989 it has been run by Guido Zanini, who manages a surface of little more than 3 hectares of specialized olive grove with 750 trees. In the last harvest 100 quintals of olives were produced, equal to a yield of 13 hectolitres of extra virgin olive oil. We recommend the very good selection proposed, the Monocultivar Extra Virgin Zanini - Buža, which is an intense limpid golden yellow colour with delicate green hues. Its aroma is clean and rotund, endowed with fruity hints of unripe tomato, banana and white apple, together with fragrant notes of basil, mint and parsley. Its taste is elegant and harmonic, enriched by a vegetal flavour of lettuce and celery. Bitterness is distinct and pungency is definite and well balanced. It would be ideal on bruschette with vegetables, barley salads, marinated salmon, baked potatoes, bean purée, risotto with artichokes, stewed shrimps, stewed cuttlefish, roast rabbit, grilled poultry, goat cheese.

Croazia Croatia [HR] Istra

Monte Rosso

Crveni Vrh, 38
52475 Savudrija
E-mail: info@monterossoistra.com - Web: www.monterossoistra.com

93

20/50 m

Promiscuo e specializzato
Promiscuous and specialized

Monocono
Monocone

Brucatura a mano
Hand picking

No - Ciclo continuo
No - Continuous cycle

Istarska bjelica (50%), leccino (50%)

Fruttato medio
Medium fruity

da 18,01 a 22,00 € - 500 ml
from € 18.01 to 22.00 - 500 ml

Un bel balzo in avanti per Monte Rosso, l'azienda fondata nel 2009 da Davor Duboković e collocata nel vocato comprensorio di Umag. Il patrimonio è composto da una tenuta più ampia nell'ambito della quale 40 ettari sono dedicati all'oliveto specializzato, con 14mila piante messe a dimora, progressivamente in produzione. Nella recente campagna il raccolto ha fruttato 880 quintali di olive, pari a una resa in olio di 94 ettolitri. Due gli Extravergine Monte Rosso proposti al panel, impeccabili: Premium e Grand Selection. Scegliamo il secondo che si presenta alla vista di un bel colore giallo dorato intenso, limpido. Al naso si apre ampio e avvolgente, ricco di sentori vegetali di carciofo e cicoria selvatica, cui si affiancano nette note balsamiche di menta, salvia e rosmarino. Al palato è complesso e armonico, con toni di lattuga di campo e chiusura di pepe nero e mandorla. Amaro deciso e piccante spiccato e ben equilibrato. È eccellente per antipasti di farro, fagioli bolliti, insalate di pomodori, patate alla brace, zuppe di funghi finferli, primi piatti con salmone, molluschi gratinati, tartare di tonno, pollame o carni di agnello al forno, formaggi freschi a pasta filata.

Present again in our Guide with a result showing its great progress, Monte Rosso is the name of the farm founded in 2009 by Davor Duboković in the favourable district of Umag. The estate consists of a larger area, 40 hectares of which are destined to specialized olive grove with 14,000, not entirely productive, trees. In the last harvest 880 quintals of olives were produced, equal to a yield of 94 hectolitres of extra virgin olive oil. There are two excellent Extra Virgin selections Monte Rosso, Premium and Grand Selection, which we recommend. It is a beautiful intense limpid golden yellow colour. Its aroma is ample and rotund, rich in vegetal hints of artichoke and wild chicory, together with distinct fragrant notes of mint, sage and rosemary. Its taste is complex and harmonic, with a flavour of country lettuce and a final note of black pepper and almond. Bitterness is definite and pungency is distinct and well balanced. It would be ideal on farro appetizers, boiled beans, tomato salads, barbecued potatoes, chanterelle mushroom soups, pasta with salmon, mussels au gratin, tuna tartare, baked poultry or lamb, mozzarella cheese.

Croazia Croatia [HR] Istra

O.P.G. Turinela
Mali Turini, 23
52231 Sveta Nedelja
E-mail: turinela.brand@gmail.com

TURINELA
extra virgin olive oil
early harvest
PREMIUM BLEND
Product of Croatia, Istria Region

85

247 m

Promiscuo
Promiscuous

Vaso policonico
Polyconic vase

Brucatura a mano
Hand picking

No - Ciclo continuo
No - Continuous cycle

Istarska bjelica (25%), leccino (25%), pendolino (25%), buža (15%), oblica (10%)

Fruttato medio
Medium fruity

da 10,01 a 12,00 € - 500 ml
from € 10.01 to 12.00 - 500 ml

I primi olivi furono piantati nel 2011 nella proprietà appartenente da generazioni alla famiglia Volarević. Oggi il testimone è nelle mani di Aurora che gestisce, con l'aiuto di parenti e amici, una tenuta comprendente 2 ettari di oliveto con 450 alberi messi a dimora. Nella trascorsa campagna il raccolto ha fruttato 16 quintali di olive e un po' più di 2 ettolitri di olio. L'etichetta proposta al panel è l'ottimo Extravergine Turinela che prende il nome dal luogo dove si trovano le piante. Si presenta alla vista di un bel colore giallo dorato intenso con delicate sfumature verdi, limpido; al naso si apre ampio e avvolgente, ricco di sentori fruttati di pomodoro acerbo e mela bianca, cui si accompagnano note balsamiche di basilico e menta. In bocca è fine e vegetale, con toni di cicoria, carciofo e lattuga; e chiude con ricordo speziato di pepe nero e mandorla. Amaro e piccante presenti e dosati, con finale dolce in rilievo. È perfetto su bruschette con verdure, insalate di orzo, marinate di salmone, patate al cartoccio, zuppe di ceci, risotto con carciofi, molluschi gratinati, tartare di ricciola, coniglio arrosto, pollame alla piastra, formaggi freschi a pasta filata.

T he first olive trees were planted in 2011 on the estate owned by the family Volarević for generations. Today Aurora, with the support of relatives and friends, runs 2 hectares of olive grove with 450 trees. In the last harvest 16 quintals of olives were produced, with a yield of little more than 2 hectolitres of extra virgin olive oil. The selection proposed to the panel is the very good Extra Virgin Turinela, which takes its name from the place where the trees are situated. It is a beautiful intense limpid golden yellow colour with delicate green hues. Its aroma is ample and rotund, rich in fruity hints of unripe tomato and white apple, together with fragrant notes of basil and mint. Its taste is fine and vegetal, with a flavour of chicory, artichoke and lettuce and a spicy finish of black pepper and almond. Bitterness and pungency are present and complimentary, with evident sweetness. It would be ideal on bruschette with vegetables, barley salads, marinated salmon, baked potatoes, chickpea soups, risotto with artichokes, mussels au gratin, amberjack tartare, roast rabbit, pan-seared poultry, mozzarella cheese.

Croazia Croatia [HR] Istra

O.P.G. Stanić - Latini Taste Local

Bankovići - Bankovići, 48
52342 Svetvinčenat
Tel.: +385 52 579012
E-mail: latini.tastelocal@gmail.com

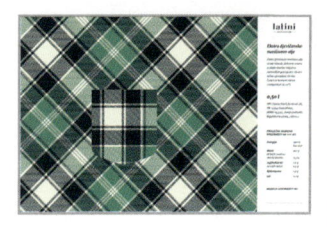

82

290 m

Specializzato
Specialized

Vaso aperto
Open vase

Brucatura a mano
Hand picking

No - Ciclo continuo
No - Continuous cycle

Leccino (70%), istarska bjelica (10%), pendolino (10%), rošinjola (6%), buža, coratina (4%)

Fruttato medio
Medium fruity

da 10,01 a 12,00 € - 500 ml
from € 10.01 to 12.00 - 500 ml

Le origini di quest'azienda risalgono alla fine dell'Ottocento quando Tone, un antenato dell'attuale titolare che prestava manodopera occasionale presso alcuni proprietari terrieri italiani, ricevette come compenso giornaliero una camicia di plaid, gesto che gli valse lo stesso appellativo con il quale quelli erano conosciuti localmente: i "Latini". Da qui oggi il nome del brand, nonché la scelta di vestire con un motivo a quadri la bottiglia dell'olio ricavato da 250 olivi coltivati su quasi un ettaro di impianto che hanno reso quest'anno circa 14 quintali di olive e quasi 2 ettolitri di olio. L'Extravergine Latini è di un bel colore giallo dorato intenso con lievi riflessi verdi, limpido. Al naso è ampio e avvolgente, con sentori vegetali di carciofo e cicoria, affiancati da toni aromatici di menta e rosmarino. Fine e complesso in bocca, sa di lattuga e chiude con note di pepe nero e mandorla. Amaro e piccante presenti e dosati. Ideale su maionese, antipasti di funghi finferli, carpaccio di orata, insalate di riso, marinate di gallinella, zuppe di piselli, risotto con asparagi, rombo al cartoccio, tartare di dentice, formaggi freschi a pasta molle, biscotti da forno.

The origins of this farm date back to the late 19th century, when Tone, an ancestor of the current owner, who worked occasionally for some Italian landowners, received a plaid shirt as a daily allowance. For this reason, he was nicknamed "Latini", as the Italians were known locally. Hence the name of the brand today, as well as the choice of dressing the bottle of oil with a checkered pattern. The olive grove takes up almost one hectare with 250 trees, which produced about 14 quintals of olives and almost 2 hectolitres of oil in the last harvest. The Extra Virgin selection Latini is a beautiful intense limpid golden yellow colour with slight green hues. Its aroma is ample and rotund, with vegetal hints of artichoke and chicory, together with aromatic notes of mint and rosemary. Its taste is fine and complex, with a flavour of lettuce and a finish of black pepper and almond. Bitterness and pungency are present and complimentary. It would be ideal on mayonnaise, chanterelle mushroom appetizers, gilthead carpaccio, rice salads, marinated piper, pea soups, risotto with asparagus, turbot baked in parchment paper, sea bream tartare, soft fresh cheese, oven cookies.

Croazia Croatia [HR] Istra

O.P.G. Filip Čeko

Finida - Labinske Republike, 10
52470 Umag
Tel.: +385 52 751801
E-mail: info@sapparis.com - Web: www.sapparis.com

89

- 20 m
- **Specializzato** / Specialized
- **Vaso** / Vase
- **Meccanica** / Mechanical harvesting
- **No - Ciclo continuo** / No - Continuous cycle
- Crnica (90%), rošinjola (10%)
- **Fruttato medio** / Medium fruity
- da 10,01 a 12,00 € - 500 ml / from € 10.01 to 12.00 - 500 ml

Brillante performance dell'azienda Čeko che nasce più di venti anni fa - è stata fondata nel 2000 - a Umag, uno dei centri marittimi più affascinanti dell'Istria. Oggi Filip Čeko è alla guida di una superficie che si estende per quasi 8 ettari destinati all'oliveto specializzato, con 2.100 piante messe a dimora. Queste, nella recente campagna, hanno fruttato un raccolto di 100 quintali di olive che, una volta molite, hanno reso una produzione di 12 ettolitri di olio. Segnaliamo l'ottimo Extravergine Sapparis che si presenta alla vista di un bel colore giallo dorato intenso con delicate sfumature verdi, limpido. All'olfatto si apre ampio e avvolgente, ricco di sentori vegetali di carciofo, lattuga di campo e cicoria, cui si affiancano toni balsamici di menta e rosmarino. In bocca è elegante e complesso, con note speziate di pepe nero e netto ricordo di mandorla in chiusura. Amaro deciso e piccante spiccato e ben armonizzato. Eccellente accompagnamento per antipasti di pomodori, insalate di fagioli, legumi bolliti, patate al cartoccio, zuppe di orzo, primi piatti con molluschi, gamberi in guazzetto, tartare di tonno, pollame o carni di agnello al forno, formaggi caprini.

Another brilliant performance for the farm Čeko, which was founded over twenty years ago - in 2000 - in Umag, one of the most charming seaside resorts in Istria. Today Filip Čeko runs an estate stretching over almost 8 hectares of specialized olive grove with 2,100 trees. In the last harvest 100 quintals of olives were produced, which, once crushed, yielded 12 hectolitres of extra virgin olive oil. We recommend the very good Extra Virgin selection Sapparis, which is a beautiful intense limpid golden yellow colour with delicate green hues. Its aroma is ample and rotund, rich in vegetal hints of artichoke, country lettuce and chicory, together with fragrant notes of mint and rosemary. Its taste is elegant and complex, with a spicy flavour of black pepper and a distinct final note of almond. Bitterness is definite and pungency is distinct and harmonic. It would be ideal on tomato appetizers, bean salads, boiled legumes, baked potatoes, barley soups, pasta with mussels, stewed shrimps, tuna tartare, baked poultry or lamb, goat cheese.

Croazia Croatia [HR] Istra

Mate

Zambratija - Romanija, 60/a
52475 Savudrija (Umag)
Tel.: +385 52 759281 - Fax: +385 52 759281
E-mail: orna@mateoliveoil.com - Web: www.mateoliveoil.com

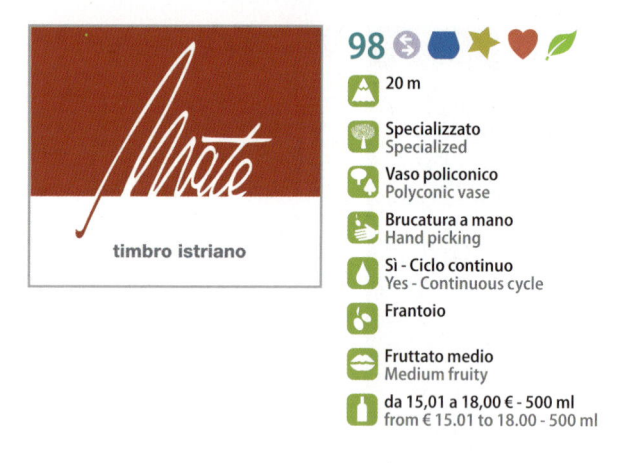

98

timbro istriano

- 20 m
- **Specializzato** / Specialized
- **Vaso policonico** / Polyconic vase
- **Brucatura a mano** / Hand picking
- **Sì - Ciclo continuo** / Yes - Continuous cycle
- **Frantoio**
- **Fruttato medio** / Medium fruity
- **da 15,01 a 18,00 € - 500 ml** / from € 15.01 to 18.00 - 500 ml

Ha compiuto nel tempo un percorso di crescita che tocca tutti i livelli della filiera: quest'anno il suo è il Migliore Olio Extravergine di Oliva - Qualità/Packaging. Creata da Mate Vekić il quale matura la sua esperienza in Toscana, quest'azienda è oggi nelle mani di Aleksandra che guida una struttura a tutto campo, con una moderna linea di estrazione e imbottigliamento e un patrimonio di tutto rispetto: 69 ettari con 27mila piante dalle quali sono stati raccolti 1.514 quintali di olive che, con i 229 acquistati, hanno reso circa 224 ettolitri di olio. Tre gli Extravergine da Agricoltura Biologica: Viola Tonda, Trasparenza Marina e l'eccellente Timbro Istriano, giallo dorato intenso con nuance verdoline, limpido. Al naso è ampio e avvolgente, con sentori di carciofo e cicoria, affiancati da note di menta, rosmarino e salvia. In bocca è fine e complesso, con toni speziati di cannella, pepe nero e mandorla. Amaro spiccato e piccante deciso. Ideale su antipasti di polpo, carpaccio di tonno, insalate di spinaci, radicchio alla griglia, zuppe di fagioli, primi piatti con salsiccia, pesce azzurro gratinato, cacciagione di piuma o pelo alla brace, formaggi stagionati a pasta dura.

This farm has progressed considerably in all sectors of the production chain: this year it is, in fact, The Best Extra Virgin Olive Oil - Quality/Packaging. Founded by Mate Vekić, who gained his experience in Tuscany, today it is run by Aleksandra, who has supplied it with modern extraction and bottling systems and owns a relevant number of trees, 27,000, on 69 hectares of surface. In the last harvest almost 1,514 quintals of olives were produced and 229 purchased, with a yield of about 224 hectolitres of oil. There are three Extra Virgin from Organic Farming, Viola Tonda, Trasparenza Marina and the excellent Timbro Istriano, which is an intense limpid golden yellow colour with light green hues. Its aroma is ample and rotund, with hints of artichoke and chicory, together with notes of mint, rosemary and sage. Its taste is fine and complex, with a spicy flavour of cinnamon, black pepper and almond. Bitterness is distinct and pungency is definite. It would be ideal on octopus appetizers, tuna carpaccio, spinach salads, grilled radicchio, bean soups, pasta with sausages, blue fish au gratin, barbecued game birds or animals, hard mature cheese.

Croazia Croatia [HR] Istra

O.P.G. Enio Zubin
Buščina, 18/b
52470 Umag
Tel.: +385 52 732100 - Fax: +385 52 732101
E-mail: enio.zubin@pu.t-com.hr - Web: www.oiodebuscina.com

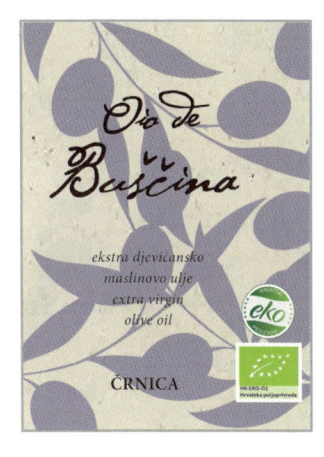

97

100 m

Specializzato
Specialized

Cespuglio, vaso policonico
Bush, polyconic vase

Brucatura a mano e meccanica
Hand picking and mechanical harvesting

No - Ciclo continuo
No - Continuous cycle

Crnica

Fruttato medio
Medium fruity

da 10,01 a 12,00 € - 500 ml
from € 10.01 to 12.00 - 500 ml

ekstra djevicansko
maslinovo ulje
extra virgin
olive oil

CRNICA

Q uest'azienda ha raggiunto negli anni un livello che la equipara ad altre realtà top internazionali. Non si smentisce, anzi continua a emozionarci con il suo prodotto di punta. Merito di Enio Zubin, al timone dal 2000 della sua tenuta di Umag, cittadina e porto a nord-ovest della costa istriana. Parliamo di 40 ettari di impianto specializzato con 8mila olivi dai quali sono stati ricavati quest'anno 480 quintali di olive e 48 ettolitri di olio. L'ottimo Extravergine Oio de Buščina - Črnica da Agricoltura Biologica appare alla vista di un bel colore giallo dorato intenso con delicate tonalità verdi, limpido. Al naso è ampio e avvolgente, ricco di note vegetali di carciofo e cicoria selvatica, cui si aggiungono netti sentori di erbe officinali, con menta e rosmarino in evidenza. In bocca è elegante e di carattere, con toni di lattuga, pepe nero e marcato ricordo di mandorla in chiusura. Amaro deciso e piccante spiccato e armonico. È perfetto per antipasti di lenticchie, funghi porcini alla piastra, insalate di carciofi, marinate di tonno, zuppe di fagioli, primi piatti al ragù, pesce azzurro gratinato, agnello alla griglia, carni rosse arrosto, formaggi di media stagionatura.

T his farm has reached such a good level over the years to be one of the top in the world. Also the present performance is up to our expectations. Run by Enio Zubin since 2000, it is situated in Umag, a little town and port in the north-western part of the Istrian coast. The estate consists of 40 hectares of specialized olive grove with 8,000 trees. In the last harvest 480 quintals of olives and 48 hectolitres of oil were produced. We recommend the very good Extra Virgin selection Oio de Buščina - Črnica from Organic Farming, which is a beautiful intense limpid golden yellow colour with delicate green hues. Its aroma is ample and rotund, rich in vegetal notes of artichoke and wild chicory, together with distinct hints of officinal herbs, especially mint and rosemary. Its taste is elegant and strong, with a flavour of lettuce, black pepper and a strong almond finish. Bitterness is definite and pungency is distinct and harmonic. It would be ideal on lentil appetizers, seared porcini mushrooms, artichoke salads, marinated tuna, bean soups, pasta with meat sauce, blue fish au gratin, grilled lamb, roast red meat, medium mature cheese.

Croazia Croatia [HR] Istra

O.P.G. Loris Bajkin

Bajkini, 7
52447 Vižinada
Tel.: +385 52 446359
E-mail: opg.bajkin@gmail.com

88

200 m

Specializzato
Specialized

Vaso globoso
Globe

Brucatura a mano
Hand picking

No - Ciclo continuo
No - Continuous cycle

Buža (85%), rošinjola (10%), pendolino (5%)

Fruttato medio
Medium fruity

da 6,01 a 8,00 € - 250 ml
from € 6.01 to 8.00 - 250 ml

ekstra djevičansko maslinovo ulje
extra virgin olive oil
BUŽA

I risultati delle degustazioni confermano le potenzialità di quest'azienda che migliora il suo punteggio in Guida. Quella di Loris Bajkin è una giovane realtà creata nel 2013 nel comprensorio di Vižinada e il patrimonio olivicolo si compone di 950 alberi coltivati su 4 ettari che fanno parte di una tenuta più grande, di 5 ettari. Il raccolto della scorsa campagna ha fruttato 150 quintali di olive, pari a una produzione di 22 ettolitri di olio. La selezione sottoposta al giudizio del panel è l'ottimo Extravergine Bajkin che appare alla vista di un bel colore giallo dorato intenso con delicate sfumature verdi, limpido. Al naso si apre ampio e avvolgente, ricco di sentori fruttati di pomodoro acerbo, banana e mela bianca, cui si affiancano toni di erbe aromatiche, con ricordo di basilico e prezzemolo. Elegante e complesso in bocca, aggiunge note vegetali di sedano e lattuga di campo. Amaro deciso e piccante spiccato e ben armonizzato. Si accompagna molto bene a bruschette con verdure, insalate di orzo, marinate di salmone, patate al cartoccio, zuppe di farro, primi piatti con molluschi, gamberi in guazzetto, seppie in umido, pollame o carni di agnello al forno, formaggi caprini.

P resent again in our Guide with a result showing its progress, O.P.G. Loris Bajkin is a young farm founded in 2013 in the district of Vižinada and consists of a larger surface of 5 hectares, 4 of which are destined to olive grove with 950 trees. In the last harvest 150 quintals of olives were produced, equal to a yield of 22 hectolitres of extra virgin olive oil. The selection proposed to the panel is the very good Extra Virgin Bajkin, which is a beautiful intense limpid golden yellow colour with delicate green hues. Its aroma is ample and rotund, rich in fruity hints of unripe tomato, banana and white apple, together with notes of aromatic herbs, especially basil and parsley. Its taste is elegant and complex, with a vegetal flavour of celery and country lettuce. Bitterness is definite and pungency is distinct and harmonic. It would be ideal on bruschette with vegetables, barley salads, marinated salmon, baked potatoes, farro soups, pasta with mussels, stewed shrimps, stewed cuttlefish, baked poultry or lamb, goat cheese.

Croazia Croatia [HR] Istra

Uljara Baioco

Gališana - Michele della Vedova, 55
52216 Vodnjan
Tel.: +385 52 512473
E-mail: baioco@inet.hr - Web: www.uljara-baioco.hr

86

- 50/150 m
- **Specializzato** / Specialized
- **Vaso policonico** / Polyconic vase
- **Brucatura a mano** / Hand picking
- **Sì - Ciclo continuo** / Yes - Continuous cycle
- Istarska bjelica (40%), buža (30%), leccino (30%)
- **Fruttato medio** / Medium fruity
- da 10,01 a 12,00 € - 500 ml / from € 10.01 to 12.00 - 500 ml

Ritroviamo volentieri, e in gran forma, Uljara Baioco che si pone come obiettivo un extravergine che sia la sintesi del meglio di ieri con la nuova tradizione di oggi. Operante nel settore fin dal 1918, dal 1996 intraprende l'avventura della vendita e produzione propria. Attualmente i Đurić, peraltro molto attenti al rispetto per l'ambiente, gestiscono 5 ettari di oliveto con 1.600 piante e un frantoio di ultima generazione. Il recente raccolto ha fruttato 200 quintali di olive che, uniti agli altrettanti acquistati, hanno reso 48 ettolitri di olio. L'ottimo Extravergine Baioco - Cuvée da Agricoltura Biologica è di colore giallo dorato intenso con delicate sfumature verdi, limpido. Al naso si apre ampio e avvolgente, ricco di sentori balsamici di menta e rosmarino, cui si affiancano note speziate di pepe nero e ricordo di mandorla. Fine e vegetale al palato, sa di carciofo, cicoria e lattuga. Amaro spiccato e piccante deciso e armonico. Ideale su bruschette con pomodoro, carpaccio di tonno, insalate di spinaci, radicchio alla griglia, passati di lenticchie, primi piatti al ragù, pesce azzurro gratinato, carni rosse o cacciagione al forno, formaggi stagionati a pasta dura.

Present again in our Guide with a very good result, Uljara Baioco aims at creating extra virgin olive oil combining tradition and new techniques. Active in the sector since 1918, in 1996 the farm started its own production and sale. Today the Đurić, who are very interested in the respect for the environment, run 5 hectares of olive grove with 1,600 trees and an advanced extraction system. In the last harvest 200 quintals of olives were produced and 200 purchased, with a yield of 48 hectolitres of oil. The very good Extra Virgin Baioco - Cuvée from Organic Farming is a beautiful intense limpid golden yellow colour with delicate green hues. Its aroma is ample and rotund, rich in fragrant hints of mint and rosemary, together with spicy notes of black pepper and a note of almond. Its taste is fine and vegetal, with a flavour of artichoke, chicory and lettuce. Bitterness is distinct and pungency is definite and harmonic. It would be ideal on bruschette with tomatoes, tuna carpaccio, spinach salads, grilled radicchio, lentil purée, pasta with meat sauce, blue fish au gratin, baked red meat or game, hard mature cheese.

Croazia Croatia [HR] Istra

O.P.G. Matteo Belci

Mlinska, 7
52215 Vodnjan
Tel.: +385 52 511035
E-mail: info@meloto.com - Web: www.meloto.com

96

- 50/150 m
- Specializzato / Specialized
- Policono / Polycone
- Brucatura a mano / Hand picking
- No - Ciclo continuo / No - Continuous cycle
- Buža
- Fruttato medio / Medium fruity
- da 12,01 a 15,00 € - 500 ml / from € 12.01 to 15.00 - 500 ml

Ancora un brillante risultato per questa bella realtà che continua a convincere il nostro panel con un extravergine che è proprio il loro fiore all'occhiello. Fondata nel 1992 dai fratelli Livio e Lorenzo, quest'azienda di Vodnjan è oggi guidata dal giovane Matteo Belci. L'oliveto specializzato si estende per 12 ettari dove crescono 4mila piante, tra vecchi e nuovi impianti, dalle quali quest'anno sono stati raccolti 300 quintali di olive, pari a 35 ettolitri di olio. Segnaliamo l'Extravergine monocultivar Meloto - Buža, ottimo come sempre. Appare alla vista di un bel colore giallo dorato intenso con delicate sfumature verdi, limpido. Al naso si apre pulito e avvolgente, intriso di sentori di pomodoro acerbo, banana e mela bianca, affiancati da ampie note balsamiche di basilico, menta e prezzemolo. Al gusto è elegante e complesso, con toni vegetali di sedano e lattuga di campo. Amaro e piccante spiccati e armonici, con finale dolce in rilievo. È perfetto per antipasti di mare, insalate di fagioli, marinate di orata, patate arrosto, zuppe di legumi, primi piatti con salmone, molluschi gratinati, tartare di ricciola, pollame o carni di agnello al forno, formaggi caprini.

Another brilliant result for this beautiful farm and its excellent extra virgin olive oil. Founded in 1992 by the brothers Livio and Lorenzo, it is located in Vodnjan and is run today by the young Matteo Belci. The specialized olive grove extends over 12 hectares with 4,000 old and new trees. In the last harvest 300 quintals of olives were produced, equal to 35 hectolitres of extra virgin olive oil. We recommend the very good selection proposed to the panel, the Monocultivar Extra Virgin Meloto - Buža, which is a beautiful intense limpid golden yellow colour with delicate green hues. Its aroma is clean and rotund, endowed with hints of unripe tomato, banana and white apple, together with ample fragrant notes of basil, mint and parsley. Its taste is elegant and complex, with a vegetal flavour of celery and country lettuce. Bitterness and pungency are distinct and harmonic, with a sweet finish. It would be ideal on seafood appetizers, bean salads, marinated gilthead, roast potatoes, legume soups, pasta with salmon, mussels au gratin, amberjack tartare, baked poultry or lamb, goat cheese.

Brist Olive

Stancija Margherita - Trgovačka, 40
52215 Vodnjan
Tel.: +385 52 512415
E-mail: silvano@brist-olive.hr - Web: www.brist-olive.hr

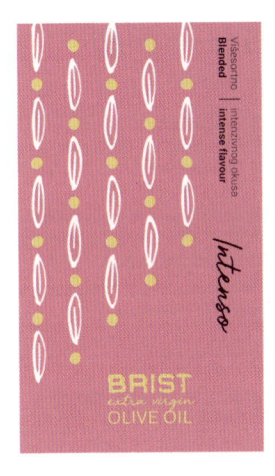

92

- 152 m
- **Specializzato** / Specialized
- **Vaso policonico** / Polyconic vase
- **Brucatura a mano** / Hand picking
- **No - Ciclo continuo** / No - Continuous cycle
- Istarska bjelica (40%), carbonazza (20%), rošinjola (20%), frantoio (10%), moražola (10%)
- **Fruttato medio** / Medium fruity
- da 15,01 a 18,00 € - 500 ml / from € 15.01 to 18.00 - 500 ml

Il progetto Brist Olive, nato nel 2002, ha raggiunto un ottimo livello che confermiamo. Silvano Puhar, che ha creato e promosso il marchio, produce oggi extravergine sia dalle olive dei terreni di famiglia sia acquistandone da selezionati olivicoltori locali. La sede è nella storica Vodnjan, e l'oliveto occupa un po' più di 9 ettari con 2.250 alberi dai quali son stati raccolti quest'anno 375 quintali di olive che, in aggiunta ai 285 comprati, hanno reso circa 80 ettolitri di olio. Dei due Extravergine Brist, Exclusive Selection e Premium Intenso, il panel predilige quest'ultimo, giallo dorato intenso con delicate venature verdi, limpido. Al naso si apre pulito e avvolgente, intriso di sentori di carciofo e cicoria selvatica, cui si associano note aromatiche di menta e rosmarino. Fine e di carattere in bocca, si arricchisce di toni di lattuga, e chiude con ricordo di mandorla e pepe nero. Amaro molto spiccato e piccante deciso. Buon abbinamento con antipasti di pomodori, insalate di farro, marinate di orata, patate alla piastra, zuppe di ceci, primi piatti con salmone, molluschi gratinati, rombo arrosto, pollame o carni di agnello al forno, formaggi freschi a pasta filata.

The project Brist Olive, started in 2002, has grown, reaching a very good level, confirmed by the present result. Today Silvano Puhar, who created and promoted the trademark, produces extra virgin olive oil from his lands in the historic town of Vodnjan, but also purchases parcels from selected local olive growers. The estate covers little more than 9 hectares with 2,250 trees. In the last harvest 375 quintals of olives were produced and 285 purchased, with a yield of about 80 hectolitres of oil. There are two Extra Virgin Brist, Exclusive Selection and Premium Intenso, chosen by the panel. It is an intense limpid golden yellow colour with delicate green hues. Its aroma is clean and rotund, endowed with hints of artichoke and wild chicory, together with aromatic notes of mint and rosemary. Its taste is fine and strong, enriched by a flavour of lettuce and final notes of almond and black pepper. Bitterness is distinct and pungency is definite. It would be ideal on tomato appetizers, farro salads, marinated gilthead, seared potatoes, chickpea soups, pasta with salmon, mussels au gratin, roast turbot, baked poultry or lamb, mozzarella cheese.

Croazia Croatia [HR] Istra

O.P.G. Chiavalon

Vladimira Nazora, 16
52215 Vodnjan
Tel.: +385 52 511906
E-mail: info@chiavalon.hr - Web: www.chiavalon.hr

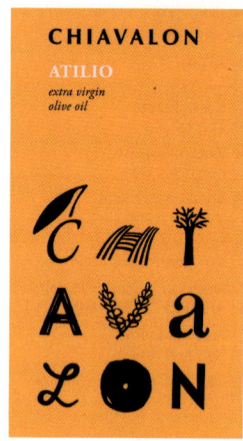

95

- 60/170 m
- **Specializzato** / Specialized
- **Vaso policonico** / Polyconic vase
- **Brucatura a mano e meccanica** / Hand picking and mechanical harvesting
- **Sì - Ciclo continuo** / Yes - Continuous cycle
- **Istarska bjelica**
- **Fruttato medio** / Medium fruity
- da 18,01 a 22,00 € - 500 ml / from € 18.01 to 22.00 - 500 ml

Da parecchi anni ormai seguiamo i progressi della Chiavalon di Vodnjan, un'azienda che unisce all'alta qualità del prodotto la passione e l'entusiasmo dei fratelli Sandi e Tedi che continuano la tradizione di famiglia. Il nuovo frantoio di proprietà ha da poco completato la filiera di una struttura comprendente 27 ettari di oliveto con 8.200 piante che hanno fruttato 950 quintali di olive che, uniti agli 850 acquistati, hanno reso quasi 215 ettolitri di olio. Dei due Extravergine presentati, Organic da Agricoltura Biologica e Atilio, segnaliamo quest'ultimo, di un bel colore giallo dorato intenso con lievi sfumature verdi, limpido. Al naso si apre pieno e avvolgente, ricco di sentori balsamici di basilico, menta e rosmarino, cui si uniscono toni di carciofo, cicoria e lattuga. Al gusto è ampio e complesso, con note di verdure di campo e netto ricordo di cannella e mandorla in chiusura. Amaro spiccato e piccante deciso e armonico. È perfetto per bruschette con pomodoro, carpaccio di pesce spada, insalate di funghi porcini, radicchio al forno, zuppe di fagioli, primi piatti con tonno, polpo bollito, agnello alla griglia, carni rosse ai ferri, formaggi stagionati a pasta dura.

We have been following the progress of Chiavalon in Vodnjan for many years. This farm combines a high quality production with the passion and enthusiasm shared by the brothers Sandi and Tedi, who carry on a family tradition. Recently they have also supplied their farm with a new oil mill. The estate includes 27 hectares of olive grove with 8,200 trees. In the last harvest 950 quintals of olives were produced and 850 purchased, with a yield of almost 215 hectolitres of oil. There are two Extra Virgin, Organic from Organic Farming and Atilio, which we recommend. It is a beautiful intense limpid golden yellow colour with slight green hues. Its aroma is full and rotund, rich in fragrant hints of basil, mint and rosemary, together with hints of artichoke, chicory and lettuce. Its taste is ample and complex, with notes of country vegetables and a distinct finish of cinnamon and almond. Bitterness is distinct and pungency is definite and harmonic. It would be ideal on bruschette with tomatoes, swordfish carpaccio, porcini mushroom salads, baked radicchio, bean soups, pasta with tuna, boiled octopus, grilled lamb, grilled red meat, hard mature cheese.

Croazia Croatia [HR] Istra

O.P.G. Giuseppe Lupieri - Cadenela
1 Maia, 5
52215 Vodnjan
E-mail: info@cadenela.com - Web: www.cadenela.com

93

60/160 m

Specializzato
Specialized

Vaso policonico
Polyconic vase

Brucatura a mano
Hand picking

No - Ciclo continuo
No - Continuous cycle

Buža

Fruttato medio
Medium fruity

da 10,01 a 12,00 € - 250 ml
from € 10.01 to 12.00 - 250 ml

Brillante conferma di Giuseppe Lupieri che consolida la sua presenza in Guida con un buon prodotto proposto al panel. Dal 2009 Giuseppe è alla guida di un'ampia struttura, situata nel vocatissimo comprensorio di Vodnjan, che comprende 30 ettari di oliveto specializzato con 6mila piante messe a dimora. La trascorsa campagna ha fruttato un raccolto di 300 quintali di olive, pari a una produzione di quasi 34 ettolitri di olio. L'etichetta presentata è l'Extravergine Cadenela - For Kids da Agricoltura Biologica che si presenta alla vista di un bel colore giallo dorato intenso con delicate sfumature verdi, limpido. Al naso si apre ampio e avvolgente, caratterizzato da sentori fruttati di pomodoro di media maturità, mela bianca e banana, cui si accompagnano toni aromatici di basilico, menta e prezzemolo. Fine e vegetale al palato, sprigiona note di cicoria, lattuga di campo e sedano. Amaro spiccato e piccante ben espresso e armonico. Ideale per antipasti di legumi, insalate di ceci, marinate di verdure, patate al cartoccio, passati di fagioli, primi piatti con salmone, gamberi in guazzetto, seppie alla griglia, coniglio al forno, pollame arrosto, formaggi freschi a pasta filata.

Another brilliant performance for Giuseppe Lupieri, who confirms his position in this Guide proposing a good product to our panel. Since 2009 he has been running a big farm, situated in the favourable district of Vodnjan. The estate includes 30 hectares of specialized olive grove with 6,000 trees. In the last harvest 300 quintals of olives were produced, equal to a yield of almost 34 hectolitres of extra virgin olive oil. We recommend the Extra Virgin selection Cadenela - For Kids from Organic Farming, which is a beautiful intense limpid golden yellow colour with delicate green hues. Its aroma is ample and rotund, characterized by fruity hints of medium ripe tomato, white apple and banana, together with aromatic notes of basil, mint and parsley. Its taste is fine and vegetal, with a flavour of chicory, country lettuce and celery. Bitterness is definite and pungency is distinct and harmonic. It would be ideal on legume appetizers, chickpea salads, marinated vegetables, baked potatoes, bean purée, pasta with salmon, stewed shrimps, grilled cuttlefish, baked rabbit, roast poultry, mozzarella cheese.

Croazia Croatia [HR] Istra

Olea Kalden - O.P.G. Katica Kaldenhoff

Sveti Kirin
52215 Vodnjan
Tel.: +49 236 42768
E-mail: info@olea-kalden.de - Web: www.olea-kalden.de

85 ⬆

- 176 m
- **Specializzato** / Specialized
- **Vaso policonico** / Polyconic vase
- **Brucatura a mano** / Hand picking
- **No - Ciclo continuo** / No - Continuous cycle
- **Buža**
- **Fruttato medio** / Medium fruity
- da 15,01 a 18,00 € - 500 ml / from € 15.01 to 18.00 - 500 ml

Confermiamo, rimarcandone i progressi, la presenza dell'azienda creata nel 2005 e tuttora condotta da Katica Kaldenhoff nel vocatissimo territorio di Vodnjan. Il patrimonio è composto da una tenuta di circa 3 ettari, dei quali quasi tutti destinati all'oliveto, un impianto specializzato di 540 piante, appartenenti a un variegato ventaglio di cultivar. Nella recente campagna il raccolto ha reso 42 quintali di olive che hanno prodotto 5 ettolitri di olio. Due gli Extravergine Olea Kalden proposti: Traditionelle Auslese e il monovarietale Buža. Il panel preferisce quest'ultimo che appare alla vista di un bel colore giallo dorato intenso con leggere venature verdi, limpido. Al naso è ampio e avvolgente, ricco di sentori fruttati di pomodoro acerbo, banana e mela bianca, cui si affiancano note balsamiche di basilico, menta e prezzemolo. Fine e vegetale al palato, sprigiona toni di sedano e lattuga di campo. Amaro deciso e piccante presente e armonico. Ottimo su maionese, antipasti di orzo, aragosta al vapore, carpaccio di ricciola, marinate di spigola, zuppe di porri, risotto con gamberi, fritture di calamari, rombo al cartoccio, formaggi freschi a pasta molle, biscotti da forno.

Present again in our Guide with a result showing its progress, this farm was created in 2005 and is still run by Katica Kaldenhoff in the favourable district of Vodnjan. The estate consists of a surface of about 3 hectares, the most of which are destined to the specialized olive grove with 540 trees of a wide range of cultivars. In the last harvest 42 quintals of olives were produced, with a yield of 5 hectolitres of extra virgin olive oil. There are two Extra Virgin Olea Kalden, Traditionelle Auslese and the Monovarietal Buža, chosen by the panel. It is a beautiful intense limpid golden yellow colour with slight green hues. Its aroma is ample and rotund, rich in fruity hints of unripe tomato, banana and white apple, together with fragrant notes of basil, mint and parsley. Its taste is fine and vegetal, with a flavour of celery and country lettuce. Bitterness is definite and pungency is present and harmonic. It would be ideal on mayonnaise, barley appetizers, steamed spiny lobster, amberjack carpaccio, marinated bass, leek soups, risotto with shrimps, fried squids, turbot baked in parchment paper, soft fresh cheese, oven cookies.

Croazia Croatia [HR] Istra

Olea Prima - O.P.G. Valter Šarić

San Antonio, Sercole, Male, Stanzia Palas - 1 Maj, 26
52215 Vodnjan
Tel.: +385 52 511781
E-mail: info@oleaprima.com - Web: www.oleaprima.com

87

- 100/150 m
- **Specializzato** / Specialized
- **Vaso, vaso policonico** / Vase, polyconic vase
- **Brucatura a mano** / Hand picking
- **No - Ciclo continuo** / No - Continuous cycle
- **Istarska bjelica**
- **Fruttato medio** / Medium fruity
- da 12,01 a 15,00 € - 500 ml / from € 12.01 to 15.00 - 500 ml

L'azienda di famiglia di Valter Šarić nasce all'inizio del nuovo millennio, quando viene piantato il primo oliveto con 80 giovani alberi, anche se l'amore per la terra e per questa pianta sacra ha radici molto più antiche e si tramanda di padre in figlio. Oggi gli impianti si concentrano in tre aree del comprensorio di Vodnjan, occupando in tutto una superficie di circa 5 ettari sulla quale crescono 1.700 olivi che hanno fruttato un raccolto di 140 quintali di olive e una resa in olio di quasi 19 ettolitri. L'Extravergine monovarietale Olea Prima - Istarska Bjelica Dop Istra da Agricoltura Biologica è di un bel colore giallo dorato intenso con delicate sfumature verdi, limpido. Al naso è ampio e avvolgente, dotato di sentori di carciofo e cicoria, cui si aggiungono note balsamiche di menta e rosmarino. Morbido e armonico al palato, conferma i toni vegetali e chiude con ricordo di pepe nero e mandorla. Amaro deciso e piccante spiccato. Ideale su antipasti di tonno, funghi porcini arrosto, pomodori gratinati, radicchio alla piastra, zuppe di lenticchie, primi piatti con salsiccia, pesce azzurro in umido, carni rosse o cacciagione ai ferri, formaggi stagionati a pasta dura.

Valter Šarić's family-run farm was founded in the early-2000s, when the first olive grove with 80 young trees was planted. However, the love for the land and this sacred plant is much older and has been handed down from father to son. Today the olive groves are located in three areas in the district of Vodnjan and cover about 5 hectares with 1,700 trees. In the last harvest 140 quintals of olives and almost 19 hectolitres of oil were produced. We recommend the Monovarietal Extra Virgin Olea Prima - Istarska Bjelica Pdo Istra from Organic Farming, which is a beautiful intense limpid golden yellow colour with delicate green hues. Its aroma is ample and rotund, endowed with hints of artichoke and chicory, together with fragrant notes of mint and rosemary. Its taste is mellow and harmonic, with a vegetal flavour and final notes of black pepper and almond. Bitterness is definite and pungency is distinct. It would be ideal on tuna appetizers, roast porcini mushrooms, tomatoes au gratin, pan-seared radicchio, lentil soups, pasta with sausages, steamed blue fish, grilled red meat or game, hard mature cheese.

Croazia Croatia [HR] Istra

Oleum Maris
Trgovačka, 137
52215 Vodnjan
Tel.: +385 52 512351
E-mail: info@oleum-maris.hr - Web: www.oio-vivo.com

94

- 90 m
- **Specializzato** / Specialized
- **Vaso policonico** / Polyconic vase
- **Brucatura a mano** / Hand picking
- **No - Ciclo continuo** / No - Continuous cycle
- Istarska bjelica
- **Fruttato medio** / Medium fruity
- da 15,01 a 18,00 € - 500 ml / from € 15.01 to 18.00 - 500 ml

I proprietari di Oleum Maris hanno avuto il coraggio di impiantare dal nulla uno dei più grandi oliveti della zona, su un terreno già devastato dagli incendi, nel sud della Penisola Istriana. Oggi, con mezzi propri e con l'aiuto della comunità locale, Vlado Corluka è al timone di 80 ettari di impianto, con 14.500 alberi che hanno fruttato 1.800 quintali di olive e 210 ettolitri di olio. Delle due etichette proposte per la Guida, gli Extravergine monovarietali Oio Vivo, Žižolera e Istarska Bjelica, il panel sceglie quest'ultimo che si presenta alla vista di un bel colore giallo dorato intenso con lievi tonalità verdi, limpido. Al naso è pulito e avvolgente, ricco di sentori vegetali di carciofo e cicoria, cui si affiancano note di erbe officinali, con menta e rosmarino in evidenza. Elegante e complesso in bocca, sprigiona toni di lattuga di campo e chiude con ricordo di pepe nero e mandorla. Amaro molto spiccato e piccante deciso. Ottimo per antipasti di legumi, carpaccio di salmone, insalate di pollo, patate al cartoccio, passati di fagioli, primi piatti al pomodoro, molluschi gratinati, seppie alla brace, pollame o carni di agnello al forno, formaggi freschi a pasta filata.

The owners of the farm Oleum Maris were so courageous, that they planted one of the biggest olive groves in the south of the Istrian peninsula, in a territory that had been destroyed by fires. Today, also with the support of the local community, Vlado Corluka runs an 80-hectare olive grove with 14,500 trees. In the last harvest 1,800 quintals of olives and 210 hectolitres of oil were produced. There are two Monovarietal Extra Virgin selections Oio Vivo, Žižolera and Istarska Bjelica, chosen by the panel. It is a beautiful intense limpid golden yellow colour with slight green hues. Its aroma is clean and rotund, rich in vegetal hints of artichoke and chicory, together with notes of officinal herbs, especially mint and rosemary. Its taste is elegant and complex, with a flavour of country lettuce and final notes of black pepper and almond. Bitterness is distinct and pungency is definite. It would be ideal on legume appetizers, salmon carpaccio, chicken salads, baked potatoes, bean purée, pasta with tomato sauce, mussels au gratin, barbecued cuttlefish, baked poultry or lamb, mozzarella cheese.

Croazia Croatia [HR] Istra

Tonin

Istarska, 28
52215 Vodnjan
Tel.: +385 52 511599
E-mail: uljara.tonin@gmail.com

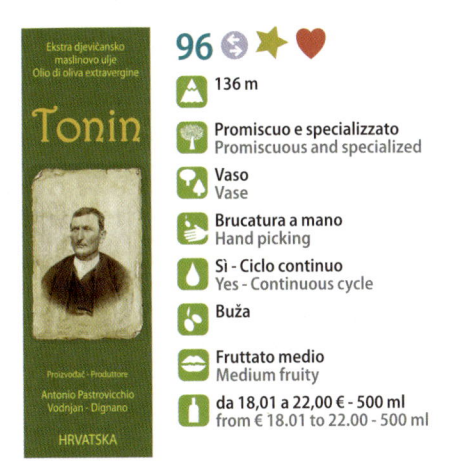

96

136 m

Promiscuo e specializzato
Promiscuous and specialized

Vaso
Vase

Brucatura a mano
Hand picking

Sì - Ciclo continuo
Yes - Continuous cycle

Buža

Fruttato medio
Medium fruity

da 18,01 a 22,00 € - 500 ml
from € 18.01 to 22.00 - 500 ml

È sempre un piacere segnalare Tonin che consolida la sua splendida posizione nella nostra Guida. Attiva dal 2005 nel vocato comprensorio di Vodnjan, questa struttura è capitanata da Antonio Pastrovicchio che continua con passione e competenza la tradizione di famiglia e gestisce un patrimonio composto da 6 ettari di oliveto specializzato con 1.400 piante. Il raccolto della recente campagna ha fruttato 100 quintali di olive che, moliti nel moderno frantoio di proprietà, hanno reso circa 12 ettolitri di olio. L'ottimo Extravergine monovarietale Tonin - Buža appare alla vista di un bel colore giallo dorato intenso con leggere sfumature verdi, limpido. Al naso è pulito e avvolgente, ricco di sentori fruttati di pomodoro acerbo, mela bianca e mandorla, affiancati da note balsamiche di basilico, menta e prezzemolo. Al gusto è complesso e vegetale, con toni di carciofo e cicoria, lattuga e sedano. Amaro deciso e piccante spiccato e armonico. È un ottimo accompagnamento per antipasti di farro, insalate di ceci, legumi bolliti, patate alla piastra, zuppe di funghi finferli, primi piatti al pomodoro, pesci alla brace, tartare di tonno, coniglio arrosto, pollame ai ferri, formaggi caprini.

The farm Tonin, active since 2005 in the favourable district of Vodnjan, confirms its splendid position in our Guide. It is run by Antonio Pastrovicchio, who carries on his family tradition with dedication and competence. The estate consists of 6 hectares of specialized olive grove with 1,400 trees. In the last harvest 100 quintals of olives were produced, which, once crushed in the modern oil mill, yielded about 12 hectolitres of oil. We recommend the very good Monovarietal Extra Virgin Tonin - Buža, which is a beautiful intense limpid golden yellow colour with slight green hues. Its aroma is clean and rotund, rich in fruity hints of unripe tomato, white apple and almond, together with aromatic notes of basil, mint and parsley. Its taste is complex and vegetal, with a flavour of artichoke and chicory, lettuce and celery. Bitterness is definite and pungency is distinct and harmonic. It would be ideal on farro appetizers, chickpea salads, boiled legumes, seared potatoes, chanterelle mushroom soups, pasta with tomato sauce, barbecued fish, tuna tartare, roast rabbit, grilled poultry, goat cheese.

Croazia Croatia [HR] Istra

Villa Sianna
Salvela, 6
52215 Vodnjan
Tel.: +385 52 511403
E-mail: villa.sianna@gmail.com - Web: www.villasianna.hr

81

- 128 m
- **Specializzato** / Specialized
- **Vaso policonico** / Polyconic vase
- **Brucatura a mano** / Hand picking
- **No - Ciclo continuo** / No - Continuous cycle
- Buža (50%), rošinjola (50%)
- **Fruttato medio** / Medium fruity
- da 12,01 a 15,00 € - 500 ml / from € 12.01 to 15.00 - 500 ml

Consolida la sua posizione in Guida. Parliamo di Villa Sianna, condotta da Dragica e Livio Miljavac, una realtà piuttosto giovane, creata nel 2008 nel vocatissimo comprensorio di Vodnjan, la quale dispone di un patrimonio olivicolo composto da 1.720 alberi coltivati su quasi 5 ettari. Il raccolto della trascorsa campagna ha fruttato circa 145 quintali di olive, pari a una produzione di 17 ettolitri di olio. La selezione sottoposta al giudizio del panel è l'Extravergine Villa Sianna - Cuvée che appare alla vista di un bel colore giallo dorato intenso con delicate gradazioni verdi, limpido. Al naso si apre ampio e avvolgente, dotato di sentori vegetali di carciofo e cicoria selvatica, cui si affiancano note aromatiche di erbe officinali, con menta e basilico in evidenza. Al gusto è morbido e armonico, caratterizzato da toni di lattuga di campo e ricordo finale di mela bianca e mandorla. Amaro e piccante presenti e dosati, con finale dolce in rilievo. È ideale per antipasti di mare, insalate di farro, marinate di orata, patate in umido, passati di funghi finferli, primi piatti con asparagi, molluschi gratinati, rombo arrosto, pollame o carni di agnello al forno, formaggi caprini.

Present again in our Guide, Villa Sianna, run by Dragica and Livio Miljavac, is a fairly young farm, created in 2008 in the favourable district of Vodnjan. It consists of almost 5 hectares of olive grove with 1,720 trees. In the last harvest about 145 quintals of olives were produced, equal to a yield of 17 hectolitres of extra virgin olive oil. The selection proposed to the panel is the Extra Virgin Villa Sianna - Cuvée, which is a beautiful intense limpid golden yellow colour with delicate green hues. Its aroma is ample and rotund, endowed with vegetal hints of artichoke and wild chicory, together with aromatic notes of officinal herbs, especially mint and basil. Its taste is mellow and harmonic, characterized by a flavour of country lettuce and a final note of white apple and almond. Bitterness and pungency are present and complimentary, with a sweet finish. It would be ideal on seafood appetizers, farro salads, marinated gilthead, stewed potatoes, chanterelle mushroom purée, pasta with asparagus, mussels au gratin, roast turbot, baked poultry or lamb, goat cheese.

Croazia Croatia [HR] Istra

Uljara Vodnjan

Trgovačka, 135
52215 Vodnjan
Tel.: +385 52 543519 - Fax: +385 52 543443
E-mail: edipula2000@gmail.com - Web: www.salvela.hr

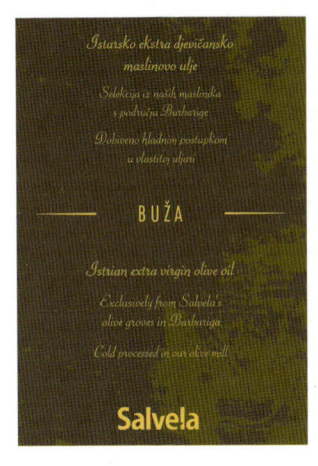

96

3/15 m

Specializzato
Specialized

Vaso libero
Free vase

Brucatura a mano e meccanica
Hand picking and mechanical harvesting

Sì - Ciclo continuo
Yes - Continuous cycle

Buža

Fruttato medio
Medium fruity

da 8,01 a 10,00 € - 500 ml
from € 8.01 to 10.00 - 500 ml

Conferma la sua brillante posizione in Guida presentando al panel due prodotti, uno meglio dell'altro. Uljara Vodnjan è una realtà di produzione vinicola e olearia fondata negli anni Cinquanta e oggi condotta da Kristijan Floričić il quale si prende cura di 12mila piante su una superficie di 44 ettari di oliveto. Quest'anno sono stati raccolti 2.400 quintali di olive che, molite nel moderno frantoio di proprietà, hanno reso una produzione di 380 ettolitri di olio. Delle due etichette proposte, gli ottimi Extravergine Salvela, Aurum e il monovarietale Buža, preferiamo il secondo che appare alla vista di un bel colore giallo dorato intenso con delicate sfumature verdi, limpido. Al naso è pieno e complesso, con sentori fruttati di pomodoro acerbo, mela bianca e banana, affiancati da note aromatiche di basilico, menta e prezzemolo. Avvolgente e vegetale in bocca, sprigiona toni di lattuga di campo e sedano. Amaro deciso e piccante spiccato ed equilibrato. Ideale su antipasti di pomodori, insalate di legumi, marinate di orata, patate in umido, zuppe di farro, primi piatti con salmone, molluschi gratinati, tartare di ricciola, pollame o carni di agnello al forno, formaggi caprini.

This farm confirms its brilliant position in our Guide, proposing two very good products to our panel. Uljara Vodnjan is a wine and oil farm founded in the 50s of the last century. Today it is run by Kristijan Floričić, who manages a surface of 44 hectares of olive grove with 12,000 trees. In the last harvest 2,400 quintals of olives were produced, which, once crushed in the modern oil mill, yielded 380 hectolitres of extra virgin olive oil. There are two very good Extra Virgin selections Salvela, Aurum and the Monovarietal Buža, which we recommend. It is a beautiful intense limpid golden yellow colour with delicate green hues. Its aroma is full and complex, with fruity hints of unripe tomato, white apple and banana, together with aromatic notes of basil, mint and parsley. Its taste is rotund and vegetal, with a flavour of country lettuce and celery. Bitterness is definite and pungency is distinct and well balanced. It would be ideal on tomato appetizers, legume salads, marinated gilthead, stewed potatoes, farro soups, pasta with salmon, mussels au gratin, amberjack tartare, baked poultry or lamb, goat cheese.

Croazia Croatia [HR] Istra

Ursaria

Limski Kanal - Stancija Crljenka, 12
52450 Vrsar
Tel.: +385 52 772265 - Fax: +385 52 772265
E-mail: info@ursaria.net - Web: www.ursaria.net

85

- 30 m
- **Promiscuo e specializzato** / Promiscuous and specialized
- **Vaso policonico** / Polyconic vase
- **Brucatura a mano** / Hand picking
- **No - Ciclo continuo** / No - Continuous cycle
- **Istarska bjelica**
- **Fruttato medio** / Medium fruity
- da 18,01 a 22,00 € - 500 ml / from € 18.01 to 22.00 - 500 ml

Cresce in qualità. Ursaria è un'azienda familiare gestita da Daniela e Franko Radovčić nel comprensorio di Vrsar, l'insediamento da cui trae il nome, e impegnata nella coltivazione di fichi, cachi, giuggiole e piante aromatiche oltre che, naturalmente, olivi. Questi, piantati in un'area completamente aperta sul mare, ricoprono una superficie di 21 ettari con 5mila esemplari, alcuni centenari, che hanno reso 154 quintali di olive e 20 ettolitri di olio. Due gli Extravergine Ursaria da Agricoltura Biologica: il "base" e l'ottimo monocultivar Istarska Bjelica che segnaliamo. Di un bel colore giallo dorato intenso con sottili venature verdi, limpido, al naso è ampio e avvolgente, ricco di sentori vegetali di carciofo e cicoria, cui si affiancano note aromatiche di menta, rosmarino e salvia. Morbido e armonico al palato, emana toni di lattuga, pepe nero e chiude con ricordo di mandorla. Amaro deciso e piccante ben espresso ed equilibrato. Ideale su antipasti di fagioli, carpaccio di salmone, insalate di pomodori, patate alla brace, zuppe di legumi, risotto con carciofi, molluschi gratinati, tartare di tonno, pollame o carni di agnello al forno, formaggi freschi a pasta filata.

Present again with a result showing its progress, Ursaria is run by Daniela and Franko Radovčić in the district of Vrsar, the settlement its name is taken from. It is active in the cultivation of figs, persimmons, jujubes and aromatic plants, besides of course olive trees. The olive surface is open to the sea and covers 21 hectares with 5,000 trees, some of which century-old. In the last harvest 154 quintals of olives and 20 hectolitres of oil were produced. There are two Extra Virgin Ursaria from Organic Farming, the "basic" and the very good Monocultivar Istarska Bjelica, which is a beautiful intense limpid golden yellow colour with slight green hues. Its aroma is ample and rotund, rich in vegetal hints of artichoke and chicory, together with aromatic notes of mint, rosemary and sage. Its taste is mellow and harmonic, with a flavour of lettuce, black pepper and an almond finish. Bitterness is definite and pungency is distinct and well balanced. It would be ideal on bean appetizers, salmon carpaccio, tomato salads, barbecued potatoes, legume soups, risotto with artichokes, mussels au gratin, tuna tartare, baked poultry or lamb, mozzarella cheese.

Croazia Croatia [HR] Split-Dalmacija

Uljara Božič - Svirče

Otok Hvar - Svirče - Svirče, 60
21462 Jelsa
Tel.: +385 21 768416
E-mail: info@bozicuje.com - Web: www.bozicuje.com

83 ↑

- 30/150 m
- **Specializzato** / Specialized
- **Ombrello ribassato** / Weeping vase
- **Brucatura a mano e meccanica** / Hand picking and mechanical harvesting
- **Sì - Ciclo continuo** / Yes - Continuous cycle
- **Oblica**
- **Fruttato medio** / Medium fruity
- **da 6,01 a 8,00 € - 250 ml** / from € 6.01 to 8.00 - 250 ml

Diamo volentieri il benvenuto in Guida all'azienda di Božidar Balić, una realtà fondata nel 2012 a Svirče, nel comprensorio di Jelsa. Il patrimonio olivicolo si compone di un impianto di 2 ettari sul quale crescono 1.400 alberi dai quali sono stati raccolti, nella trascorsa campagna, 220 quintali di olive che, con l'aggiunta di 250 acquistati, hanno reso una produzione di pressoché 87 ettolitri di olio. La selezione proposta al panel è l'Extravergine monocultivar Božič - Svirče - Oblica che appare alla vista di un bel colore giallo dorato intenso con delicate gradazioni verdi, limpido. Al naso si apre ampio e avvolgente, intriso di sentori fruttati di pomodoro acerbo, mela bianca e banana, cui si accompagnano note aromatiche di erbe officinali, con basilico e prezzemolo in evidenza. Elegante e complesso al palato, si arricchisce di toni vegetali di sedano, lattuga e finocchio. Amaro spiccato e piccante presente e ben dosato. Si abbina molto bene a bruschette con verdure, insalate di orzo, marinate di salmone, patate al cartoccio, zuppe di funghi ovoli, risotto con carciofi, molluschi gratinati, tartare di ricciola, pollame o carni di agnello al forno, formaggi caprini.

We welcome the first appearance in our Guide of the farm owned by Božidar Balić. It was founded in 2012 in Svirče, in the district of Jelsa. The olive surface takes up 2 hectares with 1,400 trees. In the last harvest 220 quintals of olives were produced and 250 purchased, which allowed to yield about 87 hectolitres of extra virgin olive oil. The selection proposed to the panel is the Monocultivar Extra Virgin Božič - Svirče - Oblica, which is a beautiful intense limpid golden yellow colour with delicate green hues. Its aroma is ample and rotund, endowed with fruity hints of unripe tomato, white apple and banana, together with aromatic notes of officinal herbs, especially basil and parsley. Its taste is elegant and complex, enriched by a vegetal flavour of celery, lettuce and fennel. Bitterness is distinct and pungency is present and complimentary. It would be ideal on bruschette with vegetables, barley salads, marinated salmon, baked potatoes, ovoli mushroom soups, risotto with artichokes, mussels au gratin, amberjack tartare, baked poultry or lamb, goat cheese.

Croazia Croatia [HR] Split-Dalmacija

O.P.G. Žarko Željko

Otok Brač - Novo Selo - Oklad, 3
21425 Selca (Split)
Tel.: +385 1 2337632
E-mail: zzeljko.ie@gmail.com

86

- 200 m
- **Specializzato** / Specialized
- **Forma libera** / Free form
- **Brucatura a mano** / Hand picking
- **No - Ciclo continuo** / No - Continuous cycle
- **Oblica**
- **Fruttato medio** / Medium fruity
- da 18,01 a 22,00 € - 500 ml / from € 18.01 to 22.00 - 500 ml

I risultati delle degustazioni attestano i progressi di quest'azienda, fondata nel 2011 nell'isola di Brač, la quale migliora decisamente la propria posizione in Guida. Žarko Željko, che l'ha creata, gestisce tuttora una superficie di 5 ettari con 450 alberi di olivo messi a dimora. La raccolta della trascorsa campagna ha messo insieme 100 quintali di olive che, una volta moliti, hanno reso una produzione di circa 13 ettolitri di olio. Segnaliamo l'etichetta proposta, l'ottimo Extravergine monocultivar ŽŽ - Oblica: si presenta alla vista di un bel colore giallo dorato intenso con leggeri riflessi verdi, limpido. All'olfatto si apre ampio e avvolgente, ricco di sentori fruttati di pomodoro di media maturità, banana e mela bianca, cui si aggiungono toni aromatici di basilico, menta e prezzemolo. Fine e complesso al palato, sprigiona note vegetali di fave fresche, lattuga e sedano. Amaro deciso e piccante spiccato ed equilibrato. Buon accompagnamento per antipasti di pomodori, insalate di farro, marinate di orata, patate arrosto, passati di legumi, primi piatti con salmone, gamberi in guazzetto, seppie in umido, pollame o carni di agnello al forno, formaggi caprini.

P resent again in our Guide with a result showing its great progress, this farm, founded in 2011, is situated on the island of Brač. Created by Žarko Željko, who still runs it, it consists of an olive surface of 5 hectares with 450 trees. In the last harvest 100 quintals of olives were produced, which, once crushed, yielded about 13 hectolitres of extra virgin olive oil. We recommend the selection proposed to our panel, the very good Monocultivar Extra Virgin ŽŽ - Oblica, which is a beautiful intense limpid golden yellow colour with slight green hues. Its aroma is ample and rotund, rich in fruity hints of medium ripe tomato, banana and white apple, together with aromatic notes of basil, mint and parsley. Its taste is fine and complex, with vegetal notes of freah broad beans, lettuce and celery. Bitterness is definite and pungency is distinct and well balanced. It would be ideal on tomato appetizers, farro salads, marinated gilthead, roast potatoes, legume purée, pasta with salmon, stewed shrimps, stewed cuttlefish, baked poultry or lamb, goat cheese.

Bosnia-Erzegovina
Bosnia Herzegovina

Dati Statistici
Superficie Olivetata Nazionale	500 (ha)
Frantoi	3
Produzione Nazionale 19-20	776,0 (t)
Produzione Nazionale 18-19	610,0 (t)
Variazione	+ 27,21%

Statistic Data
National Olive Surface	500 (ha)
Olive Oil Mills	3
National Production 19-20	776.0 (t)
National Production 18-19	610.0 (t)
Variation	+ 27.21%

International Olive Council - Association of Frit Growers Ljubuski

Il settore olivicolo in Bosnia-Erzegovina, nei Balcani occidentali, presenta interessanti potenzialità ed è infatti negli ultimi anni in via di sviluppo, in linea con la storia, le tradizioni, la morfologia del territorio e il clima del paese, nonché con la sempre crescente importanza, dal punto di vista nutrizionale e salutistico, dell'olio ricavato dalle olive. La pianta dell'olivo è presente in queste terre fin dall'antichità, ed esistono testimonianze di epoca romana che attestano la produzione di olio nella regione meridionale di Čapljina e Mogorjelo. Anche se, per parlare di un'olivicoltura organizzata, dobbiamo arrivare quasi ai giorni nostri: nel 1977 le piante raggiungevano i 6mila esemplari circa, mentre oggi arrivano a 65.631, dopo gli ultimi impianti che hanno portato la superficie olivetata agli attuali 500 ettari. La principale area olivicola della Bosnia-Erzegovina comprende i territori presso Mostar, Čitluk, Stolac, Čapljina, Gabela e le regioni di Ljubuski e Trebinje. Nella zona di Mostar il terreno è roccioso, mentre nell'area di Čapljina e di Gabela, dove si concentra la maggior parte della produzione, il terreno è per lo più di tipo calcareo. Ci troviamo dunque all'estremità meridionale del paese, ovvero in Erzegovina, che è l'unica regione ad affacciarsi, sia pure per un piccolo tratto, sull'Adriatico. Qui il principale centro urbano è la città di Mostar, seguita da altri estesi agglomerati come Trebinje, Konjic e Čapljina. Si distinguono due microregioni: l'alta Erzegovina, con i suoi rilievi montuosi, e la bassa Erzegovina, costiera e adriatica. La prima comprende il corso superiore e medio del fiume Neretva, una larga parte della regione Dinarica e le distese carsiche di Nevesinjsko e Gatačko. La bassa Erzegovina si estende invece lungo il basso corso del fiume Neretva e nei bacini dei fiumi Bregava e Trebižat. Inoltre abbraccia la grande pianura di Popovo e la valle di Mostar e Trebinje. Per via del clima, molto diverso dal resto del paese, questa regione è nota come "la California della Bosnia-Erzegovina": infatti qui crescono uva, fichi, pesche, melagrane, mandarini, mele ed erbe medicinali. Dunque non poteva essere che questa la culla dell'olivicoltura: una regione di tipo mediterraneo, dal clima temperato, con precipitazioni annuali medie di 600-800 mm. La varietà di olivo principalmente diffusa è la autoctona oblica, ma sono presenti anche altre cultivar come istarska bjelica, leccino, pendolino e picholine. Uno dei più importanti vivai, in cui si sviluppano vigneti, agrumeti e oliveti, si trova nella regione di Čapljina. Da questo vivaio nel 2007 sono stati ricavati circa 6mila giovani alberi di olivo. E nell'area situata intorno alla città di Stolac è stato impiantato, nello stesso anno, un piccolo oliveto di un ettaro con le medesime varietà della regione di Čapljina. Nello stesso tempo il Ministero dell'Agricoltura ha deciso di sostenere gli olivicoltori i quali ricevono un incentivo economico per ogni ettaro, al fine di realizzare nuovi impianti. Dunque l'obiettivo del sud della Bosnia-Erzegovina è quello di promuovere tutto il settore, al fine di sensibilizzare il mondo delle istituzioni, pubbliche e private, circa l'importanza di migliorare la qualità del prodotto finale. E i primi segnali ci sono: le aziende sono 60; nella campagna olearia 2019-2020 sono state ricavate, dai 3 frantoi attivi, 776 tonnellate di olio, con un aumento del 27,21% rispetto all'annata precedente. Il consumo di olio pro capite del paese è di 0,2 kg annui.

The olive growing sector in Bosnia Herzegovina, in the western Balkans, has great potential. In fact it has been developing in the last few years in line with its history, its traditions, the conformation of the territory and the climate of the country. Moreover, olive oil is becoming more and more important for nutrition and health. The olive tree has been present in this land since ancient times and there are Roman remains which testify to oil production in the southern region of Čapljina and Mogorjelo. However, organized olive growing has appeared only recently: in 1977 there were about 6,000 olive trees, while today, after the latest planting that has made the olive surface reach currently 500 hectares, there are 65,631. The main olive area in Bosnia Herzegovina includes the territories near Mostar, Čitluk, Stolac, Čapljina, Gabela and the regions of Ljubuski and Trebinje. In the area of Mostar the soil is rocky, instead in the area of Čapljina and Gabela, where most of the production is concentrated, it is mainly limy. This is the southern part of the country, Herzegovina, the only region facing the Adriatic for a short stretch. Here the principal town is Mostar together with other large urban areas: Trebinje, Konjic and Čapljina. Besides these, there are two sub-regions: upper Herzegovina with its mountains and lower Herzegovina with its shores facing the Adriatic. The first includes the upper and central reaches of the river Neretva, a large part of the Dinaric region and the karst stretches of Nevesinjsko and Gatačko. Lower Herzegovina instead extends over the lower reaches of the river Neretva and the basins of the rivers Bregava and Trebižat. Moreover, it includes the vast plain of Popovo and the valleys of Mostar and Trebinjie. Thanks to its climate, which is different from the rest of the country, this region is known as the "California of Bosnia Herzegovina": in fact grapes, figs, peaches, pomegranates, mandarins, apples and medicinal herbs grow here. Therefore this was the cradle of olive growing: a Mediterranean region with temperate climate and average yearly rainfalls of 600-800 mm. The most common olive variety is the autochthonous oblica, but there are also other cultivars like istarska bjelica, leccino, pendolino and picholine. One of the most important areas of vineyards, citrus fruit and olive trees is situated in the region of Čapljina. Here in 2007 about 6,000 young olive trees were obtained. In the same year a small 1-hectare olive grove with the same varieties was planted around the town of Stolac. At the same time the Ministry of Agriculture decided to support olive growers, who receive an incentive for every hectare to start new plantations. Therefore, southern Bosnia Herzegovina is aiming at promoting the whole olive sector, making public and private institutions aware of the importance of a high quality olive oil production. As a consequence, there are 60 producing farms. In the harvest 2019-2020 the three active oil mills produced 776 tons of oil, with an increase of 27.21% compared to the previous year. The per capita oil consumption in the country is 0.2 kg per year.

Bosnia-Erzegovina Bosnia Herzegovina [BA] Hercegovačko-neretvanski Kanton

Ivan Duganzdzic

Bulica Potok, 24
88260 Čitluk
Tel.: +387 63 321098
E-mail: nino-promet@hotmail.com

87 ⬆

220 m

Specializzato
Specialized

Monocono
Monocone

Brucatura a mano e meccanica
Hand picking and mechanical harvesting

No - Ciclo continuo
No - Continuous cycle

Leccino (80%), pendolino (15%), coratina (5%)

Fruttato medio
Medium fruity

da 10,01 a 12,00 € - 500 ml
from € 10.01 to 12.00 - 500 ml

Diamo volentieri il benvenuto in Guida all'azienda di Ivan Duganzdzic, una realtà fondata all'inizio del nuovo millennio nel vocato comprensorio di Čitluk. Il patrimonio olivicolo si compone di un piccolo impianto di 2 ettari sul quale crescono 300 alberi dai quali sono stati raccolti, nella trascorsa campagna, 30 quintali di olive che hanno prodotto 5 ettolitri di olio. Segnaliamo l'etichetta sottoposta dall'azienda al giudizio del panel, l'ottimo Extravergine Luca che si presenta alla vista di un bel colore giallo dorato intenso con delicate gradazioni verdi, limpido. Al naso si apre ampio e avvolgente, dotato di sentori vegetali di carciofo e cicoria selvatica, cui si affiancano note di erbe aromatiche, con ricordo di menta, salvia e rosmarino. Fine e complesso in bocca, si arricchisce di toni di lattuga e chiude con sfumature speziate di pepe nero e nuance di mandorla acerba. Amaro deciso e piccante spiccato e armonico. Eccellente accompagnamento per antipasti di lenticchie, carpaccio di pesce spada, pomodori gratinati, radicchio ai ferri, zuppe di fagioli, primi piatti con tonno, polpo bollito, cacciagione di piuma o pelo al forno, formaggi stagionati a pasta dura.

We welcome the first appearance in our Guide of the farm owned by Ivan Duganzdzic, founded in the early 2000s in the favourable district of Čitluk. The estate consists of a small olive surface of 2 hectares with 300 trees, which produced 30 quintals of olives in the last harvest, which allowed to yield 5 hectolitres of extra virgin olive oil. We recommend the selection proposed to the panel, the very good Extra Virgin Luca, which is a beautiful intense limpid golden yellow colour with delicate green hues. Its aroma is ample and rotund, endowed with vegetal hints of artichoke and wild chicory, together with notes of aromatic herbs, especially mint, sage and rosemary. Its taste is fine and complex, enriched by a flavour of lettuce, spicy hints of black pepper and unripe almond. Bitterness is definite and pungency is distinct and harmonic. It would be ideal on lentil appetizers, swordfish carpaccio, tomatoes au gratin, grilled radicchio, bean soups, pasta with tuna, boiled octopus, baked game birds or animals, hard mature cheese.

Montenegro
Montenegro

Aree olivetate o a vocazione olivicola • *Olive growing areas or areas suitable to olive growing*

Dati Statistici

Superficie Olivetata Nazionale	3.200 (ha)
Frantoi	30
Produzione Nazionale 19-20	500,0 (t)
Produzione Nazionale 18-19	500,0 (t)
Variazione	0,00%

Statistic Data

National Olive Surface	3,200 (ha)
Olive Oil Mills	30
National Production 19-20	500.0 (t)
National Production 18-19	500.0 (t)
Variation	0.00%

International Olive Council - Ministry of Agriculture, Forestry and Water Management
Statistical Office of Montenegro - Olive Growers Associations

Clima e morfologia del territorio fanno da sempre del Montenegro un paese olivicolo. Lambito dal Mar Adriatico, si caratterizza lungo la costa sud-occidentale per un clima prettamente mediterraneo favorevole all'olivicoltura che si sviluppa principalmente qui, sulle colline e lungo le valli dei rilievi di Orjen, Lovćen e Rumija. Più precisamente si distinguono due zone: la regione settentrionale di Boka Kotorska, comprendente gli agglomerati di Tivat, Kotor e Herceg Novi; e quella meridionale di Bar, che racchiude i centri di Ulcinj, Bar e Budva. Queste regioni differiscono per la composizione delle cultivar: in quella meridionale predomina la varietà autoctona žutica, laddove, nella regione settentrionale di Boka Kotorska, la stessa è presente insieme a molte altre cultivar (crnica, lumbardeška, sitnica, šarulja, gloginja, fran, zizulača e barkinja). Per quanto riguarda la storia dell'olivicoltura in Montenegro questa ha visto alternarsi, nei secoli, momenti di sviluppo a momenti di crisi. La pianta cresce lungo la costa da tempi immemorabili; e una prova di questa antichità è la presenza negli oliveti di alcuni alberi millenari: in particolare il "Vecchio Olivo" nella città vecchia di Bar e il "Grande Olivo" vicino Budva si pensa che abbiano più di duemila anni. Altre testimonianze raccontano l'importanza dell'olivo durante i secoli: nel XV secolo una legge prevedeva l'obbligo per ogni individuo di piantarne 50 esemplari; e una legge simile permaneva nel XIX secolo durante il Regno del Montenegro. Il risultato fu che, all'inizio del Novecento, prosperavano circa 630mila piante. Purtroppo però, dopo la seconda guerra mondiale, l'abbandono delle campagne faceva scendere questo numero a 420mila. Un complesso interessante, con circa 80mila olivi protetti dalla legge, sopravvive ancora oggi a Ulcinj: si tratta di alberi ultracentenari, quasi tutti da varietà žutica. Realtà simili esistono anche a Luštica e a Bar, con più di 20mila piante. Ma in generale gli oliveti hanno oggi dimensioni più ridotte e il numero complessivo delle piante si aggira intorino a 500mila su una superficie di 3.200 ettari. Si tratta di un'olivicoltura tradizionale, con grandi alberi secolari e scarsità di tecniche moderne nella coltivazione e nella raccolta. Tuttavia questa situazione si sta, pur lentamente, modificando e l'obiettivo per il futuro è quello di migliorare la produttività degli oliveti, gestendoli per lo più con metodi biologici, razionalizzando le operazioni di raccolta, conferimento e lavorazione delle olive e mirando alla qualità del prodotto finale. Recentemente un ammodernamento ha riguardato anche il settore della trasformazione che conta oggi 30 frantoi, parte dei quali dotati di impianto a ciclo continuo. Le aziende sono 3.870. La produzione di olio è variabile e raggiunge in media circa 500 tonnellate annue che saturano il mercato locale. Ma la tendenza è a sviluppare il mercato e a innalzare il consumo interno di olio (che al momento non supera gli 0,5 kg annui per persona), oltre ad aumentare l'area olivetata estendendo la coltivazione alla pianura di Zetsko-Bjelopavlićka, vicino Podgorica: 15mila ettari potenziali, anche se a rischio di brevi gelate, che esigono dunque varietà resistenti e misure di protezione efficaci. A tal proposito, pur prevalendo la tutela dell'autoctona žutica, espressione della tradizione locale, sono in atto alcune ricerche scientifiche per studiare l'adattabilità di cultivar importate, come picholine, leccino, carolea, frangivento e ascolana tenera.

The climate and conformation of the territory have always favoured olive growing in Montenegro. Washed by the Adriatic Sea, the south-western coast is characterized by a typically Mediterranean climate suitable to olive growing, which is especially concentrated in this area, on the hills and along the valleys of the reliefs of Orjen, Lovćen and Rumija. It is possible to distinguish two areas: the northern region of Boka Kotorska, including the urban areas of Tivat, Kotor and Herceg Novi, and the southern part of Bar with the areas of Ulcinj, Bar and Budva. The cultivars present in the two areas are different: in the south the autochthonous variety žutica prevails, while in the region of Boka Kotorska this variety is present together with many others: crnica, lumbardeška, sitnica, šarulja, gloginja, fran, zizulača and barkinja. The history of olive growing in Montenegro is characterized by alternating fortunes. The olive tree has grown along the coast since times immemorial testified by the presence of some trees dating back hundreds of years: in particular the "Old Olive Tree" in the old town of Bar and the "Big Olive Tree" near Budva are thought to be over two thousand years old. Also the importance of the olive tree over the centuries is testified: in the 15th century a law stated that every man had to plant 50 trees and a similar law was still in use in the 19th century throughout the Kingdom of Montenegro. As a consequence, at the beginning of the 20th century there were about 630,000 olive trees. Unfortunately, after the Second World War only 420,000 trees remained. An interesting centre with about 80,000 olive trees protected by law has survived in Ulcinj: these trees, mainly of the variety žutica, are centuries-old. Also in Luštica and Bar there are more than 20,000 trees. However, today olive groves are generally smaller and there is a total number of about 500,000 trees on a surface of 3,200 hectares. The system of olive growing is traditional with large hundred-year-old trees and outdated techniques of cultivation and harvesting. However, this situation is slowly changing, with the aim of increasing and improving olive grove productivity, generally using organic methods, by improving harvesting, transport and transformation to produce a high quality end product. Therefore, recently the transformation sector has been modernized with 30 active oil mills, a part of which are continuous cycle. The farms are instead 3,870. Olive oil production is changeable and on average reaches about 500 tons per year, which is sufficient for the domestic market. But future objectives are to develop the market, increase home consumption (at present it does not exceed 0.5 kg per person a year) and expand the olive area to the plain of Zetsko-Bjelopavlićka, near Podgorica: 15,000 suitable hectares, which however often freeze for short periods and therefore need strong varieties and effective protective measures. For this reason, even if the autochthonous žutica, the local traditional variety, prevails, scientific research is being carried out to study the adaptability of imported varieties like picholine, leccino, carolea, frangivento and ascolana tenera.

FLOS OLEI 2021 · The Importer of the Year

FRANCESCA DE RITIS

Zocherstraat, 28
1054 LZ Amsterdam (Nederland)
www.olioderitis.nl

Albania
Albania

Aree olivetate o a vocazione olivicola • *Olive growing areas or areas suitable to olive growing*

Dati Statistici

Superficie Olivetata Nazionale	85.000 (ha)
Frantoi	250
Produzione Nazionale 19-20	11.000,0 (t)
Produzione Nazionale 18-19	11.000,0 (t)
Variazione	0,00%

Statistic Data

National Olive Surface	85,000 (ha)
Olive Oil Mills	250
National Production 19-20	11,000.0 (t)
National Production 18-19	11,000.0 (t)
Variation	0.00%

International Olive Council - Ministry of Agriculture, Food and Consumer Protection
Albanian Olive Oil Association

Il comparto olivicolo in Albania presenta buone potenzialità e finalmente anche le istituzioni si sono attivate, promuovendo misure a sostegno di un settore suscettibile di diventare trainante nello sviluppo rurale ed economico del paese.

L'obiettivo attuale è di aumentare la totalità degli ettari olivetati attraverso nuovi impianti, puntando soprattutto sulla propagazione delle cultivar autoctone. Per questo sono stati allestiti numerosi vivai per lo sviluppo di nuove pianticelle di varietà locali e gli olivicoltori si avvalgono di moderni sistemi di irrigazione a goccia. Ma anche gli alberi millenari presenti sul territorio sono comunque tutelati dal governo, sia come riserva produttiva che come attrattiva turistica. Situata sul versante occidentale della Penisola Balcanica, l'Albania ha condizioni territoriali e climatiche ideali per l'olivicoltura fin dal passato, come testimoniano gli antichi alberi nei distretti di Tiranë, Krujë, Vlorë e Berat. Fino agli anni Novanta del secolo scorso si contavano 6 milioni di alberi, ridotti della metà nel 1992, con la distruzione di intere piantagioni. Ma già dieci anni più tardi, dopo difficili tensioni sociali e politiche e un lungo letargo di indifferenza ed emarginazione, si assiste finalmente a una ripresa. Oggi 16 milioni 680mila olivi ricoprono una superficie di 85mila ettari, concentrati maggiormente nei distretti di Vlorë, Berat, Sarandë, Delvinë, Tiranë, Mallakastër e Lushnjë. Le aree più vocate sono quelle costiere, da Sarandë a Shkodër, oltre ai distretti di Elbasan e Tiranë che sono più interni ma che godono anch'essi del benefico influsso del mare. La coltivazione avviene per lo più sulle superfici collinari, con terreni erosi e poveri. Il comparto è molto frammentato: la maggior parte delle 71.020 aziende produttrici gestisce realtà piuttosto esigue quanto a superficie olivetata e numero di piante. Ricco e sfaccettato è invece il parco varietale albanese, che conta circa 20 cultivar autoctone, cui vanno aggiunti pressoché 30 genotipi e cloni che sono ancora da studiare. La varietà più largamente diffusa è la kalinjot, seguita dalla km Berat, dalla kushan e dalla mixan. Ma si coltivano anche cultivar locali minori, insieme a quelle introdotte da altri paesi come l'Italia (frantoio e leccino), la Spagna (manzanilla e picual) e la Grecia (chalkidiki e mastoidis). Si segnala particolarmente la cosiddetta "oliva bianca di Tiranë", una varietà autoctona presente nel centro dell'Albania e specialmente nei distretti di Tiranë, Durrës e Krujë: alcuni esemplari (circa il 30%) di questa cultivar sono pluricentenari. Mentre prima la filiera era in mano a ex cooperative e grosse realtà statali dedite a una coltura tradizionale, con la riforma agraria è stata legalizzata la proprietà privata, e dunque aziende familiari nonché produttori appassionati si stanno impegnando nel miglioramento degli impianti esistenti e nella realizzazione di nuovi, specializzati e condotti con criteri moderni e razionali; anche se c'è da dire che ancora molte delle piccole imprese continuano ad avvalersi di tecniche obsolete, ottenendo rese basse e scarsa qualità. Attualmente si contano 250 frantoi attivi, divisi in misura pressoché uguale tra ciclo continuo e tradizionali a presse; e di questi molti sono il frutto di investimenti italiani o greci. La produzione nella campagna olearia 2019-2020 ha raggiunto le 11mila tonnellate, senza variazioni di rilievo rispetto all'annata precedente. Il consumo di olio pro capite del paese è di 5,22 kg annui.

Albanian olive growing has remarkable potential and recently also the institutions have finally taken steps to exploit it, taking measures to support a driving sector for the country's rural and economic development. The present aim is to increase the total number of hectares, enhancing the cultivation of autochthonous cultivars. For this reason numerous nurseries have started developing new small plants of local varieties and olive growers are being supported by modern drip irrigation systems. Also the centuries-old trees present on the territory are protected by the government as a productive supply and a tourist attraction. Situated in the western part of the Balkan Peninsula, Albania offers ideal climatic and hydrogeological conditions for olive growing. In fact the olive tree has existed in this land since remote times, as the presence of millennial trees in the districts of Tiranë, Krujë, Vlorë and Berat demonstrates. Until the 90s there were around 6 million trees, but in 1992, following the destruction of whole plantations, this number was reduced by half. Only ten years later, after difficult years of social and political tension and a long period of lethargy, indifference and alienation, has there been a recovery. Today 16 million 680,000 trees cover a surface area of 85,000 hectares, with a greater concentration in the districts of Vlorë, Berat, Sarandë, Delvinë, Tiranë, Mallakastër and Lushnjë. The most suitable areas are the coast from Sarandë to Shkodër and the districts of Elbasan and Tiranë, which enjoy some beneficial influence from the sea, even though they are inland. Almost all the cultivation is on hilly surfaces with eroded and poor soil. The sector is split up into a great many parts: the largest section of the 71,020 producing structures own few trees and a limited olive surface. Albanian rich and varied ranges include about 20 native cultivars, besides around 30 genotypes and clones to be studied. The most common variety is kalinjot, followed by km Berat, kushan and mixan. The rest are minor varieties or varieties introduced from other countries such as Italy (frantoio and leccino), Spain (manzanilla, picual) and Greece (chalkidiki, mastoidis), besides the autochthonous "Tiranë's white olive", cultivated in the centre of Albania and especially in the districts of Tiranë, Durrës and Krujë. About 30% of the trees of this cultivar are centuries-old. While in the past the olive oil sector was in the hands of ex-co-operatives and big government farms that practised traditional olive growing, the agrarian reform made private ownership legal: since then small family farms and enthusiastic producers have devoted themselves to improving existing plantations and to realizing new, specialized plantations, run with modern and rational principles. But unfortunately a lot of small farms still grow plants with old systems and consequently only produce low yields and inferior quality olive oil. Currently there are 250 oil mills, half of which use the continuous cycle system and the other half the traditional press: many of these were founded using Italian or Greek investments. Production in the olive oil harvest 2019-2020 reached 11,000 tons, without any variations compared to the previous year. The per capita oil consumption in the country is 5.22 kg per year.

FLOS OLEI 2021 — The Restaurant of the Year

RISTORANTE IL PATRIARCA

Emanuele Natalizio

Via Beccherie Lisi
70032 Bitonto
Bari (Italy)
www.ilpatriarcaristorante.it

Repubblica di Macedonia del Nord
Republic of North Macedonia

Aree olivetate o a vocazione olivicola • *Olive growing areas or areas suitable to olive growing*

Dati Statistici
Superficie Olivetata Nazionale	**51 (ha)**
Frantoi	**n.p.**
Produzione Nazionale 19-20	**n.p.**
Produzione Nazionale 18-19	**n.p.**
Variazione	**n.p.**

State Statistical Office

Statistic Data
National Olive Surface	**51 (ha)**
Olive Oil Mills	**n/a**
National Production 19-20	**n/a**
National Production 18-19	**n/a**
Variation	**n/a**

La Repubblica di Macedonia del Nord è uno stato della Penisola Balcanica, nell'Europa sud-orientale. Confina a ovest con l'Albania, a est con la Bulgaria, a nord con la Serbia e il Kosovo e a sud con la Grecia. Il paese, che comprende soltanto una parte dell'antica regione geografica della Macedonia, ha un territorio prevalentemente aspro e montuoso, con valli e depressioni profonde. Tre grandi laghi, il Lago di Ocrida, il Lago di Prespa e il Lago Dojran si trovano ai confini meridionali della Repubblica, attraversati dalle frontiere con l'Albania e la Grecia. Il clima varia da continentale, a temperato, a mediterraneo, ad alpino sui rilievi. Anche se la pianta dell'olivo è sempre esistita in alcune aree del paese, l'assenza di una tradizione e di una vera e propria cultura olivicola ha fatto sì che questo non abbia seguito l'esempio della vicina Grecia che è diventata invece uno dei principali produttori al mondo. L'olivicoltura macedone ha dunque una storia piuttosto recente e tutti i maggiori impianti risalgono agli ultimi venticinque anni. La regioni coltivate si trovano soprattutto nella parte sud-orientale del paese, nelle vicinanze del Lago Dojran e intorno ai centri abitati di Dojran, Gevgelija e Valandovo. Finora la coltura è stata orientata quasi esclusivamente alla produzione di olive da tavola piuttosto che all'estrazione dell'olio. E le rese non hanno mai raggiunto livelli di grande abbondanza. I dati che descrivono attualmente l'olivicoltura nella Repubblica di Macedonia del Nord sono i seguenti: 51 ettari di superficie, 13.982 piante e 132 aziende impegnate nel settore. Le principali cultivar presenti sono di origine greca: la chalkidiki e la kalamata. Altre varietà più adatte alla produzione di olio sono state dunque, fino a oggi, quasi totalmente inesistenti. Allora la recente notizia di un consorzio olivicolo che vorrebbe scommettere su un oliveto moderno, ad alta densità di impianto, con l'obiettivo di intraprendere l'avventura della produzione di olio, appare come una grossa sfida in questo contesto. Si tratta di una realtà collocata nel sud-est del paese, vicino al piccolo centro di Dojran, al confine con la Grecia. E il progetto parte con una superficie di 10 ettari. Del resto l'area sembra avere buone potenzialità per diventare il fulcro di una regione più ampia dove l'olivicoltura orientata alla produzione di olio si potrebbe sviluppare, con lo sforzo congiunto di imprese private ed enti statali, e con il supporto, auspicabile, dell'Unione Europea. Un primo risultato in questa direzione sembra essere un altro, ancora più recente, impianto intensivo di 8 ettari. Questi esperimenti stanno suscitando l'interesse di diversi studiosi ed esperti, sia della Facoltà di Agricoltura dell'Università di Skopje, sia delle istituzioni accademiche greche: questi stanno studiando come far attecchire e sviluppare le pianticelle, con l'obiettivo di renderle adatte al clima della regione per poter fruttificare ed essere sufficientemente produttive. Questo potrebbe significare, in futuro, espandere i progetti anche altrove: del resto alcune regioni del paese dove il clima è particolarmente temperato, come l'area intorno al comune di Dojran mitigata dalla presenza del lago, potrebbero risultare adatte all'olivicoltura. Si tratta dunque di un'iniziativa in una fase ancora embrionale, ma suscettibile di sviluppo. Il consumo di olio del paese si aggira intorno alle 2.400 tonnellate, quantità interamenta importata, mentre quello pro capite è di 1,3 kg annui.

The Republic of North Macedonia is a state in the Balkan Peninsula, in southeastern Europe. It is bordered by Albania to the west, Bulgaria to the east, by Serbia and Kosovo to the north and by Greece to the south. The country, which includes only a part of the ancient geographical region of Macedonia, has a mainly rugged and mountainous territory, with deep valleys and depressions. Three large lakes, Lake Ohrid, Lake Prespa and Lake Dojran are located in the extreme south of the Republic, crossed by the borders with Albania and Greece. The climate ranges from continental to temperate, to Mediterranean and alpine on the reliefs. Although the olive tree has always existed in some areas of the Republic of North Macedonia, the absence of a tradition and a genuine olive culture has meant that the country has not followed the example of neighboring Greece, which has become instead one of the leading producers in the world. Macedonian olive growing therefore has a fairly recent history and all the major plantations date back to the last twenty-five years. The cultivated areas are mainly located in the south-east of the country, near Lake Dojran and around the towns of Dojran, Gevgelija and Valandovo. So far, olive growing has been almost exclusively orientated to the production of table olives rather than oil extraction and yields have never been very abundant. The data describing current olive growing in the Republic of North Macedonia are the following: 51 hectares of land, 13,982 trees and 132 farms involved in this sector. The main cultivars are of Greek origin: chalkidiki and kalamata. Other varieties more suitable to the production of oil have been to this day almost non-existent. Therefore, the recent news of an olive co-operative that would like to start a modern, high-density olive grove, with the aim of embarking on the adventure of oil production, appears to be a major challenge in this context. The company would be located in the south-east of the country, near the small town of Dojran, on the border with Greece. The project will start from a surface of 10 hectares. In fact, this area is likely to become the centre of a larger region where olive growing for the production of oil could be developed with the joint efforts of private companies and government agencies, and with the desirable support of EU. A first result in this direction may be another more recent intensive olive grove of 8 hectares. These experiments are attracting the interest of several scholars and experts, both from the Faculty of Agriculture of the University of Skopje, and of the Greek academic institutions: they have studied the seedlings and are trying to make them take root and develop, so that they can adapt well to the climate of the region and bear fruit, proving productive enough. This could mean to expand the experiment elsewhere in the future: after all some parts of the country, where the climate is temperate, like the area around the town of Dojran, which is mitigated by the presence of the lake, may be suitable for olive cultivation. It is therefore an initiative in an embryonic stage, which could, however, develop. Oil consumption in the country is around 2,400 tons, a wholly imported quantity, while the per capita consumption is 1.3 kg per year.

FLOS OLEI 2020 The Importer of the Year

TUN SENG LOO
FISSLER CHINA LTD

Ascendas Plaza
Tian Yao Qiao Road, 333 - 23rd Floor

Bulgaria
Bulgaria

Aree olivetate o a vocazione olivicola • Olive growing areas or areas suitable to olive growing

Dati Statistici
Superficie Olivetata Nazionale	10 (ha)
Frantoi	n.p.
Produzione Nazionale 19-20	n.p.
Produzione Nazionale 18-19	n.p.
Variazione	n.p.

International Olive Council - Eurostat

Statistic Data
National Olive Surface	10 (ha)
Olive Oil Mills	n/a
National Production 19-20	n/a
National Production 18-19	n/a
Variation	n/a

La Bulgaria ha un clima di tipo temperato-continentale con estati calde, inverni freddi e lunghi e stagioni molto distinte tra loro. Le aree più miti si trovano a sud del paese, dove è presente l'influenza del Mediterraneo. I fattori principali che determinano le caratteristiche climatiche sono la morfologia del territorio e la vicinanza del Mar Nero: la catena montuosa centrale protegge le regioni meridionali dai venti freddi del nord, mentre i rilievi che si trovano a sud sono d'altro canto un ostacolo alle brezze temperate meridionali. Dato questo contesto è comprensibile come la Bulgaria non abbia una tradizione olivicola antica. Infatti solamente sparuti esemplari sono distribuiti lungo la costa meridionale del Mar Nero e in alcune aree del sud: intorno al comune di Svilengrad (a sud-est), nell'area meridionale dei Monti Rodopi orientali e intorno alle città di Petrič e Sandanski (a sud-ovest). Ma perfino qui non esistono alberi antichi a causa di periodiche gelate che determinano la rovina di quelli esistenti, alcuni dei quali recuperati o sostituiti da nuove pianticelle: attualmente gli olivi raggiungono al massimo i trent'anni e si trovano a Ivaylovgrad (nella regione dei Monti Rodopi orientali) e nelle città di Petrič e Sandanski. In particolare nel campo sperimentale di Sandanski negli anni Settanta e Ottanta del secolo scorso furono fatte delle prove su pianticelle importate dalla Grecia con l'obiettivo di studiare la loro capacità di adattamento al clima; ma il risultato fu che ogni cinque-sei anni queste morivano a causa del gelo. Date queste caratteristiche, l'olivicoltura non riveste un'importanza economica rilevante. È il motivo per cui esistono solamente singoli esemplari o piccoli impianti sperimentali: come il vivaio della città di Pomorie, sulla costa del Mar Nero, nel quale oltre venti anni fa furono piantati olivi provenienti dal giardino botanico Nikitsky di Yalta, in Ucraina, i quali fruttificano regolarmente; o come a Ivaylovgrad, Krumovgrad, Kardzhali e nei centri limitrofi della regione dei Monti Rodopi orientali dove alcune famiglie hanno piantato olivi nei cortili. Un'olivicoltura un po' più strutturata sembra nascere dopo il 1999 nella città di Petrič dove giunsero, importate dalla Grecia, dapprima 2mila pianticelle, e poi altre a seguire. Qui attualmente circa 500 famiglie coltivano olivi; anche se non più di 1.500 alberi risultano impiantati dal 2000 a oggi. Un altro centro vocato è Kresna: qui una famiglia possiede 56 olivi, e sempre qui esiste, dal 1985, una struttura cooperativa che possiede un oliveto di 2 ettari. Nel 2009 sorgono nuovi impianti nelle città di Kardzhali e Krumovgrad; e numerosi altri si diffondono lungo la valle del fiume Arda. Gli olivi del vivaio di Pomorie appartengono alla varietà nikitskaya rannaya, originaria del giardino botanico Nikitsky di Yalta. Nella regione dei Monti Rodopi orientali si coltiva invece la cultivar picual. Ma si distingue anche la cultivar greca chondrolia chalkidikis. Il consumo di olio, da sempre diffuso, cresce dopo il 1990 raggiungendo le 2.310 tonnellate attuali. Quello pro capite è di 0,33 kg annui. I volumi importati, mille tonnellate, provengono da Turchia, Grecia, Spagna e Italia. Quanto alle prospettive future, non è da escludere che nei prossimi anni l'olivicoltura possa diventare un'alternativa realistica alla coltivazione del tabacco per la popolazione del sud-est del paese. In risposta a questo crescente interesse è nata a Plovdiv nel 2010 la prima associazione di produttori olivicoli.

Bulgaria has a temperate-continental climate with hot summers, cold and long winters and very different seasons. The milder areas are located in the south of the country, where the influence of the Mediterranean sea is present. The main factors that determine the climatic characteristics are the morphology of the territory and the proximity of the Black Sea: the central mountain range protects the southern regions from the cold winds of the north, while the reliefs present in the south are an obstacle to the southern temperate breezes. Given this context, it is obvious that Bulgaria does not have an ancient olive growing tradition. In fact, only few olive trees are distributed along the southern coast of the Black Sea and in some areas of the south: around the municipality of Svilengrad (south-east), in the southern part of the Eastern Rhodope Mountains and around the towns of Petrič and Sandanski (south-west). But even here there are no ancient trees because of periodic frosts that determine the ruin of the existing ones, some of which are recovered or replaced with new seedlings: currently the olive trees reach a maximum of thirty years and are located in Ivaylovgrad (in the region of the Eastern Rhodope Mountains) and in the towns of Petrič and Sandanski. In particular, in the Sandanski experimental field, in the 70s and 80s of the last century tests were carried out on seedlings imported from Greece with the aim of studying their ability to adapt to the climate, but the result was that every five-six years they died because of the frost. Given these characteristics, olive growing is not of significant economic importance: it is the reason why there are only single trees or small experimental olive groves, like the nursery in the town of Pomorie, on the Black Sea coast, where over twenty years ago olive trees, which now regularly fructify, were planted from the Nikitsky botanical garden of Yalta, in Ukraine, or like in Ivaylovgrad, Krumovgrad, Kardzhali and in the neighbouring centres in the region of the Eastern Rhodope Mountains, where some families have planted olive trees in their courtyards. A somewhat more structured olive cultivation came into existence after 1999 in the town of Petrič, where 2,000 seedlings were imported from Greece, followed by others. Here at present about 500 families grow olive trees, although no more than 1,500 trees have been planted from 2000 to today. Another favourable place is Kresna: here a family has 56 olive trees and a co-operative, created in 1985, owns a 2-hectare olive grove. In 2009 new olive groves were started in the towns of Kardzhali and Krumovgrad; and numerous others spread along the valley of the river Arda. The olive trees of the Pomorie nursery belong to the variety nikitskaya rannaya, originally from the Nikitsky botanical garden of Yalta. In the region of the Eastern Rhodope Mountains, the cultivar picual is cultivated, but the Greek cultivar chondrolia chalkidikis also stands out. Oil consumption, which has always been common, increased after 1990 reaching the current 2,310 tons. The per capita consumption is instead 0.33 kg per year. The imported volumes, 1,000 tons, come from Turkey, Greece, Spain and Italy. As for the future prospects, in the coming years olive growing may become a realistic alternative to tobacco for the people of the south-east of the country. As a result of this growing interest, the first association of olive producers was created in Plovdiv in 2010.

FLOS OLEI 2020 — The Restaurant of the Year

RESTAURANT LE SILPO

Marco Cervetti

Basseina Street, 6
01004 Kiev (Ukraine)

RESTAURANT PIZZERIA POSITANO

Silver Breeze Shopping Mall
Pavla Tychyna Ave, 1-V
02152 Kiev (Ukraine)
www.positano.kiev.ua

Grecia
Greece

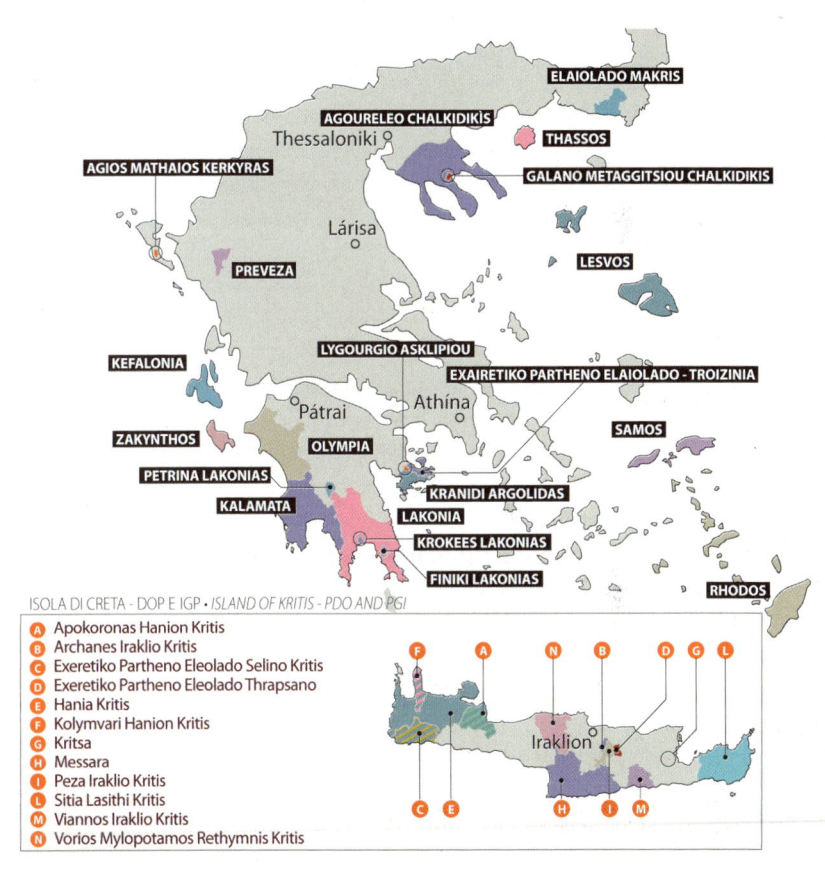

ELAIOLADO MAKRIS
AGOURELEO CHALKIDIKIS
Thessaloniki
THASSOS
AGIOS MATHAIOS KERKYRAS
GALANO METAGGITSIOU CHALKIDIKIS
Lárisa
PREVEZA
LESVOS
KEFALONIA
LYGOURGIO ASKLIPIOU
EXAIRETIKO PARTHENO ELAIOLADO - TROIZINIA
Pátrai Athína
ZAKYNTHOS
SAMOS
OLYMPIA
PETRINA LAKONIAS
KRANIDI ARGOLIDAS
KALAMATA
LAKONIA
KROKEES LAKONIAS
FINIKI LAKONIAS
RHODOS

ISOLA DI CRETA - DOP E IGP • *ISLAND OF KRITIS - PDO AND PGI*

- **A** Apokoronas Hanion Kritis
- **B** Archanes Iraklio Kritis
- **C** Exeretiko Partheno Eleolado Selino Kritis
- **D** Exeretiko Partheno Eleolado Thrapsano
- **E** Hania Kritis
- **F** Kolymvari Hanion Kritis
- **G** Kritsa
- **H** Messara
- **I** Peza Iraklio Kritis
- **L** Sitia Lasithi Kritis
- **M** Viannos Iraklio Kritis
- **N** Vorios Mylopotamos Rethymnis Kritis

Dati Statistici

Superficie Olivetata Nazionale	1.100.000 (ha)
Frantoi	2.000
Produzione Nazionale 19-20	300.000,0 (t)
Produzione Nazionale 18-19	185.000,0 (t)
Variazione	+ 62,16%

Statistic Data

National Olive Surface	1,100,000 (ha)
Olive Oil Mills	2,000
National Production 19-20	300,000.0 (t)
National Production 18-19	185,000.0 (t)
Variation	+ 62.16%

International Olive Council - Eurostat - Regional Directorate of Agricultural Economy Services

È il paese con il maggior consumo di olio pro capite - 15 kg annui - nonché solitamente sul podio dei maggiori paesi produttori a livello mondiale. Forse in nessun'altra terra l'olivo è tanto profondamente radicato e connotato di valore sacrale come in Grecia: simbolo di sapienza e di pace, è l'albero sacro ad Atena che ne ha fatto dono agli Ateniesi. E Atene, la pòlys per eccellenza, prende il nome dalla dea che è rappresentata con un ramo di olivo, lo stesso con cui erano incoronati i vincitori dei primi giochi olimpici. Secondo la leggenda fu Aristeo, figlio di Apollo, a insegnare agli uomini come innestare l'olivastro selvatico e come frangere le olive per ricavarne l'olio. Reperti archeologici, anfore e pitture provano come già in età minoica la pianta dell'olivo fosse conosciuta per i suoi pregi e coltivata nell'isola di Kritis fin dal 3500 a.C., e in seguito in tutto il continente. E oggi, a distanza di millenni, la Grecia rimane terra d'elezione per l'olivicoltura perché possiede tutto ciò di cui questa pianta ha bisogno: sole, clima mite, colline basse. Qui pressoché 158 milioni di alberi si arrampicano su un terreno impervio, sassoso, arido, distribuendosi su circa un milione 100mila ettari coltivati soprattutto nel Peloponnisos, nella Halkidiki, a Kritis, a Delphi, nelle isole dello Ionio e dell'Egeo. Il paniere varietale è ricchissimo: conta oltre cento cultivar, nate nei secoli dall'adattamento alle condizioni climatiche e legate alle differenti zone, delle quali anche quelle più antiche sono ancora in produzione. I 2mila frantoi, per lo più di piccole dimensioni, lavorano la koroneiki, varietà capofila che produce un olio dalle ottime qualità organolettiche, di cui sono pregiate soprattutto le produzioni del sud del Peloponnisos. La cultivar mastoidis è molto diffusa a Kritis ed è particolarmente resistente, tanto che si può coltivare fino a mille metri di quota; la valanolia e la adramytini sono prodotte nelle isole di Lesvos, Hios, Skiros, Evia; la megaritiki e la kalamon sono diffuse soprattutto nel Peloponnisos; mentre la prassinolia nella Halkidiki e in Makedonia. Negli oliveti greci si trovano anche le seguenti varietà: lianolia kerkyras, agouromanakolia, throuba thasou e kothreiki. L'olivicoltura è un traino economico per la popolazione: nella campagna 2019-2020 dalle 600mila aziende attive sul territorio sono state ricavate 300mila tonnellate di olio, con un aumento del 62,16% rispetto all'annata precedente. A tutela degli extravergine sono ben 32 le certificazioni attuate (Dop e Igp). Le Dop attuate sono 20: Agoureleo Chalkidikis, Apokoronas Hanion Kritis, Archanes Iraklio Kritis, Kolymvari Hanion Kritis, Peza Iraklio Kritis, Sitia Lasithi Kritis, Viannos Iraklio Kritis, Vorios Mylopotamos Rethyminis Kritis, Exeretiko Partheno Eleolado Thrapsano, Finiki Lakonias, Krokees Lakonias, Petrina Lakonias, Kalamata, Kranidi Argolidas, Lygourgio Asklipiou, Exeretiko Partheno Elaiolado Troizinia, Exeretiko Partheno Eleolado Selino Kritis, Messara, Galano Metaggitsiou Chalkidikis e la novella Elaiolado Makris che ha finalmente concluso l'iter. Le Igp attuate sono 12: Agios Mathaios Kerkyras, Hania Kritis, Kefalonia, Lakonia, Lesvos, Olympia, Preveza, Rhodos, Samos, Thassos, Zakynthos e, recentemente, anche Kritsa. Sono dati e numeri che delineano un comparto in ascesa; e il fine dei produttori è la valorizzazione dell'olio imbottigliato e il miglioramento della qualità, mentre cala lo sfuso esportato.

Greece has the greatest per-capita olive oil consumption in the world - 15 kg per year - and is also generally one of the main producing countries in the world. Probably nowhere else is the olive tree so rooted in the civilization and so endowed with a holy value: symbol of wisdom and peace, it is in fact the sacred tree of Athena, who gave it to the Athenians. And Athens, the pòlys par excellence, takes its name from the goddess, who is represented with an olive branch, with which the winners of the first Olympic games were also crowned. According to the legend it was Aristeus, Apollo's son, who taught men how to graft the wild oleaster and to crush olives to obtain oil. Archaeological findings, glass bottles and paintings, prove that already in the Minoic period the olive tree was well-known for its merits and was cultivated first on the island of Crete (from 3500 B.C.) and then on the whole continent. Thousands of years later, Greece remains the ideal land for olive growing, because here there is everything this tree needs: sun, mild climate, low hills. Here 158 million trees cling to a mountainous, stony, dry ground, spreading out on 1 million 100,000 hectares cultivated especially in the Peloponnisos, in the Peninsula of Halkidiki, Crete, Delphi, on the islands of the Ionian and the Aegean. The range of varieties is enormous: there are over a hundred cultivars, which over the centuries have adjusted to climatic conditions and are now typical of different areas; the most ancient ones are still in production. 2,000 oil mills - mainly of small dimensions - work especially koroneiki, a leader cultivar that produces an olive oil with excellent organoleptic qualities: the best are the productions of southern Peloponnisos. The variety mastoidis is very common in Crete and is so resistant, that it can be cultivated even at a thousand metres above sea level; valanolia and adramytini are cultivated on the islands of Lesbos, Hios, Skiros, Evia, while megaritiki and kalamon are common especially in the Peloponnisos and prassinolia in the Peninsula of Halkidiki and in Makedonia. In the Greek olive groves it is possible to find also lianolia kerkyras, agouromanakolia, throuba thasou and kothreiki. Olive growing is a driving sector in Greece and numerous families live on it. In the 2019-2020 oil harvest the existing 600,000 farms produced 300,000 tons of oil, with an increase of 62.16% compared to the previous year. To protect the extra virgin olive oils produced 32 denominations (Pdo and Pgi) have been obtained. The implemented Pdo are 20: Agoureleo Chalkidikis, Apokoronas Hanion Kritis, Archanes Iraklio Kritis, Kolymvari Hanion Kritis, Peza Iraklio Kritis, Sitia Lasithi Kritis, Viannos Iraklio Kritis, Vorios Mylopotamos Rethyminis Kritis, Exeretiko Partheno Eleolado Thrapsano, Finiki Lakonias, Krokees Lakonias, Petrina Lakonias, Kalamata, Kranidi Argolidas, Lygourgio Asklipiou, Exeretiko Partheno Elaiolado Troizinia, Exeretiko Partheno Eleolado Selino Kritis, Messara, Galano Metaggitsiou Chalkidikis and the new Elaiolado Makris, which has finally been implemented. The Pgi are 12: Agios Mathaios Kerkyras, Hania Kritis, Kefalonia, Lakonia, Lesvos, Olympia, Preveza, Rhodos, Samos, Thassos, Zakynthos and recently also Kritsa. Data and figures show that the sector is developing quickly: producers aim at exploiting the bottled olive oil and improving quality, while the export of undecanted olive oil is decreasing.

Grecia Greece [EL] Anatoliki Makedonia - Kai Thraki

Kyklopas

Thrace - Makri - Post Box 317
68100 Alexandroupolis (EVR)
Tel.: +30 25510 71271
E-mail: info@kyklopas.com - Web: www.kyklopas.com

92

- 50/220 m
- **Specializzato** / Specialized
- **Vaso aperto** / Open vase
- **Meccanica** / Mechanical harvesting
- **Sì - Ciclo continuo** / Yes - Continuous cycle
- **Makri**
- **Fruttato medio** / Medium fruity
- da 10,01 a 12,00 € - 500 ml / from € 10.01 to 12.00 - 500 ml

Kyklopas è un'azienda a conduzione familiare che ha alle spalle una tradizione nel settore lunga generazioni. Argyris Kelidis, che ha ereditato la passione per gli olivi dai genitori, prosegue l'avventura e fonda nel 1982, con la moglie Niki Kelidou, una realtà tutta sua. Parliamo di una superficie di 52 ettari, con 11mila piante, e di un moderno frantoio che ha lavorato un raccolto di 1.870 quintali di olive, ottenendo una produzione di 380 ettolitri di olio. Dei due ottimi Extravergine Kyklopas, Ages ed Early Harvest, preferiamo quest'ultimo, di un bel colore giallo dorato intenso con lievi riflessi verdi, limpido. Al naso è ampio e avvolgente, ricco di sentori fruttati di pomodoro acerbo, banana e mela bianca, affiancati da nuance floreali di ginestra e toni aromatici di basilico, menta e prezzemolo. Fine e di carattere al gusto, si arricchisce di note vegetali di sedano e lattuga. Amaro deciso e piccante spiccato e armonico. Perfetto per antipasti di pomodori, bruschette con verdure, marinate di salmone, patate al cartoccio, zuppe di ceci, risotto con carciofi, molluschi gratinati, tartare di ricciola, pollame o carni di agnello al forno, formaggi freschi a pasta filata.

Kyklopas is a family-run farm with a tradition in this field of several generations. In fact, Argyris Kelidis, who has inherited his passion for olive growing from his parents and carries on their activity, founded his farm in 1982 with his wife Niki Kelidou. The estate consists of 52 hectares of surface with 11,000 trees and a modern oil mill. In the last harvest 1,870 quintals of olives were produced, equal to a yield of 380 hectolitres of oil. There are two very good Extra Virgin Kyklopas, Ages and Early Harvest, which we recommend. It is a beautiful intense limpid golden yellow colour with slight green hues. Its aroma is ample and rotund, rich in fruity hints of unripe tomato, banana and white apple, together with floral notes of broom and aromatic hints of basil, mint and parsley. Its taste is fine and strong, enriched by a vegetal flavour of celery and lettuce. Bitterness is definite and pungency is distinct and harmonic. It would be ideal on tomato appetizers, bruschette with vegetables, marinated salmon, baked potatoes, chickpea soups, risotto with artichokes, mussels au gratin, amberjack tartare, baked poultry or lamb, mozzarella cheese.

Grecia Greece [EL] Thessalia

Noan

Milina
37013 Notio Pilio (MAG)
Tel.: +43 1 2266000 - Fax: +43 1 2266000
E-mail: office@noan.org - Web: www.noan.org

96

100/600 m

Specializzato
Specialized

Vaso libero
Free vase

Brucatura a mano
Hand picking

No - Ciclo continuo
No - Continuous cycle

Anphissis

Fruttato leggero
Light fruity

da 8,01 a 10,00 € - 250 ml
from € 8.01 to 10.00 - 250 ml

Vince con il Migliore Olio Extravergine di Oliva Monovarietale - Fruttato Leggero. Noan è una realtà in crescita che propone non solo un extravergine di alta qualità, ma progetti umanitari di ampio respiro: programmi di sviluppo educativo per giovanissimi e supporto agli olivicoltori locali. Alla piccola proprietà degli austriaci Richard e Margit Schweger - 20 ettari - si uniscono gli impianti dei partner, per un totale di 400 ettari con 30mila piante. Quest'anno ai 50 quintali di olive prodotti in sede, ne sono stati aggiunti 1.800 dei soci, per una resa in olio di quasi 242 ettolitri. Lo splendido Extravergine Noan - Classic da Agricoltura Biologica è giallo dorato intenso con tonalità verdoline, limpido. Al naso è elegante e avvolgente, con sentori di pomodoro acerbo, banana e mela bianca, uniti a note balsamiche di basilico, menta e rosmarino. In bocca è fine e vegetale, con toni di cicoria, lattuga e sedano. Amaro presente e piccante dosato. Ideale su maionese, antipasti di ceci, carpaccio di gallinella, insalate di mare, marinate di dentice, zuppe di fave, primi piatti con funghi ovoli, fritture di calamari, tartare di orata, formaggi freschi a pasta molle, dolci lievitati.

Noan is The Best Extra Virgin Olive Oil Monovarietal - Light Fruity. This growing farm not only produces high quality extra virgin olive oil, but is also engaged in philanthropic projects aimed at young people and local olive growers. It consists of the Austrian Richard and Margit Schweger's small estate of 20 hectares and their partners' olive groves, for a total of 400 hectares with 30,000 trees. In the last harvest 50 quintals of olives were produced, which, together with 1,800 of the partners, yielded almost 242 hectolitres of oil. The splendid Extra Virgin Noan - Classic from Organic Farming is an intense limpid golden yellow colour with light green hues. Its aroma is elegant and rotund, with hints of unripe tomato, banana and white apple, together with fragrant notes of basil, mint and rosemary. Its taste is fine and vegetal, with a flavour of chicory, lettuce and celery. Bitterness is present and pungency is complimentary. It would be ideal on mayonnaise, chickpea appetizers, piper carpaccio, seafood salads, marinated sea bream, broad bean soups, pasta with ovoli mushrooms, fried squids, gilthead tartare, soft fresh cheese, yeast-raised cakes.

Grecia Greece [EL] Ditiki Ellada

Hellenic Fields

Skillounta - Skillountia
27055 Andritsaina-Krestena (ILI)
Tel.: +30 210 6847451
E-mail: info@hellenicfields.gr - Web: www.enaena.gr

85

- 400/600 m
- Promiscuo e specializzato / Promiscuous and specialized
- Ombrello / Weeping vase
- Bacchiatura e brucatura a mano / Beating and hand picking
- No - Ciclo continuo / No - Continuous cycle
- Koroneiki
- Fruttato medio / Medium fruity
- da 8,01 a 10,00 € - 500 ml / from € 8.01 to 10.00 - 500 ml

Hellenic Fields nasce nel 2014 come giovane e moderna realtà olearia a tutto campo, con uno sguardo particolarmente attento alla salvaguardia dell'ambiente. Il progetto, che si avvale della collaborazione di selezionati coltivatori locali, si sviluppa nelle due più importanti regioni di produzione certificata Igp (Olympia e Mani) e comprende 17 ettari con 3mila piante dalle quali sono stati raccolti quest'anno 500 quintali di olive che, uniti ai 200 acquisiti, hanno reso circa 104 ettolitri di olio. La selezione proposta per la Guida è l'ottimo Extravergine ena ena - Ultra Superior Igp Olympia, giallo dorato intenso con delicati riflessi verdi, limpido. Al naso è ampio e avvolgente, con sentori fruttati di pomodoro acerbo, mela bianca e banana, cui si affiancano note balsamiche di menta, basilico e prezzemolo. Fine e complesso al palato, si arricchisce di toni vegetali di fave, lattuga e sedano. Amaro spiccato e piccante ben espresso e armonico. Ideale su antipasti di salmone, insalate di legumi, marinate di ricciola, verdure ai ferri, passati di orzo, primi piatti con asparagi, crostacei in guazzetto, seppie in umido, pollame o carni di agnello al forno, formaggi caprini.

Hellenic Fields, founded in 2014, is a young and modern oil farm, with a particular focus on environmental protection. Selected local farmers are involved in the project, which is active in the two most important regions of Pgi certified production (Olympia and Mani). The olive surface takes up 17 hectares with 3,000 trees. In the last harvest 500 quintals of olives were produced and 200 purchased, with a yield of about 104 hectolitres of oil. The selection proposed to the Guide is the very good Extra Virgin ena ena - Ultra Superior Pgi Olympia, which is an intense limpid golden yellow colour with delicate green hues. Its aroma is ample and rotund, with fruity hints of unripe tomato, white apple and banana, together with fragrant notes of mint, basil and parsley. Its taste is fine and complex, enriched by a vegetal flavour of broad beans, lettuce and celery. Bitterness is definite and pungency is distinct and harmonic. It would be ideal on salmon appetizers, legume salads, marinated amberjack, grilled vegetables, barley purée, pasta with asparagus, stewed shellfish, stewed cuttlefish, baked poultry or lamb, goat cheese.

Grecia Greece [EL] Ditiki Ellada

Mediterre Eurofood

Varvasaina - Pyrgos - 4th km Pyrgos - Ancient Olympia
27131 Ancient Olympia (ILI)
Tel.: +30 26210 44588
E-mail: contact@mediterre.com - Web: www.mediterre.com

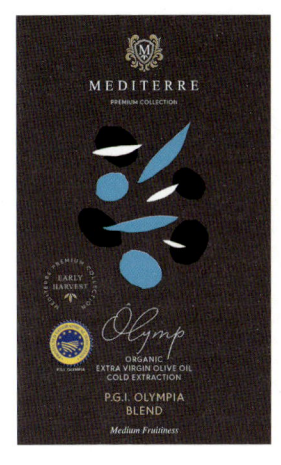

90

650 m

Specializzato
Specialized

Cespuglio, ombrello, vaso libero
Bush, weeping vase, free vase

Brucatura a mano e meccanica
Hand picking and mechanical harvesting

Sì - Ciclo continuo
Yes - Continuous cycle

Koroneiki (90%), kolyreiki (10%)

Fruttato medio
Medium fruity

da 22,01 a 26,00 € - 500 ml
from € 22.01 to 26.00 - 500 ml

Q uest'azienda opera con passione e dinamismo nel settore dell'extravergine di qualità fin dal 1989, quando Giorgos Papadopoulos crea uno dei frantoi più all'avanguardia della regione. Oggi, che il testimone è passato a Konstantinos, questo gestisce 30mila piante coltivate su 30 ettari. Quest'anno il raccolto di 7.500 quintali di olive ha fruttato, con l'aggiunta di 800 acquistati, quasi 1.092 ettolitri di olio che, con i 546 comprati, sono diventati quasi 1.638. Quattro gli Extravergine Mediterre: Alea, Lena e i due da Agricoltura Biologica, Omphacium e Early Harvest Igp Olympia. L'ultimo, ottimo, è giallo dorato intenso con leggere venature verdi, limpido. Al naso è ampio e avvolgente, intriso di sentori di pomodoro di media maturità, banana e mela bianca, cui si accompagnano toni aromatici di basilico, prezzemolo e menta. Fine e complesso al palato, sprigiona note di fave, sedano e lattuga. Amaro deciso e piccante spiccato. Perfetto su antipasti di pomodori, insalate di legumi, marinate di orata, patate in umido, passati di fagioli, risotto con funghi ovoli, molluschi gratinati, tartare di ricciola, pollame o carni di agnello al forno, formaggi freschi a pasta filata.

T his farm has been working in the field of quality extra virgin olive oil with passion and dynamism since 1989, when Giorgos Papadopoulos created one of the most advanced oil mills in the region. Today the farm is run by Konstantinos, who manages 30 hectares of olive grove with 30,000 trees. In the last harvest 7,500 quintals of olives were produced and 800 purchased, with a yield of almost 1,092 hectolitres of oil. With 546 purchased, the total was almost 1,638 hectolitres. There are four Extra Virgin Mediterre, Alea, Lena and the two from Organic Farming, Omphacium and the very good Early Harvest Pgi Olympia. It is an intense limpid golden yellow colour with slight green hues. Its aroma is ample and rotund, with hints of medium ripe tomato, banana and white apple, together with aromatic notes of basil, parsley and mint. Its taste is fine and complex, with notes of broad beans, celery and lettuce. Bitterness is definite and pungency is distinct. It would be ideal on tomato appetizers, legume salads, marinated gilthead, stewed potatoes, bean purée, risotto with ovoli mushrooms, mussels au gratin, amberjack tartare, baked poultry or lamb, mozzarella cheese.

Grecia Greece [EL] Peloponnisos

Elissón Olive Oil & More

Kryoneri
20200 Sikyonion (KOR)
E-mail: info@elisson.de - Web: www.elisson.de

93

170/360 m

Specializzato
Specialized

Vaso
Vase

Brucatura a mano
Hand picking

No - Ciclo continuo
No - Continuous cycle

Megaritiki

Fruttato medio
Medium fruity

da 18,01 a 22,00 € - 500 ml
from € 18.01 to 22.00 - 500 ml

Siamo nella regione di Korinthos, luogo di suggestioni mitologiche, dove Ercole avrebbe affrontato alcune delle sue fatiche. Qui nasce Elissón, un'azienda familiare con una tradizione nel settore che risale al XVII secolo e che oggi collabora anche con selezionati olivicoltori della zona. Le tenute di proprietà comprendono 4 ettari e 700 alberi che hanno reso quest'anno un raccolto di quasi 174 quintali di olive e una produzione di circa 29 ettolitri di olio. Due gli Extravergine Elissón - Special Edition da Agricoltura Biologica, entrambi monovarietali: Manaki e Megaritiki. Quest'ultimo, ottimo, è di un bel colore giallo dorato intenso con delicate tonalità verdi, limpido. Al naso si apre pulito e avvolgente, ricco di sentori fruttati di pomodoro acerbo, banana e mela bianca, cui si affiancano note aromatiche di basilico, menta e prezzemolo. Fine e complesso al palato, aggiunge toni di lattuga e sedano. Amaro spiccato e piccante presente e ben espresso. Ideale su antipasti di mare, insalate di fagioli, marinate di orata, patate in umido, passati di orzo, risotto con funghi ovoli, molluschi gratinati, tartare di ricciola, coniglio arrosto, pollame ai ferri, formaggi caprini.

The family-run farm Elissón has a tradition in the sector dating back to the 17th century, but today it also collaborates with selected local producers. It is placed in the region of Korinthos, a place evoking mythological memories, where Hercules faced some of his labours. The olive groves cover 4 hectares with 700 trees. In the last harvest almost 174 quintals of olives and about 29 hectolitres of oil were produced. There are two Monovarietal Extra Virgin Elissón - Special Edition from Organic Farming, Manaki and the very good Megaritiki, which is a beautiful intense limpid golden yellow colour with delicate green hues. Its aroma is clean and rotund, rich in fruity hints of unripe tomato, banana and white apple, together with aromatic notes of basil, mint and parsley. Its taste is fine and complex, with a flavour of lettuce and celery. Bitterness is definite and pungency is present and distinct. It would be ideal on seafood appetizers, bean salads, marinated gilthead, stewed potatoes, barley purée, risotto with ovoli mushrooms, mussels au gratin, amberjack tartare, roast rabbit, grilled poultry, goat cheese.

Grecia Greece [EL] Peloponnisos

Lakudia

Ypokatastima Alonaki
23070 Monemvasia (LAK)
Tel.: +49 7365 858410 - Fax: +49 7365 8584125
E-mail: info@lakudia.de - Web: www.lakudia.com

88

1/300 m

Promiscuo e specializzato
Promiscuous and specialized

Vaso aperto, vaso libero
Open vase, free vase

Brucatura a mano
Hand picking

No - Ciclo continuo misto
No - Mixed continuous cycle

Athinio

Fruttato medio
Medium fruity

da 10,01 a 12,00 € - 500 ml
from € 10.01 to 12.00 - 500 ml

Sono davvero tante le edizioni attraverso le quali seguiamo con interesse questa struttura attiva dal 1999 nella regione di Monemvasia, uno dei territori più vocati della Lakonia. Qui Andreas Knauss conduce la sua proprietà, ma coinvolge anche alcuni selezionati olivicoltori locali: gli ettari coltivati sono in tutto 55, con 7.500 piante messe a dimora dalle quali quest'anno sono stati raccolti 3mila quintali di olive che hanno reso 765 ettolitri di olio. Due gli Extravergine Lakudia Igp Lakonia, quello da Agricoltura Biologica e il "base". Preferiamo quest'ultimo che appare alla vista di un bel colore giallo dorato intenso, limpido. All'olfatto è ampio e avvolgente, intriso di sentori fruttati di pomodoro acerbo, banana e mela bianca, cui si affiancano fresche note balsamiche di basilico, prezzemolo e menta. Fine e complesso in bocca, aggiunge toni vegetali di sedano e lattuga di campo. Amaro deciso e piccante presente e dosato. Ideale per antipasti di carciofi, carpaccio di salmone, insalate di pomodori, patate alla brace, passati di orzo, primi piatti con molluschi, gamberi in guazzetto, seppie in umido, pollame o carni di agnello al forno, formaggi freschi a pasta filata.

This farm, which has been present in our Guide for many years, has been active since 1999 in the region of Monemvasia, one of the most favourable territories in Lakonia. Here Andreas Knauss runs his estate, but also collaborates with some selected local producers. The olive groves cover 55 hectares with 7,500 trees. In the last harvest 3,000 quintals of olives were produced, which allowed to yield 765 hectolitres of extra virgin olive oil. There are two Extra Virgin Lakudia Pgi Lakonia, the one from Organic Farming and the "basic", which we recommend. It is a beautiful intense limpid golden yellow colour. Its aroma is ample and rotund, endowed with fruity hints of unripe tomato, banana and white apple, together with fresh fragrant notes of basil, parsley and mint. Its taste is fine and complex, with a vegetal flavour of celery and country lettuce. Bitterness is definite and pungency is present and complimentary. It would be ideal on artichoke appetizers, salmon carpaccio, tomato salads, barbecued potatoes, barley purée, pasta with mussels, stewed shrimps, stewed cuttlefish, baked poultry or lamb, mozzarella cheese.

Grecia Greece [EL] Peloponnisos

Olive Poem - A Drop of Art
23058 Vrontamas (LAK)
E-mail: info@olivepoem.com - Web: www.olivepoem.com

87

- 100 m
- Specializzato / Specialized
- Vaso / Vase
- Brucatura a mano / Hand picking
- Sì - Ciclo continuo / Yes - Continuous cycle
- Koroneiki (70%), myrtoelia (30%)
- Fruttato leggero / Light fruity
- da 15,01 a 18,00 € - 500 ml / from € 15.01 to 18.00 - 500 ml

Theodoros Koutsotheodoris dà vita nel 2017 a questo progetto con l'obiettivo di salvaguardare cultivar di olivo secolari e infondere nuova linfa a una coltivazione così fortemente radicata in questa regione dove l'olio può essere un'opera d'arte. Ha riqualificato 5 ettari di oliveto, conservando gli alberi già esistenti e impiantandone di nuovi, e oggi da 1.500 olivi in produzione ha ricavato 100 quintali di olive e 14 ettolitri di olio. Segnaliamo l'ottimo Extravergine Olive Poem - A Drop of Art Igp Lakonia da Agricoltura Biologica che appare alla vista di un bel colore giallo dorato intenso con marcate tonalità verdi, limpido. Al naso è pulito e avvolgente, con sentori fruttati di pomodoro acerbo e mela bianca, cui si affiancano ampie note aromatiche di basilico e menta, prezzemolo e maggiorana. Fine e complesso al palato, si arricchisce di toni di cicoria, sedano e lattuga. Amaro ben espresso e piccante presente e armonico. Perfetto su bruschette con verdure, insalate di orzo, marinate di salmone, patate al cartoccio, passati di legumi, primi piatti con asparagi, gamberi in guazzetto, seppie in umido, coniglio arrosto, pollame ai ferri, formaggi freschi a pasta filata.

Theodoros Koutsotheodoris created this project in 2017 with the aim of safeguarding centuries-old olive cultivars and giving new life to a cultivation so strongly rooted in this region, where oil can be a work of art. He redeveloped 5 hectares of olive groves, preserving the existing trees and planting new ones. Today there are 1,500 productive trees. In the last harvest 100 quintals of olives yielded 14 hectolitres of oil. We recommend the very good Extra Virgin Olive Poem - A Drop of Art Pgi Lakonia from Organic Farming, which is a beautiful intense limpid golden yellow colour with distinct green hues. Its aroma is clean and rotund, with fruity hints of unripe tomato and white apple, together with ample aromatic notes of basil and mint, parsley and marjoram. Its taste is fine and complex, enriched by a flavour of chicory, celery and lettuce. Bitterness is distinct and pungency is present and harmonic. It would be ideal on bruschette with vegetables, barley salads, marinated salmon, baked potatoes, legume purée, pasta with asparagus, stewed shrimps, stewed cuttlefish, roast rabbit, grilled poultry, mozzarella cheese.

Grecia Greece [EL] Peloponnisos

Liá

Navarinou, 18
24300 Filiatra (MES)
Tel.: +30 27610 34267
E-mail: info@liaoliveoil.com - Web: www.liaoliveoil.com

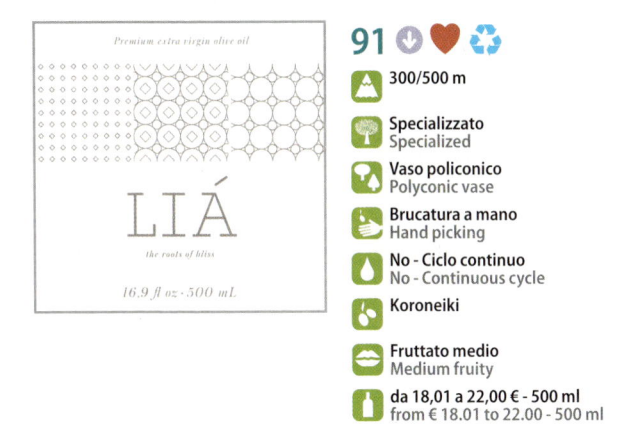

91

300/500 m

Specializzato
Specialized

Vaso policonico
Polyconic vase

Brucatura a mano
Hand picking

No - Ciclo continuo
No - Continuous cycle

Koroneiki

Fruttato medio
Medium fruity

da 18,01 a 22,00 € - 500 ml
from € 18.01 to 22.00 - 500 ml

Liá è una realtà giovane ma con radici antiche, quelle della famiglia di Panagiotis e Konstantina che iniziarono l'avventura nel 1975, con appena 19 alberi di olivo. Oggi il progetto è cresciuto e i figli, che hanno ereditato dai genitori l'amore per la terra e per queste piante sacre, conducono 15 ettari di oliveto con 2.850 alberi di koroneiki che hanno fruttato 1.250 quintali di olive e 220 ettolitri di olio. Segnaliamo l'etichetta sottoposta al giudizio del panel, l'Extravergine Liá - Premium Edition che appare alla vista di un bel colore giallo dorato intenso con delicate sfumature verdi, limpido. All'olfatto è sottile e composto, dotato di sentori balsamici di basilico, menta e prezzemolo, cui si affiancano note fruttate di pomodoro acerbo, mela bianca e banana. Morbido e armonico al palato, si arricchisce di toni vegetali di lattuga di campo e sedano. Amaro e piccante presenti e dosati, con finale dolce in rilievo. È perfetto per bruschette con verdure, insalate di orzo, marinate di salmone, patate al cartoccio, zuppe di legumi, risotto con carciofi, molluschi gratinati, tartare di ricciola, coniglio al forno, pollame ai ferri, formaggi freschi a pasta filata.

Liá is a young farm with an ancient tradition. In fact, Panagiotis and Konstantina's family started this adventure in 1975 with only 19 olive trees. Today the project has been developed and their children, who share their parents' love for the land and these sacred trees, run 15 hectares of olive grove with 2,850 trees of the variety koroneiki. In the last harvest 1,250 quintals of olives and 220 hectolitres of oil were produced. We recommend the selection proposed to the panel, the Extra Virgin Liá - Premium Edition, which is a beautiful intense limpid golden yellow colour with delicate green hues. Its aroma is fine and delicate, endowed with fragrant hints of basil, mint and parsley, together with fruity notes of unripe tomato, white apple and banana. Its taste is mellow and harmonic, enriched by a vegetal flavour of country lettuce and celery. Bitterness and pungency are present and complimentary, with evident sweetness. It would be ideal on bruschette with vegetables, barley salads, marinated salmon, baked potatoes, legume soups, risotto with artichokes, mussels au gratin, amberjack tartare, baked rabbit, grilled poultry, mozzarella cheese.

Grecia Greece [EL] Vorio Egeo

Eirini Plomariou Organic

Paliaklisia
81200 Plomari (LES)
Tel.: +30 22520 32875 - Fax: +30 22515 32875
E-mail: eirini.oliveoil@gmail.com - Web: www.irini-oliveoil.gr

87

650 m

Specializzato
Specialized

Vaso aperto
Open vase

Brucatura a mano
Hand picking

Sì - Ciclo continuo
Yes - Continuous cycle

Kolovi

Fruttato medio
Medium fruity

da 8,01 a 10,00 € - 500 ml
from € 8.01 to 10.00 - 500 ml

Ritroviamo con piacere in Guida Eirini Plomariou Organic, una realtà familiare attiva dalla fine degli anni Novanta nel comprensorio di Plomari. Il patrimonio olivicolo di cui dispone la famiglia Kalampoka è composto da 200 ettari di impianto specializzato sul quale sono coltivati, con metodi biologici, 60mila alberi di sola varietà autoctona kolovi. Quest'anno da un raccolto di 1.250 quintali di olive sono stati ricavati 250 ettolitri di olio. La selezione aziendale proposta è l'Extravergine Eirini Plomariou da Agricoltura Biologica che si presenta alla vista di un bel colore giallo dorato intenso con delicati riflessi verdi, limpido. All'olfatto si apre sottile e composto, con sentori fruttati di pomodoro acerbo, banana e mela bianca, cui si affiancano note aromatiche di basilico, menta e prezzemolo. In bocca è morbido e armonico, con toni vegetali di lattuga di campo e sedano. Amaro e piccante presenti e dosati, con finale dolce in rilievo. Ideale su antipasti di mare, insalate di farro, marinate di orata, patate in umido, zuppe di ceci, primi piatti con verdure, molluschi gratinati, tartare di ricciola, pollame o carni di agnello al forno, formaggi freschi a pasta filata.

Present again in our Guide, Eirini Plomariou is a family-run farm active since the late 90s in the district of Plomari. The family Kalampoka runs 200 hectares of specialized olive grove with 60,000 trees of the autochthonous variety kolovi, cultivated according to organic farming principles. In the last harvest 1,250 quintals of olives yielded 250 hectolitres of extra virgin olive oil. We recommend the selection proposed to the panel, the Extra Virgin Eirini Plomariou from Organic Farming, which is a beautiful intense limpid golden yellow colour with delicate green hues. Its aroma is fine and delicate, with fruity hints of unripe tomato, banana and white apple, together with aromatic notes of basil, mint and parsley. Its taste is mellow and harmonic, with a vegetal flavour of country lettuce and celery. Bitterness and pungency are present and complimentary, with a sweet finish. It would be ideal on seafood appetizers, farro salads, marinated gilthead, stewed potatoes, chickpea soups, pasta with vegetables, mussels au gratin, amberjack tartare, baked poultry or lamb, mozzarella cheese.

Grecia Greece [EL] Kritis

Terra Creta

Platanias - Kamisiana
73006 Kolymvari (HAN)
Tel.: +30 28240 83340 - Fax: +30 28240 83343
E-mail: info@terracreta.gr - Web: www.terracreta.gr

86 ⬆ Ⓚ Ⓗ

50/250 m

Specializzato
Specialized

Vaso aperto
Open vase

Brucatura a mano
Hand picking

Sì - Ciclo continuo misto
Yes - Mixed continuous cycle

Koroneiki

Fruttato medio
Medium fruity

da 18,01 a 22,00 € - 500 ml
from € 18.01 to 22.00 - 500 ml

Terra Creta è una giovane e moderna realtà olearia a tutto campo che è stata creata nel 2001 da due olivicoltori pionieri, entrambi provenienti da famiglie del posto con una consolidata esperienza nel settore. Oggi la struttura, che si avvale della collaborazione di selezionati coltivatori locali, comprende 110 ettari con 25mila piante, un frantoio all'avanguardia e un innovativo impianto per l'imbottigliamento. Quest'anno da un raccolto di 30mila quintali di olive sono stati ricavati 6mila ettolitri di olio. Due gli Extravergine Terra Creta: il Dop Kolymvari Hanion Kritis e l'ottimo Grand Cru. Giallo dorato intenso con leggeri riflessi verdi, limpido; al naso si apre ampio e avvolgente, con freschi sentori di basilico, menta e prezzemolo, cui si aggiungono note di pomodoro acerbo, mela bianca e banana. Al gusto è fine e di carattere, con toni di cicoria, lattuga e sedano. Amaro spiccato e piccante ben espresso ed equilibrato. Ideale su bruschette con verdure, insalate di orzo, marinate di ricciola, patate al cartoccio, zuppe di legumi, risotto con funghi finferli, molluschi gratinati, tartare di salmone, coniglio arrosto, pollame al forno, formaggi freschi a pasta filata.

Terra Creta is a young and modern oil farm, founded in 2001 by two pioneer olive growers, both coming from local families with a solid experience in the sector. It also collaborates with selected local farmers. Today the estate consists of 110 hectares with 25,000 trees, a modern oil mill and an advanced bottling system. In the last harvest 30,000 quintals of olives were produced, equal to a yield of 6,000 hectolitres of extra virgin olive oil. There are two Extra Virgin selections Terra Creta, the Pdo Kolymvari Hanion Kritis and the very good Grand Cru, which is an intense limpid golden yellow colour with slight green hues. Its aroma is ample and rotund, with fresh hints of basil, mint and parsley, together with notes of unripe tomato, white apple and banana. Its taste is fine and strong, with a flavour of chicory, lettuce and celery. Bitterness is definite and pungency is distinct and well balanced. It would be ideal on bruschette with vegetables, barley salads, marinated amberjack, baked potatoes, legume soups, risotto with chanterelle mushrooms, mussels au gratin, salmon tartare, roast rabbit, baked poultry, mozzarella cheese.

Grecia Greece [EL] Kritis

Mitera

Hani Alexandrou
74052 Réthymno
Tel.: +30 28310 20277
E-mail: info@mitera.ch - Web: www.mitera.ch

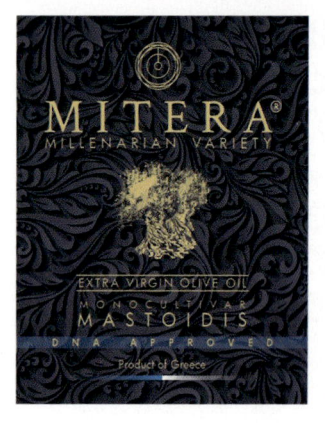

85

- 250 m
- **Specializzato**
  Specialized
- **Vaso aperto, vaso libero, vaso policonico**
  Open vase, free vase, polyconic vase
- **Brucatura a mano**
  Hand picking
- **No - Ciclo continuo**
  No - Continuous cycle
- **Mastoidis**
- **Fruttato medio**
  Medium fruity
- **da 26,01 a 30,00 € - 500 ml**
  from € 26.01 to 30.00 - 500 ml

Il progetto Mitera, in greco Madre, nasce con l'obiettivo di salvaguardare cultivar di olivo secolari e piante che sono monumenti naturali in territori tradizionalmente vocati all'olivicoltura. Così come in Italia (in Umbria), a Creta Antonella Meyer - Masciulli ha stipulato contratti con selezionati coltivatori locali di Réthymno dai quali acquista olive della varietà autoctona mastoidis. Nella trascorsa campagna sono stati lavorati 70 quintali di olive che hanno prodotto 13 ettolitri di olio. Segnaliamo l'ottimo Extravergine monocultivar Mitera - Mastoidis che appare alla vista di un bel colore giallo dorato intenso con delicate sfumature verdi, limpido. Al naso è ampio e avvolgente, ricco di sentori fruttati di pomodoro acerbo, banana e mela bianca, cui si associano note balsamiche di basilico, menta e prezzemolo. Fine e complesso al palato, aggiunge toni vegetali di cicoria, lattuga di campo e sedano. Amaro e piccante presenti e ben espressi. Ideale su antipasti di mare, fagioli al vapore, insalate di farro, patate in umido, zuppe di legumi, risotto con carciofi, pesce azzurro marinato, tartare di salmone, coniglio al forno, pollo arrosto, formaggi freschi a pasta filata.

The project Mitera, in Greek mother, was created to safeguard century-old olive cultivars and plants that are natural monuments in areas traditionally suited to olive growing. As she did in Italy (in Umbria), Antonella Meyer - Masciulli has signed contracts with selected local farmers of the town of Réthymno in Crete and buys from them olives of the native variety mastoidis. In the last harvest 70 quintals of olives were processed, with a yield of 13 hectolitres of oil. We recommend the very good Monocultivar Extra Virgin Mitera - Mastoidis, which is a beautiful intense limpid golden yellow colour with delicate green hues. Its aroma is ample and rotund, rich in fruity hints of unripe tomato, banana and white apple, together with fragrant notes of basil, mint and parsley. Its taste is fine and complex, with a vegetal flavour of chicory, country lettuce and celery. Bitterness and pungency are present and distinct. It would be ideal on seafood appetizers, steamed beans, farro salads, stewed potatoes, legume soups, risotto with artichokes, marinated blue fish, salmon tartare, baked rabbit, roast chicken, mozzarella cheese.

Ucraina
Ukraine

Aree olivetate o a vocazione olivicola • Olive growing areas or areas suitable to olive growing

Dati Statistici

Superficie Olivetata Nazionale	n.p.
Frantoi	n.p.
Produzione Nazionale 19-20	n.p.
Produzione Nazionale 18-19	n.p.
Variazione	n.p.

International Olive Council

Statistic Data

National Olive Surface	n/a
Olive Oil Mills	n/a
National Production 19-20	n/a
National Production 18-19	n/a
Variation	n/a

L'Ucraina, il più grande stato europeo per superficie, è caratterizzato da un territorio prevalentemente pianeggiante, con fertili bassopiani o steppe attraversate da diversi fiumi e poche catene montuose. A sud si protende nel mare con la penisola della Crimea, già repubblica autonoma dell'Ucraina, attualmente sotto amministrazione russa, non riconosciuta da Kiev né dalla comunità internazionale. Il clima in Ucraina è, nell'interno, di tipo temperato-continentale, ma mediterraneo lungo la costa meridionale della Crimea, in particolare all'estremo sud, in quella fascia costiera stretta tra il mare e le montagne che la riparano dai venti del nord. Lungo questa "riviera", punteggiata da luoghi di villeggiatura quali Alušta, Yalta, Gurzuf, Sudak e Feodosiya, si trovano anche vigneti e frutteti. Ed è proprio qui che sta prendendo forma un progetto che scommette sull'olivicoltura. Si tratta di uno studio ancora embrionale, di matrice italiana, e che trova la sua sede a poca distanza dalla baia di Yalta. Le prime ricerche risalgono al 2011 quando vengono individuate, in un orto botanico della zona, due varietà di olivo localmente denominate nikitskij 1 e nikitskij 2. Le pianticelle erano però in uno stato di quasi totale abbandono, quindi per un primo esperimento sull'adattabilità della specie è stato preferito impiantare alcune cultivar italiane, scelte in base alla maggiore resistenza alle basse temperature: leccino, pendolino, leccio del corno, bianchera, maurino. Sono state dunque messe a dimora 170 piante, suddivise per varietà, tenendo in considerazione e valutando diversi fattori, primi fra i quali l'esposizione alla luce e al calore del sole, la vicinanza rispetto al mare (e quindi la possibile esposizione ai venti marini carichi di sale), nonché l'integrazione con il paesaggio. Il monitoraggio della situazione climatica, finora, è avvenuto attraverso la stazione meteorologica situata presso il giardino botanico, ma è in programma l'istallazione di una stazione meteo in loco. Il progetto prevede un controllo costante dello sviluppo delle piante per i primi due-tre anni; e dopo questo periodo, se non vengono riscontrate criticità nella crescita bensì una buona attitudine alla produzione dei frutti, si potrà procedere con l'impianto di un altro migliaio di pianticelle, tra quelle che hanno risposto meglio alla prima installazione. Non sarà trascurata tuttavia la possibilità, prima del nuovo impianto, di riprendere in maniera più approfondita lo studio delle cultivar autoctone scoperte nell'orto botanico. L'obiettivo è infatti quello di studiarne il dna con fini riproduttivi. L'Ucraina non è un paese olivicolo, ma in questa piccola parte del suo territorio geografico, date le condizioni territoriali e climatiche, la coltura della pianta potrebbe diventare una realtà. Con un potenziale anche commerciale, vista la domanda crescente di olive e di olio, ricercati per il loro alto valore nutrizionale. Al momento, infatti, non esiste alcuna produzione di olio nel paese: alcuni abitanti della zona possiedono degli olivi che hanno però una funzione solamente ornamentale, e non c'è sul territorio alcun impianto per l'estrazione. Di qui il successivo, ambizioso, step nell'ambito del progetto pilota: realizzare il primo moderno frantoio, con macchine studiate e progettate per l'ottenimento, con l'ausilio della tecnologia, della migliore qualità possibile.

Ukraine, the largest country in Europe, is characterized by a mainly flat territory, with fertile lowlands and steppes crossed by several rivers and few mountain ranges. In the south it juts out into the sea with the Crimean peninsula, once independent republic of Ukraine, currently under Russian administration, which, however, is neither recognized by Kiev nor by the international community. Inland, the climate is temperate-continental, while it is Mediterranean along the southern coast of the Crimean peninsula, especially in the extreme southern part, in the coastal strip placed between the sea and the mountains, which shelter it from northern winds. Along this "riviera", dotted with holiday resorts like Alušta, Yalta, Gurzuf, Sudak and Feodosiya, it is possible to find also vineyards and olive groves. Here a new project aiming at olive growing development is going to be started. It is an Italian study, still in embryonic form, based not far from Yalta bay. The first researches were carried out in 2011, when two olive varieties, locally called nikitskij 1 and nikitskij 2, were found in a botanical garden in the area. However, the small plants had been neglected, therefore the first experiment on the adaptability of the olive tree was effected using Italian cultivars that had proved to be particularly resistant to low temperatures: leccino, pendolino, leccio del corno, bianchera, maurino. 170 trees were planted, divided according to their variety and considering several factors, first among them the exposure to light and heat, the proximity to the sea (and thus the possible exposure to sea winds laden with salt), as well as their integration with the landscape. Until now the climatic situation has been monitored through the meteorological station installed at the botanical garden, but a station on the spot is going to be built. The project consists in the constant control of the plant development during the first 2-3 years. After this period, if they grow without problems and show a good attitude to the production of fruits, another thousand small plants, chosen among the most successful in the first experiment, will be planted. At the same time the study of the autochthonous cultivars discovered in the botanical garden will be carried on, with the aim of investigating their dna, in order to be able to reproduce them. Ukraine is not an olive country, but in this small part of its territory, thanks to its territorial and climatic conditions, olive cultivation might become a reality, which could also imply commercial prospects. In fact there is a growing demand for olives and olive oil because of their high nutritional properties. At the moment there is no oil production in the country: some people in the area own olive trees, which have however just an ornamental function, and there is no extraction system in the territory. For this reason the following step of the ambitious project is the realization of a modern oil mill supplied with machines able to achieve the best quality.

Agile, flessibile, utile per orientarvi negli acquisti, la guida alle bollicine italiane gratuita.

LE GUIDE DI CUCINA·VINI

sparkle 2021

GUIDA AI MIGLIORI SPUMANTI SECCHI D'ITALIA

conegliano valdobbiadene, trento e il franciacorta

Il volume è collegato al nostro web, dove potrete richiederla e trovare molte altre informazioni.

info: **06.98872584**
www.cucinaevini.it
sparkle@cucinaevini.it

Cipro
Cyprus

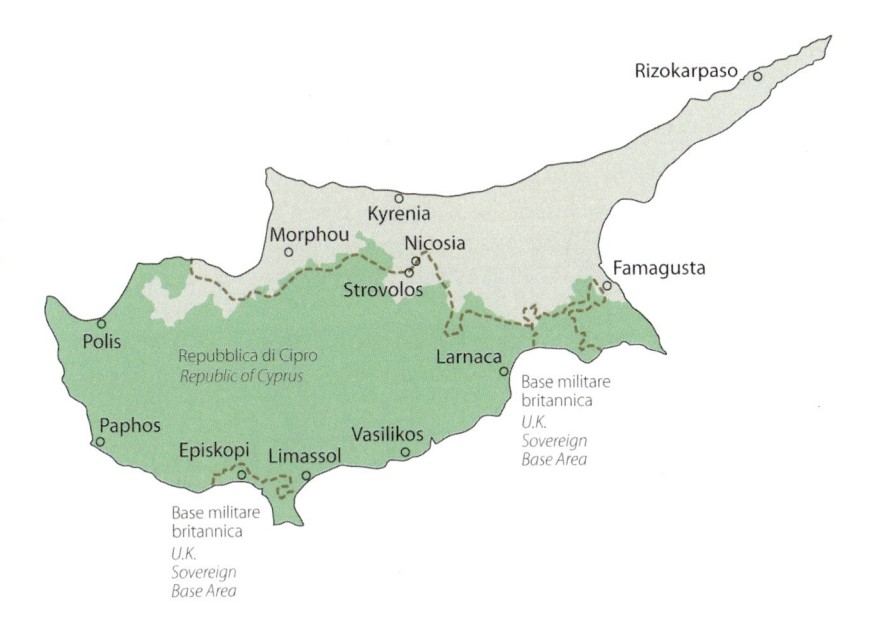

Aree olivetate o a vocazione olivicola • Olive growing areas or areas suitable to olive growing

Dati Statistici

Superficie Olivetata Nazionale	8.747 (ha)
Frantoi	30
Produzione Nazionale 19-20	6.000,0 (t)
Produzione Nazionale 18-19	4.700,0 (t)
Variazione	+27,66%

Statistic Data

National Olive Surface	8,747 (ha)
Olive Oil Mills	30
National Production 19-20	6,000.0 (t)
National Production 18-19	4,700.0 (t)
Variation	+27.66%

International Olive Council - Cyprus Agricultural Payment Organisation - Cyprus Statistical Service

Parte integrante della vita degli abitanti di Cipro dall'antichità fino a oggi, l'olio costituisce uno dei fondamenti dell'economia agricola dell'isola; e l'olivicoltura, connaturata al territorio, è un settore di forte rilievo. La produzione olivicola non rappresenta soltanto il sostentamento per le famiglie rurali, ma l'albero dell'olivo protegge il terreno dall'erosione e contribuisce alla conservazione dell'ambiente naturale, oltre ad avere una ricca valenza simbolica e culturale, con radici profonde nella storia del paese. Al di là dei ritrovamenti archeologici che dimostrano la presenza di questa coltura da migliaia di anni, un elemento significativo è l'esistenza di numerosi toponimi che comprendono la parola "olivo", a indicare l'importanza da sempre per la popolazione della pianta sacra e dei suoi frutti. Del resto l'olivo è tra gli alberi coltivati più diffusi, grazie alla sua capacità di adattamento sulle superfici aride o semiaride dell'isola e perfino nelle zone montuose e meno favorevoli, dove altre piante non sopravvivono. L'olivo a Cipro si coltiva un po' ovunque, sia lungo la costa che nell'interno, fino a 700 metri di altitudine, mentre esemplari selvatici crescono anche a mille metri. Oggi sono censiti 2 milioni 230.897 alberi, a ricoprire 8.747 ettari. Le aree semimontuose di Nicosia e Larnaca, seguite da Limassol, Paphos e Ammochostos, sono le più vocate. La maggioranza degli oliveti è irrigata, mentre una piccola parte di impianti, più vecchi o promiscui, si giova dell'acqua piovana. Una caratteristica dell'olivicoltura cipriota sono le piccole dimensioni degli appezzamenti: si contano 17.970 aziende, per lo più familiari, con piantagioni che hanno un'estensione media inferiore a un ettaro nelle quali la produzione è sia di olive da tavola che di olive da olio. Ma recentemente si stanno diffondendo strutture più grandi, destinate esclusivamente alla produzione di olio. La cultivar più coltivata è la autoctona local: a doppia attitudine, si adatta bene al terreno e al clima ed è molto resistente alla siccità. Il frutto è di media grandezza, con un'alta resa in olio. Altre varietà sono le greche koroneiki e kalamata, e le spagnole manzanilla e picual. Di queste, koroneiki e picual sono destinate alla trasformazione, mentre la manzanilla è a doppia attitudine, e dalla kalamata si ricavano principalmente olive nere da tavola. In pianura i frutti maturano tra la fine di ottobre e novembre, mentre nelle regioni semimontuose dalla fine di novembre a dicembre. La raccolta prevede l'utilizzo di pettini in materiale plastico negli oliveti tradizionali, mentre in quelli moderni intensivi è semimeccanizzata, con pettini o vibratori meccanici. Raccolte in reti di plastica, le olive sono sistemate in cassette areate e affidate ai frantoi, per lo più moderni, con impianto a ciclo continuo. Oggi questi sono 30, e in alcuni si fa anche imbottigliamento e confezionamento. Quest'anno sono state ricavate 6mila tonnellate di olio, con un aumento del 27,66% rispetto alla campagna precedente. Il miglioramento delle pratiche colturali, di raccolta e stoccaggio dei frutti e delle tecniche di estrazione e conservazione dell'olio ha determinato un sensibile innalzamento della qualità che costituisce l'obiettivo dei produttori cipriotti. Dunque, vista la funzione strategica dell'olivicoltura per lo sviluppo rurale, sono previsti provvedimenti per la modernizzazione delle aziende, nella tutela dell'ambiente. Il consumo di olio pro capite del paese è di 7,4 kg annui.

A basic element in the life of the inhabitants of Cyprus since remote times, olive oil is one of the main agricultural products of the island and olive growing, favoured by the territory, is a fundamental economic sector. Olive production is not only a source of sustenance for rural families, since the olive tree also protects the soil from erosion and helps maintain the natural environment. Besides, it has a rich symbolical and cultural meaning, being deeply rooted in the country's history. In fact archaelogical findings testify to the presence of a millennial cultivation and numerous toponyms include the word "olive", showing the importance of this sacred plant and its fruits for the local population. Even today the olive tree is one of the most common non wooded trees in Cyprus thanks to its adaptability to dry or semi-dry surfaces or even to the least favourable mountainous areas, where other plants cannot survive. This cultivation is spread everywhere, both along the coast and inland, reaching an altitude of 700 metres, while wild trees can grow even at 1,000 metres above sea level. Currently almost 2 million 230,897 trees cover a surface of 8,747 hectares. The semi-mountainous areas of Nicosia and Larnaca are the most favourable, followed by Limassol, Paphos and Ammochostos. The most olive groves are irrigated, whereas only a small part of the oldest or not specialized plantations benefit from rainwater. Local olive growing is characterized by small plots: there are 17,970 mainly family-run farms with on average less than one hectare of olive grove. They produce both table olives and olives destined to the production of oil. However, bigger farms, exclusively destined to oil production, have recently been developing. The most common cultivar is the autochthonous local: it has a double use, can adapt easily to the soil and the climate and is very resistant to drought. Its fruit is medium size, with a high oil yield. Other varieties are the Greek koroneiki and kalamata and the Spanish manzanilla and picual. Koroneiki and picual are destined to transformation, while manzanilla has a double use and kalamata mainly produces black table olives. In the flat areas olives start to ripen from the end of October to the beginning of November, while in the semi-mountainous regions from the end of November to the beginning of December. Harvesting is carried out through plastic combs in traditional olive groves, whereas in the modern intensive ones it is half-mechanized with mechanical combs or pulsators. After being collected in plastic nets the olives are placed in ventilated cases and immediately transported to the modern continuous cycle oil mills, which are currently 30. Some of these also effect the operations of bottling and packaging. In the last harvest 6,000 tons of oil were produced, with an increase of 27.66% compared to the previous year. The improvement of cultivation, harvesting and stocking systems, as well as of the conditions of extraction and conservation, has also considerably improved quality. In fact a high quality production is currently the main aim of Cypriot producers. In this context, considering the strategic role of olive growing for the rural development, measures have been envisaged to modernize farms, protecting the environment. The per capita oil consumption in the country is 7.4 kg per year.

Cipro Cyprus [CY] Limassol

Lanitis Farm
Alektora - Post Box 50336
3603 Limassol
Tel.: +357 25 820920 - Fax: +357 25 819075
E-mail: info@lanitis.com - Web: www.farm.com.cy

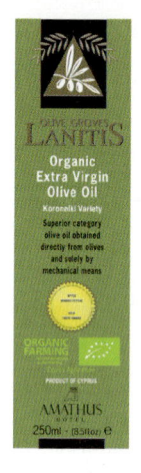

80

- 365 m
- Promiscuo / Promiscuous
- Vaso globoso / Globe
- Meccanica / Mechanical harvesting
- No - Ciclo continuo / No - Continuous cycle
- Koroneiki
- Fruttato medio / Medium fruity
- da 4,01 a 6,00 € - 500 ml / from € 4.01 to 6.00 - 500 ml

Lanitis Farm è fondata nel 1936 dall'omonima famiglia e si trova a pochi chilometri dalla città di Limassol. Attualmente specializzata nella produzione di olive e agrumi, è una delle più grosse aziende private di tutta l'isola, con una lunga esperienza imprenditoriale alle spalle. L'oliveto, collocato nel villaggio di Alektora che è caratterizzato da un microclima ideale, occupa 18 ettari e ospita 5.800 alberi che hanno prodotto 2mila quintali di olive e quasi 437 ettolitri di olio. Segnaliamo l'etichetta proposta, l'Extravergine Lanitis che appare alla vista di un bel colore giallo dorato intenso, limpido. Al naso è sottile e composto, dotato di sentori fruttati di pomodoro acerbo, mela bianca e mandorla, cui si affiancano toni di erbe aromatiche, con ricordo di basilico, menta e prezzemolo. Morbido e armonico al palato, si arricchisce di note vegetali di carciofo, lattuga e sedano. Amaro e piccante presenti e dosati, con finale dolce in rilievo. Ideale su antipasti di pomodori, insalate di legumi, marinate di orata, verdure ai ferri, zuppe di orzo, risotto con funghi ovoli, molluschi gratinati, tartare di ricciola, pollame o carni di agnello al forno, formaggi caprini.

Lanitis Farm was founded by the homonymous family in 1936 and is located a few kilometres from the town of Limassol. Currently specialized in the production of olives and citrus fruits, it is one of the biggest private farms on the island and can boast a long entrepreneurial experience. The olive grove, placed in the village of Alektora, characterized by an ideal microclimate, covers 18 hectares with 5,800 trees. In the last harvest 2,000 quintals of olives and almost 437 hectolitres of oil were produced. We recommend the Extra Virgin selection Lanitis, which is a beautiful intense limpid golden yellow colour. Its aroma is fine and delicate, endowed with fruity hints of unripe tomato, white apple and almond, together with notes of aromatic herbs, especially basil, mint and parsley. Its taste is mellow and harmonic, enriched by a vegetal flavour of artichoke, lettuce and celery. Bitterness and pungency are present and complimentary, with evident sweetness. It would be ideal on tomato appetizers, legume salads, marinated gilthead, grilled vegetables, barley soups, risotto with ovoli mushrooms, mussels au gratin, amberjack tartare, baked poultry or lamb, goat cheese.

Malta
Malta

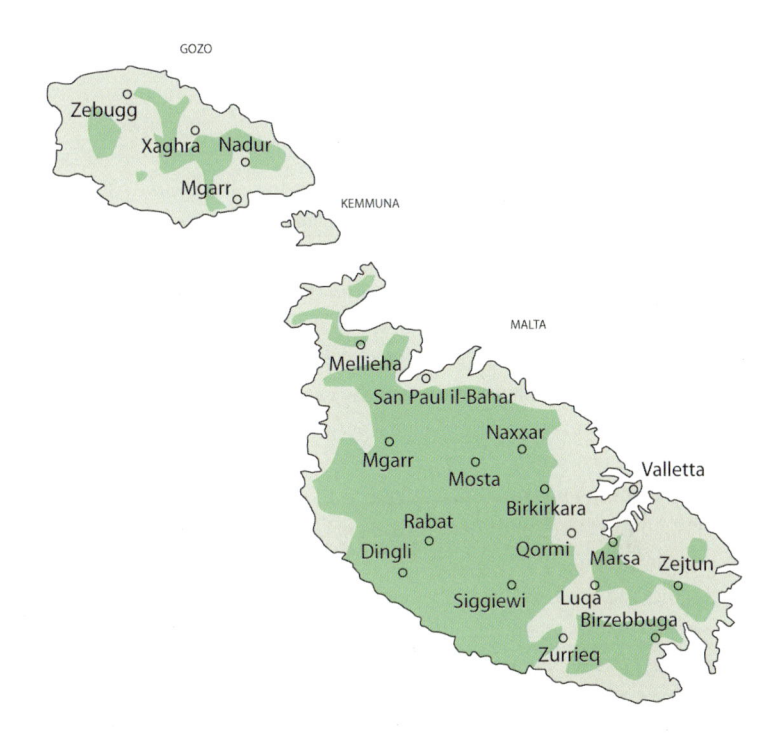

Aree olivetate o a vocazione olivicola • Olive growing areas or areas suitable to olive growing

Dati Statistici
Superficie Olivetata Nazionale	64 (ha)
Frantoi	9
Produzione Nazionale 19-20	60,6 (t)
Produzione Nazionale 18-19	44,6 (t)
Variazione	+35,93%

International Olive Council - National Statistics Office

Statistic Data
National Olive Surface	64 (ha)
Olive Oil Mills	9
National Production 19-20	60.6 (t)
National Production 18-19	44.6 (t)
Variation	+35.93%

La storia dell'olivicoltura a Malta ha origini molto lontane. Infatti, benché si sia da sempre attribuita la presenza dell'olivo nell'isola al popolo dei Fenici e la sua coltura ai Romani, recenti ritrovamenti archeologici sembrerebbero indicare una nascita ancora più antica. Tuttavia resta il fatto che la coltivazione della pianta su scala organizzata si deve a civiltà più avanzate che scoprirono come in queste terre le condizioni ambientali fossero particolarmente favorevoli all'olivicoltura e ne fecero un settore economico strategico da sviluppare. Così testimoniano alcune città che portano il riferimento a questa coltura impresso nel loro stesso nome: Birzebbuga significa "il pozzo delle olive", Ghajn Zejtuna "la primavera dell'olio", Iz-Zejtun "la coltivazione dell'olivo per la produzione di olio". Ma a partire dal XVIII secolo una forte domanda di cotone dalla Spagna determinò l'abbattimento di ben 80mila alberi, dando inizio a un'inversione di tendenza con un lungo periodo di decadenza. Questo si prolunga fino a circa cinquant'anni fa, quando l'impianto di 8 nuovi oliveti su 30 ettari da parte del governo del paese accende un rinnovato interesse per la pianta. Finalmente oggi il settore può dirsi decisamente rinato, grazie all'impegno di tutti gli operatori della filiera. La considerazione per l'olivo è alta e la sua coltivazione è determinante, oltre che per il fine agricolo, anche per la conservazione del paesaggio. E questa importanza si riflette persino a livello legislativo, visto che l'olivo è considerato una pianta protetta e sono previste misure severe per chiunque lo danneggi. Il tratto distintivo dell'olivicoltura a Malta è che gli alberi risultano sparsi sul territorio piuttosto che essere raggruppati in impianti specializzati. Infatti il terreno agricolo è di dimensioni ridotte e molto frammentato; inoltre la maggioranza degli agricoltori dedica solo parte del proprio tempo a questo lavoro e non riesce a coltivare terreni molto estesi. Ad accentuare questa caratteristica si aggiunge il fatto che tradizionalmente, data la natura ventosa dell'isola, gli agricoltori usavano recintare i loro appezzamenti di olivi, usati come riparo. Ma esistono di contro oliveti recenti con una più alta densità di piante per ettaro. I numeri attuali sono i seguenti: 799 aziende attive nel settore, una superficie complessiva di 64 ettari (distribuiti tra Malta e Gozo) e 50mila olivi. Le varietà coltivate sono soprattutto importate dall'Italia: frantoio, leccino, carolea, coratina, pendolino e cipressino. Ma il ritrovamento di alberi secolari testimonia l'esistenza di antiche cultivar autoctone e a tale proposito sono nati progetti mirati alla conservazione e alla diffusione delle stesse. Tra queste la più nota è la bidni, dal paese di Bidnija in cui fu scoperta: una varietà vigorosa e resistente, a doppia attitudine, anche se la dimensione minuta del frutto, molto ricco in olio, lo rende più adatto alla trasformazione. La potatura varia tra il vaso e il cespuglio: nei siti esposti al vento forte quella a cespuglio è la più adatta, con gli alberi mantenuti di dimensioni piccole. Vista la caratteristica degli impianti, che non consente l'uso di grossi macchinari, la raccolta dei frutti è per lo più manuale. La trasformazione si svolge in 9 frantoi tra Malta e Gozo, alcuni dei quali si avvalgono di sistemi biologici. Quest'anno sono state ricavate 60,64 tonnellate di olio, con un aumento del 35,93% rispetto alla campagna precedente. Il consumo di olio pro capite del paese è di 2,11 kg annui.

The history of olive growing in Malta has very old origins. In fact, although the presence of the olive tree on the island has always been attributed to the Phoenicians and its cultivation to the Romans, recent finds seem to show a more ancient practice. However, an organized cultivation is due to more developed civilizations that discovered that the environmental conditions of these lands were particularly favourable to olive growing and made it a fundamental sector to be developed. This is witnessed by the names of some towns that are clearly connected to this cultivation: Birzebbuga means "the olive well", Ghajn Zejtuna "oil spring", Iz-Zejtun "olive cultivation for oil production". But in the 18th century a strong demand for cotton from Spain and the consequent cutting-down of 80,000 trees brought about a turnaround and a long period of neglect. The interest in this sacred tree was revived about 50 years ago with the government's decision to plant 8 new olive groves on 30 hectares. Fortunately today the sector is definitely flourishing thanks to the efforts of all the workers involved in this sector. Olive growing is considered fundamental not only for agriculture, but also for the protection of the environment. In fact the olive tree is protected by law and the measures against whoever damages it are strict. Olive growing in Malta is characterized by the presence of olive trees spread over the territory rather than concentrated in specialized plantations. In fact, the agricultural land has small dimensions and is fragmented, besides this, most of the agricultural workers are only part-time and cannot cultivate big olive groves. Moreover, traditionally agriculturists enclosed their lots with olive trees as a shelter from the frequent winds. Instead, the recent plantations have a higher density of trees per hectare. At present there are 799 farms with an olive area including both Malta and Gozo of 64 hectares with 50,000 trees. The cultivated varieties are generally imported from Italy: frantoio, leccino, carolea, coratina, pendolino and cipressino. However, the finding of century-old trees testifies to the presence of ancient autochthonous cultivars. For this reason, environment projects have recently been started aiming at the conservation and diffusion of these varieties among producers. The most common is bidni, which takes its name from the village of Bidnija, where it was discovered. It is a strong and resistant double use variety, although the small dimension of the fruit, very rich in oil, makes it more suitable to transformation. Pruning varies from the vase to the bush: the trees are left small where the wind is strong and the bush is the most suitable kind of pruning. Since the dimensions of the olive groves do not allow the use of big machines, olive harvesting is effected by hand-picking. Transformation is carried out in 9 oil mills in Malta and Gozo, some of which use organic systems. In the last harvest 60.64 tons of oil were produced, with an increase of 35.93% compared to the previous year. The per capita oil consumption in the country is 2.11 kg per year.

Flos Olei 2021

Guida al mondo dell'extravergine
A guide to the world of extra virgin olive oil

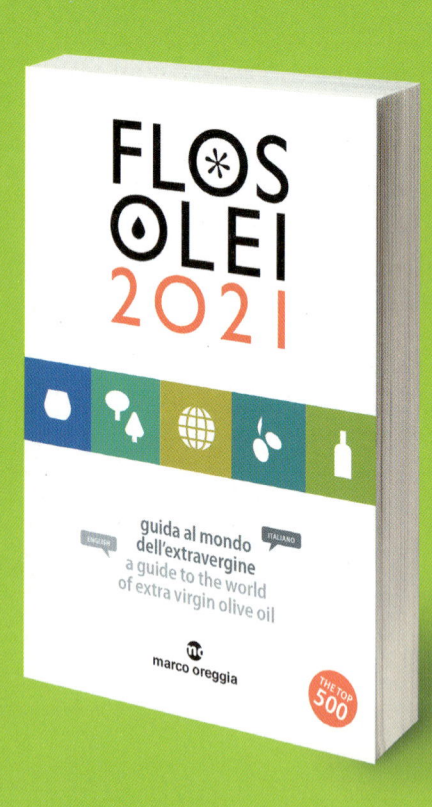

La prima Guida **a respiro internazionale** in duplice lingua (**italiano-inglese**) dedicata alle aziende di produzione olearia di tutto il mondo e ai loro oli extravergine di oliva.
884 pagine
54 paesi
87 cartografie mondiali delle zone olivicole
500 produttori
714 oli extravergine di oliva
Note di degustazione
Abbinamenti gastronomici

The first Guide with an **international scope** realized in double language (**Italian-English**) dealing with oil farms all over the world and extra virgin olive oil.
884 pages
54 countries
87 world maps of olive areas
500 producers
714 extra virgin olive oils
Tasting notes
Gastronomic matches

E.V.O. srl
Via Positano, 100 - 00134 Rome (Italy)
shop@flosolei.com
www.flosolei.com/shop

Africa
Africa

Marocco
Morocco

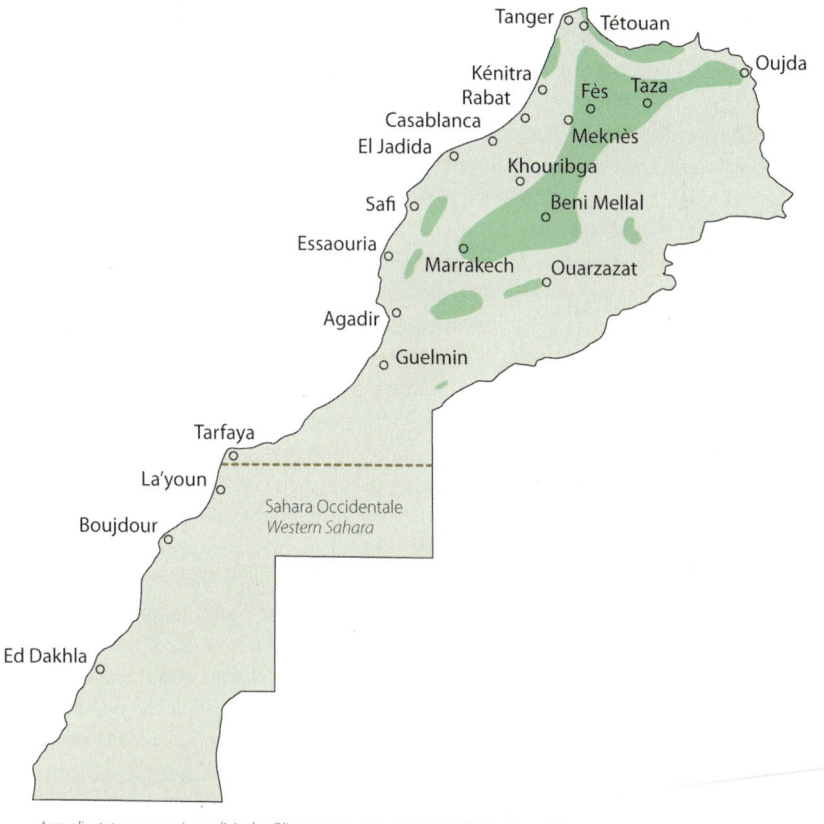

Aree olivetate o a vocazione olivicola • *Olive growing areas or areas suitable to olive growing*

Dati Statistici
Superficie Olivetata Nazionale	1.200.000 (ha)
Frantoi	3.000
Produzione Nazionale 19-20	145.000,0 (t)
Produzione Nazionale 18-19	200.000,0 (t)
Variazione	- 27,50%

International Olive Council - Agro-pôle Olivier Meknès

Statistic Data
National Olive Surface	1,200,000 (ha)
Olive Oil Mills	3,000
National Production 19-20	145,000.0 (t)
National Production 18-19	200,000.0 (t)
Variation	- 27.50%

L'albero dell'olivo in Marocco connota marcatamente il paesaggio ed è fondamentale nel panorama agrario locale, perché peraltro è l'unica pianta che attecchisce anche nelle zone montuose: parliamo di 120 milioni di esemplari su un milione 200mila ettari che rappresentano gran parte dell'area totale destinata agli alberi da frutto. Non sorprende quindi che la sua coltura sia così radicata, imponendosi come una delle più importanti attività produttive e come basilare fonte di reddito del paese. Con 520mila aziende, si stima infatti che dia lavoro continuativo a una parte di popolazione ogni anno e che, sebbene la produzione nazionale non rifletta ancora le effettive potenzialità olivicole delle differenti zone agricole marocchine, tuttavia le opportunità di sviluppo della filiera di qualità siano decisamente interessanti per il mercato interno ed estero. D'altronde la pianta dell'olivo esiste ed è coltivata in Marocco da millenni. Studi archeologici e resti di antichi frantoi romani rivelano la sua importanza economica, legandola particolarmente alla città di Volubilis, a nord del paese. Coltivato ad altitudini e in condizioni territoriali e climatiche anche molto differenti da zona a zona, con precipitazioni annuali irregolari, oggi l'olivo è diffuso principalmente in tre aree: a sud-est, al centro e al nord. La prima di queste regioni si estende dall'estremità orientale del paese alle province presahariane, ospita circa la metà degli oliveti nazionali e ha un clima semiarido; la seconda si colloca tra il nord e le montagne; infine la regione a nord dispone di pressoché un terzo del patrimonio olivicolo totale. La campagna 2019-2020 ha reso, nei 3mila frantoi, 145mila tonnellate di olio, con una diminuzione del 27,50% rispetto a quella precedente. Una tendenza positiva, in linea con l'attuale politica governativa che vuole scommettere decisamente sull'olivicoltura che potrebbe diventare, in breve tempo, uno dei comparti produttivi prioritari in Marocco. Dal Ministero per l'Agricoltura è stato infatti elaborato un piano consistente nell'incremento di 540mila ettari di oliveto e 550 milioni di euro messi in campo per questa imponente operazione. Inoltre è stato messo in atto un progetto di ricerca, condotto a Marrakech e promosso dall'Istituto Nazionale per la Ricerca Agricola, valido come opportunità per le aziende olivicole, sia in vista di una conduzione più razionale degli oliveti, strategie commerciali comprese, che di una selezione delle cultivar più idonee. Infatti il numero delle varietà autoctone è ancora poco conosciuto e basato esclusivamente sulla descrizione morfologica e sulla variazione delle caratteristiche genetiche del frutto. L'oliva più coltivata è riferita a un'unica varietà, la picholine marocaine, che in realtà comprenderebbe più cultivar. Infatti è noto che le tribù montane coltivavano delle varietà locali identificate secondo i loro diversi tratti morfologici: la meslala, vicino Meknès; la noukal, nella regione di Taza; la bouchouika, vicino Sefrou; la hamrani, nella regione di Chefchaouen; infine la soussia, nella regione di Souss. Recentemente ne sono state catalogate altre, come la cultivar dahbia, proveniente dalla regione di Meknés, e la haouzia e la menara, dalla regione di Marrakech. Tutti esempi che dimostrano quanto la diversità varietale, nel patrimonio olivicolo marocchino, possa essere molto più ampia di quanto non sia stato creduto finora. Il consumo di olio nel paese raggiunge le 120mila tonnellate, quello pro capite è di 3,8 kg annui.

The olive tree is a characteristic element of Moroccan landscape and is fundamental for agriculture, being the only tree that takes root also in mountainous areas: 120 million trees spread over 1 million 200,000 hectares are the most of the total area destined to fruit trees. Therefore it is not surprising that olive cultivation is still so rooted in the local culture, that it has become one of the most important productive activities and a basic source of income. In fact a considerable part of the people work continuously in 520,000 farms and, although national production does not reflect the potential of Moroccan different agricultural areas, however the development opportunities of a quality production chain are certainly interesting both for the domestic and the foreign market. Besides, the olive tree is thought to have been cultivated in Morocco for thousands of years. Archaeological studies and remains of oil mills show its economic importance particularly in the city of Volubilis, in the north of the country. Therefore it is grown at different altitudes and under different environmental and climatic conditions according to the regions, with varying and irregular annual rainfalls. The olive tree is mainly spread in three areas: south-east, the centre and the north. The first of these areas stretches from the eastern side of the country to the pre-Saharan provinces, it contains almost half of the national olive groves and has a semi-arid climate; the second area is between the northern provinces and the mountains. The northern region has one third of the total olive output. In the last oil harvest 145,000 tons of olive oil were produced in the 3,000 oil mills, with a decrease of 27.50% compared to the previous year. Anyway, a positive trend, fostered by the present government that aims at turning olive growing into one of the main productive sectors in Morocco. The Ministry of Agriculture has in fact worked out a plan including the planting of 540,000 hectares of olive groves and 550 million euro appropriated for this important operation. Moreover, a research project, carried out in Marrakech and promoted by the National Institute for Agricultural Research, is in progress: a unique opportunity for the olive farms, both as regards a more rational olive grove management, including commercial strategies, and the selection of the most suitable cultivars. In fact the actual number of the autochthonous varieties is still little known and is exclusively based on the morphological description and on the variation of the fruit genetic characteristics. The most widespread olive is the variety picholine marocaine, which actually would include several cultivars. In fact it is known that mountain tribes cultivated local varieties identified according to their different morphological characters: the variety meslala, near Meknès; noukal, in the region of Taza; bouchouika, near Sefrou; hamrani, in the region of Chefchaouen, and soussia, in the region of Souss. More recently other varieties have been classified: the variety dahbia from the region of Meknès, haouzia and menara from the region of Marrakech. These examples show that the number of Moroccan varieties could be larger than was believed in the past. The per capita oil consumption in the country currently reaches 120,000 tons, while the per capita consumption is 3.8 kg per year.

Marocco Morocco [MA] Fès-Meknès

Olivinvest - Domaine Zouina

Domaine de la Zouina - Bôite Postal 63 Boufekrane - Meknès el Menze
51000 Aït Bourzouine (El Hajeb)
Tel.: +212 535 433034 - Fax: +212 535 433038
E-mail: c.gribelin@domainezouina.com - Web: www.domainezouina.com

96

800 m

Promiscuo
Promiscuous

Alberello
Tree

Brucatura a mano
Hand picking

Sì - Ciclo continuo
Yes - Continuous cycle

Picholine marocaine

Fruttato intenso
Intense fruity

da 10,01 a 12,00 € - 500 ml
from € 10.01 to 12.00 - 500 ml

Olivinvest - Domaine Zouina è una realtà piuttosto giovane che produce vino nella provincia di El Hajeb, alle pendici dei Monti Atlas. Il fondatore è Christophe Gribelin il quale, nel 2003, ha iniziato a imbottigliare anche l'olio extravergine ricavato dalle 7.400 piante messe a dimora su 15 ettari di superficie. Nella recente campagna queste hanno reso 510 quintali di olive, pari a una resa di 90 ettolitri di olio. Due le etichette sottoposte all'attenzione del panel, gli Extravergine Domaine de la Zouina e Volubilia. Il secondo, eccellente, si offre alla vista di un bel colore giallo dorato intenso con leggere tonalità verdi, limpido. Al naso è deciso e avvolgente, ricco di note di pomodoro di media maturità, banana e mela bianca, cui si affiancano netti sentori di erbe officinali, con ricordo di basilico, prezzemolo e menta. Al gusto è elegante e di carattere, con toni di lattuga di campo e sedano. Amaro potente e piccante spiccato. Perfetto per bruschette con pomodoro, carpaccio di pesce spada, insalate di funghi porcini, radicchio ai ferri, zuppe di fagioli, primi piatti con tonno, polpo bollito, carni rosse o cacciagione alla brace, formaggi stagionati a pasta dura.

Olivinvest - Domaine Zouina is a fairly young farm that produces wine in the province of El Hajeb, at the foot of the Atlas mountains. It was founded by Christophe Gribelin, who started bottling his extra virgin olive oil in 2003. He manages a 15-hectare olive grove with 7,400 trees. In the last harvest 510 quintals of olives were obtained, equal to a yield of 90 hectolitres of extra virgin olive oil. There are two Extra Virgin selections, Domaine de la Zouina and the excellent Volubilia, chosen by the panel. It is a beautiful intense limpid golden yellow colour with slight green hues. Its aroma is definite and rotund, rich in notes of medium ripe tomato, banana and white apple, together with distinct hints of officinal herbs, especially basil, parsley and mint. Its taste is elegant and strong, with a flavour of country lettuce and celery. Bitterness is powerful and pungency is distinct. It would be ideal on bruschette with tomatoes, swordfish carpaccio, porcini mushroom salads, grilled radicchio, bean soups, pasta with tuna, boiled octopus, barbecued red meat or game, hard mature cheese.

Marocco Morocco [MA] Fès-Meknès

Société Chania

Route Ras Jerry
50000 Ait Ouallal (Meknès)
Fax: +212 535 511817
E-mail: chaniamaroc@gmail.com - Web: www.terraauthencia.com

82

700 m

Specializzato
Specialized

Alberello, forma libera, monocono
Tree, free form, monocone

Brucatura a mano e meccanica
Hand picking and mechanical harvesting

No - Ciclo continuo
No - Continuous cycle

Koroneiki (50%), arbequina (25%), picual (25%)

Fruttato medio
Medium fruity

da 4,01 a 6,00 € - 500 ml
from € 4.01 to 6.00 - 500 ml

Confermiamo in Guida Société Chania che si colloca nel vocato comprensorio di Meknès. Si tratta di un progetto molto giovane, che inizia nel 2016 per iniziativa di Naoual Chami. Parliamo di un patrimonio olivicolo formato da una superficie specializzata di 83 ettari sulla quale sono messe a dimora 27mila piante che hanno reso, nella recente campagna, un raccolto di 2mila quintali di olive, pari a una produzione di 440 ettolitri di olio. L'etichetta proposta è l'Extravergine Terra Authencia che si offre alla vista di un bel colore giallo dorato intenso con delicate sfumature verdi, limpido. All'olfatto è sottile e composto, dotato di sentori fruttati di pomodoro di media maturità, banana e mela bianca, cui si affiancano note di erbe aromatiche, con ricordo di basilico e prezzemolo. Morbido e armonico in bocca, sprigiona toni vegetali di fave, lattuga e sedano. Amaro e piccante presenti ed equilibrati, con finale dolce in rilievo. Si accompagna a bruschette con verdure, insalate di orzo, marinate di ricciola, patate al cartoccio, zuppe di ceci, cous cous di verdure, gamberi in guazzetto, tartare di salmone, pollame o carni di agnello al forno, formaggi freschi a pasta filata.

Present again in our Guide, Société Chania is situated in the favourable district of Meknès. It is a young project created in 2016 by Naoval Chami. The estate consists of a specialized olive surface of 83 hectares with 27,000 trees, which produced 2,000 quintals of olives in the last harvest, equal to a yield of 440 hectolitres of extra virgin olive oil. The selection proposed to the panel is the Extra Virgin Terra Authencia, which is a beautiful intense limpid golden yellow colour with delicate green hues. Its aroma is fine and delicate, endowed with fruity hints of medium ripe tomato, banana and white apple, together with notes of aromatic herbs, especially basil and parsley. Its taste is mellow and harmonic, with a vegetal flavour of broad beans, lettuce and celery. Bitterness and pungency are present and well balanced, with a sweet finish. It would be ideal on bruschette with vegetables, barley salads, marinated amberjack, baked potatoes, chickpea soups, vegetable cous cous, stewed shrimps, salmon tartare, baked poultry or lamb, mozzarella cheese.

Marocco Morocco [MA] Fès-Meknès

L'Oleastre

18 Rue Lamrinyenne (V. N.)
50000 Meknès (Meknès el Menzeh)
Fax: +212 535 517186
E-mail: societe_oleastre@yahoo.fr - Web: www.olealys.com

93

- 700 m
- **Promiscuo** / Promiscuous
- **Alberello, forma libera** / Tree, free form
- **Brucatura a mano** / Hand picking
- **Sì - Ciclo continuo** / Yes - Continuous cycle
- **Picholine marocaine**
- **Fruttato intenso** / Intense fruity
- **da 4,01 a 6,00 € - 500 ml** / from € 4.01 to 6.00 - 500 ml

Ritroviamo in Guida questa struttura che seguita a esprimere buone potenzialità. Situata nella provincia di Meknès el Menzeh, nel nord del Marocco, L'Oleastre di Reda Tahiri e Catherine Therrien dispone di un'ampia superficie di 180 ettari all'interno della quale 48 sono dedicati agli oliveti, con 14.100 piante appartenenti a un variegato parco varietale. Il raccolto di quest'anno ha fruttato mille quintali di olive che hanno prodotto 130 ettolitri di olio. La selezione proposta è l'Extravergine Olealys da Agricoltura Biologica che si presenta alla vista di un bel colore giallo dorato intenso, limpido. All'olfatto si apre sottile e composto, dotato di note fruttate di pomodoro maturo, mela bianca e banana, cui si affiancano sentori di erbe officinali, con ricordo di basilico, prezzemolo e menta. Morbido e armonico in bocca, aggiunge toni vegetali di sedano e cicoria di campo. Amaro e piccante spiccati ed equilibrati, con finale dolce in rilievo. Ideale per antipasti di lenticchie, carpaccio di tonno, insalate di polpo, pomodori gratinati, minestroni di verdure, cous cous di carne, pesce spada in umido, agnello arrosto, pollo alla brace, formaggi di media stagionatura.

Present again in our Guide, this farm confirms its good potential. Situated in the province of Meknès el Menzeh, in the north of Morocco, L'Oleastre is run by Reda Tahiri and Catherine Therrien. The estate covers a large surface of 180 hectares, 48 of which destined to olive groves, with 14,100 trees of a wide range of cultivars. In the last harvest 1,000 quintals of olives were produced, with a yield of 130 hectolitres of oil. We recommend the Extra Virgin selection Olealys from Organic Farming, which is a beautiful intense limpid golden yellow colour. Its aroma is fine and delicate, endowed with fruity notes of ripe tomato, white apple and banana, together with hints of officinal herbs, especially basil, parsley and mint. Its taste is mellow and harmonic, with a vegetal flavour of celery and wild chicory. Bitterness and pungency are distinct and well balanced, with evident sweetness. It would be ideal on lentil appetizers, tuna carpaccio, octopus salads, tomatoes au gratin, minestrone with vegetables, meat cous cous, steamed swordfish, roast lamb, barbecued chicken, medium mature cheese.

Algeria
Algeria

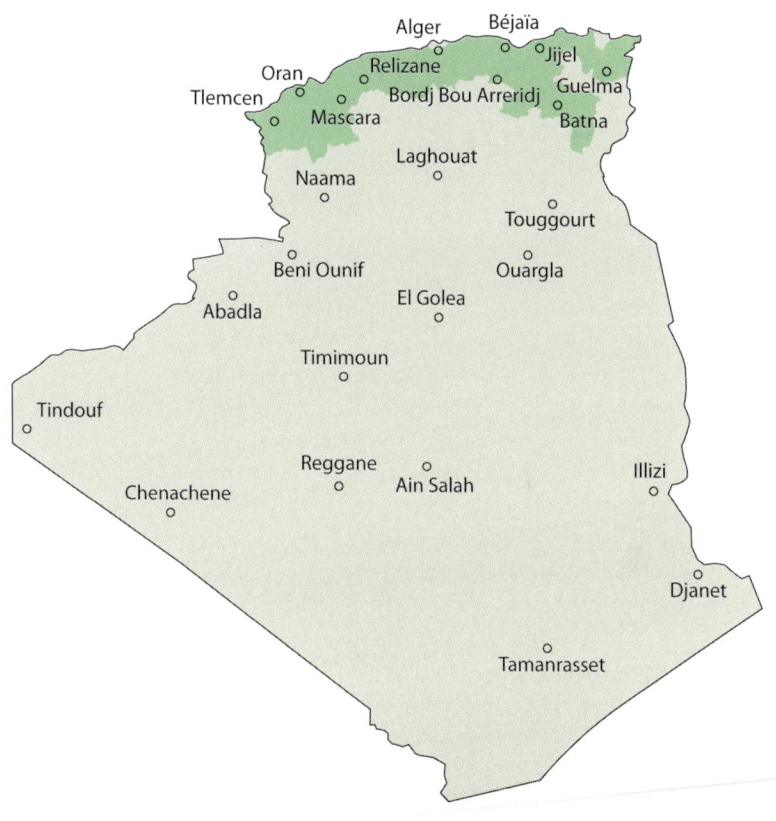

Aree olivetate o a vocazione olivicola • Olive growing areas or areas suitable to olive growing

Dati Statistici

Superficie Olivetata Nazionale	509.000 (ha)
Frantoi	2.043
Produzione Nazionale 19-20	82.500,0 (t)
Produzione Nazionale 18-19	97.000,0 (t)
Variazione	- 14,95%

Statistic Data

National Olive Surface	509,000 (ha)
Olive Oil Mills	2,043
National Production 19-20	82,500.0 (t)
National Production 18-19	97,000.0 (t)
Variation	- 14.95%

International Olive Council - Ministry of Agriculture and Rural Development - Customs Directorate

Gli archeologi hanno dimostrato l'esistenza dell'oleastro in Algeria fin dall'età preistorica. Ma, dopo quell'epoca, non si hanno più notizie sull'evoluzione della pianta. Questa infatti comincia a svilupparsi a partire dall'era fenicia e con le successive colonizzazioni che determinano peraltro la sua distribuzione nel paese. E diventa fin da subito uno dei pilastri dell'economia delle popolazioni rurali. Con i Romani l'olivicoltura si trasforma in attività commerciale, potenziata nelle regioni occupate dall'Impero per assicurare alla capitale l'approvvigionamento dell'olio, come racconta lo storico Polibio che descrive con ammirazione le pianticelle che fanno la prosperità dell'Algeria. Il suo fiorente sviluppo comporta anche un'evoluzione delle tecniche di estrazione dell'olio, come provano i resti di antichi frantoi romani ancora oggi presenti sul territorio. Durante la colonizzazione francese si gettano le basi dell'olivicoltura moderna e si delineano le zone più vocate, tuttora produttive. Nelle pianure nord-occidentali, intorno ai centri di Mascara e Relizane, viene impiantata la cultivar sigoise insieme ad alcune varietà straniere (verdale, lueques, cornicabra, gordal). Qui l'olivicoltura è più marcatamente commerciale ed è mirata alla produzione di olive da tavola per l'esportazione. Ma la maggioranza degli impianti riguarda le regioni montuose nord-orientali, in particolare quelle intorno a Tizi Ouzou, Bouira, Sétif e Constantine. Qui le piantagioni sono destinate alla produzione di olio e domina la varietà chemlal, seguita da azeradj e aaroun. Durante il secolo scorso subentra una fase di decadenza e abbandono: le superfici diminuiscono drasticamente, così come la capacità produttiva della pianta, a lungo trascurata. L'inversione di tendenza inizia alla fine degli anni Ottanta, ma bisogna attendere il Duemila per registrare un effettivo rinato interesse per l'olivicoltura da parte degli agricoltori e un vero rilancio della filiera da parte delle istituzioni, con l'obiettivo non solo di incrementare gli impianti e la produzione, ma anche di migliorare la qualità attraverso l'utilizzo di moderne tecnologie. Certo, grandi passi restano ancora da fare per diventare competitivi sul mercato internazionale e raggiungere gli standard di altri paesi del Nord Africa. I dati attuali sono: 509mila ettari sui quali trovano posto 57 milioni 43.601 olivi che hanno prodotto, nella campagna 2019-2020, 82.500 tonnellate di olio, con una diminuzione del 14,95% rispetto a quella precedente. I frantoi sono 2.043 e le aziende 139.460. Sono impianti quasi tutti privati, frazionati e di piccole dimensioni. Le aree olivicole sono quelle dove l'olivo esiste da tempo: la regione nord-orientale di Kabylie (Tizi Ouzou, Bouira, Béjaïa, Bordj Bou Arreridj e Jijel), la regione di Constantine, e la regione occidentale di Oran. Le più produttive sono le province di Tizi Ouzou (comune di Maatka) e Béjaïa (comuni di Sig e Ait Rzine). Ma nuovi impianti stanno interessando altre regioni limitrofe. Le cultivar si distribuiscono così: nella regione di Kabylie predomina la chemlal de Kabylie, adatta alla trasformazione, seguita dalla azeradj e dalla aberkane, a doppia attitudine, e dalla limli, da olio. Nell'area di Constantine e di Guelma si coltivano le varietà rougette e blanquette, da olio; mentre a ovest seguita a primeggiare la sigoise, oliva da tavola da esportazione. Il consumo di olio nel paese raggiunge le 84mila tonnellate attuali, quello pro capite è di 2 kg annui.

Archaeologists have demonstrated the presence of the oleaster in Algeria since prehistoric times. However, we have no further information on the development of the tree, until the arrival of the Phoenicians, who promoted its cultivation, and the following colonizers, who determined the distribution of the plant in the country. Olive growing soon became one of the pillars of the economy of the rural populations, but it turned into a real commercial activity under the Romans, who introduced it into the regions of the empire to guarantee a supply of oil to Rome, as testified by the historian Polybius, who describes with admiration the seedlings that make Algeria prosperous. Its flourishing development also involves an evolution of the techniques of oil extraction, as evidenced by the remains of ancient Roman oil mills still present in the area. During the French colonization modern olive growing started and the most suitable areas, which are still productive, were located. In the north-western plains, around the towns of Mascara and Relizane, the cultivar sigoise was planted along with some foreign varieties (verdale, lueques, cornicabra, gordal). Here olive growing is more commercial and is aimed at the production of table olives for export. But the majority of the plantations are situated in the mountainous north-eastern regions, particularly those around Tizi Ouzou, Bouira, Setif and Constantine. Here the plantations are destined to the production of oil and the variety chemlal prevails, followed by azeradj and aaroun. During the last century there was a period of decline and neglect: the surface was drastically reduced, as well as the production capacity of the plant, which had been long neglected. The turnaround began in the late 80s, but it was not until 2000 that farmers began to show a renewed interest in olive cultivation and the institutions started a true relaunch of the production chain, with the aim not only to increase plants and production, but also to improve quality through the use of modern technologies. However, there is still long way to go to become competitive on the international market and achieve the standards of other countries in North Africa. The current data are: 509,000 hectares with 57 million 43,601 olive trees, which produced 82,500 tons of oil in the last harvest, with a decrease of 14.95% compared to the previous year. The oil mills are 2,043 and the farms 139,460, almost all private, split and small. The olive growing areas are those, where the olive tree has existed for a long time: the north-eastern region of Kabylie (Tizi Ouzou, Bouira, Bejaia, Bordj Bou Arreridj and Jijel), the region of Constantine, and the western region of Oran. The most productive are the provinces of Tizi Ouzou (municipality of Maatka) and Bejaia (municipality of Sig and Ait Rzine). But new olive groves are being started in other neighbouring regions. The cultivars are distributed as follows: in the region of Kabylie predominates chemlal de Kabylie, suitable for transformation, followed by azeradj and aberkane, with double use, and limli, for oil. In the area of Constantine and Guelma the varieties rougette and blanquette, for oil, are cultivated, while in the west the most common variety is sigoise, a table olive for export. Oil consumption in the country currently reaches 84,000 tons, while the per capita oil consumption is 2 kg per year.

www.flosolei.com/shop

La vetrina multilingue
per prenotare
e acquistare la Guida
The multilingual shop to book
and purchase the Guide

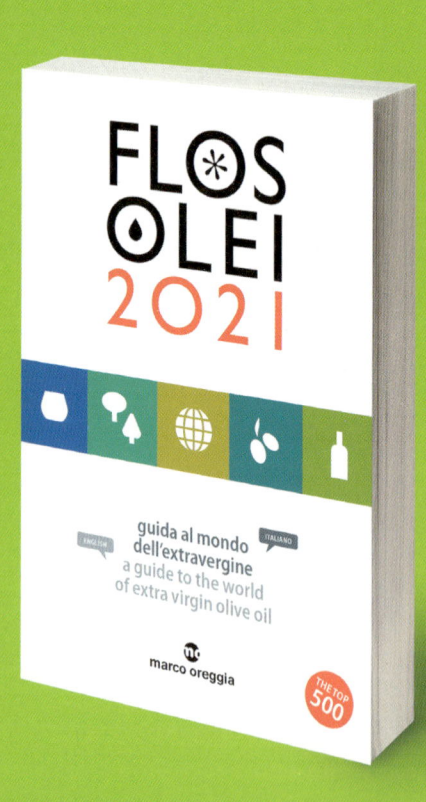

La prima Guida a **respiro internazionale** in duplice lingua (**italiano-inglese**) dedicata alle aziende di produzione olearia di tutto il mondo e ai loro oli extravergine di oliva.

The first Guide with an **international scope** realized in double language (**Italian-English**) dealing with oil farms all over the world and extra virgin olive oil.

Sconti per te se acquisti online
Discounts if you buy online

Tunisia
Tunisia

Aree olivetate o a vocazione olivicola • *Olive growing areas or areas suitable to olive growing*

Dati Statistici

Superficie Olivetata Nazionale	1.830.000 (ha)
Frantoi	1.455
Produzione Nazionale 19-20	300.000,0 (t)
Produzione Nazionale 18-19	140.000,0 (t)
Variazione	+114,29%

Statistic Data

National Olive Surface	1,830,000 (ha)
Olive Oil Mills	1,455
National Production 19-20	300,000.0 (t)
National Production 18-19	140,000.0 (t)
Variation	+114.29%

International Olive Council - Ministry of Agriculture and Water Resources - National Office of Tunisian Oil

L'olivicoltura tunisina è un'attività antica ma orientata al futuro. Oggi per gli agricoltori è un valore sicuro su cui investire, nonostante la normale alternanza produttiva: rappresenta infatti il reddito per circa un milione di abitanti e gran parte delle aziende agricole presenti sul territorio trae la totalità, o parte delle proprie entrate, dall'olivicoltura. Non da ultimo i volumi di olio ricavati ogni anno fanno della Tunisia uno dei maggiori paesi produttori a livello mondiale, posizionandola dopo la Spagna ma spesso avvicinandola a Italia e Grecia. Ma non è sempre stato così. Ci è voluto infatti un grande impegno a tutti i livelli della filiera per far rinascere questo settore che, sviluppatissimo nell'antichità, era entrato alla fine del 1800 in una fase di forte crisi, perdurata fino alla metà del XX secolo. La Tunisia è una delle culle dell'olivicoltura mediterranea: gli olivi vi crescono da migliaia di anni, anche se fu il popolo dei Fenici, prima ancora della fondazione di Cartagine, a introdurne la coltura, qui come in tutta l'Africa del Nord. L'area originaria è a sud, nella regione chiamata "Zita", dal fenicio "zeit". Dopodiché l'olivo diventa un tutt'uno con le origini stesse della civiltà, tanto da assumere un valore sacro per tutte le popolazioni che si avvicenderanno in quest'angolo di terra africana. Come in tutto il Mediterraneo, furono i Romani a costruire i primi impianti di irrigazione e a inventare le tecniche di estrazione dell'olio: lo confermano gli scavi archeologici di Sufeitula, l'attuale Sbeitla, e di Thysdrus, l'odierna El Djem. Oggi l'olivicoltura tunisina conta 88 milioni di piante distribuite su un milione 830mila ettari, una buona porzione dell'intera superficie agricola disponibile: un'estensione tale da far sì che il paese venga comunemente definito "Tunisia verde". Le regioni più vocate sono quelle centrali, dove si concentra il maggior numero di alberi. Ma anche a nord e a sud si trovano altri impianti olivetati. Crocevia di numerose civiltà e degli scambi commerciali tra l'Oriente, l'Africa e l'Europa, la Tunisia ha tratto da questo flusso un notevole patrimonio genetico olivicolo. Per cui è molto ricco il parco varietale sviluppatosi accanto alle due cultivar principali che sono la chetoui, diffusa nel nord del paese, e la chemléli che cresce negli oliveti di Sfax e Sahel (nell'area centro-orientale) oltre che nella regione costiera, da Korba a Gabes, e nella zona di Kairouan e di Enfidaville. Le varietà chemchali, jerboui, fakhari, oueslati, zalmati, zarrazi sono solo alcuni esempi. Altre due cultivar non autoctone, ma che si sono perfettamente acclimatate, sono la francese picholine e la spagnola manzanilla. Le aziende olivicole sono 320mila, mentre i frantoi 1.455. Da questi, nella campagna 2019-2020, è stata ricavata una produzione di olio di 300mila tonnellate, con un notevole aumento del 114,29% rispetto all'annata precedente. L'esportazione, che si rivolge principalmente all'Italia e alla Spagna ma anche agli Stati Uniti, al Giappone, al Canada e all'Australia, è stata quest'anno di 200mila tonnellate. La Tunisia costituisce dunque una realtà importante sia per quel che riguarda la produzione che l'esportazione. E possiede un patrimonio che conferisce a questa coltura, nel territorio nazionale, un ruolo strategico incontestabile, sia sul piano socioeconomico che ambientale. Il consumo di olio nel paese raggiunge le 43mila tonnellate attuali, quello pro capite è di 3 kg annui.

Tunisian olive growing is a very ancient activity but at the same time it is orientated towards the future. Today it is in fact a safe investment for farmers in spite of the alternation in production: it represents the source of income for about one million inhabitants and the most of the farms in the territory live fully or partly on olive growing. Moreover, the yearly oil output makes Tunisia one of the main producers after Spain, together with Italy and Greece. However, the present situation is the result of a great effort to revitalize a sector that was very advanced in ancient times, but at the end of the 19th century entered a phase of strong crisis that lasted until the middle of the 20th century. Tunisia is one of the birthplaces of Mediterranean olive growing: the olive tree has grown for thousands of years in the country, although the Phoenicians introduced this cultivation here, as well as in the rest of North Africa, even before the city of Carthage was founded. The original area is in the south, in the region known with the name of "Zita" from the Phoenician "zeit". After that, the olive tree and civilization became one and the same and it assumed a sacred value for all cultures that have flourished in this corner of Africa. As happened in the whole of the Mediterranean basin, the Romans built the first irrigation systems and invented extraction techniques: some excavations in Sufeitula, the present Sbeitla, and in Thysdrus, today's El Djem, confirm it. Today Tunisian olive growing has 88 million trees spread over a territory of 1 million 830,000 hectares, a relevant part of the whole available agricultural surface. Such notable extension of the olive area has made it possible for the country to be commonly defined "green Tunisia". The most favourable areas are in the centre, where the most trees are concentrated. But also in the north and in the south there are olive groves. Being the crossroads of many civilizations and commercial exchanges between the East, Africa and Europe, Tunisia has a wide range of olive varieties. The main cultivars are chetoui, very common in the north of the country and chemlélii, which grows in the olive groves of Sfax and Sahel (in the central-eastern area) and also in the temperate coastal area (from Korba to Gabes) and in the area of Kairouan and Enfidaville. Other varieties are chemchali, jerboui, fakhari, oueslati, zalmati, zarrazi. Other two cultivars are not autochthonous, but have perfectly adapted: the French picholine and the Spanish manzanilla. In the country there are 320,000 farms and 1,455 active oil mills. In the last harvest 300,000 tons of oil were produced, with a strong increase of 114.29% compared to the previous year. 200,000 tons were exported mainly to Italy and Spain, but also to the United States, Japan, Canada and Australia. Therefore, on a world scale Tunisia gives an important contribution both to production and to exports. Its range of varieties gives to this cultivation an undisputable strategic role, both in the socio-economic field and in the environmental sector, in the whole national territory. Oil consumption in the country currently reaches 43,000 tons, while the per capita oil consumption is 3 kg per year.

Tunisia Tunisia [TN] Zaghouan

Domaine Sidi Mrayah - Ferme Lakhoua

Route de Jimla - Ferme Lakhoua
1100 Sidi Mrayah (Zaghouan)
E-mail: domainesidimrayah@gmail.com - Web: www.domainesidimrayah.com

84

200 m

Promiscuo
Promiscuous

Alberello
Tree

Brucatura a mano
Hand picking

Sì - Ciclo continuo
Yes - Continuous cycle

Chétoui

Fruttato medio
Medium fruity

da 12,01 a 15,00 € - 500 ml
from € 12.01 to 15.00 - 500 ml

Situata in una delle più belle regioni agricole della Tunisia, quest'azienda opera in regime biologico e si dedica all'olivicoltura, oltre che alla coltivazione di cereali e piante officinali, con un occhio attento alle nuove tecnologie in materia di irrigazione. Malek e Noureddine Lakhoua sono al timone della struttura che comprende 20 ettari di oliveto con 3mila piante. Quest'anno sono stati ricavati 200 quintali di olive che, moliti nel moderno frantoio di proprietà, hanno reso 40 ettolitri di olio. L'Extravergine monocultivar Domaine Sidi Mrayah - Chétoui da Agricoltura Biologica è di un bel colore giallo dorato intenso con leggeri riflessi verdi, limpido. Al naso è sottile e composto, dotato di sentori vegetali di carciofo, cicoria selvatica e lattuga, cui si affiancano note fruttate di mela bianca e mandorla. Al gusto è morbido e armonico, con toni aromatici di menta e basilico. Amaro e piccante presenti e dosati, con finale dolce in rilievo. Ideale su antipasti di farro, insalate di salmone, patate alla griglia, verdure gratinate, zuppe di ceci, primi piatti con molluschi, gamberi in guazzetto, seppie arrosto, pollame o carni di agnello al forno, formaggi caprini.

Situated in one of the most beautiful agricultural regions in Tunisia, this farm uses organic farming methods and practises olive growing, besides the cultivation of cereals and officinal herbs, adopting new irrigation technologies. Malek and Noureddine Lakhoua manage 20 hectares of olive surface with 3,000 trees. In the last harvest 200 quintals of olives were produced, which, once crushed in the modern oil mill, yielded 40 hectolitres of oil. The Monocultivar Extra Virgin Domaine Sidi Mrayah - Chétoui from Organic Farming is a beautiful intense limpid golden yellow colour with slight green hues. Its aroma is fine and delicate, endowed with vegetal hints of artichoke, wild chicory and lettuce, together with fruity notes of white apple and almond. Its taste is mellow and harmonic, with an aromatic flavour of mint and basil. Bitterness and pungency are present and complimentary, with evident sweetness. It would be ideal on farro appetizers, salmon salads, grilled potatoes, vegetables au gratin, chickpea soups, pasta with mussels, stewed shrimps, roast cuttlefish, baked poultry or lamb, goat cheese.

Tunisia Tunisia [TN] Al Qayrawan

Olivko

Henchir El Gassab
3120 El Oueslatia (Al Qayrawan)
E-mail: info@olivko.com - Web: www.olivko.com

84

501 m

Specializzato
Specialized

Vaso aperto
Open vase

Brucatura a mano
Hand picking

No - Ciclo continuo
No - Continuous cycle

Olivko wild

Fruttato medio
Medium fruity

da 22,01 a 26,00 € - 500 ml
from € 22.01 to 26.00 - 500 ml

Situata in una delle più belle regioni agricole della Tunisia, quest'azienda opera in regime biologico e si dedica all'olivicoltura con un occhio attento alla moderna tecnologia. Karim Fitouri l'ha fondata nel 2017 ed è tuttora alla guida di un'ampia struttura che comprende 84 ettari di oliveto, con 6.500 piante. Quest'anno sono stati ricavati 4.800 quintali di olive che, una volta moliti, hanno prodotto circa 873 ettolitri di olio. Segnaliamo l'etichetta proposta al panel per la selezione, l'Extravergine Olivko Wild da Agricoltura Biologica che si presenta alla vista di colore giallo dorato scarico, limpido. All'olfatto si offre ampio e avvolgente, ricco di sentori fruttati di pomodoro acerbo, banana e mela bianca, cui si affiancano note di erbe aromatiche, con ricordo di basilico e prezzemolo. Fine e complesso in bocca, sprigiona toni vegetali di lattuga di campo e sedano. Amaro deciso e piccante ben espresso e armonico. È un buon accompagnamento per antipasti di fagioli, carpaccio di salmone, insalate di pomodori, patate alla brace, zuppe di ceci, primi piatti con verdure, gamberi in guazzetto, seppie in umido, pollame o carni di agnello al forno, formaggi caprini.

Situated in one of the most beautiful regions in Tunisia, this farm uses organic farming methods and practises olive growing with the support of modern technology. Founded by Karim Fitouri, who still runs it, in 2017, it is a large estate including 84 hectares of olive grove with 6,500 trees. In the last harvest 4,800 quintals of olives were produced, which, once crushed, yielded about 873 hectolitres of oil. We recommend the selection proposed to the panel, the Extra Virgin Olivko Wild from Organic Farming, which is a light limpid golden yellow colour. Its aroma is ample and rotund, rich in fruity hints of unripe tomato, banana and white apple, together with notes of aromatic herbs, especially basil and parsley. Its taste is fine and complex, with a vegetal flavour of country lettuce and celery. Bitterness is definite and pungency is distinct and harmonic. It would be ideal on bean appetizers, salmon carpaccio, tomato salads, barbecued potatoes, chickpea soups, pasta with vegetables, stewed shrimps, stewed cuttlefish, baked poultry or lamb, goat cheese.

Tunisia Tunisia [TN] Sidi Bou Zid

Domaine Fendri

Route Maknassy - Gafsa km 6
9140 Maknassy (Sidi Bou Zid)
Tel.: +216 74 846951 - Fax: +216 74 846950
E-mail: domainefendri@gmail.com

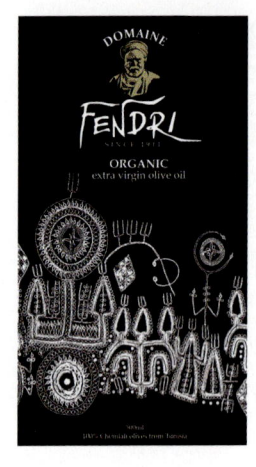

87

260 m

Specializzato
Specialized

Alberello, monocono
Tree, monocone

Brucatura a mano
Hand picking

Sì - Ciclo continuo
Yes - Continuous cycle

Chemlali

Fruttato leggero
Light fruity

da 10,01 a 12,00 € - 500 ml
from € 10.01 to 12.00 - 500 ml

Cresce in qualità, migliorando la propria posizione in Guida. È Domaine Fendri, una struttura di tipo familare che risale all'inizio del secolo scorso e che si trova a Maknassy. Qui Slim Fendri, che rappresenta la terza generazione, gestisce una superficie di 500 ettari, con 8mila piante messe a dimora, e un frantoio di ultima concezione per la trasformazione dei frutti. Nella trascorsa campagna il raccolto ha reso 4mila quintali di olive, pari a una produzione di circa 873 ettolitri di olio. L'ottimo Extravergine Domaine Fendri da Agricoltura Biologica si presenta alla vista di un bel colore giallo dorato intenso con delicate tonalità verdi, limpido. Al naso si apre ampio e avvolgente, dotato di sentori di erbe aromatiche, con ricordo di basilico, menta e rosmarino, cui si accompagnano note di pepe nero e mandorla. Al gusto è fine e complesso, con toni di carciofo, cicoria e lattuga. Amaro deciso e piccante spiccato ed equilibrato. Un abbinamento eccellente è con maionese, antipasti di orzo, carpaccio di spigola, insalate di riso, marinate di gamberi, passati di ceci, cous cous di pesce, rombo al cartoccio, tartare di dentice, formaggi freschi a pasta molle, biscotti da forno.

Present again in our Guide with a result showing its progress, Domaine Fendri is a family-run farm founded at the beginning of the last century and situated in Maknassy. Here Slim Fendri, who represents the third generation of his family, runs a surface of 500 hectares with 8,000 trees and an advanced oil mill. In the last harvest 4,000 quintals of olives were produced, equal to a yield of about 873 hectolitres of extra virgin olive oil. We recommend the very good Extra Virgin selection Domaine Fendri from Organic Farming, which is a beautiful intense limpid golden yellow colour with delicate green hues. Its aroma is ample and rotund, endowed with hints of aromatic herbs, especially basil, mint and rosemary, together with notes of black pepper and almond. Its taste is fine and complex, with a flavour of artichoke, chicory and lettuce. Bitterness is definite and pungency is distinct and well balanced. It would be ideal on mayonnaise, barley appetizers, bass carpaccio, rice salads, marinated shrimps, chickpea purée, fish cous cous, turbot baked in parchment paper, sea bream tartare, soft fresh cheese, oven cookies.

Libia
Libya

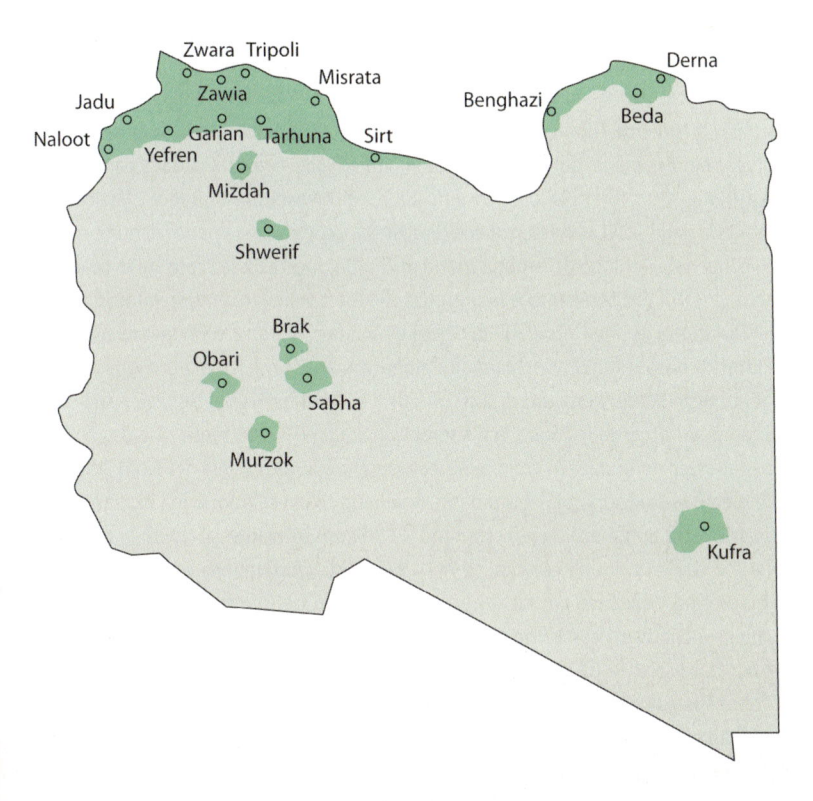

Aree olivetate o a vocazione olivicola • Olive growing areas or areas suitable to olive growing

Dati Statistici
Superficie Olivetata Nazionale	100.000 (ha)
Frantoi	250
Produzione Nazionale 19-20	16.500,0 (t)
Produzione Nazionale 18-19	16.000,0 (t)
Variazione	+ 3,13%

Statistic Data
National Olive Surface	100,000 (ha)
Olive Oil Mills	250
National Production 19-20	16,500.0 (t)
National Production 18-19	16,000.0 (t)
Variation	+ 3.13%

International Olive Council - Ministry of Agriculture, Animal & Marine Wealth

Situata nel Nord Africa, lungo la costa meridionale del Mar Mediterraneo, la Libia è il terzo paese africano per estensione del territorio, e quello con la fascia costiera più ampia. Il clima, caldo e arido, nelle regioni settentrionali si fa più mite, di tipo mediterraneo. L'olivo ha radici remote in Libia ed è coltivato fin dall'epoca dei Greci, dei Cartaginesi e dei Romani. Con i coloni Greci, nel VII secolo a.C., in Cirenaica si produceva olio insieme a orzo, vino e fichi; mentre Cartagine, fondata dalla mitica regina fenicia Didone, espandeva la sua influenza, alla ricerca di sbocchi commerciali, verso il Golfo della Sirte, sulla costa libica. La fenicia Leptis Magna, l'odierna Tripoli, divenne un importante centro durante la dominazione cartaginese e poi romana: qui erano coltivati milioni di olivi e la città pagava parte dei tributi a Roma sotto forma di olio. La diffusione dell'olivicoltura in epoca classica è documentata dagli scavi archeologici che dimostrano, con il ritrovamento di numerosi frantoi, come nella regione di Tarhuna (a sud di Tripoli) questa fosse praticata in modo intensivo. Un'altra testimonianza è la presenza di alberi millenari a ovest, intorno alla città di Garian, e a est, nell'altopiano di Gebel el-Achdar (in arabo "montagna verde"): gli abitanti di queste regioni li chiamano "alberi romani". Un esemplare suggestivo, localmente noto come "la madre di tutti gli olivi", si trova nel Gebel Nefusa, a sud di Tripoli: ogni anno perde le foglie, ma sopravvive solitario a 700 metri di altitudine. Rispetto all'estensione del territorio, e se comparato con altri paesi del Nord Africa dove le precipitazioni sono più abbondanti, il numero di olivi è esiguo in Libia, anche se suscettibile di aumento: oggi si contano 11 milioni di piante su 100mila ettari. Tuttavia è il risultato di una crescita, se nel 1932 esistevano appena 500mila alberi. Questo sviluppo deriva da più fattori tra cui l'aumento del prezzo dell'olio dopo il 2005 che ha incentivato nuovi impianti, tra cui alcuni superintensivi e con irrigazione. Le più olivetate sono le pianure costiere, da Zwara a Misrata, e le zone montuose a ovest (altopiano del Gebel Nefusa, intorno alle città di Garian, Yefren e Tarhuna). Le maggiori cultivar locali sono: endory (o induri), raghiani, rasli e hammudi. Anche le varietà shemlali sfax e shemlaly gosbat erano molto comuni prima dell'introduzione, nel secolo scorso, di numerose cultivar italiane, alcune delle quali costituiscono tuttora il nucleo più importante degli impianti: frantoio, coratina, moraiolo, mignola e maurino. Altre cultivar importate, soprattutto dalla Tunisia, sono: ouslati, hammody, amboty e zarazy. Infine ci sono varietà italiane piantate in appositi vivai per studiarne l'adattabilità: cellina, caninese, grignan, leccino, morchiaio, rosciola e tombarella. Le aziende sono 150mila, pressoché tutte private e quasi mai esclusivamente olivicole, e i 250 frantoi hanno reso, nella campagna 2019-2020, 16.500 tonnellate di olio, con un lieve aumento del 3,13% rispetto all'annata precedente. C'è ancora molto lavoro da fare per il miglioramento della qualità del prodotto finale, soprattutto durante la fase di raccolta dei frutti e prima della trasformazione. Di contro gli olivicoltori possiedono una grande esperienza nel rinvigorire gli alberi secolari e si stanno specializzando nei metodi di coltivazione biologici. Il consumo di olio nel paese raggiunge le 16mila tonnellate attuali, quello pro capite è di 1,8 kg annui.

Located in North Africa, along the southern coast of the Mediterranean Sea, Libya is the third African country for extension of the territory, and the one with the widest coastal strip. The climate is generally hot and dry, but in the northern regions it is milder and Mediterranean. The olive tree has ancient roots in Libya and has been cultivated since the times of the Greeks, the Carthaginians and the Romans. With the Greek colonists, in the 7th century BC, oil was produced in Cyrenaica, along with barley, wine and figs, while Carthage, founded by the legendary Phoenician queen Dido, expanded its influence, in search of business opportunities, to the Gulf of Sidra, on the Libyan coast. The Phoenician Leptis Magna, the present Tripoli, became an important centre during the Carthaginian and Roman rule: here millions of trees were cultivated, and the city gave oil to Rome as a part of their taxes to Rome. The spread of olive growing in the classical era is documented by archaeological excavations showing that it was practised intensively, as testified by the discovery of numerous oil mills, for instance in the region of Tarhuna (south of Tripoli). Another example is the presence of thousand-year old trees to the west, around the city of Garian, and to the east, in the plateau of Gebel el-Achdar (Arabic for "green mountain"): the inhabitants of these regions call them "Roman trees". A striking example, locally known as "the mother of all olive trees", is located in Jebel Nefusa, to the south of Tripoli: every year it loses its leaves, but it survives alone at 700 metres above sea level. Compared to the extension of the territory and compared to other North African countries, where rainfall is more abundant, the number of trees is small in Libya, although it is likely to rise: today there are 11 million trees on 100,000 hectares. However, this is a progress, considering that in 1932 there were only 500,000 trees. This development is due to several factors including the rising price of oil after 2005, which has stimulated new plantations, including some superintensive and irrigated. Olive trees are especially present in the coastal plains, from Zwara to Misrata, and in the mountainous western areas (plateau of Gebel Nefusa, around the towns of Garian, Yefren and Tarhuna). The main local cultivars are: endory (or induri), raghiani, rasli and hammudi. Also the varieties shemlali sfax and shemlaly gosbat were very common before the introduction of numerous Italian cultivars in the last century, some of which are still the most common in the olive groves: frantoio, coratina, moraiolo, mignola and maurino. Other cultivars, imported mainly from Tunisia, are: ouslati, hammody, amboty and zarazy. Finally, there are Italian varieties planted in special nurseries to study their adaptability: cellina, caninese, grignan, leccino, morchiaio, rosciola and tombarella. The farms are 150,000, almost all private and rarely practising only olive growing. There are 250 oil mills, which produced 16,500 tons of oil in the harvest 2019-2020, with a slight increase of 3.13% compared to the previous year. There is still much work to do to improve the quality of the end product, especially during the harvest of the fruits and before transformation. In spite of this, olive growers have a great experience in re-invigorating century-old trees and are specializing in organic farming methods. Oil consumption in the country currently reaches 16,000 tons, while the per capita consumption is 1.8 kg per year.

FLOS OLEI 2019 — The Importer of the Year

OLIVE GREEN LIFE CO. LIMITED

Da'An District
7 F. Room 2 No. 412 Guangfu S. Rd.
106 Taipei (Taiwan)
www.olive-green-life.com

Egitto
Egypt

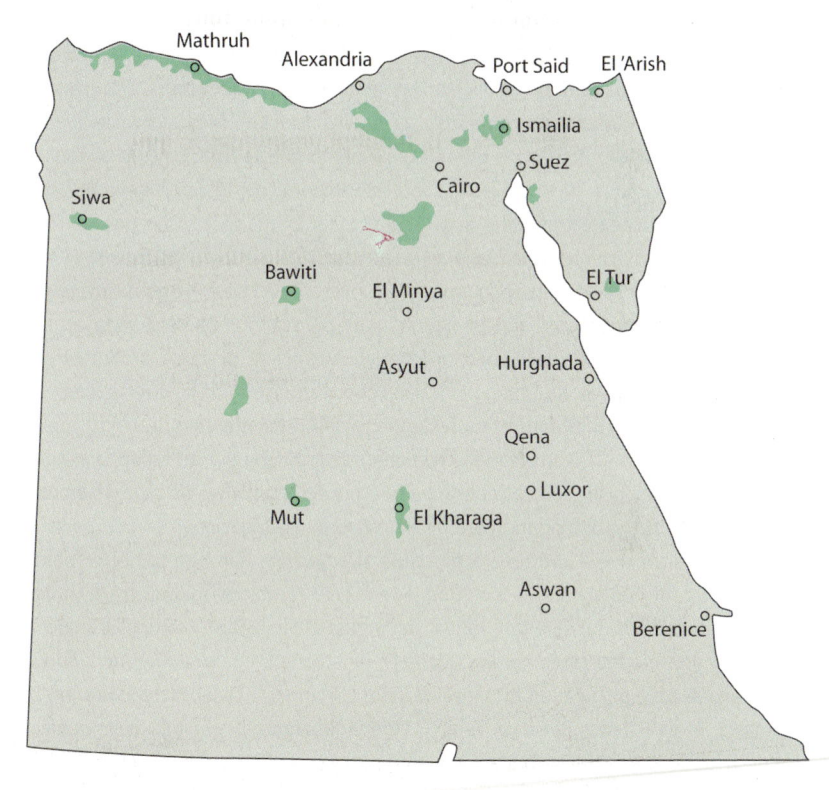

Aree olivetate o a vocazione olivicola • *Olive growing areas or areas suitable to olive growing*

Dati Statistici
Superficie Olivetata Nazionale	106.510 (ha)
Frantoi	n.p.
Produzione Nazionale 19-20	27.500,0 (t)
Produzione Nazionale 18-19	7.000,0 (t)
Variazione	+ 292,86%

Statistic Data
National Olive Surface	106,510 (ha)
Olive Oil Mills	n/a
National Production 19-20	27,500.0 (t)
National Production 18-19	7,000.0 (t)
Variation	+ 292.86%

International Olive Council - Ministry of Agriculture and Land Reclamation

La storia dell'olivicoltura in Egitto è lunghissima e tormentata; e una vera ripresa del settore si registra solamente negli anni più recenti, precisamente a partire dall'ultimo ventennio del secolo scorso. Ovvero da una parte i resti archeologici e le testimonianze storiche fanno dell'Egitto una delle più importanti culle della pianta sacra: basti pensare ad alcune antiche tombe all'interno delle quali sono stati ritrovati dei recipienti per l'olio o a diversi monumenti che serbano illustrazioni dell'olivo e rimandi all'utilizzo dell'olio per l'alimentazione, l'illuminazione, la medicina, la cosmesi e l'imbalsamazione. Alcune iscrizioni risalgono addirittura a 5mila anni prima di Cristo e dimostrano come l'olio sia stato considerato sacro per millenni, fino all'epoca dell'Impero Romano e oltre. Ma, malgrado questa forte valenza simbolica, l'olivicoltura egiziana ha attraversato successivamente, per secoli, una grave crisi ed è stata fortemente trascurata e dimenticata. Tanto che in epoche non lontane, nel 1980, un censimento delle piante esistenti contava un numero di appena 60mila esemplari produttivi. Ma è proprio a partire da quella data che è in atto un'inversione di tendenza: nuovi progetti agricoli hanno infatti permesso al paese di raggiungere, già nei primissimi anni del nuovo millennio, i 10 milioni di alberi produttivi che sfiorano oggi i 40 milioni. I nuovi impianti sono stati distribuiti in diverse zone del paese, con l'obiettivo di aumentare l'estensione delle aree olivicole rispetto a quelle storicamente vocate. Diversi i fattori che hanno determinato questo sviluppo: da una parte le imprese private sono incentivate a investire nel recupero delle zone desertiche, mentre dall'altra si diffondono metodi più avanzati di irrigazione; da una parte la pianta dell'olivo rivela un'ottima adattabilità all'ambiente, dall'altra la ricerca punta sullo studio di nuove cultivar e sull'impiego di una tecnologia più avanzata ai vari livelli della filiera. Oggi gli ettari coltivati sono oltre 100mila, distribuiti nelle seguenti aree: la costa mediterranea nord-occidentale; la regione tra Cairo e Alexandria (dove spiccano le zone di Tur'at an Nūbārīyah e Wadi El-Natrun); il Sinai; il comprensorio di Ismailia; le oasi (Siwa, Bahariya, Farafra, Dakhla, Kharga). Il ventaglio delle cultivar è ricco: tra le autoctone la touffahi e la aggeizi shami sono eccellenti olive da tavola, mentre la hamed, la watieken e la marraki sono usate per la trasformazione. Accanto a queste sono state impiantate varietà spagnole come manzanilla, picual e arbequina (a doppia attitudine, eccetto l'arbequina), italiane (coratina e frantoio, da olio) e greche (koroneiki, da olio, e kalamata, a doppia attitudine). Ma soprattutto spicca la varietà tunisina chemlali, usata per la produzione di olio. La tendenza dei produttori, comunque, è quella di coltivare varietà con un'alta resa produttiva in olive. Questo perché attualmente l'olivicoltura egiziana è maggiormente orientata alla produzione di olive da tavola, mentre il settore oleario è considerato emergente, nonostante l'antica tradizione. Tuttavia negli ultimissimi anni la produzione di olio di qualità sta crescendo: moderni macchinari con le più avanzate tecnologie, insieme ai controlli stabiliti dall'IOC, concorrono infatti alla qualità dell'extravergine egiziano. Nella campagna 2019-2020 sono state prodotte 27.500 tonnellate di olio, con uno straordinario aumento del 292,86% rispetto all'annata precedente.

The history of olive growing in Egypt is very long, but uneven and only in recent years has there been a real recovery, precisely starting from the last twenty years of the last century. However, archaeological remains and historical documents make Egypt one of the most important birthplaces of this holy tree, it is enough to mention the oil containers found inside some ancient tombs or several monuments showing illustrations of the plant and references to the use of oil for food, lighting, medicine, cosmetics and embalming. Some inscriptions even date back to 5,000 years before Christ and show how oil was considered sacred for thousands of years, until the period of the Roman Empire and later. In spite of this strong symbolic value, olive growing in Egypt went through a long period of decadence and for centuries it was neglected and forgotten. For this reason, in more recent years, in 1980, a census of the existing plants was carried out, according to which there were only 60,000 productive olive trees. Fortunately, since then there has been a positive trend. In fact, in the early 2000s new agricultural projects allowed the country to reach 10 million trees, all productive, which today have become nearly 40 million. The new olive groves are spread in several parts of the country, in order to increase the extension of olive areas, once concentrated only in the most favourable regions. Several factors have determined this development: on the one hand, private companies are encouraged to invest in the recovery of desert areas, while on the other, more advanced irrigation methods are spreading; on the one hand, the olive tree shows excellent adaptability to the environment, on the other, research focuses on the study of new cultivars and on the use of more advanced technology at the various levels of the production chain. Currently, the cultivated hectares are 100,000, distributed in the following areas: the north-western Mediterranean coast; the region between Cairo and Alexandria, especially Tur'at an Nūbārīyah and Wadi El-Natrun; Sinai; the district of Ismailia; the oases (Siwa, Bahariya, Farafra, Dakhla, Kharga). The range of cultivars is rich and varied. The local varieties touffahi and aggeizi shami are excellent table olives, while hamed, watieken and marraki are exclusively used for transformation. Besides these, we find Spanish varieties (manzanilla, picual and arbequina, used both for oil and for eating, with the exception of arbequina that is only for oil), Italian varieties (coratina and frantoio, both for oil) and Greek varieties (koroneiki for oil and kalamata, used both for oil and for eating). The best is the Tunisian variety chemlali, used for oil production. Anyway, today producers tend to cultivate varieties with a high yield: in fact, Egyptian olive growing is mainly directed towards the production of table olives, while the oil sector is considered an emerging one, in spite of its old tradition. However, in the last few years the production of high quality olive oil has decidedly increased: modern machinery with the most advanced technology, together with the controls established by the COI (International Olive Oil Council), guarantee the quality of Egyptian extra virgin olive oil. In the harvest 2019-2020 a quantity of 27,500 tons of oil was produced, with an extraordinary increase of 292.86% compared to the previous year.

FLOS OLEI 2019 The Restaurant of the Year

AL 588
GOURMET DI CHARME
Andrea Perini

Via Roma, 588
50012 Bagno a Ripoli
Firenze (Italy)
www.ristoranteal588.com

Etiopia
Ethiopia

Aree olivetate o a vocazione olivicola • Olive growing areas or areas suitable to olive growing

Dati Statistici

Superficie Olivetata Nazionale	60 (ha)
Frantoi	n.p.
Produzione Nazionale 19-20	n.p.
Produzione Nazionale 18-19	n.p.
Variazione	n.p.

Oilea Africana Foundation

Statistic Data

National Olive Surface	60 (ha)
Olive Oil Mills	n/a
National Production 19-20	n/a
National Production 18-19	n/a
Variation	n/a

L'Etiopia è una terra tutta da scoprire. Ricchissima di bellezze naturali, ma anche di tesori archeologici e di siti architettonici, costituisce un luogo che ha un interessante potenziale turistico. Oltre al fatto che studi ed esperimenti molto recenti la annoverano tra le terre dove l'olivicoltura sarebbe non solo possibile, ma suscettibile di diventare, negli anni, un'attività praticabile su larga scala, coinvolgendo la manodopera locale, anche femminile, contribuendo così al miglioramento delle condizioni di vita dell'intera popolazione. A questo proposito va segnalato un interessante progetto pilota nato nel 2009 per iniziativa della Oilea Africana Foundation, associazione non governativa sostenuta dal governo olandese, e poi rilevato da altri partner. Il piano, che speriamo possa in futuro decollare, ha un impatto ecosostenibile e ha previsto innanzitutto una sperimentazione su alcune pianticelle di olivo, di differenti varietà italiane, per selezionare quella che garantisse la migliore adattabilità al terreno e alle condizioni climatiche. La cultivar prescelta, frantoio, è stata così impiantata, nel numero di 250 esemplari, in un sito denominato Atsbi che si trova in una zona montuosa (a circa 3mila metri di altitudine) nella parte nord-occidentale della regione del Tigray, nell'estremità settentrionale dell'Etiopia. L'esito è stato positivo e le piante hanno fruttificato, anche se purtroppo la campagna seguente è stata improduttiva a causa di un'eruzione vulcanica che ha distrutto i frutti. Al momento sono 7.200 gli olivi, importati dall'Italia, impiantati su una superficie totale di 60 ettari. Sono molto giovani e ancora in fase di crescita. Gli obiettivi futuri sono: la ricerca di altre regioni nel paese vocate all'olivicoltura, il che comporta studi preventivi su terreno, clima e varietà adattabili; e una prima, sperimentale, produzione di olio ricavato dalle varietà di piante locali, delle quali però non si conoscono ancora le caratteristiche né il coefficiente di resa in olio. Per questa operazione era stato concepito un frantoio mobile, una struttura che poteva spostarsi da un appezzamento all'altro e da un olivicoltore all'altro, venendo incontro alle esigenze di una popolazione che ha bisogno di trovare fonti di impiego, ma che non può permettersi investimenti in macchinari di nuova tecnologia. Ma non è ancora in corso, per il momento, alcuna attività di estrazione. Nell'intero progetto sono stati coinvolti circa 5mila agricoltori, ai quali sono state offerte nuove prospettive di vita e di lavoro attraverso lo sviluppo dell'olivicoltura. La creazione di nuovi impianti olivicoli in Etiopia contribuisce, infatti, tanto a combattere l'erosione del territorio, quanto a generare reddito per i coltivatori e per le donne - vera spina dorsale dell'economia etiopica - che possono essere impiegate nella raccolta. Gli agricoltori sono stati quindi motivati ad acquistare le piante e a coltivarle, attraverso la spiegazione delle finalità del progetto; e poi sono stati istruiti, da esperti fatti giungere appositamente da altri paesi, circa le tecniche di gestione di oliveti e frantoi. Diventare, nel futuro, un paese produttore significherebbe, per l'Etiopia, raggiungere le produzioni minime per l'autoconsumo e aprire un nuovo segmento di mercato: i consumatori locali e le catene di alberghi e ristoranti per i turisti.

Ethiopia is a land to discover. Its great natural beauty, but also its archaeological treasures and architectonic sites, make it a place with interesting tourism potential. Besides, recent experiments and studies show that here olive growing may be not only possible, but over the years it is likely to become a large-scale activity, involving local manpower, women included, and improving the living conditions of the whole population. In fact, in 2009 an interesting pilot project was started by the Oilea Africana Foundation, a non-governmental organization supported by the Dutch government, and was then carried on by other partners. This project, which hopefully will finally take off, has an ecosustainable impact and first of all consists in experimenting on small olive plants of several Italian varieties, in order to find the most suitable to the territory and the climatic conditions. 250 trees of the selected cultivar, frantoio, were planted in a site called Atsbi, situated in a mountainous area (about 3,000 metres above sea level) in the north-western part of the Tigray region, in the extreme north of Ethiopia. The results were positive and the olive trees fruited, although the following harvest was fruitless because of a volcano eruption. At the moment there are 7,200 still young and growing olive trees that were imported from Italy, on a total surface of 60 hectares. The aim for the future is on the one hand to find other favourable regions in the country, which means preventive studies of the territory, the climate and the suitable varieties, on the other hand to obtain a first experimental production of olive oil from local varieties with still unknown characteristics and yield. This operation should have been carried out in the only oil mill on the territory, which is a mobile structure movable from lot to lot and from olive grower to olive grower, thus meeting the requirements of a population that needs new sources of employment, but cannot afford investments in modern technology. However, at the moment extraction activities have not been started. The project involves about 5,000 farmers, who can find new life and working opportunities thanks to the development of olive growing. The creation of new olive groves in Ethiopia is in fact a way to avoid soil erosion and generate incomes for farmers and women - the real backbone of Ethiopian economy - who can be employed in the harvest. After having being informed about the aim of the project, these people have been motivated to purchase and cultivate the plants. Subsequently they have been trained in the management techniques of olive groves and oil mills by experts from other countries. For Ethiopia becoming a producer in the future would mean to reach the minimum production for self-consumption and open a new market segment: local consumers and restaurant and hotel chains for tourists.

FLOS OLEI 2018 — The Importer of the Year

HEINRICH & KARIN ZEHETNER
ZES - CONSULTING GMBH

Am Hilfberg, 17
5310 Mondsee - Vöcklabruck
Oberösterreich (Austria)

Namibia
Namibia

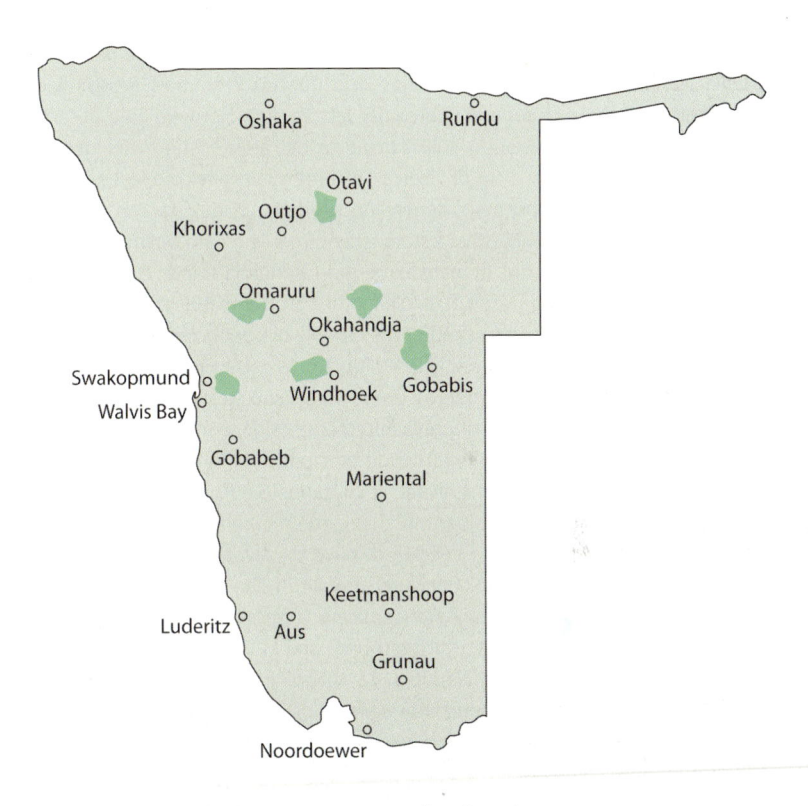

Aree olivetate o a vocazione olivicola • *Olive growing areas or areas suitable to olive growing*

Dati Statistici
Superficie Olivetata Nazionale	**16 (ha)**
Frantoi	**3**
Produzione Nazionale 19-20	**0,0 (t)**
Produzione Nazionale 18-19	**4,8 (t)**
Variazione	**- 100,00%**

University of Namibia

Statistic Data
National Olive Surface	**16 (ha)**
Olive Oil Mills	**3**
National Production 19-20	**0.0 (t)**
National Production 18-19	**4.8 (t)**
Variation	**- 100,00%**

L'olivicoltura ha un grosso potenziale in Namibia e può diventare, nei prossimi anni, una delle più importanti colture del paese, con sbocchi commerciali considerevoli, vista la domanda crescente di olive e di olio, ricercati per il loro valore nutrizionale e salutistico. Inoltre, se praticabile su larga scala, potrebbe coinvolgere la manodopera locale, migliorando le condizioni di vita della popolazione. Al momento è in una fase poco più che embrionale, ma suscettibile di sviluppi futuri. Infatti il centro di studi che fa parte dell'Università della Namibia, il Sam Nujoma Marine and Coastal Resources Research Centre (SANUMARC) che si occupa di ricerca nel settore agricolo delle aree desertiche e costiere, si sta concentrando sull'olivicoltura nell'area costiera del deserto del Namib. L'attività svolta è sia di ricerca sul potenziale olivicolo del paese, sia di supporto agli olivicoltori per ottenere un prodotto di qualità con i metodi più aggiornati. Con questo obiettivo è stato recentemente creato un impianto pilota di desalinizzazione dell'acqua di mare alimentato a energia solare; e parte dell'acqua è stata destinata all'irrigazione di un oliveto di 2 ettari con 800 piante. La Namibia è una delle nazioni del mondo con minore densità di popolazione; sul suo territorio si alternano vaste distese desertiche e altipiani, la vetta più alta dei quali supera i 2.600 metri (Massiccio Brandberg). Come dice il suo stesso nome che deriva dal deserto del Namib, è un paese prevalentemente arido, con un clima che varia da arido a subtropicale, caldo e asciutto con precipitazioni modeste. Tuttavia ci sono zone in cui l'olivo riesce a fruttificare: si contano 15.800 alberi su una superficie di 16 ettari. Si tratta degli impianti di 5 aziende pioniere delle quali una parte si dedica alla produzione e alla vendita di olive da tavola e l'altra all'estrazione e commercializzazione dell'olio. Con altri agricoltori che approcciano l'olivicoltura è necessaria un'azione di ricerca per verificare la possibilità di sussistenza. Questi giovani oliveti sono distribuiti all'interno di una vasta area che interessa tutta la metà settentrionale della Namibia. La maggiore concentrazione riguarda la regione costiera intorno alle due città portuali di Swakopmund e Walvis Bay dove si collocano alcune delle aziende. Altre si trovano nel comprensorio della capitale Windhoek (nel centro dello stato) e tra Windhoek e la più orientale Gobabis; e altre ancora nell'estremo nord del paese, presso Otavi, non lontano dal parco nazionale Etosha. Attualmente la maggior parte della produzione proviene dalla Swakop River Olives, mentre sfortunatamente un'altra grossa struttura che possedeva 6mila olivi a pochi chilometri da Hochfeld è stata venduta al governo e al momento non è produttiva. La variabilità del clima può incidere anche molto negativamente sulla produzione, e questo rende necessaria una ricerca approfondita sulle cultivar da impiantare. Al momento le più diffuse sono: nocellara, coratina, itrana, leccino, cipressino e frantoio, provenienti dall'Italia; alle quali si aggiungono la spagnola manzanilla e la greca kalamata, seguite da fs17, O5N e mission. Le più adatte sono risultate finora frantoio e mission. La trasformazione avviene in 3 frantoi, di proprietà delle stesse aziende che si dedicano alla commercializzazione dell'olio. La produzione è stata quest'anno equivalente a zero tonnellate di olio, con una diminuzione del 100% rispetto alla campagna precedente. Il consumo di olio pro capite nel paese è di 0,004 kg annui.

Olive growing has great prospects in Namibia. Over the coming years it may become one of the main cultivations in the country with important commercial outlets, considering the growing demand for olives and oil from olives, which are sought after for their high nutritional and health giving value. Moreover, as a large scale activity, it might involve local manpower, contributing to improving the living conditions of the whole population. Nowadays it is still at a rather embryonic stage, but it is likely to have future developments. In fact, a research centre that is part of the University of Namibia, the Sam Nujoma Marine and Coastal Resources Research Centre (SANUMARC), which works on desert and coastal agricultural research, is focusing on olive growing in the Namib Desert coastal area. It aims at researching the olive potential in the country and supporting local olive growers to learn how to obtain a quality product using more modern methods. With this objective, a solar water-powered desalination pilot plant has recently been created and part of the water has been destined for the irrigation of an olive grove covering 2 hectares with 800 trees. Namibia is one of the least populated regions in the world: indeed the most of its territory is formed by vast desert areas and uplands, the highest peak of which exceeds 2,600 metres (Brandberg Massif). Therefore, Namibia, as its name deriving from the Namib Desert says, is mainly an arid country. Its climate varies from arid to subtropical and is generally hot and dry, with moderate rainfalls. However, there are areas of the country where the olive tree is cultivated and can bear fruit. Currently, the total surface covers 16 hectares with 15,800 trees, managed by 5 pioneer farms, a part of which produces and sells table olives and the other extracts, bottles and markets oil. With more farmers joining olive growing, research is needed to verify the possibility of subsistence. These young olive groves are distributed within a vast area that covers the entire northern half of Namibia. The highest concentration is in the coastal region around the two ports of Swakopmund and Walvis Bay, where some of the farms are located. As to the others, some are situated in the district of the capital Windhoek (placed in the centre of the state) and between Windhoek and the more eastern town of Gobabis; others are located in the extreme north of the country, near Otavi, not far from the National Park of Etosha. At present, most of the production comes from Swakop River Olives, while unfortunately another large farm that owned 6,000 olive trees a few kilometres from Hochfeld was sold to the government and is currently not productive. Climate variability can also have a very negative impact on production and this makes it necessary to carry out in-depth research on the cultivars to be planted. At present the most common varieties are: nocellara, coratina, itrana, leccino, cipressino and frantoio, from Italy; moreover, the Spanish manzanilla and the Greek kalamata, followed by fs17, O5N and mission. The most adaptable to the territory and the climate are the cultivars frantoio and mission. As regards transformation, it is carried out in 3 oil mills, owned by the same farms that attend to oil extraction and marketing. In the last harvest production was zero tons of oil, with a decrease of 100% compared to the previous year. The per capita oil consumption is 0.004 kg per year.

FLOS OLEI 2018 The Restaurant of the Year

RESTAURANT DANÍ MAISON

Nino Di Costanzo

Via Montetignuso, 4
I-80077 Ischia
Napoli (Italy)
www.danimaison.it

Sudafrica
South Africa

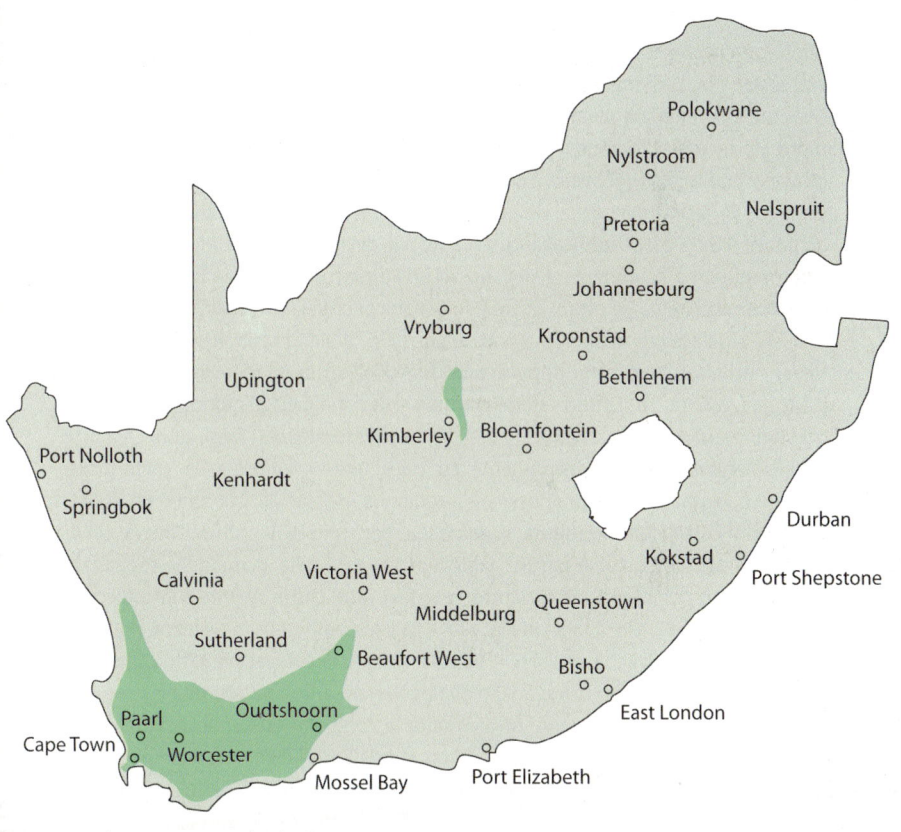

Aree olivetate o a vocazione olivicola • Olive growing areas or areas suitable to olive growing

Dati Statistici

Superficie Olivetata Nazionale	5.200 (ha)
Frantoi	90
Produzione Nazionale 19-20	3.000,0 (t)
Produzione Nazionale 18-19	2.500,0 (t)
Variazione	+ 20,00%

Statistic Data

National Olive Surface	5,200 (ha)
Olive Oil Mills	90
National Production 19-20	3,000.0 (t)
National Production 18-19	2,500.0 (t)
Variation	+ 20.00%

International Olive Council - Agricultural Research Council - South African Olive Industry Association

L'olivicoltura sudafricana ha registrato, nella campagna 2019-2020, un discreto incremento dei volumi produttivi rispetto all'anno precedente: sia come quantità di olive che come produzione di olio che ha raggiunto quest'anno le 3mila tonnellate, con un aumento del 20%. Sono numeri che vanno inseriti nel giusto contesto: dal punto di vista olivicolo il Sudafrica è un paese potenzialmente in grado di produrre extravergine di qualità, grazie al clima e al terreno ricco di minerali; tuttavia allo stato attuale non dispone di una grande quantità di materiale vivaistico. Del resto l'olivicoltura nel paese ha una storia piuttosto recente che muove i primi passi all'inizio del secolo scorso, quando un giovane immigrato genovese, Ferdinando Costa, giunge a Cape Town nel 1902. Osservando alcuni olivi della varietà "Olea europaea ssp africana" i quali, grazie al clima mediterraneo, fruttificavano selvaggi sui declivi del Table Mountain, Costa è incoraggiato a sperimentare nel suo vivaio l'innesto con alcune piante originali importate dall'Italia. Gli ottimi risultati lo convincono della possibilità di impiantare olivi su larga scala: e così farà, a partire dal 1925, nella fattoria acquistata a Paarl Valley, iniziando dieci anni dopo a produrre olio per la commercializzazione. Le principali varietà impiantate erano frantoio e leccino per la produzione di olio; mission, manzanilla e ascolana tenera per le olive da tavola. Negli anni Settanta l'allevamento si orienta decisamente su quest'ultimo settore e la californiana mission diventa la varietà più popolare, seguita da manzanilla, barouni e kalamata. Un nuovo corso dell'olivicoltura sudafricana, con uno sviluppo dell'impianto di varietà da olio, si registra a partire dagli anni Novanta sulla spinta delle capacità e intraprendenza di importanti produttori europei, oltre che in seguito a fattori come il miglioramento della qualità della vita e la crescente consapevolezza riguardo alle proprietà salutistiche dell'olio. Il frantoio rimane la cultivar più diffusa, seguita da coratina, leccino e fs17. Ma anche alcune varietà a doppia attitudine vengono utilizzate per la trasformazione. Attualmente le zone olivetate sono nella regione di Western Cape, in un raggio di 120 chilometri da Cape Town, con Paarl al centro; anche se alcuni impianti sono sorti nel comprensorio di Kimberley, in un'area arida caratterizzata da piogge estive. In tutto parliamo di 5.200 ettari, ricoperti da circa due milioni di alberi, e di 180 aziende. La tendenza è all'aumento delle regioni vocate, mentre nella zona di Paarl sono tuttora in produzione antichi oliveti centenari. Le piante, che negli oliveti più vecchi erano allevate a vaso aperto, negli anni più recenti sono a tronco multiplo, a vaso semiaperto. E ultimamente alcuni olivicoltori sono passati al monocono o alla sperimentazione di impianti ad altissima densità produttiva in cui gli alberi sono supportati da un cavo metallico teso lungo il filare olivetato. La raccolta è per lo più manuale, per il resto con macchine scuotitrici o, nel caso degli impianti intensivi, con macchine scavallanti importate. La raccolta avviene a uno stadio di maturazione medio, il che determina oli dai toni amari e piccanti meno accentuati, vicini al gusto dei consumatori locali, anche se parte dei produttori raccoglie il frutto più verde. L'estrazione ha luogo in 90 impianti, i più grandi a ciclo continuo. Il consumo di olio nel paese raggiunge le 5mila tonnellate attuali, quello pro capite è di 0,1 kg annui.

In the oil harvest 2019-2020 South African olive growing has moderately increased its production volumes, both in the olive quantity and in the oil production, which has reached 3,000 tons, with an increase of 20% compared to the previous year. However, this data has to be interpreted in the right context: the climate, together with a ground rich in minerals, makes it possible for South Africa to produce quality extra virgin olive oil, although at the moment there is not a great availability of farming material. In fact olive growing in the country has a recent history that started at the beginning of the last century thanks to a young immigrant from Genoa, Ferdinando Costa, who reached Cape Town in 1902. Observing some olives of the variety "Olea europaea ssp Africana", which freely grew on the slopes of the Table Mountain thanks to the Mediterranean climate, Costa was encouraged to experiment the graft with some original plants imported from Italy. The good results convinced him of the possibility to plant olives trees on a wide scale. He began in 1925 on the farm purchased in Paarl Valley and ten years later he produced olive oil for marketing. The most planted varieties were frantoio and leccino for the production of olive oil; mission, manzanilla and ascolana tenera for table olives. In the 70s production oriented itself to the second sector and the Californian mission became the most popular variety, followed by manzanilla, barouni and kalamata. Instead since the 90s there has been a new development and a rapid increase in the planting of oil varieties. This took place thanks to the entrepreneurial skills of important European producers, besides factors like the improvement in the quality of life and the increasing awareness of the health giving properties of olive oil. Frantoio remains the most common cultivar, followed by coratina, leccino and fs17. Moreover, some double use varieties are also used for transformation. Currently the olive grove areas are in the region of Western Cape in a range of 120 kilometres from Cape Town, with Paarl in the centre, even if some olive groves have been planted near Kimberley, in a relatively arid area with summer rainfalls: in total 5,200 hectares covered with 2 million trees that involve 180 farms. The tendency is to enhance the favourable areas. Moreover, in the area of Paarl there are still ancient olive groves older than one hundred years. In the oldest olive groves the trees were raised as open vase, while, since the 80s as semi-open vase on trees with multiple trunk. Some olive growers have passed more recently to the monocone or to experimentation with high-density olive groves, in which the trees are supported by a metallic cable strained along each olive row. Most of the harvest is manual, the rest is carried out with shaking machines or, in the case of intensive cultivation, with imported "scavallanti" machines. It is harvested at a medium maturation stage, which determines less bitter and pungent oil, as preferred by local consumers, even if some producers harvest the fruit when it is greener. Extraction takes place in 90 oil mills, the bigger using the continuous cycle system. Oil consumption in the country currently reaches 5,000 tons, while the per capita consumption is 0.1 kg per year.

Sudafrica South Africa [ZA] Cape

Morgenster

Vergelegen Avenue - Post Box 1616
7130 Somerset West (Western Cape)
Tel.: +27 21 8521738 - Fax: +27 21 8520835
E-mail: info@morgenster.co.za - Web: www.morgenster.co.za

99

20/250 m

Promiscuo
Promiscuous

Monocono
Monocone

Brucatura a mano e meccanica
Hand picking and mechanical harvesting

Sì - Ciclo continuo
Yes - Continuous cycle

Don Carlo (20%), frantoio (20%), fs17 (20%), altre/others (40%)

Fruttato medio
Medium fruity

da 15,01 a 18,00 € - 500 ml
from € 15.01 to 18.00 - 500 ml

Abbiamo seguito quest'azienda per anni, lodando il grande lavoro di Giulio Bertrand il quale, dopo aver rilevato e riqualificato una realtà che produce vino da tre secoli, decise nel 1992 di puntare anche sull'olivicoltura. Oggi, che il fondatore non c'è più, riconosciamo alla figlia Federica il merito di aver saputo mantenere fin da subito il livello altissimo nella gestione di tutta la filiera. Nella vasta tenuta di Somerset West oggi si contano 50 ettari di oliveto con 30mila piante che hanno reso 3mila quintali di olive e 640 ettolitri di olio. Due gli ottimi Extravergine Morgenster, il Don Carlo e il "base" che segnaliamo. Giallo dorato intenso con lievi riflessi verdi, limpido; al naso è elegante e pulito, intriso di sentori di carciofo, cicoria e lattuga, cui si affiancano note di basilico, menta e rosmarino. Al gusto è pieno e di carattere, con toni speziati di pepe nero e netto ricordo di mandorla. Amaro deciso e piccante spiccato. È perfetto per bruschette con verdure, insalate di orzo, marinate di ricciola, patate al cartoccio, passati di fagioli, primi piatti con salmone, molluschi gratinati, seppie in umido, coniglio arrosto, pollame ai ferri, formaggi caprini.

We have followed this farm for years, praising the late Giulio Bertrand's dedication. In 1992 he took over the estate, where wine has been produced for three centuries, and decided to focus also on olive growing. Today his daughter Federica controls the whole production chain aiming at high quality. In the large estate of Somerset West the olive grove covers 50 hectares with 30,000 trees, which produced 3,000 quintals of olives and 640 hectolitres of oil in the last harvest. There are two very good Extra Virgin Morgenster, Don Carlo and the "basic", which we recommend. It is an intense limpid golden yellow colour with slight green hues. Its aroma is elegant and clean, endowed with hints of artichoke, chicory and lettuce, together with notes of basil, mint and rosemary. Its taste is full and strong, with a spicy flavour of black pepper and a distinct note of almond. Bitterness is definite and pungency is distinct. It would be ideal on bruschette with vegetables, barley salads, marinated amberjack, baked potatoes, bean purée, pasta with salmon, mussels au gratin, stewed cuttlefish, roast rabbit, grilled poultry, goat cheese.

Sudafrica South Africa [ZA] Cape

Rio Largo Olive Estate

Scherpenheuwel - Breede River Valley - Post Box 576
6850 Worcester (Western Cape)
Tel.: +27 23 3404776 - Fax: +27 23 3404776
E-mail: info@riolargo.co.za - Web: www.riolargo.co.za

97

- 165 m
- Specializzato / Specialized
- Vaso aperto / Open vase
- Brucatura a mano / Hand picking
- Sì - Ciclo continuo / Yes - Continuous cycle
- Coratina (80%), mission (20%)
- Fruttato medio / Medium fruity
- da 12,01 a 15,00 € - 500 ml / from € 12.01 to 15.00 - 500 ml

Consolida la sua splendida posizione in Guida. Rio Largo Olive Estate è un'estesa tenuta guidata da Brenda e Nick Wilkinson i quali hanno cambiato vita per una nuova avventura. Lui revisore dei conti, lei specialista di marketing, hanno scoperto di essere perfettamente a loro agio nei panni dei produttori di extravergine di qualità. A disposizione ci sono, oltre all'oliveto, un vivaio per le nuove pianticelle e un moderno frantoio. Dalle 18mila piante, su 50 ettari, sono stati ricavati 1.500 quintali di olive che, con l'aggiunta di mille comprati, hanno reso 440 ettolitri di olio. Due gli Extravergine Rio Largo, il "base" e l'ottimo Premium che segnaliamo. Giallo dorato intenso con delicate nuance verdi, limpido; al naso è pulito e avvolgente, intriso di sentori di menta e rosmarino, cui si associano ricche note di pepe nero e mandorla. Fine e di carattere in bocca, sa di carciofo, cicoria e lattuga. Amaro deciso e piccante spiccato. Perfetto accompagnamento per antipasti di farro, fagioli al vapore, legumi bolliti, patate alla piastra, zuppe di orzo, primi piatti al pomodoro, gamberi in guazzetto, tartare di ricciola, pollame o carni di agnello al forno, formaggi caprini.

Rio Largo Olive Estate, which confirms its splendid position in our Guide, is run by Brenda and Nick Wilkinson, who changed their life to start a new adventure. Although he was an accountant and she worked in the field of marketing, they feel at ease as quality extra virgin olive oil producers. The farm consists of a 50-hectare olive grove with 18,000 trees, a nursery for olive seedlings and a modern oil mill. In the last harvest 1,500 quintals of olives were produced and 1,000 purchased, with a yield of 440 hectolitres of oil. There are two Extra Virgin Rio Largo, the "basic" and the very good Premium, which we recommend. It is an intense limpid golden yellow colour with delicate green hues. Its aroma is clean and rotund, endowed with hints of mint and rosemary, together with rich notes of black pepper and almond. Its taste is fine and strong, with a flavour of artichoke, chicory and lettuce. Bitterness is definite and pungency is distinct. It would be ideal on farro appetizers, steamed beans, boiled legumes, seared potatoes, barley soups, pasta with tomato sauce, stewed shrimps, amberjack tartare, baked poultry or lamb, goat cheese.

Sudafrica South Africa [ZA] Cape

The Greenleaf Olive Company

Malgas - Milkwood River - Post Box 561 Milnerton 7435
6740 Swellendam (Western Cape)
Tel.: +27 21 5569996 - 21 5569995 - Fax: +27 21 5569991
E-mail: info@gloc.co.za - Web: www.greenleafoliveco.za

85

33 m

Specializzato
Specialized

Forma libera
Free form

Meccanica
Mechanical harvesting

Sì - Ciclo continuo
Yes - Continuous cycle

Coratina (43%), frantoio (25%), picual (22%), leccino (10%)

Fruttato medio
Medium fruity

da 4,01 a 6,00 € - 500 ml
from € 4.01 to 6.00 - 500 ml

The Greenleaf Olive Company è un'azienda familiare attiva dal 2004 lungo le sponde del fiume Breede, nel vocato comprensorio di Malgas. Alla sua guida c'è Sean Michael White che gestisce, dell'estesa tenuta di 1.800 ettari, in particolare i 330 dedicati alla coltivazione di 180mila olivi, appartenenti a un ampio parco varietale. Da questi sono stati ricavati quest'anno 31mila quintali di olive che, molite nel moderno frantoio di proprietà, hanno prodotto 6mila ettolitri di olio. Il panel segnala per la Guida l'Extravergine Greenleaf che appare alla vista di un bel colore giallo dorato intenso con lievi riflessi verdi, limpido. Al naso si apre sottile e composto, dotato di sentori vegetali di carciofo e cicoria, cui si aggiungono note aromatiche di menta, rosmarino e basilico. Al gusto è fine e armonico, con toni di lattuga di campo, pomodoro acerbo, ricordo di pepe nero e chiusura di mandorla. Amaro deciso e piccante spiccato. Buon abbinamento con antipasti di pomodori, insalate di farro, marinate di orata, patate arrosto, zuppe di legumi, primi piatti con salmone, gamberi in guazzetto, seppie in umido, pollame o carni di agnello al forno, formaggi freschi a pasta filata.

The Greenleaf Olive Company is a family-run farm that has been active along the banks of the river Breede, in the favourable district of Malgas, since 2004. It is run by Sean Michael White, who manages a large estate of 1,800 hectares, 330 of which destined to the cultivation of 180,000 olive trees of a wide range of varieties. In the last harvest 31,000 quintals of olives were produced, which, once crushed in the modern oil mill, yielded 6,000 hectolitres of oil. Our panel recommends the Extra Virgin selection Greenleaf, which is a beautiful intense limpid golden yellow colour with slight green hues. Its aroma is fine and delicate, endowed with vegetal hints of artichoke and chicory, together with aromatic notes of mint, rosemary and basil. Its taste is fine and harmonic, with a flavour of country lettuce, unripe tomato, a note of black pepper and an almond finish. Bitterness is definite and pungency is distinct. It would be ideal on tomato appetizers, farro salads, marinated gilthead, roast potatoes, legume soups, pasta with salmon, stewed shrimps, stewed cuttlefish, baked poultry or lamb, mozzarella cheese.

Sudafrica South Africa [ZA] Cape

Tokara

Banghoek - Boland - Helshoogte Pass - Post Box 662
7599 Stellenbosch (Western Cape)
Tel.: +27 21 8085900 - 21 8085913 - Fax: +27 21 8085911
E-mail: wine@tokara.com - Web: www.tokara.com

93

- 350 m
- **Promiscuo e specializzato** / Promiscuous and specialized
- **Vaso libero** / Free vase
- **Brucatura a mano** / Hand picking
- **Sì - Ciclo continuo** / Yes - Continuous cycle
- Coratina (80%), frantoio (20%)
- **Fruttato medio** / Medium fruity
- da 15,01 a 18,00 € - 500 ml / from € 15.01 to 18.00 - 500 ml

Seguita a crescere in qualità. Tokara è un'azienda che produce vini e oli di alto livello, da assaporare nel ristorante contiguo alla proprietà, tra i vigneti di Stellenbosch. Nata all'inizio del nuovo millennio per volontà di Gerrit Thomas Ferreira che la guida tuttora, la struttura dispone di 22 ettari di impianto specializzato con 8mila olivi. Da questi sono stati raccolti 2.110 quintali di olive ai quali ne stono stati aggiunti 2mila acquistati, per una produzione di 800 ettolitri di olio che, con i 360 comprati, sono diventati 1.160. Dei due ottimi Extravergine Tokara, Multi Varietal e Premium, il secondo è giallo dorato scarico, limpido. Al naso è ampio ed elegante, con sentori vegetali di carciofo, cicoria e lattuga, cui si affiancano toni balsamici di menta, rosmarino e salvia. Fine e avvolgente in bocca, si arricchisce di note di pepe nero e netto ricordo di cannella e mandorla. Amaro spiccato e piccante deciso e armonico. Ideale su antipasti di pomodori, insalate di lenticchie, marinate di ricciola, verdure al forno, zuppe di legumi, primi piatti con salmone, molluschi gratinati, tartare di tonno, coniglio arrosto, pollame alla brace, formaggi freschi a pasta filata.

Tokara is constantly improving its quality. It is a farm that produces high level wine and oil, which can be tasted in the restaurant near the estate, in the middle of the vineyards of Stellenbosch. Founded in the early 2000s by Gerrit Thomas Ferreira, who still runs it, it consists of a 22-hectare specialized olive grove with 8,000 trees. In the last harvest 2,110 quintals of olives were produced and 2,000 purchased, with a yield of 800 hectolitres of oil. With 360 purchased, the total was 1,160 hectolitres. There are two very good Extra Virgin Tokara, Multi Varietal and Premium, which is a light limpid golden yellow colour. Its aroma is ample and elegant, with vegetal hints of artichoke, chicory and lettuce, together with fragrant notes of mint, rosemary and sage. Its taste is fine and rotund, enriched by a flavour of black pepper and a distinct note of cinnamon and almond. Bitterness is distinct and pungency is definite and harmonic. It would be ideal on tomato appetizers, lentil salads, marinated amberjack, baked vegetables, legume soups, pasta with salmon, mussels au gratin, tuna tartare, roast rabbit, barbecued poultry, mozzarella cheese.

Sudafrica South Africa [ZA] Cape

Willow Creek Olive Estate

Nuy Valley - Post Box 5015 Heatlievale
6851 Worcester (Western Cape)
Tel.: +27 23 3425793
E-mail: info@willowcreek.co.za - Web: www.willowcreek.co.za

92

268 m

Specializzato
Specialized

Vaso aperto
Open vase

Brucatura a mano e meccanica
Hand picking and mechanical harvesting

Sì - Ciclo continuo
Yes - Continuous cycle

Coratina (50%), frantoio (50%)

Fruttato intenso
Intense fruity

da 4,01 a 6,00 € - 500 ml
from € 4.01 to 6.00 - 500 ml

Willow Creek Olive Estate è una storica realtà olivicola della pittoresca Nuy Valley. Fondata nel 1793 da Johannes Stephanus Rabie, nel 1999 il suo discendente Andries Rabie effettua il primo imbottigliamento. Oggi la società RussellStone Group amministra una vasta tenuta di 420 ettari, dei quali 193 dedicati all'oliveto, con 154.400 piante messe a dimora, appartenenti a un nutrito parco varietale. Quest'anno al raccolto di 1.300 quintali di olive ne sono stati aggiunti 3.500 acquistati, pari a una resa di 762 ettolitri di olio. L'Extravergine Willow Creek - Directors' Reserve è di un bel colore giallo dorato intenso con leggeri riflessi verdi, limpido. Al naso è sottile e composto, con sentori vegetali di carciofo e cicoria selvatica, affiancati da toni aromatici di menta e rosmarino. Morbido e armonico in bocca, aggiunge note di lattuga e ricordo di pepe nero e mandorla acerba. Amaro e piccante decisi ed equilibrati, con finale dolce in rilievo. Ideale su bruschette con pomodoro, carpaccio di polpo, insalate di spinaci, radicchio arrosto, zuppe di fagioli, primi piatti al ragù, tonno alla griglia, agnello alla brace, cacciagione ai ferri, formaggi di media stagionatura.

Willow Creek Olive Estate is an historical oil farm in the picturesque Nuy Valley. It was founded by Johannes Stephanus Rabie in 1793, while in 1999 his descendant Andries Rabie started bottling. Today the company RussellStone Group manages a large estate of 420 hectares, 193 of which destined to olive grove with 154,400 trees of a wide range of varieties. In the last harvest 1,300 quintals of olives were produced and 3,500 purchased, with a yield of 762 hectolitres of oil. The Extra Virgin Willow Creek - Directors' Reserve is a beautiful intense limpid golden yellow colour with slight green hues. Its aroma is fine and delicate, with vegetal hints of artichoke and wild chicory, together with aromatic notes of mint and rosemary. Its taste is mellow and harmonic, with a flavour of lettuce and a note of black pepper and unripe almond. Bitterness and pungency are definite and well balanced, with evident sweetness. It would be ideal on bruschette with tomatoes, octopus carpaccio, spinach salads, roast radicchio, bean soups, pasta with meat sauce, grilled tuna, barbecued lamb, grilled game, medium mature cheese.

Asia

Turchia
Turkey

Aree olivetate o a vocazione olivicola • Olive growing areas or areas suitable to olive growing

Dati Statistici

Superficie Olivetata Nazionale	860.000 (ha)
Frantoi	1.765
Produzione Nazionale 19-20	225.000,0 (t)
Produzione Nazionale 18-19	193.500,0 (t)
Variazione	+ 16,28%

International Olive Council - Turkish Statistical Institute

Statistic Data

National Olive Surface	860,000 (ha)
Olive Oil Mills	1,765
National Production 19-20	225,000.0 (t)
National Production 18-19	193,500.0 (t)
Variation	+ 16.28%

La Turchia è un paese molto esteso che comprende l'estrema parte orientale della Tracia, in Europa, e la penisola dell'Anatolia, la propaggine più occidentale del continente asiatico. Il terreno, povero e di origine calcarea, e il clima, con lunghe estati calde e il benefico influsso del mare, ne fanno un habitat perfetto per l'olivo. Non per nulla, infatti, si pensa che la Turchia sia stata una delle culle storiche dell'olivicoltura che in questa regione rappresenta una pratica tradizionale da qualche millennio. Per secoli l'area dell'Egeo è stata il centro non soltanto della produzione, ma anche dell'esportazione olivicola. A documentare l'importanza della coltura nel paese esiste addirittura una legge del secolo scorso (1939) promulgata dal governo turco per proteggere e incrementare l'impianto dell'olivo: esempio unico di una legge creata appositamente per una pianta. Su questa scia l'olivicoltura ha avuto un rapido sviluppo fino al 1950, per poi registrare una grave battuta di arresto. Oggi è tornata alla ribalta e l'obiettivo è che continui a crescere con lo stesso ritmo del passato: per lo sviluppo del settore sono quindi previsti adeguati investimenti e incentivi istituzionali mirati alla riqualificazione degli impianti. L'olivicoltura è attualmente praticata su larga scala, su una superficie di 860mila ettari, con 185 milioni di piante messe a dimora. La maggior parte degli oliveti è situata in zone montuose, su terreni solo in minima parte irrigui. La produzione, destinata per circa il 70% alla trasformazione e per il resto alle olive da tavola, proviene per lo più dalla regione dell'Egeo, a ovest del paese, e si concentra soprattutto nelle province di Balikesir, Izmir e Aydin. Moltissime le varietà locali qui coltivate: ayvalik, çakir, çekiste, çilli, domat, edincik su, erkence, Izmir sofralik, kiraz, memecik, memeli e uslu. Nella regione bagnata dal Mar di Marmara si trovano invece le cultivar çelebi, gemlik, karamursel e samanli; mentre nella regione mediterranea prevalgono le varietà buyuk topak ulak, sari hasebi, sari ulak e tavsan yuregi. Sulla costa mediterranea più orientale, nella provincia di Hatay, quasi al confine con la Siria, crescono le cultivar saurani e halhali; mentre nell'Anatolia sud-orientale ecco le varietà egri burun, kalembezi, kan çelebi, kilis yaglik, nizip yaglik e yag çelebi. Al momento si contano 1.765 frantoi attivi, un numero crescente dei quali si è dotato di moderni impianti a ciclo continuo, mentre diminuiscono quelli tradizionali a presse. Sempre più produttori, inoltre, si avvalgono di tecniche all'avanguardia per incrementare la produttività degli impianti e razionalizzare le operazioni di raccolta, conferimento ai frantoi ed estrazione, puntando decisamente alla qualità del prodotto finale. Le 208mila aziende, che rappresentano solo una parte della totalità delle aziende agricole turche, sono per lo più strutture familiari di dimensioni ridotte, ma in molti casi riunite in cooperative che svolgono una funzione primaria, gestendo le operazioni di acquisto, stoccaggio ed esportazione. La Turchia è attualmente uno dei maggiori produttori mondiali di olive, nonché uno dei primi esportatori dopo i paesi dell'UE. Al quinto posto nel mondo per volumi di produzione di olio, nella campagna 2019-2020 ha raggiunto le 225mila tonnellate, con un aumento del 16,28% rispetto all'annata precedente. Il consumo di olio nel paese raggiunge le 170mila tonnellate attuali, quello pro capite è di 2 kg annui.

Turkey is a very wide country including the extreme eastern part of Thrace, in Europe, and the Anatolian peninsula, the most western end of Asia. The poor ground of calcareous and rock origin and the climate with long warm summers and the beneficial influence of the nearby sea make it an ideal habitat for the olive tree. In fact Turkey is thought to have been one of the historical birthplaces of olive growing, which in this region has been practised for millenniums. For centuries the Aegean region has been the centre of olive production and export; in this country the olive tree has always been considered important, so that in 1939 the Turkish government enacted a law to protect it and to increase planting: this is the only case of a law created specifically for a tree. Subsequently olive growing developed quickly until 1950, while in the following decades it came to a standstill. Today olive growing has recovered and is expected to grow as fast as in the past. To reach this goal adequate investements and governement incentives aimed at upgrading the plants are being planned. The olive tree is cultivated on a large scale and covers a surface of 860,000 hectares with 185 million trees. The most of the olive groves are situated in mountainous areas, on lands that only in small part are regularly irrigated. Production, 70% of which is destined to olive oil extraction and the rest to prepare table olives, mainly comes from the Aegean region, to the west of the country, and is centred especially in the provinces of Balikesir, Izmir and Aydin. The varieties cultivated here are a lot: ayvalik, çakir, çekiste, çilli, domat, edincik su, erkence, Izmir sofralik, kiraz, memecik, memeli and uslu. In the region washed by the Sea of Marmara there are instead the cultivars çelebi, gemlik, karamursel and samanli; moreover in the Mediterranean region we find buyuk topak ulak, sari hasebi, sari ulak and tavsan yuregi. On the eastern Mediterranean coast in the province of Hatay, near the border with Syria, the varieties saurani and halhali are typical, and finally in south-eastern Anatolia the cultivars egri burun, kalembezi, kan çelebi, kilis yaglik, nizip yaglik and yag çelebi are spread. Currently there are 1,765 active oil mills, a growing number of which has continuous cycle systems, while the ones using traditional presses are decreasing. It is positive that more and more producers use modern techniques in order to increase olive grove productivity and rationalize the harvesting, conveyance and extraction operations, considering the quality of the end product. There are 208,000 farms representing only a part of the totality of the agricultural farms of Turkey. They are mainly small familiar structures, in many cases organized in co-operatives that have an essential function, since they are responsible for the operations of purchase, storage and export. Turkey is currently one of the main olive producers in the world and one of the first exporters after the EU countries. It is also the fifth oil producer in the world: 225,000 tons in the harvest 2019-2020, with an increase of 16.28% compared to the previous year. Oil consumption in the country currently reaches 170,000 tons, while the per capita consumption is 2 kg per year.

Turchia Turkey [TR] Marmara Denizi

Nova Vera
Tellikavak Caddesi 34 - Sokak 6
10400 AYVALIK (Balikesir)
Tel.: +90 262 5021050 - 266 3121517 - Fax: +90 262 7545180
E-mail: info@novavera.com.tr - Web: www.novavera.com.tr

89

400/650 m

Promiscuo e specializzato
Promiscuous and specialized

Vaso aperto
Open vase

Brucatura a mano e meccanica
Hand picking and mechanical harvesting

Sì - Ciclo continuo
Yes - Continuous cycle

Memecik

Fruttato medio
Medium fruity

da 4,01 a 6,00 € - 250 ml
from € 4.01 to 6.00 - 250 ml

Continuiamo a sottolineare i progressi dell'azienda Nova Vera che si colloca nel vocato comprensorio di Ayvalik. Si tratta di un progetto molto giovane, che inizia nel 2017 per iniziativa di Alan Bahar il quale dispone di un patrimonio olivicolo formato da una superficie specializzata di 180 ettari sulla quale dimorano 45mila piante, molte centenarie, che hanno reso quest'anno 7mila quintali di olive e mille ettolitri di olio. Tre gli Extravergine Nova Vera proposti: Memecik, Yamalak Sarisi e Hayat. Preferiamo quest'ultimo, ottimo, che appare alla vista di un bel colore giallo dorato intenso con delicate sfumature verdi, limpido. Al naso è deciso e avvolgente, ricco di sentori fruttati di pomodoro di media maturità, mela bianca e banana, cui si affiancano note aromatiche di basilico, menta e prezzemolo. Fine e di carattere in bocca, sprigiona toni vegetali di fave, lattuga e sedano. Amaro deciso e piccante spiccato e armonico. Si abbina molto bene a bruschette con pomodoro, funghi porcini ai ferri, insalate di spinaci, radicchio alla griglia, zuppe di fagioli, primi piatti con tonno, polpo bollito, cacciagione di piuma o pelo alla brace, formaggi stagionati a pasta dura.

Present again in our Guide with a result showing its progress, Nova Vera is situated in the favourable district of Ayvalik. It is a young project created in 2017 by Alan Bahar. The estate consists of a specialized olive surface of 180 hectares with 45,000 trees, many of which century-old. In the last harvest 7,000 quintals of olives were produced, equal to a yield of 1,000 hectolitres of extra virgin olive oil. There are three Extra Virgin selections Nova Vera, Memecik, Yamalak Sarisi and the very good Hayat, which we recommend. It is a beautiful intense limpid golden yellow colour with delicate green hues. Its aroma is definite and rotund, rich in fruity hints of medium ripe tomato, white apple and banana, together with aromatic notes of basil, mint and parsley. Its taste is fine and strong, with a vegetal flavour of broad beans, lettuce and celery. Bitterness is definite and pungency is distinct and harmonic. It would be ideal on bruschette with tomatoes, grilled porcini mushrooms, spinach salads, grilled radicchio, bean soups, pasta with tuna, boiled octopus, barbecued game birds or animals, hard mature cheese.

Turchia Turkey [TR] Marmara Denizi

Hizirlar Medikal Gida

Yavuz Selim Mah. Serdivan Cad. No: 10
34830 Instanbul (Beykoz)
Tel.: +90 216 4790909
E-mail: hizirlargida@gmail.com - Web: www.zeytinoil.com

81

67 m

Specializzato
Specialized

Alberello
Tree

Brucatura a mano
Hand picking

No - Ciclo continuo
No - Continuous cycle

Memecik

Fruttato medio
Medium fruity

da 30,01 a 35,00 € - 500 ml
from € 30.01 to 35.00 - 500 ml

Diamo volentieri il benvenuto in Guida al giovanissimo progetto di Serdar Çaşkurlu, nato nel 2018. Il patrimonio olivicolo si compone di un impianto di 15 ettari, all'interno di una tenuta leggermente più ampia di 18 ettari, sul quale crescono 10mila alberi dai quali sono stati raccolti, nella trascorsa campagna, 1500 quintali di olive che hanno prodotto 300 ettolitri di olio. L'etichetta proposta al panel per la selezione è l'Extravergine Zeytin Reserve - First Harvest & Limited che si presenta alla vista di un bel colore giallo dorato intenso con delicate sfumature verdi, limpido. Al naso è sottile e composto, caratterizzato da sentori fruttati di pomodoro acerbo, banana e mela bianca, cui si affiancano note di erbe aromatiche, con basilico e prezzemolo in evidenza. Morbido e armonico in bocca, si arricchisce di toni vegetali di lattuga di campo e sedano. Amaro e piccante presenti ed equilibrati, con finale dolce in rilievo. Perfetto accompagnamento per antipasti di salmone, insalate di legumi, marinate di ricciola, pomodori con riso, passati di orzo, primi piatti con molluschi, gamberi in guazzetto, seppie in umido, coniglio arrosto, pollame ai ferri, formaggi caprini.

We welcome the first appearance in our Guide of the young project created by Serdar Çaşkurlu in 2018. It consists of an 18-hectare estate, 15 hectares of which are destined to olive grove with 10,000 trees. In the last harvest 1,500 quintals of olives were produced, which allowed to yield 300 hectolitres of extra virgin olive oil. The selection proposed to the panel is the Extra Virgin Zeytin Reserve - First Harvest & Limited, which is a beautiful intense limpid golden yellow colour with delicate green hues. Its aroma is fine and delicate, characterized by fruity hints of unripe tomato, banana and white apple, together with notes of aromatic herbs, especially basil and parsley. Its taste is mellow and harmonic, enriched by a vegetal flavour of country lettuce and celery. Bitterness and pungency are present and well balanced, with a sweet finish. It would be ideal on salmon appetizers, legume salads, marinated amberjack, tomatoes stuffed with rice, barley purée, pasta with mussels, stewed shrimps, stewed cuttlefish, roast rabbit, grilled poultry, goat cheese.

Turchia Turkey [TR] Marmara Denizi

Bata Tarim Farm

Babaoglu Kume Evleri
17100 Erenköy (Çanakkale)
Tel.: +90 286 2233502 - 212 2430844 - Fax: +90 212 2873213
E-mail: info@safitad.com - Web: www.safitad.com

85

- 175 m
- **Promiscuo e specializzato** / Promiscuous and specialized
- **Forma libera** / Free form
- **Meccanica** / Mechanical harvesting
- **No - Ciclo continuo** / No - Continuous cycle
- **Ayvalik**
- **Fruttato medio** / Medium fruity
- da 6,01 a 8,00 € - 500 ml / from € 6.01 to 8.00 - 500 ml

L'avventura di Bata Tarim Farm comincia negli anni Cinquanta del secolo scorso quando i proprietari della tenuta riqualificano gli oliveti che vengono poi acquistati, negli anni Novanta, dalla famiglia Babaoglu. Dal 2012 quest'ultima gestisce, in società con la famiglia Taki, l'ampia tenuta di 150 ettari dei quali 80 sono destinati a 17mila piante di olivo. Nella trascorsa campagna il raccolto ha fruttato circa 1.116 quintali di olive che hanno reso oltre 220 ettolitri di olio. Segnaliamo l'Extravergine Safitad - Private Reserve che appare alla vista di un bel colore giallo dorato intenso, limpido. Al naso si apre sottile e composto, dotato di sentori fruttati di pomodoro acerbo, mela bianca e banana, cui si affiancano note aromatiche di erbe officinali, con ricordo di basilico e prezzemolo. Morbido e armonico al palato, emana toni vegetali di lattuga e sedano. Amaro e piccante presenti e dosati, con finale dolce di mandorla. È eccellente per antipasti di pomodori, insalate di legumi, marinate di ricciola, patate in umido, zuppe di orzo, cous cous di verdure, molluschi gratinati, tartare di pesce spada, coniglio al forno, pollame ai ferri, formaggi freschi a pasta filata.

The adventure of Bata Tarim Farm started in the 50s of the last century, when its owners upgraded the olive groves, which in the 90s were purchased by the family Babaoglu. Since 2012 they have been running the estate with the family Taki. The large surface covers 150 hectares, 80 of which destined to the olive grove with 17,000 trees. In the last harvest about 1,116 quintals of olives were produced, with a yield of over 220 hectolitres of oil. We recommend the Extra Virgin Safitad - Private Reserve, which is a beautiful intense limpid golden yellow colour. Its aroma is fine and delicate, endowed with fruity hints of unripe tomato, white apple and banana, together with aromatic notes of officinal herbs, especially basil and parsley. Its taste is mellow and harmonic, with a vegetal flavour of lettuce and celery. Bitterness and pungency are present and complimentary, with a sweet almond finish. It would be ideal on tomato appetizers, legume salads, marinated amberjack, stewed potatoes, barley soups, vegetable cous cous, mussels au gratin, swordfish tartare, baked rabbit, grilled poultry, mozzarella cheese.

Turchia Turkey [TR] Ege Denizi

Oleamea

Çine Organize Sanayi Bölgesi'nde - Gokyaka Mah. 16 - Cadde No: 14
09500 Aydin
Tel.: +1 617 5101170
E-mail: info@oleamea.com - Web: www.oleamea.com

85

200/500 m

Promiscuo
Promiscuous

Forma libera
Free form

Brucatura a mano e meccanica
Hand picking and mechanical harvesting

Sì - Ciclo continuo
Yes - Continuous cycle

Memecik

Fruttato medio
Medium fruity

da 18,01 a 22,00 € - 500 ml
from € 18.01 to 22.00 - 500 ml

Oleamea è un progetto piuttosto giovane, nato nel 2009 nel vocato comprensorio di Aydin. Gli oliveti occupano in totale 130 ettari sui quali si sviluppano 20mila piante di cultivar locale memecik. Per il resto il patrimonio comprende un moderno impianto di estrazione che ha lavorato, nella trascorsa campagna, 640 quintali di olive ai quali ne sono stati aggiunti 4.500 acquistati, pari a una produzione in olio di circa 895 ettolitri. La selezione proposta è l'Extravergine Oleamea - Private Select da Agricoltura Biologica che appare alla vista di un bel colore giallo dorato intenso con delicate tonalità verdi, limpido. Al naso si apre pulito e avvolgente, dotato di un'ampia carica vegetale, con netto ricordo di carciofo e cicoria, lattuga di campo e sedano. Morbido e armonico in bocca, si arricchisce di note di erbe aromatiche, con basilico e prezzemolo in evidenza, e chiude con sfumature di mandorla. Amaro ben espresso e piccante presente e dosato. Buon abbinamento con antipasti di salmone, insalate di legumi, marinate di ricciola, pomodori con riso, zuppe di ceci, cous cous di verdure, molluschi gratinati, tonno al forno, coniglio arrosto, pollame alla brace, formaggi caprini.

Oleamea is a fairly young farm, founded in 2009 in the favourable district of Aydin. The estate consists of 130 hectares of total olive surface, with 20,000 trees of the local cultivar memecik, and a modern extraction system. In the last harvest 640 quintals of olives were produced and 4,500 purchased, equal to a yield of about 895 hectolitres of extra virgin olive oil. We recommend the selection proposed to the panel, the Extra Virgin Oleamea - Private Select from Organic Farming, which is a beautiful intense limpid golden yellow colour with delicate green hues. Its aroma is clean and rotund, endowed with ample vegetal hints of artichoke and chicory, country lettuce and celery. Its taste is mellow and harmonic, enriched by notes of aromatic herbs, especially basil and parsley, and an almond finish. Bitterness is distinct and pungency is present and complimentary. It would be ideal on salmon appetizers, legume salads, marinated amberjack, tomatoes stuffed with rice, chickpea soups, vegetable cous cous, mussels au gratin, baked tuna, roast rabbit, barbecued poultry, goat cheese.

Turchia Turkey [TR] Ege Denizi

Zethoveen
Yaylali - Saricayar Mevkii
09370 Karacasu (Aydin)
Tel.: +90 232 4862199 - 232 4619489
E-mail: info@zethoveen.com - Web: www.zethoveen.com

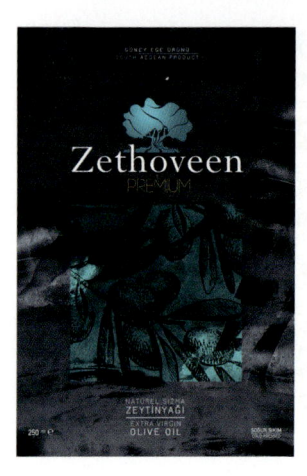

82

- 600 m
- **Specializzato** / Specialized
- **Vaso globoso** / Globe
- **Brucatura a mano** / Hand picking
- **No - Ciclo continuo** / No - Continuous cycle
- Yamalak kabasi
- **Fruttato medio** / Medium fruity
- da 15,01 a 18,00 € - 500 ml / from € 15.01 to 18.00 - 500 ml

Diamo volentieri il benvenuto in Guida al giovanissimo progetto di Özgür Barut, una realtà fondata circa due anni or sono nel vocato territorio di Karacasu, nella provincia di Aydin. Il patrimonio olivicolo si compone di un impianto specializzato di 10 ettari sul quale crescono 2.500 alberi. Nella trascorsa campagna da questi è stato ricavato un raccolto di 300 quintali di olive, pari a una produzione di 36 ettolitri di olio. Segnaliamo l'etichetta sottoposta alla selezione del panel, l'Extravergine monovarietale Zethoveen che appare alla vista di un bel colore giallo dorato intenso, limpido. All'olfatto si apre sottile e composto, caratterizzato da sentori fruttati di pomodoro maturo, banana e mela bianca, cui si affiancano toni di erbe aromatiche, con basilico e prezzemolo in evidenza. Morbido e armonico al palato, aggiunge note vegetali di lattuga di campo e sedano. Amaro e piccante presenti ed equilibrati, con finale dolce in rilievo. Buon accompagnamento per antipasti di molluschi, insalate di farro, marinate di orata, patate arrosto, passati di fagioli, cous cous di verdure, gamberi in guazzetto, seppie in umido, pollame o carni di agnello al forno, formaggi caprini.

We welcome the first appearance in our Guide of the young farm owned by Özgür Barut, founded about two years ago in the favourable district of Karacasu, in the province of Aydin. The estate consists of a specialized olive grove of 10 hectares with 2,500 trees. In the last harvest 300 quintals of olives were produced, equal to a yield of 36 hectolitres of extra virgin olive oil. We recommend the selection proposed to the panel, the Monovarietal Extra Virgin Zethoveen, which is a beautiful intense limpid golden yellow colour. Its aroma is fine and delicate, characterized by fruity hints of ripe tomato, banana and white apple, together with notes of aromatic herbs, especially basil and parsley. Its taste is mellow and harmonic, with vegetal notes of country lettuce and celery. Bitterness and pungency are present and well balanced, with a sweet finish. It would be ideal on mussel appetizers, farro salads, marinated gilthead, roast potatoes, bean purée, vegetable cous cous, stewed shrimps, stewed cuttlefish, baked poultry or lamb, goat cheese.

Turchia Turkey [TR] Ege Denizi

Granpa

Kurucuova - Dikencik Mevkisi
48570 Kavaklidere (Muğla)
Tel.: +90 212 5262196 - Fax: +90 212 5262198
E-mail: info@granpa.com.tr - Web: www.granpa.com.tr

83

650 m

Specializzato
Specialized

Forma libera
Free form

Brucatura a mano
Hand picking

No - Ciclo continuo
No - Continuous cycle

Trilye

Fruttato medio
Medium fruity

da 8,01 a 10,00 € - 500 ml
from € 8.01 to 10.00 - 500 ml

I fratelli Arman e Ibrahim Tokuc hanno fondato nel 1974 un marchio noto in Turchia nel settore dei gioielli. Recentemente a questa attività si è affiancata l'avventura olivicola, nutrita da una forte spinta ideale, con l'obiettivo di diffondere la cultura della qualità, attraverso la formazione dei piccoli produttori locali, e di contribuire alla protezione dell'ambiente, salvando migliaia di olivi dal rischio di essere abbattuti. Oggi il progetto comprende quasi 243 ettari con 17mila piante che hanno fruttato quest'anno 800 quintali di olive e 90 ettolitri di olio. L'Extravergine Granpa - Dağ è giallo dorato intenso con leggere venature verdi, limpido. Al naso è ampio e avvolgente, dotato di sentori fruttati di pomodoro acerbo, cui si affiancano note di erbe aromatiche, con basilico e menta in evidenza. Fine e vegetale in bocca, sa di cicoria, lattuga e sedano; e chiude con ricordo di mandorla. Amaro spiccato e piccante deciso e armonico. Ideale su bruschette con verdure, insalate di orzo, marinate di ricciola, patate al cartoccio, passati di fagioli, primi piatti con asparagi, gamberi in guazzetto, tartare di salmone, coniglio al forno, pollo arrosto, formaggi caprini.

In 1974 the brothers Arman and Ibrahim Tokuc founded a well-known brand in Turkey in the jewellery sector. More recently they decided to start their olive growing adventure, with the aim of spreading the culture of quality through the training of small local producers and of contributing to the protection of the environment, saving thousands of olive trees from the risk of being cut down. Today the estate consists of almost 243 hectares with 17,000 trees, which produced 800 quintals of olives and 90 hectolitres of oil in the last harvest. The Extra Virgin Granpa - Dağ is an intense limpid golden yellow colour with slight green hues. Its aroma is ample and rotund, endowed with fruity hints of unripe tomato, together with notes of aromatic herbs, especially basil and mint. Its taste is fine and vegetal, with a flavour of chicory, lettuce and celery and an almond finish. Bitterness is distinct and pungency is definite and harmonic. It would be ideal on bruschette with vegetables, barley salads, marinated amberjack, baked potatoes, bean purée, pasta with asparagus, stewed shrimps, salmon tartare, baked rabbit, roast chicken, goat cheese.

Turchia Turkey [TR] Ege Denizi

Kairos Zeytinevi

Şenköy - Degirmendere Meukii
48230 Milas (Muğla)
Tel.: +90 212 2399296 - Fax: +90 212 2397182
E-mail: zc@kairosolivehouse.com - Web: www.kairosolivehouse.com

84

- 200 m
- Specializzato / Specialized
- Vaso aperto / Open vase
- Meccanica / Mechanical harvesting
- Sì - Ciclo continuo / Yes - Continuous cycle
- Memecik
- Fruttato medio / Medium fruity
- da 8,01 a 10,00 € - 500 ml / from € 8.01 to 10.00 - 500 ml

Confermiamo con piacere in Guida la Kairos Zeytinevi che si colloca nel vocato comprensorio di Milas. Zeynep Celikoglu prende nel 2010 le redini dell'azienda, nata nella metà degli anni Settanta, ed è tuttora alla guida di 30 ettari di oliveto specializzato sul quale crescono 8.500 piante della varietà locale memecik, coltivate con metodi biologici. Nella recente campagna il raccolto ha fruttato 600 quintali di olive che hanno reso una produzione di 110 ettolitri di olio. Segnaliamo l'etichetta proposta al panel, l'Extravergine Kairos da Agricoltura Biologica che appare alla vista di colore giallo dorato intenso con lievi gradazioni verdi, limpido. All'olfatto si apre sottile e composto, dotato di sentori di pomodoro acerbo, banana e mela bianca, cui si affiancano note aromatiche di basilico, menta e prezzemolo. Al gusto è morbido e armonico, con toni vegetali di lattuga e sedano. Amaro e piccante presenti ed equilibrati, con finale dolce in rilievo. Ideale su antipasti di mare, insalate di farro, marinate di orata, patate arrosto, zuppe di ceci, cous cous di verdure, molluschi gratinati, seppie in umido, pollame o carni di agnello al forno, formaggi freschi a pasta filata.

Present again in our Guide, Kairos Zeytinevi is situated in the favourable district of Milas. The farm was founded in the mid-70s and since 2010 it has been run by Zeynep Celikoglu. It consists of 30 hectares of specialized olive grove with 8,500 trees of the local variety memecik, cultivated according to organic farming principles. In the last harvest 600 quintals of olives were produced, which allowed to yield 110 hectolitres of extra virgin olive oil. We recommend the selection proposed to the panel, the Extra Virgin Kairos from Organic Farming, which is an intense limpid golden yellow colour with slight green hues. Its aroma is fine and delicate, endowed with hints of unripe tomato, banana and white apple, together with aromatic notes of basil, mint and parsley. Its taste is mellow and harmonic, with a vegetal flavour of lettuce and celery. Bitterness and pungency are present and well balanced, with a sweet finish. It would be ideal on seafood appetizers, farro salads, marinated gilthead, roast potatoes, chickpea soups, vegetable cous cous, mussels au gratin, stewed cuttlefish, baked poultry or lamb, mozzarella cheese.

Turchia Turkey [TR] Ege Denizi

Sítare - Osman Menteşe Çiftlik

Ağaçlihöyük Köyü
48200 Milas (Muğla)
Tel.: +90 252 5134801 - Fax: +90 252 5134801
E-mail: osmen@superonline.com - Web: www.mentesesomzeytinyagi.com

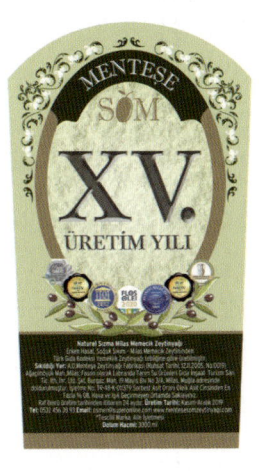

86

40 m

Specializzato
Specialized

Forma libera
Free form

Meccanica
Mechanical harvesting

Sì - Ciclo continuo
Yes - Continuous cycle

Memecik

Fruttato medio
Medium fruity

da 15,01 a 18,00 € - 500 ml
from € 15.01 to 18.00 - 500 ml

Seguitiamo a segnalare con piacere l'azienda di Sítare e Osman Menteşe i quali proseguono una tradizione familiare cominciata nel 1907 quando i loro genitori, Suzan e Murat Menteşe, si innamorano a Parigi, si stabiliscono a Milas e danno inizio all'attività. Oggi il patrimonio è costituito da 26 ettari, 3.500 olivi e una moderna linea di estrazione. Nella recente campagna sono stati raccolti 600 quintali di olive che hanno permesso di produrre 120 ettolitri di olio. La selezione sottoposta all'attenzione del panel è l'Extravergine Menteşe - Som che appare alla vista di un bel colore giallo dorato intenso con sottili riflessi verdi, limpido. Al naso è sottile e composto, intriso di sentori fruttati di pomodoro maturo, banana e mela bianca, cui si affiancano note aromatiche di basilico, menta e prezzemolo. Al gusto è morbido e armonico, con toni di lattuga di campo e sedano. Amaro ben espresso e piccante presente e dosato. Buon abbinamento con antipasti di mare, insalate di fagioli, legumi bolliti, marinate di orata, zuppe di ceci, primi piatti con molluschi, gamberi in guazzetto, tartare di salmone, pollame o carni di agnello al forno, formaggi freschi a pasta filata.

Present again in our Guide, Sítare and Osman Menteşe follow a family tradition started in 1907, when their parents, Suzan and Murat Menteşe, fell in love in Paris, settled in Milas and started their activity. Today the estate consists of 26 hectares of olive grove with 3,500 trees and a modern extraction system. In the last harvest 600 quintals of olives were produced, which allowed to yield 120 hectolitres of extra virgin olive oil. We recommend the selection proposed to the panel, the Extra Virgin Menteşe - Som, which is a beautiful intense limpid golden yellow colour with slight green hues. Its aroma is fine and delicate, endowed with fruity hints of ripe tomato, banana and white apple, together with aromatic notes of basil, mint and parsley. Its taste is mellow and harmonic, with a flavour of country lettuce and celery. Bitterness is distinct and pungency is present and complimentary. It would be ideal on seafood appetizers, bean salads, boiled legumes, marinated gilthead, chickpea soups, pasta with mussels, stewed shrimps, salmon tartare, baked poultry or lamb, mozzarella cheese.

Turchia Turkey [TR] Ege Denizi

Villa Turqan

Karakizlar - Kemalpaşa
35860 Izmir (Torbali)
Tel.: +90 850 5323906
E-mail: info@villaturqan.com - Web: www.villaturqan.com

84

130 m

Specializzato
Specialized

Alberello, forma libera, vaso aperto
Tree, free form, open vase

Brucatura a mano e meccanica
Hand picking and mechanical harvesting

Sì - Ciclo continuo
Yes - Continuous cycle

Memecik

Fruttato medio
Medium fruity

da 4,01 a 6,00 € - 500 ml
from € 4.01 to 6.00 - 500 ml

Diamo volentieri il benvenuto in Guida al giovanissimo progetto di Atilla Sevincli, una realtà fondata due anni or sono a Karakizlar, nel vocato territorio di Izmir. Il patrimonio olivicolo si compone di un impianto di circa 60 ettari, sul quale crescono 20mila alberi, e da un moderno sistema di estrazione che ha lavorato, nella trascorsa campagna, un raccolto di 2mila quintali di olive, pari a una produzione di quasi 306 ettolitri di olio. L'etichetta proposta al panel per la selezione è l'Extravergine monocultivar Villa Turqan - Memecik che appare alla vista di un bel colore giallo dorato intenso, limpido. Al naso è ampio e avvolgente, dotato di sentori fruttati di pomodoro acerbo, mela bianca e banana, cui si affiancano toni di erbe aromatiche, con ricordo di basilico, menta e prezzemolo. Fine e armonico in bocca, si arricchisce di note vegetali di cicoria, lattuga e sedano. Amaro ben espresso e piccante presente ed equilibrato. Buon abbinamento con antipasti di farro, insalate di ceci, legumi bolliti, patate alla piastra, passati di fagioli, primi piatti al pomodoro, gamberi in guazzetto, seppie in umido, coniglio arrosto, pollame ai ferri, formaggi freschi a pasta filata.

We welcome the first appearance in our Guide of the young farm owned by Atilla Sevincli, founded two years ago in Karakizlar, in the favourable district of Izmir. The estate consists of an olive grove of about 60 hectares, with 20,000 trees, and a modern extraction system. In the last harvest 2,000 quintals of olives were produced, equal to a yield of almost 306 hectolitres of extra virgin olive oil. We recommend the selection proposed to the panel, the Monocultivar Extra Virgin Villa Turqan - Memecik, which is a beautiful intense limpid golden yellow colour. Its aroma is ample and rotund, endowed with fruity hints of unripe tomato, white apple and banana, together with notes of aromatic herbs, especially basil, mint and parsley. Its taste is fine and harmonic, enriched by vegetal notes of chicory, lettuce and celery. Bitterness is distinct and pungency is present and well balanced. It would be ideal on farro appetizers, chickpea salads, boiled legumes, seared potatoes, bean purée, pasta with tomato sauce, stewed shrimps, stewed cuttlefish, roast rabbit, grilled poultry, mozzarella cheese.

Georgia
Georgia

Aree olivetate o a vocazione olivicola • Olive growing areas or areas suitable to olive growing

Dati Statistici

Superficie Olivetata Nazionale	1.500 (ha)
Frantoi	2
Produzione Nazionale 19-20	45,0 (t)
Produzione Nazionale 18-19	30,0 (t)
Variazione	+ 50,00%

Statistic Data

National Olive Surface	1,500 (ha)
Olive Oil Mills	2
National Production 19-20	45.0 (t)
National Production 18-19	30.0 (t)
Variation	+ 50.00%

Georgian Olive Limited Liability Company - Statistic Department
Ministry of Environmental Protection and Agriculture - Ministry of Economy and Sustainable Development
Rural Development Agency - International Trade Administration

Situata sulle rive orientali del Mar Nero, da un punto di vista storico-culturale la Georgia è considerata una nazione dell'Europa orientale, mentre da un punto di vista strettamente geografico può essere considerata uno stato asiatico oppure collocato sulla linea di confine tra Europa e Asia. Già repubblica sovietica nel secolo scorso, è indipendente dalla fine del 1991. Il territorio è prevalentemente montuoso: a nord, al confine con la Russia, si erge il Gran Caucaso, mentre a sud il Caucaso Minore fa da confine con la Turchia e l'Armenia. Tra le due catene montuose si aprono le valli dei fiumi Kura, verso est, e Rioni che arriva fino alla sponda del Mar Nero, dove la valle diventa pianura costiera. Il clima è molto variegato, soprattutto considerando le piccole dimensioni del paese. Le montagne giocano un ruolo di protezione sia dai venti gelidi provenienti dal nord che dalle masse d'aria calda e secca del sud. Inoltre due principali zone climatiche distinguono la parte occidentale da quella orientale. La prima si trova all'interno della zona umida subtropicale, con precipitazioni abbastanza uniformi nei mesi e temperature che, variando in base all'altitudine, restano relativamente calde tutto l'anno nelle aree pianeggianti. Nella Georgia orientale il clima va dal subtropicale umido al continentale, con meno piogge e mesi estivi decisamente più secchi. Qui il paesaggio è diverso rispetto all'ovest: quasi tutte le zone basse sono state disboscate per scopi agricoli, mentre a causa del clima particolarmente asciutto alcune delle pianure (soprattutto nelle regioni di Kartli e Kakheti) non hanno mai ospitato foreste. Proprio Kakheti, regione nota anche per la produzione vinicola, può dirsi la culla dell'olivicoltura in Georgia. Infatti il primo alberello di olivo è stato portato qui dalla Turchia da George Svanidze, uomo d'affari e mecenate, e piantato precisamente nel villaggio di Mashnaari (municipalità di Sighnaghi). A questo primo passo è seguito il graduale sviluppo della coltura e cultura nel paese: oggi qui sono stati piantati più di mille ettari ed è stato realizzato, nel vicino villaggio di Sakobo, un impianto di lavorazione delle olive; e il primo olio da olive georgiano è del 2016. L'impresa olivicola si avvale di tecnologie ultramoderne che rendono possibili prodotti di alta qualità. Svanidze è dunque considerato colui che ha introdotto l'olivicoltura nel paese; ed è grazie a lui, in quanto delegato dell'International Olive Council, se la Georgia è entrata a far parte del parterre dei 44 paesi produttori del mondo. Le aree più adatte all'olivicoltura si trovano dunque nella Georgia orientale, e tra queste spicca decisamente la regione di Kakheti, sebbene anche le regioni più centrali di Imereti e Kvemo Kartli mostrano buone potenzialità. Gli ettari coltivati sono attualmente 1.500, con un milione di giovani alberi messi a dimora, suddivisi in impianti appartenenti a diversi olivicoltori. Le varietà di olive più comuni sono: gemlic, mavzolina e domat. Le aziende sono 40, mentre oltre al frantoio pioniere ce n'è un altro in costruzione. Durante la campagna 2019-2020 sono state ricavate 45 tonnellate di olio, con un aumento del 50% rispetto all'annata precedente. Il consumo nazionale è di 215 tonnellate, quello pro capite di 0,055 kg annui. L'importazione raggiunge le 188 tonnellate. L'interesse per l'olivicoltura è supportato dagli enti e dalle autorità locali che finanziano progetti tesi all'incremento degli impianti e alla ricerca nel settore dell'irrigazione.

Located on the eastern shores of the Black Sea, from a historical-cultural point of view Georgia is considered a nation of Eastern Europe, while from a strictly geographical point of view it can be considered an Asian state or located on the border line between Europe and Asia. A Soviet republic for most of the last century, it has been independent since the end of 1991. The territory is mainly mountainous: the Great Caucasus rises to the north, on the border with Russia, while to the south the Lesser Caucasus forms the border with Turkey and Armenia. Between the two mountain ranges open the valleys of the rivers Kura, towards the east, and Rioni, which reaches the coast of the Black Sea, where the valley becomes a coastal plain. The climate is very varied, especially considering the small size of the country. The mountains play a protective role both from the cold winds coming from the north and from the hot and dry air masses from the south. Furthermore, two main climatic zones differentiate the western part from the eastern one. The first is within the subtropical wetland, with fairly evenly distributed rainfall over the months and temperatures that, varying according to altitude, are relatively warm throughout the year. In eastern Georgia, the climate ranges from humid subtropical to continental, with lower rainfall and decidedly drier summer months. Here the landscape is different than in the west: almost all the lowlands have been cleared for agricultural purposes, while due to the particularly dry climate some of the plains (especially in the regions of Kartli and Kakheti) have never hosted forests. Kakheti, a region also known for its wine production, can be said to be the cradle of olive growing in Georgia. In fact, the first olive tree was brought here from Turkey by George Svanidze, a businessman and patron, and planted precisely in the village of Mashnaari (municipality of Sighnaghi). This first step was followed by the gradual development of olive culture and cultivation in the country: today here over a thousand hectares have been planted and an olive processing plant has been built in the nearby village of Sakobo, while the first Georgian olive oil dates back to 2016. Olive farms use ultra-modern technologies that make high-quality products possible. Svanidze is therefore considered the one who introduced olive growing into the country; and it is thanks to him, as delegate of the IOC, that Georgia has become part of the parterre of the 44 producing countries in the world. The most suitable areas for olive growing are therefore in eastern Georgia, and among these the Kakheti region definitely stands out, although the more central regions of Imereti and Kvemo Kartli also show good potential. The cultivated hectares are currently 1,500, with one million young trees divided into orchards belonging to different olive growers. The most common olive varieties are: gemlic, mavzolina and domat. There are 40 farms, while in addition to the pioneer oil mill, there is another one under construction. In the harvest 2019-2020, 45 tons of oil were obtained, with a 50% increase compared to the previous year. Oil consumption in the country is 215 tons, while the per capita consumption is 0.055 kg per year. Imports reach 188 tons. The interest in olive growing in the country is supported by local bodies and authorities that finance projects aimed at increasing facilities and the research in the irrigation sector.

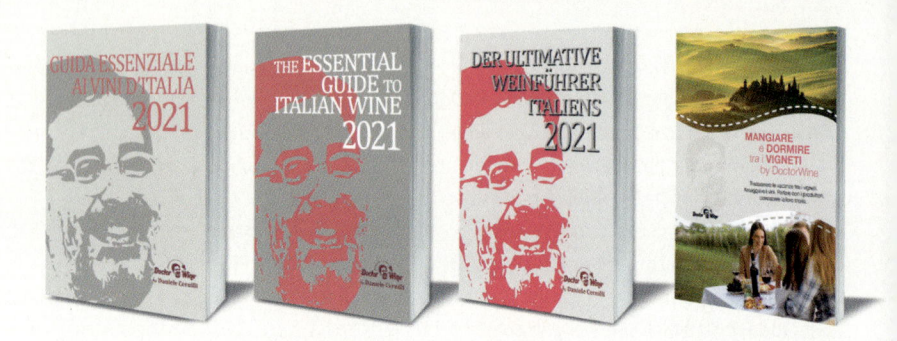

DoctorWine® è una rivista online che parla di vino e dintorni, ideata e diretta dall'autorevole critico **Daniele Cernilli** con un gruppo di collaboratori esperti e appassionati. Interamente bilingue italiano-inglese, offre a un pubblico mondiale il punto di vista italiano.

Oltre al sito, edita la **Guida Essenziale ai Vini d'Italia** (prima edizione 2015), tradotta in inglese con il titolo *The Essential Guide to Italian Wine disponibile* anche nella versione e-book e in tedesco *Der Ultimative Weinführer Italiens*. Indispensabile per sapere quali sono le aziende più prestigiose, i vini migliori e quelli da acquistare assolutamente.

La novità di quest'anno è la guida **Mangiare e dormire tra i vigneti by DoctorWine**, presenta 172 aziende che hanno strutture di accoglienza all'interno delle proprietà: agriturismi, wine resort, country hotel nonché ristoranti - dalla cucina tradizionale a quella più raffinata - dove l'enoturista potrà deliziarsi tra prodotti tipici, piatti caratteristici e ottimi vini. Vengono fornite pratiche indicazioni che facilitano la scelta e offrono le informazioni fondamentali per orientarsi tra le varie strutture.

Settimanalmente vengono inviate due Newsletter, il lunedì con i principali articoli della settimana precedente e l'editoriale di Daniele Cernilli; il sabato con la ricetta e il giusto vino in abbinamento.

È anche *social*: attivo su **Facebook, Twitter, Instagram, Linkedin** e sul canale dedicato **YouTube**.

DoctorWine® is an online magazine about wine and its surroundings, conceived and directed by the authoritative critic **Daniele Cernilli** with a group of expert and passionate collaborators. Entirely bilingual Italian-English, it offers a worldwide audience the Italian point of view.

In addition to the site, it publishes **Guida Essenziale ai Vini d'Italia** *(first edition 2015), translated into English under the title* The Essential Guide to Italian Wine *(available in English only) and into German* Der Ultimative Weinführer Italiens. *Essential to know which are the most prestigious companies, the best wines and those to absolutely buy.*

This year's novelty is the guide **Mangiare e dormire tra i vigneti by DoctorWine** *(Eat and Sleep in the Vineyards by DoctorWine, available only in Italian only), which presents 172 companies that have reception facilities within the properties: farmhouses, wine resorts, country hotels as well as restaurants - from traditional to more refined cuisine - where wine tourists can enjoy typical products, typical dishes and excellent wines. Practical indications are provided to facilitate the choice and offer the fundamental information to orient oneself among the various structures.*

Weekly two Newsletters are sent, on Monday with the main articles of the week previous and Daniele Cernilli's leading article; on Saturday with the recipe and the right wine to match.

It is also social: active on **Facebook, Twitter, Instagram, Linkedin** *and on the dedicated channel* **YouTube**.

WWW.DOCTORWINE.IT

Armenia
Armenia

Aree olivetate o a vocazione olivicola • Olive growing areas or areas suitable to olive growing

Dati Statistici			Statistic Data	
Superficie Olivetata Nazionale	73 (ha)		National Olive Surface	73 (ha)
Frantoi	n.p.		Olive Oil Mills	n/a
Produzione Nazionale 19-20	n.p.		National Production 19-20	n/a
Produzione Nazionale 18-19	n.p.		National Production 18-19	n/a
Variazione	n.p.		Variation	n/a

Armenpress - Repat Armenia Foundation

L'olivo si è sviluppato in Armenia da tempo immemorabile, come è documentato nei manoscritti del VII e VIII secolo tuttora conservati all'interno del ricchissimo museo armeno Matenadaran. Anche la coltivazione della pianta ha origini altrettanto remote: stando alle prime fonti documentate, l'olivo sarebbe stato importato in Palestina dall'Armenia nel 4000 a.C., e diffuso dai Fenici in Grecia e in Nord Africa. Ci sono inoltre testimonianze dell'XI e XII secolo sulla presenza di oliveti nella provincia di Syunik, a sud del paese, e di altre piantagioni intorno al Lago di Van, oggi in Turchia. Nonostante questa tradizione, l'olivicoltura moderna inizia soltanto nel secolo scorso. Nel 1929 le prime pianticelle vengono introdotte, per testarne le possibilità di sviluppo, a Meghri, nella provincia di Syunik, e poi ad Ajgehovit, nella provincia nord-orientale di Tavush. In questa provincia si concentrano i primi impianti creati nel 1949 a scopo commerciale, in particolare nelle pianure intorno ai centri di Ptghavan, Haghtanak e Bagratashen. Nel 1970 l'area coltivata in questa regione raggiunge i 185 ettari, dei quali 25 composti da piccoli gruppi di alberi isolati e 160 da grossi impianti. E negli stessi anni a Zeytun, nella provincia di Yerevan, esisteva una struttura agricola statale con 220 ettari di olivi. Ma negli anni Novanta, in seguito alla privatizzazione delle terre in tutto il paese, questi impianti sono quasi totalmente distrutti e abbandonati. Il clima e il terreno sono generalmente favorevoli alla crescita dell'olivo, anche se le principali cause di uno sviluppo limitato della sua coltura in Armenia rimangono le basse temperature in inverno, con conseguenti gelate, e le scarse precipitazioni durante i cicli vegetativi della pianta. Oggi gli oliveti sono così distribuiti: nella regione di Bagratashen sussiste una superficie di 60-65 ettari, ma si tratta di impianti non produttivi, anche se sono in corso dei progetti di recupero. Piccoli gruppi di alberi o esemplari sparuti si trovano nelle province di Lori e Syunik, a nord e a sud. Recentemente proprio nella provincia di Syunik, nel villaggio di Araksashen, nel comprensorio di Meghri, sta dando i primi frutti un oliveto di un agricoltore locale il quale ha cominciato importando dalla Spagna 3.400 alberi di cultivar ascolana e sevillana e piantandoli nel sito di un vigneto essiccato. L'esperimento, che non ha avuto successo da subito perché le piante sono state danneggiate in una prima fase dal gelo e dalla grandine, ha reso il primo raccolto nel 2010 e oggi la proprietà conta 5.300 olivi su circa 10 ettari. Per quanto riguarda le varietà di olivo presenti in Armenia, per favorire lo sviluppo di un'olivicoltura di tipo commerciale sono state importate alcune cultivar dal giardino botanico Nikitsky, nella penisola di Absheron in Azerbaigian, così come da Algeria, Grecia e Spagna. Dopo circa un ventennio di ricerche sono state selezionate quelle più adattabili al territorio: ascolana, nikitsky I, nikitsky II, ggrimi 172. Ma anche altre - sevillana, raco, agostino e delemsen - sono coltivate, anche se meno resistenti al freddo. Oggi, sebbene le aree olivetate siano esigue, gli impianti piccoli e non ancora produttivi, tuttavia l'intero comparto sta iniziando a suscitare interesse e stanno prendendo forma altri progetti, grazie all'iniziativa locale e alla cooperazione dell'Unione Europea. Il consumo di olio nel paese raggiunge le 3,5 tonnellate attuali, quello pro capite è di 0,8 kg annui.

The olive tree has been present in Armenia since time immemorial, as documented in manuscripts dating back to the 7th and 8th century, which are still kept in the rich Armenian museum Matenadaran. Also the tree cultivation has ancient origins: according to the first written sources, the olive tree was imported into Palestine from Armenia in 4000 B.C. and then was spread in Greece and North Africa by the Phoenicians. Moreover, olive trees are testified in the 11th and 12th century in the province of Syunik, in the south of the country, and around the lake Van, situated in present Turkey. In spite of this old tradition, modern olive growing started only in the last century. In 1929 the first small trees were introduced to be tested in Meghri, in the province of Syunik, and then in Ajgehovit, in the north-eastern province of Tavush. The first olive groves created in 1949 with commercial aims, in particular in the plains around the centres of Ptghavan, Haghtanak and Bagratashen, are concentrated in this province. In 1970 the cultivated area in this region reached 185 hectares, 25 of which characterized by small groups of scattered trees and 160 consisting of big groves. In the same years, a state farm with 220 hectares of olive surface was created in Zeytun, in the province of Yerevan. However, in the 90s the lands in the whole country were privatized and these plantations were almost completely destroyed and abandoned. The climate and the soil are generally favourable to the growth of the olive tree, although the main causes of the limited development of its cultivation in Armenia are the low winter temperatures, with consequent frosts, and the scarce rainfall during the growing season. Today the olive groves are distributed in the following way: in the region of Bagratashen, there is still an area of 60-65 hectares, but the groves are not productive, even if some recovery projects are being started. Instead, small groups of trees or scattered trees are present in the provinces of Lori and Syunik, in the north and in the south. Recently, in the province of Syunik, in particular in the village of Araksashen, in the district of Meghri, an olive grove owned by a local farmer, has given its first fruits. He imported 3,400 trees of the cultivars ascolana and sevillana from Spain and planted them on the site of a previous dried vineyard. At first the experiment was not successful: the trees were damaged by the frost, then by hailstorms; finally in 2010 the first harvest was obtained. Today the estate covers about 10 hectares with 5,300 trees. As regards the olive varieties present in Armenia, some cultivars were imported from the botanical garden Nikitsky, in the peninsula of Ashberon in Azerbaijan, and from Algeria, Greece and Spain, with the aim of favouring commercial olive growing. After about twenty years of research, the ones more suitable to the territory have been selected: ascolana, nikitsky I, nikitsky II, ggrimi 172. Also others - sevillana, raco, agostino and delemsen - are cultivated, although they are less resistant to the cold. Today, although the olive areas are few and the olive groves small and not yet productive, the whole sector is starting to arouse interest and other projects are being developed, thanks to local initiatives and the cooperation of the European Union. Oil consumption in the country currently reaches 3.5 tons, while the per capita consumption is 0.8 kg per year.

www.flosolei.com

Lo spazio web dedicato al mondo degli oli extravergine di oliva
The web space dedicated to the world of extra virgin olive oils

FLOS OLEI AUGMENTED REALITY+

Info:
shop@flosolei.com

Azerbaigian
Azerbaijan

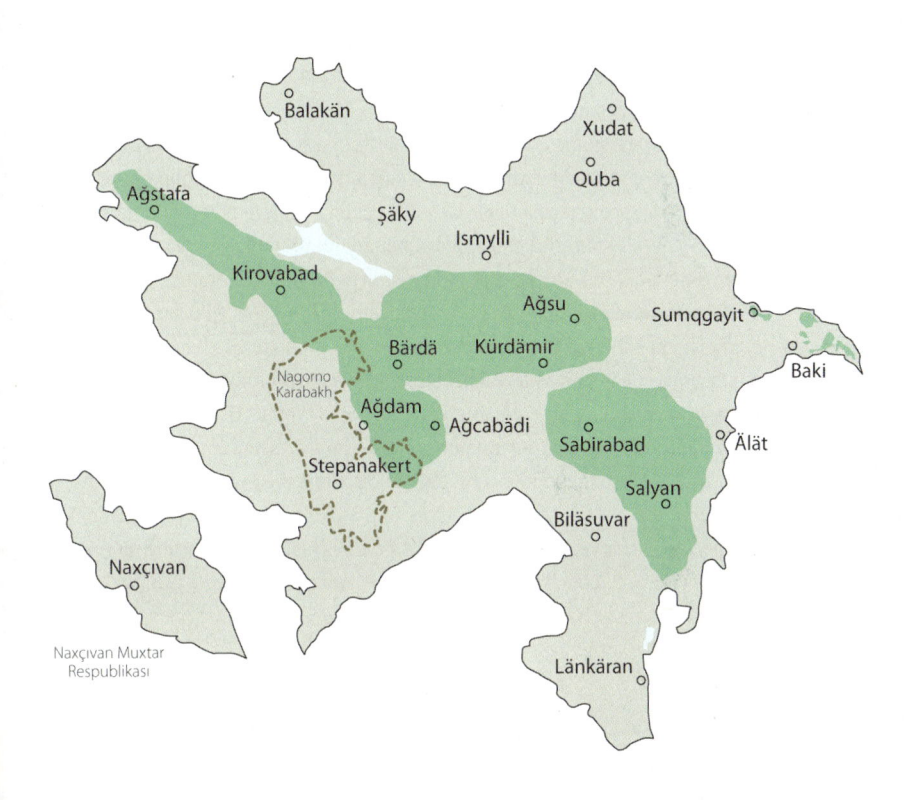

Aree olivetate o a vocazione olivicola • Olive growing areas or areas suitable to olive growing

Dati Statistici
Superficie Olivetata Nazionale	1.556 (ha)
Frantoi	5
Produzione Nazionale 19-20	n.p.
Produzione Nazionale 18-19	n.p.
Variazione	n.p.

Ministry of Agriculture - State Statistical Committee

Statistic Data
National Olive Surface	1,556 (ha)
Olive Oil Mills	5
National Production 19-20	n/a
National Production 18-19	n/a
Variation	n/a

Collocato nella regione transcaucasica, tra l'Asia occidentale e l'Europa orientale, l'Azerbaigian è un paese prevalentemente montuoso, ma con le ampie vallate dei fiumi Aras e Kura incastonate tra le montagne. Protetto dai venti del nord dalla catena del Gran Caucaso, presenta un clima molto vario e una flora ricca. La pianta dell'olivo ha qui una storia antica: lo testimoniano i geografi greci, tra cui Strabone, secondo i quali questa era diffusa nelle regioni centrali, intorno a Barda, e sulle sponde del fiume Kura. E lo provano alcuni resti fossili nella penisola di Absheron che dimostrano la presenza della pianta sette secoli prima di Cristo. Altri documenti indicano come zone coltivate a olivo le pianure intorno a Bilasuvar, a sud-est, e l'antica regione di Shirvan. Infine, in tema di tradizioni gastronomiche, un autore locale del XIV secolo racconta che le olive condite col sale erano rinomate sia come antipasto che alla fine del pasto. Sfortunatamente durante le invasioni molti alberi, usati come legna da ardere, vengono distrutti. E occorrerà attendere i secoli XVII e XVIII per ritrovare l'olivo ampiamente coltivato nelle regioni di Baku (penisola di Absheron), Shamakhi (est), Guba (nord-est), Zaqatala e Ganja (nord-ovest). Ancora oggi, in un villaggio della penisola di Absheron, sopravvivono due alberi di trecento anni che vengono chiamati dagli abitanti "Baba Zeytun" ("Nonno Olivo"). Nonostante questa lunga tradizione l'olivicoltura moderna, intesa come attività commerciale, inizia soltanto nel secolo scorso, quando alcune regioni dal clima più favorevole diventano il punto di riferimento per l'ex Unione Sovietica: la prima è Absheron, dove negli anni Quaranta si decide di coltivare 3mila ettari di oliveti e di creare moderne strutture per la trasformazione; ma seguono anche le regioni di Mingachevir, Tartar e Ganja. Dopo l'indipendenza del paese, nel 1991, l'olivicoltura subisce una battuta d'arresto, ma oggi si ricomincia finalmente a puntare su di essa: 480mila alberi sono coltivati su circa 1.556 ettari nella penisola di Absheron, dove spiccano i centri di Baku, Mashtaga, Zig, Kurddakhani, Hovsan, Buzovna, Shuvalan e Gala. L'Azerbaigian ha le sue cultivar locali, nel tempo allevate e studiate: la più diffusa (80%) è l'azerbaijan zeytunu, seguita dalle gara zeytun, shirin zeytun, armudu zeytun, baku e altre. Già a partire dagli anni Trenta erano state introdotte varietà straniere, come la spagnola picual, perfettamente acclimatata e seconda solo all'azerbaijan zeytunu. E molto più recentemente, nel 2006, sono importate diverse cultivar da Turchia e Siria per studiare il loro adattamento: kaisy, sorani, memecik, ayvalik, gemlik, geruk ecc.. Per quanto riguarda la trasformazione il primo stabilimento, a Mashtaga, risale agli anni Cinquanta; ma oggi i frantoi sono diventati 5 e le aziende 7. L'olivo è considerato strategicamente importante non solo per lo sviluppo economico del paese, ma anche perché la sua coltivazione su terrazzamenti svolge un'azione preventiva rispetto all'erosione del terreno e all'inquinamento atmosferico causati l'una dai venti che soffiano nella penisola di Absheron e l'altro dalle polveri sollevate. Non va sottovalutata infine la funzione paesaggistica della pianta e la sua presenza benefica su un territorio così contaminato dall'attività petrolifera. Dunque le istituzioni stanno rivalutando l'intero comparto, prevedendo investimenti per l'aumento degli impianti e la qualità del prodotto finale.

Located in the Transcaucasian region, between Western Asia and Eastern Europe, Azerbaijan is a predominantly mountainous country, with the exception of the wide valleys of the rivers Kura and Aras, nestled in the mountains. Protected from the northern winds by the chain of the Great Caucasus, it has a very varied climate and a rich flora. The olive tree has an ancient history here, as witnessed by Greek geographers, including Strabo, who state it was widespread in the central regions, around Barda, and on the banks of the Kura River. Its diffusion is also documented by some fossil remains in the Absheron peninsula that show the presence of the plant seven centuries before Christ. Other documents indicate that olive areas were the plains around Bilasuvar, in the south-east, and the ancient region of Shirvan. Finally, as regards culinary traditions, a local 14th-century author describes that the olives seasoned with salt were renowned both as a starter and after a meal. Unfortunately, during the invasions, many trees, used as firewood, were destroyed. And it was not until the 17th and 18th centuries that the olive tree was widely cultivated again in the regions of Baku (Absheron peninsula), Shamakhi (east), Guba (north-east), Zaqatala and Ganja (north-west). Even today, in a village of the peninsula of Abshberon, two 3- hundred year old trees survive, called by the inhabitants "Baba Zeytun" ("Grandfather Olive Tree"). Despite this long tradition, modern olive growing as a commercial activity began only in the last century, when some regions with a more favorable climate became the reference point for the former Soviet Union: the first is Absheron, where in the 40s it was established to cultivate 3,000 hectares of olive groves and to create modern transformation systems, followed later by the regions of Mingachevir, Tartar and Ganja. After the country's independence in 1991, olive growing suffered a setback, but today it is developing again: 480,000 trees are planted on about 1,556 hectares in the Absheron peninsula, where the most important centres are Baku, Mashtaga, Zig, Kurddakhani, Hovsan, Buzovna, Shuvalan and Gala. Azerbaijan has its local cultivars, grown and studied in the course of the years: the main (80%) is azerbaijan zeytunu, followed by gara zeytun, shirin zeytun, armudu zeytun, baku and others. Since the 30s foreign varieties have been introduced, such as the Spanish picual, which has perfectly acclimatized and is second only to Azerbaijan zeytunu. And in 2006 several cultivars were imported from Turkey and Syria to study their adaptation: kaisy, sorani, memecik, ayvalik, gemlik, geruk etc... The first transformation system, in Mashtaga, dates back to the 50s. Today the oil mills are 5, the farms 7 and in the last harvest 122 tons of oil were produced, with an increase of 1.67% compared to the previous year. The olive tree is not only considered strategically important for the economic development of the country, but its cultivation on terraces protects the soil from erosion and air pollution, caused by the winds that blow in the Absheron peninsula and by the dust they raise. Finally, the landscape function of the plant and its beneficial presence on a territory contaminated by oil should not be underestimated. For this reason the institutions are re-evaluating the entire sector, investing to expand the plantations and improve the quality of the end product.

FLOS OLEI 2017 — The Importer of the Year

EVOO AG

**Wolfacher, 7
6026 Rain - Hochdorf
Canton Lucerna (Switzerland)**

Siria
Syria

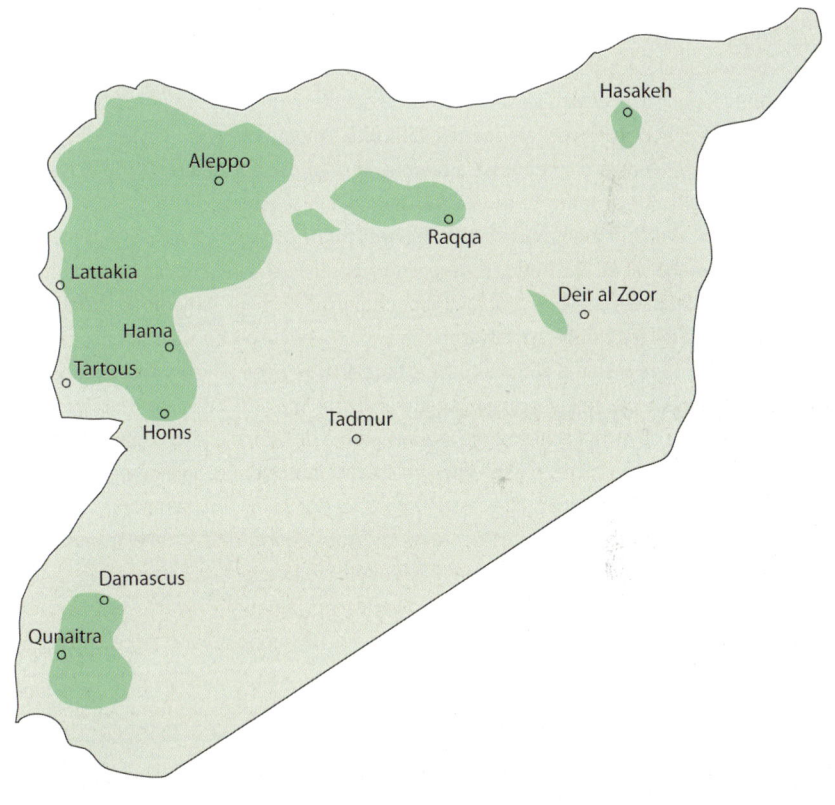

Aree olivetate o a vocazione olivicola • *Olive growing areas or areas suitable to olive growing*

Dati Statistici

Superficie Olivetata Nazionale	693.226 (ha)
Frantoi	958
Produzione Nazionale 19-20	120.000,0 (t)
Produzione Nazionale 18-19	100.000,0 (t)
Variazione	+ 20,00%

Statistic Data

National Olive Surface	693,226 (ha)
Olive Oil Mills	958
National Production 19-20	120,000.0 (t)
National Production 18-19	100,000.0 (t)
Variation	+ 20.00%

International Olive Council - Ministry of Agriculture and Agrarian Reform

L'albero dell'olivo in Siria è diffuso su parte del territorio, grazie alla capacità di adattamento ad altitudini e condizioni climatiche anche molto diverse fra loro. Cosicché assolve a più funzioni: lotta contro l'erosione, valorizzazione dei terreni agricoli, conservazione e bellezza del paesaggio. La sua presenza è testimoniata fin dall'antichità: anzi, secondo alcune fonti, la Siria sarebbe addirittura il luogo natale dell'olivicoltura. Di sicuro un tempo la superficie coltivata doveva essere più estesa rispetto a oggi poiché la coltura ha attraversato, nel corso della sua storia, lunghi periodi di decadenza. Tuttavia nel presente il settore potrebbe dirsi in crescita, se non fosse per le oggettive difficoltà, come mostrano i seguenti numeri: 103 milioni 445mila piante messe a dimora, in gran parte fruttifere, fanno dell'olivo il principale albero da frutto della Siria. Gli impianti si estendono su 693.226 ettari, superficie che rappresenta circa il 10% dell'area totale coltivata e circa il 65% di quella destinata agli alberi da frutto. E sono ettari potenzialmente in aumento: infatti il governo del paese prevede programmi di bonifica e di miglioramento fondiario per incrementare l'estensione agricola con l'impianto di nuovi oliveti specializzati, per cui ogni anno sono messe a dimora nuove piante. Inoltre negli oliveti irrigui più recenti la densità delle piante è maggiore rispetto ai vecchi impianti. L'area nord-occidentale è quella più olivetata, in cui emerge la zona interna di Aleppo e Idlib e quella costiera di Lattakia e Tartous. Il resto degli impianti si trova invece a sud. Solamente un'esigua parte degli oliveti è irrigua, nelle oasi di Damascus e di Palmyre. Il patrimonio varietale siriano ha una grande ricchezza genetica, ma poco conosciuta: le cultivar principali sono note con nomi differenti secondo il luogo di coltivazione, così come una stessa denominazione può designare varietà diverse che hanno in comune alcuni tratti visibili. Le più tipiche sono: zaiti e kaissy nella zona di Aleppo; sorani in quella di Idlib; doebli e khodieri nell'area costiera. Ma, accanto a queste, esiste una moltitudine di cultivar autoctone che presentano caratteristiche interessanti per il miglioramento della qualità e la diversificazione del prodotto finale. La trasformazione avviene in 958 frantoi, quasi tutti privati e per lo più di tipo tradizionale. Nella campagna 2019-2020 sono state prodotte 120mila tonnellate di olio, con un aumento del 20% rispetto all'annata precedente: una produzione indirizzata per lo più al consumo interno, quest'anno di 86mila tonnellate, laddove il consumo pro capite è di 3 kg annui. Malgrado i volumi produttivi, il ruolo della Siria nel mercato internazionale è sempre stato piuttosto marginale; e solo di recente si stava gradualmente innalzando. Ma nell'economia nazionale il settore olivicolo ha un peso notevole e numerose famiglie vivono del ricavato dei prodotti dell'olivo, base peraltro dell'alimentazione locale. La proprietà è molto frazionata: delle circa 200mila realtà produttive, soltanto una minima parte appartiene a enti pubblici o a organizzazioni di agricoltori, mentre il resto è diviso tra piccoli proprietari, il che limita di fatto l'incremento della coltura. Dunque ciò che manca attualmente al settore olivicolo è soprattutto il supporto tecnologico per il miglioramento delle strutture a tutti i livelli della filiera, con il fine di incrementare la produttività e la qualità dell'extravergine.

In Syria the olive tree is cultivated in a part of the territory, as it is able to adapt to very different altitudes and climatic conditions. Therefore it has manifold functions: it is used to limit erosion, to increase the value of agricultural grounds and to protect and ornament the natural environment. Its presence in these lands is very ancient: reliable sources even tell that olive growing was born here. Certainly, once the olive surface was bigger than today, because this cultivation went through long periods of decadence. Now, despite some problems, the situation is improving, as the following figures show: 103 million 445,000 trees, the most of which are productive, make the olive tree the main fruit tree in Syria, covering a surface of 693,226 hectares, which represents 10% of the total cultivated surface and 65% of the arboreal cultivations in the country. This positive phase of development is certainly due to the government program of reclamation and land improvement to increase the agricultural surface with the planting of new specialized olive groves, so that every year new olive trees are planted. Moreover, in the most recent olive groves, which are regularly irrigated, there is a higher density than in the old plantations. The majority of the cultivations are located in the north-west of the country: in the inland area of Aleppo and Idlib and in the coastal area of Lattakia and Tartous. The remaining is in the south. Only a small part of the olive groves are irrigated in the oases of Damascus and Palmyre. The national varieties have a great genetic wealth, however they are not very well-known. On the one hand the main varieties have different names according to their cultivation place, on the other the same name can indicate different varieties that have only some visible characters in common. The best known are zaiti and kaissy in the area of Aleppo, sorani in the area of Idlib, doebli and khodieri along the coast. In addition, there is a number of autochthonous cultivars with characteristics able to improve quality and to diversify the end product. Transformation takes place in 958 oil mills, almost all private and mainly traditional. In the last oil harvest 120,000 tons of oil were produced, with an increase of 20% compared to the previous year. The most is destined to domestic consumption, in the current year it was 86,000 tons, while the per capita consumption is 3 kg per year. Although Syria is a big producer, its quota on the international market has always been rather low and only recently is gradually increasing. In the national economy instead the olive sector is considerable and numerous families live of the proceeds of the olive products, which are the base of the local traditional nutrition. Property is parcelled out: only a small part of the around 200,000 farms belong to public bodies or to organizations of olive growers, while the rest belong to small owners and the small dimensions of the single cultivated grounds limit cultivation growth. At present technological supports to increase the structures at all levels of the olive oil sector are lacking, but they are essential to increase productivity and quality.

FLOS OLEI 2017 The Restaurant of the Year

RESTAURANT KAPSALIANA VILLAGE HOTEL

Vasilis Leonidou

Municipality of Rethymnon
74100 Crete (Greece)
www.kapsalianavillage.gr

Libano
Lebanon

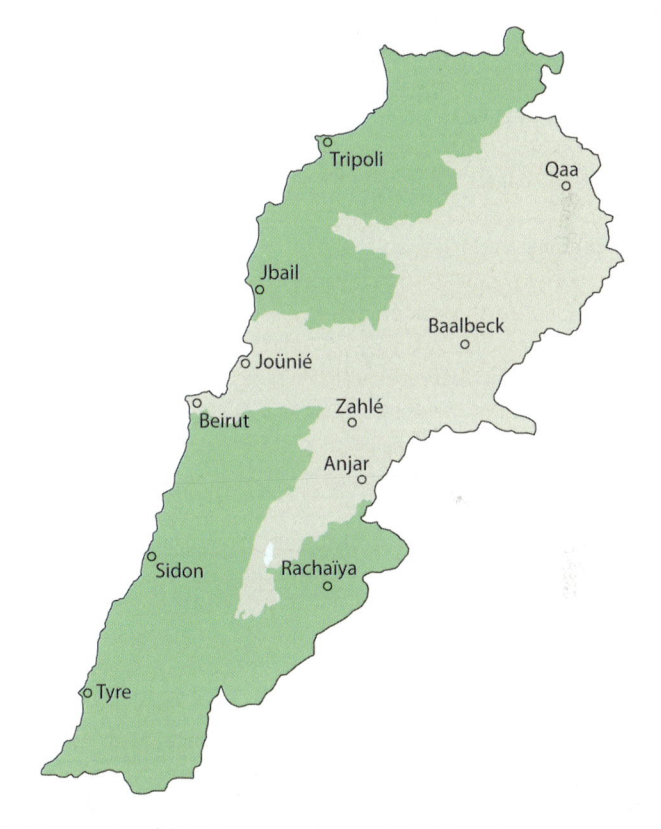

Aree olivetate o a vocazione olivicola • Olive growing areas or areas suitable to olive growing

Dati Statistici
Superficie Olivetata Nazionale	**58.000 (ha)**
Frantoi	**510**
Produzione Nazionale 19-20	**19.000,0 (t)**
Produzione Nazionale 18-19	**24.000,0 (t)**
Variazione	**- 20,83%**

International Olive Council - Ministry of Agriculture

Statistic Data
National Olive Surface	**58,000 (ha)**
Olive Oil Mills	**510**
National Production 19-20	**19,000.0 (t)**
National Production 18-19	**24,000.0 (t)**
Variation	**- 20.83%**

Per la gente del Mediterraneo questo è il Levante, ovvero la regione dove sorge il sole, perché si trova sul versante orientale del Mediterraneo, tra la Siria e l'Israele; ma è anche il cosiddetto "paese del latte e del miele", perché collocato all'interno di quella che anticamente veniva chiamata la Mezzaluna Fertile, a sud del Caucaso. Siamo in Libano, terra olivicola, o meglio una delle culle storiche dell'olivicoltura. Si ritiene infatti che l'albero dell'olivo sia presente in quest'area da sempre e che i primi indizi della sua coltura risalgano al IV millennio a.C., quando questa era la terra dei Cananei che storicamente furono i primi a far fermentare il succo dell'uva e a usare l'olio come alimento. L'attuale patrimonio olivicolo libanese è costituito da 14 milioni 600mila piante distribuite su 58mila ettari che rappresentano una discreta porzione delle terre coltivabili sull'intero territorio nazionale: un'area che, negli ultimi venticinque anni circa, ha visto quasi raddoppiare la sua estensione e che è in costante crescita annuale. Gli impianti olivicoli sono sparsi un po' ovunque: dalla costa meridionale subtropicale, all'arida Valle della Bekaa (circa 30 km a est di Beirut), fino addirittura alle montagne del nord che d'inverno sono coperte di neve. Ma si possono distinguere due aree: il nord fino al distretto di Akkar, nell'estremità settentrionale, e il sud fino alla regione dello Chouf, a sud-est di Beirut. Le zone più produttive riguardano i dintorni di Akkar, Zgharta, Koura e Batrun a nord; Nabatiye, Hasbaya, Marjayoun e Rachaya Al Foukhar a sud. La varietà autoctona maggiormente coltivata è la souri, seguita dalle altre cultivar locali: baladi, ayrouni, chami e smoukmouki. La raccolta, prematura o tardiva secondo la preferenza dei singoli olivicoltori, si svolge prevalentemente a mano. La trasformazione avviene in 510 frantoi privati. Si contano inoltre 110mila realtà produttive sparse sul territorio. La produzione della campagna olearia 2019-2020 ha raggiunto le 19mila tonnellate di olio, con una diminuzione del 20,83% rispetto all'annata precedente. Circa 3mila tonnellate sono destinate all'esportazione, mentre 4mila sono importate. Il consumo di olio nel paese raggiunge le 20mila tonnellate attuali, quello pro capite è di 4 kg annui. Questi numeri giustificano il ruolo primario che il comparto olivicolo rappresenta all'interno dell'economia libanese: il suo peso si fa sentire nel prodotto interno lordo, mentre non va dimenticato che nel settore sono impiegati in maniera permanente molti lavoratori, una discreta fetta dell'intera forza lavoro agricola del paese. Nonostante queste potenzialità indiscutibili, l'olivicoltura libanese stenta tuttavia a decollare: i fattori climatici che influiscono negativamente sulla coltura, l'estrema parcellizzazione della proprietà, l'alto costo della manodopera e l'assenza di politiche di supporto agli olivicoltori, sotto l'aspetto sia tecnico che finanziario, sono tra le principali problematiche che attualmente affliggono il settore. A ciò si deve aggiungere che la conduzione dei frantoi è per lo più familiare e che questi sono per la stragrande maggioranza di tipo tradizionale, mentre soltanto una piccola parte comincia ad avvalersi di impianti di estrazione moderni a ciclo continuo. Primaria è dunque la necessità di innovazione. Tuttavia, recentemente, alcuni progetti finalizzati alla creazione di moderne strutture per la trasformazione e l'imbottigliamento stanno finalmente prendendo forma.

For Mediterranean people this is the region where the sun rises, because it is on the Eastern Mediterranean coast between Syria and Israel. It is also the "country of milk and honey", because it is situated inside what was called in ancient times Fertile Half-moon, to the south of Caucasus. This is Lebanon, an olive region or even one of the historical birthplaces of olive growing. The olive tree is thought to have always been here and the first signs of its cultivation date back to the 4th millennium B.C. when this was the land of the Cananeis, who historically were the first to ferment grape juice and to use olive oil as food. Currently there are about 14 million 600,000 trees distributed on 58,000 hectares of surface that represent a considerable part of the cultivable land in the whole national territory: an area that has nearly doubled in about 25 years and increases yearly. Olive groves are present almost everywhere: from the subtropical southern region to the dry Valley of Bekaa (about 30 km to the east of Beirut) to the northern mountains, in winter covered by snow. There are two areas: the north as far as the district of Akkar (in the extreme north), and the south as far as the region of Chouf, to the south-east of Beirut. The most suitable areas are near Akkar, Zgharta, Koura and Batrun in the north; Nabatiye, Hasbaya, Marjayoun and Rachaya Al Foukhar in the south. The most cultivated local variety is souri, followed by baladi, ayrouni, chami and smoukmouki. Harvesting, early or late according to the single olive growers, is effected mainly by hand-picking. Transformation is carried out in 510 private oil mills. Moreover, on the territory there are 110,000 farms. In the oil harvest 2019-2020 production reached 19,000 tons, with a decrease of 20.83% compared to the previous year. About 3,000 tons are destined to export, while 4,000 tons are imported. Oil consumption in the country currently reaches 20,000 tons, while the per capita consumption is 4 kg per year. These figures explain the primary role the olive sector plays in Lebanese economy. In fact, its weight in the composition of the gross domestic product is considerable, moreover the relevant number of permanent workers in this field represent a notable part of the whole agricultural work force of the country. Despite the indisputable potential, Lebanese olive growing has difficulty in taking off due to some specific problems: unfavourable climatic conditions, the high apportionment of property, high labour costs and the absence of policies supporting olive growers in the technical and financial field. Moreover, oil mills are predominantly run by families and the most of them are traditional, while only a few use continuous cycle extraction systems. What is therefore clear is the necessity to modernize, although some projects aiming at the creation of modern structures of transformation and bottling are in progress.

Libano Lebanon [LB] Al Janūb

Bustan el Zeitoun

Mar Elias
1600 Aabra (Saida)
Tel.: +961 4 930180
E-mail: info@bustanelzeitoun.com - Web: www.bustanelzeitoun.com

83

200 m

Promiscuo e specializzato
Promiscuous and specialized

Vaso
Vase

Brucatura a mano
Hand picking

Sì - Ciclo continuo
Yes - Continuous cycle

Picholine Languedoc

Fruttato medio
Medium fruity

da 10,01 a 12,00 € - 500 ml
from € 10.01 to 12.00 - 500 ml

Confermiamo meritatamente in Guida la presenza dell'azienda Bustan el Zeitoun che si colloca nel vocato comprensorio di Aabra. Si tratta di un progetto abbastanza giovane, che inizia nel 2010 per iniziativa di Walid Mushantaf. Parliamo di un patrimonio olivicolo formato da una superficie di 30 ettari sulla quale dimorano 6mila piante, da un ampio parco varietale, che hanno reso quest'anno un raccolto di 650 quintali di olive, pari a una produzione di circa 136 ettolitri di olio. L'etichetta proposta al panel è l'Extravergine Bustan el Zeitoun che si presenta alla vista di un bel colore giallo dorato intenso con leggere sfumature verdi, limpido. Al naso è sottile e composto, dotato di sentori fruttati di pomodoro di media maturità, mela bianca e banana, cui si affiancano note aromatiche di basilico, menta e prezzemolo. Morbido e armonico in bocca, aggiunge toni vegetali di lattuga di campo e sedano. Amaro e piccante presenti e dosati. Si accompagna a bruschette con verdure, insalate di orzo, marinate di salmone, patate al cartoccio, passati di fagioli, primi piatti al pomodoro, molluschi gratinati, tartare di ricciola, coniglio arrosto, pollame al forno, formaggi caprini.

Present again in our Guide, the farm Bustan el Zeitoun is situated in the favourable district of Aabra. It is a fairly young project created in 2010 by Walid Mushantaf. The estate consists of an olive surface of 30 hectares with 6,000 trees of a wide range of varieties. In the last harvest 650 quintals of olives were produced, equal to a yield of about 136 hectolitres of extra virgin olive oil. The selection proposed to the panel is the Extra Virgin Bustan el Zeitoun, which is a beautiful intense limpid golden yellow colour with slight green hues. Its aroma is fine and delicate, endowed with fruity hints of medium ripe tomato, white apple and banana, together with aromatic notes of basil, mint and parsley. Its taste is mellow and harmonic, with a vegetal flavour of country lettuce and celery. Bitterness and pungency are present and complimentary. It would be ideal on bruschette with vegetables, barley salads, marinated salmon, baked potatoes, bean purée, pasta with tomato sauce, mussels au gratin, amberjack tartare, roast rabbit, baked poultry, goat cheese.

Israele
Israel

Alture del Golan
High ground of Golan

Haifa
Nazerth
Tel Aviv
Jerusalem
Beer Sheva   Dimona
Mitzpe Ramon

Aree olivetate o a vocazione olivicola • *Olive growing areas or areas suitable to olive growing*

Dati Statistici

Superficie Olivetata Nazionale	33.000 (ha)
Frantoi	90
Produzione Nazionale 19-20	19.000,0 (t)
Produzione Nazionale 18-19	16.000,0 (t)
Variazione	+ 18,75%

Statistic Data

National Olive Surface	33,000 (ha)
Olive Oil Mills	90
National Production 19-20	19,000.0 (t)
National Production 18-19	16,000.0 (t)
Variation	+ 18.75%

International Olive Council - Ministry of Agriculture & Rural Development - Israel Olive Board

È quasi scontato ricordare come l'olivo e l'olio siano parte integrante della storia, dell'economia e della cultura ebraica, così come della sua simbologia religiosa. Dai tempi della Bibbia fino a oggi la gente di Israele è rimasta intimamente legata a questa pianta, al suo frutto e all'olio che da esso si ricava. Qui, più che in ogni altro luogo al mondo, l'albero dell'olivo è simbolo di bellezza, vigore, sapienza, fertilità e pace. Le prime tracce della sua presenza risalgono a più di 10mila anni fa, ma la sua coltivazione si comincia a sviluppare solo nel IV-III millennio a.C., nei piccoli villaggi della costa mediterranea, come sulle alture del Golan (nell'estremità nord-orientale del paese) e nella Samaria. Anche sui rilievi centrali molte foreste vengono tagliate e al loro posto sono coltivati olivi e viti, come testimoniano i resti dei macchinari e degli utensili impiegati, rinvenuti in queste zone e risalenti alla prima età del bronzo (2800 a.C.). La storia successiva dell'olivicoltura in questa terra è molto discontinua, sia per quanto riguarda la distribuzione degli impianti sul territorio, sia per la sua importanza economica. All'inizio del secolo scorso si contavano 20mila ettari di oliveti che cinquant'anni più tardi erano diventati 60mila. Nel 1948, con la fondazione dello stato di Israele, gli impianti si riducevano drasticamente a 12mila ettari: le coltivazioni erano estensive e si trovavano per lo più a nord, sulle montagne più basse della Galilea. Oggi nel paese la superficie coltivata si estende dalle terre settentrionali della Galilea fino al deserto del Negev, a sud; e dalla zona costiera occidentale alle colline e alle valli della parte orientale. La Galilea continua a essere la regione più vocata; tuttavia sono aree produttive anche anche le valli alle pendici del Monte Carmelo (a nord-ovest, presso la città di Haifa), la sottostante pianura di Sharon, le alture del Golan, le colline della Giudea e il Negev centrale. Parliamo di 7 milioni 640mila alberi distribuiti su 33mila ettari di impianti, dei quali circa 25mila sono occupati da oliveti tradizionali non irrigui. In questi oliveti la varietà locale più diffusa è la souri, cultivar a doppia attitudine che si sviluppa lentamente, ma si adatta facilmente alle particolari condizioni climatiche dell'area, distinguendosi per una produzione costante di frutti e per un'alta resa in olio. Seguono le varietà nabali, con una crescita più rapida ma una resa in olio più bassa, e nabali mouhassan. I restanti 8mila ettari sono invece irrigati, per lo più con acque reflue bonificate o acque saline, e coltivati impiegando tecniche moderne di coltivazione intensiva. Qui domina la cultivar barnea; mentre le varietà minori sono: picual, arbequina, koroneiki, coratina, leccino e altre. Un'altra superficie di circa 2mila ettari è destinata a olive da tavola da varietà manzanilla, delle quali una parte è comunque utilizzata per l'estrazione dell'olio. La trasformazione si svolge in 90 frantoi, per lo più a ciclo continuo a tre fasi, anche se ne rimangono alcuni di tipo tradizionale a presse. Questi hanno reso, nella campagna 2019-2020, una produzione di 19mila tonnellate di olio, con un aumento del 18,75% rispetto all'annata precedente: un quantitativo che satura in parte il consumo interno (22mila tonnellate), per cui vengono importate 3mila tonnellate. Il consumo di olio pro capite è di 3,33 kg annui; mentre l'attenzione agli aspetti qualitativi è in continua e costante crescita.

The olive tree and olive oil are obviously an essential part of the Jewish history, economy and culture, as well as of its religious symbolism. From Biblical times until today the Israeli people have been strongly bound to this tree, its fruit and the oil extracted from it. Here, more than in any other place in the world, the olive tree is a symbol of beauty, strength, wisdom, fertility and peace. The first traces of its presence appeared in Israel more than 10,000 years ago, but its cultivation started to develop only in the 4th-3rd millennium B.C. in the small villages of the Mediterranean coast, as well as in the high ground of Golan (in the extreme north-eastern part of the country) and Samaria. A lot of forests in the central mountainous region were also cut down and replaced by olive trees and grapevines. This is witnessed by the numerous remains of machinery found in this area dating back to the Bronze Age (2800 B.C.). Subsequently the history of olive growing in these lands has been uneven, both with regards to the distribution of olive orchards on the territory and its economic importance. At the beginning of the 20th century there were 20,000 hectares of olive groves, which fifty years later became 60,000. In 1948, when Israel was founded, within its borders there were only 12,000 hectares of olive orchards. Their cultivation was extensive and they were mainly located in the north on Galilee's lowest mountains. Today the olive surface extends from the northern lands of Galilee to the Negev desert in the south and from the western coastal area to the hills and the valleys of the eastern region. The greatest concentration of olive orchards is still in Galilee. Nevertheless, also the valleys on the slopes of Mount Carmel (to the north-west near the town of Haifa), the lowlands of Sharon, the high ground of Golan, the hills of Judea and central Negev are suitable territories for olive cultivation. There are today 33,000 hectares with 7 million 640,000 trees, of which about 25,000 are rain-fed and cultivated in the old, traditional methods. In these orchards, the prevailing cultivar is souri, a double purpose variety that grows slowly, but adjusts easily to the particular climatic conditions of the area and is characterized by a high olive oil content. Then we find the varieties nabali, with a more rapid growth and a lower olive oil content, and nabali mouhassan. The other 8,000 hectares are irrigated, mostly with reclaimed waste water or saline water, and cultivated intensively, employing modern cultivation practices. The major variety in these orchards is barnea and the rest are cultivars such as picual, arbequina, koroneiki, coratina, leccino and more. An area of about 2,000 hectares is destined to table olives of the variety manzanilla, a part of which, however, is used for oil extraction. Transformation is carried out in 90 oil mills mainly using the three-phase continuous cycle system, although some are still using the traditional press system. In the harvest 2019-2020 production reached 19,000 tons of oil, with an increase of 18.75% compared to the previous year. This quantity does not meet domestic needs completely (22,000 tons) and there is an import of another 3,000 tons of olive oil. The per capita oil consumption is 3.33 kg per year and there is a growing attention to quality.

Israele Israel [IL] Haifa

Masik Magal
Kibbutz Magal
3884500 Magal (Menasche)
Tel.: +972 4 6287944 - Fax: +972 4 6287944
E-mail: info@masik.co.il - Web: www.masik.co.il

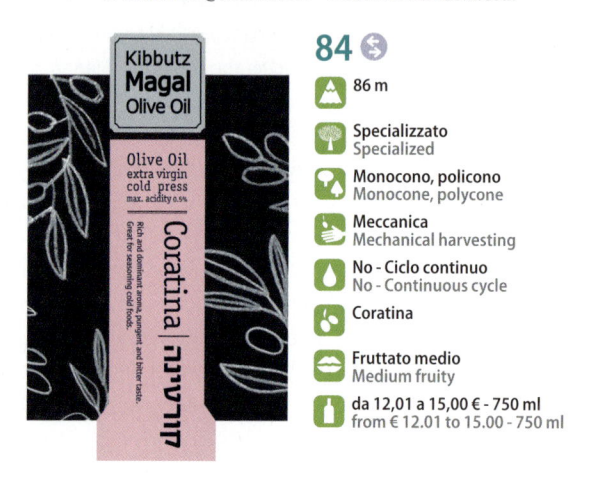

84

86 m

Specializzato
Specialized

Monocono, policono
Monocone, polycone

Meccanica
Mechanical harvesting

No - Ciclo continuo
No - Continuous cycle

Coratina

Fruttato medio
Medium fruity

da 12,01 a 15,00 € - 750 ml
from € 12.01 to 15.00 - 750 ml

Ritroviamo volentieri in Guida questa struttura del Kibbutz Magal, attiva dal 2000. La tenuta è molto più vasta, 2.500 ettari, ma gli impianti olivicoli ricoprono nella totalità 200 ettari di superficie, con 260mila alberi messi a dimora appartenenti a un nutrito paniere di cultivar provenienti da tutto il mondo. Nella trascorsa campagna il raccolto ha fruttato 17.500 quintali di olive che hanno permesso di produrre 3.500 ettolitri di olio. Il panel segnala la selezione proposta, l'Extravergine monovarietale Masik Magal - Coratina che si offre alla vista di un bel colore giallo dorato intenso con delicate sfumature verdi, limpido. Al naso si apre pieno e avvolgente, ricco di sentori vegetali di carciofo e cardo selvatico, accompagnati da nette note aromatiche di menta e rosmarino. Al palato è fine e di carattere, con toni di cicoria, lattuga di campo e ricordo di pepe nero e mandorla. Amaro spiccato e piccante deciso ed equilibrato. Buono l'abbinamento con antipasti di pomodori, insalate di legumi, marinate di salmone, patate al cartoccio, passati di fagioli, primi piatti con asparagi, molluschi gratinati, tartare di tonno, coniglio al forno, pollame ai ferri, formaggi caprini.

Present again in our Guide, this farm is situated in the Kibbutz Magal and is active since 2000. The large estate covers 2,500 hectares, while the olive groves take up 200 hectares of surface with 260,000 trees of a wide range of cultivars from all over the world. In the last harvest 17,500 quintals of olives were produced, which allowed a yield of 3,500 hectolitres of extra virgin olive oil. Our panel recommends the selection proposed, the Monovarietal Extra Virgin Masik Magal - Coratina, which is a beautiful intense limpid golden yellow colour with delicate green hues. Its aroma is full and rotund, rich in vegetal hints of artichoke and wild thistle, together with distinct aromatic notes of mint and rosemary. Its taste is fine and strong, with a flavour of chicory, country lettuce and a note of black pepper and almond. Bitterness is distinct and pungency is definite and well balanced. It would be ideal on tomato appetizers, legume salads, marinated salmon, baked potatoes, bean purée, pasta with asparagus, mussels au gratin, tuna tartare, baked rabbit, grilled poultry, goat cheese.

Palestina
Palestine

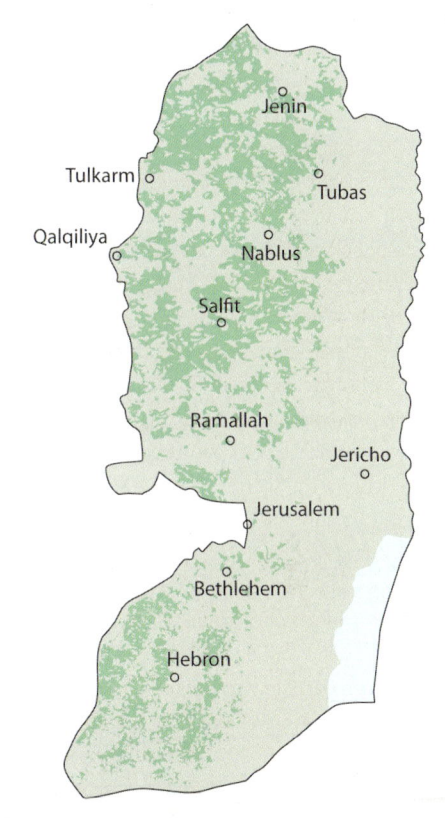

Aree olivetate o a vocazione olivicola • Olive growing areas or areas suitable to olive growing

Dati Statistici

Superficie Olivetata Nazionale	90.000 (ha)
Frantoi	292
Produzione Nazionale 19-20	23.000,0 (t)
Produzione Nazionale 18-19	15.000,0 (t)
Variazione	+ 53,33%

Statistic Data

National Olive Surface	90,000 (ha)
Olive Oil Mills	292
National Production 19-20	23,000.0 (t)
National Production 18-19	15,000.0 (t)
Variation	+ 53.33%

International Olive Council - Ministry of Agriculture - Palestinian Olive Oil Council
Central Bureau of Statistics - The Union of Agricultural Work Committees - Oxfam-West Bank

Non c'è paese in cui l'albero dell'olivo risulti così connaturato con il proprio paesaggio, la storia e le tradizioni come la Palestina. Il primo rimando, naturalmente, è alla storia sacra e in particolare al Monte degli Ulivi, a est di Gerusalemme, così chiamato per via della pianta che ne ricopriva i fianchi e dove sopravvivono ancora esemplari antichissimi. Ma in realtà gli studiosi farebbero risalire la comparsa dei primi olivi in queste terre a quattromila anni prima di Cristo. E molti ritrovamenti archeologici dimostrerebbero che il Medio Oriente, e in particolare la Palestina, siano proprio il luogo in cui la pianta sacra si è sviluppata. I terreni aridi e il clima mediterraneo, con inverni temperati ed estati molto calde, favoriscono l'olivicoltura che rappresenta da sempre uno dei pilastri dell'attività agricola non solo per ragioni economiche, ma anche in relazione alla cultura e all'identità stessa di queste popolazioni dalla storia tanto travagliata e complessa. Oggi l'olivo è presente, con pressoché 12 milioni di alberi, su una superficie di 90mila ettari: ricopre quasi la metà dell'area agricola in Cisgiordania e nella Striscia di Gaza e rappresenta un'ampia fetta della totale produzione ortofrutticola. Praticamente cresce un po' dappertutto, anche se le zone più produttive sono concentrate nell'area compresa tra Jenin, uno dei principali centri agricoli dell'estremo nord, e Nablus e Ramallah, più a sud; e tra Tulkarm e Qalqiliya, nella parte occidentale della Cisgiordania settentrionale; inoltre a sud, a Hebron, e a Khan Yunis e Gaza, nella Striscia di Gaza. Le cultivar locali presenti nel territorio sono: nabali baladi, roomi, nabali mohassan e souri. La trasformazione si svolge in 292 frantoi. Il settore olivicolo è da sempre fondamentale per la società palestinese: innanzitutto perché il prodotto finale è alla base del fabbisogno alimentare dell'intera popolazione, ma anche perché l'intero comparto rappresenta una primaria fonte di reddito per molte famiglie di agricoltori, il cui sostentamento dipende totalmente o parzialmente dal raccolto dei loro oliveti. Inoltre l'olivicoltura offre anche opportunità di lavoro stagionale, soprattutto negli anni di alta produttività. I volumi della campagna 2019-2020 hanno raggiunto le 23mila tonnellate di olio, con un aumento del 53,33% rispetto all'annata precedente. Questa produzione è destinata in parte all'esportazione (6mila tonnellate). Infatti, anche in seguito alla riscoperta delle sue qualità terapeutiche, l'olio si è delineato come potenziale prodotto richiesto da parte del crescente mercato europeo e americano di generi salutistici. Tuttavia, nonostante l'esportazione, principalmente rivolta ai vicini paesi arabi, porti con sé un alto valore aggiunto, gli agricoltori palestinesi non hanno finora deciso di praticare un'olivicoltura orientata esclusivamente al profitto e dunque al mercato internazionale, ma sono rimasti più fedeli a quello nazionale e all'autoconsumo: è il motivo per cui, benché alcuni produttori abbiano scelto di aumentare esportazione ed efficienza, non si rendono ancora necessari alti livelli di investimenti o di moderna tecnologia. Di contro occorre sottolineare che non mancano le iniziative e i progetti orientati allo sviluppo di un'olivicoltura più moderna, con l'ausilio della Comunità Europea, di organizzazioni non governative, e di imprese private locali. Il consumo di olio nel paese raggiunge le 16mila tonnellate attuali, quello pro capite è di 4 kg annui.

The olive tree has a unique connection with the landscape, history and traditions of Palestine. Of course, sacred history immediately springs to mind, especially the Mount of Olives, to the east of Jerusalem, which is called in this way because its slopes were covered with this plant and where it is still possible to find very ancient trees. Actually, the historians date the appearance of the first olive trees to about 4,000 years before Christ. In fact, many archaeological finds seem to demonstrate that the Middle East and especially Palestine are the place where the sacred tree developed. The dry soil and the Mediterranean climate, with mild winters and hot summers, allow in fact the tree growth, which has always represented one of the mainstays of agriculture and also plays an important role not only in the economy but also in the culture and the identity of these populations, who have had such a troubled and controversial history. Currently the olive tree covers around 90,000 hectares with about 12 million plants, it takes up nearly the half of the agricultural area of Cisjordania and the Gaza Strip and represents a large part of the total fruit and vegetable production. In Palestine the olive tree grows practically everywhere, but the greatest productive areas are located in the area between Jenin, one of the main agricultural centres in the extreme north, and Nablus and Ramallah, more to the south, and between Tulkarm and Qalqiliya, in the western part of northern Cisjordania; moreover in the south, in Hebron, and in Khan Yunis and Gaza, in the Gaza Strip. The local cultivars present in the territory are nabali baladi, roomi, nabali mohassan and souri. Transformation is carried out in 292 oil mills. The olive sector has always had an important function in Palestinian society, first of all because the end product is a basic element of the national food requirements, but also because this sector represents the primary source of income for a considerable number of families of olive growers, who depend entirely or partially on the crop harvested from their olive groves. Besides, olive growing in the harvest period offers numerous opportunities of seasonal work, especially in highly productive years. In the oil harvest 2019-2020 the oil output reached 23,000 tons, with an increase of 53.33% compared to the previous year. This production is partly destined for export (6,000 tons). In fact, following the discovery of its therapeutic qualities, oil has become a potential export product in the growing European and American markets of health products. Even if export (mainly to the neighbouring Arab countries) produces a high added value, Palestinian olive growers have nevertheless withstood the temptation to grow exclusively for high profit and international export, aiming instead at the local market and domestic consumption. Therefore, even if local producers have decided to increase both export and efficiency, it is not necessary to impose high levels of investments or modern technology. However, initiatives and projects aimed at developing more modern olive growing are spreading, with the support of the European Community, non governmental organizations and local private companies. Oil consumption in the country currently reaches 16,000 tons, while the per capita consumption is 4 kg per year.

Premiata dal Festival della Gastronomia di Luigi Cremona e Witaly come migliore Agenzia di Comunicazione dell'anno

MG LOGOS
DI STEFANO CARBONI & C.

Comunichiamo l'eccellenza agroalimentare italiana, raccontando i suoi prodotti.

MG Logos di Stefano Carboni & C.
Lungotevere Testaccio, 9 - 00153 Roma
Tel. 06.45.49.19.84 - Email: comunicazione@mglogos.it
www.mglogos.roma.it - press.mglogos.it

Giordania
Jordan

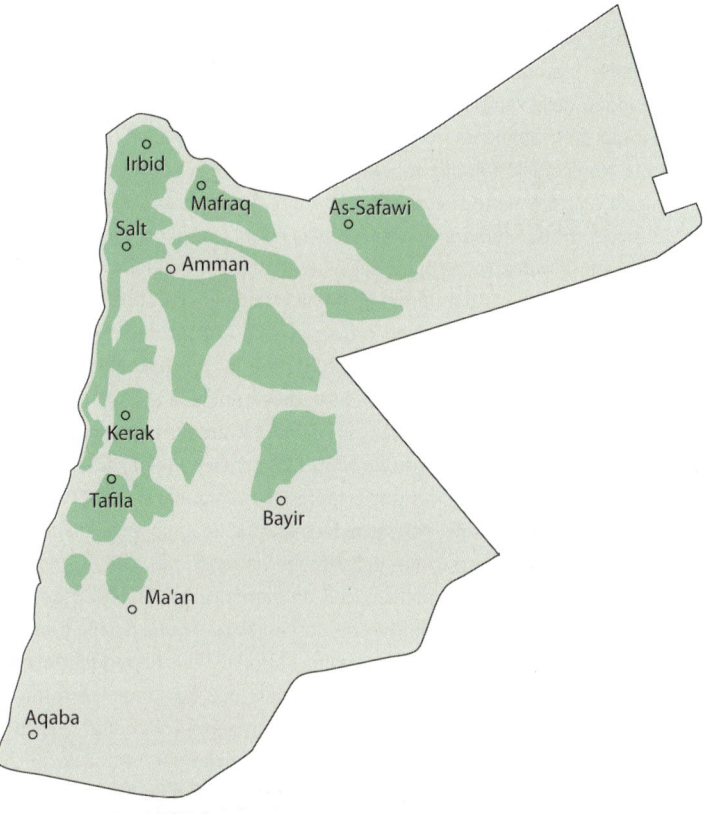

Aree olivetate o a vocazione olivicola • Olive growing areas or areas suitable to olive growing

Dati Statistici		**Statistic Data**	
Superficie Olivetata Nazionale	130.000 (ha)	National Olive Surface	130,000 (ha)
Frantoi	135	Olive Oil Mills	135
Produzione Nazionale 19-20	25.500,0 (t)	National Production 19-20	25,500.0 (t)
Produzione Nazionale 18-19	21.000,0 (t)	National Production 18-19	21,000.0 (t)
Variazione	+ 21,43%	Variation	+ 21.43%

International Olive Council - Ministry of Agriculture - Department of Statistics

L'olivicoltura in Giordania può dirsi un settore in via di sviluppo. La produzione di olio rappresenta infatti una voce importante nell'economia nazionale: molti oliveti appartengono a piccoli e medi proprietari e sono fonte di reddito per centinaia di famiglie locali, oltre a fornire lavoro stagionale agli operatori agricoli. Del resto la Giordania è una delle culle storiche dell'albero dell'olivo, la pianta sacra alla quale sono sempre state riservate una cura e un'attenzione speciali, nonostante i progetti di urbanizzazione, la riduzione delle proprietà terriere e l'abbandono delle campagne. Oggi, a 6mila anni dalla sua comparsa, l'olivo rimane il più importante albero da frutto del paese, ricoprendo circa un terzo della superficie agricola. Negli ultimi quindici anni infatti l'area coltivata a olivi è aumentata in modo massiccio e attualmente si contano 18 milioni di esemplari, in larghissima parte in produzione, messi a dimora su circa 130mila ettari. Questi occupano principalmente due regioni: la prima è costituita dai piovosi altipiani occidentali delle province di Irbid, Jerash, Ajloun, As-Salt, Amman, Kerak e Tafila, da cui si ricava la maggioranza dell'olio di tutto il paese; il resto proviene dalle regioni desertiche nord-orientali dove gli oliveti ricoprono terreni non irrigui. Tra le principali cultivar autoctone la più diffusa è la ras'i, varietà a doppia attitudine originaria del sud della Giordania e piuttosto resistente. Seguono la souri e la nabali. La raccolta è svolta prevalentemente a mano; e i frantoi attivi sul territorio sono 135, per la maggior parte moderni a ciclo continuo, con metodo di estrazione a tre fasi. La Giordania si colloca tra i paesi che stanno investendo energie nel settore oleario: la maggioranza della produzione di olive è destinata all'estrazione dell'olio che ha raggiunto, nella campagna 2019-2020, una resa di 25.500 tonnellate, con un aumento del 21,43% rispetto a quella precedente. Sono volumi produttivi che, così assestati da una decina d'anni a questa parte, tendono a soddisfare il fabbisogno nazionale che ha raggiunto quest'anno le 29mila tonnellate, con un consumo pro capite di 3 kg annui. Pur tuttavia alcune annate costringono la Giordania a importare un certo volume di prodotto, anche perché il prezzo dell'olio locale risulta più alto di quello internazionale, anche se sta gradualmente diminuendo. Un obiettivo importante è quindi quello di accrescere la competitività dell'olio giordano di qualità per allinearsi al mercato mondiale. Malgrado le difficoltà, dunque, la tendenza è all'incremento e alla razionalizzazione del settore; e i primi passi in questa direzione sono stati compiuti: dalla fine del 2002 la Giordania è membro dell'International Olive Council e gli organismi governativi hanno elaborato una strategia nazionale da applicare al settore, oltre alla riforma degli standard locali, in vista di un adeguamento a quelli mondiali. E si promuovono importanti innovazioni nei frantoi, come il miglioramento della conservazione del prodotto mediante l'utilizzo di contenitori in acciaio inossidabile. I successivi passi da compiere sono: la creazione di panel di assaggio ufficiali, l'attuazione di programmi di ricerca come quello del Centro Nazionale per la Ricerca Agricola e il Transfer Tecnologico, e la creazione di società di esportazione e di marketing. Da non sottovalutare, poi, i sottoprodotti della frangitura che potrebbero rappresentare degli sbocchi importanti per le aziende, incrementando la rendita dei produttori.

Olive growing in Jordan is a developing sector, in fact it represents an important voice in the national economy: many olive groves belong to small and medium sized holdings and are a source of income for hundreds of local families besides furnishing seasonal jobs to agricultural workers. Jordan is one of the historical birthplaces of the olive tree, the sacred plant that has always received a special care despite the urbanization projects, the reduction of landholding and the general neglect of the countryside. Today, 6,000 years after its appearance, the olive is still the most important fruit tree of the country, covering about one third of the agricultural surface. In the last fifteen years the cultivated area has greatly increased and currently there are 18 million trees, the most of which in production, on about 130,000 hectares. They are mainly spread in two regions: the main one includes the western rainy plateaus of the provinces of Irbid, Jerash, Ajloun, As-Salt, Amman, Kerak and Tafila, which produce the largest quantity of olive oil of the whole country; the rest comes from the north-eastern desert regions, where olive groves cover non watered lands. Among the main autochthonous cultivars the most common is ras'i, a quite resistant double use variety coming from the south of Jordan, then there are souri and nabali. Harvesting is essentially by hand. The greatest part of the 135 active oil mills use the three phase extraction method. Jordan is one of the countries that are investing more in the oil sector. The main part of the total olive production is destined to olive oil extraction, whose yield in the harvest 2019-2020 reached 25,500 tons, with an increase of 21.43% compared to the previous year. These volumes have covered the national requirements for about ten years, this year it was 29,000 tons, with a per capita consumption of 3 kg per year. However, some harvests force Jordan to import some quantities of the product, even because the price of local olive oil is higher compared to the international one, even if it is gradually decreasing. Therefore, an important objective is to conform to the world market and thus make Jordan quality extra virgin olive oil more competitive. Despite the recent difficulties, the tendency is to the development and the rationalization of the sector and the first steps in this direction are being taken: first of all since the end of 2002 Jordan has become a member of the International Olive Council. Moreover, the government organizations have worked out a national strategy to apply to the whole sector, besides the reform of local standards to adjust them to the world ones; meanwhile important innovations in the local oil mills are being promoted, such as the improvement of product preservation through the use of stainless steel containers. The next objectives are the creation of official panel tests, the realization of research programmes like the one of the National Centre for Agricultural Research and Technology Transfer and the creation of export and marketing firms. Finally it is important not to underestimate the crushing by-products as an important outlet for the farms and an additional income for producers.

Giordania Jordan [JO] Ma'an

Al Toor

Ma'an - Post Box 921409 Amman
921409 Al Husseiniyah
Tel.: +962 6 5662111 - 3 2172002 - Fax: +962 6 5662112
E-mail: altoor@aljazy.com - Web: www.aljazy.com

86

1.080 m

Specializzato
Specialized

Vaso globoso
Globe

Brucatura a mano
Hand picking

Sì - Ciclo continuo
Yes - Continuous cycle

Baladi

Fruttato medio
Medium fruity

da 4,01 a 6,00 € - 250 ml
from € 4.01 to 6.00 - 250 ml

Al Toor è una realtà di produzione olearia operante dal 1977 ad Al Husseiniyah, non molto distante dalla famosa città storica di Petra. Qui la famiglia Al Jazi si dedica, con passione ed esperienza, alla coltivazione di 12mila piante di olivo su una superficie di 70 ettari di impianto, circondato da pini e cipressi. Da queste, nella recente campagna, sono stati raccolti 550 quintali di olive che hanno reso circa 90 ettolitri di olio. La selezione presentata per la Guida è l'Extravergine Al Toor che appare alla vista di un bel colore giallo dorato intenso con marcate venature verdi, limpido. Al naso si offre ampio e avvolgente, dotato di sentori fruttati di pomodoro acerbo, banana e mela bianca, cui si affiancano note aromatiche di erbe officinali, con ricordo di basilico, menta e prezzemolo. Elegante e armonico in bocca, si arricchisce di toni vegetali di lattuga di campo e sedano. Amaro deciso e piccante spiccato e ben armonizzato. Eccellente accompagnamento per antipasti di pomodori, insalate di farro, marinate di ricciola, patate in umido, zuppe di legumi, primi piatti con salmone, molluschi gratinati, tartare di tonno, coniglio arrosto, pollame alla brace, formaggi caprini.

Al Toor is an oil farm active since 1977 in Al Husseiniyah, not far from the famous historical town of Petra. Here the family Al Jazi attends to olive growing with passion and experience. They run a surface of 70 hectares with 12,000 trees, surrounded by pine trees and cypresses. In the last harvest 550 quintals of olives were produced, which allowed to yield about 90 hectolitres of extra virgin olive oil. The selection proposed to the Guide is the Extra Virgin Al Toor, which is a beautiful intense limpid golden yellow colour with distinct green hues. Its aroma is ample and rotund, endowed with fruity hints of unripe tomato, banana and white apple, together with aromatic notes of officinal herbs, especially basil, mint and parsley. Its taste is elegant and harmonic, enriched by a vegetal flavour of country lettuce and celery. Bitterness is definite and pungency is distinct and harmonic. It would be ideal on tomato appetizers, farro salads, marinated amberjack, stewed potatoes, legume soups, pasta with salmon, mussels au gratin, tuna tartare, roast rabbit, barbecued poultry, goat cheese.

Iraq
Iraq

Aree olivetate o a vocazione olivicola • *Olive growing areas or areas suitable to olive growing*

Dati Statistici

Superficie Olivetata Nazionale	5.216 (ha)
Frantoi	11
Produzione Nazionale 19-20	1.500,0 (t)
Produzione Nazionale 18-19	1.500,0 (t)
Variazione	0,00%

International Olive Council - Ministry of Agriculture
Ministry of Planning: Agricultural Statistics Department

Statistic Data

National Olive Surface	5,216 (ha)
Olive Oil Mills	11
National Production 19-20	1,500.0 (t)
National Production 18-19	1,500.0 (t)
Variation	0.00%

Il territorio dell'Iraq corrisponde in gran parte all'antica Mesopotamia, la cosiddetta "terra in mezzo ai fiumi", ovvero il Tigri e l'Eufrate che scorrono da nord a sud, unendosi prima di sfociare nel Golfo Persico. Il nome attuale del paese, dal persiano "eraq", "terre basse", rimanderebbe alla conformazione del suolo, in contrapposizione all'altopiano iranico. È un paese dall'antica tradizione agricola, sebbene molte zone siano desertiche e aride; quindi, così come altri paesi del Mediterraneo e del Medio Oriente, potrebbe sviluppare un'olivicoltura orientata alla produzione sia di olive da tavola che di olio. L'olivo potrebbe infatti rappresentare una risorsa strategica per gli agricoltori locali in quanto è una pianta che sopravvive e fruttifica anche in aree con limitate risorse idriche e, come tale, contribuisce a promuovere lo sviluppo rurale di zone altrimenti improduttive o abbandonate. Inoltre potrebbe concorrere a ridurre in maniera significativa l'erosione del terreno, provocata dai venti monsonici, oltre a rappresentare un mezzo per la crescita economica della popolazione. Secondo i dati più recenti in Iraq il patrimonio olivicolo si concentra soprattutto a nord, in particolare nel territorio di Ba'sheeqa, nel governatorato di Nīnawā dove si trova l'impianto più antico. Le olive ricavate da questi alberi, però, non erano impiegate per la produzione di olio, bensì per ottenere una bevanda alcolica tradizionale chiamata "araq". A partire dall'anno Duemila il Ministero dell'Agricoltura ha apertamente riconosciuto il potenziale olivicolo del paese, supportando diversi programmi di sviluppo in tutte le province. Nascono così numerosi vivai per far sviluppare e studiare le pianticelle da distribuire poi agli agricoltori che le coltivano nei propri terreni beneficiando dell'assistenza e dei sussidi governativi. In particolare si segnala l'Olive Oil Project (OOP) del 2010. Ed è ancora più recente la notizia di un piano di lavoro, finanziato dall'Italia, per creare uno stabilimento per la produzione di olio nella regione autonoma del Kurdistān, con un numero importante di pianticelle provenienti da Siria, Turchia, Italia e Spagna. C'è da dire però che non tutti questi programmi riescono a essere monitorati, a causa dell'instabilità in cui si trova il paese. Attualmente, oltre alla già menzionata area settentrionale di Ba'sheeqa, si evidenziano le seguenti otto zone nelle quali si concentrano gli impianti: Kirkūk, Ba'qūbah, Baghdād, Al Hillah, Karbalā, Al Kūt, Al Najaf e As Samāwah. Queste si estendono per 5.216 ettari e accolgono nella totalità 625.920 alberi. Le aziende attive sono 316. Le varietà maggiormente diffuse sono cultivar autoctone a doppia attitudine, come bashika e ashrasy, ma nei vivai sperimentali sono inserite anche cultivar siriane, come kaissy e sorani; e nei più recenti impianti intensivi irrigui ci sono varietà importate dalla Spagna, come arbequina, manzanilla e pical. I frantoi sono 11, così distribuiti: tre si trovano nella terra di Kir, tre ad Al Mawsil, due ad Al Anbār, e gli ultimi tre nelle province di Baghdād, Salāh al-Dīn e Diyālā. Nella campagna 2019-2020 sono state prodotte 1.500 tonnellate di olio, senza variazioni di rilievo rispetto a quella precedente. Tuttavia il rinvigorito interesse per l'olivicoltura nel paese non è stato finora supportato da una strategia economica adatta a far decollare una vera industria olearia: il consumo è basso (1.500 tonnellate), la domanda debole e il prezzo dell'olio ancora troppo elevato.

Iraq's territory corresponds largely to ancient Mesopotamia, the so-called "land between the rivers", that is the Tigris and Euphrates, which flow from the north to the south, joining before emptying into the Persian Gulf. The current name of the country, from the Persian "eraq", "low lands", refers to the conformation of the soil, as opposed to the Iranian plateau. It is a country with an ancient agricultural tradition, although many areas are arid and desert; and, as well as other countries of the Mediterranean and the Middle East, also Iraq may develop olive growing both oriented to the production of table olives and of oil. In fact, the olive tree could be an important strategic resource for local farmers, as it is a plant that survives and bears fruit even in areas with limited water resources and, as such, helps to promote the rural development of areas otherwise unproductive or abandoned. It could also help to significantly reduce soil erosion, caused in particular by the monsoon winds, as well as provide a means for the economic growth of the population. According to the latest data, in Iraq, the olive groves are mainly concentrated in the north, particularly in the territory of Ba'sheeqa, in the governorate of Nīnawā, where there is the oldest olive grove. The olives obtained from these trees, however, were not used for the production of oil, but to obtain a traditional alcoholic beverage called "araq". Starting from the year 2000, the Ministry of Agriculture has openly recognized the olive growing potential of the country, supporting various development programs in all provinces. Therefore many nurseries were created to produce and study the seedlings, which were later distributed to farmers, who cultivated them in their lands benefiting from government assistance and subsidies. In particular the Olive Oil Project (OOP) of 2010 should be mentioned. And more recently a work plan has been financed by Italy, to create an oil production plant in the autonomous region of Kurdistān, with a significant number of seedlings from Syria, Turkey, Italy and Spain. However, these programs cannot be always monitored, due to the instability of the country. Currently, in addition to the already mentioned northern area of Ba'sheeqa, there are eight areas where the plants are concentrated: Kirkūk, Ba'qūbah, Baghdād, Al Hillah, Karbalā, Al Kūt, Al Najaf and As Samāwah. These extend over 5,216 hectares and contain a total of 625,920 trees. The farms active in these territories are 316. The most common varieties are autochthonous cultivars with double attitude, like bashika and ashrasy, but in the experimental nurseries there are also Syrian varieties, like kaissy and sorani. Instead, in the most recent intensive irrigation systems there are varieties imported from Spain, such as arbequina, manzanilla and picual. The oil mills in Iraq are 11, distributed as follows: three are in the land of Kir, three in Al Mawsil, two in Al Anbār, and the last three in the provinces of Baghdād, Salāh al-Dīn and Diyālā. In the harvest 2019-2020 a quantity of 1,500 tons of oil was produced, without any variations compared to the previous year. However, the renewed interest in olive growing in the country so far has not been supported by an economic strategy suitable for launching a real oil industry: consumption is low (1,500 tons), the demand is weak and the price of oil is still too high.

FLOS OLEI 2016 — The Importer of the Year

ITALIŠKO SKONIO GURMANAI

Via Verkių, 29 - Ogmios City
Family Square 3 - 08239 Vilnius
Vilniaus Apskritis (Lithuania)
www.netikmakaronai.lt

Iran
Iran

Aree olivetate o a vocazione olivicola • Olive growing areas or areas suitable to olive growing

Dati Statistici		**Statistic Data**	
Superficie Olivetata Nazionale	90.000 (ha)	National Olive Surface	90,000 (ha)
Frantoi	77	Olive Oil Mills	77
Produzione Nazionale 19-20	9.000,0 (t)	National Production 19-20	9,000.0 (t)
Produzione Nazionale 18-19	7.000,0 (t)	National Production 18-19	7,000.0 (t)
Variazione	+28,57%	Variation	+28.57%

International Olive Council - Ministry of Jihad-e-Agriculture
Islamic Republic of Iran Customs Administration

L'Iran è un paese mediorientale caratterizzato al suo interno da una grande varietà di temperature e di climi: si va da quello arido, con forti escursioni termiche, delle regioni interne e orientali, a quello subtropicale lungo la costa settentrionale del Mar Caspio. Le zone più fertili si trovano nella parte occidentale e nord-occidentale del paese. La storia dell'olivo è qui molto antica, anche se non si riesce a stabilire esattamente a quando risalga la sua coltivazione. Alcuni storici indicano l'epoca dei Seleucidi, la dinastia di regnanti che si afferma dopo la morte di Alessandro Magno, tra il IV e il I secolo a.C., durante la quale la pianta pare fosse coltivata in quantità importanti. Secondo altre testimonianze, invece, l'olivo sarebbe stato portato in Iran dai profughi siriani durante il regno di Shapur I della dinastia sassanide (III secolo d.C.), l'ultima dinastia indigena a governare l'antica Persia prima della conquista islamica. In questo periodo il re Khosro avrebbe imposto delle tasse su alcuni alberi, tra cui la palma da dattero e l'olivo: evento che indica l'indubbia importanza di questa pianta nella storia economica del paese. In realtà le ricerche e gli studi effettuati finora non hanno del tutto spiegato le ragioni di questa importanza, se cioè i contadini fossero interessati alla conservazione della pianta, ovvero all'utilizzo delle olive per la produzione di olio: certo è che l'olivo e i suoi frutti erano connotati di valore sacrale. Purtroppo eventi come disastri naturali, guerre e spopolamento dei villaggi hanno determinato, nel corso della storia seguente, il progressivo abbandono delle antiche zone vocate che sono rimaste limitate soltanto ad alcune aree settentrionali. Le regioni in cui si sarebbero scoperte le prime tracce di alberi di olivo sono la provincia di Gilan (Rudbar, Manjil) e la baia di Gorgan, presso il Mar Caspio (a nord-ovest), come documenta il diario di viaggio del poeta Naserkhosro risalente al XI secolo d.C.. A queste vanno aggiunte altre piantagioni nella provincia di Khuzestan, sulle pendici dei Monti Zagros (a ovest, presso Ahvaz), e in quella di Fars (più a sud, presso Shiraz). Sta di fatto che ora la maggior parte del patrimonio olivicolo è concentrato nella valle tra Tarom e Manjil, a pochi chilometri dalla costa del Mar Caspio. Anche se, negli ultimi anni, nuovi impianti hanno iniziato a interessare anche altre province del territorio. Attualmente si contano 21 milioni 150mila olivi, distribuiti su circa 90mila ettari, suscettibili di incremento annuo. Le varietà autoctone sono: zard, roghani, shenge, mari, dezfool, fishomi, shiraz e baghmalek. E si sta studiando l'adattabilità di alcune cultivar straniere: le greche konservolia e koroneiki e le spagnole manzanilla e arbequina. Le aziende sono 815; gli olivicoltori 40mila. La trasformazione avviene in 77 frantoi, dei quali 42 fissi e 35 dotati di una struttura mobile: per lo più macchinari moderni a ciclo continuo. La campagna 2019-2020 ha reso 9mila tonnellate di olio, con un aumento del 28,57% rispetto a quella precedente. Il consumo di olio pro capite è di 0,17 kg annui. Per quanto riguarda le prospettive di sviluppo, tra i progetti attuati più importanti c'è un campo sperimentale per la tutela delle varietà autoctone, creato selezionando soprattutto quelle resistenti alla scarsità idrica che caratterizza il paese, nonché alcuni prodotti editoriali mirati alla promozione di queste cultivar tra gli olivicoltori insieme alla divulgazione di buone pratiche di coltivazione e produzione.

Iran is a Middle-Eastern country characterized by a wide range of temperatures and climates: the inner and eastern regions have a dry climate with great thermal excursions, while along the northern coast of the Caspian Sea the conditions are subtropical. The most fertile areas are in the western and north-western part of the country. The history of the olive tree in Iran goes back to ancient times, but it is difficult to ascertain exactly when serious cultivation began. Some historians indicate the age of the Seleucids, the dynasty that came into power after the death of Alexander the Great between the 4th and the 1st century B.C.. In this period it seems that there were considerable quantities of olive trees. Instead, according to other sources, the olive tree was brought to Iran by Syrian refugees during the reign of Shapur I of the Sassanian dynasty (3rd century A.D.), the last national dynasty that governed ancient Persia before the Islamic conquest. In this period the king Khosro imposed taxes on some trees, which included the date palm and the olive tree. This event shows the undisputable importance of the olive tree in the economic history of the country. However, the research and the studies carried out up to now have not completely explained why this cultivation was so widespread among Persian peasants, if they were interested in the conservation of the tree or in using olives to produce oil; what is certain is that the olive tree and its fruit had a religious importance. Unfortunately, events like natural disasters, wars, depopulation of the villages in the course of time determined the progressive neglect of the ancient favourable areas, which have remained especially in some regions in the north of the country. The regions where the first traces of olive trees were discovered are the province of Gilan (Rudbar, Manjil) and the bay of Gorgan, near the Caspian Sea (to the north-west), as is witnessed by the travel journal of the poet Naserkhosro (11th century A.D.). Other plantations are in the province of Khuzestan, on the slopes of the Mounts Zagros (in the west, near Ahvaz) and in Fars (more to the south, near Shiraz). Nowadays most of the olive groves are concentrated in the valley between Tarom and Manjil, a few kilometres from the coast of the Caspian Sea. However, in the last few years new olive groves have been started also in other provinces of the territory. Currently there are 21 million 150,000 olive trees, spread over a total area of about 90,000 hectares, this figure seems to be increasing yearly. The autochthonous varieties are the following: zard, roghani, shenge, mari, dezfool, fishomi, shiraz and baghmalek. Moreover, studies are being carried out to ascertain the adaptability of some foreign cultivars: the Greek konservolia and koroneiki and the Spanish manzanilla and arbequina. The farms are 815 and the olive growers 40,000. Transformation is carried out in 77 oil mills, 42 of which are permanent structures and 35 are mobile. They are mainly modern continuous cycle oil mills. In the oil harvest 2019-2020 a quantity of 9,000 tons of oil was produced, with an increase of 28.57% compared to the previous year. The per capita oil consumption is 0.17 kg per year. Regarding the prospects for development of Iranian olive growing, among the most important implemented projects there is an experimental field for the protection of indigenous varieties, created by selecting especially those resistant to the water scarcity that characterizes the country, as well as some editorial products aimed at promoting these cultivars among olive growers, together with the spread of good cultivation and production practices.

FLOS OLEI 2016 — The Restaurant of the Year

RESTAURANT LA PERLA

Philipp Tresch

Waldstätterstrasse, 25
6003 Lucerne (Switzerland)
www.laperla-luzern.ch

Afghanistan
Afghanistan

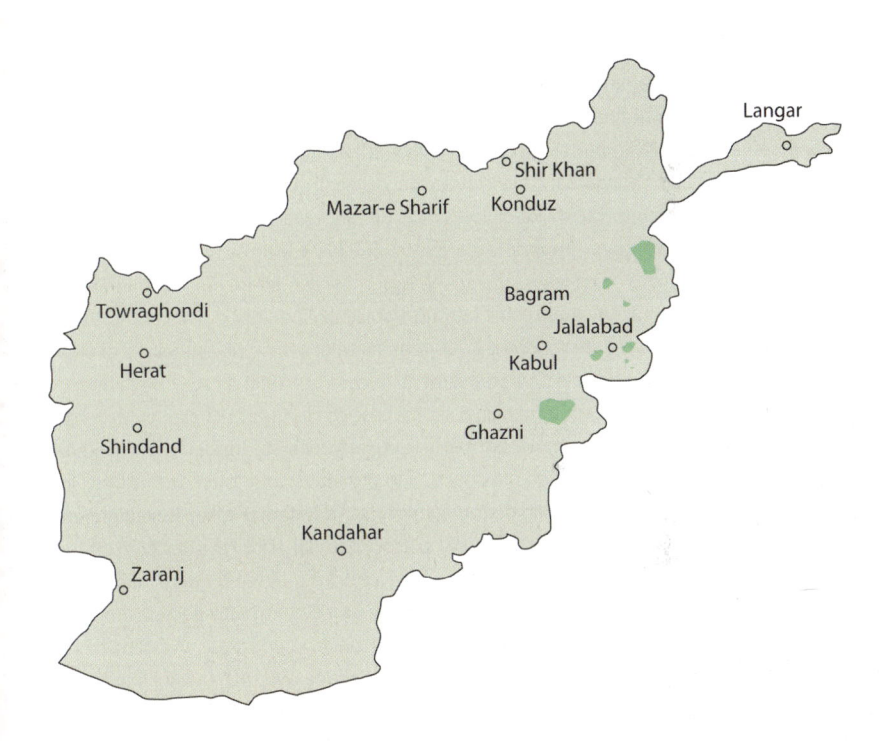

Aree olivetate o a vocazione olivicola • *Olive growing areas or areas suitable to olive growing*

Dati Statistici		**Statistic Data**	
Superficie Olivetata Nazionale	1.768 (ha)	National Olive Surface	1,768 (ha)
Frantoi	1	Olive Oil Mills	1
Produzione Nazionale 19-20	7,7 (t)	National Production 19-20	7.7 (t)
Produzione Nazionale 18-19	1,5 (t)	National Production 18-19	1.5 (t)
Variazione	+413,33%	Variation	+413.33%

Nangrahar Valley Agriculture Corporation, Planning Departement - Chamber of Commerce of Nangarhar Kabul Customs House

L'Afghanistan è uno stato dell'Asia centrale che confina a nord con il Tagikistan, l'Uzbekistan e il Turkmenistan, a ovest con l'Iran, a sud e a est con il Pakistan e infine con la Cina in quella regione protesa verso est, nota come corridoio del Wakhan. Ha un clima continentale con inverni rigidi ed estati torride, il che determina una forte aridità e un paesaggio riarso e brullo, dominato da steppa adibita a pascolo. Ma sul versante sud-orientale, lungo il confine con il Pakistan, ridotte aree forestali beneficiano dell'influsso monsonico. Allora il clima si fa più mite, a tratti quasi mediterraneo. Qui, in particolare nella provincia di Nangarhar, è presente l'olivo. E sempre qui fino a una ventina di anni fa si produceva l'olio, prima che gli anni della guerra civile portassero distruzione e abbandono anche in questo settore. Nella provincia di Nangarhar l'olivicoltura nasce negli anni Cinquanta del secolo scorso, quando alcune varietà di olivo (himdi, gemlec, evalec, azerbaijani, chemlec, egypt, chemlali) vengono importate da Egitto, Turchia e Azerbaigian. Da principio un impianto pioniere viene realizzato su una superficie di 6 ettari, poi l'area aumenta fino a raggiungere i 2.900 ettari, con 4 fattorie. L'apice dello sviluppo si ha nel 1979, un anno ricordato per i volumi prodotti: 2.200 tonnellate di olive e 50 tonnellate di olio. Ma questi quantitativi si riducono praticamente a zero nel 1992 a causa degli eventi bellici che determinano il venir meno dei servizi base per la cura della pianta. Ma forse oggi può dirsi iniziata una nuova era per il comparto che sta iniziando a rinascere grazie all'aiuto dei governi degli altri paesi, alle organizzazioni internazionali per lo sviluppo e a progetti come quello denominato NVDA (Nangarhar Valley Development Authority), un grosso programma agricolo patrocinato dal Ministero dell'Agricoltura afghano nella provincia di Nangarhar. Così l'olivicoltura sta riprendendo a dare i suoi frutti e l'olio extravergine a essere prodotto anche con il contributo della tecnologia italiana nel campo dell'estrazione. Oggi la superficie in produzione si estende per 1.768 ettari ed è totalmente destinata alla trasformazione dei frutti in olio. Il numero delle piante raggiunge i 277.497 esemplari e ogni anno sono piantati nuovi alberi. L'area coltivata si concentra nella parte centro-settentrionale della provincia di Nangarhar, ma distese di olivi selvatici ricoprono anche alcune zone montuose delle province di Konar e Khowst, rispettivamente a nord e a sud della stessa. Qui sono in programma degli investimenti per rendere queste aree produttive, ma si tratta di progetti che richiederanno anni prima dell'effettiva realizzazione. Al momento in Afghanistan esistono 4 aziende produttive e un'unica fabbrica per l'estrazione dell'olio, che si avvale di moderni macchinari italiani, tutte all'interno del progetto NVDA. Durante la campagna 2019-2020, dopo la drastica diminuzione dell'annata precedente, sono state ricavate 7,7 tonnellate di olio, con un'impennata del 413,33%. Le aspettative per il futuro sono che il governo del paese o le organizzazioni internazionali supportino progetti di sviluppo come quello della provincia di Nangarhar, affinché l'olivicoltura afghana riprenda a prosperare e trovi finalmente un posto nel mercato locale. Al momento infatti non è possibile un consumo diffuso dell'olio, a causa dei costi troppo elevati: parliamo di 2.011 tonnellate, saturate dall'importazione, a fronte di un consumo pro capite di 0,738 kg annui.

Afghanistan is a state in central Asia that borders on Tagikistan, Uzbekistan and Turkmenistan to the north, on Iran to the west, on Pakistan to the south and to the east and finally on China in the eastern area known as Wakhan corridor. It is characterized by a continental climate with rigid winters and baking summers, which determines the dry character of its parched and bare landscape dominated by the steppe which is used as pasture land. However, on the south-eastern side, along the border with Pakistan, a few forest areas benefit from the influence of the monsoons. Here the climate is milder, sometimes nearly Mediterranean and, especially in the province of Nangarhar, the olive tree is present. In the same area about twenty years ago olive oil was produced, before the dark years of the civil war caused the destruction and neglect of this sector. In the province of Nangarhar olive growing was introduced in the 50s of the last century, when some olive varieties (himdi, gemlec, evalec, azerbaijani, chemlec, egypt, chemlali) were imported from Egypt, Turkey and Azerbaijan. First a pioneer olive grove was realized on a surface of 6 hectares, then the area increased and reached 2,900 hectares with 4 farms. The apex of this development was 1979, a year that has been remembered for the production volume: 2,200 tons of olives and 50 tons of extra virgin olive oil. But these achievements completely disappeared in 1992 because of the war, which determined the destruction of the basic services necessary for the tree. Maybe today the sector is starting to recover thanks to the help of governments from other countries, international development organizations and projects such as NVDA (Nangarhar Valley Development Authority), an important agricultural project promoted by the Afghan Ministry of Agriculture in the province of Nangarhar. With these initiatives agriculture is flourishing again and extra virgin olive oil is being produced, also with the contribution of Italian technology in the field of extraction. Currently the productive olive surface covers 1,768 hectares and is totally destined to transformation into olive oil. The number of trees is 277,497 and every year new ones are planted. The cultivated area is mainly concentrated in the central-northern part of the province of Nangarhar, but wild olive trees also cover some mountainous regions of the provinces of Konar and Khowst, respectively to the north and to the south of the province of Nangarhar. Here investments are being planned to make these areas productive, but these are only projects for the future and it will take years before they are realized. At the moment in Afghanistan there are 4 productive farms and only one factory for oil extraction, which uses modern Italian machinery. They are part of the NVDA project. In the harvest 2019-2020, after the strong decrease of the previous year, a quantity of 7.7 tons of oil was produced, with an increase of 413.33%. In the future the local government and the international organizations are expected to support development projects such as the one of the province of Nangarhar, so that Afghan olive growing can flourish again and finally find a place on the local market. In fact, widespread oil consumption is currently impossible due to the high costs. Oil consumption is currently 2,011 tons, a mainly imported quantity, while the per capita consumption is 0.738 kg per year.

UNA RIGOROSA SELEZIONE DEI MIGLIORI FRANTOIANI D'ITALIA

OILBAR
FLOS OLEI POINT

**Livorno
Mercato Centrale
Oil Bar Caffè**

Follow us on Facebook
Cell.: +39 3387652694
Web: www.oilbar.eu

Pakistan
Pakistan

Dati Statistici
Superficie Olivetata Nazionale	10.000 (ha)
Frantoi	29
Produzione Nazionale 19-20	65,0 (t)
Produzione Nazionale 18-19	15,0 (t)
Variazione	+333,33%

Pakistan Oilseed Development Board

Statistic Data
National Olive Surface	10,000 (ha)
Olive Oil Mills	29
National Production 19-20	65.0 (t)
National Production 18-19	15.0 (t)
Variation	+333.33%

Aree olivetate o a vocazione olivicola • Olive growing areas or areas suitable to olive growing

Il Pakistan necessita ogni anno di crescenti quantità di oli alimentari per soddisfare la domanda interna di prodotto, legata all'aumento della popolazione. La coltivazione dell'olivo nasce da questo bisogno, nonché da quello di creare opportunità di lavoro e sviluppo nelle zone rurali più marginali dove la pianta fruttifica. Gli olivi selvatici sono parte consistente della flora pachistana, con circa 44 milioni di esemplari, nonostante in passato un gran numero sia stato espiantato per ricavarne materiale da costruzione e legna da ardere. E purtroppo questa pratica persiste, esponendo il terreno al rischio di erosione e compromettendo il fragile ecosistema delle regioni montuose. Da tempo sono in corso programmi per introdurre l'olivicoltura nel paese, ma senza studi specifici a riguardo. Per cui spesso gli impianti non sono stati produttivi, per mancanza di cure agronomiche o perché posizionati in luoghi non idonei. All'inizio del secondo millennio il Ministero dell'Agricoltura pachistano, che ha operato attraverso un ente, il Pakistan Oilseed Development Board (PODB), si è fatto carico di convertire olivi selvatici in varietà produttive. Questo approccio, che riguarda piccole realtà in aree remote del paese, mira al miglioramento dell'alimentazione della popolazione, con un olio dall'elevato valore nutrizionale, e a generare opportunità di lavoro. Nel 2007 il Pakistan Oilseed Development Board avvia, insieme all'italiano Istituto Agronomico per l'Oltremare, un progetto che ha, tra le attività principali, quella di localizzare le aree vocate all'olivicoltura, organizzare corsi di formazione e impiantare campi sperimentali e collezioni varietali per ottenere materiale certificato proveniente da oliveti selezionati per la riproduzione. L'olivicoltura riscuote consenso in Pakistan, sia da parte di piccoli produttori che di latifondisti attratti dalla vendita del prodotto finale, apprezzato come prodotto edibile, medicinale e cosmetico. In Pakistan la superficie vocata è di circa 800mila ettari. Ma larga parte è già coltivata con cereali e orticole che, oltre ad assicurare un costante introito per gli agricoltori, è fondamentale per la loro sicurezza alimentare. Per cui appare più probabile che il paese possa, negli anni, sviluppare circa un terzo dell'area totale: 250mila ettari parimenti distribuiti in aree coltivabili in maniera intensiva e meccanizzata (laddove il terreno lo consenta) e aree con una minore densità di piantagione (nelle parti impervie). Le zone più vocate si tovano nel KPK (ex North West Frontier Province) e nel Balochistan. Nella prima provincia emergono i distretti di Charsadda, Bajaur Agency, Bannu, Buner, Lower Dir, Malakand, Mardan, Swabi, Swat, Kurram Agency, Waziristan e Khyber Agency. Minori concentrazioni sono presenti anche nei distretti di Batagram, Shangla e Kohistan. Nel Balochistan spiccano i comprensori di Barkhan, Loralai, Killa Saifullah, Musakhel e Kohlu. Recentemente si stanno sviluppando progetti di impianti anche nella provincia del Punjab pachistano, in particolare nell'area pianeggiante di Potohar, nel distretto di Rawalpindi. Al momento, anche grazie all'attività del PODB, gli ettari olivetati raggiungono il numero di 10mila, con 2 milioni 700mila alberi; le aziende sono 560, con 29 frantoi che hanno prodotto, nella recente campagna, 65 tonnellate di olio, con uno straordinario aumento del 333,33% rispetto all'annata precedente. Il consumo di olio pro capite del paese è di 1,3 kg annui.

Every year Pakistan needs larger quantities of alimentary oil to meet the domestic demand of the product, connected with the population increase. The cultivation of the olive tree in the country is due to this need, besides the necessity of creating working opportunities and development in the most marginal rural areas, where the environmental conditions are the most favourable to the olive tree. The wild olive tree has always grown in Pakistan: about 44 million trees are reckoned to still exist on its territory, although in the past a large number were cut down for building material and firewood. Unfortunately this practice still exists in some areas with the consequent risk of soil erosion and the endangering of the fragile ecosystem of mountainous regions. In the last few years some programs have been carried out to introduce olive growing into the country, but specific studies have not been worked out. For this reason very often olive groves are not productive because of the lack of agronomic care and because of their unsuitable location. At the beginning of this century the Pakistan Ministry of Agriculture, through the Pakistan Oilseed Development Board (PODB), started converting wild olive trees into productive varieties. This policy, which uses small structures in the remotest areas of the country, should bring about an improvement in the life of the local people thanks to both the production of a highly nutritional olive oil and to the creation of new working opportunities. In fact in 2007 a project of the Pakistan Oilseed Development Board was started, which, together with the Italian Istituto Agronomico per l'Oltremare, tried to locate the best areas for olive growing, organize training courses, experiment on olive groves and cultivars, in order to obtain certified material from olive groves selected for reproduction. Furthermore, olive cultivation is growing increasingly more popular in Pakistan both among small producers and landowners interested in the successful sales of the end product, which is appreciated as a food, a medicine and a cosmetic. In Pakistan the potential olive surface is about 800,000 hectares, but this figure might be lower considering the importance of cereals and horticultural products, which guarantee a source of income and reliable food. Therefore, over the years the country is likely to develop a third of the total area: 250,000 hectares, equally distributed in areas which can be cultivated in an intensive and mechanized way, where the soil permits, and with lower density in difficult areas. The most suitable areas are concentrated in the KPK (former North West Frontier Province) and in Balochistan. In the first province we can mention the districts of Charsadda, Bajaur Agency, Bannu, Buner, Lower Dir, Malakand, Mardan, Swabi, Swat, Kurram Agency, Waziristan and Khyber Agency. Other smaller areas are also present in the districts of Batagram, Shangla and Kohistan. In Balochistan there are the areas of Barkhan, Loralai, Killa Saifullah, Musakhel and Kohlu. Recently, projects concerning new olive groves have been developed also in the province of Pakistani Punjab, especially in the flat area of Potohar, in the district of Rawalpindi. At the moment, also thanks to the activity of PODB, there are 10,000 olive hectares with 2 million 700,000 trees, while the active farms are 560 with 29 oil mills, which produced 65 tons of oil in the last harvest, with an extraordinary increase of 333.33% compared with the previous year. The per capita oil consumption in the country is 1.3 kg per year.

FLOS OLEI 2015 — The Importer of the Year

ITIGO AB

Voltavägen, 13/a
16869 Bromma
Stockholms (Sweden)
www.itigo.se

Regno dell'Arabia Saudita
Kingdom of Saudi Arabia

Aree olivetate o a vocazione olivicola • Olive growing areas or areas suitable to olive growing

Dati Statistici		**Statistic Data**	
Superficie Olivetata Nazionale	30.000 (ha)	National Olive Surface	30,000 (ha)
Frantoi	25	Olive Oil Mills	25
Produzione Nazionale 19-20	3.000,0 (t)	National Production 19-20	3,000.0 (t)
Produzione Nazionale 18-19	3.000,0 (t)	National Production 18-19	3,000.0 (t)
Variazione	0,00%	Variation	0.00%

International Olive Council - Supreme Council for Statistics - Olive Research Center

Gli olivi trovano dimora su queste terre da sempre, anche se furono i Mori dell'Andalucía, durante il Medioevo, a portare le piante e le tecniche di estrazione dell'olio dalla Spagna in questa regione. Così come da sempre l'olio è il cuore della cucina araba mediterranea. Di contro, si tratta di un paese in gran parte desertico, con un clima caldo e secco, per cui gli olivi non crescono ovunque. Li troviamo diffusi solamente in alcune zone nelle quali la tipologia del terreno e il clima, oltre alla presenza di acqua per l'irrigazione, ne rendono possibile lo sviluppo. Due regioni vocate sono 'Asir, a sud-ovest, perché presenta una porzione di territorio fertile sulla costa del Mar Rosso, e la confinante Al Bahah. Recentemente alcune aziende produttrici di olio si sono insediate a nord e a nord-ovest, nelle regioni di Al-Jawf, Tabuk e Ha'il, considerate le più adatte per disponibilità di acqua, fertilità del terreno e clima mite. In queste regioni, nelle quali l'agricoltura rappresenta una delle attività principali, il comparto olivicolo sta vivendo una fase di sviluppo significativo che ha portato all'espansione della coltivazione e della produzione. Il potenziale per continuare a investire non manca, nonostante difficoltà interne ed esterne (frammentazione della produzione, cambiamenti climatici, qualità del suolo, concorrenza nei mercati). In particolare si segnala l'area di Al-Jawf dalla quale proviene più della metà dell'olio prodotto nell'intero paese: qui gli impianti, iniziati negli anni Settanta, si sono recentemente intensificati. Anche nella zona di Ha'il l'olivicoltura, praticata da una decina di anni, sta dando risultati incoraggianti che potrebbero posizionare l'olivo subito dopo la palma da dattero. Secondo studi recenti parliamo di 15 milioni di olivi su 30mila ettari nell'intero paese. Per quanto riguarda le varietà coltivate, non sono impiantate e studiate quelle autoctone, ma le più diffuse sono importate dai paesi vicini, come la nabali dalla Giordania o le cultivar sorani, jlot, khodieri e kaissy dalla Siria. Sono inoltre presenti varietà spagnole (picual, manzanilla) e italiane (coratina). I frantoi sono 25, per lo più proprietà di privati e aziende, mentre pochi appartengono ad agricoltori o cooperative. Il loro numero è in crescita e la tendenza dei produttori è quella di dotarsi di macchinari sempre più moderni ed efficienti. La produzione di olio del paese si è assestata intorno alle 3mila tonnellate: questa è orientata verso il consumo locale (38mila tonnellate), saturato in larga parte dall'importazione; il consumo pro capite è di 0,7 kg annui. La domanda di olio sta crescendo costantemente negli ultimi anni, come pure c'è grande richiesta di extravergine di alta qualità, ricercato per le sue doti salutistiche. Crescita della produzione, sviluppo delle importazioni e dei consumi sono dunque gli elementi principali da considerare nel miglioramento del settore per il quale c'è ancora molta strada da compiere. Infatti il recente, rapido sviluppo degli impianti nel nord del paese ha messo in luce problematiche che incidono sulla sostenibilità del settore a lungo termine: dal potezi ale sconosciuto delle varietà importate, alla cattiva gestione della fase agronomica, alla mancanza di preparazione nelle fasi di trasformazione e commercializzazione. Si rende quindi necessario un progetto olivicolo, per il quale le autorità competenti sono già in moto, che miri soprattutto ad aumentare lo standard di qualità del prodotto finale piuttosto che i volumi.

The olive tree has always existed in these lands, although in the Middle Ages the Moors from Andalucía imported their trees and extraction techniques from Spain into this region. In the same way, oil has always been the heart of Mediterranean Arabic cuisine. However, Saudi Arabia is mostly a desert country, with a warm and dry climate, so that olive growing cannot be practised in the whole territory. It is found in some areas, where the ground typology, the climatic conditions and the presence of water make the life of the trees possible. Two suitable regions are 'Asir, to the south-west, because it has a portion of fertile territory on the coast of the Red Sea, and the neighbouring Al Bahah. Recently some oil farms have been created in the north and north-west, in the regions of Al-Jawf, Tabuk and Ha'il, considered the most suitable for water availability, soil fertility and mild climate. In these regions, where agriculture is one of the main activities, the olive sector is experiencing a significant phase of development that has led to the expansion of cultivation and production. The potential to continue investing is not lacking, despite internal and external difficulties (fragmentation of production, climatic change, quality of the soil, competition in the markets). In particular, it should be mentioned the area of Al-Jawf, which produces more than half of the oil in the entire country: here the plants, started in the 1970s, have recently increased. Even in the Ha'il area, olive cultivation, which has been practised for about ten years, is giving encouraging results that could place the olive tree immediately after the date palm. According to recent studies, in the whole country there are around 15 million trees on 30,000 hectares. As for the cultivated varieties, the autochthonous ones are not planted and studied, but the most widespread are imported from neighbouring countries, such as nabali from Jordan or the cultivars sorani, jlot, khodieri and kaissy from Syria. There are also Spanish (picual, manzanilla) and Italian (coratina) varieties. The oil mills are 25, mostly owned by private individuals and companies, while few belong to farmers or co-operatives. Their number is growing and the tendency of producers is to supply themselves with increasingly modern and efficient machinery. The country's oil production is around 3,000 tons: it is oriented towards local consumption (38,000 tons), largely saturated by imports; the per capita consumption is 0.7 kg per year. The demand for oil has been growing steadily over the last few years, as is the great demand for high quality extra virgin olive oil, sought after for its health-giving qualities. Production growth, development of imports and consumption are therefore the main elements to be considered in the improvement of the sector, which has still a long way to go. In fact, the recent rapid development of plants in the north of the country has highlighted a series of problems that affect the sustainability of the sector in the long term: from the unknown potential of imported varieties, to the poor management of the agronomic phase, to the lack of preparation in the phases of processing and marketing. An olive oil project aiming above all at increasing the quality standard of the final product, rather than the volumes, is therefore necessary and the competent authorities are already taking action to implement it.

FLOS OLEI 2015

The Restaurant of the Year

LOCANDA MARTINELLI

Michele Martinelli

Piazza Mazzini, 11
57016 Nibbiaia

Kuwait
Kuwait

Aree olivetate o a vocazione olivicola • Olive growing areas or areas suitable to olive growing

Dati Statistici

Superficie Olivetata Nazionale	n.p.
Frantoi	n.p.
Produzione Nazionale 19-20	n.p.
Produzione Nazionale 18-19	n.p.
Variazione	n.p.

International Olive Council

Statistic Data

National Olive Surface	n/a
Olive Oil Mills	n/a
National Production 19-20	n/a
National Production 18-19	n/a
Variation	n/a

Il Kuwait si trova all'estremità del golfo Persico. Il suo territorio, costituito dalle ultime propaggini del deserto arabico, è pianeggiante, con poche aree leggermente ondulate che raggiungono un'altitudine di circa 300 metri sul livello del mare. Il clima è molto arido, caratterizzato da lunghe estati torride e secche, con temperature che superano i 45 °C, e inverni brevi e moderatamente freschi con valori che talvolta scendono al di sotto dei 4 °C. Le precipitazioni sono scarsissime, l'evaporazione molto alta e l'umidità bassa. Durante i mesi estivi sono frequenti le tempeste di sabbia dovute a forti venti, caldi e asciutti. La superficie arabile è caratterizzata da un terreno sabbioso, povero di sostanze organiche e con scarsissima ritenzione idrica. In questo contesto ambientale esistono tuttavia delle aree coltivate o potenzialmente vocate allo sviluppo dell'agricoltura. In particolare la zona di Al Wafra, vicina al confine meridionale; quella di Al Abdali, vicina a quello settentrionale; e soprattutto l'area di Al Sulaibiya, al centro del paese. Acqua marina desalinizzata e acque sotterranee saline sono entrambe usate per l'irrigazione. La capacità di adattamento dell'olivo a condizioni ambientali estreme e specialmente la sua resistenza alla siccità hanno fatto sì che la pianta sia stata negli ultimi anni oggetto di studio, in vista di una sua possibile introduzione come coltivazione, da parte del Kuwait Institute for Scientific Research (KISR), ente pioniere nel settore agricolo. Questo, che ha già avviato numerosi progetti riguardanti diverse specie arboree con lo scopo di incrementare la vegetazione e contrastare la desertificazione, sta ora investendo molte energie sull'olivo. La sua coltura sarebbe infatti strategica non solo dal punto di vista ambientale, ma anche economico: olive e olio sono componenti essenziali dell'alimentazione della popolazione locale e la loro domanda è in crescita, date le sempre più ampiamente riconosciute doti nutrizionali e salutistiche. I primi esperimenti per introdurre l'olivo nel paese risalgono al 1985. Successivamente, negli anni Novanta, 300 alberelli vengono impiantati in un vivaio della Green Island, l'isola artificiale al largo della città di Kuwait. Risultati incoraggianti spingono l'istituto a proseguire negli studi. I progetti di ricerca che si susseguono dal primo decennio del Duemila a oggi mirano soprattutto a indagare, mediante una valutazione sul campo, la possibilità di adattamento di determinate cultivar selezionate al suolo sabbioso e la loro capacità di resistenza allo stress idrico e alla salinità dell'acqua di irrigazione. Particolarmente interessanti e suscettibili di sviluppi futuri si sono rivelati i test sulle tecniche di pacciamatura (copertura delle radici della pianta con paglia, foglie o terriccio) che possono contribuire a una significativa riduzione del fabbisogno di acqua. Tutte queste esperienze riguardano le zone di Al Wafra, Al Abdali, Doha e la Green Island. In particolare si segnalano i siti sperimentali di Sulaibiya e Salmiya, al centro del paese. Elemento cruciale è l'individuazione delle cultivar adeguate che riescano sia a crescere che a fruttificare. Uno studio del 2010 condotto su cinque varietà (arbequina, barnea, coratina, koroneiki e UC13A6) ha messo in luce la capacità di adattamento di barnea, arbequina e coratina; con la barnea che emerge come la più vigorosa. Ma anche le cultivar picual, picholine, pendolino e frantoio, esaminate nell'ambito di un altro progetto, hanno dimostrato buone potenzialità.

Kuwait is located at the end of the Persian Gulf. Its territory, consisting of the last offshoots of the Arabian desert, is flat, with few slightly undulating areas that reach an altitude of about 300 metres above sea level. The climate is very arid, characterized by long torrid and dry summers, with temperatures exceeding 45 °C, and short and moderately cool winters, with temperatures that sometimes fall below 4 °C. Rainfalls are very scarce, evaporation is very high and humidity is low. During the summer months there are frequent sand storms due to strong, hot and dry winds. The arable surface is characterized by sandy soil, poor in organic substances, and with very little water retention. In this environmental context, however, there are areas cultivated or potentially suitable for the development of agriculture. In particular, the area of Al Wafra, near the southern border; that of Al Abdali, close to the northern one; and especially the area of Al Sulaibiya, in the centre of the country. Desalinated seawater and saline groundwater are both used for irrigation. In recent years the Kuwait Institute for Scientific Research (KISR), a pioneer in the agricultural sector, has studied the olive tree because of its ability to adapt to extreme environmental conditions and especially because of its resistance to drought, in view of its possible introduction as a cultivation. This institute, which has already launched numerous projects concerning different tree species with the aim of increasing vegetation and combating desertification, is now investing a lot of energy on the olive tree. In fact, its cultivation would be strategic not only from an environmental, but also from an economic point of view: olives and oil are essential components of the local population's nutrition and their demand is growing, given their increasingly widely recognized nutritional and health benefits. The first experiments to introduce the olive tree in the country date back to 1985. Subsequently, in the 1990s, 300 saplings were planted in a nursery on Green Island, the artificial island off the city of Kuwait. Encouraging results are pushing the institute to continue their studies. The research projects carried out from the first decade of the 2000s up to now aim above all to investigate, through an on-site evaluation, the possibility of adapting certain selected cultivars to sandy soil and their ability to withstand water stress and salinity of the irrigation water. The tests on mulching techniques (covering the roots of the plant with straw, leaves or soil), which can contribute to a significant reduction in water requirements, have proved particularly interesting and susceptible to future developments. All these experiences concern the areas of Al Wafra, Al Abdali, Doha and Green Island. In particular, the experimental sites of Sulaibiya and Salmiya, in the centre of the country, should be mentioned. A crucial element is the identification of cultivars that are able both to grow and to bear fruit. A 2010 study conducted on five varieties (arbequina, barnea, coratina, koroneiki and UC13A6) highlighted the adaptive capacity of barnea, arbequina and coratina. Barnea seems to be the most vigorous, but also the cultivars picual, picholine, pendolino and frantoio, examined in the context of another project, have shown good potential.

FLOS OLEI 2014

The Importer of the Year

FOZZY GROUP

13 Kalachevskaya Str.
02090 Kyiv
Kyivščyna (Ukraine)
www.fozzy.ua

Yemen
Yemen

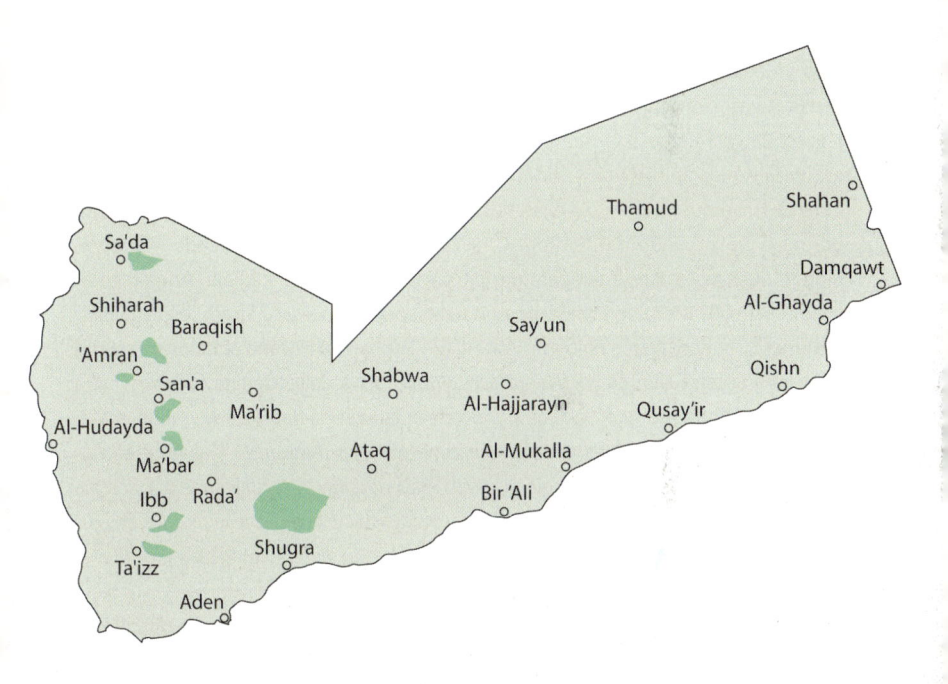

Dati Statistici
Superficie Olivetata Nazionale	2.250 (ha)
Frantoi	2
Produzione Nazionale 19-20	n.p.
Produzione Nazionale 18-19	n.p.
Variazione	n.p.

Statistic Data
National Olive Surface	2,250 (ha)
Olive Oil Mills	2
National Production 19-20	n/a
National Production 18-19	n/a
Variation	n/a

Ministry of Agriculture, Departement of Horticulture - Alkhaled Corporation for Development

Rispetto alle radici antichissime che ha in altri paesi del mondo, in Yemen l'olivicoltura è in una fase appena iniziale. L'albero dell'olivo, infatti, è stato introdotto per la prima volta nel paese alla fine degli anni Settanta del secolo scorso e le pianticelle originarie provenivano dalla Siria e dalla Giordania. Le fonti principali degli studi, condotti sia sulla pianta che sulle tecnologie di produzione olearia, sono l'Arab Center for the Studies of Arid Zones and Dry Lands (ACSAD), che si trova in Siria, e il Ministero dell'Agricoltura dello Yemen con i suoi organi preposti. Paese collocato nel sud-ovest asiatico, con un'estensione di circa 555mila chilometri quadrati, lo Yemen confina a nord con il Regno dell'Arabia Saudita, a est con il Sultanato dell'Oman, mentre è bagnato a sud dal Golfo di Aden e a ovest dal Mar Rosso. Il territorio è costituito da un'area costiera, con un clima secco e tropicale, e da altipiani dove il clima è più freddo e sono possibili persino le gelate durante l'inverno. Per il resto è desertico. La pianta dell'olivo è coltivata sugli altipiani poiché lì trova condizioni territoriali e climatiche più favorevoli al suo sviluppo: piogge durante l'estate e temperature più fresche nelle altre stagioni. Attualmente sono censiti 601.500 alberi che ricoprono una superficie di 2.250 ettari, suscettibili di incremento annuo. Le regioni interessate dagli impianti si trovano al momento sugli altipiani adiacenti alla fascia costiera occidentale. Si va dall'estremità settentrionale del paese (comprensorio di Sa'da) e si procede in linea retta fino a quella meridionale (comprensorio di Ta'izz), passando per le zone di Hajja, 'Amran, Al-Mahwīt e San'a, dove c'è una buona concentrazione di oliveti, e proseguendo verso le aree di Dhamar e Ibb. Ma un altro polo molto importante si trova a sud, nella regione leggermente più interna che si sviluppa intorno alla città di Al-Bayda. Le varietà coltivate sono quelle introdotte a partire dal 1977 e sono le seguenti: khodieri, rosaiee, kaissy, nabali, picholine e manzanilla. La loro distribuzione nelle diverse aree territoriali e climatiche e il loro effettivo sviluppo e produttività non sono ancora ben conosciuti, così come è ancora in fase di studio l'adattabilità di ciascuna cultivar alle diverse condizioni. Molte di loro infatti mostrano segni di scarsa resistenza al clima molto arido. Per quanto riguarda la trasformazione, al momento sono attivi 2 frantoi sull'intero territorio. Attualmente il governo dello Yemen ha selezionato quella olivicola tra le cinque colture nel paese suscettibili di espansione, sulle quali investire; e questo importante riconoscimento ha portato molti donatori, insieme a numerose organizzazioni non governative, a lavorare per sviluppare i differenti livelli della filiera. Per cui sono in atto diversi impianti e progetti di impianti in varie regioni collinari e montuose (fino anche a un'altitudine di 1.500 metri sul livello del mare), laddove gli alberi di olivo possono godere di un clima temperato, con una sufficiente riserva idrica ricavata dalle piogge. L'olivicoltura dunque potrebbe svolgere un ruolo cruciale all'interno dell'economia agricola del paese, essendo questa una pianta più resistente alla siccità rispetto ad altre. Inoltre il suo sviluppo e la sua coltivazione su terrazzamenti potrebbero svolgere un'azione preventiva rispetto all'erosione del terreno.

If we consider the ancient roots it has in other countries in the world, olive growing in Yemen is still at an initial stage. In fact the olive tree was introduced into the country for the first time at the end of the 70s of the last century and the original plants came from Syria and Jordan. The main sources on the studies effected both on the tree and on production technologies are the Arab Center for the Studies of Arid Zones and Dry Lands (ACSAD), situated in Syria, and the Ministry of Agriculture of Yemen with its appointed bodies. The country is located in south-west Asia and stretches over about 555,000 km^2, bordering on Kingdom of Saudi Arabia to the north, on the Sultanate of Oman to the east, while it is washed by the Gulf of Aden to the south and by the Red Sea to the west. The territory consists of a coastal area with a dry and tropical climate and by uplands where the climate is colder and even frosts during the winter are possible. The rest of the country is desert. The olive tree is cultivated on the uplands, as they offer territorial and climatic conditions that are more favourable to its growth: rains during summer and cooler temperatures in the other seasons. Currently there are 601,500 trees covering a surface of 2,250 hectares, liable to increase yearly. At the moment the regions with olive groves are on the highlands adjoining the western coast: starting from the northern part of the country (district of Sa'da) and proceeding in a straight line to the south (district of Ta'izz), passing through the areas of Hajja, 'Amran, Al-Mahwīt and San'a, where a good number of olive groves are concentrated and still proceeding to the areas of Dhamar and Ibb. Moreover, another important centre is in the south, in a more inland region around the town of Al-Bayda. The cultivated varieties are those introduced since 1997: khodieri, rosaiee, kaissy, nabali, picholine and manzanilla. Their distribution in the different territorial and climatic areas and their actual development and productivity are not entirely known, as it is still to study the adaptability of each cultivar to the different conditions. Many of them show indeed scarce resistance to a dry climate. As regards transformation, at the moment there are two active oil mills on the territory. Currently the Yemeni government has selected olive growing as one of the five local cultivations likely to expand, in which to invest. Due to this important recognition many donors and numerous non-governmental organizations are working to develop the different stages of the production chain. For this reason several plantations and projects of plantations are being started in various hilly and mountainous areas (even up to an altitude of 1,500 metres above sea level), where the trees can benefit from a temperate climate, with a sufficient water supply derived from rainfall. Olive growing might therefore play a crucial role in the country's agricultural economy, since the olive tree resists drought better then other plants. Besides this, its development and its cultivation on terraces could prevent soil erosion.

CHI SIAMO?
Una giovane e dinamica cooperativa di comunicazione enogastronomica

COSA FACCIAMO?
Aiutiamo i nostri clienti a farsi conoscere attraverso servizi di ufficio stampa e digital pr, eventi e creazione di contenuti editoriali

DOVE?
Roma e non solo...

A CHI CI RIVOLGIAMO?
Chef, ristoratori, piccole e medie imprese food&wine, scuole di cucina, fiere e startup del settore

info@passionfruithub.com | www.passionfruithub.com

India
India

Aree olivetate o a vocazione olivicola • Olive growing areas or areas suitable to olive growing

Dati Statistici
Superficie Olivetata Nazionale	882 (ha)
Frantoi	3
Produzione Nazionale 19-20	n.p.
Produzione Nazionale 18-19	n.p.
Variazione	n.p.

Statistic Data
National Olive Surface	882 (ha)
Olive Oil Mills	3
National Production 19-20	n/a
National Production 18-19	n/a
Variation	n/a

International Olive Council - Ministry of Commerce and Industry

L'India sta compiendo i primi passi per diventare, negli anni, un paese olivicolo con tutte le carte in regola. Con l'impiego della tecnologia adatta, infatti, c'è un importante potenziale da sviluppare. Questa consapevolezza è alla base dell'accordo che lo stato del Rajasthan, attraverso la società Rajasthan Olive Cultivation Limited (ROCL), ha stipulato fin dal 2007 con un'impresa indiana e con una israeliana leader nelle moderne tecniche di irrigazione, per un nuovo modello di olivicoltura in questa regione che presenta un clima molto simile a quello di Israele. L'ambizioso progetto pilota, frutto di un'ampia fase di ricerca, sta fornendo negli anni importanti indicazioni agronomiche sulle effettive possibilità di espansione dell'olivicoltura in India. Con la supervisione di una squadra di tecnici israeliani il primo oliveto di circa 30 ettari venne creato nel villaggio di Basbisna, presso Jaipur, capoluogo della regione. A questo se ne aggiunsero altri sei, nelle seguenti zone del Rajasthan: Bikaner, Sriganganagar, Nagaur, Jhunjhunu, Alwar e Jalore. Completato nel 2008, l'impianto si estendeva per 262 ettari. Le pianticelle, importate da Israele, erano circa 112mila, selezionate tra le cultivar con una maggiore resa in olio (barnea, arbequina, coratina, picholine, picual, koroneiki, frantoio). Sebbene non sia stato l'unico, tuttavia questo esperimento rappresenta il primo sulla base di ricerche tanto accurate. Precedentemente, infatti, nel distretto di Sikar, un tentativo era fallito a causa delle alte temperature, che superano quelle del deserto israeliano, e dei forti venti afosi. Ma l'attuale progetto ha previsto, per i sette impianti pionieri, un sito protetto da piante sempreverdi, speciali supporti per la difesa dal vento, nonché sensori per il monitoraggio della salute di ciascun olivo. I primi risultati sono stati positivi nella maggioranza dei siti e il governo, che ha finanziato in gran parte il progetto, sta già pensando a uno sviluppo commerciale dell'olio prodotto, con lancio di un proprio marchio, che possa ridurre il peso delle importazioni. Sull'onda di questo successo altri stati nel paese stanno puntando sull'olivicoltura. In particolare nel 2011 l'intraprendente governo del Gujarat ha dato vita a un progetto con la collaborazione dell'Università di Agraria e di un'impresa israeliana che ha fornito 84mila pianticelle di cultivar mediterranee (barnea, coratina, manzanilla e picholine) per l'impianto in cinque siti, su una superficie totale di circa 200 ettari. E stanno prendendo forma altre iniziative nel Punjab, in Himachal Pradesh, nel Kashmir e negli stati di Orissa e Tamil Nadu, sebbene non tutte promettano risultati soddisfacenti. Attualmente dati aggiornati in nostro possesso riguardano il progetto in Rajasthan: 882 ettari coltivati, 144mila olivi, 7 imprese (sia pubbliche che private), 3 frantoi. Ma il potenziale di crescita è alto, considerando anche che il Rajasthan è due volte e mezzo più esteso della Grecia, terzo produttore mondiale di olio: qui gli oliveti potrebbero raggiungere i 5mila ettari nei prossimi anni; e il governo sta già fornendo sussidi e supporto tecnico agli olivicoltori locali che, dal loro canto, contano sull'aumento della domanda di olio da olive da parte del mercato interno. Infatti la popolarità dell'olio sta crescendo soprattutto per le sue qualità salutistiche, in particolare in relazione alle malattie cardiovascolari, grave causa di decesso nel paese. Il consumo pro capite ha raggiunto gli 0,02 kg annui.

India is taking the first steps to become an olive oil producer in the next few years. In fact, the use of adequate technology may produce a remarkable development. For this reason, in 2007 the state of Rajasthan, through the company Rajasthan Olive Cultivation Limited (ROCL), drew up an agreement with an Indian and an Israeli company, leaders in modern irrigation techniques, to promote a new model of olive growing in this area, which has a climate similar to Israel. This ambitious pilot project, which was the product of careful research, has given important agronomic information on the real possibility of developing olive growing in India. Supervised by a team of Israeli technicians, the first plantation of about 30 hectares was created in the village of Basbisna, near Jaipur, the main city in the region. Other six olive groves were realized in the following areas of Rajasthan: Bikaner, Sriganganagar, Nagaur, Jhunjhunu, Alwar and Jalore. The plantation, which was finished in 2008, covered 262 hectares. The small trees imported from Israel were about 112,000 and were selected among the varieties with the best oil yield (barnea, arbequina, coratina, picholine, picual, koroneiki, frantoio). Although it was not the only one, this was the first experiment based on careful research. In fact, some years before an attempt had failed in the district of Sikar because of the temperatures, which are higher than in the Israeli desert, and because of the strong hot winds. Therefore, the present project involving the seven pioneer plantations consists of a site surrounded by evergreen trees, special fences to protect every tree from the wind, besides special sensors to monitor their health. The first results have been positive for the most sites and the government, which has mostly financed the project, is aiming at a commercial development of the oil produced, launching its own trademark, in order to reduce imports. Following this successful experience, other states in the country are taking an interest in olive growing. In particular, in 2011 the enterprising government of Gujarat started a project with the cooperation of the Agricultural University and an Israeli company, which supplied 84,000 olive plants of Mediterranean varieties (barnea, coratina, manzanilla and picholine) to be planted in five different sites, for a total surface of about 200 hectares. Moreover, other projects are being developed in Punjab, in Himachal Pradesh, in Kashmir and in the states of Orissa and Tamil Nadu, not always with the prospect of satisfactory results. At the moment the updated data we have concern the Rajasthan project: an area of 882 hectares of olive groves, 144,000 olive trees, 7 farms (both public and private) and 3 active oil mills. However, the growth potential is high, especially in Rajasthan, which is two and a half times more extensive than Greece, the third oil producer in the world: here the olive groves may reach 5,000 hectares in the next few years. The government is already giving funds and technical support to local producers, who are relying on an increase in the demand of olive oil in the domestic market. In fact, the popularity of olive oil is increasing rapidly, thanks to its health giving properties and especially the protective role it plays against heart diseases, at present one of the main causes of death in the country. The per capita oil consumption is currently 0.02 kg per year.

www.bluomelette.net

brand print web design

Nepal
Nepal

Aree olivetate o a vocazione olivicola · *Olive growing areas or areas suitable to olive growing*

Dati Statistici
Superficie Olivetata Nazionale 30 (ha)
Frantoi 2
Produzione Nazionale 19-20 0,2 (t)
Produzione Nazionale 18-19 0,1 (t)
Variazione +100,00%

Faostat

Statistic Data
National Olive Surface 30 (ha)
Olive Oil Mills 2
National Production 19-20 0.2 (t)
National Production 18-19 0.1 (t)
Variation +100.00%

L'olivicoltura in Nepal ha una storia recente. Pur essendo stata documentata la presenza di specie ancestrali locali, si ritiene che la pianta di olivo (Olea europaea) sia stata introdotta nel 1965 a Matyalo (distretto di Bajura), nel Nepal occidentale, da un nepalese proveniente dall'India. Le piante furono collocate su terrazzamenti lungo il fiume Karnali. Il ventennio 1978-1998 ha visto il paese al centro di numerosi progetti internazionali mirati all'introduzione dell'olivicoltura. Da Israele sono state importate le prime tre varietà (novo, nabali e manzanilla) piantate a Kirtipur (Kathmandu), Jumla (distretto di Jumla) e Marpha (distretto del Mustang). Successivamente la società Himalaya Plantations Private Limited ha realizzato gli impianti chiamati "Toscana" e "Vinci" rispettivamente a Chitlang e Bisingkhel, nel distretto di Makwanpur. Oggi l'olivo è presente nelle seguenti aree: al centro, nei distretti di Kavre, Makwanpur e Kathmandu; a ovest, nei distretti di Dolpa e Bajura. In particolare nel villaggio di Kolti, nel distretto di Bajura, e a Kirtipur (Kathmandu) si è sviluppato dal 2005 al 2016 un progetto italiano, promosso prima dalla FAO e poi dal Ministero degli Affari Esteri e della Cooperazione Internazionale (MAECI), che ha coinvolto organizzazioni non governative e la popolazione locale, in particolare donne e studenti. La parte riguardante sperimentazione e ricerca è stata curata dall'Università degli Studi della Tuscia. Nei siti di Kolti e Kirtipur sono stati creati due oliveti pilota composti rispettivamente di 674 e 128 piante, di 28 cultivar provenienti dall'area del Mediterraneo. Un terzo sito, con un numero ridotto di piante, si trova nel villaggio di Juphal, nel distretto di Dolpa. Malgrado tali progetti, a oggi la principale stazione olivicola rimane quella dell'Himalaya Plantations Private Limited che ha iniziato a produrre nel 2006 e che ha raggiunto negli anni il mercato locale. Le aree a maggiore vocazione olivicola si trovano nel nord-ovest del paese: l'olivo può essere coltivato con successo nella fascia semiarida con clima temperato-caldo delle Middle Mountains, a un'altitudine compresa tra i 1.400 e i 2.500 metri. Le cultivar introdotte sono state importate da Francia, Italia e India: cipressino, leccino, nocellara del Belice, tonda iblea, pendolino, coratina, frantoio, manzanilla, mission, verdale de l'Herault, cayon, bouteillan, aglandau, picholine. Altre varietà provengono da un progetto spagnolo: shami, chemlali, empeltre, hojiblanca, souri, sevillenca, morona, azapa, dan, picolimón, lechín de Sevilla, picudo, arbequina, gordal. Altre ancora derivano da Egitto (toffahi, hamedi, picual) e Siria (sourani, zaity, kaissy). Infine il progetto FAO/Italia ha allargato il ventaglio con le seguenti varietà: anghiari, ascolana, bosana, bourbon, canino, carboncella, carolea, cassanese, corona, femminella, frattese, itrana, leoncino, marina, maurino, moraiolo, piantone, rajo, rasara, rosciola, taggiasca, valle corsana. L'olivicoltura in Nepal presenta numeri molto esigui: 30 ettari, 7mila piante, 3 aziende e 2 frantoi, a Chitlang e a Kolti nell'azienda sperimentale del progetto italiano di cooperazione. La produzione non raggiunge livelli rilevanti: 0,24 tonnellate di olio nell'ultima campagna, con un aumento del 100% rispetto a quella precedente. Il consumo pro capite è di 0,0042 kg annui. I passi successivi riguardano lo studio della biodiversità locale, la creazione di un modello di olivicoltura ecosostenibile e il miglioramento qualitativo delle produzioni.

Olive growing in Nepal has a recent history. Although a remote presence of autochthonous species is documented, the olive tree (Olea europaea) is thought to have been introduced for the first time in 1965, in Matyalo, in the district of Bajura, in western Nepal, by a Nepalese coming from India. The trees were located on terraces along the river Karnali. From 1978 to 1998 Nepal was involved in numerous international projects aiming at introducing olive growing into the country. The first three varieties (novo, nabali and manzanilla) came from Israel and were planted in Kirtipur (Kathmandu), Jumla (district of Jumla) and Marpha (district of Mustang). Later, the Himalaya Plantations Private Limited created the olive groves called "Toscana" and "Vinci" respectively in Chitlang and Bisingkhel, in the district of Makwanpur. Currently, the olive tree can be found in the following areas: in the centre, in the districts of Kavre, Makwanpur and Kathmandu; in the west, in the districts of Dolpa and Bajura. In particular, in the village of Kolti, in the district of Bajura, and in Kirtipur (Kathmandu), an Italian project was carried out from 2005 to 2016. It was supported first by FAO and then by the Ministry of Foreign Affairs and International Cooperation (MAECI) and also involved non-governmental organizations and local manpower, especially women and students. The part concerning experimentation and research was developed by the University of Tuscia. In the sites of Kolti and Kirtipur two pilot olive groves were created with respectively 674 and 128 trees of 28 cultivars from the Mediterranean area. A third site with a small number of trees is in the village of Juphal, in the district of Dolpa. However, the main olive grove is still the one realized by the Himalaya Plantations Private Limited, which started producing in 2006 and in the course of the years has reached the local market. The areas that have proved to be more suitable for olive growing are in the north-west of the country: the olive tree can be cultivated successfully in the semi-arid area with a temperate-warm climate in the Middle Mountains, at a height between 1,400 and 2,500 metres. The most common cultivars were imported from France, Italy and India: cipressino, leccino, nocellara del Belice, tonda iblea, pendolino, coratina, frantoio, manzanilla, mission, verdale de l'Herault, cayon, bouteillan, aglandau, picholine. Moreover, a Spanish project introduced other varieties: shami, chemlali, empeltre, hojiblanca, souri, sevillenca, morona, azapa, dan, picolimón, lechín de Sevilla, picudo, arbequina, gordal. Others come from Egypt (toffahi, hamedi, picual) and Syria (sourani, zaity, kaissy). Finally, the FAO project has also imported the following cultivars: anghiari, ascolana, bosana, bourbon, canino, carboncella, carolea, cassanese, corona, femminella, frattese, itrana, leoncino, marina, maurino, moraiolo, piantone, rajo, rasara, rosciola, taggiasca, valle corsana. Olive growing in Nepal has limited numbers: 30 hectares with 7,000 trees, 3 farms and 2 oil mills in Chitlang and Kolti, on the experimental farm of the Italian cooperation project. The production of extra virgin olive oil is not relevant: 0.24 tons in the last harvest, with an increase of 100% compared to the previous year. The per capita oil consumption is 0.0042 kg per year. The next steps will concern the study of local biodiversity, the development of eco-sustainable olive growing techniques and the improvement of quality.

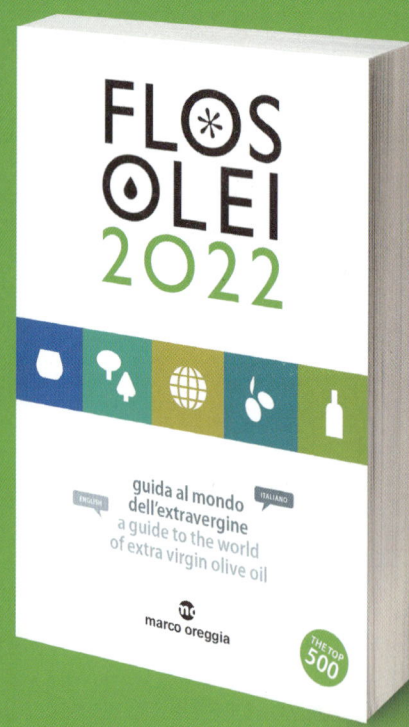

Cina
China

Aree olivetate o a vocazione olivicola • Olive growing areas or areas suitable to olive growing

Dati Statistici

Superficie Olivetata Nazionale	98.700 (ha)
Frantoi	52
Produzione Nazionale 19-20	6.000,0 (t)
Produzione Nazionale 18-19	5.500,0 (t)
Variazione	+9,09%

Statistic Data

National Olive Surface	98,700 (ha)
Olive Oil Mills	52
National Production 19-20	6,000.0 (t)
National Production 18-19	5,500.0 (t)
Variation	+9.09%

International Olive Council - National Bureau of Statistics of China

L'olivicoltura non ha un'antica tradizione in Cina, bensì una storia recente che risale alla metà del secolo scorso. Fino al 1964 infatti questa coltura non esiste, sebbene sparuti olivi fossero stati piantati dai missionari all'inizio del XX secolo nella provincia dello Yunnan, nell'estremo sud-ovest. Intrapresi dall'ex premier cinese Zhou Enlai, alcuni progetti di ricerca per introdurre l'olivicoltura in Cina vengono portati avanti in sedici province dell'area subtropicale del paese. Ma sfortunatamente sono interrotti da dieci anni di Rivoluzione Culturale. Un successivo progetto della FAO, finanziato dall'Italia negli anni Ottanta, introduce numerose cultivar di olivo e forma diverso personale specializzato, ma anche questa volta l'iter è interrotto, nella primavera del 1989, da altri tragici eventi riguardanti la popolazione. Non si dovranno però aspettare altri dieci anni, fortunatamente, per registrare un'inversione di tendenza. Pressoché nello stesso periodo Deng Mingquan, orticoltore alla Chinese Academy of Forestry (CAF), trovò per caso un'area adatta all'olivicoltura: il distretto di Wudu, a Longnan, nella provincia del Gansu. Qui nel 1992 vengono impiantati 7 ettari di oliveto che cominciano a fruttificare nel 1994. Ma un'olivicoltura vera e propria è fortemente promossa soltanto a partire dal 1997 quando le autorità locali decidono di scommettere su di essa. Subito 14mila ettari di impianti si diffondono lungo la valle del fiume cosiddetto White Dragon. La produzione di Wudu rappresenta attualmente circa il 90% di quella dell'intero paese ed è destinata ad aumentare: molti giovani alberi cominceranno infatti a dare frutti nei prossimi anni. E anche altre aree sono in crescita. Sulla spinta dello sviluppo dell'industria olivicola a Wudu, infatti, sono stati piantati oliveti anche a Guangyuan, Mianyang, Dazhou e Xichang (nella provincia del Sichuan), nella prefettura di Chuxiong e a Lijiang (nella provincia dello Yunnan) e nella città di Chongqing dove esistevano olivi già negli anni Sessanta e Settanta. Tutte queste piantagioni ricadono nelle vallate dei fiumi White Dragon, Jinsha e Yangtze (nel tratto che attraversa le Tre Gole): sono le tre regioni che Xu Weiying, ricercatore senior alla Chinese Academy of Forestry, indicava fin dal 1998 come vocate all'olivicoltura. Attualmente in Cina si contano 98.700 ettari di impianti, con 33 milioni 64.500 alberi. Le principali varietà coltivate sono: leccino, frantoio, picual, coratina, arbequina, ascolana tenera, koroneiki e la cultivar locale erzhi-8. Le aziende impiegate nel settore sono 85.500 e i frantoi attivi sul territorio 52. Da questi, nella campagna 2019-2020, sono state ricavate 6mila tonnellate di olio, con un lieve aumento del 9,09% rispetto all'annata precedente. Le prospettive di crescita produttiva sono tuttavia ostacolate dalle difficoltà negli impianti, nelle tecniche di coltivazione e nella selezione delle varietà più adatte. Di contro, la domanda di olio per il fabbisogno interno è molto forte e l'importazione sta rapidamente aumentando negli ultimi anni: parliamo di 52mila tonnellate di consumo e di 46mila di importazione. Il consumo pro capite è di 0,039 kg annui che rappresentano peraltro un'esigua quantità, se paragonata al consumo di altri oli vegetali, di gran lunga superiore. L'obiettivo futuro è quello di lavorare per l'indipendenza produttiva, anche se l'importazione sarà sempre necessaria, dato l'enorme potenziale di mercato rappresentato dalla Cina.

O live growing does not have an ancient tradition in China, it has a recent history which dates back to the middle of the last century: in fact this cultivation did not exist until 1964, although a few olive trees had been planted by some missionaries at the beginning of the 20th century in the province of Yunnan, in the extreme south-western part of the country. The former Chinese premier Zhou Enlai started some research projects to introduce olive growing in 16 provinces of the subtropical area of the country, but unfortunately they were interrupted for 10 years because of the Cultural Revolution. Subsequently, in the 80s, a FAO project financed by Italy introduced numerous olive cultivars and trained specialized workers. However, once again this process came to an end in the spring of 1989 due to a series of tragic events involving the country. Luckily, before other ten years passed, a turnaround started, when Deng Mingquan, a horticulturist of the Chinese Academy of Forestry (CAF) came across an area suitable to olive growing: the district of Wudu, in Longnan, in the province of Gansu. 7 hectares of olive groves were planted here in 1992 and started to bear fruit in 1994. However, olive growing has been seriously promoted since 1997, when local authorities decided to enhance this cultivation. In a short time 14,000 hectares of olive groves appeared along the valley of the river commonly known as White Dragon. At present Wudu produces about 90% of the output of the whole country and this percentage is going to increase: in fact many young trees will become productive in the next few years. Other areas are also developing: following the example of Wudu, olive groves have been planted in Guangyuan, Mianyang, Dazhou and Xichang (in the province ofl Sichuan), in the prefecture of Chuxiong and in Lijiang (in the province of Yunnan) and in the city of Chongqing, where olive trees already existed in the 60s and 70s. All these plantations are situated in the valleys of the rivers White Dragon, Jinsha and Yangtze (the stretch flowing through the Three Gorges): these are the regions Xu Weiying, senior researcher at the Chinese Academy of Forestry, already indicated as favourable to olive growing in 1998. In China there are currently 98,700 hectares of olive groves with 33 million 64,500 trees. The main cultivars are leccino, frantoio, picual, coratina, arbequina, ascolana tenera, koroneiki and the local cultivar erzhi-8. The farms working in this sector are 85,500 and there are 52 active oil mills. In the harvest 2019-2020 a quantity of 6,000 tons of oil was produced, with a slight increase of 9.09% compared to the previous year. The prospects for growth are, however, made difficult by problems in the management of the olive groves, in the cultivation techniques and in the selection of the best varieties. Instead, the demand for oil for domestic consumption is very strong and imports have been increasing in the last few years: consumption is 52,000 tons and imports 46,000 tons. The per capita oil consumption is 0.039 kg per year, a small quantity compared to the consumption of other vegetal oils, which is much higher. The aim for the future is to reach productive independence, although imports will still be required, considering the enormous market potential represented by China.

OLIVE BUREAU

it's all about olives

EVOO selection and quality control, blend design, olive mill management, chemical and sensorial analyses, import/export, groupage, training, event support, 360° olive oil support and consultancy.

www.olivebureau.com

Roma - Italy

For Producers - For Buyers
INTERNATIONAL CONSULTANCY IN OLIVE OIL BUSINESS

JAPAN OLIVE BUREAU
IMPORTING & CONSULTANCY

エクストラバージンオリーブオイルのリサーチ
品質管理と輸入業務
MORI-TEM社の搾油機の輸入販売と専門知識の指導
日本のオリーブ栽培者へのコンサルタント

www.olivebureau.co.jp

Tokyo office: +81 (0)3 52125755

Giappone
Japan

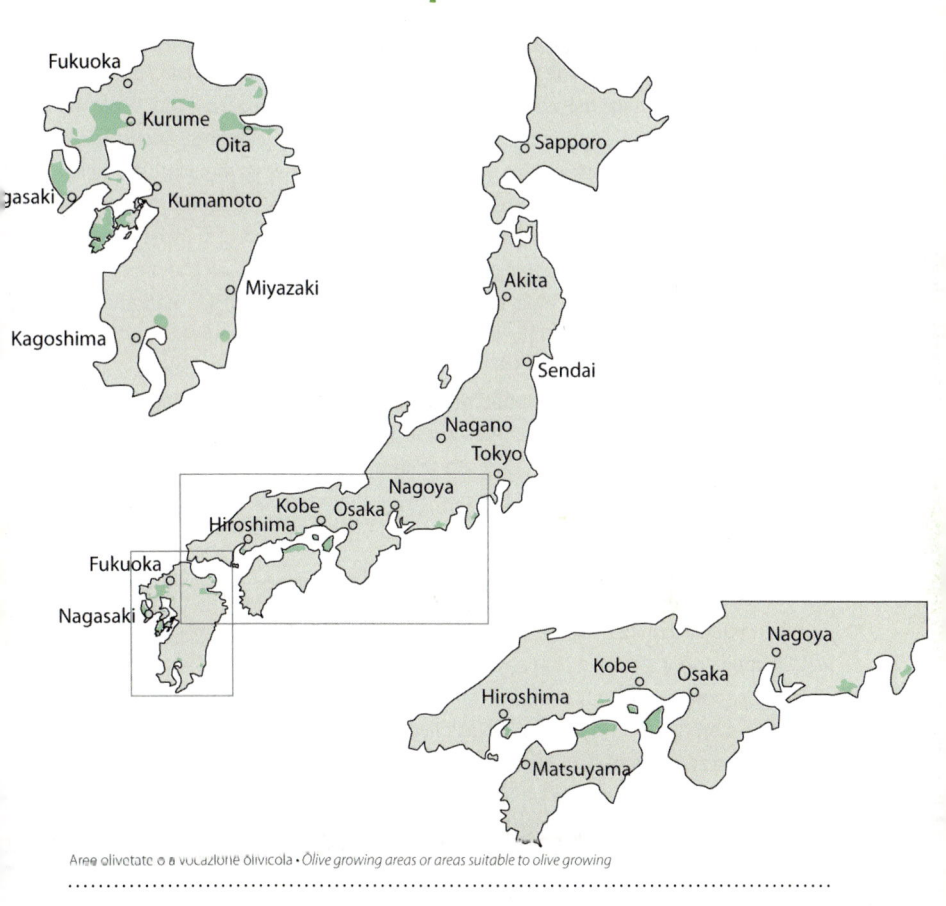

Aree olivetate o a vocazione olivicola • Olive growing areas or areas suitable to olive growing

Dati Statistici
Superficie Olivetata Nazionale	510 (ha)
Frantoi	100
Produzione Nazionale 19-20	51,6 (t)
Produzione Nazionale 18-19	66,0 (t)
Variazione	- 21,82%

Statistic Data
National Olive Surface	510 (ha)
Olive Oil Mills	100
National Production 19-20	51.6 (t)
National Production 18-19	66.0 (t)
Variation	- 21.82%

International Olive Council - Kagawa Prefecture Olive Center

Sotto la spinta del continuo aumento in Giappone del consumo di olio da olive (0,5 kg pro capite annui), compreso quello locale anch'esso in crescita, la provincia di Kagawa ha fissato gli standard sull'extravergine adottando quelli dell'International Olive Council dal quale ha ottenuto peraltro il riconoscimento di un panel sensoriale ufficiale, il primo al momento in Asia: un passo importante verso l'accettazione degli stessi standard in tutto il paese, con l'obiettivo di una maggiore tutela dei consumatori. La prefettura di Kagawa, con l'isola di Shōdoshima in testa, è oggi il principale centro olivicolo di riferimento, anche se gli impianti si stanno moltiplicando in molte altre regioni del paese, in particolare nelle province di Okayama, Kumamoto, Oita, Nagasaki, Hiroshima, Shizuoka e Fukuoka. Il primo incontro tra il Giappone e l'olivo avviene nel 1600, con i frati francescani portoghesi che portano l'olio nel sud del territorio: per questo pare che allora lo si chiamasse "olio di Portogallo". Ma dal 1603 il Giappone interrompe i contatti con l'esterno, e ci vorranno più di due secoli per fargli riaprire le frontiere. Nel 1879 il governo fa arrivare dall'Italia e dalla Francia le prime pianticelle di olivo, subito trapiantate nell'orto botanico di Kobe. Tre anni dopo viene prodotto il primo olio, ma poi l'esperimento fallisce, senza essere ripreso in seguito. Nel 1908 sono importati dagli Stati Uniti nuovi olivi, piantati in tre zone diverse: Mie, Kagawa e Kagoshima. L'unico successo è nell'isola di Shōdoshima, nella prefettura di Kagawa, la pioniera dell'olivicoltura in Giappone. Collocata nel mare di Setonaikai, fra Honhu e Shikoku, la posizione di Shōdoshima è riparata e il clima è simile a quello mediterraneo. Grazie a queste caratteristiche, la produzione di olio diventa presto un'industria, con impresa privata e pubblica unite nella sperimentazione. Invece ad Amakusa, oggi isola simbolo del Giappone olivicolo a sud del paese, i primi impianti risalgono al 1965, subito dopo però abbandonati, sostituiti dai più redditizi agrumi. Ma recentemente si è ripreso a piantare e a produrre con successo olio da olive. E proprio qui si trova oggi uno dei più grandi e attrezzati oliveti del Giappone. Quindi, se a un certo punto nel paese il forte sviluppo economico determina un aumento della domanda di olio, con conseguente importazione dall'Italia e riduzione della coltivazione, oggi si registra invece una decisa impennata dei consumi (75mila tonnellate) che ha restituito vigore all'olivicoltura nazionale, facendo aumentare gli impianti che occupano in totale 510 ettari (circa la metà dei quali nella prefettura di Kagawa), con 255mila piante messe a dimora. Le aziende sono 1.030 e i 100 frantoi hanno prodotto, nella campagna 2019-2020, 51,6 tonnellate di olio, con una flessione del 21,82% rispetto all'annata precedente. Le varietà coltivate sono prevalentemente mission, manzanilla, nevadillo blanco e Lucca. Ma molte sono le cultivar che si stanno ancora testando. I punti chiave del successo dell'olio sono legati all'importanza e alla fama della dieta mediterranea e al turismo giapponese all'estero. Il legame con la pianta di olivo è cresciuto, tanto che la prefettura di Kagawa l'ha scelta come suo simbolo, e a Shōdoshima, Amakusa, Ushimado e in altre zone del Giappone è ormai consuetudine organizzare ogni anno una festa autunnale dedicata alla frangitura. In varie città del paese sono nati negozi specializzati e di extravergine si parla con entusiasmo in tutte le riviste di cucina.

In Japan the consumption of the oil from olives (0.5 kg per capita per year), including the local product, is steadily increasing. As a consequence, the province of Kagawa has adopted the extra virgin olive oil standards established by the International Olive Council and has also requested the recognition of its panel, an important step that could lead to the acceptance of the same standards in the whole country, with the aim of better protecting the consumers. The prefecture of Kagawa and especially the island of Shōdoshima are at present the olive point of reference. Olive groves are however spreading rapidly in many areas of the country, in particular in the provinces of Okayama, Kumamoto, Oita, Nagasaki, Hiroshima, Shizuoka and Fukuoka. The first step of the Japanese olive history occurred in the 17th century, when the Portuguese Grey Friars brought olive oil into the south of the country. For this reason it seems that people called it "Portuguese oil". But after 1603 Japan broke off its contacts with foreign countries: more than two centuries went by before Japan opened its borders again. In 1879 the government imported the first small olive trees from Italy and France. They were transplanted in the botanical garden of Kobe: three years later it was possible to taste the first Japanese olive oil. But the experiment failed and was never tried again. In 1908 new olive trees were imported from the United States and were planted in three different areas: Mie, Kagawa and Kagoshima. The only success was obtained on the island of Shōdoshima, in the prefecture of Kagawa, the pioneer of olive growing in Japan. Shōdoshima lies in the sea of Setonaikai between Honhu and Shikoku. Thanks to its quiet and protected position and the climate, similar to the Mediterranean, here olive oil production became a real industry and both private and public companies took part in experimentation. Instead in Amakusa, today the symbol of olive growing in the south of Japan, the first olive groves date back to 1965, but olive growing was soon abandoned and replaced by the more profitable citrus cultivation. However, recently trees have been planted again and olive oil has been successfully produced. In fact, here we find one of the largest and best-equipped olive groves in Japan. Therefore, if in the past the strong development of Japanese economy determined a greater consumption of oil and the consequent increase of oil importation from Italy, thus reducing the olive area, today there is a recovery: a strong increase in consumption (75,000 tons) determining the development of the olive area, by now covering 510 hectares, about half of which in the prefecture of Kagawa, with 255,000 trees. The farms are 1,030 and the 100 oil mills produced 51.6 tons of oil in the harvest 2019-2020, with a decrease of 21.82% compared to the previous year. The cultivated varieties are mainly mission, manzinilla, nevadillo blanco and Lucca, but many other varieties are being tested. In fact the growing importance of the Mediterranean diet and the Japanese tourists travelling abroad have contributed to the success of olive oil. As a consequence, the prefecture of Kagawa has chosen the olive tree as its symbol and in Shōdoshima, Amakusa, Ushimado and other areas of Japan, every year in autumn crushing festivals are celebrated. In addition, specialized shops have been opened in various towns and extra virgin olive oil is the subject of enthusiastic articles in all major cooking magazines.

Giappone Japan [JP] Chūgoku

Ushimado Olive Garden

Ushimado-cho - Setouchi - 3911-10 Ushimado
701 - 4302 Okayama (Okayama-ken)
Tel.: +81 869 342370 - Fax: +81 869 349152
E-mail: nipponolive-webshop@nippon-olive.co.jp - Web: www.nippon-olive.co.jp

86

150 m

Promiscuo e specializzato
Promiscuous and specialized

Vaso libero
Free vase

Brucatura a mano
Hand picking

Sì - Ciclo continuo
Yes - Continuous cycle

Lucca (45%), nevadillo blanco (25%), mission (15%), manzanilla (10%), arbequina (5%)

Fruttato medio
Medium fruity

da 26,01 a 30,00 € - 200 ml
from € 26.01 to 30.00 - 200 ml

Quest'azienda, impegnata nella produzione di cosmetici a base di olio ricavato dalle olive, ha sede in un giardino di olivi a Ushimado, sulla collina che domina le splendide isole di Setouchi. La sua storia risale al 1942 quando Waichiro Hattori, capostipite della famiglia, piantò i primi 35 alberi intuendo fin da allora le doti della pianta sacra e dei suoi frutti. Oggi Yoshiro Hattori si dedica anche alla produzione di extravergine, da 2mila olivi che crescono su 10 ettari: quasi 6 ettolitri quest'anno, da un raccolto di 110 quintali di olive. Due gli Extravergine Ushimado, il Superior e l'ottimo "base" che segnaliamo. Giallo dorato intenso con lievi riflessi verdi, limpido; al naso è ampio e avvolgente, ricco di sentori aromatici di rosmarino e menta, cui si associano note vegetali di carciofo e cicoria. Fine e complesso in bocca, aggiunge toni di lattuga e chiude con ricordo di cannella e pepe nero. Amaro spiccato e piccante ben espresso e armonico. Ideale su antipasti di mare, insalate di farro, marinate di orata, patate in umido, passati di fagioli, primi piatti al pomodoro, molluschi gratinati, tartare di ricciola, pollame o carni di agnello al forno, formaggi caprini.

This farm, active in the production of oil-based cosmetics, is placed in an olive tree garden in Ushimado, on the hill overlooking the beautiful islands of Setouchi. Its story dates back to 1942, when Waichiro Hattori, the progenitor of the family, planted the first 35 trees, sensing the qualities of this sacred plant and its fruits. Today Yoshiro Hattori produces extra virgin olive oil from a 10-hectare olive grove with 2,000 trees. In the last harvest 110 quintals of olives and almost 6 hectolitres of oil were produced. There are two Extra Virgin Ushimado, Superior and the very good "basic", which is an intense limpid golden yellow colour with slight green hues. Its aroma is ample and rotund, rich in aromatic hints of rosemary and mint, together with vegetal notes of artichoke and chicory. Its taste is fine and complex, with a flavour of lettuce and a finish of cinnamon and black pepper. Bitterness is definite and pungency is distinct and harmonic. It would be ideal on seafood appetizers, farro salads, marinated gilthead, stewed potatoes, bean purée, pasta with tomato sauce, mussels au gratin, amberjack tartare, baked poultry or lamb, goat cheese.

Giappone Japan [JP] Shikoku

Ao no Diamond

Nakatado-gun - 1856 - 3 Mitachi
764 - 0036 Tadotsu-cho (Kagawa-ken)
Tel.: +81 877 892797 - Fax: +81 877 892798
E-mail: info@aonodia.com - Web: www.aonodia.com

84

- 26 m
- **Specializzato** / Specialized
- **Vaso** / Vase
- **Brucatura a mano** / Hand picking
- **Sì - Ciclo continuo** / Yes - Continuous cycle
- **Mission**
- **Fruttato medio** / Medium fruity
- da 30,01 a 35,00 € - 200 ml / from € 30.01 to 35.00 - 200 ml

Confermiamo volentieri nella nostra Guida l'azienda Ao no Diamond. Si tratta di un progetto molto giovane che vede impegnato il titolare, Masaru Hosokawa, il quale si prende cura di 10 ettari di impianto specializzato, con 5mila olivi di varietà mission messi a dimora, e di un macchinario per l'estrazione dell'olio di ultima generazione. Dal campo alla bottiglia, quindi. Nella recente campagna il raccolto ha fruttato 100 quintali di olive, pari a una resa di 10 ettolitri di olio. Segnaliamo l'Extravergine Ao no Diamond che appare alla vista di un bel colore giallo dorato intenso con delicate tonalità verdi, limpido. All'olfatto si esprime elegante e avvolgente, ricco di sentori balsamici di erbe officinali, con ricordo di menta, rosmarino e basilico. Fine e armonico al palato, emana note vegetali di cicoria e lattuga di campo e chiude con nuance di mandorla. Amaro e piccante presenti ed equilibrati, con finale dolce in rilievo. Eccellente l'abbinamento con bruschette con verdure, insalate di orzo, marinate di ricciola, pomodori con riso, passati di legumi, primi piatti con salmone, molluschi gratinati, seppie in umido, coniglio arrosto, pollame ai ferri, formaggi caprini.

Present again in our Guide, the farm Ao no Diamond is a young project created by Masaru Hosokawa, who follows the whole production chain, from the field to the bottle. He runs 10 hectares of specialized olive grove with 5,000 trees of the variety mission and an advanced extraction system. In the last harvest 100 quintals of olives were produced, which allowed a yield of 10 hectolitres of extra virgin olive oil. We recommend the Extra Virgin selection Ao no Diamond, which is a beautiful intense limpid golden yellow colour with delicate green hues. Its aroma is elegant and rotund, rich in fragrant hints of officinal herbs, especially mint, rosemary and basil. Its taste is fine and harmonic, with a vegetal flavour of chicory and country lettuce and final notes of almond. Bitterness and pungency are present and complimentary, with evident sweetness. It would be ideal on bruschette with vegetables, barley salads, marinated amberjack, tomatoes stuffed with rice, legume purée, pasta with salmon, mussels au gratin, stewed cuttlefish, roast rabbit, grilled poultry, goat cheese.

Giappone Japan [JP] Shikoku

Kinryo Farm
Shōdoshima-cho - 842 - 1 Umaki-kou
761 - 4426 Shōzu-gun (Kagawa-ken)
Tel.: +81 879 823333 - Fax: +81 879 823399
E-mail: info@kinryo-shoyu.co.jp - Web: www.kinryo-shoyu.co.jp

88 ⬆

50 m

Specializzato
Specialized

Vaso libero
Free vase

Brucatura a mano
Hand picking

Sì - Ciclo continuo
Yes - Continuous cycle

Lucca

Fruttato medio
Medium fruity

da 40,01 a 50,00 € - 200 ml
from € 40.01 to 50.00 - 200 ml

Cresce in qualità. Kinryo Farm è un'azienda a carattere familiare che vanta una tradizione come negozio di salsa di soia risalente al 1880. La nutrizionista Sumiko Fujii, la quinta generazione, ha iniziato a dedicarsi alla coltivazione degli olivi una ventina di anni fa e tuttora si prende cura di 400 piante su quasi 2 ettari di superficie. Quest'anno il raccolto di 45 quintali di olive, con l'aggiunta di 18 acquistati, ha reso circa 4 ettolitri di olio. Due gli Extravergine Ryokuyu proposti al panel: Blend e l'ottimo monocultivar Lucca che segnaliamo. Appare alla vista di un bel colore giallo dorato intenso, limpido. Al naso è ampio e avvolgente, ricco di sentori di erbe aromatiche, con menta e rosmarino in evidenza, cui si associano toni speziati di cannella, pepe nero e ricordo di mandorla. Elegante e di carattere in bocca, sprigiona note vegetali di carciofo, cicoria e lattuga. Amaro spiccato e piccante deciso e armonico. Perfetto abbinamento con antipasti di salmone, bruschette con verdure, insalate di orzo, patate al cartoccio, passati di legumi, primi piatti al pomodoro, molluschi gratinati, tartare di ricciola, coniglio arrosto, pollame al forno, formaggi caprini.

Kinryo Farm, which is improving the quality of its products, is a family-run farm that can boast a tradition as a soy sauce shop dating back to 1880. The nutritionist Sumiko Fujii, a member of the fifth generation of the family, started cultivating olive trees about twenty years ago and still runs a surface of almost 2 hectares with 400 trees. In the last harvest 45 quintals of olives were produced and 18 purchased, with a yield of about 4 hectolitres of oil. There are two Extra Virgin selections Ryokuyu, Blend and the very good Monocultivar Lucca, which we recommend. It is a beautiful intense limpid golden yellow colour. Its aroma is ample and rotund, rich in hints of aromatic herbs, especially mint and rosemary, together with spicy notes of cinnamon, black pepper and almond. Its taste is elegant and strong, with a vegetal flavour of artichoke, chicory and lettuce. Bitterness is distinct and pungency is definite and harmonic. It would be ideal on salmon appetizers, bruschette with vegetables, barley salads, baked potatoes, legume purée, pasta with tomato sauce, mussels au gratin, amberjack tartare, roast rabbit, baked poultry, goat cheese.

Giappone Japan [JP] Shikoku

Olive en

Shōdoshima-cho - 2171 Nishimura Kou
761 - 4434 Shōzu-gun (Kagawa-ken)
Tel.: +81 879 824260 - Fax: +81 879 820501
E-mail: info@1st-olive.com - Web: www.1st-olive.com

90

- 30 m
- **Specializzato** / Specialized
- **Vaso cespugliato** / Vase bush
- **Meccanica** / Mechanical harvesting
- **Sì - Ciclo continuo** / Yes - Continuous cycle
- **Mission (70%), nevadillo blanco (30%)**
- **Fruttato medio** / Medium fruity
- **da 30,01 a 35,00 € - 200 ml** / from € 30.01 to 35.00 - 200 ml

Olive en è il primo impianto olivicolo del Giappone fondato da un'azienda privata. La struttura ha infatti origini lontane che risalgono al 1919 quando Tomijirou Shimamura, che produceva cosmetici a base di oli, decise di ampliare la sua linea con l'olio da olive e impiantò il primo oliveto. Oggi su 3 ettari di superficie trovano dimora 3mila alberi che, nella recente campagna, hanno prodotto circa 126 quintali di olive, più quasi uno acquistato, per una resa in olio pari a pressoché 11 ettolitri. L'ottimo Extravergine 1st Origin si presenta alla vista di un bel colore giallo dorato intenso con delicate sfumature verdi, limpido. All'olfatto si apre elegante e complesso, dotato di un'ampia carica aromatica di menta e rosmarino, cui si aggiungono note vegetali di carciofo, cicoria e lattuga. In bocca è fine e avvolgente, con toni di lattuga di campo e ricordo di pepe nero e mandorla. Amaro deciso e piccante spiccato e armonico. Perfetto per antipasti di pomodori, insalate di lenticchie, marinate di ricciola, verdure al vapore, passati di orzo, primi piatti con asparagi, pesci ai ferri, tartare di salmone, pollame o carni di agnello al forno, formaggi freschi a pasta filata.

Olive en is the first olive grove in Japan founded by a private company. The farm has, in fact, ancient origins dating back to 1919, when Tomijirou Shimamura, who produced oil cosmetics, decided to enlarge his line with the oil from his olives and planted his first olive grove. Today there are 3 hectares of olive surface with 3,000 trees. In the last harvest about 126 quintals of olives were produced and almost one purchased, with a yield of about 11 hectolitres of oil. The very good Extra Virgin selection 1st Origin is a beautiful intense limpid golden yellow colour with delicate green hues. Its aroma is elegant and complex, endowed with ample aromatic hints of mint and rosemary, together with vegetal notes of artichoke, chicory and lettuce. Its taste is fine and rotund, with a flavour of country lettuce and a note of black pepper and almond. Bitterness is definite and pungency is distinct and harmonic. It would be ideal on tomato appetizers, lentil salads, marinated amberjack, steamed vegetables, barley purée, pasta with asparagus, grilled fish, salmon tartare, baked poultry or lamb, mozzarella cheese.

Giappone Japan [JP] Shikoku

Olive no Mori

Tonoshō-cho - 2721 - 1 Kou
761 - 4113 Shōzu-gun (Kagawa-ken)
Tel.: +81 879 627111 - Fax: +81 879 626114
E-mail: info@healthyolive.com - Web: www.shl-olive.co.jp

90

- 5/30 m
- Specializzato / Specialized
- Vaso cespugliato / Vase bush
- Brucatura a mano / Hand picking
- Sì - Ciclo continuo / Yes - Continuous cycle
- Koroneiki
- Fruttato medio / Medium fruity
- da 40,01 a 50,00 € - 200 ml / from € 40.01 to 50.00 - 200 ml

Appare in forma e consolida la sua posizione: quest'azienda sta dimostrando, negli anni, di avere ottime potenzialità di crescita. È Olive no Mori, attualmente condotta da Toshihiro Yagyu il quale si occupa di una superficie specializzata di quasi 9 ettari dove trovano posto 2.084 piante. Da queste sono stati ricavati quest'anno circa 258 quintali di olive che, uniti ai quasi 102 acquistati, hanno reso pressoché 41 ettolitri di olio, più circa 67 acquistati, per un totale di quasi 109 ettolitri. L'etichetta proposta al panel è l'ottimo Extravergine Shōdoshima - Gold Label, di un bel colore giallo dorato intenso con sottili tonalità verdi, limpido. Al naso si apre ampio e avvolgente, ricco di sentori vegetali di cicoria, lattuga e sedano, accompagnati da nette sfumature di basilico, menta e prezzemolo. In bocca è fine e complesso, con toni di pomodoro acerbo e ricordo speziato di pepe nero. Amaro deciso e piccante spiccato e armonico. Buon abbinamento con antipasti di fagioli, carpaccio di salmone, insalate di pomodori, patate alla brace, zuppe di legumi, primi piatti con molluschi, pesci ai ferri, tartare di ricciola, pollame o carni di agnello al forno, formaggi caprini.

Present again in our Guide, over the years this farm has shown its very good growth potential. Olive no Mori is currently run by Toshihiro Yagyu, who manages a specialized olive surface of almost 9 hectares with 2,084 trees. In the last harvest about 258 quintals of olives were produced and almost 102 purchased, with a yield of about 41 hectolitres of extra virgin olive oil. With about 67 hectolitres purchased, the total was almost 109 hectolitres. We recommend the very good Extra Virgin selection Shōdoshima - Gold Label, which is a beautiful intense limpid golden yellow colour with slight green hues. Its aroma is ample and rotund, rich in vegetal hints of chicory, lettuce and celery, together with distinct notes of basil, mint and parsley. Its taste is fine and complex, with a flavour of unripe tomato and a spicy note of black pepper. Bitterness is definite and pungency is distinct and harmonic. It would be ideal on bean appetizers, salmon carpaccio, tomato salads, barbecued potatoes, legume soups, pasta with mussels, grilled fish, amberjack tartare, baked poultry or lamb, goat cheese.

Giappone Japan [JP] Shikoku

Shōdoshima Olive Kouen

Shōdoshima-cho - 1941 - 1 Nishimura Kou
761 - 4434 Shōzu-gun (Kagawa-ken)
Tel.: +81 879 822200 - Fax: +81 879 822215
E-mail: info@olive-pk.jp

91

- 15 m
- **Specializzato** / Specialized
- **Vaso, vaso libero** / Vase, free vase
- **Brucatura a mano** / Hand picking
- **Sì - Ciclo continuo** / Yes - Continuous cycle
- **Mission**
- **Fruttato medio** / Medium fruity
- **da 26,01 a 30,00 € - 200 ml** / from € 26.01 to 30.00 - 200 ml

Consolida la sua posizione in Guida questa significativa struttura fondata nel 1990 dal comune di Shōdoshima-cho proprio nel luogo in cui, nel 1908, furono piantati con successo i primi olivi in Giappone. Questo posto oggi è conosciuto come Shōdoshima Olive Park e ospita quasi 2 ettari di superficie dedicata all'oliveto specializzato sul quale dimorano mille piante. Quest'anno il raccolto ha reso 83 quintali di olive ai quali se ne sono aggiunti 22 acquistati, per una produzione in olio di circa 12 ettolitri. L'ottimo Extravergine Tedumi Ichiban Shibori è di un bel colore giallo dorato intenso con sottili sfumature verdi, limpido. Al naso è elegante e avvolgente, ricco di sentori vegetali di carciofo e cicoria selvatica, affiancati da note balsamiche di menta e rosmarino. In bocca è ampio e complesso, dotato di toni di lattuga di campo e ricordo di mandorla, cannella e pepe nero. Amaro deciso e piccante presente e ben espresso. È perfetto per antipasti di fagioli, carpaccio di salmone, insalate di pomodori, patate alla griglia, passati di legumi, risotto con carciofi, molluschi gratinati, seppie arrosto, pollame o carni di agnello al forno, formaggi freschi a pasta filata.

Present again in our Guide with a good result, this important farm was founded in 1990 in the district of Shōdoshima-cho, the place where in 1908 the first olive trees were successfully planted in Japan. This area is now known as Shōdoshima Olive Park and contains almost 2 hectares of surface destined to specialized olive grove with 1,000 trees. In the last harvest 83 quintals of olives were produced and 22 purchased, with a yield of about 12 hectolitres of oil. The very good Extra Virgin selection Tedumi Ichiban Shibori is a beautiful intense limpid golden yellow colour with slight green hues. Its aroma is elegant and rotund, rich in vegetal hints of artichoke and wild chicory, together with fragrant notes of mint and rosemary. Its taste is ample and complex, endowed with a flavour of country lettuce and a note of almond, cinnamon and black pepper. Bitterness is definite and pungency is present and distinct. It would be ideal on bean appetizers, salmon carpaccio, tomato salads, grilled potatoes, legume purée, risotto with artichokes, mussels au gratin, roast cuttlefish, baked poultry or lamb, mozzarella cheese.

Giappone Japan [JP] Shikoku

Sorai Nouen

Shōdoshima-cho - 1372 - 1 Yasuda-kou
761 - 4411 Shōzu-gun (Kagawa-ken)
Tel.: +81 879 629688
E-mail: info@sorai-olive-farm.com - Web: www.sorai-olive-farm.com

90

20 m

Specializzato
Specialized

Vaso
Vase

Brucatura a mano
Hand picking

Sì - Ciclo continuo
Yes - Continuous cycle

Mission

Fruttato medio
Medium fruity

da 35,01 a 40,00 € - 200 ml
from € 35.01 to 40.00 - 200 ml

La storia di Kenji Sorai è quella di un impiegato di una fabbrica di salsa di soia il quale, negli anni Quaranta del secolo scorso, ha iniziato a produrre olio da olive con i macchinari utilizzati nella lavorazione della soia. Circa dieci anni fa il quarto dei suoi figli, Kazuo Sorai, ha dato seguito all'avventura con un frantoio di proprietà e 480 olivi messi a dimora su più di un ettaro di impianto. Quest'anno il raccolto ha fruttato 65 quintali di olive e quasi 7 ettolitri di olio. L'etichetta proposta per la Guida è l'ottimo Extravergine Nouka Ga Tukutta che appare alla vista di colore giallo dorato intenso con lievi tonalità verdi, limpido. Al naso è fine e avvolgente, ricco di sentori di erba fresca falciata e carciofo, cui si affiancano ampie note balsamiche di menta e rosmarino. In bocca è dotato di toni vegetali di lattuga, cicoria selvatica e ricordo di pepe nero e mandorla. Amaro spiccato e piccante deciso e armonico. Perfetto l'abbinamento con antipasti di salmone, insalate di lenticchie, marinate di ricciola, verdure al forno, passati di asparagi, risotto con carciofi, gamberi in guazzetto, seppie in umido, coniglio arrosto, pollame ai ferri, formaggi caprini.

Kenji Sorai's is the story of an employee in a factory of soy sauce, who began producing oil from olives in the 40s of the last century, using the machinery employed in the processing of soybeans. About ten years ago the fourth of his children, Kazuo Sorai, purchased an oil mill and started his olive grove, now consisting of over one hectare with 480 trees. In the last harvest 65 quintals of olives were produced, with a yield of almost 7 hectolitres of oil. We recommend the selection proposed, the very good Extra Virgin Nouka Ga Tukutta, which is an intense limpid golden yellow colour with slight green hues. Its aroma is fine and rotund, rich in hints of freshly mown grass and artichoke, together with ample fragrant notes of mint and rosemary. Its taste is endowed with a vegetal flavour of lettuce, wild chicory and a note of black pepper and almond. Bitterness is distinct and pungency is definite and harmonic. It would be ideal on salmon appetizers, lentil salads, marinated amberjack, baked vegetables, asparagus purée, risotto with artichokes, stewed shrimps, stewed cuttlefish, roast rabbit, grilled poultry, goat cheese.

Giappone Japan [JP] Shikoku

Yamahisa Farm

Shōdoshima-cho - 319 - 1 Yasuda
761 - 4411 Shōzu-gun (Kagawa-ken)
Tel.: +81 879 820442 - Fax: +81 879 825177
E-mail: qube-243@proof.ocn.ne.jp - Web: www.yama-hisa.co.jp

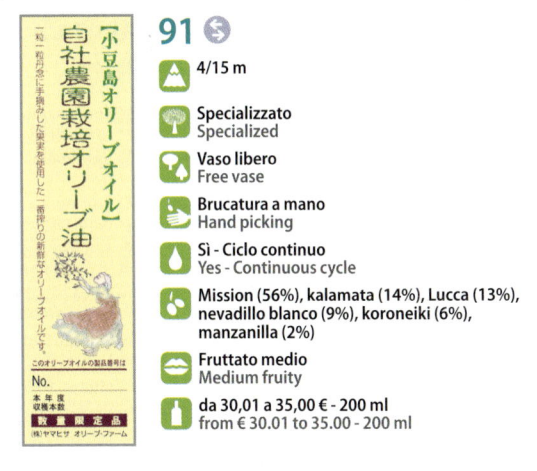

91

- 4/15 m
- **Specializzato** / Specialized
- **Vaso libero** / Free vase
- **Brucatura a mano** / Hand picking
- **Sì - Ciclo continuo** / Yes - Continuous cycle
- Mission (56%), kalamata (14%), Lucca (13%), nevadillo blanco (9%), koroneiki (6%), manzanilla (2%)
- **Fruttato medio** / Medium fruity
- da 30,01 a 35,00 € - 200 ml / from € 30.01 to 35.00 - 200 ml

Yamahisa Farm, che ha alle spalle un passato di azienda produttrice di soia dal 1925, si sta decisamente facendo strada anche nell'olio. L'avventura inizia alla fine degli anni Ottanta, fin da subito con l'obiettivo ambizioso di curare tutta la filiera, dal campo alla bottiglia. Su una superficie di 4 ettari crescono 2.200 piante dalle quali, nella trascorsa campagna, sono stati ricavati 80 quintali di olive che, uniti ai 25 acquistati, hanno prodotto circa 13 ettolitri di olio, più quasi 3 comprati, per un totale di oltre 15 ettolitri. Unica la selezione aziendale, l'ottimo Extravergine Yamahisa Farm che è di un bel colore giallo dorato intenso, limpido. Al naso è pulito e avvolgente, intriso di sentori vegetali di carciofo, cui si affiancano nette note balsamiche di menta e rosmarino. Elegante e complesso in bocca, emana toni di cicoria, lattuga e chiude con ricordo di pepe nero e mandorla. Amaro deciso e piccante spiccato e armonico. Buon abbinamento con antipasti di legumi, insalate di farro, marinate di ricciola, patate in umido, zuppe di ceci, primi piatti con asparagi, gamberi in guazzetto, tartare di salmone, coniglio arrosto, pollame alla brace, formaggi caprini.

Another good result for Yamahisa Farm, which started its activity as a producer of soy in 1925. Its oil adventure started at the end of the 80s, with the ambitious aim of controlling the whole production chain, from the field to the bottle. There are 4 hectares of olive grove with 2,200 trees. In the last harvest 80 quintals of olives were produced and 25 purchased, with a yield of about 13 hectolitres of oil. In addition, almost 3 hectolitres were purchased, with a total quantity of over 15 hectolitres. The very good Extra Virgin selection Yamahisa Farm is a beautiful intense limpid golden yellow colour. Its aroma is clean and rotund, endowed with vegetal hints of artichoke, together with definite fragrant notes of mint and rosemary. Its taste is elegant and complex, with a flavour of chicory, lettuce and final notes of black pepper and almond. Bitterness is definite and pungency is distinct and harmonic. It would be ideal on legume appetizers, farro salads, marinated amberjack, stewed potatoes, chickpea soups, pasta with asparagus, stewed shrimps, salmon tartare, roast rabbit, barbecued poultry, goat cheese.

Giappone Japan [JP] Kyūshū

Amakusa Olive En

Itsuwa-cho - 1580 - 1 Goryo Hotarume
863 - 2201 Amakusa (Kumamoto-ken)
Tel.: +81 92 5230865 - 96 9320366
E-mail: m-ito@kyudenko.co.jp - Web: www.avilo-olive.com

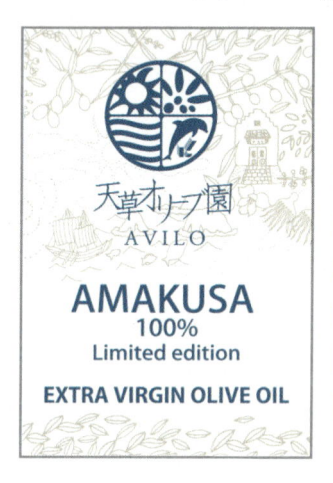

90

50 m

Specializzato
Specialized

Vaso libero
Free vase

Brucatura a mano
Hand picking

Sì - Ciclo continuo
Yes - Continuous cycle

Lucca (50%), frantoio (20%), manzanilla (20%), mission (10%)

Fruttato leggero
Light fruity

oltre 50,01 € - 100 ml
more than € 50.01 - 100 ml

Consolida la sua brillante posizione in Guida. Amakusa Olive En è un'azienda pioniera dell'olivicoltura ad Amakusa, l'isola del sud che ha da non molto ricominciato a produrre con successo olio ricavato dalle olive. Dal 2010 la Kyudenko Corporation gestisce l'intera filiera: su quasi 3 ettari di impianto trovano posto 1.582 alberi di diverse cultivar dai quali sono stati raccolti quest'anno 45 quintali di olive che, lavorate nel frantoio di proprietà assieme ai 20 acquistati, hanno reso più di 5 ettolitri di olio. L'ottimo Extravergine Amakusa 100% - Limited Edition è di un bel colore giallo dorato intenso con lievi nuance verdi, limpido. Al naso è ampio e avvolgente, dotato di sentori fruttati di pomodoro acerbo e mela bianca, cui si affiancano note di erbe aromatiche, con ricordo di basilico, menta e prezzemolo. In bocca è elegante e complesso, con toni di lattuga, carciofo e sedano. Amaro ben espresso e piccante presente e dosato. Si abbina a maionese, antipasti di orzo, aragosta al vapore, carpaccio di ricciola, marinate di dentice, passati di ceci, primi piatti con funghi ovoli, rombo al cartoccio, tartare di gamberi, formaggi freschi a pasta molle, dolci da forno.

Amakusa Olive En confirms its brilliant position in our Guide. This farm is a pioneer of olive growing in Amakusa, the southern island that has recently started again to produce oil from olives. Since 2010 the Kyudenko Corporation has been running almost 3 hectares of olive grove with 1,582 trees of several cultivars. In the last harvest 45 quintals of olives were produced and 20 purchased, which, once crushed in the farm oil mill, yielded over 5 hectolitres of oil. The very good Extra Virgin selection Amakusa 100% - Limited Edition is a beautiful intense limpid golden yellow colour with slight green hues. Its aroma is ample and rotund, endowed with fruity hints of unripe tomato and white apple, together with notes of aromatic herbs, especially basil, mint and parsley. Its taste is elegant and complex, with a flavour of lettuce, artichoke and celery. Bitterness is distinct and pungency is present and complimentary. It would be ideal on mayonnaise, barley appetizers, steamed spiny lobster, amberjack carpaccio, marinated sea bream, chickpea purée, pasta with ovoli mushrooms, turbot baked in parchment paper, shrimp tartare, soft fresh cheese, oven cakes.

Oceania

Australia
Australia

Aree olivetate o a vocazione olivicola • Olive growing areas or areas suitable to olive growing

Dati Statistici
Superficie Olivetata Nazionale	20.500 (ha)
Frantoi	127
Produzione Nazionale 19-20	21.000,0 (t)
Produzione Nazionale 18-19	19.000,0 (t)
Variazione	+10,53%

Statistic Data
National Olive Surface	20,500 (ha)
Olive Oil Mills	127
National Production 19-20	21,000.0 (t)
National Production 18-19	19,000.0 (t)
Variation	+10.53%

International Olive Council - Australian Olive Association Limited - Horticulture Innovation Australia

La produzione di olio in Australia ha raggiunto, nella campagna 2019-2020, le 21mila tonnellate, con un aumento del 10,53% rispetto all'annata precedente. Per i prossimi anni si prevede un incremento, pur tenendo conto della variabile climatica, specie in alcune aree del sud del continente dove fattori come freddo e gelate mettono a grosso rischio gli oliveti, o in gran parte dell'est colpito dalla siccità. Questa realtà è stata acutamente analizzata dallo storico Michael Burr il quale ha commentato il momento presente del settore olivicolo australiano che sta vivendo indubbiamente una fase di rapido sviluppo che potrebbe farlo diventare in breve tempo uno dei più incisivi nel mercato mondiale: "come un neonato, l'olivicoltura australiana ha un potenziale infinito, ma nessuno può ancora prevedere cosa sarà in grado di fare". La storia dell'olivicoltura in Australia è infatti piuttosto recente. Pur presente sul territorio dall'inizio dell'Ottocento, la pianta dell'olivo inizia a diffondersi durante il secolo successivo, con l'arrivo in massa di immigrati greci e italiani che determinano l'aumento della domanda e lo sviluppo del mercato interno. Ma un'industria olivicola vera e propria è il frutto di un processo di ricostituzione avvenuto soltanto negli ultimi decenni. A partire dalla metà degli anni Novanta, infatti, sulla spinta della popolarità della dieta mediterranea e del riconoscimento delle qualità salutistiche dell'olio quale suo elemento base, si è assistito a un deciso incremento degli impianti, con la messa a dimora di circa 10 milioni di olivi su una superficie che attualmente raggiunge i 20.500 ettari. Gli oliveti si trovano in tutte le regioni agricole caratterizzate da un clima temperato, con in testa lo stato di Victoria, da cui proviene una maggioranza significativa del raccolto totale. Le altre principali zone olivicole sono: le regioni di Moore River, Margaret River e Greath Southern nel Western Australia; la Fleurieu Peninsula, la Hunter Valley e la regione del fiume Murray nel South Australia; il New South Wales e il Queensland meridionale. Queste sono caratterizzate da un clima mediterraneo con temperature elevate durante l'estate, inverni temperati e rare gelate. Ci sono inoltre impianti in via di sviluppo in Tasmania e in altre zone dell'Australia dove terreno e clima sono ugualmente favorevoli a questa coltura. Il parco varietale australiano è piuttosto confuso poiché non esistono studi sistematici sull'adattabilità delle cultivar nelle diverse zone. Le varietà più comuni sono quelle importate dai paesi mediterranei - prevalentemente Spagna, Italia, Grecia - e comprendono, oltre al diffusissimo frantoio: arbequina, barnea, coratina, correggiolo, fs17, hojiblanca, kalamata, koroneiki, leccino, manzanilla, mission, nevadillo blanco, pendolino, picual e verdale. La aziende sono 800, con impianti produttivi in maggioranza molto estesi: più del 70% degli alberi si concentra in meno di 20 oliveti, con il più grande, nello stato di Victoria, che supera i 6mila ettari. Infatti ai piccoli e medi produttori si stanno man mano affiancando grosse imprese orientate all'investimento in piantagioni intensive e irrigue. Queste si avvalgono di metodi moderni e tecnologicamente avanzati, nei quali l'Australia è all'avanguardia, applicati nella coltivazione, raccolta e potatura, operazioni che vengono svolte per lo più con mezzi meccanici automatizzati. La trasformazione avviene in 127 frantoi a ciclo continuo. Il consumo di olio pro capite del paese è di 1,6 kg annui.

In the harvest 2019-2020 olive oil production in Australia reached 21,000 tons, with an increase of 10.53% compared to the previous year. An increase is probable in the next years in spite of the difficult climatic conditions, especially in some areas of the south of the continent, where the cold and the frosts can damage olive groves, or in most of the east, affected by drought. This situation has been sharply analyzed by the historian Michael Burr, who has commented on the confused present of the Australian olive sector, which is certainly growing so fast to be able to become one of the most important in the world market. "As a baby, Australian olive growing has an infinite potential, but still nobody can tell what it will be able to do". In fact the history of olive growing in Australia is recent. The olive tree appeared in Australia at the beginning of the 19th century, even if a real cultivation began to spread only during the following century, with the mass arrival of Greek and Italian immigrants, who made the demand increase and the domestic market develop. However, a real olive growing industry is the product of a recent recovery occurred in the last decades. In fact, since the mid-90s the popularity of the Mediterranean diet and the discovery of the health giving properties of olive oil as one of its basic elements have given rise to a strong increase in the number of olive groves with the planting of about 10 million trees on a surface that currently covers 20,500 hectares. The olive areas are all the regions with a temperate climate, especially the state of Victoria, which produces the most of the total yield. The other main olive areas are: the region of Moore River, Margaret River and Great Southern, in the state of Western Australia; the Fleurieu Peninsula, the Hunter Valley and the region of the river Murray in South Australia; New South Wales and southern Queensland. These areas are characterized by a Mediterranean climate with hot temperatures in summer, mild winters and rare frosts. Moreover, there are developing plantations in Tasmania and in other areas of Australia, where the territorial and climatic characteristics are equally suitable to this cultivation. The Australian range of varieties is rather confused because there are no systematic studies on the adaptability of the cultivars to the different areas. The most common cultivars are those imported from Mediterranean countries, especially Spain, Italy and Greece, and include arbequina, barnea, coratina, correggiolo, fs17, hojiblanca, kalamata, koroneiki, leccino, manzanilla, mission, nevadillo blanco, pendolino, picual and verdale, besides the widespread frantoio. The farms are 800, with generally very large olive groves: over 70% of the trees is concentrated in less than 20 olive groves. The largest, in the state of Victoria, exceeds 6,000 hectares. In fact, besides small and medium producers, big farms interested in investing in intensive watered plantations have appeared on the local market. They generally use modern methods of cultivation, harvesting and pruning, where Australia is one of the most advanced countries in the world. These operations are mainly carried out with automated mechanical means. Transformation is effected in 127 continuous cycle oil mills. The per capita oil consumption in the country is 1.6 kg per year.

Australia Australia [AU] Western Australia

Talbot Grove

276 Talbot Hall Road
6302 York
Tel.: +61 8 94187583 - 8 96431021
E-mail: talbotgrove@dodo.com.au - Web: www.talbotgrove.com

95

300 m

Specializzato
Specialized

Vaso libero
Free vase

Meccanica
Mechanical harvesting

No - Ciclo continuo
No - Continuous cycle

Nevadillo

Fruttato medio
Medium fruity

da 4,01 a 6,00 € - 375 ml
from € 4.01 to 6.00 - 375 ml

Conferma e consolida la sua posizione la Talbot Grove di York, nel Western Australia. Nata nel 1997 come un'avventura pionieristica di Frederik Von Altenstadt che impianta 6mila olivi su 24 ettari di proprietà della sua famiglia, oggi è una realtà di spicco che produce oli monovarietali di altissima qualità. La raccolta di quest'anno ha fruttato 350 quintali di olive, pari a una resa di quasi 76 ettolitri di olio. Segnaliamo l'etichetta proposta al panel per la Guida, l'Extravergine Nutty Taste - Nevadillo, molto buono. Appare alla vista di un bel colore giallo dorato intenso con delicate sfumature verdi, limpido. Al naso si apre pulito e avvolgente, ricco di sentori balsamici di basilico, eucalipto e menta, cui si affiancano note di pomodoro acerbo e foglia di fico. Elegante e complesso al palato, si arricchisce di toni di lattuga e nuance fruttate di albicocca e pesca, mela bianca e banana. Amaro deciso e piccante spiccato e ben armonizzato. Ideale su antipasti di mare, insalate di fagioli, legumi bolliti, patate arrosto, zuppe di farro, primi piatti con salmone, gamberi in guazzetto, seppie in umido, pollame o carni di agnello al forno, formaggi freschi a pasta filata.

Talbot Grove, located in York, in Western Australia, is present again in our Guide with a good result. It was created in 1997 by the adventurous pioneer Frederik von Altenstadt, who planted 6,000 olive trees on 24 hectares on his family's estate. Today it is an important farm producing high quality monovarietal extra virgin olive oil. In the last harvest 350 quintals of olives were produced, with a yield of almost 76 hectolitres of oil. We recommend the selection proposed to the panel, the very good Extra Virgin Nutty Taste - Nevadillo, which is a beautiful intense limpid golden yellow colour with delicate green hues. Its aroma is clean and rotund, rich in fragrant hints of basil, eucalyptus and mint, together with notes of unripe tomato and fig leaf. Its taste is elegant and complex, enriched by a flavour of lettuce and fruity notes of apricot and peach, white apple and banana. Bitterness is definite and pungency is distinct and harmonic. It would be ideal on seafood appetizers, bean salads, boiled legumes, roast potatoes, farro soups, pasta with salmon, stewed shrimps, stewed cuttlefish, baked poultry or lamb, mozzarella cheese.

Nuova Zelanda
New Zealand

Aree olivetate o a vocazione olivicola · *Olive growing areas or areas suitable to olive growing*

Dati Statistici

Superficie Olivetata Nazionale	2.130 (ha)
Frantoi	40
Produzione Nazionale 19-20	183,2 (t)
Produzione Nazionale 18-19	183,2 (t)
Variazione	0,00%

Olives New Zealand

Statistic Data

National Olive Surface	2,130 (ha)
Olive Oil Mills	40
National Production 19-20	183.2 (t)
National Production 18-19	183.2 (t)
Variation	0.00%

Giovane e piccolo, se valutato secondo gli standard dei paesi mediterranei, il settore olivicolo neozelandese ha una sua progressiva evoluzione. Per parlare di olivicoltura in Nuova Zelanda bisogna aspettare il XIX secolo, come documenta Charles Darwin o come si legge in uno dei primi manuali dell'epoca compilati per i coloni, in cui si segnalano delle varietà di olivo acclimatate. Del resto queste terre, abitate dai Polinesiani, vengono popolate dai coloni britannici soltanto dopo il 1840. Due di loro, Logan Campbell e sir George Grey, cercano nella seconda metà dell'Ottocento di impiantare i primi oliveti su larga scala: la donazione di Campbell alla città di Auckland, nel nord del paese, comprende ancora alberi enormi, derivanti dalle piante originarie importate dall'Australia. Ma l'esperimento non ha successo e dovrà passare quasi un secolo prima che, nel 1960, vengano importate, e in parte innestate su vecchi olivi, piante di varietà ascolana, manzanilla, mission e verdale. Molte di queste sopravvivono ancora e in particolare si distingue la j5 che deve il suo nome all'olivicoltore Johnson che diffuse le talee dell'albero originario. Ma l'olivicoltura moderna nasce nel 1986 quando l'imprenditore israeliano Gideon Blumenfeld porta con sé a Blenheim, nella regione di Marlborough, delle pianticelle di varietà barnea: bastano quattro anni e il suo vivaio riceve ordini da tutta la Nuova Zelanda; e subito dopo altre cultivar vengono importate dall'Australia. Insomma negli anni Novanta inizia a svilupparsi un forte interesse per la pianta dell'olivo, con oltre 200mila alberi piantati nel paese. Alcuni oliveti vengono poi rimossi (e altri continuano tuttora a esserlo), per fare spazio a colture più redditizie o perché le varietà impiantate non erano adatte. Sta di fatto che attualmente si stima che gli olivi in produzione siano 350mila, distribuiti su 2.130 ettari di superficie, soprattutto nella North Island. Le regioni più vocate sono: Nelson, Marlborough, Canterbury e Central Otago nella South Island; Kapiti, Wairarapa, Hawke's Bay, Bay of Plenty, Waikato, South Auckland, Waiheke Island e Northland nella North Island. Hawke's Bay è la più densa di olivi, seguita da Auckland, Northland e Wairarapa. Poco più della metà degli impianti si colloca in zone pianeggianti, gli altri si trovano in aree collinari. Non esistono varietà autoctone, però ci sono molte cultivar che, sviluppatesi a partire da quelle importate, hanno assunto dei nomi gergali locali: la rakino deve il nome all'isola in cui fu scoperta, nel Golfo di Hauraki; la gb01 e la super furono individuate da Gideon Blumenfeld. Poi c'è la j5, nel Northland, e la barnea che si sviluppa un po' ovunque. C'è infine una gamma di cultivar mediterranee: il frantoio è la più piantata, seguita da leccino, manzanilla, picual, koroneiki, kalamata, pendolino e picholine. Le aziende presenti nel territorio sono circa 300, con oliveti che generalmente ospitano dai 500 ai mille alberi. Tre grossi impianti commerciali sorgono nelle regioni di Auckland, Marlborough e Nelson; più altri due nella regione di Hawke's Bay. La raccolta delle olive si svolge da marzo a giugno nella North Island e da giugno ad agosto nella South Island. La trasformazione avviene in 40 frantoi, concentrati soprattutto nella North Island e dotati per lo più di impianti moderni a ciclo continuo. Quest'anno hanno prodotto 183,2 tonnellate di olio, senza variazioni di rilievo rispetto alla campagna precedente. Il consumo di olio pro capite del paese è di 0,92 kg annui.

Although the olive oil sector in New Zealand is young and small compared to the standards of Mediterranean countries, it is constantly and positively developing. Real olive growing in New Zealand starts only in the 19th century, as Charles Darwin documents and even one of the first manuals of the time, written for the colonists, signals some varieties of olive trees adaptable to the climate. These lands were originally inhabited by the Polynesians, and only after the 1840 treaty did they begin to be populated by British colonists. In the second half of the 19th century the New Zealand olive history is tied to two colonizers, Logan Campbell and Sir George Grey, who tried to plant the first olive groves on a large scale: Campbell's donation to the city of Auckland, in the north of the country, still contains enormous trees, coming from the original ones imported from Australia. The experiment was not successful and after almost one century of abandon, in 1960, trees of the varieties ascolana, manzanilla, mission and verdale were imported and partly grafted onto old olive trees. Many of these still survive: one in particular, J5, which owes its name to the olive grower Johnson, who spread the scions of the native tree. But modern olive growing starts some years later, in 1986, when the Israeli entrepreneur Gideon Blumenfeld brought small trees of the variety barnea to Blenheim, in the region of Marlborough: after only four years his nursery received orders from the whole country. In short, in the 90s a strong interest in the olive tree began to develop, with over 200,000 trees planted in the country. Some olive groves were then removed (and others still are), to make room for more profitable crops or because the planted varieties were not suitable. Today there are 350,000 trees in production, distributed on 2,130 hectares of surface, mainly in the North Island. The most favourable areas are: Nelson, Marlborough, Canterbury and Central Otago in the South Island; Kapiti, Wairarapa, Hawke's Bay, Bay of Plenty, Waikato, South Auckland, Waiheke Island and Northland in the North Island. The most olive trees are in Hawke's Bay, followed by Auckland, Northland and Wairarapa. About a half of the olive groves can be found in flat areas, the others are situated in hilly areas. Although autochthonous varieties do not exist, there are a lot of cultivars, derived from those imported in the past, which have taken local names. Among these we can mention the variety rakino, which takes its name from the island where it was discovered, in the Gulf of Hauraki; gbO1 and super derived from trees identified by Gidon Blumenfeld; J5, which flourishes in the Northland, and barnea, which is spread in the whole country. There is also a range of cultivars of Mediterranean origin: the most common is frantoio, followed by leccino, manzanilla, picual, koroneiki, kalamata, pendolino and picholine. The farms present in the territory are about 300, with a number of trees varying from 500 to 1,000. Moreover, there are three big commercial plantations in the regions of Auckland, Marlborough and Nelson and other two in the region of Hawke's Bay. Harvesting lasts from March to June in the North Island; from June to August in the South Island. Transformation is carried out in 40 oil mills, mainly in the North Island and supplied with modern continuous cycle systems. In the last harvest 183.2 tons of oil were produced, without any relevant variations compared to the previous year. The per capita oil consumption in the country is 0.92 kg per year.

Nuova Zelanda New Zealand [NZ] Auckland

Rangihoua Estate
Rocky Bay - 1 Gordons Road
1971 Auckland (Waiheke Island)
Tel.: +64 9 3726214
E-mail: info@rangihoua.co.nz - Web: www.rangihoua.co.nz

98

- 70 m
- Specializzato / Specialized
- Vaso aperto, vaso libero, vaso policonico / Open vase, free vase, polyconic vase
- Brucatura a mano e meccanica / Hand picking and mechanical harvesting
- Sì - Ciclo continuo / Yes - Continuous cycle
- Koroneiki
- Fruttato medio / Medium fruity
- da 10,01 a 12,00 € - 500 ml / from € 10.01 to 12.00 - 500 ml

La Rangihoua Estate continua a dare delle belle soddisfazioni, distinguendosi come una delle prime realtà produttrici di extravergine della sua regione. Di ritorno da un viaggio in Toscana, Anne Stanimiroff e Colin Sayles decidono di unire alla produzione vitivinicola quella olearia che è ricavata oggi da 5.500 olivi coltivati su 24 ettari di superficie specializzata. Quest'anno sono stati raccolti 300 quintali di olive che hanno prodotto 40 ettolitri di olio. Due gli ottimi Extravergine Rangihoua Estate: Frantoio Blend e il monocultivar Koroneiki che segnaliamo. Giallo dorato intenso, limpido; all'olfatto è pulito e avvolgente, intriso di sentori fruttati di pomodoro acerbo, mela bianca e banana, cui si associano nuance floreali di rosa. Pieno e complesso al palato, è riccamente vegetale, con toni di fave, lattuga e sedano, in aggiunta a note balsamiche di basilico, menta e prezzemolo. Amaro deciso e piccante spiccato e armonico. Buon abbinamento con antipasti di mare, insalate di farro, marinate di orata, pomodori con riso, zuppe di ceci, risotto con funghi ovoli, molluschi gratinati, tartare di ricciola, pollame o carni di agnello al forno, formaggi freschi a pasta filata.

Another positive result for Rangihoua Estate, one of the first extra virgin olive oil farms in its region. After visiting Tuscany, Anne Stanimiroff and Colin Sayles decided to add olive cultivation to wine-growing and today they have a 24-hectare specialized olive grove with 5,500 trees. In the last harvest 300 quintals of olives were produced, which allowed to yield 40 hectolitres of oil. There are two very good Extra Virgin selections Rangihoua Estate, Frantoio Blend and the Monocultivar Koroneiki, which we recommend. It is an intense limpid golden yellow colour. Its aroma is clean and rotund, endowed with fruity notes of unripe tomato, white apple and banana, together with floral hints of rose. Its taste is full and complex, with a rich vegetal flavour of broad beans, lettuce and celery, together with fragrant notes of basil, mint and parsley. Bitterness is definite and pungency is distinct and harmonic. It would be ideal on seafood appetizers, farro salads, marinated gilthead, tomatoes stuffed with rice, chickpea soups, risotto with ovoli mushrooms, mussels au gratin, amberjack tartare, baked poultry or lamb, mozzarella cheese.

America del Nord
North America

Stati Uniti
United States

Aree olivetate o a vocazione olivicola · *Olive growing areas or areas suitable to olive growing*

Dati Statistici
Superficie Olivetata Nazionale	35.000 (ha)
Frantoi	50
Produzione Nazionale 19-20	16.000,0 (t)
Produzione Nazionale 18-19	16.000,0 (t)
Variazione	0,00%

Statistic Data
National Olive Surface	35,000 (ha)
Olive Oil Mills	50
National Production 19-20	16,000.0 (t)
National Production 18-19	16,000.0 (t)
Variation	0.00%

International Olive Council - University of California Devis, Olive Center

L'attuale panorama olivicolo degli Stati Uniti riguarda quasi esclusivamente la California, a parte piccole piantagioni in Arizona e in Texas. I dati statistici descrivono una realtà moderna in via di sviluppo: nell'ultima campagna i 750 produttori americani, in 50 frantoi, hanno raggiunto una produzione di 16mila tonnellate di olio, senza variazioni di rilievo rispetto all'annata precedente. Questa rappresenta in realtà una quantità insufficiente rispetto al consumo degli Stati Uniti che ogni anno importano circa 315mila tonnellate di olio. Il consumo di olio da olive è infatti aumentato negli ultimi anni, sia per il riconoscimento delle sue proprietà salutistiche, sia per le caratteristiche organolettiche sempre più ricercate: parliamo di un volume di 330mila tonnellate che rappresenta una discreta porzione nell'ambito degli oli utilizzati dagli Americani, per un consumo pro capite di 1 kg all'anno. Se valutata secondo gli standard dei paesi mediterranei, la storia dell'olivicoltura nel paese è piuttosto recente. Ha inizio, infatti, quando i missionari spagnoli portarono con sé attraverso il Messico pianticelle giovani, selezionate da varietà mission, e le impiantarono insieme ad altre varietà europee lungo la costa della California: siamo alla fine del XIX secolo e già si contano circa 2mila ettari di piccoli impianti di olivo. E ancora oggi molte missioni ospitano i resti di antichi frantoi e vantano la presenza di questi alberi storici. La produzione olearia locale, però, non potendo competere con le importazioni dall'Europa, stava lentamente scomparendo quando, all'inizio del Novecento, fu scoperta, nella Sacramento Valley, l'oliva nera da tavola "California Style", una combinazione di mission e altre varietà tra cui la manzanilla de Sevilla. Da quel momento una realtà di circa 14mila ettari iniziò a svilupparsi nel territorio centrale della California, tra la Sacramento Valley e la San Joaquin Valley. Ma questa prosperità significava la progressiva estinzione del mercato dell'olio per lasciare il posto alle olive da tavola. Bisogna attendere anni più recenti per registrare un'inversione di tendenza, con una superficie olivicola che attualmente si estende per 35mila ettari, con 18 milioni di alberi. La maggior parte delle prime piantagioni sono composte da varietà italiane, ovvero coratina, frantoio, leccino, maurino, moraiolo, pendolino e taggiasca, e hanno una densità di circa 600-700 alberi per ettaro. La nuova domanda di olio di qualità determina lo sviluppo di impianti nelle contee di Napa, Sonoma, Alameda, Marin e Mendocino, lungo la costa settentrionale. Piccole piantagioni iniziano a svilupparsi anche a sud, nelle contee di San Luis Obispo, Monterey, Ventura e Santa Barbara; e si rinnovano oliveti abbandonati in queste aree e nelle contee più settentrionali di Calaveras, Nevada, Amador, El Dorado. Ma l'olivicoltura californiana moderna nasce nel 1999 con il primo oliveto superintensivo con raccolta meccanizzata attraverso macchine scavallanti. È il boom degli impianti nella Central Valley, nelle contee di Butte, Glenn e San Joaquin: si tratta di cloni selezionati da varietà arbequina, arbosana e koroneiki, le più adatte a una densità fino a 2mila alberi per ettaro, grazie alla forma conica della chioma che limita i danni delle macchine raccoglitrici. Questo sistema finisce per rivoluzionare la produzione californiana, sia comprendendo zone prima destinate solo al pascolo o alla coltura del grano, sia per i costi di produzione, minori grazie alla raccolta meccanizzata.

Olive growing in the United States is almost exclusively practised in California, apart from some small plantations in Arizona and Texas. Data describe a modern developing reality: in the last oil harvest the 750 American producers reached 16,000 tons of oil in their 50 oil mills, without any variations compared to the previous year. This output really represents only a very small part of the domestic consumption, as the Unites States import about 315,0000 tons of oil every year. Olive oil consumption has in fact increased in the last few years, both for its health giving properties, and its organoleptic characteristics: today it is a volume of 330,000 tons, which represents a fairly good part of the oil used by the Americans, with a per capita consumption of 1 kg per year. According to the standards of the Mediterranean countries, the history of olive growing in the country is recent. It started when Spanish missionaries brought young olive plants selected from the variety mission from Mexico and planted them with other European varieties along the Californian coast. At the end of the 19th century there were already numerous small olive groves of around 2,000 hectares. Even today a lot of missions still own the remains of ancient olive oil mills and are proud of the presence of these historical trees. The local olive oil production could not however compete with European imports. Indeed this activity was slowly disappearing, when, at the beginning of the 20th century the black table olive "California Style" was discovered in Sacramento Valley: it was a combination of mission and other varieties among which manzanilla de Sevilla: from that moment a reality of around 14,000 hectares began to develop in the central part of California, between Sacramento Valley and San Joaquin Valley. But this prosperity meant the gradual end of the olive oil market that was leaving its place to table olives. Only in recent years has there been a notable recovery with an olive surface that at present stretches over 35,000 hectares with 18 million trees. The greatest part of the first plantations consist of Italian varieties like coratina, frantoio, leccino, maurino, moraiolo, pendolino and taggiasca and have a density of around 600-700 trees per hectare. The recent demand for quality oil has determined the development of olive groves in the counties of Napa, Sonoma, Alameda, Marin and Mendocino on the northern coast. Moreover, small plantations are developing in the south, in the counties of St. Luis Obispo, Monterey, Ventura and Santa Barbara, and neglected olive groves are being renewed in the same areas and in the northern counties of Calaveras, Nevada, Amador, El Dorado. But the real important incentive to the modernization of Californian olive growing occurred in 1999 with the first super intensive olive grove with a mechanical harvest using "scavallanti" machines. It was the boom of the plantations in Central Valley and in the counties of Butte, Glenn and San Joaquin: clones were selected from the varieties arbequina, arbosana and koroneiki, the most suitable to a density up to 2,000 trees per hectare because of the conic conformation of their foliage that limits the damage of mechanical harvesting. This system revolutionized Californian olive production, because it could include areas previously destined only to pasture land or to wheat cultivation, and also for the lower costs of production thanks to mechanical harvesting.

Stati Uniti United States [US] California

California Olive Ranch

5945 County Road 35
95913 Artois (Glenn)
Tel.: +1 530 8266430
E-mail: mmori@cal-olive.com - Web: www.californiaoliveranch.com

86

15/90 m

Specializzato
Specialized

Ipsilon
Y-trellis

Meccanica
Mechanical harvesting

Sì - Ciclo continuo
Yes - Continuous cycle

Arbequina

Fruttato leggero
Light fruity

da 18,01 a 22,00 € - 500 ml
from € 18.01 to 22.00 - 500 ml

California Olive Ranch raggruppa le produzioni di molte tenute della California, dove la cultura olivicola esiste da tre secoli. Pur lavorando su volumi enormi, l'azienda si avvale di tecniche colturali e produttive a basso impatto ambientale. A disposizione c'è una superficie stimata di 1.860 ettari di impianti superintensivi con 3 milioni 75.300 olivi. Il raccolto di quest'anno mette insieme 212.810 quintali di olive propri, più 213.840 dei partner, per una resa in olio di 64mila ettolitri che, con i circa 47.656 acquistati, diventano quasi 111.656. Quattro gli Extravergine: Miller's Blend e i tre California Olive Ranch, Limited Reserve, Arbosana e Arbequina. Giallo dorato intenso con nuance verdoline, limpido; al naso è ampio e avvolgente, con sentori di pomodoro acerbo, mandorla e pinolo, affiancati da note di basilico, prezzemolo e menta. Al palato è fine e vegetale, con toni di cicoria e lattuga. Amaro deciso e piccante presente. Si abbina a maionese, antipasti di orzo, carpaccio di ricciola, insalate di riso, marinate di dentice, zuppe di piselli, primi piatti con funghi ovoli, fritture di gamberi, rombo al cartoccio, formaggi freschi a pasta molle, dolci lievitati.

California Olive Ranch collects the produce of many estates in California, where olive growing dates back to three centuries ago. In spite of its volumes, its cultivation and production techniques have a low environmental impact. There are about 1,860 hectares of super intensive olive groves with 3 million 75,300 trees. In the last harvest 212,810 quintals of olives were produced by the farm and 213,840 by the partners, with a yield of 64,000 hectolitres. With about 47,656 purchased, the total was almost 111,656. There are four Extra Virgin, Miller's Blend and the three California Olive Ranch, Limited Reserve, Arbosana and Arbequina, which is an intense limpid golden yellow colour with light green hues. Its aroma is ample and rotund, with hints of unripe tomato, almond and pine nut and notes of basil, parsley and mint. Its taste is fine and vegetal, with notes of chicory and lettuce. Bitterness is definite and pungency is present. It would be ideal on mayonnaise, barley appetizers, amberjack carpaccio, rice salads, marinated sea bream, pea soups, pasta with ovoli mushrooms, fried shrimps, turbot baked in parchment paper, soft fresh cheese, yeast-raised cakes.

Stati Uniti United States [US] California

Olive Truck
995 Market
94103 San Francisco
Tel.: +1 415 8329747
E-mail: sam@olivetruck.com - Web: www.olivetruck.com

89

41/56 m

Promiscuo e specializzato
Promiscuous and specialized

Forma libera
Free form

Brucatura a mano e meccanica
Hand picking and mechanical harvesting

Sì - Ciclo continuo
Yes - Continuous cycle

Picual

Fruttato intenso
Intense fruity

da 26,01 a 30,00 € - 500 ml
from € 26.01 to 30.00 - 500 ml

Olive Truck è il progetto realizzato di Sam Bayraktar, giovane imprenditore originario della Turchia impegnato nella ricerca delle migliori cultivar locali per creare un extravergine unico. Il principale ostacolo consisteva nel tempo di trasporto dei frutti, troppo lungo. Immagina allora una soluzione, un frantoio mobile. Oggi Sam, di base a San Francisco, seleziona varietà prodotte in California portando direttamente negli oliveti il frantoio. Quest'anno ha lavorato mille quintali di olive che hanno fruttato 150 ettolitri di olio. Due gli Extravergine Olive Truck da Agricoltura Biologica: Tuscan Blend e l'eccellente Picual. Giallo dorato intenso con lievi riflessi verdi, limpido; al naso è deciso e avvolgente, ricco di sentori fruttati di pomodoro di media maturità, mela bianca e banana, cui si affiancano note di basilico, menta e prezzemolo. Fine e di carattere in bocca, sprigiona toni di fave, lattuga e sedano. Amaro potente e piccante spiccato. Ideale su bruschette con pomodoro, funghi porcini ai ferri, insalate di spinaci, radicchio alla brace, zuppe di fagioli, primi piatti con tonno, polpo bollito, carni rosse o cacciagione alla griglia, formaggi stagionati a pasta dura.

Olive Truck was created by Sam Bayraktar, a young entrepreneur from Turkey who wanted to search for the best local cultivars to create a unique extra virgin olive oil. His main problem was to reduce the time necessary to transport its fruits, so he invented a solution, a mobile oil mill. Today Sam, based in San Francisco, selects varieties produced in California by bringing the mill directly to the olive groves. In the last harvest he crushed 1,000 quintals of olives, with a yield of 150 hectolitres of oil. There are two Extra Virgin Olive Truck from Organic Farming, Tuscan Blend and the excellent Picual, which is an intense limpid golden yellow colour with slight green hues. Its aroma is definite and rotund, rich in fruity hints of medium ripe tomato, white apple and banana, together with notes of basil, mint and parsley. Its taste is fine and strong, with a flavour of broad beans, lettuce and celery. Bitterness is strong and pungency is distinct. It would be ideal on bruschette with tomatoes, grilled porcini mushrooms, spinach salads, barbecued radicchio, bean soups, pasta with tuna, boiled octopus, grilled red meat or game, hard mature cheese.

FLOS OLEI POINT

Entra nel network di affiliati a **Flos Olei - guida al mondo dell'extravergine** e partecipa alla distribuzione dei materiali con il nostro marchio.
Se sei un produttore di cose buone o fai parte del circuito del gusto, aderisci al progetto e dai risalto al tuo punto vendita.
Acquista a un prezzo speciale la Guida e i prodotti Flos Olei.

Join the network of affiliates to **Flos Olei - a guide to the world of extra virgin olive oil** and take part in the distribution of the material with our trademark.
If you are a producer of tasty things or work in the field of food-industry, join the project and enhance your point of sale.
Buy the Guide and the Flos Olei products at a special price.

FLOS OLEI
AUGMENTED REALITY+

www.flosolei.com
www.flosolei.com/shop

America Centrale
Central America

Messico
Mexico

Aree olivetate o a vocazione olivicola • Olive growing areas or areas suitable to olive growing

Dati Statistici
Superficie Olivetata Nazionale	7.860 (ha)
Frantoi	24
Produzione Nazionale 19-20	n.p.
Produzione Nazionale 18-19	n.p.
Variazione	n.p.

Statistic Data
National Olive Surface	7,860 (ha)
Olive Oil Mills	24
National Production 19-20	n/a
National Production 18-19	n/a
Variation	n/a

International Olive Council - Secretariat of Agriculture and Rural Development

Il Messico non fa parte dei paesi che vantano una radicata tradizione olivicola. Da un punto di vista storico, infatti, la pianta è stata importata nel XVI secolo dai missionari spagnoli della Compagnia del Gesù. Venendo a oggi, il panorama è quello di un comparto ancora in crescita, per lo più legato a sistemi di lavorazione tradizionali, ma sicuramente con delle potenzialità interessanti, soprattutto negli impianti di nuova generazione. Diamo alcuni dati: un milione 62.048 alberi distribuiti su 7.860 ettari olivetati, concentrati principalmente nell'estremità nord-occidentale, negli stati di Sonora e Baja California che rappresentano la maggior parte dell'intera superficie olivicola. Nello stato di Sonora la regione più produttiva è quella che si estende intorno alla città di Caborca, a un'altitudine media di 200 metri, con un clima desertico fatto di inverni temperati, estati torride, basso livello di umidità e forte evaporazione. La temperatura annuale media è di 22 °C, i terreni sono sabbiosi, poveri e con una scarsa ritenzione dell'umidità, per cui hanno bisogno di irrigazione, attuata attraverso sistemi sufficientemente moderni che permettono un discreto potenziale produttivo. Qui si ricavano soprattutto olive da varietà manzanilla, mission e, in volume minore, cultivar come pendolino, sevillana, nevadillo, barouni, pajarero e ascolana. Di poca entità i problemi fitosanitari, data la scarsa umidità dell'ambiente. Nello Stato di Baja California l'area più vocata è quella che si sviluppa intorno alla città di Ensenada, dove il clima è di tipo mediterraneo-temperato, con precipitazioni concentrate per lo più in inverno e una temperatura annuale media di 14-16 °C. Queste sono condizioni di sicuro più favorevoli all'olivicoltura: in questa zona infatti gli alberi sono irrigati solo in parte. Ma il potenziale produttivo, destinato sia alle olive da tavola che all'estrazione dell'olio, risulta comunque inferiore a causa dell'età avanzata delle piante, della loro scarsa densità e in generale di una non ottimale gestione agronomica. Recentemente sono stati impiantati olivi intorno alla città di Mexicali, sempre nella Baja California, e in un'area interna dello stato di Tamaulipas, nella parte nord-orientale del paese. In entrambi i casi la maggior parte degli oliveti è destinata alla trasformazione: nella prima zona predominano varietà di origine italiana come leccino, nocellara del Belice, nocellara messinese e grossa di Cassano; nella seconda sono maggiormente diffuse cultivar spagnole tra cui arbequina, picual e hojiblanca. La raccolta delle olive da olio ha inizio nella regione di Caborca, dove si svolge manualmente, per poi proseguire dopo un mese in quella di Ensenada, dove si utilizzano le macchine scuotitrici. Le imprese sono per lo più piccole e di tipo familiare, mentre strutture organizzate di tipo industriale sono pressoché assenti: di qui i volumi ridotti della produzione. Tuttavia negli oliveti più recenti si sta assistendo a un graduale incremento produttivo, grazie all'apporto tecnologico. Qui le nuove varietà coltivate sono caratterizzate da una resa in olio più alta, gli impianti hanno una maggiore densità di alberi per ettaro e vengono gestiti con tecniche più moderne di coltivazione, e i macchinari utilizzati per l'estrazione sono a ciclo continuo. Le aziende produttrici sono 227 e i frantoi 24, per lo più ancora tradizionali. Il consumo di olio nel paese raggiunge le 16mila tonnellate attuali, quello pro capite si attesta sugli 0,13 kg annui.

Mexico is not a country with an olive growing tradition. From a historical point of view, the olive tree was imported by Spanish missionaries belonging to the Company of Jesus in the 16th century Today this sector is in expansion although it mainly uses traditional working systems, but there are, however, interesting prospects especially in the new olive groves. The data are the following: 1 million 62,048 trees distributed on 7,860 olive hectares, concentrated mainly in the north-west, in the states of Sonora and Baja California, representing the majority of the whole olive surface. In the state of Sonora the most suitable region is around the town of Coborca at an average altitude of 200 metres, with a desert climate characterized by temperate winters, baking summers, a low level of humidity and strong evaporation. The average yearly temperature is 22 °C. The soil is sandy, poor and with scarce retention of humidity, so it needs irrigation, this is carried out using fairly modern systems allowing good production potential. Here most of the production is for table olives and comes from the varieties manzanilla, mission and, on a smaller scale, pendolino, sevillana, nevadillo, barouni, pajarero and ascolana. Thanks to the scarce humidity in the environment, phytosanitary problems are not important. In the state of Baja California the most productive area is near the town of Ensenada, where the climate is Mediterranean-temperate, with enough rainfall in winter and an average yearly temperature of 14-16 °C. These conditions are certainly more suitable to olive growing: in fact in this area trees are only partly irrigated. But here the production potential of olives and oil is lower because the trees are old, their density is scarce and there is a generally inferior system of farming. However, olive trees have recently been planted around the town of Mexicali, in Baja California, and in an inner area in the state of Tamaulipas, in the north-eastern part of the country. In both places most of the olive area is destined to olive oil production: in the first area some Italian varieties such as leccino, nocellara del Belice, nocellara messinese, grossa di Cassano prevail; in the second there are Spanish cultivars like arbequina, picual and hojiblanca. The harvesting of oil olives starts in the region of Caborca, where the olives are hand-picked, and continues a month later in the area of Ensenada, where shaking machines are used. The farms are mainly small and family-run, while organized structures of industrial size are rare. Therefore production is limited. However, in the most recent oil-producing groves, production is gradually increasing and technology is being modernized: the new implanted varieties are in fact characterized by higher olive oil yields, while olive groves are more intensive and run with more modern cultivation techniques. Moreover, extraction is carried out with continuous cycle machines. There are 227 farms involved in the sector and 24 mainly traditional oil mills. In the last harvest 736 tons of oil were produced, with a slight increase of 0.82% compared to the previous year. Oil consumption in the country currently reaches 15,000 tons, while the per capita consumption is 0.13 kg per year.

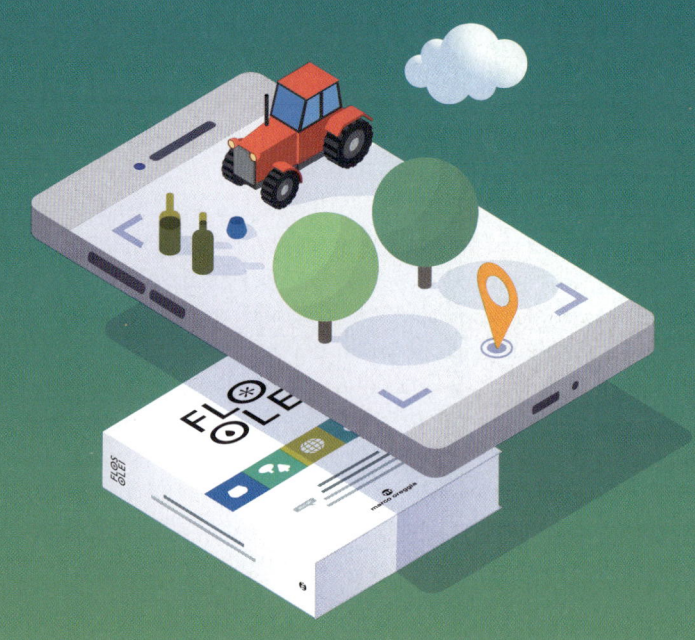

America del Sud
South America

Colombia
Colombia

Aree olivetate o a vocazione olivicola · *Olive growing areas or areas suitable to olive growing*

Dati Statistici

Superficie Olivetata Nazionale	72 (ha)
Frantoi	1
Produzione Nazionale 19-20	n.p.
Produzione Nazionale 18-19	n.p.
Variazione	n.p.

International Olive Council

Statistic Data

National Olive Surface	72 (ha)
Olive Oil Mills	1
National Production 19-20	n/a
National Production 18-19	n/a
Variation	n/a

In America Latina l'olivo è introdotto ufficialmente dalla Spagna a partire dal 1531, come risulta in una Cedula Real di quell'anno in cui è presente il riferimento ai missionari, i pionieri dell'olivicoltura. Anche la pubblicistica storica ricorda che, dalla metà del XVI secolo, vengono impiantati oliveti in California, Messico, Perù, Cile e Argentina. Ma quasi nulla si trova sulla Colombia dove la pianta compare più tardi, nel 1608, nella missione dei padri Domenicani del Santo Ecce Homo di Villa de Leyva, nel dipartimento di Boyacá. Qui, nei comuni di Villa de Leyva, Sácicha e Sutamarchan, l'olivicoltura si sviluppa nel corso del XVIII secolo; fino a quando la corona spagnola ordina, con una Cedula del 1777, la distruzione di tutti gli olivi delle colonie americane, per evitare la concorrenza. Un secolo più tardi, nel 1875, un imprenditore agricolo pianta, a Sáchica, 5mila alberi su circa 32 ettari. Poi, tra il 1953 ed il 1965, il governo colombiano promuove l'olivicoltura attraverso l'impianto di 43 varietà mediterranee su 20 ettari, suddivisi tra diversi appezzamenti a Villa de Leyva, Sácicha e Sutamarchan. L'obiettivo era identificare le cultivar più idonee alla coltivazione. Recentemente, dopo alcuni interventi negli anni Novanta che hanno comportato l'impianto di oltre 2mila olivi su 10 ettari, una ripresa dell'attività olivicola nel comune di Villa de Leyva si ha nel primo decennio del Duemila, quando vengono piantati altri 6.500 alberi su una superficie di 16 ettari. La peculiarità che fa dell'olivicoltura colombiana un unicum è l'ambiente in cui si è sviluppata. Il triangolo Villa de Leyva-Sácicha-Sutamarchan, situato in un'area tropicale, a più di 2mila metri di altezza, non rientra in alcun modo nello schema che inquadra l'olivo come specie arborea collinare che cresce in presenza di climi temperati, con alternanza stagionale. In realtà il particolare microclima dell'altipiano di Boyacá, con un'escursione termica notte-giorno che compensa in parte la mancanza delle stagioni, permette all'olivo di svilupparsi; ma la pianta è sottoposta a un notevole stress. Di qui la scarsità di frutti, alla quale contribuiscono anche i continui venti che danneggiano le gemme e la presenza di piante epifite. Questi fattori, uniti alla natura del terreno, hanno fatto sì che molti esemplari presenti in quest'area si trovino in uno stato di abbandono: soltanto poche piante hanno frutti sufficienti per la trasformazione. A mitigare lo scenario negativo va però considerato che, negli ultimi anni, l'impiego di tecniche colturali più idonee sta migliorando lo stato degli impianti. È del 2009, inoltre, uno studio scientifico sull'olivo in Colombia cui ha fatto seguito un accordo di cooperazione tra i comuni di Villa de Leyva e Baena in Spagna. I dati attuali sono: 71,75 ettari con 13.830 piante, 16 aziende e un frantoio. Inoltre il recupero di piante abbandonate e la messa a dimora di nuove fanno ben sperare per il futuro. Le cultivar potenzialmente produttive sono: borrenta, picual e cordovil, di origine spagnola, l'italiana frantoio e due varietà autoctone denominate "Leyva de tronco verde oscuro" e "Leyva de tronco amarillo". L'attenzione della popolazione nei confronti dell'olivo sta aumentando, soprattutto da quando, nel 2008, sono stati celebrati i quattrocento anni di presenza della pianta nel territorio. Ma l'evento più significativo è stata la dichiarazione ufficiale del municipio di Villa de Leyva, nel 2010, di adottare l'olivo come simbolo della città.

In South America the olive tree was officially introduced by Spain in 1531, as shown by a Cedula Real dating back to this year, where we find a reference to the Missionaries, the pioneers of olive growing. Also historical documents report that olive groves were planted in California, Mexico, Peru, Chile and Argentina from the middle of the 16th century. Instead, very little information is available on Colombia, where the plant appeared later, in 1608, in the mission of the Dominican Fathers of Santo Ecce Homo in Villa de Leyva, in the district of Boyacá. Here, in the towns of Villa de Leyva, Sácicha and Sutamarchan, olive growing developed during the 18th century, until in 1777, in a Cedula Real, the Spanish Crown ordered to destroy all olive trees in the Spanish colonies, to avoid their competition. A century later, in 1875, an agricultural entrepreneur planted 5,000 trees on about 32 hectares in Sáchica. Between 1953 and 1965 the Colombian government promoted olive growing by planting 43 Mediterranean varieties on 20 hectares, in various plots in Villa de Leyva, Sácicha and Sutamarchan, in order to identify the most suitable to cultivation. Recently, after some measures in the 90s, involving the planting of over 2,000 trees on 10 hectares, in the first decade of 2000 there was a relaunch of olive growing in the town of Villa de Leyva, where 6,500 trees were planted on a surface of 16 hectares. What characterizes Colombian olive growing is the environment where it has developed. The triangle Villa de Leyva-Sácicha-Sutamarchan, situated in a tropical area, at over 2,000 metres a.s.l., does not correspond to the usual conception of the olive tree as a hilly tree species that grows in the presence of temperate climates, with seasonal changes. However, the particular microclimate of the plateau of Boyacá, with day-night thermal excursion which partly compensates the lack of seasons, allows the olive tree to grow; but the plant is subjected to considerable stress, with the consequent scarcity of fruits, also due to the constant winds that damage the buds and the presence of epiphytic plants. These factors, as well as the nature of the soil, have contributed to the current state of neglect of many trees present in this area: only few plants provide enough fruits for processing. On the other hand, in the last few years the use of better cultivation techniques has been improving the conditions of the olive groves. Moreover, in 2009, a scientific study on the olive tree in Colombia was carried out, followed by a cooperation agreement between the municipalities of Villa de Leyva and Baena, in Spain. The present data are: 71.75 hectares with 13,830 trees, 16 farms and one oil mill. Moreover, the recovery of abandoned trees and the planting of new ones give hope for the future. The cultivars that may be productive are borrenta, picual and cordovil of Spanish origin, the Italian frantoio and two autochthonous cultivars called "Leyva de tronco verde oscuro" and "Leyva de tronco amarillo". The attention of the population to the olive tree has been increasing, especially after, in 2008, the 400-year presence of the tree in the territory was celebrated. But the most significant event was the official adoption of the olive tree as a symbol of the municipality of Villa de Leyva, in 2010.

adaptive|pack

Progettiamo il **packaging**
più idoneo alle **tue esigenze.**

Scegliamo i **materiali migliori** per proteggere
le tue bottiglie e **supportare la vendita.**

Produciamo in tempi rapidi
il tuo packaging.

adaptive|pack

adaptivepack.it

Perù
Peru

Aree olivetate o a vocazione olivicola • Olive growing areas or areas suitable to olive growing

Dati Statistici

Superficie Olivetata Nazionale	29.865 (ha)
Frantoi	70
Produzione Nazionale 19-20	n.p.
Produzione Nazionale 18-19	n.p.
Variazione	n.p.

Statistic Data

National Olive Surface	29,865 (ha)
Olive Oil Mills	70
National Production 19-20	n/a
National Production 18-19	n/a
Variation	n/a

International Olive Council - Ministry of Agriculture - Technical Committee on Olive Oil Standardization

Gli attuali dati statistici sull'olivicoltura in Perù descrivono un settore in via di sviluppo: le piante raggiungono il numero di 2 milioni 986.500 esemplari, gli ettari coltivati sono 29.865, le aziende 7.150 e la produzione nazionale di olio, nei 70 frantoi, risulta in costante crescita negli ultimi anni. Il consumo totale nel paese raggiunge le 2.727 tonnellate, mentre quello pro capite è di 0,084 kg annui. Il canale della distribuzione dell'olio peruviano resta principalmente il mercato nazionale anche se, da poco, il paese si sta lanciando nell'esportazione che quest'anno è stata di 1.775 tonnellate. Infatti, fino a qualche anno fa, soltanto Cile, Stati Uniti e Giappone erano importatori dal Perù, mentre oggi si aggiungono anche Ecuador, Colombia, Bolivia, Canada, Francia, Messico e Spagna. In realtà la storia dell'olivicoltura in Perù non è recente, bensì la pianta e i suoi frutti sono presenti e significativi nella gastronomia peruviana fin da epoche remote. Lo provano fonti scritte come quelle del cronista del XVI secolo José de Acosta che racconta come le olive costituissero addirittura un segno di distinzione all'interno di un banchetto: erano infatti offerte, una per invitato, all'inizio del pranzo, data la produzione limitata e l'alto prezzo. Ma potevano anche essere servite dopo il dessert, come testimonia il detto antico "arrivare alle olive" che significava giungere tardi a una festa. Dovendo ricostruire le origini storiche della presenza dell'olivo in Perù, una data importante da tenere presente è quella del 1559, quando il conquistatore spagnolo don Antonio de Ribera vi giunse da Siviglia portando con sé, come prezioso bottino, alcune pianticelle selezionate di questa pianta. Ma soltanto tre sopravvissero al viaggio e a queste egli si dedicò con cura, piantandole in un punto speciale del suo giardino. Il loro sviluppo divenne suo orgoglio e argomento di conversazione negli incontri mondani, finché una delle piante non gli venne misteriosamente rubata. Del destino di questa pianta, mai ritrovata, si hanno tre versioni: andò a finire ad Arequipa, nella valle del fiume Yauca; oppure più a sud, a Tacna; oppure dette origine agli oliveti cileni di Valparaíso. Questo racconto, senz'altro romanzato, getta luce sulla storia moderna dell'olivicoltura peruviana, individuando due delle regioni olivicole tuttora emergenti. Infatti in Perù le zone maggiormente vocate si trovano al centro e all'estremo sud-ovest del territorio, tra la cordigliera delle Ande e l'Oceano Pacifico, dove la morfologia del terreno e un microclima favorevole consentono lo sviluppo dell'olivicoltura da più di quattrocento anni. Si tratta di circa 10mila ettari concentrati nel dipartimento di Lima (città di Chilca e provincia di Huaral), in quello di Ica (valli di Chincha, Pisco e Ica), nel dipartimento di Arequipa (province di Caraveli, Mejía e Camaná) e in quello di Moquegua (provincia di Ilo). Il dipartimento di Tacna è infine quello da cui si ricava la maggior parte della produzione, proveniente dalle zone di Magollo, Los Palos e La Yarada. Le varietà maggiormente coltivate, di origine italiana o spagnola, sono le seguenti: frantoio, coratina, pendolino, leccino ed empeltre. Per quanto riguarda lo stadio attuale della filiera olivicola in Perù, possiamo affermare che finalmente, grazie alla modernizzazione degli impianti, alle nuove tecnologie e alla collaborazione del governo spagnolo, i livelli di rendimento medio della produzione cominciano ad avvicinarsi a quelli dei paesi del Mediterraneo.

From the present data on Peruvian olive growing it is clear that the sector is developing: there are 2 million 986,500 trees on 29,865 hectares and 7,150 farms. In the last few years national olive production has been growing steadily in the 70 active oil mills. The total oil consumption in the country is 2,727 tons, while the per capita oil consumption is 0.084 kg per year. Peruvian olive oil is still mainly destined for domestic consumption, although the country has recently started to export (this year 1,775 tons). In fact, while a few years ago only Chile, the United States and Japan imported from Peru, today also Ecuador, Colombia, Bolivia, Canada, France, Mexico and Spain are importing countries. The history of olive growing in Peru goes back several centuries, historic records show that the sacred tree and its fruit have long been important in Peruvian cuisine. For example in José de Acosta's 16th century chronicle, where he recounts that olives were a sign of distinction at a banquet: they were offered at the beginning of the meal, only one per guest given their limited production and their high price. But they were sometimes served after the dessert, hence the ancient saying "arriving at the olives", when a guest arrives late at a party. The history of the olive tree in Peru dates back to 1559, when the Spanish conqueror don Antonio de Ribera arrived there from Sevilla, bringing some selected plants. Only three survived the voyage, so he looked after them carefully, planting them in a special place in his garden. He was so proud of them that they became the main subject of conversation at all society events, until one of the plants was mysteriously stolen. There are three different versions about the fate of this tree, which was never found again: it was taken to Arequipa, in the valley of the river Yauca, or further south to Tacna or it started the Chilean olive groves of Valparaíso. This story, even if it was certainly romanticized, explains the modern history of Peruvian olive growing, mentioning two olive growing regions that are still developing nowadays. In fact the most suitable areas in Peru are in the centre and in the extreme south-west of the country, between the cordillera of the Andes and the Pacific Ocean, where the conformation of the territory and a favourable microclimate have allowed olive growing to develop for more than 400 years. There are about 10,000 hectares concentrated in the department of Lima (town of Chilca and province of Huaral), in the department of Ica (valleys of Chincha, Pisco and Ica), in the department of Arequipa (province of Caraveli, Mejía and Camaná) and that of Moquegua (province of Ilo). Finally the department of Tacna, which is the most productive, especially in the areas of Magollo, Los Palos and La Yarada. The more cultivated varieties are of Italian or Spanish origin: frantoio, coratina, pendolino, leccino and empeltre. As far as the present state of olive growing in Peru is concerned, the average production levels are growing more similar to those of Mediterranean countries thanks to the modernization of olive groves, new technology and the co-operation of the Spanish government.

Agroindustrias del Sur

Calle Jirón Enrique Quijano, 455
Tacna 054 Tacna
Tel.: +51 52 411938 - 52 246465 - Fax: +51 52 411938
E-mail: ventas@aceitemontefiori.com.pe - Web: www.aceitemontefiori.com.pe

92

1/400 m

Specializzato
Specialized

Forma libera
Free form

Brucatura a mano
Hand picking

Sì - Ciclo continuo
Yes - Continuous cycle

Criolla (50%), frantoio (50%)

Fruttato medio
Medium fruity

da 4,01 a 6,00 € - 500 ml
from € 4.01 to 6.00 - 500 ml

È sempre convincente Agroindustrias del Sur che si colloca nel comprensorio di Tacna. Si tratta di una delle maggiori realtà di trasformazione olearia del Perù, fondata nella seconda metà degli anni Ottanta all'estremo sud del paese. Essa pone una speciale cura nella selezione delle olive acquistate, poi molite nel frantoio aziendale di ultima generazione. Quest'anno da 8mila quintali di olive sono stati ricavati 1.545 ettolitri di olio. Segnaliamo l'ottima etichetta proposta, l'Extravergine Montefiori che si presenta alla vista di un bel colore giallo dorato intenso con leggere venature verdi, limpido. All'olfatto si apre ampio e avvolgente, dotato di sentori fruttati di pomodoro acerbo, banana e mela bianca, cui si affiancano toni di erbe aromatiche, con ricordo di basilico, menta e prezzemolo. Elegante e complesso al palato, si arricchisce di note vegetali di fave, lattuga e sedano. Amaro deciso e piccante spiccato ed equilibrato. Perfetto accompagnamento per antipasti di mare, insalate di fagioli, marinate di orata, patate arrosto, passati di legumi, primi piatti con salmone, gamberi in guazzetto, seppie in umido, pollame o carni di agnello al forno, formaggi caprini.

Another convincing performance for Agroindustrias del Sur, situated in the district of Tacna. It is one of the main farms active in the field of transformation in Peru and was founded in the late 80s in the extreme south of the country. It is particularly careful in selecting the olives purchased, which are then crushed in the advanced oil mill. In the last harvest 8,000 quintals of olives yielded 1,545 hectolitres of oil. We recommend the very good selection proposed, the Extra Virgin Montefiori, which is a beautiful intense limpid golden yellow colour with slight green hues. Its aroma is ample and rotund, endowed with fruity hints of unripe tomato, banana and white apple, together with notes of aromatic herbs, especially basil, mint and parsley. Its taste is elegant and complex, enriched by vegetal notes of broad beans, lettuce and celery. Bitterness is definite and pungency is distinct and well balanced. It would be ideal on seafood appetizers, bean salads, marinated gilthead, roast potatoes, legume purée, pasta with salmon, stewed shrimps, stewed cuttlefish, baked poultry or lamb, goat cheese.

Brasile
Brazil

Aree olivetate o a vocazione olivicola • Olive growing areas or areas suitable to olive growing

Dati Statistici
Superficie Olivetata Nazionale	**11.000 (ha)**
Frantoi	**20**
Produzione Nazionale 19-20	**240,0 (t)**
Produzione Nazionale 18-19	**190,0 (t)**
Variazione	**+ 26,32%**

Statistic Data
National Olive Surface	**11,000 (ha)**
Olive Oil Mills	**20**
National Production 19-20	**240.0 (t)**
National Production 18-19	**190.0 (t)**
Variation	**+ 26.32%**

International Olive Council - Brazilian Institute for Olive Growing

Da paese importatore a produttore. È la storia recente del Brasile che non vanta tradizioni olivicole, ma che già da qualche anno sta muovendo i primi passi verso una produzione autonoma: 240 tonnellate di olio in questa campagna, con un aumento del 26,32% rispetto alla precedente. L'autosufficienza è ancora lontana, ma agricoltori, ricercatori ed enti pubblici e privati coinvolti hanno chiaro l'obiettivo, per cui il paese sta importando dall'estero tecnologie e macchinari moderni e i produttori mirano a convogliare nella produzione parte delle risorse destinate all'importazione. Del resto la domanda interna è in crescita e il consumo di olio pro capite raggiunge il volume di 0,28 kg annui. I produttori valutano positivamente i risultati raggiunti nel primo decennio di attività, anche se c'è ancora molto lavoro da svolgere per aumentare la produzione, creare una rete efficace di distribuzione sul territorio nazionale e abbassare i costi per il consumatore finale. Il primo passo è l'individuazione di zone e cultivar adatte, con lo scopo di supportare progetti redditizi in termini di produttività. Attualmente gli ettari coltivati sono 11mila, con 3 milioni 146mila olivi; i frantoi sono 30 e, tra le 330 aziende, spiccano alcune realtà dei due stati di Minas Gerais e Rio Grande do Sul dove si concentra maggiormente la produzione e dove gli olivicoltori si stanno organizzando in associazioni e cooperative. Una realtà in espansione, dunque. Ma non è sempre stato così. Storicamente infatti, pur esistendo testimonianze sulla presenza remota di olivi nello stato meridionale di Rio Grande do Sul, il Brasile era rifornito di olio dal Portogallo il quale proibiva l'olivicoltura nelle sue colonie, per evitare la concorrenza. Tale è la situazione fino alla metà del secolo scorso, quando alcune pianticelle di olivo portoghesi diventano dapprima abbellimento della città di Maria da Fé, nello stato sud-orientale di Minas Gerais, per poi essere diffuse in altre località dello stesso stato. Qui comincia, dunque, alla fine del secolo, l'olivicoltura brasiliana: proprio a Maria da Fé nasce, nel 2008, il primo extravergine, da una selezione di circa 50 cultivar; e dieci anni dopo un nucleo di produttori è attivo su 2.500 ettari situati lungo le pendici della catena montuosa Serra da Mantiqueira e nelle aree limitrofe del sud-est del Brasile, tra gli stati di Minas Gerais, São Paulo, Rio de Janeiro ed Espírito Santo, ad altitudini che variano dai 900 ai 1.400 metri. Qui le aziende, lavorando sia in proprio sia in forme embrionali di cooperativa, una volta acquisite le necessarie conoscenze tecniche, si sono dotate degli impianti per la produzione dell'extravergine. E, assieme ai programmi governativi nazionali e regionali avviati per lo sviluppo dell'olivicoltura, si avvalgono del supporto di associazioni di produttori che le seguono lungo tutta la filiera. Le cultivar meglio adattate sono: arauco, arbequina, arbosana, ascolana, coratina, frantoio, grappolo, koroneiki manzanilla e picual. Ma è diffusa anche la varietà locale Maria da Fé. All'estremo sud, Rio Grande do Sul è attualmente il principale stato produttore: qui, su 6mila ettari, le aziende hanno sviluppato una moderna olivicoltura meccanizzata, raggiungendo un ritmo apprezzabile. Si coltivano le cultivar spagnole arbequina, arbosana, manzanilla e picual. Ottima anche la greca koroneiki e le italiane coratina, frantoio e leccino. Altre piccole produzioni, in alcuni casi in fase ancora sperimentale, sono in corso negli stati di Bahia, Paraná e Santa Catarina.

From oil importer to producer: this is the recent history of Brazil, which does not have an olive growing tradition, but has started its own production for several years: 240 tons of oil in the last harvest, with an increase of 26.32% compared to the previous year. This production does not meet domestic needs yet, but agriculturists, researchers and public and private bodies involved in the present experience are pursuing this goal, therefore the country is importing technology and modern machinery from abroad and producers aim at conveying some of the resources destined to imports into local production. In fact, the domestic demand for extra virgin olive oil is increasing and the per capita oil consumption is 0.28 kg per year. The producers evaluate the results achieved in the first decade of activity positively, even if there is still a lot of work to be done to increase production, create an effective distribution network throughout the country and lower the costs for the final consumer. As a consequence, the first step consists in identifying suitable areas and cultivars, in order to support projects that may be profitable in terms of productivity. Currently, the olive surface covers 11,000 hectares with 3 million 146,000 trees. The oil mills are 30 and, among the 330 existing farms, the most interesting are situated in the two states of Minas Gerais and Rio Grande do Sul, where production is more abundant and olive growers are forming associations and co-operatives. It is a developing reality, however, in the past the situation was completely different. In fact, although there is evidence of olive trees growing in remote times in the southern state of Rio Grande do Sul, historically Brazil was supplied with olive oil by Portugal, which forbid this cultivation in the colonies to avoid competition. This situation lasted until the middle of the last century, when some olive trees coming from Portugal were first used as street furniture in the town of Maria da Fé, in the south-eastern state of Minas Gerais and were later brought to other places in the same state. Therefore, olive growing started here at the end of the century and in Maria da Fè the first extra virgin olive oil was obtained in 2008 from a selection of about 50 cultivars. After ten years, a group of producers is working 2,500 hectares in a territory situated along the slopes of the mountain range of Serra da Mantiqueira and in the neighbouring areas in the south-east of Brazil, in the states of Minas Gerais, São Paulo, Rio de Janeiro and Espírito Santo, at altitudes ranging from 900 to 1,400 metres. Here, the farms, working both on their own and in embryonic forms of co-operatives, once acquired the necessary knowledge, have supplied themselves with the machinery to produce extra virgin olive oil. They are supported both by national and regional government programs focused on olive growing development and by associations of producers that follow the whole production chain. Arauco, arbequina, arbosana, ascolana, coratina, frantoio, grappolo, koroneiki manzanilla and picual are the most suitable cultivars, but also the local variety Maria da Fé is common. In the extreme south, Rio Grande do Sul is currently the main producer: here, on 6,000 hectares, farms have developed a modern mechanized olive growing, reaching a satisfactory pace. The most common cultivars are the Spanish arbequina, arbosana, manzanilla and picual, but also the Greek koroneiki and the Italian coratina, frantoio and leccino are excellent. Other small, sometimes still experimental, olive groves are placed in the states of Bahia, Paraná and Santa Catarina.

Brasile Brazil [BR] Minas Gerais

Pura Oliva Brasil

Amborella Agro - Estrada Bairro - Fazenda Velha - Monte Verde
37652 - 000 Camanducaia (Minas Gerais)
Tel.: +55 19 33272370
E-mail: puraolivabrasil@gmail.com - Web: www.puraolivabrasil.com.br

88

1.500 m

Specializzato
Specialized

Alberello, vaso
Tree, vase

Brucatura a mano
Hand picking

Sì - Ciclo continuo
Yes - Continuous cycle

Grapolo (30%), picual (30%), coratina (20%), frantoio (20%)

Fruttato intenso
Intense fruity

da 8,01 a 10,00 € - 500 ml
from € 8.01 to 10.00 - 500 ml

Questo è il sogno pionieristico della famiglia di Luciano Meneghelli de Freitas, impegnata nella produzione di un extravergine di qualità in Brasile, coniugando moderne tecniche di coltivazione con passione e cura artigianali. Il primo step, nel 2014, è stato la ricerca del sito adatto, nel cuore della caterna montuosa Serra da Mantiqueira, a 1.500 metri di altitudine. Oggi su 13 ettari crescono 5mila pianticelle che hanno fruttato nella scorsa campagna, la terza, 100 quintali di olive e 10 ettolitri di olio. L'eccellente Extravergine Pura Oliva Brasil - Intenso è di un bel colore giallo dorato intenso con delicati riflessi verdi, limpido. Al naso è deciso e avvolgente, ricco di sentori di pomodoro acerbo e mandorla, uniti a note aromatiche di basilico, menta e rosmarino. Fine e complesso in bocca, sprigiona toni vegetali di carciofo, cicoria e lattuga, in aggiunta a nuance speziate di cannella e pepe nero. Amaro potente e piccante spiccato e armonico. Ideale su bruschette con pomodoro, carpaccio di tonno, insalate di spinaci, radicchio arrosto, zuppe di fagioli, primi piatti con salsiccia, polpo bollito, pollame o carni di agnello alla griglia, formaggi di media stagionatura.

This farm is the pioneer dream of Luciano Meneghelli de Freitas and his family, active in the production of quality extra virgin olive oil in Brazil, combining modern cultivation techniques with passion and craftsmanship. The first step, in 2014, was the search for a suitable site, in the heart of the Serra da Mantiqueira, at 1,500 metres above sea level. Today there are 13 hectares with 5,000 young trees, which produced 100 quintals of olives and 10 hectolitres of oil in the farm third harvest. The excellent Extra Virgin Pura Oliva Brasil - Intenso is a beautiful intense limpid golden yellow colour with delicate green hues. Its aroma is definite and rotund, rich in hints of unripe tomato and almond, together with aromatic notes of basil, mint and rosemary. Its taste is fine and complex, with a vegetal flavour of artichoke, chicory and lettuce, together with spicy notes of cinnamon and black pepper. Bitterness is strong and pungency is distinct and harmonic. It would be ideal on bruschette with tomatoes, tuna carpaccio, spinach salads, roast radicchio, bean soups, pasta with sausages, boiled octopus, grilled poultry or lamb, medium mature cheese.

Brasile Brazil [BR] São Paulo

Oliq - Azeite Extravirgem da Mantequeira

Barrio do Cantagalo - Estrada do Cantagalo, km 8
12490 - 000 São Bento do Sapucaí (São Paulo)
Tel.: +55 35 999889926
E-mail: oliq@oliq.com.br - Web: www.oliq.com.br

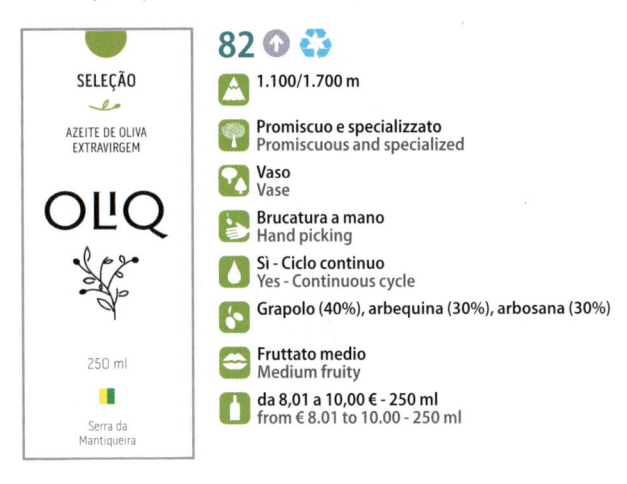

82

1.100/1.700 m

Promiscuo e specializzato
Promiscuous and specialized

Vaso
Vase

Brucatura a mano
Hand picking

Sì - Ciclo continuo
Yes - Continuous cycle

Grapolo (40%), arbequina (30%), arbosana (30%)

Fruttato medio
Medium fruity

da 8,01 a 10,00 € - 250 ml
from € 8.01 to 10.00 - 250 ml

SELEÇÃO
AZEITE DE OLIVA EXTRAVIRGEM
OLIQ
250 ml
Serra da Mantiqueira

La neonata olivicoltura brasiliana si sta diffondendo negli ultimi anni lungo le pendici della catena montuosa Serra da Mantiqueira, ad altitudini che superano i mille metri. Oliq - Azeite Extravirgem da Mantequeira è un progetto che si sviluppa a partire dal 2014 e comprende 30 ettari di oliveto, all'interno di una tenuta più ampia, sui quali crescono 11.800 pianticelle che stanno dando i primi frutti. Nella recente campagna il raccolto ha reso 150 quintali di olive che, molite nel moderno frantoio di proprietà, hanno prodotto 15 ettolitri di olio. L'Extravergine Oliq - Seleção è di un bel colore giallo dorato intenso con lievi nuance verdi, limpido. Al naso è ampio e avvolgente, dotato di sentori vegetali di carciofo e cicoria, cui si affiancano note di erbe aromatiche, con ricordo di basilico e menta. Morbido e armonico in bocca, si arricchisce di toni di lattuga e nel finale ricorda la mandorla. Amaro e piccante presenti ed equilibrati. Ideale su maionese, antipasti di funghi ovoli, carpaccio di orata, insalate di riso, marinate di dentice, zuppe di fave, primi piatti con gamberi, molluschi al vapore, rombo al cartoccio, formaggi freschi a pasta molle, biscotti da forno.

The newborn Brazilian olive growing has been spreading in recent years along the slopes of the Serra da Mantiqueira mountain range, at altitudes exceeding 1,000 metres. Oliq - Azeite Extravirgem da Mantequeira is a project started in 2014 and consisting of a larger estate, 30 hectares of which are destined to olive grove with 11,800 young trees that are bearing their first fruits. In the last harvest 150 quintals of olives were produced, which, once crushed in the modern oil mill, yielded 15 hectolitres of oil. The Extra Virgin selection Oliq - Seleção is a beautiful intense limpid golden yellow colour with slight green hues. Its aroma is ample and rotund, endowed with vegetal hints of artichoke and chicory, together with notes of aromatic herbs, especially basil and mint. Its taste is mellow and harmonic, enriched by a flavour of lettuce and an almond finish. Bitterness and pungency are present and well balanced. It would be ideal on mayonnaise, ovoli mushroom appetizers, gilthead carpaccio, rice salads, marinated sea bream, broad bean soups, pasta with shrimps, steamed mussels, turbot baked in parchment paper, soft fresh cheese, oven cookies.

Brasile Brazil [BR] São Paulo

Azeite Sabiá

Estrada Municipal Pedro Joaquim Lopes, 3931
12450 - 000 Santo Antônio do Pinhal (São Paulo)
Tel.: +55 12 36662282
E-mail: contato@azeitesabia.com.br - Web: www.azeitesabia.com.br

85

110 m

Specializzato
Specialized

Alberello
Tree

Brucatura a mano
Hand picking

Sì - Ciclo continuo
Yes - Continuous cycle

Arbequina

Fruttato medio
Medium fruity

da 8,01 a 10,00 € - 250 ml
from € 8.01 to 10.00 - 250 ml

Azeite Sabiá è un giovanissimo progetto creato da João Roberto Vieira da Costa e Beatriz de Carvalho Pereira presso la Fazenda do Campo Alto, a Santo Antonio do Pinhal, nello stato di São Paulo. I due dispongono di una tenuta che si estende per 40 ettari, dei quali 16 dedicati all'oliveto con 6mila piante messe a dimora che hanno fruttato quest'anno un raccolto di 100 quintali di olive e una resa in olio di 10 ettolitri. L'etichetta presentata al panel per la selezione è l'Extravergine monocultivar Azeite Sabiá, ottimo. Appare alla vista di un bel colore giallo dorato scarico, limpido. Al naso è ampio e avvolgente, ricco di sentori fruttati di pomodoro acerbo e banana, cui si affiancano note balsamiche di erbe officinali, con ricordo di menta e basilico. Elegante e complesso in bocca, sprigiona toni vegetali di cicoria, sedano e lattuga, e chiude con nuance di pinolo. Amaro e piccante presenti e ben espressi, con finale dolce in rilievo. Perfetto per antipasti di carciofi, fagioli al vapore, insalate di pomodori, verdure gratinate, zuppe di orzo, risotto con funghi ovoli, crostacei in guazzetto, tartare di ricciola, pollame o carni di agnello al forno, formaggi caprini.

Azeite Sabiá is a young project created by João Roberto Vieira da Costa and Beatriz de Carvalho Pereira in the Fazenda do Campo Alto, in Santo Antonio do Pinhal, in the state of São Paulo. Their estate covers 40 hectares of surface, 16 of which destined to olive grove with 6,000 trees. In the last harvest 100 quintals of olives were produced, equal to a yield of 10 hectolitres of extra virgin olive oil. The selection proposed to the panel is the very good Monocultivar Extra Virgin Azeite Sabiá, which is a beautiful light limpid golden yellow colour. Its aroma is ample and rotund, rich in fruity hints of unripe tomato and banana, together with fragrant notes of officinal herbs, especially mint and basil. Its taste is elegant and complex, with a vegetal flavour of chicory, celery and lettuce and final notes of pine nut. Bitterness and pungency are present and distinct, with evident sweetness. It would be ideal on artichoke appetizers, steamed beans, tomato salads, vegetables au gratin, barley soups, risotto with ovoli mushrooms, stewed shellfish, amberjack tartare, baked poultry or lamb, goat cheese.

Brasile Brazil [BR] Rio Grande do Sul

Azeite Batalha Agroindústrial

Estrada Guarda Velha, 20 - Zona Rural
96470 - 000 Pinheiro Machado (Rio Grande do Sul)
Tel.: +55 53 33025111
E-mail: nfe@azeitebatalha.com.br - Web: www.azeitebatalha.com.br

87

- 350 m
- **Promiscuo e specializzato**
  Promiscuous and specialized
- **Vaso**
  Vase
- **Brucatura a mano e meccanica**
  Hand picking and mechanical harvesting
- **Sì - Ciclo continuo**
  Yes - Continuous cycle
- Picual (70%), koroneiki (30%)
- **Fruttato intenso**
  Intense fruity
- **da 8,01 a 10,00 € - 500 ml**
  from € 8.01 to 10.00 - 500 ml

Batalha è un progetto giovane, creato e portato avanti da Luiz Eduardo Batalha che crede nelle potenzialità di sviluppo di un'olivicoltura di qualità in Brasile attraverso la combinazione di diversi fattori quali la tradizione del Mediterraneo, il clima favorevole e la tecnologia avanzata. La proprietà è grande: mille ettari dei quali 480 dedicati agli oliveti, con 100mila piante che hanno fruttato quest'anno 1.105 quintali di olive e circa 163 ettolitri di olio. Due le selezioni proposte, gli ottimi Extravergine Batalha - Premium, Frutado e Intenso. Preferiamo il secondo, di un bel colore giallo dorato intenso con lievi nuance verdi, limpido. Al naso è deciso e avvolgente, ricco di sentori aromatici di basilico, menta e prezzemolo, cui si affiancano note fruttate di pomodoro acerbo, mela bianca e banana. Al palato è fine e vegetale, con toni di fave, lattuga e sedano. Amaro e piccante decisi e armonici, con finale dolce in rilievo. Ideale su antipasti di tonno, carpaccio di polpo, insalate di funghi porcini, radicchio ai ferri, passati di carciofi, primi piatti con salsiccia, pesce azzurro gratinato, agnello alla piastra, carni rosse al forno, formaggi stagionati a pasta dura.

Batalha is a young farm created by Luiz Eduardo Batalha, who believes in the possibility of developing quality olive growing in Brazil through the combination of Mediterranean tradition, favourable climate and advanced technology. The estate is large: 1,000 hectares, 480 of which destined to olive grove, with 100,000 trees. In the last harvest 1,105 quintals of olives were produced, with a yield of about 163 hectolitres of oil. There are two very good Extra Virgin selections Batalha - Premium, Frutado and Intenso, which is a beautiful intense limpid golden yellow colour with slight green hues. Its aroma is definite and rotund, rich in aromatic hints of basil, mint and parsley, together with fruity notes of unripe tomato, white apple and banana. Its taste is fine and vegetal, with a flavour of broad beans, lettuce and celery. Bitterness and pungency are definite and harmonic, with a sweet finish. It would be ideal on tuna appetizers, octopus carpaccio, porcini mushroom salads, grilled radicchio, artichoke purée, pasta with sausages, blue fish au gratin, pan-seared lamb, baked red meat, hard mature cheese.

Brasile Brazil [BR] Rio Grande do Sul

Nostra Terra Agroindustrial
Piquirizinho - Estrada da Mineração
96500-000 Cachoeira do Sul (Rio Grande do Sul)
Tel.: +55 54 34522522
E-mail: administrativo@azeitepuro.com.br - Web: www.azeitepuro.com.br

84
300 m
Specializzato
Specialized
Vaso policonico
Polyconic vase
Brucatura a mano e meccanica
Hand picking and mechanical harvesting
No - Ciclo continuo
No - Continuous cycle
Arbequina (50%), koroneiki (30%), picual (20%)
Fruttato intenso
Intense fruity
da 12,01 a 15,00 € - 500 ml
from € 12.01 to 15.00 - 500 ml

Nostra Terra Agroindustrial nasce nel 2016: è un progetto giovane, creato da José Eugênio Farina e portato avanti da Fernando che crede nelle potenzialità di sviluppo di un'olivicoltura di qualità nell'estremo sud del Brasile, nello stato di Rio Grande do Sul che è attualmente il principale stato produttore del paese. La proprietà si estende per 130 ettari dedicati all'oliveto che ospita 37.050 piante. Quest'anno, il primo di produzione, queste hanno fruttato un raccolto di 5 quintali di olive che hanno reso quasi un ettolitro di olio. L'ottimo Extravergine Puro è di un bel colore giallo dorato intenso con delicati riflessi verdi, limpido. Al naso è deciso e avvolgente, ricco di sentori fruttati di pomodoro acerbo, banana e mandorla, cui si affiancano toni di erbe aromatiche, con ricordo di basilico, menta e prezzemolo. Fine e di personalità al gusto, sprigiona note vegetali di lattuga di campo e sedano. Amaro potente e piccante spiccato. Ideale su bruschette con pomodoro, carpaccio di tonno, insalate di spinaci, radicchio alla griglia, zuppe di fagioli, primi piatti con salsiccia, polpo bollito, agnello arrosto, carni rosse alla brace, formaggi di media stagionatura.

Nostra Terra Agroindustrial was founded in 2016: it is a young project, created by José Eugênio Farina and carried out by Fernando, who believes in the development potential of quality olive growing in the extreme south of Brazil, in the state of Rio Grande do Sul, which is currently the main producer in the country. The olive surface extends over 130 hectares with 37,050 trees. In the first harvest 5 quintals of olives were produced, which allowed to yield almost one hectolitre of oil. The very good Extra Virgin selection Puro is a beautiful intense limpid golden yellow colour with delicate green hues. Its aroma is definite and rotund, rich in fruity hints of unripe tomato, banana and almond, together with notes of aromatic herbs, especially basil, mint and parsley. Its taste is fine and strong, with a vegetal flavour of country lettuce and celery. Bitterness is strong and pungency is distinct. It would be ideal on bruschette with tomatoes, tuna carpaccio, spinach salads, grilled radicchio, bean soups, pasta with sausages, boiled octopus, roast lamb, barbecued red meat, medium mature cheese.

Brasile Brazil [BR] Rio Grande do Sul

Olivas do Sul Agroindustria

Alto dos Casemiros - Estrada do Quartel Mestre
96508 - 970 Cachoeira do Sul (Rio Grande do Sul)
Tel.: +55 51 37226314
E-mail: vani@olivasdosul.com.br - Web: www.olivasdosul.com.br

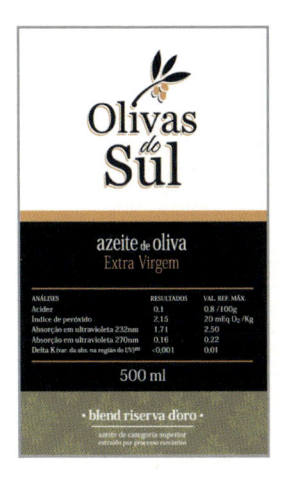

90

- 60/450 m
- Specializzato / Specialized
- Vaso policonico / Polyconic vase
- Bacchiatura e meccanica / Beating and mechanical harvesting
- Sì - Ciclo continuo / Yes - Continuous cycle
- Arbequina (60%), arbosana (20%), koroneiki (20%)
- Fruttato medio / Medium fruity
- da 8,01 a 10,00 € - 500 ml / from € 8.01 to 10.00 - 500 ml

Consolida decisamente la sua posizione in Guida questa giovane azienda pioniera creata da José Alberto Aued nel territorio collinare di Cachoeira do Sul, nella parte centrale dello stato di Rio Grande do Sul. Su una superficie di 125 ettari trovano posto 35.750 piante e un frantoio di ultima generazione. La recente campagna ha fruttato un raccolto di 1.400 quintali di olive che, molite nel frantoio di proprietà, hanno prodotto 140 ettolitri di olio. Segnaliamo l'etichetta presentata per la selezione, l'Extravergine Olivas do Sul - Blend Riserva d'Oro che appare alla vista di un bel colore giallo dorato intenso con delicate sfumature verdi, limpido. All'olfatto è ampio e avvolgente, ricco di sentori vegetali di carciofo e cicoria, cui si affiancano note di erbe officinali, con ricordo di menta e rosmarino. Fine e di carattere al palato, sprigiona toni di lattuga di campo e chiude con ricordo di cannella e mandorla. Amaro deciso e piccante spiccato. Ideale su antipasti di pomodori, insalate di legumi, marinate di orata, patate in umido, passati di fagioli, cous cous di verdure, molluschi gratinati, tartare di ricciola, pollame o carni di agnello al forno, formaggi caprini.

This young pioneer farm confirms its good position in our Guide. It was founded by José Alberto Aued in the hilly territory of Cachoeira do Sul, in the central part of the state of Rio Grande do Sul. There is an olive surface of 125 hectares with 35,750 trees, and an advanced oil mill. In the last harvest 1,400 quintals of olives were produced, which, once crushed in the farm oil mill, yielded 140 hectolitres of oil. We recommend the selection proposed, the Extra Virgin Olivas do Sul - Blend Riserva d'Oro, which is a beautiful intense limpid golden yellow colour with delicate green hues. Its aroma is ample and rotund, rich in vegetal hints of artichoke and chicory, together with notes of officinal herbs, especially mint and rosemary. Its taste is fine and strong, with a flavour of country lettuce and final notes of cinnamon and almond. Bitterness is definite and pungency is distinct. It would be ideal on tomato appetizers, legume salads, marinated gilthead, stewed potatoes, bean purée, vegetable cous cous, mussels au gratin, amberjack tartare, baked poultry or lamb, goat cheese.

Brasile Brazil [BR] Rio Grande do Sul

Prosperato

Campanha Gaúcha - Estrada BR 290 - km 327
96570 - 000 Caçapava do Sul (Rio Grande do Sul)
Tel.: +55 51 34821226
E-mail: contato@prosperato.com.br - Web: www.prosperato.com.br

91

110 m

Specializzato
Specialized

Policono
Polycone

Brucatura a mano e meccanica
Hand picking and mechanical harvesting

Sì - Ciclo continuo
Yes - Continuous cycle

Koroneiki

Fruttato medio
Medium fruity

da 8,01 a 10,00 € - 500 ml
from € 8.01 to 10.00 - 500 ml

Consolida la sua posizione Prosperato, una promettente struttura che nasce nel 2011 nel territorio di Caçapava do Sul, nella vocata provincia di Rio Grande do Sul, per volontà di Eudes Marchetti. Parliamo di un patrimonio composto da 280 ettari di oliveto, all'interno di una proprietà di 740, sul quale sono coltivate 80mila piante di diverse cultivar le quali hanno fruttato, nella trascorsa campagna, 1.500 quintali di olive e 200 ettolitri di olio. Due gli ottimi Extravergine Prosperato - Exclusivo, entrambi monocultivar: Frantoio e Koroneiki. Preferiamo il secondo, di un bel color giallo dorato intenso con lievi riflessi verdi, limpido. Al naso è ampio e avvolgente, ricco di sentori fruttati di pomodoro acerbo, mela bianca e banana, cui si affiancano note di erbe aromatiche, con ricordo di basilico, menta e prezzemolo. Complesso e fine al palato, sprigiona toni vegetali di fave, lattuga e sedano. Amaro spiccato e piccante deciso e armonico. Ideale su bruschette con verdure, insalate di orzo, marinate di salmone, patate al cartoccio, passati di fagioli, risotto con funghi finferli, molluschi gratinati, tartare di ricciola, coniglio arrosto, pollame ai ferri, formaggi caprini.

Prosperato, which confirms its position in our Guide, is a promising farm situated in the territory of Caçapava do Sul, in the favourable province of Rio Grande do Sul. It was founded in 2011 by Eudes Marchetti and consists of a surface of 740 hectares, 280 of which destined to olive grove with 80,000 trees of several cultivars. In the last harvest 1,500 quintals of olives were produced, with a yield of 200 hectolitres of oil. There are two very good Monocultivar Extra Virgin Prosperato - Exclusivo, Frantoio and Koroneiki, chosen by the panel. It is a beautiful intense limpid golden yellow colour with slight green hues. Its aroma is ample and rotund, rich in fruity hints of unripe tomato, white apple and banana, together with notes of aromatic herbs, especially basil, mint and parsley. Its taste is complex and fine, with a vegetal flavour of broad beans, lettuce and celery. Bitterness is distinct and pungency is definite and harmonic. It would be ideal on bruschette with vegetables, barley salads, marinated salmon, baked potatoes, bean purée, risotto with chanterelle mushrooms, mussels au gratin, amberjack tartare, roast rabbit, grilled poultry, goat cheese.

Cile
Chile

Aree olivetate o à vocazione olivicola • Olive growing areas or areas suitable to olive growing

Dati Statistici
Superficie Olivetata Nazionale	**25.000 (ha)**
Frantoi	**40**
Produzione Nazionale 19-20	**20.000,0 (t)**
Produzione Nazionale 18-19	**19.000,0 (t)**
Variazione	**+ 5,26%**

Statistic Data
National Olive Surface	**25,000 (ha)**
Olive Oil Mills	**40**
National Production 19-20	**20,000.0 (t)**
National Production 18-19	**19,000.0 (t)**
Variation	**+ 5.26%**

International Olive Council - ChileOliva - National Customs Service

Il Cile è un paese giovane dal punto di vista olivicolo, in cui non c'è mai stata un'antica, radicata tradizione dell'olio. E questo rappresenta un ostacolo per l'olivicoltura locale che pure, nel corso degli ultimissimi anni, ha fatto notevoli passi in avanti: certamente i grandi volumi ancora non ci sono, ma le aziende migliori hanno chiaro l'obiettivo della qualità. La storia dell'olio cileno è dunque una storia recente. Gli Spagnoli che colonizzarono il paese nel XVI secolo privilegiarono infatti la vite rispetto all'olivo e, fino a tutto il secolo scorso, la domanda di olio interna era molto bassa e veniva soddisfatta da una produzione locale poco interessante, supportata dall'importazione dalla Spagna. Una data decisiva è il 1946 quando José Cànepa, immigrante ligure, pianta 86 ettari di olivo in una sua proprietà a sud di Santiago. Da vero pioniere, Cànepa introduce molte delle varietà tuttora coltivate e, con la tecnologia più moderna allora disponibile, produce nel 1953 il primo extravergine cileno. Ma per parlare di olivicoltura su larga scala bisognerà attendere la fine degli anni Novanta. I numeri attuali del Cile olivicolo sono i seguenti: 25mila ettari con 22 milioni 700mila piante destinate alla trasformazione, 70 realtà produttive e 40 frantoi attivi sul territorio. Gli oliveti si trovano soprattutto nella regione centro-settentrionale di Coquimbo, semidesertica e dal clima asciutto e soleggiato, in quella più a sud del Maule, con inverni più freschi e piovosi, e persino nella Patagonia Marittima, all'estremità meridionale del paese. Sono impianti di tipo tradizionale piuttosto che superintensivi, mentre le varietà principalmente coltivate sono di origine italiana, come coratina, frantoio e leccino; e spagnola, ovvero arbequina e picual. Ma troviamo anche, in misura minore, biancolilla, cerasuola, Liguria, nocellara del Belice, arbosana, empeltre, manzanilla, sevillana, koroneiki, grappolo, barnea, oltre all'autoctona racimo. La maggior parte delle imprese impegnate nel settore è privata, mancando una politica nazionale di incremento produttivo sostenuta a livello statale. Ma si tratta di aziende moderne che investono in macchinari tecnologici di ultima generazione e si avvalgono della consulenza di esperti stranieri; o introducono nuove varietà più fruttifere: per questo gli oli cileni sempre più si distinguono a livello internazionale. Dunque, nel presente, il fatto di essere ancora una piccola realtà produttiva si rivela un vantaggio per il paese: infatti i pochi impianti e l'abbondante manodopera fanno sì che la filiera non subisca flessioni qualitative e che l'olio sia per la quasi totalità extravergine. Inoltre l'assenza di problemi fitosanitari (come quello della mosca olearia) che apre la nicchia del biologico, una manodopera dal costo contenuto e un clima ideale rendono il futuro più che promettente. Le produzioni della campagna 2019-2020 hanno raggiunto le 20mila tonnellate di olio, con un leggero aumento del 5,26% rispetto all'annata precedente. Inoltre anche le esportazioni sono cresciute negli ultimi anni con un ritmo importante, e oggi si attestano su un volume di 14mila tonnellate di olio. I mercati destinatari sono, oltre a quello degli Stati Uniti che accoglie circa il 40% del prodotto esportato, il Canada, il Messico, il Venezuela, il Brasile, la Colombia, la Spagna, la Germania, il Sudafrica e infine il Giappone. Il consumo di olio nel paese raggiunge le 8.500 tonnellate attuali, quello pro capite è di 0,60 kg annui.

Chile is a young olive country, as there has never been a strong olive oil tradition. This is an impediment to Chilean olive growing that however in few years has taken giant steps. Certainly, quantity is still limited, but the best farms aim at quality. The history of Chilean oil is recent: in fact the Spaniards, who colonized the country in the 16th century, privileged the cultivation of the grapevine at the expense of the olive tree. Up to the 20th century the scarce domestic demand was satisfied by a low production, supported by the importation of Spanish olive oil. The modern history of the Chilean olive oil began in 1946, when José Cànepa, an immigrant from Liguria, planted 86 hectares of olive trees in his estate to the south of Santiago. As a real pioneer, Cànepa introduced a lot of the varieties that are still cultivated today, and with the most modern technology available at the time, in 1953 he produced the first Chilean extra virgin olive oil. But large scale olive growing started only at the end of the 90s. Today in Chile there are 25,000 hectares of olive groves with 22 million 700,000 trees for oil production, 70 farms and 40 oil mills active on the whole territory. The olive groves are especially situated in the centre-northern region of Coquimbo, a semi-desert area with a dry sunny climate, in the area south of Maule, with cooler and rainy winters, and even in the Patagonia Maritima, in the extreme south of the country. They are traditional plantations rather than superintensive ones, while the most cultivated varieties are mainly of Italian origin like coratina, frantoio and leccino, and Spanish, above all arbequina and picual. But we also find, in smaller quantities, biancolilla, cerasuola, liguria, nocellara del Belice, arbosana, empeltre, manzanilla, sevillana, koroneiki, grappolo, barnea, besides the autochthonous racimo. The most farms involved in the sector are private, since there is not a national policy of state-supported productive increase. However, they are modern farms that invest in machinery of the newest technology, follow the advice of foreign experts or introduce new more fruitful varieties. For this reason the Chilean extra virgin olive oil is increasingly gaining more recognition at an international level. At the moment the fact that Chilean production is low is an advantage: with few olive groves and abundant manpower the productive olive oil sector does not suffer from quality decrease and the olive oil is almost totally extra virgin. Moreover, the absence of phytosanitary problems (like the oil fly), which opens the niche in the organic market, the low labour cost and an ideal climate make the future promising. In the oil harvest 2019-2020 production reached 20,000 tons of oil, with a slight increase of 5.26% compared to the previous year. Also exports have greatly increased in the last few years and are now 14,000 tons a year. The United States import about 40% of the exported produce, other importing countries are Canada, Mexico, Venezuela, Brazil, Colombia, Spain, Germany, South Africa and Japan. Oil consumption in the country currently reaches 8,500 tons, while the per capita consumption is 0.60 kg per year.

Cile Chile [CL] IV Región - Coquimbo

Valle Quilimarí

Los Cóndores - Camino a Tilama
1940000 Los Vilos (Choapa)
Tel.: +56 2 29523477
E-mail: info@vallequilimari.cl - Web: www.vallequilimari.cl

97

180 m

Specializzato
Specialized

Alberello, vaso
Tree, vase

Brucatura a mano
Hand picking

Sì - Ciclo continuo
Yes - Continuous cycle

Arbequina

Fruttato intenso
Intense fruity

da 4,01 a 6,00 € - 500 ml
from € 4.01 to 6.00 - 500 ml

Gli importanti traguardi raggiunti ne fanno un punto di riferimento per l'extravergine di qualità, e non solo a livello locale. Valle Quilimarí di Los Vilos è stata fondata nel 1996 ed è tuttora condotta da Augusto Giangrandi. Della vasta tenuta, recentemente ampliata, 40 ettari sono destinati agli olivi, con 15mila esemplari dai quali sono stati raccolti quest'anno quasi 222 quintali di olive, pari a una produzione di circa 42 ettolitri di olio che, uniti ai 60 acquistati, sono diventati pressoché 102. L'ottimo Extravergine Valle Quilimarí - Frutado Intenso è di un bel colore giallo dorato intenso con lievi venature verdi, limpido. All'olfatto è deciso e avvolgente, ricco di sentori fruttati di pomodoro acerbo, mela bianca e pinolo, affiancati da note balsamiche di basilico, menta e prezzemolo. Al gusto è fine e di carattere, con toni vegetali di cicoria selvatica, lattuga e sedano. Amaro potente e piccante spiccato e armonico. Ideale su antipasti di tonno, bruschette con pomodoro, carpaccio di polpo, insalate di spinaci, minestroni di verdure, primi piatti con carciofi, pesce azzurro gratinato, agnello alla griglia, carni rosse ai ferri, formaggi di media stagionatura.

It is an undisputed point of reference for quality extra virgin olive oil, not only in its area. Valle Quilimarí, situated in Los Vilos, was founded in 1996 and is still run by Augusto Giangrandi. The vast estate, recently enlarged, includes 40 hectares destined to olive grove, with 15,000 trees. In the last harvest almost 222 quintals of olives were produced, equal to a yield of about 42 hectolitres of extra virgin olive oil. With 60 purchased, the total was about 102 hectolitres. The very good Extra Virgin Valle Quilimarí - Frutado Intenso is a beautiful intense limpid golden yellow colour with slight green hues. Its aroma is definite and rotund, rich in fruity hints of unripe tomato, white apple and pine nut, together with fragrant notes of basil, mint and parsley. Its taste is fine and strong, with a vegetal flavour of wild chicory, lettuce and celery. Bitterness is powerful and pungency is distinct and harmonic. It would be ideal on tuna appetizers, bruschette with tomatoes, octopus carpaccio, spinach salads, minestrone with vegetables, pasta with artichokes, blue fish au gratin, grilled lamb, grilled red meat, medium mature cheese.

Cile Chile [CL] IV Región - Coquimbo

Santa Carmen
San Julían - Hijuela, 3 - Ruta D-45 km 16.200
1840000 Ovalle (Limarí)
Tel.: +56 53 2433356
E-mail: claudiamoreno@qori.cl - Web: www.qori.cl

91

260 m

Specializzato
Specialized

Monocono
Monocone

Meccanica
Mechanical harvesting

Sì - Ciclo continuo
Yes - Continuous cycle

Arbosana (40%), arbequina (30%), coratina (30%)

Fruttato medio
Medium fruity

da 6,01 a 8,00 € - 500 ml
from € 6.01 to 8.00 - 500 ml

Continuiamo a sottolineare i progressi di Santa Carmen, una consolidata struttura che nasce nel 1964 nel territorio di Ovalle, nella vocata provincia di Limarí, per volontà di Danilo Morgado il quale la dirige tuttora. A disposizione c'è un patrimonio composto da 245 ettari, sui quali sono coltivate 338mila piante di svariate cultivar, e un moderno frantoio di proprietà. Il raccolto di quest'anno ha fruttato 7.500 quintali di olive che hanno prodotto 1.300 ettolitri di olio. Dei due Extravergine, Olimor e Qori, il panel sceglie il secondo che appare alla vista di un bel colore giallo dorato intenso con lievi riflessi verdi, limpido. Al naso è pulito e avvolgente, ricco di sentori balsamici di basilico, menta e prezzemolo, cui si affiancano note fruttate di pomodoro acerbo, banana e mela bianca. Complesso e fine in bocca, sprigiona toni vegetali di lattuga e sedano; e chiude con ricordo di pinolo. Amaro deciso e piccante presente e armonico. Ideale su bruschette con verdure, insalate di orzo, marinate di ricciola, patate al cartoccio, passati di fagioli, primi piatti al pomodoro, molluschi gratinati, tartare di salmone, coniglio arrosto, pollame alla griglia, formaggi caprini.

Present again in our Guide with a result showing its progress, Santa Carmen is a solid farm situated in the territory of Ovalle, in the favourable province of Limarí. It was founded in 1964 by Danilo Morgado, who still runs it. The estate consists of 245 hectares of olive grove with 338,000 trees of several cultivars and a modern oil mill. In the last harvest 7,500 quintals of olives were produced, with a yield of 1,300 hectolitres of extra virgin olive oil. There are two Extra Virgin selections, Olimor and Qori, chosen by the panel. It is a beautiful intense limpid golden yellow colour with slight green hues. Its aroma is clean and rotund, rich in fragrant hints of basil, mint and parsley, together with fruity notes of unripe tomato, banana and white apple. Its taste is complex and fine, with a vegetal flavour of lettuce and celery and final notes of pine nut. Bitterness is definite and pungency is present and harmonic. It would be ideal on bruschette with vegetables, barley salads, marinated amberjack, baked potatoes, bean purée, pasta with tomato sauce, mussels au gratin, salmon tartare, roast rabbit, grilled poultry, goat cheese.

Cile Chile [CL] IV Región - Coquimbo

Comercial Ugarte y Scott

Llanos de San Julián
1840000 Ovalle (Limarí)
Tel.: +56 2 27172276
E-mail: info@olivosolimpo.cl - Web: www.olivosolimpo.cl

88

- 200 m
- Specializzato / Specialized
- Alberello / Tree
- Meccanica / Mechanical harvesting
- Sì - Ciclo continuo / Yes - Continuous cycle
- Arbequina (90%), coratina (5%), frantoio (5%)
- Fruttato medio / Medium fruity
- da 10,01 a 12,00 € - 500 ml / from € 10.01 to 12.00 - 500 ml

Ritroviamo meritatamente in Guida questa interessante struttura del nord del Cile, situata nella vocata valle del fiume Limarí e fondata nel 2009 da John Scott Macnab e Jaime Ugarte, amici consolidati ed esperti del settore decisamente orientati alla qualità. Il patrimonio attuale comprende un frantoio di ultima generazione che molisce le olive provenienti da 537.600 piante coltivate su 336 ettari di impianto superintensivo. Quest'anno sono stati ricavati 50mila quintali di olive e quasi 8.952 ettolitri di olio. L'Extravergine Sol de Limarí appare alla vista di un bel colore giallo dorato intenso con delicate sfumature verdi, limpido. Al naso è ampio e avvolgente, intriso di sentori fruttati di pomodoro acerbo e banana matura, accompagnati da note balsamiche di basilico, menta e prezzemolo. Fine e complesso al palato, sprigiona toni di cicoria e lattuga, e chiude con ricordo di pepe nero e mandorla. Amaro deciso e piccante presente ed equilibrato. Ideale su antipasti di farro, fagioli bolliti, insalate di salmone, patate alla griglia, passati di legumi, primi piatti con verdure, gamberi in guazzetto, seppie in umido, coniglio arrosto, pollame alla piastra, formaggi caprini.

Present again in our Guide, this interesting farm is situated in the favourable valley of the river Limarí, in the north of Chile, and was founded in 2009 by two friends, John Scott Macnab and Jaime Ugarte, both experienced in this sector and interested in quality. Currently they run an advanced oil mill and 336 hectares of super intensive olive grove with 537,600 trees. In the last harvest 50,000 quintals of olives were produced, equal to a yield of almost 8,952 hectolitres of oil. The Extra Virgin Sol de Limarí is a beautiful intense limpid golden yellow colour with delicate green hues. Its aroma is ample and rotund, endowed with fruity hints of unripe tomato and ripe banana, together with fragrant notes of basil, mint and parsley. Its taste is fine and complex, with a flavour of chicory and lettuce and final notes of black pepper and almond. Bitterness is definite and pungency is present and well balanced. It would be ideal on farro appetizers, boiled beans, salmon salads, grilled potatoes, legume purée, pasta with vegetables, stewed shrimps, stewed cuttlefish, roast rabbit, pan-seared poultry, goat cheese.

Cile Chile [CL] V Región - Valparaíso

Olivos Ruta del Sol

Leyda - Huerto La Marquesa km 90 - Ruta 78
2660000 San Antonio
Tel.: +56 72 2822077
E-mail: fcarrasco@deleyda.com - Web: www.deleyda.com

97

- 50 m
- Specializzato / Specialized
- Alberello, monocono / Tree, monocone
- Meccanica / Mechanical harvesting
- Sì - Ciclo continuo / Yes - Continuous cycle
- Frantoio (50%), coratina (50%)
- Fruttato intenso / Intense fruity
- da 12,01 a 15,00 € - 500 ml / from € 12.01 to 15.00 - 500 ml

L'abbiamo scoperta, lodata e premiata. Non ci sbagliavamo, perché seguita a convincere. Parliamo di una realtà nata nel 2005 presso San Antonio, nella valle di Leyda, con l'obiettivo ambizioso di produrre una gamma di extravergine di qualità a partire dalle migliori cultivar di diversi paesi del mondo. Il patrimonio oggi comprende un moderno frantoio e 360 ettari di impianto intensivo, con 288mila piante dalle quali sono stati ricavati quest'anno 17mila quintali di olive e 2.720 ettolitri di olio. Segnaliamo l'Extravergine Deleyda - Premium che appare alla vista di un bel colore giallo dorato intenso con delicati riflessi verdi, limpido. Al naso è deciso e avvolgente, ricco di sentori balsamici di menta e rosmarino, in aggiunta a note fruttate di pomodoro maturo. In bocca è fine e di carattere, con toni di carciofo, lattuga e ricordo finale di mandorla, cannella e pepe nero. Amaro e piccante spiccati e armonici, con finale dolce in rilievo. Si abbina a bruschette con pomodoro, carpaccio di polpo, insalate di spinaci, radicchio al forno, zuppe di fagioli, primi piatti al ragù, pesce azzurro gratinato, agnello arrosto, carni rosse alla griglia, formaggi di media stagionatura.

We have discovered, praised and rewarded this farm and it is always up to our expectations. It was founded in 2005 near San Antonio, in the valley of Leyda, with the ambitious aim of producing a range of quality extra virgin olive oils from the best cultivars of several countries in the world. Today there is an intensive olive grove of 360 hectares, with 288,000 trees, and a modern oil mill. In the last harvest 17,000 quintals of olives were produced, with a yield of 2,720 hectolitres of oil. We recommend the Extra Virgin Deleyda - Premium, which is a beautiful intense limpid golden yellow colour with delicate green hues. Its aroma is definite and rotund, rich in fragrant hints of mint and rosemary, together with fruity notes of ripe tomato. Its taste is fine and strong, with a flavour of artichoke, lettuce and a final note of almond, cinnamon and black pepper. Bitterness and pungency are distinct and harmonic, with evident sweetness. It would be ideal on bruschette with tomatoes, octopus carpaccio, spinach salads, baked radicchio, bean soups, pasta with meat sauce, blue fish au gratin, roast lamb, grilled red meat, medium mature cheese.

Cile Chile [CL] Metropolitana de Santiago

Soho

Aculeo - Pintue - Fundo La Huachera - Lote B - Parcela 1
9540000 Paine (Maipo)
Tel.: +56 2 24724400 - Fax: +56 2 23789124
E-mail: info@sohocomercial.cl - Web: www.sohocomercial.cl

87

109 m

Specializzato
Specialized

Alberello, monocono
Tree, monocone

Brucatura a mano e meccanica
Hand picking and mechanical harvesting

Sì - Ciclo continuo
Yes - Continuous cycle

Frantoio (50%), sevillana (50%)

Fruttato medio
Medium fruity

da 6,01 a 8,00 € - 500 ml
from € 6.01 to 8.00 - 500 ml

Soho possiede una tenuta a Curico di 320 ettari, 220 dei quali dedicati all'olivicoltura; inoltre gestisce la produzione di due aziende agricole partner, una nella valle di Aculeo e una a Ovalle, che comprendono altri 480 ettari. Parliamo di impianti intensivi e superintensivi che ricoprono in totale 700 ettari, con 925.956 piante messe a dimora dalle quali è stato ricavato quest'anno un raccolto di 65mila quintali di olive. Queste, molite nel moderno frantoio aziendale, hanno reso una produzione in olio di 13.865 ettolitri. L'Extravergine Olave - Premium è di un bel colore giallo dorato intenso con delicate venature verdi, limpido. Al naso si apre ampio e avvolgente, ricco di sentori vegetali di carciofo, cicoria e lattuga, cui si affiancano toni di erbe aromatiche, con ricordo di basilico, menta e rosmarino. In bocca è morbido e armonico, con note speziate di pepe nero, cannella e chiusura di mandorla e noce matura. Amaro spiccato e piccante deciso. Ideale su antipasti di farro, fagioli al vapore, insalate di pomodori, patate alla brace, zuppe di legumi, primi piatti con salmone, molluschi gratinati, seppie in umido, coniglio al forno, pollame alla griglia, formaggi caprini.

Soho owns an estate in Curico of 320 hectares, 220 of which destined to olive growing. In addition, it manages the production of two partner farms, one in the valley of Aculeo and the other one in Ovalle, covering 480 hectares. The olive groves are intensive and super intensive and take up a total of 700 hectares with 925,956 trees. In the last harvest 65,000 quintals of olives were produced, which, once crushed in the modern oil mill, yielded 13,865 hectolitres of oil. We recommend the Extra Virgin selection Olave - Premium, which is a beautiful intense limpid golden yellow colour with delicate green hues. Its aroma is ample and rotund, rich in vegetal hints of artichoke, chicory and lettuce, together with notes of aromatic herbs, especially basil, mint and rosemary. Its taste is mellow and harmonic, with a spicy flavour of black pepper, cinnamon and final notes of almond and ripe walnut. Bitterness is distinct and pungency is definite. It would be ideal on farro appetizers, steamed beans, tomato salads, barbecued potatoes, legume soups, pasta with salmon, mussels au gratin, stewed cuttlefish, baked rabbit, grilled poultry, goat cheese.

Cile Chile [CL] Metropolitana de Santiago

Carozzi

María Pinto - Chorombo - Camino Publico a Casablanca km 22
9580000 Melipilla
Tel.: +56 2 28327350
E-mail: aacevedo@haciendachorombo.cl - Web: www.haciendachorombo.cl

86

154 m

Promiscuo e specializzato
Promiscuous and specialized

Monocono
Monocone

Meccanica
Mechanical harvesting

Sì - Ciclo continuo
Yes - Continuous cycle

Coratina

Fruttato intenso
Intense fruity

da 4,01 a 6,00 € - 500 ml
from € 4.01 to 6.00 - 500 ml

Carozzi è una grossa realtà produttiva cilena che si è aperta, non da molto, anche alla produzione di olio extravergine di oliva. Il patrimonio olivicolo a disposizione comprende una superficie di 363 ettari di impianto intensivo con 390.957 piante messe a dimora, cui si aggiunge una linea di estrazione e imbottigliamento di ultima generazione. Nella recente campagna il raccolto ha fruttato 38mila quintali di olive, pari a una resa di 5.750 ettolitri di olio. Segnaliamo l'etichetta proposta per la selezione, l'Extravergine Trattoria che si presenta alla vista di un bel colore giallo dorato intenso con delicate tonalità verdi, limpido. All'olfatto si apre deciso e avvolgente, ricco di sentori vegetali di carciofo e cicoria selvatica, accompagnati da note balsamiche di menta, basilico e rosmarino. In bocca è fine e di personalità, con toni di lattuga di campo e marcato ricordo di mandorla in chiusura. Amaro potente e piccante spiccato e armonico. Ideale su bruschette con pomodoro, carpaccio di polpo, insalate di spinaci, radicchio alla griglia, zuppe di fagioli, primi piatti con tonno, pesce spada ai ferri, carni rosse o nere alla piastra, formaggi di media stagionatura.

Carozzi is a big Chilean farm that has recently started producing extra virgin olive oil. The estate consists of a surface of 363 hectares of super intensive olive grove with 390,957 trees, besides an advanced extraction and bottling system. In the last harvest 38,000 quintals of olives were obtained, equal to a yield of 5,750 hectolitres of extra virgin olive oil. We recommend the selection proposed to the panel, the Extra Virgin Trattoria, which is a beautiful intense limpid golden yellow colour with delicate green hues. Its aroma is definite and rotund, rich in vegetal hints of artichoke and wild chicory, together with fragrant notes of mint, basil and rosemary. Its taste is fine and strong, with a flavour of country lettuce and a distinct almond finish. Bitterness is powerful and pungency is distinct and harmonic. It would be ideal on bruschette with tomatoes, octopus carpaccio, spinach salads, grilled radicchio, bean soups, pasta with tuna, grilled swordfish, pan-seared red meat or game, medium mature cheese.

Cile Chile [CL] Metropolitana de Santiago

Agrícola Monteolivo

Longovilo - Camino de la Fruta km 46
9660000 San Pedro (Melipilla)
Tel.: +56 2 3694676
E-mail: murmeneta@monteolivo.cl - Web: www.monteolivo.cl

90

200 m

Specializzato
Specialized

Cespuglio, monocono
Bush, monocone

Brucatura a mano e meccanica
Hand picking and mechanical harvesting

Sì - Ciclo continuo
Yes - Continuous cycle

Frantoio (90%), arbequina (10%)

Fruttato medio
Medium fruity

da 2,00 a 4,00 € - 500 ml
from € 2.00 to 4.00 - 500 ml

Sempre convincenti le prestazioni di Agrícola Monteolivo, situata sulle pendici soleggiate della valle de Curacavídi. I primi passi risalgono alla fine degli anni Novanta, con un impianto di 40 ettari e il frantoio di proprietà. Dal 2004 il progetto si ingrandisce e oggi il proprietario Clemente Eblen Kadis amministra 800 ettari di oliveto, all'interno di una tenuta più estesa, con un milione 450mila piante che hanno fruttato 80mila quintali di olive dai quali, con l'aggiunta di 20mila acquistati, sono stati ricavati 16mila ettolitri di olio. L'Extravergine Montevecchio - Premium Blend è giallo dorato intenso con lievi nuance verdi, limpido. Al naso è ampio e avvolgente, ricco di sentori vegetali di carciofo cui si affiancano toni di erbe aromatiche, con ricordo di menta, rosmarino e salvia. Fine e complesso al palato, aggiunge note di cicoria e chiude con sfumature di mandorla acerba. Amaro spiccato e piccante deciso ed equilibrato. Ideale su antipasti di tonno, carpaccio di polpo, insalate di spinaci, radicchio alla griglia, zuppe di carciofi, risotto con funghi porcini, pesce spada in umido, agnello alla piastra, carni rosse in tartare, formaggi stagionati a pasta dura.

Another convincing performance for Agrícola Monteolivo, placed on the sunny sides of the valle de Curacavídi. It was founded in the late 90s with a 40-hectare olive grove and an oil mill. Since 2004 the project has been extended and today the owner Clemente Eblen Kadis runs 800 hectares of olive grove with 1 million 450,000 trees inside a larger estate. In the last harvest 80,000 quintals of olives were produced and 20,000 purchased, with a yield of 16,000 hectolitres of oil. The Extra Virgin selection Montevecchio - Premium Blend is an intense limpid golden yellow colour with slight green hues. Its aroma is ample and rotund, rich in vegetal hints of artichoke, together with notes of aromatic herbs, especially mint, rosemary and sage. Its taste is fine and complex, with a flavour of chicory and final notes of unripe almond. Bitterness is distinct and pungency is definite and well balanced. It would be ideal on tuna appetizers, octopus carpaccio, spinach salads, grilled radicchio, artichoke soups, risotto with porcini mushrooms, steamed swordfish, pan-seared lamb, red meat tartare, hard mature cheese.

Cile Chile [CL] VI Región - Libertador General Bernardo O'Higgins

Olivamarchigue
Pichidegua
2980000 San José de Marchigue (Cachapoal)
Tel.: +56 56 222157161
E-mail: agromarchigue@agromarchigue.cl

84

114/244 m

Promiscuo
Promiscuous

Alberello
Tree

Meccanica
Mechanical harvesting

Sì - Ciclo continuo
Yes - Continuous cycle

Coratina (40%), arbosana (20%), frantoio (20%), arbequina (13%), leccino (5%), picual (2%)

Fruttato medio
Medium fruity

da 4,01 a 6,00 € - 500 ml
from € 4.01 to 6.00 - 500 ml

All'origine di Olivamarchigue c'è una famiglia tradizionale cilena che ha maturato la propria esperienza nell'attività agricola, dedicandosi ad altre coltivazioni quali agrumi e avocado. Il progetto olivicolo parte nel 2005, con l'acquisto di un terreno nel comprensorio di San José de Marchigue; e due anni dopo ha inizio l'impianto superintensivo degli olivi che oggi sono diventati 192.383 su una superficie di 350 ettari, all'interno di una tenuta più vasta di 800 ettari. Il ricavato di quest'anno è stato di 30mila quintali di olive e 6.561 ettolitri di olio. Segnaliamo l'Extravergine Oliwe, giallo dorato intenso con delicati riflessi verdi, limpido. Al naso è ampio e avvolgente, dotato di sentori fruttati di pomodoro acerbo e banana, cui si affiancano note aromatiche di basilico e prezzemolo. Armonico e vegetale in bocca, sa di lattuga e sedano, e chiude con ricordo di pinolo. Amaro e piccante presenti e dosati, con finale dolce in rilievo. Ideale su antipasti di legumi, insalate di fagioli, marinate di orata, patate in umido, zuppe di ceci, primi piatti con molluschi, gamberi in guazzetto, tartare di ricciola, coniglio arrosto, pollame ai ferri, formaggi caprini.

Olivamarchigue was created by a traditional Chilean family, who gained their experience in agriculture with cultivations such as citrus fruits and avocado. They started their oil project in 2005, with the purchase of a piece of land in the district of San José de Marchigue, and two years later they began planting super intensive olive groves. Today the estate consists of an area of 800 hectares, 350 of which destined to olive surface with 192,383 trees. In the last harvest 30,000 quintals of olives and 6,561 hectolitres of oil were produced. The Extra Virgin Oliwe is an intense limpid golden yellow colour with delicate green hues. Its aroma is ample and rotund, endowed with fruity hints of unripe tomato and banana, together with aromatic notes of basil and parsley. Its taste is harmonic and vegetal, with a flavour of lettuce and celery and a pine nut finish. Bitterness and pungency are present and complimentary, with evident sweetness. It would be ideal on legume appetizers, bean salads, marinated gilthead, stewed potatoes, chickpea soups, pasta with mussels, stewed shrimps, amberjack tartare, roast rabbit, grilled poultry, goat cheese.

Cile Chile [CL] VI Región - Libertador General Bernardo O'Higgins

Olivos del Sur

La Estrella - San José de Marchigüe - Camino Las Chacras km 3
3220478 Pichilemu (Cardenal Caro)
Tel.: +56 2 29233050
E-mail: info@olisur.com - Web: www.olisur.com

97

120 m

Specializzato
Specialized

Alberello
Tree

Meccanica
Mechanical harvesting

Sì - Ciclo continuo
Yes - Continuous cycle

Arbosana (40%), arbequina (30%), koroneiki (30%)

Fruttato leggero
Light fruity

da 10,01 a 12,00 € - 500 ml
from € 10.01 to 12.00 - 500 ml

Sono sempre molto convincenti i risultati raggiunti da Olivos del Sur, una grossa struttura collocata a San José de Marchigüe. Non molto distante da Santiago, nella valle di Colchagua, questa realtà nasce nel 2004 per iniziativa di Alfonso Swett Saavedra che è tuttora alla guida di 1.700 ettari con 2 milioni 600mila piante. Quest'anno sono stati raccolti 150mila quintali di olive, pari a una produzione di circa 27.838 ettolitri di olio. Segnaliamo l'ottimo Extravergine O-live & Co - Everyday che appare alla vista di un bel colore giallo dorato intenso con lievi riflessi verdi, limpido. Al naso è elegante e complesso, dotato di sentori fruttati di pomodoro acerbo, banana e mela bianca, cui si affiancano note aromatiche di basilico e prezzemolo e nuance floreali di ginestra. Avvolgente e armonico in bocca, sprigiona toni vegetali di sedano e lattuga, e chiude con ricordo di mandorla. Amaro ben espresso e piccante presente ed equilibrato. Ideale su maionese, antipasti di ceci, aragosta al vapore, carpaccio di ricciola, marinate di spigola, passati di piselli, primi piatti con funghi ovoli, fritture di calamari, tartare di gamberi, formaggi freschi a pasta molle, dolci lievitati.

Another convincing performance for Olivos del Sur, situated in San José de Marchigüe. Not far from Santiago, in the valley of Colchagua, this big farm was founded in 2004 by Alfonso Swett Saavedra, who still runs it. The estate consists of 1,700 hectares of olive grove with 2 million 600,000 trees. In the last harvest 150,000 quintals of olives were produced, with a yield of about 27,838 hectolitres of oil. We recommend the very good Extra Virgin selection O-live & Co - Everyday, which is a beautiful intense limpid golden yellow colour with slight green hues. Its aroma is elegant and complex, endowed with fruity hints of unripe tomato, banana and white apple, together with aromatic notes of basil and parsley and floral notes of broom. Its taste is rotund and harmonic, with a vegetal flavour of celery and lettuce and an almond finish. Bitterness is distinct and pungency is present and well balanced. It would be ideal on mayonnaise, chickpea appetizers, steamed spiny lobster, amberjack carpaccio, marinated bass, pea purée, pasta with ovoli mushrooms, fried squids, shrimp tartare, soft fresh cheese, yeast-raised cakes.

Cile Chile [CL] VI Región - Libertador General Bernardo O'Higgins

Agrícola Pobeña

Las Damas - Fundo Cerro Colorado - Caixa Postal 19 Litueche
3250000 La Estrella (Cardenal Caro)
Tel.: +56 2 29248410
E-mail: jmreyes@alonsoliveoil.com - Web: www.alonsoliveoil.com

99

283 m

Specializzato
Specialized

Monocono, policono
Monocone, polycone

Bacchiatura e meccanica
Beating and mechanical harvesting

Sì - Ciclo continuo e sinolea
Yes - Continuous cycle and sinolea

Coratina

Fruttato intenso
Intense fruity

da 6,01 a 8,00 € - 500 ml
from € 6.01 to 8.00 - 500 ml

L'abbiamo scoperta, lodata e ripetutamente premiata: le assegnamo quest'anno il titolo di Azienda di Frontiera, a suggello di un percorso di crescita in un paese dove l'olio ha una storia recente, ma la qualità è già consolidata. Agrícola Pobeña si avvale dell'esperienza di generazioni di olivicoltori e vanta oggi il controllo su tutta la filiera, dal campo alla bottiglia. Parliamo di 503mila olivi, su 360 ettari, dai quali sono stati ricavati 41mila quintali di olive e circa 5.459 ettolitri di olio. Tre gli Extravergine Alonso: Obsession e i due monocultivar, Koroneiki e Coratina. Quest'ultimo, eccellente, è giallo dorato intenso con lievi riflessi verdi, limpido. Al naso è deciso e avvolgente, intriso di sentori balsamici di menta e rosmarino, affiancati da note di cannella, pepe nero e mandorla acerba. Al gusto è elegante e di carattere, con toni vegetali di carciofo, cicoria e lattuga. Amaro potente e piccante spiccato e armonico. Si abbina a bruschette con pomodoro, carpaccio di tonno, insalate di pesce spada, radicchio alla brace, zuppe di fagioli, primi piatti con salsiccia, polpo bollito, carni rosse o cacciagione alla griglia, formaggi stagionati a pasta dura.

We have discovered, praised and rewarded it many times: this year, considering its growth in a country where oil has a recent history, but quality is already good, it is The Frontier Farm. Agrìcola Pobeña follows the experience of generations of olive growers and controls the whole production chain, from the field to the bottle. The olive grove covers 360 hectares with 503,000 trees. In the last harvest 41,000 quintals of olives and about 5,459 hectolitres of oil were produced. There are three Extra Virgin Alonso, Obsession and the two Monocultivar, Koroneiki and the excellent Coratina, which is an intense limpid golden yellow colour with slight green hues. Its aroma is definite and rotund, with fragrant hints of mint and rosemary, together with notes of cinnamon, black pepper and unripe almond. Its taste is elegant and strong, with a vegetal flavour of artichoke, chicory and lettuce. Bitterness is strong and pungency is distinct and harmonic. It would be ideal on bruschette with tomatoes, tuna carpaccio, swordfish salads, barbecued radicchio, bean soups, pasta with sausages, boiled octopus, grilled red meat or game, hard mature cheese.

Cile Chile [CL] VII Región - Maule

TerraMater

Peteroa - Fundo Peteroa
3390000 Sagrada Familia (Curicó)
Tel.: +56 2 24380000
E-mail: cwevar@terramater.cl - Web: www.terramater.cl

98

143 m

Specializzato
Specialized

Alberello
Tree

Brucatura a mano e meccanica
Hand picking and mechanical harvesting

Sì - Ciclo continuo
Yes - Continuous cycle

Racimo

Fruttato medio
Medium fruity

da 6,01 a 8,00 € - 500 ml
from € 6.01 to 8.00 - 500 ml

Un'altra convincente conferma per TerraMater che è una tra le più importanti realtà olivicole e vitivinicole del Cile. Fondata nel 1953 quando José Cànepa Vacarezza, originario di Chiavari, inizia a coltivare la vite e l'olivo nella fertile Valle de Curicó, oggi è una grande tenuta completamente riqualificata e gestita con passione e professionalità. Parliamo di un patrimonio di circa 136 ettari con 58.603 piante e di un moderno frantoio di proprietà. Quest'anno sono stati raccolti 12mila quintali di olive, pari a una resa in olio di 1.800 ettolitri. Sempre ottimo l'Extravergine Petralia, di un bel colore giallo dorato intenso con leggere tonalità verdi, limpido. Al naso è ampio e avvolgente, ricco di sentori balsamici di menta e rosmarino, cui si accompagnano note speziate di pepe nero e cannella. Al gusto è complesso e fine, con toni di carciofo, cicoria e lattuga. Amaro spiccato e piccante deciso e armonico, con finale dolce di mandorla. Ideale per antipasti di mare, insalate di ceci, legumi bolliti, patate alla piastra, passati di fagioli, risotto con carciofi, gamberi in guazzetto, seppie in umido, coniglio arrosto, pollame ai ferri, formaggi freschi a pasta filata.

Another convincing result for TerraMater, one of the most important olive and wine-growing farms in Chile. It was founded in 1953, when José Cànepa Vacarezza, a native of Chiavari, started cultivating the grapevine and the olive tree in the fertile Valle de Curicó. Today this large estate has been redeveloped and is run with passion and competence. There are about 136 hectares of olive grove, with 58,603 trees, and a modern oil mill. In the last harvest 12,000 quintals of olives were produced, with a yield of 1,800 hectolitres of oil. The really good Extra Virgin Petralia is a beautiful intense limpid golden yellow colour with slight green hues. Its aroma is ample and rotund, rich in fragrant hints of mint and rosemary, together with spicy notes of black pepper and cinnamon. Its taste is complex and fine, with a flavour of artichoke, chicory and lettuce. Bitterness is distinct and pungency is definite and harmonic, with a sweet almond finish. It would be ideal on seafood appetizers, chickpea salads, boiled legumes, seared potatoes, bean purée, risotto with artichokes, stewed shrimps, stewed cuttlefish, roast rabbit, grilled poultry, mozzarella cheese.

Uruguay
Uruguay

Aree olivetate o a vocazione olivicola • *Olive growing areas or areas suitable to olive growing*

Dati Statistici
Superficie Olivetata Nazionale	12.500 (ha)
Frantoi	25
Produzione Nazionale 19-20	2.000,0 (t)
Produzione Nazionale 18-19	500,0 (t)
Variazione	+ 300,00%

Statistic Data
National Olive Surface	12,500 (ha)
Olive Oil Mills	25
National Production 19-20	2,000.0 (t)
National Production 18-19	500.0 (t)
Variation	+ 300.00%

International Olive Council - Uruguayan Olive and Olive Oil Producers Association
Office of Agricultural Programming and Policy

La coltura e la cultura dell'olivo non hanno radici profonde nelle tradizioni degli Uruguaiani. Basti pensare che i primi alberi nel paese furono piantati alla fine del XVIII secolo dagli immigrati argentini, gli stessi che introdussero la coltura della vite. Così troviamo documentato dallo scrittore e agronomo Pérez Castellano il quale afferma che queste piante, da varietà sevillana, provenivano dalla città di Buenos Aires dove a loro volta erano arrivate dal Cile o forse dal Perù; e aggiunge che ricoprivano terreni alti e poco profondi, poveri, su cui difficilmente potevano adattarsi altre specie di alberi. Ma, per parlare di un'olivicoltura su scala organizzata, si deve aspettare la prima metà del Novecento, quando questa viene promossa e incentivata dal governo uruguaiano. Oggi, benché l'esperienza sul territorio resti comunque limitata, questa coltura può dirsi in fase di espansione, puntando decisamente peraltro su una produzione di alta qualità. I dati confermano queste stime: negli ultimi anni il numero delle piantagioni è aumentato in modo costante fino a raggiungere gli attuali 12.500 ettari, con un numero di piante che ha raggiunto un totale di 4 milioni 500mila esemplari. Gli oliveti sono maggiormente concentrati sulla costa sud-orientale, in particolare nel dipartimento di Maldonado dove si trova un grande impianto olivicolo vicino alla cittadina di Garzón e una serie di piantagioni di media e piccola dimensione nella zone collinari di Sierra Carapé e Sierra de los Caracoles. Attualmente si continua a piantare anche nei vicini dipartimenti di Rocha e nella diocesi di Minas, oltre che nei dipartimenti di Canelones (centro-sud), Colonia e Soriano (sud-ovest). Altre zone vocate sono al nord, nei dipartimenti di Salto (ovest) e Rivera (est). Infine le realtà già esistenti di Río Negro e Paysandú sono in corso di ampliamento e innovazione. Le varietà più diffuse sono di origine spagnola e italiana (arbequina, leccino, frantoio e coratina), oltre che israeliana (barnea). Lasciando da parte i vecchi oliveti che necessitano di una complessa manutenzione perché possano diventare più produttivi, la strategia risultata vincente è stata quella di puntare sugli impianti più moderni, dove è possibile effettuare la raccolta manuale delle olive abbinata a un corretto processo di estrazione, con l'ausilio della tecnologia. Un grosso ostacolo rimane però l'eccessiva piovosità in alcuni periodi dell'anno, per cui si tende a collocare i nuovi impianti su terreni ben drenati. Attualmente i frantoi attivi sul territorio sono 25 dai quali, nella campagna olearia 2019-2020, sono state ricavate 2mila tonnellate di olio, con uno straordinario aumento del 300% rispetto all'annata precedente. Il consumo interno dell'olio è ancora decisamente limitato, soprattutto per via degli alti costi, per cui si preferisce importarlo: parliamo di un volume di 500 tonnellate, a fronte di un consumo pro capite di 1 kg all'anno. Ma l'obiettivo per il futuro, oltre all'aumento dei volumi, resta la qualità, sia per potersi affacciare sul mercato estero che per competere, in quello interno, con le produzioni europee. Diversi produttori hanno dato vita alle prime associazioni proprio per perseguire questa finalità, mentre sono in atto delle ricerche scientifiche sulle varietà e sulla gestione degli oliveti coordinate dall'Istituto Nazionale di Ricerca Agricola e del Bestiame, organismo che collabora peraltro con il CNR della Toscana il quale studia la diffusione in Uruguay delle cultivar italiane.

Olive tree culture and cultivation are not deeply rooted in Uruguay. In fact the first olive trees were planted at the end of the 18th century by Argentinian immigrants, who also introduced the grapevine. The historical information is reported by the writer - and agronomist - Pérez Castellano, who maintains that olive trees of the variety sevillana came from Buenos Aires, where they had arrived from Chile and probably from Peru; and he adds that they mainly covered high, shallow and poor lands, on which other tree varieties could hardly adapt. But serious organized Uruguayan olive growing started only in the first half of the 20th century, when it was promoted by the government. Today, although experience on the territory is limited, this cultivation is growing and aiming at a high quality product. Data confirm this trend: in fact in the last few years the number of olive groves has steadily increased reaching at present 12,500 hectares with a total number of trees of 4 million 500,000 units. Olive groves are mainly concentrated in the south-eastern coast, in particular in the department of Maldonado, with a big olive grove near Pueblo Garzòn, and there are also olive groves of average and medium dimensions in the hilly areas of Sierra Carapé and Sierra de los Caracoles. Currently planting is also taking place in the neighbouring departments of Rocha and in the diocese of Minas, besides the departments of Canelones (centre-south), Colonia and Soriano (south-west). Other suitable areas are in the north, in the departments of Salto (west) and Rivera (east). Finally the already existing olive groves of Río Negro and Paysandú are going through renewal and widening processes. The most common varieties are of Spanish and Italian origin (arbequina, leccino, frantoio and coratina), besides Israeli (barnea). Leaving aside the ancient olive groves that need complex maintenance for a reasonable production, producers must concentrate on more modern systems where hand picking can be carried out, combined with a correct extraction process. A big problem is the frequent rainfall in some periods of the year, therefore new olive groves are generally placed on well drained land. Currently there are 25 active oil mills, which produced 2,000 tons of oil in the oil harvest 2019-2020, with an extraordinary increase of 300% compared to the previous year. Domestic consumption is still decidedly limited, above all because of the high price of the product, which is still mostly imported, it represents a volume of 500 tons, while the per capita oil consumption is 1 kg per year. In order to enter foreign markets, but also to be competitive with European productions on the domestic market, the primary aim for the future should be quality. Several producers have begun to associate themselves with this objective, while there are a series of researches on the varieties and on the management of olive groves, co-ordinated by the National Agricultural and Livestock Research Institute, an organization that also collaborates with the CNR in Tuscany to study the spreading of the Italian cultivars in Uruguay.

Uruguay Uruguay [UY] Durazno

Olivas del Paso

Rua 25 de Agosto, 709
97000 Durazno
Tel.: +598 43 623436
E-mail: comercial@olivasdelpaso.com - Web: www.olivasdelpaso.com

85

110 m

Promiscuo
Promiscuous

Forma libera
Free form

Brucatura a mano
Hand picking

Sì - Ciclo continuo
Yes - Continuous cycle

Arbequina (48%), frantoio (29%), picual (23%)

Fruttato medio
Medium fruity

da 10,01 a 12,00 € - 500 ml
from € 10.01 to 12.00 - 500 ml

Olivas del Paso è un'impresa di tipo familiare che trae la propria linfa da valori come contatto con la terra e rispetto per l'ambiente. Dopo l'acquisizione di un oliveto nel territorio della città di Durazno, la famiglia Fachin decide di chiudere il cerchio della filiera e crea il proprio frantoio di proprietà, a due chilometri dalla tenuta. A disposizione ci sono attualmente più di 19 ettari di superficie, con 6.170 olivi che hanno prodotto quest'anno 100 quintali di olive e 12 ettolitri di olio. L'Extravergine Olivas del Paso appare alla vista di un bel colore giallo dorato intenso con delicate sfumature verdi, limpido. Al naso si apre ampio e avvolgente, ricco di sentori vegetali di carciofo e cicoria, cui si affiancano note aromatiche di basilico, menta e rosmarino. Elegante e complesso al gusto, emana toni di lattuga e chiude con ricordo di mandorla. Amaro e piccante spiccati ed equilibrati, con finale dolce in rilievo. Si accompagna a maionese, antipasti di ceci, carpaccio di dentice, insalate di mare, marinate di crostacei, passati di fave, primi piatti con funghi ovoli, fritture di calamari, rombo al cartoccio, formaggi freschi a pasta molle, biscotti da forno.

Olivas del Paso is a family-run farm that works according to values such as the contact with the land and the respect for the environment. After buying an olive grove in the territory near the town of Durazno, the family Fachin decided to complete the production chain by creating their oil mill, located two kilometres from the estate. Currently there are over 19 hectares of surface with 6,170 trees, which produced 100 quintals of olives and 12 hectolitres of oil in the last harvest. We recommend the Extra Virgin Olivas del Paso, which is a beautiful intense limpid golden yellow colour with delicate green hues. Its aroma is ample and rotund, rich in vegetal hints of artichoke and chicory, together with aromatic notes of basil, mint and rosemary. Its taste is elegant and complex, with a flavour of lettuce and final notes of almond. Bitterness and pungency are distinct and well balanced, with evident sweetness. It would be ideal on mayonnaise, chickpea appetizers, sea bream carpaccio, seafood salads, marinated shellfish, broad bean purée, pasta with ovoli mushrooms, fried squids, turbot baked in parchment paper, soft fresh cheese, oven cookies.

Uruguay Uruguay [UY] Rocha

Nuevo Manantial

19 de Abril - Ruta 9 km 241.500
27000 Rocha
Tel.: +598 4 4702727
E-mail: info@olivaresderocha.com - Web: www.olivaresderocha.com

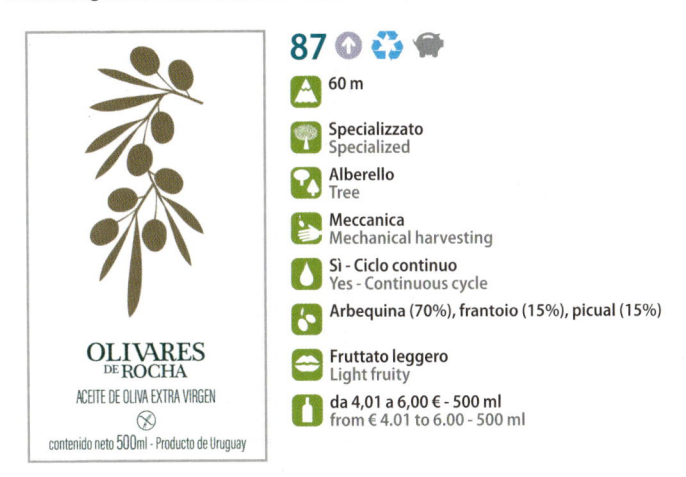

87

60 m

Specializzato
Specialized

Alberello
Tree

Meccanica
Mechanical harvesting

Sì - Ciclo continuo
Yes - Continuous cycle

Arbequina (70%), frantoio (15%), picual (15%)

Fruttato leggero
Light fruity

da 4,01 a 6,00 € - 500 ml
from € 4.01 to 6.00 - 500 ml

Nuevo Manantial è una grossa impresa che si dedica, in diverse regioni del paese, all'olivicoltura, all'apicoltura e all'allevamento, oltre che a un importante stabilimento eolico. A Rocha il progetto olivicolo, gestito dalla famiglia di Alejandro Bulgheroni, conta su un oliveto di 2.600 ettari con 660mila piante e un frantoio di ultima generazione che ha lavorato quest'anno un raccolto di 180mila quintali di olive, pari a una produzione di circa 23.581 ettolitri di olio. L'ottimo Extravergine Olivares de Rocha appare alla vista di un bel colore giallo dorato intenso con caldi riflessi verdi, limpido. Al naso è elegante e avvolgente, dotato di sentori fruttati di pomodoro acerbo, pesca e albicocca, cui si affiancano toni vegetali di foglia di fico, lattuga e sedano. Fine e complesso in bocca, si arricchisce di note di erbe aromatiche, con ricordo di basilico, eucalipto e prezzemolo. Amaro ben dosato e piccante presente ed equilibrato. Ideale su maionese, antipasti di ceci, carpaccio di dentice, insalate di mare, marinate di crostacei, passati di piselli, primi piatti con funghi ovoli, polpo in umido, rombo al cartoccio, formaggi freschi a pasta molle, biscotti da forno.

Nuevo Manantial is a big farm active in the field of olive growing, beekeeping and farming, as well as running an important wind power plant, in several regions of the country. In Rocha the olive groves are managed by Alejandro Bulgheroni's family and cover 2,600 hectares with 660,000 trees and an advanced oil mill. In the last harvest 180,000 quintals of olives were produced, with a yield of about 23,581 hectolitres of oil. The very good Extra Virgin Olivares de Rocha is a beautiful intense limpid golden yellow colour with warm green hues. Its aroma is elegant and rotund, endowed with fruity hints of unripe tomato, peach and apricot, together with vegetal notes of fig leaf, lettuce and celery. Its taste is fine and complex, enriched by a flavour of aromatic herbs, especially basil, eucalyptus and parsley. Bitterness is complimentary and pungency is present and well balanced. It would be ideal on mayonnaise, chickpea appetizers, sea bream carpaccio, seafood salads, marinated shellfish, pea purée, pasta with ovoli mushrooms, stewed octopus, turbot baked in parchment paper, soft fresh cheese, oven cookies.

Uruguay Uruguay [UY] Maldonado

Agroland

Ruta 9 km 175
20400 Garzón
Tel.: +598 42 241759 - Fax: +598 42 241759
E-mail: info@agroland.com - Web: www.agroland.com

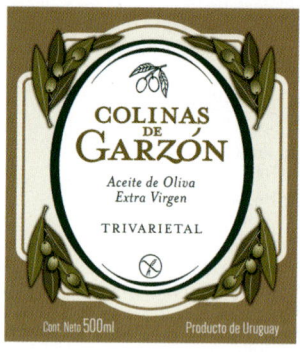

95

60 m

Promiscuo e specializzato
Promiscuous and specialized

Alberello
Tree

Meccanica
Mechanical harvesting

Sì - Ciclo continuo
Yes - Continuous cycle

Coratina (35%), picual (35%), arbequina (30%)

Fruttato intenso
Intense fruity

da 6,01 a 8,00 € - 500 ml
from € 6.01 to 8.00 - 500 ml

Ritrova e consolida la sua ottima posizione Agroland, azienda di 3.500 ettari destinati a prodotti alimentari di alta qualità. La storia di questa realtà comincia nel 1999, con la scoperta di un vocato angolo nella regione di Punta del Este chiamato "la piccola Toscana in Uruguay". Oggi Alejandro Pedro e Bettina Bulgheroni conducono 500 ettari di oliveto, con 140mila piante, e un moderno frantoio che ha lavorato un raccolto di 30mila quintali di olive, pari a una produzione di circa 3.930 ettolitri di olio. Due gli ottimi Extravergine Colinas de Garzón, Corte Italiano e Trivarietal. Il panel sceglie il secondo, giallo dorato intenso con leggere tonalità verdi, limpido. Al naso è deciso e avvolgente, ricco di sentori fruttati di pomodoro acerbo, banana e mela bianca, affiancati da nette note aromatiche di basilico, menta e prezzemolo. In bocca è fine e di carattere, con toni vegetali di cicoria, lattuga e sedano. Amaro potente e piccante spiccato. Perfetto su antipasti di pomodori, insalate di legumi, marinate di ricciola, verdure al forno, passati di fagioli, primi piatti con molluschi, pesci alla griglia, tartare di salmone, coniglio arrosto, pollame ai ferri, formaggi caprini.

Present again in our Guide with a good result, Agroland is a 3,500-hectare farm producing high quality food. Its story started in 1999 with the discovery of a favourable area in the region of Punta del Este, called "Little Tuscany in Uruguay". Today Alejandro Pedro and Bettina Bulgheroni run 500 hectares of olive grove, with 140,000 trees, and a modern oil mill. In the last harvest 30,000 quintals of olives were produced, equal to about 3,930 hectolitres of oil. There are two very good Extra Virgin Colinas de Garzón, Corte Italiano and Trivarietal, chosen by the panel. It is an intense limpid golden yellow colour with slight green hues. Its aroma is definite and rotund, rich in fruity hints of unripe tomato, banana and white apple, together with distinct fragrant notes of basil, mint and parsley. Its taste is fine and strong, with vegetal hints of chicory, lettuce and celery. Bitterness is powerful and pungency is distinct. It would be ideal on tomato appetizers, legume salads, marinated amberjack, baked vegetables, bean purée, pasta with mussels, grilled fish, salmon tartare, roast rabbit, grilled poultry, goat cheese.

Argentina
Argentina

Aree olivetate o a vocazione olivicola • Olive growing areas or areas suitable to olive growing

Dati Statistici

Superficie Olivetata Nazionale	**78.900 (ha)**
Frantoi	**100**
Produzione Nazionale 19-20	**26.000,0 (t)**
Produzione Nazionale 18-19	**27.500,0 (t)**
Variazione	**- 5,45%**

Statistic Data

National Olive Surface	**78,900 (ha)**
Olive Oil Mills	**100**
National Production 19-20	**26,000.0 (t)**
National Production 18-19	**27,500.0 (t)**
Variation	**- 5.45%**

International Olive Council - National Institute of Statistics and Censuses - Argentinian Olive Federation

L'Argentina, considerando la superficie olivetata che si estende per ben 78.900 ettari, è oggi il principale paese olivicolo del continente americano. L'incremento della superficie e l'aumento del volume produttivo stanno dando importanti risultati, pur considerando la normale alternanza: nella campagna 2019-2020 sono state prodotte 26mila tonnellate di olio, con una lieve diminuzione del 5,45% rispetto all'annata precedente. Anche l'esportazione è cresciuta, attestandosi sulle attuali 19mila tonnellate. Mentre il consumo pro capite di olio è di 0,17 kg annui. La storia dell'olivicoltura in Argentina inizia alla fine del XVI secolo quando gli ordini religiosi spagnoli impiantano i primi alberi di olivo nel nord del paese, dove il clima è più favorevole. Ma all'inizio del secolo seguente la Corona Spagnola ordina l'espianto degli olivi argentini per evitare la concorrenza con l'olio prodotto nella madre patria. Ciò nonostante ad Arauco, nella provincia di La Rioja, alcune piantagioni sopravvivono, originando la varietà autoctona chiamata appunto criolla o arauco. E qui sopravvive ancora la testimonianza più antica dell'olivicoltura locale, i resti della piantagione realizzata da don Francisco de Aguirre nel 1562. Sebbene la coltura esista da più di quattrocento anni, una vera e propria industria olivicola inizia a prendere vigore soltanto nella metà dell'Ottocento, con l'aumento del consumo interno dei prodotti dell'olivo. E occorre attendere il 1930 perché il governo nazionale e quello di Mendoza promuovano seriamente l'olivicoltura: nel 1948 gli olivi sono 5 milioni, che diventano 7 milioni nel 1953. L'anno dopo, durante la Conferenza Nazionale di Olivicoltura, nasce lo slogan: "Haga Patria, plante un olivo". L'intensa propaganda, sia governativa che privata, fa sì che si sviluppino nuove piantagioni. Ma nel 1960 si assiste a un'inversione di tendenza poiché molti oliveti vengono sostituiti dai più redditizi vigneti. Poi, al principio degli anni Settanta, una campagna di discredito dell'olio da olive e l'aumento della produzione di olio di semi fanno precipitare la situazione. Il risultato è il drastico espianto di 20mila ettari olivetati e la repentina diminuzione delle aziende produttrici: nel 1980 il numero delle piante scende al suo minimo storico, 3 milioni 500mila esemplari. Ma, a partire dagli anni Novanta, l'olivicoltura argentina può dirsi in netta ripresa grazie a una concomitanza di fattori, tra cui l'aumento del prezzo dell'olio nei mercati internazionali, una minore produzione nel Mediterraneo, nonché una legge governativa sul differimento delle imposte per investimenti in zone agricole marginali. Così la mappa olivicola argentina cambia completamente e ai circa 22mila ettari attualmente esistenti nelle province di Mendoza, Cordoba e Buenos Aires se ne aggiungono circa 55mila destinati per lo più alla produzione di olio tra le aride valli delle province di Catamarca, La Rioja e San Juan. Altre piccole piantagioni si concentrano nelle province di Salta, Neuquén e Río Negro. Sono impianti nuovi e moderni che si differenziano da quelli tradizionali perché in gran parte monovarietali, ad alta densità, irrigati e con potatura e raccolta meccanizzate. Il numero delle piante raggiunge i 21 milioni. Le varietà più coltivate e destinate principalmente all'estrazione dell'olio sono di origine europea: arbequina, coratina, barnea, frantoio, manzanilla, picual e, in quantità minori, l'autoctona arauco insieme a changlot real, empeltre, farga, catalana e sevillana.

With an olive surface stretching over 78,900 hectares, Argentina is at present the main olive country of the American continent. Today the surface increase and the consequent increase in the volume of production are giving important results, even considering a normal alternation: in fact, 26,000 tons of oil were produced in the oil harvest 2019-2020, with a slight decrease of 5.45% compared to the previous year. Also exports have grown, reaching at present 19,000 tons, while the per capita oil consumption is 0.17 kg per year. Olive growing spread in Argentina at the end of the 16th century thanks to the Spanish religious orders that planted the first olive trees in the north of the country, where climatic conditions were more favourable to their development. Unfortunately, at the beginning of the following century, the Spanish Crown ordered the destruction of the Argentinian olive trees to avoid competition with the mother country. Nevertheless, in Arauco, in the province of La Rioja, some plantations survived originating the autochthonous variety criolla or arauco: in this territory we also find the most ancient evidence of local olive growing, the remains of the plantation realized by Francisco de Aguirre in 1562. Although this cultivation has existed for more than four hundred years, a real olive industry started only in the middle of the 19th century, when domestic consumption of the olive products increased. Only in 1930 did the National Government under Mendoza really promote olive growing: in 1948 there were 5 million olive trees, which became 7 million in 1953. The following year, during the National Olive Growing Conference, the slogan: "Haga Patria, plante un olivo" was born. The intense propaganda, both governmental and private, made it possible for new areas of cultivation to develop. In 1960 there was the first turnaround, when many olive groves were replaced by vineyards, considered to be more profitable. At the beginning of the 70s the situation was really critical because of a campaign to discredit olive oil and the increase in the production of vegetable oil. The result was the uprooting of 20,000 hectares of olive plantations and the drop in the number of farms: in 1980 the number of trees went down to its minimum in history, 3 million 500,000 units. Fortunately since the 90s Argentinian olive growing has been clearly recovering, thanks to a number of factors, among which the increase of the cost of oil on the international markets, the smaller production in the Mediterranean area and a governmental law allowing tax deferment for investments in the agricultural sector in marginal areas. As a result there has been a considerable conversion of cultivation and about 55,000 hectares mainly for oil production have been added in the dry provinces of Catamarca, La Rioja and San Juan to the already existing 22,000 hectares in the provinces of Mendoza, Cordoba and Buenos Aires. Other small olive groves are concentrated in the provinces of Salta, Neuquén and Río Negro. They are new and modern plantations, which differ from the traditional ones because they are mostly monovarietal, with high density, irrigated and use mechanical pruning and harvesting. The number of trees is 21 million. The most cultivated varieties, mainly for oil extraction, are of European origin: arbequina, coratina, barnea, frantoio, manzanilla, picual and, in smaller quantities, the autochthonous arauco together with changlot real, empeltre, farga, catalana and sevillana.

Argentina Argentina [AR] Cuyo

Almaoliva

Coquimbito - Calle Montecaseros, 150
5513 Maipú (Mendoza)
Tel.: +54 261 4214160 - Fax: +54 261 4214160
E-mail: pedidos@almaoliva.com.ar - Web: www.almaoliva.com.ar

95

750 m

Specializzato
Specialized

Alberello
Tree

Brucatura a mano
Hand picking

Sì - Ciclo continuo
Yes - Continuous cycle

Coratina

Fruttato intenso
Intense fruity

da 8,01 a 10,00 € - 500 ml
from € 8.01 to 10.00 - 500 ml

Confermiamo in Guida Almaoliva che è il punto di arrivo di un progetto intrapreso nel 2006 da Sergio Luis Castello e Viviana Eda Bertero: realizzare un'impresa di tipo familiare a Coquimbito, nel dipartimento di Maipú. Oggi il patrimonio a disposizione dei due è costituito da 10 ettari di oliveto con 2.500 piante dalle quali sono stati ricavati quest'anno 400 quintali di olive che hanno prodotto circa 77 ettolitri di olio. Segnaliamo l'ottima etichetta proposta, l'Extravergine monocultivar Almaoliva - Coratina che appare alla vista di un bel colore giallo dorato intenso con leggere tonalità verdi, limpido. All'olfatto è deciso e avvolgente, intriso di sentori di carciofo e cicoria selvatica, cui si affiancano sfumature balsamiche di menta, rosmarino e salvia. Elegante e di personalità in bocca, si arricchisce di toni di lattuga e chiude con note di mandorla, cannella e pepe nero. Amaro potente e piccante spiccato e armonico. Si accompagna bene a bruschette con pomodoro, carpaccio di tonno, insalate di spinaci, radicchio alla brace, zuppe di lenticchie, primi piatti con salsiccia, polpo bollito, agnello alla griglia, carni rosse ai ferri, formaggi stagionati a pasta dura.

Present again in our Guide, Almaoliva is the result of a project started in 2006 by Sergio Luis Castello and Viviana Eda Bertero: creating a family-run farm in Coquimbito, in the department of Maipú. Today the estate consists of 10 hectares of olive surface with 2,500 trees. In the last harvest 400 quintals of olives were produced, with a yield of about 77 hectolitres of extra virgin olive oil. We recommend the very good selection proposed, the Monocultivar Extra Virgin Almaoliva - Coratina, which is a beautiful intense limpid golden yellow colour with slight green hues. Its aroma is definite and rotund, endowed with hints of artichoke and wild chicory, together with fragrant notes of mint, rosemary and sage. Its taste is elegant and strong, enriched by a flavour of lettuce and a finish of almond, cinnamon and black pepper. Bitterness is powerful and pungency is distinct and harmonic. It would be ideal on bruschette with tomatoes, tuna carpaccio, spinach salads, barbecued radicchio, lentil soups, pasta with sausages, boiled octopus, grilled lamb, grilled red meat, hard mature cheese.

Argentina Argentina [AR] Cuyo

Primolea

Russell - Ruta 60
5513 Maipú (Mendoza)
Tel.: +54 261 4933947
E-mail: mpalchetti@acys.com.ar - Web: www.primolea.com.ar

97

- 800 m
- **Specializzato** / Specialized
- **Alberello** / Tree
- **Brucatura a mano** / Hand picking
- **Sì - Ciclo continuo** / Yes - Continuous cycle
- **Arauco**
- **Fruttato intenso** / Intense fruity
- da 8,01 a 10,00 € - 500 ml / from € 8.01 to 10.00 - 500 ml

Conferma e consolida la sua splendida posizione in Guida l'azienda Primolea di Russell, nella provincia di Mendoza. La struttura, creata nel 2000 e tuttora gestita da Mario Palchetti, Jorge Recalde, Alberto Nerpiti e Javier Carmona, vanta un patrimonio composto da quasi 15 ettari di oliveto specializzato, sul quale dimorano 3.800 piante, e un moderno impianto di estrazione. La raccolta dell'ultima campagna ha reso 780 quintali di olive che, uniti ai 300 acquistati, hanno prodotto circa 197 ettolitri di olio. Segnaliamo l'eccellente Extravergine Primolea - Arauco da Agricoltura Biologica che è di un bel colore giallo dorato intenso con delicate sfumature verdi, limpido. Al naso si apre deciso e avvolgente, con ricche note di pomodoro maturo, banana e mela bianca, affiancate da netti sentori di basilico, prezzemolo e menta. Al gusto è elegante e complesso, con toni vegetali di sedano, fave e lattuga. Amaro potente e piccante spiccato. Buon abbinamento con antipasti di tonno, carpaccio di polpo, insalate di spinaci, radicchio alla brace, passati di lenticchie, primi piatti con salsiccia, pesce azzurro gratinato, carni rosse o nere alla griglia, formaggi stagionati a pasta dura.

Another splendid performance for the farm Primolea, based in Russel, in the province of Mendoza. It was founded in 2000 and is still run by Mario Palchetti, Jorge Recalde, Alberto Nerpiti and Javier Carmona. It consists of almost 15 hectares of specialized olive grove, with 3,800 trees, and a modern extraction system. In the last harvest 780 quintals of olives were produced and 300 purchased, which allowed a yield of about 197 hectolitres of extra virgin olive oil. We recommend the excellent Extra Virgin selection Primolea - Arauco from Organic Farming, which is a beautiful intense limpid golden yellow colour with delicate green hues. Its aroma is definite and rotund, with rich notes of ripe tomato, banana and white apple, together with definite hints of basil, parsley and mint. Its taste is elegant and complex, with a vegetal flavour of celery, broad beans and lettuce. Bitterness is powerful and pungency is distinct. It would be ideal on tuna appetizers, octopus carpaccio, spinach salads, barbecued radicchio, lentil purée, pasta with sausages, blue fish au gratin, grilled red meat or game, hard mature cheese.

Argentina Argentina [AR] Cuyo

Familia Zuccardi

Fray Luis Beltrán - Ruta Provincial 33 km 7.500
5531 Maipú (Mendoza)
Tel.: +54 261 4410000
E-mail: mzuccardi@familiazuccardi.com - Web: www.familiazuccardi.com

98

- 650 m
- Specializzato / Specialized
- Alberello, ipsilon / Tree, Y-trellis
- Brucatura a mano / Hand picking
- Sì - Ciclo continuo / Yes - Continuous cycle
- Arauco
- Fruttato intenso / Intense fruity
- da 15,01 a 18,00 € - 500 ml / from € 15.01 to 18.00 - 500 ml

Consolida la sua straordinaria posizione in Guida. Continuiamo a parlare di questa realtà che conosciamo da anni, durante i quali l'abbiamo seguita nel percorso di crescita in un territorio marginale nel quale l'olivicoltura costituisce una sfida. Complimenti a José Alberto e Miguel Zuccardi i quali conducono 250 ettari di oliveto specializzato con 102mila piante: il raccolto di quest'anno ha fruttato 30mila quintali di olive che, con l'aggiunta di 3mila acquistati, hanno reso 4.800 ettolitri di olio. L'eccellente Extravergine monocultivar Bravo è di un bel colore giallo dorato intenso con delicati riflessi verdi, limpido. Al naso si apre deciso e avvolgente, ricco di sentori fruttati di pomodoro acerbo, banana e mela bianca, accompagnati da nette note di erbe aromatiche, con ricordo di basilico, menta e prezzemolo. Al gusto è elegante e di personalità, con toni di lattuga, sedano e pepe nero. Amaro potente e piccante spiccato e armonico. Ideale su bruschette con pomodoro, carpaccio di tonno, insalate di pesce spada, radicchio alla brace, zuppe di fagioli, primi piatti con salsiccia, polpo bollito, carni rosse o cacciagione alla brace, formaggi stagionati a pasta filata.

Familia Zuccardi confirms its extraordinary position in our Guide and deserves to be praised again for its positive growth in a marginal territory, where olive growing is a challenge. Congratulations to José Alberto and Miguel Zuccardi, who run 250 hectares of specialized olive grove with 102,000 trees. In the last harvest 30,000 quintals of olives were produced and 3,000 purchased, with a yield of 4,800 hectolitres of extra virgin olive oil. We recommend the excellent Monocultivar Extra Virgin selection Bravo, which is a beautiful intense limpid golden yellow colour with delicate green hues. Its aroma is definite and rotund, rich in fruity hints of unripe tomato, banana and white apple, together with distinct notes of aromatic herbs, especially basil, mint and parsley. Its taste is elegant and strong, with a flavour of lettuce, celery and black pepper. Bitterness is powerful and pungency is distinct and harmonic. It would be ideal on bruschette with tomatoes, tuna carpaccio, swordfish salads, barbecued radicchio, bean soups, pasta with sausages, boiled octopus, barbecued red meat or game, aged cheese.

Indice dei Produttori
Producer Index

Indice dei Produttori Producer Index

Azienda / Farm	Valutazioni / Assessment	Premi / Awards	Paese / Country	Pagina / Page

A

Farm	Assessment	Awards	Country	Page
Accademia Olearia - Tenute Fois	98	✹ ♥	IT	509
Aceitex	85		ES	149
Acton, Azienda Agricola Maria Eleonora	89		IT	476
Acushla	90		PT	56
Adamič - Olje Ronkaldo	95	✹ ♥	SI	518
Adriatica Vivai, Azienda Agricola	87		IT	433
Agostini, Frantoio	95	✹ ♥	IT	291
Agrestis, Società Cooperativa Agricola	95	✹ ♥	IT	494
Agro Foods & Commerce	82		ES	105
Agrolaguna	90		HR	568
Agroland	95	✹ ♥	UY	854
Aguilera, Rafael Alonso	99	■ ✹ ♥	ES	142
Al Toor	86		JO	738
Al Torcio, Uljara	95	✹ ♥	HR	562
Allegretti, Tenute	86		IT	434
Almaoliva	95	✹ ♥	AR	858
Altivo Agricultura - Cariñoso Agricultura	80		ES	178
Amakusa Olive En	90		JP	790
Ambrosio, Fattoria	96	■ ✹ ♥	IT	396
Anfosso, Olio	86		IT	202
Anteata, Frantoio	93	■ ♥	IT	257
Antolović, O.P.G. Viviano	89		HR	551
Antonelli - San Marco	90	♥	IT	300
Ao no Diamond	84		JP	783
Appo	85		IT	345
Archibusacci dal 1888, Frantoio	83		IT	346
Arcobaleno, Azienda Agricola	83		IT	468
Artajo, Aceite	95	✹ ♥	ES	92
As Pontis, Almazara	93		ES	111

B

Farm	Assessment	Awards	Country	Page
B10 Istrian Fusion	86		HR	552
Bacci, Azienda Agraria Noemio	91		IT	301
Baglio Ingardia	86		IT	497
Baioco, Uljara	86		HR	591
Bajkin, O.P.G. Loris	88		HR	590
Baldios de San Carlos, Pago de los	89		ES	112
Bartolić, O.P.G.	84		HR	569
Basiaco, O.P.G. Franco	93	♥	HR	541
Bata Tarim Farm	85		TR	700
Batalha Agroindústrial, Azeite	87		BR	831
Batta, Frantoio Giovanni	98	✹ ♥	IT	302
Battaglini, Azienda Agricola e Frantoio	90	♥	IT	347
Beaković, O.P.G. Mauricio	84		HR	554
Belci, O.P.G. Matteo	96	✹ ♥	HR	592
Benza Frantoiano	93		IT	203
Bercial, Explotaciones Rurales el	86		ES	127
Biorussi, Società Agricola	83		IT	441
Bisceglie, Azienda Agricola Maria	91		IT	406
Bočaj, Ekološka Kmetija	92		SI	519
Bodiš, O.P.G.	86		HR	574
Bonamini, Frantoio	100	■ ✹ ♥	IT	223
Bose Oil - Boris Marinič	88		SI	516
Božič - Svirče, Uljara	83		HR	603

Indice dei Produttori Producer Index

Azienda / Farm	Valutazioni / Assessment	Premi / Awards	Paese / Country	Pagina / Page
Brajko, O.P.G. Kristjan	89 ⬆		HR	542
Brečević - Rheos, O.P.G. Andrea	84 ⬆		HR	563
Brioleum, Azienda Agricola	87 ⬇		IT	214
Brist Olive	92 ⬇		HR	593
Buonamici, Società Agricola	94 ⬇		IT	242
Buršić, O.P.G.	96 ⬇	✸ ♥	HR	537
Bustan el Zeitoun	83 ⬇		LB	726

C

Caliandro, Azienda Agricola Francesco Domenico	85 ⬆		IT	435
California Olive Ranch	86 ⬆		US	806
Callicarpo	86 ⬇		IT	506
Canena, Castillo de	100 ⬇	● ✸ ♥	ES	150
Canino, Oleificio Sociale Cooperativo di	84 ⬆		IT	348
Caporale	86 ⬆		IT	425
Caprai, Arnaldo	88 ⬆		IT	303
Carmine, Azienda Agricola del	97 ⬆	✸ ♥	IT	284
Carozzi	86 ⬇		CL	843
Carpineti, Marco	89 ⬆		IT	331
Casa de La Arsenia	84 ⬇		ES	136
Casa de Santo Amaro	90 ⬇		PT	57
Casas de Hualdo	99 ⬇	✸ ♥	ES	128
Case d'Alto, Azienda Agricola	95 ⬆	✸ ♥	IT	386
Cassini, Azienda Agricola Paolo	98 ⬆	✸ ♥	IT	204
Castel Ruggero Pellegrini	93 ⬆	♥	IT	243
Čeko, O.P.G. Filip	89 ⬇		HR	587
Centodieci, Podere	84 ⬆		IT	442
Centonze, Azienda Agricola	93 ⬇		IT	498
Centumbrie	86 ⬇		IT	304
Červar	90 ⬇		HR	564
Cetrone, Azienda Agricola Alfredo	98 ⬆	✸	IT	332
Chania, Société	82 ⬇		MA	657
Chiavalon, O.P.G.	95 ⬇	✸ ♥	HR	594
Ciarletti, Azienda Agraria Frantoio	90 ⬇		IT	305
Ciccolella, Azienda Agricola	94 ⬆		IT	407
Ćinić, O.P.G. Dario	90 ⬆		HR	579
Ćinić, O.P.G. Nino	91 ⬇		HR	543
Cioccolini, Frantoio	86 ⬇		IT	349
Cipriano, Benedetta	87 ⬇		IT	393
Coca Serrano, Hermanos	84 ⬇		ES	143
Colle Bello, Tenuta	87 ⬆		IT	340
Collefraioli, Società Agricola	86 ⬇		IT	328
Colleverde, Fattoria	81 ⬆		IT	269
Colli Etruschi, Società Agricola	97 ⬇	✸ ♥	IT	350
Colonna, Marina	96 ⬇	✸ ♥	IT	380
Congedi, Frantoio Oleario	84 ⬆		IT	453
Consigliere, Tenuta del	80 ⬆		IT	397
Conventino Monteciccardo	98 ⬆	✸ ♥	IT	295
Corbel, Familia	82 ⬆		ES	129
Corleto, Azienda Agricola	88 ⬆		IT	443
Cornoleda, Frantoio di	95 ⬇	✸ ♥	IT	222
Cossetto, O.P.G.	91 ⬇		HR	544
Crnobori, O.P.G. Mario	87 ⬇		HR	560
Croci, Frantoio di	83 ⬇		IT	274
Crudo - Schiralli	92 ⬆		IT	408

Indice dei Produttori Producer Index

Azienda / Farm	Valutazioni / Assessment	Premi / Awards	Paese / Country	Pagina / Page
Curtimaggi	80		IT	454
Cutrera, Azienda Agricola Giovanni	88		IT	491
Cutrera, Frantoi	98	★♥	IT	492

D

De Carlo, Azienda Agricola	99	★♥	IT	409
De Carlo, Frantoio	85		IT	410
De Palma, Azienda Agricola	88		IT	411
De Parri, Azienda Agricola Laura	97	★♥	IT	351
De Robertis, Azienda Agricola	87		IT	426
Decimi, Azienda Agricola	97	★♥	IT	306
Deortegas, Almazara	98	★♥	ES	174
Depalo, Azienda Agricola Luigi	95	★♥	IT	412
Di Perna, Antico Frantoio	86		IT	463
Di Russo, Azienda Agricola Cosmo	97	●★♥	IT	333
Di Vito, Oleificio	90		IT	381
Diddi, Azienda Agricola Cesare	91	●♥	IT	271
Dievole	96	★♥	IT	275
Diezdedos	83		ES	98
Disisa, Feudo	96	★♥	IT	490
Divino - Antonio Vivoda	82		HR	570
Dobravac	88		HR	580
Dominus	96	★♥	ES	151
DueNoveSei, Azienda Agricola	89		IT	342
Duganzdzic, Ivan	87		BA	608
Dujc, Vanja	97	★♥	SI	520

E

È.D.Enrico, Azienda Agricola	91		IT	334
Eirini Plomariou Organic	87		EL	636
El Palo, Aceites Hacienda	96	★	ES	152
Elissón Olive Oil & More	93	♥	EL	632
Emozioneolio	97	★♥	IT	296
Encomienda de Cervera	87		ES	124
Evo Sicily, Azienda Agricola	86		IT	499

F

Fagiolo, Azienda Agricola	91		IT	341
Faraona, Masseria	86		IT	413
Fèlsina	97	★♥	IT	276
Fendri, Domaine	87		TN	668
Ferrara, Società Agricola Fratelli	98	●★♥	IT	427
Figoli, Frantoio	96	★♥	IT	470
Filippi, Frantoio	84		IT	307
Fiorano, Azienda Agricola	90		IT	288
Fisicaro - Frantoio Galioto, Azienda Agricola Sebastiana	95	★	IT	495
Foggiali, Tenuta	84		IT	436
Fontanaro	91		IT	308
Fonte di Foiano	99	★♥	IT	264
Forcella	95	★♥	IT	371
Franci, Frantoio	100	●★♥	IT	258
Franković, O.P.G. Josip	85		HR	545
Fratta, Fratelli	82		IT	444
Frescobaldi, Marchesi de'	87		IT	244
Fubbiano, Fattoria di	97	★♥	IT	270

Indice dei Produttori Producer Index

Azienda / Farm	Valutazioni / Assessment	Premi / Awards	Paese / Country	Pagina / Page
G				
Gabrielloni	91	♥	IT	294
Galateo & Friends	84		IT	205
García de la Cruz, Aceites	85		ES	130
Garzo, Azienda Agricola Sorelle	93		IT	477
Gaudenzi, Frantoio	99	■✦♥	IT	309
Geržinić, O.P.G. Marko	90		HR	571
Giachi Oleari	90	♥	IT	245
Gioacchini, Azienda Agricola Antonio e Antonio	89		IT	352
Giuliani - EX U A, Agricola	81		IT	445
Grabunda - Traulin Oils, O.P.G. Andrea	88		HR	558
Gradassi, Frantoio	84		IT	310
Grani, Azienda Agricola Giorgio	85		IT	353
Granpa	83		TR	703
Grebac, O.P.G.	80		HR	556
Green Sublim, Aove	85		ES	153
Grgorinić, O.P.G.	86		HR	575
Griñon Family Estate, Marqués de	99	■✦♥	ES	131
Grubešić, O.P.G. Tone	85		HR	559
Grubić	94	♥	HR	532
H				
Has, O.P.G. Denis	83		HR	548
Hellenic Fields	85		EL	630
Hizirlar Medikal Gida	81		TR	699
I				
I Tesori del Sole	87		IT	469
Il Borgo del Melograno	94	♥	IT	234
Il Borro, Società Agricola	87		IT	238
Il Cavallino, Azienda Agricola	93	♥	IT	265
Il Felciaio	93	♥	IT	266
Il Giglio, Agriturismo	85		IT	507
Il Molino	88		IT	354
Il Mulino della Signora	90		IT	387
Il Simposio	90	♥	IT	343
Ione Zobbi, Azienda Agricola	90		IT	355
Ipša	98	✦♥	HR	567
Isul, Almazara Ecológica	87		ES	88
J				
Jacoliva	83		ES	113
Jasa - Arsen Jurinčič, Ekološka Kmetija	88		SI	521
Jenko	97	■✦♥	SI	522
Juncal, Quinta do	82		PT	61
K				
Kairos Zeytinevi	84		TR	704
Kante Slovenija, Kmetija	86		SI	517
Karlonga, Bio Olično Olje	88		SI	523
Kinryo Farm	88		JP	784
Kocijančić, O.P.G. Igor	84		HR	565
Komarija, Ulja	87		HR	550
Kyklopas	92	♥	EL	628

Indice dei Produttori Producer Index

Azienda / Farm	Valutazioni / Assessment	Premi / Awards	Paese / Country	Pagina / Page

L

Azienda / Farm	Valutazioni	Premi	Paese	Pagina
L'Oleastre	93		MA	658
L'Olivaio, Frantoio	89		IT	285
La Gramanosa, Finca	89	♥	ES	102
La Gramigna, Azienda Agricola	87		IT	246
La Lieutenante, Domaine de	92		FR	185
La Magnanerie	98	✶♥	FR	183
La Maja, Aceites	96	✶♥	ES	93
La Pandera, Sociedad Cooperativa Andaluza Sierra de	89		ES	154
La Purísima, Olivarera	92		ES	144
La Ranocchiaia, Azienda Agricola	95	✶	IT	247
La Selvotta, Azienda Agricola	96	✶♥	IT	368
La Torre, Aceites Finca	100	■✶♥	ES	169
La Valle, Azienda Agricola	81		IT	475
Laghel7	94		IT	215
Lakudia	88		EL	633
Lanitis Farm	80		CY	646
Lavandas, Quinta das	83		PT	62
Le 4 Contrade	94	♥	IT	428
Le Due Torri, Azienda Agricola	86		IT	311
Le Tre Colonne, Azienda Agricola	99	■✶♥	IT	414
Leone, Sabino	98	✶♥	IT	429
Liá	91	♥	EL	635
Librandi, Tenute Pasquale	99	■✶♥	IT	471
Lombardo, Azienda Agricola	95	✶♥	IT	500
Loreti, Frantoio	88		IT	312
Los Ángeles, Cooperativa Agrícola Nuestra Señora de	86		ES	170
Los Bichos, Pago	88		ES	80
Lucini Italia	84		IT	259
Lucini Italia	83		IT	415
Lupić, O.P.G.	87		HR	533
Lupieri - Cadenela, O.P.G. Giuseppe	93		HR	595

M

Azienda / Farm	Valutazioni	Premi	Paese	Pagina
Madonna dell'Olivo	99	■✶♥	IT	398
Magnun Sess	82		ES	155
Malvetani, Famiglia	92		IT	322
Mamerto, Olearia	86		IT	478
Manca, Domenico	85		IT	510
Mandelli, Azienda Agricola Francesco	85		IT	216
Mandranova, Azienda Agricola	98	✶♥	IT	484
Manestrini, Frantoio	88		IT	210
Marfuga	99	■✶	IT	313
Marmelo, Herdade do	88		PT	63
Marramiero, Azienda	85		IT	372
Marsicani, Nicolangelo	96	✶	IT	399
Martín de Prado	88		ES	114
Marvulli, Azienda Agricola Vincenzo	97	✶♥	IT	462
Mas Auró	91		ES	103
Masciangelo, Tenuta	84		IT	369
Masciantonio, Azienda Agricola Tommaso	98	✶♥	IT	370
Maselli, Azienda Agricola	91		IT	416
Masik Magal	84		IL	730
Maslinari Istre, Poljoprivredna Zadruga	80		HR	546
Mastilović, O.P.G. Juraj	85		HR	581

Indice dei Produttori Producer Index

Azienda Farm	Valutazioni Assessment	Premi Awards	Paese Country	Pagina Page
Mate	98	■✶♥	HR	588
Matrix	85		IT	248
Mazzarrino, Azienda Agricola Giovanni	87		IT	455
Mazzone Extravergine	84		IT	417
Mediterre Eurofood	90		EL	631
Memento Moris, O.P.G.	81		HR	576
Meneghetti	94	♥	HR	534
Mennella, Antico Frantoio	88		IT	400
Menteşe Çiftlik, Sitare - Osman	86		TR	705
Mestral - Cooperativa de Cambrils	80		ES	106
Mezzecrete	85		IT	277
Miciolo - I Greppi di Silli, Azienda Agricola	97	✶♥	IT	249
Mitera	85		IT	314
Mitera	85		EL	638
Mitrani	85		IT	418
Monsignore	86		IT	437
Monte Rosso	93		HR	584
Montecappone	90		IT	286
Montecchia, Frantoio	90		IT	374
Montegonzi, Castello di	86		IT	239
Montenigo	87		IT	224
Monteolivo, Agrícola	90		CL	844
Monterisi, Azienda Agricola Nicola	95	✶	IT	430
Montfrin, Château de	95	✶♥	FR	182
Morgan, Olive Oil	97	✶♥	SI	524
Morgenster	99	✶♥	ZA	688
Muraglia, Frantoio	89		IT	431

N

Nadišić - Olea Magica, O.P.G.	86		HR	582
Negri Olive	96	✶♥	HR	578
Noan	96	■✶♥	EL	629
Nobleza del Sur, Aceites	99	■✶♥	ES	156
Nonno Bruno, Uljara	85		HR	561
Nostra Terra Agroindustrial	84		BR	832
Nova Vera	89		TR	698
Nuevo Manantial	87		UY	853

O

O-Med	97	✶♥	ES	148
O.Live	86		ES	157
Olea B. B.	98	✶♥	HR	557
Olea Kalden - O.P.G. Katica Kaldenhoff	85		HR	596
Olea Prima - O.P.G. Valter Šarić	87		HR	597
Oleamea	85		TR	701
Oleocampo	93		ES	158
Oleum Maris	94	♥	HR	598
Olinexo - Agropecuaria Ecológica Sierra de Alcaraz	86		ES	122
Olinexo - Al Alma del Olivo	89		ES	132
Olio Cristofaro	86		IT	446
Olio Guglielmi	86		IT	432
Olio Iannotta	92		IT	335
Olio Intini	98	✶♥	IT	419
Olio Mimì	98	✶♥	IT	420
Olio Sant'Anna	86		IT	329
Olio Sant'Oro	81		IT	438

Indice dei Produttori Producer Index

Azienda / Farm	Valutazioni / Assessment	Premi / Awards	Paese / Country	Pagina / Page
Olio Traldi - Francesca Boni	93	♥	IT	356
OlioCRU	97	✦ ♥	IT	217
Oliq - Azeite Extravirgem da Mantequeira	82		BR	829
Olirium	85		ES	104
Oliva, Agricola	85		IT	496
Olival da Risca	98	✦ ♥	PT	64
Olivamarchigue	84		CL	845
Olivar del Valle, Aceites	83		ES	125
Olivas del Paso	85		UY	852
Olivas do Sul Agroindustria	90	♥	BR	833
Olive en	90		JP	785
Olive no Mori	90		JP	786
Olive Poem - A Drop of Art	87		EL	634
Olive Truck	89		US	807
OliveEmotion	80		PT	65
Oliveri, O.P.G.	95	✦	HR	555
Olivinvest - Domaine Zouina	96	✦ ♥	MA	656
Olivko	84		TN	667
Olivoil - Geraci	86		IT	501
Olivos del Sur	97	✦ ♥	CL	846
Olivos Ruta del Sol	97	✦ ♥	CL	841
Olivsur, Aceites	85		ES	159
Oro Bailén - Galgón 99, Aceites	99	● ✦ ♥	ES	160
Oro d'Oliva	91		IT	447
Oro di Giano	88		IT	315
Orsini, Azienda Agricola Biologica	99	✦ ♥	IT	336
Ortoplant, Azienda Agricola	97	✦ ♥	IT	421
Oterrum	94		ES	137

P

Azienda / Farm	Valutazioni / Assessment	Premi / Awards	Paese / Country	Pagina / Page
Pacioni, Azienda Agricola Barbara	92		IT	292
Paço do Conde, Herdade	80		PT	66
Palacio de Los Olivos	94	●	ES	126
Palazzo di Varignana	87		IT	232
Palčić, O.P.G. Petar	87		HR	538
Palusci, Azienda Agricola Marina	95	✦ ♥	IT	373
Paolocci, Frantoio	82		IT	357
Parisi, Azienda Agricola Donato	83		IT	472
Parovel Vigneti e Oliveti 1898	92		IT	228
Passo della Palomba	91		IT	316
Paviro	83		IT	448
Peñarrubia, Pago de	81		ES	123
Pennacchi, Azienda Agricola Enza	81		IT	344
Petrazzuoli, Azienda Olivicola	87		IT	394
Petrignanum	85		IT	358
Petruzzi, Oleificio Giovanni	83		IT	439
Pezze Galere, Masseria	89		IT	440
Picualia	90		ES	161
Pieralisi - Monte Schiavo, Tenute	88		IT	287
Pietrasca	83		IT	267
Pileri, Andrea	82		IT	359
Pileri, Oliveti	87		IT	422
Pinna, Società Agricola Fratelli	95	✦ ♥	IT	511
Piras, Azienda Agricola Francesco	85		IT	512
Pistelli, Azienda Agricola Frantoio	86		IT	323

Indice dei Produttori Producer Index

Azienda / Farm	Valutazioni / Assessment	Premi / Awards	Paese / Country	Pagina / Page
Planeta	92	♥	IT	485
Pobeña, Agrícola	99	■ ✱ ♥	CL	847
Poggio Amasi	80		IT	260
Poggio Torselli	86		IT	250
Poggiopiano, Fattoria di	88		IT	251
Poggiotondo	83		IT	240
Potosi 10	98	✱ ♥	ES	162
Pr' Rojcah	85		SI	525
Prencipe, Azienda Agricola Maria Rosa	88		IT	449
Presciuttini, Frantoio	85		IT	360
Primizia	93		HR	539
Primolea	97	✱ ♥	AR	859
Prosperato	91	♥	BR	834
Pruneti, Azienda Agricola	98	✱ ♥	IT	252
Pruneti, Frantoio	94		IT	253
Pucinum	81		IT	361
Puglia Alimentare	87		IT	456
Pugliese - Terre di Lao, Frantoio Fratelli	83		IT	473
Pujje	85		IT	457
Pura Oliva Brasil	88		BR	828

Q

Quattrociocchi, Azienda Agricola Biologica Americo	100	■ ✱ ♥	IT	337
Queiles, Hacienda	97	✱ ♥	ES	94

R

Raffaeli 1899	82		IT	450
Ragozzino De Marco, Azienda Agricola	81		IT	395
Rakovac, O.P.G.	86		HR	577
Ramerino, Fattoria	99	✱ ♥	IT	254
Ranchino, Frantoio	98	✱ ♥	IT	324
Rangihoua Estate	98	✱ ♥	NZ	800
Rasena Olearia	87		IT	362
Ravida	92		IT	486
Renzo, Azienda Agricola Fratelli	90		IT	474
Ricavo, Podere	91	♥	IT	278
Rio Largo Olive Estate	97	✱ ♥	ZA	689
Riparbella, Podere	87		IT	261
Ristori, Azienda Agricola	86		IT	241
Riva, Frantoio di	99	✱ ♥	IT	218
Romano, Frantoio	97	✱ ♥	IT	388
Romeu, Quinta do	95	✱ ♥	PT	58
Ruffino, Azienda Agricola Domenico	97	✱ ♥	IT	206

S

Sabadin, Danjel	83		SI	526
Sabiá, Azeite	85		BR	830
Sabor d'Oro	91		ES	163
Sacco Oliveti e Frantoio	89		IT	451
Saladini Pilastri, Azienda Agricola	94		IT	289
Salcione	85		IT	279
Salvator, Domaine	98	✱ ♥	FR	184
San Bartolomeo, Podere	82		IT	272
San Giorgio, Casale	91		IT	338
San Giorgio, Olearia	97	✱ ♥	IT	479
San Salvatore 1988	91		IT	401

Indice dei Produttori Producer Index

Azienda / Farm	Valutazioni / Assessment	Premi / Awards	Paese / Country	Pagina / Page
Sanna, Gloria	85 ⬆		IT	363
Sant'Anastasio, Società Agricola	83 ⬇		IT	255
Sant'Andrea, Oliviera	96 ⬇	✦ ♥	IT	280
Santa Carmen	91 ⬇		CL	839
Santa Suia, Azienda Agricola	83 ⬆		IT	508
Santa Tecla, Azienda Agricola	89 ⬇		IT	480
Santissima Annunziata	87 ⬇		IT	268
Sassetti, Frantoio	92 ⬇		IT	293
Šavrin, Eko Oljčna Kmetija	81 ⬆		SI	527
Scalia, Frantoio	88 ⬇		IT	487
Scisci, Azienda Agricola	93 ⬇		IT	423
Señorios de Relleu	95 ⬆	■ ✦ ♥	ES	138
7Cento, Azienda Agricola Molino	89 ⬆		IT	330
Shōdoshima Olive Kouen	91 ⬇		JP	787
Sidi Mrayah - Ferme Lakhoua, Domaine	84 ⬆		TN	666
Signorelli Olivicoltore, Vincenzo	81 ⬆		IT	488
Sikulus	83 ⬆		IT	489
Šlajner	82 ⬆		HR	540
Soho	87 ⬇		CL	842
Soleae	92 ⬆		ES	78
Solimando, Azienda Agricola	86 ⬆		IT	424
Sorai Nouen	90 ⬇		JP	788
Speranza, Frantoio	87 ⬇		IT	317
Stanić - Latini Taste Local, O.P.G.	82 ⬆		HR	586
Stojnić, O.P.G. Anton i Nivio	88 ⬇		HR	572
Šturman, Kmetija	88 ⬆		SI	528
Suerte Alta, Cortijo de	86 ⬇		ES	145
Sur, Agroindustrias del	92 ⬆		PE	824

T

Azienda / Farm	Valutazioni / Assessment	Premi / Awards	Paese / Country	Pagina / Page
Talbot Grove	95 ⬇	✦ ♥	AU	796
Talente, Azienda Agricola	90 ⬇		IT	256
Tamia - Società Agricola Sergio Delle Monache	95 ⬆	✦ ♥	IT	364
Tega, Luigi	98 ⬆	✦ ♥	IT	318
Terenzi	87 ⬇		IT	262
Terra Creta	86 ⬆		EL	637
Terra di Brisighella	96 ⬇	✦ ♥	II	233
Terra Sacra	83 ⬇		IT	382
TerraMater	98 ⬇	✦ ♥	CL	848
Terre di Molinara	88 ⬆		IT	389
Terre Stregate	86 ⬇		IT	390
Terroirs de Saint Laurent, Moulin des	94 ⬆	♥	FR	186
The Green Gold Olive Oil Company	89 ⬇		ES	164
The Greenleaf Olive Company	85 ⬇		ZA	690
Tini, Frantoio	88 ⬆		IT	375
Titone, Azienda Agricola Biologica	98 ⬇	✦ ♥	IT	502
Tokara	93 ⬆		ZA	691
Tonin	96 ⬇	✦ ♥	HR	599
Toral, Pagos de	94 ⬆		ES	165
Torkop	89 ⬇		HR	549
Torre a Oriente	96 ⬇	✦ ♥	IT	391
Torretta	97 ⬇	✦ ♥	IT	402
Trotta, Azienda Agricola	86 ⬆		IT	452
Turinela, O.P.G.	85 ⬇		HR	585

Indice dei Produttori — Producer Index

Azienda / Farm	Valutazioni / Assessment	Premi / Awards	Paese / Country	Pagina / Page
U				
Ugarte y Scott, Comercial	88		CL	840
Uliveti Castel San Martino	84		IT	392
Ursaria	85		HR	602
Ushimado Olive Garden	86		JP	782
V				
Vadolivo, Hacienda	89		ES	166
Valdecuevas, Pago de	85		ES	79
Valdueza, Marqués de	94		ES	110
Vale do Conde, Quinta	86		PT	59
Valenzan	87		HR	535
Valle Quilimarí	97	✦ ♥	CL	838
Valpaços, Cooperativa de Olivicultores de	97	✦ ♥	PT	60
Vanđelić, O.P.G. Damir	88		HR	536
Veglio, Azienda Agricola Piero	86		IT	198
Velenosi	82		IT	290
Venterra, Tenuta	86		IT	458
Veralda	82		HR	547
Verdoliva	85		IT	273
Vergal	89		HR	566
Viana, Palacio Marqués de	94		ES	167
Villa della Genga	97	✦ ♥	IT	319
Villa Pontina	92	♥	IT	339
Villa Sianna	81		HR	600
Villa Turqan	84		TR	706
Villa Umbra, Azienda Agricola	89		IT	320
Viola, Azienda Agraria	100	■ ✦ ♥	IT	321
Viragí	96	✦ ♥	IT	493
Vizcántar, Aceites	85		ES	146
Vodnjan, Uljara	96	✦ ♥	HR	601
Vošten, O.P.G.	88		HR	573
Vùlture, Frantoiani del	85		IT	464
W				
W2east 85 IT 263				
Willow Creek Olive Estate	92		ZA	692
X				
X 37 Grados Norte	83		ES	147
Y				
Yamahisa Farm	91		JP	789
y				
yo,verde, Aceite	84		ES	168
Z				
Zanini, O.P.G. Guido	90		HR	583
Željko, O.P.G. Žarko	86		HR	604
Zethoveen	82		TR	702
Zigante	96	✦ ♥	HR	553
Zubin, O.P.G. Enio	97	✦ ♥	HR	589
Zuccardi, Familia	98	✦ ♥	AR	860
Zuppini, Tenuta	97	● ✦ ♥	IT	376

Indice dei Produttori per Punteggio
Producer Ranking Index

Indice dei Produttori per Punteggio — Producer Ranking Index

Azienda / Farm	Tendenza / Trend	Premi / Awards	Paese / Country	Pagina / Page
100				
Bonamini, Frantoio	◯	● ✹ ♥	IT	223
Canena, Castillo de	◯	● ✹ ♥	ES	150
Franci, Frantoio	◯	● ✹ ♥	IT	258
La Torre, Aceites Finca	◯	● ✹ ♥	ES	169
Quattrociocchi, Azienda Agricola Biologica Americo	◯	● ✹ ♥	IT	337
Viola, Azienda Agraria	◯	● ✹ ♥	IT	321
99				
Aguilera, Rafael Alonso	◯	● ✹ ♥	ES	142
Casas de Hualdo	◯	✹ ♥	ES	128
De Carlo, Azienda Agricola	◯	✹ ♥	IT	409
Fonte di Foiano	◯	✹ ♥	IT	264
Gaudenzi, Frantoio	◯	● ✹ ♥	IT	309
Griñon Family Estate, Marqués de	◯	● ✹ ♥	ES	131
Le Tre Colonne, Azienda Agricola	◯	● ✹ ♥	IT	414
Librandi, Tenute Pasquale	⬆	● ✹ ♥	IT	471
Madonna dell'Olivo	◯	● ✹ ♥	IT	398
Marfuga	⬆	● ✹	IT	313
Morgenster	◯	✹ ♥	ZA	688
Nobleza del Sur, Aceites	◯	● ✹ ♥	ES	156
Oro Bailén - Galgón 99, Aceites	◯	● ✹ ♥	ES	160
Orsini, Azienda Agricola Biologica	◯	✹ ♥	IT	336
Pobeña, Agrícola	◯	● ✹ ♥	CL	847
Ramerino, Fattoria	◯	✹ ♥	IT	254
Riva, Frantoio di	◯	✹ ♥	IT	218
98				
Accademia Olearia - Tenute Fois	◯	✹ ♥	IT	509
Batta, Frantoio Giovanni	◯	✹ ♥	IT	302
Cassini, Azienda Agricola Paolo	⬆	✹ ♥	IT	204
Cetrone, Azienda Agricola Alfredo	⬆	✹	IT	332
Conventino Monteciccardo	⬆	♥	IT	295
Cutrera, Frantoi	◯	✹ ♥	IT	492
Deortegas, Almazara	◯	✹ ♥	ES	174
Ferrara, Società Agricola Fratelli	⬆	● ✹ ♥	IT	427
Ipša	◯	✹ ♥	HR	567
La Magnanerie	◯	✹ ♥	FR	183
Leone, Sabino	◯	✹ ♥	IT	429
Mandranova, Azienda Agricola	◯	✹ ♥	IT	484
Masciantonio, Azienda Agricola Tommaso	◯	✹ ♥	IT	370
Mate	◯	● ✹ ♥	HR	588
Olea B. B.	◯	✹ ♥	HR	557
Olio Intini	◯	✹ ♥	IT	419
Olio Mimì	◯	✹ ♥	IT	420
Olival da Risca	◯	✹ ♥	PT	64
Potosí 10	◯	✹ ♥	ES	162
Pruneti, Azienda Agricola	◯	✹ ♥	IT	252
Ranchino, Frantoio	⬆	✹ ♥	IT	324
Rangihoua Estate	◯	✹ ♥	NZ	800
Salvator, Domaine	◯	✹ ♥	FR	184
Tega, Luigi	⬆	✹ ♥	IT	318
TerraMater	◯	✹ ♥	CL	848
Titone, Azienda Agricola Biologica	◯	✹ ♥	IT	502
Zuccardi, Familia	◯	✹ ♥	AR	860
97				
Carmine, Azienda Agricola del	⬆	✹ ♥	IT	284
Colli Etruschi, Società Agricola	◯	✹ ♥	IT	350
De Parri, Azienda Agricola Laura	◯	✹ ♥	IT	351

Indice dei Produttori per Punteggio — Producer Ranking Index

Azienda / Farm	Tendenza / Trend	Premi / Awards	Paese / Country	Pagina / Page
Decimi, Azienda Agricola	⊖	★♥	IT	306
Di Russo, Azienda Agricola Cosmo	⬆	■★♥	IT	333
Dujc, Vanja	⊖	★♥	SI	520
Emozioneolio	⊖	★♥	IT	296
Fèlsina	⊖	★♥	IT	276
Fubbiano, Fattoria di	⊖	★♥	IT	270
Jenko	⬆	■★♥	SI	522
Marvulli, Azienda Agricola Vincenzo	⬆	★♥	IT	462
Miciolo - I Greppi di Silli, Azienda Agricola	⊖	★♥	IT	249
Morgan, Olive Oil	⊖	★♥	SI	524
O-Med	⬆	★♥	ES	148
OlioCRU	⊖	★♥	IT	217
Olivos del Sur	⊖	★♥	CL	846
Olivos Ruta del Sol	⊖	★♥	CL	841
Ortoplant, Azienda Agricola	⬆	★♥	IT	421
Primolea	⊖	★♥	AR	859
Queiles, Hacienda	⊖	★♥	ES	94
Rio Largo Olive Estate	⊖	★♥	ZA	689
Romano, Frantoio	⊖	★♥	IT	388
Ruffino, Azienda Agricola Domenico	⊖	★♥	IT	206
San Giorgio, Olearia	⊖	★♥	IT	479
Torretta	⊖	★♥	IT	402
Valle Quilimarí	⊖	★♥	CL	838
Valpaços, Cooperativa de Olivicultores de	⊖	★♥	PT	60
Villa della Genga	⊖	★♥	IT	319
Zubin, O.P.G. Enio	⊖	★♥	HR	589
Zuppini, Tenuta	⬆	■★♥	IT	376

96

Azienda / Farm	Tendenza	Premi	Paese	Pagina
Ambrosio, Fattoria	⬆	■★♥	IT	396
Belci, O.P.G. Matteo	⊖	★♥	HR	592
Buršić, O.P.G.	⊖	★♥	HR	537
Colonna, Marina	⊖	★♥	IT	380
Dievole	⊖	★♥	IT	275
Disisa, Feudo	⊖	★♥	IT	490
Dominus	⊖	★♥	ES	151
El Palo, Aceites Hacienda	⊖	★	ES	152
Figoli, Frantoio	⊖	★♥	IT	470
La Maja, Aceites	⊖	★♥	ES	93
La Selvotta, Azienda Agricola	⬆	★♥	IT	368
Marsicani, Nicolangelo	⬆	★	IT	399
Negri Olive	⬆	★♥	HR	578
Noan	⊖	■★♥	EL	629
Olivinvest - Domaine Zouina	⊖	★♥	MA	656
Sant'Andrea, Oliviera	⊖	★♥	IT	280
Terra di Brisighella	⊖	★♥	IT	233
Tonin	⊖	★♥	HR	599
Torre a Oriente	⬆	★♥	IT	391
Viragí	⊖	★♥	IT	493
Vodnjan, Uljara	⊖	★♥	HR	601
Zigante	⊖	★♥	HR	553

95

Azienda / Farm	Tendenza	Premi	Paese	Pagina
Adamič - Olje Ronkaldo	⊖	★♥	SI	518
Agostini, Frantoio	⊖	★♥	IT	291
Agrestis, Società Cooperativa Agricola	⬆	★♥	IT	494
Agroland	⊖	★♥	UY	854
Al Torcio, Uljara	⊖	★♥	HR	562
Almaoliva	⊖	★♥	AR	858
Artajo, Aceite	⊖	★♥	ES	92

Indice dei Produttori per Punteggio / Producer Ranking Index

Azienda / Farm	Tendenza / Trend	Premi / Awards	Paese / Country	Pagina / Page
Case d'Alto, Azienda Agricola	↑	✹♥	IT	386
Chiavalon, O.P.G.	→	✹♥	HR	594
Cornoleda, Frantoio di	→	✹♥	IT	222
Depalo, Azienda Agricola Luigi	↑	✹♥	IT	412
Fisicaro - Frantoio Galioto, Azienda Agricola Sebastiana	→	✹	IT	495
Forcella	→	✹♥	IT	371
La Ranocchiaia, Azienda Agricola	↑	✹	IT	247
Lombardo, Azienda Agricola	→	✹♥	IT	500
Monterisi, Azienda Agricola Nicola	→	✹	IT	430
Montfrin, Château de	→	✹♥	FR	182
Oliveri, O.P.G.	→	✹	HR	555
Palusci, Azienda Agricola Marina	→	✹♥	IT	373
Pinna, Società Agricola Fratelli	→	✹♥	IT	511
Romeu, Quinta do	→	✹♥	PT	58
Señoríos de Relleu	↑	■✹♥	ES	138
Talbot Grove	→	✹♥	AU	796
Tamia - Società Agricola Sergio Delle Monache	↑	✹♥	IT	364

94

Buonamici, Società Agricola	→		IT	242
Ciccolella, Azienda Agricola	↑		IT	407
Grubić	→	♥	HR	532
Il Borgo del Melograno	→	♥	IT	234
Laghel7	→		IT	215
Le 4 Contrade	↑	♥	IT	428
Meneghetti	→	♥	HR	534
Oleum Maris	→	♥	HR	598
Oterrum	↑		ES	137
Palacio de Los Olivos	↑	■	ES	126
Pruneti, Frantoio	↑		IT	253
Saladini Pilastri, Azienda Agricola	→		IT	289
Terroirs de Saint Laurent, Moulin des	→	♥	FR	186
Toral, Pagos de	↑		ES	165
Valdueza, Marqués de	↑		ES	110
Viana, Palacio Marqués de	↑		ES	167

93

Anteata, Frantoio	↑	■♥	IT	257
As Pontis, Almazara	→		ES	111
Basiaco, O.P.G. Franco	↓	♥	HR	541
Benza Frantoiano	→		IT	203
Castel Ruggero Pellegrini	↑	♥	IT	243
Centonze, Azienda Agricola	→		IT	498
Elissón Olive Oil & More	→	♥	EL	632
Garzo, Azienda Agricola Sorelle	↑		IT	477
Il Cavallino, Azienda Agricola	→	♥	IT	265
Il Felciaio	→	♥	IT	266
L'Oleastre	→		MA	658
Lupieri - Cadenela, O.P.G. Giuseppe	→		HR	595
Monte Rosso	↑		HR	584
Oleocampo	↑		ES	158
Olio Traldi - Francesca Boni	→	♥	IT	356
Primizia	↑		HR	539
Scisci, Azienda Agricola	→		IT	423
Tokara	↑		ZA	691

92

Bočaj, Ekološka Kmetija	↑		SI	519
Brist Olive	→		HR	593
Crudo - Schiralli	↑		IT	408

Indice dei Produttori per Punteggio Producer Ranking Index

Azienda / Farm	Tendenza / Trend	Premi / Awards	Paese / Country	Pagina / Page
Kyklopas	○	♥	EL	628
La Lieutenante, Domaine de	⊖		FR	185
La Purísima, Olivarera	⊖		ES	144
Malvetani, Famiglia	⊖		IT	322
Olio Iannotta	○		IT	335
Pacioni, Azienda Agricola Barbara	○		IT	292
Parovel Vigneti e Oliveti 1898	⊖		IT	228
Planeta	⊖	♥	IT	485
Ravida	⊖		IT	486
Sassetti, Frantoio	⊖		IT	293
Soleae	○		ES	78
Sur, Agroindustrias del	⊖		PE	824
Villa Pontina	○	♥	IT	339
Willow Creek Olive Estate	○		ZA	692

91

Azienda / Farm	Tendenza / Trend	Premi / Awards	Paese / Country	Pagina / Page
Bacci, Azienda Agraria Noemio	○		IT	301
Bisceglie, Azienda Agricola Maria	○		IT	406
Činić, O.P.G. Nino	⊖		HR	543
Cossetto, O.P.G.	⊖		HR	544
Diddi, Azienda Agricola Cesare	○	■♥	IT	271
È.D.Enrico, Azienda Agricola	○		IT	334
Fagiolo, Azienda Agricola	⊖		IT	341
Fontanaro	○		IT	308
Gabrielloni	⊖	♥	IT	294
Liá	⊘	♥	EL	635
Mas Auró	○		ES	103
Maselli, Azienda Agricola	○		IT	416
Oro d'Oliva	○		IT	447
Passo della Palomba	⊖		IT	316
Prosperato	⊖	♥	BR	834
Ricavo, Podere	○	♥	IT	278
Sabor d'Oro	○		ES	163
San Giorgio, Casale	⊖		IT	338
San Salvatore 1988	○		IT	401
Santa Carmen	⊖		CL	839
Shōdoshima Olive Kouen	⊖		JP	787
Yamahisa Farm	⊖		JP	789

90

Azienda / Farm	Tendenza / Trend	Premi / Awards	Paese / Country	Pagina / Page
Acushla	○		PT	56
Agrolaguna	⊘		HR	568
Amakusa Olive En	⊖		JP	790
Antonelli - San Marco	⊖	♥	IT	300
Battaglini, Azienda Agricola e Frantoio	○	♥	IT	347
Casa de Santo Amaro	⊖		PT	57
Červar	○		HR	564
Ciarletti, Azienda Agraria Frantoio	⊖		IT	305
Činić, O.P.G. Dario	○		HR	579
Di Vito, Oleificio	⊖		IT	381
Fiorano, Azienda Agricola	⊖		IT	288
Geržinić, O.P.G. Marko	⊘		HR	571
Giachi Oleari	⊖	♥	IT	245
Il Mulino della Signora	○		IT	387
Il Simposio	⊖	♥	IT	343
Ione Zobbi, Azienda Agricola	⊖		IT	355
Mediterre Eurofood	⊖		EL	631
Montecappone	○		IT	286
Montecchia, Frantoio	⊖		IT	374
Monteolivo, Agrícola	⊖		CL	844

Indice dei Produttori per Punteggio — Producer Ranking Index

Azienda / Farm	Tendenza / Trend	Premi / Awards	Paese / Country	Pagina / Page
Olivas do Sul Agroindustria	⊖	♥	BR	833
Olive en	⊖		JP	785
Olive no Mori	⊖		JP	786
Picualia	⬆		ES	161
Renzo, Azienda Agricola Fratelli	⬇		IT	474
Sorai Nouen	⊖		JP	788
Talente, Azienda Agricola	⊖		IT	256
Zanini, O.P.G. Guido	⊖		HR	583

89

Azienda / Farm	Tendenza / Trend	Premi / Awards	Paese / Country	Pagina / Page
Acton, Azienda Agricola Maria Eleonora	⊖		IT	476
Antolović, O.P.G. Viviano	⊖		HR	551
Baldíos de San Carlos, Pago de los	⬆		ES	112
Brajko, O.P.G. Kristjan	⬆		HR	542
Carpineti, Marco	⬆		IT	331
Čeko, O.P.G. Filip	⊖		HR	587
DueNoveSei, Azienda Agricola	⊖		IT	342
Gioacchini, Azienda Agricola Antonio e Antonio	⬆		IT	352
L'Olivaio, Frantoio	⬆		IT	285
La Gramanosa, Finca	⬆	♥	ES	102
La Pandera, Sociedad Cooperativa Andaluza Sierra de	⬆		ES	154
Muraglia, Frantoio	⊖		IT	431
Nova Vera	⬆		TR	698
Olinexo - Al Alma del Olivo	⬆		ES	132
Olive Truck	⬆		US	807
Pezze Galere, Masseria	⬆		IT	440
Sacco Oliveti e Frantoio	⊖		IT	451
Santa Tecla, Azienda Agricola	⊖		IT	480
The Green Gold Olive Oil Company	⊖		ES	164
Torkop	⬇		HR	549
Vadolivo, Hacienda	⊖		ES	166
Vergal	⊖		HR	566
Villa Umbra, Azienda Agricola	⊖		IT	320
7Cento, Azienda Agricola Molino	⬆		IT	330

88

Azienda / Farm	Tendenza / Trend	Premi / Awards	Paese / Country	Pagina / Page
Bajkin, O.P.G. Loris	⬆		HR	590
Bose Oil - Boris Marinič	⬆		SI	516
Caprai, Arnaldo	⬆		IT	303
Corleto, Azienda Agricola	⬆		IT	443
Cutrera, Azienda Agricola Giovanni	⊖		IT	491
De Palma, Azienda Agricola	⊖		IT	411
Dobravac	⊖		HR	580
Grabunda - Traulin Oils, O.P.G. Andrea	⊖		HR	558
Il Molino	⊖		IT	354
Jasa - Arsen Jurinčič, Ekološka Kmetija	⬆		SI	521
Karlonga, Bio Oličnо Olje	⬆		SI	523
Kinryo Farm	⬆		JP	784
Lakudia	⬆		EL	633
Loreti, Frantoio	⬆		IT	312
Los Bichos, Pago	⬆		ES	80
Manestrini, Frantoio	⊖		IT	210
Marmelo, Herdade do	⊖		PT	63
Martín de Prado	⊖		ES	114
Mennella, Antico Frantoio	⬆		IT	400
Oro di Giano	⬆		IT	315
Pieralisi - Monte Schiavo, Tenute	⊖		IT	287
Poggiopiano, Fattoria di	⊖		IT	251
Prencipe, Azienda Agricola Maria Rosa	⊖		IT	449
Pura Oliva Brasil	⬆		BR	828

Indice dei Produttori per Punteggio — Producer Ranking Index

Azienda / Farm	Tendenza / Trend	Premi / Awards	Paese / Country	Pagina / Page
Scalia, Frantoio	→		IT	487
Stojnić, O.P.G. Anton i Nivio	→		HR	572
Šturman, Kmetija	↑		SI	528
Terre di Molinara	↑		IT	389
Tini, Frantoio	↑		IT	375
Ugarte y Scott, Comercial	→		CL	840
Vanđelić, O.P.G. Damir	↑		HR	536
Vošten, O.P.G.	→		HR	573

87

Azienda / Farm	Tendenza / Trend	Premi / Awards	Paese / Country	Pagina / Page
Adriatica Vivai, Azienda Agricola	→		IT	433
Batalha Agroindústrial, Azeite	↑		BR	831
Brioleum, Azienda Agricola	→		IT	214
Cipriano, Benedetta	→		IT	393
Colle Bello, Tenuta	↓		IT	340
Crnobori, O.P.G. Mario	→		HR	560
De Robertis, Azienda Agricola	↑		IT	426
Duganzdzic, Ivan	↑		BA	608
Eirini Plomariou Organic	↓		EL	636
Encomienda de Cervera	→		ES	124
Fendri, Domaine	↑		TN	668
Frescobaldi, Marchesi de'	↑		IT	244
I Tesori del Sole	→		IT	469
Il Borro, Società Agricola	↑		IT	238
Isul, Almazara Ecológica	→		ES	88
Komarija, Ulja	↑		HR	550
La Gramigna, Azienda Agricola	↑		IT	246
Lupić, O.P.G.	→		HR	533
Mazzarrino, Azienda Agricola Giovanni	↑		IT	455
Montenigo	↑		IT	224
Nuevo Manantial	↑		UY	853
Olea Prima - O.P.G. Valter Šarić	→		HR	597
Olive Poem - A Drop of Art	↑		EL	634
Palazzo di Varignana	↑		IT	232
Palčić, O.P.G. Petar	↓		HR	538
Petrazzuoli, Azienda Olivicola	↑		IT	394
Pileri, Oliveti	↑		IT	422
Puglia Alimentare	→		IT	456
Rasena Olearia	↓		IT	362
Riparbella, Podere	→		IT	261
Santissima Annunziata	→		IT	268
Soho	→		CL	842
Speranza, Frantoio	→		IT	317
Terenzi	→		IT	262
Valenzan	↓		HR	535

86

Azienda / Farm	Tendenza / Trend	Premi / Awards	Paese / Country	Pagina / Page
Al Toor	→		JO	738
Allegretti, Tenute	↑		IT	434
Anfosso, Olio	→		IT	202
B10 Istrian Fusion	→		HR	552
Baglio Ingardia	→		IT	497
Baioco, Uljara	↑		HR	591
Bercial, Explotaciones Rurales el	→		ES	127
Bodiš, O.P.G.	→		HR	574
California Olive Ranch	↑		US	806
Callicarpo	→		IT	506
Caporale	↑		IT	425
Carozzi	→		CL	843
Centumbrie	↑		IT	304

Indice dei Produttori per Punteggio Producer Ranking Index

Azienda / Farm	Tendenza / Trend	Premi / Awards	Paese / Country	Pagina / Page
Cioccolini, Frantoio	⊖		IT	349
Collefraioli, Società Agricola	⊖		IT	328
Di Perna, Antico Frantoio	⊕		IT	463
Evo Sicily, Azienda Agricola	⊕		IT	499
Faraona, Masseria	⊖		IT	413
Grgorinić, O.P.G.	⊖		HR	575
Kante Slovenija, Kmetija	⊕		SI	517
Le Due Torri, Azienda Agricola	⊕		IT	311
Los Ángeles, Cooperativa Agrícola Nuestra Señora de	⊖		ES	170
Mamerto, Olearia	⊕		IT	478
Menteşe Çiftlik, Sitare - Osman	⊖		TR	705
Monsignore	⊕		IT	437
Montegonzi, Castello di	⊖		IT	239
Nadišić - Olea Magica, O.P.G.	⊕		HR	582
O.Live	⊕		ES	157
Olinexo - Agropecuaria Ecológica Sierra de Alcaraz	⊕		ES	122
Olio Cristofaro	⊖	-	IT	446
Olio Guglielmi	⊖		IT	432
Olio Sant'Anna	⊖		IT	329
Olivoil - Geraci	⊖		IT	501
Pistelli, Azienda Agricola Frantoio	⊖		IT	323
Poggio Torselli	⊖		IT	250
Rakovac, O.P.G.	⊕		HR	577
Ristori, Azienda Agricola	⊖		IT	241
Solimando, Azienda Agricola	⊕		IT	424
Suerte Alta, Cortijo de	⊖		ES	145
Terra Creta	⊕		EL	637
Terre Stregate	⊖		IT	390
Trotta, Azienda Agricola	⊕		IT	452
Ushimado Olive Garden	⊕		JP	782
Vale do Conde, Quinta	⊖		PT	59
Veglio, Azienda Agricola Piero	⊕		IT	198
Venterra, Tenuta	⊖		IT	458
Željko, O.P.G. Žarko	⊕		HR	604

85

Azienda / Farm	Tendenza / Trend	Premi / Awards	Paese / Country	Pagina / Page
Aceitex	⊕		ES	149
Appo	⊕		IT	345
Bata Tarim Farm	⊖		TR	700
Caliandro, Azienda Agricola Francesco Domenico	⊕		IT	435
De Carlo, Frantoio	⊕		IT	410
Franković, O.P.G. Josip	⊖		HR	545
García de la Cruz, Aceites	⊖		ES	130
Grani, Azienda Agricola Giorgio	⊕		IT	353
Green Sublim, Aove	⊕		ES	153
Grubešić, O.P.G. Tone	⊖		HR	559
Hellenic Fields	⊕		EL	630
Il Giglio, Agriturismo	⊖		IT	507
Manca, Domenico	⊖		IT	510
Mandelli, Azienda Agricola Francesco	⊖		IT	216
Marramiero, Azienda	⊖		IT	372
Mastilović, O.P.G. Juraj	⊕		HR	581
Matrix	⊖		IT	248
Mezzecrete	⊖		IT	277
Mitera	⊕		EL	314
Mitera	⊕		IT	638
Mitrani	⊕		IT	418
Nonno Bruno, Uljara	⊖		HR	561
Olea Kalden - O.P.G. Katica Kaldenhoff	⊕		HR	596
Oleamea	⊕		TR	701
Olirium	⊕		ES	104

Indice dei Produttori per Punteggio — Producer Ranking Index

Azienda / Farm	Tendenza / Trend	Premi / Awards	Paese / Country	Pagina / Page
Oliva, Agricola	↑		IT	496
Olivas del Paso	↔		UY	852
Olivsur, Aceites	↑		ES	159
Petrignanum	↑		IT	358
Piras, Azienda Agricola Francesco	↔		IT	512
Pr' Rojcah	↑		SI	525
Presciuttini, Frantoio	↑		IT	360
Pujje	↑		IT	457
Sabiá, Azeite	↑		BR	830
Salcione	↔		IT	279
Sanna, Gloria	↑		IT	363
The Greenleaf Olive Company	↓		ZA	690
Turinela, O.P.G.	↔		HR	585
Ursaria	↑		HR	602
Valdecuevas, Pago de	↔		ES	79
Verdoliva	↑		IT	273
Vizcántar, Aceites	↔		ES	146
Vùlture, Frantoiani del	↑		IT	464
W2east	↑		IT	263

84

Azienda / Farm	Tendenza / Trend	Premi / Awards	Paese / Country	Pagina / Page
Ao no Diamond	↔		JP	783
Bartolić, O.P.G.	↑		HR	569
Beaković, O.P.G. Mauricio	↑		HR	554
Brečević - Rheos, O.P.G. Andrea	↑		HR	563
Canino, Oleificio Sociale Cooperativo di	↑		IT	348
Casa de La Arsenia	↔		ES	136
Centodieci, Podere	↑		IT	442
Coca Serrano, Hermanos	↔		ES	143
Congedi, Frantoio Oleario	↑		IT	453
Filippi, Frantoio	↔		IT	307
Foggiali, Tenuta	↔		IT	436
Galateo & Friends	↑		IT	205
Gradassi, Frantoio	↑		IT	310
Kairos Zeytinevi	↔		TR	704
Kocijančić, O.P.G. Igor	↑		HR	565
Lucini Italia	↑		IT	259
Masciangelo, Tenuta	↑		IT	369
Masik Magal	↔		IL	730
Mazzone Extravergine	↑		IT	417
Nostra Terra Agroindustrial	↑		BR	832
Olivamarchigue	↑		CL	845
Olivko	↑		TN	667
Sidi Mrayah - Ferme Lakhoua, Domaine	↓		TN	666
Uliveti Castel San Martino	↑		IT	392
Villa Turqan	↑		TR	706
yo,verde, Aceite	↔		ES	168

83

Azienda / Farm	Tendenza / Trend	Premi / Awards	Paese / Country	Pagina / Page
Archibusacci dal 1888, Frantoio	↑		IT	346
Arcobaleno, Azienda Agricola	↔		IT	468
Biorussi, Società Agricola	↑		IT	441
Božič - Svirče, Uljara	↑		HR	603
Bustan el Zeitoun	↔		LB	726
Croci, Frantoio di	↔		IT	274
Diezdedos	↓		ES	98
Granpa	↑		TR	703
Has, O.P.G. Denis	↔		HR	548
Jacolina	↔		ES	113
Lavandas, Quinta das	↔		PT	62

Indice dei Produttori per Punteggio — Producer Ranking Index

Azienda / Farm	Tendenza / Trend	Premi / Awards	Paese / Country	Pagina / Page
Lucini Italia	→		IT	415
Olivar del Valle, Aceites	→		ES	125
Parisi, Azienda Agricola Donato	↑		IT	472
Paviro	↑		IT	448
Petruzzi, Oleificio Giovanni	↑		IT	439
Pietrasca	↑		IT	267
Poggiotondo	↓		IT	240
Pugliese - Terre di Lao, Frantoio Fratelli	↑		IT	473
Sabadin, Danjel	↑		SI	526
Sant'Anastasio, Società Agricola	→		IT	255
Santa Suia, Azienda Agricola	↑		IT	508
Sikulus	↑		IT	489
Terra Sacra	→		IT	382
X 37 Grados Norte	→		ES	147

82

Azienda	Tendenza	Premi	Paese	Pagina
Agro Foods & Commerce	↑		ES	105
Chania, Société	→		MA	657
Corbel, Familia	↑		ES	129
Divino - Antonio Vivoda	↑		HR	570
Fratta, Fratelli	↑		IT	444
Juncal, Quinta do	→		PT	61
Magnun Sess	↑		ES	155
Oliq - Azeite Extravirgem da Mantequeira	↑		BR	829
Paolocci, Frantoio	↑		IT	357
Pileri, Andrea	→		IT	359
Raffaeli 1899	↑		IT	450
San Bartolomeo, Podere	→		IT	272
Šlajner	↑		HR	540
Stanić - Latini Taste Local, O.P.G.	↑		HR	586
Velenosi	↑		IT	290
Veralda	→		HR	547
Zethoveen	↑		TR	702

81

Azienda	Tendenza	Premi	Paese	Pagina
Colleverde, Fattoria	↑		IT	269
Giuliani - EX U A, Agricola	↑		IT	445
Hizirlar Medikal Gida	↑		TR	699
La Valle, Azienda Agricola	↑		IT	475
Memento Moris, O.P.G.	↑		HR	576
Olio Sant'Oro	↑		IT	438
Peñarrubia, Pago de	→		ES	123
Pennacchi, Azienda Agricola Enza	↑		IT	344
Pucinum	↑		IT	361
Ragozzino De Marco, Azienda Agricola	↑		IT	395
Šavrin, Eko Oljčna Kmetija	↑		SI	527
Signorelli Olivicoltore, Vincenzo	↑		IT	488
Villa Sianna	↑		HR	600

80

Azienda	Tendenza	Premi	Paese	Pagina
Altivo Agricultura - Cariñoso Agricultura	→		ES	178
Consigliere, Tenuta del	↑		IT	397
Curtimaggi	↑		IT	454
Grebac, O.P.G.	↑		HR	556
Lanitis Farm	↑		CY	646
Maslinari Istre, Poljoprivredna Zadruga	↑		HR	546
Mestral - Cooperativa de Cambrils	↑		ES	106
OliveEmotion	↑		PT	65
Paço do Conde, Herdade	↑		PT	66
Poggio Amasi	↑		IT	260

MISTO
Carta da fonti gestite
in maniera responsabile
FSC® C116684

Finito di stampare
nel mese di Novembre 2020
Printed in 2020 November

adaptive|pack

Adaptive Group S.r.l.
Via Campobello 1/c
00071 Pomezia (Rm)
Italia - Italy
Tel.: +39 06 91 22 799 - Fax: +39 06 91 605 237
www.adaptivepack.it

Adaptive è un'azienda certificata FSC®
Adaptive is a FSC® certified company